JN441639

정부관리학

申 允 杓 著

傳 英 社

머 리 말

지금 세계는 정부생산성 향상으로 국가 전체의 경쟁력을 높이기 위한 정부혁신 시대입니다. 이제 우리는 21세기 전자정부시대도 주도하며 환태평양시대의 중심국가(重心國家)로서 국가경영(governance) 능력에 대한 심각한 도전을 인식하고 새롭게 정부관리 체제를 공부할 때라고 생각합니다.

이제 200여년의 산업사회를 넘어 유비쿼터스(ubiquitous)형 전자정부사회의 사고틀(paradigm)에서 국가정책을 운영하여야 할 것이며 정부역할과 기능에 대한 근본적인 변화 위에 작은 정부(small government)이념의 행정철학을 요구받고 있다고 생각합니다.

따라서 국정(國政)의 알파요 오메가라고 생각되는 현대행정의 이론과 실제를 접목하여 종전의 행정학을 정부관리학(政府管理學)이란 이름으로 논리적이고 실증적인 면에서 정부학(政府學)이론 체계를 세울 필요성을 느꼈습니다.

특히 이 책에서는 다음 몇 가지를 중심으로 정리하였습니다.

첫째, 행정학을 전공하는 대학, 대학원생은 필수로 전공무원, 공직자, 정치인, 경영인, 종교인 등 공사(公私)조직인 모두에 유익하도록 행정경영관리이론으로 접근하였습니다.

둘째, OECD국가들과 역대 정부를 비교평가분석하면서 정부혁신론 차원으로 접근하였습니다.

셋째, 행정학이론의 총체적 정리 위에 40년간 행정학을 강의한 저자의 경험과 철학으로 최근 참여정부까지의 각종 자료를 모아 이를 체계화하였습니다.

넷째, 국가 발전의 전략이론으로 신공공관리론(NPM), 시민거버너스(citizen governance)이론, 신행정론, 발전행정론, 정부평가와 행정개혁이론, 위기관리이론, 인적자원관리이론, 민정(民政)파트너십이론, 리더십이론, 전자정부정보체계이론 등을 행정학 이론에 추가보완하였습니다.

오늘의 정부환경과 행정수요, 그리고 정부체제는 세계화를 통한 국제경쟁력확보와 세계시민의 수요충족을 위한 새로운 패러다임을 요구하는바 이에 관한 접근을 종전의 행정학은 곧 정부학이라는 논점에서 다루었고 정부의 역할이 곧 행정이며 정부와 관련기관과 공직자는 곧 행정관리자이기에 지방자치정부시대의 도래와 함께 이 부문의 내용을 첨부하면서 「정부관리학」이란 이름으로 출간하는 바입니다.

2006. 8.

저 자 씀

차　　례

제 1 편　정부관리학의 기초이론

제 2 편 정 책 론

제 1 장 정책의 본질

제 2 장 정책의제형성 및 정책결정

제10장 공기업관리

제 6 편 인사행정관리론: 인적자원관리론

제 1 장 인적자원관리의 기초이론

제 6 장 인적자원의 공적규범관리

제 3 장 예산의 분류

제 4 장 예산제도의 발전

제 5 장 예산과정

제 2 장 사회지표

제 3 장 행정개혁

제 4 장 행정평가

제 1 편

정부관리학(政府管理學)의 기초이론

제 1 장

정부관리학의 이해

제 1 절 정부의 의의

Ⅰ. 정부의 의미

1. 정부개념

군사정부, 문민정부, 참여정부, 고객지향적정부, 전자정부 등에서 말하는 정부는 행정·정책·관리를 담당하는 주체로서의 정부를 말함이며 「틀」로서의 정부란, 입법부, 사법부, 행정부, 공공기관을 포함한 총체적인 국가통치기구,[1] 즉 국가권력구조를 말한다. 요컨대 좁은 의미의 정부는 행정부로서 중앙정부, 지방정부(우리 경우 광역자치단체와 기초자치단체)로서 구분하며 어느 의미에서 정부란 "전체 사회를 위해서 강제적인 행동지침을 마련하는 공식적 기구와 과정"[2]이라고도 할 수 있다.

"행정권은 대통령을 수반으로 하는 정부에 속한다(우리 헌법 제66조 제4항)"라 할 때의 행정권의 주체를 말할 때도 정부라는 말을 쓴다. 따라서 공익을 추구하고 사익도 보호하는 공공선(common goods) 추구함이 목적이며 법질서를 정립하고 국가권력주체로서의 공식적이고 체계적인 결사체로서 국민적 합의로 공인된 삼권분립구조이기도 하다.

2. 정부의 필요성

홉스(Thomas Hobbes)는 순자(荀子)와 같이 인간의 본성을 악으로 보고 만인은 만인에 대한 투쟁(war of everyone against everyone)으로 정부 없이는 예의다. 도덕사회의 힘으로는 사회안녕을 유지할 수 없다고 보았다. 이에 대하여 플라톤(Plato)은 정부 없이도

1) 정철현, 최신행정학(서울: 다산출판사, 2004).
2) 황윤원, 행정학원론(서울: 형설출판사, 2004. 9. 20).

평화적 질서가 유지될 수 있다고 보면서 맹자와 같이 성선설을 기본으로 무정부를 입장으로 취했다. 그러나 이제는

1) 삶의 질(Quality of life)을 중시하는 국민들의 가치관이 변했다.

2) 국가간의 무한 경쟁시대가 되었다.

3) 국민만족도와 행복의 총량제고가 국가목표로 되었다.

4) 국내외 환경변동에 따른 기획된 변화가 요구된다.

5) 정부역할의 새로운 패러다임이 요구된다.

6) 정부시스템이 혁신되어야 한다.

7) 공유의 비극(tragedy of the commons)을 막고 시장실패(market failure)를 보호하기 위해서 정부구축이 요구된다. 문제는 정부실패를 어떻게 할 것인가이다. 즉 정부관료제의 부정부패, 무능력, 할거주의, 형식주의 등의 난무이다. 따라서 시장성공과 정부성공의 상생발전축을 이루어 시계추처럼 위 양자의 선순환을 성공시켜 가도록 하는 방법론의 연구가 따라야 한다.

Ⅱ. 정부의 성격규명

1. 정부역할측면(政府役割側面)

⑴ 총체적 국법질서유지

시장질서를 포함한 경제질서와 사회질서유지를 위하여 법과 법령, 행정행위를 통한 국법질서의 유지를 유지하게 되는바, 총체적 국가·사회질서유지의 방법에 따라 정부성격이 나타난다.

⑵ 공공재공급의 주도권문제

공공재의 공급과 서비스의 주체가 완전정부주도냐, 정부와 민간기구의 혼합형이냐, 아니면 민간주도로 하고 정부는 지원체제냐에 따라 정부형태와 그 성격이 달라진다.

⑶ 이념 스펙트럼에 따른 정책유형면

진보주의냐, 보수주의냐의 이념성향으로 소외집단, 개인자유문제, 인권문제, 성장중심이냐 배분중심이냐의 문제, 사회전체의 복지향상을 위한 정책이냐의 여부, 종교교육의 허용 여부, 정부개입의 여부, 혼합민주주의, 규제된 자본주의, 개혁주의 등 정부관이 어떠하냐를 중심으로 그 성격을 규명하게 된다.

⑷ 최근 정부관의 변화

정부실패의 확산과 신자유주의 흐름으로 정부기능축소, 민영화, 규제완화 등 작은 정부론(영국 대처수상, 미국 레이건 정책)의 신공공관리론으로 대표된다. 특히 지식정보화,

세방화(世方化: Glocalization=Globalization+Localization), 시민사회가 진행되는 21세기는 보다 좋은 정부(better)로서 직접봉사의 확대와 NGO중심 시민권리존중의 참여정부(with the people's government)가 되어야 할 것이다.

제 ② 절 정부의 형태

Ⅰ. 정부형태의 다양성

1. 입 법 부

우리나라 입법부는 국회(national assembly)이다. 견제와 균형을 통한 국가권력분립을 유지하기 위해 행정국가 세대에서도 여전히 입법부(Legistature)는 국가 주요정책에 관한 심의·의결권을 가자 기관으로서(헌법 제40조, 제41조) 정치적으로나 법적으로 국민대표기관이다. 이와 같이 조세법률주의, 행정기관의 조직입법권 국무총리, 국무위원 국회출석요구권, 질문권, 해임요구권, 탄핵소추권, 주정감사권 등으로 행정부를 견제한다([그림 1-1-1] 참고).

2. 사 법 부

사법부(Court)는 입법부가 제정한 법률에 따라 행정부가 집행한 결과와 과정을 법관(judge)으로 구성된 법원에서 법률에 대한 합치 여부를 결정한다. 특히 사법부에는 탄핵, 정당해산, 국가기관의 권한쟁의, 헌법소원 등을 심판하는 헌법재판소를 두고 있다(헌법 제111조 제1항)([그림 1-1-2] 참고).

3. 행 정 부

좁은 의미의 정부는 행정부(Administration)이다. 중앙정부의 행정부는 다음 [그림 1-1-3] 우리나라 행정부 조직도와 같이 삼권분립에서 입법 사법부의 견제와 통제를 받으나 대통령중심제의 행정부는 명실공히 행정국가의 중심부라고 할 수 있다. 따라서 국민, NGO, 언론과 행정부 내에 옴브즈만(ombudsman)제도를 확대하여 자율적 통제를 요구하는 시대라고 본다.

Ⅱ. 정부변천의 과정

정부기능의 변천을 구조면, 기능면, 정부크기면, 재정규모면 등 접근방법에 따라 혹은 연대별로나 공화국별로 달리 설명할 수 있을 것이다.

[그림 1-1-1] 우리나라 입법부 조직도

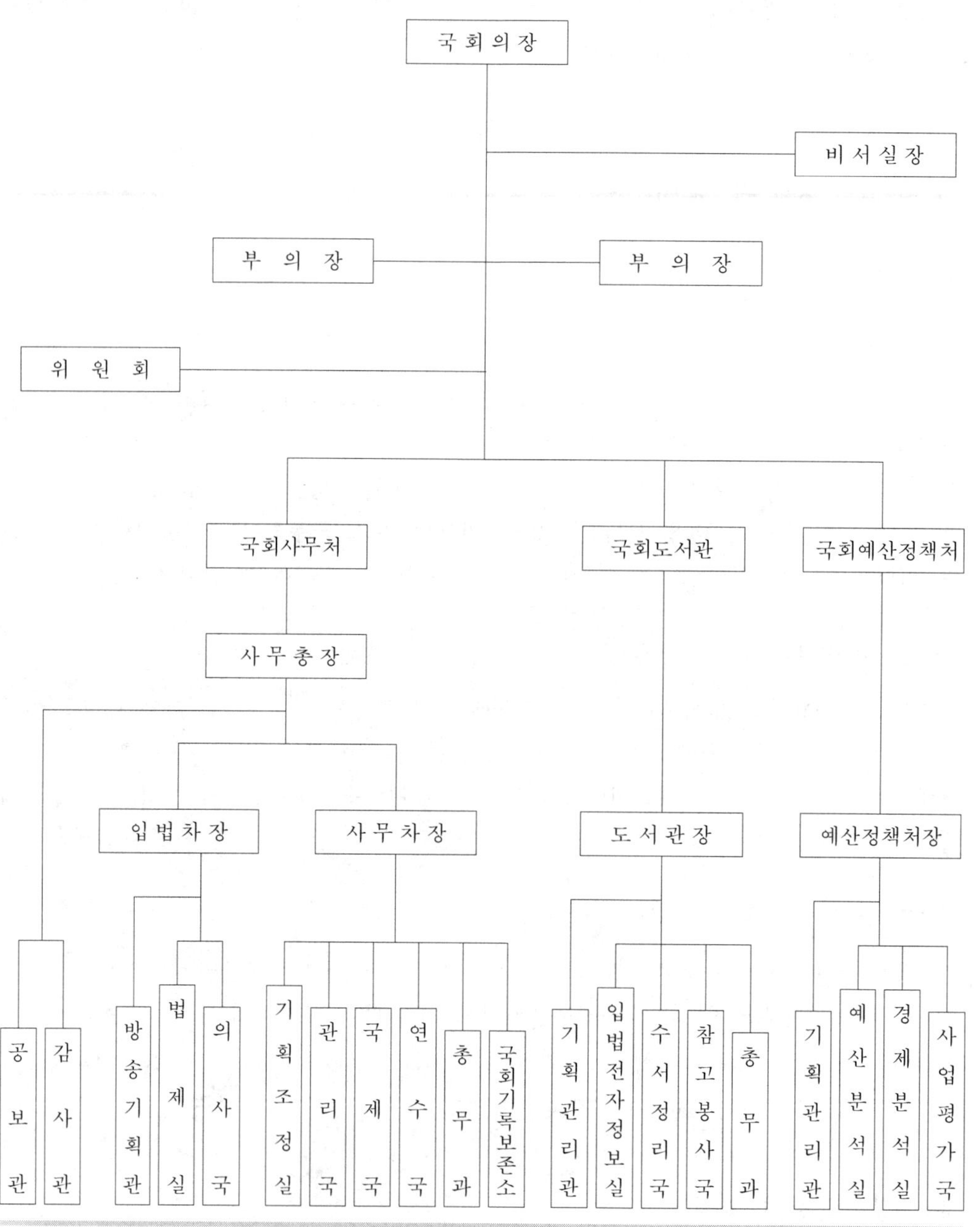

[그림 1-1-2] 우리나라 사법부 조직도

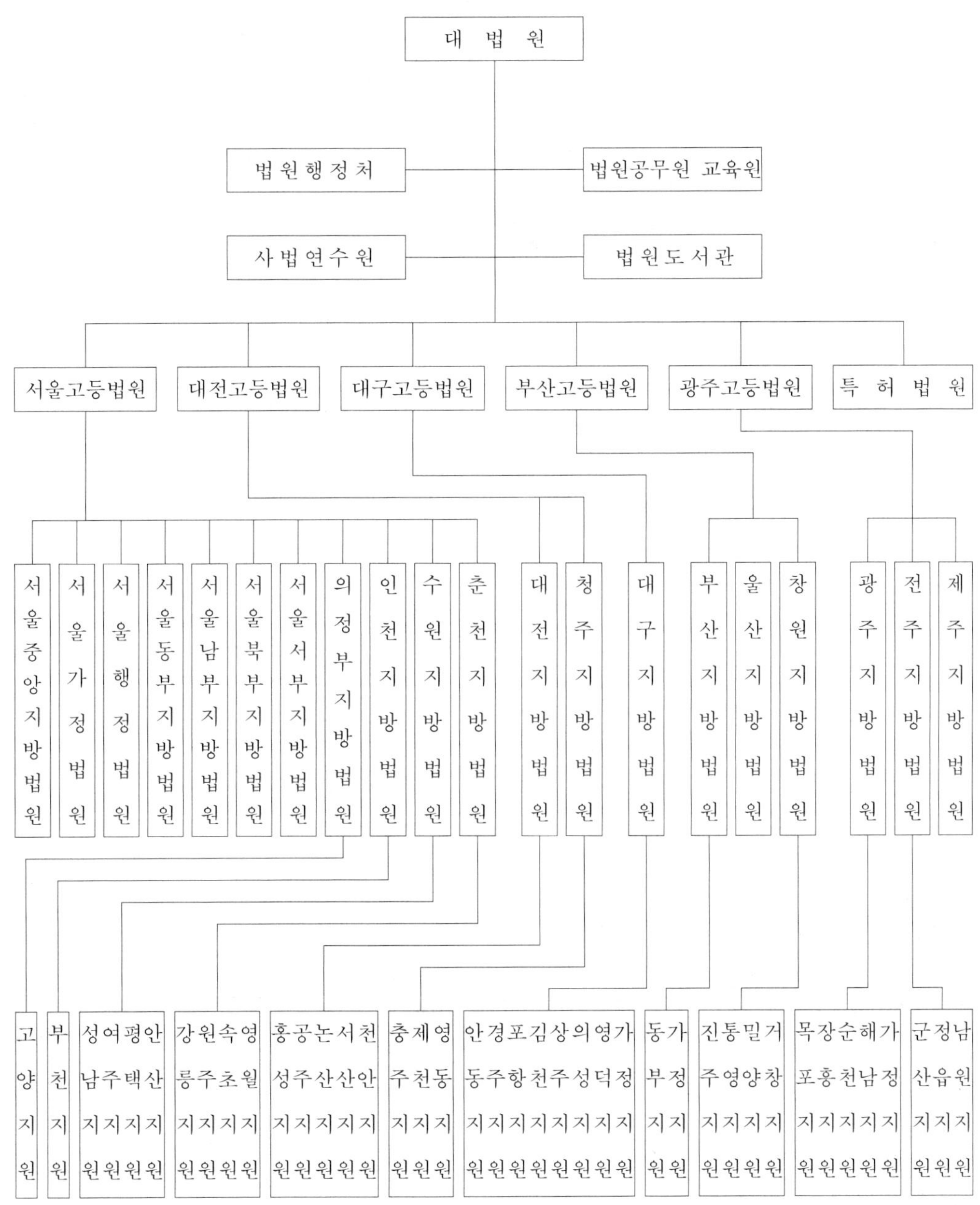

[그림 1-1-3] 우리나라 행정부 조직도

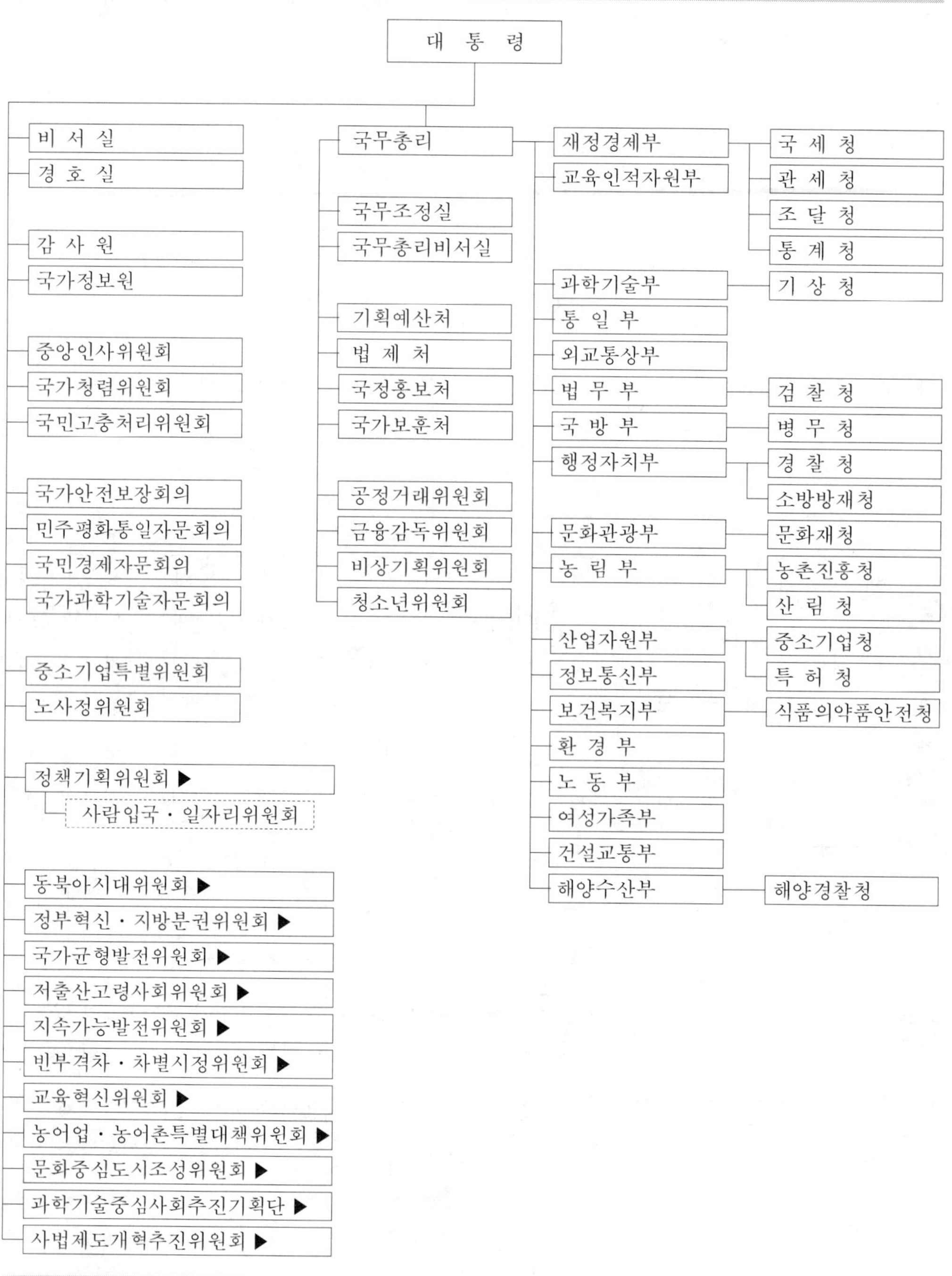

1. 정부 역할면

첫째, 국방 · 외교 · 치안유지 등 재산과 인명보호기능과 원호의 역할중심과 산업을 진흥시키는 역할정부로서 우리 경우 1945년 해방에서부터 근대정부 기본적 기능이 수행됨을 시작으로 본다.

둘째, 규제기능과 보호역할이란 소극적 기능을 넘어 시장경제의 성장발전과 같이 복지국가이념 중심으로 정부역할이 바뀌어지는 단계라고 보며(우리 경우 1960~1970년대),

셋째, 민주화와 국제화, 지방시대에 걸맞는 국가균형발전 중심 정부로(우리 경우 1980~1990년대) 이행하였으며,

넷째, 통일시대 · 경제위기극복 사회안전망확대 · 전자정부시대로 돌입하였다고 본다(우리 경우 2000년대).

2. 권력구조의 변천

(1) 제 1 공화국 정부(1948~1960년)

이승만 대통령(1875~1965년)의 남한 단독 자유민주주의 정부수립을 위한 1948년 5월 10일 정읍선언으로 제헌의회선거로 동년 7월 17일 정부조직법을 통과시켜 8월 15일 정부수립을 하였다. 이리하여 미군정 3년을 마치고 9월 13일 미군으로부터 정권을 인수받았다. 11개부 4처 3위원회 1실이고 대통령, 부통령, 국무총리를 두었으며 제 1 차 개헌은 대통령직선제에다 의원내각제적 요소를 도입하였다. 그리고 국회구성은 단원제에서 양원제로 바뀌었으며 국무총리, 국무위원의 연대책임과 개별책임을 제도화한 점이 특색이다. 그 후 제 2 차 개헌(1954. 5. 20)에서 초대대통령의 3선제한을 폐지하였다.

(2) 제 2 공화국(1960~1962년)

4. 19 혁명으로 탄생된 제 2 공화국의 특색은 다음과 같다.

첫째, 대통령은 양원합동회의에서 간접선거로 선출했고 집행권행사는 제한되었다.

둘째, 국무총리는 대통령이 민의원(民議院)의 동의를 받아 임명하고 국무위원 반수는 국회의원 중에서 임명토록 하였다. 국무원은 민의원 해산권이 있었다.

셋째, 국회는 민의원(民議院)과 참의원(參議院) 양원제로 구성되었고 민의원은 국무원 불신임권을 가졌다.

넷째, 법관의 선거제를 도입했다. 따라서 대법원장과 대법관은 법관의 자격자로 구성된 선거인단에서 선출했다.

다섯째, 헌법재판소를 두어 헌법보장, 탄핵심판권, 정당해산의 재판권을 부여했다.

제 2 공화국은 출범 2년 1개월 만에 1961. 5. 16.으로 끝났다.

⑶ 제 3 공화국의 정부(1963～1972년)

1961. 5. 16. 「국가재건비상조치법」으로 시작된 소위 혁명정부의 권력구조의 특징을 보면 다음과 같다.

첫째, ① 반공체제의 강화, ② 사회기강확립, ③ 민생고의 해결 등을 이념으로 한 정부로서 비상조치법으로 국회를 해산하고 국가재건최고회의를 두었다. 그 후 1962년 12월 17일 국민투표로 강력한 대통령제가 되었다.

둘째, 행정부 수반인 대통령은 4년 임기로 국민이 선출했으며 국가긴급권, 긴급명령, 긴급재정, 경제명령권을 가졌으며 국무총리, 국무위원 임명과 해임은 전적으로 대통령 재량권에 속하였다.

셋째, 국회는 탄핵소추권, 국무총리, 국무위원 해임건의권이 있었으나 대통령은 특별사유가 있을시 이에 응하지 않을 수도 있었다.

넷째, 법률의 위헌심사권을 대법원이 가졌다. 단 대법원장과 대법원판사 임명권은 대통령에 있었다.

다섯째, 집권적 통치구조를 가진 정당국가적 성격이 뚜렷하다. 특히 국회의원이 당적을 이탈하면 국회의원 자격이 박탈되는 점이 그러하다. 따라서 대통령의 정당을 통한 국회지배적 성격이 강하다고 본다.

⑷ 제 4 공화국 정부(1972～1979년)

1972년 10월 17일 「10월 유신(維新)」 선포로 주권을 장악한 정부권력구조를 가졌다.

첫째, 대통령직선제를 폐지하고 통일주체국민회의에서 대통령을 선임했으며 긴급조치권, 국회해산권 등 대통령권한을 강화했다.

둘째, 대통령임기는 6년이며, ① 국회해산권, ② 국민투표발의권, ③ 헌법재정발의권, ④ 대법원장・판사임명권, ⑤ 국회의원 정수 1/3의 추천권(유정회), ⑥ 긴급조치권행사, ⑦ 행정부에 법률안제출권을 갖고 3부(府) 위에 군림하는 위치였다.

셋째, 대법원장은 국회동의로 대통령이 임명하나 다른 법관은 대법원장 제청으로 대통령이 임명하되 임명거부권이 있었다.

넷째, 국민투표중시와 정당중심 정부운영 규정을 폐지하였다.

다섯째, 10. 26사태로(1979년) 12월, 국무총리가 통일주체국민회의에 의해 제10대 대통령을 선출하였으며 중앙행정기관으로 2원 13부 4처 13청 5외국을 두었다.

⑸ 제 5 공화국 정부(1980～1988년)

제 5 공화국헌법은 1980년 10월 국민투표로 결정되어 1981년 2월 25일 통일주체국민회의에서 제12대 대통령을 뽑았다. 동년 3월 25일 제11대 국회구성으로 출범하였다.

그 특징은 첫째, 대통령은 임기 7년으로 ① 국가긴급권계엄선포권・헌법개정발의권・

국민투표회부권이 있으며, ② 대법원장 · 대법관임명권, ③ 국회해산권이 있었다.

둘째, 법원 경우 일반 법관임명권이 대법원장에 주었고 법관파면처분은 형벌과 탄핵에 의하도록 사법부독립을 강화한 점이 특이하다.

셋째, 헌법위원회의 설치와 정당의 민주화와 정당정치가 활발해졌으며 1987년 6.29 선언으로 헌정사에서 최초로 여·야합의 헌법개정이 있었다. 그리고 대통령 중심제로서 중앙행정기관으로 2원 16부 4처 13청 3외국이 있었다.

(6) 제 6 공화국정부(1988. 2.~현재)

1) 노태우 정부(1988~1993년) 1987년 12월 16일 민정당 노태우 후보 대통령 당선으로 시작되었으며 1988년 서울올림픽성공과 1990년 12월 지방자치제법 개정으로 지방의회의원선거실시로 30년 만에 지방자치제가 부활되었다. 중앙행정기관은 2원 16부 6처 15청 2외국이었다.

2) 김영삼 정부(1993~1998년) 1992년 14대 대통령당선으로 32년간 군부정치에서 문민정부가 시작되었으며 5.18광주민주화운동의 재평가와 같이 국제통화기금(IMF) 국제금융신청 등 경제실패 정부였다고 본다. 이 때의 중앙행정기관은 2원 14부 5처 14청 1외국을 두었다.

3) 김대중 정부(1998~2003년) 1998년 12월 18일 50년 만에 여야평화적 정권교체로 15대 대통령에 당선하여 국민의 정부를 표방하였다. 통일원과 재정경제원을 부로 하여 경제부총리와 교육인적자원부총리 및 여성부 신설로 총 18부 4처 16청으로 정비하였다. 특히 ① 정부조직의 축소와 인력감축, ② 노사정(勞使政)위원회 출범, ③ 공공부문 개혁에 있어 시장중심의 신자유주의에 근거한 신공공관리(New Public management),[3] ④ 기업형정부구현을 특징으로 본다.

4) 노무현 정부(2003년~현재) 2003년 2월 25일 대통령에 취임하여 「참여정부」는 출범하였다. 3대 국정목표로서 ① 국민과 함께 하는 민주주의 실현, ② 균형발전사회건설, ③ 평화와 번영의 동북아시아중심 추가건설로 하고 4대 국정원리로서는 ① 원칙과 신뢰, ② 공정과투명, ③ 대화와 타협, ④ 분권과 자율을 표방하였다. 이를 중심으로 한반도 평화구축과 돈 안드는 선거를 비롯 부패방지, 지방분권을(행정복합도시: 행복도시) 비롯한 과학기술중심사회, 교육개혁과 지식문화강국실현, 사회통합적 노사관계구축 등 12대 국정문제를 추진하고 있으니 총체적으로 역대정부의 변천과정에서 지적될 수 있는 문제점은

첫째, 합리적 원칙 없는 정치논리의 지배를 들 수 있다.

둘째, 감축관리중심이며 행정이념의 전환 없이 전문인력양성의 태부족을 들 수 있다.

셋째, 개혁은 세계로, 미래로 나가야 할 것이며 당사자와 시장원리(고객중심) 아래 협

3) 하태권 외, 현대한국정부론(법문사, 2004), p. 68.

력(cooperation)과 경쟁(competition)이 하나가 되는 쿠피테이션이라는 경영행정의 신용어에 걸맞는 정부개편이 되어야 할 것이다.

제 3 절 정부의 역할

Ⅰ. 역할분담

1. 중앙정부

국가 전체에 걸친 정책과제를 계획하고 조정하는 역할이며 지방정부에 대한 감독 및 지원과 통제의 역할을 한다고 본다. 따라서 특정지방정부가 해결 못하는 문제인 동시에 해결능력이 부족한 것이 대부분이다. 이를 대분하면 다음과 같다.

첫째, 국가존립에 필요한 행정정책

둘째, 전국적으로 통일적 처리를 요하는 행정과 정책

셋째, 전국적 규모의 정책으로서 국가종합적인 행정학정책

넷째, 전국적으로 기준의 통일 및 조정을 요하는 행정과 정책

다섯째, 지방정부의 감독과 통제역할이며

여섯째, 지방자치단체의 기술 및 재정능력으로는 안 되고 중앙정부의 보조나 지원과 관할을 요하는 행정정책을 수행하는 역할을 중앙정부의 역할로 볼 수 있다. 물론 율곡이 말한 바와 같이 시세불일(時勢不一)이기에 수성(守城)과 창업(創業), 그리고 경장(更張)에 따라 절대적인 건도 아니며 다분히 가변적으로 응용하고 적용해석을 해야 할 것이다.

2. 지방정부

정부란 지역주민을 위한 지역주민의 욕구를 만족시키기 위한 지역주민의 정부이며 지역주민이 참여된 더불어 일하는 국가공동체로 볼 수 있기에 지방정부의 역할 또한 지역주민에게 신속하고 좋은 행정서비스의 제공을 목표로 한다고 본다.

21세기는 지방화·분권화의 지방시대이기에 지방정부역할이 커지는 추세라고 본다. 그 역할을 요약하면 다음과 같다.

첫째, 지역주민이 집거한 지역정주권(Human settlements)[4]을 중심으로 주민·지역·자치권을 구성요소로 이루어진 하위주권(sub-sovereignty)를 갖는 통치조직으로서의 역할을 한다.

둘째, 지방자치단체의 의회장, 기능과 사무, 서비스, 인적자원 및 조직운영, 정부와 에

4) 신윤표, 지역개발행정론(대왕사, 1984), p. 178.

산 · 물자관리를 포함한 총체적 자치단체활동을 들 수 있다.

셋째, 광역자치단체로서 특별시 · 광역시 · 도가 있으며 기초자치단체에는 시·군·구가 있는바, 집행기관과 의결기관으로 구성되어 권력분립주의에 원칙을 두고 지역 내 공공사무를 주민의사와 책임으로 처리하는 역할을 한다.

Ⅱ. 정부역할의 미래

1. 정부혁신의 원칙

정부역할의 영역, 경영과의 관계, 운영시스템 시장적정부(market-oriented government)의 도입적용을 비롯한 정부재창조로서 재구조화(restructuring), 기본틀의 재구성(reframe), 활성화(revitalizing), 리엔지니어링(re-engineering), 벤치마킹(benchmarking), 패러다임 이동(paradigm shift)[5]을 시켜야 될 터인데 여기에는 다음과 같은 원칙이 있어야 할 것으로 생각된다.

(1) 사회변동에 대응

빠른속도로, 연쇄방응적으로, 나비효과현상 속에서 파급효과 우파장을 크게 일으키는 양상이 계기되면서 세방화(世方化, Glocalization)시대가 되면서 세계화와 지방화는 불확실한 시대의 정부역할을 요구하게 된다고 본다. 따라서 이러한 변동에 잘 대응하며 기획된 변동관리(planned change)를 하여야 될 것이다. 특히 지방이란 단순한 로컬(Local)로서 부분(Part)이 아니고 고향이 국가이듯이 국지(sub-nation)로 보고 국가균형발전이란 차원에서 권력의 중심(power centers)을 다중심권력체제(multi-power center system)로 구축하여야 할 것이다.

(2) 수요자중심의 감축관리형 조직화

작고 효율적인 정부형조직이 요구되며 인권자원은 소수정예화, 물적, 예산, 제도적 차원으로 감축 · 관리 우선으로 재조직화하며 자율책임형으로 국제수준, 특히 민간부문과의 경쟁체제로 만들어 가며 연공서열이나 피라미드형 계층제구조의 경직성을 탈피하고 감독형 아닌 자체 경영평가형으로 맥고 모자형 조직재편을 원칙으로 하여야 할 것이다.

(3) 합목적성(Rationality)과 효율성 · 합법성 · 민주성의 조화형으로 전환

지나친 합법성(Legality) 중심으로 헌법재판소나 사법부판결로 국책사업이 흔들리는 것은 다분히 후진국 정부모형으로 보고 싶다. 정부행정정책은 투입(inputs), 절차(Processes), 산출(outputs), 결과(results)를 종합적으로 고려하며 단기, 중기, 장기면에서 보고, 특히 내부수익률(Internal Rate of Return)과 연관효과능률(Associated rate of Return)

---

5) 박우순, 행정학의 새로운 패러다임(법문사, 2002), p. 307.

이 합하여진 사회적 효과능률(Social Rate of Return)이 높도록 하자는 것이다.

(4) 총체적 질적 관리의 증대

돈, 사람, 물자, 시간, 방법, 시장, 원망(wishes&ideas 등), 모든 가치(value)를 높여야 할 것이며 이를 위한 질적 관리(Quality management)의 방도를 강구해야 한다.

국제적인 시장형 메커니즘의 영향권에서 정부는 기능하게 되고 독점, 강점 우위는 어렵기 때문에 모두를 파트너십 방식에 중점을 두면 좋을 것이다.

(5) 목표관리형으로 융통창의성 부여

각 부문 하위조직(Sub-System)과 조직인(organization)에게 권한위임과 책임을 동시에 주어 융통성을 부여함을 원칙으로 한다. 모두는 현장중심으로 되어야 하며 이제는 단위기관별로 인력의 형성·개발·보존과 보수, 퇴직정책까지도 융통성을 부여하고 장래는 공기업화로 나갈 준비를 하여야 할 것이다.

(6) 주민참여형(ombudsman형) 책임과 통제강화

지방자치단체의 기관장과 의회 지역이기주의의 방치는 곤란하며 지역단위의 산·학·관·연(產·學·官·硏)협동과 정보교환 및 CEO나 NGO참여를 중심한 호민관(護民官), 즉 옴브즈만제도의 도입을 원칙으로 함도 필요하다고 본다.

(7) 시장형·서비스 지향

정부도 이제는 경쟁원리와 시장형 메커니즘 도입이 요구되며 자치정부도 수익사업모형이 되어야 할 것이다. One-stop service나 on line service 활성화로 유비쿼터스(ubiquitous)형 도입적용까지도 바라봐야 할 것이다.

제 2 장

정부관리학의 동향

제 1 절 행정의 성격

Ⅰ. 행정의 다양성

행정(Public Administration)의 개념은 존 로크(John Locke)의 「시민행정이론」(*Two Treatises of Civil Government*)과 몽테스키외(Montesquieu)의 「법의 정신」(*L'Esprit des Lois*)에서 주장되었던 권력분립이론에 입각하여 형성되었으나 행정국가의 등장에 이르기까지는 행정법적 개념규정을 비롯하여 환경과 행정의 기능변동의 역사성과 더불어 입장과 내용·범위에 따라 실로 다양한 학설을 지니고 있다. 또한 그 나라의 정치적·사회적·문화적·국민적·지리적 특성에 따라 모든 체제가 변화되고 있으며, 그에 따라 행정제도 등이 성립·발전되었던 것이다. 이러한 문제는 행정현실의 생태요소를 파악하는 인식주체 및 인식대상에 따라 결정되는 것이다. 물론 그 인식주체 역시 사회적 변화에 따라 달라질 수 있으며, 그 사회가 갖는 가치관, 발전지향관에 의해서 한정적·상대적 의미의 영역을 갖는 것이다. 따라서 하나의 학문대상은 주체의식의 성립과 이로 인해 구성된 의식들의 집합에 의해서 역사적·사회적·정치적 제약성을 내포하게 된다고 할 수 있다. 이러한 연유에서 행정학의 발전은 단일적인 것이 아니고 다원적인 것이고 복잡한 활동영역을 가지고 있으며, 행정이 전체적인 사회발전의 복합체라고도 할 수가 있는 것이다.

행정현상은 사회현상과의 연관에 의해 행정영역의 고유한 개념을 설정하기 곤란하며, 그것을 분리구분하여 학문대상으로서 연구하기에 유동적일 수밖에 없다. 나이그로(F. A. Nigro) 교수는 이러한 현상에 대하여 첫째, 행정의 한계가 분명하지 않으며, 둘째, 행정의 내용과 기능이 동태적으로 변화되고 있다는 데 연유한다고 주장하고 있다.[1] 이처럼 행정

1) Felix A. Nigro and Lloyd C. Nigro, *Modern Public Administrations*(New York: Harper and Row, 1977), p. 3.

에 대한 일반적 정의를 명확히 내리는 것은 극히 어려운 문제라 볼 수 있다.[2] 이렇듯 행정에 관한 다양성과 학문적 체계가 미완성단계에 있지만 현재 우리 사회에 있어서 집행적·사실적 특징을 가지고 있는 행정이 없이는 사회발전과 국가전체적인 의사집행이 존립할 수가 없고 국가의 서비스 기능이 능률적이지 못하기 때문에 행정에 대한 올바른 인식은 절실하다고 할 수 있다. 더구나 행정은 이론과 실제가 광범위하게 조화되어 있기 때문에 다양성과 더불어 이의 연구가 중요시되고 있다.

Ⅱ. 행정의 성격

행정학의 목적은 정부를 보다 잘 이해하고, 정부의 정책을 보다 능률적이고 합리적으로 운영하기 위함이며, 사회와 정부와 국민간의 관계를 보다 원만하게 형성하도록 하고, 사회의 요구에 잘 부응하도록 조장·관리하며, 정치와의 관련에서도 융합적·순환적인 통치과정의 일부로서[3] 인식대상에 있는 것이기도 하다. 왈도(D. Waldo)는 행정을 고도의 합리성을 지닌 집단적 협동행위라고 말하고 있다.[4]

1) 국민이면 누구나 행정을 피할 수 없다. 행정은 인간 위에 존재하며, 사회생활 속에 존재하게 된다.

2) 행정은 궁극적으로 강제성을 띤다. 사회활동 중 반사회적인 활동을 범하는 사람이 있다면 누구나 이를 규제하였으면 하고 바라는데, 이를 할 수 있는 것이 행정이다. 행정은 합법적으로 강제적 권력을 독점하고 있다. 이러한 행정의 성격으로 우리의 자유를 제한하지만 신장시켜 주기도 한다.

3) 행정에 의한 공공활동은 사행위에 대해 우선권이 있다. 이것은 행정이 공익을 위하는 것이라는 사회적 신념에서 정당화된다고 볼 수 있다.

4) 행정은 국민에게 광범위한 서비스를 제공한다.

5) 행정은 정치의 지도이념이나 현실을 외면할 수 없다. 행정에는 정치적 성격이 내포되어 있어서 정치적 지도자 또는 정부여당이 표방한 정치적 공약이나 지도이념에 따라 행정의 성격이 정하여진다. 정치지도자가 경제개발정책을 내세우는 경우, 행정도 경제개발의 관점에서 시책을 펴나가야 한다.

6) 행정은 성과의 평가가 용이하지 않다. 그것은 행정의 정치적 성격과 공익의 추구라는 성격 때문이다. 경영의 성과는 일정기간중의 이윤성을 보면 한 눈에 이를 평가할 수 있으나 행정은 공익성 또는 복지를 추구할 경우 이의 측정단위도 애매하며, 비교할 수 있는 기준설정도 용이치 못하다.

2) 박문옥, 행정학(서울: 신천사, 1980), p. 23.
3) Paul H. Appleby, *Policy and Administration*(N.Y.: Alabama University Press, 1949), p. 24.
4) Dwight Waldo, *The Study of Public Administration*(New York: Doubleday, 1955), p. 5.

7) 행정은 공공윤리성을 외면할 수 없다. 행정의 목적가치가 아무리 설득력이 있다 할 지라도 이를 실현하는 수단가치가 도덕적인 사회일반규범에 위배된다면 국민으로부터 배척을 당하게 된다. 사회적으로 불공정한 일이 많기 때문에 행정만은 공정하기를 국민은 기대한다.

역사적으로 개관해 볼 때 최소한의 행정권의 관여가 요청되었던 19세기의 입법국가시대에 있어서는 행정기능은 소극적인 집행기능에 한정할 수밖에 없었다. 그 뒤 점차 행정에 대한 사회의 요구가 증가됨에 따라 행정권의 개입범위와 정도가 확대·강화·심화되게 되었고, 그에 따라 행정기능은 보다 적극적인 역할을 수행하게 되어 오늘에 이르러서는 정치발전기능까지 담당해 가고 있는 것이다.[5] 따라서 우리는 행정을 체제·기능·정치문화 등 환경을 기준으로 하여 개념규정을 해 볼 수 있는 것이다.[6]

이상의 논의에서 알 수 있는 바와 같이 시간과 장소를 초월한 행정의 개념은 있을 수 없다. 따라서 행정기능의 팽창이 급속한 우리의 입장, 즉 발전적 행정기능의 입장에서 타당하다고 생각되는 개념규정을 해 보면, 행정이란 정치권력을 배경으로 한 공공정책의 형성 및 구체화요, 합리화라고 할 수 있다. 또한 정치적 기능과 연관되어 행정을 연구한 디목(M. E. Dimock)은 정치적으로 결정된 목적의 달성을 행정의 기능으로 보고 있다. 그러나 행정이 단순한 행정사무의 질서 있는 집행이나 기법(art)에 그치는 것이 아니고, 정책에 광범위하게 관련되어 있다고 주장한다. 또한 행정은 사회가 가지고 있는 목표달성이나 문제를 해결하는 실제적인 면과 그것을 효과적으로 달성하기 위한 최선의 방법을 모색하는 혁신적이며 탐구적인 면을 지니고 있다고 한다.[7] 이런 의미에서 다음과 같은 성격을 갖는다.

1) 행정이란 언제나 정치권력을 내포하고 있다.

2) 행정이란 소극적인 갈등의 조정기능과 적극적인 발전정책의 결정기능을 내포한다.

3) 행정이란 결정된 정책의 구체화와 합리화를 뜻한다.

4) 행정은 사회를 안정시키는 기능을 한다.

5) 아담스(B. Adams)가 언급한 바와 같이 행정은 사회변화를 촉진시키는(facilitating the social change) 임무를 갖는다.

6) 행정은 공공성(the public), 즉 공익성(public interest)을 본질로 한다.

---

5) Dwight Waldo, *op. cit.*, pp. 9~10.
6) 박동서, 한국행정론(서울: 법문사, 1974), p. 35.
7) M. E. Dimock and G. O. Dimock, *Public Administration*(N.Y.: Holt, Rinehart & Winston, 1969), p. 3.

제 2 절 행정의 개념

Ⅰ. 행정법학적 행정개념

실질적인 의미에서 볼 때, 행정은 법질서하에서 동법 이외의 국가목적을 실현하는 집행행위이다. 행정이 법질서의 하위적 작용이라는 점에서는 사법과 공통적인 특징을 갖는다. 공법학자들이 주장하는 입법은 국가의 목표설정, 정책결정, 규범의 제정, 명령의 공포 등과 같은 기능을 수행함으로써 국가이념을 실현하는 1차적 단계이고, 행정은 국가목적을 구체적으로 집행하는 2차적 단계로서 정책의 구현, 계획의 집행, 법규의 준수, 명령이행 등과 같은 기능을 수행하는 것이며, 사법은 국가활동을 법규의 해석을 통하여 특정행위가 위법인가 적법인가를 판단하는 기능으로서 작용하고 있는 것이다. 이러한 구별을 설명하는 학설로서 다음과 같은 것이 있다.

1. 국가목적 실현설(國家目的 實現說)[8]

마이어(O. Mayer)는 이른바 국가목적 실현설을 주장하였다. 이들에 의하면 국가는 그 존재이유로서 그 구성원인 국민의 이익을 실현하는 목적을 갖지 않을 수 없는 것이니 이러한 본래의 목적을 위한 실천적 작용이 행정이며, 또한 국가는 강제사회로서 법질서를 유지하기 위한 법목적을 갖지 않을 수 없는 것이니 이를 위한 실천적 작용이 사법이라는 것이다.

2. 삼권분립적 공제설(三權分立的 控除說)

행정활동이란 복잡·다양하기 때문에 행정을 적극적으로 정의한다는 것은 매우 어렵다. 그러므로 이 학설은 근대국가에 있어서 삼권분립의 헌법적 체제를 전제로 하고 행정이란 국가활동 가운데에서 입법도 사법도 아닌, 나머지의 모든 국가기능을 행정이라고 보는 입장이다.

3. 법함수설(法函數說)

이 학설은 비엔나학파의 법규범적 방법론과 법단계설을 전제로 하여 행정을 일반적 법규범을 개별화하는 법적 작용으로 파악한다.

---

8) 윤세창, 행정법(상)(서울: 박영사, 1981), pp. 22~23.

Ⅱ. 행정학적 행정개념(行政學的 行政槪念)

1. 행정관리설(行政管理說)

이것은 1880년대 이후부터 1930년대까지 행정학 초창기의 대표적인 학설이다. 즉 행정을 수립된 정책이나 법령을 집행하는 기술적 관리 또는 공공사무의 관리라고 보는 견해로서 법률적 측면이 아니라 관리적 측면에서 이를 파악하고자 하는 것이다.

여기에서 행정이란 것은 단순히 기술적 능률을 강조하는 경영의 입장에서 연구되었고, 공익을 강조하는 사회적 행정의 입장에서와는 다른 측면을 보이고 있다. 여기에 속하는 학자로서는 윌슨(W. Wilson)과 화이트(L. D. White), 귤릭(L. Gulick) 및 윌로우비(W. F. Willoughby) 등을 들 수 있다.

윌슨은 행정의 연구에서 행정의 분야는 사무(business)의 분야이고,[9] 이는 또한 정치학의 논쟁으로부터 분리된다고 주장하여 행정 · 경영일치론과 정치 · 행정 이원론 입장을 밝히고 있는 것이다.

또한 화이트는 「행정학입문」에서[10] 행정을 국가목적을 달성하기 위한 인간과 물자를 관리하는 것이라고 했으며, 귤릭 또한 공공행정의 관리적 측면을 강조하여 POSDCORB를 주장했으며,[11] 윌로우비 역시 「행정의 원리」(*The Principle of Public Administration; Baltimore,* John Hopkins Press, 1927)의 책 속에서 역시 기술적 분야에 속하는 행정이 분리되어 관리적 측면을 강조해야 한다고 주장한다.

2. 통치기능설(統治機能說)

이 학설은 행정이란 통합기능, 즉 정치와의 밀접한 관련성 속에서 존재하는 정치 · 행정 일원론의 입장인 것이다. 다시 말해서 정치 · 행정일원론은 행정관리론에서 정치와 행정의 관계를 정치와 행정이 분리되어 서로 다른 과학으로서 존재할 필요성이 있다고 주장하는 데 반해, 여기에서는 전체적인 과정 속에서 하나의 연속과정으로서의 순환과정(circular process)으로 행정을 파악하자는 입장이다.

1930년대에 디목(M. E. Dimock), 애플비(P. H. Appleby), 마르크스(F. M. Marx) 등이 이 입장을 지지하고 있다. 특히 애플비는 이러한 이유로서[12]

첫째, 행정과정에서 불가피하게 존재하는 입법적 결정, 사법적 결정, 입법을 위한 권

9) Woodrow Wilson, "The Study of Administration," in *Korean Association for Public Administration,* ed.(서울: Da San Publishing Co., 1980), p. 19.

10) L. D. White, *Introduction to the Study of Administration*(New York: The Macmillan Co., 1995), pp. 4~5.

11) Luther Gulick, "Notes on the Theory of Administration," *Papers on the Sciences of Administration* (New York: Institute of Public Administration, 1937), p. 13.

12) Paul H. Appleby, *Policy and Administration*(N.Y.: Alabama University Press, 1949), p. 170.

고안의 작성 등과 같은 정치행위는 행정과정에서도 만들어지며,

둘째, 행정에 불가피하게 수반되는 정책형성기능에 대한 재평가의 필요성, 행정권에 대한 위임입법의 증가, 행정관료의 재량권과 그 범위의 확대, 입법과정에서의 행정부 의존관계의 심화, 준입법적·준사법적 권한을 가지는 각종 행정위원회의 증가현상이 있고,

셋째, 정부행정은 정치적 환경 속에서 수행되며,

넷째, 정치는 그 자체로서 국민에게 직접 봉사할 수 없고, 반드시 행정기능을 통하여 그 목적을 달성하게 된다는 것이다. 그러므로 이 학파는 단순한 집행이나 관리만을 다루는 것이 아니라 정책결정, 입법기능까지 담당한다고 보는 입장이다.

3. 행정행태설(行政行態說)

사회심리학적인 접근이 시도되면서 발달하게 된 이 학설은 1940년대의 왓슨(Watson)의 행태주의에서 출발한다고 볼 수 있다. 즉 개인은 모든 행위가 그의 심성에서 출발한다고 보고 있으며, 행정을 삼대 변수 중에서 행정인의 행위에 큰 비중을 두고 있는 것이다. 즉 행정을 협동적 집단행위로 규정하며, 가치판단이나 제도보다는 인간행태의 경험적·실증적·사실적 연구를 통하여 행정학의 과학화를 도모하였다. 논리실증주의적 입장에서 자연과학과 같은 인간행태를 중요시여기고 행정현상에 일정한 원리·원칙이 존재함을 주장하고 있다. 그러나 원리접근학자들과 약간 상이한 것은 인간행태의 과학적 측면이라는 것이다. 여기에 속하는 학자로서는 사이몬(H. A. Simon)을 비롯하여 톰슨(V. A. Thompson), 셀즈닉(P. Selznick), 피프너(J. Pfiffner)와 같은 학자들이 있다. 사이몬은 행정을 일종의 사회적 행동이며, 협동적 집단행동으로 파악하고 합리성과 객관성을 기본으로 한 집단적 활동 또는 의사결정의 과정으로 정의하고 있다.[13]

4. 발전기능설(發展機能說)

정치·행정일원론을 기반으로 하여 정치적·경제적·사회적 기능을 적극적으로 관리·발전시키자는 입장이다. 종전의 행정은 소극적·수동적 입장에서 행정환경에 적극적·능동적으로 대처하며, 격변에의 대응이라는 전략을 가지고 환경변화에 대한 대응능력을 향상시키는 것이다. 즉 행정관료는 행정집행에서 얻은 지식과 정보를 활용하여 당면 공공정책문제에 대하여 전문가로서 그 해결책을 수립하고, 행정에 적합하고 행정이 안정화를 기할 수 있도록 환경을 행정현상에 맞게 끌어들이는 것도 포함되는 것이다. 그러므로 이 발전기능설은 행정 우위의 입장에서 사회의 제현상을 주도해 나간다는 특징을 가지고 있다. 대표적인 학자로는 에스만(Milton J. Esman)과 와이드너(Edward W. Weidner), 비교발전행정학자로서 리그스(F. W. Riggs) 등이 있다.

---

13) Herbert A. Simon, *Administrative Behavior*(N.Y.: The Macmillan Co., 1957), p. 1.

5. 정책기능설(政策機能說)

정책(policy)은 공공기관의 목적 달성을 수행하기 위하여 가장 능률적이고 최선의 결정을 선택해야 할 것이며, 정책목표인 공익달성을 함에 있어서 당위성과 미래지향적·합리적인 과학성을 함께 소유해야 한다. 행정이란 드로아(Y. Dror)가 말한 정책으로써 동적인 과정이고 정부조직에 의해 결정된 미래지향적 행동지침이며 공공이익을 성취하기 위한 공식적인 목표라고 한다.[14] 이와 같이 행정을 완전한 형체로서의 정치과정을 강조하는 입장이다. 알렌워드(D. Allenworth)가 행정이란 정책형성과정의 집행부분에 해당하지만 실제로는 전체 정치적 과정에 관계된다[15]고 하였듯이 행정과 정치의 합리화수단으로서 또는 사회화수단으로서 행정의 정책화를 주장하고 있는 입장이다. 즉 인간과 물자·돈을 조직하고 관리하는 정책형성 그 자체가 되는 것이다.

6. 신행정학설(新行政學說)

이 학설은 1960년대 이후 미국의 정치사회적 상황과 그에 대한 행정이 관여해야 할 입장에서 행정의 독자적 영역을 찾고자 대두된 이론이다. 즉 미국사회는 인종분규와 월남전쟁의 실패, 세대간의 갈등, 국내의 실업문제, 워터게이트사건 등으로 인해 사회가 격동의 연속이었다. 이런 과정에서 종전의 행정에서는 이념적인 차원에서 행정이 어떤 영역을 차지하는가에 대한 단순논리만을 세워 왔기 때문에 이런 현실적이고 구체적인 사회문제는 취급되지 않았었고 취급될 수도 없었다. 이런 과정에서 사회과학은 현실문제를 가장 적절하게 해결해야만 되고 해결하기 위한 연구가 활발하게 진행되었다. 행정학도 이에 발맞추어 1968년 뉴욕州의 시라큐스대학의 Minnowbrook라는 곳에서 왈도(D. Waldo)를 중심으로 소장행정학자들이 모였다. 그 소장행정학자들에 의해 주장된 새로운 행정학 동향을 신행정론(new public administration)이라고 부르고 있다. 그들은 종전의 논리실증주의와 행태론을 비판하고, 사회적 형평성, 사회규범과 사회행동에 대처할 수 있는 대응능력이나 정책분석·평가에 많은 비중을 두고 있다. 또한 행정기술이나 능률성보다는 규범과 철학을 중요시여기며, 가치와 논리를 중시하고 조직 내의 인간발전과 고객지향적인 체제를 중심으로 도덕적 조직론을 강조하고 있는 것이다. 또한 사회적 형평성(social equity)을 강조함으로써 행정서비스의 균등적인 배분을 요구하고 있으며, 인본주의정책을 지향함으로써 행정의 새로운 면을 추구한다고 볼 수 있다. 이의 학자로서는 프레드릭슨(H. G. Frederickson), 마리니(F. Marini), 왈도(D. Waldo), 샤칸스키(Sharkansky), 골렘브위스키(Golembiewski) 등이 있다.

---

14) Y. Dror, *Public Policymaking Reexamined*(Pennsylvania: Chandler Pulblishing Co., 1968), p. 12.

15) Don Allenworth, *Public Administration*(Philadelphia: J. B. Lippincatt Co., 1973), p. 5.

제 3 절 행정학의 이론적 특성

행정학은 사실과학이라는 측면에서 오늘날 연합학문적 성격을 띠고 있다. 원래 행정학은 처방적·도구적이라는 면을 발달의 근원으로 들 수 있고, 관리적·사회연관적·발전적 기능의 단계를 거치면서 행정학의 독자적 영역과 사회적 능률을 강조하게 되는 것이다. 행정학이 행정사무를 처리하기 위하여 행정현상과 요소를 기술하고 상호연관적 유동분석을 하며, 정치의 영향이나 행정 외적 요인들과의 역할·과정 등을 연구·검토함으로써 원리 내지 법칙이 발생되고 있는 것이다. 그러므로 행정학이 사실과학(fact science)으로서 그의 유용성과 전문성 : 기술성·연합성을 중시하고 있는 것이다. 이러한 내용에 접근하는 방법으로서 행정학은 기본적으로 다음과 같은 다섯 가지의 원리적 특성을 가지고 있는 것이다.[16)]

Ⅰ. 기술적 이론(descriptive theory)

기술적 이론은 행정기관 내에서 실제적으로 일어나고 있는 것이 무엇인가를 기술하고, 관철된 행태의 원인이 무엇인가를 가정하는 것이다. 베일리(Stephen K. Bailey)와 같은 행정학자들은 행정연구에서 인간성(humanity)에 대한 통찰의 결과와 사회과학의 지식을 적용해야 한다고 주장한다. 왜냐하면 사회학·심리학·경제학·역사학은 행정인들이 어떤 행동을 하였을 때, 그들이 왜 그러한 행동을 하였는지를 설명하는 데 도움을 줄 수 있기 때문이다.

Ⅱ. 처방적 이론(prescriptive theory)

처방적 이론은 관료제의 전문성과 정치적 권력을 이용함으로써 공공정책의 방향을 처방하는 것이다. 일단 기술적 이론이 행정의 병에 대한 원인을 기술하면, 처방적 이론은 그 치료방법을 처방한다. 처방적 이론에 의하면, 행정이론은 행정과정을 개혁하고 수정하며 향상시키기 위해서 존재한다는 것이다.

Ⅲ. 규범적 이론(normative theory)

규범적 이론은 공공관료제가 현재 정치와 정책개발에서 맡고 있는 역할을 과연 맡아

16) William L. Morrow, *Public Administration*(New York: Random House, 1980).

야 하는가, 그리고 그러한 역할은 고정적인 것이어야 하는가, 확장되어야 하는가, 아니면 축소되어야 하는가의 여부에 관한 것이다.

Ⅳ. 가설적 이론(assumptive theory)

가설적 이론은 사람들이 관료제적 환경 내에서 정치적 제도와 상호작용을 하는 과정에서의 인간의 특성을 이해하고자 시도함으로써 행정실제의 질을 향상시키는 데 초점을 둔다.

Ⅴ. 도구적 이론(instrumental theory)

도구적 이론은 정책목표를 보다 신빙성이 있게 실현하기 위한 행정관리의 기술을 향상시킬 수 있는 방법을 뚜렷한 개념으로 정리하는 것이다. 도구적 이론은 정치체제 내의 어딘가 다른 곳에서 규정된 가치를 실행하는 데 필요한 도구·기술 및 시기성에 관한 이론이다. 만약 도구적 지혜가 없다면 그리고 만약 정책결정을 위한 신빙성이 있는 전달체제가 없다면, 다른 네 가지의 행정이론은 그 적용이 불가능할 것이다.

제 4 절 현대행정의 역할

Ⅰ. 행정국가적 기능

여기에서 말하는 현대행정이란 행정국가에서의 행정을 의미하며, 행정국가란 삼권분립을 전제로 하고, 그 중 행정이 가장 우월한 지위에 있는 것을 뜻한다.

따라서 기능의 확대·질의 변화 및 권력의 강화 등을 의미하게 된다. 이러한 행정국가하의 행정에 해당되는 시기는 각국의 사정에 따라 다를 수밖에 없으나, 봉사국가·복지국가로서 직능적 기능은 ① 1인당 GNP, ② 교통량, ③ communication량, ④ energy의 질적 변화, ⑤ 기계화, ⑥ 인구학적 근대화, ⑦ 엥겔계수, ⑧ 고용의 증대 등 적극적 기능을 수행하게 된다.

행정은 행정국가화함에 따라 정책결정기능까지도 담당하기 시작하였다. 따라서 단순한 관리·집행기능만을 주로 하던 행정에서는 현상유지·질서유지·통제 등의 안정유지자로서의 기능만을 담당했다고 볼 수 있으나, 정책결정기능까지 담당하게 되면서부터 단순한 안정유지자로서의 기능만이 아니라 변화를 스스로 주도하는 변화담당자로서의 기능까지 맡게 되었다.

[표 1-2-1] 현대국가의 행정기능

구분	질서기능		봉사기능	
	보안기능 (protection)	규제기능 (regulation)	원호기능 (assistance)	직접서비스기능 (direct service)
내용	· 대내: 범죄, 풍속, 보건, 교통, 소방, 영업, 소음, 천재지변대책 등 · 대외: 외교, 국방, 교포보호, 외국인 및 외국인재산통제, 전시의 동원 등	· 대내: 기업독점, 주식, 증권, 통화, 도량형, 노동조합 등의 통제, 노동안전 확보, 상거래통제, 의약품 · 식품통제 등 · 대외: 이민규제, 귀화, 출입국, 외환, 무역, 관세규제 등	· 대내: 구호, 원호, 연금, 보험, 사업보조 등 · 대외: 교포원호, 우방원조, 국제기구와의 협력 등	· 대내: 교육사업, 체신, 철도, 주택, 전기, 병원, 박물관, 도서관, 공원, 운동장, 공익사업 등 · 대외: 교포를 위한 사업(교육, 도서관 등), 국제우편 · 전신사업, 후진국개발사업 등
성격	고유적 기능 고전적 기능 소극적 기능 권력적 기능	← (좌측으로 갈수록)	(우측으로 갈수록) →	파생적 기능 현대적 기능 적극적 기능 비권력적 기능

좀더 구체적으로 살펴보면, 이는 주로 고도로 분화되고 산업화된 선진제국에서 그 예를 흔히 볼 수 있는 바와 같이 환경으로부터 해결을 요구받는 갈등문제에 대하여 신속하게 해결 · 조정하는 소극적 · 수동적인 것과 이와는 반대로 환경으로부터의 도전(challenge)에 대한 응전(response)으로서 그때그때의 갈등문제를 해결 · 조정하는 데 그치는 것이 아니라, 처음부터 능동적으로 변화 · 발전을 이룩하려는 입장에서 목적 · 계획 등을 세우고, 그에 따라 새로운 결정 · 변화를 도모하려는 보다 적극적이고 능동적인 것으로 나누어 볼 수 있다. 후자가 바로 1960년대 초부터 행정학도의 관심을 모은 발전행정에 해당되는 것인데, 현대국가는 거대정부(big government)를 갖게 됨으로써 정부는 국민의 보호자(protector) · 조정자(controller) · 중재자(arbitrator)이면서 동시에 국민에 대한 물심양면의 지원자이며 안내자로서의 기능을 수행하고 있다고 디목(M. E. Dimock)은 [표 1-2-1]과 같이 요약하였다.[17)]

Ⅱ. 현대행정의 특징

현대국가의 행정기능 확대로 나타난 현대행정의 특징을 보면 다음과 같다.

---

17) M. E. Dimock, G. O. Dimock and L. W. Koenig, *Public Administration*(New York: Holt, 1959), pp. 37~38.

1. 양적인 측면

1) 행정기관의 수가 계속 증가하고 있다.[18)]

2) 공무원의 수가 급속히 증가하고 있다.[19)]

3) 예산의 규모가 급속도로 팽창하고 있다.[20)] 따라서 행정기능의 범위가 크게 확대되었을 뿐만 아니라 행정권도 양적으로 크게 확대·강화되어 이에 대한 통제와 책임이 있는 행정권의 행사가 중대한 문제로 대두되고 있다.

2. 질적인 측면

1) 전문화와 기술화를 들 수 있는데, 이는 특히 행정의 사회·경제적인 이해관계나 갈등의 조정 및 보다 적극적인 발전을 위한 정책결정·계획기능 등에서 크게 요청되고 있다. 따라서 행정직은 단순한 서기적 업무로부터 전문화·직업화하여 가고 있다.

2) 조직의 안정성이 중요시되던 것이 점차 새 기능·새 사업에 따라 신축성 있게 특별연구반 또는 작업반(task force or project team) 중심으로 편성되어 가고 있다.

3) 계층간의 분업화에 따라 중요한 정책결정·계획이 중앙에서만 아니라 지방자치단체 중심으로 신중앙집권화와 지방분권화가 같이 일어나는 현상을 볼 수 있으며 이는 최근의 정보관리체제(MIS)와 체제분석(systems analysis)·관리과학 등의 이용으로 더욱 촉진되고 있다.

4) 기능의 분화는 보다 고도의 통합능력의 향상을 요구하고, 종합조정기구의 창설은 물론, 행정인의 폭넓은 이해력을 요청하고 있다.

5) 공무원의 지식·기술의 전문화의 향상은 물론, 발전지향성을 갖는 것이 요청되고 있어 이들의 학력은 계속 향상되고 있으며, 계속적인 교육·훈련이 요청되고 있다.

6) 예산편성·심의에 있어서도 전년도나 통제위주의 품목별 예산에서 최근 급속히 발달하고 있는 관리과학의 지식을 동원하여 발전사업에 따른 효율성의 향상을 기할 것이 요청되어 가고 있어, 성과주의예산의 시대를 지나 기획예산제도(PPBS)와 영기준예산제도(zero-base budgeting)가 채택되고 있다.[21)]

18) 우리나라의 경우, 1948년 행정수립 당시에 11부처였던 것이 1961년에는 2원 12부 2처 2외국 1위원회로 증가하였고, 1990년에는 2원 16부 6처 12청 3외국으로 늘어났다가 1999년 현재는 17부 16청 4처로 축소되었다.

19) 우리나라의 경우, 1953년에 23만, 1960년에는 23만 7천명에 불과했던 공무원의 수가 1973년 말에 452,054명, 1977년 말에는 519,110명으로 늘어났으며, 1998년 3월 현재는 행정부 916,265명과 입법부 3,346명, 사법부 12,078명, 헌법재판소 197명, 중앙선거관리위원회 2,013명 등 총 933,899명으로 증대되었다.

20) 우리나라의 경우 일반재정부문에 있어 지난 10년 동안(FY 1960~1970)에 약 10배로 증가했으며, 미국의 경우 동기간에 약 2배로 증가하고 있다. 그리고 1998년도 세출예산총액은 70조 3,603억원으로 증가하였다(재정경제부, 예산개요 참조).

21) Peater A. Phyrr, "The Zero-Base Approach to Government Budgeting," *Public Administration Review,* No. 1(Jan/Feb. 1977).

7) 모든 규제를 완화하며 행정관의 정책적 권력남용을 줄여 가려는 노력과 행정의 민주화와 능률화의 조화와 인간관계관리기준이 강조되고 있다.

제 5 절 현대행정과정

현대행정은 과거와는 달리 단순히 법령의 집행만은 아니며, POSDCORB만도 아니다. 따라서 행정범위는 보다 확대되어야 하며 행정정책이나 행정책임과 관련된 기획·조직화·동작화·통제 및 평가·심사분석과 환류 등의 문제는 행정과정의 당위적 과제로서 다루어져야 한다. 행정을 이와 같이 보는 경우의 특색은 다음과 같다.[22)]

1) 행정이 이루어지는 과정을 기준으로 한다.

2) 행정은 동태성을 지니고 있다.

3) 구조가 아니라 기능위주이다.

4) 각 과정이 관련되어 체제적 성격을 띤다.

5) 투입→전환→산출과정이 환경과의 교호작용을 갖는다.

이를 그림으로 나타내면 [그림 1-2-1]과 같다. 위와 같이 행정과정을 보고 현대행정의 이론을 정립할 경우 행정의 자체발전은 물론, 발전사업의 관리라는 면에도 도움이 되며, 지역사회의 경제개발에도 실천적 도움을 준다고 본다. 이를 개별적으로 다음과 같이 설명할 수 있다.

[그림 1-2-1] 행정과정

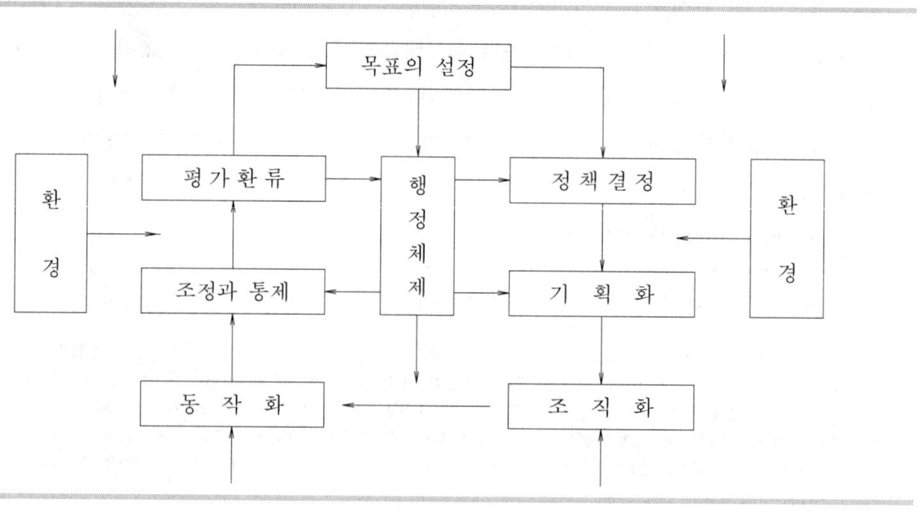

22) 박동서, "행정의 이론과 실제," 초급관리자반 교재(중앙공무원교육원, 1974), pp. 501~502.

Ⅰ. 목표설정

여기에서 목표란 물론 발전목표를 말한다. 우리나라는 전 국가적으로 볼 때, 국토통일로부터 시작해서 민주주의 국가건설, 통일역량의 배양, 경제발전, 국민형성·국제경쟁력 강화 등을 들 수 있는데, 이는 다시 부처별, 국·과별로 설정된다. 하지만 이를 행정에서 독점한다는 것은 아니다. 발전목표는 행정부 이외에 정당·정치인·전문가·여론 등 여러 사람과 여러 집단이 참여하는 민주적 정치과정을 거쳐 형성·설정되는 것인데, 다만 행정이 그 주요한 역할을 하고 있다는 것에 지나지 않는다. 물론 그 정도는 행정권의 우월 정도 여하에 좌우된다고 할 수 있다. 우리나라는 행정권의 비중이 상대적으로 커서 그에 미치는 영향력도 대단히 크다고 볼 수 있다.

Ⅱ. 정책결정

행정도 정책결정을 대행한다는 정치·행정일원론의 입장에서 볼 때, 정책결정은 목표설정 다음의 당연한 과정이라고 할 수 있으며, 정책내용은 발전목표와 고도의 합목적성이 요청되고 있다. 아울러 종래의 정치·행정이원론적 입장에서처럼 행정은 결정된 정책의 능률적인 집행에만 국한되지 않고, 그에 앞서 그 결정에 있어서도 고도의 합리성(정치적 합리성과 경제적 합리성)이 요청된다. 따라서 정책결정은 행정연구의 중요한 분야의 하나가 된다.

Ⅲ. 기 획 화

행정과정에 포함된 기획이란 정치·행정 이원론 아래에서 널리 인정되었던 POSDCORB,[23] 즉 기획(planning)·조직(organizing)·인사(staffing)·명령(directing)·조정(coordinating)·보고(reporting)·예산(budgeting)에 있었는데 이는 정태적인 상황을 전제로 한 데 대하여, 발전행정 아래에서는 동태적인 변화 또는 질적·양적으로 다른 상태로 조성·창조해 내는 점에서 차이가 있다.

Ⅳ. 조 직 화

발전목표가 설정된 후 그에 따라 정책이 수립되고 그의 구체화 지침으로서 기획이 이루어지며 무엇을 어떻게 하겠다는 안이 확립되면, 이를 구체화하는 수단으로서 인간협동

---

23) Luther Gulick, "Notes on the Theory of Organization," in Luther Gulick and L. Urwick(ed.), *Papers on the Sciences of Administration*(New York: Institute of Public Admini-stration, 1937), p. 13.

체의 조직 또는 분업체제와 자원의 배분이 필요하게 된다.

따라서 종래의 조직 · 인사 · 재무의 대부분이 이에 속한다. 그러므로 발전행정에 부합되는 분업구조 및 인적 · 물적자원의 확보가 종래와는 다른 수단으로 이루어져야 한다. 따라서 종래의 행정학의 3대 내용인 조직 · 인사 · 재무와 외형상으로는 유사하지만 그 구체적인 내용은 이론면에서 상당한 차이를 내포하게 된다.

Ⅴ. 동 작 화

동작화는 종래에 지시 · 명령이라고 하였으나 이는 너무 비발전적이며 베버(Max Weber)적인 냄새가 풍겨 동작화 또는 동기부여(motivating, activating)라고 개칭한 것이다.[24)]

조직화가 이루어진 후에 조직이 계획대로 움직여야 하는데, 이것이 위로부터의 지시 · 명령에 의해서만 수동적 · 소극적으로 움직이는 것이 아니고 밑에서도 자발적 · 적극적으로 움직여야 한다. 오늘날의 발전행정은 이러한 자율적 · 창발적인 움직임을 강력히 요청하고 있는 것이다.

따라서 그 주요 내용으로서는 사기 · 지도력 · 의사전달 · 인간관계 · 참여 · 동기부여 등의 제요인을 들 수 있다.

Ⅵ. 통제와 조정

정책결정 및 그 구체화의 합리화인 행정은 계속적 과정으로서 모든 과정에서 행정기관과 외부사회(환경) 사이에 서로 긴밀한 영향을 주고받으며 행해지는 것으로서, 동작화가 되었다고 해서 언제나 의도된 대로 움직여지는 것만은 아니다.

어떤 때는 전혀 다른 방향으로 나가는가 하면, 때로는 중간에 정지되고 마는 경우도 있고, 방향수정 내지 궤도수정이 필요하게 되는 경우 등도 있는 것이다. 이에는 행정책임, 입법 · 사법 · 행정의 내부적 통제방법, 결산 및 회계검사, 정치적 중립성 등이 포함된다.

Ⅶ. 평가 및 환류(반추 · 재이용)

행정운영의 업적과 종합효과를 평가하여 다음에 일하는 데 활용함으로써 보다 큰, 혹은 같은 사례로서, 또다시 시행착오를 범하지 않고 지속적인 행정발전을 기할 수 있으며, 보다 나은 제 3 의 방법을 재이용(feedback)하여 목표달성에 도움을 줄 수 있다.

24) Bertram M. Gross, *Activating National Plans*(CAG, ASPA, 1964), pp. 3~5.

이상과 같이 행정과정을 보는 것이 더욱 합리적이며 행정목표달성에 구체적 도움을 준다고 믿는다.

제 6 절 공행정과 사행정

Ⅰ. 의 의

일반적으로 공행정을 'public administration'이라 하고, 사행정은 'business administration'이라고 하는데, 전자는 행정이라고 하고, 후자는 경영이라 부르는 것이 보통이다. 카이든(G. E. Caiden)은 양자의 구분이 어렵다고 말하기도 하지만 기본공공정책이냐 아니면 단순한 사익관리냐의 문제로 구분할 수도 있으나, 행정이나 경영을 막론하고 그 과학화를 위해서 관리기법의 적용이 필요한 것은 마찬가지이다. 뿐만 아니라, 정치활동 역시 사적 조직인 기업이나 기타 사회적 이익단체와 개인을 포함해서 상호협조와 관련효과를 기대하며 수행되기 때문에 공행정과 사행정의 관계에 있어서 유사성과 차이성을 중심으로 성격에 대해 다음과 같이 분석할 수 있다.

Ⅱ. 공행정과 사행정의 유사점

1. 인간적 요인

넓은 의미로 공·사행정이란 두 사람 이상이 공동목적을 달성하고자 하는 인간의 협동행동(cooperative action)이란 점에서 공통요소를 갖는다. 요컨대 양자는 다같이 인간과 집단의 문제를 다루고 있다.

2. 관료제적 성격

공사행정은 계층제적 구조, 분업과 조정, 몰인정성(impersonality) 등을 그 특질로 하고 있으며, 관료제의 순기능과 역기능(병리적 측면)도 내포한다.[25]

3. 수단적 성격

공사행정은 목표달성을 위한 공통적 수단이란 점에서 동질성을 갖는다.

---

25) Felix A. Nigro, *Modern Public Administration*(New York: Harper, 1965), pp. 16~17.

4. 의사결정

공사행정은 조직목표를 달성키 위하여 능률적이고 합리적인 기준에 따라 최선의 방법(the one best way)을 선택·결정하게 되는 공통성이 있다.

5. 과학적 관리기법의 이용

관리기법·조직분석·업무량측정·사업관리기법이나 비용효과분석·정보관리 등 목적·가치를 제외한 관리기법, 계량적 분석방법 등, 그 자체만은 원칙적으로 차이가 없이 적용이 가능하다.

Ⅲ. 공행정과 사행정의 차이점

1. 목적의 다원성과 일원성

공행정은 안보통일·공공복지·경제발전·질서유지·공공봉사 등 다원적 가치를 추구하나, 사행정은 기업의 이윤추구라는 일원적인 목적성이 강하다. 따라서 전자는 특히 공익성이 그 본질이라고 하는 점에서 차이가 있다.

2. 법적 규제

공행정은 기관형성과 조직의 개편 등에 있어 정부조직법 등의 강한 법적 규제를 받으며, 공무원의 관리·의무·책임·임용은 공법에 근거하며, 사행정은 정관이나 규칙에 의한다. 뿐만 아니라 공행정은 도의적·윤리적 책임(responsibility)보다는 보고를 해야 하고, 감사를 받아야 되는 법적·회계적 책임(accountability)을 중시한다는 점이 사행정과의 차이점이라 하겠다.

3. 정치적 성격

공행정은 강제적인 권력성을 갖고 있으며, 정치적 성격이 강하다. 그러나 사행정은 공행정의 통제를 받으며 행정인과는 달리 기업인은 정치논리보다는 경제논리에 충실해야 할 것이고 정경유착을 하여서는 안 될 것이며 정치성을 내포하지 않기 때문에 사업이 정부의 규제대상이 되는 경우가 아니면 비판이나 감독을 받지 않는다는 점이다.[26)]

4. 권력수단의 유무

공행정은 행정행위의 발동이나 국세체납처분 등 권력수단이 있으나, 사행정은 권력수

26) John J. Croson and Joseph P. Harris, *Public Administration in Modern Society*(New York: McGraw-Hill, 1963), pp. 12~13.

단이 없으므로 고객은 과소한 반응을 나타내는 경향이 있다.

5. 평등원칙의 적용범위

공행정은 만민구제와 최대다수의 최대행복을 위하여 적용대상이 평등하나, 사행정은 고객에 따라 대우와 취급이 다르다.

6. 독점성과 능률성

공행정은 사회적 효율성을 고려하는 등 단일적이지 않고 경쟁성이 적어 독점성이 강하다. 사행정은 자율성을 지니며 금전으로 능률이 표시되는 단일성을 지닌다.

7. 규모 및 관할범위

행정기능이 확대되고 정부는 차츰 보다 많은 공무원과 예산을 갖게 되면서부터 사행정과는 비교가 안 될 정도로 그 규모나 관할범위가 넓다.

Ⅳ. 공행정의 역할[27)]

공행정의 역할과 기능은 시대와 장소에 따라 달랐다. 따라서 무엇이 바람직한 공행정의 상인가를 밝히는 것은 매우 어려운 과제이다. 야경국가시절에는 공행정의 역할과 규모가 적었기 때문에 활동면에서 작았다고 볼 수 있지만 복지국가에서는 행정역할이 형평적이고 사회정의 및 공개적인 역할이 강조되어 더 많은 역할분담이 요구된다. 여기서는 자유민주주의 국가에서 보편적으로 기대되는 공행정의 역할에 대해서만 살펴보기로 한다.

1. 공공정책의 집행

공행정의 가장 기본적인 역할이란 공공정책의 집행이다. 공공정책은 대통령 · 입법부 · 정당 등 정치기관에 의해서 결정되는 것이 상례였으나 오늘날에는 비정부조직과 같은 시민단체들의 참여도 두드러진 현상으로 나타나 있다. 한편 이러한 정책은 집행을 통해서 그 가치와 내용이 구체화되는데, 그 집행기능을 공행정이 담당한다.

또한 사회가 산업화되고 전문화됨에 따라 공행정은 공공정책의 결정에도 크게 참여하고 집행과정에서 집행권을 발동함으로써 가치배분의 기능까지 담당하게 된다.

2. 공공서비스의 전달

공행정은 국민생활상에서 필요로 하는 각종 서비스를 제공한다. 국방 · 치안 · 공중위

27) 백완기, 행정학(서울: 박영사, 1998), pp. 10~13.

생 · 환경보전 및 관리 · 도로건설 등이 이에 속한다. 공행정이 제공하는 재화나 용역은 주로 비배제성과 외부경제성의 성격을 띠고 있다. 우편 · 전신 · 전화 · 철도 등과 같이 분할성이 있는 재화나 용역도 제공하는데 이러한 것들은 종전에는 고도의 시장중심의 자본주의국가에서도 행정만이 공급할 수 있다는 인식이 지배적이였으나 오늘날에는 공공부문에 시장원리의 도입을 통한 혁신과 함께 과도한 민영화가 추진되고 있다.

3. 정치의 안정화

공행정은 정치체제에서 안정성과 연속성을 가져다 준다. 공행정은 체질적인 보수성으로 인해서 정치인들의 성급한 변화요구에 서서히 반응하는 경향이 있다. 특히 공공관료들은 새로 들어선 정치인들의 요구와 명령을 과거의 정책과 일치시키는 방향에서 재해석하기도 하고, 때로는 이들의 명령이 부도덕하다고 생각할 때에는 저항하기도 한다.[28] 따라서 공행정은 정치의 단절적이고 급진적인 변화에 제동을 걸어 정치의 안정화기능을 수행한다.

4. 공공대표성

공공관료제는 주로 공개적 시험을 통한 임명에 의해서 충원된다. 이 때 공공관료제는 각계 각층의 다양한 생각과 가치를 대표할 수 있는 터전을 마련한다. 미국 같은 경우에도 공공관료제가 백안관이나 상원보다 미국인의 광범위한 생각과 가치의 범위를 훨씬 더 잘 대표할 수 있다고 지적되고 있다.[29]

공공관료제는 어느 사회에서나 임명직 · 기회균등 · 시험제의 장점을 살려 대표성을 확보한다. 뿐만 아니라 공공관료제는 중립성과 전문성을 토대로 여러 계층의 이익들을 조절함으로써 사회의 형평성을 유지하게 한다.

5. 정치적 문제의 해결

공공행정은 항상 정치적 환경 내에서 사회집단들이 내세우는 문제를 해결하도록 반응한다. 어느 사회에나 압력단체는 자기들의 이익을 정치문제화시킨다. 여기서 신속하면서도 전문적으로 대처할 수 있는 기관이 행정이다.

6. 시장경제의 통제 및 조정

재화나 용역의 생산을 전적으로 시장경제에만 맡겼을 때에는 공공재의 경우 수요가 충족되지 않을 수도 있다. 일반적으로 민간부문은 이윤이 있을 때에 생산에 참여한다. 민

28) James A. Medeiros and David E. Schmitt, "Public Bureaucracy: Values and Perspective(Duxbury Press, 1977), p. 5.

29) Norton Long, "Bureaucracy and Constitutionalism," *American Political Science Review,* September, pp. 808~818.

간기업은 이윤부족 때문에 생산에 참여하지 않지만 필히 충족되어야 할 국민적 수요가 있는데, 이러한 수요를 충족시켜 주기 위해서 공행정이 존재하게 된다.

또한 시장의 원리에 의해서 경제활동을 무한정으로 방임하면 약육강식에 의한 독과점 현상이 일어난다. 독과점이 지배하는 시장구조하에서는 대기업의 횡포, 부당한 가격결정, 불공정한 거래행위가 나타난다. 이러한 점에서 독과점은 공행정의 규제의 대상이 된다.

7. 사회적 형평성

공행정에서 형평의 기능은 사회적 약자를 보호하는 것으로부터 그 출발점을 삼는다. 부, 권력, 문화의 혜택이 특정계층이나 특정지역에 편중되어 있으면 균형 있는 사회발전은 물론 사회존속을 위해서도 불행한 일이다. 여기에서 형평화는 공행정의 중요한 기능으로 등장한다. 형평화의 기능으로 들 수 있는 것은 사회보장제도, 최저임금제, 의료보험제, 실업보험제, 누진세제도, 소비자보호, 중소기업보호육성, 균등한 지역개발, 교부세 및 보조금, 의무교육제도 등이다.

8. 개발전략의 수립 및 집행

공행정은 국가발전 및 개발, 지역사회개발 등의 종합적 전략과 집행기능을 수행한다. 특히 민간기업이 자본이나 기술이 부족한 개발도상국의 경우에는 더욱 현저하다.

9. 사행정과의 역할조화

공행정은 여러 가지의 중요한 역할을 수행하고 있다. 그러나 공행정이 적정규모를 넘어서 그 역할을 지나치게 확장하면 민간부문에서의 창의성과 자율성을 억압함으로써 사회 전반적인 발전에 있어서 해독작용을 하게 된다. 따라서 공행정은 직접적으로 수행할 수 없는 역할은 어느 정도 사행정이 담당하는 것에 익숙해져 있기 때문에 사행정과의 역할분담이나 조화가 매우 중요하다.

제 3 장

현대정부관리학의 성립과 발전

현대와 같이 분권화·전문화된 행정에 있어서는 그 역할은 무엇이고, 목적은 무엇이며, 기능이 어떤 것인가를 쉽게 알 수가 있다. 그러나 미분화된 사회와 통합적인 사회에 있어서는 그 역할·기능·목적이 분명하지가 않다. 그것은 곧 학문의 분화와 전문화가 안 되었기 때문이다.

행정의 역사는 어느 시대 어느 장소이건 존재했다고 볼 수 있다. 글래든(E. N. Gladden)은 「행정의 역사」(*A History of Public Administration*)에서 행정은 역사의 탄생과 더불어 존재하고 있음을 주장하고 있다.[1] 또한 토인비(A. Toynbee)도 「역사의 연구」(*A Study of History*)에서 행정에 대한 연구가 고대문명하에서도 고도로 발달하였음을 발견하였고, 레포스키(A. Lepawsky)는 「행정학」(*Public Administration*)에서 행정학의 기원을 고대 이집트나 고대 중국에까지 소급하여 논의하고 있으며,[2] 디목(M. E. Dimock)도 설형문자나 상형문자 등에 관한 분석결과 행정은 고대 이집트시대부터 인류의 주요관심사가 되어 왔음을 지적하고 있는 것이다. 그러나 이들 주장은 행정에 대한 추상적이고 포괄적인 시대의 선정에 불과하며, 행정이 근대적인 행정이념과 목적을 가지고 형성된 것은 관방학(Cameralism)시대부터이다.[3] 이를 시발로 하여 행정에 대한 학문적 연구는 16세기 중엽~18세기 말까지의 관방학, 18세기 말부터 발달된 행정법학, 18세기 말~19세기 초에 존재했던 슈타인(Stein)행정학, 행정법학, 그리고 19세기 말부터 20세기 초의 미국의 행정관리학으로 그 맥을 짚어 볼 수가 있다.

---

1) E. N. Gladden, *A History of Public Administration*(London: Frank Cass Co., 1972), pp. 110~111.

2) Albert Lepawsky, *Administration*(New York: Alfred A Knopf, Inc., 1952), pp. 77~79. Lepawsky는 그의 저서에서 고대·중세·근대초기의 행정사상에 관하여 ① 고대 이집트 왕조와 톨레미의 이집트, ② 고대 중국, ③ 고대 희랍의 아테네 도시국가, ④ 로마공화국과 로마제국, ⑤ 중세의 영국과 불란서, ⑥ 17·18세기의 독일, ⑦ 19세기의 미국, ⑧ 20세기 등으로 분류하고 있다.

3) 辻清明, 行政學講義(上巻)(東京: 東大出版會, 1968), pp. 9, 22.

제 1 절 관방학과 행정학

Ⅰ. 관방학적 행정학

1. 관방학의 발생배경

관방학(Kameralwissenschaft, Kameralismus)은 16세기 중엽부터 18세기 말에 걸친 독일 중상주의시대에서 발생한 정책학이라고 할 수 있다. 즉 16세기 이후의 유럽은 정치적으로 민족적 절대군주국가의 생성·발전기였고, 경제적으로는 중상주의시대였다. 당시 영국과 프랑스는 이미 전 국토를 정치적·경제적으로 통합한 절대군주지배하에서 경제적 세력의 신장과 정치적 지위의 향상에 경주하고 있었다. 그러나 독일에서는 이들 국가에 비하여 민족국가의 결성이 늦어지게 되어 당시의 일반적 사상이었던 중상주의를 실천해 나갈 만한 경제적 조건을 갖추고 있지 못하였다. 따라서 독일에서는 식민지 획득을 위주로 하는 중상주의정책이 부득이하게 변질된 형식으로 나타나지 않을 수 없었는데, 국내의 부강을 추구하기 위하여 국내자원의 개발에 의한 관방경제의 발달을 보게 된 것이다. 이 근본사상은 소위 모든 복지와 행복은 국가로부터 도출된다는 행복촉진주의적 복지국가관에서 나왔다고 볼 수 있다.

2. 관방학의 의의

관방학은 16세기 중엽부터 18세기 말에 이르기까지 독일과 오스트리아에서 발달되었던 절대주의국가에서의 통합 내지 행정사상이다.

그것은 특정한 목적으로 구성된 사회에 있어서 특정한 국가를 관리하는 기술(art)이며, 이론(theory)이다.[4] 관방학이란 좀머(L. Sommer)에 의하면 대체로 근세초와 중기에 독일과 오스트리아의 전통군주정을 특징화한 행정·재정 및 경제정책의 집권화, 실천과 경향에 관한 포괄적 정치사상 또는 동시대의 정치학체계를 지칭하는 것으로 전제군주정에 봉사하며, 관료적 교양의 기초로서 각종 행정사무의 실현을 체계적으로 설명하고자 시도한 것이라고 주장했다.[5] 관방학의 본질에 관하여 타우차아(A. Tautscher)는 서구제국의 중상주의가 연안적·국민적인 것인 데 반하여, 독일의 중상주의로서의 관방학은 내륙적 경찰학의 특징을 가지고 있다고 하였고 관방학을 국가과학적 정치경제론이라고 규정하고 있다.[6]

---

4) Albion Woodbery Small, *The Cameralist: The Pioneers of German Social Policy*(Chicago, 1909), p. 606.

5) 박문옥, 행정학(서울: 신천사, 1980), p. 74.

6) 상게서, p. 74.

3. 관방학의 특색

관방학을 행정학의 근원으로 보게 되는 기본적 전제는 관방학이 국가의 목적 또는 이념을 실현하기 위한 합목적적인 국가활동에 관한 이론이었다는 점이다. 이의 특색은 다음과 같다.

첫째, 국가의 활동이념은 복지와 행복에 기초하고 있다.

둘째, 국가란 모든 사회경제적 향상을 위한 최고관리자이다.

셋째, 군주의 관방재정을 증식하기 위해서 모든 가능한 효과적인 통치수단과 진흥정책을 고찰할 것을 지상과제로 삼았다.

넷째, 군주의 관방경리를 국가경제와 완전히 분리시키지 못했다.

다섯째, 관방학에서의 국가는 국민경제의 형성자이며, 국가경제는 수지와 더불어 국민경제의 번영을 목표로 하여 관리되어야 한다는 점이다.

여섯째, 관방학은 하나의 집단이론으로서 오늘날의 전체주의적 원칙에 기초하는 특수한 관헌적(官憲的) 행정이론이라고 볼 수 있다.

4. 전기 관방학과 후기 관방학

관방학은 프리드리히 빌헬름 1세(Friedrich Wilhelm I)에 의하여 1727년 할레(Halle)대학과 프랑크푸르트(Frankfurt an der Oder)대학에 관방학강좌를 개설한 때를 기준으로 하여 전기와 후기로 나뉜다. 전기 관방학은 어떻게 하면 최량의 행정관리에 의해서 왕실의 경제적 수입을 유지하고 증식하느냐 하는 것이었다.

따라서 관방학의 특징은 행정·재정·예산학·경찰 및 공예에 관한 지식을 내용으로 하였고, 국가적 요청에 따르는 행정·재정에 중점적 고려를 하는 사회과학이었다. 특히 푸펜돌프(Samuel von Pufendorf, 1631~1694)는 「자연법론」에서 관방학적 이론을 더욱 뚜렷하게 발전시켰고, 베허(J. J. Becher, 1635~1682)의 「정치학」, 달예스(J. G. Darjes)의 「관방학 제일원리」 등에서 그 발달을 볼 수 있다. 반면에 후기관방학은 전기보다 전문적으로 분과가 진행되었다. 관방학의 대상이었던 특권에 관한 법적·행정적 지식은 뒤에 와서 행정학으로 발전한 경찰학으로 분화되었고, 왕영지특권(王領地特權)과 조세관리에 관한 것은 농학·임학·광산학으로 조세에 관한 것 중 국민소득에 관한 부분은 국민경제학으로 발전하게 되었다. 후기관방학의 대표적 학자로서는 갓사아(S. P. Gasser, 1676~1745), 디트마(F. C. Dittmor, 1677~1738), 유스티(J. H. G. Von Justi, 1705~1771), 존넨펠스(J. Von Sonnenfels, 1732~1871) 등을 들 수 있다. 전기와 후기의 차이점은 공공복지의 사상적 기초를 전기에서는 신학에 두고 있으며(왕권신수설), 후기는 계몽사상에 기초를 두고 있다(자연법사상). 그리고 전기에 있어서는 재정학과 경제정책 등과 융합 또는 혼돈되었는데, 후기에 있어서는 그것들과 구별되는 독자적인 경찰학의 체계를 수립하였다.

경찰학을 최초로 체계화시킨 학자는 유스티(J. H. G. Justi)였다. 그는 국가자재(國家資財)의 개념을 중심으로 하고, 국가목적을 국가자재의 창설과 유지 및 국가자재의 유용한 사용으로 구분한다. 전자의 목적은 정치학이 국가내외에 있어서의 질서와 안녕의 유지를 관장하고, 경찰학이 국가자재의 확보를 담당함으로써 실현될 수 있으며, 후자는 재정학에 의하여 실현될 수 있다고 보았다.

행정학의 기원을 경찰학 또는 넓은 의미의 관방학에서 구하는 것은 그것이 위에서 볼 수 있는 바와 같이 국가활동에 관한 이론이었다는 데 있다.

Ⅱ. 슈타인(Stein)의 행정학

절대군주주의 시대에 발생했던 관방학적 행정학은 비록 독일의 근대국가 성립기에 발달한 국가중심이론이라고는 하나 정치와 행정을 구별하고 행정의 본질이 무엇인가에 관해 충분한 언급이나 설명이 없다는 점에서 현대행정학의 근원으로 보기는 어렵다. 이러한 상황에서 후기관방학이라고 할 수 있는 경찰학은, 헌정과 행정의 두 개념으로 분리시킨 것이 슈타인이므로 이를 슈타인행정학이라 한다. 즉 헌정을 국가의 의사와 행동으로 설명하고, 행정을 국가의 노동활동으로 구분함으로써 행정의 개념을 약간이나마 분류하고 있다. 슈타인은 서로를 절대적 우월관계로 파악하지 않고 상호간 우월관계로 파악함으로써 2중관계를 인정하였다. 이와 같이 슈타인은 헌정과의 관련하에서 행정의 적극적 개념을 확립하고, 나아가 행정의 각 분과를 5대 영역, 즉 국가와의 관계인 외무행정, 국가의 힘과 질서인 군무행정, 국가경제를 다루는 재무행정, 현행법의 실현인 법무행정, 국민의 일반적 발전을 위한 여러 조건의 창출인 내무행정으로 구분하고 있다.

그러나 슈타인의 행정학은 그 이상의 학문적 발전을 이룩하지 못하였다. 그것은 그의 행정학의 근본사상인 보수주의적 사회개량주의나 경제정책 및 사회정책면에서는 지지를 받았으나, 국가학적·법률학적 면에서는 법치주의적 자유주의시대의 요구에 합치되지 않았기 때문이고, 19세기 말부터 20세기 초에 걸쳐서 헌정에 형식성을 비판하는 사회현상이 대두됨에 따라 많은 행정학자들에 의해 슈타인행정학에 대한 재인식의 연구가 진행되었다.

제 2 절 현대행정학의 발달

현대행정학의 분기점은 윌슨(W. Wilson)의 「행정의 연구」(*The Study of Administration*)에서 찾는 것이 가장 보편적이다. 그러나 미국행정학의 전시대라고 할 수 있는 시기에 연구가 없었던 것은 아니다. 즉 해밀턴(A. Hamilton), 제퍼슨(T. Jefferson), 젝슨(A. Jackson) 등의 민주행정에 관한 사상은 미국행정학에 있어서 중심과제가 되어 발달하기 시작하였으며, 그 이후 사회변동과 행정의 질적 · 양적 변화 및 행정권의 확대 · 강화현상이 나타나기 시작하였고, 사회학파와 더불어 파생되는 기능적 행정학과 사회정책학의 대두, 그리고 정부개혁운동과 정책분석 및 평가 등의 중요성과, 인간관계론 · 과학적 관리론으로서 인간심리의 중요성과 사회적 능률성을 강조하게 되었으며, 현재는 사회의 종합관리체제시대를 맞이하게 됨으로써 사회적 형평성(social equity)과 사회의 정의 및 인본주의적인 행정이념을 중시하게 되었다. 학자에 따라서는 시대별로 1기, 2기, 3기로 나누거나, 정치·행정 이원론, 일원론, 행태론, 발전행정론, 기술적 행정학 및 기능적 행정학으로 구분하기도 하는데, 여기에서는 ① 행정학의 발단, ② 정치 · 행정이원론(Politics/Administration Dichotomy)과 행정원리론(The Principles of Administration)(1887~1937), ③ 정치행정이원론과 행정원리론에 대한 도전과 반응(1938~1950), ④ 정치학으로서의 행정학(1950~1970), ⑤ 행정과학으로서의 행정학(1956~1970), ⑥ 신행정학(1968~), ⑦ 행정학으로서의 행정학(1970~)으로 구분해서 고찰하기로 한다.

Ⅰ. 행정학의 발단

미국의 역사가 · 교육자이며 행정가인 윌슨(Woodrow Wilson)이 1887년 "행정의 연구"라는 논문을 발표했다. 이 논문에서 윌슨은 행정은 "법률의 세부적이고 체계적인 집행행위"[7]라고 말하였으며, 정치와 행정은 분리되어 독립과학으로 존재할 가치가 있다고 주장하였다. 또한 행정은 정부의 가장 분명한 부분이고, 이는 행동상(action)의 정부이고, 집행적(executive)이고 기능적이며 정부를 가장 잘 볼 수 있는 것이라고 했다.[8] 행정이 존재해야만 하는 이유로서는 "국가의 이상(idea)은 행정의 의식(conscience)으로서 새로운 양상에 대해서 국가가 무엇을 해야 하는가를 찾으며, 그 다음 과제는 국가가 어떻게 해야만 하는 가를 분명하게 찾기 위한 것으로 이것은 행정과학이 정부가 가야 할 길을 올바르게 하고 능률적인 경영을 하기 위해서 조직을 강화시키고 순화시켜 성실성을 가지고 의무를 다하도록 추구해야 하는 것이다"[9]라고 말했으며, 행정은 정치적 국면의 외적인 것에 놓여 있고, 행정적 과제는 정치적인 과제가 아니지만 정치는 행정집행을 위해 놓여 있어야만 한다고 말했다.[10] 특히 정치와 행정을 분리해야 한다는 입장에서는 정치는 "우주적이고

7) Woodrow Wilson, "The Study of Administration," *Korean Association for Public Admini- stration,* ed.(서울: Da San Publishing Co., 1980), p. 11.

8) *Ibid.,* p. 10.

9) *Ibid.,* pp. 12~13.

10) *Ibid.,* p. 20.

매우 큰 상황 속에서의 활동상태이다"라고 했으며, 행정은 "조그만 상황과 개인적인 상태의 활동이다"라고 말했다. 따라서 정치는 정치가의 고유한 영역이고 기술적 사무의 영역이라고 했다.[11] 행정은 정치가 아니다라는 입장을 분명히 하였고, 행정은 법률의 체계적 · 사실적 집행이라고 주장하였다. 또한 윌슨(Woodrow Wilson)은 행정의 연구와 실제를 위한 다음과 같은 네 가지의 지침을 제시하였다.

첫째, 행정에 관한 과학은 정치제도에 널리 적용시킬 수 있는 하나의 유일한 조직원형에 기초를 두어야 한다.

둘째, 행정에 관한 어떤 훌륭한 과학도 정치의 영역과 절연시켜야 된다.

셋째, 행정에 관한 과학의 지침이 되는 가치는 효율성이다.

넷째, 효율적인 행정이 이루어지기 위해서는 하나의 유일한 정부권력센터가 필요하다.

이와 같이 윌슨(Wilson)의 연구는 행정연구에 대한 충분한 발전의 계기가 되었으며, 이로부터 본격적인 연구활동이 전개되었다. 윌슨(Wilson)의 연구는 그 후 40여년간을 행정의 주요이념으로 지배해 오게 되었고, 새로운 학문을 발전시키는 기본적 틀(framework)이 되었던 것이다. 그러나 윌슨(Wilson)은 행정에 관한 제요소를 기술적 효율이라는 측면과 정치와 행정을 분리하는 입장에서 연구하게 되는데, 그 후 이러한 견해가 덜 효율적이라는 비판을 받게 되었다. 이에 대하여 윌슨은 행정은 특정한 국가의 정치사상과 헌법체제에 적합한 것이어야 한다는 것이었다. 윌슨은 "행정에 관한 과학은 적절하게 구성된 국가의 필요성에 적응한 프랑스와 독일의 학자들에 의해서 발달된 것이었으며, 또한 그것은 고도로 집권화된 정부형태에 맞추어 이룩된 것이기 때문에 우리가 그것을 도입하려는 경우, 우리는 그것을 미국화하지 않으면 안 된다"라고 하였고,[12] 행정적 기능과 비행정적 기능을 구별할 분명한 경계선은 없다고 하였다. 오늘날에도 여전히 윌슨(Wilson)이 주장한 행정은 과연 무엇인가에 대한 논쟁을 벌이는 학자가 있기는 하지만, 그의 공헌도에 관해서는 이의를 제기하는 사람은 거의 없다.

Ⅱ. 정치 · 행정 2원론과 행정원리론 및 그 비판론(1887~1937)

1. 정치 · 행정 2원론(기술적 행정학 1887~1926)

정치 · 행정 2원론은 정치와 행정이 각기 고유한 영역으로서 발전할 가치가 있음을 인식하는 것이다. 여기에서의 행정은 관리의 과학을 전제로 해야 하며, 정당정치와 일반적인 정책수립과 구별되어야 하는 것이다. 윌슨도 행정은 사무의 한 분야이며, 이는 정치와 구별해야 한다[13]는 입장을 분명히 했다. 즉 정치는 입법부와 기타 정책수립집단 등의 고

11) *Ibid.*, p. 20.
12) *Ibid.*, p. 13.
13) *Ibid.*, p. 19.

유한 활동이고, 행정은 법률로 정한 제정책을 수행하는 행정인들의 고유한 활동이라는 것이다. 2원론의 배경은 1880년대 미국의 정부개혁운동에서 찾을 수 있는데, 이 운동은 1883년 공무원법(Civil Service Act)의 입법화로 비롯된 것이었다. 또한 굿노우(Frank, J. Good-now)는「정치와 행정」(*Politics and Administration,* 1900)이라는 저서에서 정부는 두 가지 기능을 갖는다. 하나는 정치로서 그것은 정책 및 국가의사의 표현과 관계되는 것이고, 다른 하나는 행정으로서 그러한 정책들의 집행에 관계된 것으로 파악된다[14]고 했다. 이러한 구별은 형성된 정책 및 국가의 의사가 표현된 입법부의 분야와 정치와는 무관하게 공평하게, 정책들이 집행되는 행정분야로의 분리에 기초를 두고 있다.

정치 · 행정 2원론에서 굿노우(Goodnow) 등은 행정이 정부관료제 내에 집중되어야만 하며, 이러한 정치 · 행정 2원론의 구별이 공무원제도 개혁운동을 불러일으키게 되었다고 했다. 미국내 대학에서도 행정은 정치과학의 종속적 분야로서 그 중요성이 인식되었고, 정치과학은 공무원들을 훈련시키기 위한 논리적 분야로서 인식되게 되었다.[15] 이후 1920년대에 들어오면서 화이트(L. D. White)는「행정학입문」(*Introduction to the Study of Public Administration*)이라는 최초의 행정학교과서에서 정치는 행정의 영역을 범할 수 없으며, 관리(management)는 과학적 연구의 적합한 대상이라고 했다. 또한 행정이 지향할 규범 혹은 이념은 절약(economy)과 효율(efficiency)이어야 하고, 행정은 당연히 가치중립적(value-free)인 과학이 되어야 한다고 말하고 있다.

이 정치 · 행정 2원론은 제 2 차 세계대전까지 행정학계에 많은 영향을 미쳤다. 윌슨의 연구는 행정의 영역을 규정지었으며, 후에 공무원제도의 개혁에 많은 공헌을 한 것이다. 이 2원론의 결과는 훗날 가치와 사실의 2원론과 연관시킴으로써 그 개념은 더욱 뚜렷하게 부각되었고, 그리하여 행정학도들이 행정에 대하여 조사한 것은 사실적(factual)이고 과학적이어야 한다는 것과 그것이야말로 정당한 것이라고 생각하였다. 반면에 정책형성에 관련된 문제들은 정치학도에 맡겨져야 한다는 것이다.[16] 그러므로 정치 · 행정 2원론이 행정학에 미친 영향은 다음과 같다.

첫째, 행정학이 하나의 새로운 독자적인 이미지와 자기영역 및 정통성을 지니는 학문으로서 성장하는 데 이론적 · 실제적 기초가 되었다.

둘째, 직업공무원제와 실적주의의 성숙을 이론적으로 뒷받침해 주었다.

셋째, 합리성과 효율성에 입각한 행정기구 및 관리의 개선에 이바지하였다.

넷째, 정부조직에 있어서 인사관리에 관한 일련의 기준을 제공해 주었다.

---

14) Frank J. Goodnow, *Politics and Administration*(New York: Macmillan, 1900), pp. 10~11.

15) Nicholas Henry, "Paradigms of Public Administration." *PAR*(July/August 1975), p. 379.

16) *Ibid.*, p. 379.

2. 행정원리론(1927~1937)

전통적 행정학의 특징은, 행정에는 보편적인 원리·원칙이 존재하며, 이에 따라 행정이 체계화될 수 있다는 것이며, 어떤 행정상황에서도 적절히 적용할 수 있는 제원리가 존재한다는 것이다. 이 당시 미국 행정학계에는 몇 가지 흐름이 있었다.[17]

첫째, 정부개혁운동이었다. 이것은 이원론시대와 더불어 주창되고 있었고, 산업사회와 행정환경에 적응할 수 있는 시대적 요청이었다.

둘째, 과학적 관리운동이다. 기업에서 시작한 이 운동은 행정에 도입되어 행정의 절약과 효율을 도모함으로써 조직의 생산성 향상과 경제주의이념을 토착화시킨 운동이라고 볼 수 있다.

셋째, 정치학의 새로운 방법이다. 이것은 수세기 동안의 정치철학과 정부지식에서 유래되었으나, 정치와 정부론에 대해 보다 새롭고 엄격한 방법에 의한 과학화 움직임이 있었다.

행정원리론도 정치·행정이원론과 맥을 같이한다고 볼 수 있는데, 이 원리론은 절약과 효율 또는 경제적 합리성을 확보하고 행정의 실제를 개선하는 데 연구의 목표를 두고 있다. 특히 원리론은 규범적 관점에서 행정이 어떻게 행해져야 한다든가, 조직을 설계·관리하는 유일한 최선의 방법이라는 것이 존재한다는 점을 강조하고, 물리적 구조와 관리를 중요시하였다.

여기에서의 대표적인 학자는 1927년에 「행정의 제원리」(*Principles of Public Administration,* 1927)를 출판한 윌로우비(W. F. Willoughby)이다. 그는 여기서 행정에는 과학적인 제원리가 존재하며, 그것들은 발견되어질 수 있으며, 나아가 행정인들이 이들 원리의 적용방법을 배우게 된다면 그들은 자신의 직무에서 전문가가 될 수 있고, 따라서 절약과 효율을 확보할 수 있을 것이라고 강조하였다.[18] 다시 말해서 그는 이 원리에 입각해서 행정학을 총무행정·조직·인사·설비·재무 등 5개 부분으로 나누고 있다.

총무행정과 조직의 부문에서 윌로우비는 입법부를 이사회에, 집정(執政)장관을 총지배인에 비유하고 있고, 총무국은 총무행정의 수단이라는 것 이외에, 부·국편성이나 관청의 유형 등에 관한 문제를 다루고 있다. 또한 인사행정의 부문에서는 연수·직위분류제·모집·승진·강임·파면·인사기관·노조·퇴직제도 등 주로 기술적 문제를 다루고 있다. 설비부문에서는 행정에 필요한 물적 설비를 둘러싼 행정상의 제문제를 다루고 있고, 재무행정의 부문에서는 예산·회계 및 감사에 관한 세부적인 제원칙을 다루고 있다. 한편 원리론의 극치는 1937년에 귤릭(L. Gulick)과 어윅(L. Urwick)이 발간한 「행정학논문집」

17) R. J. Stilman, *Public Administration: Concepts and Cases*(Boston: Houghton Mifflin, Co., 1980), p. 7.
18) *Op. cit.*, p. 379.

(*Papers on the Science of Administration*)에서 찾아볼 수 있다.[19] 귤릭(Gulick)과 어윅(Urwick)이 주장한 원리는 POSDCORB이다.[20] POSDCORB는 1937년에 정부재조직에 관한 대통령위원회(President's Committee on Government Reorganization) 또는 이 위원회의 위원장이었던 브라운로우(Louis Brownlow)의 이름을 따라 붙인 브라운로우위원회(Brownlow Committee)의 보고서를 편집했던 귤릭이 보고서의 서두인 '조직의 이론에 관한 각서'(Notes on the Theory of Organization)에서 사용했던 두문자어이다. 즉 이것을 설명하면 다음과 같다.

(1) 기획(planning)

기획이란, 조직의 제목적을 달성하기 위해서 수행해야 할 필요성이 있는 제사업을 개괄적으로 계획하고, 또한 그러한 제사업을 실행하기 위한 제방법을 개괄적으로 계획하는 기능을 말한다.

(2) 조직화(organizing)

조직화란, 확정된 목표의 달성을 위하여 작업을 구분·정리하고, 또한 조정과 명령계통을 명확하게 밝힘으로써 공식적인 권위구조를 형성·수립하는 기능을 뜻한다.

(3) 인사(staffing)

인사란, 작업을 수행할 사람들을 채용하고 훈련시키며, 그들을 위해서 적절한 작업조건 내지 작업환경을 유지하는 기능을 의미한다.

(4) 지휘(directing)

지휘란, 의사결정을 행하고, 결정사항을 일반적·특정적인 명령을 통해서 구체화함으로써 조직의 지도자로서의 역할을 수행하는 기능을 가리킨다.

(5) 조정(coordinating)

조정이란, 조직의 여러 다양한 작업단위를 상호 밀접하게 연계시키고, 작업이 올바르게 진행될 수 있도록 관여하는 기능을 말한다.

(6) 보고(reporting)

보고란, 관리자가 작업과정에 관한 정보를 기록·보관·조사연구 및 검사 등을 통해서 상급자에게 알리는 기능을 뜻한다.

(7) 예산(budgeting)

예산이란, 재정기획과 회계를 통해서 조직의 제반사항을 통제하는 기능을 의미한다.

원리론은 행정의 과학적 원리원칙을 제시함으로써 행정의 효율적인 운영을 더 한층

19) Lyndall Urwick, "Organization as a Technical Problem," *Papers on the Science of Administration*, Luther Gulick and L. Urwick(eds.)(New York: Institute of Public Administration, 1937), p. 49.

20) P(Planning), O(Organizing), S(Staffing), D(Directing), C(Coordinating), R(Reporting), B(Budgeting).

제고시켰지만, 그것은 규범적 기초에 입각한 것이며, 진정한 과학적 원리가 아니라는 비판을 받게 된다.

Ⅲ. 정치·행정 2원론과 행정원리론에 대한 도전과 응전(1938～1950)

정치·행정 2원론에 대한 비판은 1930년대부터 시작되었다. 즉 당시 라스웰(Harold Lasswell)은 「정신병리학과 정치학」(*Psychopathology and Politics*)이란 저서에서 정치·행정이원론의 실질적인 의의는 관료제는 그 내면에 비밀의 의제 내지 사안을 감춰 둠으로써 눈에 보이지 않는 비공식적 권력(power)을 행사하고 있다라는 의미에서 찾을 수 있을 뿐이라고 주장함으로써 사실상 관료제의 정치와 행정의 양면성을 주장하였다. 이러한 커다란 도전은 1938년에 간행된 바나드(Chester I. Barnard)의 「관리자의 기능」(*The Functions of the Executive*)에서 서서히 나타날 징조를 보이고 있다. 이것은 그 당시에 강력한 영향을 미치지는 못했지만, 사이몬(H. A. Simon)의 행정행태론에 커다란 영향을 미쳤다.[21]

이것은 1940년대에 들어와 더욱 심한 현상으로 나타나는데, 하나는 정치와 행정이 어떤 형태로든 결코 분리될 수 없다는 것과 또 하나는 행정의 원리들이 논리적으로 모순이 있다는 것이다. 또한 정치와 행정이 분리될 수 있다는 가정에 의문을 제기한 사람은 마르크스(Fritz Morstein Marx)였는데, 그가 편저한 「행정의 요소들」(*Elements of Public Administration*, 1946)에서는 행정과정을 현대문명에서 빠질 수 없는 구성요소로 보았다. 따라서 행정의 연구는 단순한 기술적 연구가 아닌 정치와 행정의 융합이라는 견지에서 민주적 행정, 공공정책, 행정의 환경적 측면에 초점을 두었다. 이것은 또한 고스(John M. Gaus)가 말한 행정에 대한 이론은 오늘날 곧 정치에 대한 이론을 의미한다[22]라는 말과 같고, 애플비가 말한 행정은 정책형성이라는 말과 같은 의미로 해석할 수가 있는 것이다. 또한 달(Robert A. Dahl)과 사이몬(H. A. Simon)이 잇달아 반박을 하게 되었는데, 달은 그의 논문 "행정과학: 세 가지 과제들"(The Science of Public Administration: Three Problems)에서 세 가지 과제를 지적하였는데, 첫째 과제는 행정은 규범적인 것, 즉 윤리성을 고려해야 하고, 둘째 행정은 인간의 심리적인 면을 고려해야 하며, 셋째 지금까지의 행정은 편파적이고 지역적인 성격인데, 앞으로의 행정은 포괄적이고 역사적·경제적·사회적 요인 및 기타 요인까지 고려해야 한다고 주장했다.[23]

그리고 사이몬(H. A. Simon)은 「행정행태론」(*Administrative Behavior*, 1947)에서[24]

---

21) Nicholas Henry, *op. cit.*, p. 380.

22) John Merriman Gaus, "Trends in the Theory of Public Administration," *PAR*, Vol. 10(1950), p. 168.

23) Robert A. Dahl, "The Science of Public Administration," *PAR*, Vol. 7, No. 1(1947), pp. 1～11.

24) Herbert A. Simon, *Administrative Behavior*(New York: The Free Press, 1965), pp. 20～24.

논리적 실증주의의 이론과 방법을 전개하였다. 그는 종래의 행정이론에서 전개된 원리들은 자연과학에서 필요로 하는 엄격한 과학적 분석과 어휘의 명확한 규정 등을 거치지 않는 비과학적인 금언(proverb)에 지나지 않는다고 말하며 종전의 이론을 비판하였다. 그는 특히 조직에서의 철저한 인간관계분석을 통하여 심리학적 접근방법을 택했으며, 실제 문제와의 관련성을 확보하기 위하여 보다 광범위한 정치와 정부의 입장에서 행정을 분석하여야 한다[25]고 하였다. 또한 사이몬은 행정구성원이 단순한 정책수행의 도구로서 취급되었던 과거에는 행정이 인간의 특성문제에 주목할 필요가 없었지만, 정치로부터의 중립성이라는 가정하에서는 행정은 행정인의 심리적 특성을 가지고 행하여진다는 데에 관심을 갖게 되었다고 말하고 있다.[26]

사이몬은 역시 행정연구에 있어서 인간행동이나 인간관계에 자연과학 내지 사회심리학적 방법을 적용하여 그 인과법칙을 발견하는 데 있다고 주장하였다. 이는 형이상학적 또는 논리학적 방법을 배척하여 엄격한 경험주의적 입장에서 논리적 분석을 강조한다. 따라서 사실문제와 가치문제를 엄격히 구분하고, 과학은 사실문제만을 취급하는 것이라고 본다.[27] 이와 같이 전통적인 행정이론에 반박을 가함으로써 행정이론을 보다 확실하고 정확한 과학적 터전 위에 올려 놓았으며, 폐쇄적이 아니라 유기체적인 입장에서 행정을 연구하게 되었다. 더구나 뉴딜(New Deal)정책과 1930년대 하버드 경영대학 팀에 의한 호손(Hawthorne)실험의 결과에서, 생산활동에는 규범적 · 경제적 · 합리적 요인뿐만 아니라 사회적 · 심리적 · 비합리적 요인도 크게 작용하고 있다는 사실이 발견됨으로써 행정의 연구에도 제도적 · 구조적 · 기능적 접근에 대한 수정이 불가피하게 되었고 이로 인해 정치행정일원론(기능적 행정학)의 탄생과 인간관계론, 행태론의 이론 등이 발달하게 되었다.

Ⅳ. 정치학으로서의 행정학(1950～1970)

행정에 대한 사회심리학적인 접근방법과 1930년대에 접어들면서 급속히 발전하기 시작한 사회의 분화와 다양화가 추진됨에 따라 정치와 행정이 따로 분리되어 존재한다는 것은 바로 비효율적인 것이었다. 또한 경제대공황과 세계대전을 치르면서 행정은 무언가 효율적이고 효과적인 이념을 요구했으며, 사회변화에 따른 행정의 적응문제도 역시 적절성과 신속성 및 지속성을 요구하게 되었다. 그래서 정치와 행정은 분리될 수 없는 존재로 상호작용적이고 상호보완적인 과정이라는 것에 공통점을 갖게 되었다. 즉 그것은 원리접

25) H. A. Simon, D. W. Smithburg and V. A. Tompson, *Public Administration*(New York: Alfred A. Knopf, 1950), p. 7.

26) H. A. Simon, "Recent Advances in Organization Theory," *Research Frontiers in Politics and Government*(1955), pp. 23～27.

27) 김운태, 행정학원론(서울: 박영사, 1985), p. 42.

근론과 이분론이 현실문제를 해결하는 데 부적절하다는 의미이고, 그 정당성을 찾기가 곤란하다는 것이다. 다시 말해서, 정치기능인 정책결정, 목표설정, 법령의 제정·공포 등에 있어 현재의 사회문제를 직시하지 않으면 안 되게 되었다. 즉 기능면에서 시대적 요청에 부응할 수 없게 된 의회는 과거와는 달리 행정부의 정책형성기능과 위임입법기능 및 재량권을 인정하지 않을 수 없게 되었다.

이러한 권한과 기능의 인정으로 이제는 행정인들도 행정의 고유분야인 기술적 집행의 영역을 초월하여 정책형성과 정치적 기능에 참여하게 되었고, 행정인들은 자신들이 형성한 정책을 스스로 옹호하고 집행하게 되었는데, 이러한 배경하에서 정치영역으로부터 이탈되었던 행정은 그 영역 속에서 정책형성기능과 정치적 기능을 수행하게 되었으며, 이로써 정치·행정이원론의 수정과 함께 일원론이 대두되었고, 이는 곧 행정은 공공사업의 결정과 집행행위이므로 관리기술과 전문적 경험의 뒷바침을 필요로 한다는 데에서 순환적 관계에 있다고 보는 것이다.

이 중에서 특히 행정의 정치적 성격을 강조하였던 학자는 애플비(Paul H. Appleby)이다. 그는 행정관리자들은 공공정책을 수립하고 집행하는 정치적 과정에 깊이 관여하고 있다고 믿고 있었다. 애플비는 「위대한 민주주의」(*Big Democracy,* 1945)와 「정책과 행정」(*Policy and Administration,* 1949)에서 행정이 정치적인 구속과 압력하에서 어떻게 이루어지고 있는가를 밝혔다. 그는 정치와 행정을 분리되어 있는 것이 아닌 하나의 순환과정으로 보았다. 왜냐하면 행정은 정치적 환경 속에서 존재하고, 행정관료들이 법률을 해석하고 규칙을 제정하여 의회에 제출하는 비율이 많아지고, 그러한 사항들을 잘 분석·평가하여 다음 정책입안 때에 다른 기관과 협력하고 통합·조사되어야 한다는 면에서 '입법의 보족자(補足者)'로서 역할을 담당하기도 한다는 것이다. 따라서 행정과 경영은 크게 다르며, 행정은 곧 정치라고 한 것이다.

정치·행정일원론은 행정을 정책수립·정책집행 및 정책평가로 이어지는 정책과정 속에서 정치와의 연계를 시도함으로써 행정현상을 포괄적이고 전체적인 관점에서 보다 정확히 파악하는 데 기여하였다. 그러나 일원론은 행정학을 정치학과 동일시함으로써 행정학의 고유한 연구영역을 상실케 하는 결과를 초래하기도 하였다. 즉 일원론은 행정학을 정치학 속으로 다시 포함시켜 해석함으로써 행정학의 정체성위기(identity crisis)가 다시 대두되었다.

이에 따라 1960년대에 접어들면서 행정학의 정체성위기에 접하게 되어 더욱 행정의 발전을 재촉하게 되었다. 이의 극복을 위해서 왈도(D. Waldo)는 행정학의 전문직주의(professionalism)를 주장하게 되었다.

이후 일원론은 행정사례연구론(case study), 비교행정론 및 발전행정론에 많은 영향을 미쳤다.

V. 행정관리과학으로서의 행정학(1956~1970)

정치과학으로서의 행정학에 대한 대안은 행정과학으로서의 행정학으로 설명될 수 있다. 그것은 조직이론과 관리과학을 포함하는 말로 사용되어진다.[28] 행정적 과학으로서 패러다임[29]은 소재(locus)가 아니라 초점(focus)으로 설명될 수 있다.[30]

조직이론은 행정 관리과학의 한 분야로서 사회심리학에 기초를 두고 공·사조직을 막론하고 조직의 민주화와 조직 내 개인의 자기실현을 중요시한다. 특히 1960년대에 급성장한 사회이론은 조직의 효율적 조각과 조직인의 행태를 보다 잘 이해해야 할 필요성을 제기시켰고, 조직 내에 인간이 차지하는 비중을 고려하여 조직의 인간론적 접근방법을 시도하였다. 핸더슨(Keith M. Henderson)의 말대로 1960년대 이래 조직이론은 행정학이 중심적 초점이 되어 왔고, 당연히 그래야만 된다고 주장하였다. 또한 1960년대에 조직구성원들의 자아실현과 조직의 개방체제에 관심을 갖고 사회심리학을 포함하는 것으로서 특별한 행정관리과학으로 급성장을 하게 된 것이 조직발전(organization development)이다.

마치(James G. March)와 사이몬(Herbert A. Simon)의 「조직론」(*Organization*, 1958), 사이어트(Richard Cyert)와 마치의 「기업행태론」(*A Behavioral Theory of the Firm*, 1963), 마치의 「조직론입문」(*Handbook of Organization*, 1965), 톰슨(James D. Thompson)의 「동적 조직」(*Organization in Action*, 1967)과 같은 저서들은 행정과학에 대한 이론적 기초를 제공해 주었다.

특히 관리과학(management science)은 19세기 말 기업경영에서 발달하여 행정업무개선에 도입된 것이라고 할 수 있다. 이것은 행정업무활동상 수반되어지는 문제해결과정 또는 의사결정과정에서 최적 또는 최선의 만족스런 대안을 찾기 위하여 과학적인 원리나 기법을 이용하는 일종의 접근방법을 말한다. 관리과학은 불확실한 사실로부터 정확하고 확실한 사실을 추출하거나 처리하기 위하여 확률이론 및 각종 경제적 · 이상적 · 합리적인 최적모형을 추구하는 데 그 기본적 특징이 있다. 이러한 방법들은 체제분석(system analysis), OR(operation research), 선형계획(linear programming), 게임이론(game theory), 큐잉이론(queing theory), 시뮬레이션(simulation), 비용편익분석, 투자분석기법 등이 있다. 이 관리과학의 특징은 선택의 대안에 대하여 최대의 효율을 기하는 데 목적을 두고, 서술적보다는 규범적 모형을 강조하고, 체계적 · 과학적 분석방법을 강조한다. 반면에 관리과학이

28) Nicholas Henry, *op. cit.*, p. 382.

29) Thomas S. Kuhn은 「과학혁명의 구조」(*The Structure of Scientific Revolutions*, 1962)에서 학문 혹은 과학의 발전은 오랜 세월에 걸친 학자들의 연구업적의 단순한 누적이 아니라 Paradigm의 개념과 과학적 혁명에 의해서 이루어진다고 하였다. Paradigm이란 어떤 시기의 특정한 연구자들에 의해서 공유되는 신념, 가치, 방법론 및 테크닉의 전반을 구성하는 과학연구의 원형을 말한다. 그것은 연구자가 세계를 바라보는 전망(perspective), 틀(frame of reference) 혹은 정신적 창(mental window)라고 할 수 있다.

30) *Op. cit.*, p. 382. Nicholas Henry는 소재(locus)는 연구영역의 제도적 장소(the institutional "where" of the field)라 하고, 초점(focus)은 연구영역의 특정한 대상(the specialized "what" of the field)라고 하였다.

갖는 모순점은 다음과 같다.[31]

1) 정책결정과 정책수행과정 및 그러한 문제의 구조적 내용을 소홀히 한다.

2) 체제유지의 합의와 체제구축(system building)의 연합과 같이 정치욕구들을 조정할 수 없다.

3) 이데올로기, 카리스마, 위험부담수행, 자기희생, 불편한 생활 스타일 등과 같은 비합리적 현상을 다룰 수 없다.

4) 기본적 가치문제와 부적당한 분석상 가치에 대한 가정을 명백하게 취급할 수 없다.

5) 종합적인 것과 가능한 것 중에 최적대안을 찾는 것에 주력한다.

6) 대안에 관해서 약간의 예측능력을 요구한다.

7) 변화와 관련된 계량화에 의존한다.

8) 정책철학을 무시한다. 그러므로 이 관리과학은 최선의 대안을 선택하지만, 가치문제, 질적인 문제, 이념문제, 복잡한 사회문제 등은 다루기 곤란하다.

행정관리과학으로의 행정학 패러다임은 소재보다 초점을 중요시한다. 여기에서는 전문지식과 전문화를 요구하는 기법을 제시하며, 어떤 제도적 장소나 환경에 그것을 적용해야 하는가에 대해서는 중요하지 않다. 그러나 행정관리과학은 공·사행정일원론적 입장에서 행정의 전문성과 특수성을 요하는 기술적 접근방법을 촉진시켰으며, 공·사의 구별을 어렵게 하는 회사의 실제적인 측면에서 행정과 경영의 상호교류를 촉진시켰다. 그것은 공행정이냐, 사행정이냐에 관심을 두지 않고 보편적인 행정학을 추구하려는 것이다. 여기에서 또한 문제점이 도출되는데, 보편적인 행정만을 다루고 행정의 진정한 것이 무엇인가에 대해 밝히지 않으며, 그 특수성은 또다시 애매하게 될 것이다.

Ⅵ. 행정의 독립성을 찾는 방안으로서의 신행정학(1968~)

1. 신행정학(new public administration)의 의의와 동기

신행정학의 동기는 행정학의 주체성을 찾자는 것에서부터 발생하였다. 즉, 정치학과 행정과학으로부터의 독립을 선언하고, 1950년대 당시 지배적이었던 기술적인 것보다는 규범적인 문제에 보다 많은 관심을 갖게 되면서부터 신행정학이 태동을 꿈꾼 것이다. 신행정학은 1960년대와 1970년대의 미국 후기산업사회의 현실을 배경으로 그에 적정한 행정이론의 정립과 이론의 현실적 적응을 내용으로 하는 행정이론에 대한 새로운 사조이다.[32]

31) Yehezkel Dror, *Design for Policy Science*(American Elsevier Publishing Co., 1971), pp. 14~15.

32) H. G. Frederickson, *New Public Administration*(Alabama: The University of Alabama Press, 1960); Frand Marini(ed.), *Toward a New Public Administration; The Minnowbrook, Perspective*(New York: Scraton Chandler Publishing Co., 1971), pp. 346~367; 김운태, 전게서, pp. 75~76.

이 사조의 근본취지는, 첫째 시대성과 문제성 그리고 실제성에 맞추어 적정한 행정학을 재구성하고, 둘째 후기실증주의의 입장에서 경험주의의 방식을 지양하고, 셋째 급변하는 환경의 소용돌이에 적응하기 위해 종래의 행정절차와 이론을 수정하여 시민참여와 대응을 존중하며, 넷째 종래의 조직형태와 조직관을 변경하고, 특히 고객중심의 조직을 구성하는 것이다. 이러한 문제에 직면한 현 행정은 이를 효과적으로 다룰 만한 이론적 틀(framework)이나 사상적 배경을 갖추지 못했기 때문에 더욱 곤란을 겪게 되었다. 즉 미국 산업사회에 나타난 문제로는 흑백문제, 빈민가문제, 실업문제, 월남전 패배 후의 자신감 상실, 반체제 저항운동으로 확산되면서 이를 처리할 방침에 골머리를 앓고 있었던 것이다. 따라서 시라큐스(Syracuse)대학의 교수로서 그리고 「*PAR*」(*Public Administration Review*)지의 편집인으로서 근무했던 왈도(D. Waldo)가 젊은 행정학자들의 후원을 입어 시라큐스대학의 민노우브로크(Minnowbrook)라는 곳에서 회의를 열게 되었다. 여기에서 행정의 독자성 위기를 주창하고, 새로운 행정의 패러다임 형성을 주장하게 되어 신행정학을 낳게 된 것이다.

2. 신행정학의 이론적 특징

신행정학이 탄생할 당시에 역사학 · 정치학 · 사회학 등으로는 사회적 문제해결을 위한 진단과 처방을 하기에 매우 어려웠다. 그래서 소위 신역사학, 신사회학 및 비판사회학 등이 나타났으며, 정치학도 종래의 학문(논리실증주의(logical positivism)와 행태론)을 비판하고 사회적 관련성과 실천성으로 나타나게 되었는데, 그것이 곧 적실성(relevance), 가치(values), 사회적 형평(social equity), 변동에의 대처, 사회적 규범, 도덕적 조직론, 사회정의, 사회철학, 수익자지향적 참여주의 등으로 나타나게 된 것이다.

(1) 적실성과 대응성(適實性과 對應性)

급변하는 현대사회에 대응할 수 있는 행정역량을 키워 나가야 하며, 행정학이 현실의 문제를 보다 효과적으로 처리 · 분석 · 대처해 나가야 한다는 것이다.

(2) 수익자지향적 참여주의(收益者指向的 參與主義)

행정은 근본적으로 시민 혹은 고객을 중심으로 생성 · 파생되는 것이기 때문에 수익자 중심적인 행정평가, 조직의 산출, 조직의 다양화 등이 고객중심적이어야 한다.

(3) 참여와 행정책임(參與와 行政責任)

고객위주의 관심과 적극적 행정인의 요구는 참여의 확대와 행정책임의 강화를 의미한다.[33)]

---

33) H. G. Frederickson, *ibid.*, p. 12.

(4) 인간주의적 규범주의(人間主義的 規範主義)

신행정학은 철학, 특히 실재주의와 현상학을 지지하고, 개인과 조직간의 도덕적 관계의 정립을 강조하여 조직의 생산성과 효율성을 강조하였다. 특히 고전적 관리기술을 대체할 수 있는 비관료주의적인 조직을 강조하고, 새로운 형태의 리더십을 요구하게 되었다. 이는 특히 다원적 권위구조, 매트릭스조직(matrix organization), 상황조건적 적응성, 조직간의 이동성, 수익자의 참여 등을 특징으로 하는 조직의 연합모형(consociated model)을 제창하였다.

(5) 사회적 형평성(social equity)

이것은 롤즈(John Rawls)의 「정의론」(*A Theory of Justice*)에 입각하고 있다.[34] 그에 의하면 정의는 사회적·경제적·정치적 제도의 중심적인 선이며, 그 이유는 정의가 그러한 제도들을 위한 윤리적 매개변수를 제공하고 있기 때문이다. 정의는 다른 모든 가치들의 갈등이 야기되었을 때 항상 우선순위로 지켜진다고 보고 있다. 즉 이것은 가치와 기회를 균등하게 배분함으로써 사회적 계층현상을 제거하는 것을 의미한다. 따라서 행정은 정치조직의 내외에 걸쳐 모든 사람들의 경제적·사회적 고통을 감소시키고, 생활향상을 위한 기회를 충분히 그리고 균등하게 제공하여 주는 데 그 목적을 두어야 한다는 것이다.

(6) 합의에 의한 의사결정(consensual decision making)

신행정론에서는 합의에 의한 의사결정을 강조한다. 합의에 의한 결정은 서로 다른 이해와 견해를 갖는 사람들 혹은 그들 집단간에 동의를 토대로 결정에 이르는 것을 말한다.

3. 신행정학의 영향

신행정학은 종래의 연구방법이나 이론에 관하여 보다 실제적인 연구방법을 제시하고 있다. 기존이론을 완전히 대체할 수 있다고는 볼 수 없지만 새로운 접근방법으로 행정현실을 파악하려고 했고, 가치·논리·철학을 강조함으로써 보다 인간의 근본적인 행정집행을 추구하게 되었다. 그것은 소용돌이 속에서의 주체성 있는 학문으로 정립하기 위한 큰 성과라고 아니할 수 있다.

4. 신행정학의 한계

1) 신행정학이 사회적 형평의 실현을 주장하고 있지만, 이에 대한 명확한 기준이나 합리적 측정방법이 제시되어 있지 않다.

2) 항상 변화하는 사회에서 이데올로기나 체제 및 사상을 적절히 순응한다는 것은 행정의 안정성을 저해한다.

34) John Rawls, *A Theory of Justice*(Cambridge: Harvard University Press, 1971).

3) 적극적인 행정인의 요구는 오히려 행정집권을 초래할 수 있기 때문에 행정의 경직성과 보수성을 심화시킬 수 있다.

4) 조직 내의 비계층제적 관료제는 전통적인 계층제를 파괴함과 동시에 행정의 무질서를 초래하며, 강력한 효율성을 발휘하기 곤란하다.

5) 사회적 형평성은 개발도상국가에 있어서는 경제발전으로 인한 비형평을 가져올 수 있다. 즉 모든 나라에서 사회적 형평을 똑같이 적용한다는 것은 매우 곤란하므로 일정한 수준 이상의 국가에서 사회적 형평이 오히려 중요한 변수가 됨을 지적할 수 있다.

Ⅶ. 정체성 있는 학문으로서의 행정학(1970∼)

행정학은 행정학으로서의 행정학 패러다임을 가져야 한다.[35] 그렇다면 행정학으로서의 행정학이란 무엇인가. 그것은 행정학이 소재(locus)와 초점(focus)을 모두 수용해야 하는 것이다. 지금까지의 행정학은 정치·행정이원론, 일원론, 행태론, 행정관리과학 등 어느 이론도 명확하게 행정의 분야를 설정해 주지는 못했다. 정치·행정이원론과 정치학으로서의 행정학·신행정학은 장은 있지만 초점이 없고, 행정관리원리론과 행정과학으로서의 행정학은 초점은 있지만 장이 없다. 행정학의 정체성위기란 바로 이러한 양면을 적절히 수용치 못하고 융통성 있게 그 정의를 확장하지 못한 것에서 문제가 발생했다고 볼 수 있다. 그러나 1970년대에 접어들면서 신행정학운동의 자극으로 행정학이 하나의 실천응용과학으로서 그 정체성을 찾기 시작했고, 종합과학으로서 위치를 굳혀 가고 있다. 행정원리론·조직이론·관리과학은 행정학의 초점으로서, 공공관료제와 정책과정론은 행정의 장으로서 연구되고 있는 것이다.

제 3 절 행정학의 접근방법

Ⅰ. 방 법 론

방법론이란 결국 무엇(what)을 어떻게(how)의 문제, 즉 연구대상과 범위문제 및 접근방법(approach)의 문제로 귀결되는데, 먼저 무엇에 해당하는 대상·범위를 정하는 데 있어서 연구자들의 입장·견해·선호 등에 따라 극히 다양성을 면치 못하고 있으나, 행정조직을 중심으로 하여 야기되는 복잡·다양한 행정행태를 파악함에 있어서 본서에서는 행정인·행정구조·환경 사이의 관계 등을 다루어 보기로 한다.[36]

35) Nicholas Henry, *op. cit.*,p. 383.

36) 박동서, 한국행정이론서설, 행정논총 5권 1호(서울대, 1967), pp. 58∼62.

1) 개인(행정인)의 경우 일반적으로 그의 가치관 · 동기 · 인지 등으로 분석될 수 있으며, 행정의 경우 고도의 전문 · 기술성을 요청하고 있어 여기에 지식 · 기술을 첨가하여야 할 것으로 생각된다.

2) 행정구조의 경우는 법제 · 직책 및 역할기능 등으로 분류하되, 이 경우 역할기능에는 대인관계 · 집단 · 조직구성원간의 규범 및 타인에 대한 기대 등이 내포되어야 할 것이다.

3) 환경의 경우는 여러 가지로 분류할 수 있겠으나, 가장 일반적인 것으로 정치 · 경제 · 사회 · 문화 등을 들 수 있겠다.

그러나 한정된 연구자의 능력으로 언제나 이러한 여러 가지 변수를 종합적으로(대상범위로 삼아) 연구할 수 없음을 우리는 인식하여야 하며, 따라서 실제의 경우는 그때그때의 연구목적과 자원의 사정 등을 고려하여 이 중 몇 가지만을 대상으로 하는 것이 통례이다.

Ⅱ. 접근방법

1. 행태론적 접근방법(behavior approach)

(1) 의 의

행태론적 접근방법은 인간에 관한 실증적 연구를 통해서 행동과학을 이룩하려고 하므로 이론상 구분될 수 있는 가치판단적인 것을 연구의 범위에서 배제하며, 행정학 분야에서는 1940년대 후반 사이몬(H. A. Simon)에 의하여 크게 진전을 보였다.[37)]

(2) 특 징

행태론적 접근방법의 특징은 지나친 일반화, 증명 · 경험주의, 방법의 신뢰성 중시, 이념성과 법령의 경시, 광범위하고 막연한 것보다 한정되고 특정적인 것을 대상으로 하며, 개인이나 소집단의 연구에 치중하는 점 등을 들 수 있겠다. 따라서 행태론자들에 의하여 많은 행정인, 특히 중요한 결정을 하는 고급공무원과 정치인의 성분 · 가치관 · 태도의 분석을 통한 그들의 행동에 관한 예측 또는 일반화된 이론을 발견하고자 많은 노력이 행하여졌으며, 많은 성과를 낳았다.

(3) 비 판

첫째, 인간의 행동에 있어 가치판단적인 것이 논리적으로 분리될 수 있다고 해서 이를 인위적으로 이분하여 연구한 결과가 과연 얼마나 현실에 부합될 수 있을 것이며, 학문연구의 궁극적 목적이라 할 수 있는 인류문화의 발전에 얼마나 기여할 수 있겠느냐 하는 것이다. 따라서 이는 필연적으로 보수성을 띠게 되어 스스로 이념적인 것을 배제한다고 하지만 결과적으로 보수주의에 빠지고 있다는 점이다.

37) 이의 대표적 학자로서는 Herbert A. Simon 외에 Donald W. Smithburg, Victor A. Thompson, Reinhard Bendix, Philip Selznick, Peter M. Blau 및 Robert Presthus 등을 들 수 있다.

둘째, 계량적 방법의 신뢰성에 너무나 치중하다 보면 연구대상이나 범위를 제약하고 들어간다는 것이다. 특히 가치판단의 논리적인 구분·배제는 어느 사회의 사회과학에서나 문제되지만, 우리와 같이 급속한 발전·변혁을 요구하고 이를 염원하는 곳에서는 더욱 문제가 된다고 생각된다.

2. 체제론적 접근방법(systems approach)

(1) 의 의

'체제'라 함은 여러 하위체제로 구성되어 있으며, 이들은 각기 고유의 기능을 갖고 있으면서 상호연관성을 가지고 움직이며, 그들을 둘러싸고 있는 환경 사이에 서로 영향을 주고받는 것을 의미한다. 체제분석의 연구초점은 이러한 체제간의 기능적인 관계의 규명에 있다.

(2) 특 색

첫째, 전체를 거시적으로 보며, 그를 구성하는 하위체제(sub-system)간의 상호기능적인 관계 또는 상호의존성을 밝혀 준다.

둘째, 동시에 여기에서의 기능은 어느 체제에나 보편적으로 존재하는 것이므로 비교연구의 진전을 도와 준다.

셋째, 제체제는 변화·발전하고 환경과 상호작용의 관계에 있다.

넷째, 재이용(feedback)을 중시한다.

(3) 비 판

첫째, 근본적으로 체제기능을 위주로 하고 있어 균형·현상위주의 성격을 벗어나지 못하고, 변화를 설명하기 곤란할 뿐만 아니라, 정태성을 벗어나기 힘들다.

둘째, 기능관계의 설명에 있어 그의 성질과 하위제체간의 구분·비중을 명확히 하기 힘들다. 따라서 하나의 가설을 테스트하여 검증하기 곤란한 경우가 많다.

셋째, 특수한 성격을 가진 개인이 경시된다는 점 등을 들 수 있다.[38)]

3. 생태론적 접근방법(ecological approach)

(1) 의 의

생태론(ecology)이란 유기체와 그 환경과의 유관관계라고 정의할 수 있다. 따라서 행정학연구에 있어서 행정문화를 행정환경으로 보면서 행정구조와 행정인 및 행정문화를 3대변수로 하여 특히 행정생태(곧 환경)를 중시하자는 접근법이다.

---

38) Persy S. Cohen, *Modern Social Theory*(New York: Basic Book, 1968), pp. 47, 204.

(2) 특 색

첫째, 행정현상에 영향을 미치는 제환경적 요소를 이해하고 평가할 것을 요구한다.

둘째, 정부의 제기능, 시민의 태도 및 운영상의 관례를 연구하고, 문제의 근저에 있는 환경적 요소를 관찰하여야 한다.[39)]

(3) 비 판

이 접근법에 관하여 고스(John M. Gaus)는 행정에 영향을 미치는 환경요소로서 일곱 가지를 들고 있는데, ① 국민(people), ② 장소(place), ③ 물리적 기술(physical technology), ④ 사회기술(social technology), ⑤ 원망과 사조(wishes and ideas), ⑥ 천재지변(catastrophe), ⑦ 인물·개성(personality) 등을 들고 있고, 리그스(Fred W. Riggs)는 개발도상국의 행정을 연구할 경우 생태론적 접근법을 활용할 것을 주장하면서 구체적으로 이 접근법을 활용할 농업사회(agraria)와 산업사회(industria)의 모형을 제시[40)]하는데, 이에 대한 일반적인 비판이 또한 없지 않다. 그것의 첫째는 구조·기능적 분석에 입각한 그의 방법은 정태적인 성격을 띠고 있으므로 동태적인 사회변동을 충분히 파악하지 못한 점, 둘째 행정행태를 행정구조와 환경요인과의 인과관계에 의하여 결정되는 것으로 보기 때문에 질적인 변화개념을 전제로 하는 발전과 관련시키지 않는 점, 셋째 발전가형(developer) 리더십의 역할을 간파하지 못한 점, 넷째 급변상황 속에서 새로운 이념·제도·방법이 도입되면 이들이 발전으로 유도될 가능성이 있다는 것을 인식하지 못했다는 점,[41)] 다섯째 행정을 주로 외재적인 측면에서 이해하려 함으로써 행정조직 내부의 관리와 기능적 측면을 경시했다는 결함과 함께 치밀한 관찰력을 요한다고 보며 리그스(F. W. Riggs)의 발전의 생태론(The Ecology of Development)에서 말한 행정은 환경의 영향을 받지만 적극적·능동적으로 환경에 영향을 준다는 말은 재음미할 가치가 있다.

4. 이데올로기적 접근방법

(1) 의 의

이데올로기적 접근법은 왈도(Dwight Waldo)의 「행정국가론」(*The Admini-strative State*)에서 잘 나타나 있다.[42)] 왈도는 행정국가론에서 정신사적 수단을 사용하여 미국행정의 사상적·이론적인 구조를 해명하려는 시도를 하였다.

---

39) John M. Gaus, *Reflections on Public Administration*(Alabama: University of Alabama Press, 1947), p. 8.

40) Fred W. Riggs, "Agraria and Industria," *Toward a Typology of Comparative Administration*; William I. Siffin(ed.), *Toward the Comparative Study of Public Administration*(Indiana: Indiana University Press, 1959), pp. 23~116.

41) 신윤표 외, 현대행정학연습(서울: 박영사, 1979), p. 77.

42) Dwight Waldo, *Perspective on Administration*(Alabama: Univ. of Alabama Press, 1956), p. 37.

(2) 특 색

그의 내용은 먼저 행정관념의 성립에 관하여 그의 물질적 또는 관념적 배경, 이에 공헌한 제운동, 제인격 등 제요인을 분석한다.[43] 특히 ① 좋은 생활(good life)의 본질, ② 행동의 기준, ③ 누가 지배를 할 것인가, ④ 권력 분쟁, ⑤ 집권 대 분권의 다섯 가지 정치철학적인 문제가 행정분야에서 어떻게 해답되고 있는지를 검토하였으며, 원리와 절약 및 능률을 강조한 미국행정학에 대한 비판적 태도를 가하였다.

이와 같이 행정학에 대한 이념적 연구는 미국행정학에 대한 중요한 분야를 개척해 나가고 있으며, 행정학분야에 있어서 중요한 접근방법 중의 하나라고 하겠다.

5. 역사적 접근방법(historical approach)

(1) 의 의

행정현상에 대한 깊이 있는 연구를 위해서는 역사적 접근방법이 필요하다. 미국행정학에 있어서의 경향은 주로 역사에 대한 중요성이 간과되었는데, 최근에 와서 이 영역에 대한 관심이 고조되고 있다.

(2) 특 색

이 접근법의 특색을 보면 다음과 같다.[44]

첫째, 사회적 영역에 있어서는 원래 자연과학방법의 적용이 곤란하기 때문에 비교분석을 위해서는 과거의 기록에 의존하지 않을 수 없다.

둘째, 종래에는 역사적 기술방법, 정치적・군사적・법적 자료에만 중점을 두었으나 최근에는 경제적・사회적・과학적・기술적・정신적 행정사에도 그 관심을 기울이고 있다. 역사적 측면에서의 행정연구는 귤릭(Gulick)의 「제 2 차 세계대전의 행정적 반성」(*Administrative Reflections from World War II,* 1948)은 역사적 접근을 연구한 최초의 문헌이며, 또한 화이트(L. D. White)의 「미국행정사」 제 4 권에서 역사적 접근법의 체계가 완전히 세워졌다고 할 수 있다.[45]

이와 같이 역사적 접근법을 연구한다는 것은 행정학분야에 있어서 과거 경제・사회・과학・기술・정신적인 면에서 중요시했던 사실 등을 체계화 및 분석하는 데 중요한 몫을 차지하지만, 현실적인 문제의 파악과 분석에는 한계점이 있다.

6. 비교론적 접근방법(comparative approach)

(1) 의 의

비교행정연구는 제 2 차 세계대전과 더불어 강대국과 약소국 사이에서 식민지가 연이

43) 유종해, 현대행정학(서울: 박영사, 1980), p. 122.
44) Dwight Waldo, *op. cit.*, p. 37.
45) 유종해, 전게서, p. 123.

어 독립을 선언하면서 이들의 정치적 자유와 경제적 안정에 대한 강력한 요구가 등장하게 되었다. 이러한 상황하에서 미국에 대한 국제사회로부터의 경제·사회·군사적 측면에 관한 강력한 원조가 요구됨에 따라 외국행정에 대한 연구를 유발하게 된 것이다. 이에 따라 신생국에 대한 원조가 특정국가의 여러 가지 환경적 요소를 고려함이 없이 막대한 물적 자원의 낭비와 원조계획 및 사업계획의 실패를 초래하게 되어 행정현상에 대한 파악과 관리능력 및 행정능력 등을 요구하기에 이르렀다. 이러한 정태적·서술적인 것보다는 사업계획을 달성하고 문제를 해결하려는 행정제도와 행정규칙에 대한 새로운 비판이 일어났으며, 비교행정에 대한 이론을 연구하기에 이르렀다.

(2) 특　　색

접근방법의 특색은 비교론법에 대한 연구의 필요성에서도 알 수 있는바, 라이서슨(A. Leiserson), 달(R. Dahl), 왈도(D. Waldo), 리그스(F. W. Riggs), 헤디(F. Heady) 등에 의하여 체계적으로 연구되었다. 특히 미국에서는 1953년에 미국행정학회 산하에 비교행정연구회(Comparative Administration Group)가 조직되었고, 비교행정연구활동이 활발하게 진행되었다.[46]

비교행정을 연구하게 된 목적으로서는 다음과 같은 점이 지적되고 있다.[47]

1) 각 행정체제의 특성을 규명한다.

2) 행정특징이 국가에 따라서 다르게 작용하는 요인을 탐색한다.

3) 행정체제의 성패에 관련되는 문화적·정치적·사회적 요인을 검증한다.

4) 국가별·문화별로 관료제의 형태의 차이를 설명한다.

5) 관료제의 능력을 개선하는 데 어떤 변동을 유도해야 하고, 어떻게 유도할 수 있는가를 밝힌다.

6) 자세한 사실에 관한 지식보다 개념적 지식을 정립한다.

그러나 비교행정연구는 그 나라의 정치적·사회적·경제적·역사적 기반을 파악할 수 있는 기능적 분석이 수반되어야 한다. 그렇다면 비교행정 접근방법에 대해서 보면, 리그스는 비교론적 접근법의 특성으로 ① 규범적 접근방법에서 경험적 접근방법으로, ② 개별례적 접근방법(idiographic approach)에서 일반법칙적 접근방법(nomothetic approach)으로, ③ 비생태학적 접근방법(nonecological approach)에서 생태론적 접근방법(ecological approach)으로 전환된다고 말하였다.[48] 이에 대하여 설명하면 다음과 같다.[49]

1) **규범적 접근방법**　　행정의 이념, 가치 또는 보다 나은 유형을 밝히려는 것이다.

---

46) 김규정, 비교행정론(서울: 법문사, 1976), p. 33.

47) Nimrod Raphcel, "Comparative Public Administration; An Overview," in N. Raphaeli, *Reading in Comparative Public Administration*(Boston: Allyn & Bacon 1967), p. 4.

48) 서원우 역, 비교행정론(서울: 법문사, 1968), p. 38.

49) 김규정, 전게서, p. 33.

경험적 접근방법은 기술적·분석적 지식에 대한 관심에 의하여 있는 그대로의 사실을 연구하려는 것이다.

2) **개별례적 접근방법** 개별적 또는 특수한 사례를 연구하는 방법으로서 일반법칙적 접근방법은 일반법칙이나 형태의 규칙화에 관한 가설 또는 여러 변수 간의 상관관계를 추구하는 방법이다.

3) **생태학적 접근방법** 행정현상과 환경적 요인의 상관관계에 초점을 두는 연구방법이다.

또한 헤디(Ferrel Heady)는 다음과 같이 설명하고 있다.[50)]

1) **수정전통적 접근방법**(modified traditional approach) 이것은 연구의 중점이 행정체제로부터 여러 행정체제 상호간의 비교분석으로 전환되고 있다.

2) **발전지향적 접근방법**(development oriented approach) 와이드너(E. W. Weidner), 에스만(M. J. Esman) 등 발전행정론자들이 강조한 접근방법으로 비교행정의 연구모형이 사회적 변화를 충분히 고려치 않고 지나치게 포괄적·추상적·종합적이라고 비판하고, 발전행정을 개별의 연구대상으로 할 것을 주장하고 있다.

3) **일반체제 접근방법**(general system approach) 대표적인 학자는 파슨즈(Talcott Parsons), 레비(Morion Levy), 수턴(F. X. Sutton) 등으로 비교분석의 목적을 위한 유형과 모형의 형성에 더 많은 관심을 두고 문화횡단적·포괄적인 이론구성을 시도하는 접근방법이다.

7. 집단접근방법(group approach)

(1) 의 의

집단접근법의 개념에 대한 것은 사회학자와 정치학자에 의하여 많은 발전을 보게 되었는데, 일반적으로 '집단'이란 어떤 목적을 달성하기 위하여 구성원 사이에 상호작용을 하여 이해를 함께 나누는 조직체라고 말할 수가 있다.

(2) 특 색

이러한 상호작용을 하는 집단접근법은 인간의 행동을 오히려 개인의 행동만으로 보는 것이 아니라 조직의 힘을 받는 집단의 행동으로 보기 때문에[51)] 전통체제에서 강력한 집단을 형성하고 있다고 볼 수 있는 정책결정장치와 이익집단과의 상호관계에서 빚어지는 접근현상과 집단의 응집력, 지위, 지도력, 지리적 요인 등의 변수들을 대상으로 행정현상을 연구해야 옳다고 하는 접근방법이다.

---

50) F. Heady, *Public Administration: A Comparative Perspective*(Englewood Cliffs, N.J.: Prentice-Hall, Inc., 1966), pp. 9~13.

51) David, B. Truman, *The Government Process*, 2nd, ed.(New York: Alfred A. Knopf, 1971), p. 52.

(3) 평　　가

이상과 같이 집단 접근법은 행정환경 또는 연구에 많이 이용되고 있지만, 비판이 없는 것은 아니다. 즉,

첫째, 개인의 특성을 지나치게 소홀히 취급한다고 하는 비판이다.

둘째, 집단접근법에서는 공익이나 국가의 이익과 같은 집단을 초월한 문제를 취급할 수 없다는 비판 등이 있다.

이러한 면으로 볼 때, 개인과 조직은 필수불가결하고, 개인의 조직에 대한 또는 조직의 개인에 대한 영향력도 중요하다 하겠으며, 앞으로 행정학연구의 측면도 강화되리라고 생각된다.

8. 공공선택론적 접근방법(public choice approach)

(1) 의　　의

공공선택이론은 '사회적 선택(social choice)' 또는 '집단적 선택(collective choice)'이라고도 불리우는 것으로서, 1960년대부터 본격적으로 시작된 부캐넌(J. Buchanan)과 털록(G. Tullock) 등의 현대 정치경제학 연구에 힘입어 형성된 행정연구의 한 접근방법이다.

공공선택이론은 비시장적 의사결정에 경제학적 분석도구를 적용하여 제도적 상호작용을 연구하는 일련의 시도라고 정의한다.

이와 같이 공공분야의 의사결정에 경제적 분석의 시각을 원용하려는 시도는 1963년 Charlottesville에서 개최된 "행정학의 이름 없는 분야"(No-Name Fields of Public Administration)[52]라는 제목하에 이루어진 학술회의에서 부캐넌과 털록이 주창한 이래, 1967년 공공선택학회(Public Choice Society)가 창립되고 「공공선택」(*Public Choice*)이라는 학술잡지가 창간되면서부터 큰 관심을 끌게 되었다.

그 이후 공공선택이론을 행정학에 접목시키는 데 큰 공헌을 한 오스트롬(V. Ostrom)에 의해서 명료하고 체계적으로 정리되었으며,[53] 전통적 행정관을 부정하고 정치경제학적인 시각이라는 새로운 각도에서 정책결정의 행태를 이해함으로써 정책결정현상의 이해와 규범적 차원의 연구에 큰 기여를 하였다.

(2) 행정관과 분석요소 및 특징

1) 분석요소　　첫째, 공공선택이론가들은 집단의 존재성과 연구가치를 무시하지는 않지만 집단구성원의 개개인을 분석단위로 한다.

---

52) 이 회의의 명칭에 관해서는 'the pure theory of collective decision-making', 'the analysis of non-market decision-making', 'the positive theory of collective agreement'이 거론되었으나 합의를 이루지 못하였다. Vincent Ostrom, "Developments in the 'No-Name' Fields of Public Administration," *PAR*, Vol. 24, No. 1(1964), pp. 62～63.

53) Vincent Ostrom and Elinor Ostrom, *op. cit.*, p. 203.

둘째, 개개인이 얼마나 합리적(rational)인가를 분석하며, 관련 당사자들 간에 협상·조정·통합 등과 같은 여러 방안을 동원하여 공공재와 공용서비스 공급의 효율성을 높이도록 한다.

셋째, 수요자의 선택에 부응하며 개인들의 선택 극대화전략에 맞도록 하고 있는가를 분석한다.

넷째, 확실성, 위험, 불확실성(uncertainty)을 진단 분석한다.

(3) 연구특징과 새 행정관

오스트롬(V. Ostrom)의 견해를 중심으로 공공선택이론의 주요한 연구특징과 행정학 연구를 위한 주요관점을 살펴보기로 한다.[54)]

첫째, 공공선택이론은 정치경제학적 성격이 강하다. 정책이 산출해 내는 공공재화와 용역(public goods and services)을 중시하고 그 공공성을 강조하여 사적 경제부분에서의 경제논리를 그대로 적용하는 것을 비판한다.[55)] 따라서 공공재화와 용역의 공급은 다양한 의사결정자의 결정에 달려 있음을 강조하고 장기에 걸친 정치적 실현가능성을 중요시한다.[56)]

둘째, 다양한 공공재와 공공서비스를 제공키 위해서는 이에 맞는 다양한 조직배열이 사용되어질 수 있다. 그러한 조직들은 상호이익을 도모하기 위한 거래나 계약들을 포함하는 여러 복합조직장치(multi-organizational arrangement)를 통하여 조정될 수 있다.[57)]

셋째, 정책의 확산효과(spill-over effects)를 강조한다.

넷째, 관료적 위계질서는 상당한 이점을 갖는다고 본다.

다섯째, 공공조직(public enterprise)은 상당한 자율성을 갖고 운영될 수 있다고 보는 점이다.

여섯째, 행정인들은 정치적 교착 상태를 원치 않으며 고객의 지원을 얻으려는 노력이 커진다는 점을 연구하려 한다.

(4) 평가적 시각

복잡한 행정현상을 연구하는 하나의 접근방법으로서 공공선택이론은 행정현상의 연구에 독특한 시각을 제시하여 많은 관심을 불러일으키고는 있으나, 이 이론의 한계점으로 주로 지적되고 있는 것은 공공선택이론의 주요 가정인 방법론적 개인주의와 경제적 합리성에 관한 것이다.

---

54) V. Ostrom, *op. cit.*, pp. 203～206.

55) L. L. Wade and R. L. Curry, Jr., *A Logic of Public Policy: Aspects of Political Economy*(California: Wadsworth, 1970).

56) Vincent Ostrom, *The Intellectual Crisis in American Public Administration*(Alabama: University of Alabama Press, 1974), p. 109; 박연호, 행정학신론(서울: 박영사, 1996), pp. 134～136 재인용.

57) *Ibid.*, p. 110, 상게서, p. 135.

즉 공공선택이론에서는 방법론적 개인주의에 의하여 개인을 분석의 기본단위로 삼고 있으나 형이상학적 전체론(metaphysical holism)을 가미하려는 거시사회학, 일반체제철학, 계층구조개념 등의 입장을 고려할 때 행정현상의 연구에도 전체론적 측면을 감안해야 한다는 주장이다.[58]

우리 경우 1995년 6.27지방선거 이후 지역주민의 수요에 맞는 행정을 추구하면서 몇가지 변화가 일어나고 있다. 즉 ① 지방공공재에 대한 인식의 변화, ② 민주시민으로서 다양한 욕구 분출, ③ 정부간 갈등, ④ 정치인들의 행태변화의 요구, ⑤ 참여민주주의 대두와 비정부기구(NGO)활동이 활발해지는 점이다. 이러한 변화는 공공선택이론의 분석변수인 분석단위로서의 개인, 공공재(public goods)의 성격, 집단적 의사결정규칙을 중점적으로 연구하는 방법론을 필요로 한다.

9. 정경적 접근방법(political economy approach)[59]

정경적 접근법은 18~19세기에 정치·경제가 미분화되었을 때에 이용되던 것이 사회과학의 분화경향에 따라 계속 분화·독립화의 과정을 걷다가 다시 사회의 체제성이 강조되면서 행정의 정치와 경제성이 짙어지고 양자 간의 상호관련성이 강조됨에 따라 1970년에 접어들면서 정경적 접근법이 대두되기 시작하였다.

이것은 행정을 정치와 경제간의 상호관계로 보고 대내적인 면에서는 조직목표와 관련된 제활동과 또한 효과적인 과업달성에 연관되는 활동을 내포하고 대외적인 면에서는 환경으로부터 정당성 확보와 원료의 구입·생산·유통의 관계로 본다.

10. 상황적 접근방법(situational approach)

이 접근법의 이론적 배경은 인간의 활동을 대상으로 접근한 것으로서 행정학은 과학성이 높은 이론을 도출하기 어렵고, 어느 하나의 접근법에만 의존하는 연구가 가장 좋은 것이 될 수 없다는 데서 출발한 것이므로 행정현상에 대한 특정한 구체적 상황에 적합한 접근방법을 모색해야 합리적이라는 것이다.[60]

따라서 행정현상에 대한 파악과 특이한 점을 파악하여 상황적 접근법을 가미한다면 행정학에 대한 깊고 폭넓은 연구과제가 될 것이라고 생각된다.

11. 현상학적 접근방법(phenomenological approach)

현상학적 접근방법이란 사회적 행위의 해석에 있어서 인간의 의식과 주관적 개념을

58) 강신택, 사회과학연구의 논리(서울: 박영사, 1986), pp. 143~152 참조.
59) 박연호, 행정학신론(서울: 박영사, 1980), pp. 40~41.
60) E. Kost Fremont and James E. Rosen Eweig, *Organization and Management*(London: McGraw-Hill, 1974), p. 21.

강조하는 연구방법을 의미한다.

사회과학연구에 있어서 지금까지 주류를 이루어 온 것은 행태론적 접근방법이었다. 이러한 연구방법은 행정학의 과학화에 공헌을 하였지만 가치를 배제시킴으로써 행정의 방향이나 실상을 파악하지 못했다는 비판을 받고 있는데, 현상학적 접근방법은 이러한 한계를 보완하기 위하여 대두된 연구방법이다.

현상학(phenomenology)은 후셀(Edmund Husserl)중심의 철학운동으로서 사회적 행위의 해석에 있어서 의식을 중요시하는 학문을 말한다.[61)]

그러므로 현상학은 직관적으로 포착되는 경험의 본체를 중시하고 확인하려고 한다. 현상학적 접근방법은 인간의 의도된 행위(action)와 드러난 행동(behavior)을 구별하고, 정작 관심을 기울여야 할 분야는 의도된 행위라는 것이다. 여기서 행정이론은 인간행위의 의미를 어떻게 이해하고 해석할 것인가에 관심을 기울여야 한다는 것이다.

이 접근방법은 '사회현상'이란 자연현상처럼 사람과 동떨어진 객체로 존재하는 것이 아니라, 그 속에 참여하는 사람들의 의식·생각·언어 등으로 구성되며 그들의 상호주관적(intersubjective)인 경험으로 이룩되는 것이기 때문에 사회과학에서 형성하는 사유대상(thought objects)은 자연과학의 그것과는 본질적으로 다르다는 것이다.

행정학 연구에 있어서 현상학적 접근방법을 원용함으로써 과학적 연구방법을 통해서는 파악하지 못했던 인간의 주관적 관념, 의식 및 동기 등의 의미를 더 적절하게 다루고 있어 연구의 적실성을 높혀줄 수 있는 것이다. 행정학에서 현상학적 접근방법을 취하고 있는 그 대표적인 학자로는 후셀(Edmund Husserl), 쉘러(Max Scheler), 슈츠(Alfred Schutz) 등을 들 수 있다.[62)]

현상학적 접근방법의 특징을 보면 다음과 같다.[63)]

첫째, 존재론(ontology)적인 면에서 객관주의는 객관적 실존론(realism)을 강조하나 주관주의는 명목론(nominalism), 즉 객관적 실재와는 별개의 명분에 초점을 둔다. 객관적 실재가 있거나 없거나 인간의 의식과 믿음을 중요시한다.

둘째, 우리가 지식을 얻는 방법과 관련된 인식론(epistemology)적인 면에서 볼 때 객관주의는 실증주의(positivism)를 옹호하나, 주관주의는 반실증주의(anti-positivism)적 입장을 지지한다.

셋째, 사회현상을 빚어내는 주체이며, 그 때문에 사회과학의 연구에 있어서 가장 기본이 되는 대상인 인간의 성격(human nature)에 대하여 객관주의는 결정론(determinism)적 입장을 취한다. 즉 인간성이란 외부환경의 자극과 그에 대한 유기체의 반응의 형식으로

61) Maurice Natanson, Philosophy and Social Science, in *Literature, Philosophy and Social Science*(The Hague: Nijhoff, 1968), p. 157.
62) 백완기, 전게서, pp. 82～83.
63) 윤재풍, 조직학원론(서울: 박영사, 1985), pp. 78～79.

결정되는 수동적 · 비자발적인 것으로 보는 것이다. 그러나 주관주의적 입장에서는 자발론(voluntarism)적 견해를 지지한다. 즉 인간을 자유의지를 가진 적극적 · 자율적 존재로 보는 것이다.

넷째, 방법론(methodology)적인 면에서 보면, 객관주의는 일반법칙적(nomothetic) 방법의 추구를 강조하나 주관주의는 개개의 사례나 문제중심적 방법의 추구에 초점을 둔다.

요컨대, 현상학적 접근방법은 주관주의적 접근방법의 하나로서 유명론, 반실증주의, 자발론 및 개개의 사례나 문제중심적인 성격을 띤다.

이와 같은 특징을 갖는 현상학적 접근방법은 사회현상을 보는 데 있어서 폭넓은 철학적 사고방식과 준거의 틀을 제공하는 등의 유용성을 지니고 있지만 다음과 같은 비판을 받는다.[64)]

첫째, 이 접근방법은 지나치게 사변적이고 철학적이기 때문에 주관적인 철학의 범주를 벗어나기 어렵다.

둘째, 이 접근방법은 행위의 목적성과 의도성을 찾아내는 데 주안점을 두고 있지만, 이것들을 해결하는 방법과 기술에 대해서는 전혀 언급이 없다.

셋째, 이 접근방법은 인간의 모든 행위는 의식과 의도의 산물이라고 가정하고 있는데, 인간행위의 많은 부분이 무의식이나 집단규범 또는 외적 환경의 산물이라는 것을 간과하고 있다.

넷째, 이 접근방법은 개별적인 인간행위와 개인간의 상호작용의 해석에 역점을 두기 때문에 그 접근방법이 지나치게 미시적이다. 즉 조직 내의 개별적 행위들에 대해서는 설명을 잘할지 모르지만 조직의 전체성을 파악하는 데는 미약하다는 것이다.

12. 구조 · 기능적 접근방법(structural-functional approach)

(1) 의 의

현대행정을 파악하는 데 있어서 행정과정 자체만을 가지고 연구한다는 것은 무의미하므로 행정에 관련된 모든 정치 · 사회 · 경제 · 사상 등의 전체적 구조와 기능을 분석하고자 하는 것이 구조 · 기능적 접근법이라 하겠다.

특히 왈도는 그의 저서 「행정학 연구」(*The Study of Public Administration*)에서 행정에 대한 구조 · 유기적 분석의 중요성을 강조하고, 셀즈닉(P. Selznick)은 그의 저서에서 적응적 흡수 내지 적응적 변화라는 개념을 사용했다.

(2) 특 색

초기 기능론의 특색은 모든 유기체는 상호 관련된 부분으로 구성되어 있고, 각 부분은 유기체의 생존을 위해서 무언가 유지하고 있다는 것이다. 이에 있어서 유기체론에 기

64) 백완기, 전게서, pp. 85～86.

반을 둔 초기기능론자들은 다음과 같은 생각을 갖고 있었다.[65)]

첫째, 경계를 가진 체제로서의 사회는 자기규칙적이며, 안정된 상태와 균형을 향하여 움직여 가는 경향이 있다.

둘째, 유기체와 비슷하게 자기유지를 하는 체제로서의 사회는 일정한 기본욕구와 요건을 갖추고 있다.

셋째, 욕구와 요건을 가진 자기유지적 체계를 사회학적으로 분석하려면 이러한 체계 욕구를 충족시켜 줌으로써 체계의 균형과 안정된 상태를 유지하는 데 이바지하는 구성부분의 기능을 연구하는 데 초점을 두어야 한다.

넷째, 욕구나 요건을 가진 체제에 있어서는 그 생존 · 안정 및 균형을 보장하기 위하여 일정한 형태의 구조가 존재할 것이다.

또 파슨즈(Talcott Parsons)의 구조 · 기능[66)]을 보면 다음과 같다. 파슨즈는 약 40년간에 걸쳐서 그 이론적 체계를 발전시켜 왔는데, 이론적 명제의 성급한 구성보다는 체계화된 개념구조를 발전시키는 일이 우선하여야 된다는 입장에서 아주 거대한 하나의 개념구조를 구성하려고 노력하여 왔다. 그것이 소위 행동이론이다. 행동이론의 제안에 있어서 여러 개의 행동체제에 관한 개념정의와 이론개념간의 관계에 관한 견해가 제시되었고, 각 체제를 고찰하는 데 네 개의 기능적 범주를 기본적인 틀로 사용하고 있다. 이러한 개념구조의 일부분과 사회체제의 구조기능론의 일부분이 정치체계의 구조기능론이라 할 수 있다.

(3) 평 가

이 구조 · 기능론연구의 제약점[67)]은 행동체제에 관한 내용의 말이 많이 언급되는바, 다음과 같은 요건에 많은 어려움이 있다. 체제와 기능적 요건은 앞서 논한 것처럼 모든 체제는 유형유지 · 통합 · 목표달성 · 적응기능을 함축하고 있는데, 모든 분야는 전문화된 체제가 있고, 유형유지에는 문화체제, 통합에는 사회체제, 목표달성에는 성격체제, 적응기능에는 유기체라는 전문화된 체제가 있다. 즉 사회체제의 유기적 요건은 위에서 설명된 바와 같이 다음과 같은 것이 있다.

1) 유형유지기능(pattern maintenance functions)
2) 목표달성기능(goal-attainment functions)
3) 적응기능(adaptation functions)
4) 통합기능(intergration functions)

그리고 위 네 개의 기능요건은 행동체제가 대응하여야 하는 생존문제이므로 체제는 각 기능을 수행하는 전문화된 수단을 발전시키는 경향이 있는 것으로 생각할 수 있다. 즉

65) Jonathan H. Turner, *The Structure of Sociological Theory*(C. Homewood, Ill.: The Dorsey Press, 1974), pp. 17~18.
66) 강신택, 사회과학연구의 이론(서울: 박영사, 1981), p. 322.
67) 강신택, 상게서, pp. 330~334.

문화 · 사회 · 성격 및 유기체라는 하위체제들이 행동체제를 통하여 사회구조 · 기능론에 있어서 일반적인 상호교환이 이루어지고 있다. 이에 대하여 머튼(Robert K. Merton)도 사회학적 접근법 입장에서 관료제의 역기능과 비공식조직의 역기능을 강조하면서 기능론에 대하여 분석하고 있는데, 그는 파슨즈의 구조 · 유기론을 비판하고, 종전의 인류학자들의 기능론을 수정하고 있다.

즉 그가 제시한 패러다임은 다음과 같다.

1) 기능을 가진 것으로 생각되는 항목의 구체화
2) 주관적 성향개념(동기, 목적)
3) 객관적 결과에 관한 개념(순기능, 역기능)
4) 기능의 도움을 받는 단위의 개념
5) 기능적 요건(필요 · 선행요건)의 개념
6) 기능을 충족시키는 데 작용하는 메카니즘의 개념
7) 기능적 제안(機能的 等價物 또는 代體)의 개념
8) 구조적 맥락(구조적 제약)의 개념
9) 동기와 변화의 개념
10) 기능분석의 타당화문제
11) 기능분석의 이념적 함축성 문제 등을 들고 있다.

13. 최근의 동향

이상 현재 가장 지배적인 것으로 생각되는 접근방법론을 개관해 보았는데, 최근에 이르러 변화 · 발전 · 쇄신에 대한 전 세계적인 관심의 대두와 더불어 방법론에 있어서도 수정을 보게 되어 분화에 따른 통합 · 갈등의 문제를 시간적인 차원에서 고찰하려는 경향이 강하게 대두되고 있으며, 이러한 발전에의 관심은 자연히 목표지향성을 갖게 되어 행태론의 도움을 얻어 정책과학 · 정책분석에 관심이 쏠리고 있다고 보겠다.[68]

끝으로 우리나라의 행정을 연구하는 데 있어서는 이러한 각 변수의 내용에 따라 한국적인 특수성을 충분히 이해하고 들어가야 한다는 점을 지적해 두고자 한다. 예를 들면, 우리의 농업사회적 · 유교문화적인 전통이 개인의 가치관 · 동기 · 인지를 서구인과 여하히 다르게 하고 있는가, 우리의 발전목표는 무엇인가, 정치권력이 행정에 미치는 영향은 어느 정도인가, 정치 · 행정에 대한 경제의 지위는 어떠한가 등이다. 따라서 위 방법론 외에도 아지리스(C. Argyris), 베니스(W. Bennis)로 대표되는 인간주의적 접근방법으로 인간의 존엄권, 인간성 개발, 참여자의 합의를 중시하는 방법론이 있으며, 호르크하이머(Max Horkheimer)가 주장한 사회과학을 사회적 변화와 실존의 개선(improving social exis-

68) Yehezkell Dror, *Public Policy Making Reexamined*(San Fransisco: Chandler, 1968), p. 370.

tence)에 주목해야 한다[69]고 하는 비판론적 접근법으로 조직 · 관료제의 모순과 결함을 연구하려는 방법론을 들 수 있다. 이와 같이 행정학연구방법론이 다양한 것은 행정학 자체가 그 학문적 속성이 종합과학이기 때문이며 행정과제와 문제해결을 위한 방법론은 그 국가체제나 행정문화, 역사적 · 지역적 · 시대적 정황에 따라 그 연구방법은 다를 수 있기 때문에 연합과학적 · 다학문적 · 종합과학적 접근방법(interdisciplinary approach)이 최근에 많이 활용되는 실정이다.

제 4 절 행정문화

I. 행정문화의 개념

한 국가 또는 사회의 문화는 흔히 민족성이나 국민성으로 그 유형을 설명하게 되는데, 체제적 관점에서 보면 국가의 고유한 민족성이나 국민성은 상위체제인 전체 사회의 문화이고 사회구성원 개개인에 의해서 소속되어 있는 하위체제 속으로 침투되어 그 체제의 활동과 현상에서 표출되어 존재하게 된다. 그러므로 일반문화가 행정체제 또는 행정조직에 투영되어 행정현상과 행정행태에 내포되어 있는 문화가 곧 행정문화라 할 수 있다. 또한 역으로 행정조직 자체가 문화의 개체로서 일반문화의 일부로 존재하게 되는 것이다.

그런데 이러한 행정문화에 대한 정의에 대하여 학자들은 다양한 정의를 내리고 있다. 행정문화는 행정인들이 지니고 있는 지배적이고 보편화된 가치관 또는 행정관료들의 의식구조, 사고방식, 가치관, 태도와 일반국민의 행정에 대한 가치의식의 총합[70]으로 규정하는가 하면, 행정체제 속에서 활동하고 있는 모든 사람들 사이에 바람직스럽고 적절하며 요구되고 허용되거나 금지된 행위[71]라고 정의를 내리고 있기도 하다.

이처럼 행정조직구성원들에 의해 공유된 신념, 가치관, 관행, 생활양식 등의 총제적 집합으로서의 행정문화는 그것을 하나의 변수로 하여 가치관이나 행정행태를 연구하는 방법도 있을 수 있으며, 또한 행정문화를 이용하여 행정조직 그 자체를 문화적 맥락으로 이해하고 행정조직을 일반문화의 일부인 행정문화와 동일한 관념적이고 상징적인 측면으로 간주하여 연구할 수 있는 것이다.

---

69) Max Horkheimer, *Critical Theory*(N.Y.: Amchor Books, 1967), p. 212.
70) 白完基, 行政學(全訂版)(서울: 博英社, 1988), p. 187.
71) Jose V. Abueva, "Administration Culture and Behavior and Middle Civil Servants in the Philippines," in Edward W. Weidner(ed.), *Development Administration in Asia*(Durham, North Carolina: Duke University Press, 1970), p. 135.

Ⅱ. 서구행정문화의 일반적 유형

1. 합리주의

합리주의는 의사결정에 있어서 객관적인 자료의 수집과 분석에 의존하며, 감정이나 권력적 독단에 지배되지 않는 것을 말한다. 관료제에서 합리주의를 지나치게 강조하다 보면 몰인격적 관료제가 나타나게 된다.

2. 성취주의

성취주의는 주로 인력의 채용과 능력평가에 있어서 귀속성, 즉 혈연, 학연, 지연 등 연고주의보다는 실적이나 자격 등의 객관적 기준으로 평가하기 때문에 성취나 업적주의를 강조하면 자원의 절약과 능률의 향상을 도모할 수 있다.

3. 전문주의

전문주의란, 공직의 전문직업화에 의하여 확대일로에 있는 정부기능의 수행에 있어서 각 분야별로 고도의 전문성을 추구하는 것을 말한다.

4. 다원주의

다원주의는 추구하는 가치와 사회제도의 다원적 존재를 인정하는 선진사회의 지배적인 가치규범이다. 다원주의하에서는 상대방의 존재가치를 인정하기 때문에 여러 가지 권력이 개인간, 집단간, 조직간에 균형있게 배분되며 목표달성에 있어서 투쟁이나 갈등보다는 타협과 협상전략이 사용된다.

Ⅲ. 우리나라의 행정문화

1. 연고주의

공과 사를 혼동하며 심지어는 고등학교 등 연고파벌, 분파주의가 심하며 공적 인간관계를 사적 인간관계로 전환시키는 가족주의와 지역주의(regionalism)의 본질인 지역문화, 지역경제 지역자치주의가 아닌 지역이기주의, 지역갈등주의가 횡행하며 일차적 집단을 토대로 한 결탁으로 부패가 심한 현실이기도 한다.[72)]

2. 권위주의

권위주의는 유교문화의 영향을 받아 권위에 당연히 복종해야 한다는 신념에서 나온

72) 최재석, 한국인의 사회적 성격(서울: 개문사, 1977), p. 23.

것이다. 이는 곧 우리 사회를 수직사회로 만들어 수평사회의 모습과 장점을 찾기 힘든 형편이거니와 이러한 권위주의는 조직의 질서를 유지하는 데는 유리하지만 행정의 쇄신과 창의성을 저해하는 장애요인이 되기도 한다.

3. 형식주의

형식주의는 예의를 지나치게 강조한 결과로써, 내용보다 형식을 존중하여 행정현상을 말한다(이러한 형식주의는 행정에 있어서 선례답습과 무사안일을 초래하여 행정의 낭비와 비능률을 자초하는 악영향을 미친다).

4. 인간불신주의

공직의 요직을 의사가족(疑似家族) 집단화시켜 열린 조직이 되지 않고 있으며 행정정보의 비공개로 공공성의 논리나 공적인 여론이 무시되어 정치적 논리가 권력으로 작용하여 왔기 때문에 한 나라의 중요한 사회자본이라 할 신뢰의 문화가 되어 있지 않다.

5. 반중립주의(半中立主義)

"공화국은 바뀌어도 행정은 그대로다"라는 말과 같이 집권당 중심의 당정협의에 따라 집권정당의 시녀가 되어서는 안 되며 지역정당이나 총재절대권 아래 반민주정당 구조 속에서 행정부가 독립되고 3권 분립의 원칙이 잘지켜지는 것을 말하는데 우리 경우는 바람직하지 못한 것으로 생각된다.

Ⅳ. 행정문화와 행정의 관계

문화는 모든 행위를 결정하고 인도하는 기본인자요 기본규범이라고 했던 란다우(Martin Landau)[73]의 주장처럼 문화는 국민의 의식구조·사고방식·가치관·태도 등 인간행동을 규제하는 가치 그 자체이다. 이와 같이 근원적인 뿌리의 성격을 가진 것이 문화이기 때문에 문화는 인간의 모든 행동을 규제하고 행정도 규제하게 된다. 다시 말하면 정치와 행정은 문화와 깊은 관계를 맺는다는 것이다.

따라서 행정체제가 그 나라의 사회문화적인 산물인 경우에는 나름대로 작동하게 되지만, 행정체제가 다른 나라에서 도입된 경우에는 그 사회의 전통적이고 토착적인 문화적 요소에 의해서 본래의 의도대로 작동되지 않는다. 특히 과거 우리나라에서 많이 경험했던 것처럼, 도입된 행정제도가 우리의 문화를 기반으로 하지 않는 이질적인 사회·문화적 기

73) Martin Landau, "Development Administration and Decision Theory," in E. E. Weidner, *Development Administration in Asia*(Duke University Press, 1970), p. 74.

반 위에서 형성되었기 때문에 형식적이고 피상적인 제도적 모습만을 갖춘 상태에서 진정한 그 제도가 가진 본래의 가치를 제대로 반영하지 못하였다. 결국 행정제도가 제대로 작동하기 위해서는 그 사회·문화의 기반 위에서 형성되는 것이 가장 바람직하다 하겠으나, 전술한 바와 같이 자생적 문화를 기반으로 형성되지 못한 경우에는 토착적인 문화가 그 제도를 각색하여 버리고 형식과 피상만이 존재하게 된다.

그러나 행정문화가 행정실제와 행태에 영향을 미치는 것은 부정할 수 없으나, 이들 관계가 일방적 결정관계로만 국한되는 것이 아니라 오히려, 행정행태의 거듭된 반복이 행정문화를 형성한다는 측면에서 보면 이들간의 관계는 상호작용을 미치는 관계로 보는 것이 옳겠다.

행정문화가 행정실제와 행태에 영향을 미친다는 사실은 주지하는 바이나, 이들의 관계가 일방적 결정관계에만 국한되는 것은 아니다. 오히려 행정행태의 거듭된 반복이 행정문화를 형성한다는 측면에서 보면 이들간의 관계는 상호작용을 미치는 관계로 파악하는 것이 타당하다.

다시 말해서, 행정문화가 행정인의 의식구조와 가치관에 영향을 미치고, 이에 의하여 행정구조와 기능관계가 형성되며, 나아가 행정행위의 모습이 결정된다. 그리고 이와 같은 세 가지의 행정요소와 행정현상이 오랜 시간을 거쳐 반복되다 보면 일정한 유형의 행정문화가 형성되며 이는 행정에 영향을 주게 되는 것이다.[74] 이와 같이 중요한 행정문화는 보다 철저한 쇄신전략이 요구되며 단순생활을 자랑으로 하고 이웃사랑의 공동선을 추구하는 기독교문화의 창조와 이웃사랑, 그리고 유교문화의 청백리 선비사상과 민주시민교육 등을 유치원부터 새로이 시작할 필요가 있다고 보며 행정의 풍토, 체질의 개선과 행정인의 의식혁명이 절실하다고 본다.

제 5 절 현대정부행정관리 지도이념

I. 지도이념의 의의

행정관리의 지도이념은 현대의 대규모 정부조직에서 필수적으로 요구되는 행정철학으로서 조직의 공통목표의 달성과 추구를 위해서는 물론이거니와 적응변화(adaptive change), 창조적 행정수행, 행정발전의 평가기준으로서 정립되어야 하고, 국가발전목표의 추진과 지원을 위해서 발전사업의 선정과 관리의 항구적 동시성을 가질 수는 없다 하더라도 그 우선순위만은 생각해 보아야 할 일이다.

74) 김영종 외, 행정학(서울: 법문사, 1996), p. 35.

행정의 지도이념으로 종래에는 법과 질서유지 지향적인 면에서 합법성이 중시되었으며, 행정능률의 극대화라는 측면에서 능률성이 문제되었거니와 대민봉사적인 차원과 혹은 요즈음 신행정(new public administration)이론에서 주장하는 참여문제를 포함한 민주성 문제 및 국가목표에의 일치성이나 달성도를 별로 이념시하지 않았던 적도 있었다. 여기에서는 사업내용이나 개별성에 따라 이념이 조금씩은 다를 수도 있겠고, 사례별로 그 우선순위가 다르기도 하겠으나 각 이념의 조화와 실천을 전제하면서 제행정이념을 개관하여 보기로 한다.

Ⅱ. 정부행정관리이념의 개관

1. 합목적성(Rationality)

정부의 정책결정이나 그 집행이 행정의 최종목표와 일치하여야 한다는 개념이다. 여기에서 생각할 것은 상위목표가 있고 그 하위목표(sub-goal)가 있을 때, 하위목표는 하부별 목적으로서 수단이 될 수도 있다. 이 경우 목표도 중요하지만 목표달성을 위해 취해야 할 행정하위목표나 행동의 절차방법들을 결정하는 문제도 합리적이고 순리적이어야 하겠으며, 따라서 합목적성(rationality)의 핵심문제는 우선순위의 결정문제, 각 순위에 따라 목적달성의 최적수단을 결정하는 문제, 수단 상호간의 마찰을 해소하는 문제 등이 합리성을 가져야 할 것이다.

2. 능률성(Efficiency)

19세기 후반에 이르러 행정국가화되고 행정기능이 양적 · 질적으로 변화 · 확대됨에 따라 행정부의 예산이 급속히 팽창하게 되었는데, 이는 곧 미세액의 증대와 국민의 납세부담의 증대를 초래하게 되었다.

그런데 주요납세자는 담세능력을 가진 유산층이 되는바, 이들은 정부에 별로 의존함이 없이 독자적으로 자본축적을 한 결과 증대하는 미세액과 세출액에 관심을 갖게 되는 것은 당연한데, 여기에 박차를 가하게 해 준 것은 공명정대한 정치경쟁의 보장과 선거를 주로 하는 민주정치의 실시와 그 발전이라고 하는 것이다.

그러므로 이들은 정부에 대하여 "보다 적은 과세, 보다 많은 봉사"(less taxation, more services)를 요구하게 되었고, 또한 그처럼 요구할 수 있으며, 그것이 위정자들에 의하여 수용될 수밖에 없도록 제반 여건이 갖추어졌던 것이다.

따라서 시민 · 유산층으로부터의 보다 적은 미세의 압력과 보다 많은 서비스의 제공요청을 충족시키기 위하여는 한정된 자원을 경제적이고 합리적으로 활용하지 않을 수 없게 되었던 것인바, 능률성 문제가 새로운 행정이념으로 대두되었던 것이다.

더구나 시기적으로 정치·행정이원론이 지배하고 과학적 관리법이 도입되어 행정의 과학화를 믿고 추진·연구하던 시대였으므로 행정이란 설정된 목표를 어떻게 하면 최소의 비용으로 달성하느냐 하는 능률성의 향상에 열중하게 되었던 것이다.

여기에서 능률이란 비용을 주어진 것으로 간주하고 소여된 일정비용(또는 예산)으로 가능한 한 최대의 성과(업적)를 달성하는 것으로 말할 수도 있으며, 또는 성과를 주어진 것으로 간주하여 소여의 일정성과를 달성하는 데 가급적 최소의 비용(또는 예산)을 사용하는 것을 의미할 수도 있다. 다시 말해서 투입(input)과 산출(output)의 비율을 의미하는 것으로 이해할 수 있다.[75)]

$$\text{능률} = \frac{\text{산출}}{\text{투입}}$$

그러나 이러한 능률의 실제 측정상의 문제점은 존재한다. 행정은 기업체의 상품생산과 달라 그 산출량의 파악이 간단하지 않을 뿐만 아니라, 그 투입에 있어서 공식예산 이외에 각 기관이 직접·간접적으로 국민에게 부담지우는 것을 정확히 파악할 수가 없다는 것이다.

3. 민주성(사회적 효율성)(Democracy)

정치·행정이원론의 지양과 일원론의 대두 시기인 1930년대 후반기에 이르러 종래의 효율성은 너무나 기계적으로 해석되었으며, 목적을 잃은 감이 있다고 하여 이에 대한 비판이 일어나기 시작하였다. 즉 행정이란 정치에서 설정한 정책의 구체화라고 파악하던 시대에는 과정의 효율화, 과정의 경제성·합리성만으로 족하였으나, 행정이 목표·정책설정까지 담당하게 된 지금에 이르러서는 과정의 효율화나 경제성만으로는 부족할 것이며, 단순한 기계적 효율이 아닌 무엇을 위한, 누구를 위한 효율이냐에 관심을 갖지 않을 수 없기 때문이다.[76)]

다만 여기에서의 민주성은 행정의 대내적인 절차과정에 관한 것으로 특히 의사전달·참여·인간관계(human relation)·리더십 등에 관한 것을 의미하며, 이는 정치발전과 밀접한 관련이 있는 것이라고 볼 수 있다.

4. 효과성(Effectiveness)

1960년대에 들어와 발전·변화의 문제가 관심을 끌게 되면서 발전행정과 효과성이 주요관심사가 되었는바, 여기의 효과성이란 행정목표의 달성도를 의미한다.[77)]

---

75) H. A. Simon, D. W. Smithburg, and V. A. Thompson, *Public Administration*(1950), p. 490.

76) M. E. Dimock et al., *The Frontiers of Public Administration*(Chicago: University of Chicago Press, 1936), p. 120.

77) James L. Price, *Organizational Effecctiveness*(Homewood: Irwin, 1968), pp. 2~3; Amitai Etzioni, *Modern Organizations*(Englewood Cliffs: Prentice-Hall, 1964), p. 8.

따라서 행정납부과정에서의 경제성을 의미하는 효율과는 달리 외부와의 관계에서 개념규정이 되고 있으며, 행정목표는 현상유지적인 것으로부터 성장발전에 이르기까지 다양성을 띠고 있으나, 1960년대의 주요 관심사인 발전변화라고 하는 것은 현재 없는, 그리고 현재와 다른 상태로의 전환 또는 새로운 상황을 조성한 것이며, 행정을 통한 변화·발전을 창조해 나가는 데 초점이 있으므로 행정의 이념으로서 종래의 다분히 정태성을 띤 것으로서는 불충분하며, 보다 동태적인 새 이념이 요청되는 것은 당연한 것이라고 생각된다. 즉 여기에서 중시되는 것은 무엇보다도 먼저 발전목표를 완전히 달성하는 것이며, 따라서 효과성이 효율성에 우선되지 않을 수 없는 것이다.

5. 합법성(Legality)

1880년대 행정학이 탄생하기 전부터 이미 합법성의 문제는 주창되어 왔다. 19세기 후반 행정국가화하기 전의 입법국가, 자유민주주의국가시대 및 산업자본주의가 지배하던 시대의 행정에는 무엇보다도 안정성·장기예측성·시민권의 신장과 자유권의 옹호 등이 요청되었고, 이를 위한 이념으로서 합법성이 대두됨은 당연한 것이었다. 장기투자가 요청되는 당시의 산업자본주의하에서는 투자자인 자본가의 입장에서 필요한 것은 안정성과 장기예측성이며, 이의 확보는 그들의 대표로서 구성되는 의회에서 비교적 상세하게 규정된 법률에 따라 행정공무원이 자유재량의 여지없이 충실히 집행하도록 하는 것이 그들의 이익에 일치하는 것이었고, 또 바람직한 것이었기 때문이다.

이와 같이 당시의 행정이념으로서의 합법성은 특별한 연구를 필요로 하지 않았기 때문에 행정연구가 학문으로서 탄생하게끔 자극을 주지는 않았다. 그런데 당시 영미에서는 합법성 또는 합법행정이 확립되어 현재까지 훌륭한 전통을 세우고 있는데, 어째서 한국의 경우는 해방 후 계속 이의 중요성을 역설하고 교육해 오고 있는데도 잘 지켜지지 않는가? 이에 대한 답으로서 흔히 우리의 교육수준의 저급성을 들고 있으나 그것은 경험적인 사실에 비추어 거의 근거 없는 설명이 된다. 왜냐하면 영미의 19세기 전반의 국민교육수준과 의무교육을 실시하고 있는 현재의 우리나라와 비교가 안 되기 때문이다.

그러므로 다음과 같은 점에서 그 답을 찾는 것이 타당할 것이다. 즉 영미에서는 그 당시의 권력자인 중산계급의 이해관계가 합법행정을 요구했는 데 반하여, 현재 우리나라는 이를 요구하고 있지 않다는 점이다. 그것은 우리의 관료자본적 체제하에서는 권력자와 유산계급이 오히려 합법행정이 이루어지지 않는 데서 부를 축적할 수 있기 때문이다.

따라서 우리나라에서 합법성이 행정에서 존중되고 합법행정의 전통이 확립되려면 근본적으로 이러한 정치·경제체제의 변혁 없이는 기대하기 힘들다고 하겠다.

6. 안 정 성

정치변동이 심한 사회일수록 행정은 사회안정기능을 담당하여야 할 것이며, 정부주도형의 요소별 행정(program administration)이 양적으로 많아질수록 행정의 지속성이 유지되어야 한다고 본다. 특히 현대사회에서의 행정이 안정성이 있어야 하는 이유는 ① 즉흥적이거나 불안정한 행정으로는 목표를 향한 진화방향을 가질 수 없다는 점, ② 행정은 권력적 작용이므로 안정성을 유지하지 않으면 국민의 권리의무가 끊임없이 변화하여 사회의 혼란이 야기된다는 점, ③ 행정은 집단적 협동활동이므로 그 자체가 안정되고 가치중립성을 띠어야만 효율도 오르게 된다는 점, ④ 안정성이 보장되지 않으면 계속성이 결여되므로 혼란·아부·부정 등이 조장된다는 점을 생각할 때 안정성은 행정철학의 중요한 부문이라고 본다.

7. 중 립 성

공무원의 중립은 정치적 중립을 말한다. 이는 공무원이 정당적 목적에 이용되지 않고 공무원의 본분을 유지하면서 중립적인 세력으로 업무의 수행, 민주체제의 균형과 정권교체에 동요되지 않고 행정의 안정성과 계속성을 유지하고, 국민으로 하여금 양질의 서비스를 정부로부터 받도록 노력하는 것이다.

공무원의 정치적 중립은 일인 독재체제나 전체주의국가하에서는 그 이념의 구분이 필요치 않으나 현재와 같이 국민위주의 행정이나 직업공무원제도, 실적주의 행정을 하는 국가에서는 매우 필요한 이념이다. 만약 행정이 중립을 지키지 않을 때 국민이 요구하는 행정을 충분히 집행할 수가 없고, 또한 자기영역을 타분야로부터 보호할 수가 없게 되므로 퇴폐적인 행정현상이 출현하게 된다. 이의 확보를 위해서는 직업논리가 확립되어 있어야 하고, 행정의 중립성을 지키기 위해서는 주위환경 및 정치적·사회적 분위기의 성숙과 국민의 의식수준향상도 아울러 중요변수가 된다.

8. 공 익 성

행정의 존재는 공익성을 대표한다. 즉 행정은 1인의 이익이나 관심의 표현으로서 그것이 형성·집행될 수 없고, 또는 소수의 인원으로서도 그것이 집행되어서는 아니 된다. 행정은 항상 다수의 인원과 국민·주민이라는 복수개념 속에서 존재되어야만 한다.

공공의 개념은 어떤 집단, 또는 다수의 개인이 공통되는 이익, 또는 목적을 가지는 집합적 개념으로 이해되어야 한다. 행정의 존재는 국민을 상대로 하는 공공정책의 안정성을 바탕으로 공공성의 실현과 공공복지 및 많은 질을 요구하고 있는 것이다. 그러므로 공익은 행정의 가치이며, 행정집행의 최선의 목적으로서 이해되어야 할 것이다. 또한 공익은 이익을 초월한 도덕적 선택(moral choice)으로서 규범적인 가치를 소유하고 있고, 사익의 차원을 넘어서 공공의 차원에서 이해되어야 한다. 그러나 개인의 욕구만족이 사회적으로 확산되면서 사회적 만족이 되기 때문에 개인의 이윤도 무시할 수가 없다. 모든 것이 객관적 입장에서 존재하는 공익의 개념은 소극적 개념과 적극적 개념 모두가 포함되어야 할 것이다. 합리성·효율성·합목적성·효과성·민주성 등의 이념도 사회의 공익을 위한 이념들인 것이다.

9. 형 평 성

신행정학에서 강조되고 있는 형평성은 현대행정에서 또한 많이 강조되고 있다. 형평성은 공익성과 유사한 개념으로서 국민전체에 대한 행정효율을 강조하고 있고, 배분에 대한 공평성을 강조하고 있는 것이다. 형평성은 평등, 공평성, 정당한 절차, 엄정성과 구별되기 어렵다.[78] 모든 경제력·책임·사회구조·기회·정치력 등이 적당한 기준에 따라 평등하게 배분된다면 아무런 문제가 없을 것이다. 그러나 불배분적인 관계와 불평등한 관계에 서게 된다면 국가는 이것을 그냥 내버려 둬서는 안 된다. 여기에서 행정의 역할이 중요하게 되고, 이런 문제를 해결해야 할 위치에 있는 것이다. 형평성은 또한 가치와 규범을 공평히 배분함으로써 사회적 굴절현상이 오지 않도록 해야 한다. 자유주의자들은 기회균등을 전제로 해서 능력에 따른 평등을 정의로 보았고, 사회주의자들은 욕구와 평등을 바탕으로 한 배분을 정의로 보았다.[79] 이와 같이 분배적 관심에 관심을 갖고 사회적 정의를 실현하려고 하는 것이다. 특히 정당성을 소유하고 논리적·철학적 개념도 아울러 포함한 이념을 말하고 있다.

10. 가외성(加外性)-행정의 보조장치

(1) 가외성의 대두배경

전통적 행정학에서는 효율성과 합리성 등이 가장 중요한 가치로 받아들여졌다. 즉 행정에 있어서 낭비적 요소를 줄이고 일정한 자원으로 최대의 효과를 성취하는 것이 최고의 이념이었다. 따라서 전통적 행정학에서는 중복성이나 가외성이 0인 상태를 가장 이상적인 것으로 생각하였다.

그러나 현실적인 행정제도와 절차수립에 있어서 자원이나 기구를 중복하는 것이 비효율적인 것 같지만, 그것이 행정에 있어서 나름대로 중요한 가치를 가진 것으로 인식되기 시작하였다. 이를테면 3권분립, 양원제, 3심제, 예비비제도 등이 그와 같은 실례에 속한다.

본래 가외성(redundancy)은 컴퓨터, 사이버네틱스, 정보과학 등에서 활발하게 사용되

78) 백완기, 행정학(서울: 박영사, 1984), p. 393.

79) Keith Graham, *Contemporary Political Philosophy*(Cambridge: Cambridge Univ., 1982), pp. 83~87, 97~108.

는 것인데, 행정학에서는 란다우(M. Landau)에 의하여 그 가치를 본격적으로 논의하게 되었다.[80]

(2) 가외성의 개념

란다우(M. Landau)의 가외성이론은 일상생활에서 초과분, 잉여분, 또는 있어도 좋고 없어도 좋은 것으로 이해된다. 법규상의 규정이 중복되어 있거나 정보체제에 초과분의 채널이나 코드를 두고 있는 것, 자동차의 브레이크를 이중장치로 설치하고 있는 것 등이 가외성을 띠고 있는 실례이다.

가외성의 개념에는 중복성(overlapping), 반복성(duplication), 등위잠재력(equipotentiality) 등의 속성이 내포되어 있다.

첫째, 중복성이란 기능이 여러 가지에 명백하게 분담되어 있지 아니하고 혼합적으로 수행되는 상태를 말한다. 예를 들어, 지역개발사업을 여러 행정기관들이 상호의존적으로 공동관리하는 현상을 들 수 있다.

둘째, 반복성이란 여러 기관이 독립적 상태에서 동일한 기능을 수행하는 것으로 자동차의 이중브레이크장치가 그 예이다. 반복성이 제기능을 수행하기 위해서는 각각의 장치의 기능과 작동시스템이 서로 독립되어 있어야 한다.

셋째, 등위잠재력은 한 기관 내에서 주된 조직단위의 기능이 작동하지 않을 경우 보조단위가 그 기능을 대행하는 것인데, 주된 조명장치가 고장났을 경우 보조조명장치를 사용하는 것이 이에 해당된다.

(3) 가외성의 필요성

1) 상황의 불확실성 현대는 불확실성의 시대이다. 이러한 환경의 불확실성으로 인하여 예기치 못한 사건의 발생가능성이 높아지며, 정책결정의 오류가능성도 그만큼 많다고 할 수 있다. 따라서 이러한 오류가능성에 대한 대비책으로 필요한 것이 바로 가외성이다.

2) 조직의 신경구조성 모든 조직은 예외 없이 의사전달네트워크, 통제, 경합과 같은 신경생리성(neural physiologies)을 가지고 있다. 다시 말하면 조직은 매우 광범하고 복잡한 통신망으로 엮어진 정보체제이다. 그러나 이러한 정보체제의 구조와 기능이 항상 완벽한 것은 아니기 때문에, 경우에 따라 정보의 흐름이 왜곡되거나 불완전할 수 있다. 이와 같이 정보체제의 위험성과 불완전성을 보완하여 주는 것이 가외성이다.

3) 조직의 체계성 조직이란 부문이나 부품으로 구성된 통일체제이다. 그런데 조직을 구성하는 부품들간의 상호조화적 작동관계가 항상 유지되는 것은 아니다. 경우에 따라 불완전성이나 조화관계로부터의 이탈가능성을 보완할 필요가 있는데, 이러한 필요에 응하는 것이 가외성이다.

80) Martin Landau, "Redundancy, Rationality, and the Problem of Duplication and Overlap," *Public Administration Review,* Vol. 29, pp. 346～358.

4) **타협의 사회** 인간사회는 타협의 사회(compromising society)이다. 여기서 타협이란 배타성을 전제로 하지 않는 가운데, 당사자들간의 지속적 자기 주장과 양보을 의미한다. 따라서 타협이란 말 자체에 이미 중복과 가외성의 뜻이 내포되어 있다.

⑷ 가외성의 기능

1) **조직의 신뢰성** 가외성은 오류발생가능성을 미리 탐지함으로써 조직의 신뢰성 증진에 기여한다. 란다우도 가외성의 산술적 증가가 실패의 확률을 기하급수적으로 감소시킨다고 한다.[81)]

2) **조직의 적응성** 가외성 또는 중복성은 조직의 위기대처능력을 향상시킴으로서 상황변화에 대한 적응성에 도움이 된다. 이러한 적응성은 조직의 신뢰성과 직결된다.

3) **조직의 창조성** 조직은 가외성이 없는 상태, 즉 최소한의 구조로 구성되어 있을 때보다 서로 동질적인 부품이나 기능들이 중복되어 있을 때, 그들간의 상호작용 때문에 창조성과 개혁성이 높아진다. 이는 마치 독재체제보다 민주체제가 창의성을 유발시키는 데 유리하다는 이치와 같다.

4) **정보의 정확성 제고** 정보획득에 있어서의 가외성은 다양한 정보채널을 통하여 국정수행에 필요한 정보를 정확하게 입수할 수 있기 때문에 잘못된 정보의 획득가능성을 감소시켜 준다.

⑸ 가외성의 한계

1) **비용·효과성의 문제** 공공행정에 있어서 가외성 장치를 운영하기 위해서는 중복된 자원과 비용지출을 필요로 한다. 따라서 가외성 장치가 주는 효과가 크다 하더라도 자원·비용·시간의 제약을 받는 발전도상국의 행정에 있어서는 그 실효성에 제한을 받게 된다.

2) **운영상의 갈등관리 문제** 조직 내외의 기능중복은 자원의 낭비 외에도 유사한 기능을 갖는 조직이나 집단간에 갈등과 충돌을 불러일으킬 소지가 있다.

따라서 기능중복으로 인한 조직 내외의 갈등과 비효율 등 행정의 역기능이 지나치게 크다면 가외성의 효과가 인정된다 하더라도 그 존립가능성은 위태롭게 된다.

3) **감축관리와 상반되는 문제** 조직, 인력, 예산, 정보자원의 효율성을 높여야 하며 작고 효율적인 정부운영이 요구되는데 가외성은 이에 위배될 수도 있다는 점이다.

Ⅲ. 행정이념 간의 우선순위와 우리 경우

행정이념은 행정철학이며 행정인이 갈 길이며 취하여야 할 이상적 가치요 행정인의

81) M. Landau, *op. cit.*, p. 350.

가치론적 신념(normative conviction)이기도 하다. 따라서 그 사회가 농경사회와 산업화과정의 사회, 탈산업사회, 사회주의사회, 자본주의사회, 중앙집권사회, 지방자치사회에 따라 각각 시대적 넓은 의미의 사회적 맥락(social context)에 따라 다를 수 있다.

다만 행정이념에서 공통적인 필요조건은 첫째, 행정철학의 문제이기에 철학(philosophy)이 philos(사랑)과 sophia(지혜)의 합성어로서 지혜를 사랑하는 것이라고 볼 때, 수요중심의 행정시대에서 아무리 정보가 많아도 이를 활용할 공인들의 지가혁명(知價革命)이 있어야 할 것이고, 이를 누구를 위해 무엇 때문에 응용실천하느냐의 규범적이고 이상적인 가치활용의 지혜가 있어야 할 것이다.

둘째, 선과 악, 진과 위(true and false), 국민의 원망(wishes & ideas)을 객관적인 분석을 근거하여 실사구시, 즉 詩的 實(정신상태)과 物理的 實(주어진 여건)을 보다 바람직한 是(발전)로 求(만드는 것)하여야 한다는 가치전제가 있어야 할 것이다.

셋째, 생활정주권(human settlements)을 건설하려는 공동체적 휴머니즘 위에 평등, 기회균등, 개인과 전체의 조화, 갈등과 무질서의 해소로서 화쟁사상(和諍思想)이 있어야 하겠다.

넷째, 란다우(Martin Landau)의 가외성(redundancy) 이론을 살려 급격한 행정환경변동을 생각하여 국제관계, 조직내부관계, 행정외생변수와의 관계를 고려하여 불확실, 불완전성을 극복하고 미래대비, 부처간, 국가간, 민간과의 파트너십 유지, 정부간의 협상과 타협을 촉진하도록 할 조건을 기준으로 이념의 우선순위를 정하여야 할 것이며 단기적·외형적·물질적 기준에서 양적 성장중심에서 질적 변화와 배분적 정의를 중시하는 조화행정의 이념정립이 요구된다고 본다.[82]

제 6 절 행정변수

행정변수란, 행정행위 또는 현상을 야기시키는 요인을 뜻한다. 즉 무엇이 구체적으로 나타난 행동을 만들어 내느냐에 관한 것으로 사실 행정이론의 핵심을 이루고 있는 것이다.[83]

Ⅰ. 구 조

초창기의 구조를 중시한 입장의 기본은 경영을 합리화하기 위해서는 ① 작업이 이루어지는 과정을 분석하여 시간과 동작연구(time and motion study)를 통한 적정업무량을

82) 오석홍 편, 행정학의 주요이론(서울: 경세당, 1996), pp. 322~330.

83) 1950년대까지를 보통 3기로 구분하고 있으나, 거기에는 최근(특히 1960년대 이후) 논의되고 있는 발전론이 포함되어 있지 않아 여기에 발전론을 추가한 것이다.

과하고, ② 유인으로서 경제적·물질적인 것을 중시하며, ③ 그러면 직원과 조직간에는 조화가 잘 되어 최대의 업적을 올릴 수 있다는 것이었다.

따라서 여기에서는 엄밀한 직무과정의 분석·분류, 시간측정, 1인의 적정작업량, 이러한 직책에 요청되는 자격을 구비한 직원의 선발과 배치, 그리고 이들의 근무의욕을 자극하는 수단으로서 물질적 보수가 고려되었다.[84)]

이러한 입장을 다른 면에서 검토해 볼 때 인간·직원을 작업지침에 따라 기계적·합리적으로 움직이는 경제인 또는 단순한 노동력으로 보았다. 그러므로 인간적 요인을 전연 도외시하고 있는 것은 아니나 행정에 독립적으로 영향을 주는 독립변수로서 고려하지 않았다는 것이다.

단순히 직무분석을 하고, 이에 요청되는 직원을 배치하고 작업평가를 하여 적정보수를 주면 인간은 언제나 생산성을 올리는 것으로 생각하였던 것이다. 환언하면, 행정개선 또는 직제개혁을 위한 전략으로서 법제나 보수의 수정만이 고려되었던 것이다.

이는 우리나라에서도 흔히 발견할 수 있는바, 정치면에서 자유당하의 잘못의 대부분을 대통령중심제에 돌려 민주당하에서는 내각책임제를 채택하였다가 심한 혼란의 책임을 이것에 돌려 다시 대통령중심제로 환원한 것은 그 좋은 예가 된다 하겠다.

Ⅱ. 생태(환경)

전술한 바와 같이 행정의 변수를 구조·인간으로 보는 경우, 어느 경우에나 공통적인 것은 조직의 환경을 정적으로 고정시켜 놓고 조직내부에서만 변수를 찾으려고 했다. 즉 조직 내에서의 합리적 결정, 조직자의 변동, 조직간의 상호작용 등을 종속변수로 취급했다는 것이다. 그러나 제 2 차 세계대전 후 새로 착안하기 시작한 것은 조직 이외의 요인이다. 즉 한 행정조직을 사회전체로 구성하는 하나의 하위체제로 보고 여러 하위체제간의 영향을 또 하나의 새로운 변수로 파악하는 것이다. 다시 말해서 구체적인 행정행위란 구조·조직에 의해서도 영향을 받지만 조직 외의 정치·경제·문화 등에 의하여도 영향을 받고 주는 상호교호작용을 하고 있음을 발견하였는바, 이를 우리는 생태학(ecology)이라고 부르고 있는 것이다.[85)]

---

84) Taylor, Urwick, Max Weber, Henry Fayol, Henry Ford 등.

85) J. Gaus는 그의 저서 *Reflections on Public Administration*에서 People, Space, Physical Technology, Social Technology, Wishes and Ideas, Catastrophe, Personality 등 일곱 가지 요인을 들고 있다. 그 밖에 최근 생태론적 연구와 접근방법을 강조하는 Fred W. Riggs는 그의 *The Ecology of Public Administration*(1961)에서 미국 행정에 미치는 생태적 요인으로서 경제적·사회적·상징적·의사전달적·정치적 요인을 지적하였다.

Ⅲ. 행 정 인

행정인을 따로 끄집어낸 것은 행정은 결국 행정인이 내리는 결정의 연속이며, 고로 행정인의 가치관·태도·신념 등은 결정을 연구하고, 행정을 쇄신하는 데 큰 영향을 미치며, 행정인이 갖고 있는 행정지식이나 기술·기법 등의 능력과 같이 변동을 관리하고 이에 대응하는 문제에 이르기까지 개인인 행정인은 행정변수로서 절대기능을 갖는다고 본다. 그러하기 때문에 어떠한 변화나 발전을 막론하고 행정인이 환경이나 구조를 새롭게 선도할 수 있는 발전인으로서의 행정인이 필요하다.

이상 행정현상을 야기시키는 요인으로서의 행정변수가 어떻게 변천해 왔는가 하는 것을 검토하였는데, 이는 이미 방법론에서 제시한 것과 일치되는 것이다. 즉 3대변수인 구조·인간·생태간의 상호작용으로 구체적인 결정행동이 이루어지므로 언제나 우리가 행정을 연구할 때에는 이러한 일반이론에 따라야 하나, 사실상 이를 언제나 총망라할 수는 없으므로 그때그때의 연구의 목적·대상에 따라 이 중 가장 긴요하며 연구가능한 것을 추출하여 연구할 수밖에 없는 것이다.

제 2 편

정책론(政策論)

제 1 장

정책의 본질

제 1 절 정책의 개념

정책(policy)이란 말은 그리스어원에서 찾을 수 있다. 즉 그리스어 polis(도시국가)가 라틴어 politia(국가)로, 다시 중세영어 policie(정부의 운영)로, 어의가 변천하여 오늘날 policy로 불리우고 있다. 이러한 정책에 대한 개념은 다양하게 정의되고 있으나, 다양한 개념정의 속에서 공통점을 모색하여 개념화한다면 정책은 정책문제해결을 위한 정부의 결정행위라고 할 수 있다.

정책이란 행정의 일반적인 지침이며, 행정의 목표와 방향을 제시하는 것이다. 즉 정책이란 ① 미래를 위한 행동지침이며, ② 복잡한 동적 과정으로 이루어지며, ③ 의도적으로 공익을 위하여 정부가 내리는 결정인 것이다. 따라서 정책이란 행정의 실질을 이루고 있고, 정책이 없는 행정은 알맹이가 없는 형식에 불과한 것이며, 모든 행정기관은 정책을 실현하기 위하여 설치되어 있는 것이다.

정책의 개념정의를 보다 명확히 하기 위하여 정책이 내포하고 있는 구성요소가 무엇인가를 분석해 볼 수 있다. 제임스 앤더슨(J. E. Anderson)은 정책의 구성요소를 정책수요, 정책결정, 정책명제, 정책산출, 정책결과로 구분하고 있으며,[1] 찰스 존스(C. O. Jones)는 의도, 목표, 계획/제안, 프로그램, 결정/선택, 효과를 들고 있다.[2]

1) James E. Anderson, *Public Policy-Making*(New York: Praeger Publishers, 1975), pp. 4~6.
2) Charles O. Jones, *An Introduction or the Study of Public Policy*, 3rd ed.(Monterey, California: Brooks/Cole Publishing Company, 1984), pp. 26~27.

제 2 절 정책의 종류

정책의 종류 역시 다양한 시각에서 논할 수 있으나 리플리(Rindall B. Ripley)와 플랭클린(Grace A. Franklin)의 의견에 입각하여 제시하여 보면 다음과 같다.[3)]

Ⅰ. 배분정책(distribute policy)

배분정책은 정부가 특수한 대상집단(개인, 집단, 조합, 지역사회 등)에게 각종 서비스를 분배하는 정책을 의미한다. 즉 사회전체에 유익하지만 정부의 보조 없이는 착수될 수 없는 성질의 사업을 실시하기 위하여 정부가 민간활동에 현물이나 현금 등을 지원하여 활동을 증진시키는 것과 관련된 정책으로, 농어민후계자 지원정책, 중소기업 육성정책 등을 그 예로 들 수 있다.

배분정책은 특정 집단이나 인구집단에게 제한을 가하는 것이 아니라, 서비스를 제공하는 것이기 때문에 사회의 구성원 중에서 누군가 잃게 하는 것이 아니라, 대부분의 구성원에게 이득을 볼 수 있게 하는 정책이라고 할 수 있다.

Ⅱ. 규제정책(regulatory policy)

개인이나 집단의 활동에 대해서 정부가 통제 및 규제를 가하는 정책으로, 한편이 다른 한편에 일종의 통제를 가하려고 하기 때문에 집단간 충돌이 야기될 우려가 있다. 이러한 규제정책의 예로는, 공해방출을 규제하는 정부의 규제, 교통혼잡을 막기 위한 자동차 10부제 운행, 공정거래에 관한 각종 규제행위 등을 들 수 있다.

한편 규제정책은 보호적 규제정책과 경쟁적 규제정책으로 세분할 수 있다. 전자는 개인의 활동을 제약함으로써 전체 국민을 보호하려는 규제행위로서 자동차 배기가스 규제와 같은 것을 예로 들 수 있다. 후자는 일부 경쟁자를 제외시킴으로써 공공이익을 위한 양질의 서비스를 공급하도록 하는 규제정책으로서 의사나 약사, 그리고 변호사 등에 대한 면허제도, 자격심사제도 등을 예로 들 수 있다.[4)]

3) Rindall B. Ripley and Grace Franklin, *Congress, the Bureaucracy and Public Policy,* 2nd ed.(Homewood, Illinois: The Dorsey Press, 1980), p. 23.

4) 여기서는 탈규제정책의 의미를 파악해 볼 필요가 있다. 탈규제정책이란 정부의 규제정책이 지나치게 확대될 경우, 일반국민들의 자유권을 침해하는 문제와 시장경제를 경직화시키는 결과를 초래하기 쉬우므로 경직화된 시장경제를 완화시켜 주고 자율성을 향상시켜 주고자 기존의 규제를 완화하는 것을 말한다. 우리나라도 지나친 행정규제가 오히려 관료부패의 요인이 되고 있다고 보고, 많은 규제완화 정책을 실시하였으나 대부분 외형적 변화이거나 절차에 관한 것이다. 94년 말 현재 행정규제는 1만 1천 7백 15개로 93년과 비교할 때 3백 20개가 늘어난 실정이다(중앙일보, 1996년 6월 14일).

Ⅲ. 재배분정책(redistribute policy)

정부가 부, 재산, 소득, 권리, 기타 가치들을 사회 내의 개인이나 집단 사이에 재분배하는 정책을 말하며, 누진세율을 적용한 조세정책이나 사회복지정책을 예로 들 수 있다.

Ⅳ. 구성정책(constituent policy)

구성정책이란 군사 및 외교에 관련된 정책의 일종으로서 외교조직이나 군사조직, 군사물자의 구조를 조정하는 것을 내용으로 하는 정책을 말한다. 이는 사회의 모든 구성원이 음성적 · 양성적으로 이익을 보는 정책이라고 할 수 있다.

Ⅴ. 전략적 정책(strategy policy)

전략적 정책은 외교에 관한 기본전략이나 군사와 관련된 기본전략에 관한 정책을 말한다. 그리고 이 정책에 관한 한 대통령이 주도하게 되며, 외교 · 북방정책이나 통일에 대비한 군사전략 등을 예로 들 수 있다.

Ⅵ. 위기관리정책(emergency management policy)

외교나 군사상의 문제뿐만 아니라 국내의 천재지변으로 인하여 긴급한 상황이 발생할 경우를 대비한 정책을 위기관리정책이라고 한다. 예를 들면 성수대교 붕괴사건이나 삼풍백화점 붕괴사고 이후, 각 건물이나 교량의 안전도를 재검사토록 한 경우 또 봄철 산불대책으로 잘 타지 않는 상수리나무를 심도록 하는 대책 등을 들 수 있다.

제 3 절 정책문제

정책문제는 공공성을 가지고 있으면서, 자신이나 타인에 의해 인지된 문제, 그리고 반드시 해결되어야 할 문제로서 몇 가지 특성을 지닌다.[5] 첫째, 정책문제는 문제에 대한 해결책이 모색되어 행동으로 이어질 수 있는 문제이어야 한다. 둘째, 정책문제는 문제에 의해 직접적으로 영향을 받는 사람에 의해 해결책이 모색되는 것이 아니라, 그 이외의 사람에 의해 해결책이 모색된다. 셋째, 정책문제는 문제 자체나 문제해결로 인한 영향력이 광

5) James E. Anderson, *op. cit.*, p. 55.

범위하다는 점에서 공공성을 지닌다.

다시 말해서, 정책문제는 그 해결책이 행동화되어 나타날 수 있어야 하며, 그 해결책은 문제로부터 직접적인 영향을 받는 사람 이외의 기관에 의해 모색되어지며, 그 문제의 영향력이 일부 개인에게만 미치는 것이 아니라 광범위하게 미친다는 특성을 지닌다.

제 4 절 정책과정

정책과정이란 정책문제가 공식적으로 해결되어가는 과정을 의미하는 것으로서, 일반적으로 정책의제형성, 정책결정, 정책집행, 정책분석 및 평가, 정책종결의 단계를 거친다고 할 수 있다. 물론 이러한 정책과정은 학자마다 혹은 관점에 따라 다양하게 설명될 수 있다. 헤롤드 라스웰(H. D. Lasswell)은 정책과정을 정보, 동원, 처방, 행동준비, 현실적용, 종결, 평가 등 7단계로,[6] 토마스 다이(Thomas R. Dye)는 정책문제의 파악, 정책제안의 형성, 정책의 합법화, 정책집행, 정책평가 등 5단계로,[7] 그리고 브루어(G. D. Brewer)와 딜레온(P. Deleon)은 정책발의, 정책분석, 정책선택, 정책집행, 정책평가, 정책종결로 제시하고 있다.[8] 이들 외에도 여러 학자들이 다양하게 정책과정을 제시하고 있으나, 이들의 공통된 견해는 정책과정을 정책목적이 현실화되어 가는 계속적인 과정으로 본다는 점이다.

---

6) Harold D. Lasswell, "The Emerging Conception of the Policy Sciences," *Policy Sciences* 1(1970), pp. 8～9.

7) Thomas R. Dye, *Understanding Public Policy,* 4th ed.(Englewood Cliffs, New Jersey: Prentice-Hall, 1981), pp. 339～363.

8) Garry D. Brewer and Peter Deleon, *The Foundations of Policy Analysis*(Homewood, Illinois: The Dorsey Press, 1983), pp. 17～21.

제 2 장

정책의제형성 및 정책결정

제 1 절　정책의제의 형성

Ⅰ. 정책의제의 개념

정책문제는 공공적 차원에서 해결되어야 할 문제이며, 이러한 정책문제 중 정부에 의해서 해결의 필요성이 인정되어 높은 우선순위를 지니게 되는 것을 정책의제(政策議題)라 한다. 즉 정책문제 중에서 일부가 정책의제로 채택되는 것이다.

예를 들어, 핵가족제도와 맞벌이 가정의 확산으로 유아원과 유치원에 대한 수요가 급증하게 되고, 이는 백년대계라는 입장에서 이 문제해결을 위한 정부의 정책적 지원이 필요하게 되어, 유아원과 유치원에 대한 정부의 지원은 개인적 차원에서 해결할 문제가 아닌 공공성을 가진 정책문제이다. 그러나 정부에서 이 문제를 해결하기 위해 어떤 행동을 취하겠다는 상황에 이르지 않으면 이 문제는 정책문제일 뿐 정책의제는 아니다.

이러한 정책의제는 크게 두 가지로 나눌 수 있다. 하나는 체제의제, 혹은 공공의제이고 다른 하나는 제도적 의제, 혹은 정부의제이다. 체제의제(공공의제)는 정치사회의 모든 구성원이 공동으로 인식하고 있는 문제로서 정부 당국이 당연히 공익을 위해 해결해야 할 과제로 받아들이는 의제를 말하며, 정부의제는 정부 당국자가 인식하고 있는 의제이며, 행동의제이다. 즉 공공의제 중 일부가 정부의제로 전환된다고 할 수 있다.

정책의제설정과정은 사회문제가 정부의제로 전환되어 가는 일련의 과정으로 주로 4단계로 구분할 수 있다. 즉 사회문제로 존재하는 단계, 사회문제가 사회적 이슈로 전환되는 단계, 사회적 이슈가 공공의제로 전환되는 단계, 공공의제가 정부의제로 전환되는 단계이며, 다음 그림과 같이 나타낼 수 있다.[1)]

---

1) 정정길, 정책학원론(서울: 대명출판사, 1993), p. 16.

[그림 2-2-1] 정책의제 설정과정

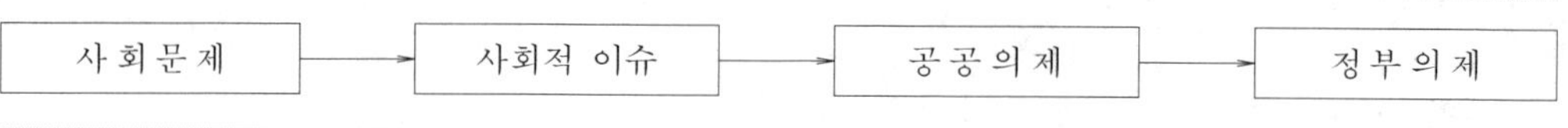

사회에 존재하는 문제는 모두 사회문제로 간주할 수 있다. 그리고 이러한 사회문제 중 하나가 사회적 쟁점으로 자리잡게 되는데 이 단계가 사회적 이슈의 단계이다. 다음은 특정문제에 대한 사회적 쟁점화단계가 지나면 일반대중들까지도 그 문제를 정부가 해결해야 한다고 생각하게 되는 단계에 이르게 되는데, 이 단계가 공공의제로 자리잡게 되는 단계이다. 그리고 이러한 공공의제 중 정부가 문제해결의지를 밝힌 단계가 바로 정부의제이다.

Ⅱ. 정책의제설정모형(政策議題設定模型)

수많은 사회문제가 어떤 과정을 거쳐서 정책의제로 채택되는가에 관하여 많은 학자들이 여러 가지 모형을 제시하고 있는데 여기에서는 비교정치의 관점에서 분류를 시도한 콥(R. Cobb), 로스(J. Ross) 등의 견해를 중심으로 주도집단에 따른 의제설정과정을 외부주도모형, 동원모형, 내부접근모형으로 구분하여 제시하고자 한다.

1. 외부주도모형(outside initiative model)

이 모형은 정부 밖에 있는 민간집단에 의해 이슈가 제기되고 그것이 확산되어 공중의제로 전환되고, 결국 정책의제로 채택되는 과정을 설명하는 모형이다. 외부주도 집단은 자기들의 문제(사회문제)를 이슈화하고 공중의제로 전환하기 위하여 다른 집단들과 제휴하거나 유사한 기존의 이슈에 연결시켜 동조세력을 규합하기도 한다. 그러나 이러한 모형은 많은 시간이 소요되며, 평등한 사회 · 다원화된 사회에서 흔히 볼 수 있다.

2. 동원모형(mobilization model)

동원모형은 외부주도모형과는 반대로 정부의 정책결정자 주도로 특정의 문제가 바로 정부의제로 채택되는 과정이다. 다만 성공적인 집행을 위하여 정책의제로 이미 채택된 사회문제를 사회적 이슈로 만들고 공론화하여 공중의제가 되도록 한다. 결국 공중의제가 정책의제로 전환되는 전형적인 경우와는 대조적으로 정책의제가 공중의제로 전환되는 형태이다. 이 모형은 강력한 정치지도자에 의해 활용될 가능성이 크다.

3. 내부접근모형(inside access model)

내부접근모형은 정부 내의 관료집단이나 정책결정자들에게 쉽게 접근할 수 있는 특정한 외부집단에 의해 주도되는 과정을 설명하는 모형이다. 이 모형은 공론화를 원치 않기 때문에 공중의제로 전환시키려 하지 않으며 오히려 비밀을 유지하려는 경향이 있다.[2]

제 2 절 정책결정

I. 정책결정의 개념과 중요성

드로어(Yehezkel Dror)는 정책결정(policy making)이란 주로 정부기관이 장래의 행동에 대한 방향제시를 결정하는 것이며, 이러한 방향제시는 최선의 방법으로 공익을 추구하려는 복잡하고도 능동적인 과정[3]이라고 정의하고 있다.

이러한 의미의 정책결정은 어느 조직 구성원에게나 있을 수 있는 의사결정과는 다른 면, 즉 행정이 내포하는 이념적 목표 및 정치성을 띠고 있는 것이다. 그러므로 정책결정을 함에 있어서는 경제적 합리성만으로는 곤란하고 정책적 합리성을 아울러 고려하지 않으면 안 된다.

오늘날 행정권이 점차 확대·강화되어 의회의 기능보다 행정기능의 중요성이 증대되어 가고 있음은 주지의 사실이다.

결정과 집행의 분리를 주장하고 있는 18세기의 몽테스키외(Montesquieu)의 권력분립론(separation of powers), 즉 삼권분립론이 극히 희미해져 가고 있음은 사실이다. 다시 말하면, 삼권분립론에서 생각하는 입법, 즉 주요한 정책결정을 입법부에서만 담당하는 시대는 지나간 것이다.

이 국가의 기능이 질서유지·통제·징세와 같이 소극적이었던 근대국가에서는 정책결정이 입법부의 전담사항으로 간주되어 왔다. 그러나 현대국가에서는 입법에 있어서도 행정부에 의한 위임입법이 중요한 비중을 차지하기에 이르렀다. 따라서 대통령 또는 내각이 정책결정의 주도적 역할을 담당하게 되었다. 더욱이, 보다 많은 정책결정의 선도적 역할을 행정부의 고급공무원 단계에서 실질적으로 많이 담당하고 있는 것이다. 즉 산업화와 과학기술의 발달 등으로 인하여 정부의 기능이 확대되고 복잡하여짐에 따라 전문지식을 가진 직업공무원을 보유한 행정부에서 분야별로 정책을 입안함이 효과적이며, 따라서 입법부는 행정부에서 제안된 정책을 심의·동의·승인하는 기능이 보다 중요시 되기에 이르렀다. 그리하여 오늘날의 정책결정은 의회와 대통령 및 내각의 두 채널(channel)을 통해서 이루어진다고 할 수 있다.

---

2) 유훈·김지원, 정책형성론(서울: 한국방송대학교 출판부, 1996), p. 78.
3) Yehezkel Dror, *Public Policy-Making Reexamined*(San Francisco: Chandler, 1968), p. 12.

그리고 오늘날의 정책결정은 입법부에 의한 법률제정의 형식으로 결정된다기보다는 행정부에 의한 국가의 기본정책의 수립 및 이를 실현하기 위한 하위정책 또는 계획의 형성 · 결정 · 집행의 형태로 바뀌어졌다고 할 수 있다.

따라서 행정부는 과거처럼 입법부에서 결정된 정책을 충실하게 집행하는 기관이 아니다. 질적 · 양적으로 변화하는 모든 행정수요와 환경에 대처하기 위하여 스스로 행정의 목적을 정하여 그에 따른 정책을 결정하고 집행하는 기능을 수행한다. 특히, 우리나라의 경우, 행정의 주요정책기능은 현상유지 · 균형위주의 소극적인 것이어서는 안 되고 발전을 위한 정책이어야 하며, 행정부가 주동이 되어 적극적 · 선도적으로 발전목표를 내걸고 이에 따른 경제를 위시한 각 분야별 정책계획, 즉 발전정책 및 계획을 수립하고 집행해 나가야 한다.

Ⅱ. 의사결정과의 관계

정책결정과 의사결정(decision making)은 미래의 행동방안 및 대안의 선택결정이라는 점에서 같으나, 다음과 같은 특성이 있다.

1) 결정주체에 있어서 다르다. 즉 정책결정은 행정기관과 행정인에 의한 공적인 결정이다. 그러나 의사결정은 공사조직 혹은 사적인 개인을 막론하고 행하며, 공·사문제 모두의 해결을 위해서 이용된다.

2) 정책결정은 장래의 일반적인 행정활동지침을 결정하는 것으로 사회적 관심을 끌거나 이해관계가 개입되는 문제이다.

3) 정책결정은 경제적 합리성과 아울러, 정치적 합리성과 공익성을 추구하며, 고도의 정치적 성격을 띠고 있다. 따라서 현실적인 대안선택에 있어서 정치행정체제의 발전수준에 의한다.

Ⅲ. 정책과학의 연구

정책과학이란 정책의 결정을 연구하고 이의 합리화를 이룩해 보자는 데 연구의 목적이 있으며, 용어 자체는 1951년에 해롤드(Harold), 라스웰(D. Lasswell)이 제창했으나 경청하지 않았으며, 그 후 행태학자들의 의사결정에 관한 연구가 주였다. 예컨대, OR, 일반체제이론, 체제분석, Game이론, Cybernetics, 체제공학 등이 개발되었다.

이와 같은 제기법을 활용하면서 동시에 기존 사회과학을 통합하여 정책과학의 필요성을 제창하고 체계화 내지 주도한 사람은 드로어(Yehezkel Dror)이다.

정책과학의 특색을 든다면 행동지향적 또는 수단적이며, 다학문적이고 초합리적 요인의 적극적 가치를 인정하며, 정책결정체제 전반을 다루고, 혁신과 창의를 존중하며, 당위적인 학문이라 할 수 있다.

정책과학의 내용을 보면 우선 정책결정체제의 제설계에서 표명된 여건 또는 하부구조를 구비하고, 다음으로 이런 환경 속에서 근본적인 정책(meta-policy)영역인 정책전략의 문제를 연구하며, 마지막으로 이런 정책전략에 기반을 두면서 하나하나의 구체적인 정책문제를 분석한다. 이때에는 정책분석의 방법을 사용하는 것이다.

제 3 절 정책결정의 변수와 이론모형

Ⅰ. 정책결정의 변수

정책결정에 영향을 미치는 변수는 결정자인 행정인과 조직구조, 환경을 중심으로 볼 수 있다. 그 요소를 분석하여 보면, 행정인은 가치관 · 퍼스낼리티 · 지식 · 식견 · 전문적 능력 · 태도 · 인지 · 감정을 들 수 있고, 조직구조에는 조직의 목표 · 규범 · 조직성원의 특징 · 의사결정구조 · 관례 · 계층제가 있다. 그리고 환경을 구성하는 요소에는 사회적 관습, 다른 조직과의 관계, 정치 · 사회 · 문화현상 등이 있다.

Ⅱ. 결정이론(decision theory)

1. 의 의

결정이론은 결과가 완전히 알려지고 있지 않을 때 합리적인 의사결정을 위한 방법을 제공한다. 의사결정자들은 결정을 하는 상황에 여러 가지 평가기준을 적용한다. 특별한 경우에 있어서 결정이론은 최선의 대안이 곧 그 평가기준이 되기도 한다. 그 기준이 애매하거나 집단에서 일치를 보지 못할 때, 결정이론은 대안을 평가하기 위한 틀을 제공하기도 한다. 의사결정에서 결정이론의 역할은 두 가지 성질을 가지는데, 첫째로 결정을 둘러싸고 있는 주위상황을 더 잘 이해하기 위한 틀을 제공한다. 둘째로 불확실성의 관점에서 대안을 평가하기 위한 방법을 제공할 수 있다.

2. 의사결정상황의 종류

의사결정의 상황은 다음과 같이 크게 세 가지로 분류될 수 있다.[4)]

---

4) Christopher K. McKenna, *Quantitative Methods, for Public Decision Making*(N.Y.: McGraw-Hill Book, Co., 1980), pp. 64～65.

첫째, 확정적 상황하의 의사결정(decision making under certainty)인데, 여기에서 말하는 확정적 상황하의 의사결정이란 의사결정자에게 이용가능한 각 행동대안들의 선택에 따른 결과들이 사전에 미리 알려져 있는 것을 말한다.

둘째, 불확정적 상황하의 의사결정(decision making under uncertainty)인데 여기에서 말하는 불확정적 상황하의 의사결정이란 미래를 과거의 경험을 토대로 용이하게 예측하기 어렵기 때문에 행동대안들의 선택결과를 예측하기 어려운 조건하의 의사결정문제를 말한다.

셋째, 모험적 상황하의 의사결정(decision making under risk)인데, 모험적 상황이란 비록 실제적인 결과상황(outcome state)은 알려져 있지 않더라도 이들 각 결과상황들이 일어날 것에 대한 정보를 의사결정자가 알고 있는 그러한 조건하의 의사결정을 말한다.

다음에서는 불확정 상황과 모험적 상황 아래에서 의사결정을 할 때의 기준을 설명한다.

3. 불확정상황하의 의사결정기준

의사결정에 있어서 행동대안의 선택을 위한 기준(criteria)은 미래상황의 발생확률에 대한 예측성 여부와 밀접히 관련되어 있다.

미래상황의 발생에 대한 확률의 추정이 어려운 불확정적 상황하의 의사결정에 있어서는 첫째, 의사결정자가 각 수용가능 행동대안들의 최악의 이득(payoff)을 가져오는 결과상황들만을 기대하고, 각 대안들의 가장 낮은 이득만을 비교하여 그들 가운데에서 가장 큰 이득을 가져오는 행동대안을 선택하도록 하는 결정기준을 말한다. 이 의사결정의 지침은 가능한 최악의 이득들 가운데에서 최선의 것을 가져오는 행동대안을 선택하도록 하는 것으로서, 보수적인 의사결정의 접근방법이 있다.

둘째, 의사결정자가 각 행동대안들의 가능한 최대의 이득을 가져오는 결과상황만을 고려하고, 이들 각 대안들과 관련된 최대이득들을 비교하여 그들 가운데에서도 가장 높은 이득을 가져오게 하는 행동대안을 선택하도록 하는 결정기준이다. 이러한 의미에서 이 결정기준은 낙관적인 의사결정자에 의하여 사용되는 결정기준이라 할 수 있다.

셋째, 최대후회의 최소화 결정기준인데 이는 먼저 이득표를 기회손실(opportunity loss)표로 전환시키는 작업을 선택해야 한다. 여기서 말하는 기회손실을 보통 후회(regret)라 한다. 후회라는 시점에서 측정된 이득은 한 상황하에서 최대의 이득을 가져오는 행동대안의 이득과 실제로 어떤 대안을 선택하였을 때 가져오게 된 이득을 비교하여, 이들 두 이득들간의 차로서 주어진다. 최대 후회 최소화의 결정기준은 각 대안들의 최대의 후회값들을 비교하여 이들 가운데 가장 작은 후회값을 가져올 것으로 생각되는 행동대안을 선택할 수 있도록 하는 결정기준이다.

넷째, 평균이득 의사결정기준(average payoff decision criterion)을 들 수 있다. 이 방법은 각 대안들의 이득의 평균을 비교하여 그 가운데 평균이득이 가장 높은 행동대안을 선택하도록 하는 결정기준이다. 이 결정기준은 여러 가지 결과상황들이 일어날 가능성이 동등하다고 하는 묵시적인 가정에 그 기초를 두고 있다. 그러므로 각 결과상황들이 발생할 가능성이 명백하게 다르다고 생각될 때에는 이 결정기준의 적용은 정당화되기 어렵다.

4. 모험상황하의 의사결정기준

미래의 결과상황들이 식별되고 나면 의사결정자는 각 결과상황들이 발생하게 될 가능성(likelihood)을 추적하려고 노력한다. 이와 같이, 결과상황들에 대한 확률의 추정이 가능한 경우에는, 대안들을 평가하는 데 이러한 확률에 대한 정보를 활용하는 것이 지극히 합리적일 것이다. 확률에는 객관적 확률과 주관적 확률이 있는데, 이들이 모두 모험상황하의 대안평가에 이용될 수 있다. 물론 객관적 확률이 더욱 바람직한 것이지만 이 객관적 확률이 이용가능하지 않은 경우에는 주관적 확률을 추정하여야 한다.

일단 객관적 확률이나 주관적 확률의 추정방법에 의하여 각 결과상황에 대한 확률의 추정이 완료되면 기대가치 의사결정기준, 최대가능성 의사결정기준 또는 기대기회손실 의사결정기준 등에 의하여 각 대안들을 평가함으로써 최적대안을 선택하게 된다.

(1) 기대가치 의사결정기준(expected value decision criterion)

의사결정에 있어서 여러 가지 결과상황들이 일어날 확률이 다르다는 것이 알려진 경우에는 각 대안들이 가져올 이득들의 가중평균에 의하여 대안을 평가하고 이에 의하여 선택하는 것이 앞에서와 같이 모든 결과상황들이 일어날 확률이 동일하다고 보는 단순평균에 의하여 대안을 평가하고 이에 기초하여 대안을 선택하는 것보다 더 합리적이라 할 수 있다. 이와 같이 확률을 가중치로 한 가중평균을 이득의 기대가치(expected value of payoff) 또는 기대이득이라 한다.

기대이득은 각 대안들의 결과들과 이러한 결과들을 가져올 결과상황들이 일어날 확률들을 곱한 다음 이들을 모두 합한 것이다. 기대이득의 평가기준을 사용하는 경우 의사결정자는 가장 큰 기대이익을 가져오는 행동대안을 선택하게 된다.

(2) 최대가능성 의사결정기준(maximum likelihood criterion)

이 의사결정기준은 어떤 한 결과상황이 일어날 가능성이 가장 높은 결과상황만을 고려하고, 각 대안들이 이 결과상황에서 가져올 이득을 비교하여, 그들 가운데 가장 큰 이득을 가져오는 행동대안을 선택하도록 하는 대안평가의 기준이다.

이 의사결정기준의 결점은 일어날 가능성이 상대적으로 적은 결과상황과 관련된 정보를 대안의 비교평가에 활용하지 않는다는 점이다. 그러므로 어떤 하나의 결과상황이 일어날 확률이 아주 높은 경우에는 이 대안평가기준의 적용이 좀 더 정당화될 수 있으나, 그렇지 못한 경우에는 기대이득의 대안평가기준의 적용이 더 바람직할 것이다.

(3) 기대기회손실 의사결정기준(expected opportunity loss decision criterion)

이 기준을 적용하고자 하는 경우에는 각 대안의 후회 또는 기회손실을 먼저 구하여야 한다. 이 기회손실의 기대가치를 기대기회손실 의사결정기준에 의하여 선택하는 경우에는 기회손실이 가장 적도록 하는 행동대안을 선택하여야 한다. 그런데 기대기회손실은 올바른 의사결정과 실제 의사결정이 가져온 이득의 차들에 대한 기대가치이므로, 기대기회손실을 최소화하도록 하는 행동대안은 실제로 기대이득을 최소화하는 행동대안이 되는 것이다.

Ⅲ. 정책결정의 제이론모형

정책결정의 이론모형을 연구하는 데에는 여러 가지 접근방법이 있다.

첫째는 규범적·이상적 접근방법(normative-idealistic approach)이다. 이 접근방법은 모든 인간의 행동이 합리적이라고 전제하고 목표의 극대화를 위하여 정책결정자가 하여야 할 일은 이러이러해야 한다는 당위(sollen)를 분석·추구하는 것이다. 고전적 정책결정이론은 규범적·이상적 접근방법이었으며, 이 접근방법에 입각한 모형은 주로 미시적 경제이론, 통계적 결정이론, OR(operations research) 등 각종의 통계적·계량적 기법을 사용하는 합리적 모형이다.

둘째는 현실적·실증적 접근방법(realistic-empirical approach)이다. 이 접근방법은 최근 현실에서 일어나고 있는 정책결정은 이러이러한 것이다라고 하는 존재(sein)에 기초하여 연구하는 경향이다.

이 접근방법에 입각한 모형은 합리성 추구능력에는 제한이 있다는 전제하에서 이론을 전개하는 만족모형·점증모형·혼합관조모형 등이 있다. 그 이외에도 인간의 초합리적 성격을 반영하고 있는 최적모형, 조직적 차원에서 의사결정문제를 다루고 있는 연합모형(회사모형), 예측이 불가능한 상황 속에서의 집단적 의사결정의 문제를 다루고 있는 쓰레기통모형, 그리고 거시적 차원에서 민주주의라는 이념의 문제와 관련하여 국민과 정부와의 역학적 관계를 다루는 공공선택모형 등이 있다.[5)]

1. 합리모형(合理模型)

규범적·이상적 접근론으로서 합리모형(rational model)은 정책결정에 있어서 최대한의 합리성을 추구하는 모형이다. 이 모형에 의하면 정책결정자는 이성과 고도의 합리성에 근거하여 결정하고 행동한다. 즉 인간의 전능성·최적대안의 선택·목표의 극대화·합리적 경제인을 전제로 전개되는 낙관론이다.

5) 안해균, 현대행정학(서울: 다산출판사, 1983), pp. 243～244.

합리모형은 종합성을 강조하는 모형이기 때문에 총체적 방법(synoptic method)이라고도 하며, 몇 가지 특성을 지닌다.[6] 즉 ① 목표나 가치를 명확히 정의하며, ② 목표와 수단, 가치와 사실을 구분하고, ③ 설정한 목표에 가장 부합되는 결과를 가져올 대안을 선택하며, ④ 모든 요소를 종합적으로 고려한다.

그러나 합리모형은 인간의 능력·시간·정보 및 비용의 한정성으로 인해 현실적으로는 적용가능성이 희박한 모형이며, 계량화할 수 있는 것만을 강조함으로써 제한된 부분에만 적용이 가능하다는 비판을 받는다.

2. 만족모형(滿足模型)

사이몬(H. A. Simon)과 마치(J. G. March)에 의하여 사회심리적으로 접근된 만족모형(satisfying model)은 합리모형의 제약점을 극복하기 위하여 제시된 모형으로 제한된 합리성(bounded rationality)에 기초하고 있다. 즉 만족모형은 현실의 인간은 지식·학습능력·기억능력·계산능력에 있어서 제약을 받고 있기 때문에 최적의 대안보다는 현실적으로 만족할 만한 '만족대안의 선택'에 타당성을 두는 현실적 실증적 접근론이다.[7] 그러나 만족모형은 ① 주관에 지배받기 쉽고, ② 만족화의 척도가 객관화되어 있지 못하며, ③ 최선의 대안이 아니라 만족할 만한 대안을 찾은 후에 대안 탐색을 중단하게 되면, 검토되지 않은 대안 중에 훨씬 더 중요한 대안이 있을 수 있으며, ④ 쇄신적이고 창조적인 대안탐색을 포기해 버리기 쉽다는 비판을 받는다.[8]

사실, 만족모형은 개인적 의사결정을 설명하려는 의도에서 나온 것이기 때문에 이것을 그대로 조직의 정책결정에 적용시키기에는 조직이 개인의 단순한 합계가 아니라는 점에서 무리가 따른다는 한계점이 있다.[9]

3. 연합모형(聯合模型)

연합모형(coalition model)은 일명 회사모형(firm model)이라고도 하며 사이어트(R. M. Cyert)와 마치(J. G. March)가 제시한 모형이다. 이 모형은 개인적 차원의 만족모형을 한층 더 발전시켜, 그것을 조직에 있어서의 의사결정에 적용시킴으로써 만족모형으로 설명할 수 있는 현실의 범위를 넓혔다는 데 그 의의가 있다.[10]

종래 미시경제이론에서는 ① 사기업의 목표는 이윤극대화에 있다. ② 사기업의 시장

6) Charles E. Lindblom, "The Science of Muddling Through," *Public Administration Review*(Spring 1959), pp. 79～88.
7) James G. March and Herbert A. Simon, *Organizations*(New York: John Wiley and Sons, 1958), pp. 138～139.
8) 정정길, 전게서, pp. 399～400.
9) 안해균, 전게서, p. 248.
10) 상게서, pp. 248～255; 조석준, 조직론(서울: 법문사, 1977), pp. 266～268.

은 유기체의 두뇌와 같고, 밑의 사람은 손발과 같이 움직인다. ③ 완전경쟁시장하에서 기업의 구성원은 경제인과 같다라는 가정을 하고 있었다.

그러나 이러한 가정에 대해서 사이어트와 마치가 실제로 조사해 보니 이와 다른 사실이 발견되었다. 즉 실제로는 사기업권도 정치체제와 유사한 속성을 지니고 있으며, 부하들이 손발과 같이 움직이지도 않을 뿐만 아니라, 협상·정략 등이 조직과정에서 난무하고 있다는 것이다.

이와 같이 회사라는 조직의 행태를 경제적인 시장중심적 시각을 떠나 조직의 구조·목표의 변동이나 기대의 형성과 선택의 관점에서 파악하려고 하는 것이 회사모형이다.

이 모형은 목표가 서로 충돌하여 상호갈등적 관계에 놓여 있는 단위조직들 간의 갈등해결을 의사결정이라고 본다. 그러한 갈등해결방법에 있어서 유기체론적 입장에서 보면 최상부 조직이 조정·통제함으로써 해결하겠지만 연합모형에서는 갈등당사자로서의 단위조직들은 각자 다른 단위조직과 연합하여 상호협상(bargaining)이라는 수단을 통해서 의사결정을 해나간다고 본다.

따라서 단위조직간에 발생하는 갈등은 전체목표라는 단일기준에 의해 완전히 해결된다기보다는 상호양보 내지 상호손해를 내용으로 하는 협상을 통해 잠정적으로 해결되는 준해결상태로 머물게 된다고 인식한다.

연합모형의 특징을 보면 다음과 같다.[11)]

첫째, 불확실성을 회피하려는 경향이 있다. 조직을 둘러싸고 있는 환경은 유동적이므로 대안이 가져올 결과를 불확실한 것으로 보고, 조직은 단기적 전략과 환경과의 타협에 의하여 불확실성을 회피하려는 경향을 갖는다.

둘째, 문제중심적 탐색이라는 점이다. 조직은 문제가 등장했을 때에만 탐색을 시작하여 적절한 해결방안을 찾는다.

셋째, 표준운영절차를 중시한다. 조직의 의사결정은 조직이 존속해 오는 동안 경험적으로 터득한 학습된 행동규칙인 표준운영절차(standard operating procedure: SOP)를 대개 따르고 있다.

이와 같은 연합모형은 몇 가지 점에서 비판을 받는다.[12)]

첫째, 이 모형은 회사조직이라고 하는 지적 부문(知的 部門)의 조직을 대상으로 하고 있기 때문에 공공부문의 정책결정에 적용하는 데는 한계가 있다.

둘째, 이 모형은 표준운영절차(SOP)에 따르는 결정방식을 채택하고 있으므로 상황이 안정적이라는 것을 전제하고 있다. 따라서 급격한 변동상황에서는 적합하지 않다.

셋째, 이 모형은 권한이 광범위하게 위임되어 있고 자율성이 강한 조직을 전제하고

11) 김규정, 전게서, p. 183.
12) 안해균, 전게서, pp. 254~255.

있으므로 권위주의적 조직의 의사결정에는 그 적용에 한계가 있다.

4. 점증모형(漸增模型)

점증모형(incremental model, muddling through model)은 주로 린드블룸(C.E. Lindblom)과 윌다브스키(A. Wildavsky)에 의해 제시된 현실적·실증적 접근론이다. 이 모형은 인간의 지적 능력의 한계와 정책결정수단의 기술적 제약을 인정하고, 정책결정과정에 있어서의 대안의 선택이 종래의 정책이나 결정의 점진적·부분적·순차적 수정 내지 약간의 향상으로 이루어지는 것을 말하며, 정책수립과정을 그럭저럭 헤쳐나가는(muddling through) 과정으로 보고 있다.[13] 따라서 현재의 정치나 행정보다 크게 다른 쇄신적·창의적인 결정을 기대하지 않는다. 설사 그러한 결정을 하더라도 현실적으로 채택될 가능성이 적기 때문에 이 모형은 시민과 정치인의 지지를 얻을 수 있는 정치적 합리성을 중요시한다. 그러므로 점증모형은 주로 다원성을 가진 정치적·사회적 구조와 사회적 안정성과 같은 여건하에서 실효성을 거둘 수 있다.

그러나 이 모형은 근본적으로 보수주의에 빠지기 쉬우므로 쇄신·혁신을 요하는 사회에는 적용하기 곤란하며, 또한 정치적 다원주의가 지배하는 선진국에는 적용이 가능하나 결정자의 판단이 크게 작용하는 후진 개발도상국에는 적용가능성이 약하다는 비판을 받고 있다.

5. 혼합관조모형(混合觀照模型)

혼합관조모형(mixed-scanning model)은 합리적 모형과 점증모형을 절충하여 상호보완적으로 혼용함으로써 현실적이면서도 합리적 결정을 할 수 있는 모형이다. 이 모형은 에치오니(Amitai Etzioni)가 제시한 정책결정의 이론모형으로서, 기본적인 결정과 부분적인 결정을 구별하고 기본적인 결정에 대해서는 합리적 모형, 그리고 부분적 결정에 대해서는 점증모형에 의해 결정을 한다는 것이다.[14]

정책결정자는 목표달성을 위한 주요한 대안을 탐색함으로써 기본적 결정을 행하지만, 합리모형에서 요구되는 고도의 합리성으로 말미암아 초래되는 비현실성을 감소시키기 위하여 전체적·개괄적 고찰을 할 수 있도록 세부적 사항은 제외한다. 그러나 점증모형의 보수적 경향을 극복하기 위하여 부분적 결정은 기본적 결정의 테두리 안에서 점증적으로 이루어진다.

기상위성을 이용하여 기상관측을 할 때의 예를 들면, 먼저 하나의 광각카메라로 광범위한 지역을 덜 세밀하게 촬영하고(합리모형), 이상 지역이 발견되면 다른 정밀카메라로

13) Charles E. Lindblom, *op. cit.*, pp. 79～88.
14) Amitai Etzioni, *The Active Society*(New York: The Free Press, 1908), Ch. 12.

그 지역을 세밀하게 촬영(점증모형)하는 방법을 혼용하는 것과 같은 것이다. 이러한 방법을 채택함으로써 혼합관조모형에서는 부분적 결정에 있어서의 점증주의는 합리모형의 비현실적 측면을 극복하며, 기본적 결정에 있어서의 합리주의는 점증모형의 보수적 편견을 시정하는 역할을 담당하게 된다는 것이다.15)

따라서 이 모형은 상황이 안정되고 최초의 결정이 옳은 방향으로 되었을 경우에는 점증적 방법이 적절하다고 보며, 반면에 상황이 급변하고 최초의 결정이 바람직하지 않은 방법을 택했을 때는 전반적·기본적 관찰을 하는 방법이 적절하다고 주장하는 기본적인 결정범위 내의 점증적 결정이다.

그러나 혼합관조모형은 합리모형과 점증모형을 결합하였다고 하나 사실상 이 두 모형에서 제시된 것 이상의 특별히 새로운 것이 없어 독립된 모형으로 보기 어려우며, 이 모형의 내용이 되고 있는 기본적 결정과 부분적 결정을 구분해 줄 수 있는 명확한 기준을 제시하지 못하고 있다는 비판이 있다.

6. 최적모형(最適模型)

드로어(Yehezkel Dror)가 제시한 최적모형(optimal model)은 경제적 합리성과 아울러 직관·판단력·창의력과 같은 초합리적 요인을 고려하는 정책결정 모형이다.16) 드로어는 점증모형에 불만을 표시하면서 특히 과거에 선례가 없는 문제이거나 매우 중요한 문제의 해결을 위한 비정형적 결정에 있어서는 경제적 합리성 이외에 이러한 초합리성을 중요시해야 한다는 입장을 취하고 있다.

정책결정자가 자원의 제약, 불확실한 상황, 지식·정보의 부족 등으로 합리성의 정도를 높이는 데 제약이 따르므로 초합리적 요소가 개입되는데, 최근의 결정이론·행태이론이 이를 경시하고 있음은 잘못이라는 것이다.

그리고 단순히 현실적으로 이루어지는 결정만을 고찰·연구할 것이 아니라 언제나 이상을 갖고 가능성의 영역을 개척하기 위하여 정책결정방법은 물론 결정이 이루어진 후의 집행에 대한 평가 및 환류(feedback)를 계속하면 결정능력이 최적수준까지 향상될 수 있다는 것이다.17)

이 모형의 특색은 계량적이 아닌 질적 모형이며, 합리적이며 초합리적인 요소를 모두 포함하고 있으며, 환류과정을 중시한다는 것 등이다. 그러나 최적모형은 초합리성이라는 것의 구체적인 방법도 명확치 않으며 너무나 유토피아적인 이상모형에 가까운 것이다.

---

15) Amitai Etzioni, "Mixed-Scanning: A 'Third' Approach to Decision-Making," *Public Administration Review,* December 1967, pp. 385~392; 유훈, 전게서, p. 137.

16) Yehezkel Dror, *Public Policymaking Reexamined*(Scranton, Penn.: Chandler, 1968), pp. 154~196.

17) 박동서, 한국행정론(서울: 법문사, 1993), p. 253.

7. 쓰레기통 모형

쓰레기통 모형(garbage can model)은 사회 내의 신념체계, 가치체계가 바뀌거나 정치체제가 바뀌는 등의 보다 복잡하고 혼란한 상황, 즉 '조직화된 무정부상태'(organized anarchies) 속에서 조직이 어떠한 결정행태를 나타내는가를 설명하기 위한 모형이다.[18)]

이 모형은 올센(J. Olsen)이 코헨(M. Cohen), 마치(J. March) 등과 공동으로 발표한 논문에서 제시한 정책결정의 이론모형으로서 정책결정은 어떤 일정한 규칙에 따라 이루어지는 것이 아니라 혼란상황 속에서는 마치 쓰레기통에 던져 넣은 쓰레기들이 뒤죽박죽 엉켜져 있는 것과 같이 우연히 결정이 이루어진다는 것이다.

이 모형은 극도로 불합리한 집단결정에 대한 대표적인 모형이라 할 수 있으며 복합적이고 급격한 변화가 일어나는 문제를 설명하는 데 적합한 모형이다. 즉 의회, 행정기관, 법원, 대학 또는 기업 등까지도 조직의 목표와 선호에 있어서 일관성이 없으며 결정체계상의 혼란과 조직화된 무정부상태에 놓여 있는 경우가 많은데, 이 경우 목표를 달성하기 위해서 사용하는 기술이 분명하지 않고 오히려 시행착오에 의존하거나, 과거의 경험이나 실용적 발명 또는 필요성에서 우연히 얻은 교훈에 의하여 정책을 결정하게 된다는 것이다.

쓰레기통 모형의 전제가 되는 조직화된 무정부상태의 속성을 보면 다음과 같다.[19)]

첫째, 문제성 있는 선호로서, 결정에 참여하는 사람들 간에 무엇을 선택하는 것이 바람직한지에 대해 합의가 없다는 점과 참여자 중에서 어느 개인 한 사람을 두고 보더라도 스스로 자신이 무엇을 좋아하는지조차 모르면서 결정에 참여하는 경우가 있음을 말한다.

둘째, 불명확한 기술로서, 의사결정에서 달성하려는 목표와 이를 달성하기 위한 수단 사이에 존재하는 인과관계인 기술이 불명확하다는 것이다. 즉 결정에 참여하는 사람이 목표를 명확히 알아도 무엇을 수단으로 선택해야 하는지 잘 모르는 경우가 많으며, 이 경우에는 시행착오를 통해 운영되는 것이 보통이라는 것이다.

셋째, 일시적 참여자로서, 모든 결정과정에 참여하는 사람들은 그 자신의 시간적 제약 때문에 어떤 경우에는 결정에 참여하기도 하고 어떤 경우에는 참여하지 않기도 한다는 것이다.

이상의 3가지 전제들을 요약해 보면 ① 결정자 스스로가 자신이 무엇을 선호하는지조차 모르고, ② 목표달성을 위해서 어떤 수단을 선택해야 하는지도 모르면서, ③ 결정과정에 참여하기도 하고 안하기도 한다는 것이다.

쓰레기통 모형은 이와 같은 전제하에 마치 갖가지 쓰레기가 우연히 한 쓰레기통 속에 모여지듯이 정책결정이 이루어진다고 보는 것이다. 그러나 대부분의 조직은 쓰레기통 모형

18) M. Cohen, J. March and J. Olsen, "A Garbage Can Model of Organizational Choice," *Administrative Science Quarterly*, Vol. 17, No. 1(March 1972), pp. 1～25.

19) *Ibid.*, p. 16.

에서 전제로 하는 조직보다 훨씬 더 체계적이며, 여러 가지 정책결정과 관련된 요소들이 무질서하게 쓰레기통 속에 들어가 있으면 언젠가는 정책결정으로 전환된다는 것은 가능성이 희박하다는 비판을 받는다.

8. 공공선택모형(公共選擇模型)

공공선택모형(Theory of Public Choice)이란 정부의 재정부문의 정책결정에 있어서 바람직한 민주적 의사결정이 어떻게 이루어져야 하는가를 설명하려는 것이다.

공공선택(public choice)이라는 용어가 행정학에 등장하게 된 것은 1963년 부캐넌(J. Buchanan)과 털록(G. Tullock)이 중심이 되어 여러 경제학자들을 비롯한 사회과학자들을 초빙하여 행한 학술회의에서 집단적 · 정치적 내지 사회적 정책결정행위에 경제학적 논리를 적용시키는 데에 의견이 모아지고, 그 후 1967년 공공선택학회가 창립되고, 그 학회가 공공선택(public choice)이라는 학술잡지를 창간하면서부터 처음으로 공공선택이라는 용어가 주목을 끌기 시작하였다.[20]

그 후 공공선택이론의 전체적인 맥락을 명료하고 체계적으로 정리한 것은 오스트롬(V. Ostrom)과 오스트롬(E. Ostrom)에 의해서였다.[21]

공공선택이론은 전통적 Wilson식 행정관을 부정하고 경제학적인 시각이라는 새로운 각도에서 정책결정의 행태를 이해함으로써 정책결정현상의 이해와 규범적 차원의 연구에 큰 기여를 하였다.

이러한 공공선택모형은 한마디로 비시장적 의사결정에 경제학적 분석도구를 적용하여 제도적 상호작용을 연구하는 일련의 시도라고 정의할 수 있다.

즉 공공선택이론에서는 정부는 공공재를 생산하는 생산자로 규정하고 시민들을 공공재의 소비자라고 규명한다. 이러한 관점에서 소비자인 시민 개개인의 편익을 향상시킬 수 있는 행정봉사의 비전통적 방법을 제시하려는 것이다.[22]

그러므로 모든 사회가치에 손실을 주는 일 없이 특정가치를 더 많이 성취하는 이른바 '파레토 최적기준점'에서 시민 개개인의 선호와 선택을 존중하는 공공재의 가장 합리적인 결정, 다시 말해서 결정참여자들의 투표를 위시한 여러 가지 합의과정이라는 정치과정 속의 의사결정을 중심으로 정책결정이 이루어진다고 본다.

이와 같은 공공선택모형은 민주행정의 실현과 자원배분상의 효율성을 달성할 수 있는 유용성이 있으나, 공공선택이론을 행정학에 적용함에 있어서 현실적인 정책결정행태를 완

20) Vincent Ostrom and Elinor Ostrom, "Public Choice: A Different Approach to the Study of Public Administration," *Public Administration Review,* Vol. 31, No. 2(March/April 1971), p. 203; 안해균, 전게서, pp. 273~274.

21) V. Ostrom and E. Ostrom, *op. cit.,* pp. 203~206.

22) 오석홍, "현대행정학의 두 가지 반발적 기류, 공공선택론과 신행정학," 행정논총 XXII, No. 2 서울대학교 행정대학원(1984), pp. 140~141.

전하게 설명해 주지 못하고 있다는 비판을 받고 있다.

제 4 절 정책결정의 참여자

합리적인 정책결정을 하는 데 있어서 참여자는 법적 권한을 가진 공식적 참여자와 중요한 영향력을 미치지만 법적 권한이 없는 비공식적 참여자로 나누어 볼 수 있다.[23]

1. 공식적 결정자

1) **입법부**(Legislatures) 법을 제정하거나 개정할 권한을 갖고 있는 정부기구로서 입법부는 중요한 정책과 규칙을 법으로 성립시키기 위해서 협의하고, 토론하고 그리고 표결을 거행함으로써 정책결정자로서의 역할을 수행한다.

2) **행정수반**(The Executive) 최고 통치권자로서 국정 전반에 책임을 지고 있는 행정수반인 대통령은 정책결정자로서의 중요한 역할수행을 한다.

3) **행정부**(Administrative Agencies) 전통적 행정이론에서는 정치에서 결정한 정책을 수동적으로 집행하였으나, 현대에는 행정이 점차 그 영역을 확대하게 됨으로써 행정기관이 정책결정을 하게 되었다. 그 이유는 오늘날 사회가 고도의 복잡성과 전문성을 요구하므로, 1차적 정책결정자인 의회가 보조적 정책결정자라고 할 수 있는 행정기관에 정책결정에 대한 광범위한 재량권을 위임하게 되었기 때문이다.

4) **사법부**(The Judicature) 사법부의 정책결정의 기능은 정책평가자로서의 정책결정의 기능이다. 여기에서 평가란, 입법부나 대통령 혹은 행정부가 결정한 정책이 헌법에 위배되는지 아닌지를 판단해 줌으로써 정책결정의 기능을 의미한다.

2. 비공식적 정책참여자

1) **이익집단** 이익집단(interest group)이란, 공동의 이익이나 이념을 지니는 사람들을 대변하는 집단이다. 그러므로 이익집단은 공통적으로 요구를 표현하고 정책대안을 제시하는 이익표출(interest articulation)의 기능을 수행하고 있다.

이익집단과 정당의 차이점은 정당이 정권의 장악을 목표로 삼고 있는 데 대하여, 이익집단은 정부에 영향력을 행사하는 것을 목표로 삼고 있다는 점이다.

2) **정 당** 정당이란 정권을 잡을 목적으로 결성된 단체로서 공식적으로 정책결정에 직접 참여하지는 않지만 정책결정에 많은 영향을 미친다. 즉 한 정당이 정권을 잡게 되면 그 정당이 추구하고 있는 정강이 바로 정책에 반영되게 된다.

---

23) Anderson, *op. cit.*, pp. 29~38.

3) **일반시민** 일반시민도 정책결정과정에 직접·간접으로 영향을 미친다. 헌법개정안을 일반시민이 선거에 의하여 표결한다든가, 소비자보호운동이라든지, 또는 저술활동을 통하여 정책결정에 영향을 미친다.[24]

4) **전 문 가** 행정부 외의 고도의 전문성을 지닌 자로 행정부 내의 공무원이 갖는 전문성의 부족과 국민의 지지를 쉽게 얻으려는 정치적 이유로 이용하고 있으며, 이로 인하여 보다 객관적이고 공사간의 이해조정과 의사전달에 유익하며 고도의 전문성을 살릴 수 있다는 이점이 있으나, 실정에 부적합하기 쉬우며 시간과 비용이 많이 들고, 내부공무원과의 갈등을 낳기 쉬워 실행상에 문제점을 노출시키기 쉽다는 단점이 있다.

5) **여 론** 민주정치는 여론정치로 국민의 소리를 귀담아 들어야 하며, 이를 경시하고 외면한 정책은 실행과정에서 형식화되고 집권자는 재선이 어려운 점에서 이념면에서나 기능면에서 중요하다.

6) **외부전문가** 현대행정의 전문화로 인하여 외부전문가가 정책결정에 참여하는 비중이 높아지고 있다. 외부전문가가 정책결정에 참여하는 예는 행정자문위원회를 들 수 있다. 외부전문가를 정책결정에 참여시키는 이유로는 정책결정에의 전문성·공정성·객관성을 확보함으로써 국민의 불신감을 배제할 수 있다는 점을 들 수 있다.

제 5 절 정부 정책결정과정

정책결정과정은 학자에 따라 견해가 다르다. 라스웰은[25] 정보·건의·처방·발동·적용·평가·종결단계로 나누는가 하면, 존스(Charles. E. Jones)[26]는 라스웰의 7단계를 수정하여 확인·형성·합리화·적용·평가단계를 주장하였다.

케네디 대통령의 특별보좌관을 지낸 소렌센(Theodre C. Sorensen)[27]은 8단계를 지적하여 사실에 관한 의견의 일치, 전반적 정책목표에 관한 의견의 일치, 문제점의 정확한 파악, 모든 가능한 해결책의 철저한 검토, 각 해결책으로부터 발생할 모든 결과의 열거, 하나의 해결책의 건의와 최종적 선택, 선택된 결정의 통달, 결정을 실천에 옮기기 위한 준비를 들었으며, 또한 런드버그(Claig C. Lundberg)[28]는 문제의 인식, 정보처리, 선택

24) 유훈, 전게서, pp. 152~153.

25) Harold D. Lasswell, *The Decision Process: Seven Categories of Functional Analysis*(College Park, University of Maryland, 1956).

26) Chales E. Jones, *An Introduction to the Study of Public Policy*(Belmont: Wadsworth Publishing Co., 1970), pp. 10~14.

27) Theodre C. Sorensen, *Decision-Making in the White House*(New York: Columbia University Press, 1963).

28) Claig C. Lundberg, "Administrative Decisions: A Schema for Analysis," in Wolo Gore and J. W. Dyson(eds.), *The Making of Decisions*(New York: Free Press, 1964).

의 3단계로 구분하고 있으며, 사이몬[29]은 정보활동(intelligence activity), 구상활동(design activity), 선택활동(choice activity)으로 구분하고 있다. 여기서는 다음과 같은 4단계로 구분하여 고찰하기로 한다.

Ⅰ. 문제의 인지

결정의 첫째 단계로 사건의 중요성·명확성 이외에도 결정자의 퍼스낼리티(personality), 사회적 배경과 경험, 가치관 등에 따라서 문제의 인지 여부, 인지의 속도도 달라진다. 또한 책임정치의 수준, 재집권에 미치는 영향도 중요하다.

매츄우즈(Mattews)[30]의 예를 들면, 두 사람의 흑인이 나무 그늘에서 잠자는 것을 보고 한 사람은 주택사정이 매우 불량하다고 판단하고, 또 한 사람은 흑인이 나태하다고 판단을 내릴 수 있다. 또한 잠자는 흑인보다는 나무에 관심이 있는 목재상은 그 나무를 제재하여 팔았으면 좋겠다고 생각할 것이고, 식물학자는 그 나무가 특이한 종자라고 생각할 수 있을 것이다.

Ⅱ. 정보의 수집과 분석

문제에 대한 대책을 강구하려는 경우 우선 착수하게 되는 것으로, 근원적인 의사결정은 정보에 의존하는데 정보의 수집과 분석의 중요성이 있다. 전자계산기가 발달하고, 결정자에게 필요로 하는 정보를 손쉽게 제공할 수 있게끔 준비하게 하는 것으로 정보관리체제(management information system: MIS)의 교육과 보급이 증대되고 있는데, 이 MIS의 특징은 적시에 적절한 정보제공을 할 수 있고, 또한 이를 동시적·다면적·종합적으로 제공할 수 있으며, 보통 최고결정자의 측근에 위치하고 있다.

Ⅲ. 대안의 작성과 평가

문제를 해결하기 위한 방안들이 모색되어야 하며, 대안은 실현가능성이 있는 복수의 대안으로 작성되어야 하고, 대안작성에는 창의성이 중요하며, 대안이 고안되면 이들의 장·단점과 공헌 정도 및 이러한 차이점을 가져오는 요인들을 면밀히, 가급적이면 계량적으로 파악·평가하는데, 이에는 관리과학·정책분석·OR 등이 필요하다.

---

29) H. A. Simon, *The New Science of Management*(1958), pp. 1～2.

30) Danald R. Mattews, *The Social Background of Political Decision Makers*(Garden City: Doubleday, 1954), pp. 2～39.

Ⅳ. 대안의 선택

여러 대안 중에서 가장 적절한 대안을 선택한다. 대안의 선택은 합리적인 요인 이외에 결정자의 정치적 판단이나 협상·타협에 따를 수도 있다.

정무관이 대안의 선택에 있어서 특히 유의할 점은 어떤 대안이든 불확실성이 존재하며 이를 극복하겠다는 결심을 갖고 민의, 상관의 의도, 정치적인 면에서 목표달성가능성이나 실천가능성을 다시 검토한 다음 선택하여야 한다는 것이다.

제 6 절 정부 정책결정기준(공익)

정책결정자가 문제를 인지하고 대안을 분석·평가하여 선택하는 데 있어서 따라야 할 기준이 무엇인가가 문제되는데, 이러한 규범적 기준으로 공익을 들 수 있다.

공익은 미국의 뉴딜정책 이후 1950~1960년대 후반에 관심이 증가되었는데, 행정의 정책결정권의 확대와 정부의 예산 등의 증대로 정부의 결정 여하에 따라 국민과의 이해관계가 긴밀해진다는 데에 그 이유가 있다.

1. 공익개념

정책결정의 기준이 되는 공익의 개념에 있어서 실체설과 과정설이 있는데, 전자는 공익은 사익을 초월한 것으로 사익과의 갈등이란 있을 수 없다는 실체적·규범적·도덕적 개념으로 보는 견해이다. 후자는 공익이란 사익을 초월한 별개의 것이 아닌 상호경쟁적·대립적인 다원적 이익이 조정되고 균형된 결과로서 보는 현실주의적·개인주의적 공익개념을 주장하는 견해이다.

전자는 학자 간에 일치점을 발견할 수 없으며, 후자는 이기적인 사익이 조정과정에서 어떻게 공익화되느냐가 문제이나 양설은 본질적으로 대립되고 있다고 볼 수 없으며, 공익은 공통으로 갖는 가치인 자연법·선·정의·평등·자기완성·복지·형평 등에 기준을 두면서 상호대립되는 특수이익이 조정되어가는 과정 속에서 형성된다고 본다.

2. 결정자 및 변수

공익을 결정하는 자는 개인이나 집단일 수 있으며, 전자는 1인에 지나치게 의존하는 점이 있으나 공익대표성이나 도덕성을 높이는 점이 있고, 후자는 전자의 단점을 보완하는 점이 있으나 현실과는 거리가 있다.

바람직한 것은 국민을 대표하는 행정인이 결정하되, 국민에 대한 의식을 염두에 두고 사익의 갈등을 조정하며, 행정인이 전문가로서 도와주는 것이라는 본다.

그러나 이것은 근본적으로 정책의 종류, 정치이념으로서 개인주의나 집단주의, 민주화 정도에 달려 있다.

제 7 절 정부행정의 정책결정형태와 정책결정의 변수

바람직하며 합리적인 정책결정이 이루어지려면 상기한 결정과정을 거칠 것이 요청되나 우리의 경우 그러하지 못한 것이 현실이며, 흔히 즉흥적 또는 권위주의적 결정을 한다는 비판을 받는 것 같다.

즉 고위정책결정자들은 문제의 중요성이나 해결의 신중성이 요구됨에도 불구하고 간략한 해답, 여러 개의 대안보다는 하나의 절차, 직접적인 결과유도의 방법을 요청하는 성향이 많은바, 여기에는 그 나름대로의 이유, 즉 발전에의 의욕이나 속도 등의 변수가 작용하였다고 볼 수 있다.

그러면 우리나라의 정책결정자가 이와 같은 비판을 받게 되는 또는 합리적인 결정을 하기 어려운 원인은 무엇이겠는가? 이를 행정행태에 관한 세 가지 변수, 즉 행정인 · 행정구조 및 환경 가운데서 중요한 요인만을 들어 검토해 보기로 한다.

Ⅰ. 행정인(정부정책결정자)

일반적으로 어떠한 결정이나 또는 행위에 있어서 행정인의 가치관 · 태도 · 성격 · 동기 등이 중요하지만, 특히 우리나라의 행정은 일반적으로 상하관계가 계층위주이고 권력의 비중이 크므로 결정자 개인의 영향력이 더욱 크다고 생각된다. 이 중 중요한 몇 가지를 들면 다음과 같다.

1. 권위주의적 성격

이는 기본적으로 과거 계층지상의 유교문화유산에 기인한다고 생각된다. 왜냐하면 이는 질서유지 · 통제를 제일 중요시하고 있었으므로 가족 · 씨족내부에서만이 아니라 모든 사회인을 어떠한 기준, 예컨대 연령 · 권력에 따른 불평등계층관계로 묶어 놓고 있었기 때문에 아직도 우리의 행동에는 이러한 기준에 따라 권위가 부여되어 있다. 그 결과 계층 그리고 권력 · 연령이 다른 사람간에 평등한 입장에서 사실에 입각한 논의 · 토의가 이루어지기 힘들며, 따라서 추종하는 결과가 되기 쉽다.

2. 가 치 관

어느 인간사회·조직사회에서나 권력의 보다 많은 장악을 위한 싸움이 벌어지고 있다. 우리나라에 있어서도 이것이 단순한 영향력의 확대를 위한 것이 아니고, 이에 부수되는 권력 이외의 부 및 기타 제가치를 장차 획득하고자 하는 데 있음을 들 수 있다. 이의 원인은 아직 한국사회의 제가치체계가 미분화된 상황하에 권력이 기타 가치에 비해 우월한 지위에 있다고 하는 사실과 보수의 부적정으로 인하여 행정에 여러 가지 부작용을 낳게 하는 원인이 되고 있다고 하겠다.

Ⅱ. 정부행정구조

여기에서 행정구조의 뜻은 행정조직 내부에서 결정자인 개인을 제외한 역할·규범·대인관계·분화·인적 자원배분 등을 의미하는 것으로, 이것이 결정자에게 어떻게 영향을 주는가 하는 것을 검토하고자 한다.

1. 행정관청론

일제식민지 이래 최근까지 대륙법계인 우리나라의 행정법에서는 계층상의 최고 지위자만이 결정권을 행사하며 소위 행정관청이 될 수 있고, 차관 이하 기타의 직원은 스스로 결정할 수 없고 오직 장관의 결정을 보조하는 보조기관으로 간주되어 왔다. 따라서 장관 또는 기관장만이 홀로 결정하는 것이 합목적적이라고 생각되어 왔었으며, 더욱이 이러한 법 위주의 행정에서는 합법성이 거의 지상의 이념으로 간주되었고, 오늘날 행정에서 요청되는 정책결정의 합목적성·집행상의 효과성·능률성은 이러한 행정관청론에서는 등한시되어 왔던 것이다. 이러한 점에서 최근에 영미법의 개념을 도입, 현행 법체제를 개정하여 국·과장에게 위임된 권한의 범위 내에서 행정관청으로서 의사표시와 결정권을 행사할 수 있게 한 것은 우리나라 행정의 발전을 위하여 획기적인 변혁으로서 크게 환영하지 않을 수 없는 것이다.

2. 대인관계(불신)

단독으로 결정권을 행사하고 위임이 잘 안되는 원인의 하나로서 대인관계에 있어서의 불신을 들 수 있다. 상관이 부하를 못믿는 이유로서는 두 가지를 들 수 있다. 하나는 부하의 능력에 대한 불신이며, 다른 하나는 후진사회의 공통적인 특색으로서 충성심의 결여에 기인하는 것이다.

그러므로 이러한 사회에 있어서는 인사에 있어서도 능력보다 충성심·신임이 우선하는 기준이 되며, 따라서 실적주의 인사제도의 확립이 힘든 주요한 요인을 구성한다.

그러므로 하위관계에 있어서 결정문제에 관한 부하의 의견이 상관에게 받아들여지려면 그 의견의 기술적인 합리성 및 타당성에 앞서 우선 상관의 개인적인 신임을 얻고 있어야 하는 문제가 제기되는 것이다.

3. 횡적 분화(계선과 막료)

과거의 정태적인 질서유지·집행위주의 행정에서는 발전문제·정책·계획을 구상하고 연구·조사하는 막료(staff)가 거의 소용이 없었고, 오직 집행만을 하는 계선기관(line)만으로 족하였다. 한국의 경우, 대체로 1960년대 이전에는 전형적인 계선위주의 기구였다. 그러나 1960년대에 들어서 행정의 주요목표는 발전을 지원하는 것이 되고, 사회의 모든 면에서 변동이 급격하게 일어나자 행정내부에서는 연구·조사·정책분석·계획수립을 전담하는 막료기구가 계속 탄생하게 되었으며, 따라서 조직도 자주 변하게 되어 항구성·안정성을 상실하고 소위 임시성(temporary structure)을 띠게 되었다.

그러나 이러한 기구를 법제화하여 창설은 했으나, 문제는 여러 역할을 다하고 있지 못하여 다분히 형식화되고 있다는 사실이다. 즉 우리나라 행정기능상 긴요한 발전정책의 결정에서 제일 중요시하고 활용하여야 할 이러한 막료조직이 등한시되고 아직도 집행·통제위주의 계선중심으로 운영되고 있어 발전정책의 향상에 저해요인이 되고 있는 것이다.

이러한 상황하에서는 전문지식의 동원, 정보의 수집·분석이 잘 이루어 질 수 없어 결정의 합리성이 저하될 수밖에 없는 것이다.

4. 품 의 제

행정기관 내부에서 행정방침의 결정이나 행정처분 등을 할 필요가 있을 경우에 해당사무의 담당자가 문서를 기안하여 결정권을 가진 상사의 결재를 얻는 제도이다. 이 제도는 결재의 과정이 길고 장시간을 요하므로 비능률적이다. 그러나 부하의 참여감·일체감을 진작시켜 사기가 오르며 의견을 조정·협의하는 좋은 점도 있다.

Ⅲ. 정책환경

환경이란 행정조직이 외부로부터 받는 영향으로서, 정책결정의 합리화라는 점에서 주요한 것 몇 가지만 들겠다.

1. 시간적 제약

한국의 경우 고위결정자들의 재직기간이 대체로 짧은 경우가 많아 그 동안에 업적을 올리려고 서두르게 되는바, 이러한 상황 또는 시간적 제약하에서는 합리적인 정책을 기대하기 어려우며, 자연히 결정에 있어서의 참여자수를 제한하고, 비공개・즉흥적인 대안을 고려하는 등의 결과를 초래하기 쉬운 것이다.

2. 압력의 부족

행정조직 외부로부터의 압력에는 여론・언론・전문가집단・이익단체・정당・국회 등을 들 수 있다. 해방 이후 변천을 보면 시기에 따라 기복은 있으나 점차적으로 이러한 외부로부터의 압력이 커가고 있으며, 이들의 주장이 정책결정에 반영되어 가고 있으나 아직도 선진국에 비하면 약하다. 따라서 정책결정자에게 많은 재량권을 주게 되어 스스로 자의적으로 결정할 수 있는 여지를 허용하고 있는 것이다.

이와 같이 외부압력이 상대적으로 약한 원인으로서는 기본적으로 참여의식이 높지 못하다는 것과 정부주도형 경제체제, 각 집단의 재정력의 빈약 등에 있다고 생각된다.

3. 정치・경제・사회・문화・자연환경의 영향

정치환경으로 정당과의 관계, 정치적 이념, 국제관계, 입법부, 사법부와의 마찰로 인한 갈등이 크며 경제적 환경은 부의 양극화문제, 개인소득, 세계경기, 과학기술 등 국부조건과 직결된 문제가 중심이며 사회문화적 환경으로서는 노령화문제를 포함한 인구학적 근대화문제나 교육받은 인구의 질적 구조, 각종 NGO이며 우리는 통일문제와 남북관계문제, 종교문제 등을 들 수 있다. 특히 자연환경과 연관된 문제는 기후변화와 에너지정책, 이산이수(利山利水)문제, 자원문제와 직결된 정책결정의 환경요인을 들 수 있다.

제 8 절 정책결정과 정부공직자의 역할

대체로 고위직공무원층은 일상 업무처리에 있어서 상당한 재량권을 가지고 행정의사를 결정하고, 정치지도자들의 정책구상이 어떻게 주어진 상황하에서 적용될 것인가의 실제적 방법을 알고 있다. 그러므로 정책결정을 하는 데 있어서 경험과 지식 및 기술을 가지고 있으며, 정책목적을 구체적인 수단으로 목표를 조직적・절차적 형태로 하여 정책결정과 행정의사결정에 참여하고 있는 것이다.

그런데 우리의 정책결정형태가 전술한 바와 같으므로 규범적・당위적으로 고급공무원에게 요청되는 역할을 제대로 못하며 최고결정자의 정책결정에 대한 보좌 및 위임된 범위내에서 스스로 결정을 하기 어렵게 되어 있다. 일반 이론상으로는 정무관인 장관은 비전문가로서, 전문가로 간주되는 직업공무원출신인 국・과장들의 기술적・전문적 조언을 얻어 여기에 정치적 판단을 가미하여 최종적으로 결정하게 되어 있으나 실제에 있어서는 그렇게 되고 있지 않다. 따라서 행정적 · 전문기술적인 것과 정치적인 것의 구별은 어렵지만, 이들간의 분업이 계층에 따라 잘 이루어지지 못하고 있는 것이다.

오늘날 우리나라 행정의 주요기능은 현상유지 · 질서유지 · 통제 등과 같은 정태적인 것으로부터, 발전을 촉진하기 위한 발전정책(development policy)을 결정하는 것을 주로 하는 극히 동태적인 것으로 전환되어 왔음은 상술한 바와 같으며, 이는 성질상 정치 및 행정체제 내에 있어서도 고도의 분화 및 통합이 요청되고 있는 것이다.

즉 행정체제 내에 있어서의 계층간의 역할의 분화 및 이에 입각한 협조 또는 통합이 요청되는 것이다.

고위직공무원에게 요청되는 두 가지 주요역할은 정책보좌 및 정책결정인바, 이를 효율적으로 수행하기 위해서는 그들의 역할이 요청하는 행정기술 및 업무가 필요로 하는 전문지식의 배양에 힘써야 하며, 이러한 정책보좌와 정책결정을 함에 필요로 되는 주요지식 및 기술로서는 정책과학(policy science) 및 관리과학(management science)의 지식과 아울러 정치학 · 행정학 · 경제학 등 사회과학의 지식이다. 이러한 기초 위에 이를 활용하면서 사회의 복잡한 하위체제간의 상호관련성을 이해 · 파악 · 분석할 뿐만 아니라 새로운 발전적인 목표달성을 위하여 전략의 효율성을 계량적 지식을 토대로 분석하여야 하며, 또한 이러한 지식 · 기술 외에 발전지향적인 태도로의 행태변화가 또한 긴요한 것이다.

이와 같은 정책보좌 및 정책결정자로서의 역할을 할 의사와 자격을 지식 · 기술 및 태도면에서 갖추도록 의식적인 노력을 함과 동시에 장·차관급 정무관과 고위직공무원은 각각 역할의 분화 및 이의 올바른 이해와 이에 따른 행동화가 시급히 요청되는 것이다.

특히 정책관여자(stakeholders), 즉 정책참여자는 정부공직자이든 비공직자(정당, 이익집단, 언론기관, 전문가, 학자, 일반국민 등)를 막론하고, 특히 다음 내용을 인지하여야 한다.

첫째, 정보화사회에서 요구되는 정보기준으로서 ① 신뢰성, ② 포괄성, ③ 창의성, ④ 계속성, ⑤ 취사선택성, ⑥ 공개성 있는 정보를 소유하여 국익과 공익을 위해 제공 · 유통시키며 정보전략의 구사능력이 요구된다.

둘째, 정부공직자는 보다 좋은 양질의 정책산출과 집행, 평가를 위해 각종 지표(指標)로서 경제지표와 사회지표, 문화지표, 정치지표까지도 널리 활용할 수 있도록 지표의 창출·축적할 필요가 있다.

셋째, 정책과 상관 있는 모형, 패러다임, 접근법, 이론, 원칙, 문제의 발견, 준거(準據, frame of reference)기준의 수립, 조직화, 통제, 위기관리에 관한 지식인이 되어야 한다.

넷째, 가치론적 신념으로서 다알(R. Dahl)이나 러셀(B. Russell)이 말하는 자유와 다수결원칙, 평등, 인간존엄성, 개인의 자율성 그리고 정의, 특히 생명의 존중의 사상이 투철해야 할 것이다.

제 3 장

정 책 집 행

제 1 절 정책집행의 의의

Ⅰ. 정책집행의 개념

정책집행은 정책과정 중 정책결정 다음에 이루어지는 단계이다. 그러나 정책집행이란 단순히 베버(M. Weber)적인 관료제를 통한 정부결정의 하향적이고 일방적인 추진이 아닌, 특정정책에 관하여 이해관계가 있는 정책집행자를 포함한 다양한 행위자들의 상호작용이 존재하는 장이다.

정책집행은 학자에 따라 다양하게 정의되고 있다. 프레스맨(J. L. Pressman)과 윌다브스키(A. Wildavsky)는 정책에 포함된 목표 또는 내용을 구체적으로 달성하는 것을 정책집행이라고 보았고,[1] 반 미터(Van Meter)와 반 혼(Van Horn)은 집행이란 정책결정에서 미리 설정한 목표를 달성하기 위해 정부 및 민간부문의 개인이나 집단이 수행하는 활동이라고 규정하였다.[2] 존스(Charles O. Jones)는 집행은 사업계획에 효과가 발생하도록 하는 의도적인 활동이라고 정의하며, 이러한 활동의 주요내용은 해석 · 조직화 · 적용이라고 하였고,[3] 나까무라(R. T. Nakamura)와 스몰우드(F. Smallwood)는 집행을 권위 있는 정책지시를 실천에 옮기는 과정으로서, 그 과정은 용이하지도 않고 자동적이지도 않으며 정책결정 · 정책평가와 상호과정에 있는 순환적 과정으로 본다.[4]

1) Jeffery L. Pressman and Aaron Wildavsky, *Implementation*(Berkeley: Univ. of California Press, 1972), p. 15.
2) Donold S. Van Meter and Carl E. Van Horn, "The Policy Implementation Process: A Conceptual Framework," *Administration and Society*, Vol. No. 4(Feb. 1975), p. 447.
3) Charles O. Jones, *A Introduction to the Study of Public Policy*, 2nd ed.(Mass.: Duxbury Press, 1977), p. 139.
4) Robert T. Nakamura and Frand Smallwood, *The Politics of Policy Implementation*(N.Y.: St. Martin's Press, 1980), p. 27.

이상의 여러 학자들의 정의에서 정책집행의 특징은 첫째 정책집행은 복합적 과정이며, 둘째 환경과의 상호작용에서 적응해 가는 과정이고, 셋째 역동적인 활동과정이라는 점이다.

Ⅱ. 정책집행의 요소

반 미터와 반 혼은 정책집행과정에서 고려해야 할 요소를 제시하고 있다.[5)]

1) 정책의 기준과 목표로서 정책설정의 기준을 확인하고 무엇을 달성하려는 것인가를 명확하게 한다.

2) 자원으로서 정책집행에서는 미리 동원이 가능한 인적·물적·제도적·정보 자원을 확인해야 한다

3) 기관간의 의사교류로서 정책집행시 기관간의 상호협조체제를 조장할 수 있어야 한다.

4) 집행기구의 성격으로서 집행기구가 어떤 성격을 지니고 있느냐가 집행의 성과를 결정하게 된다.

5) 환경적 요인으로서 경제적 사정, 여론의 방향, 엘리트의 입장, 외국기관과의 접촉 등을 고려할 수 있다.

6) 집행자의 성향으로서 집행자가 어떤 성향을 지녔느냐에 따라 집행의 모든 요소를 판단하고 여과하는 역할을 하게 된다.

Ⅲ. 정책집행연구의 중요성

기존의 정책연구는 정책집행보다는 정책형성과 결정에 초점을 맞추어 왔으나, 1970년대에 들어와서 정책집행에 관한 연구가 시작되었다. 그 이유는 1960년대 중반에 미국은 존슨 대통령의 노력에 의해서 '위대한 사회'정책이 의회에서 통과되었으나, 이 정책이 실패로 판명되었다. 학자들은 훌륭한 정책의도가 실패로 돌아가자 이에 대한 원인이 무엇인가에 대한 연구를 활발히 전개하게 되었는데, 이것이 바로 정책집행연구의 계기가 되었다.

제 2 절 정책집행의 유형

정책집행의 유형은 여러 학자들의 주장 가운데서 정책결정자와 정책집행자간의 관계에 초점을 맞추어 정리한 나까무라(Nakamura)와 스몰우드(Smallwood)의 주장을 고찰하

5) Meter and Horn, *op. cit.*, pp. 445～487.

기로 한다.[6)]

Ⅰ. 고전적 기술자형(classical technocrats)

고전적 기술자형은 집행자가 수동적 입장에서 정책결정자가 정한 목표를 그대로 받아들이고 이를 달성하기 위한 기술적 수단의 구실만 하는 유형으로, 기본적 가정은 다음과 같다.

1) 정책수립자들은 명백한 제목표를 설정·기술하고 집행자들은 이들 목표를 지지한다.

2) 정책수립자들은 제목표를 달성하기 위해서 계층제적 명령구조를 확립하고 특정한 집행자들에게 기술적 권한을 위임한다.

3) 집행자들은 목표를 달성할 만한 기술적 능력을 보유하고 있다.

이러한 가정은 정책수립자들이 집행과정에 대한 통제력을 지님으로써 정책형성·결정과 정책집행의 과정이 밀착된 연계성을 갖는다는 것을 의미한다. 기본적으로 이 유형은 정책집행자가 설계자로서 행동한다는 것이다.

Ⅱ. 지시적 위임형(instructed delegates)

이 유형은 고전적 기술형보다 집행자가 보다 많은 권한을 위임받아 정책을 집행하는 경우이다. 즉 집행자가 정책목표에 합의한 바를 토대로 행정적 권한을 부여받아 행정적·기술적·협상적 역량을 발휘할 수 있다.

이 지시적 위임형은 기본적으로 다음과 같은 가정에 입각한 유형이다.

1) 정책수립자들은 제목표를 명확하게 기술하고, 집행자들은 이들 목표의 필요성에 동의한다.

2) 정책수립자들은 하나 이상의 집행집단에게 목표달성을 지시하되 그들에게 재량적인 행정권한을 위임해 준다.

3) 집행자들은 목표를 달성하는 데 필요한 기술적·행정적·협상적 능력을 보유하고 있다.

그러나 이 유형에서도 정책수립자들은 정책형성과 결정에 대한 통제권을 여전히 행사하고, 집행자들이 정책수립자들의 목표를 달성하는 데 사용할 제수단을 결정하는 데 보다 많은 권한을 보유하고 있기 때문에 정책과정에서 다음과 같은 유형의 문제가 발생할 가능성이 크다.

1) 집행에 있어서의 기술적 세밀성의 문제가 발생할 가능성이 많다.

---

6) Nakamura and Smallwood, *op. cit.*, pp. 112～142.

2) 다수의 참여자와 각기 상이한 관점에서 원칙적 합의를 세부적 결정으로 옮기는 데 어려움이 있다.

3) 복수의 결정자 때문에 지연이 초래되기 쉽다.

이와 같은 지시적 위임형하에서 집행자들은 정책수립자들의 목표를 지지할 수 있기는 하지만, 복잡성과 정치적 갈등의 잠재성을 내포하고 있다는 것에 그 특징이 있다.

Ⅲ. 협상형(bargainers)

협상형은 집행자와 결정자가 정책의 목표나 수단에 관하여 협상하는 유형이다. 양자는 권력이 재원, 정보, 전문성 등에서 대등하여 어느 한쪽의 일방적 의사에 의해서 결정되지 않는 경우이다.

이 유형의 기본적 가정은 다음과 같다.

1) 공식적인 정책수립자들이 제정책목표를 설정·기술한다.

2) 정책수립자들과 집행자들이 이들 정책목표에 대해서 반드시 동의하고 있는 것은 아니다.

3) 집행자들은 목표와 수단에 관해서 정책수립자들과 협상하고, 또한 그들간에 서로 협상한다.

이러한 기본적 가정에 기초를 두고 있는 협상형에서는 집행자들이 반드시 정책수립자들과 동일한 목표를 공유하는 것은 아니기 때문에, 정책수립자들에 대한 집행자들의 권한이 상대적으로 강할 수도 있다. 따라서 그 결과 다음과 같은 정책과정상의 문제가 발생할 가능성이 크다.

1) 다른 유형에서와 마찬가지로 목표달성의 수단에 대한 기술적인 문제가 있을 수 있다.

2) 정책과정상의 문제는 협상의 실패로부터 야기될 수도 있는바, 이러한 문제는 정책집행의 침체·교착상태 또는 불이행을 초래할 가능성이 있다.

3) 집행자들이 목표에 대해서 반드시 정책수립자들과 의견을 같이 해야 하는 것은 아니기 때문에 집행자들은 자신의 목적을 위해서 정책을 우회하거나 자원을 획득할 수 있다.

따라서 이 유형에서 정책수립자들과 집행자들간의 균등한 권력배분이 이루어질 때, 집행은 협상을 통한 타협에 의해 실천될 수 있다.

Ⅳ. 재량적 실험형(discretionary experimenters)

재량적 실험형은 정책결정자가 생각은 있으되 지식·정보에 대한 확신은 없어 목표를 구체화시키지 못할 때 목표달성을 위한 광범위한 재량권을 집행자에게 부여하는 유형이다.

이 유형의 기본적인 가정은 다음과 같다.

1) 공식적인 정책수립자들이 추상적인 제반목표를 제시·지지하기는 하지만 지식의 부족과 불확실성으로 인하여 목표를 명백하게 밝힐 수 없다.

2) 정책수립자들은 집행자들이 제목표를 구체화하고 목표달성을 위한 수단을 개발할 수 있도록 집행자들에게 광범한 재량권을 위임한다.

3) 집행자들은 이러한 과업의 수행을 기꺼이 수락할 뿐 아니라, 그럴 만한 능력을 가지고 있다.

그러나 이 유형에서도 다음과 같은 정책과정상의 문제의 소지는 있다.

1) 집행자들의 전문성과 지식의 불충분으로 인한 기술적인 실패이다.

2) 애매모호한 정책으로 인하여 혼란이 야기될 수 있다.

3) 집행자들에 의한 속임수 전략과 적응적 변칙행동이 있을 수 있다.

4) 책임소재의 산만에 따른 정책수립자 및 책임자의 무책임성을 들 수 있다.

따라서 이 유형은 정책과정상의 문제점 때문에 위험도가 높은 집행유형이기는 하지만 집행에 관한 제유형 중 가장 혁신적인 방법이다.

Ⅴ. 관료적 기업가형(bureaucratic entrepreneurs)

관료적 기업가형은 집행자가 결정자의 권한도 가지며 정책과정을 지배하는 유형이다. 이 때 집행자는 제도상의 집행자일 뿐 실제로는 결정자의 기능을 수행한다. 목표를 설정하고 수단을 동원하며 집행하는 전 과정의 일을 집행자가 정해서 결정자로 하여금 받아들이게 한다.

관료적 기업가형의 기본적인 가정은 다음과 같다.

1) 집행자들이 자신의 제정책목표를 형성한 후, 여러 유형의 힘을 동원해서 공식적인 정책수립자들을 설득하여 목표를 수용하도록 한다.

2) 집행자들은 자신의 제정책목표를 달성하는 데 필요한 제수단을 확보하기 위해서 정책수립자들과 협상한다.

3) 집행자들은 제목표를 기꺼이 달성하고자 할 뿐만 아니라, 그럴 만한 능력도 보유하고 있다.

이러한 권한에 앞서 가장 중요한 사실은 집행자가 정책과정을 그들 자신의 목적에 연결시키는 데 충분한 힘을 축적할 수 있다는 점이다. 산출물의 생산과 결과의 확보라는 면에서 이 유형은 다른 유형보다도 능률적인 집행방법이다. 그러나 이 방법은 권력의 균형과 견제장치가 무너질 위험도 있다.

제 3 절 정책집행의 이론모형

Ⅰ. 고전적 · 계층적 집행모형

고전적 계층모델은 정책이 형성되면 집행이 되고 산출을 이루게 된다는 가정을 가지고 있는데, 나까무라와 스몰우드는 다음 [그림 2-3-1]과 같이 설명하고 있다. 즉 이 모형은 정책과정을 단계적 과정으로 보며 정책형성과 정책산출은 분리되어 한 단계가 완성되면 이후 단계로 이전되는 것으로 보고 있다.

이러한 고전적 모델의 특징은 다음과 같다.

1) 정책결정과 정책집행이 분리되어 있다.

2) 분리경계는 정책결정자와 집행자 사이에 존재한다.

3) 집행의 과정은 정책결정자와 집행자의 경계로 정책결정 이후에 계속되는 연속적인 형태로 존재한다.

4) 정책집행 안에 포함되어 있는 의사는 비정치적이고 기술적이라고 본다.

[그림 2-3-1] 고전적 계층제의 집행모형

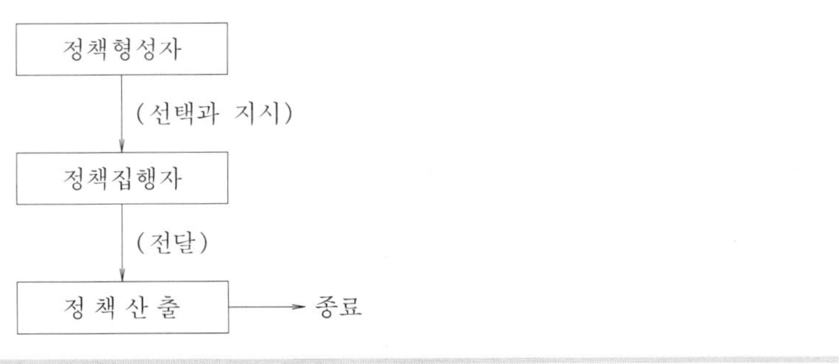

Ⅱ. 반 미터와 반 혼의 정책집행모형

반 미터(Van Meter)와 반 혼(Van Horn)은 정책집행모형을 정책, 연결, 성과의 세 단계로 크게 구분하고, 정책단계에서는 목표의 기준과 재원이 설정되고, 연결단계에서는 조직간 의사전달과 영향을 미치는 행위, 집행기관의 성격, 경제 · 사회 · 정치적 조건, 집행자의 성향, 성과단계에서는 이러한 제요소가 동시에 영향을 미치며, 복합적으로 작용한다고 본다.[7)]

7) Meter and Horn, *op. cit.*, pp. 445∼488.

[그림 2-3-2] 반 미터와 반 혼의 정책집행모형

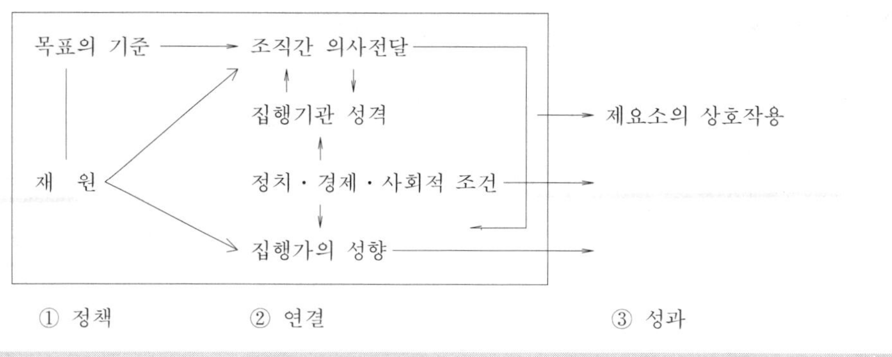

Ⅲ. 수잔과 훗지의 상호협동집행모형

수잔과 훗지는 집행을 세 가지 차원에서 설명하고 있는데, 첫째 집행은 정책이 성과를 드러내도록 유도하고 노력하는 과정이며, 둘째 집행은 협상과정이라고 설명한다. 즉 과거의 정책은 시간이 지나면 행위로 나타난다고 보았으나 이제는 정책집행을 정책과 행위 사이의 상호작용과 협상과정으로 보아야 할 것이라고 주장하고 있다. 셋째 행위와 행위에 대한 대응과정을 집행으로 본다. 정치적 구조, 책임, 사회 · 경제 · 물리적 환경, 기타 법적· 재정적 · 기술적인 제약에서 행위를 결정하며, 그에 대해 다양하게 표출되는 대응과정을 집행이라고 본다. 따라서 정책행위관계는 정치적 환경 안에서 타협되고 협상되며 대응하는 과정으로서 집행의 중요 요소로 보는 것이다.[8)]

[그림 2-3-3] 수잔과 훗지의 상호협상 집행모형

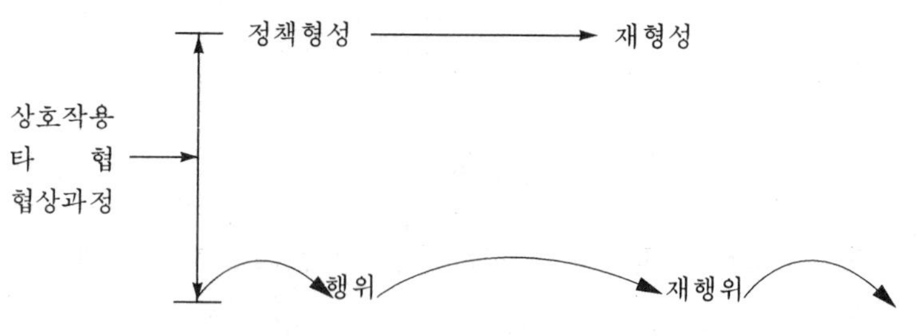

8) Barrett Susan and Colin Fudge(eds.), *Policy and Action*(London: Methun, 1981), pp. 24～26.

제 4 절 정책집행의 과정

사바티어(P. A. Sabatier)와 매즈매니안(D. A. Mazmanian)은 집행과정에 대해 효과성의 측면에서 분석의 틀을 제시하고 있는데, 그것은 집행과정에 영향을 미치는 독립변수로 정책문제의 취급가능성, 법률의 집행구성능력, 정치적 효과와 종속변수인 정책집행과정의 세부단계로 나누고 있다.[9)]

세 가지의 독립변수에 의한 종속변수인 집행과정의 세부단계를 보면 다음과 같다.

1) 집행기관의 정책산출

2) 대상집단의 정책산출에 대한 복종

3) 정책산출의 실질적 영향

4) 정책산출의 인지된 영향

5) 중요한 법률이나 정책의 개정

제 5 절 정책집행의 제약요인

1. 불명확한 정책과 불완전한 정보

집행에 직접적인 영향을 미치는 것으로 정책의 명확성 여부와 정보의 완전성을 들 수 있다. 따라서 정책은 달성하고자 하는 목표가 분명해야 하며, 그 목표를 달성하기 위한 수단과 방법 또한 명확해야 한다. 그러나 정책 전반에 대한 완전한 정보나 지식이 없이는 효율적으로 목표를 달성할 수 없기 때문에 정보와 지식의 완전한 준비가 필요하다.

2. 비효율적인 의사전달

정책집행의 효율적인 진행을 위해서 필수불가결한 요소가 의사전달이다. 따라서 명령체계가 잘 전달될 수 있어야 하며, 보다 원만한 하의상달이 이루어질 수 있어야 한다. 의사전달이 원만하지 못할 때 집행상의 차질을 가져오게 된다.

3. 집행자의 능력문제와 성향

정책집행기관의 집행자가 어떠한 능력과 태도를 가지고 있느냐에 따라 집행의 효과성

---

9) P. A. Sabatier and D. A. Mazmanian, "Implementation of Public Policy: A Framework," in D. A. Mazmanian and P. A. Sabatier(eds.), *Effective Implementation*(Lexington, Mass.: Heath, 1981), pp. 5～24.

은 달리 나타난다. 따라서 집행자는 일반적인 리더십을 갖추는 것이 필요하다. 또한 집행자의 성향은 전체적인 집행분위기를 좌우하며, 효율적인 진행 여부를 결정하는 요인이기 때문에 적극적이고 능동적인 심리적 성향이 필요하다.

4. 자　원

아무리 훌륭한 정책도 그것을 집행할 자원이 없을 때 능률적일 수 없다. 여기서의 자원이란 예산, 인적 · 물적 · 제도 및 정보 자원 등을 말한다.

5. 집행기관의 상호관계

정책집행은 하나의 기관만으로는 불가능하며 상호관련된 여러 기관과 상호관계 속에서 이루어진다. 따라서 집행기관의 상호협조체제와 연계가 필연적이다. 이러한 기관간의 상호관계가 원활하지 못할 때 효율적인 정책집행을 할 수가 없다.

6. 불합리한 운영절차

정책집행의 가장 중요한 요인 중의 하나가 운영절차이다. 아무리 좋은 집행계획도 운영절차가 불합리하면 그 성과는 효과적으로 달성될 수 없다. 따라서 효율적이고 합리적인 운영절차가 필요하다.

7. 비일관성

정책의 목표와 수단 간의 우선순위가 분명하고 공화국이 바뀌어도 행정정책은 그대로 다라는 일관성이 요구된다. 그렇지 않으면 집행의 지연으로 정부실패까지 가져오며 성과의 반감이 일어날 것이다.

8. 돌발적인 환경변동

국민여론의 악화나, 정치 · 경제적인 여건의 돌발적인 변화나, 천재지변의 자연환경의 영향이 제약조건일 수도 있다. 따라서 이런 상황변화에 따르는 대응적 집행전략도 고려할 필요가 있을 것이다.

제 4 장

정 책 평 가

제 1 절 정책평가의 의의

Ⅰ. 정책평가의 개념

정책평가란 정책이나 사업계획의 구성요인과 그 목표달성에의 상대적 기여도를 분석하고 목표달성도 내지 타당도를 검토·판단하는 것을 의미한다. 이러한 정책평가는 정책의 사회적 경향과 그 목표달성도를 체계적·객관적으로 평가하는 것이다.[1)]

정책과정을 하나의 연속적 활동형식으로 볼 때 정책평가는 마지막 단계이며, 정책결정의 환류장치라 할 수 있고, 행정환경의 맥을 짚어 보는 곳이다.

지금까지는 정책결정·정책분석의 문제에만 치중되고 정책실시 후의 평가는 등한시되어 왔는데, 앞으로는 정책결정이 점차 평가지향적인 것으로 되어간다. 정책결정에 있어서 현재의 정책평가가 포함되기도 하겠지만, 이것이 종합적 체계화가 이루어지지 않으면 새로운 정책결정이 적절하게 형성되기가 곤란하고, 새로운 정책을 정당화하기 쉬울 뿐만 아니라 정책실시상의 문제를 해소하기가 어렵다.

Ⅱ. 정책평가에 대한 관심의 대두요인

근래에 와서 정책이나 사업계획 또는 행정활동이 어떠한 효과를 가지면서 어느 정도 목표를 달성하고 있는가를 의도적으로 평가하고, 아울러 행정서비스의 제공방식을 개선하는 것에 대한 관심이 높아지고 있다.

1) James Anderson, *Public Policy-Making,* 2nd ed.(New York: Holt, Rinehart and Winston, 1979), pp. 127∼131.

정책평가에 대한 이러한 관심은 근본적으로는 행정국가화라는 역사적 추세에 유래되고 있다고 말할 수 있으나, 근래에 이르기까지 정책평가는 학자의 관심을 끌지 못하였다. 이에 대한 관심이 높아지는 주요한 이유를 다음과 같이 요약할 수 있다.

1) 복지와 국방이 성역으로 관념화되고 교육, 복지 등에 방대한 예산지출증가를 그 효과성과 비교 · 검토해 보아야 한다는 의견이 높아진 것이다.[2)]

2) 합리적 선택이론과 공공재의 최적공급의 분위기가 정책평가를 조장한 점이다.

3) 엄격한 내외환경으로부터의 압력은 엄격한 계획적 태도로 운영된 점이다.

4) 정부활동의 경제성과 능률성이 어떤 것인가를 평가하여 대체활동이 있으면 비용과 효과를 비교하여 평가와 순위를 부여하는 기법이 옮겨 가고 있다는 점이다.

5) 현대 사회과학의 관심영역이 분석으로부터 평가로 옮겨 가고 있다는 점이다.

6) 미국의 경우, 의회의 입법조치로 사회계획에 대한 평가가 법적으로 의무화되었다는 점이다.

제 2 절 정책평가의 기능

정책평가의 목적과 기능을 요약하면 다음과 같다.

1) 정책목표의 달성과 고객을 위한 욕구충족의 최종적인 평가이다. 보다 효율적인 행정을 위해서는 정책목표의 달성 여부와 그 정책이 국민수요를 얼마나 충족시켰는지를 파악하는 것이 필요하다. 따라서 전체적인 정책의 평가를 통해 그 효과성을 확인 · 점검하는 것이 필요하며, 평가된 결과를 환류시킬 수 있어야 한다.

2) 정부 내의 평가로 외부의 평가압력을 줄일 수 있다. 정부의 모든 정책과 그 대상은 국민의 세금으로 지탱되는바, 외부적인 압력 특히 국회의 압력을 받게 된다. 따라서 정부 내의 평가는 외부압력에 대한 답변을 용이하게 하고 책임감을 갖게 한다.

3) 정책의 목표달성을 위한 정보를 제공해 준다. 정책평가는 여러 단계의 정책과정에서 합리적인 결정을 하도록 정보이용자가 정보를 제공해 주는 기능을 하게 된다. 따라서 다음의 정책수립에 큰 도움을 주게 되는 것이다.

4) 정책에 대한 비판적 안목을 제공해 준다. 정책평가가 갖는 중요한 기능 중의 하나가 비판이다. 이러한 비판기능을 통해서 현재 진행되고 있거나 앞으로 시행할 정책에 대한 비판적인 안목을 갖게 된다.

5) 객관적인 환류제공과 행정활동의 방법을 개선하는 기능을 갖는다. 정책평가는 관

2) Joseph S. Wholev, John W. Scanlon, Hugh G. Dutty, James S. Fukumoto, and Leona M. Vogt, *Federal Evaluation Policy: Analyzing the Effects of Public Programs*(Washington, D.C.: The Urban Institute, 1970), p. 21.

리자에게 정책 전반에 관한 내용·방법·문제점 등을 발견해서 환류시키며, 이러한 환류를 통해 정책은 점차 개선된다. 또한 행정활동은 그 방법을 평가함으로써 개선해 나갈 수 있다.

6) 합리적인 자원의 재배분을 가능하게 한다. 정책평가는 정책목표를 달성하는 데 자원을 얼마나 합리적·효율적으로 사용하였는가를 검토하는 것이므로 평가를 통해 정책을 수정·변경하여 합리적인 자원의 재배분을 가능하게 한다.

제 3 절 정책평가의 기준

정책평가(policy evaluation)의 기준은 평가 의도, 정책의 특성, 정책과정의 단계에 따라 달리 채택될 수 있다. 단 평가를 위해서 기준은 불가분의 요건이다. 그 기준을 ① 투입(노력), ② 산출(효과), ③ 정책영향, ④ 비용·효과, ⑤ 복지 등을 제시하기도 하고 또 다른 학자는 ① 노력(effort), ② 성과(performance), ③ 적정성(adequacy), ④ 능률성(efficiency) 및 과정(process)을 들기도 한다.[3)]

1. 정책목표달성(policy goal attainment)

정책목표의 달성도를 평가기준으로 하여 정책이 의도한 본래의 목표를 달성하였는가를 파악하자는 것이다. 결과에 초점을 두며, 목표의 명확성과 효과성이 요구되는 기준이다.

2. 능률성(efficiency)

비용과 관련시켜 성과의 질과 양을 파악하려는 것이며, 투입과 수단의 극대화에 중점을 둔다. 이 경우는 비용편익분석(cost-benefit analysis)을 통한 정책평가의 경우가 해당된다.

3. 주민만족도(constituency satisfaction)

조직외부집단인 주민의 이해관계를 잘 받아들이고 타협시키면서 지지기반을 널리 확보하는 데 정책이 어느 정도 성공을 거두었는가를 파악하려는 기준이며, 지지자의 정책에 대한 만족도를 중요시한다.

4. 수익자의 대응도(clientele responsiveness)

수익자집단이 정책에 의하여 어떠한 혜택을 받으며, 이러한 혜택은 수익자의 인지된 욕구에 어느 정도 대응하고 있는가를 중요시하는 기준이다.

---

3) Eaward A. Suchman, *Evaluation Research*(N.Y.: Russel Sage, 1967), pp. 61～68.

5. 체제유지(system maintenance)

정책의 목표, 기능 등이 합리주의에 입각하여 체제의 적응력, 활력을 높여 체제유지에 어느 정도 기여하는가를 기준으로 한다.

6. 형평성(equity)

법적·사회적 합리성을 포함하며 배분적 정의를 중시한다.

제 4 절 정책평가의 과정

평가를 하기 위해서는 과정이 있고, 단계가 있기 마련이다. 평가의 단계를 요약하면 다음과 같다.[4)]

1) 평가할 목표의 확인
2) 사업이 직면할 문제의 분석
3) 사업에 관한 기술과 표준화
4) 야기된 변화의 정도 측정
5) 야기된 변화가 사업 때문인지 아니면 다른 원인 때문인지에 관한 판단
6) 효과의 지속성에 관한 징후

한편 서치맨(E. A. Suchman)이 제시하는 평가의 과정을 순서대로 보면 다음과 같다.[5)]

1) 가치의 형성
2) 목표의 설정
3) 목표의 측정
4) 목표활동의 확인
5) 목표활동의 운영
6) 운영결과에 관한 평가

그러나 일반적으로 인식하고 있는 평가과정의 단계는 다음과 같다.

1. 탐색·상황판단단계

평가활동의 필요성이 있는지 상황판단을 내리고 평가활동에 대한 동의·지지를 얻는 단계로서 탐색을 하게 된다.

---

4) Edward A. Suchman, *Evaluative Research: Practice in Public Service and Social Action Programs* (New York: Russell Sage, 1967), p. 31.
5) *Ibid.*, pp. 32~37.

2. 평가의 목표 · 대상의 확인단계

평가할 목표 · 대상을 명확히 하는 단계로서 평가목표를 식별하고 목표 상호간의 관련성 내지 중요도의 등급화가 필요하게 된다.

3. 조사설계단계

평가조사의 방법을 검토 · 결정하고 자료수집을 하는 단계로서 질문사항, 조사기간, 표본크기, 통제집단 등의 문제와 경비, 인력 등이 검토되고 측정척도를 개발하게 된다.

4. 분석 · 해석단계

수집된 자료를 분석 · 해석하고 의미를 부여하는 단계에 해당된다. 실제로 일어난 변화가 사업계획에 기인하는 것인지가 문제이며, 자료를 해석하는 입장이나 기준 혹은 정책·행정사업의 타당도 · 희망도의 평가 등을 중심으로 복잡한 문제가 제기된다.

제 5 절 정책평가분석의 제모형

허스트(Pamela Horst)에 따르면 정부부문에서 정책평가가 효과적으로 이용되지 못한 것은 몇 가지 방법론적 문제에 기인한다고 한다.[6] 즉 똑같은 정책이나 사업계획에 사용된 여러 가지 평가기법의 유효성 여부를 비교할 수 없다는 점과 정책평가연구가 아직까지도 축적된 혹은 정확한 측정의 결과를 제시해 주지 못하고 있으며, 평가연구가 해결이 불가능한 정책문제에 적용되고 있다거나 혹은 불명확한 결과를 많이 배출시키고 있기 때문이라는 것이다. 이러한 난점을 극복하고 집행된 정책이 달성된 목표나 증대된 사회적 가치에 어느 정도 기여를 했는지를 측정하는 작업으로서 이 기여도를 측정하는 방법은 크게 두 가지 모형으로 분류할 수 있다.

Ⅰ. 인과관계모형(因果關係模型)

인과관계모형은 원인과 결과의 모색을 바탕으로 정책평가를 하는 모델이다. 즉 원인이 있으면 반드시 결과가 존재한다는 가정하에 정책이 곧 어떤 사회현상을 유발시키거나 사회현상에 제동을 거는 직접적인 원인제공을 했는지에 대해 평가하는 방법을 생각해 볼

6) Pamela Horst et al., "Program Management and the Federal Evaluator," *Public Administration Review,* Vol. 34(July-August 1974), p. 301.

수 있다. 이것을 곧 정책평가의 인과관계모형이라고 한다.

그러나 현실사회는 반드시 인과관계의 법칙에 따라 움직이는 것만은 아니라고 할 수 있다. 예를 들어, 통화량이 증가하면 인플레이션 현상이 나타나야 하는데도 불구하고 발생하지 않을 수도 있으며, 도로를 넓히면 자동차 소통이 잘 되어야 하는데도 불구하고 오히려 그 지역에 체증이 더 가속화되는 현상이 야기되기도 하는데, 이것이 인과관계모형의 약점이다.

이처럼 인과관계를 수립하는 데 있어서 부딪히게 되는 가장 중요한 문제는 인과성이 이론상으로만 규명이 가능하지 현실적으로는 그것의 측정이 곤란하다는 것이다. 특히 인과관계를 조작화(operations)시키는 데 따른 문제가 상당히 크다는 것이다.[7)]

이러한 약점을 보완하기 위해 인과관계모형에 의해 정책평가를 할 경우 여러 가지 통제요소를 두게 된다. 예를 들어, 다른 변수를 모두 통제한 채로 인구이동률과 범죄발생률 사이에 인과관계가 있는지를 평가하는 방법 등이 인과관계모형 중의 하나라고 할 수 있다. 즉 인과관계모형은 사회에 존재하는 여러 요소를 통제함으로써만 그 모델의 효용가치를 높일 수 있는 것이다.

Ⅱ. 영향모형(影響模型)

영향모형도 인과관계를 배제하지는 않는다. 다만 사회현상은 자연과학에서 처럼 인과관계의 법칙에 의해서만 움직인다고 할 수 없을 정도로 복잡한 요인이 많이 작용한다는 사실을 인정할 수 있다. 즉 상황에 따라 가변적인 요인이 많이 발생할 수 있으므로, 인과관계보다는 정책이 사회현실에 어떻게 영향을 미쳤는가를 분석하는 것을 바탕으로 정책평가를 하려는 모형이다.

인과관계모형에 의하면 정책은 태도변화를 유발시키고, 이어서 행태변화를, 나중에는 사회적 상황의 변화를 유도하는 쪽으로 이어진다는 가정을 설정하고 있는바, 이를 도식화하면 다음 [그림 2-4-1]과 같다.[8)]

[그림 2-4-1] 인과관계모형

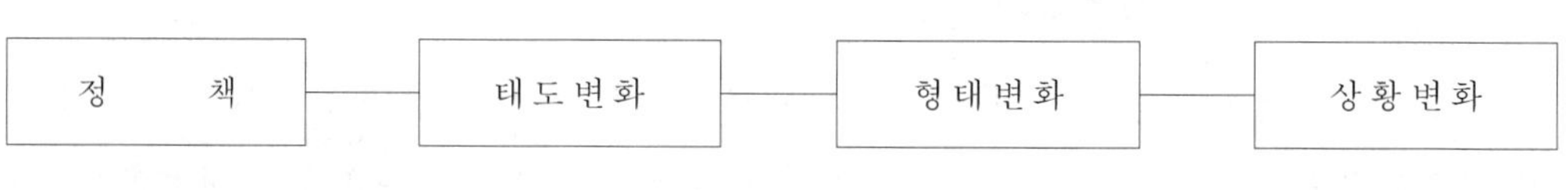

7) 유종해, 현대행정학(서울: 박영사, 1996), p. 245.

8) David Nachmias, *Public Policy Evaluation: Approach and Methods*(New York: St. Martin's Press, 1979), p. 10.

영향모형은 정책이 태도나 행태 혹은 사회적 상황 변화에 어느 정도 영향을 미쳤는가 혹은 미치고 있는가에 대한 분석이며, 정책과 태도변화가 어느 정도의 원인과 결과의 관계에 놓이는가에 대한 분석에 중점을 두고 있는 것은 아니다. 즉 인과관계모형은 정책과 사회현상을 원인과 결과의 차원에서 분석하려는 모형이고, 영향모형은 정책이 사회현상에 어느 정도 영향을 미쳤는가에 대한 영향을 평가하려는 모형으로 정책은 폭넓은 의미에서 사회에 어떤 영향을 미쳤는가에 대한 내용을 파악할 수 있는 장점을 지닌다. 반면 영향모형은 인과관계모형처럼 어떤 변수가 무엇에 어느 정도 영향을 미쳤는가에 대한 내용을 파악할 수 없다는 약점이 있다.

제 6 절 정책평가의 한계

1. 프로그램 목표상의 문제점

프로그램의 정의에 있어서는 명확한 논리의 결여 때문에 목표를 명확하게 평가하기가 곤란하다. 그 이유는 다음과 같다.

1) 목표는 유동적이며 불확실하고,

2) 목표가 다원적일 때 시책의 중요도 · 긴급도 · 유효도의 순위를 평점화 하기가 어렵고,

3) 기획기간이 장·중기화되면 국가차원의 의제의 변화가 있을 수 있기 때문이다.

2. 행정관리상의 문제점

평가활동은 행정관리상의 기능이기도 하나, 고위관리자는 정책평가를 관리도구로서 효과적인 활용을 꺼리고 있으며, 정치적 색채가 짙은 영향을 받고 있다.

3. 규범적 평가상의 문제점

정량적 계획을 초월한 규범가치가 요구되지만 정책평가의 정치성 때문에 비규범적인 평가가 되기 쉽다. 정치적 평가는 규범전제의 일치점이 없어 혼란을 가져오며, 평가가 제대로 이루어지지 않는다.

제 5 장

정 책 종 결

제 1 절 정책종결의 의의

Ⅰ. 정책종결의 개념

과정론적인 관점에서 보면 정책도 라이프 사이클(life cycle)이 있다. 정책도 생성과 소멸의 과정을 겪는다는 의미이다. 즉 지금까지 논의한 정책형성에서 정책집행에서 정책평가 그리고 정책평가에서 정책종결로 이어지는 전과정을 곧 정책의 라이프 사이클이라고 할 수 있다. 이 중에서 정책종결은 그 마지막 단계이다.

정책종결은 프로그램, 정책, 조직, 기능의 종결, 승계 그리고 유지를 의미한다. 즉 좁게는 프로그램이나 정책이 그리고 넓게는 조직이나 기능의 전부 혹은 일부를 완전히 소멸시키거나 승계·유지하도록 하는 정책과정의 마지막 단계이다.

이러한 정책종결은 기능적 종결과 구조적 종결의 두 가지 형태가 있다.[1] 기능적 종결이란 불필요하고 현실에 적응하지 못하는 정책을 중지하는 것을 의미한다. 기능적 종결은 활동이 중지되면서 이 활동에 의해 산출되던 공공재와 서비스가 더 이상 제공되지 않는다. 그리고 구조적 종결이란 정책에 관련된 활동을 수행하는 기관의 소멸을 의미한다. 구조적 종결은 조직의 예산·구성원·법적 기반을 감소 또는 제거시키는 것이다.

정책종결에 있어서 강조하는 것은 정책종결은 영원한 소멸이 아니라 새로운 정책의 생성이라는 측면에서 이해할 수 있도록 하는 것이다. 왜냐하면 소멸은 곧 새로운 생성을 의미하고 정책의 소멸, 즉 정책종결은 새로운 정책의 형성을 의미하기 때문이다. 종결의 시점에서 새로운 정책의 형성에 대한 아이디어가 생겨날 수 있어야 정책학에 대해 바른

1) Douglas Bothun and John C. Comer, "The Politics of Termination: Concept and Process," *Policy Studies Journal,* Vol. 7, No. 3(Spring 1979), pp. 540~553.

이해를 했다고 말할 수 있다.

Ⅱ. 정책종결의 연구가 경시된 원인

정책종결의 연구가 경시되어 온 원인으로 브루어와 딜레온은 다음을 들고 있다.[2]

첫째, 종결이란 용어 자체에 강한 거부감을 담고 있기 때문에 정책종결에 대한 연구가 경시되어 왔다.

둘째, 종결된 사례가 지나치게 적기 때문에 일반화시키기 어려웠다.

셋째, 종결의 기준에 대한 개념정리가 어렵다는 점이다. 즉 어떤 경우에 부분적 종결을 하고 어떤 경우에 전면적인 종결을 할 것이며, 어떤 경우에 정책이나 프로그램을 수정보완하여 유지할 것인지에 대한 기준을 일반화시키기가 어렵기 때문이다.

넷째, 동기부족을 그 원인으로 제시할 수 있다. 종결에 대한 연구를 하는 학자도 적을 뿐만 아니라 종결된 정책이나 프로그램 혹은 기관에 대한 연구를 통해서 무엇을 얻을 것이며, 학자들은 이를 통해 무슨 보상을 받을 수 있을 것인가에 대해 강한 의문을 제기하고 있다.

제 2 절 정부정책종결의 원인(政府政策終結의 原因)

정책종결의 원인에 대한 연구는 별로 없으나, 리바인(C. H. Levine)이 조직이 감소되거나 종결될 수 있는 네 가지 원인을 제시하였는데, 이것을 정책종결의 원인으로 대체활용하고자 한다.[3]

1. 문제의 고갈(problem depletion)

문제의 고갈이란 정부의 주목과 행위를 필요로 하던 문제가 해결되거나 더 이상 중요성을 잃게 됨으로써 공적 개입을 필요로 하지 않게 되는 경우이다.

문제의 고갈이 되는 경우에는 기간에 따라, 단기·중기·장기적 문제의 세 가지 유형이 있다. 먼저 단기적 문제란 지진이나 홍수와 같은 자연적 재해로서 급격한 해결이 요구되는 단기적 위기의 소멸을 들 수 있다. 다음으로 중기적 문제란 단기적 문제에 비해서 문제가 존재하고 고갈되는 기간이 다소 긴 전쟁수행이나 실업회복과 같은 것들을 들 수

2) Garry D. Brewer and Peter de Leon, *The Foundations of Policy Analysis*(Homewood, Illinois: The Dorsey Press, 1983), pp. 389~492.

3) Charles. H. Levine, "Organizational Decline and Cutback Management," *Public Administration Review,* Vol. 38, No. 4(July/Aug. 1978), pp. 316~325.

있다. 끝으로 장기적 문제는 소아마비 구제나 우주탐험에서와 같이 그 기간이 4~5년 이상 걸리는 문제를 들 수 있다.

2. 환경적 엔트로피(environmental entropy)

환경적 엔트로피는 환경이 공공조직의 기존활동을 현수준에서 지원할 능력이 없을 때 나타난다.[4] 즉 침체된 경제기반 때문에 재정적으로 곤란을 겪게되는 도시나 특정지역이 그 예에 해당한다. 따라서 이와 같은 환경적 엔트로피에 의해서 정부조직의 능력이 저하되면 각종 정책이 종결될 수밖에 없다.

3. 정치적 취약성(political vulnerability)

정치적 취약성이란 정부조직이 예산감소와 환경의 요구에 대해 저항할 수 있는 내적 능력이 매우 약하거나 불안정한 경우를 말하며, 이와 같은 조직의 정치적 취약성은 정책종결의 원인이 될 수 있다.

조직의 취약성을 초래하는 요소들은 조직의 내적 갈등, 지도력의 약화, 전문성의 결여, 자신감의 결여, 짧은 존속기간과 훌륭한 전통의 부재 등을 들 수 있다.

4. 조직위축(organizational atrophy)

조직위축이란 모든 조직에서 발생하는 공통적 현상이지만, 특히 정부조직에 있어서는 책임의 원인과 소재에 대한 불명확성으로 인하여 변화에 적절하게 대처 못하여 결국 정부조직은 위축하게 된다. 따라서 조직위축이 나타나면 정책종결의 원인이 된다.

정부조직을 위축시키는 요인들에는 일관성 없고 왜곡된 유인책, 통합이 없는 분화, 역할혼돈, 모호한 책임하에 분권화된 권위, 수많은 부적절한 규칙들, 상향적 의사전달, 빈번한 교체, 쓸모없는 과거의 방법과 기술에의 집착 등을 들 수 있다.[5]

제 3 절 정책종결의 유형

정책종결의 유형은 시간의 개념을 도입하여 바르다(Eugene Bardach)는 다음의 세 가지로 분류하고 있다.[6]

---

4) B. M. Staw and E. Szwajkowski, "Scarcity-Manificence Component of Organizational Environments and the Commission of Illegal Acts," *Administrative Science Quarterly*(September 1975), pp. 345~354; 김병진, 정책학개론(서울: 박영사, 1995), pp. 526~530.

5) Levine, *op. cit.*, p. 319.

6) Eugene Bardach, "Policy Termination as a Political Process," *Policy Science*(1976), p. 125; 이종열, 전게서, pp. 549~550; 김병진, 전게서, pp. 500~501.

1. 폭발형(explosion type endings)

폭발형은 가장 일반적인 형태로서 중대한 정치적 결정에 의하여 어느 한 순간에 정책이 종결되어 버리는 것이다. 이것은 권위주의적 정치문화 속에서 단일의 권위적인 결정에 의해 일어나기 때문에 참여가 제한되며 일시에 큰 변화를 필요로 할 때 일어나게 된다.

2. 점감형(decrementalism or long whimper type endings)

점감형은 오랫동안에 걸쳐서 정책이 계속적으로 축소되어 가서 결국은 소멸되는 정책의 종결이다. 즉 인력, 예산과 정치적 지지를 줄여 나감으로써 정책을 종결시켜 나가는 것이다.

3. 혼합형(mixed-type endings)

이 유형은 폭발형과 점감형을 모두 지닌 경우로서 정책을 의도적으로 종결하려고 할 때 사용하는 정책종결이다.

제 3 편

기획론(企劃論)

제 1 장

기획의 본질

제 1 절 기획의 의의

Ⅰ. 기획의 특성

기획이란 특정목표를 달성하기 위하여 최선의 이용가능한 방법·절차를 선택하려는 의도적·계속적인 시도[1]라고 할 수 있다.

다른 학문상의 용어나 개념과 마찬가지로 기획의 개념에 관하여도 논자에 따라 아주 다양하다. 여기서는 기획을 행정이 이루어지는 과정에 따라 행정목표의 설정과 그에 따른 일반적 지침으로서의 정책이 수립된 후, 정책의 구체화·집행을 위한 것으로 파악하기로 한다.[2]

따라서 여기서 '특정목표'라 함은 기획의 경우 특정정책을 의미하며, 기획과 정책과의 이동으로 본다면 양자는 다같이 장래의 변화를 합리적으로 기도하는 행정인의 계속적 시도라는 점에서는 동일하나, 정책은 보다 일반성·개연성을 띤다는 것에 비하여, 기획은 보다 특정성·구체성을 띤다고 하는 점에서 다르다 하겠다.

따라서 정책이 목표달성을 위한 방향을 제시하는 것이라고 하면, 기획은 이러한 정책을 보다 구체화하기 위한 행동을 사전에 결정하는 것이라고 할 수 있다.

이처럼 양자는 상대적인 의미에서 목표와 수단의 관계에 놓이게 된다.

---

1) Albert Waterston, *Development Planning*(Baltimore: Johns Hopkins Press, 1965), p. 26.
2) P. P. Le Breton and D. A. Henning, *Planning Theory*(Englewood Cliffs: Prentice-Hall, 1961), p. 9.

Ⅱ. 기획의미와의 유사개념

기획의 뜻을 분명히 하고 용어의 정확성을 기하기 위하여 이와 혼용하기 쉬운 유사용어 또는 유사개념과 구별하여 보기로 한다.

1) **계획과의 관계** 계획은 기획하는 것과 거기에서 얻어지는 결과로서의 최종산물을 구분하기 위하여, 최종산물로서의 최종안을 의미한다.

그러나 기획을 하는 과정과 그 결과로서의 산물(products)을 구분하는 것은 필요하나, 여기에는 어떤 합리적인 근거가 있는 것은 아니고 관습과 편의상의 것임을 주의할 필요가 있다.

이렇게 용어상 과정을 기획(planning)이라고 하고, 그 산물을 계획(plan)이라고 하자는 제안이 있는 바[3] 수긍이 가는 제안이라고 생각한다.

2) **program, project와의 구별** 상대적으로 기획이 보다 세부화·구체화되어 가는 정도를 의미하는 것으로 견해의 일치를 보고 있으나, 우리나라에서는 아직 이의 일치를 보지 못하고 있다.

그러나 program을 사업화계획, project를 세부사업기획으로 보는 견해도, 최종산물로서의 plan(계획 또는 기획서)과 과정으로서의 planning(기획)간의 구별과 같은 필요에서, programming은 세부일정계획 이전의 사업계획, projecting은 세부사업계획이라고 하면 된다.

3) **발전기획(개발기획)과의 관계** 1960년대에 들어 발전론이 대두하기 전에는 기획에서 이룩하려는 목표 속에 언제나 발전목표(사실은 발전정책이라고 하는 것이 더 정확할 것이다)가 당연히 내포되는 것은 아니다.

그 예로서 매년 대동소이한 학력에 따라 운영하는 학교기획의 경우, 또는 장관이 매년 외국에서 개최되는 회의에 참가하려는 경우의 기획 등을 들 수 있는바, 이러한 경우도 합리적인 행동을 하기 위해서는 반드시 사전에 기획이 있어야 함은 당연하다. 그러나 이러한 기획을 우리는 발전기획이라 하지 않는다. 왜냐하면 발전기획이란

첫째, 현재의 경제상태와 그 여건파악

둘째, 개발활동을 전담할 행정기구 기능의 고려

셋째, 중요하다고 생각되는 산업에 대한 근거 있는 기초조사

넷째, 지역주민과 국가가 공동으로 요구하는 합일된 목표추구로서 가능성 발견 등의 요소를 가져야 하기 때문이다.

따라서 비발전기획의 경우보다 훨씬 어려운 문제에 당면하게 되며 기획담당자에게 보다 고도의 능력·지식·기술·정보·발전적 태도 등을 요청하게 된다.

---

3) 권영찬, 기획론(서울: 법문사, 1967), p. 19.

Ⅲ. 성 질

이러한 의미를 갖는 기획에 관한 개념을 정리하여 그 특성을 요약하여 보면 다음과 같다.

1) 기획이란 미래지향적(future-oriented)이다.

2) 현재와 다른 변화라고 하는 목표지향성을 갖고 있다.

3) 장래의 목표를 달성하기 위한 합리적인 수단과 방법을 모색하려고 한다.

4) 계속적 · 동태적 과정이다.

5) 기획은 합리적 의사결정을 내용으로 한다.

6) 통계적 · 과학적인 내용을 포함하고 있다.

7) 정확한 정보에 기초를 두고 있다.

제 2 절 기획의 중요성과 효용

정확한 정책결정과 그 목표를 효과적으로 달성하기 위해서는 기획과 조화를 잘 이루어야 한다. 즉 최소의 경비로 최대의 산출을 기하기 위하여 항상 변화하고 있는 행정환경에도 세심한 배려를 해야 한다. 또한 한정된 인적 · 물적 자원을 최대로 활용하여 체계적이고 통합적인 최적의 방책을 연구해야 하는 것이다. 이에 관하여 기획의 중요성과 효용성에 대하여 몇 가지 지적해 보면 다음과 같다.[4)]

Ⅰ. 목표에의 집중

여러 가지 제약조건을 수반하면서 집행되는 기획은 조직의 조직화된 활동에 있어서 관리자들이 의식적으로 기획에 관심을 집중하게 된다. 기획과정은 설정된 목표에 대한 효과성 측정과 제한된 자원을 합리적으로 다루기 위해서 무질서한 환경요소 등을 제거하고 우발적 · 즉흥적인 업무수행 억제를 위해서도 기획에 대한 관심의 집중은 매우 중요하다 하겠다.

---

4) Harold Koontz and Cyril O'Donnell, *Principles of Management: An Analysis of Managerial Functions,* 2nd ed.(New York: McGraw-Hill, Book Co., 1959), pp. 463~467.

Ⅱ. 장래에의 대비

기획은 또한 미래상황에 대한 정확한 판단과 발전지향적인 전략을 위해 적절한 준비를 할 수 있게 한다.

따라서 행정가는 이에 수반되는 정보나 체제를 빨리 파악하여 고도의 정확성이 효과적으로 기획과정에 투입되도록 노력해야 되며, 변화하고 있는 각종 행정환경에 대해 대체가능한 요인 등을 수집하여 불의의 사태발생에 대비하여 모험을 최대로 피할 수 있어야 한다.

Ⅲ. 자원의 효율적 활용

한정된 자원에 대처할 수 있는 전략을 세우고 그에 합당한 정책수립을 하는 것이 기획의 본질이므로 끊임 없이 요구되는 행정수요에 충분한 공급을 하기 위해서도 기획은 중요한 부분을 담당하고 있다.

Ⅳ. 행정통제의 수단

행정에 대한 진로와 목표를 결정하여 행동지침을 제시해 줌으로써 조직전체에 대한 방향과 목표달성을 위한 세부적 업무상황에 조직구성단위까지 지도와 평가를 하게 된다. 또한 조직단위의 행동분석을 위한 효과적 수단으로서 그 기능을 담당한다는 의미에서 기획은 또한 통제기능도 한다고 볼 수가 있다.

Ⅴ. 경비의 절약

기획은 목표달성이 가능한 여러 가지 대안 중에서 최대로 경비를 줄일 수 있는 가장 적합한 모형을 채택하기 때문에, 비경제적 생산방식을 회피하고 시간과 노력을 절감하여 효율적인 과정과 절차를 발전시키는 입장에서 최소의 경비요인을 포함한다고 볼 수 있다.

Ⅵ. 효과적인 조정

기획은 또한 조직구성원과 조직단위의 행동을 효과적으로 조정해 줌으로써 보다 확실하고 오차가 적은 기획과정이 이루어지도록 방향을 제시해 준다. 더구나 적극성을 요구하는 현대행정에 있어서 균형적 발전과 조화행정을 위해서도 기획은 중요하다 할 수 있다.

제 3 절 기획의 발전요인

기획의 성립과 발전을 촉진시킨 요인을 들면 다음과 같다.

1) **도시계획의 발전**[5] 1909년 미국의 전국도시계획 회의가 처음으로 개최되어 도시계획이 시작되었으며 국가도 자연자원의 보전·개발계획에 관심을 갖게 되었다.

2) **1929년 경제공황** 자유방임주의를 구조적으로 부인하기 시작하였고 홀콤보(A.N. Holcombe)의 계획민주주의(planned democracy)[6]가 요청되면서 계획경제까지 필요하게 되었다.

3) **소련의 5개년계획의 영향** 자유경제체제가 1930년대에 경제공황의 시련에 견디기 어려울 때 소련경제는 생산증가를 계속했다는 경험을 가지고 있다.[7]

4) **제 2 차대전의 경험** 전쟁의 수행과 승리를 위해 참전국은 인적·물적자원을 동원·배분하는 통제계획을 하였다. 그 외에도 1946년의 고용법(Employment Act)의 제정이나 경제자문회의 설치는 좋은 예가 된다.

5) **후진국 개발계획의 추진** 고도경제성장과 가용자원의 효율적 배분이란 요청에 부응하기 위하여 개발계획을 세우고 이를 집행하게 되었다.

6) **사회과학의 공헌** 개발행정이나 경제학·통계학의 발달 등으로 국가개발목표에 큰 공헌을 하면서 동시에 기획도 발달시켰다.

7) **컴퓨터의 개발** 컴퓨터의 발전으로 인하여 자료정보화가 가능하여 기획화가 가능해졌다.

제 4 절 효과적 기획의 요건[8]

1) **목적성의 원칙** 기획은 정확한 방향과 목적이 구체적으로 명확히 제시되어야 한다.

2) **탄력성의 원칙** 동태적 관리를 위하여 계획의 경직화를 막고 신축성이 있어야 한다.

---

5) Herman Finer, *Governments of Greater European Powers*(New York: Henry Holt & Co., 1956), p. 899.

6) Arbur N. Holcombe, *Government in a Planned Democracy*(N.Y.: W.W. Norton & Co., 1935).

7) John D. Millett, *The Process and Organization of Government Planning*(Columbia Univ. Press, 1947), p.7.

8) William H. Newman, *Administrative Action: The Techniques of Organization and Management*(N.J.: Prentice-Hall, 1963), pp. 24~27.

3) **통일성의 원칙** 기획은 일관성이 확보되어야 한다.

4) **경제성의 원칙** 최소의 인적·물적·재정적 투입으로 최대의 산출이 있도록 해야 한다.

5) **계속성의 원칙** 목적·수단의 연쇄체계가 형성되어야 하며 planning(기획)→plan(계획)→program(사업계획)→schedule(세부일정계획)에 이르기까지 하향적으로 구체화되는 기획은 논리적이어야 한다.

6) **단순성의 원칙** 기획은 간결해야 한다.

7) **예방적인 원칙** 기획은 장래에 대한 예측으로 사전준비적이며 예방적이어야 한다.

8) **표준화의 원칙** 기획대상인 재화·작업방법을 표준화함으로써 계획수립과 집행을 용이하게 하여야 한다.

제 2 장

기획(企劃)의 성격

제 1 절 정부기획의 개념

정부기획은 정치, 경제, 사회, 행정, 문화적 모든 면에 걸쳐서 국가의 물적·인적 자원을 광범위하게 사용하여 국민생활향상은 물론 사회복지 그리고 국가 및 사회가 요구하는 목표를 달성하기 위한 과정으로 볼 수가 있다.

정부기획은 그 나라의 발전지식과 기술적 능력을 계획수립에 집약시킴으로써 물자의 합리적 운영과 과학적·기술적 방법에 의하여 그 우선순위를 결정하게 되는데 일반적으로 현실과 자원의 효용성을 파악하여 정책수립에 도달하게 되는 것이다.

또한 기획은 장기적인 성격을 지니면서 세부적인 프로그램에 대해서는 신축성 있는 단기적 성격을 띤다고 할 수 있고 투자적인 성질을 포함하기 때문에 산출물(outputs)의 증대와 국가적 능률(national efficiency)을 꾀해야 한다.

제 2 절 정부기획의 발달과정

기획의 시초는 흔히 도시기획이라고 말하는데 고대 희랍 또는 로마시대의 도로나 광장설비계획과 기원전 13세기 팔레스타인의 도시 등에서 기획이 설립됐다는 증거를 볼 수 있고, 한국에서도 옛왕궁을 짓기 위한 물적·인적 자원의 동원과 도읍의 건설로 인한 국가정부기획이 수립됐다는 것은 우리가 인지하고 있는 바이다.

그러나 오늘날과 같이 국가가 분화되고 전문화됨에 따라 기획도 종합적이고 체계적, 과학적인 정책수립이 이루어지는 반면에 고대·중세의 기획은 단편적이고 당대 통치자의 정치적 목표에 주안점을 두어 국민의 요구와 경제사정 등을 배제한 단순한 이익증진에 중점을 두고 있다.

한편, 현대 국가정부기획의 발달은 자유방임주의경제의 부작용을 수정하기 위해서 1930년 이후 등장한 이래 그 타당성에 관한 논쟁은 1940년까지 지속되었다.

그 이후 계획경제체제의 가능성에 관한 케인즈 등의 혼합경제 이론 등이 인정을 받게 됨으로써 경제기획의 발달을 보게 되었고, 미국에서도 20세기 초에 시작된 자연자원의 보호운동, 제도시에 대한 기획운동 등이 그 시초인데 미국의 기획운동은 불경기와 실업, 1차 세계대전과 경제공황 같은 상황하에서 자연적으로 기획의 필요성을 인식하고 공공문제에 관심을 가지게 되면서부터 발달하게 되었다.

한국의 현대기획제도는 1955년 육군본부에서 미군사고문단 참모장을 초빙하여 우리나라 참모장교들에게 미육군기획제도를 교육시킨 제도가 첫 사업이라 할 수 있다.

즉, 1955년 제17차 연합참모회의에서 '전략기본계획의 책정과 운영에 관한 지침서 제 3 호가 의결됨에 따라 육군의 기획제도가 세워진 것을 필두로, 5.16직후부터 경제개발 5개년계획이 시작되었고 지금은 경제사회발전 5개년계획으로 바뀌어 양과 질의 증가를 이루어 진행되고 있다고 본다.

제 3 절 국가기획의 기능과 평가

국가발전을 추진함에 있어서 기획은 앞에서 논한 것처럼 매우 중요하다고 하겠다. 이에 관하여 주된 기능을 살펴보면,

1) 기획은 변화와 개혁을 촉진하는 동기가 된다.

2) 기획은 국가재원의 합리적 배분기능을 수행한다.

3) 기획은 정책의 안정화에 기여한다.

4) 기획은 정책수행에 있어서 효율성과 타당성을 제고해 준다.

5) 기획은 상황변동에 대한 미래예측을 가능케 해 준다.

6) 기획은 국제경쟁력을 효과적으로 제고해 준다.

제 4 절 정부기획의 특색과 평가(政府企劃의 特色과 評價)

Ⅰ. 특 색

그로스(B. M. Gross)는 정부기획의 중요한 특성을 다음과 같이 지적하고 있다.[1)]

1) 긴박한 위기에 대한 의식, 이는 정부기획의 출현을 위해서 일반적으로 필요한 조건이 된다.

2) 정부기획은 무계획적인 시장경쟁에 대한 대안이지만, 그 자체가 구조적 경쟁의 한 형태이다.

3) 수립된 기존계획은 다른 기획에 있어 중대한 장애물이 된다.

4) 자원조달을 위한 기획은 활용을 위한 기획보다 높은 비중을 차지한다.

5) 장기기획은 주로 현재의 활동에 대한 지침으로서 가치가 있다는 것이 입증되고 있다.

6) 경제학자 및 계량경제학은 정부기획에 있어서 중대한 사회적 역할을 담당한다.

7) 정부기획은 경제적 형태를 좌우할 정도로 사회제도의 구조와 운영면에 있어 변화에 대한 지도를 담당한다.

Ⅱ. 평가요소

정부기획을 고립된 폐쇄체제(closed system)가 아니라 정치, 경제, 사회 등과 상호작용을 하는 개방체제(open system)로서 여러 부분에 걸쳐 밀접한 관련성을 맺고 있는 관계로 여기에서 틴버겐(Tinbergen)이 제시한 3가지 요소, 즉 ① 행위자(actor), ② 과업(task), ③ 기본요소(element) 외에 비카닉(Bicanic)이 주장한 환경변수의 추가와 조직 및 제도까지를 포함하여 정부기획의 평가요소는 ① 환경, ② 인적 요소, ③ 제도적 장치, ④ 목표, ⑤ 수단 등을 들 수 있는데 그것들을 자세히 살펴보면[2)]

1) 정부기획의 방식 또는 행태에 영향을 미치는 기획환경의 하위평가요소는 ① 발전의 정도, ② 사회적 수용태세, ③ 기획역량, ④ 분권화정도, ⑤ 정부와 민간의 관계 등이 있다.

2) 정부기획의 질을 결정짓고 효율적인 기획과정에 참여하는 정도를 규정하는 인간요소는 ① 정치적 지도력, ② 참여, ③ 의사소통, ④ 요원관리 등이 있다.

---

1) Bertram M. Gross, *National Planning: Findings and Fallacies*, pp. 264～265.

2) 김신복 외, 개발기획론(서울대학교 출판부, 1981), pp. 101～118.

3) 제도적 장치는 법령과 제도, 기구와 조직 등 유형적인 것뿐만 아니라 관습이나 규범 등 무형적인 것도 포함하는데 그 하위평가 요소는 ① 정보체제, ② 조정체제, ③ 의사결정체제, ④ 통제체제, ⑤ 평가체제, ⑥ 분석체제 등이 있다.

4) 계획목표의 타당성을 구성하는 하위체제 평가요소는 ① 합리성, ② 포괄성, ③ 일관성, ④ 실천가능성 등이 있다.

5) 계획목표달성을 위한 계획수단의 요소는 ① 하위계획, ② 자원수급과 예산, ③ 유인체제 및 시장, ④ 제도 및 조직 등이 있다.

제 3 장

기획의 유형과 과정

기획의 유형은 여러 가지로 분류할 수 있으나, 여기서는 일반적으로 많이 이용되는 것만 몇 가지 설명하기로 한다. 이와 동시에 주의할 것은 먼저 이러한 수많은 유형은 하나하나가 독자적 성격을 갖는 별개의 것이 아니라, 여러 가지 유형이 상호 관련된다는 것과 구체적으로 어떠한 기획을 할 것이냐 하는 것은 대상·목표의 성격, 이용할 수 있는 시간과 예산의 정도 등에 따라 결정되며 서로 관련성을 가지고 있으므로 처음부터 범위를 지나치게 한정하는 것은 좋은 기획을 하는 데 장애가 된다.

제 1 절 기획의 유형

I. 기획기간에 의한 유형

1. 장기기획

여기서 '장기기획'(long-term planning)이라 할 때의 기간은 보통 10년 이상을 뜻하고 있으나 그 대상이나 목표에 따라 달라질 수 있다.[1] 그러나 이와 같이 기간이 장기화되면 예측의 정확성이 극히 저하되는데도 이를 시도하는 것은 ① 중단기 전제로서 필요하다는 것과, ② 국민들에게 장래에 대한 비전을 제시하고 그들의 희망·의욕을 고취시키려는 데 의의가 있는 것이다.[2]

1) 예를 들어, 교육과 같이 의무교육부터 대학교육에 이르기까지 교육기간이 16년이 되는 경우처럼 장기라 할 때는 16년 이상의 기간을 생각하는 것과 같다.
2) 예로서는 Netherland의 20개년 계획(1950~1970)이 있었다.

2. 중기기획(medium-term planning)

이는 보통 5년 내외를 뜻하는 것으로, 장기에 있어서와 마찬가지로 그 구체적인 결정에 있어서는 대상의 성격이나 그외 정치적인 것으로 집권자의 임기 등을 고려하는 등 여러 가지 사정에 따라 3년으로 단축할 수도 있고 7년으로 늘릴 수도 있는 것이다. 이는 운영계획의 편성지침과 목표제시에 목적이 있다.

3. 단기기획(short-term planning)

보통 1년 내외를 기준으로 하며, 대부분 기획의 경험이 없거나 능력에 있어 자신이 없는 초창기에 무리 없이 시도하려는 경우, 또는 전환기나 비상사태하에서 사용되나 그 기간이 1년이라고 해서 조정이 이루어지지 않는 것은 아니며, 당해 회계연도의 연도사업계획, 기관의 기본운영계획과 분기별계획 등을 의미한다.

Ⅱ. 대상사항별 유형

기획을 대상사항을 기준으로 분류하는 것으로서 ① 자연기획, ② 경제기획, ③ 사회기획, ④ 지역기획, ⑤ 방어기획으로 대별하는 학자[3]도 있으며 피프너(John M. Pfiffner)는 경제사회기획(economic and social planning)과 물적(자연)기획(physical planning) 및 행정기획(administrative planning)으로 분류했다.[4]

1. 자연기획(physical planning)

국토계획·토지이용계획이라고도 하는데 도시계획(city plan)·지역계획(regional plan)이 여기에 속한다. 도로·항만·부두·공원·공항·공공건물·관청건설을 포함한다.

2. 경제기획(economic planning)

발전기획(development planning)이라고도 하는데, 사회주의나 자본주의 국가를 막론하고 기획 중에서도 중요한 위치를 가지며, 특히 발전도상국가에서는 비중이 더욱 크다. 경제기획은 경제개발계획·경제안정계획·재정투자계획 등으로 구분할 수 있다.

3. 사회기획(social planning)

복지지향적인 면에 치중한 기획으로 인력·교육·주택·보건·범죄예방·사회보장

3) George B. Galloway and Associates, *Planning for America*(New York: Henry Holt), p. 87.

4) John M. Pfiffner, *Public Administration*, revised ed.(New York: The Ronald Press, 1946), pp. 200~204.

등을 그 대상으로 한다. 물론 경제기획은 사회기획을 수반해야 한다.

4. 방어기획(defence planning)

우리나라는 통일안보를 위해 절실하다.

Ⅲ. 계층별 존재형식

밀레트(John D. Millett)는 정부기획을 정책기획과 운영기획으로 구분한다.[5]

1. 정책기획(policy planning, or policy formulation)

정부가 정치·경제사회적 목표에 대하여 일반개요(general outlines)를 설정 내지 발전시키는 것으로 법률로써 표시되는 입법성을 지닌 기획이다. 이와 같이 광범위한 목표를 설정하는 것이므로 일반성별 유형으로 구분되기도 한다.

2. 운영기획(operational planning or program planning)

이는 공공정책의 범위에서 정부기관이 목표를 실천에 옮기기 위하여 구체화해야 할 특수한 목적(specific purposes)과 이를 달성코자 마련해야 할 절차준비에 그 목적이 있다.

Ⅳ. 강제성 정도별 존재형식(強制性 程度別 存在形式)

1. 유도기획(indicative planning)

유도기획은 국가가 일정한 목표를 설정하여 놓고 그 목표의 달성에 적극 협력하도록 기업을 유도하며 정부의 기획에 협력하는 기업은 많은 혜택이나 정부의 지원을 받지만 협력을 거부하는 기업은 손해를 보게 하는 것으로서 프랑스의 경제기획에서 처음으로 사용되었다.

2. 중앙집권적 강제기획(centralized imperative planning)

국가가 기획목표를 설정하여 놓고 그 기획을 준수하고 수행하도록 강제적 통제를 하는 경우를 말한다. 공산주의국가에서 볼 수 있는 제도로서 모든 행동단위가 강력한 통제방식에 의하여 이루어지기 때문에 업무상 실천력과 추진력은 있을지언정 행정변화에 대한 민감한 반응은 결여되어 조직의 유연성과 신축력이 부족하다.

---

5) John D. Millet, *Management in the Public Service*(New York: McGraw-Hill, 1954), pp. 11~18.

3. 민주적 경쟁기획(democratic competitive planning)

개발도상국가들이 많이 채택하고 있는 형태로서 사회주의국가들과는 달리 계획수립 및 집행에 있어서의 일방적인 통제와 구속력은 약화된다. 사유기업은 인정되나 특정부분의 산업은 국유화되어 있고, 주요부분의 투자에 대해서는 정부의 허가를 받아야 하는데 이 국가기획은 공공부문뿐만 아니라 민간부문에 대해서도 계획목표나 예측목표를 제시한다.

4. 예측기획(forecast planning)

예측기획은 정부가 확실하고 명확한 목표로 제시하지 않으며 계획목표의 달성도 공약하지 않는다. 이는 거시적 수준의 경제전망을 전문적·통계적 추정에 입각해서 제시하는데 그치는 것으로 정부의 공식적 목표나 사업계획이 아니므로 정부기관이 그 계획은 준수하지 않는 경우가 많다. 그러나 예측계획은 단기 또는 중장기 예측을 병행하여 예산편성 자료에 많이 활용된다.

5. 경쟁적 사회주의 기획(socialist competitive planning)

사유화를 막고 국유화 원칙 속에서 경쟁을 통한 능률성 제고의 기획방식이다. 과거 헝가리에서 사용했다고 본다.

V. 기 타

1. 지 역 별[6)]

기획의 단위가 지역인 경우 그 범위에 따라 국제기획·국토개발기획·특정지역개발기획·도시기획·농촌개발기획 등으로 나누어지는 것을 말한다.

2. 이용횟수별[7)]

일단 수립된 기획을 단 1회만 사용하느냐, 아니면 계속해서 반복적으로 사용하느냐를

6) 이한순, 지역·지방계획(내무부 지방행정연구위원회, 1963), p. 439; 유훈, 행정학원론(1973), pp. 260~261.

7) Preston P. Le Breton and Dale A. Henning, *Planning Theory,* 1961; William H. Newman, *Administrative Action,* 2nd ed., 1963, p. 17. 그런데 Newman은 단용기획을 다시 ① 주요사업기획서(major programs), ② 세부사업기획서(projects), ③ 특수사업기획서(special programs), ④ 세부기획서(detailed plans)로 나누고, 그 장점으로서 ① 보다 통합적이고 합목적적인 행동의 기대, ② 위기의 예상과 지연회피, ③ 보다 효율적인 방법과 절차의 발전가능성, ④ 권한의 위임촉진, ⑤ 통제기준의 기초제공 등을 들고 있다. 또 상용기획은 다시 정책(policy)·표준절차(standard procedures)·표준적 방법·규칙 등으로 세분하고, 그 장점으로서 ① 관리자의 노력 절약, ② 권한의 위임 촉진, ③ 인적 자원의 절약, ④ 통제 용이, ⑤ 조정 용이, ⑥ 유일한 최선의 방법(The one best way)의 광범위한 사용가능 등을 들고 있다.

기준으로 하는 것으로 단용기획(single-use planning)과 상용기획(standing-use planning)으로 나누고 있다.

3. 종합성별

기획에 포함되는 범위를 기준으로 하는 것이다. 가장 특정되고 한정된 것으로 세부사업 또는 공사에 관한 것으로서 ① 최근에 보급되는 PERT(Program Evaluation and Review Technique) 또는 CPM(Critical Path Method)이 많이 이용됨으로써 공사의 효율화를 기하고 있으며, ② 약간 광범위한 것으로서 사업별 기획, 그리고 총정부투자기획으로서 민간부문을 제외하고 총망라하는 것이 있으며, ③ 종합기획으로서 민간부문까지를 포함한 것이 있으나 기획능력이 미약한 정부에서는 처음부터 종합적인 것보다는 처음에는 범위를 한정하여 신설하고 점점 능력이 향상됨에 따라 그 범위를 확대시켜 나가는 것이 바람직하다 하겠다.

제 2 절 행정기획의 담당자와 과정

Ⅰ. 행정기획 담당자

1. 구비요건

특히 후진국의 기획담당자는 경제발전을 뒷받침하는 사회간접자본의 건설을 위한 자원을 배분하고, 민간경제활동의 정책적인 유도를 해야 하며 국내외를 막론하고 목표성장률의 달성을 위한 자원조달, 산업구조 및 후진국 사회구조의 개선을 담당하는 주기능을 수행해야 하므로 행정기획의 담당자는 ① 기획경험, ② 직무에 대한 전문지식, ③ 판단력, ④ 미래예측능력 등을 갖추어야 하겠다.

2. 기획기구

1) 중앙기획기구 중앙정부에 기획을 전담하는 기구를 설치할 필요성이 있느냐에 따라 ① 중앙에 기획기구를 갖지 않는 국가(독일·이·영·미)를 비롯하여, ② 중·장기와 단기계획을 위하여 2중으로 가진 나라도 있다. ③ 우리나라의 경우는 1961년 7월 5.16혁명 직후에 경제기획원이 설치되어 종합적 개발계획의 수립, 예산의 편성 및 집행, 국내외 가용자원의 동원, 투자 및 기술발전을 위한 계획 등을 관장하도록 하였다. 1961년 8월 내각수반 직속하에 기획통제관실, 각 부에 기획조정관실이 각각 설치되었으나 그 후에 기획통제관실은 기획조정실로, 각 부 기획조정관실은 현재 기획관리실(각 처 청에는 기획관리관)로 바뀌었다. 이리하여 우

리나라의 중앙기획기구는 기획조정실과 경제기획원의 이원적 구조를 지니고 있어 기능상의 중복을 초래하게 되었다. 1981년의 기구개편으로 기획조정실이 폐지되고 그 업무를 경제기획원에서 전담하였다. 1998년 국민의 정부출범에 따라 재정경제원이 재정경제부로 개편되고 기획예산위원회를 대통령 직속으로 두었다가 조직개편(1999. 3)을 통하여 기획예산처로 개편하여 총리산하에 두었다.

그러나 여기서 유의할 것은 기획을 강조하는 한, 전담기획기구를 갖는 것은 바람직하나 중요한 것은 기구 자체보다도 행정수반의 강력한 지위와 관심을 끌 수 있어야 함과 동시에 예산권을 장악할 수 있어야 한다는 것이다.[8)]

2) **단독제 또는 위원회제 · 합의제** 양자의 장·단점은 조직론에서 말하는 일반론과 일치하며, 어느 경우에서나 하나의 방법만을 전적으로 이용하는 것은 현명한 것이 못된다.

기획의 성격상 여러 분야의 전문가, 이해관계의 대변자, 관계부처의 사람들이 참여할 것이 요청되므로 언제나 위원회제의 장점이 잘 활용되어야 함과 동시에 이것이 지니는 단점을 보완하기 위한 조치가 마련되어야 할 것이다.[9)]

3) **기능과 권한** 그 기능에 있어서는 별 의견의 차이 없이 기획, 기획안과 시행의 조정 · 평가 · 통제 등이라고 생각되나, 문제는 권한의 집권과 분권에 관한 것이다. 지방자치와 관련된 논의로 현재 우리나라의 경우 지방과의 관계에 있어서 기능과 권한이 집중되어 있으며 타부처와의 관계에 있어서는 심한 일원화는 아니고, 예산관계로 인한 영향을 받고 있는 정도이다.

기획의 분권화의 경우 어느 쪽이 일반적으로 효율적이라고 할 수 없다는 논의도 있으나, 기획의 필요성이 이미 사경제중심으로 산업화가 이루어진 후의 갈등 · 마찰을 조성하기 위한 경우에는 집권화의 필요가 없거나 적겠으나, 우리나라와 같이 산업화를 위한 적극적인 기획을 하고자 할 때에는 한정된 자원을 효율적으로 동원 · 이용한다는 점에서 초창기에는 집권화의 방법을 택할 수밖에 없었다고 하겠다.

그러나 그러한 초창기의 집권화는, 산업화가 이루어지고 사회 · 경제의 구조가 고도로 분화된 후에도 지속될 수는 없으며 그에 비례해서 점점 분권화되어야 할 것이며 정치논리가 아닌 경제논리 중심이어야 하며 규제는 완화될 필요가 크다고 생각된다.

왜냐하면, 복잡화된 사회에서는 기획을 한 기관에서 처리 · 담당한다고 하는 것은 일이 중첩 · 지연되는 등 오히려 비능률과 낭비를 수반하게 되기 쉬울 뿐만 아니라 발전을 위한 기획이 아니라 기획을 위한 기획이 되기 쉽기 때문이다.

8) 이러한 점에서 우리나라의 경우를 보면, 기획예산처라는 한 기관에 기획과 예산기능을 통합하고 있음은 잘 된 것이라 할 수 있으나, 경제 이외의 종합성의 문제와 정치권력의 영향이 지나치게 미칠 우려가 있다고 하는 것이다.

9) 이러한 방법으로는 예를 들어, 위원회가 모든 일을 총괄하지 않고 조정이라든가 아이디어의 제공, 의사전달 등 그것이 지니는 이점에 한정하고 사회 능력이 있는 사람을 위원장으로 위촉하고 위원수나 임기를 한정하는 것 등이다.

4) **각 기관별 기획기구** 여기서 각 기관별 기획기구라 함은 중앙부처로부터 도·광역시·시·군·구에 이르는 각 기관의 기획기구를 말하는 것으로, 중앙부처에는 차관 밑에 1급 공무원을 장으로 하는 기획관리실이 있어 예산권과 재정관리권을 장악하고 있으나, 지방자치단체 경우에는 뒤늦게 1970년부터 이런 기구가 설치되었으나 오랜 내무국 우월 전통 때문에 더욱 그 기능을 발휘하지 못하고 있다.

3. 인력배분

1) 우선 기획인원의 기능이나 업무상으로 보아 기관직원 중에서 가장 우수한 직원, 즉 강한 목표의식, 폭넓고 깊은 정보 · 지식 · 창의력 · 예측력 · 판단력 · 통찰력 및 소속기관의 내외규범이나 문화의 이해 등 기획이 요청하는 자격을 구비한 직원이 기획기구에 배치되어야 한다.

특히 발전기획을 담당하는 직원은 수학 · 통계학 등을 기초로 한 관리과학적 지식을 알고 있어야 할 것이다.[10)]

2) 기획업무의 기능을 십분 발휘하기 위해서는 기획인원의 능력 자체가 우수한 것 외에 그들의 근무의욕 · 사기가 높아야 한다. 그러나 현실은 그러하지 못하다.

그 주요 원인으로서는 먼저 기관장이 기획의 중요성을 크게 인식하지 못하고 있으며 공무원의 박봉과 관련하여 예산도 적고 대인관계도 없어 소위 음성수입이 적다는 점을 들 수 있겠다.

3) 그러면 이러한 모순을 해결하는 길은 어떠한 것일까?

최근 기관장에 따라서는 이를 시정하려고 약간의 기획수당을 지급하고 있으나 이것만으로는 불충분하다.

따라서 가장 우수한 인재가 높은 근무의욕과 사기를 갖고 일을 하게 하기 위해서는 이러한 유인(기획수당의 지급)과 동시에 순환보직제도를 확립하여 우선 신규임용되거나 승진하면 계선기관 · 비발전업무를 거친 후 최종적으로 기획업무를 맡다가 거기에서 언제나 승진의 1차 후보가 나오게끔 하는 것이 현실적인 방책이 되지 않을까 한다.

4) 이러한 당해 기관의 기획담당자 외에 이에 참여하는 사람은 전술한 정책결정의 경우와 비슷하다.

따라서 당해 기관외 · 국내외의 전문가, 이익단체의 대표, 특히 언론인 · 정당 · 국회 및 시민의 여론이 존중되어야 함은 물론 기획과 예산은 밀접불가분의 관계에 있으므로 예

10) 이러한 점에서 우리나라의 현실을 보면, 많은 경우 이와 모순되는 현상을 보게 된다. 즉 좌천된 자, 신규임용된 자, 승진한 자 등으로 구성되는 경우가 많은 것이다. 그 밖에 차관보가 있는 경우, 차관보와 기획관리실장과의 관계에서도 그러한 현상을 볼 수 있다. 즉 같은 1급이지만 기능상 국장이 차관보가 되었다가 기획관리실장으로 전보되어야 하는데, 현실은 그와 반대로 되어 있어 기획관리실장이 차관보를 장악하지 못하여 기획업무 수행을 더욱 어렵게 하고 있다.

산담당자의 참여가 반드시 배려되어야 한다.

Ⅱ. 기획의 제단계

1. 갤로웨이(G. B. Galloway)의 단계구분[11)]

갤로웨이는 기획과정에 포함되어야 할 제단계를 다음과 같이 제시하였다.

1) 추구해야 할 목표의 결정

2) 문제를 이해하기 위한 조사연구

3) 대안(alternative solutions)의 발견

4) 정책작성: 대안 중에서 선택하는 것이며, 흔히 아무런 대책을 세우지 않는 것도 이에 포함된다.

5) 선택된 방안에 대한 세부적 집행: 이것은 물적 기획에 있어서의 구체적 설계와 같은 것이다.

2. 모리슨(H. Morrison)의 단계구분[12)]

1) 계획수립에 대한 결심과 의의파악

2) 계획이 건전한 실제적 기반 위에서 수립될 수 있다는 확신을 가지는 데 필요한 사실의 수집 및 장래예측

3) 실제로 대안적 계획(alternative plans)을 작성하고, 각 계획이 제시하는 내용과 자원 및 애로사항 등에 비추어 각 계획에 소요되는 비용을 비교・검토한다.

4) 계획에 포함할 사항과 계획에서 제외할 사항에 대한 결정을 포함하는 대안적 계획안에 대한 결정작성

5) 계획의 실제적인 시행

3. 퍼슨(H. S. Person)의 단계구분[13)]

1) 조직체의 목표명시

2) 목표달성을 제어하는 제정책의 수립

3) 목표가 정확하게 성취되고 이에 사용되는 노력의 낭비를 최소화할 수 있는 체계적 절차의 설계

---

11) George B. Galloway and Associates, *Planning for America*(N.Y.: Henry Holt and Co., 1941), pp. 5~6.

12) Hebert Morrison, "Economic Planning," *Public Administration*, Vol. 25(The Royal Institute of Public Administration, London, Spring 1947), p. 3.

13) Harlow S. Person, "Research and Planning as Functions of Administration and Management," Public Administration Review, Vol. I(Autumn 1941), p. 65.

4) 시행의 최초방향의 지시 등으로 구분하여 기획은 그들이 처하고 있는 환경에 대하여 계속적인 조절이 필요하다고 말하고 있다.

4. 밀레트(J. D. Millett)의 단계구분[14)]

1) 일반목표 또는 목표(objectives)의 설정
2) 목표를 실현하기 위한 수단 또는 자원에 대한 평가
3) 목표성취를 위한 실행계획의 준비

5. 쿤쯔(H. Koontz) 및 오돈넬(C. O'Donnell)의 단계구분[15)]

1) 목표의 설정
2) 기획가정의 설정
3) 대안적 행동노선의 모색과 시험
4) 대안적 행동노선의 평가
5) 하나 또는 복수의 행동노선의 선택
6) 필요한 파생계획의 수립

6. 테리(G. R. Terry)의 단계구분[16)]

1) 문제의 명확한 제시
2) 포함된 제활동에 대한 완전한 정보의 획득
3) 정보의 분석과 분류
4) 기획가정의 설정
5) 대체가능한 계획의 결정
6) 지정계획(proposed plan)의 설정
7) 지정계획의 세부적 순서와 시간의 배열
8) 지정계획의 진전상황에 대한 점검방법의 작성

7. 밴필드(E. C. Banfield)의 단계구분[17)]

1) 상황의 분석

---

14) John D. Millett, *op. cit.*, p. 63.

15) Harold Koontz and Cyril O'Donnell, *Principles of Management: An Analysis of Managerial Functions*, 2nd ed.(N.Y.: McGraw-Hill Book, Co., 1959), pp. 476~481.

16) George R. Terry, *Principles of Management*, 3rd ed., Richard D, Irwin(Homewood, Illinois, 1960), pp. 169~172.

17) Edward C. Banfield, "Ends and Means in Planning," in Sidney Mailick and Edward H. Van Ness (eds.), *Concepts and Issues in Administrative Behavior*(Englewood Cliffs, N.J.: Prentice-Hall, Inc., 1962), pp. 72~73.

2) 목적의 구체화 및 정교화
3) 행동노선의 설계
4) 결과의 비교평가

8. 레 브레톤(P. P. Le Breton)의 단계구분[18]

1) 계획수립의 필요성 인식
2) 수립될 계획의 목표에 대한 분명한 표시
3) 제안개요의 작성
4) 제안에 대한 승인획득
5) 기획편성의 수립과 임무부여
6) 계획의 명세적 개요결정
7) 협조기관과의 협력태세확립
8) 필요한 자료의 수집
9) 자료의 평가
10) 잠정적 결론의 도출과 잠정계획의 작성
11) 잠정계획의 내용검증
12) 최종계획의 작성
13) 계획의 검증
14) 계획에 대한 승인획득

Ⅲ. 기획의 과정

기본적으로 정책결정의 경우와 비슷하기 때문에 이를 중복해서 설명할 필요는 없다고 생각하지만, 이를 보완하거나 또는 기획이 지니는 특수성으로 인한 차이를 중심으로 설명하기로 한다.

1. 문제의 인지 및 목표의 설정

어떤 문제가 객관적으로 발생하고 이를 기획책임자와 기관책임자가 인식함으로써 이 문제의 효율적인 해결을 위해 기획을 할 필요성을 인지하게 되었을 때에는 일정한 방향·지침을 제시하여 연구·기획케 하는 것이다. 그런데 목표 설정에 있어서 주의할 점은 목표는 거의 대부분이 측정이 용이한 수량적인 것으로 제시·설정되므로 자기의 업적을 과

18) Preston P. Le Breton, *General Administration: Planning and Implementation*(N.Y.: Holt, Rinehert and Winston, 1965), pp. 11~12.

시하기 위하여 과잉 책정하는 경향이 있다는 것이다.[19]

또한 이러한 기획에 소요되는 시간과 예산을 너무나 적게 주고 기획을 시키는 경향이 있는데, 이는 기획에 관한 이해부족에도 기인하지만 행정책임자의 무책임성에도 기인한다.

즉 궁극적으로는 손실이 되더라도 우선 자기의 짧은 재임기간에 커다란 업적을 낸 것처럼 하고 넘어가려 하기 때문이다.

2. 정보 · 자료의 수집분석(상황분석)

여기서 제일 중요한 것은 역시 정확한 통계자료를 얻는 것인데, 경험주의 · 사실주의가 보편화되지 못한 사회일수록 이의 정확을 기하는 것을 경시할 뿐만 아니라, 경우에 따라서는 쉽게 조작하는 경향이 있다는 것이다. 우리나라의 경우, 행정면에서 업무는 성질상 높은 능력을 요구하는데도 유능한 인재가 배치되고 있지 않을 뿐만 아니라 지나치게 일선기관에 이 업무를 과하므로 조작을 하게 되기 쉽다.

3. 전제의 설정(미래의 예측)

기획전제는 계획을 수립하는 과정에서 미래에 관한 예측 또는 전망을 의미하며 행정수요를 명확하게 구체적으로 파악을 해야 한다. 상황분석이 현실적인 문제해결과 예상되는 문제점을 규명하려고 하지만 기획전제는 미래상황의 분석과 계획에 많은 영향을 끼칠 수 있는 요인에 대한 장래전망인 것이다.

4. 대안(alternatives)의 작성과 비교평가

기획은 정책과 달리, 대체적인 행동노선을 모색하고 각 대안의 이해득실을 비교 평가하는 단계이며, 구체적인 활동순서를 사전에 정하는 것이므로 정책과 달리 가용자원의 제약을 보다 크게 받고, 대안의 평가에 있어 자칫하면 측정이 용이한 양적인 것에 치우쳐 보다 중요한 질적인 것이 경시되기 쉽다는 것이다.

따라서 어려운 일이지만 질적인 것이 경시되지 않았나를 특별히 유의할 필요가 있다.

5. 최종계획안의 선정(最終計劃案의 選定)

정치 · 행정수준이 높은 사회에서는 별로 문제시되지 않았지만, 우리의 경우 아직 책임정치 · 행정수준이 낮은데다가 대통령에 의하여 임명되는 경우 그 밑에서 봉사하는 많은 책임자들이 민의나 공익보다도 대통령의 의도에 지나치게 영합하려는 경향이 있다는 것이다.

---

19) 특히 상위자는 일반적으로 자기의 능력을 과시하기 위하여 높게 책정하고자 하는 데 비하여 하위자는 100% 이상을 쉽게 초과 달성코자 오히려 낮게 책정하려는 경향이 있다. 이는 상위계층간에 의사전달이 잘 이루어지지 않는 경우 더욱 그러하기 쉬운데, 이로 인하여 기획결정자와 이를 실천에 옮기는 집행기관 사이에 심한 갈등이 야기된다. 또 이 목표가 너무나 비현실적인 경우에는 형식주의화되고 만다.

따라서 이러한 경향의 시정과 그의 재임을 좌우하는 유력한 정치인의 영향을 지나치게 받아서는 안 된다.

그리고 기획은 장래에 관한 것이므로 예측에 의하게 되는데, 우리의 예측은 여러 면에서 제약되고 있다. 따라서 아무리 수립과정에서 최선을 다했다 하더라도 그 수정이 불가피한 경우가 많다.

그러므로 사후에 정당한 사유가 있을 때에는 그에 맞게 수정을 가하여 신축성 있게 운영함으로써 그 효율성을 높일 필요가 있다는 것이다. 그러나 우리나라의 경우는 그 수정이 너무 빈번한 경향이 있는가 하면 그 이유가 납득이 안가는 경우가 있음을 주의할 필요가 있다.

끝으로 기획안이 법적 구속력을 갖지 않고 있다고 해서 대수롭지 않게 생각하고 전임자의 것을 쉽게 뜯어 고치는 경향이 있는데, 이러한 것은 다음 두 가지 점에 비추어 지양되어야 한다. 즉 그 하나는 행정이념에서 설명한 바와 같이 합법성이란 최소한도의 요청일 뿐이고 그 위에 민주성·효율성·합리성 등이 있음을 이해하지 못하는 시대 착오적인 것이라는 점이고, 다른 하나는 그 동기가 민의에 충실하거나 공익의 증진보다는 어떤 가시적인 색다른 것을 단시일 안에 해냄으로써 소위 점수를 따려 하는 경향이 있다는 점이다.

6. 집행준비

기획의 최종적인 최선의 대안이 채택되면 그 효율적인 집행을 위하여 부수적인 계획이 수립된다. 따라서 6하원칙, 즉 5W(who, where, what, why, when) 1H(how)에 의거, 계획된 행동을 위한 세부적 제계획이 목표달성에 기여하도록 적절한 순서로 정비되어야 한다.

7. 관련된 여러 파생계획의 수립

최종안의 선택과 시행준비를 한 후 그와 관련된 파생계획 또는 부수계획·보조계획 등 하위계획(sub-plan)과 세부사업계획(program) 및 세부일정계획(schedule)이 수립되어야 하겠다.

8. 계획의 통제·심사분석 및 평가

위의 제과정은 기획수립을 위해서 필요한 과정이고 다시 이에 대한 통제·심사·분석 그리고 평가가 있어야 할 것이다. 이와 같은 절차에 따라 교정·보완이 될 수 있고, 목표까지도 분석·평가될 수 있겠다.

제 3 절 기획의 한계와 문제점

기획이 소기의 성과를 올리는 데 당면하게 되는 어려운 점, 일반적인 제약성 또는 한계는 기획의 수립상·집행상·평가상·행정상의 한계와 제약요인이 많은 바 이를 요약하면 다음과 같다.

1) 자유민주주의적 자본주의사회에서는 공익과 사익의 양면보호를 필요로 하며 통제의 한계를 느끼므로 각종단체와 정당·이익집단·압력단체들의 이해대립으로 인하여 목표의 일치가 어렵다는 점이다.

2) 모든 목표를 계량화할 수는 없으며 수단은 절대적으로 발전적인 것만이 될 수는 없어 곤란성을 느낀다.

3) 통계의 과학화가 어려워 행정정보처리가 늦거나 부정확하다는 점이며 적합한 인력도 부족하다.

4) 미래학(future science)에서 다루는 접근법이 많이 나오지만 장래 예측이 어렵다. 그러므로 전제설정이 불확실하여 기획의 실효성이 낮아진다.

5) 비용과 시간의 제약이다. 기획의 통제나 실적평가의 수단으로서 효과적인 공헌을 하려면 시행과정에서 상당기간을 거친 후이어야 하며 비용이 과중하다는 점이다.

6) 반복적 사용의 제한문제이다.

7) 사전계획은 행정을 융통성 없이 만든다는 점이다.

8) 일선업무 담당자들은 개인적 창의성이 위축된다는 점을 들 수 있다.

9) 정치가 불안정할 때 그 영향을 받게 된다.

제 4 장

기본운영계획

제 1 절 기본운영계획의 의의와 구조분석

Ⅰ. 의 의

기본운영계획은 국가목표를 실현하기 위하여 필요한 정부의 구체적 행동계획(action program)을 의미한다. 정부조직의 유지·발전과 아울러 국가와 사회전체를 위한 모든 사업이 기본운영계획이라는 체제 속에 포함된다.

따라서 기본운영계획의 구조는 무엇보다도 국가목표와 체계적으로 연결되도록 편성되어야 한다. 또한 그것이 목표 실현의 과정을 관리하는 데 필요한 사업이므로, 이것은 수단과 직결되어야 한다. 기본운영계획은 현재로서는 연간 정부사업과 이의 예산에 관한 지침적 역할을 기대하고 있기 때문에 우선 현행기본운영계획의 구조를 살펴보고자 한다.

Ⅱ. 구조분석

구조분석은 크게 나누어 총론과 각론으로 분류할 수 있다.

1. 총 론

1) 각 부처의 임무나 기본목표를 정한다(정부조직법).

2) 이 기본목표를 달성하기 위하여 당해연도 중 수행되어야 할 연간 주요목표를 설정하고 이를 달성하는 데 필요한 수단이 되는 일반방침을 정한다.

3) 경우에 따라서는 각 부처가 동원할 수 있는 행정력의 한 표현인 기구표를 참고로 포함시키기도 하고, 또 기본운영계획의 관리·통제수단으로 예산총괄표도 포함시킨다.

2. 각 론

이는 각 부처에서는 대체로 기본운영계획 및 예산이라는 이름으로 취급되고 있다.

1) 우선 연간 주요목표 및 일반방침에 따라서 기본운영계획의 주요부문을 분류 · 설정한다.

2) 부문별로 부문목표의 달성에 필요한 사업을 책정하고, 다시 사업수행의 내용이면서 수단이 되는 세부사항을 설정한다.

3) 세부사업은 사업별 목표량을 숫자적으로 표시하고 소요 연간 예산액과 그 조달내역을 첨가한다.

4) 세부사업별 시행계획은 편의상 분기별로 책정하되 가장 효율적이고 경제적이고, 또 합리적으로 수행될 것을 전제로 분기별 물량표시의 사업목표와 이에 관련된 예산시행계획을 세운다.

5) 기본운영계획의 성공적 수행은 세부사업별로 협조를 요하는 관계기관과 예산시행에 관련된 재원 · 회계를 표시한다.

6) 사업의 정책적 비중이나 특성 또 장기사업인 경우에는 완공연도 등에 대해서 비고란에 기입해 둘 필요가 있다.

기본운영계획 지침은 각 부처에 시달됨과 동시에 예산실의 예산편성 지침의 작성에 반영되어야 하며, 기본운영계획과 각 부처 시달내용과의 상호연관성이 있어야 하며, 각 부처로부터 제출된 기본운영계획 최초안에 대한 국무회의 의결은 각 부처 예산요구서에 바로 반영되어야 한다. 따라서 예산실의 각 부처 예산요구의 사정에 있어서 예산편성지침은 물론이고 기본운영계획 최초 조정안의 국무회의 의결 내용과도 연관성이 있어야 한다.

3. 현행절차

현행 기본운영계획과 예산은 그 편성에 있어서 긴밀한 상호협조와 조정이 결여되어 있다.

1) 기본운영계획은 실질적으로 예산실 편성지침을 지도하지 못하고 있다.

2) 기본운영계획 최종확정은 국회의 예산심의가 확정된 연후에 사후적으로 예산에 맞추어 가는 현실이다.

3) 사정변경이나 관료사회구조상 권력의 비중으로 보아 예산에 기본운영계획이 따라가는 것은 부득이 하나, 기본운영계획이 예산에의 지시능력이 부족함에 대하여는 많은 연구가 필요하다.

4) 예산에 부속되는 것이 필요하다.

기본운영계획은 장기계획의 보완이 아니고 근본적으로 예산의 보완책이다.

제 2 절 정부기본운영계획의 체계 및 작성과정

Ⅰ. 기본운영계획의 체계

기본운영계획은 국가목표를 실현하는 과정에 관련된 정부의 모든 활동과 사업을 한 눈으로 볼 수 있게 체계화하는 작업이므로 그 체계는 곧 행정의 효율과 목적달성에 직접적 영향을 주게 된다. 따라서 그 체계의 작성은 다음과 같은 요령이 필요하다.

1) 임무와 기본목표를 확인해야 한다.

2) 이에 따라서 임무수행 내지 기본목표달성의 수단이 되는 주요목표의 설정과 그 목표실현의 방편이 되는 지침을 작성(이 작업은 현실적 기초 위에서 논리적으로 도출)하여야 한다.

3) 위의 주요목표와 지침에 의거한 기본운영계획의 부문을 구분하여야 한다.

4) 부문별 사업체계는 앞에서 본 논리와 같이 목적과 수단의 관계에서 책정되어야 한다.

이 때 같은 수준의 사업은 차상위(次上位)의 사업이나 목표의 달성을 위해서 동일한 비중을 차지하고 있어야 하고, 또 차상위의 세부사업의 목적이 되는 사업이라야 한다. 그러나 그 관계는 형식적이 아니고 보다 기능적이고 유기적 관계에서 '목적과 수단의 상호체계'가 연속적으로 이루어져야 한다.

Ⅱ. 기본운영계획의 작성과정

1. 기본운영계획제도

우리나라에서는 ① 수립, ② 시행, ③ 심사분석의 세 과정으로 운영된다.

과정별 관계기관의 임무는 다음과 같다.

⑴ 기본운영계획의 수립

1) 국무조정실(국무총리산하) ① 행정부 기본정책 및 기본운영계획작성 · 시달, ② 각 부처별 기본운영계획 우선 순위 및 타당성 검토 · 조정(예산편성 기준제공)

2) 각 부처 ① 각 국·과의 기본운영계획안, ② 기획관리실에서 검토하여 조정안을 작성

⑵ 기본운영계획의 시행확인 및 조정

1) 국무조정실 ① 각 부처 기본운영계획의 시행상황에 대한 월별확인, ② 각 부처의 기본운영계획 변경에 대한 사전조정, ③ 예산의 타목적 사용에 대한 조정

2) 각 부처의 기획관리실 ① 소관부처의 기본운영계획의 시행상황 확인, ② 소관부처의 기본운영계획 변경에 대한 조정

(3) 기본운영계획의 심사분석 및 예산관리분석

기획관리실에서 행정부 기본운영계획 시행에 대한 분기별 분석평가.

2. 기본운영계획의 작성과정

기본운영계획은 예산을 지시하는 기획의 입장에서 예산의 사업면을 강조하는 것이므로 예산과 분리하여 그 작성과정을 설명할 수 없다. 그러나 기본운영계획만을 놓고 보면 다음 네 단계로 구분된다.

1) 연초 기획예산처에서 기본운영계획의 작성지침을 각 부처로 시달한다.

2) 각 부처는 기본운영계획 최초안을 작성하여 2~3월 사이에 각 부처에서 제출한다.

3) 최초안을 중심으로 기획예산처에서 조정하여 국무회의의 의결(3~4월)을 거치며, 이로써 예산이나 타계획(예: 물자수급계획 또는 외국환수급계획)의 조정 및 작성의 지침이 된다.

4) 기본운영계획 최종안의 확정은 국회에서 예산심의가 끝난 이후 12월 중에 작성된다.

제 3 절 기본운영계획과 예산과의 관계

I. 내용의 상호보완성

1) 기본계획과 예산은 모두 1년이 그 기준이다.

2) 양자 모두 눈앞에 닥치는 미래에 대한 정부활동에 대한 규정이다.

3) 양자 모두 정부의 목표를 달성하기 위한 조치인데 기본운영계획은 사업면을, 예산은 금전지출면을 강조한다.

4) 예산은 본질적으로 정치과정이므로 자원배분에 비합리적인 힘의 작용을 배제하기 위하여, 목적 · 수단의 연관분석에 의한 기본운영계획체제를 도입함으로써 예산의 기획기능을 강화시킨다.

5) 기본운영계획은 예산지출의 행정적 의미와 실질적 효과를 측정할 수 있어 재원관리의 효율화를 기할 수 있다.

6) 산발적 · 부문적으로 방향의식을 잃은 예산의 타락으로부터 방향있는 사업운영을 가능하게 한다.

7) 기본운영계획의 계획-집행-심사분석, 예산의 편성-심의-집행과 연결되며 합리적 행정을 보장한다.

8) 예산의 뒷받침없는 기본운영계획은 지상계획(paper plan)에 불과하나 예산을 지시하는 위치에 있다.

9) 과목체계에 있어서 통합(integration)은 다음과 같다.

부분, 사업, 세부사업——기본운영계획

(관) (항) (세항) ——(예산)

10) 예산의 미비점(특히 비합리성·정치적 흥정)을 보완하는 부수적(supplementary) 장치의 역할을 한다.

Ⅱ. 절차상의 보완성

원칙상 기본운영계획과 예산은 상호 일관성 있게 긴밀한 연관작용에 의하여 운용되어야 한다. 이상적인 절차로 본 보완성은 아래와 같다.

1) 기획예산처에서 기획과 예산이 짜여지므로 행정수반의 수준에서 조정·통제되도록 보완되었으나, 청와대의 합리적 조정기능이 더욱 요청된다.

2) 계획에 구체성이 없어 발전계획은 목표의 설정일 뿐 정부부문에 투자계획이 없는 경우가 많아 계획과 예산이 맞지 않으므로 우리의 경우 구체적인 투자계획이 수립되어야 할 것이다.

3) 예산과정상에 있어서의 문제인데 예산편성과정에 있어서 엄격한 사업선정기준이 없어 예산을 많이 따는 규정으로 기본운영계획이 마련되고, 다시 중간에 예산이 부족하거나 혹은 우선순위가 사업에 따라서는 달라져 도중에 중도 폐지되는 경우도 있다.

4) 발전도상국의 경우 일반적인 현상이지만, 기본운영계획을 재원의 고려 없이 너무 의욕적으로 수립하지 말아야 할 것이다.

5) 행정자치부에서 기구·인력·장비·서식을 부처 공히 통일하는 일과 자금을 배분하는 기획예산처와 국무조정실에 보다 밀접히 연관기능을 살리는 기능을 보완하여야 한다. 특히 청와대의 합리적 조정기능이 있어야 할 것이다.

제 4 편

조직관리론

제 1 장

조직의 기초이론

제 1 절 조직의 의의

Ⅰ. 개 념

조직이란 일정한 환경 아래에서 특정한 목표를 달성하기 위한 분업체제라고 할 수 있는데 이에 대한 정의는 강조하는 관점에 따라 다소의 차이가 있다.

무니(J.D. Mooney)[1]는 조직의 목표달성을 위한 인간의 결합형태로, 버나드(C.I. Barnard)[2]는 목적 실현을 위하여 의식적으로 조정된 활동 및 세력의 체계로, 가우스(John M. Gaus)[3]는 기능과 책임배분, 합의된 목적 수행을 위한 인원의 배치로, 셀즈닉(P. Selznick)[4]은 직무수행을 위하여 설치된 합리적 도구이며 의식적으로 조정된 활동체제로, 아지리스(C. Argyris)[5]는 목표, 내부체제유지, 외부환경에 순응하는 것으로, 에치오니(A. Etzioni)[6]는 일정한 환경하에서 특정한 목표를 추구하기 위해 구조된 사회단위로 보고 있다.

앞에서 살펴본 주요 학자들의 조직에 관한 정의는 서로 상반된 내용을 지니는 전혀 다른 것이 아니라 동일한 현상을 각기 다른 관점에서 바라보고 있는 것이다. 학자들의 의견을 통합하여 조직을 정의하면 ① 공동의 목표를 가지고 있으며, ② 이를 달성하기 위해

1) James D. Mooney, "The Principles of Organization," in Dwight Waldo(ed.), *Ideas and Issues in Public Administration*(New York: McGraw-Hill, 1953), p. 84.
2) Chester I. Barnard, *The Functions of the Executive*(Cambridge Havard Univ. Press, 1938), pp. 69~73, 81~82.
3) John. M. Gaus L. D. White and M. E. Dimock, *The Frontiers of Public Administration*, 1936, p. 67.
4) Philip Selznick, *TVA and the Grass Roots*(Berkeley: University of California Press, 1949).
5) Chris Argyris, *Personality and Organization*(New York: Harper and Row, 1957).
6) Amitai Etzioni, *Modern Organizations*(Englewood Cliffs, N.J.: Prentice-Hall, 1964), p. 4.

의도적으로 정립한 체계화된 구조에 따라 구성원들이 상호작용을 하며, ③ 외부환경과 영향을 주고 받는 환경 속의 하위체제이며, ④ 인간들의 사회적 집단이라고 할 수 있다.[7) ⑤ 그 속에 많은 하위체제(sub-system)를 갖고 있다. ⑥ 목표를 합리적으로 달성코자 하는 수단의 성격을 지니고 있다. ⑦ 조직은 분업의 원칙에 의하여 편성된다. ⑧ 일반적으로 규모가 크므로 인간관계에서 비정의성(非情誼性) 및 보편성(impersonality and universality)의 원칙에 따르게 된다. ⑨ 행정조직은 사조직과는 달리 정치영향권에 놓이게 된다. ⑩ 사회체제(social system)로서의 조직은 목표달성, 변동에 적응, 관리유지, 통합기능을 수행하며 대규모화, 복잡화, 기동화(機動化)의 특징을 갖는다.

Ⅱ. 조직연구의 중요성

현대는 조직의 시대이고 현대인은 누구나 조직인이다. 또한 조직은 관리의 도구이며 행정의 수단이다. 따라서 조직은 합리성을 가치화하는 산업사회의 사회적 수단이므로 조직 없이는 조직목표달성은 물론 더 나아가 국가발전도 곤란하다.

그러나 조직을 너무 강조하다 보면 인간이 조직의 시녀로 전락되고, 개성을 잃은 존재가 되어 무력화되는 경향이 있다.

Ⅲ. 조직관과 조직화에 관한 요인

1. 조 직 관

조직을 어떠한 것으로 보느냐에 대해 학자들간에 조직을 하나의 체제로 본다는 점에서 견해의 일치를 보고 있지만, 이러한 체제는 기계적인 것으로 보는 합리주의와 유기체적인 것으로 보는 유기체론(organism)으로 크게 두 가지로 나누어 볼 수 있는데 실제 조직의 경우, 이들 어느 것에 완전히 합치되지 못하고 있다는 데 문제가 있는 것이다.

즉 조직이란 기계처럼 어떤 부분이 다른 부분에 영향을 주지 않고 독자적으로 작용하거나 분리될 수 없다는 점에서 기계와 구별되고, 그와는 정반대로 조직은 구조(form and structure) 자체를 스스로 변경시켜 나갈 능력을 가지고 있다는 점에서 유기체와 다르다는 것이다. 이처럼 조직을 하나의 체제로 보되 합리주의나 유기체론의 그 어느 것과도 완전한 일치를 볼 수는 없는 것이고, 다만 조직을 유기체적으로 보려는 경향이 강하다.[8)

7) R. Daft, *Organization Theory and Design*, 4th ed.(St. Paul, MN.: West Publishing Co., 1992), pp. 7~8.
8) M. E. Dimock *A Philosophy of Administration*(Harper, 1958), pp. 112~117.

2. 조직변수

이러한 조직을 발생·변경시키는 변수에 관하여는 논자에 따라 여러 가지를 들고 있으나,[9] 여기서는 이미 방법론에서 제시한 바와 같이 조직인·조직구조·환경(또는 문화)으로 3대분 하기로 한다.

따라서 조직인에는 그 구성원의 가치관·태도·성격·지식·기술·정보 등이 고려되고, 조직구조에는 직책·법제·규범·역할 등이 고려되며, 조직환경에는 그 조직을 둘러싸고 있는 정치·경제·사회·문화 등이 고려되어야 할 것이다.

특히 여기서 유의할 점은 일반 사조직의 경우와는 달리 행정조직의 경우에는 타요인보다 정치적 요인이 크게 작용할 것이며, 그 정도는 정치·행정발전수준에 따라 그 발전수준이 낮은 사회일수록 정치적 요인의 비중은 클 것이라는 점이다.

제 2 절 현대조직의 유형(現代組織의 類型)

조직이론가들은 그들의 연구목적에 따라 여러 형태로 조직을 유형화하려고 했다. 그러나 아직까지 통일된 이론을 제시하지는 못하고 있다. 지금까지의 조직유형에 대한 연구를 보면 크게 두 가지 흐름을 확인할 수 있다. 하나는 유형을 이론에 바탕을 두어 연역적으로 분류하는 것이고, 다른 하나는 실증적 연구결과에 바탕을 두어 귀납적으로 분류하는 것이다. 그러나 분류기준은 다양하다. 다만 크게 대별하면 ① 복종관계, ② 수익자, ③ 조직기능, ④ 참여도 등을 들 수 있다. 따라서 여기에서는 그중 중요한 몇 가지만을 소개하기로 한다.

Ⅰ. 지배·복종관계에 의한 조직의 유형

1. 지배·복종관계에 의한 구분

에치오니(Amitai Etzioni)는 조직인 상하간의 복종관계(compliance relations)를 기준으로 하고, 다시 이를 조직이 통제수단으로 사용하는 권력의 유형과 조직구성원이 조직의 일에 관여하는 정도에 따라 다음과 같이 세 가지로 구분하고 있다.[10]

1) **강제적 조직**(coercive organization) 강제를 통제의 수단으로 하는 조직이다. 따라서 그 구성원은 소외감을 갖고 일하게 되는 조직을 말한다(예: 교도소 등).

9) Thomas L. Whisler는 직책·사람·규모·기술을 들고, John A. Seiler는 사람·기술·조직·사회를 들고 있다.
10) Amitai Etzioni, *A Comparative Analysis of Complex Organizations,* 1961, pp. 27~44.

[표 4-1-1] 에치오니의 조직의 유형

관여의 정도 / 권력의 유형	소외적 관여	타산적 관여	도덕적 관여
강제적 권력 보수적 권력 규범적 권력	① 강제적 조직	② 공리적 조직	③ 규범적 조직

자료: Amitai Etzioni, *A Comparative Analysis of Complex Organizations*, 1961, pp. 27~44.

2) **공리적 조직**(utilitarian organization) 주된 통제수단으로서 보수와 같은 경제적 유인을 이용한다. 따라서 그 구성원은 다분히 타산적인 관계에서 일을 하게 되는 조직을 말한다(예: 각종 이익집단·회사·경제단체 등).

3) **규범적 조직**(normative organization) 통제 수단으로서 주로 사명·교리·이념 같은 규범적인 것을 사용하며 따라서 그 구성원들은 어떤 사명감·귀속감 같은 것을 가지고 임무를 수행하게 되는 조직으로서 문화·도덕·이데올로기 등을 내세우는 조직이다(예: 종교단체·대학 등).[11)]

2. 참여에 의한 구분

리커트(Rensis Likert)는 참여의 정도를 기준으로 하여 다음과 같이 4가지로 구분하고 있다.[12)]

1) **수탈적 체제**(exploitive systems) 최고 책임자가 모든 것을 독자적으로 결정한다. 따라서 이러한 체제에 있어서는 구성원의 이익이 전혀 고려되지 않는다.

2) **자비적 체제**(benevolent systems) 주요정책은 모두 상부에서 결정되고 하위층은 상부에서 정한 지침의 범위 안에서 결정하는 것이 허용되나 그것도 상부의 결정을 받아야 한다.

3) **자문적 체제**(consultative systems) 주요정책의 결정은 위에서 하나 下部에도 일정범위 내에서의 특정된 사항에 관한 결정이 허용된다.

4) **참여적 체제**(participative systems) 보다 광범위한 구성원의 참여가 허용된다.[13)]

11) 그러나 현실적으로 모든 조직이 위와 같이 논리정연하게 3대분될 수는 없고 이 세 가지 기준이 어느 정도 혼합되고 있다는 점을 유의하여야 한다. 그리고 신속한 변화·발전이 요청되고 구성원의 자발적이고 의욕적인 근무태세와 그들의 최대한의 능력발휘가 절실히 요청되는 발전행정적인 관점에서 본다면 전통적인 강제적 조직보다는 공리적·규범적 조직이 바람직하다.

12) Rensis Likert, *Human Organization*(New York: McGraw-Hill, 1967), pp. 3~12.

13) 이처럼 참여의 정도를 기준으로 하여 볼 때 우리나라 행정조직의 경우 바람직한 상태와는 거리가 멀지 않은가 생각된다. 즉 정치·사회면에서는 그 내실이야 어떻든 그래도 민주주의이념에 따라 보통·평등선거나 의무교육에 따라 광범위한 국민의 참여가 인정되고 있으나 그 구성원의 교육정도나 참여의식·능력의 정도가 높은 행정조직의 경우는 '아이러니컬'하게도 아직 수탈적·자비적인 단계를 벗어나지 못하고 있는 실정이라 할 수 있다.

Ⅱ. 주수익자에 의한 조직의 유형

블라우(P. M. Blau)와 스코트(W. R. Scott)는 조직의 주수익자를 ① 조직의 하급구성원(the members or rank and file participants), ② 조직의 소유·경영자(the owners or managers of the organization), ③ 고객(the clients), ④ 일반대중으로 나누고 이 주수익자에 따라 다음과 같이 분류하고 있다.

1) **공익조합**(mutual-benefits association)　정당·노동조합·클럽 등과 같이 구성원이 주수익자가 되는 조직이다.

2) **사업조합**(business concerns)　회사와 같이 조직의 소유자·경영자가 주수익자인 조직이다.

3) **봉사조직**(service organization)　병원·학교·사회·사업기관·상담소 등과 같이 조직의 고객집단이 주수익자가 되는 조직이다.

4) **공익조직**(commonwealth organizations)　군대·경찰·행정조직 등과 같이 일반대중이 그 주수익자가 되는 조직이다.

Ⅲ. 조직의 기능을 기준으로 한 조직의 유형

카츠(Daniel Katz)와 칸(Robert L. Kahn)은 조직의 사회적 기능을 기준으로 하여 다음과 같이 네 가지로 분류하고 있다.[14)]

1) **생산적 또는 경제적 조직**(productive or economic organization)　문자 그대로 재화를 생산·공급하는 기능을 함으로써 인간의 기본적인 욕구를 충족시키고 협동을 유도하는 역할을 하는 조직을 말한다(예: 사업관청·공기업 등).

2) **형상유지조직**(maintenance organization)　인간의 사회화 기능을 담당함으로써 그 사회 구성원에게 유사한 가치관·태도·성격·규범을 갖게 하여 사회의 통합을 돕는 역할을 하는 조직을 말한다(예: 가정·학교·교회·매스컴 등).

3) **적응조직**(adaptive organization)　새로운 지식·기술 등을 연구·개발·적용하는 기능을 담당하는 조직을 말한다.

4) **관리 또는 정치적 조직**(managerial or political organizations)　사회의 여러 하부체제(sub-systems), 자원의 배분·통제 등을 최종적이고 권위적으로 결정하는 기능을 담당하는 조직을 말한다.[15)]

---

14) Daniel Katz and Robert L. Kahn, *The Social Psychology of Organization*(New York: John Wiley, 1966), pp. 112～113.

15) 이는 어떤 사회를 막론하고, ① 경제기능을 통하여 인간의 기본적 욕구를 충족시키고 사회적으로 요청되는 행위를 유도할 수 있으며, ② 사회화 기능을 통하여 공통규범·행태를 조성하며, ③ 정치적 기능을

Ⅳ. 퓨(D. S. Pugh), 힉슨(D. J. Hickson), 그리고 히닝스(C. R. Hinings)의 실증적 구조이론

퓨(D. S. Pugh), 힉슨(D. J. Hickson) 그리고 히닝스(C. R. Hinings) 등 애스턴 그룹(Astern Group)에 속한 학자들은 46개 조직에 대한 실증적 조사 끝에 분업이 증대되어 감에 따라 조직체는 점점 커지고 따라서 더욱 관료제화가 되어간다는 것을 발견했다. 그들은 여러 척도와 지표의 개발을 통해 조직구조가 단일한 것이 아니라 다차원적인 것임을 주장했다. 그들은 활동의 구조화, 권위의 집중, 작업흐름에 대한 라인통제를 중심으로 다음과 같이 조직을 일곱 가지로 분류했다.[16)]

1) **작업흐름관료제**(work flow bureaucracy) 독립적이고도 고도로 통합된 작업흐름을 가진 조직체이다.

2) **인사관료제**(personnel bureaucracy) 권위의 집중도는 높고 활동의 구조화는 낮은 조직으로서 이러한 성격의 조직체들은 고용에 관련된 모든 것을 관료제화하지만 일상적인 기타활동은 그만큼 관료제화하지 못한다.

3) **묵시적으로 구조화된 조직**(implicitly structured bureaucracy) 명백한 규정에 따라 운영되는 것이 아니고 암암리에 전수된 관습에 따라 운영된다.

4) **발아적 완전관료제**(nascent full bureaucracy) 작업흐름 및 인사 모두에서 관료제의 특징을 나타낸다.

5) **초기적 작업흐름관료제** 이것은 작업흐름관료제와 같은 특징들을 보여주지만 그 특징들이 약하게 나타나고 조직규모도 작다. 작업흐름에 대한 라인통제정도는 높다.

[표 4-1-2] 퓨, 힉슨, 히닝스의 조직분류

조 직 유 형	차 원(요 소)		
	활동의 구조화	권위의 집중	작업흐름에 대한 라인통제
작업흐름관료제	높 다	낮 다	낮 다
인사관료제	낮 다	높 다	높 다
묵시적으로 구조화된 조직	낮 다	낮 다	높 다
발아적 완전관료제	높 다	높 다	낮 다
초기적 작업흐름관료제	중 간	낮 다	낮 다
초기적 완전관료제	낮 다	높 다	낮 다
작업흐름이전관료제	낮 다	낮 다	낮 다

통하여 통합을 이룩하고, ④ 계속해서 새로운 문화적 가치를 창조하는 적응기능을 통하여 유지된다고 보는 것으로, 이러한 관점에서 본다면 이러한 기능은 어느 사회에서나 기본적으로 요청되는 것이라고 할 수 있겠다.

16) D. S. Pugh, D. J. Hickson, and C. R. Hinings, "An Empirical Taxonomy of Structures of Work Organizations," *Administrative Science Quarterly,* 14(1969), pp. 115~126.

6) **초기적 완전관료제** 완전관료제와 같은 특징들을 지니고 있으나 그 정도가 낮다. 작업흐름에 대한 라인통제정도는 높다.

7) **미성숙 작업흐름관료제**(pre-work bureaucracy) 작업흐름관료제나 초기적 작업흐름 관료제보다도 활동의 구조화가 낮은 수준에 있다. 그들이 제시한 조직유형을 활동의 구조화, 권한의 집중, 작업흐름에 대한 라인(비인격적) 통제별로 구분해 보면 [표 4-1-2]와 같다.[17)]

제 3 절 조직이론의 계보

Ⅰ. 서 론

핸더슨(K. M. Henderson)[18)]이 지적하는 바와 같이 오늘날은 조직의 시대이다. 문명의 발생 이래 인간은 분업과 협업에 의하여 생산성을 확대시켜 왔으며 현대사회는 조직을 통하여 모든 것이 이루어지고 있다.

따라서 조직이론의 연구가 활발히 진행되고 있으나 조직이론에 대한 계보를 밝히기는 더욱 어려워지고 있다. 조직이론의 계보와 변천에 대하여는 여러 가지 분류가 있으나 고전적 이론, 신고전적 이론, 현대적 이론으로 분류하는 것이 통설이 되고 있다.

Ⅱ. 고전적 조직이론

고전적 조직이론은 과학적 관리이론의 영향으로 성립, 발전되어 1930년대에 완성을 본 이론이다. 미국에서는 초기에 엽관제도의 성행으로 말미암아 부패가 만연하였고, 이러한 미국의 특수한 정치사정으로 인하여 19세기 말엽부터 개혁운동이 일어났고, 행정학은 그 초기부터 능률과 절약을 목적으로 과학적 관리로써 파악하였다.

즉 정치와 행정을 구별하고 행정을, 다만 기술적 수단으로서 인식하고, 당시 사기업에서 발달한 테일러(Frederick W. Taylor)의 과학적 관리법을 행정효율의 확보를 위한 방법론으로 도입하였던 것이다.

따라서 이 때의 조직이론의 내용을 살펴보면, 귤릭(L. Gulick)은 그의 저서 「조직론소고」(1937) 등에서 최고관리층의 기능으로 POSDCORB라든가, 부성조직의 기준으로 목적,

17) 양창삼, 조직이론(서울: 박영사, 1994), p. 59.
18) Keith M. Genderson, *Emerging Synthesis in American Public Administration*(London: Asia Publishing House, 1966), pp. 32~33.

과정, 고객, 장소 등을 발표했고 무니(James D. Mooney)는 「조직의 원론」(1939)[19] 등에서 조직의 조정원리, 계서제원리, 기능원리, 기능주의에 입각한 막료조직에 관한 이론 등을 주장하였다.

이 때 이론의 특징은 구조적 · 기능적 · 합리적 관점에서 논하였으며, 특히 절약과 능률의 강조와 행정의 과학화를 중시하는 원리접근법을 연구하였으며 폐쇄체제적인 관점과 합리적 · 경제적 · 인간모형에 입각한 연구를 하였다.

이 때의 영향으로 1906년에 창설된 뉴욕 시정연구소(New York Bureau of Municipal Research)와 1910년의 Taft 대통령에 의한 능률과 절약에 관한 대통령위원회(Committee on Efficiency and Economy)가 설치되었다.

고전적 이론의 학자로는 테일러(Frederick W. Taylor), 베버(Max Weber), 무니(James D. Mooney), 귤릭(Luther Gulick), 어윅(Lyndall F. Urwick), 간트(Henry L. Gantt), 페욜(Henri Fayol) 등이 있다.

Ⅲ. 신고전적 이론

신고전적 조직이론의 기원은 1927～1932년 메이요(Elton Mayo)의 호손 실험(Hawthorne experiment)에서 비롯되며 인간관계론은 신고전파 접근이론을 뜻한다.

이 이론의 특징은 인간의 감정적인 면과 사회적인 면을 강조하는 사회적 능률(social efficiency)을 새로운 가치기준으로 내세웠으며, 이에 따라 대인관계(interpersonal dynamics)와 인간집단의 비공식적 관계를 중시하였으며, 환경유관적인 입장과 사회적 인간관에 입각하면서, 고전이론의 허구적인 과학성이 아닌 경험주의를 제창하였다.

이상과 같은 조직이론의 두 가지 국면은 낡은 이론에 새로운 이론이 대치되었다기보다는 오히려 그것을 수정하고 새로운 것을 첨가하였다고 볼 수 있다. 고전이론은 아직도 널리 연구되고 있다.

또한 인간관계론 역시 오늘날에 널리 계승되고 있으며 대표적인 학자로서 메이요(Elton Mayo), 리커트(Rensis Likert), 리피트(Ronald Lippit), 레윈(Kurt Lewin), 딕슨(W. J. Dickson), 파슨스(Talcott Parsons), 아지리스(Chris Argyris), 사이몬(H. A. Simon), 사이어트(R. M. Cyert) 등을 들 수 있다.

19) James D. Mooney, "The Principles of Organization," in Dwight Waldo(ed.), *Ideas and Issues in Public Administration*(N.Y.: McGraw-Hill Book Co., 1953), pp. 89～92.

Ⅳ. 현대조직이론

1950년대와 1960년대에 들어서면서 조직이론은 매우 다양하게 발전하였다. 현대이론의 특색은 접근방법이 무한히 다각화되어 있는 가운데 아직 지배적인 통합적 모형을 탄생시키지 못하고 있으며, 가치기준 또한 다원화되고 문제선정도 다양화되어 가고 있다.

특히 현대조직이론은 연합학문적 활동(interdisciplinary activities)에 의하여 형성·발전되고 있으며, 연구에 동원되는 개념과 기술의 향상은 조직이론의 과학성 향상에 주된 요인이 되어 행태주의의 적용가능한 영역을 크게 넓혀 놓았다.

현대조직이론의 대표적 모형을 설명하면 다음과 같다.[20]

1. 의사결정모형

사이몬(H. A Simon)은 의사결정 과정을 다름 아닌 행정과정이라고 보고 조직은 이러한 의사결정과정의 체계화라고 보았다. 즉 이 모형은 조직을 의사결정자와 문제해결자(organization as decision-makers and problem solvers)로서 보는 것이다.

2. 관료제모형

베버(Max Weber)의 관료제 분석을 이론적 출발점으로 삼고 있으며 관료제를 합리적이고 효율적인 집단관리체제라고 보고 있다. 관료제 모형은 고전적 이론과 다르지만 이 모형은 외부에서 조직을 고찰하면서 고전적 이론을 그 테두리 속에 융합시키고 있다.

3. 체제모형

조직을 체제(system)로서 파악하고 체제의 유지, 변화, 투입, 전환, 산출과 환류 등에 관심을 가진다.

[그림 4-1-1] 체제모형

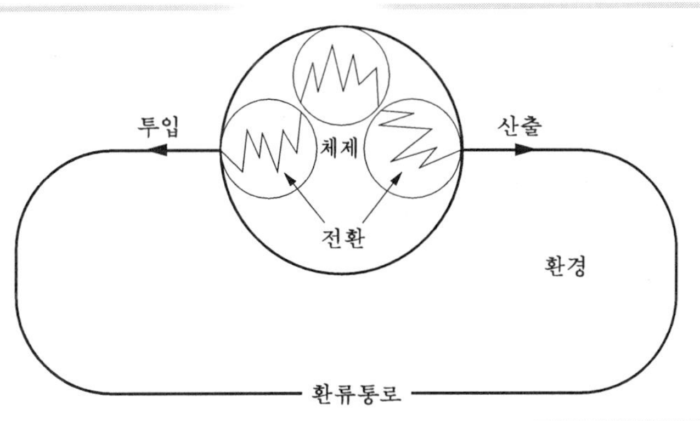

20) 오석홍, 조직이론(박영사, 1980), p. 86.

여기서 체제는 어느 정도 독립되어 있으면서 상호의존적인 대상과 속성으로 구성된 일정수준의 실체(entities)를 의미한다. 현대조직에 있어서는 조직을 체제로서 접근하는 것이 특징이며 [그림 4-1-1]과 같이 설명할 수 있다.

4. 사회체제모형

파슨스(Talcott Parsons)의 구조기능적 분석이론에서 영향받아 발전하였으며 조직은 소규모 사회이며, 전체사회의 부분으로 보는 모형이다.

또한 사회도 하나의 체제이며, 부분체제의 일원으로서 존재하고, 부분체제는 전체체제를 위해 특정기능을 수행하는데 적응기능, 목표달성기능, 통합기능, 유형유지기능 등이 조직의 주요목표이다.

5. 기타의 모형

기타의 모형으로서 조직의 쇄신이론이나 비교조직론이 있는데 전자는 조직 내의 역기능을 없애고, 창조적이고 쇄신적인 분위기 조성에 관심을 갖는 이론이며, 후자는 조직에 관한 사례연구와 일반론연구의 단점들을 보완하기 위하여 일정한 종류별 소속조직에 관한 이론을 구명하는 이론으로서 조직별로 정리하여 비교, 연구하기 위한 시도라고 볼 수 있다.

[그림 4-1-2] 조직이론 발전단계의 상징도[21)]

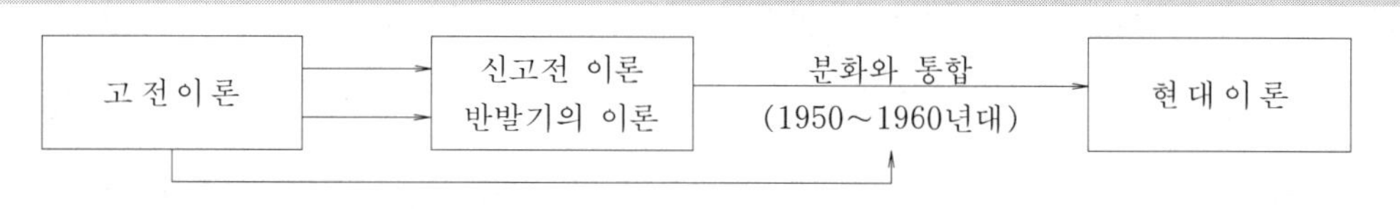

21) 오석홍, 상게서, p. 9.

제 2 장

조직의 역할구조와 형태

제 1 절 정부관료제(政府官僚制)

Ⅰ. 개 념

관료제를 구조분석하여 보면 크게 조직과 관리라는 두 부분으로 되어 있는데 양자는 상호보완하여 유기적인 관계로서 행정목적 실현을 위한 불가결의 존재이다.

그러나 관료제를 명백히 규정한다는 것은 곤란한 것이며, 메리암(Charles E. Merriam)도 관료제는 불확실개념(term of ambiguous meaning)이라고 명명하였다. 이에 대하여 리그스(Fred. W. Riggs)는 새로운 개념 규정을 하였는데 그는 구조적 입장과 기능적 입장으로 나누어 개념을 규정하였다.[1)]

1. 구조적 입장

관료제적 형태를 가지면서 합법적 내지 합리적 지배가 제도화되어 있는 대규모조직을 말하며, 그 특성으로 관료제의 보편성을 들고 있는데 관료제는 국가, 사기업, 노조, 교회 등 모든 조직에서 있으며 리그스(F. W. Riggs)는 공공관료제와 사적 관료제로 나누었다.

또 하나의 특성으로 의사결정 센터가 단일의 의사결정의 최고정점으로 연결되어 있으며, 따라서 계층적 대규모 조직을 가지고 있다.

2. 기능적 입장(機能的 立場)

이는 관료제를 합리성, 병리, 권력성으로 나누는데 전자는 전문화, 계층제, 구성원간

1) Fred W. Riggs, "Bureaucratic Politics in Comparative Perspective," *Journal of Comparative Administration*(May 1969), pp. 6～8.

비정의성(impersonality in membership relationship), 표준적인 규칙(standard sets of rules) 등이며, 관료제의 병리(bureau pathology)로서는 비효율, 무사안일주의, 형식주의, 무책임성, 비밀주의, 번문욕례(red tape) 등을 들며 후자와 같이 일정한 특권층을 형성하고 있는 관료들이 주된 정치권력의 장악자로서의 지위를 형성하고 있는 통치구조로 보는 사람도 있다.[2)]

현재의 관료제 연구경향을 보면, 몇 가지 특정적 요소들에 대한 상당한 합의에도 불구하고 방법론상의 차이에서 여러 가지로 나눌 수 있다. 즉 구조적 특징으로 정의하는 입장과 구조적 특징에 형태적 특징으로 정의하는 입장, 목표의 달성이라는 측면에서 정의하는 입장이 있는데 목표달성이라는 측면에서 블라우(Peter M. Blau)는 관료제를 행정효율을 극대화하는 조직으로 정의하고 있다.

Ⅱ. 특 징

물론 여기서 말하는 특징은 전술한 양 입장 중 구조적인 입장에서 본 것을 의미한다. 이에 관해서는 수많은 연구가 있었고 그 역사도 길지만, 가장 기본적인 것은 역시 베버(Max Weber)[3)]의 연구이다(어떤 의미에서는 관료제 이론은 Max Weber의 것을 설명·수정·보완·비판하는 것처럼 여겨질 정도로 아직까지는 Max Weber를 들지 않고서는 설명하기 힘든 실정이다). 따라서 여기서도 막스 베버로부터 시작하여, 그 후 1930년대 이후의 주로 미국 사회학자들에 의한 수정론과 1960년대에 들어 제기되기 시작한 발전론자들에 의한 수정론을 중심으로 하여 관료제의 어제와 오늘을 보기로 한다.

1. 베버(Max Weber)의 이론

여기서는 주로 우리 행정과 밀접히 관련되는 점을 중심으로 하여 살펴보도록 한다. 관료제에 관한 그의 이론은 이념형(ideal type)에 따라 구성되어 있기 때문에 먼저 이를 간단히 설명해 보기로 한다. 관료제를 예로 이념형이란 관료제의 제속성 중 가장 순수하고 특징적인 것만을 추상화해서 정립한 하나의 비교기준이 되는 개념도식(conceptual scheme) 또는 기본형(틀)을 말한다. 따라서 이는 어디까지나 경험적 연구의 지침으로서 고려되는 것이다. 그러나 그 밖에 어떤 가설적인 성격을 갖는 일반이론의 성격도 지니고 있음을 유의하여야 한다.

베버(Max Weber)는 이러한 이념형의 입장에서 권위의 정당성을 기준으로 하여 다음

2) 라스키, 파이너와 같은 정치학자, 하이에크, 미제스 등의 자유주의 경제학자들.

3) Max Weber(1864~1920)는 독일의 사회학자로서 그의 주요 관심과 공헌은 사회과학의 방법론과 Heinrich Karl Marx(1918~1883)의 유물론과 대립적인 입장에서 사회를 고찰하였으며 그의 정치적 견해는 초기에는 Bismarck를 좋아할 정도로 권위주의적이었으나 후일에는 미국적인 책임정치로 전환하였다.

의 세 가지 지배유형을 정립하였다.[4)]

1) **전통적 지배**(traditionale herrschaft) 정당성의 근거가 전통에 있다고 본다(예: 가산적 관료제).

2) **카리스마적 지배**(charismatische herrschaft) 정당성의 근거가 개인의 비범한 능력의 소유에 있다고 보는 것이다(예: 많은 추종자를 끄는 종교·정치·군사지도자). 따라서 변혁이 심하고 세속화의 정도가 낮은 미개사회일수록 여러 가지 상징조작을 통한 이런 지배유형이 많이 발견된다.

3) **합법적 지배**(legale herrschaft) 정당성의 근거가 성문화된 법령에 있다고 보는 것이다(예: 후술하는 근대적 관료제).

그러나 이는 어디까지나 하나의 이념형이라는 점을 잊어서는 안 된다. 다시 말해서 이러한 세 가지 지배유형이 현실적으로 각각 존재하는 것이 아니라 정도의 차이가 있을 뿐, 어느 나라의 경우나 이 세 가지가 혼합되어 나타난다는 점이다.

이러한 점에서 이 중 우리와 관련성이 큰 가산적 관료제와 근대적(또는 합법적) 관료제의 특징에 대해 구체적으로 살펴보기로 한다.

(1) 가산적 관료제가 존치하는 가산국가(家産國家)의 특징

1) 국가가 왕의 세습재산으로 간주된다. 따라서 공법과 사법의 구별이 없고 통치권과 소유권의 구별이 없다(예: 우리의 조선조시대).

2) 관료의 행동을 좌우하는 것은 성문화된 법령이 아니라 전통이다.

3) 권한의 배분이 기능적 분업에 의하는 것이 아니며 왕의 권한은 약화되기 쉽다(예: 조선조의 신임 세도정치).

4) 관료에게 필요한 지식은 전문적인 것이 아니라 일반 교양적인 것을 요청한다(예: 조선시대의 과거시험).

5) 전통에 없는 문제에 당면했을 때(근대적 관료제는 법령에 따라 처리함으로써 형식적 합리성·보수성을 지니는 결점은 있으나 예측이 가능하고 안정성이 있다) 가산적 관료제는 법령의 구속 없이 결정자의 자의에 따라 결정함으로써 실질적 합리성, 변동에 대한 적응력을 지니기는 하나, 예측이 어렵고 안정성을 상실한다.[5)]

(2) 근대적 관료제의 특징

이는 우리에게 근대국가의 관료제의 이상적인 것으로서 알려져 있는바, 그 특징을 요약·정리해 보면 다음과 같다.

1) 공·사의 구별이 엄격하다.

---

4) Max Weber, *Wirtschaft und Gesellschaft*, 1921, pp. 122~126; 青山秀夫, マックス, ヴェーベの社會理論(東京: 岩波書店, 1956), pp. 157~159.

5) 이러한 외면적인 것 외에 내면적·본질적인 것으로서, 관서와 가정의 분리 또는 인사와 예산의 분리가 되어 있는 것 같지만 사실상은 그러하지 못한데다가, 박봉으로 인하여 보수만으로는 생활이 안 되므로 자연히 관권을 통해 사취하여 그 중 일부를 상납하고 나머지는 사생활에 쓰게 되는 급여형태를 취하고 있다는 점에서는 조선시대에는 물론 현재에도 거기서 크게 벗어나지 못하고 있음을 볼 수 있다.

2) 각 관서의 권한의 한계는 법령에 의하며, 따라서 안정성과 예측성이 높고 모든 관리는 안정되고 세밀한 법령에 의하게 되며,

3) 모든 사무를 문서에 의하여 처리한다.

4) 상하관간의 권한이 다르고 지휘・감독관계는 계층제에 의한다.

5) 모든 사무는 전문성이 요청되고,

6) 사무에의 전념을 요구한다.[6]

2. 수정론(Ⅰ)

1930년대 이후의 미국의 사회학자들을 중심으로 하여 전술한 바와 같이 막스 베버(Max Weber)의 관료제이론의 공헌은 지대하지만, 그의 이론 역시 시간이 흐르고 적용장소 또는 역사적・사회적・문화적・정치적 배경이 다름에 따라 그에 의한 제약을 받지 않을 수 없었다. 따라서 그의 이론이 비판과 수정을 받기 시작하였으며 그것은 주로 1930년대부터 경험적 연구를 하기 시작한 미국의 사회학자・경영학자들에 의한 것이었다.

이처럼 그의 이론이 비판을 받기 시작한 근본적인 원인은 그의 이론이 본질적으로 경험적・귀납적인 것은 아니지만, 그의 배경이 당시 독일의 비민주적 정치사회 및 군대조직・회사, 전체주의적인 정당・행정부였다는 것이다. 이러한 제약과 그의 주요관심이 합법적(또는 근대적) 관료제의 이점을 강조하려는 데 너무 치중한 결과 다음과 같은 결점을 지니게 되었다고 할 수 있다.

1) 공식적인 면에만 관심을 가지고 비공식적(informal)인 면을 간과하였다는 점이다. 이 점을 크게 보완한 것은 블라우(Peter M. Blau)의 연구 등을 들 수 있는데, 그는 자생집단(informal group)의 순기능적인 면을 지적하였다(비공식적 측면의 수정・보완).[7]

2) 지나치게 합리적인 면만 강조하고 비합리적(irrational)인 면을 등한시 하였다. 그러나 실험・조사의 결과는 합리적인 면만 강조하면 오히려 비합리적인 행동이 결과되며, 또한 반대로 비합리적인 요인이라고 해서 목표달성에 반드시 역기능적인 것만은 아니라는 것이었다. 이러한 점에서 많은 학자들의 공이 크지만, 비합리적이지만 목표지향성, 즉 순기능적일 수 있다는 것을 지적한 블라우(Peter M. Blau)의 공을 특히 지적하지 않을 수

6) 이러한 근대적 관료제는 우리의 경우 1945년 해방 전의 조선총독부의 행정에서 이에 유사한 예를 발견할 수 있다. 즉 엄격한 계층제, 법령에 의한 형식적 합리성, 통제위주의 행정, 인사와 예산의 분리, 실적위주의 인사, 정치책임에 대한 고려가 없는 점 등이 그것이다. 그러나 이러한 바탕 위에 해방 후 대한민국정부가 수립되면서 재생된 조선시대의 가산적 관료제가 가미되어 양자의 혼합형을 이루어 오다가, 1961. 5. 16. 이후 Max Weber의 근대적 관료제의 성격과 미국 관리학의 혼합적 성격을 지닌 행정인에 의하여 가산적인 것이 약간 후퇴한 감을 주나 특히 기능상의 면에서는 아직도 개선의 여지가 많다.

7) Peter M. Blau, *Bureaucracy in Modern Society*(Chicago: University of Chicago, 1956), pp. 53~85; Fred W. Riggs and Edward W. Weidner, *Models and Priorities in the Comparative Studies of Public Administration*(1963), p. 42; 그 밖에 Hawthorne 연구에 종사한 E. Mayo, C. I. Barnard, F. J. Roethlisberger, White-head 등을 들 수 있다.

없다(비합리적 측면보완).[8]

3) 관료제의 순기능적인 면만 강조되고 역기능적인 면은 경시되었다. 언제나 관료는 목표달성에 이바지하는 방향으로만 움직이는 것은 아니다(환경과의 교섭면의 보완).[9]

4) 관료제를 조직내부에 한정하여 고찰하고 환경과의 관계를 보지 않았다(환경과의 교섭면의 보완).[10] 그의 호선이론(cooptation theory)은 관료제가 그를 둘러싸고 있는 환경과의 적응을 위하여 인재를 관료제 속에 받아들임으로써 조직의 안정, 존속에 대한 위협을 제거하고 지지를 받으려는 것으로서 정당이 여성단체나 노동조합 또는 특수사회단체의 지도자를 전국구로 받아들이거나 다른 조직에 속한 인물을 조직의 지도층이나 정책결정기구에 참여시키는 것으로(단, 10월 유신 전) 국회의원후보로서 공천 내지 추천하는 것 등은 이 예에 속한다.

3. 수정론(Ⅱ)

1960년 후의 발전론자들을 중심으로 전술한 지난 30여 년간에 걸친 미국의 사회·경영학자들에 의한 수정은 사실상 주로 막스 베버이론의 배경 및 그의 이념형으로 인한 제약을 부분적으로 보완한 데 불과한 것이었다. 그러나 1960년대에 접어들면서 관심을 끌기 시작한 발전론은 그의 이론을 전면적으로 수정·재정립하여 막스 베버가 관료제의 기능을 통제·법질서의 유지 또는 부여된 임무의 기계적이고 효율적인 집행으로 보는 데 대하여, 발전론자들은(이러한 것은 2차적인 것으로 보고) 관료제 자체가 발전·쇄신의 주도적 기능·역할을 담당할 것으로 기대하고 있으며 이러한 요청은 많은 경우, 통제위주·현상유지위주의 것과는 상극적이기 때문이다.

그러면 구체적으로 어떻게 다른 이론을 제기하고 있는가를 전술한 막스 베버의 근대적 관료제의 특징을 중심으로 검토하여 보기로 한다.

1) 각 관서의 권한이 성문화된 법령으로 규정됨으로써 안정성과 예측가능성을 유지할 수 있으나. 구조변경이나 법령개정의 곤란 등으로 어떤 여건의 변동에 따른 구조변경이나 법령개정의 요청이라는 도전(challenge)에 적절하게 대응(response)하지 못하여 발전·개혁·쇄신이라는 점에서는 오히려 장애가 된다는 것이다.

예를 들어 어떤 기관의 정원은 어느 정도 통제를 해야 하지만, 발전을 위해서는 전보직(轉補職)이나 내부구조의 변혁 등 구체적이고 세부적인 것은 책임자에게 위임함으로써 융통성 있게 임시구조(temporary structure)의 성격을 갖게 하는 것이 보다 바람직하다는

---

8) Peter M. Blau, *ibid.*, pp. 57～69; Freed Heady, "Bureaucratic Theory and Comparative Administration," *Administrative Science Quarterly*, Vol. 3, No. 4(March 1959), pp. 518～519.

9) 조석준, 전게서, pp. 63～65; Robert K. Merton, *Social Theory and Social Structure*(1957), p. 51. 그는 이 외에도 잠재적 기능(latent function) 목표의 대체 등을 지적하였다.

10) Philip Selznick, *TVA and the Grass Roots*(Chicago: University of Chicago Press, 1949), p. 26; Michel Crozier, *The Bureaucratic Phenomena*, 1964, p. 181.

것이다(관청권한에 대한 수정).[11]

2) 베버가 조직 상하간의 종적인 관계에서는 지휘·감독을 강조하는 계층제를 중시하고 있으나, 발전이라고 하는 입장에서는 하의상달이나 참여는 물론 계층제의 기능을 지휘·감독하는 것 외에 분업의 입장에서도 고려한다는 것이다(계층제문제에 대한 수정).[12]

3) 발전의 입장에서도 관료로서 전문가가 요청된다는 점에서는 변함이 없으나, 그것이 좁은 분야의 전문지식만 가짐으로써 사회 전반에 걸친 폭넓은 이해력이 결핍되고 협조가 잘 안 되거나 발전지향성이 부족해서는 오히려 곤란하다는 것이다(전문지식·기술 문제에 대한 수정).

4) 사무에의 전념을 요한다는 점에서도 변함이 없으나, 그 밖에 그때그때 발생하는 문제 또는 관심 있는 문제에 따라 수시로 특별조사반 또는 작업반(task force or project team)을 편성하여 해당 분야의 여러 전문가들을 임시로 고용할 뿐 아니라, 직원들에게도 그들의 전문직업인(professional)으로서의 자질향상을 적극 요청하고 있다.

5) 법령에 따른 행정이 요청되기는 마찬가지이나, 이것이 근대적 관료제에서처럼 지상의 것이 될 수는 없으며, 또한 해석에 있어 실질적 합리성보다 형식적 합리성에 치중되어서도 곤란하다. 바람직한 것은 발전목표에 비추어 합목적적인 해석(또는 목적론적인 해석)과 이의 개정에 적극적인(proactive) 태도를 취하는 것이다(법규에 의한 행정의 문제).

4. 기타 비판

1) 조직을 폐쇄적으로 보고 있다.

2) 관료제와 갈등을 취급하지 않고, 질서와 규율을 중시한다.

3) 누구를 위한 관료제인가 등이다. 이에 대해서는 조직의 상층부의 입장에서 본 측면이 많다. 그를 위한 규율, 이를 위한 수단으로 법규와 분업이 언급되어 있어 권위주의적이고 인간관에 있어서도 Theory X적인 측면이 엿보인다. 따라서 철학적으로 과학적 관리이론과 상통하는 면이 있다.

4) 관료제와 정치적 통제: 관료제는 채용·경력면에서 고도로 전문화된 조직으로 비전문성을 갖고 감독하려는 정치인들의 의도대로 순응할 것인가라는 것이 문제이나 베버는 이에 대해 언급치 않았다.

이상으로 막스 베버로부터 시작하여 1930년대의 미국의 사회·경영학자들을 중심을 한 수정론과 1960년대의 발전론자를 중심으로 한 수정론에 이르기까지, 특히 우리와 밀접히 관련되는 부분을 중심으로 하여 관료제이론의 변천을 개관하여 보았다.

여기서 우리는 전근대적 요소와 근대적 요소가 혼재하는 혼합적인 성격의 관료제를 가지고 있음을 알 수 있다. 즉 우리 문화·환경의 특수성에 기인하지만 아직도 관직·관

11) 조석준, 조직학개론(서울: 박영사, 1979), pp. 65~67; Thomas L. Whisler, *Information, Technology and Organizational Change*(1970), p. 20.

12) Richard Beckhard, *Organizational Development*(N.Y.: Addison-Wesley, 1966), p. 5.

권을 수입의 원천으로 이용하고 있으며, 전문성은 낮고 결정자의 자의가 크게 작용하고, 상하관계가 기능적 분업관계 아닌 신분적인 요소가 다분히 내재하는 등 봉건적(封建的)·가산적(家產的)인 면이 남아 있는가 하면, 일정시(日政時)의 법령지상 · 계층강조 · 통제지상의 전제적(專制的) · 근대적 요인이 아직 깊숙이 자리잡고 있으며, 거기에 5.16 이후 군인들에 의한 계층 · 통제 위주에다 미국의 1940~1950년대의 관리기술이 가미되어 운영되어 왔다. 게다가 최근에는 최신의 발전관료제적인 것이 부분적이나마 점차 도입되고 있어 그야말로 전술한 네 가지 성격의 것이 복잡하게 혼재하고 있는 것이다.

이처럼 과도기적 성격을 지니고 있어 행정의 예측성은 극히 저하될 수밖에 없다고 하겠다.

Ⅲ. 관료제의 병리

1. 서 설

병리(pathology)란 신체에 이상이 있거나 병으로 인하여 구조나 기능에 생긴 변화를 연구하는 것을 말한다. 따라서 관료제의 병리란 본래 의도되고 기대한 것과는 다른 행태·변화가 기능 · 구조에 야기되어 조직의 목표수행에 긴장을 초래하는 것, 다시 말해서 관료제의 역기능(disfunction) 현상을 의미한다고 볼 수 있다.

그 원인에 있어서는 관료제의 본질에서 유래되는 보편적인 현상과 각 민족의 역사적·사회적 · 정치적 특수성에서 유래되는 관료제 병리의 특수한 현상이 있는데 사실상 구별되지 못하고, 모두가 관료제의 병리로 오인되어 심한 정치적 저항의식을 가지게 된다. 따라서 관료제 병리를 연구하여 관료제 본질의 실체파악에 기여하여야 한다.

2. 관료제 병리에 대한 연구

(1) 관료제에 대한 사상

관료제에 대한 사상은 합리적이고 최고의 선이라는 이상적인 사상과 병리적이고 역기능적이라는 비판적인 사상이 있다. 전자는 베버(Max Weber)의 사상으로 관료제를 계층적 구조를 가지고 합리적인 지배복종 관계가 제도화되어 있는 대규모 조직구조로 본다. 이는 과학적 관리론과 유사한 것으로 논리와 질서가 최고도로 실현되는 사회구조가 최선의 것이며 조직과 역할은 인간보다 중요하다는 사상이 근저에 깔려 있다.

후자는 인간의 자유와 권리를 제약하는 비효율과 비합리성을 연출하는 인간의 적이라고 보는 견해이다. 이렇게 합리적인 면과 비합리적인 면을 동시에 가지는 것이다.

(2) 관료제의 병리에 대한 학자들의 연구

머톤(R. K. Merton)은 1940년 관료제 구조와 인격(Bureaucratic Structure and Personality)[13]에서 관료제 내부에서 과잉순응(overconformity)의 현상에 의한 목표와 수단의 도치를 연구하였고, 톰슨(V. A. Thompson)은 현대조직론에서 인간의 불안정이라는 개념을 가지고 연구하였으며, 블라우(P. M. Blau)는 1963년 관료제 동태론에서 동조과잉, 변화에 대한 저항은 조직 내의 사회관계 불안정성에서 유래된다는 것을 규명하였다.[14]

또한 코헨(Cohen)은 1965년 관료제의 마술성에서 업무수행절차를 분석하여 현실적인 관료제의 마술적 실체성을 밝혔으며, 셀즈닉(P. Selznick)은 분업관계에서 상위부서 내지 목표보다는 자기들의 이해관계를 더 중시하는 데에서 조직목표를 성취하지 못한다고 규명하였다.

그리고 구울더(Goulder)는 머톤(Merton)과 같이 법규를 강조, 법규를 최소한의 책임한계로 인식하여 조직목표와 실제간에 간격이 벌어짐을 규명하였다.

3. 관료제 병리의 제현상

1) **과잉준수(overconformity)** 규칙준수 강조로 목표의 도치와 법규만능의 의식을 갖게 되는데, 이는 개개인의 입장에서 볼 때 조직 내 사회관계의 불안정에 대한 자기방어기능을 수행하는 가운데 야기된다고 본다.

또한 무사안일의 풍토를 조성하여 상관지시에 맹종하며 선례가 불합리하고 문제점이 있어도 수정 노력하지 않고 맹종하게 된다.

2) **서면주의** 모든 사무처리를 일정한 양식과 절차에 따라 서면으로만 행하며, 권리 · 기능 · 권한 · 권력 및 의무와 책임관계를 서면중심으로 확인 · 결재하는 문서형식 제일주의로서, 문서작성이 많고 도장을 많이 찍게 되며 번문욕례(繁文縟禮: red tape) 등의 현상이 따른다.

3) **관직사유화** 관직을 자기생활수준을 높게 유지하려는 수단으로 보고 사람다운 대접을 받고 일을 배운다는 생각보다는 오히려 부수입을 생각하는 나머지 보직을 통하여 돈을 벌려는 입장이다.

4) **인격의 상실** 매일 업무의 단순반복으로 창의력을 발휘하지 못하고 명령 · 지시만 기다리는 선례 답습주의 현상이다. 권태화, 욕구불만화, 기계화로 인간성 상실의 표출 등이다.

5) **독선권위주의** 기만성, 교만 · 불친절 · 비밀주의 · 냉정 · 무책임성 속에서 권력성만 발휘하려는 병리현상이다.

6) **형식 · 이중주의** 씨족 · 지방 · 학교 등의 귀속주의(인연주의)와 실적주의가 병행하

---

13) Robert K. Merton, "*Bureaucratic Structure and Personality,*" reprinted in Amitai Etzioni, ed., *Complex Organization: A Sociological Reader*(N.Y.: Holt, 1961), pp. 48~61.

14) Peter M. Blau, *The Dynamics of Bureaucracy,* revised ed.(Chicago: University of Chicago Press, 1963), pp. 232~237.

여 생기며 선진국의 제도를 맹종하며 외형적 행태를 갖게 되는 현상이다.

7) 종할행정주의 할거주의(sectionalism)라고도 하는데, 각 부처·국·과는 정부조직의 하위체제인바, 관료는 체제적 사고방식을 가지고 조정·협력을 하여야 하는데 아집, 할거, 시야협소적 전문화로 인한 무능 속에서 나오는 현상이다.

8) 변동에 대한 저항 보수성을 띠고 발전지향적 노력보다는 자기현상유지에 급급하는 현상과 자기이익유지의 행태와 통제의 곤란성에서 생기는 병리현상으로 지적될 수 있다.

4. 관료제와 쇄신

(1) 쇄신의 필요성

쇄신을 헤겐(Hagen)은 창조의 의미로, 톰슨(Thompson)은 새로운 아이디어를 창안하고 실천하는 것으로 보았다.

발전도상국가는 관료제(행정)가 국가발전에 중추적 역할을 하므로 관료제에 내재하는 보수성과 병리적 현상을 극복하고 미래 지향적이고 창의적인 행정역할을 담당하도록 관료제를 쇄신하여야 한다.

(2) 관료제 병리의 극복방향

이에 대해 코헨은 다음과 같이 언급하였다.[15]

첫째, 융통성과 동태성을 확보하면서 조직의 기본목표에 벗어나지 않게 조직을 신축성 있는 조직으로 만든다.

둘째, 조직목표에 충실을 기하면서 구성원들에게 적정한 재량의 범위를 확보하게끔 관료들의 고도의 직업화를 통한 자율화와 분권화, 의사전달의 조장장려와 상여유인제를 실시한다.

셋째, 권한오용과 조직목표로부터 이탈하지 않고 조직 내외의 억제와 균형을 유지토록 업무처리 방법의 정확성에 대한 연구와 조사를 실시한다.

우리에게 있어서는 관료이익의 추구와 관료제의 목표추구간에 불일치가 심하며, 급속히 강화된 행정권에 대한 통제력이 미약하여 문제가 보다 심각하다.

5. 관료제와 민주주의

(1) 관료제와 민주주의의 상관관계

관료제는 민주주의를 위협하고 있는 동시에 민주주의 사회에 있어서 중요역할을 하고 있다. 즉 목표설정시 민주적인 조직이 필요하며, 목표수행시 효율적인 조직이 필요하다. 그러나 실제 조직은 두 가지 원리 사이에서 갈등을 겪고 있다.

15) Harry Cohen, *The Dynamics of Bureaucracy*(C. Ames: Iowa Univ. Press, 1965) 참조.

⑵ 관료제의 민주주의에 대한 저해

라스키(H. Laski) 등 주로 관료제를 정치권력의 집단으로 보는 학자들의 견해로는

첫째, 소수자에게 너무 많은 권력을 장악시키므로 권력의 불평등을 초래하며, 스스로의 이익을 위해 권력을 행사한다는 것이다.

둘째, 민주주의의 요구에 부적응한다는 것이다. 파이너(H. Finer)는 특수계층인 관료군이 자기가 형성한 원리에 따라서만 행동하면서 민중을 지도하는 것만 알고 민중으로부터의 지도를 인정하지 않는다고 하였다.

셋째, 행정의 지나친 우월화이다. 원래 행정은 집행을 하는 존재이지만 오늘날 입법 및 정책수립권한까지 행사하여 국민의 자유를 위협하는 소지가 있다.

⑶ 관료제의 민주주의에 대한 공헌

첫째, 공직의 기회균등 원칙하에 전문적 지식이나 능력에 의거 관료를 임용한다.

둘째, 법 앞의 평등을 실현하여 일반적 법규에 의한 보편주의를 적용한다.

셋째, 민주적 목표의 수행을 위하여 기술적 우수성을 자랑하는 관료제의 도움을 받는다.

⑷ 결 론

이론상 서로 모순 대립되어 있는 것처럼 보이나 실제로 반드시 그렇지만은 않다. 설사 관료제가 민주주의를 위협해도 관료조직이 주는 이점 때문에 쉽사리 폐지되지 않는다.

따라서 우리가 관료제에 예속화되지 않도록 이를 민주적으로 통제할 수 있는 제도적 방안을 강구해서 민주성과 능률성의 조화를 이루도록 하여야 한다.

제 2 절 공식적 조직과 자생집단

Ⅰ. 의 의

1. 개 념

공식적 조직(formal organization)이란 한 마디로 제도상의 조직을 말한다. 환언하면 일정한 목표를 합리적·효율적으로 달성하기 위하여 편성·설치된 인위적 분업체제를 의미하게 되므로 법령·직제 등이 마련되어 있어 그 구성원간의 역할·권한 등을 규정하게 된다.

이에 대하여 자생집단(informal group) 또는 비공식적 조직(informal organization)이란 공식적 조직 내에서 일부 조직인들간에 자연 발생적으로 형성되는 소집단(small group)을 말한다. 그러므로 엄격한 의미에서는 조직이라고 부르는 것이 적당치 않으나 공식적 조직 내에서 발생하고, 종래부터 공식적 조직과 대조되는 개념으로 대두되어 그렇게

호칭되어 왔다는 점에서 그대로 병용되고 있으나 근본적으로는 학문의 미숙에 그 원인이 있지 않나 생각된다. 즉 정확한 용어의 발달이나 분별 및 개념 규정이 명확히 이루어지기 전에 명명되었기 때문이라는 것이다. 따라서 최근에는 비공식적 조직이라는 용어 대신 자생집단·비공식적 집단·소집단이라는 용어를 많이 사용하게 되었는데 그것이 타당하다고 생각한다.

2. 공식조직과 자생집단의 특징

1) 공식적 조직은 제도화된 단위이며 인위적이고, 자생집단은 제도화되어 있지 않고 조직성원들의 현실적 행동·태도 속에 살아 있다.

2) 공식적 조직은 직제나 기구도표에 나타난 조직이며, 자생집단은 불문율적인 단위로서 대규모 공식조직 내에 여러 개가 있을 수 있어 파악이 곤란한 단위이다.

3) 공식적 조직은 전조직성원이 동일목표를 추구하나, 자생집단은 개인의 정서를 추구하며 인간의 비합리까지도 양면으로 추구하는 단위이다.

4) 공식적 조직은 전체적 질서이고, 자생집단은 부분적 질서임을 특질로 한다.[16)]

5) 공식적 조직은 행정의 양과 질의 변동으로 계속 확대되어 가는 추세이나 자생집단은 인간관계를 기본요건으로 특별한 관계권이 형성됨으로써 소집단(small group) 상태를 유지한다.[17)]

6) 공식적 조직의 권위는 상층부에서 위임된 것이나, 자생집단 내에서는 영향력으로 통한다. 따라서 강제성이나 규제성이 없어 오히려 권위는 하향적이 아니고 상호작용적이다.

Ⅱ. 자생집단의 본질

1. 이론적 배경

(1) 인간관계론과의 관계

자생집단은 인간관계론의 기원이 되는 호손(Howthorne)연구에서 처음으로 발견되어 그 중요성이 강조되기 시작하였다.

이후 자생집단이론은 인간관계론의 중요한 일부로서 리더십, 의사전달 등의 이론과 함께 상호밀접한 연관을 가지고 연구되어 왔다.

예를 들면, 인간관계론이 주장하는 민주적 리더십은 하의상달의 개방을 의미했고, 이 양자는 공식조직이 마치 자생집단과 같이 운영되는 것을 의미하였다.

---

16) H. A. Simon, Donald W. Smithburg and Victor A. Thompson, *Public Administration*(New York: 1956), pp. 85～91.

17) Keith Davis, "Informal Organization" in Koontz and O'Donnel(ed.), *Readings in Management*(N.Y.: McGraw-Hill Co., 1959), pp. 235～238.

따라서 이 3자는 불가분의 관계에 있으며, 1940년대 이후 많은 연구는 이 3자를 묶어서 소집단 연구에 적용하는 관례를 남겼다.

(2) 소집단론

레윈(Lewin), 리피트(Lippit), 화이트(White) 등이 지도형에 관하여 어린이를 대상으로 한 실험은 그 후 많은 분야에 영향을 미쳤지만, 특히 소집단론(small group theory)이란 새로운 분야를 생기게 하고 유사한 실험연구를 활발하게 하는 영향을 미쳤다.

또 실무면에서는 기업과 행정기관, 군대, 기타 대인설득용에 위의 연구들이 인간관계라는 제하에 지도자 훈련용으로 많이 사용되었었다.

2. 자생집단의 발생원인

1) 집단의 성원이 규칙을 준수해야 되는 공식적인 규범보다 자연인으로서 감정과 욕구에 따라 행동하려고 하는 데에서 자생집단이 발생한다.

2) 현대 행정조직은 거대화됨으로써 조직인과 자연인 사이에 거리감이 생겨 부문적으로나마 조직에서 소외되는 사람이 있어 자연발생적으로 자생집단이 생긴다.

3) 조직구성원의 혈연 · 지연 · 이해관계 · 취미 · 종교 · 학교관계 등에 의하여 관계가 있는 소집단을 중심으로 자생집단이 형성된다.

4) 개인조직이 토대가 되어 형성되기도 하며 공식적 조직 내에서는 자기계발이 어려우므로 항상 고충처리의 상대자로서 자생집단의 성원을 찾게 됨으로써 생기는 경우도 있다.

3. 유 형

자생집단의 유형을 분류하는 방법은 여러 가지가 있으나, 그 중 주요한 것 몇 가지를 들어 보기로 한다.

1) 공식적 조직의 계층을 기준으로 하여 동일계층간에 이루어지냐, 또는 각기 다른 계층간에 이루어지냐에 따라 종적인 것과 횡적인 것으로 나누어 볼 수 있다.

2) 욕구충족이라고 하는 기능을 기준으로 하여, 가령 사적인 취미가 동일하다든가, 상호간에 혜택을 보자는 공리적인 욕구충족을 위해서라든가, 또는 이념 · 사상의 일치나 교환을 목적으로 집단을 구성하는 경우 등을 생각할 수 있다. 우리나라 정당 · 정치인 · 사회를 이에 비추어 볼 때 유감스럽게도 이념적인 경우는 거의 없고, 주로 사적이거나 공리적인 경우가 지배적이라고 할 수 있겠다.

3) 귀속성과 실적성을 기준으로 하여 분류해 보면, 지연 · 혈연 등 전적으로 귀속성을 띤 경우, 출신학교를 기준으로 한 것처럼 귀속성과 실적성이 혼합된 경우 또는 각자의 실적만을 기준으로 하는 경우 등으로 나누어 볼 수 있는바, 우리나라의 경우는 출신지나 출신학교 또는 과거의 동일직장을 기준으로 한 것이 대부분이라고 할 수 있다. 그런데 여기

서 이러한 자생집단의 목표기능이 전술한 공리적인 경우에 우리는 정실과 파벌이 작용한다고 비판하게 된다.

Ⅲ. 자생집단(비공식조직)의 기능

자생집단이 공식적 조직과의 관계에서 어떠한 기능을 하는가? 이는 크게 조직의 목표달성을 돕는 순기능적인 면과 역기능적인 면으로 나누어 볼 수 있다. 먼저 그 내용을 살펴보고 그러한 기능을 발생시키는 원인 내지 변수를 검토해 보기로 한다.

1. 순기능(順機能)의 내용

1) 의사전달의 촉진, 귀속감(sense of belongingness)·일체감의 강화와 그를 통한 인정감·만족감·안정감 충족 및 기타 정의적(impersonal)인 면의 보완 등 공식적 조직의 미비점을 보완하고 조직구성원의 근무의욕을 높여 준다.

2) 조직성원들간에 쉽게 합의점에 도달케 한다.

3) 발전(쇄신)적 사업 등 장래 예측이 불확실하고 위험이 수반되는 새로운 일을 쉽게 감행하거나 변화에의 적응을 용이하게 해 준다.

4) 공식적 조직의 지도자 업무량을 감소시켜 준다.

5) 의사소통이 원활하게 된다.

6) 조직의 생리현상을 파악할 수 있다.[18)]

7) 자기혁신과 자기개발을 가능케 한다.

2. 역기능(逆機能)의 내용

1) 의사전달의 왜곡을 가져온다(유언비어·풍문·억측 등).

2) 자생집단의 성원간에만 의사전달이 되고 그 외부와는 차단된다.

3) 의사결정에 있어 집단성원의 이익에 치우쳐 정실에 빠지기 쉽다(정실인사·파벌 조성 등).

4) 공식조직의 목표나 책임자의 지시를 성취곤란케 하거나 지연시킨다.

그러나 여기서 유의할 점은 이상의 구분은 이론상의 것에 불과한 것이며, 현실적으로는 정도상의 차이는 있지만 어느 것이나 양기능을 병행하고 있다는 점이다.

3. 변수(또는 원인)

자생집단이 공식적 조직과의 관계에서 이처럼 순기능과 역기능의 양면적 기능을 하고 있는바, 이를 발생시키는 근본적인 원인 내지 그 변수로서는 자생집단의 목표와 공식적

18) F. M. Marx, *Elements of Public Administration*(New York: Prentice Hall, Inc., 1941), pp. 295~296.

조직의 목표간의 일치 여부를 들 수 있는데, 이의 일치 여부는 먼저 그 자생집단의 목표·구성기준·성원의 성분 등이 어떠한 것인가에 크게 의존한다고 생각된다. 다시 말해서 자생집단이 귀속적 기준에 의한 공리적인 것일수록 역기능적인 면이 강하고 반대로 업적을 기준으로 하고 이념적인 것일수록 순기능적인 면이 강할 것이다.

또 공식적 조직의 책임자가 이러한 자생집단을 어떻게 대하는가에 따라 그 일치여부는 달라질 수 있다. 즉 방관적인 태도를 취하는가 아니면 처음부터 적대시하는가, 또는 적극적으로 접촉하고 그들을 참여시켜 그들의 협조·지지를 구하는가에 따라 그 기능은 순기능적일 수도 있고 역기능적일 수도 있는 것이다.

Ⅳ. 자생집단의 통제(필요성과 방법)

현대인의 생활은 조직을 중심으로 하여 이루어지는데, 그 조직이 점차 대규모화(관료제화) 됨에 따라 어느 조직에나 자생집단이 발생·존재하고 그는 순기능적인 것과 역기능적인 것의 양면기능을 혼합적으로 수행하고 있음을 알았다. 따라서 공식적 조직의 책임자는 이러한 자생집단에 대하여 무조건 불순한 것으로 적대시하고 억제하거나 아니면 방관·외면할 것이 아니라, 그것을 충분히 이해하고 그들의 근무의욕을 높여 그들이 공식적 조직의 목표수행에 유익하게 작용하도록 통제·활용할 필요가 있는 것이다. 그러면 그 구체적인 방법을 몇 가지 들어 보도록 한다.

1) 공식적 조직의 책임자는 우선 그 조직 내에 존재하는 자생집단의 실태를 파악하여야 한다(그들의 구성기준·목표·구성원의 성분·지도자·기능·결합력·역사 등).

2) 일단 모든 자생집단의 목표와 공식적 조직의 목표를 일치시키기 위해 그들과 접촉하도록 그들을 설득·권유·유도하여야 할 것이다.

3) 특히 그들의 지도자·실질적 영향력을 가지는 자가 누구인가를 파악하여 그들을 적당히 활용한다.

4) 그러나 종래 그 구성기준·목표·기능·구성원의 성분 등이 바람직하지 못하거나 또는 앞으로 그러할 가능성이 다분한 것은 우선 설득·권유·의사전달·참여 등 비강제적인 방법으로부터 시작하여, 집단성원간의 격리·지도자의 격리나 격하 또는 전보 등 인사조치를 통한 강제적인 방법에 이르기까지 단계적인 조치를 취한다(그러나 후자의 방법은 최후의 경우에 사용하는 극단적인 방법임을 유의하여야 한다).

5) 조직구성원에게 안정감과 만족감을 갖도록 하며 공식조직에 대한 자부심을 갖도록 한다.

V. 자생집단의 영향력의 한계

자생집단이나 소집단 연구는 인간관계론자들에 의해서 공사조직을 이해하는 데 많은 도움을 주었으나 초기의 인간관계론자들은 자생집단을 지나치게 강조하였다는 등의 비판을 받게 되었다.

1) 자생집단의 범위문제에 있어서 보편적으로 존재하는 것이 아니라는 점이 지적되었다.

2) 조직구성원의 행동동기에 있어서 공식적 조직의 영향력도 막중하다는 사실이 밝혀졌다. 즉 자생집단은 공식적 조직에 대한 종속변수에 불과하다.

3) 개인이 성숙해짐에 따라 의존성향이 적어지고 독립성이 강해진다. 따라서 자생집단의 힘도 약화된다.

제 3 장

조직과 개인 및 환경

제 1 절 조직과 개인의 관계

Ⅰ. 조직과 개인의 상호관계

조직은 많은 개인들로 이루어져 있으며 이 양자는 서로 상호작용을 한다고 할 수 있다. 조직의 구성원인 개인은 조직을 통하여 자기자신을 실현하고 동시에 조직은 개인을 통하여 그 목표를 실현하는 관계에 있다.

그러므로 조직과 개인은 상호공동체라고 할 수 있다. 그런데 조직의 목표와 요구가 개인을 희생하기도 하며, 반대로 개인의 목표와 요구가 조직의 목표와 요구달성을 저해하기도 한다.

따라서 조직과 개인의 요구를 결합하고 동시에 어떻게 실현할 것인가는 매우 중요한 문제이다.

특히 전통적 조직이론에서는 조직과 개인은 상호조화관계로서 인식하였기 때문에 양자의 조화문제는 크게 부각되지 못하였으나 오늘날에는 조직의 개인에 대한 합리화 추구와 개인의 조직에 대한 만족화 정도 사이에는 충돌을 일으키는 경우가 허다하기 때문에 양자를 어떻게 조화시키느냐가 중요한 과제가 되고 있다. 그러므로 조직의 목표를 성공적으로 달성하기 위하여는 그 조직과 구성원인 개인간의 대립, 갈등을 해소하여 양자간의 융합을 이루어야 하는 것이다. 따라서 조직인은 조직목표에 기여하는 ① 사회화 과정(socializing process)과 개인의 자아실현인 개인화 과정(personalizing process) 및 조직의 요구와 개인의 역할이 조화작용을 이룰 수 있는 융합과정(fusion process)이 잘 이루어야 할 것이다.

Ⅱ. 조직과 개인의 상호교류

스토그딜(Ralph M. Stogdile)의 견해에 의하면 개인이 조직에 부여하는 요인으로서는 개인적 특성인 체격과 용모, 지식과 기술, 성격, 태도, 가치관, 준거집단(reference group), 일반적 노동과 전문적 노동, 사회적 지위 등이 있다고 한다. 반대로 조직은 개인에게 지위(position), 역할(role), 구성원자격, 외부조직의 구성원자격을 부여하며, 양자의 교류에 의해서 업적(performance), 상호작용(interaction), 기대와 보강(expectations and reinforcement)의 결과를 가져온다고 지적하였다.

Ⅲ. 조직과 개인의 조화

조직은 구성원이 개인적 욕구를 충족시키려는 심리적 계기에 의해서 성립되는 것이다. 따라서 개인적 욕구는 각 개인이 가지는 태도, 신념, 관습 등과 관련되기 때문에 행동의 다양성이 불가피하여 이로 인하여 조직은 불안정하다.

카츠(D. Katz)와 칸(R. L. Kahn)[1)]은 이러한 불안정을 감소시키는 방안으로서 외부환경의 압력, 가치관, 기대감의 공유, 규칙과 역할의 강조를 주장하였고, 더 나아가 조직의 안정성을 유지하기 위해서는 개인의 구비요건으로서 첫째 각자는 수행하는 역할(role)의 상호관계에 의해서 결합되어 있어야 하고, 둘째 만족스러운 업무수행을 위한 규범(norm)을 준수하고 있어야 하며, 셋째 조직의 목표에 일치하는 가치(value)를 수용하고 있어야 한다. 또한 조직의 구비요건으로서는 첫째 개인에게 상벌을 가하고, 둘째 개인의 욕구를 만족시켜 주며, 셋째 개인의 생활방식의 정당성을 보장하여야 한다고 주장하고 있다.

Ⅳ. 조직 내의 인간관리전략

1. 의 의

조직의 목표달성에 기여할 수 있는 인간행동은 무엇인가의 문제는 인간관의 문제에 귀착되는데, 조직 속의 인간행태와 욕구에 대한 연구와 분류유형은 너무나도 방대하다.

매슬로우(A. H. Maslow)[2)]의 욕구단계이론, 맥그리거(Douglas M. McGregor)[3)]의 X이

---

1) Daniel Katz and Robert L. Kahn, *The Social Psychology of Organization*(N.Y.: Johns & Wiley and Sons, 1966), p. 37.
2) A. H. Maslow, *A Theory of Human Motivation*(South-Westery Publishing, 1960), pp. 122～144.
3) Douglas McGregor, "The Humanside of Enterprise," *The Management Review*, Vo1. 46, 1957, pp. 22～28, 88～92.

론과 Y이론, 허즈버그(F. Herzberg)[4]의 욕구충족요인이원론, 아지리스(Chris Argyris)[5]의 성숙(成熟)과 미성숙이론, 리커트(Rensis Likert)[6]의 관리체제이론, 브룸(Victor H Vroom)[7]의 동기기대이론, 쉐인(Edgar H. Schein)의 인간관 등을 들 수 있다.

여기서는 맥그리거(D. McGregor)의 X, Y이론과 여기에 추가된 Z이론을 논하고, 쉐인(E. H. Schein)의 조직심리학에서 분류하는 인간관을 살펴보기로 하자.

2. 맥그리거(Douglas M. McGregor)의 X·Y이론과 룬드슈테트(Sven Lundstedt)의 Z이론

맥그리거는 인간이 일에 대해 갖는 상반된 태도나 관점을 중심으로 인간본질과 관리전략에 관한 전통적 관점에 바탕을 둔, X이론과 이에 대한 새로운 관점인 Y이론으로 분류하였다.

1) X이론　X이론에서는 인간은 근본적으로 게으르고 일하기 싫어하며, 무책임, 수동적이며 안전을 원하고 변화에는 저항적이다. 따라서 인간을 조직목표에 공헌하도록 관리하려면 관리자는 명령, 강제, 통제, 금전적 유인, 벌칙 및 위협적 수단을 동원해야 한다. 그리고 조직문제를 적극적으로 해결하려는 의지나 창의력이 부족하다는 것이다.

2) Y이론　Y이론에서는 인간은 일을 싫어하지 않으며, 자기통제를 할 수 있고 업적의 성공에 대한 욕구가 강하여 조직의 목표와 개인의 목표를 양립할 수 있으며 통합할 수 있다고 본다.

또한 책임을 피하려는 것과 야망이 없는 것, 안전만을 중요시하는 것은 대체로 경험의 산물이며, 사람의 본성이 아니라고 보며 인간은 높은 상상력과 창의력을 지니고 사실상 조직생활에서는 지적 잠재력의 일부만이 활용되고 있다고 보는 이론이다.

이 이론은 인간의 욕구 가운데 자기 실현의 욕구, 존경에 대한 욕구와 일부의 애정적 욕구에 착안한 것이며, 이에 반하여 X이론은 생리적 욕구, 안전에 대한 욕구, 일부의 애정적 욕구에 착안한 것이라 할 수 있다.

이 이론으로 조직인을 관리하려면 통제 · 명령 · 벌칙이 아니라 자발적인 근무의욕과 동기가 부여되도록 사회심리적 측면에서 인간관리가 요구된다.

3) 룬드슈테트(Lundstedt)[8]의 Z이론　X이론이 독재형 또는 권위형이고 과학적 관리에 치중한 관리방법이라 할 수 있고, Y이론은 민주형에 해당하는 인간관계론적 입장이라 할 수 있는 것이라면 Z이론은 맥그리거의 지나친 단순화에 대한 비판으로 내세운

4) Herzberg, Mausner and Synderman, *The Motivation to Work*(John Wiley & Sons, Inc., 1959), p. ix.
5) Chris Argyris, *Personality and Organization*(Harper and Row, 1957), p. 50.
6) Renis Likert, *The Human Organization*(N.Y.: McGraw-Hill Book Co., 1967).
7) Victor, H. V. Vroom, *Work and Motivation*(N.Y.: John Wiley & Sons, 1964), p. 6.
8) Seven Lundstedt, “Consequences of Reductionism in Organization,” *Public Administration Review*, Vol. 32, No. 4(July/August 1972), pp. 328～333.

것으로 룬트슈테트는 조직 내의 비조직화된 상태 또는 방임된 상태가 때로는 조직목표달성에 순기능을 수행할 수 있다는 자유방임형(自由放任型)에 해당된다. 즉 휴식시간이나 점심시간에 자발적으로 형성되는 집단에서 개인의 욕구충족을 시킬 수 있을 뿐만 아니라, 업무의 종류에 따라서는 느슨한 조직상태 하에서 훌륭한 결과를 가져올 수도 있다고 한다.

3. 쉐인(E. H. Schein)의 인간관과 관리전략[9)]

(1) 합리적 · 경제적 인간(rational-economic man)

인간은 주로 경제적 유인(economic incentive)에 의하여 움직이며 자기의 이익이 최대로 되는 행동을 계산하고 그에 따라 행동하는 존재로 본다. 또한 수동적인 존재이며, 인간의 감정은 비합리적이므로 이를 배제 · 통제하도록 입안하여야 하고, 본래 게으르며 조직목표와 개인목표는 상충된다고 보는 견해이다.

이 조직인을 관리하기 위하여는 합리적인 공식조직, 경제적인 자극유인, 명령과 통제가 필요하다.

(2) 사회적 인간(social man)

인간은 주로 사회적 욕구(social needs)의 충족에 의하여 동기가 부여되는 존재이며, 사회적 관계 속에서 어떤 의미를 찾기 때문에 동료집단의 사회적 세력에 민감한 반응을 보여 주고, 관리층이 사회적 욕구를 충족시켜 주는 한도 내에서 그들의 욕구에 반응한다.

이러한 조직인을 관리하기 위한 전략은 무엇보다도 조직 내의 자생적 인간관계를 중심으로 한 그들의 사기앙양과 인정감(認定感), 참여감, 만족감, 귀속감, 안정감, 일체감(sense of identity) 등의 사회심리적 감정을 충족시켜야 한다.

(3) 자기실현인간(self-actualizing man)

인간의 욕구체계 중 자기실현욕구가 가장 높은 차원의 욕구로 인간은 자기가 맡은 일에 숙달하려 하고 있고 그런 능력을 가지고 있으며, 스스로 자기를 규제하여 동기를 부여하는 존재이다.

따라서 개인의 목표인 자기실현과 조직의 목표를 조화시킬 수 있다.

이러한 인간을 관리하기 위한 관리전략으로서는 외적이고 타율적인 자극이나 통제보다는 스스로 조직의 목표를 인식하고, 직무에 대한 만족을 통하여 동기가 부여되도록 해야 한다.

(4) 복잡한 인간(complex man)

실제적인 인간은 위에서 언급한 유형으로 명확하게 구별되는 단순한 것이 아니라 복

9) Edgar H. Schein, *Organizational Psychology*(Englewood Cliffs, N.Y.: Prentice-Hall, 1970), pp. 55～75.

잡한 존재이고 고도의 변이성을 가져 조직생활의 경험이나 직책에 따라 욕구가 달라질 수 있다.

이러한 인간을 관리하려면 관리자는 모름지기 훌륭한 진단가(diagnostician)가 되어야 하며 투철한 탐구정신을 가지고 인간의 개인차를 파악하여 유연성 있게 관리하여야 한다.

V. 조직 내의 인간의 성격형

앞에서 조직 내에 있는 모든 개인들은 다 똑같은 것으로 전제하고 설명했으나 실제에 있어 개인은 각양각색이다. 그러나 여기서는 프레스더스[10]의 분류에 따라 상승형, 무관심형, 애매형으로 나누어 설명하기로 한다.

1. 상승형(上昇型)

이 성격형은 조직의 상층부에서 계선의 직위를 차지하고 있는 사람 가운데 많다. 성격의 특색을 살펴보면, 실패를 자인하지 않는 낙관형이며, 자기의 조직내 생활에 대하여 매우 만족하고 있으며, 사기도 높은 사람들이다. 따라서 조직에 대한 일체감이 강하며, 충성심이 높고 자기의 직무를 개인적 영달의 수단으로 생각하는 경우가 많으며, 힘과 지배, 효율, 자기 규제 등에 바탕을 두고 안정운행을 하려 한다.

2. 무관심형(無關心型)

조직에 대하여 소외감을 느끼고 남들이 하는 대로 따라갈 뿐이며 조직 하층부에서 형성된다. 따라서 이 성격의 특징은 조직에 소외된 입장을 취하고 무사안일과 조직 외적 생활에서 만족을 찾으며 권한과 지위에 대한 야망이 없으며, 이로 인하여 조직생활에 갈등 없이 순응한다.

3. 애매형(曖昧型)

조직에 적극 참여도 못하고 참여거절도 못하는 것으로 참여조직에서 발견된다. 이 성격의 특징에 인정감과 성공감에 대한 욕구가 강하나 자기실현의 기회를 얻지 못하고, 내성적이며, 지식과 기술에 집착하고, 독립심이 강하며 창의적이고 이상적이다. 따라서 계층적인 권한배분과 지위체제에 저항감을 느끼며 항시 조직에 대하여 갈등을 느낀다.

10) Robert V. Presthus, *The Organizational Society*(N.Y.: Random House, 1965), pp. 6~18.

제 2 절 조직과 환경

Ⅰ. 조직과 환경과의 관계

1. 의 의

오늘날 조직이론은 조직과 환경의 상호작용을 중요시한다. 생태학적으로 한 조직의 생존가능성은 그 조직의 환경과의 교류 및 상호작용에 의하여 보장된다.

과거의 조직이론은 조직의 내부문제만을 그 대상으로 연구하였으나 오늘날은 조직과 환경과의 관계까지 다루게 되어, 조직문제를 개방적이고 거시적으로 접근하고 있다.

2. 역사적 배경

고스(J. M. Gaus)는 「행정생태학」[11]에서 개인이 행정에 영향을 미치는 요인으로서 주민(people), 공간(place), 물리적 기술(physical technologies), 사회적 기술(social technologies), 욕구와 사조(wishes and ideas), 재해(catastrophe)와 인물(personality) 등을 들었고, 고스의 뒤를 이어 리그스(Fred. W. Riggs)는 경제적·사회적·상징적·의사전달적·정치적 요소들이 행정에 미치는 영향을 고찰하였다.

이와 같이 생태론자들은 1940년대와 1950년대에 이르러 미국의 행정학 연구에 있어서 보다 넓은 시야와 과학화가 요구됨에 따라 행정과 환경과의 상호작용을 강조하기 시작했다.

Ⅱ. 조직환경의 유형

환경(environment)이란 일반적으로 조직의 경계 밖에 있는 것을 지칭하는 개념이나 모든 것이 우리의 관심사로 되는 것은 아니다.

조직과 관련 있는 환경의 범위는 연구하는 사람의 관점에 따라서, 그리고 구체적인 연구의 필요에 따라서 한정된다.

홀(Richard H. Hall)[12]은 일반적 환경을 기술적 조건, 법적 조건, 정치적 조건, 경제적 조건, 인구학적 조건, 생태적 조건, 문화적 조건으로 구분하였고, 카츠(Katz)와 칸(Kahn)은 문화적 환경, 정치적 환경, 경제적 환경, 정보 및 기술 환경과 물적 환경을 들었으며 홋지(Hodge)와 존슨(Johnson)은 거시 환경과 중간 환경, 미시 환경으로 분류하였고, 고스(Gaus)와 리그스(Riggs)는 앞에서 언급한 바와 같이 환경의 요소로 들었다. 여기

11) John M. Gaus, *Reflections on Public Administration*(Univ. of Alabama Press, 1947), pp. 9～18.
12) Richard H. Hall, *Organization: Nature and Process*(Englewood Cliffs, N.Y.: Prentice-Hall, 1977), pp. 304～311.

서는 홀(R. H. Hall)을 중심으로 고찰하기로 하자.

1) **정치적 요건**(political conditions) 사회의 일반적인 정치풍토, 정치체제의 성격, 정치권력의 집중도 등은 조직에 영향을 미친다.

2) **법적 조건**(legal conditions) 법률제도의 성격, 정부기관의 권한, 조직의 형성 통제에 관한 법령 등은 조직활동 등을 규제한다.

3) **경제적 조건**(economic conditions) 재정정책, 소비성향, 투자수준, 경제체제의 성격 등 경제조건은 경제시장에서 타조직과 경쟁을 벌이며, 이윤추구가 목적인 조직에서 중요하다.

4) **기술적 조건**(technological conditions) 사회의 과학기술 수준과 새로운 과학기술의 개발, 응용능력 등은 조직의 구조, 과정에 영향을 미친다.

5) **인구학적 조건**(demographic conditions) 사회의 인적 자원의 특성, 인구의 분포, 수, 성별, 연령 및 도시화 등은 잠재적인 조직성원의 수라든가, 조직의 고객형성과 관련된 중요한 환경적 요소이다.

6) **자연자원적 조건**(ecological conditions) 조직이 갖는 조직의 지리적·기후적 조건 등 특히 물리적 환경은 조직이 필요로 하는 자원의 획득, 고객과의 접촉·생산물의 수송과 관련된 중요한 환경적 요소이다.

7) **문화적 조건**(cultural conditions) 사회의 가치관, 이데올로기, 규범, 권위관계, 리더십의 형태, 대인관계 등은 조직에 큰 영향을 미친다.

Ⅲ. 조직과 환경의 상호작용

조직과 환경의 상호작용에 있어서 조직이 조직구성원에 주는 영향, 다른 조직에게 작용하는 양태(樣態), 환경과 조직구조에 관하여 설명하겠다.

(1) 조직이 조직구성원에게 주는 영향

1) 사회·문화적 환경은 구성원의 가치관, 태도 등 행태에 영향을 준다.

2) 사회·문화적 환경은 조직 내의 주관적 요인을 규제한다.

3) 이는 구성원의 동기부여에 있어 준거기준을 평가하게 한다.

4) 구성원의 행태는 준거집단의 규범으로부터도 영향을 받는다.

(2) 조직상호간의 작용

조직과 환경이 다른 조직과의 관계는 크게 경쟁관계와 협력관계로 나눌 수 있으며, 후자는 흥정(bargaining), 적응적 흡수(cooptation) 및 연합(coalition)으로 세분된다.[13]

13) James D. Tompson and William J. McEwen, *op. cit.*, p. 181.

1) **경쟁**(competition) 경쟁은 자원, 고객 및 본래의 구성원을 둘러싼 대립이다. 대학은 보다 우수한 학생을 끌어들이기 위하여 경쟁하고, 정부는 보다 우수한 인재를 공무원으로 확보하기 위하여 각 기업체와 경쟁한다.

2) **교섭**(bargaining) 둘 이상의 조직이 재화, 서비스의 제공을 위한 교섭을 벌이고 타협하는 것이며, 상호간 양보, 획득관계가 성립되는 것을 말한다. 국가는 자국의 다른 외교정책에 대한 지지를 얻기 위하여 특정한 정부를 승인하거나 유보하는가 하면, 정부기관은 보다 중요한 사업에 대한 예산국의 승인을 얻기 위하여 어떤 사업을 포기하는 경우도 있다.

경쟁의 경우와 같이 흥정의 경우에 있어서도 환경이 조직의 목표를 통제하며 자의적·일방적인 목표설정의 가능성을 감소시킨다.

다만 경쟁의 경우는 제 3 자의 개입이 필요한 데 반하여 흥정에는 제 3 자의 개입 없이 환경이 경쟁의 조직과 상호작용을 하게 된다는 것이다.[14)]

3) **적응적 흡수 · 포용**(cooptation) 조직이 그 존립을 위하여 지도층이나 의사결정기구에 외부로부터의 새로운 구성원을 흡수하는 것을 말한다. 미국의 테네시계곡개발청(TVA)이 그 지방주민들의 적극적인 지지를 얻기 위하여 이사의 한 사람으로써 전 테네시대학교 총장을 임명한 것은 그 좋은 예이다.[15)]

4) **연합**(coalition) 둘 이상의 조직이 공동목표를 추구하기 위하여 제휴결합하는 것이다. 두 개 이상의 정당이 연립내각을 구성하는 경우나 두 개 이상의 국가가 조약을 체결하는 것이 그 예이다. 특정한 조직이 목적달성을 위하여, 연합을 희망하는 조직이 상대방을 구하지 못하는 경우에는 그 목표의 추구는 중단되지 않을 수 없다.[16)]

5) **상호작용**(interaction) 조직은 환경의 제약을 받을 뿐만 아니라 조직이 환경에 영향을 주기도 한다. 어떤 조직이 경쟁관계에 있을 때 그 조직이 경쟁자와 제 3 자로부터 영향을 받을 뿐만 아니라 경쟁자와 제 3 자에게 영향을 미치기도 하는 것이다.

동일한 이론이 흥정, 적응적 흡수 및 연합의 경우에도 적용된다. 또 모든 조직이 그 목표수행을 위하여 충분한 지지를 받아야 하나, 조직이 이 과정에서 이니셔티브를 취할 수 있다.

효율적인 조직과 비효율적인 조직의 차이점은 조직 내 목표설정의 책임을 진 리더십이 얼마나 이니셔티브를 쥐는가 하는 데 있다고 하겠다.[17)]

⑶ 조직구조와 환경

조직구조는 수익자의 특징을 반영한다. 기술계 고등학교는 인문계 고등학교와 다르며,

14) *Ibid.*, pp. 183∼184.
15) Philip Selznick, *op. cit.*, pp. 13, 259.
16) J. D. Thompson and W. J. McEween, *op. cit.*, pp. 185∼186.
17) *Ibid.*, p. 186.

중상류층을 교인으로 하는 교회는 빈민굴의 교회와 다를 것이다. 또한 지역사회구조의 조직구조에 대한 영향면에 있어서 커르(Kerr)와 시겔(Siegel)은 지역사회구조와 종업원의 파업빈도에 관한 연구에서 그 관계를 규명하였다.[18]

더 나아가서 최근에는 문화가 조직에 미치는 영향이 연구되고 있다.

Ⅳ. 조직환경관리에 대한 전략

1. 의 의

변화하는 환경 속에 존재하는 조직은 환경으로부터 영향・압력에 적응하면서 이에 대처해 나가야 한다. 따라서 조직이 그 자체를 유지, 존속시키고 효과성을 높이기 위하여 적응・대응활동(adaptive-coping activities)을 할 수 있는 능력을 갖추어야 한다.

2. 조직의 환경에 대한 적응(適應)

베니스(W. G. Bennis)는 조직의 문제를 해결하는 유기체로서 환경의 변화에 유연성을 갖고 반응하는 능력을 의미한다고 하였다. 환경변화에 대한 조직의 성공적 적응조건으로서는 확실한 정보의 전달능력, 조직내부의 창의성과 신축성, 창조적・건설적 적응을 위한 통합능력을 들 수 있다. 따라서 조직이 새로운 기술과 도전에 잘 적응할 수 있도록 조직성원의 신념・태도・가치관 및 조직구조를 변경시킬 수 있는 복합적 교육전략인 조직발전[19]이 요구된다고 본다.

3. 조직의 환경적응을 위한 적응적 흡수의 전략

적응적 흡수(cooptation)란 조직이 그 안정・존속에 대한 위협을 피하기 위하여 조직의 리더십과 정책・결정구조에 환경의 새로운 요인을 흡수하는 적응과정을 말한다.

적응적 흡수에는 공식적 적응흡수와 비공식적 적응흡수로 나누어지는데 전자는 조직의 지도층에 지역사회의 유공자를 참여시켜 조직의 권위를 정당화시키거나 조직에 대한 친근감을 갖게 하는 것이며, 후자는 정책결정에의 의사반영이나 타협을 의미하는 것을 말한다.

적응적 흡수가 지나치면 리더십(leadership)과 조직목표가 변화되어 버린다.

4. 환경적 영향을 통제하려는 조직의 전략

조직은 환경적 영향을 수용하여 그 요청에 맞게 스스로를 변동시키기도 하지만, 환경

18) *Ibid.*, pp. 199～201.

19) Warren G. Bennis, *Organization Development: Its Nature, Origins, and Prospects*(California: Addison Wesley Publishing Co., 1969), p. 2.

적 영향통제하에 환경의 지지·획득과 불확실성을 감소시킨다.

통제의 방법을 직접적 통제와 간접적인 통제로 나누는데 전자의 예는 경쟁회사의 합병이나 회사촌의 건설 등을 들 수 있고, 후자의 예는 환경적 요인에 대한 의존도 감소와 홍보로 인한 지지획득과 대환경적 통제능력이 강한 조직과 손을 잡아 비호를 받을 수 있는 것이다.

V. 조직이 환경에 미치는 영향

1. 조직과 사회변동

조직의 환경은 행정의 환경이기도 하다. 나이스비트(J. Naisbitt)는 조직환경에 대한 거시적 접근을 하여 미국사회의 큰 흐름을 10가지로 말한 바 있다.

[표 4-3-1] 미국사회의 10가지 사회변동의 거대한 흐름

① 산업화사회(industrial society)	⇒	정보화사회(information society)
② 인위적 기술(force technology)	⇒	고수준기술(high tech)과 정(high touch)
③ 국가경제(national economy)	⇒	세계경제(world economy)
④ 단기(short term)	⇒	장기(long term)
⑤ 중앙집권제(centralization)	⇒	지방분권제(decentralization)
⑥ 제도적 원조(institutional help)	⇒	자조적 사회(self-help)
⑦ 대의민주주의(representative democracy)	⇒	참여민주주의(participatory democracy)
⑧ 계층제(hierarchies)	⇒	망(networking)
⑨ 북의 시대(north)	⇒	남의 시대(south)
⑩ 양자택일(either/or)	⇒	다원선택사회(multiple option)

자료: J. Naisbitt, *Megatrends: Ten New Directions Transforming Our Lives*(New York: Warner Books, Inc., 1984).

2. 기관형성(機關形成)

(1) 의 의

기관형성이란 일종의 제도형성(制度形成)으로서 조직이 사회변동에 적극적이고 능동적으로 적응하며 바람직한 방향으로 사회변동을 변화시킬 수 있도록 조직 자체의 발전을 통한 사회 제문제를 해결할 뿐 아니라 행정쇄신적 활동을 잘 할 수 있는 기관으로 만드는 일이다. 선진국에서는 제도나 법률, 주민이나 행정인의 형태까지도 사회의 요구를 충족시키고 해결하는 데 적합한 형태인 점이 많다고 본다. 그러나 개도국의 경우는 새로운 틀이 많이 요구된다고 하겠다. 예를 들면, 자치정부에서 정책실을 만들어 장기종합발전계획을

설계하고, 지역정보센터를 운영할 기구를 만드는 일 등이 이에 속한다.

(2) 기관형성의 변수

기관형성의 변수는 내적 변수와 외적 변수로 나눈다.[20]

이중 내적 변수는 기관변수(institution variables)라고 하는데 그 내용은 다음과 같이 요약되고 있다. 첫째는 지도력인데 정치적 능력, 전문가적인 기술적 능력, 조직관리능력이며, 둘째는, 지도이념으로써 기관활동의 기본방침이 되는 가치, 목표, 활동방향, 우선순위 등을 말한다. 셋째는, 사업(program)인데 여기에서는 일관성, 안정성, 실현가능성, 사회적 기여도를 중시한다. 넷째는, 자원인 바, 인적·물적·제도적·정보자원으로 이용가능성과 공급원을 고려한다. 다섯째는, 내부구조로써 역할과 권한의 배분, 의사소통과 의사결정의 절차, 역할담당자의 특성을 말한다. 여섯째는, 외적 관련변수인데,[21] 기관과 외부환경과의 상호관계를 나타내는 연관요인을 말한다. 즉 기관이 필요로 하는 권한과 자원을 통제하는 외부집단 및 사회집단과의 관계, 상호협력 보완관계에 있는 조직들과의 관계, 당해 조직의 이념, 기본목표와 관련이 있는 규범이나 가치를 가진 조직들과의 관계, 일반대중과의 관계를 말한다.

(3) 기관형성의 평가기준

한 기관이 성공적으로 기능을 제대로 발휘하며 변동에 대응하고 지속적으로 발전하려면 기관적·제도적 성격이 뚜렷해야 하는데, 그 평가의 지표·기준은 그 기관이 해체되지 않고 존속할 생존능력, 자율성, 영향력, 기관의 힘이 사회전체에 파급되고 침투될 수 있는 파급효과 등 4가지를 기준으로 들게 된다.

---

20) Saul M. Katz, "Exploring A Systems Approach to Development Administration," in Fred W. Riggs(ed.), *op. cit.*, pp. 126～132.

21) 김규정, 행정학원론(서울: 법문사, 1984), p. 327.

제 4 장

조직변동과 개혁 및 발전

제 1 절　조직혁신

Ⅰ. 정　　의

1. 개　　념

조직은 부단히 변동하는 환경 속에서 존재하는 동태적 체제이다. 조직이 변화하는 환경을 극복하지 않으면 조직은 스스로 자멸에 빠지게 된다. 따라서 부단히 혁신하여야 하며 좀더 바람직한 방향으로 변화시켜야 한다.

이와 같이 조직을 어떤 하나의 상태에서 그보다 더 나은 상태로 전환시키는 것을 조직혁신(organizational innovation)이라고 한다.

2. 특　　성

첫째, 조직혁신에는 의식적으로 설정된 목적이 있으며 이에 따라 계획적으로 수행된다.

둘째, 조직 내적 요인과 환경적 요인이 복잡하게 작용하고 있으며, 불확실성과 위험이 따르는 동태적 과정(dynamic process)이다.

셋째, 조직혁신은 인위적으로 현상유지를 타파하는 행동과정이므로 거의 언제나 현상유지적 세력의 저항을 다소간에 받기 마련이다. 따라서 저항의 원인과 양태를 진단하고 거기에 대처하여야 한다.

넷째, 조직내외의 여건은 부단하게 변동하면서 조직개혁의 필요를 창출한다. 따라서 조직개혁은 다발적이고 지속적인 현상이다.

다섯째, 조직은 구조적·기술적·행태적 측면의 개혁에 중점을 두며 조직구성원의 행태, 가치관의 변화를 모색하는 조직발전(organization development: OD)이 중요한 전략이 된다.

Ⅱ. 조직혁신의 대상변수와 접근법

1. 대상변수

조직혁신의 대상변수란 조직에 혁신을 가져오는 데 있어서 조직과 관련된 많은 변수 중에 어떤 변수를 주요변수로 사용하고 다른 변수들에 변화를 일으킬 것인가 하는 문제이다.

레비트(H. J. Leavitt)에 의하면 조직 내에만 과업(task), 인간(people), 기술(technology), 구조(structure)의 4개의 주요 조직혁신의 변수가 있으며,[1] 이들은 상호관련 변수이며 복합적 체계로 이해해야 한다고 한다.

여기서 과업이란 행정서비스의 생산, 공급을 의미하고, 인간은 조직 내의 행동자를 의미한다. 그리고 기술은 문제해결을 위해 사용되는 업무측정기술, 전자계산기 등을 말하며, 구조란 의사소통, 권위와 역할, 작업의 흐름 등의 체제를 의미한다. 조직혁신을 한다는 것은 이 네 가지 변수 중의 어느 것을 변경시키는 것을 말한다.

2. 접 근 법

일반적으로 위의 네 가지 변수 중에서 과업변수의 변화를 목적으로 하여 다른 세 가지 변수가 이것에 작용하는 경우가 많다.

따라서 구조적 접근법(structural approach), 관리 · 기술적 접근법(managerial and technological approach), 인간적 접근법(behavioral approach)을 들 수 있다. 그러나 이것은 실제 조직혁신의 출발점, 강조점 및 가치관의 차이를 나타내는 것에 불구하고 실제적으로는 종합적 접근법을 활용하여야 한다는 점이다.

Ⅲ. 조직혁신의 과정

조직혁신은 [그림 4-4-1]과 같이 관념적으로 구분되는 일련의 단계들을 내포하는 순환적 과정을 통하여 이루어진다.

윌슨(J. Q. Wilson)은 조직혁신과정을 ① 변화의 착상, ② 변화의 계획, ③ 변화의 적용과 실시로 보았으며, 레윈(K. Lewin)은 ① 해빙단계, ② 새로운 것으로의 변화단계, ③ 새로운 것의 재결빙단계, 로저스(E. M. Rogers)는 ① 인식단계, ② 관심단계, ③ 평가단계, ④ 시행단계, ⑤ 채택단계로 나누고 베커(S. W. Becker)와 휘슬러(T. L. Whisler)는 ① 자극, ② 착상, ③ 제안, ④ 적용의 순서로 제시하고 있다.

---

1) Harold J. Leavitt, "Applied Organization Change in Industry: Structural, Technical and Human Approaches," In W. W. Cooper et al., eds., *New Perspectives in Organizational Research*(N.Y.: John Wiley & Sons, 1964), pp. 55～71.

[그림 4-4-1] 조직혁신의 과정

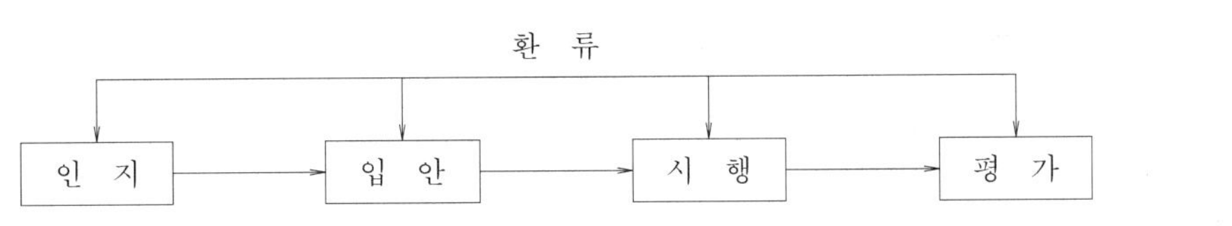

여기에서는 공통적인 단계로 볼 수 있는 ① 인지단계, ② 입안단계, ③ 시행단계, ④ 평가단계로 나누어 고찰하고자 한다. 그러나 이 순서는 편의상의 것으로 실제는 구별이 모호하고 선후가 뒤바뀔 수도 있으며 이 과정은 순환적이다.[2)]

1. 인지단계(awareness stage)

현실수준이 기준에 미달되는 차이를 발견하고 개혁의 필요를 확인하며 그에 관한 합의를 형성하는 단계이다.

조직혁신의 필요를 낳게 하는 객관적 상황은

1) 조직이 당면한 임무를 수행할 능력을 결여하고 있음이 분명한 경우

2) 조직이 당장의 임무는 수행할 수 있지만, 초과임무의 발생에 대응할 능력을 결여하는 경우

3) 조직이 초과임무를 감당하는 데 필요한 잉여능력을 가지고 있지만 장래의 임무수요를 예측하지 못하는 경우

4) 조직이 잉여능력과 장래에 대한 예측능력을 구비하고 있지만 가장 효율적인 새로운 행동수단 또는 기법을 채택하지 못하는 경우 등으로 구분할 수 있다.

2. 입안단계(formulation stage)

기준과 현재수준과의 차를 해소시킬 수 있는 대안을 탐색하여 채택한다.

그것은 개혁의 대상인 문제의 성격과 원인을 분석하고 그에 기초하여 개혁의 목적을 설정한 다음, 목적의 실천전략과 행동대안들을 탐색하여 그에 대한 가능성 분석, 효율성 분석, 비용·효과분석, 영향분석 등을 거쳐 최적의 개혁안을 마련하는 것이다.

3. 시행단계(implementation stage)

개혁안을 실천에 옮기는 단계로 개혁에 필요한 인적·물적 자원을 동원하고, 개혁에 대한 저항을 극복하면서 상황변화에 잘 적응할 수 있도록 개혁안이 시행되어야 한다.

이 단계에서는 무엇보다도 역기능적인 갈등을 해소하고 저항을 최소화하거나, 또는

2) 오석홍, 조직이론(서울: 박영사, 1980), pp. 660~668: Gerald E. Caiden, *Administrative Reform* (Aldine Publishing Co., 1969), pp. 127~164.

극복하는 문제가 큰 비중을 차지한다.

4. 평가단계(evaluation stage)

조직개혁의 성과와 개혁의 과정적 요인들을 분석·평가하여 그 결과를 개혁과정의 적절한 단계에 환류시킨다.

평가단계의 가장 중요한 임무는 개혁의 목적기준과 개혁의 실적이라는 결과적 변수를 비교·분석하는 것이다.

Ⅳ. 조직혁신의 주역

혁신담당자는 조직혁신을 주도하는 사람들을 의미하며, 과정에 따라 다음과 같다.

1. 착상자(initiator)

원초적 혁신자로 혁신의 첫 단계에서 새로운 아이디어, 새 개념, 방법, 절차, 사업계획을 구상해 내는 자로 보통의 사람보다 통찰력, 창의력, 집념 등이 강한 창조적 소수(creative minority)이다.

흔히 착상자의 역할은 막료기관이 수행한다고 본다.

2. 창도자(advocator)

착상된 새로운 아이디어나 개념을 조직에 도입할 것을 주장하고 나서는 선견지명적이고 진취적인 사람을 말한다. 행정조직에서 국장급의 관리자는 창도자로서 조직내부에서 발생하는 창조와 아이디어를 간파하여 최고관리층에 제공하여 채택되도록 유도해야 한다.

3. 채택자(adaptor)

착상되고 창도된 새로운 아이디어를 남보다 먼저 채택해 주는 자로 위험과 모험을 각오하고 새로운 아이디어나 창조를 승인하고 정당화하여 전파해야 하는데 이를 위해 권위있는 의사결정의 힘과 설득력 및 집행력이 있어야 한다. 조직에 있어 채택자는 최고관리층이 된다.

Ⅴ. 조직혁신에 대한 저항과 극복방안

조직혁신은 조직의 현상유지적 균형상태를 의식적으로 변동시키는 것이기 때문에 대개의 경우 어떤 형태로든지 저항에 직면하게 되는데, 조직혁신을 성공적으로 이끌기 위해서는 이에 대한 전략을 세워 성공적으로 극복하여야 한다.

저항으로서 ① 기득권에 대한 침해, ② 개혁내용의 불확실성, ③ 개혁에 대비할 수 있는 능력의 부족, ④ 집단간의 갈등 · 대립, ⑤ 정치적 · 사회적 요인의 작용, ⑥ 매몰비용(sunk cost)의 작용들을 들 수 있다.

원인에 대한 규명과 이에 대한 대책수립이 적절하게 세워져 저항을 극복 또는 약화시켜야 한다.[3)]

1. 강제적 전략

혁신주체가 일방적으로 권력에 의해서 제재를 가함으로써 저항을 극복하려는 전략이다.

이것은 단기적 · 파상적인 쇼크요법으로서 오히려 더 큰 저항에 직면할 위험이 있어 바람직하지 못하다. 상급자로서의 권력행사, 권력구조개편, 의식적인 긴장조성 등의 방법이 있다.

2. 규범적 · 사회적 전략

적절한 상징조작과 사회적 · 심리적 방법을 통하여 자발적인 협력과 혁신의 수용을 유도하려는 전략이다. 참여기회의 확대, 효과적인 상징조작, 사명감고취, 개혁분위기의 적극적 조성 등의 방법이 있다.

3. 공리적 · 기술적 전략

혁신으로 인한 손실의 보상, 이익침해를 방지하거나 적절한 개혁시기를 고려하면서 추진하는 점진적 혁신, 실정에 부합되는 인사배치 등의 여러 가지 기술적 요인을 조정함으로써 저항을 극복하려는 전략이다.

제 2 절 조직발전

I. 의 의

1. 개 념

이것은 조직의 인간적 측면에 착안하여 인간의 잠재력을 최대한으로 개발함으로써 조직전체의 개혁을 도모하려는 접근방법이며, 응용행태과학이다. 사회심리학과 행태과학에서

3) G. N. Jones, "Strategies and Tactics of Planned Organizational Change," *Philippine Journal of Public Administration,* Vol. 10, No. 4(1966), pp. 320~342.

응용되어 1950년대 후반에 생성되었으며, 1960년대와 1970년대를 거치면서 급격한 성장을 하여 이제는 무시할 수 없는 비중을 차지하고 있다.

벡하드(Richard Beckhard)의 이론에 의하여 조직발전(organization development: OD)을 정의하면,[4] ① 계획적인 변화를 위한 것이며, ② 전체적 체제변화에 관련되는 노력이고, ③ 최고관리층에 의한 적극적인 관리노력으로서, ④ 조직의 효과성과 건전성을 증가시키며, ⑤ 행태과학의 지식을 활용하는 계획적 조정을 통하여 제목표를 성취하는 것이라 정의할 수 있다.

2. 특　징

조직발전의 정의에 입각하여 특징을 살펴보면,

1) 조직발전은 계획적인 변동노력이다(planned change effort). 치밀한 사전계획에 의하여 자료를 기초로 하여 목적, 전략과 방법, 자원동원을 짜놓는다.

2) 조직전체의 체제변화에 관련되는 노력이다.

3) 조직발전은 행태과학의 지식과 기술을 응용하여 계획적인 개입(planned intervention)을 통해 가치체계, 태도, 행동을 변화시켜 조직을 개혁하려는 장기적 노력이다.

4) 조직발전의 일반적 목적은 조직을 바람직한 상태로 변동시키는 것이다.

5) 변동역군(change agents)은 조직의 외부인도 될 수 있다.

6) 조직발전은 변동관리역군과 고객체제 사이에 협력관계를 조성한다.

3. 유사개념과 차이

(1) OR과 OD와의 차이

OR은 관리자의 지식, 기능, 능력을 향상시키는 것으로 조직 내외의 교육훈련, 근무성적평가, 직무변화 등을 포함하며, 그 목적은 개인으로서의 관리자개발, 향상 또는 평가 등이 포함되나 OD는 관리발전계획을 포함하는 체제로서 조직전체의 개선에 초점을 두므로 조직구조와 역할, 커뮤니케이션체제, 집단 내의 문제집단간의 관계, 분담의 과정, 목표설정과정 등의 개선에 역점을 둔다.

(2) 관리발전(MD)과 OD와의 차이

관리발전(management development)의 변수는 투자순위, 배열, 연결, 집합, 대체, 경합이나 OD의 변수는 가치관과 사명감의 고취, 인간의 갈등과 협동, 효율과 리더십이며, 양자는 업무수행의 개선과 최적화를 강조하고 경험과학을 토대로 조직의 발전과 안전을 기하려 하며, 모두 실천적이고 체제 내의 상호의존성에 역점을 둔다는 점에서 공통점이 있다.

---

4) Richard Beckhard, *Organization Development: Strategies and Models*(Addision-Wesley), pp. 9～17; 박연호, 행정학신론(서울: 박영사, 1996), pp. 457～474.

⑶ 교육훈련과 OD의 차이

교육훈련도 OD의 범주에 드는 것이지만, 교육훈련은 반드시 계획적인 조직변혁에 있는 것이 아니며 교육훈련 그 자체가 목적이다.

그리고 조직발전에서의 훈련은 행동을 위한 준비단계이다.

⑷ 목표관리(MBO)와 OD의 차이

목표관리(management by objective)는 목표성취에 최대한 관심을 기울이기 때문에 관리기법상의 변화를 추구하지만, OD는 조직의 전반적인 발전을 통한 실적과 효율성의 제고라고 할 수 있기 때문에, 조직구성원의 가치관, 행태유형, 규범의식의 변화와 조직문화(organization culture)의 변화를 추구한다.

Ⅱ. 조직발전과정

조직발전과정은 변화대상인 조직의 특성이나 상황에 따라 다르므로 일정한 과정을 제시하기는 어려우나 학자들이 보편적으로 내세우는 OD의 과정을 3단계로 나누어 분석할 수 있다.

그러나 이 세 단계는 상호독립적인 것이 아닌 상호긴밀한 일련의 연속적이고 계속적인 과정이다.

1. 자료수집(data gathering)

조직발전과정의 첫 단계로 자료를 수집하고 분석하는 일이다. 여기에서는 필요한 자료의 성질, 이용가능성, 수집방법을 결정하고 조직의 구조, 가치관, 태도, 문화, 개인 및 집단관계를 파악하는 문제인지단계이다.

2. 조직진단(organization diagnosis)

문제해결을 위한 접근방법을 개발하고 조직의 개선을 추구하기 위한 준비단계로, 수집된 자료를 재확인하고 이를 기초로 한 대안과 실시계획을 작성하는 것이다.

조직진단의 주체로 조직의 내부인이나 외부인이 있으며, 전자는 조직제반사항에 정통하나 객관적이지 못하고 후자는 객관적 입장에서 공정하게 다룰 수 있으나 문제의 초점을 주관적으로 다루기 쉽다는 단점이 있다.

3. 실행개입(action intervention)

실제적 행동단계로 조직의 상황을 고려하고 특정문제를 직접 겨냥한 것이기 때문에 조직발전과정상 핵심을 이룬다.

이는 시설의 재배치와 작업도표, 조직구조 등의 기술적 개입, 조직의 정책, 규범, 절차와 관련되는 의사결정방법, 인사제도, 예산절차, 보수절차 등의 개선에 속하는 행정적 개입, 조직구성원의 신뢰성, 협동, 가치관, 태도 등 인간관계에 관한 개선인 사회적 개입 등으로 분류할 수 있다.

여기서는 문제해결을 위한 대안의 작성과 장·단점을 비교 평가하는 단계와 가장 적절한 최종대안을 선택하는 단계가 포함된다. 이를 구체적으로 실시하고 위 모든 과정이 끝나면 전체적인 과정을 종합적으로 평가조정하여 시정조치(feedback)하는 과정이 요구된다고 본다.

Ⅲ. 조직발전의 전략

조직발전은 행태과학적 방법을 이용하는 것이 특징이다. 조직발전의 기법으로서는 감수성훈련(실험식 훈련, T그룹훈련), team building, data feedback, 집합교육, Grid훈련이 있으나, 가장 포괄적이고 중요한 것은 감수성훈련이며 여기서 파생되어 최근에 특히 관심을 끄는 것은 Grid훈련이다.

1. 실험실훈련 또는 감수성훈련(sensitivity training)

(1) 의 의

실험실훈련은 감수성훈련, T집단훈련으로 일컬어지는 것으로 행태과학의 지식을 이용하여 조직성원을 훈련시키며, 나아가서 조직발전을 도모하려는 기술이다.

(2) 목 표

훈련목표로는 타인의 감정과 반응에 대한 인식과 집단역할에 대한 인식을 증가시켜, 자기, 타인, 집단에 대한 태도를 변화시켜 대인관계를 원활히 하려는 자기목표, 조직의 역할인식과 이로 인한 협력관계를 증진시키는 역할목표, 조직의 문제점을 인식하여 문제해결능력을 증진시켜 조직개선을 하는 조직목표가 있다.

(3) 실험실과 실험실훈련의 특징

실험실이란 이 훈련을 위하여 특별히 설계된 환경으로서 그 내부에서 어떠한 일들이 진행되어 잘 관찰될 수 있는 곳이다.

실험실은 외부의 영향을 받지 않고 새로운 변수나 자극을 시도해 보고, 이로 인한 손해가 발생해도 별로 영향이 없는 유리한 곳에서 관찰될 수 있어야 한다.

이 훈련의 특징은 첫째 여기에서 현재(here and now)라는 것이고, 둘째 과정지향적(process oriented)이라는 점이다. 즉 T집단에서 스스로 관찰하고 느낌으로써 학습하는 것이며, 개념적이 아닌 감정적·정서적 학습이다. 셋째 자아의식(self-awareness)을 줄이는 것을 목적으로 한다. 넷째 행동개선의 능력을 기른다.

(4) 문 제 점

이 실험의 효과는 경험적으로 널리 인정되나, 비록 개인들의 태도나 가치관에 변화가 생겼다 하더라도 그것이 곧 조직개선에 이어진다는 보장이 없으며, 오히려 변화된 태도나 가치관과 조직의 문화 내지 풍토간에 괴리가 생겨 불만은 더욱 커지고 효율이 저하되는 경우가 있다고 여러 연구에 의해 지적되고 있다.

2. 관리망훈련(managerial grid training)

(1) 개　　념

감수성 훈련을 발전, 확대시킨 포괄적 접근방법으로서 1959년 South-West 인간관계 실험실의 블레이크(Robert R. Blake)와 모어튼(Jane S. Mouton)에 의해 개발된 것이다.

이 방법은 조직발전의 프로그램을 포괄한 것으로 개인→팀→각 부처→조직전반의 쇄신으로 이끌어 나가도록 체계적·계획적으로 고안된 종합적 접근방법이다.

(2) 관리 그리드(Managerial Grid)

조직 내에 이원적인 변수인 생산에 대한 관심과 사람에 대한 관심을 기준으로 다섯 가지 관리행동의 유형(1.1, 1.9, 5.5, 9.1, 9.9)을 설정한다.

이 중 Grid상의 9.9가 Grid훈련이 달성하고자 하는 목표이며 다섯 가지 유형을 기준으로 하여 관리형태나 조직을 평가·서열화하여 여기에서 조직발전의 단서를 찾으며, 보다 생산적인 문제해결을 위한 교육 프로그램과 자료를 제공한다.

(3) 훈련과정

관리망훈련은 관리자와 구성원의 기본태도의 변화와 행동형성에 치중하고 실제 문제해결능력을 기르고자 다음과 같은 훈련 진행과정을 중시한다.[5)]

1) 제 1 단계　그리드 세미나 훈련 및 자아인식의 향상
2) 제 2 단계　집단행동의 개발(team development)
3) 제 3 단계　집단간의 관계개선 및 발전(inter-group development)
4) 제 4 단계　전체 시스템적 행동개발로 조직목표설정(organizational goal setting)에의 참여의식 제고
5) 제 5 단계　목표달성(goal attainment) 행동개발
6) 제 6 단계　보통 3~5년간의 훈련을 거친 행동의 정착화 안정화(stabilization) 단계이다.

5) Robert R. Blake, Janes Mouton, Louis B. Barnes and Larry E. Graeiner, "Break through in Organization Development," *Harvard Business Review*(November 1964), pp. 133~135.

제 3 절 조직의 동태화(動態化)

Ⅰ. 의 의

조직의 동태화란 조직을 고정화 내지 경직화시키지 않고 조직의 탄력성을 유지하여 환경의 변화에 신축성 있게 적응하고 문제를 해결하며 쇄신성과 창의성을 도입, 활용해 나가는 과정을 의미한다. 조직에서 경직화하는 원인을 보면, 전통적인 행정조직의 선례답습주의와 형식화, 행정조직의 거대화와 더불어 구조적 고정성, 전통적 국과제(局課制)의 할거주의, 환경변화에 대한 감지능력의 결여와 정보분석능력의 결여, 창의적인 인적 자원의 확보를 위한 노력의 부족 등으로 인한 경우가 많으며, 급격한 사회변동에 신속하게 적응하고 새로운 환경에 기동성 있게 대처하기 위해서는 조직의 경직성을 제거, 완화하는 것이 필요하다.

Ⅱ. 우리나라 행정조직의 동태화와 문제점

조직의 동태화(dynamics)를 실현하는 것은 우리나라에서는 절실하다. 그 동안 담당관제를 신설한다든가 행정자치부의 행정관리국이나 지금은 폐지된 행정개혁위원회의 활동 등으로 조직의 신축성·기동성을 확보하려고 많은 노력을 기울여 왔다.

그러나 한국 행정조직은 동태화를 실현하는 데 다음과 같은 많은 문제점을 내포하고 있다.

첫째, 행정의 분권화가 이루어지지 않아 신속하고 기동성 있게 행정처리를 하지 못한다.

둘째, 조직이 사람과 밀착되어 있어 환경의 변화에 따라 조직의 통합과 분배가 이루어지지 않는다.

셋째, 조직의 동태화를 위한 중앙과 지방부처간의 협력체제가 미비하고, 지나친 할거주의로 조직이 경직화되어 있다.

넷째, 인간능력개발을 위한 인사제도의 미비로 인적자원활용이 비효율적이다.

따라서 행정이 환경에 기동성 있게 대처하기 위한 노력을 부단히 하여야 한다.

Ⅲ. 조직동태화의 방법

1. 조직의 창조성·쇄신성 확립

동태적인 조직이 되기 위하여는 새로운 아이디어를 계속적으로 도입하고 실천해 나가야 하는데 이러한 창조적이고 쇄신적인 조직을 이룩하기 위하여서는 통제중심에서 기획중심으로, 과도한 집권화에서 분권화로 전환하여야 하며 자기 통제(self control)에 의한 목표에의 도전의식을 고취시키면서 발전과 쇄신을 위한 시행착오를 인정하여야 한다.

2. 기동성 있는 조직의 확립

(1) 일반원칙

조직이 환경의 변화에 신축성 있고 기동성 있게 대처해 나가기 위해서는

첫째로, 조직편성에 있어서 지나친 법률주의를 지양하고 자율적 권한을 부여하며,

둘째로, 전통적인 수직적 편성원리 대신에 수평적 편성원리를 중심으로 조직구조를 형성한다.

(2) 구체적 방안

1) **프로젝트팀**(project team) 종적·기능주의적 조직편성의 원리를 벗어나 특정 과제를 해결하기 위하여 임시적·동태적으로 조직을 편성하는 횡적 협동체로, 그 특징은 일시적·평면적인 성형(星型) 조직단위이고 구성원은 정보원이고, 활동적이며, 결정자이고 팀장은 대내연락자이며, 대외적으로는 업무조정자이다. 조직은 비연대적 조직으로 문제가 해결되면 해체된다.

장점으로서는 조직을 문제해결 중심으로 편성하고 소수정예로 특수화하여 신축성, 유연성이 있다는 것을 들 수 있으나 임시회의적이기 쉽고 소극적으로 되기 쉬운 단점이 있다.

2) **전문가집단**(task force) 원래 제 2 차대전 중에 사용된 군사용어인 특정한 목적이나 임무를 수행하기 위하여 임시로 편성된 기동부대에서 유래한 것으로 1947년 제 1 차 Hoover위원회 구성 때 24개의 전문가집단(task force)을 구성하여 행정개혁을 한 선례가 있다.

project team이 정규의 부서에 재직하며 참가하는 반면, task force는 정규조직에서 이탈하여 상근하며 전자보다 대규모적이고 장기적이라는 특징이 있다.

장점으로는 외부전문가의 의견을 합리적으로 도입하고 변동하는 행정수요를 정확하게 파악할 수 있다는 점을 들 수 있으나, 계층제나 일반행정가를 경시하고 무정부적으로 운영되기 쉽다.

3) **과·계폐지**(abolition of section system) 종래의 기능적 조직에 대한 반성으로서 조직에서 과(課) 혹은 계(係)를 폐지하는 것이다. 과가 있으면 업무의 과다·과소가 있고 과·계간에 할거주의가 생겨 경직화, 부분화되기 쉽다.

4) **담당관제** 업무의 고정성과 수직적 계층제조직의 경직성을 보완하고 계층제조직의 행정환경에의 적응성을 부여하기 위하여 전문가들로 조직된 일종의 막료조직이다.

한국의 경우 1969년부터 정부 각 부처에 예외 없이 적용되었다.

3. 인간능력의 발전

조직의 효과란 조직구성원 개개인이 조직을 통하여 그의 능력을 최대로 발휘할 수 있을 때 극대화되는 것이다. 종래에는 유능한 인재의 채용에만 관심을 기울였을 뿐 채용 후 그들의 능력을 개발하는 데는 소홀히 하였는데, 조직을 동태화하기 위해서는 조직의 구성요소인 인간요인의 발전에 보다 역점을 두어야 한다.

따라서 인사제도에 있어서 업적주의와 능력주의를 실현하여 실적중심의 승진, 적재적소 배치, 불합리한 전직, 전보의 배제와 교육훈련을 통하여 새로운 지식과 기술 도입 및 바람직한 가치관과 태도를 확립토록 하여야 하며 근무평정제도를 능력발전에 기여토록 개선하여야 한다.

4. 21세기형 신정부관리전략(new governance strategies)

첫째, 관리자의 역할을 강화하는 것이다. 미래예측의 안목과 관리능력이 있는 인재를 최고관리자로 발굴해 급격한 외부환경 변화에 신속하게 대응해야 한다.

둘째, 창조적인 정부관리활동(governance activites)을 하여야 한다. 기존 국제질서에의 의존적 관리자세를 버리고 역동적인 신세계질서에 적응하는 창조적 행정관리활동이 긴요하다.

셋째, 시민만족을 조직이익의 원천으로 인식하는 일이다. 시민의 행정수요를 정확히 예측하고 적시에 용역과 서비스를 제공할 수 있는 경영마인드도 필요하다.

넷째, 글로벌 스탠다드에 맞은 행정원칙을 개발하는 일이다. 세계화 추세에 맞도록 행정의 투명성과 책임을 강화하는 방향으로 조직의 지배구조도 개선해야 한다.

다섯째, 지식과 정보를 중시하는 일이다. 21세기에는 지식과 정보가 정부행정경영의 핵심요소이다. 효과적인 정보시스템 구축을 서둘러 21세기를 준비해야 한다.

여섯째, 신뢰관리를 철저히 하여야 한다. 사회의 도덕적 황폐와 정부신뢰의 상실을 막기 위해 재무구조를 건실하게 개선하고 신용관리 시스템을 갖추어야 한다.

일곱째, 인적 자원을 중시해야 한다. 조직의 유연성과 효율성이 강조되는 추세이므로 효과적인 인적 관리를 위해 동기부여 등을 중시하는 행정경영전략을 수립해야 한다.

여덟째, 환경문제 해결에 앞장서야 한다. 환경이 경영전반에 주요 이슈로 대두될 것에 대비해 환경친화적인 관리기법을 개발하여 사회적 비용을 줄이고 환경위기 관리체계를 확립해야 한다.

아홉째, '적과의 동침'까지도 두려워하지 말라는 교훈을 살려야 한다. 전략적인 제휴를 통해 다른 기관들과도 공생할 수 있는 길을 모색해야 한다.

열째, 세계화 및 남북경제교류 흐름을 기회로 삼아야 한다. 내수시장에서 한계에 부딪

힌 기업들로 하여금 세계화 및 남북경협의 대세를 활용할 수 있도록 지원하여야 한다.

열한번째, 부정·부패를 척결(剔抉)하여야 한다. 이를 위한 구조혁신과 같이 통합적인 접근이 요구된다. 따라서 정부활동을 투명하게 공개하며 정보공개법의 제정도 시급하다고 본다.

열두번째, 중앙·지방정부 다 같이 철저한 혁신으로 ① 정부인력감축, ② 구조개편, ③ 인적 자원관리의 개혁, ④ 예산 및 재무관리 개혁, ⑤ 성과관리, ⑥ 시장원리도입 및 서비스 질의 향상, ⑦ 정보기술의 활용, ⑧ 정부규제의 개혁이 이루어져야 한다.

제 5 편

분업체제와 행정관리론

제 1 장

행정조직의 편성원리

제 1 절 분업체제의 의의

여기에서 분업체제란 종래 일반적으로 생각하던 것과는 달리 횡적인 것 외에 종적인 것(계층간의 것)까지 포함해서 말한다. 횡적인 것으로는 전행정부적 입장에서 보면 각 부처·공기업·위원회 등을 들 수 있으며, 단일기관 내부에서는 계선과 막료가 포함된다. 그리고 종적인 것으로는 계층간의 것을 생각할 수 있다.

그런데 종래에는 계층간의 것은 기능의 종류가 다르다는 의미의 분업으로 생각하지 않고, 다만 상하지휘·감독관계로만 생각했으나, 행정의 전문화에 따라 계층간에도 그 담당업무의 내용이 질적으로 달라져 가게 되자, 그것도 분업의 입장에서 파악하게 된 것이다.[1)]

제 2 절 행정조직의 제원리

분업체제의 편성에 어떠한 요인이 고려되어야 할 것인가? 이에 대하여 거의 모든 교과서에서 조직의 원리라 하여 분업·계층·통솔범위·명령통일·조정(통합)의 5대원리를 설명하고 있다. 그러나 이러한 것들은 모두 행정조직을 편성할 때 고려되어야 할 행정 관리기술상의 문제점 내지 요인에 불과하다. 왜냐하면 행정조직을 편성할 때 고려되고, 또 실제로 결정에 영향을 미치는 요인은 이러한 다섯 가지 관리기술 외에도 환경적인 것으로서, 특히 정치적인 것과 실제 이를 결정하는 행정인의 가치관·태도·이해관계 등이 고려

1) James D. Mooney, "The Principles of Organization," in Dwight Waldo, *Ideas and Issues in Public Administration*(New York: McGraw-Hill, 1953), p. 92.

되어야 할 것이기 때문이다.[2)]

따라서 어떠한 행정조직을 신설·개편·폐지하든 크게 나누어 정치적인 것, 관리기술적인 것, 행정적인 것의 3대 요인이 고려되고 작용하고 있음을 잊어서는 안 된다.

이와 같이 볼 때, 종래 5대 조직원리라고 하는 것은 결국 초기의 정치행정이원론의 산물로서 3대 요인 중 관리기술적인 것에 불과한 것임을 알 수 있고, 그것은 과학적 방법에 의한 검증을 거친 원리라고 할 수 없는 것이다. 따라서 어떠한 상황에서나 기계적으로 적용될 수 있는 성질의 것은 아니기 때문에 이하에서는 행정조직에 보편적으로 타당하다고 생각되는 원리만을 검토하기로 한다.

Ⅰ. 분업(전문화)의 원리(principle of division of work or specialization)

1. 의 의

분업 또는 전문화란 업무를 성질별로 분류하여 가급적 한 사람에게 동질적 업무를 반복적으로 수행할 수 있게끔 분담시키는 것을 의미한다. 따라서 절약과 능률향상을 위한 분업이나 기능의 성질에 따라 분담시키는 기능주의(functionalism)와 동일한 의미로 사용된다.

이러한 전문화·분업은 횡적인 것과 종적인 것으로 나누어 볼 수 있는바, 먼저 횡적인 것으로는 외교통상·행정자치·재정경제부·국방·농림·산업자원·해양수산부 등 각 부처나 그 밑의 각국 또는 각과 등을 들 수 있고, 종적인 것으로서는 중앙—각 도·광역시—각 시·군·구 또는 서울특별시(본청)—구청—동사무소 등을 들 수 있다.

종래에는 종적인 계층관계에서 하는 업무는 모두 지휘·감독이라고 하는 동질적인 것으로 보아 분업이라고 생각하지 않았다. 그러나 행정기능이 확대·강화되고 고도로 전문화·분업화됨에 따라 사정이 달라진 것이다. 가령, 무시험진학과 주택건설허가를 예로 든다면 양자는 교육과 건설이라는 면에서는 횡적 분업이다. 그러나 그것이 서울특별시 소관일 경우에는 같은 시정이지만 시본청에서는 연구·조사·정책 결정·기획을 주로 하고, 구청은 중간에서 산하 동사무소를 조정·통합하며, 동사무소는 대민업무를 직접 관장하는 등, 가급적이면 횡적인 분업에서 이질적인 일을 동일인·동일부서에서 담당하지 말아야 하는 것과 같이 종적인 면에서도 각 계층은 그가 놓여져 있는 위치에 적절한 업무만을 담당하는 것이 바람직하다는 것이다.

이를 전 행정부에 적용하면 시본청은 중앙청에 해당하고, 구청은 각 도에, 그리고 동사무소는 구·군에 해당한다고 할 수 있다.

---

2) 예를 들면 정치적인 것으로서 지방자치문제에 대한 중앙정치지배와 독립인사기관문제 등을 들 수 있고, 행정적인 것으로는 3급(종전 2급 갑) 이상 고위공무원이 대폭 증대된 것을 비롯한 전반적인 직급 '인플레'가 있었던 것과 지나친 각종 위원회를 설치하여 작고 효율적인 정부가 이닌 큰 정부형태로 되었다는 점이다.

2. 필 요 성

조직편성에 분업을 중요한 요인으로 고려하는 이유는 시간 · 경비 · 노력의 절약과 효율의 향상을 통하여 조직 전체의 성과를 올리는 데 중요한 방법이라고 하는 데 있다.[3] 이것은 인간이 동질적인 업무를 담당하면 그것에 빨리 숙달되고, 맡은 바 업무를 효율적으로 수행할 것이라는 합리적 인간관을 전제로 하고 있다.

그러나 이에 관해서는 그 후 인간관계론자나 행태론자들에 의하여 비판받기 시작하였음은 이미 지적한 바와 같다.

3. 분업의 한계 및 비판[4]

분업이 조직의 성과를 향상시킨다고 해서 덮어 놓고 분업만 고도화되면 이에 비례해서 성과가 향상되는 것은 아니다. 그 이유를 들면 다음과 같다.

1) 지나친 분업화는 담당업무를 너무나 동질화하여 오히려 직원의 능력발전을 저해한다는 것이다. 이는 인간의 계속적인 능력발전의 가능성 및 능력발전에 대한 욕구에 역행하는 것이다.

2) 지나친 분업화는 직원을 기계화하여 일에 대한 흥미를 잃게 한다.

3) 분업화가 고도로 이루어지면 그만큼 많은 자원이 소요된다. 따라서 자원은 빈곤한데 분업체제만 고도화시키는 경우, 형식화되고 분업화가 덜 된 경우보다 그 성과가 저하되기 쉽다(예: 우리나라의 토지 및 농공단지 관리체제).

4) 분업화와 비례해서 성과가 향상되려면 통합 · 조정력이 향상되어야 한다. 그렇지 못하면 지휘능력 없는 오케스트라 지휘자가 단원의 수만 많이 거느리고 있는 것과 같다.

5) 경우에 따라서는 중첩되는 것을 알면서 일부러 동질적인 업무를 다른 기관에 2중·3중으로 중복시키는 경우가 있는데, 이는 업무수행의 신중과 안전을 기하고, 상호경쟁이나 견제를 시키기 위한 경우 등에 많이 발견된다(예: 정보·연구분야 등).[5]

4. 분업의 방법

1) 하향적 조직방법은 지도자의 기능에 따라서 분업하며 그 기준으로 귤릭(Luther Gulick)의 POSDCORB를 들 수 있다. 그리고 상향적 조직방법은 과학적 관리법에서 연구

3) Chris Argyris, "Personal vs. Organizational Goals," in Robert Dubin, *Human Relations in Administration*(Englewood Cliffs, N.J.: Prentice-Hall, 1961), p. 72.

4) 이에는 전문화나 분업 자체에 대한 비판이 아닌 전문화가 이루어지면 능률이 증대된다는 전문화의 원리에 대한 Simon의 비판이 있다. 즉 어떤 상황하에서 어떠한 방법으로 전문화를 해야 하느냐 하는 데 대해서 과학적인 기준을 제시하지 못하고, 명령통일과 모순된 점을 지적하고 있다.

5) Martin Landau, "Redundancy, Rationality and the Problem of Duplication and Overlap," *Public Administration Review,* Vol. 29, No. 4(July-August 1969), pp. 346~358.

된 시간연구와 동작연구 · 직무분석(job analysis) 등을 기준으로 하고 있다.

2) 운영직원간의 조정을 위하여 수평적 · 수직적 전문화에 의하여 분업하도록 한다. 수평적 분업은 각 부처별 · 국별 · 과별로 횡적 분화되는 것을 말한다. 그리고 수직적 분업은 상급기관과 하급기관의 의사결정에 관한 업무가 분담되는 것을 말한다.

Ⅱ. 조정 · 통합의 원리(principle of coordination · integration)

1. 의 의

조정이란 공동의 목표를 달성하기 위해 하위체제 간의 노력의 통일을 기하기 위한 과정[6]이라 할 수 있는데, 이는 수단으로서의 조직이 분업의 원리에 따라 여러 하위체제로 편성되고 난 후 필요하게 된다는 점에서 분업과 밀접한 관련성을 갖는다.[7]

따라서 조정은 체제적으로 파악되고 범위에 따라 전사회적 · 전정부적으로 이해되어야 하므로, 조정에는 분업을 위시한 모든 조직의 원리가 내포될 뿐만 아니라 조직사회 외의 정치사회의 분화 · 분업과도 밀접한 관련성을 갖게 되며, 최고규범성을 갖는다. 왜냐하면 이러한 조정 · 통합 없이는 어떤 사회나 행정부 또는 기관이든 현상유지나 존립 자체가 위협을 받게 되고 그 존립의 의의가 없어지게 때문이다.[8]

2. 문 제 점

이러한 의의를 갖는 조정은 그처럼 중요한 만큼 또 어렵다. 따라서 조정자인 조직책임자의 탁월한 능력을 요구하게 되는데 그 어려운 이유를 들면 다음과 같다.

1) 행정기관이 정치세력관계로 인하여 여러 파벌 · 출신으로 구성되어 있는 경우는 일차적으로 정치적 차원에서 해결을 보아야 한다.

2) 전 구성원의 목표나 이해관계가 일치되어야 한다는 것은 조정의 전제이자 목표인데, 사실상 다수 성원의 목표와 이해관계를 일치시킨다는 것은 그야말로 어려운 과제이다.

3) 관료제의 병리의 하나인 할거주의로 인하여 다른 기관·국·과 사이의 이해나 협조가 어렵다.

4) 분화된 사회에서는 타협이 절대로 필요한 것인데 사실상 이견의 타협이 곤란하다.

그 주요 원인으로서는 우리나라의 경우, 첫째로 타협을 불명예스러운 것, 패배로 생각하는 경향과, 둘째로 기관장 자신은 대국적인 견지에서 양보하고 싶어도 부하직원들이 자기를 능력이 부족한 사람으로 보는 것이 두려워 못하는 것 등을 생각해 볼 수 있다.

6) Paul R. Lawrence and Jay W. Lorsch, "Differentiation and Integration in Complex Organizations," *Administrative Science Quarterly,* Vol. 12, No. 1(June 1967), pp. 3～4; James D. Mooney, *The Principles of Organization*(1947), p. 5.

7) 이의 전형적인 예는 오케스트라의 단원에서 발견할 수 있다.

8) 박동서, "한국행정부의 정책결정," 행정논총, 4권 2호(1966), p. 219.

3. 방 법

효율적인 조정의 기본은 관련되는 사람들의 공동목표·공동이해를 갖는 것이다. 따라서 이를 위한 전 구성원의 공동노력이 요청되지만 계층제로 되어 있는 조직의 경우, 일차적인 책임은 역시 최고 책임자에게 있다고 할 수 있는바, 그 구체적인 방법 몇 가지를 들어 보면 다음과 같다.

1) 정치세력 관계상 타협이 어려울 정도의 인물은 처음부터 제외하여야 한다.

2) 이해관계의 조정을 위하여 정책결정에의 참여, 광범위하고 활발한 의사전달 등을 위하여 위원회·막료기관 등을 활용한다.

3) 각자의 권한·책임의 한계 및 상호관계를 가급적 명백하게 규정함과 아울러 심사분석·통제의 방법을 활용한다.

4) 보다 직접적인 것으로 특대기관(super agency)을 만든다. 즉 우리나라의 재정경제부와 같이 그 지위를 다른 기관보다 한층 더 높게 하고 통합수단으로서 예산·경제기능을 담당하게 하는 것이다.

Ⅲ. 계층제의 원리(principle of hierarchy)

1. 의 의

계층제(階層制)란 권한과 책임의 정도에 따라 직무를 등급화함으로써 상하계층간에 직무상 지휘·감독관계에 서게하는 것을 의미한다.[9] 이처럼 정의되는 계층제의 성질을 더욱 분명히 하기 위하여 분석하면 다음과 같다.

1) 직무의 성질에 따라 담당업무를 달리하는 분업과는 달리, 그 정도의 차이를 기준으로 한다는 점이 특색이라 할 수 있다. 그러나 행정기능이 확대·강화되고, 고도로 전문화된 오늘날에 이르러서는 상하계층 사이에도 정도상의 차이뿐만 아니라 성질이 다른 이질적인 업무를 담당·수행하고 있어 계층제에도 분업의 원리가 적용되어 가고 있음을 유의할 필요가 있다.

2) 상하지휘·감독관계는 가산관료제하에서 처럼 신분상의 것이 아니라 원칙적으로 직무상의 관계이다.

3) 계층제의 원리는 통솔의 범위와 반비례 관계를 갖는다. 즉 통솔의 범위가 넓어지면 계층의 수는 적어지고, 반대로 통솔의 범위가 좁아지면 계층의 수는 많아지는 것이다.

4) 계층제는 조직목표를 보다 효율적으로 달성하려는 합리적인 의도에서 형성되지만 일단 형성되고 나면 본래의 수단의 성격을 띠나 그 자체가 가치를 갖는 지위로 전환되어

9) J. D. Mooney는 이러한 입장을 취하나 V. A. Thompson은 역할의 체계라고 파악하고 있다.

여러 가지 부작용 · 역기능이 심하게 나타난다는 점을 유의할 필요가 있다.

2. 기 능

막스 베버나 초기의 조직론에서는 계층제 기능을 기결정된 정책의 능률적인 집행에 중점을 두고 생각했었다.[10] 즉 ① 의사전달의 통로, ② 업무분담 및 권한위임의 통로, ③ 지휘 · 감독을 통한 질서와 통일의 확보, ④ 갈등의 해결 · 조정, ⑤ 승진을 통한 사기(morale)의 앙양[11] 등이다.

그러나 그 후 행정연구의 발전에 따라 인간관계론 · 행태론 · 발전론 등에서는 이러한 계층제는 순기능만이 아니라 역기능도 갖는다는 점을 착안하기 시작하였다.

즉 ① 인간은 기계가 아니므로 엄격한 계층제로 인한 상하간의 권력의 불균형은 오히려 근무의욕을 저하시킨다. ② 의사전달의 지연과 왜곡, ③ 조직이 동태적이지 못하고 항상 최고책임자의 결정에만 의지하게 되므로 조직이 정태화되기 쉽다는 점 등이다.

이처럼 인간은 기계가 아니기 때문에 엄격한 상하계층 또는 지휘 · 감독관계의 유지는 오히려 역기능을 초래하므로 가급적 상하계층의 수를 줄여 분업의 원리에 따라 셋 이상이 되지 않도록 함과 동시에 하의상달 및 집단의 활용이 활발히 이루어져 전구성원의 역량을 총동원할 수 있는 것이 바람직하다. 이러한 점에서 아직도 가산제적 잔재가 남아 있어 업무의 성과와 능률을 저하시키는 역기능적 작용이 현저한 우리나라에서는 계층수의 감소가 요청되고 있다. 특히 한정된 자원의 최대한 발굴 · 동원과 효율적 이용 및 최근 교통 · 통신이 급속히 발달하고 있는 점에 비추어 더욱 그러하다고 하겠다.

Ⅳ. 통솔범위의 원리(principle of span of control)

통솔범위(統率範圍)는 한 상관 또는 감독자가 효과적으로 직접 통솔할 수 있는 사람 수의 한도를 의미한다. 이는 자연인의 주의력의 한계에 근거를 두나 효과적 통솔이 가능한 부하수는 무한할 수는 결코 없으며, 전통적 조직이론에서는 5～6명으로 보았으며 그레이쿠나스(V. A. Graicunas) 같은 이는 수학적 공식까지 제시하여 원칙을 정립하려고 했다.[12] 그러나 인간관계론 · 행태론 · 발전론 등에서는 통솔범위에서 고정숫자가 나올 수 있다는 점을 비판하게 되었다.[13]

---

10) 김운태, 행정학요론(서울: 민중서관, 1959), pp. 427～428; L. D. White, *Introduction to the Study of Public Administration,* 4th ed.(1955), pp. 35～36; H. A. Simon, Donald W. Smithburg and Victor A. Thompson, *Public Administration*(1950), pp. 210～213.

11) 현재 우리나라는 직급 인플레라는 용어가 나올 정도로 남용되고 있다.

12) V. A. Graicunas, "Relationship in Organization," in Luther Gulick and Lyndal Urwick(eds.), *Papers on the Science of Administration*(New York: Institute of Public Admini-stration, 1937), p. 185.

13) Herbert A. Simon, "The Proverbs of Administration," *Public Administration Review*(Winter 1964), pp. 53～57.

통솔범위는 그 조직의 여러 가지 조건에 따라 일정하지 않다. 통솔범위를 결정하는 요소는 대략 다음과 같다.

① 감독자의 역량, ② 피감독자의 지식과 교양을 포함한 능력, ③ 담당업무의 성질, ④ 지리적 조건으로서 중앙관서와의 시간거리, 실측거리, ⑤ 상위계층인가 아니면 육체적 노동을 하는 하위계층인가, ⑥ 신설조직인가 아니면 전통을 가진 조직인가, ⑦ 계선조직뿐인가 아니면 참모조직을 가지고 있는가, ⑧ 정보관리 · 회계 기타 현대관리기법을 보유한 전문가가 얼마나 있는 조직인가에 따라서 통솔범위는 달라지게 되는 신축성을 갖게 된다고 본다.

Ⅴ. 명령통일의 원리(principle of unity of command)

1. 의 의

명령통일이란 누구나 한 사람의 상관 또는 자기 직속 상관하고만 의사전달, 즉 보고하고 명령받는 것을 의미한다. 따라서 신속하고 통일적인 의사전달과 운영 및 책임의 소재를 분명히 할 수 있다는 점 등의 장점이 있겠으나, 반드시 이 원칙에 따르려면 아주 엄격한 피라미드형의 상하계층관계가 요청되고, 그에 따라 여러 가지의 부작용 및 역기능현상이 나타날 수 있다.

2. 수 정

이러한 의의를 지니는 명령통일도 타원리와 마찬가지로 조직을 편성할 때 고려되야 한다는 규범성을 지니는 데 불과한 것이지 현실적으로 그대로 지켜지는 것은 아니다. 왜냐하면 그것은 주로 현대조직은 많은 전문가를 막료로서 쓰고 있고 이들이 직접 의사전달을 하고 있는데 만일 이들이 전부 계선기관을 통해서만 의사전달을 하여야 하는 경우, 오히려 그의 지연 · 왜곡 · 변조 · 차단 등 여러 가지 역기능현상이 야기되어 업무의 효율을 저하시킬 뿐만 아니라 조직자체가 정태화 · 경직화되기 쉽다.

따라서 그 조직의 구성원은 반드시 한 사람의 상관하고만 의사전달을 할 필요는 없고 담당하고 있는 업무 · 역할의 내용 · 계열에 따라 여러 사람의 상관과 의사전달을 하지 않을 수 없다. 그러나 그들간에 갈등이 있어 해결이 안 될 경우에는 조직전체적인 조정 · 통제의 관점에서 한 사람의 직속상관의 명령에 따르게 되는 것을 원칙으로 하는 정도로 수정되어야 할 것이다. 현실적으로는 최고책임자의 성격 · 가치관 · 행태, 그의 부하의 능력에 대한 평가, 통솔능력 등에 따라 크게 좌우될 가능성이 크다.

복종보다는 협력과 제안에 중점을 두어야 하고 직급보다는 직위가 중시되는 현대의 기능적 조직에서는 공식적 계층제는 큰 의미를 갖지 못한다고 본다.

제 2 장

부처조직

제 1 절 최근의 동향과 문제점

Ⅰ. 최근의 동향

행정기능이 종래의 질서유지 · 통제위주에서 발전의 지원 내지 주도로 전환되고 책임정치 · 행정의 발전에 따른 민주통제능력이 향상되자, 이러한 기능을 효율적으로 달성하기 위하여 중앙행정조직도 계속 확대되고 다양화해 가고 있다. 즉 횡적으로 전통적인 부처의 증대는 물론 민주성과 공평성을 중시하는 합의제적인 위원회나 국민경제에의 직접적인 관여와 효율성을 강조하는 공기업이 급격히 증대하는 추세에 있을 뿐만 아니라 자문 · 연구 · 기획기관의 창설이 급증하고 있는 것이다. 따라서 행정수반 주변이나 직속하에 종합적인 정책연구 · 기획 · 통제기능을 담당하는 기구가 창설됨과 동시에 일반 행정업무는 그 밑에서 과정별로 분업화해 가고 있다는 것이다(예: 각 부처 밑의 국·외국·청 등).

Ⅱ. 문 제 점

1) 이러한 중앙행정조직은 기능 · 성질에 따르는 평면적 · 횡적인 분업화에 그치는 것이 아니라 정책결정 · 기획 · 집행 · 통제가 이루어지는 과정과 정도에 따라 입체적 · 종적으로 분업화되어 가고 있다는 점이다.

2) 행정수반에게는 발전목표 · 정책의 구상과 결정에 필요한 종합적인 연구 · 기획 · 통제담당기구가 직결되어야 한다는 점에서 볼 때, ① 기획 · 통제기능은 국무총리실에 사실상 집중되어 있을 뿐만 아니라, ② 행정관리기능은 행정자치부에서 담당하고 있어 통합이라는 면에서 문제되고 있다. 원칙적으로 이러한 기능은 행정수반 직속으로 개편하는 것이

바람직하다고 하겠다.

이는 각 부처나 지방기관의 경우에도 그대로 적용될 수 있는데, 현재로서는 대통령실 외에는 아직 미흡한 상태이나, 앞으로는 각 부처장관이나 지방장관 밑에도 그러한 기구들이 정비되어져야 할 것이다.

3) 각 부처 밑에는 많은 국·외국·청이 설치되고 있는데, 이는 ① 중앙부처로 하여금 보다 기획·정책적인 업무에 전념토록 하며, ② 담당 국 또는 청의 책임하에 보다 효율적인 사업을 수행할 수 있도록 하며, ③ 부처수의 증대를 방지한다는 점 등의 이점이 있지만, 그의 창설이 부처의 설치보다 쉬워 관료비대화를 초래할 우려가 있음을 경계하여야 한다.[1)]

4) 계속 증가추세에 있는 이러한 부처의 수는 통솔범위문제와 직결되는 것으로서 가급적이면, ① 행정수반 직속의 통합기능을 고려하여, ② 외국이나 청을 만들더라도 부의 지나친 증설은 피하는 것이 좋다. 왜냐하면 그렇게 함으로써 보다 경제적이고 통합이 용이하고 부처간의 갈등이 완화될 수 있기 때문이다. 기획예산처의 설치는 이를 충분히 반영하고 있는 것으로 판단된다.

5) 부처편성의 법률적 근거 내지 통제문제는 우리나라처럼 정치·행정의 책임도와 민주통제수준이 저급하고 행정권이 남용될 가능성이 큰 사회에서는 그 편성과 직원수의 증가는 반드시 법률에 근거하게 하되, 구체적으로 그 부하조직 등 내부적인 개편은 계속 변천하는 기능에 따라 신축성 있게 적응할 수 있도록 하는 것이 바람직하다.

제 2 절 기준과 그 적용

I. 기 준

가장 많이 지적되는 귤릭(L. Gulick)의 네 가지 기준을 중심으로 하여 설명해 보기로 한다.

1. 주요목적 또는 기능(major purpose or function)별 조직

(1) 의 의

행정부가 수행하는 일을 그 주요목적 또는 기능에 따라 각 부처를 분할·편성케 하는

1) 여기서 국이란 보조기관으로서의 국을 말하는 것으로 특별한 설명을 요하지 않으나, 외국과 청은 설명이 필요한 것 같다. 대체로 양자는 모두 독립된 집행기관으로서 담당기능 내지 업무가 주로 집행적 성질의 것, 대민접촉이 많은 것, 사업적인 성격의 것들이 되는 점에서는 같으나 외국은 청보다 규모가 적고 자율성이 적다는 점에서 다르다고 하겠다.

것으로서 중앙정부의 조직 · 편성에는 제일 많이 이용되고 있다(예: 외교통상 · 국방 · 재정경제부 · 교육인적자원 · 과학기술 · 노동 등).

⑵ 장 점

① 어떤 업무에 관련된 모든 일을 한 기관에서 담당 · 처리하므로 업무의 일괄처리 · 통합적 해결이 가능하다. ② 부처간의 갈등이나 업무수행상의 중첩을 피할 수 있다. ③ 정부기능에 대한 국민의 이해가 용이하다. ④ 책임의 소재가 분명하다.

⑶ 단 점

① 실제로는 주요 목적이나 기능을 기준으로 해서 모든 부처의 편성이 불가능하며, 이를 강행할 경우 할거주의에 빠져 각 부처간의 협조 · 조정이 곤란하다. ② 지나친 중앙집권화를 초래하기 쉽다. ③ 일이 이루어지는 과정이 경시되기 쉬워 최신 기술이나 전문가의 활용이 곤란하다. ④ 국민과 정부간의 접촉이 곤란하며 그 통제가 어렵다.

2. 주요과정별 조직(organization by major process)

⑴ 의 의

행정을 하는 데 이용되는 기구 · 수단 · 과정을 기준으로 하여 분할 · 편성하는 것이다.

⑵ 장 점

① 최신의 기술, 전문가를 분업의 원칙에 따라 최대한으로 활용할 수 있다. ② 통제와 조정을 위한 주요 수단을 제공해 준다. ③ 직업공무원제의 발전에 도움이 된다.

⑶ 단 점

① 그 적용범위가 극히 제한된다. ② 목적 · 기능보다 이를 달성하기 위한 수단을 더 중시하는 결과가 된다. ③ 전문가로서 좁은 시야와 편협성으로 인하여 통제 · 조정이 어렵다.

3. 수혜자 또는 자재(clientele or material)별 조직

⑴ 의 의

행정서비스의 혜택을 받는 대상자 또는 행정이 취급하는 자재를 기준으로 하는 것으로서 국가보훈처의 제대군인 · 도로국의 도로 등을 들 수 있다.

⑵ 장 점

① 대상이 되는 국민과 정부와의 접촉이 용이하다. ② 동일한 고객이나 자재를 계속해서 취급하므로 기술의 향상과 전문화가 촉진된다. ③ 하부구조를 편성하는 경우 조정이 용이하다.

⑶ 단 점

① 현실적으로 이의 전면적인 적용이 불가능하다. ② 압력단체의 영향을 크게 받는다. ③ 특정 전문분야만 취급하는 것이 아니라 대상고객이나 자재에 관련되는 모든 기능

을 취급해야 하므로 전문직업인의 육성이 어렵다.

4. 지역별 조직(organization by place)

(1) 의 의

이는 관할지역을 기준으로 하는 것으로서 외교통상부의 구미국·동남아과, 대전 지방 국세청의 홍성세무서 등을 들 수 있다.

(2) 장 점

① 당해 지역의 특수수요 및 그 지역민의 요구에 적응할 수 있다. ② 특정지역 내의 행정의 조정과 통제가 용이하다. ③ 영토나 큰 국가의 경우 집권과 분권간의 타협·조정이 용이하다. ④ 행정효과가 직접적이고 신속하게 발생한다.

(3) 단 점

① 통일된 국가정책의 채택이 어렵다. ② 특정지역 주민의 이익에 치중할 우려가 있다. ③ 수혜자나 자재의 경우와 마찬가지로 협소한 지역을 대상으로 하여 그에 관련되는 모든 업무를 처리하므로 전문화의 적용이 곤란하다.

Ⅱ. 적 용

이상은 귤릭(L. Gulick)을 중심으로 부처조직의 기준에 관하여 살펴보았는데,[2] 이 역시 분업체제편성의 원리와 마찬가지로 다음과 같은 점에서 많은 비판을 받는다.

즉 ① 현실적으로 이러한 기준이 그대로 적용되는 것이 아니며 그 사회의 정치·문화 등 환경과 그에 관여하는 사람의 직접·간접적인 영향을 많이 받고, ② 네 가지 기준의 의미하는 바가 분명하지 못하고 서로 모순되는 점도 있으며, ③ 어떠한 행정조직의 경우에나 이들 중 하나의 기준만 전적으로 적용되는 것이 아니고, 언제나 혼합적으로 적용된다고 하는 것이다.

Ⅲ. 각국 부처조직의 특징

1) 외교통상·국방·재정경제·산업자원·농림·법무·교육인적자원 등의 부(성)는 비교적 각국에 공통적으로 설립되어 있다.

2) 각국 부(성)의 수는 20개 내외이다.

3) 행정이 전문화·부문화함에 따라 부의 수가 늘어난다는 등의 경향을 특징으로 볼

2) A. Etzioni, *Modern Organization*(Englewood Cliffs, N.J.: Prentice-Hall, 1964), p. 24; H. A. Simon, *Administrative Behavior*(New York: MacMillan, 1961), p. 28 참조.

수 있다.

4) 새로운 행정수요의 증대와 참여정부 메커니즘이 만들어낸 거버넌스(governance) 조직이 되어가고 있다. 따라서 계층제보다는 네트워크, 통제보다는 파트너십, 지시보다는 협력형 부처조직체계라고 하겠다.

제 3 절 계선기관과 막료기관

Ⅰ. 계선 · 막료(참모기관)의 개념과 기능

조직의 형태에는 목표달성기능을 직접적으로 수행하는 기관과 이를 간접적 측면에서 보좌 · 지원하는 기관이 있다. 전자를 계선기관이라 하고, 후자를 참모기관 또는 막료기관이라 한다.

그리고 계선기관과 참모기관의 직원을 각각 계선과 참모라 한다. 이들 각각에 대하여 보다 구체적으로 열거하면 다음과 같다.

1. 계선의 개념

행정조직의 목표수행을 위하여 활동 · 집행 · 운용 및 결정권을 행사하는 기관이다. 다시 말해서 명령복종관계를 가진 수직적 · 계층적 구조를 형성하면서 직접적인 업무집행 · 결정을 하고 책임을 지는 기관을 말한다.

이 계선조직은 다음과 같은 장·단점을 갖는다.

(1) 장 점

① 권한과 책임의 한계가 명확하여 업무수행이 능률적이다. ② 신속한 결정을 내릴 수 있다. ③ 소규모 조직에는 계선조직이 적합하다. ④ 명령복종관계에 의하여 강력한 통솔력을 행사할 수 있다. ⑤ 안정된 조직이다. ⑥ 경비를 절감할 수 있다.

(2) 단 점

① 지휘 · 감독이 많아 업무량이 많아진다. ② 기관책임자의 독단성이 강하게 작용하기 쉽다. ③ 관련조직의 조정이 어렵다. ④ 전문지식을 이용하기 힘들다. ⑤ 조직이 경직성을 갖기 쉽다는 것 등이다.

2. 막료(참모)의 개념

계선기관을 지원 · 조정 기능의 촉진을 목적으로 자문 · 권고 · 협의 · 조정 · 정보의 수집과 판단 · 기획 · 통제 · 인사 · 회계 · 법무 · 공보 · 조달 · 연구 등의 기능을 수행한다.

단, 직접적으로 명령권 · 집행권 · 결정권을 갖지 못하나 지적기능의 제도화이며 국민에게 간접적 봉사를 하게 되는 특징을 가지고 있다.

3. 막료조직의 유형

(1) 화이트(L. D. White)의 구분[3)]

화이트(L. D. White)는 막료조직을 인사 · 재무 · 조달 및 회계와 같은 서비스 기능과 자문기능으로 분류하여 서비스형의 막료조직을 보조기관이라 구분하였다.

(2) 사이몬(H. A. Simon)의 구분[4)]

사이몬(Simon)은 보조기관과 막료기관의 구분이 불가능하고, 계선 · 막료 · 보조 등의 구분은 편의상 구분이라 했다.

(3) 홀덴(P. Holden) 등의 구분[5)]

이들은 막료조직을 관리적 측면에서 파악을 하여 통제, 서비스, 조정, 조언 등 4가지 형태로 구분을 했다.

1) **통제기관** 이것은 조직의 목표를 구체화하며, 계획 및 조직 담당자의 의도된 바가 효과적으로 달성되도록 적절히 조치하는 것을 말한다.

2) **서비스기관** 이것은 행정의 합리화를 꾀하기 위하여 건설, 구매, 세무와 같은 집단적 서비스를 하는 것을 말한다.

3) **조정기관** 동일한 조직 내에서 여러 하위체제의 요소가 공동이익을 취하게 되는 경우에 그 조직의 요소를 조정하고 상호보완 작용을 할 수 있도록 처리하기 위한 목적으로 설치하는 것을 말한다.

4) **조언기관** 대부분 막료조직의 일반적 경향으로 최고관리층이나 경영자에게 전문적 지식을 제공하고 자문을 하게 된다. 이 기관은 명령적 · 관리적 · 통제적 기능을 갖지 않으며 명령이나 핵심적 기능을 수행하지 않는다.

4. 막료조직의 기능

참모조직의 기능은 ① 기관장의 통솔범위를 확대시키며, ② 합리적 조직관리는 전문적 조작을 통하여 지원받을 수 있고, ③ 수평적인 업무의 조정과 협조를 가능하게 하며, ④ 조직의 동태화를 가져올 수 있는 것 등이 일반적이다.

---

3) Leonard. D. White, *The State and The Nation*(Baton Rouge, 1963), pp. 31∼32.

4) Herbert, A. Simon, Donald W. Smithburg and Victor A. Thompson, *Public Administration*(New York: Alfred A. Knopf, 1950), p. 281.

5) Paul Holden, Lounsbury Fish and Herbert Simon, *Top Management Organization and Control*(New York: McGraw-Hill, 1941), pp. 38∼44.

5. 발전막료

이러한 막료를 다시 조직 내의 의사 전달의 통로·명령을 기준으로 하지 않고 행정의 발전적 기능에의 공헌도를 기준으로 하는 경우에는 직접 발전적 사업을 연구·조사·기획·정책구상을 하는 담당관·기획관리실·조사연구소 등이 발전막료로서 우선하고, 막료라도 직접 발전에 공헌한다고 볼 수 없는 문서관리 등 그 우선 순위에 있어 뒤지게 된다.

따라서 인사에 있어서도 인력관리는 우선하나 인사과(또는 총무과 인사계)에서 인사사령장이나 쓰고 인사기록 카드나 보관·정리하는 것은 구분되어야 할 것이며, 이러한 점에서 앞으로는 인력관리도 예산·기획과 함께 기획관리실에서 관장하는 것이 바람직하다.

그런데 발전이란 계속적으로 새로운 연구가 필요하며, 이러한 연구는 이를 전담하는 인원이 있어야 성취될 수 있는 성질의 것이기 때문에 행정기능이 발전을 지원하는 것으로 전환하는 한, 이러한 발전막료의 수는 계속 증가할 것이며, 또한 새로운 정보·관리과학 및 정책과학의 발전은 정책결정의 집권화를 촉진하게 되므로 자연히 최고결정자 주변에 이러한 막료가 다원화·다양화되어 가고 있는 경향을 볼 수 있다(예: 특별보좌관 등).

그러나 아직도 각 부처나 지방행정의 경우는 계선위주의 행정을 벗어나지 못하고 있는데, 이는 정치·행정발전 및 민주통제능력의 향상에 따라 점차 발전막료를 중시하고 우대하지 않을 수 없게 될 것이다.

Ⅱ. 계선기관과 막료기관과의 관계

1. 서 설

전술한 바와 같이 행정발전수준이 높을수록 브레인(brain) 전문가로서의 막료를 중시·우대하며 행정을 하기 때문에 그들의 경우는 계선이 막료의 높은 지위·권위 등을 부러워하는 데서 양자간의 갈등과 불화관계가 야기된다고 볼 수 있다.

그러나 아직까지도 전문가로서의 막료보다는 직권을 통한 수입의 다과에 따라 직위가 평가되고 있는 우리나라와 같은 경우는 그 불화의 원인이나 해결방법도 행정문화의 특성 속에서 설명되어야 한다.

이의 근본적인 원인으로는, ① 국민의 행정에 대한 무관심·이해부족 등으로 인한 압력의 부족, ② 장관의 임기기간이 짧아 충분한 연구를 할 시간적 여유를 갖지 못하므로, 자연히 계선위주의 가시적이고 즉흥적인 행정을 하게 되는 점, ③ 인습적인 박봉과 직권을 통한 역할 등을 들 수 있을 것이다.

따라서 여기서 막료라 함은 같은 막료라도 청탁 기타 부수입이 있을 수 있는 경리·인사 등은 제외되며, 이른바 봉급 외에는 부수입이 거의 아무 것도 없다고 하는 연구·조사·

기획·통계와 같은 발전막료만을 지칭하는 것으로 사용하고자 한다.

2. 불화의 원인

1) 참모는 별정직에 많고 높은 지식을 가지고 있으며 장의 측근에 있는 것이 선진국의 경우이므로 선망의 대상이 되고 있으나, 후진국 풍토에서는 계선기관에 임명된 사람이 능력자이고 초임자 또는 무능력자가 참모직에 가는 듯한 풍토가 되어 있어 상호마찰이 생기며 음성수입을 놓고 갈등이 생기기도 한다.

2) 업무지향면에서 참모는 결정에 대하여 책임을 지지 않는 입장이나 비판적·이론적·발전적인 제안을 할 경우 월권이나 직무간섭으로 보기 때문에 선례답습적 조직인 사이에는 자기방어적 갈등이 생기게 된다.

3. 불화·갈등의 해결방법

(1) 제도적 해결방법

1) **책임한계의 명확화** 상관은 계선과 참모의 직능을 분명히 정하여 상호반발 없이 협조한계를 정한다.

2) **인사교류** 동일직렬에서 일정기간이 지난 배치기준에 따라 기업무의 파악을 충분하게 할 수 있는 사람으로 직책을 교체시킴으로써 상호이해를 돕도록 하며, 참모기관을 총무과의 잡무처리 장소로 만들지 말아야 한다.

3) **교육훈련** 직무교육과 관리자교육을 보강하여 계선·참모·관리기관의 업무를 능력개발에 의한 보직관리를 행하며, 또 상호협조가 이루어지도록 교육기간을 통하여 유대를 강화시킨다.

(2) 인사관계관리적 해결방법

① 기관장이 조직과 관리(O&M) 전문가로서의 참모를 정확하게 인식하며 상호인화 속에 협동권을 형성하도록 도와주어야 한다. ② 기관장은 회의나 비공식적인 자생집단의 기능을 살려 상호접촉의 기회를 자주 마련하여 오해를 풀도록 한다. ③ 상호간 권한·책임을 존중하고 상호 기대에 보답하도록 조직의 분위기를 조성한다.

Ⅲ. 담당관제

1. 의 의

1970년에 정부 각 부처에 채택된 담당관제도는 행정조직의 경직성을 막고 환경변화에 적응할 수 있도록 전문적 지식을 활용하여 계획의 입안·조사·연구·평가와 행정개선 등에 관하여 계선의 장을 보좌하는 참모기관이다. 그러므로 업무의 결정권이나 집행권은 없다. 따라서 담당관제도는 조직의 동태화를 위하여 전통적인 조직을 보존하면서도 변화하는 환경에 예민하게 적용하는 발전행정체제로서 요구되는 제도이다.

2. 담당관제도(擔當官制度)의 이점

1) 전문직을 배치하여 조직기능을 관찰·연구한다.
2) 계선조직을 강화하여 준다.
3) 조직의 수직성을 완화시켜 계선계층의 장의 지휘·조정능력을 보충하여 준다.
4) 인력의 pool제를 활용할 수 있다.
5) 조직성원에 대한 경력발전계획을 세워 각종 사업에 기동성 있게 대처할 수 있다.
6) 연구기획직을 강화할 수 있다.
7) 과업수행을 위한 조직의 신축성을 도모한다.
8) 새로운 관리기법 및 전문지식을 조직 속에 도입할 수 있다.

3. 담당관제도의 단점

1) 개발도상국의 담당관제도는 일반적으로 권한과 기능이 미분화되어 있어 상호간섭이 심한 경우가 있다.

2) 담당관이 어떤 사업을 발전시킬 때 계선조직으로부터 간섭을 받는 경우가 있다.

3) 계선에 대한 효율적인 전문지식을 투입하지 못할 때는 인적·물적 자원의 낭비가 뒤따른다.

4) 조직의 하부단위에까지 담당관제를 둘 필요는 없으며 전통적으로 지위와 역할이 과소평가되어 운영상 문제점이 있다.

5) 조직분석과 직무분석 또는 업무량 측정이 안 되어 있는 상태에서는 담당관제도의 과학적 운영에 애로점이 있다.

6) 모든 체제가 계선중심의 조직에서는 담당관제도의 적극적 활용이 불가능하다.

제 4 절 집권과 분권

I. 의 의

의사결정이 중앙과 지방 또는 행정조직계층의 상하 어디에 있느냐에 따라, 그 결정권이 중앙기관이나 상위계층에 집중되어 있는 경우 집권이라 하고, 지방기관이나 하위계층에서도 많은 권한이 행사되는 경우 분권이라고 한다. 따라서 동일조직 내에서만이 아니라 조직간에도 적용된다.

그런데 이는 종래 행정상의 것과 행정만이 아니라 입법까지 포함하는 통치상의 것, 두 가지로 나누어 전자를 행정집권 · 분권이라 하고, 후자를 지방분권 · 지방자치라고 하여 왔다.

이러한 의미의 행정집권 · 분권은 횡적 분업의 성격을 띤 부처 · 위원회 · 공기업 · 계선막료들과 대조되는 것으로서 종적 분업의 성격을 띠는데, 이는 그 나라의 역사 · 문화 · 정치체제 등과 고도로 관련성을 갖는 것으로 나라마다 다양성을 띠고 있다.

그러나 어느 나라이건 100%의 집권 또는 반대로 100%의 분권이 있을 수 는 없으며, 결국은 어느 쪽이 강조되고 어느 쪽으로 치중되어 있느냐의 상대적인 차이를 보이고 있을 뿐인 것이다. 또한 동일국가에서도 제반여건의 변화에 따라 동태적으로 변하고 있다.

Ⅱ. 집권화와 분권화의 형태

어느 조직체를 막론하고 완전한 집권이나 분권은 있을 수가 없다. 즉 집권과 분권이 상호보완작용을 함으로써 조직의 효율화와 발전을 기할 수 있다고 본다.

1. 행정적 집권화와 분권화(行政的 集權化와 分權化)

조직 내의 권한과 책임을 최고 관리층에 두느냐 아니면 하위조직 또는 계층에 두느냐에 따라서 그 한계가 주어지고, 또는 중앙행정기관에 집중되느냐 지방행정기관에 분산되느냐에 따라서 구별된다.

2. 중앙집권과 지방분권

중앙정부가 지니고 있는 통제권과 감독이 지방자치단체가 중앙정부로부터 위임받은 통제권이나 자치권보다 클 때 전자를 중앙집권이라 하고 후자를 지방분권이라 하는데 이를 지방자치권이라고도 한다.

3. 수평적 분권과 수직적 분권

수평적 분권이라 함은 어느 조직에 있어서 업무를 얼마만큼 세분화하여 개인의 부담을 줄여 주느냐에 관한 것으로 업무의 경제성, 효율성을 기하기 위한 것이라고 볼 수 있고, 수직적 분권은 권한위임에 의한 분류로서 고전적 이론들은 집권적인 피라미드형의 계서제를 처방하였는데,[6] 오늘날 대부분의 공식적 조직들을 계서제를 수직적 분화의 초석으로 삼고 있다.

---

6) Saul M. Katz, *A System Approach to Development Administration*, CAG, ASPA(1965), p. 49.

Ⅲ. 장·단점

1. 서 설

어느 나라의 정치·행정체제가 집권과 분권의 양체제가 지니는 장·단점을 합리적으로 계산해서 이루어지는 것만은 아니므로 중요성을 너무 과대평가할 필요까지는 없지만, 정치·행정의 합리화를 추구하는 정책적인 면에서 검토해 볼 필요는 있다.

2. 집권의 장점(분권의 단점)

1) 건국 초의 통일국가형성·국민형성(united state building, nation building)에 유리하다(예: 일본의 절대군주시대).

2) 경제발전 초창기에 계획된 집중적인 투자를 위하여 소요되는 막대한 자원의 개발·동원에 유리하다.

3) 국제정세의 변동, 외국으로부터의 위협에 대처하는 데 유리하다.

4) 지나친 분권의 경우보다 효율의 향상을 기할 수도 있다.

3. 분권의 장점(집권의 단점)

1) 주민의 참여를 통한 통제의 강화와 민의의 반영이 쉽다.

2) 지방 및 하위계층의 실정에 일치되는 정치·행정이 가능해지며, 이들의 창의·사기와 의욕을 높여 준다.

3) 지나친 집권의 경우보다는 효율의 향상을 기할 수 있다.

4) 계층별·지방별로 정치·행정의 통합·조정이 용이하다.

이상 양체제의 장·단점을 몇 가지 들어 보았는데, 여기에 유의할 점은 언제나 분권이 바람직하고 집권은 그러하지 못하다는 생각은 지양되어야 한다는 것이다.[7)]

Ⅳ. 촉진요인

집권과 분권의 정도를 결정케 하는 요인은 어떠한 것인가? 물론 그 나라에서 추구하는 정치·행정목표와 전술한 양체제의 장·단점을 고려하여 합리적으로 결정하는 것이 바람직하나, 정치와 행정이란 언제나 그렇게 합리적으로만 결정되는 것은 아니고, 그 밖에 여러 요인의 타협과 혼합의 산물이라고 할 수 있는 것이다. 그러면 전술한 장·단점 외에 대표적인 요인을 몇 가지 검토해 보기로 한다.

---

7) 오석홍, 조직이론(서울: 박영사, 1980), pp. 443～444.

1. 집권화의 촉진요인

1) **집권자나 국민의 정치이념 및 성격** 정치이념이 민주주의보다 공산주의이고 그 성격이 권위주의적일 경우, 집권화의 가능성은 크다고 할 수 있다.

2) **조직의 규모 및 역사** 규모가 작거나 창설기관인 경우, 규모가 크고 체제·기능면에서 틀이 잡힌 경우보다 집권화의 가능성이 크다고 볼 수 있다.

3) **이용가능한 자원(인적 및 물적 자원)** 하위계층이나 지방의 인력이 우수하지 못하고 재력이 약할 때는 그 반대의 경우에 비하여 집권화의 가능성이 커진다.

4) **교통·통신 등의 발달정도** 교통·통신 및 정보·관리과학이나 정책과학이 발달할수록 시간적·공간적인 차이가 좁아지고 관리·통솔범위가 확대되기 때문에 집권화의 가능성은 커진다.

5) **개인의 리더십** 정책결정이나 조직의 운영에 있어서 리더방법이 민주적이냐 또는 전제적이냐에 따라서 집권과 분권의 차이가 발생한다.

6) **하위계층의 능력상태** 하위직 공무원들의 능력이 부족하거나 교육적 상태가 낮을 경우 고위직에서 능력이 있는 사람이 업무를 지시하고 관장하게 되어 자동적으로 집권화가 이루어진다.

7) **하위직 공무원의 인식상태** 하위직 공무원들의 과감한 분업의식과 부하직원에 대한 신뢰를 하지 못할 때 집권현상은 나타나게 된다.

8) **국가적 사업 및 발달** 국가적으로 필요한 사업에 대하여 정부가 주도적으로 실천할 때 최고관리층 및 하부조직에까지 통제를 담당하게 되므로 집권화가 이루어진다.

9) **업무의 전문화** 특정업무에 대한 전문성을 강조하고 중앙정부에서 대대적인 투자를 할 경우에는 조직의 계층, 기능까지도 집권화가 이루어진다.

10) **국제정세 및 국내사정** 외부로부터의 압력이나 위기의 존재 또는 국내적으로 계획된 발전사업을 추진하거나 특정사업활동을 강조하는 경우, 집권화의 가능성은 커진다.

이상 논의한 집권과 분권 양 체제의 장·단점과 그 변수를 중심으로 평가하는 경우, 어느 나라에서나 양체제는 중앙과 지방 또는 계층의 하위간에 타협·절충·혼합되어 있는데, 이의 합리적인 기준은 그 나라의 내외사정 및 각 계층 또는 관서가 점하고 있는 위치와 그 구성원의 능력에 따르고 전술한 종적 분업의 원칙에 따라 직무의 내용이 중복되지 않도록 하는 것이 바람직하다.

2. 분권화의 촉진요인

1) **최고관리층의 업무과정** 최고관리층은 정책결정이나 조직의 발전기획을 세우기 위해서 일상적·세부적인 업무수행의 불필요성을 느낄 때 분권화가 이루어진다.

2) **특정지역발전 및 개발** 국가적 사업이 있는 반면에 지방정부에 이관해 줌으로써 지방고유의 특색에 알맞는 사업을 벌일 경우 분권화가 이루어진다.

3) **관리자 양성** 유능한 관리자 양성을 위해서 하위직에 있는 사람들에게 실제로 정책결정에 참여하고 리더십을 발휘함으로써 장래 조직의 책임자 양성기회를 부여하고 그 필요성을 인식할 때 분권화의 요인이 될 수 있다.

4) **사기앙양** 권한을 대폭적으로 이관해 줌으로써 창의성과 발전적 사고방식을 함양하여 더욱 사기가 높아져서 조직의 개발과 업무향상을 위한 필요성이 최고관리층에서 인식될 때 분권화는 이루어진다.

5) **행정변수에 대한 신속한 대처** 변화하는 행정환경에 신속히 대처하기 위해서는 복잡한 절차를 요구하는 집권화보다는 업무의 분담으로 책임성을 위임받은 하부조직에서 합리적・능동적으로 일을 처리할 수 있다는 필요성이 인식될 때,

6) **민주적 의식의 고양** 자발적이고 민주적인 행동과 의식이 또한 분권화의 촉진 요인이 된다.

Ⅴ. 한국의 경우

현실적으로 한국의 경우는 합리적인 판단의 영향력은 극히 적고, 많은 경우 집권자나 공무원의 이해관계가 더 크게 작용하고 있다. 즉 이처럼 업무와 계층상의 위치보다는 다분히 이권을 기준으로 하고 있어 계층의 수는 늘어나고, 특히 중간계층은 중복된 일을 하여 효율과 업무성과를 저하시키고 있다. 환언하면, 이권이 적거나 없는 것이면 업무의 성질상 중앙에서 하여야 할 일도 일선기관에 넘기는가 하면 이권이 큰 것은 일선 하위계층에 속하는 것도 중앙에서 처리하게 되는 경향이 있다는 것이다.

이러한 점에서 해방 후 계속해서 집권성이 강하다는 비판이 나왔는데 여기서 몇 가지 제고 내지 유의할 점이 있다. 즉 종래의 분권의 주장을 볼 때 능률면도 있었지만, 특히 지방자치의 경우는 민주주의라고 하는 정치이념의 입장에서 강조하여 왔던 것으로서, 이는 다분히 형식적으로 우리의 정치이념이 민주주의이며 타선진국가에서 그러고 있으니 우리도 그래야 한다는 식의 주장이나 논리는 하루 속히 반성・지양되어야겠고, 가급적이면 지방자치가 무슨 기능을 하며, 무엇에 어떻게 이바지하며, 우리의 정치・행정발전에 얼마나 기여하느냐 하는 점에서 신중히 검토・고려되어야겠다는 것이다.[8)]

왜냐하면 물론 장기적으로 볼 때에는 지방자치가 그 나라의 정치발전에 이바지하고 사회발전에 공헌하겠지만 여러 가지 여건의 미숙으로 인하여 야기되고 치르게 되는 역기능・낭비・희생이 너무나 크기 때문이다. 그러나 그렇다고 해서 현재 우리나라의 현상을

---

8) Fred E. Riggs, *Administration in Developing Countries*(Boston: Houghton Mifflin Co., 1964), p. 374.

정당화시키려는 것은 아니다.

우리의 현 체제가 지니고 있는 근본적인 문제점은 집권화 정도 자체가 아니라, ① 정책결정층이 현재와 같은 강력한 집단체제가 국력조직화에 유리하다는 생각, ② 분권·분화가 비효율적이라는 생각, ③ 이권관계 등으로 인한 집권화 등을 들 수 있다.

따라서 앞으로의 방향은 점차적으로 분권화시켜야 한다. 단지 그 평가기준을 종래처럼 민주주의라고 하는 정치이념, 선진제국의 단순한 모방이 아니라 우리의 책임정치, 행정 및 경제, 사회발전에의 공헌이라고 하는 각도에서 합리적으로 재정립할 필요가 있다는 것이며, 그 구체적인 기준으로 다음 세 가지를 들고자 한다.

1. 권한위임

중앙정부의 조정과 통제중심 조직관리는 현장중심으로 권한을 위임(develution)한다. 그리고 책임집행조직을 도입토록 한다.

2. 정부규제의 개혁

통합적 관리기능체제로 바꾸며 분업체제를 통하여 대안과 파트너십을 통한 문제해결책을 강구하도록 한다. 특히 총체적 평가제도기구를 통한 국제경쟁력 제고도 고려할 일이다.

3. 정부간 협력 제고

지방재정력이 약하고 부처간 할거주의가 심한 우리 경우 정부간·부처간 국제기구와의 관계권을 높이며 협력 및 조화의 전략과 정책능력을 강화토록 해야 한다.

Ⅵ. 신중앙집권화

1. 신중앙집권화의 의의

행정수요의 급격한 증가와 국가기능의 다양성을 요구하는 현대행정국가에서는 사회적 요청과 국가적 효율을 최대로 향상시키기 위하여 행정권의 강화와 집권화를 불가피하게 요구하게 되었다. 더구나 지방자치에 대한 국가적 사무를 대폭적으로 이관하고 있는 상태에서의 국가기능은 소극적인 면을 떠나 보다 적극적인 기능을 담당하게 되었다. 이에 국가가 직접적인 통제를 하고 재정 및 인사문제에까지 중앙통제의 강화 현상이 세계적인 추세로 나타나고 있는 실정이다.

2. 신중앙집권화의 특징

1) 과거의 중앙집권이 관료적·권위적·강압적·지시적인 것이었다면 현재의 중앙집

권의 특징은 협조적·조정적·대화적·지도적·기술적·문화적·사회적인 성격을 띠고 있다.

2) 중앙정부와 지방정부와의 대립적인 하위관계가 존재하는 것이 아니라 공공의 안녕과 복지발전을 위해서 지방정부와 공동으로 목표를 설정, 집행한다.

3) 중앙정부가 통제를 효과적으로 함으로써 낙후된 지방의 발전과 집중적인 투자로 국가적 차원에서 균형발전을 할 수 있는 계기를 만든다.

4) 지방에서 국가적 업무를 수행할 경우 국가재정에 대폭적인 재정적 지원을 해 줌으로써 보다 효율성을 기하고 정책집행에 차질이 없도록 한다.

이 외에도 여러 가지의 신중앙집권화의 특징이 있겠지만 중앙에서 너무 많은 지원과 집중적 투자를 하다 보면 협조적·조화적·균형적 발전도 좋지만 지방의 독자적 성격의 억제와 중앙에 대한 의존성 강화, 지방의 문제해결 능력약화 등의 우려로 신중앙집권화에 있어서 중앙정부는 지방에 대한 자립성을 바탕으로 중도적인 지원방식을 취해야 하며, 행정통제상 지방분권원리를 중앙정부에서 수용하여 행정효율수준에서 행정통제를 해야 한다.

3. 신중앙집권화의 촉진요인

1) 과학기술과 교통·통신의 발달

2) 행정업무의 증가와 질적 수요의 증대

3) 국가기능과 구조의 증가로 경제적 효율성의 요구

4) 지방발전과 국가발전의 동일시

5) 국제화시대에 있어서 신축성 있고 기동성 있는 조직정비의 요구

6) 국민의 경제적 생활의 향상과 생활권의 확대로 정부에서 직접·간접적 참여의 요구

7) 행정에 대한 시민참여로 보다 정확하고 책임성 있는 업무수행을 요구하게 된 동기에서 신중앙집권화의 촉진요인을 들 수가 있겠다.

4. 신중앙집권화의 한계[9)]

1) 행정업무를 전국적으로 통일적인 운영을 할 수 없는 관계로 국가적 사업의 발전 외에는 지방의 특수성을 살려 획일적인 업무집행의 지양과 중앙정부의 종합적인 업무계획을 행정이 집행해야 한다.

2) 중앙업무관계로 지방자주성을 최대로 활용하되 그것을 영(zero)으로 만들어서는 안 된다.

3) **구역설정문제** 중앙집권화의 원리는 중앙통제를 바탕으로 이루어지기 때문에

9) 유종해, 현대행정학(서울: 박영사, 1981), pp. 376~377; 박연호, 행정학신론(서울: 박영사, 1981), pp. 209~210; 최창호 외, 행정학(서울: 법문사, 1980), pp. 581~582.

소구역보다는 대구역단위로 구분을 하게 되는데 이에 관해서는 소구역도 중요성을 감안하여 구역의 안전성, 중앙에서 위임할 기관, 지역민의 상호이익을 고려하여 신중히 검토해야 한다.

4) **관료의 자질향상과 능력발전**　　지방관료가 중앙관료보다 대우나 권한, 책임, 업무수행능력, 생활환경 등 모든 면에서 조금씩 저하된다고 판단될 때 중앙정부의 업무수행에 대한 효과가 질적으로 떨어진다고 볼 수가 있다. 이에 관하여 중앙정부에서 위임된 업무를 효과적으로 집행하기 위해서는 관료의 자질과 교육훈련을 통하여 능력을 발전시켜야 되고 중앙과 지방간의 인사교류로 인하여 지방관청이 국가적 사업을 수행할 수 있도록 해야 한다.

5) **창의력의 문제**　　지나친 중앙집권화는 지방관서의 창의력을 저하시켜 행정업무의 질적인 문제를 야기시킨다. 즉 지방정부관료들의 잠재적 능력과 헌신적 능력을 촉진시켜 주어 독자적인 정책집행을 하도록 유도해 줘야 한다.

6) **민중통제와 행정전문화의 조화**　　지나친 중앙집권화는 행정에 대한 참여와 민중통제를 저하시키게 되므로 지방정부와 신중앙집권체제에 있어서도 민주화를 기하기 위한 민중통제의 필요성을 증대시켜야 된다. 또한 민중통제와 행정의 전문화를 적절히 조절하여 행정업무의 효율을 꾀해야 한다.

Ⅶ. 중앙통제

1. 의　　의

민주정치에서 참여·지방분권 등이 매우 중요시된다 하더라도 국정의 통합이 가장 우선하는 것으로 정도와 방법상의 차이는 있으나 어느 나라를 막론하고 중앙정부는 지방정부나 일선기관에 대하여 통제를 하고 있다. 대체로 사회발전이 안 되고 민주정치가 명실공히 구현되지 못한 것에서는 통합보다는 지방 및 일선기관의 예속화를 시도하여 왔고, 그 방법에 있어서도 권력적인 것을 주로 사용하고 있으나, 사회가 점차 발전하고 민주정치가 구현됨에 따라 중앙과 지방은 하위지배 복종관계로서보다는 공동의 이익을 위하여 상호 협조관계로 전환되고 그에 따라 통제방법도 비권력적인 것이 주로 사용되게 되는 것이다.

2. 방　　법

이처럼 통제의 구체적인 방법은 나라에 따라 다르고 동일 국가라도 시대에 따라 다르나 그 중 대표적인 것을 몇 가지 들어 보기로 한다.

⑴ 행정적인 방법

1) 인 사 임면 · 전보 및 승진 · 강등 등 그 위력이 크다. 특히 총 정원제하에서는 지방기관에 대한 주요인사권은 중앙인사기관에서 장악하고 있다고 볼 수 있다.

2) 보 조 금 지방정부간의 재정의 균형, 행정수준의 향상, 특정사업의 지원 등을 위하여 중앙에서 배분하는 것으로, 지방정부의 재정자립도가 낮은 데다가 그에 대한 지나친 경쟁 및 그에 따른 적지 않은 조건과 간섭 등으로 자치권이 더욱 약화되고, 중앙에 의존 내지 예속하게 되며, 또 동일액이라 하더라도 중앙에서 제공되는 것이므로 자체조달재원에 비해 소홀히 하기 쉽다.

3) 사전승인 지방정부가 정원 · 구성변경 · 법령개폐 · 지방채발행 등의 경우, 공식적으로 중앙으로부터 사전승인을 받도록 하는 방법인데, 실제로는 공식적으로 지방정부에 위임된 것도 내부적 · 비공식적으로 사전승인을 받게 하거나 또는 지방정부와 일선기관에서 후일의 책임면제 내지 회피를 위해서 사실상 사전승인을 받아 두는 경향이 적지 않은 것 같다.

4) 보 고 정기적인 것 외에 비정기적으로 많은 보고를 요청하며, 경우에 따라서는 중앙에서 할 수 있는 것도 지방 및 일선기관에서는 이러한 보고작성에 적지 않은 시간이 낭비되고 급한 경우에는 허위보고 내지 추측보고까지 하게 된다.

5) 지시명령 · 감사 법령 · 조례 · 훈령 기타의 지시명령이 그 지방의 실정에 부합되지 아니하거나, 감사가 지도 · 사전예방을 위한 것보다는 적발과 처벌을 하기 위하여 하는 경우, 업무처리는 형식적 합법성 위주에 얽매이게 되고 감사에 대비하느라고 막대한 노력과 경비가 낭비되고 있는 실정이다.

⑵ 입법적인 방법

입법권 · 예산심의 확정권 · 인사권(예: 임명동의권 · 해임건의권 · 탄핵소추권) · 질의권 등이 있다.

⑶ 사법적인 방법

크게 두 가지로 나누어 볼 수 있는바, 하나는 행정업무수행상 위법 또는 부당하게 시민의 권익이나 자유를 침해한 경우의 규제와, 다른 하나는 행정명령의 위헌 · 위법 여부의 심사를 통한 통제의 경우를 말한다.

Ⅷ. 일선기관

1. 의 의

우리나라의 행정이나 중앙기관만으로써는 전국을 대상으로 할 수 없으므로 각 부처별로 여러 가지 종류의 지방기관을 설치하게 되는데, 우리나라의 경우 국세청 · 농촌진흥청 ·

검찰청 등이 이에 해당된다.

이는 행정기능의 확대 · 분화에 따라 계속 증가하고 있으나 크게 영·미계와 대륙계로 나누어 볼 경우, 전자의 경우가 더욱 많은데, 그것은 영·미계의 경우는 지방자치정부가 중앙정부의 일을 맡을 것으로 간주되고 있지 않아 각 중앙기관은 제각기 기능상 필요시에는 지방정부와 관계없이 일선기관을 신설할 수밖에 없으나, 대륙계에서는 지방자치정부에 업무를 위임할 수 있는 것으로 생각되어 왔기 때문이다.

따라서 우리의 경우 보통지방관청인 도·광역시·시·군·구 등이 위임사무를 맡고 있는 경우 그는 중앙의 일선기관이 되며, 그 외에 재정경제부(국세청·세관 등) · 농림부(농촌진흥청 · 농산물검사소 등) · 법무부(검찰청·교도소) 등 소위 특별지방관청이라고 하는 일선기관을 설치하고 있다.

2. 일선기관의 종류

일선기관의 종류에는 지방자치제의 관련성에 따라 영미형과 대륙형으로 나누어 볼 수 있다.

1) **영·미형** 지방자치제 중심으로 발달한 영·미에서는 지방자치단체는 정부와 관련이 없으며 국가의 행정업무로 위임 처리하는 일선기관이 아니다.

2) **대 륙 형** 대륙국가에서의 지방자치단체는 국가의 목적달성을 위해서 국가로부터 위임사무를 처리하고 업무를 수행함으로써 국가기관의 일부로서 취급을 받고 당연히 일선기관이 된다. 따라서 지방자치단체는 고유사무와 위임사무를 병행하게 되는 반면 국가에서는 또 다른 국가사무를 보기 위하여 지방에 특별지방관청을 설치한다.

3. 일선기관의 기능

1) **중앙행정기능의 확대** 일선기관의 기능이라 하면 국민과 직접적으로 관계가 있기 때문에 정부에서 결정된 정책을 집행하는 정책집행기능이라고 할 수가 있다. 정부시책이 주민에 침투하는 결정적 루트이고 민주행정상 중요한 기능이라 하겠다.

2) **조정 · 통합의 기능** 일선기관은 권한이나 권력을 집중하거나 통합하는 기능을 하는 것이 아니므로 업무의 효율화를 위해 중간적 조화를 하는 기능을 담당한다.

3) **하부기관의 업무감독** 국가에서 위임된 정책임무를 집행하고 감독하여 중앙통제를 한층 강화할 수 있는 기능을 담당한다.

4) **지역개발촉진기능** 일선기관은 국가위임업무도 중요하지만 조직의 유연성을 발휘하여 그 지역의 특수성을 고려하여 알맞는 사업의 추진 및 발전을 함으로써 중앙정부의 획일적인 행정에 제동을 걸 수가 있다.

5) **국가적 기획의 발전기능** 국가적 사업의 기획작성에 인적 · 물적 자원의 동원능력 파악과 통계 및 조직의 요소 등을 파악 보고하여 그 기획이 합리적 · 과학적인 것으

로 될 수 있도록 일선기관이 그 기능을 담당한다.

4. 문 제 점

이러한 일선기관이 지니는 문제점을 몇 가지 지적하여 보기로 한다.

1) 우리나라는 대륙계에 속하므로 지방자치단체에 위임하여 처리하는 것이 일반적이나, 어떠한 경우에 직접 일선기관을 신설하여 왔으며, 또 어떠한 것이 바람직한 것이겠느냐는 점에서 볼 때, 현존 일선기관은 대체로 업무내용이 전문기술성을 지닌 것 또는 지역적인 특수성이 적은 전국적인 성격을 띤 것들이다(예: 우체국·경찰서·세무서·세관 등). 그러나 지속적으로 사회가 고도로 발전·분화될수록 중앙기관에서는 직할 일선기관을 설치하려고 할 것인바, 이는 그들의 관료권의 확대를 둘러싸고 보통 지방관청 감독기관인 내무부와 기능별 부처간의 계속적인 쟁점이 될 것으로 생각된다. 그러한 경우에는 중복이 안 되고 조정·통합이 잘 되도록 분업과 조정·통합의 문제를 고려하여 결정함으로써 자원의 효율적인 이용을 기하도록 해야 할 것이다.

2) 구역에 관한 것으로 기본적으로 효율과 봉사, 즉 효율성과 민주성을 동시에 고려하여 적정규모로 정하여야 할 것이나,[10] 이는 정치·선거와 관련성이 많아 그렇게 행정적인 면에서의 합리성이 관철되기 힘든 것의 하나이다.

따라서 이러한 전제하에서 행정적으로 고려되어야 할 사항을 들면 다음과 같다.[11] 즉 ① 통솔 범위, ② 업무의 성질(즉 전국적인 성질의 것은 가급적 지방정부의 소재지에 두고 출입국 업무는 항구나 공항에 두도록 하는 것과 같다), ③ 행정의 업무량(균등히 하도록 한다), ④ 교통·통신, ⑤ 조정·통합의 향상을 위하여 가급적 타기관의 구역에 일치하도록 한다.

3) 계층수에 관한 것으로 우리의 경우 도·광역시·시·구·군·읍·면·동 등 계층의 수가 너무나 많고 현재 동까지 유급직원을 두고 있는데, 우리와 같이 고도로 집권성을 띤 체제하에서 볼 때, 또 관리기술과 교통·통신이 발달한 오늘날 4계층이나 두고 있다고 하는 것은 종적 분업의 원칙상 잘못된 것이라고 볼 수 있다. 따라서 보다 구역을 확대하고 3계층 이하로 하는 것이 바람직하다 하겠다.

---

10) 이와 관련하여 최근 관리과학, 정보체제, 교통·통신의 발달 및 지역사회개발사업 등 지역사회의 활동범위의 확대, 행정업무의 전문화와 전국적 업무화경향 등으로 종래의 일선기관 관할구역에는 적합하지 않게 되는 사례가 점점 확대일로에 있다. 따라서 그 구역이 확대됨에 따라 소위 광역행정화해 가는 것을 볼 수 있다(예: 치산치수사업·광역개발사업·공공조합의 합병 등).

11) James W. Feslerm, *Area and Administration*(Univ. of Alabama Press, 1949), pp. 51~57.

제 3 장

행정조직의 갈등관리

제 1 절 갈등의 의의

Ⅰ. 갈등의 개념

인간이 모여사는 모든 조직에서는 언제나 갈등이 일어난다. 따라서 조직은 갈등현상에 의식적으로 대처하는 활동을 하지 않으면 안 된다. 이러한 대처활동이 곧 갈등관리(conflict management)라 할 수 있는데, 이는 조직의 존립을 위해 필요한 하나의 핵심적인 과정이라 할 수 있다. 이러한 갈등관리는 갈등을 해소하고 완화시키는 것뿐만이 아니라 갈등을 용인하고 그에 적응하는 조치를 취하는 것, 그리고 나아가서는 조직에 유익하다고 판단되는 갈등을 조장하는 것까지 포괄하는 활동으로 이해하여야 한다.

조직 내의 갈등이란 행동주체간, 즉 개인 또는 집단 및 조직간의 대립적 내지 상대적 교호작용을 의미하는 것이다.[1] 갈등은 심리적 대립감과 대립적 행동을 포함하는 개념이다. 갈등은 조직의 현상유지적 균형을 교란시키는 요인이다. 즉 정착되어 있는 의사결정과정에 문제를 야기시키는 요인이라 말할 수 있다. 한편 오늘날과 같이 정부간 네트워크가 심화되고 있는 상황에서는 조직 내적 갈등뿐만 아니라 조직 외적 갈등도 행정조직에서 담당해야 할 당위성이 제기된다.

여기서는 조직 내의 갈등, 즉 조직 내의 행동주체간에 일어나는 갈등에 대하여 함축된 것을 구체적으로 살펴보면 다음과 같다.[2]

첫째, 갈등은 둘 이상의 행동주체(당사자)간에 일어나는 현상이다.[3] 여기서 행동주체

1) 劉鍾海, 現代組織管理(第三全訂版)(서울: 博英社, 1988), p. 300.
2) 상게서, pp. 300~302.
3) Kenneth E. Boulding, "A Pure Theory of Conflict Applied to Organization," in R. L. Kanhan and K. E. Boulding(eds.), *Power and Conflict in Organizations*(Basic Books, 1964), p. 138; 상게서, p. 300 재인용.

는 개인이나 집단 또는 조직일 수 있다. 따라서 갈등은 개인과 개인, 개인과 집단, 집단과 집단, 집단과 조직, 개인과 조직간에 일어날 수 있다.

둘째, 갈등은 심리적 대립감과 대립적 행동을 내포하는 동태적 과정(dynamic process)이다. 즉 갈등관계는 일련의 진행단계, 즉 ① 갈등을 야기할 수 있는 상황이 형성되는 단계, ② 갈등을 야기할 수 있는 상황을 지각하는 단계, ③ 당사자가 갈등상황을 지각하고 긴장·불안·적개심 등을 느끼는 단계, ④ 대립적 내지 대립적 행동을 표면화하는 단계 등을 거치면서 형성된다는 것이다.

셋째, 갈등은 표면화되는 대립적 행동만을 지칭하는 것이 아니라, 행동이 노출되지 않았더라도 당사자들이 갈등상황을 지각하고 긴장·불안·적개심 등을 느끼기 시작하면 갈등이 있다고 보아야 한다. 즉 당사자들이 지각할 때 갈등상황이 존재한다는 것이다.

넷째, 갈등은 진행과정에서 표면화되는 대립적 행동에는 싸움이나 파괴와 같은 폭력적 행동만이 있는 것이 아니다. 그 양태는 매우 다양한데, 가벼운 의문 또는 이견을 말하는 최저의 수준에서 상대방을 파멸시키려는 극단적인 수준에 이르기까지 강약이 다른 여러 가지 대립적 행동이 있을 수 있다.

다섯째, 갈등은 조직에 유익한 것일 수도 있고, 해로운 것일 수도 있다. 즉 조직의 목적이나 가치에 순응하는 순기능적인 갈등이 있는가 하면, 이에 반하는 역기능적인 갈등이 존재한다는 것이다. 그리고 양자의 관계는 시간에 따라서 변동될 수 있는 것이다. 즉 순기능적인 갈등이 역기능적인 것으로 될 수도 있고, 역기능적인 갈등이 순기능적인 것으로 될 수도 있다는 것이다. 이러한 순기능적이고 건설적인 갈등은 오히려 조직의 생존과 발전에 필요한 쇄신적 변동을 야기하는 원동력이 된다.

Ⅱ. 갈등의 기능

과거에는 많은 학자들이 갈등의 역기능을 지적했으나 갈등의 순기능이나 긍정적인 면은 인정하지 않았다. 그러나 최근에는 갈등의 순기능을 많은 사람들이 인정하기에 이르렀다.

1. 역 기 능

1) 조직에 불안과 위협을 주며 조화와 화평을 해친다.
2) 갈등이 격화되면 목표달성에 대한 관심이 줄어든다.
3) 관계자의 심리적·육체적 안정이 동요된다.
4) 직원이나 기관간에 적대의식이나 반목이 생긴다.
5) 조직 내의 문제에만 집착하고 환경을 무시한다.
6) 안정을 유지하는 명목으로 변화와 쇄신을 거부한다.

7) 조직구성원의 사기를 저하시킨다.

8) 조직의 위계질서를 문란시키고 직원의 편협성이 조장되어 관리효율성을 저하시킨다.

2. 순 기 능

1) 갈등을 해결하기 위한 방안을 모색하게 되어 쇄신이나 변동을 초래한다.

2) 갈등은 조직 내에 문제점이 있다는 청신호 역할을 한다.

3) 갈등에 수반되는 경쟁적인 요소는 억제와 균형의 기능을 수행하여 체제에 기여한다.

4) 조직이 침체로부터 벗어나 생기를 띠게 된다.

제 2 절 조직갈등의 원인

Ⅰ. 조직내적 갈등의 원인

1. 상충되는 목표의 차이

여러 사람들이 공존하는 조직 내에서 선호하는 목적의 차이가 조직 내에서 갈등을 야기시킨다. 이러한 목적의 차이는 조직간·집단간에서도 생길 수 있고, 부서간에서나 직위간에서도 목표나 이해관계가 다를 때 생길 수 있다.

2. 인식의 차이

인식의 차이는 지각의 차이라고도 하는데[4] 이러한 인식의 차이는 인지와 태도의 차이라고도 할 수 있다. 이는 주로 생활경험, 사회화과정, 교육수준, 이해관계, 역할 등에서 연유된다고 볼 수 있다. 여기에서 생기는 갈등은 조직성원간만이 아니라 조직간 갈등의 원인이 되기도 한다.

3. 자원의 한정성과 배분의 경쟁

자원의 한정성(limitation of resources)이란 인적·물적·제도적 정보자원 등 유한한 여러 유형의 자원의 배분이 합리적으로 되지 못할 때, 특히 결정과정에서 예산, 시간, 정보자원의 부족이나 균형이 맞지 않을 때 갈등이 생긴다.

4. 전문성과 비전문성의 대립

인간의 전문화나 직업의 전문화는 갈등의 가능성을 높여 준다. 우선 전문가들은 일반

4) 오석홍, 조직이론(서울: 박영사, 1980), p. 600.

직(generalist)의 상식적이고 평범한 판단을 받아들이지 않으려고 하고, 일반직은 전문가의 의견을 근시안적이고 부분적인 것이라고 일축하여 버리려고 한다. 일반직과 전문직은 서로 불신함으로써 갈등은 심화된다. 특히 정책결정과정에서 대안창출의 경우 전문가는 일반상식과 법의 테두리에서 대안모색을 하려는 일반행정인을 불신하는 태도가 흔히 문제되기도 한다. 이들은 서로가 자신의 판단은 이론적으로 모순이 없고 객관적으로 타당하다고 믿기 때문에 이러한 전문성에 대한 과신과 집착은 갈등을 조장시킨다.

5. 계선과 갈등의 대립

조직 내에서 계선과 막료간의 갈등도 경시할 수 없는 현상이라고 할 수 있다. 막료와 그가 직접 관계하고 있는 직속상관인 계선과의 갈등은 비교적 적은 편이다. 그러나 동일한 수준에서 계선과 막료간에 갈등은 수없이 일어날 수 있다.

6. 불안과 무질서

조직체 내에서 상·하의 자리가 능력 · 자격 · 경험 · 연한 등의 객관적인 기준에 의해서 채워지지 않는 것을 말한다.[5] 이는 지위의 부조화 문제이긴 하나 조직의 안정을 깨게 되며, 특히 명령, 인사 등에서 원칙이 무너지고 연고주의가 발생하면 불안과 무질서가 조직분위기를 해치게 되어 갈등이 증폭된다.

7. 비공식적 조직으로 인한 리더십 부족

취미, 사상, 출신배경 등을 중심으로 만들어진 비공식적인 조직이나 소집단은 조직 내에서 갈등의 원천이 된다. 특히 비공식조직의 역기능을 제거못하는 리더십 발휘는 더욱더 갈등을 심화시키게 된다.

8. 통합(integration)과 응집력(cohesiveness) 부족

조직내부에 있어서 기구나 예산, 인사구성, 정책결정과정 등에 있어서 환경과 제도, 사람의 3대 변수간에 독립변수적 기능을 하는 관리자가 조직 내외에서의 경우, 특히 조직내의 관계권형성에서 통합능력을 발휘하지 못할 때 큰 갈등을 유발하게 된다.

9. 의사전달의 외곡

의사전달에 있어 전달자는 항상 전달하려는 내용에 일치되는 언어를 사용하는 것은 아니며, 또한 일치된 언어를 사용하였다 하더라도 수용자의 가치판단의 차이로 인하여 그 해석 · 수용이 언제나 본래의 전달내용에 일치되는 것은 아니므로 상호간에 오해를 유발하

5) 오석홍, 전게서, pp. 599~600.

기 마련이며 결국 갈등으로 나타나게 된다.

Ⅱ. 조직외적 갈등의 원인

조직외적 갈등에는 부처간의 갈등, 지방자치단체간 또는 중앙정부와 지방자치단체간의 갈등, 각종 NGO와의 갈등 등의 유형이 있다. 구체적으로 행정조직과 다른 집단간의 갈등은 다음과 같다.

1. 부처간의 갈등

행정부처간의 갈등은 정책 대립으로 인한 갈등사례와 정책의 우선순위에 따른 갈등 등으로 나누어 볼 수 있다. 이와 같은 사례는 과거에 정부에서 맑은 물 사업을 추진하면서 수질관리의 엄격화를 위하여 배출기준을 강화하는 등의 정책을 일관되게 추진한 환경부와 교외지역의 농림지에 대한 건축규제를 완화하면서 상류 및 상수원지역에 각종 건축물의 건축허가를 확대하였던 건설교통부간의 갈등 사례를 들 수 있다.

이와 같은 정부부처 상호간의 상충된 정책의 집행으로 인하여 막대한 재원을 투자한 맑은 물 사업은 결과적으로 효과를 거두지 못하였을 뿐만 아니라 지역적으로는 오히려 이전보다 수질이 악화되는 결과를 초래하였다.

2. 정부간의 갈등

1) 중앙정부와 지방정부간의 갈등 　일반적으로 중앙정부에서 추진하는 정책의 효과는 특정지역 내에 한정하지 않고 여타 지역으로 확산되며 상호상이한 이해관계가 성립될 개연성이 있기 때문에 정책에 대한 각 지방자치단체의 수용태도의 차이에 따라 갈등요인이 내재되어 있는 것이다. 즉 각 지방자치단체는 주민의 요구와 지역여건 또는 지방선거 등을 의식하여 중앙정부가 추진하는 것으로 긍정적인 외부효과를 발생시키는 규제중심의 각종 정책에 대하여 의도적으로 자신들의 역 내에서는 완화하는 경우도 있으며, 이로 인하여 국가전체적으로 바람직한 정책목표를 달성되지 못할 가능성이 있다. 이는 지방자치 이후 지역주민들의 자치행정 수요에 대한 요구의 증대에 비례하여 다양한 형태의 갈등으로 나타나고 있다.

중앙정부와 지방자치단체간의 갈등사례로는 영광 고리원자력발전소 입지선정 과정에서 나타난 중앙정부와 기초자치단체간의 갈등과 팔당호의 수질보전사업의 실패과정 등에서 볼 수 있다. 즉 팔당호 주변의 각 자치단체에서는 지역의 경제활성화와 개발이익의 선호, 선거 등으로 인하여 중앙정부에서 설정한 오염배출수준의 이행을 완화함으로써 수도권지역의 수돗물생산비용의 상승과 같은 추가비용을 부담하는 결과를 초래하였다.

2) **지방자치단체간의 갈등** 지방자치단체간의 갈등은 지방자치 이후 두드러지게 나타나는 현상이다. 이러한 사례는 대구 위천공단 개발계획과 낙동강 수질보전문제를 놓고 대구광역시와 부산·경남지역 주민이 겪고 있는 갈등을 들 수 있다.

이 갈등은 1990년 경상북도가 건설부에 국토이용계획변경을 신청하고 1991년 지방공업단지 지정 승인을 신청하면서 시작되었다. 그런데 최근 대구광역시가 지역균형개발 및 지역경제 활성화 방안으로 낙동강변 대구시 달성군 일원에 304만평 규모의 위천국가공단 조성을 추진하자 낙동강 하류의 부산시와 경남도가 취수원인 낙동강 수질오염이 가중된다며 공단계획을 취소할 것을 요구하면서 갈등이 첨예하게 대립되고 있는 것이다.

대구시의 입장은 대구지역 경제활성화를 위해 위천공단의 조성이 절실함을 강조하고, 이 문제 해결을 위해 이해당사자인 부산시·경상남도와 광역자치단체협의회를 구성하고, 위천공단에 자동차, 반도체, 정보통신, 기계, 생명유전공학 등 첨단산업을 유치하고자 하고 있다. 반면 부산시의 입장에서는 공단조성을 반대하는 데 그 근거로 낙동강 지류의 72%가 대구 경북지방에서 낙동강 본류로 유입되면서 상수원수의 수질이 갈수록 악화되고 있는 상태에서 낙동강수계에 위천공단을 조성한다는 것은 부산시민의 안정적인 취수원수 확보를 불가능하게 한다고 주장하고 있다.

따라서 이 두 자치단체간의 갈등은 지방자치 이후 중앙정부의 중재기능 약화 등으로 아직 해결되지 않고 진행중인 사안이다.

3. 정부와 NGO간의 갈등

주민들의 다양한 요구를 선거제도를 통해서만 수용한다는 것은 불가능할 뿐만 아니라 사회가 다원화·분권화되어감에 따라 요구 또한 전문화·분화되는 성향을 보이고 있다. 따라서 환경문제와 같은 보편적인 이해관계가 얽혀 있는 문제일 경우, 또는 특정집단이나 계층의 이해관계의 문제 등에 대하여 정부나 지방자치단체를 주체로 해서는 효과적으로 대응할 수 없는 한계점이 있기 때문에 초국가적 내지 비정부적 조직을 중심으로 해결할 수밖에 없다.

따라서 순수민간조직인 NGO(Non-Governmental Organization: 비정부조직)는 정파적인 이해관계를 떠나 초월적인 독립성과 자율성을 기반으로 초국가적 또는 초정파적으로 문제해결을 모색하기 때문이다. 이와 같은 NGO의 활동은 국내사회에서 새로운 변수로 작용하고 있다. NGO는 국가, 정부, 의회 등 기성세력을 견제하는 지구촌의 '제 3 세력' 내지 '대안세력'으로 떠오르고 있다.

이와 같이 NGO의 영향력이 확대되어감에 따라 다양한 부문에서 정부와 상호갈등적인 양상을 보이고 있다. 이는 역기능적인 측면보다는 상호보완적인 기능으로써 앞에서도 논의한 바와 같이 탈정파적이며, 탈지역주의적인 입장에서 각종 정책적인 과제를 풀어나

갈 수 있는 대안의 제시가 이루어질 수 있도록 새로운 관계의 설정이 요구된다.

제 3 절 갈등의 해결방안

Ⅰ. 개인적 갈등의 해결전략

리터러(Joseph A. Litterer)는 갈등의 해결전략으로서 갈등을 일으키고 있는 당사자들에게 교육훈련을 시키는데, 특히 성취동기훈련(AMDP)이나 감수성훈련(sensitivity training)으로 감정이입을 시키도록 한다. 또한 시간과 공간의 완충지대를 만들거나 조직을 재설계(redesign)하고 운영방식이나 리더십 쇄신으로 갈등을 해결하기도 한다.

Ⅱ. 집단 내의 갈등의 해결

1. 상관의 조정

상급기관에서 계서제의 원리나 명령통일의 원리에 의거 조정하는 방식인데 체제적 사고방식이나 발전가형 리더십을 통한 입체관리(3-D theory)에 의해 갈등해결이 가능하다.

2. 문제해결(problem-solving) 노력

문제해결은 최후의 해결책이 관계된 모든 사람들에게 만족스러운 결과를 가져오는 경우를 말한다. 그러나 많은 정책, 문제, 사건, 방법들간의 갈등과 대립, 장·단점이 있기 때문에 의견일치가 되지 않기 쉬우며, 따라서 대안에 대한 탐색활동과 정보수집 · 분석 · 평가노력이 요구된다. 또한 문제해결의 특징은 관계된 사람들의 공동노력(concerted search of effort)이 요구된다는 사실의 인지가 중요하다.

3. 설득(persuasion)

설득은 두 가지 이상의 대안 중 어느 한 가지가 좋다고 확신시키는 것이다. 그런데 갈등 당사자간에 합의가 이루어지지 않을 때 문제가 되는데, 특히 상위목표와 하위목표간에 모순 및 불일치는 제거해야 한다.

4. 협상(bargaining)

협상은 관계된 사람들이나 기관들이 각기 생각하는 목표나 이해관계의 대립을 조화시키고 갈등에 놓여 있는 당사자들이 직접적인 교섭을 하는 것이다.

5. 평가기준의 개발과 외부통제

이제는 관·민파트너십 시대의 행정부이기 때문에 비정부기구인 시민단체(NGO)의 역할을 통하여 정부간 갈등도 해결하도록 하는 압력단체의 역할이 요구되며, 정부 내에서도 예산감사적 평가보다는 예방감사형 평가모형을 각 부처에 미리 제시하여 상호갈등을 해결시키도록 한다.

6. 권력의 분산

조직환경변동에 대응하고 참여자에게 더 많은 재량권을 주어 권한과 책임을 같이 갖도록 분권시키며 의사결정단계를 단축시키며 정보화사회에 걸맞게 네트워크형으로 관리한다.

7. 참여의 제도화

기술적 · 법적 · 경제적 타당성 분석과정을 공개하고 이해관계자들이 참여 · 결정하도록 한다. 이리하여 관계권의 이해를 구하고 충분한 의사소통이 되도록 한다.

8. 제 3 자 개입

적절한 제 3 자를 개입시켜 조정(mediation), 중재(arbitration), 알선(facilitation)하도록 한다.

9. 갈등의 공개

공청회, 학술토론, 정보제공, 시민교육방법 등을 통하여 사회분위기를 조성하고 제로섬 게임이 아닌 플라스 게임을 하도록 한다.

10. 위협, 대면, 지지세력의 조직

강제력에 기초를 둔 전략으로 위협(threats)과 대면(confrontation)으로 회합하여 영향력을 주기 위한 동맹(coalition)을 형성하는 방법도 정책갈등의 해결방안이 될 수 있다.[6]

---

6) 한국행정연구원, 갈등해결의 제도적 접근(2004), pp. 37~50.

제 4 장

총체적 · 질적 관리

제 1 절 총체적 · 질적 관리의 의의

Ⅰ. TQM의 개념

일반적으로 TQM(total quality management)은 조직의 과정, 산출물, 서비스의 계속적 개선을 계량적 기법의 이용과 종업원의 참여를 통하여 고객의 요구와 기대를 만족시키는 총체적이며 종합적인 조직의 접근방법으로 정의된다.1) TQM에서 총체적(total)이라는 말은 고객의 확인에서 고객의 만족도 평가까지 조직에서 수행하는 업무의 모든 측면에 적용한다는 것을 말하며, 품질(quality)은 고객의 기대를 만족시키고 나아가 이를 능가하는 것을 뜻한다. 또 관리(management)는 지속적으로 품질을 개선할 수 있는 능력의 개발과 유지를 의미한다.2) 따라서 공행정의 경우 질(quality)은 생활의 질(quality of life)을 의미하며 고객과 같은 주민만족도 제고의 직접봉사행정의 발전적 관리라고 볼 수 있다.

Ⅱ. TQM과 전통적 관리모형의 차이

TQM은 기존의 전통적 관리(traditional management)와는 여러 가지 면에서 차이점을 가지고 있다.

첫째, 전통적 관리는 주로 단기적 목표달성에 초점을 두는 반면, TQM은 조직이 장기

1) 여윤환 · 임영제, "총체적 품질관리(TQM)의 행정부문 적용에 관한 이론적 검토," 행정문제연구, 제 3 권 제 1 호(1996), p. 106.

2) S. Cohen and W. Eimicke, "Project-Focused Total Quality Management in New York City Department of Parks and Recreation," *Public Administration Review,* Vol. 54, No. 5(1994), p. 450.

[표 5-4-1] 전통적 관리와 TQM의 비교

전통적 관리	T Q M
재화와 서비스에 대한 사용자의 필요성은 전문가에 의해 규정	사용자가 필요로 하는 재화와 서비스를 규정하는 고객지향
실수와 낭비는 사전에 정해진 기준을 벗어나지 않으면 허용	재화나 서비스에 아무런 가치도 부가하지 않는 실수와 낭비를 허용하지 않음
재화와 서비스는 문제발생시 검사됨	문제의 사전예방
가정과 직감에 의존하여 이루어진 의사결정	정밀한 자료와 과학적 절차를 이용한 사실에 기초한 의사결정
단기적 기획	장기적 기획
각부서에 의한 재화와 서비스와 단독적 설계	팀에 의한 총체적 재화나 서비스 라이프 사이클(life cycle)의 동시적 설계
관리자와 전문가에 의한 통제와 개선	관리자, 전문가, 종업원, 고객 등의 팀웍
일회성의 개선	계속적 개선
통제에 기초한 수직적 구조와 집권화	재화나 서비스의 가치의 극대화에 기초한 수평적 구조와 분권화
가격에 기초한 단기적 계약	품질과 계속적 향상에 기초한 장기적 계약

자료: D. K. Carr and I. D. Littman, *Excellence in Government: Total Quality Management in the 1990s* (VA: Coopers & Lybrand, 1993), p. 4.

적으로 원하는 비전을 창출하고 이를 조직의 목표로서 운영되게 해 준다.[3)]

둘째, TQM의 지지자들은 전통적 관리는 품질향상과 고객서비스에 대한 사회감정적(socioemotional) 몰입을 이끌어 내는 데 불충분하다고 비판하며 TQM은 이를 가능하게 해 준다고 강조한다.

셋째, TQM은 정부조직 내의 수평적 조직구조, 계속적 개선, 전체 조직구성원의 자발적 협력, 참여관리, 고객서비스, 성과의 탁월성 등으로 야기되는 조직의 문화혁신(cultural revolution)을 요구한다.[4)] 반면 전통적 관리는 안정성을 최우선시한다.

넷째, 전통적 관리가 주로 기술구조적 측면을 중시한 반면 TQM은 인적 측면과 기술구조적 측면 양자 모두의 변화를 요구한다. 고객서비스, 계속적 품질개선, 인적 자원의 행태적 변화에 초점을 둔 조직발전(OD)의 핵심원칙을 통합한 TQM만이 성공적 변화를 유도해 낼 수 있기 때문이다.

다섯째, 전통적 관리는 사후적 통제를 강조하는 반면 TQM는 사전예방을 중시한다. 지금까지 설명한 TQM과 전통적 관리모형의 차이점을 정리하면 [표 5-4-1]과 같다.

3) R. F. Durant and L. A. Wilson, "Public Management, TQM, and Quality Improvement: Toward a Contingency Strategy," *American Review of Public Administration*, Vol. 23, No. 3(1993), p. 218.

4) *Ibid.*, p. 228.

[표 5-4-1]에서 정리한 전통적 관리와 TQM과의 차이점 중 핵심적인 내용은 고객지향, 품질보장, 권한위임 및 조직구성원의 참여, 계속적 개선이라고 할 수 있으며,[5] 이 중 TQM을 구성하는 3대 핵심사항은 고객지향, 참여관리, 지속적 개선이라고 볼 수 있다.

제 2 절 총체적 · 질적 관리의 필요조건

Ⅰ. 고객지향

고객지향이란 간단히 국민의 요구를 파악하고 이를 충족시켜 주는 것을 최우선시하는 사고방식 및 행동을 의미한다. 이러한 고객지향의 첫단계는 고객의 확인이다. 일반적으로 고객을 상품 또는 서비스의 최종 구매자로 알고 있으나 엄밀히 말해 이는 외부고객(external customer)을 의미하는 것이며, TQM에서의 고객의 개념에는 내부고객(internal customer), 즉 조직구성원을 포함하고 있다.

고객확인의 다음 단계는 고객의 기대와 욕구의 파악이다. TQM의 궁극적 목적인 고객만족은 국민의 기대와 요구를 충족시키고 나아가 감동까지 이끌어 내는 것을 의미한다. 그러므로 국민이 요구하는 것이 무엇인가를 알아야 고객만족을 달성할 수가 있는데, 결국 고객이 원하는 것은 높은 품질인 것이다.[6] 요컨대 TQM에서 고객을 다루는 데 있어서의 핵심철학은 그들이 바로 품질의 결정자라는 것이다.[7] 이를 위해 TQM은 전통적인 조직구조를 거꾸로 한 역피라미드형의 조직구조를 강조한다. 즉 고객이 조직에서 가장 중요하며 일선관료는 그 다음으로 중요하고 관리층은 이들 일선관료를 위해 존재한다는 것이다.

Ⅱ. 참여관리

조직구성원의 참여를 강조하는 것은 이들에 대한 인간적 존중을 기초로 하는 것이다. 조직구성원에 대한 인간적 존중에 바탕을 둔 참여관리(participative management)에 있어

5) 다른 학자들의 경우도 대부분 이와 유사한 내용을 제시하고 있는데, 이들이 지적하는 성공적인 조직이 갖는 공통적인 속성으로 다음과 같은 것들이 있다. ① 효과적 리더십(effective leadership), ② 고객만족의 강조(an emphasis on customer satisfaction), ③ 계속적 개선(a commitment to continnous improvement), ④ 전략적 기획(strategic planning), ⑤ 진보된 인적 자원관리(enlightened human resource management), ⑥ 품질보증시스템(quality assurance systems), ⑦ 효과적 정보체제(effective informantion systems); V. D. Hunt, *Quality Management for Government: A Guide to Federal, State, and Local Implementation*(Wisconsin: ASQC Quality Press, 1993), pp. 3~4.

6) 상품이나 서비스에 대한 고전적 품질의 개념은 사전에 규정된 기준에의 일치를 의미하는 것이었으나 TQM에서는 고객의 정당한 요구를 만족시켜 주는 것이라고 품질의 개념을 확대하였다.

7) D. Chaudron, "How OD Can Help Implement TQM," in W. L. French et. al.(ed.), *Organ-ization Development and Transformation: Managing Effective Change*(Illinois: Irwin, 1994), p. 303.

서의 참여란 주로 의사결정에 있어서의 참여를 의미한다.[8] 이는 조직구성원들의 만족과 동기를 증진시킬 수 있는 접근방법으로 TQM의 핵심내용 중 하나가 된다. 사실상, TQM 뿐만 아니라 대부분의 관리이론에서 참여는 동기부여, 인사고과, 통제활동, 의사결정 등 조직의 모든 핵심과정에서 권장되어온 내용이다. 참여관리의 핵심요소는 의사결정 권한과 사업정보의 확대, 성과에 대한 보상의 확대, 그리고 기술적·사회적 능력의 조직하층부로의 확대인데[9] 이들 4개의 요소들은 국민이나 행정인의 참여 개념에 필수적인 구성요소라고 할 수 있다. 또 성과에 대한 보상이 없다면 참여에 관한 행정주체들의 열의는 점차 식게 될 가능성이 농후하며, 능력이 부족하다면 행정주체들은 자신들이 효과적으로 참여해야 할 필요성이 있는 기술적·사회적 과정에 대한 적응력이 부족하게 될 것이다. 특히 국민들도 이제는 행정의 대상에서 행정의 주체로 크게 변화되어가고 있다는 인식전환이 요구된다.

결론적으로 참여관리가 성공적으로 수행된다면 조직은 조직구성원들이 관리자가 갖추고 있지 못한 지식과 정보를 제공해 줌으로써 의사결정의 질을 향상시킬 수 있다. 아울러 문제의 해결책 모색에 대한 자발적 협력을 이끌어낼 수 있으며, 행정주체들이 의사결정에 영향을 미칠 수 있는 기회를 가짐으로써 이에 대한 몰입의 증대를 가져온다.[10]

Ⅲ. 계속적 개선

환경의 변화에 수반되어 끊임 없이 변화하는 국민의 요구에 대응하고 정부역할을 제대로 잘 하기 위해서는 계속적 개선(continuous improvement)이 필수적이다. 어떤 조직이 계속적인 개선을 추구할 경우 이의 성공을 위해서는 ① 조직구성원들의 변화의 중요성 인식, ② 목표의 명확화, ③ 변화의 장애물 극복, ④ 최고관리층의 변화에 대한 명확한 의사표명, ⑤ 변화과정의 비인격화 및 평가의 객관화가 전제되어야 하는데, 대부분의 TQM 조직들은 과정을 모니터하는 체계적인 방법을 보유하고 있다. 모든 조직은 이러한 과정개선 방식을 각기 특수한 필요에 맞게 변형하여 계속적 개선 활동에 이용함으로써 훌륭한 성과를 거둘 수 있을 것이다. 그러나 그 방식이 어떻게 변형되든 과정의 정의와 그 과정을 효율화 및 단순화하고 개선하는 체계적인 접근방식이 포함되어야 한다.

8) E. Chell, *Participation and Organization*(London: Macmillan, 1985), p. 1.

9) J. R. Galbraith and E. E. Lawler Ⅲ, *Organizing for the Future: The New Logic for Managing Complex Organizations*(CA.: Jossey-Bass, 1993), p. 143.

10) G. Yukl, *Leadership in Organizations*(New Jersey: Prentice-Hall, 1994), p. 158.

제 3 절 정부의 총체적 생산성 향상전략

Ⅰ. 공공부문에의 TQM 도입

TQM을 행정부문에 적용할 때 발생할 수 있는 문제점 및 제약요인을 여러 학자들의 견해를 중심으로 살펴보면 다음과 같다.

첫째, 서비스에 관련된 제약이 있다.[11] TQM은 본래 제조업과 같은 반복적인 과정에 적용하기 위해 설계되었는데, 대부분의 정부기관은 재화(products)보다는 서비스를 산출해 낸다. 서비스를 TQM에 적용시키는 데 어려운 것은 서비스가 보다 노동집약적이면서 종종 생산과 소비가 동시에 이루어지기 때문이다. 또한 서비스 품질의 측정은 매우 복잡하다.

둘째, 정부고객의 규정에 관한 문제가 존재한다. TQM의 가장 중요한 원칙은 고객을 만족시키는 것이다. 따라서 고객이 누구인가 하는 질문은 매우 중요하다.

셋째, 투입과 과정에 대한 초점의 차이에서 기인되는 문제가 존재한다. 정부는 전통적으로 다음과 같은 몇 가지 이유를 들어 산출에 대해서는 상대적으로 적은 관심을 가져왔다.[12] 이러한 여건을 고려해 볼 때, 결과를 강조한다는 것은 매우 어려운 과제라 아니할 수 없다.

넷째, 행정조직문화에 관련된 문제가 있다. 전형적인 TQM은 품질에 대한 거의 일편단심적 몰입을 하는 강력한 조직문화에 의존한다. 이러한 문화를 형성하기 위해서는 관리자는 관리개선에 계속적으로 관여해야 한다. 즉 TQM은 장기적 관점에서의 관리모형인데, 이는 고위관리자의 잦은 경질과 같은 행정관리의 정치적 특성 때문에 어려움에 봉착하게 될 우려가 있다.[13]

다섯째, 행정구조적 제약도 있다. 행정조직의 관리자는 TQM을 관리체제에 도입하려 할 때 직접적인 제약에 마주치게 되는데[14] 이는 주로 조직운용에 대한 공식적이고 구조화되고 법적 제약을 받는 경직성에 기인한다.

여섯째, 관료권의 갈등 역시 TQM을 제약하는 요인이 될 수 있다. TQM은 분권화의 프로그램인 반면, 대규모 행정관료제는 경직되고 집권적인 결합구조를 갖고 있으며 정치적 통제의 광범한 체제로 묶여 있다. 이러한 배경하에서 부서간 할거주의와 이기주의의 범람, 행정관료들간의 권력암투가 발생할 소지가 높고, 이러한 체제는 TQM이 요구하는

11) J.E. Swiss, "Adapting Total Quality Management(TQM) to Government," *Public Administration Review*, Vol. 52, No. 4(1992), pp. 358～359.
12) J.E. Swiss, *op. cit.*, p. 359.
13) S. Cohen and R. Brand, *Total Quality Management in Government*(CA.: Jossey-Bass, 1993), pp. 10～17.
14) O.F. White and J.F. Wolf, "Deming's Total Quality Management Movement and the Baskin Robbins Problem," *Administration Society*, Vol. 27, No. 2(1995), p. 216.

것과 같은 변화를 거부할 가능성이 농후하다.[15]

일곱째, 행정조직에는 목표의 불명확성이 존재한다. 행정조직은 명확한 목표를 갖고 있지 않은 경우가 많으며, 다원적이며 복합적인 목표를 추구하는 경우가 많다는 점도 제약요인으로 작용할 수 있다.

여덟째, 시대에 뒤떨어진 관리철학과 관리방식을 고집할 경우 고객에 대한 행정관료의 반응성(responsiveness)을 떨어뜨릴 수 있으며,[16] 이것이 TQM의 제약요인이 되는 것이다.

Ⅱ. 행정환경과 수요변화에 부응한 TQM의 적용방안

1. TQM 실시의 유용성

이는 곧 TQM 실시의 유용성을 기술하면 다음과 같다.[17]

첫째, 행정조직 내의 소수의 사람들만이 전문적인 행정학 교육을 받았음에도 불구하고 그렇지 못한 다른 조직구성원도 생활의 질향상에 참여할 수 있다.

둘째, TQM은 행정주체들이 이해하고 수행하기가 손쉬울 것이다. 모든 조직구성원들을 국민의 요구에 초점을 둔 생활의 질개선과정에 참여하도록 하고 총체적 생활의 질에 대한 관리자의 비전(vision)을 공유하도록 훈련시키는 것이 가능하다.

셋째, TQM은 쉽게 이해되고 수행할 수 있기 때문에 공무원들에게 보다 용이하게 수용된다. 정책분석을 수행하는 데 필요한 복잡한 기술과 지식을 알 필요없이 TQM전문가들이 제시하는 몇 단계의 문제해결과정에 따라 훈련받기만 하면 되는 것이다.

넷째, 조직구성원과 관리자간의 TQM에 대한 큰 몰입이 가능하다. 관리자는 이러한 몰입을 조직구성원들이 공유할 수 있는 비전에 관하여 의사소통을 하는 것과 국민에 대한 정부서비스 수준의 비전으로 행정이 나아갈 수 있게 만드는 권한 위임을 통하여 가능하게 할 수 있다.

다섯째, 행정주체들은 TQM에 의해 강력하게 옹호받는 참여관리방식에 보다 적극적인 방법으로 반응할 수 있다.

2. TQM의 적용방안

1) 고객개념의 명확한 설정이 필요하다. TQM을 행정부문에 적용하기 위해서는 고객의 개념을 어떻게 규정할 것이냐가 주요 이슈로 등장할 수밖에 없다. 시민(citizen)이나 국

15) *Ibid.*, p. 219.

16) M. E. Milakovich, "Total Quality Management for Public Service Productivity Improvement," in M. Holzer(ed.), *Public Productivity Handbook*(New York: Marcel Dekker, 1992), p. 587.

17) *Ibid.*, p. 588.

민(people)의 개념을 고객(customer)이라고 생각하는 것부터가 하나의 의식혁명을 유도하는 것이다. 고객개념의 도입은 의식개혁의 구체적 실천대안이 될 수 있으며, 공직사회 전체의 의식변화와 발상전환의 기초가 될 수 있는 것이다.[18)]

2) '고객만족'의 내실화가 필요하다. '고객만족'이 단지 구호로만 끝나서는 안 된다. 근래 수많은 기업에서 '고객만족경영 '또는 '고객감동'을 외치고 있고, 철도청을 비롯한 몇몇 행정기관에서도 이를 내세우고 있으나 이를 체감하기가 쉽지 않다. 단순히 구호로만 고객만족을 내걸어서는 아무 의미가 없으며 사실에 입각한 평가를 전제로 한 내실화된 고객만족이 추구되어야 하는 것이다.

3) 리엔지니어링과 벤치마킹적 사고와 기법의 도입이 요구된다. 리엔지니어링(reengineering)이란 핵심적 성과에서 극적인 향상을 이루기 위해 조직의 업무과정을 근본적으로 재설계하는 것을 의미하며, 벤치마킹(benchmarking)은 지속적인 개선을 달성하기 위한 내부활동 및 기능 혹은 관리능력을 외부적인 비교시각을 통해 평가하고 판단하는 것이다. 리엔지니어링과 벤치마킹은 조직 내에 TQM철학을 도입하는 데 좋은 매개체가 될 수 있다.

4) 계속적 개선의 내면화를 들 수 있다. 초기의 행정관리의 혁신은 많은 저항을 받았다. 게다가 일단 시스템이 실시되면, 종종 시간이 지남에 따라 위축되기 일쑤였다. 이러한 이유로, TQM의 계속적 개선이라는 원칙이 만약 조직구성원들에게 내면화되어 있다면 아주 큰 기여가 될 것이다. 새로운 접근방법에 대한 수용성은 높은 성과를 위해 필수적이다. 이 원칙은 미래의 체제혁신에 대한 저항을 감소시킬 것이며, 나중에 있을지 모르는 침체를 감소시켜 줄 것이다.[19)]

QC의 적극적 활용이 필요하다. TQM의 핵심요소는 품질관리(quality control)의 활용이다. 그러나 이를 실제에 적용한다는 것이 어렵다. TQM의 QC는 증진된 참여를 향한 가치있는 구체적인 단계를 제시해준다.

5) OD의 활용이 TQM의 성공적 적용에 크게 도움이 될 것으로 판단된다. TQM은 팀워크(teamwork)에 대한 강조를 하는데 작업의 원만한 관계를 해치는 집단구성원간의 불필요한 경쟁을 발견하여 이를 개선하는 OD는 팀워크 강화에 매우 유용하다.[20)] TQM과 조직발전 OD(organization development)는 팀워크, 관리층과 종업원의 협력, 고객만족, 권한 위임, 신뢰 등 동일한 내용을 강조한다. 따라서 OD의 각종 기법들이 TQM의 집행에 있어서 종업원에 대한 훈련, 조직분위기의 측정, 경력개발(career development)과 종업원 선발, 관리방침의 변화, 관리스타일에 대한 지도, 팀빌딩(team building) 등 여러 가지 측

18) 김판석, "관리혁신과 행태변화를 통한 새로운 행정개혁의 방향 모색," 한국행정학보, 제28권 제3호(1994), p. 1024.
19) J. E. Swiss, *op. cit.*, p. 360.
20) B. G. Mani, *op. cit.*, p. 157.

면에서 도움을 줄 수 있을 것으로 기대할 수 있다.[21)]

6) 행정조직문화의 전환과 제도적 지원이 요구된다. TQM의 집행에 있어서 일반적으로 직면하는 문제점은 TQM에 완전히 몰입하지 않고 형식적 수준(token level)에서 적용한다는 점이다. 따라서 행정조직문화가 비난과 통제의 문화로부터 적극적 행동을 지원하는 긍정적 문화로 탈바꿈되어야 한다.

7) 최고관리층의 적극적 관심과 지원이 있어야 한다. 상향식 방법(bottom-up way)을 적용했다고 해서 그것이 반드시 성공으로 이끄는 만병통치약 같은 것은 아니다. 성공을 위해서는 최고관리층의 강한 의지가 있어야 한다. 그러나 요구되는 절대적인 변화는 간단하게 이루어지는 것이 아니며, 최고관리층의 전폭적이며 계속적인 지원이 없다면 이러한 프로그램은 성공할 수 없는 것이다.[22)]

---

21) D. Chaudron, *op. cit.*, pp. 306～307.

22) T. J. Peters and R. H. Waterman, Jr., *op. cit.*, pp. 241～242; D. Chaudron, *op. cit.*, p. 307.

제 5 장

행정서비스의 품질혁신

제 1 절 도입배경

국제화 · 개방화가 촉진됨에 따라 민간기업들은 과거와 같은 가격 경쟁력만으로는 경쟁 우위를 확보할 수 없다는 판단에 따라 제품의 품질에 대한 중요성을 인식하게 되었었다. 따라서 우수한 제품만이 경쟁력을 갖추고 있으며 이는 곧 기업의 경쟁력 및 생존가능성과 직결되기 때문이다.

이와 같은 변화의 바람은 공공행정부문에서도 서서히 나타나기 시작하고 있다. 즉 과거와 같이 행정서비스를 일방적으로 생산 공급하는 차원에서 벗어나 고객지향적 행정서비스를 생산 공급해야 한다는 인식이 관료들 사이에서 받아들여지고 있다. 이제는 단지 고객지향적인 행정서비스의 차원에서 벗어나 상품으로서의 행정서비스의 질적 제고를 꾀할 수 있는 품질혁신운동을 추진하여야 할 것이다.

제 2 절 품질혁신운동으로서의 6시그마 운동

행정서비스 품질혁신운동의 전략으로는 여러 선진기업이 이미 도입해 높은 성과를 거둔 6시그마 운동을 행정부문에 과감히 도입 운용하는 방안이 모색되어져야 할 것이다.

Ⅰ. 6시그마의 의의

6시그마는 현재의 제품이나 서비스의 품질수준을 통계적으로 측정하고, 이를 획기적으로 향상시키기 위한 전사적인 품질혁신 운동으로서, 6시그마 운동 또는 6시그마 경영이라고도 한다. 6시그마는 원래 통계학적 용어로서, 1백만개 중 불량이 단 3.4개만 발생하는 확률을 나타내는 것으로 기존의 품질관리 기법과 달리 생산된 제품뿐만 아니라 수주에서 출하에 이르는 모든 경영 프로세스를 대상으로 하는 종합적인 품질혁신운동 이다.

Ⅱ. 도입배경 및 성과

6시그마 운동은 80년대 초 모토롤라가 일본의 휴대형 무선호출기 시장에 진출했을 때 일본 기업과의 품질 격차에 자극받아 개발된 것으로 그 후 미국 기업들은 6시그마를 통해 일본 기업과의 품질 격차를 해소하고, 뒤처진 경쟁력을 회복하려고 적극적으로 기업경영에 도입하였다.

그 결과 1987년 모토롤라에서 개발된 이후 얼라이드 시그널(Allied Signal), GE, ABB, 소니 등 수많은 선진 기업들이 큰 성공을 거두었고, 특히 GE의 6시그마는 현재 확산되고 있는 6시그마의 원형이 되고 있으며, 6시그마가 전세계 기업에 급속도로 확산될 수 있는 계기를 제공하게 되었다.

국내에 6시그마가 도입되기 시작한 것은 1997년 이후이며, 특히 1999년부터 많은 국내기업들이 기업경영전략으로 채택코자 준비중이다.

Ⅲ. 추진 프로세스(MAIC) 및 추진인력

6시그마의 추진 프로세스는 기업의 특성에 따라 다소 다르게 나타나겠지만, 일반적으로 'MAIC'라는 4단계 프로세스를 거쳐 목표를 달성코자 한다.

1) **측정**(Measurement) 현재 불량수준을 측정하여 수치화하는 단계
2) **분석**(Analysis) 불량의 발생원인을 파악하고 개선대상을 선정하는 단계
3) **개선**(Improvement) 개선과제를 선정하고 실제 개선작업을 수행하는 단계
4) **관리**(Control) 개선결과를 유지하고 새로운 목표를 설정하는 단계

6시그마는 주로 프로젝트 단위로 추진되며, 마스터 블랙벨트, 블랙벨트 등이 6시그마 추진의 핵심적인 역할을 담당한다. 마스터 블랙벨트와 블랙벨트는 모든 업무 시간을 6시그마에 투입하며, 6시그마 프로젝트의 추진에 책임을 진다. 그린벨트는 자신의 고유 업무를 하면서 6시그마에 참여하며, 챔피언은 각 사업부문의 책임자로서 품질에 대한 의식을 고취시키는 역할을 담당한다. 퀼리티 리더는 사내를 유격대처럼 돌아다니면서 부서간 조정 역할을 담당한다.

제 3 절 행정부문에 대한 적용전략

행정부문에서는 행정혁신을 위하여 수많은 혁신 활동들을 수행해 왔지만, 애초에 의도한 목표를 달성한 부문이 거의 없는 실정이다. 이는 행정부문에 민간기업경영에서 활용되고 있는 경영혁신 전략을 도입·추진하는 과정에 여러 가지 문제점이 있었으며, 이를 적절히 해결하지 못했기 때문이다. 따라서 현실적으로 6시그마를 행정부문에 새롭게 도입하여 실시한다 하더라도 높은 성과를 획득할 수 있을 지에 대한 확신보다는 행정혁신전략으로 활용가능할 것이기 때문이다.

Ⅰ. 행정부문에서의 6시그마 기법의 창출

행정품질운동으로서의 6시그마 운동은 단순한 기법의 적용을 의미하는 것이 아니라 행정의 특성인 공공성과 효율성, 합리성을 극대화할 수 있는 새로운 차원의 행정경영기법의 창출을 모색하여야 할 것이다.

이는 민간기업의 경영기법을 공공부문에 그대로 적용한다는 데에서 나타나는 본질적인 한계의 인식뿐만 아니라 이해의 부족과 유행하는 혁신전략을 흉내내어 오히려 혼란만을 야기할 수 있는 개연성이 있기 때문이다.

Ⅱ. 명확한 관리시스템의 구축

현재 우리나라의 행정기관에서 추진하고 있는 각종 구조조정과정에서 나타나는 가장 큰 문제점으로는 조직의 통폐합을 결정하는 데 있어서 객관적으로 인정하고 수용할 수 있는 평가기준 또는 척도를 마련하고 있지 않다는 것이다. 따라서 구조조정안이 확정되면 심각한 저항이 나타나고 그 저항을 설득할 만한 기준을 제시하지 못하기 때문에 정치적으로 결정하게 됨으로써 왜곡되어지는 경향을 보이고 있다.

행정서비스 품질혁신운동을 전개함에 있어서 두 번째로 중요한 것은 생산 공급한 행정서비스의 질을 평가할 수 있는 척도의 개발과 함께 전반적인 관리시스템의 구축을 들 수 있다.

Ⅲ. 최고관리자의 확고한 의지

6시그마가 비록 많은 기업에서 도입하여 획기적인 성과를 달성한 우수한 경영기법이기는 하나, 우선 행정과 기업간의 가장 큰 차이점은 공공성과 사익간의 차이라고 할 수 있다. 따라서 이러한 품질혁신운동을 공공부문에 도입하는 데 있어서 최고관리자는 한순간의 유행이 아닌 지속적이고 제도화할 수 있는 확고한 의지를 가지고 임해야 한다. 그리고 실제로 이를 제도화할 수 있는 방안에 대한 노력이 병행되어야 할 것이다.

Ⅳ. 구체적이고 실천적인 전략의 연마

일반적으로 혁신운동이 보이기 위한 전시용 및 일회성 한건주의 방식으로 추진되기 때문에 구체적인 계획이 부재할 뿐만 아니라 실천할 수 있는 전략이나 목표 또한 마련되어 있지 못한 것이 일반적이다.

따라서 행정서비스 품질운동이 성공을 거두기 위해서는 단기적인 안목에서 접근할 것이 아니라 장기적인 시각에서 충분한 준비와 구체적인 대안 및 전략을 구축한 이후에 추진하는 것이 바람직할 것이다.

Ⅴ. 합리적인 보상체계의 구축

행정서비스 품질혁신운동의 전개는 최고관리자의 의지나 제도적인 장치만으로는 성공할 수 없다. 이와 함께 고려되어져야 할 것이 조직구성원의 자발적 참여를 유도할 수 있는 방안의 모색이다.

조직구성원의 자발적인 참여를 유도할 수 있는 방안이 바로 보상인데, 보상의 방법으로는 승진과 금전적인 보상인 임금의 인상 등이 함께 고려되어져야 한다는 것이다.

제 6 장

학 습 조 직

제 1 절 서 론

조직은 끊임없이 변화하는 환경 내에 존재하는 역동적 체제이며 변화에 적절하게 대응하지 못하면 정체 및 사멸을 피할 수 없게 된다. 그러므로 바람직한 방향으로의 변화를 지속적으로 추구해 나가야 하는 것이다.

격변하는 시대에 새로운 차원의 조직혁신 전략이자 조직변화의 기본요건으로 등장하고 있는 모형이 바로 학습조직(learning organization)이다. 외부환경 변화에 능동적으로 대처하고 핵심역량을 키우며 경쟁력을 갖출 수 있는 능력은 조직의 전 구성원이 학습할 수 있는 능력을 지니고 있느냐에 따라 결정되기 때문이다. 그러므로 조직이 어떻게 학습하고 어떻게 변화해 나가는지를 이해하는 것은 매우 중요하다.

제 2 절 학습조직의 의의

Ⅰ. 학습조직의 개념

학습조직을 정의하기란 간단하지가 않다. 먼저 여러 학자들의 정의를 소개하면 다음과 같다. 페들러(Pedler)와 보이들(Boydel)은 학습조직은 모든 조직구성원들의 학습활동을 촉진시킴으로써 조직전체에 대한 근본적인 변화를 지속적으로 촉진시키는 조직이라고 정의하고 있으며 학습조직이론의 대부라 할 수 있는 사제(Sage)는 학습조직이란 조직구성원들이 진정으로 원하는 욕구를 끊임 없이 창출시켜 주는 조직, 조직구성원들의 창의적 사고양식을 새롭게 전향시켜 주고 확장시켜 주는 조직, 집단적인 열망으로 가득찬 조직, 조직구성원들이 함께 학습하는 방법을 지속적으로 학습하는 조직이라고 규정하고 있다.[1)]

한편 윅(Wick)과 레윈(Lewin)은 학습조직은 조직의 미래성공을 위해 요구되는 능력을 신속히 창조하고 정교화시킴으로써 계속적으로 개선을 도모하는 조직이라고 개념지었으며, 학습조직은 지식을 창출하고 획득하며 이전하는 데에, 그리고 새로운 지식과 통찰력을 반영하도록 행동을 변화시키는 데에 능숙한 조직을 말한다고 주장하는 학자도 있다.[2)]

Ⅱ. 학습조직 등장의 시대적 배경

학습조직이 등장하게 된 시대적 배경은 다음 네 가지로 요약할 수 있다.

첫째, 단기간에 가시적인 효과를 거둘 수 있는 TQM, 벤치마킹, 고객만족경영, 시간관리운동, 성과중시경영, 시간중심경영 등과 같은 경영혁신기법만으로는 장기적인 조직전체의 변화를 가져올 수 없다는 인식이 확산되면서 새로운 측면에서의 총체적인 경영혁신 전략을 모색하게 되었는데, 이러한 노력의 일환으로 등장한 전략이 바로 학습조직이다.

둘째, 조직이 급변하는 환경에 대응하여 생존하기 위해서는 완전한 적응력을 갖춘 조직이 되어야 할 필요성이 부각되고 있는바, 이를 효과적으로 추진하는 하나의 방법이 바로 학습조직을 구축하는 일이다.

셋째, 학습조직은 미래지향적 관점에서 조직의 전략경영능력을 향상시키고 생성적 학습(generative learning)을 통해서 조직의 창의성을 극대화시킬 필요에서 등장한다.[3)]

넷째, 미래 사회에서 중요한 자원으로 등장하게 될 지식의 가치에 대한 새로운 인식은 학습조직의 출현을 가속화시키고 있다.

Ⅲ. 학습조직의 특징

학습조직의 특징을 정리하면 다음과 같다.

첫째, 학습조직은 적응적 학습(adaptative learning)과 생성적 학습(generative learning)의 의미를 동시에 포함하고 있다. 여기서 적응적 학습이란 변화하는 환경에 반응하거

---

1) P. M. Sage, "The Leader's New York: Building Learning Organization," *Personnel Management Review*(Fall 1990).
2) D. A. Garvin, "Building a Learning Organization," *Harvard Business Review*(July-August 1993), p. 80.
3) P. M. Sage, *op. cit.*, pp. 7～23.

나 대처하는 의미를 지닌 수동적 · 현재지향적 학습개념이며, 생성적 학습이란 조직의 현재능력을 확장시킴으로써 미래의 기회를 발견하는 의미를 지닌 적극적이고 미래지향적인 학습개념이다.

둘째, 학습조직은 자신과 타인의 경험과 시행착오를 통한 학습활동을 높게 평가한다는 점에서 기존의 조직과 구분된다. 학습조직에서는 시행착오를 범하는 과정이 바로 학습이 발생하는 출발점으로 보고 있기 때문이다.

셋째, 학습조직은 외부특정 전문가를 중시하기보다는 조직구성원 모두가 맡은 분야의 전문가가 될 수 있도록 제도적인 도움을 제공해 준다.

넷째, 학습조직은 일정한 활동을 한 이후에 특정 시점에서 종료되는 경영혁신 기법이 아니라 끊임없는 학습과정을 통해 지속적인 변화과정을 겪는 것이다.

다섯째, 학습조직은 공식적이거나 정규적으로 이루어지는 교육/훈련(education/training) 활동보다 비공식적이거나 비정규적으로 이루어지는 조직구성원들의 자발적 학습활동을 강조한다.

여섯째, 학습조직의 기본정신은 인간존중을 통한 생산성 향상에 있다. 학습조직은 인간의 잠재적 가능성을 인정하고, 그들이 가지고 있는 다양한 관점과 시각을 대화를 통해 통일하며, 이것을 경영현장에서 실천함으로써 경쟁력을 확보하는 일종의 인간을 중시하는 경영혁신 전략이다.

일곱째, 학습조직은 바람직한 미래를 창조하기 위해서 위험을 부담하는 적극적인 자세를 강조한다.

여덟째, 학습조직은 학습에 있어서 모든 조직수준의 구성원들의 참여를 촉진하고 학습을 보상하는 체제를 가진다.

아홉째, 학습조직은 단기간의 투자를 통해서 당면문제에 대한 대중요법적 치료효과를 목표로 하기보다는 장기적인 측면에서 조직의 점진적 성장과 발전을 의미한다.

마지막으로, 학습조직은 환류와 표출(disclosure)의 조직문화를 형성한다.

Ⅳ. 전통적 조직과 학습조직과의 차이

전통적 조직과 학습조직의 차이는 다음 [표 5-6-1]에 나와 있다. 이 표에 의하면, 학습조직의 중요성과 현대 기업이나 조직에서 생성학습환경의 조성에 관심을 두는 이유를 알 수 있다.

[표 5-6-1] 전통적 조직과 학습조직과의 차이

기 능	전통적 조직	학습조직
조직전체 방향의 결정	최고관리자의 비전	공유된 비전 최고관리자는 이 비전의 존속과 성장을 책임진다.
아이디어의 형성과 집행	최고관리자의 수행과제 결정, 그외 성원들은 이 아이디어 수행	아이디어의 형성과 집행이 조직의 모든 수준에서 발생
조직사고의 본질	각자의 직무에 대한 책임을 지며, 개인능력개발에 초점을 둠	모든 조직구성원들은 자신의 직무뿐만 아니라 자신의 직무가 다른 구성원에 미치는 영향과 상호관계 방식도 이해함
갈등해결	권력과 계서적 영향력에 의한 갈등해결	조직전체의 다양한 관점의 통합과 협동적 학습의 활용을 통해 갈등해결
리더십과 동기부여	리더의 역할은 조직의 비전을 수립하고, 적절한 보상과 처벌을 제공하며, 구성원 활동에 대한 전체적 통제를 유지하는 것	리더의 역할은 권력부여와 카리스마적 리더십을 통하여 조직전체에 공유된 비전을 구축하고, 조직구성원에게 권력을 부여하고, 몰입을 불러일으키고, 효과적인 의사결정을 격려하는 것

자료: Peter M. Senge, "Transforming the Practice of Management," *Human Resource Development Quarterly*(Spring 1993), p. 9.

제 3 절 학습조직의 구축과정

Ⅰ. 고전적 조직이론

1. 학습조직의 전제조건

학습조직은 다섯 가지 주요 활동에 숙달되어 있다.[4)]

(1) 체계적인 문제해결

이 활동은 품질관리운동의 철학과 방법에 크게 의존한다. 문제분석을 위해서는 단순한 추측보다는 계획·실행·점검·행동의 사이클 등과 같은 과학적 방법을 이용한 사실에 근거한 관리를 활용한다.

(2) 새로운 접근방법을 활용한 실험

이 활동은 체계적으로 새로운 지식을 찾아내고 이를 테스트하는 것을 포함한다. 과학

4) D. A. Garvin, *op. cit.*, pp. 81~89.

적인 방법을 사용하는 것이 필수적이며 체계적인 문제해결 활동과는 상당한 유사성을 가지고 있다. 하지만 문제해결과는 달리 실험은 통상 현재 당면한 어려움을 해결하기 위해서가 아니라 기회를 모색하고 사업영역의 확대를 위해서 사용된다.

⑶ 스스로의 경험과 과거 자료로부터의 학습

이 과정은 과거를 기억할 수 없는 사람은 이를 반복할 수 없다는 말로 압축할 수 있다. 즉 조직이나 기업은 자신의 성공과 실패의 내용을 재검토하고, 이를 체계적으로 평가하며, 조직구성원들이 공개적으로 이용할 수 있는 형태로 얻은 교훈을 기록해야 한다.

⑷ 다른 조직으로부터의 학습

모든 학습이 반성과 자기분석으로부터만 이루어지는 것은 아니다. 경우에 따라서 뛰어난 통찰력은 새로운 안목을 가지기 위해 바로 주변의 환경을 벗어나 외부의 다른 사업영역에서 만들어진 아이디어도 창의적 사고의 원천이 될 수 있다. 이 과정은 SIS(steal ideas shamelessly), 즉 부끄럼 없이 아이디어를 도용하는 것이라고 부르기도 하는데 이것의 확대된 형태가 바로 벤치마킹(benchmarking)이다.

⑸ 지식을 신속하고 효과적으로 조직전체에 이전시키는 것

학습이 지엽적인 일로 국한되지 않고 조직전체로 빠르고 효율적으로 확산되려면, 아이디어와 정보가 폭넓게 공유되어야 한다. 여기에는 보고서, 현장방문 및 시찰, 인사교육 프로그램, 교육 및 훈련 프로그램, 표준화 프로그램을 포함한 다양한 방법들이 이 과정을 촉진시킬 수 있다.

Ⅱ. 학습조직의 구축단계

학습조직의 구축이 조직을 근본적으로 변화시키려는 노력이라면 이를 실행하기 위한 단계적 절차가 요구된다. 학습조직을 구축하기 위해서는 조직구성원들이 지속적으로 새로운 지식이나 기술을 연구하고 개발할 수 있는 여건을 만들어 주는 소프트웨어적 측면과 외부로부터 새로운 자료나 정보를 입수하고, 지식을 창출하고, 습득된 지식을 공유하여 조직의 경쟁력 및 성장발전능력의 극대화를 위한 메커니즘(mechanism)을 구축해 줄 수 있는 하드웨어적 측면이 동시에 강구되어야 한다.

1. 제 1 단계: 준비단계

이 단계는 레윈(Lewin)이 제시한 해빙단계(unfreezing)에 해당되는 것으로 말 그대로 변화를 준비하는 단계이다. 준비단계에서는 조직구성원들의 현재의 태도와 행동 가운데서 잘못된 점들을 확인하는 일이 중요하다.[5] 즉 조직구성원들은 자신들의 폐쇄적인 관점, 불

5) 박연호, 현대인간관계론(서울: 박영사, 1994), p. 438.

신적 태도, 안일한 과업수행 등 고정된 기존의 가치의식과 행동경향에 대해 자신의 인지도를 높이게 되는 것이다. 또한 이 단계는 변화에 따르기 마련인 조직의 의도적·비의도적 저항을 극복하고 조직구성원들의 적극적인 참여를 이끌어 내기 위한 목적하에 전개되는 단계이다.[6)]

2. 제 2 단계: 변화단계

이 단계에서는 조직구성원, 임무, 구조, 기술에 있어서 실질적인 변화가 이루어지는 단계이다. 즉 학습조직적 행태를 조직에 적용해 나가는 학습화의 단계로서 종합적인 학습조직 구축 프로그램을 장기적으로 조직에 적용해 나가는 단계이다. 이 단계에서 조직구성원들의 자발적 참여가 무엇보다 중시된다. 이를 위해서는 전체 조직구성원들이 그들의 업무활동과 더불어 지속적으로 학습활동을 전개함으로써 환경변화에 자연스럽게 적응하고 학습활동 자체가 즐겁다는 인식을 심어 주어야 한다.

3. 제 3 단계: 재결빙단계

재결빙(refreezing)단계는 변화과정에서 형성된 새로운 가치관과 태도 및 실제행동을 강화시킴으로써 영구적인 행동패턴으로 정착시키는 단계이다. 이러한 재결빙과정이 없다면 새로운 행동은 소멸되어 종전의 태도와 행동으로 되돌아가 버릴 위험성이 크다.[7)] 학습조직구축은 일회성의 학습활동이 아닌 영속적인 학습을 반복할 수 있는 조직역량의 형성이 그 목적이므로 이러한 정착화 단계는 무엇보다 중요하다.

---

6) R. M. Steers and J. Black, *Organizational Behavior*(New York: Haber Collins Publishers, 1996), p. 676; 박광량, "학습조직을 어떤 절차로 구축할 것인가," 인사관리(1994), p. 36.

7) 이학종, 조직개발론(서울: 법문사, 1993), p. 52.

제 7 장

위원회조직

제 1 절 위원회의 의의

Ⅰ. 개 념

위원회란 법제상 결정을 단일인이 하는 단독제와 대조되는 개념으로서 그 결정에 여러 사람이 참여하게 되어 있는 합의제 조직을 뜻한다.

Ⅱ. 설치이유

흔히 우리는 행정조직 또는 행정기관이라고 하면 단독제를 연상하게 되는데 이러한 위원회제가 설치되는 이유는 무엇인가? 그것은 기본적으로 어느 나라의 경우에나 공통적으로 행정기능이 외면적·내면적으로 확대·강화되는 데 있다고 할 수 있다. 즉 행정이 종래처럼 입법에서 결정·제정한 정책이나 법률의 단순한 집행·적용에 그치지 않고 행정이 일정한 범위 안의 준입법적·준사법적 기능까지 담당하게 되었다는 것이다.

이것은 경제·사회의 변동이 급격하고 고도로 전문화·분업화되어 전문성이 부족하며 기동성을 결한 입법부나, 보수적이고 재판작용에 적합하도록 훈련되고 제도화된 사법부에서 이를 적절히 다룰 수 없게 되었다고 하는 것이다.

그런데 이것이 미국에서 크게 발달한 것은 행정권의 강화를 싫어하는 미국인들의 전통에 의하여 행정부도 아니고 입법부도 아닌 제 4 부(the fourth go-vernment)로서의 특별관서(commission, committee, board 등)를 설치하였던 것임을 유의할 필요가 있다.

Ⅲ. 장·단점

1. 장 점

위원회조직의 장점은 중지를 모아 보다 합리적이고 신중하며 공평한 결정을 할 수 있다고 말할 수 있으나 이를 구체적으로 보면 다음과 같다.

1) 많은 경험 · 전문지식 · 정보 · 창안을 동원하여 보다 합리적인 결정을 할 수 있다.

2) 각기 이해관계가 다른 여러 분야의 대표들이 참여함으로써 보다 많은 사람의 이해와 지지 · 참여를 얻을 수 있는 결정을 할 수 있다.

3) 행정에 긴요한 안정성과 지속성을 견지할 수 있어 민주적 · 자본주의적 생활에 크게 도움이 될 수 있다.

2. 단 점

1) 각기 이해관계와 입장을 달리하는 여러 사람이 참여하게 되므로 결정의 지연과 책임의 전가현상이 나타나기 쉽다. 특히 우리나라의 경우, 사적 대인관계를 해치지 않으려고 필요 이상으로 인원수를 늘리는 경향이 있어 더욱 이러한 결정이 심하게 나타나고 있는 것 같다.

2) 위원회가 독립성을 지닌 경우라 하더라도 국정의 통일성은 고려되어야 하는데 이에 반하는 사태가 야기되기 쉽다.

3) 자문적인 기능을 하는 위원회의 경우, 그 기능을 제대로 발휘하지 못하는 경우가 있다. 그 원인으로서는 부설기관장이 이를 경시하는 경우, 위원의 능력이 부족한 경우, 예산의 뒷받침이 미약한 경우 등을 들 수 있다.

Ⅳ. 결 어

실제 설립 또는 운영면에 있어서는 이러한 장·단점을 충분히 고려하여 장점이 최대한으로 발휘될 수 있고 단점이 최소한으로 나타나도록 하되, 설립 후라도 그 기능을 충분히 발휘하지 못하는 것은 과감히 해체하거나 재정비하는 것이 바람직하다. 특히 지금처럼 아무런 본연의 기능도 하지 않거나 오로지 장식물로서 또는 사실상 책임자의 결정을 절차적·사후적으로 정당화시켜 주는 정도의 기능을 하고 있는 위원회가 많은 실정하에서는 더욱 그러하다 하겠다.

제 2 절 위원회의 유형

위원회의 유형은 관점과 기준에 따라 다양하게 분류된다.

Ⅰ. 학자의 관점에 따른 분류

1. 어윅(L. Urwick)의 분류[1)]

어윅은 위원회의 유형을 그 기능에 따라 ① 집행위원회, ② 조정위원회, ③ 자문위원회, ④ 교육위원회 등으로 구분한다.

2. 피프너(John M. Pfiffner)의 분류[2)]

피프너는 ① 행정위원회(Admnistrative Board), ② 규제위원회(Regulatory Board), ③ 반독립위원회(Board tied into Hierarchy), ④ 항구적 자문위원회(Permanent Advisory Board), ⑤ 직책에 의한 위원회(Ex-offic Board), ⑥ 초당파위원회(Bipartisan Board)로 구분한다.

3. 웨아(K. C. Wheare)의 분류[3)]

웨아는 ① 자문위원회(Committees to advice), ② 조사위원회(Committees to inquire), ③ 협의위원회(Committees to negotiate), ④ 입법위원회(Committees to administer), ⑤ 통제위원회(Committees to Scrutinize and Control)으로 구분한다.

Ⅱ. 기능에 따른 분류

위원회는 기능에 따라 ① 자문위원회, ② 행정위원회, ③ 독립규제위원회로 나누어 보다 구체적으로 검토해 보기로 한다.

1. 자문위원회(advisory board or committee)

자문위원회는 문자 그대로 어떤 구속력이 있는 결정을 하는 것이 아니라 기관장의 자

1) Lyndall F. Urwick, *Committees in Organization*(London: British, Institute of Management, 1950), pp. 8~9.

2) John M. Pfiffner and Robert V. Presthus, *Public Administration*, revised ed.(New York: Ronald Press, 1964), pp. 99~104.

3) K. C. Wheare, *Government by Committee*(London: Oxford Univ. Press, 1955), pp. 176~183.

문에 응하여 조언·자문하는 합의제 행정조직으로서 행정부에 설치되어 있는 위원회는 이러한 종류의 것이 대부분이다. 우리나라에는 정책자문위원회, 세제심의회, 법제조사위원회 등의 자문위원회가 있다.

자문위원회는 장점이 많지만, 문제점도 많다. 먼저 그 설립에 있어 우선 설립 자체의 법적 근거가 없거나, 설령 근거는 있다 하더라도 위원의 수나 임기에 관한 규정조차 없는 경우가 많은데, 최소한의 인원수·임기에 관한 규정만은 두어야 할 것이다. 특히 기관장은 많은 경우 너무 바쁜 소위 거물급 인사를 위원 내지 위원장으로 위촉하려는 경향이 있는데, 이는 그 운영을 더욱 부실하게 만드는 경향이 있다.

이러한 위원회의 토의사항은 전적으로 기관장의 의사에 의한 임의사항이 있는가 하면 반드시 심의하여야 하는 필요사항이 있는데, 어느 경우이든 성공을 위해서는 먼저 위원들이 성실하게 참여하여 책임성 있고 타당한 의견을 제시하여야 하고 다음 기관장은 그들의 의견이나 결정을 법적 구속력이 없다고 하여 경시하거나 책임전가 및 기술·동원수단으로만 이용하려 들지 말고 이를 경청하고 정책결정에 반영하도록 하여야 한다.[4)]

2. 행정위원회(administrative board)

이는 자문위원회와는 달리 어떤 법적 구속력을 갖는 결정을 할 수 있는 합의제 행정기관으로서 그 밑에 많은 보좌기구를 갖는 것이 보통이다. 이는 민주이념에 따른 정치적 합리성이라는 점에서 주민의 참여가 강력히 요청되었던 영·미의 지방자치에서 설치되기 시작하였고 많은 경우 집행에까지 합의제가 적용되었으나 이것이 지니는 단점 때문에 점차 집행은 위원장이 책임지게 함과 동시에 그 수도 감소하는 경향이 있다. 우리나라의 경우는 소청심사위원회·해난심판위원회·중앙국세심사위원회·교육위원회[5)] 등을 들 수 있다.

3. 독립규제위원회(independent regulatory committee)

(1) 설치이유

19세기 후반 자본주의가 고도로 발달함에 따라 야기되는 독과점의 규제문제·노사문제 등 사경제체제의 갈등이 심하게 나타나고, 이해관계를 갖는 당사자들은 이를 정부에서 간여하여 조정·규제해 줄 것을 기대하고 있으나 문제는 정부의 어디에서 이러한 기능을 담당하느냐 하는 것이었다. 그것은 사경제가 강하고 행정부는 원칙적으로 사경제에 간섭하지 않는다는 미국의 전통적인 정치이념과 행정권 강화의 기피현상 때문이다. 따라서 입법부도 아니고 사법부도 아닌 소위 제 4 부(the fourth government)라고 하는 많은 독립규제위원회를 만들어 이러한 기능을 담당토록 했던 것이다.

4) 물론 그 의견이 타당하지 않은 경우는 그 부당성을 지적하여 재의에 붙이거나 자기가 직접 위원회에 출두하여 의견을 제시할 수도 있을 것이다.

5) 박동서, "인력정책과 교육행정계획," 행정논총, 7권 2호(1969), p. 233.

이와 같이 주로 경제문제를 조정·규제하기 위하여 설치된 위원회의 기능이 고도의 전문성을 띨 뿐만 아니라 공평·신속하며 안전성 있게 이해관계의 갈등을 조정하고 보호할 수 있어야 하므로, 가급적 상설기관으로서 독립성과 합의성을 지닌 위원회의 성격을 요청하게 되었던 것이다.[6)]

우리나라의 경우는 선거관리위원회·금융감독위원회·노동위원회·공정거래위원회 등을 들 수 있겠다.

⑵ 성질과 지위

1) **독 립 성** 처음에는 정치적 영향을 크게 받는 행정수반 및 국회로부터의 독립만을 의미하였으나, 최근에는 이 외에 심한 갈등을 일으키는 사익단체로부터 독립을 포함하는 것으로 확대 해석하게 되었다.

이러한 독립성을 보장하기 위한 몇 가지 방법을 들면, ① 위원의 임명에 있어 국회의 승인을 얻어 초당적으로 구성하며, ② 일단 임명된 후에는 단순한 정책에 관한 견해차이로는 해임하지 못하게 함과 동시에, ③ 그 임기는 행정수반의 임기보다 길게 하고, ④ 1년에 1인씩만 교체하도록 하며, ⑤ 위원회의 결정은 최종적인 효력을 갖도록 하는 등, 세심한 주의를 기울이고 있는데, 이 점이 행정위원회와 크게 다르다. 그러나 이러한 독립성에 아무런 제한이 없는 것은 아니다. 즉 ① 예산은 행정부를 통해서 제출한다든지, ② 국회의 조사를 받는다든지, ③ 위원의 해임에 있어 법령에 특별한 규정이 없는 한 행정수반이 할 수 있는 점 등이다.[7)]

2) **합 의 성** 이를 보장하기 위하여 위원의 수를 여야당·전문가·직업 또는 지역별 이해대변자 등 분야별로 보통 홀수인 5인 또는 7인으로 구성하고, 그 교체에 있어서도 동시에 전원을 교체하는 것이 아니라 부분교체케 함으로써 안정·신중·균형·공평을 기하도록 하고 있다.

이상 두 가지 성질 외에 준입법적·준사법적 기능을 담당하고 있어 어떤 의미에서는 권한의 범위는 한정되어 있다 할지라도 통합된 강대한 권한을 갖게 되어 이들의 해임문제 또한 큰 문제로 대두되게 되는 것이다.

⑶ 개선방향

1) **문제의 소재** 이러한 특수성을 지니는 이 제도의 기본과제는 어떻게 하면 공평·공정성과 책임성 및 정책의 통합성을 동시에 달성할 수 있느냐 하는 것인데 여기에

---

6) 제 1 차 Hoover위원회는 독립규제위원회의 장점으로 다음과 같은 것을 지적했다. ① 부당한 압력에 대한 저항, ② 집단적인 정책결정, ③ 전문성, ④ 정책의 계속성 등.

7) 우리나라의 경우를 보면, 노동위원회는 우선 위원의 임명에 있어 독립성이 견지되기 어렵게 되어 있다. 그러나 보다 중요한 것은 이러한 제도상의 것만이 아니고 임명권자의 독립성에 대한 이해나 위원들 자신의 주체성 등인 것이다. 따라서 임명권자가 언제나 해임할 수 있게 되어 있는 것만으로도 우리는 미국과 달리 독립성이 유명무실해질 가능성이 크다.

양립되기 어려운 문제가 제기된다. 즉 독립성·합의성을 갖게 하니까 공평·공정은 기할 수 있는 데 반해서 무책임하거나 정부정책상의 통합이 어려우며 사회경제적 변동에 적절히 적응할 수 없을 뿐만 아니라, 심지어는 오히려 특정이익단체의 이익을 대변하여 공정성을 잃거나 지나친 법적 절차의 강조로 말미암아 또 하나의 법원화하는 경향이 나타나고 있는 것이다.[8)]

2) 개 선 책 이러한 문제점을 시정하기 위한 여러 가지 개선책이 나오고 있는데, 그 중 널리 인정받고 있는 것은 ① 위원장을 행정수반이 임명하게 함으로써, 보다 정책상의 통합을 기함과 동시에, ② 위원장에게 집행책임을 맡겨 집행은 단독제로 운영하게 하되, 그 밑에 유능한 사무국장을 임명하여 비능률을 지양하고, ③ 일반시민·대통령·국회로부터 소외되고 무책임한 일이 없도록 계속 대통령인 행정수반에 접근시켜 가는 방법 등이 있다.[9)]

제 3 절 우리나라 위원회제도

Ⅰ. 현 황

영·미와 같이 집행권을 가진 행정위원회는 발달하지 못했으며, ① 이름뿐인 위원회가 많다. ② 권한이나 책임이 애매하다. ③ 독립성을 갖지 못하고 있다. ④ 위원은 명예직인 경우가 많다. ⑤ 위원구성이 전문가가 아닌 경우도 있다. ⑥ 지지·동원이나 책임전가를 위하여 형식적 2중성을 띠고서 그 기능을 다하지 못하는 경우가 있다.

Ⅱ. 개선방향

1) 어느 위원회가 행정위원회(노동위원회·금융감독위원회 등)·의결위원회(소청심사위원회·징계위원회 등)·자문위원회(교육혁신위원회)인지 그 지위를 명확히 하여야 한다.

2) 위원의 전문가화를 계속 추진하고 구성원의 독립성을 보장해야 한다.

3) 위원에 필요한 연구비나 심의비용을 별도로 지급하여 책임 있는 참여를 시도하여야 한다.

---

8) M. H. Bernstein, "Statement at the House," in: Leon I. Salmon(ed.), *The Independent Federal Regulatory Agencies*(1969), pp. 60~62; James W. Fesler, "Independent Regulatory Establishments," in F. M. Mars(ed.), *Elements of Public Administration*(1946), pp. 208~210.

9) M. H. Bernstein, *Regulating Business by Independent Commission*(1955), pp. 284~289; L. W. Koenig, "Regulating the Regulators," in Leon I. Salmon(ed.), *op. cit.*, pp. 50~51; J. W. Fesler, *op. cit.*, pp. 212~215.

4) 위원회제에 대한 바람직한 운영을 시도하면 위원에 책임을 지고 행정절차의 과학화를 통하여 자료지원을 충분히 하며 인사위원회 같은 것을 부활시킬 필요가 있겠으며(1973. 2. 5. 법 개정으로 폐지), 불필요한 위원회는 과감히 폐지해야 한다.

5) 위원회의 설치목적을 명백히 하고 그 위원회가 무엇을 해야 하는가 하는 권한을 명백히 해야 한다.

6) 위원의 선발을 위원회의 설치 목적에 부합되도록 그 분야의 전문가로 선정하여 정실을 배제해야 한다.

7) 위원회제도는 자칫 잘못하면 시간과 노력을 낭비하게 되므로 효율적이고 합리적인 행정절차를 연구해야 한다.

8) 위원회제도에 대한 정확한 판단에 입각하여 위원회의 민주적 운영방식을 연구해야 한다.

9) 위원회제도에 대한 인식을 널리 보급시켜 위원회가 체제유지의 목적으로 설립했다든가, 지도자에 대한 통치보호기관으로 오해하지 않도록 해야 한다.

10) 위원회가 관료기구화되어 행정인들의 결정안이 객관적 평가로 인한 결정인 것처럼 되지 않도록 공개심의제도화가 요구된다.

제 8 장

애드호크라시

제 1 절 개　　념

기존조직의 해체(disorganization)를 설명했던 '미래의 충격'(Future Shock)의 저자인 토플러(Alvin Toffler)는 기존의 조직형태인 관료제가 임시조직인 애드호크라시에 의해 대체될 것이라고 예언했다.[1] 로빈스(Stephen P. Robbins)는 애드호크라시 조직구조의 5가지 종류, 즉 행렬조직(matrix), 협동체형조직(collateral form), 과업조직(Task Force), 위원회조직(Committee Structure), 동료조직(Collegial Structure)을 제시하지만,[2] 그가 제시하고 있는 애드호크라시의 특징은 탈관료화된 조직구조로서 고정된 계층구조가 없고, 영구적인 부서가 존재하지도 않으며, 공식화된 규칙도 존재하지 않는다. 또한 여기에 일상적인 문제를 처리하기 위한 표준화된 절차도 없는 조직구조와 같은 순수한 애드호크라시는 존재하지 않는다고 한다.

이처럼 애드호크라시는 애드호크라시로 취급되고 있는 여러 조직구조와도 성격이 다른 점이 많이 있다. 그 개념을 명확히 하기 위하여 위원회제와 대비시켜보면 다음과 같이 설명될 수 있다. 위원회제는 단독제적 계층제에 대비되는 개념이지만, 애드호크라시는 탈관료화현상에서 나온 조직유형이다. 그리고 위원회제가 대국민과의 관계에서 민주성을 확보하기 위해서 설치된 것이지만, 애드호크라시는 조직운영상에 있어서 효율성과 신축성을 확보하기 위해서 창설된 조직이라 할 수 있다.[3]

1) Dwight Waldo, *The Enterprise of Public Administration*(Chandler & Sharp Publishers, Inc., 1980), p. 140.

2) Stephen P. Robbins, *Organization Theory: The Structure and Design of Organization*, 3th ed.(Prentice-Hall, 1990), pp. 331～354.

3) 白完基, 行政學(全訂版)(서울: 博英社, 1988), p. 225.

이들 조직을 구성하고 있는 전문적인 막료들은 중간관리계층이나 일선실무진과 밀착되어 있으면서, 조직의 운영에 있어서 막대한 권한을 행사하지만 어느 막료도 그 권한을 독점하지는 않는다. 또한 애드호크라시에서 추진되는 계획과 전략은 항시 역동성(dynamic)을 띠게 된다.

제 2 절 애드호크라시의 구조적 특징

Ⅰ. 수평적 분화현상

이는 낮은 수준의 복잡성을 말하는데 조직구조의 복잡성(complexity)이란 조직구조가 수평적으로 분화된 수준을 의미한다. 여기서는 관료제 내의 계층성과도 어느 정도 관계가 있다. 이 조직은 고도의 전문적 지식과 기술을 가진 전문가들이 신속한 적응성과 융통성을 위하여 설계된 조직구조이기 때문에 복잡성이 높아지면 그 기능을 상실하게 된다.

Ⅱ. 낮은 공식성과 전문성

공식성(formalization)이란 표준화 및 공식화된 규칙의 수준을 의미한다. 이 조직에서의 구성원들은 자신들의 전문적 지식으로 필요한 때 자율적으로 대응하므로 표준화되거나 공식화된 규칙이 거의 불필요하게 된다. 특히 규제가 없는 편이다.

Ⅲ. 낮은 집권성과 분권적 의사결정

집권성(centralization)이란 의사결정 권한의 소재가 어디에 있는가를 의미하는 것이다. 즉 의사결정의 권한이 계층에서 하향적으로 분산되어 있는 것을 의미한다. 애드호크라시에서의 의사결정은 분권화 정도가 높다.[4] 애드호크라시는 의사결정을 내리는 데 있어서 신속하고 유연할 수 있어야 한다. 의사결정을 내리는 데 있어서 필요한 제반의 전문성을 상급관리자(senior management)가 모두 갖출 수 없으므로, 애드호크라시에서의 의사결정은 전문가들의 분권화된 팀에 의존하게 된다.

4) Stephen P. Robbins, *op. cit.*, p. 299.

Ⅳ. 적 응 성

팀의 구성원은 일반적으로 관료제에서와 같이 책임분야가 명백하게 구분되어 있지 않다. 그러나 목표를 달성하는 데 있어서는 적응성이 높다고 본다. 다만 목표가 달성되면 구성된 다양한 팀은 동시에 해산하게 된다.

제 3 절 종류와 활용

Ⅰ. 매트릭스구조

기능부서의 업무가 동결성을 띠고 있을 때에 프로젝트 부서의 업무는 주로 이질성을 토대로 해서 새로운 것을 모색하는 것이다. 한마디로 표현해서 행렬조직은 전통적 조직에다 프로젝트조직을 결합시킨 것이다.

이러한 행정조직은 선진국, 특히 미국사회에서 많이 활용되어 왔는데, 주로 이용되는 분야는 복잡한 업무의 조정이 요구되는 기술산업체였다. 최근에는 항공분야에 널리 활용되고 있고, 은행·행정부·대학 등에서도 활용·도입하고 있다. 앞으로 어느 사회를 막론하고 전문화된 기술의 조정과 상호의존성이 요구되면 될수록 행렬조직의 이용은 증가하게 될 것이다.

행렬조직의 탄생조건으로 ① 두 가지 영역의 문제에 동일한 비중의 관심을 기울여야 하고, ② 고도의 정보처리능력이 요구되고, ③ 하나의 자원을 두 가지 목적으로 이용할 필요가 있을 때를 들고 있는데, 이 세 가지 조건이 동시적으로 충족될 때에 행렬조직은 탄생된다고 지적되고 있다.[5] 그러나 무엇보다도 중요한 조건은 새로이 요구되는 프로그램이나 기능이 기존의 조지체계 내에서 하나의 조직단위로써는 해결할 수 없는 경우이다.

Ⅱ. 협동체형조직(collateral form)

이 조직은 영속성을 가지는 관료제와 협력하면서 공존할 수 있도록 설계되어 구조화된 유기체적 부속기관을 의미한다. 이 조직은 사조직, 특히 창업을 하거나 대기업에서와 같이 창업정신을 발현하려는 조직에서 찾아볼 수 있는 유형이다.

이 조직은 창업가적 정신(entrepreneurship)으로부터 유연성을 가지면서 기존의 관료제가 표준화를 통하여 고도의 효율성을 모색하였던 그 이점을 달성할 수 있다는 장점이 있다.

5) S. M. Davis and P. R. Lawrences, *Matrix*(Addision-Wesley Co., 1977), p. 24.

Ⅲ. 네트워크조직

특정의 정부조직이 국제사법제판소를 두어 세계의 동질집단(counterpart)과 상호작용하면서 범죄 및 환경문제 등을 해결하는 조직구조를 생각할 수 있다. 또한 사조직의 측면에서 보면, 계약을 토대로 소규모의 관리집단(executive group)이 생산, 유통, 마케팅 등의 기능을 수행하기 위하여 타조직과 연계되어 있는 조직구조를 생각할 수 있다.

Ⅳ. 태스크 포스(task force)

태스크 포스는 과업집단이라고도 하며 전문가단을 의미한다. 이는 매트릭스 구조의 축소판이가도 한다.

이 조직은 계층적 구조 내의 부속구조라고 할 수 있으며 업무가 끝나면 해체되며 그런 면에서 임시조직이라고 할 수 있다.

Ⅴ. 위원회구조(committee structure)

이는 위원회형식인데 효과적 역할을 위해서는 첫째 넓은 경험이 요구될 때, 둘째 조직전환기 경우, 셋째 업무분담이 바람직한 경우, 넷째 유관인이 의사결정에 참여가 허락된 경우 이러한 위원회가 필요하다.

Ⅵ. 대학형의 구조(collegial structure)

대학이나 연구소 또는 고도의 기술이나 전문적 지식을 가진 사람들이 모이는 대학형의 구조이다. 여기서는 의사결정이 민주방식으로 이루어진다. 따라서 전문가단이나 위원회 구조와는 다르다.

제 4 절 애드호크라시의 한계와 장·단점

창의적 작업에 필요한 조직이다. 그리고 전문성의 종합을 요구할 때 필요한 조직이기도 하다.

그러나 정확성과 편의성이 부족하며 혁신이나 융통성을 필요로 하는 업무에 대해서만 활용이 가능하다는 단점이 있다. 이외에도 권한과 책임이 불분명하다는 약점이 있기도 하다.

제 9 장

조직의 설계

제 1 절 개　　념

조직설계에 대한 수많은 연구가 수행되어 왔으며, 이러한 연구는 대부분 조직구조간에 유사점과 차이점을 고려하여 몇 개의 범주를 제한적으로 유형화할 수 있다는 신념을 기반으로 하고 있다. 이러한 제한적 유형화를 타당하게 하는 요인들은 다음 3가지이다. ① 조직은 생존을 위하여 환경에 적합하도록 조직구조를 자연적으로 선택한다는 점(자연적 선택), ② 선택된 조직구조에 역기능적인 요소가 나타났을 때, 그 역기능적 요소를 제거하려 노력한다는 점(내적 일관성의 모색), ③ 조직구조도 유행을 따르는 경향이 있다는 점(유행을 따른다는 관점)이다.[1)]

따라서 본 장에서는 조직설계를 조직의 목적을 달성하기 위하여 조직구조를 구축하고 변화시키는 것으로 정의하고, 다양한 조직유형의 장·단점과 강·약점을 제시함으로써 조직목표의 달성을 위해 적절한 조직모형을 선택(option)할 수 있도록 한다.

제 2 절 조직과 구조

Ⅰ. 조직구조의 영역(structural dimensions)

조직구조의 영역을 정의하는 데 활용하는 일반적인 변수들로는 자율성(autonomy), 집권성(centralization), 복잡성(complexity), 권한의 위임(delegation of authority), 다양성

1) Stephen P. Robbins, *Organization Theory: Stucture Designs and Applications,* 3ed.(Prentice Hall, 1990), p. 277.

(defferentiation), 공식성(formalization), 전문성(professionalization), 통제의 범위(span of control), 전문화(specialization), 표준화(standardization) 등 다수이나 여기서는 특히 복잡성과 공식성 그리고 집권성에 대하여 살펴본다.

1. 복잡성(complexity)

복잡성이란 조직 내에 존재하는 다양성의 정도라 할 수 있다. 복잡성에서는 수평적 복잡성과 수직적 복잡성이 있다. 수평적 복잡성은 구성원들의 지향성(the orientation), 구성원들이 수행하는 업무의 성질, 그리고 그들의 교육과 훈련의 정도에 기초한 부서간의 다양성 정도로 언급할 수 있다. 또한 수직적 복잡성은 조직계층의 깊이(the depth)를 의미하며 조직에서 계층의 증가는 복잡성을 증대시킨다. 조직의 설계시 복잡성의 수준을 높게 할 것인가 낮게 할 것인가에 대하여 고려하여야 한다. 이러한 계층의 증가는 필연적으로 이에 수반하는 비용을 요구하게 되므로 복잡성은 조직의 설계시 조직건강의 척도로서 중요한 의미를 가진다.

2. 공식성(formalization)

공식성이란 조직 내에서 업무가 얼마나 표준화되어 있는가에 관한 것이다. 이는 구성원의 자율성과 밀접한 관계를 갖는다. 공식성의 증대는 업무의 재량성을 감소시킨다. 그 기법으로는 조직원의 선발(selection), 역할요구(role requirements), 훈련(training) 등이 있다.

3. 집권성(centralization)

의사결정의 권한이 소재가 어디에 있는가, 의사결정에 얼마나 참여하는가 등과 관련이 있다. 다시 말하면 의사결정권이 계층에서 하향적으로 분산되어 있는가 하는 권한의 정도를 의미한다. 집권성의 정도는 조직이 의사결정 시스템이면서 정보처리 시스템이라는 측면에서 중요한 의미를 갖는다. 즉 조직은 집단의 노력을 조정하여 목표달성의 촉진을 꾀하는데, 조정의 필요는 필연적으로 의사결정과 정보처리의 집권화를 초래하게 된다.

Ⅱ. 조직구조결정론(the determinants)

1. 전　　략

전략이란 기업의 장기적인 기본목적 및 목표의 결정으로써 목적을 수행하기 위한 행동 방향의 설정 및 필요한 자원의 배치로 정의될 수 있다. 피터 드러커(Peter Dreucker)가 '조직구조는 조직의 목적과 목표를 달성하는 수단'이라고 통찰했던 바와 같이 조직에서의 과업은 목적과 전략으로 연계된다. 즉 조직은 환경적 요인과 조직의 능력(environmental

[그림 5-9-1] 전략: 조직구조결정론

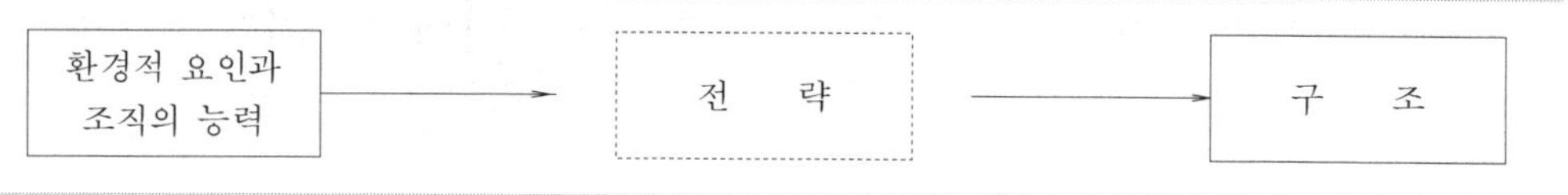

factors and organizational capabilities)을 고려하여 조직의 전략을 설정하게 되고 이는 조직구조를 결정하는 중요요소가 된다.

2. 조직규모

조직규모는 대개 종업원의 총수로 정의한다. Stephen P. Robbins에 의하면, 종업원의 규모가 얼마나 되어야 큰 조직이냐에 대하여 1,500명 미만의 종업원을 가진 경우는 작은 조직으로 보고 2,000명 이상의 종업원을 가진 경우는 큰 조직으로 보고 있다.

조직규모는 조직구조에 영향을 미치는 가장 중요한 조건이다.[2] 영국의 아스톤 대학의 연구에서도 조직규모가 조직구조의 주요 결정요인인 것으로 나타났다.[3] 그러나 한편으로는 이러한 입장에 대하여 많은 비판이 있다.

조직규모는 수직적 분화에 영향을 미치고, 공식성의 증대는 조직규모를 확대시키는 것과 밀접한 관계가 있는 것으로 나타나고 있다. 또한 조직규모와 집권화는 역의 관계가 있는 것으로 나타나는 것이 일반적이다.

3. 기 술

기술이란 조직에서 투입을 산출로 전환시키는데 필요로 하는 정보, 장비, 기법, 과정을 말한다. 즉 투입을 산출로 전환시키는 과정 및 방법을 의미한다. 조직의 효과성은 기술과 조직구조의 맞아떨어짐과 밀접한 관련을 갖는다.[4] 페로우는 기술을 보다 광범위한 관점, 즉 지식(knowledge)으로 볼 것을 제안하였는바, 지식기술(Knowledge technology)의 두 주요영역을 과업의 변화성과 문제 분석성으로 정의하고 이의 조합을 통해 4가지 기술의 유형을 제안하였다. 즉 반복기술(routine), 공학기술(engineering), 장인기술(craft), 비반복기술(nonroutine)이 그것이다. 그리하여 조직은 기술이 반복기술이면 일수록 보다 고도로 구조화된다는 결론을 이끌어냈다.[5]

---

2) Peter M. Blau and Richard A. Schoenherr, *The Structure of Organizations*(New York: Basic Book, 1971).

3) D.J. Hickson, D.S. Pugh and D.C. Pheysey, "Operations Technology Science Quarterly"(September 1969), pp. 369~393.

4) Joan Woodward, *Industrial Organization: Theory and Practice*(London: Oxford University Press, 1965).

5) Charles Perrow, "A Framework for the Comparative Analysis of Orgnizations," *American Sociological Review*(April 1967), pp. 194~208.

이러한 기술결정론은 업무수준의 연구(job-level research)에서, 소규모 조직에서, 집행업무(operating core)에서, 반복적인 업무에서 잘 적용되는 것으로 나타나고 있다.

4. 환 경

각각의 조직마다 환경적 불확실성의 정도는 차이가 있으며, 조직구조의 설계는 관리자들이 환경적 불확실성을 제거하거나 최소화시키는 데 활용할 수 있는 주요 도구이다. '환경'이란 조직경계의 외측에 있는 모든 것으로 정의할 수 있다. 그러나 우리가 관심을 가지는 환경이란, 특히 조직과 밀접한 관련을 가지는 특정의 환경(specific enviornment)임을 고려할 때, 특정 환경에서 발생하는 불확실성을 줄이는 것이 관리자의 관심사가 된다.

환경이 조직규모에 어떻게 영향을 미치는가에 대한 다양한 연구들이 있으며, 특히 번스와 스토커(Tom Burns and G. M. Stalker), 에머리와 트리스트(Fred Emery and Eric Trist), 로렌스와 로쉬(Paul Lawrence and Jay Lorsch) 등은 이 분야에서의 대표적인 학자들이다.

환경과 조직간의 관계는 복잡한 것이지만, 다음과 같이 결론을 내린다.[6)]

1) 조직에 대한 환경의 영향은 종속함수이다.

2) 역동적 환경은 정적인 환경에서 보다 조직구조에 더 많은 영향을 미친다.

3) 복잡성과 환경의 불확실성은 밀접한 관계가 있다.

4) 공식성과 환경의 불확실성은 부의 관계가 있다.

5) 환경이 복잡하면 할수록 분권화의 정도는 더욱 커진다.

6) 환경에 대한 극단적인 적대감은 임시적인 집권화를 유도한다.

5. 권력-통제(power-control)

로빈스(Stephen P. Robbins)에 따르면, 전략, 조직규모, 기술, 환경이 조직구조를 결정하는 비율은 50~60%에 못 미친다고 한다. 다섯 가지 조직결정요소중 권력-통제가 그 나머지를 설명한다. 이는 조직의 구조가 권력-통제에 의해서 결정되고 있다는 것을 나타내고 있으며, 권력이 통제를 유지하고 확대시키는 방향으로 조직구조가 결정됨을 의미한다.

권력-통제 관점의 핵심은 권력(power)이 된다. 여기서 권력이란 계층제적 권한을 가짐으로써, 조직에게 희귀하고 중요한 자원을 컨트롤함으로써, 그리고 조직에서 중심위치에 있음으로써 획득될 수 있는 것이다.

통제를 유지하고 용이하게 하기 위해서 기술과 환경이 권력에 의해서 선택될 수 있음은 주지의 사실이다. 통제를 보다 용이하게 하기 위해서 권력은 복잡성 정도가 낮고 공식성과 집권성이 높은 조직구조를 선택하게 된다.

---

6) Stephen P. Robbins, *op. cit.*, p. 233.

제 3 절 조직구조의 선택

Ⅰ. 조직의 공통요소(組織의 共通要所)

대부분의 조직은 최고전략부서, 중간관리부서, 일선운용부서, 전문기술부서, 참모지원부서가 있다.

(1) 최고전략부서

최고관리자로서 조직의 전반에 대하여 책임을 가지며, 결정기능을 수행하는 부서이다.

(2) 중간관리부서

관리자로서 최고전략부서와 일선운용부서간에 연락을 담당하는 부서로서 관리기능을 한다.

(3) 일선운용부서

조직의 생산품 및 서비스와 관련한 주요업무(basic work)를 수행하는 고용인 집단으로 집행기능을 담당한다.

(4) 전문기술부서

분석가들로서 이들은 조직에서 표준화를 촉진시키는 책임을 가지며, 기술기능을 담당한다.

(5) 참모지원부서

막료집단이며 이들은 조직에 대하여 간접적인 방식으로 지원을 하는 부서이다.

Ⅱ. 조직의 유형

1. 단순구조(the simple structure)

(1) 특 징

단순조직구조란 평평한 조직으로 묘사될 수 있으며, 대다수의 조직인이 고도의 의사결정권한을 가지고 있는 1인의 최고집권자에게 보고하는 유형의 조직구조이다. 일반적으로 의사결정은 비공식적으로 되는 것이 대부분이며, 의사결정권이 고참집행권자에게 집중되어 있다. 통제의 범위는 넓은 것이 보통이다.

이 조직구조의 강점은 그 단순성(simplicity), 즉 신속하고 유연하며 유지하는 비용이 거의 들지 않는다는 데 있다. 또한 회계책임을 분명히 할 수 있는 것이 장점이다. 그러나 단순조직구조는 상대적으로 몇 가지 단점을 가진다. 적응성이 떨어진다. 즉 규모가 적을 때 활용이 용이하며 대규모 조직에서는 적합하지 못하다. 그리고 권력이 1인에게 지나치게 집권화되어 있다는 것 또한 단점으로 지적할 수 있다.

단순조직구조가 점점 성장(grow)하게 되고 위험회피적으로 되려 할 때, 기계적 또는 전문적 관료제(machine or professional bureaucracy)로 대체되는 점도 주시할 점이다.

(2) 활 용

단순조직구조는 종업원의 수가 적을 때 효과적이다. 대개가 작은 조직에서는 집행기능을 가진 일선운용부서의 반복적인 업무가 거의 없고, 따라서 표준화의 필요성이 거의 없다. 비공식적인 의사전달이 편리하다. 최고 정점의 1인이 모든 종업원의 활동을 관찰할 수 있으며, 핵심문제가 무엇인지 알 수 있으며, 모든 중요한 의사결정을 행한다.

단순조직구조는 다음의 경우에 활용할 수 있다.

1) 신생조직인 경우이다. 신생조직의 경우 주변환경이나 기술에 관계없이 조직구조에 전력을 다할 시간이 부족하여 대다수가 단순조직구조를 띠고 있다.

2) 단순하고 역동적인 환경에서이다. 이러한 환경하에서는 의사결정권한을 집권화하여 조직의 구조를 평평하게 하는 것이 필요하기 때문이다.

3) 규모에 관계 없이 조직이 갑작스럽게 적대적인 환경에 직면했을 경우이다. 생존이 위협받을 때, 경영진은 이를 통제하려 하기 때문으로 볼 수 있다.

4) 권력-통제의 관점을 중시하는 경우이다. 고참의사결정자들은 자신들의 통제력을 향상시키기 위해서 단순조직구조를 선호한다.

2. 기계적 관료제(the machine bureaucracy)

(1) 특 징

직업적 전문성을 가진 집단들에 의해 기능적인 부서로 이루어져 있는 조직구조를 가지고 있다. 기계적 관료제를 대표하는 개념은 표준화(standardization)이다. 이 조직구조는 고도의 반복적인 운용업무와 아주 공식화된 규칙 및 규제, 기능적으로 분화된 업무, 집권화된 권한, 라인과 막료간에 구분을 통한 복잡한 조직구조를 가지는 것이 특징이다.

이 조직구조는 표준화된 업무활동을 고도의 효율적인 방법으로 수행할 수 있다. 또한 재능이 거의 없는 중간 이하의 관리자들을 통해 거의 비용을 들이지 않고 목표를 달성할 수 있는 강점이 있다. 표준화된 운영을 행하기 때문에 의사결정이 집권화되는 경향이 있다. 단점으로는 기능적으로 이루어진 부서들의 목표가 조직의 목표를 전도할 수 있다는 것이 지적될 수 있다.

(2) 활 용

대규모 조직인 경우, 단순하고 안정적인 환경인 경우, 표준화할 수 있는 반복적인 업무를 수행하는 기술을 가진 경우 적용할 수 있는 조직구조이다. 이러한 조직구조를 가지고 있는 조직으로는 자동차업체와 철강생산업체와 같은 대량생산회사, 단순 서비스업체, 보험과 전화회사와 같은 반복적 활동을 수행하는 회사, 우체국과 징세부서와 같이 반복적인 업무를 수행하는 정부기관 등이다.

3. 전문적 관료제(the professional bureaucracy)

(1) 특 징

이러한 조직구조는 여전히 표준화를 통해 효율성을 높이고 있지만 조직으로 하여금 고도의 훈련받은 전문가들을 일선운용부서에 채용할 수 있도록 하는 만들어진 것이다. 이 설계모형에서의 지배력(the power)은 일선운용부서에 있게 되는데, 일선운용부서에서 근무하는 사람들이 조직에서 필요로 하는 기술을 가지고 있으며 분권화를 통하여 제공되는 자율성을 통하여 그들의 전문적 지식을 응용할 수 있는 핵심기술을 보유하고 있기 때문이다. 이 조직구조 내에서의 전문가들은 자율적으로 자신들의 업무를 수행하지만, 조직구조는 여전히 고도로 복잡하며 많은 규칙과 규제들이 존재한다.

이 조직구조의 큰 장점은 기계적 관료제가 수행할 수 있는 효율성에 가지면서 전문성을 요구하는 업무를 수행할 수 있다는 데 있다. 그렇다면 수 많은 조직들이 왜 전문적 관료제의 조직구조를 채택하지 않는가에 대한 답은 전문적 관료제가 자신들의 업무를 수행하는 데 필요로 하는 자율성, 즉 최고결정자가 자신의 통제력을 포기해야 하는 권력-통제의 입장에서 생각해 볼 수 있다. 단점은 다양한 전문적 기능들이 기능자체의 목적을 추구함으로써 전문가들의 목표가 조직의 목표로 대치될 수 있는 소지가 있다는 점이다. 전문적 관료제 안에 존재하는 전문가들이 그들의 결단에 추종하도록 강제할 수 있다는 점이다.

(2) 활 용

전문적 관료제 조직구조는 대규모 조직에서, 복잡하고 안정된 환경에서 그리고 전문화를 통하여 반복적인 기술을 가진 조직에서 잘 활용되어질 수 있다. 권력-통제의 측면에서 보면 기계적 관료제에 비해 선호되지 않는 것이 사실이지만 자유로운 형태를 가진 애드호크라시(adhocracy)보다는 선호된다.

4. 부서 또는 부처구조(the divisional structures)

(1) 특 징

부처조직구조에서의 권한은 중간관리자에게 있다는 것이 특징이다. 부처조직구조는 실제적으로는 자율적인 부서이면서 집권적인 부처장에 의해서 통제를 받는 기계조직 형태를 띠고 있다. 부처들은 자율성을 가지므로 이 조직구조에서는 중간관리자, 즉 부처장이 강력한 통제력을 행사할 수 있다. 각 부처는 경쟁적 전략을 가지고 있으며 의사결정권한을 행사할 수 있는 자율성을 가지고 있다. 이 조직구조의 장점은 전술한 기계적 관료제의 단점인 기능적으로 조직된 부처의 목표가 조직목표를 전도할 수 있는 단점을 부처장에게 상품 및 서비스에 대한 전권을 부여함으로써 제거할 수 있다는 점이다. 또한 자율성을 가지고 있는 조직이므로 전 조직에 대하여 최소의 노력으로 비효율적인 부처를 제거할 수 있다는 점도 큰 장점이다. 그 단점으로는 자원과 업무활동의 중복성으로 낭비의 여지가 있다. 또한 부처간의 갈등을 조장할 여지가 있다. 또한 부처간의 이질감 팽배로 이를 조정해야 하는 문제점이 드러나는 것을 단점으로 꼽을 수 있다.

⑵ 활 용

이 조직구조를 활용하는 데 가장 기본적인 기준이 되는 것은 생산품 및 시장의 다양성에 있다. 즉 특정의 조직이 다종생산물과 다양한 시장을 가진 조직으로 변화하고자 하는 경우 부처조직구조가 기계적 조직보다 선호된다. 또한 부처조직이 가능하려면 조직의 기술체계가 구획, 즉 각 부처에 대하여 특정의 기술로 나뉘어져 있어야 한다. 환경도 부처조직구조의 선호에 영향을 미칠 수 있다. 부처조직구조가 최상으로 작동할 수 있는 상황은 아주 복잡하지도 않고 아주 역동적이지도 않은 환경에서이다. 고도로 복잡하거나 역동적인 환경은 비표준화한 프로세스와 산출물에 대하여 밀접한 관계를 갖는데, 부처조직의 경우 표준화를 강조하는 측면에서 기계조직과 매우 흡사하기 때문이다.

5. 애드호크라시

⑴ 특 징

애드호크라시는 임시조직(group of terms)이다. 전문가들이 규칙과 규제 또는 표준화한 반복업무를 거의 갖지 않은 유연성을 갖도록 조직된 조직구조를 말한다. 이러한 애드호크라시는 높은 수평적 분화와 낮은 수직적 분화, 낮은 공식성, 분권화 그리고 높은 유연성과 대응성을 갖는 특징을 갖는다. 또한 규칙과 규제가 거의 없으며, 있다치더라도 재량성이 가미되거나 성문화되지 않는 것들이다. 규칙과 규제측면에서 전문적 관료제와 비교하여 그 차이점을 보면, 전문적 관료제에서는 문제에 직면한 경우 문제를 표준화된 프로그램화하여 전문가들이 동일한 방식으로 그 문제를 취급할 수 있게 하는 데 반하여, 애드호크라시에서는 표준화되거나 공식화한 문제해결방식을 취하지 않고 새로운 문제해결방식을 필요로 한다는 점에서 차이가 있다. 또한 애드호크라시에서의 의사결정권한은 분권화되어 있다.

애드호크라시의 가장 큰 장점은 조직이 변화 및 혁신에 신속하게 대응할 수 있으며 다양한 전문가들의 조정을 가능하게 하는 데 있다. 반면 단점으로는 애드호크라시가 갈등적이라는 데 있다. 왜냐하면 애드호크라시는 상관과 부하, 상급자와 하급자의 관계를 규정짓고 있지 않기 때문이다. 또한 구성원간에 사회적 스트레스와 심리적 긴장을 조장할 수 있는 단점이 있다.

(2) 활 용

애드호크라시는 다양성, 변화 그리고 높은 위험성 전략과 밀접한 관련이 있다. 기술은 비반복적이며, 환경은 역동적이고 복잡한 곳에 적합한 조직구조이다. 이 조직구조는 생주기상 초기에 선호되는 구조인데, 그 이유는 이 시기가 시장을 선정하고 목표달성의 방법을 결정하는 등 가장 높은 유연성을 필요로 하기 때문이다. 또한 애드호크라시는 1970년대와 1980년대에 유행하였던 현재의 조직구조 동향이기도 하다.

이상을 표로 정리하면 다음과 같다.

[표 5-9-1] 조직구조와 특성

특 성	단순조직구조	기계적 관료제	전문적 관료제	부처조직구조	애드호크라시
전문성	낮 음	높은 기능적	높은 사회적	높은 기능적	높은 사회적
공식성	낮 음	높 음	낮 음	부처내 높음	낮 음
집권성	높 음	높 음	낮 음	제한적 분권성	낮 음
환 경	단순 역동	단순 안정	복잡 안정	단순 안정	복잡 역동

제10장

공기업관리

제 1 절 공기업의 의의

Ⅰ. 공기업의 개념

'공기업'(public enterprise or public business, öffentliche unternehmung)이란 국가 또는 공공단체의 출자와 관리·지배에 의하여 공공수요의 충족을 목적으로 기업적인 성격(수익성)을 가진 사업을 말한다.

공기업제도는 각국의 정치적 이념이나 역사적·사회적 여러 조건에 따라 그 유형을 달리하며, 특질이 다소 차이가 있겠지만 더욱 설립이 늘어나는 경향이기도 하다.

Ⅱ. 설치이유

이러한 공기업을 설치·운영하는 원인·이유는 국가에 따라 다르다. 즉 먼저 민주국과 공산국의 경우는 각기 다른 정치이념에 따라 정부와 경제의 관계가 전연 다르기 때문에 공기업정책이 다를 수밖에 없으며, 이미 공업화를 이룩한 국가와 이제 공업화를 이룩하려는 국가 사이에도 당연히 그 원인이나 내용이 다를 수밖에 없다.

이처럼 나라에 따라 다르지만 근본적으로는 공공성·민주성·기업성·효율성을 동시에 달성해 보자는 데 그 이유가 있는 것이다. 즉 공공성이 커 사기업에 전적으로 맡길 수는 없는 경우에 이 양자의 조화를 기해 보자는 데 있다는 점에서 근본적으로 같은 것이다.

Ⅲ. 공기업의 발달원인

공기업의 구체적 증가요인은 국가마다 다르나 현대 행정국가에서의 일반적인 증가요인은 다음과 같다.[1)]

(1) 민간단체의 부족

자본이 많이 들어 민간자본만으로는 어려울 때 정부투자를 하게 된다.

(2) 국방 · 전략상의 고려

안보와 관련된 방위전략산업의 경우는 정부가 직접 경영하는 것이다(예: 2차대전 때 전수품공사).

(3) 독점적 사업

사적 독점기업에 따르는 폐단을 막기 위해 공익사업인 경우 공기업으로 운영하게 된다(예: 전기 · 수도 · 가스 · 전신전화 등).

(4) 정치적 동기

특수산업에 있어서 개인보다 국가가 통제할 것을 요구하는 정치사상의 입장이 있을 경우 국가화로서 공기업이 촉진되는 경우도 있다(예: 영국노동당정책, 공산주의 국가의 모든 사업의 국유화).

(5) 경제정책적 · 사회정책적 요구

우리나라를 포함한 발전도상국가의 경우 귀속기업이 존재한다든지, 고도경제성장을 위하여 정부역할이 필요할 때 혹은 민간자본이 절대 부족할 때 공기업이 발달하게 된다고 본다.

제 2 절 공기업의 유형

공기업은 보는 관점이나 기준에 따라 여러 가지로 분류할 수 있으나, 여기에서는 ① 조직형태에 의한 분류, ② 사업의 성격에 의한 분류, ③ 출자자에 의한 분류, ④ 정부의 직접출자이냐 간접출자이냐에 의한 분류 등으로 분류해 보기로 한다.

Ⅰ. 조직형태에 의한 분류

1. 정부부처형

정부부처형은 공기업이 취하는 가장 전통적인 형태로서 우리나라의 철도청 · 종보통신

1) Marshall E. Dimock, *Business and Government: Issues of Public Policy,* 4th ed.(N.Y.: Holt, Rinehart and Winston, 1961), pp. 382～385.

부 등이 그 대표적인 예이다. 이러한 공기업은 공공성을 확보할 수 있으나 관료주의화 되기 쉽고 기업성·창의성을 기하기 어렵다.

정부부처 형태의 공기업의 특징으로는 ① 국회의 의결을 거친 예산으로 운영되고, ② 기업예산회계법의 적용을 받고, ③ 직원은 공무원이고, ④ 중앙관서 또는 그 산하기관의 형태로 운영되고, ⑤ 법인격이 없어서 당사자 능력이 없는 것 등을 들 수 있다.

2. 주식회사형

정부가 주식의 전부 또는 일부를 소유하는 주식회사형태의 공기업이다. 주식회사의 형태를 지닌 공기업 중 정부지분율이 50% 이상 되는 것을 우리나라 실정법에서는 정부투자기관이라고 한다. 이 형태의 공기업은 정부로부터 주식출자의 형식으로 자본금이 조달된 것이므로 원칙적으로 정부예산의 통제를 받지 않는다. 우리나라의 한국전력공사·시중은행 등이 여기에 해당된다.

주식회사형태의 공기업 특징은 ① 상법이나 특별법에 의해 설립되고, ② 정부는 정부출자분에 대해서만 책임을 지고, ③ 임원은 주주총회에서 선출함을 원칙으로 하고, ④ 법인격을 지니므로 당사자 능력이 있으며, ⑤ 일반행정기관에 적용되는 예 산·회계·감사관계법령의 적용을 받지 않고(우리나라는 예외적으로 감사원법의 적용을 받음), ⑥ 직원은 공무원이 아니라는 점 등을 들 수 있다.

이와 같은 주식회사의 형태를 지닌 공기업이 설립되는 이유를 보면 다음과 같다.[2)]

첫째, 국가적으로 중요한 사기업을 도산상태에서 구제하기 위하여 그 기업체의 주식을 정부가 매입하여 주식회사형 공기업을 설립한다.

둘째, 발전도상국가에서 외국의 사기업과 기술·자본을 제휴하여 기업체를 설립하는 경우 주식회사형 공기업이 설립된다.

셋째, 공기업이 독립채산제가 가능하면 민영화하려는 경우 주식회사형 공기업을 설립한다.

넷째, 사기업의 창의력·신축성을 정부의 출자와 특별한 보호로 뒷받침해 주어 국가사업의 수행을 위한 도구로 삼기 위하여 주식회사형 공기업을 설립한다.

다섯째, 역사적 유산으로 주식회사형 공기업이 설립된다. 우리나라의 경우 일본인 소유였던 귀속사업체를 공기업화한 것이 그 예이다.

3. 공 사 형

공사(public corporation)란 국가 또는 공공단체와는 독립된 특수법인의 형태를 가지

2) A.H. Hanson, *Public Enterprise and Economic Development*(London: Routledge and Keganpaul, 1959), p. 352.

는 공기업이다. 우리나라의 실정법에서는 정부투자기관이라고 한다.

공사는 현대사회에서 필요 불가결한 민주성과 효율성이라는 2대원리간의 대립을 해결하는 가장 합리적이고 가장 발전한 공기업형태라고 할 수 있다.[3)]

우리나라의 한국산업은행 · 한국수자원공사 · 한국조폐공사 · 대한무역진흥공사 등이 그 대표적인 예이다.

공사의 형태를 지닌 공기업의 특징으로는 ① 특별한 목적을 위하여 특별법에 의해 설립되고, ② 전액정부투자기관으로서 주식도 주주도 없고, ③ 정부가 그 운영의 최종책임을 지고, ④ 정부에서 임명한 임원이 일상적 운영을 담당하고, ⑤ 법인격을 지니고 있어서 당사자 능력이 있고, ⑥ 원칙적으로 일반행정기관에 적용되는 예산 · 회계 및 감사관계의 법령의 적용을 받지 않고(우리나라는 예외적으로 감사원법의 적용을 받음), ⑦ 직원은 공무원이 아니며 직원의 임면 · 보수 · 근무조건에 관한 규정은 자체적으로 제정할 수 있는 점(우리나라 공사의 임원은 준공무원임) 등을 들 수 있다.[4)]

Ⅱ. 사업의 성격에 의한 분류

공기업은 사업의 성격 · 종류에 따라 다음의 일곱 가지로 나누어 볼 수 있다.[5)]

1. 공익사업(public utilities)

공익사업이란 그 재화 · 서비스가 국민생활에 필수 불가결한 것으로서 국가 또는 공공단체의 소유 · 지배를 필요로 하는 독점적인 성격을 가진 사업을 말한다. 전기 · 수도 · 가스사업 등에 관한 공기업이 그 예이다.

2. 교통 · 통신사업(transport and communications)

교통 · 통신사업인 철도 · 전차 · 해운 · 전신 · 전화 · 우편사업 등에 관한 공기업이 여기에 속한다.

3. 금융 · 보험사업(banking, credit and insurance)

금융 · 보험사업은 대부분의 국가에서 공기업으로 운영하고 있다. 각 국가의 중앙은행 · 특수은행이나 보험사업은 경제정책 · 사회정책상의 이유로 국가에 의하여 운영되고 있다.

3) Amba Prasad, "The Theory and Practice of the Public Corporation in a Democracy," *The Indian Journal of Public Administration*(Jan.-Mar. 1960), p. 27.

4) Jesse Burkhead, *Government Budgeting*(New York: John Wiley & Sons, 1956), pp. 401～402.

5) William A. Robson, *Nationalized Industry and Public Ownership*(London: George Allen & Unwin, 1960), pp. 17～24.

우리나라의 한국산업은행 · 중소기업은행 · 국민은행 · 한국주택은행 등이 그 예이다.

4. 다목적개발사업(multi-purpose development projects)

특정지역의 다목적개발을 위한 사업이 공기업으로 운영된다. 미국의 테네시계곡개발공사(TVA), 영국의 신도시건설을 담당하는 개발공사(Development Corporations), 우리나라의 소양강댐건설 사업 등이 그 예이다.

5. 기존기간산업(basic established industries)

기존기간산업은 본래 私企業으로 발달하였으나 국유화정책에 의하여 공기업화된 산업을 말한다. 예컨대 각국의 석탄 · 철강 · 석유 · 정유산업을 국가가 운영하는 경우가 여기에 속한다.

6. 신산업(new industries)

발전도상국가에 있어서 민간자본이 부족하고 민간기업인들의 경험부족으로 신산업에 투자하지 못하는 경우, 정부가 개척자의 역할을 담당하기 위하여 공기업으로 운영하는 경우가 많다.

7. 문화활동사업(cultural activities)

정부에서 설립 · 보조하는 예술 · 방송 · 국립극장 등의 문화활동사업이 여기에 해당한다. 영국의 방송공사(BBC), 우리나라의 한국방송공사 · 국정교과서주식회사 등이 그 예이다.

Ⅲ. 출자자에 의한 분류

1. 국가공기업

국가 공기업 또는 국영기업이란 국가가 출자 · 관리하는 공기업을 말한다. 정부부처형·주식회사형 · 공사형의 공기업은 주로 국가 공기업이다.

2. 지방공기업

지방공기업 또는 공영기업이란 지방자치단체가 출자 · 관리하는 공기업을 말한다. 주식회사형이나 공사형의 공기업은 거의 없고 국 또는 사업소의 형태(정부부처형)를 지닌 공기업이 대부분이다. 수도사업 · 공설시장 · 병원사업 등이 그 대표적인 예이다.

제 3 절 공기업의 조직

Ⅰ. 단독제와 합의제

대부분의 정부부처형 공기업은 단독제를 채택하는 것이 일반적인데, 영·미를 비롯한 세계의 많은 나라들이 합의제를 채택하고 있다.

단독제는 최고의사 결정권과 경영책임은 최고의 책임자에게 있고 모든 인사나 외부에 대한 대표권도 1인이 담당한다. 이에 반하여 합의제는 모든 정책결정은 민주적 방식에 의하여 이루어지기 때문에 회의 의사결정은 이사회나 총회 또는 경영책임자가 적당한 위원회를 설치하여 공통된 의견을 선택할 수가 있는 것이다. 여기에서 단독제도 보좌기관이나 자문기구를 둘 수 있으나 합의제에서와 같은 기능은 발휘할 수가 없다.

Ⅱ. 임명제와 직능대표제

임명제란 공기업의 최고관리기관인 이사회 또는 관리위원회의 임원을 정부에서 임명을 하는 것을 말하며, 직능대표제란 최고관리기관의 구성원이 각 계층을 대표하는 사람들로 구성하여 운영을 담당하는 것을 말한다.

Ⅲ. 기능위원회제와 정책위원회제[6)]

이 제도는 이사회 또는 관리위원회의 구성원이 공기업의 특정부서의 장을 겸임하고 있느냐에 따른 조직형태이다. 기능위원회제는 이사회 또는 관리위원회의 구성원 전원이 상임으로서 특정부서의 장을 겸임하고 있는 형태이고 정책위원회제는 이사회 또는 관리위원회의 구성원 중 일부는 상임, 일부는 비상임으로 하여 모든 이사 또는 위원이 특정부서의 장을 겸할 수 없는 형태로서 영국의 공기업에서 많이 볼 수 있다.

6) 박연호, 행정학신론(서울: 박영사, 1981), p. 172.

제 4 절 통 제

Ⅰ. 의의 및 필요성

공기업의 통제는 공기업이 본래의 설립취지 · 목적대로 운영될 수 있도록 법령에 따라 정책지침 등 일반적인 지시를 통해서 조정하는 것을 의미하며, 이 점에서 특수적 성격을 지니는 간섭(예: 개개인의 인사배치 지시 등)과 혼동해서는 안 된다. 그런데 오늘날 공공성(민주성)과 기업성(효율성)의 동시추구 · 달성이라고 하는 2대목표를 갖는 공기업이 국민경제 · 정치에 미치는 영향력이 점점 커짐에 따라, 이에 대하여 정치적 책임을 지는 정부는 어느 나라를 막론하고 정도상의 차이는 있지만 이 양대목표를 효율적으로 달성할 수 있도록 적절히 통제하지 않으면 안되게 된 것이다.

Ⅱ. 공기업 통제의 방법

1. 주무장관에 의한 통제

공기업에 대한 정부통제방법은 다양하나 일반적으로 ① 조직과 인사통제가 있는데 주무장관은 자본금 · 출자증권 · 임원과 직원 · 운영 · 회계 등에 관한 사항을 정관으로 작성하도록 하고, 정관의 변경시에는 주무장관의 인가를 요하게 함으로써(정부투자기관관리법 제3조) 공기업의 자주성을 제약하고 있다. ② 다음은 재무관리상의 통제인 바 예산심사 · 기본운영계획의 승인 · 예비비 사용승인 등 예산회계상의 통제를 하며 요금결정과 자금조달상의 통제를 한다. ③ 이사회에 대한 일반적 지시로서 혹은 경영방침에 관한 지휘감독을 하는 등의 방법이 있다.

2. 예산 · 회계관계장관에 의한 통제

정부출자기업의 회계 및 재산상태에 대하여 관계장관(재경부장관)이 적절한 감독을 하며 이익금처분의 경우는 통제방법이 나라마다 다르나 보통 이익금의 일정액은 적립하고 나머지는 정부일반세입으로 하는 경우, 법정준비금으로 하는 경우와 주식배당을 하는 경우가 있으나 재무장관의 승인사항이다.

3. 회계검사기관에 의한 통제

미국의 경우는 회계검사원이 산업형검사(commerical type audit)를 실시하며 일본 공기업의 경우는 회계검사원의 일반검사(general audit)를 받는다.

4. 의회에 의한 통제

일반적으로 입법권에 의한 통제, 질의권에 의한 통제, 국정감사, 연차보고서, 회계에 관한 통치가 행하여지고 있다.

Ⅲ. 우리나라 공기업의 문제점과 발전방향

1) 공기업체의 대부분이 특별법에 근거하여 설립 또는 인수되는 바, 이 때의 근거법규가 애매한 점이 있으므로 이에 대한 정리가 요구된다.

2) 조직과 관리상의 문제점으로서 ① 기업특별의 조직편성이 안 된 채 제도와 현실의 부적합성과 중복(overlapping)을 면치 못하고 인력의 배분이 잘못되어 있다. ② 무원칙한 기구개혁으로 상위직만 늘어나 경비지출이 많다. ③ 다원적인 감독기관과 감사가 중복되고 보고제도가 과다하여 외형적 지시만을 따라가려고 하며, 감사대비의 조직기능이 우선하는 것처럼 되는 경향도 없지 않았다. ④ 업무량측정이나 직무분석·조직분석·제도절차분석 등의 과정이 없어 합리적 관리가 되지 않고 있었다.

3) 인사관리상의 문제점으로서는 전문가가 부족하며 인사배치 기준이나 보직 및 경력관리가 잘 안 되고 있는 실정이므로 능력관리에 동태적 관리책이 요구된다.

4) 재무관리에서의 문제점은 불건전한 자본구조와 재무구조를 정상화하며[7] 자산재평가를 주기적으로 실시하며 합리적으로 감가상각제도를 채용함으로써 위장이익을 내지 않도록 하여야 하는 점을 문제점과 대안으로 지시하는 바이다.

7) 행정개혁조사위원회, 정부관리기업체의 경영합리화를 위한 조사보고서(1966), pp. 72～73.

제 6 편

인사행정관리론: 인적자원관리론

제 1 장

인적자원관리의 기초이론

제 1 절 인사행정(인적자원관리)의 의의

인사행정(personnel administration)이란 정부가 행정목적을 달성하기 위하여 필요한 인적자원(human resource)의 형성, 배분, 활용, 유지·관리하는 활동이라고 본다. 다만 기업경영에서의 인사관리와 유사하나 인사행정은 첫째 봉사성과 평등성의 중시, 둘째 독점성과 법적 제약성을 갖고, 셋째 국민통제와 정치압력이 존재하는 특성을 갖는다. 오늘처럼 정부가 국가발전을 주도하는 시대에는 행정능률을 효과적으로 달성하고 국정지표를 계획된 대로 수행한다는 것은 그 정책집행에 직접적으로 관여하고 있는 국가공무원의 자질문제와 공무원의 공정하고 성실한 헌신적·봉사적인 업무태도의 여하에 달려 있다고 볼 수 있다. 특히 정부의 인적자원관리란 이와 같이 계획된 국정지표를 효율적으로 수행·집행하기 위하여 인적자원을 동원, 투입, 조작 및 그들의 능력을 개발하는 관리기능이라고 볼 수 있다.

현대국가에서는 행정수요의 증가로 공무원 수의 현저한 증가와 행정사무의 질적·양적 증가를 들 수 있는데 이것은 모두 인적자원으로 해결해야 할 문제이므로 공무원이 전문직 기술이나 과학적 지식을 습득케 하여 사회에 대한 적극적 임무를 수행하도록 적극적인 인사관리를 해야 한다. 이러한 적극적인 인사관리의 변화에 따라서 발전적 조직, 쇄신적인 업무수행을 위해서 인사행정이 담당하는 역할은 매우 막중하다.

제 2 절 인사행정의 발전

Ⅰ. 엽관주의

1. 의 의

엽관주의(spoils system)란 한마디로 분업체제로서의 행정조직을 운영해 나갈 인적자원의 선발·배치기준을 그 사람의 능력·자격·실적 등에 두지 않고, 인사권자와의 혈연·지연·학벌·직장동료·정당관계 등 극히 귀속적인 것에 두는 것을 말한다. 이 점에서 정실주의(patronage)와 이어동의(異語同意)로 사용된다.

어원적으로 설명하면, 원래 영어로 spoils란 전리품을 의미하는데, 전리품이란 전시국제법에 의하여 그것을 획득한 측이 자유로이 처분할 수 있게 되어 있다. 물론 인사행정상에서 전리품이란 관료 내지 정부의 공직을 말하고 전쟁이란 선거전을 의미함은 설명을 요하지 않는다.

따라서 선거전에서 승리하여 집권한 정당은 패배한 정당의 전리품이었던 정부의 공직자들을 축출하고 논공행상적으로 당해 선거전 내지 정당에 공로가 많은 자당 소속원·인사들을 대신 임명하는 것이 당시의 자유민주주의적 정치이념에 부합되어 제도화되었기 때문에 여기서 이러한 제도를 spoils system이라 불렀고, 일본이나 우리나라에서는 이를 의역하여 엽관주의 또는 정실주의라 부르고 있는 것이다.

2. 발달(연혁)

이러한 엽관주의가 제일 먼저 발생한 서구의 경우를 보면 상공업이 발달하고 중산층이 점차 하나의 막강한 사회계급·사회세력으로 대두하게 됨에 따라 그 전까지 절대권력을 가졌던 군주세력의 절대성은 점차 퇴조하지 않을 수 없었다. 따라서 의회를 중심으로 하여 점차 행정권을 상징하는 군주세력에 대한 견제세력 내지 대립세력으로 성장해 가는 중산층의 세력과, 반면 점차 약화되어 가는 군주세력의 대립 속에서 자연히 군주의 장악하에 놓여 있는 상비군 내지 사병으로서의 관료에 대해서도 양 세력은 그 지배권을 다투게 되었던 것이다. 그러나 양 세력의 대립은 자유·평등사상이 확대·심화되고 민중의 의식이 향상됨에 따라 종래 절대성까지 지녔던 군주주의론이 그 정당성과 민중의 기반을 상실하게 되어 결국은 중산층의 승리로 끝나게 되었음은 너무나 잘 알려진 사실이다.

여기서 군주지배하에 있던 관료는 국민의 대표기관으로서의 의회의 지배하에 놓이게 되고 왕실 또는 군주의 신하 내지 사용인(royal servant)으로서의 지위에서 정당의 사용인으로서의 지위로 전환되었던 것이다. 이처럼 군주제하의 관료가 근대 민주정치·정당정치하의 공무원으로 전환하게 된 것은 대체로 영국은 1688년의 명예혁명, 그리고 미국은 1829년 제 7 대 잭슨 대통령의 취임을 계기로 하였다고 볼 수 있는데, 이 때부터 엽관주의(정실주의)가 지배적으로 되어 갔던 것이다.

3. 성립원인

이러한 엽관주의(정실주의)는 자유민주주의와 밀접한 관련을 갖는다. 따라서 당시 정치적으로 자유민주주의를 성공적으로 이루지 못하고 정당정치 · 민주정치의 발전이 뒤진 프랑스·독일 등 대륙제국에서보다는 성공적으로 이룩한 영국이나 미국에서 그러한 현상 및 사례를 뚜렷이 볼 수 있다. 이 중 미국을 중심으로 하여 살펴보기로 한다.

1) **민주정치의 발전** 1829년 잭슨이 제 7 대 대통령으로 취임하기 전까지는 연방정부의 공직이 대부분 상류계급에 의하여 독점되어 연방정부는 상류계급의 이익을 대변하는 도구로 되어 있었던 것이다.[1] 그러나 이러한 상황하에서 하류계급 특히 서부개척민의 지지를 받아 대통령에 당선된 잭슨은 전리품으로서의 공직을 자기를 지지해 준 새로운 대중에게 개방하는 것이 당시의 민주정치이념에 부합된다고 생각하였던 것이다.[2]

2) **정당정치와의 관계** 민주정치 · 정당정치 · 엽관주의 3자는 나라에 따라 정도의 차이는 있지만 대체로 밀접 불가분의 관계에 있음은 널리 알려져 있는 사실이다. 그런데 특히 미국에서 엽관주의가 심했던 것은 미국정당의 분권법, 동질적인 양대정당의 존재, 엄격한 3권분립제도, 선거제도, 하류계급출신의 직업정치인의 존재 등에 기인되는 것이다.

3) **자유민주주의하의 행정업무의 단순성** 당시는 자본주의가 순조롭게 발전하여 사회경제활동이 예정조화관에 따라 그야말로 '보이지 않는 손'(invisible hand)에 의하여 자동조절되었기 때문에, 이른바 '작은 정부'(cheap government)가 요청되는 시기였다. 따라서 정부의 기능은 주로 치안 · 국방 등 현상유지 · 통제위주 · 안전성보장 등 법질서유지에 한정되고 있어 현대행정국가에서처럼 전문가가 아니더라도 일반 상식인이면 누구나 행정업무를 담당 · 처리할 수 있었던 것이다.

4. 우리나라의 엽관주의

1) **개 관** 우리나라의 경우는 건국 초기부터 최소한도 제도적 · 법령상으로 볼 때는 어느 정도 실적주의적 요소를 내포하고 있었으나 당시 전 국민의 소망이나 현실과는 크게 유리되었던 미군정시부터 그 사람의 사상 · 가치관 · 경력 · 자격 · 능력 등과는 관계없이 측근자 중심으로 공직에 임명해 오던 정실주의(엽관주의)가 그 뒤 대한민국 정부가 정식

---

1) P.P. Van Ripery, *History of the United States Civil Service, White Plains*(New York: Row, Peterson, 1959), p.534.

2) C.R. Fish, *The Civil Service and the Patronage*(New York: Longmans, Green, 1950), p.157.

으로 수립되고 인사제도가 어느 정도 확립된 후까지도 계속해서 제도나 법령이 무색할 정도로 지배적이었다. 이처럼 형식상으로는 독립국가요, 민주국가가 되었지만 그 실태면에서는 오히려 일정시(日政時)에 비하여 실적성이 퇴보하였다고 할 수 있다.

그러던 것이 1952년 국회 내에서 재선의 어려움을 안 이승만 초대 대통령은 종래의 초당파적인 태도를 일변하여 여당으로서의 자유당을 창립함에 따라 한국민주당은 급거 야당화하지 않을 수 없었는데, 이는 양당이 어떤 이념이나 정책상의 대립보다는 이승만 대통령의 재집권을 둘러싼 여와 야의 대립이었다고 보아야 할 것이다.

이 때 국민의 지지를 받지 못한 자유당(야당)에서는 장기집권의 근거를 공고히 하기 위하여 본격적으로 공무원의 여당화와 엽관주의의 강화를 기도하게 되었던 것이다.

이렇게 볼 때, 우리나라의 인사행정사상 정당을 중심으로 한 엽관주의의 기원은 여기에서 찾아볼 수 있을 것 같다.[3)]

그 뒤 4.19를 계기로 한 민주당의 집정 및 5.16을 통한 군정하에서도 대규모의 정실임용 내지 엽관주의가 도입되었는데, 이는 단지 실적주의에 반한다는 점에서 일률적으로 비판하기에 앞서 재평가·재인식할 필요가 있다고 본다.

2) **특 색** 우리나라 엽관주의의 특색 몇 가지를 선진제국의 것과 비교하여 살펴보기로 한다.

첫째, 엽관주의가 도입된 동기가 19세기 초 선진제국에서 민주정치의 구현에 공헌한 것과는 대조적으로 이미 국민의 지지를 잃은 자유당의 영구집권, 이승만정부의 종신집권을 위한 데서 기인되었다는 점을 들 수 있다.

둘째, 이러한 엽관주의가 인사행정상의 형태로 나타난 시기는 19세기 초로 선진제국에서처럼 일시에 떳떳하게 대폭적인 인원의 교체를 하는 것이 아니라, 그때그때 새로 생긴 공석을 채운다거나 전직·승진과 같은 인사조치를 통하여 도입되었다는 점이다. 이처럼 공공연한 엽관주의의 도입에 제약을 받은 것은 주로 엽관주의 도입의 주목적이 민주정치의 구현에 있는 것이 아니라 이미 국민의 지지를 잃은 정당의 영구집권을 위해서라는 극히 이기적인 데 있었다고 하는 점과 현대행정국가에서 공무원의 일시적인 대량교체는 행정기능의 미비를 초래하여 오히려 집권자 자신을 불리하게 한다는 점 등에 기인된다고 볼 수 있다.

3) **재평가(再評價)** 첫째, 민주정치는 상대적 다수우월과 소수 의견의 존중이념 그리고 이해를 달리하는 각 계층의 타협과 조정의 산물이라고 할 수 있는바, 이러한 점에서 정당정치와 밀접 불가분의 관계를 인정한다면 엽관주의 또한 그러하다는 것이다. 특히 정당인의 정치이념이 박약하고 사경제의 미발달로 인한 취업기회가 부족한 반면, 공직에

3) 엄상섭, "국가공무원의 여당화를 경고함," 사상계 2 권 7 호(1954년 10월), pp. 105~108. 우리와 유사한 예를 '필리핀'에서도 찾아볼 수 있다. O. D. Corpuz, *The Bureaucracy in Phillippines*(Manila, Institute of Public Administration, 1959), p. 224.

대한 사회적 평가가 높으며 민주통제능력이 약한 신생제국의 경우는 더욱 그러하다.

우리나라는 엽관주의에 대한 비판과 반발로서 엽관주의의 최소한의 불가피성마저 배척하는 실적주의의 조기확립은 오히려 정당정치의 육성을 지연시킬 우려가 있다는 점을 유의할 필요가 있다.

이러한 관점에서 평가해 볼 때 민주당집권시와 5.16군정시의 엽관주의 내지 정실임용은 자유당 때의 경우와는 크게 다르며 상대적이지만 어느 정도 합리적인 근거를 찾아볼 수 있다고 하겠다.

둘째, 엽관주의는 무조건 좋지 않고 실적주의의 확대만이 좋은 것이라는 관념은 어느 경우에나 그대로 타당한 것은 아니라는 점이다. 일당독재체제가 아닌 민주체제하에서는 정권의 교체에 따른 고위직 및 측근의 이동 또는 이념과 사상을 같이하는 인사의 엽관주의적 임용은 어느 정도 불가피하고 충분히 합리적인 근거를 갖기 때문이다.

또 엽관주의나 실적주의의 어느 것을 택하든 행정의 소기의 목적은 제대로 달성되어야 한다. 따라서 엽관주의에 대한 비판의 주요 기준이 되는 실적주의는 그 수립의 전제로서 행정의 직업화가 요청되는 것이다. 즉 행정의 직업화 정도는 낮은데 실적주의만 확립되어 공무원의 신분보장만 존재하는 경우에는 또 하나의 관료주의화를 초래할 우려가 있다는 것이다.[4] 또한 현대정치·행정에서 엽관주의가 불가피한 경우도 정치인에 대한 적절한 민주통제방법은 확보되어야 한다는 것이다. 왜냐하면 그러하지 못할 때 직업화되지 못한 관료의 실적주의화와 유사한 결과가 나타나게 되기 때문이다.

따라서 획일적으로 엽관주의가 좋으냐, 실적주의가 좋으냐를 판단하기 전에 먼저 공무원의 직업화 정도와 민주통제의 정도가 조사·측정·평가되어야 한다.

이처럼 양주의는 정치체제·민주체제능력·직업화 정도의 문제와 함께 고려되고 평가되어야 하며, 무조건 100% 실적주의만을 부르짖는 것은 주의를 요한다. 결국은 정치체제가 일당독재체제가 아니고 평화적인 정권교체가 정상적으로 이루어지고, 책임정치·행정 수준이 높고 민주통제 수준이 높으며, 공무원은 언제나 전문지식을 갖고 자율적으로 자기의 직책에 최선을 다하여 성실히 봉사하는 직업화의 정도가 높을 때 실적주의의 수립은 바람직하며 책임정치·행정발전에 크게 기여할 것이나, 제반 여건이 그러하지 못 할 때는 부작용 내지 그의 역기능(예: 새로운 관료주의화, 형식주의 등)이 더 크게 나타날 수도 있는 것이다.

5. 엽관주의의 폐단

엽관주의는 정당이념을 실현하는 면이 있고 관료주의화와 침체를 막아주며 민주통제의 수단이 된다는 이점도 있겠으나 다음과 같은 폐해가 크다고 하겠다.

---

4) Fred W. Riggs, "Bureaucrats and Political Development; A Paradoxical View," in J. LaPalombara(ed), *Bureaucracy and Political Development*(Princeton University Press, 1963), p. 129.

1) 부패를 조장할 정도의 정치간섭이 작용한다.

2) 행정은 누구나 할 수 있다고 보기 때문에 정권교체와 같은 때에 자격이나 능력 없는 자가 행정부에 들어오게 되며 행정능률이 저하된다.

3) 관료는 정당의 사병이 되기 쉽다.

4) 신분보장이 안 되어 직업공무원제의 확립이 어렵다.

5) 사람 중심의 직제가 생기어 국민부담이 증가한다.

Ⅱ. 실적주의

1. 의 의

실적주의(merit system)란 엽관주의와 대조되는 개념으로서, 공무원의 임용기준을 엽관주의에서처럼 귀속적인 것에 두지 않고 능력·자격·실적 등에 두는 것을 말한다.

2. 실적제의 내용

1) **능력·자격·성적에 의한 인사관리** 공무원제도의 전반적인 운영에서 직무능력과 자격·성적을 기준으로 한다.

2) **임용상의 기회균등**(equality of opportunity) 공직은 개방되어 성별·종교·지역·학벌 등에 의하여 아무 차별 없이 취임할 수 있다. 그런데 우리나라의 경우는 학력자체가 폐지된 것까지 이 원리로 본다면 지나친 확대 해석이라고 생각된다.

3) **공무원의 정치적 중립**(political neutrality) 공무원은 여야를 막론하고 당성을 떠나 국민에게 공평히 봉사하며, 현대 행정국가의 입장에서 본다면 더욱이 국민대표성은 정당만이 갖는 것이 아니므로 공무원의 정치적 중립이 더욱 강조된다.

4) **공무원의 신분보장**(security of tenure) 신분보장을 통하여 장기 근속토록 하여 전문적 지식과 기술·경험을 쌓고 변동에 대응하고 변동을 관리하는 발전행정인의 속성을 내면화하기 위해서는 신분보장은 직업화의 정도에 비례하여 위협을 받아서는 안된다는 점 등도 그 내용의 하나라고 하겠다.

3. 한 계

거의 모든 현대행정국가는 실적주의를 요청하고 있지만 그렇다고 해서 엽관주의에서 언급한 바와 같이 100% 실적주의만을 채택할 수 없는바, 주요 이유를 몇 가지 지적해 보면 다음과 같다.

첫째, 민주정치·정당정치 체제를 갖는 나라는 선·후진국을 막론하고 정권교체나 정책의 큰 변동을 가져올 때는 평상시와는 달리 특히 정책결정에 관여하는 고급공무원의 대표적인 교체나 엽관주의적 임용이 불가피한데 이에는 충분하고도 합리적인 근거가 있는 것이다(예: 민주당 집권시, 5·16 군정시, 미국의 '뉴딜'정책 때).

둘째, 어떠한 조직체를 막론하고 전 구성원을 실적에 따라서만 임용한다는 것은 오히려 불합리한 결과를 초래한다는 점이다.

셋째, 실적주의의 발달은 새로운 관료제화를 초래할 우려가 있는바, 이에 대한 민주통제의 필요성이 커지게 되었다는 점이다. 즉 이를 통제하기 위한 일반적인 방법으로 현대국가에서는 일반 대중의 공무원화에 의한 것은 불가능하므로 자연히 하위직과 고위직에 의하게 될 수밖에 없는데 사실상 하위직에 대한 효과는 그리 크지 못하므로 주로 고위직에 의하게 되며, 그에 따라 고위직의 엽관주의적 임명수는 날로 증가해 가고 있는 것이다.

이와 같이 주로 고위직에 대한 실적주의 적용의 한계성이 크고 엽관주의 적용의 여지가 큼을 알 수 있으나, 그 정도는 날에 따라 다르고 정치행정발전 수준 여하에 따라 그것이 민주정치 · 행정의 구현의 기여도에 좌우될 것인바, 우리나라처럼 책임정치 · 행정수준이 낮은 곳에서는 특히 이 점에 주의를 요한다고 하겠다.

4. 재 평 가

이처럼 엽관주의의 존속은 선·후진국을 막론하고 불가피한데, 우리는 가끔 엽관주의의 좋지 못한 점만을 비판 · 강조하는 나머지 그에 대한 반동으로 실적주의의 확대 · 발전에만 열중하다 보면, 실적주의도 사실은 그 자체가 행정의 능률화 · 민주화를 위한 수단에 불과한 점을 망각하고 초기의 피해가 컸던 엽관주의의 극복을 위하여 고안되었던 수단에만 집착하게 되어 인사행정을 지나치게 소극화 · 형식화 · 집권화시켜 그 궁극의 목적달성을 오히려 해치는 결과를 초래하기 위한 것이다.

그러므로 이미 엽관주의를 극복한 지 오래 되고 국민 · 대중 · 정치인의 실적주의에 대한 이해도 높아져 이제는 이에 대하여 어느 정도의 자신을 갖게 되자, 초기와 같이 반엽관주의(anti-spoils)에 중점을 두어 엽관주의적 요소를 배척함으로써 실적주의를 수립하려는 것이 아니라, 적극적 · 긍정적으로 실적주의를 확대 · 발전시키기 위하여 인사행정도 보다 적극적 · 신축적 · 분권적인 성격을 갖게 된 것이다. 한 마디로 말해서 이제는 실적주의의 수립과 그 발전도에 대하여 어느 정도 자신을 갖게 되었다는 것이다. 그 주요내용을 몇 가지 지적하면 다음과 같다.[5)]

1) 반엽관주의에 치중하던 초기에는 인사권을 중앙인사기관에 집중시켰으나, 그것이 행정능률을 저하시키자 오늘날에는 각 부처에 분권화시키는 경향이 있다.

2) 종래의 인사권을 행정집행권자로부터 분리시키는 방향을 지양하고 근래에는 인사

5) O. Glenn Stahl, *Public Personnel Administrations*(New York: Harper and Row, 1962), pp. 40~41; David T. Stanley, "New Patterns in Personnel Administration," *Public Personnel Review*, Vol. 25, No. 2(April 1964), pp. 90~96.

행정도 집행기능의 일부로서의 성격이 강조되어 행정상의 책임과 능률을 위하여 다시 집행권자에게 귀속시키려는 방향으로 나아가고 있다.

3) 종래 인간의 자의성 방지를 위하여 고안되었던 지나칠 정도로 기계적이며 세목적인 각종 방법(예: 직위분류제, 근무성적평정제 등)으로부터 점차 인간의 주관적인 판단을 신임하는 방향으로 나아가고 있다.

4) 공무원의 능력발전에 대한 관심이 커져 훈련·승진·전직 등의 방법에 의하여 계급제에 입각한 직업공무원제가 논의되고 있다.

5) 종래의 소극적이며 형식적인 모집방법을 지양하고 적극적인 모집방법을 통한 인재의 발견 및 채용을 들 수 있다.

6) 채용 당시의 지식의 기억이나 암기위주의 능력보다는 앞으로의 발전가능성·잠재능력·담당업무나 공직에 대한 흥미·적성·열의 등을 중시하게 되었다.

Ⅲ. 직업공무원제

1. 의 의

직업공무원제(career system)란, 한 마디로 정부의 행정이 직업공무원에 의하여 집행되는 것을 말하며, 여기서 '직업공무원'이란 단순히 일생을 공무에 바쳐 봉사하는 것이 아니라 정부에서 근무하는 것을 보람있는 생애라고 생각하는 공무원을 말하는 바, 이와 같기 위해서는 공직이 유능한 젊은 남녀에게 개방되고 매력적인 것으로 되어야 하며, 또한 승진의 기회가 열려져 있어 명예스러운 지위에까지 올라갈 수 있어야 한다[6]는 것이다.

현대국가에서는 행정의 전문화에 따라 유능한 전문적 직업공무원의 확보와 양성이 요청되는데, 그러기 위해서는 정권의 변동과는 관계없이 공무원으로 하여금 공무에 종신 종사하고 그 길로 성공할 수 있도록 하는 어떤 제도적 보장이 요청되는 것이다. 이런 점에서 이는 실적주의와 함께 현대 행정의 주요 관심사의 하나가 되고 있는 것이다.

그런데 이 제도는 주로 구주제국에서 발달하여 현대에도 오랜 전통을 갖고 내려오고 있다. 그러나 미국이나 캐나다의 경우는 실적주의는 수립되었으나 이 제도는 외교관·군정 등의 경우에 부분적으로 도입되어 있는 정도에 불과하다.

한편 우리나라의 경우는 근래 실적주의라는 말이 도입되자, 이와 이어동의적인 것으로 잘못 사용되어 혼동을 가져왔었다. 그러나 후술하는 바와 같이 양제도는 결코 동일한 것이 아니다.

---

6) Commission of Inquire on Public Service Personnel, *Better Government Personnel*(New York: McGraw-Hill, 1958), p. 8; "We recommend that steps shall be taken to make public employment a worthwhile life work, with entrance to the service open and attractive to young men and women of capacity and with opportunity of advancement through service and growth to posts of distinction and honor."

2. 실적주의와의 관계

1) **차 이 점** 양자가 동일한 것이 아니라는 몇 가지 사례를 들어 보면 다음과 같다.

첫째, 그 성립과 발달 및 중요성을 인식한 시기와 나라가 다르다는 점을 들 수 있다. 직업공무원제도는 구주제국을 중심으로 오래 전부터 수립되어 내려오고 있으나 실적주의가 수립되고 그의 중요성을 인식한 것은 미국의 경우 19세기 말로 극히 최근의 일이라는 것이다.[7)]

둘째, 실적주의가 확립되었다고 해서 젊고 유능한 공무원이 일생을 통하여 공무에 종신 근무한다고 할 수 없고, 또 직업공무원제도에서처럼 그러한 제도적 보장이 되어 있는 것도 아니다(예: 미국의 경우, 실적주의는 확립되어 있지만 그 이직률은 대단히 높다는 것이다).

셋째, 모든 직업공무원제는 언제나 실적주의 내지는 정치적 중립, 신분보장 등의 모든 요건을 내포하는 것은 아니다. 또 직업화의 정도가 낮은 데에 비하여 지나친 신분보장은 민주통제를 어렵게 할 뿐만 아니라 새로운 변화에 대한 대응력이 약하다는 문제가 따른다.

2) **양자의 관계** 이처럼 현대행정의 주요내용을 이루는 직업공무원제와 실적주의는 동일한 것은 아니지만, 후술하는 폐쇄형(closed system)의 계급제와 개방형(open system)의 직위분류제의 관계와 같이 양자는 상호보완관계에 있으며 상호접근해 가는 경향을 보이고 있다. 즉 이미 직업공무원제적 성격이 강한 인사제도를 수립한 구주제국은 거기에 실적주의를 받아들여 개방형을 도입하고 직위분류제도도 채택하고 있는가 하면, 이미 실적주의가 확립된 미국에서는 점차적으로 채용·승진·전직·훈련 등의 면에서 폐쇄적인 직업공무원제적인 것을 도입하고 있다는 것이다.

물론 과거에는 직업공무원제의 수립은 민주통제가 어렵고 새로운 관료제화할 우려성이 크다는 점에서 비판되고 도입에 신중을 기했으나, 근래에는 사회변동에의 적응력·변화내용 능력이 약하다는 점에서 비판이 나오고 있다는 것이다.

3. 직업공무원제의 확립요건

직업공무원제를 수립하는 데 고려해야 할 점은 무엇인가? 주요한 요인을 몇 가지 들어 보기로 한다.[8)]

1) **공무원에 대한 높은 사회적 평가** 민주사회에서의 공무원에 대한 높은 평가는 종래처럼 관직을 통하여 치부와 특권을 향유할 수 있는 전통적이고 비민주적인 면에서의 것과는 달리 공공봉사에 대한 것이어야 한다. 이 점에서 공무원 자신이나 정치인·국민의 새로운 인식과 자세가 요청된다.

7) 박동서, 인사행정론(개정판)(서울: 법문사, 1966), p. 56.
8) Frederick C. Mosher, "Careers and Career Services in the Public Service," *Public Personnel Review*, Vol. 24, No. 1(Jan. 1963), pp. 47~49.

2) **젊고 유능한 사람의 채용** 가급적 학교를 갓나온 유능한 젊은이를 채용하여 일생을 통하여 최고위직까지 올라갈 수 있게 하여야 그들이 자기의 직업을 명예로운 것으로 생각하고 일생의 성공을 기대하면서 계속 근무할 가능성이 크다.

3) **훈련 · 승진 · 전직을 통한 능력의 발전** 여러 가지 사회적 조건으로 자기의 소질을 충분히 발전시키지 못하고 취임한 공무원이 지니고 있는 소질을 재직자 훈련을 통해서 발전시켜 주어 그들의 소질 · 능력 · 흥미와 일치되는 직책을 담당하게 하고, 특히 직위분류제하에서는 승진 · 전직이 제약되므로 그 신축성을 확대시키거나 계급제적 요소를 도입하여 각 부처 간 및 중앙 · 지방간의 승진 · 전직을 통해 그들의 성공과 발전의 기회를 증진시켜 주도록 하는 것이 요청된다.

4) **보수의 적정화와 연금제도의 확충** 공무원의 장기근속을 적극적으로 장려하기 위하여는 후술하는 보수의 일반원칙에 따라 그 적정을 기함은 물론 공무원의 분류제도가 아무리 장기 근무해도 초임 당시의 계급을 벗어나기 힘든 경우(예: 경찰 · 철도 · 정보통신 등)는 동일계급 내의 보수차를 크게 두어야 하며, 적절한 신분보장을 받으면서 일생을 공직에 봉사하다가 퇴직한 후에는 연금에서 나오는 수입으로 생계가 가능하도록 보장제도의 일종인 연금제도가 확충되어야 한다.

이는 재직시와 퇴직시의 생활의 기반이 될 뿐만 아니라, 그 원천이라는 점에서도 중요하지만 우리나라와 같이 박봉과 퇴직 후의 보장이 불충분한 곳에서는 더욱 시급히 요청되는 것이라고 할 수 있다.

5) **직급별 인력수급계획** 인사의 공평을 기하고 공무원의 침체를 방지하기 위하여는 적절하고 장기적인 '마스터 플랜'으로서의 직급별 수급계획을 수립하여야 한다. 물론 이에는 이상적인 이직률, 공무원의 연령구조, 직급별 평균체재수, 정부의 업무계획 등의 파악이 앞서야 할 것이다.

이상 직업공무원제도를 수립하는 데 고려할 점을 몇 가지 들어보았는데, 많은 정부직에서 근무하는 공무원이 자기의 직업을 명예로우며 보람 있는 것이라고 생각하고 일생의 성공을 기대하면서 장기근속하기 위해서는 이 밖에 기회균등 · 신분보장 · 정치적 중립 · 능력 · 자격 · 실적에 의한 임용과 승진 등 실적주의의 4대요소는 전제로서 당연히 고려되는 것으로 간주되어야 함을 유의할 필요가 있으며, '공무원에 대한 높은 사회적 평가'에서 언급한 바와 같이 공무원이 자기의 직업을 명예로우며 보람 있는 직업이라고 생각하는 이유 내지 기준이 전근대적 · 비민주적인 것이어서는 아니된다는 점을 강조해 두고자 한다.

4. 우리나라의 직업공무원제와 그 문제점

1) 우리나라의 행정풍토는 공직봉사의 가치를 외면하고 생활수단시하는 것에서부터 공무원의 평가가 잘못되고 있는 실정이다.

2) 모집 · 승진제도에 있어 대학교육과 연관성이 없고, 현실적 · 발전적으로 요구되는 전문화를 위한 시험과목이 적으며, 적성검사 등이 전혀 없기 때문에 기본적 저력이 없다. 또한 고위직 승진의 경우도 원칙이 예외로 되는 경우가 없지 않다는 점이다.

3) 인사에 돈과 연줄이 작용한다는 점을 인정하는 행태와 행정생태가 문제이며, 이를 개선하는 것이 요구된다.

4) 보수문제에 있어서 장기근무자의 유인구조로서 연공가봉책을 대담하게 도입할 필요가 있다고 본다.

5) 행정보다 사법요원을 더 인정하게 되어 권력지향적인 인사배치가 이루어지며, 전직의 희망자가 늘어나 인재가 몰리기도 하고 혹은 이직현상이 일어나고 있다.

6) 연금제도의 형식성을 지양하고 현실적인 보장을 해 주어야 하겠다.

7) 공무원 능력의 발전을 위하고 직업공무원으로서 바람직한 행태가 정립되도록 교육기관의 혁명이 있어야 장기인력수급계획에 부응할 수 있고 직업공무원제의 기반조성도 가능할 것이다.

Ⅳ. 개방형과 폐쇄형

개방형이란 공무원 임용제도에 있어서 외부로부터 신규채용이 자유스러운 제도인 반면 폐쇄형은 신규채용자는 원칙적으로 당해 최하위직에서 승진하여 최고위직까지 올라가는 제도로서 외부로부터의 채용이나 승진은 금지되어 있는 인사제도이다.

일반적으로 미국과 같은 직위분류제를 채택하고 있는 나라에서는 개방형을 택하고 있는 반면 계급제를 채택하고 있는 프랑스, 독일, 영국 등과 같은 나라에서는 폐쇄형을 채택하고 있다.

1. 개방형의 장점

1) 외부로부터 유능한 공무원을 확보 채용할 수 있다.

2) 행정의 민주화를 기할 수 있다.

3) 조직의 신축성과 유연성을 발휘할 수 있다.

4) 관료제의 고질적 문제 중의 하나인 무사안일주의를 추방시킬 수 있다.

5) 공무원의 창조적 능률을 발휘할 수 있다.

6) 공무원의 질적 향상과 행정의 질적 수준도 향상된다.

2. 폐쇄형의 장점

1) 행정의 안정성과 능률성을 기할 수 있다.

2) 승진기회의 확대로 공무원 사기를 고양시킬 수 있다.

3) 직업공무원제 확립에 효과적이다.

4) 공무원의 신분보장을 할 수 있다.

5) 공무원의 이직률을 낮출 수 있다.

이와 같이 공무원의 개방형과 폐쇄형을 보았는데 우리나라 공무원제도의 특징은 적극적 인사행정제도와 폐쇄형의 특성이 강하고 거기에 개방형의 특성을 살려 종합적 인사행정제도를 취하고 있는 실정이다. 더구나 지난 81년 4월 국가공무원법 개정으로 더욱 개방형의 성질이 짙어지고 있다. 즉 국가공무원법 제28조 제2항의 특별채용제도 조항과 제32조 제2항의 각 부처 간 인사교류, 제40조 제3항의 특별 승진 조항 등은 적극적 인사행정을 위한 개방형의 도입으로서 폐쇄형과 균형 있는 발전을 꾀할 수 있다고 본다.

V. 적극적 인사행정

1. 의　　의

적극적 인사행정(positive personnel administration)이란 공무원의 능력 및 실적주의에 입각해서 인력배분을 실시하는 것뿐만 아니라 엽관주의, 인간관계 등에도 접근하여 실시함으로써 소극적·경직성·집권적·비융통성을 띠었던 종래의 인사행정에 적극적이고 신축성, 분권성이 있는 인사원칙을 도입하여 능률적이고 과학적으로 수행해 나가는 것을 말한다.

그러므로 어느 한편으로의 치우침도 없이 엽관주의와 실적주의가 상호보완 작용을 하고 균형적인 인사행정을 실시하는 데 있어서 좋은 방법 중의 하나이다.

2. 적극적 인사행정의 제도적 방안

1) **적극적 모집**　유능한 공무원의 확보와 특별채용제도 등을 통하여 의욕적인 인재를 대거 등용시켜야 된다.

2) **능력발전**　변화하는 행정에 적극적으로 대처하기 위해서 공무원의 잠재력 개발과 교육훈련을 통한 능력개발, 겸임제도 등을 통하여 많은 경험을 쌓도록 해야 한다.

3) **과학적·합리적인 인사배치**　공무원의 효율화를 위해서 공무원의 적성과 취미를 살리고 인사평정서의 작성, 경력 및 훈련성적평정 등이 과학적·합리적으로 이루어져야 한다.

4) **환경개선**　안심하고 공직에 임할 수 있도록 정신적·경제적으로 안정을 시켜야 되고 적정한 보수, 퇴직 후의 연금, 교육을 하기 위한 휴직제안제도의 활성화 등을 적극적으로 권장하고 공직에 대한 청렴도를 기하기 위해서 환경개선을 적극적으로 배려해

줘야 한다.

5) **인간관계 개선** 각 부처 간의 인사교류와 고충처리제도, 인사상담제도, 의사전달제도 등을 개선하여 행정 내의 인간관계 등을 효과적으로 발전시켜야 된다.

6) **단체활동의 인정** 공무원단체를 인정하고, 조직에 적극적으로 협력할 수 있는 분위기를 조성, 활용해야 한다.

7) **인사행정의 분권화** 각 부처의 특수성을 살려 조직의 동태화를 기할 수 있도록 인사에 대한 분권화를 실시하고, 기능을 강화해야 한다.

8) **정실주의 요소 가미** 행정수반과의 정치이념이 일치되어야 하는 고위 정책결정권자에 한하여는 정치적 임면이 가능하도록 신축성을 부여해야 한다.

Ⅵ. 대표관료제

1. 서 론

현대 행정국가의 인사행정 영역에서는 정부관료제의 효율 향상을 위해 엽관주의를 배척하고 실적체제를 발전시켜 왔으나 실적주의적 제도만으로는 날로 더해 가는 형평성과 대표성에 대한 요청에 부응할 수 없게 되었다.

우리나라의 경우에도 전통적인 인습에서 비롯된 여러 가지 임용차별의 문제가 있고, 최근 들어 문민정부의 정치적 상징성에도 불구하고 이른바 지역변수에 의한 임용차별이 심각한 문제로 인식되고 있는바, 대표관료제에 관해 면밀한 검토와 접근이 필요한 시점이라 하겠다.

2. 대표관료제의 의의와 중요성

(1) 대표관료제의 의의

1) **대표관료제의 정의** 대표관료제(representative bureaucracy)란 한 나라에 있는 모든 경제적 계급, 신분, 지역, 종교의 측면에서 인구에 비례하여 수직으로 대표하는 공무원제를 의미한다.[9)]

다시 말해서, 대표관료제란 모든 사회집단들이 한 나라의 인구전체 안에서 차지하는 수적 비율에 맞게 관료조직의 직위들을 차지해야 한다는 원리가 적용되는 관료제이다. 대표관료제는 인적구성면이나 정책지향면에서 사회 전체의 축도(cross-section)를 포용하는 것이다. 즉 사회세력 전체의 축소판과 같은 정부관료제가 대표관료제이다.[10)]

---

9) V. Subramanian, "Representative Bureaucracy: A Reassessment," *American Political Science Review,* Vol. 61(1967), p. 1010.

10) 오석홍, "미국의 대표관료제: 정부관료제의 대표성 제고를 위한 노력," 한국행정학보 제27권 제 2 호 (1993년 여름), p. 324.

이러한 대표관료제라는 개념은 민주적 가치를 정부관료제에 접목시키고 국민의 정치적 대표과정을 보강하기 위해서, 그리고 비혜택집단의 고용기회 확대를 위해서 개발된 것이다. 또한 이것은 정부관료제의 직위에 대한 임용과 발전의 기회균등을 보장하려는 인사행정상의 전략으로서, 여기에는 적극적으로 기회균등을 보장하려는 노력과 이미 빚어진 차별의 효과를 제거하려는 노력이 함께 포함된다.

2) 대표관료제 이론의 전제 대표관료제 이론은 다음과 같은 이념을 전제로 하고 있다.[11]

첫째, 진보적 평등(liberal equity)의 이념을 바탕으로 삼고 있다. 진보적 평등이론은 평등을 근본적이며 의도적인 공평성으로 본다. 그리하여 개인들 사이의 자연적 불평등을 정부가 보상해 주어야 하고, 경쟁적 활동에 필요한 지식·기술의 무상교육을 실시하며, 채용·승진에 대한 법적·사회적 장벽을 의도적으로 철폐해야 한다.

둘째, 소극적 대표성이 적극적 대표성을 보장한다는 전제가 있다. 이것은 사회적 대표성이 정치적·정책적 대표성으로 표출된다는 전제이다.

셋째, 개인의 직업적 성공에는 개인적 특성만이 아니라 역사적·사회적 배경 특히 사회적 출신배경의 영향이 크다는 것을 전제한다.

(2) 대표관로제의 중요성

정부관료제의 대표성이 중요시되는 이유를 구체적으로 살펴보면 다음과 같다.

첫째, 행정관료들도 정치지도자들과 마찬가지로 공익에 대응할 의무가 있다는 점이다. 행정관료들이 선출된 정치인이라는 매개체를 거치지 않고 직접적으로 공익에 대응해야 할 의무가 있고, 형평적 공익확보에 대한 의무가 있다.

둘째, 국민의 주된 이익이 정치인에 의해 대표되고 있지 않다는 현실적 필요성에 의해서이다. 미국의 연방관료제의 경우, 출신계층, 소득수준, 가입집단 및 전문성과 가치라는 측면에서 행정부가 의회보다 나은 국민의 표본으로 구성됨으로써 의회에서 대표되지 못한 중요한 이익들이 행정과정을 통해 효과적으로 대표되고 있다는 사실이 이를 뒷바침한다.[12]

셋째, 행정조직 내의 형평의 정도는 공공서비스의 분배에 크게 영향을 준다는 것이다.[13] 관료제 내의 대표성의 배분현황은 공공서비스의 분배과정에서의 형평에 지대한 영향을 주는 독립변수로 파악되며, 특정배경집단에 대한 권력집중도를 나타내는 좋은 지표가 된다.

넷째, 관료제와 민주주의의 조화라는 관점에서 정부관료제의 대표성이 요구된다. 관료

11) 상게논문, p. 325.

12) Norton E. Long, "Bureaucracy and Constitutionalism," *American Political Science Review,* Vol. 46 (1952), pp. 808～818.

13) Lois Recascino Wise, "Social Equity in Civil Service System," *Public Administration Review,* Vol. 50 (Sep./Oct. 1990), pp. 567～568.

제와 민주주의의 조화, 즉 민주주의적 요소를 관료제 내에 도입·적용시키려는 민주적 관료제를 위한 여러 접근법들이 제시되고 있는데, 그 중 가장 중요한 것으로서 관료제의 대표성 등을 들 수 있다.

3. 대표관료제의 제이론

(1) 킹슬레이(J. Donald Kingsley)의 대표관료제

대표관료제에 관한 최초의 포괄적인 분석은 1944년 영국의 관료제를 분석한 킹슬레이(D. J. Kingsley)에 의해 제시되었는데, 그는 대표관료제를 "사회 내의 중요한 세력들을 반영하는 관료제"라고 정의하였다.[14)]

킹슬레이는 노스코트-트레벨리안 보고서로부터 추밀원령 등으로 이어지는 경쟁시험에 입각한 공무원법안의 설립이 갖는 의의를 분석한 결과, 관료제에 대한 전통적인 통제방식이 관료제의 횡포를 제한하는데 적절하지는 못했지만 관료제가 사회의 지배적인 세력인 중류계층을 대표하고 있었기 때문에 개혁에 관한 요구가 나타나지 않았음을 지적하였다.[15)]

이와 더불어 킹슬레이는 관료제의 대표적 성격을 공공목적에 대하여 전반적인 책임을 진다는 의미에서 파악하고 있는데, 여기에서 대표관료제가 책임있는 관료제라고 함은 모든 사회집단과 집단성원들의 이익과 요구에 반응하는 관료제를 말하는 것이다.[16)]

(2) 모셔(F. C. Mosher)의 대표관료제

모셔(Mosher)는 킹슬레이에 의한 대표관료제가 갖고 있는 한계점인 비분석적인 입장에 대해 비판을 가하고 이를 보다 분석적·설명적 입장에서 체계화해야 한다고 주장하면서, 대표성의 개념은 소극적(passive) 대표성과 적극적(positive) 대표성으로 구분하여 파악하고 있다.[17)] 모셔가 주장하는 소극적 대표성과 적극적 대표성을 보다 구체적으로 살펴보면 다음과 같다.

1) 소극적 대표성(passive representation) 소극적 대표성은 피동적·사회학적·인구적·계량적 대표성 혹은 배경적 대표성 등으로 불리기도 하는데, 이는 관료들의 출신배경집단이 전체사회를 반영하는 정도와 관련된다.

즉 소극적 대표성이란 사회의 경제적·사회적 계층, 지역 혹은 종교적 인구분포 등이 전체 인구에서 차지하는 비율대로 행정관료조직에 대표되는 것을 의미한다.[18)]

---

14) Donald J. Kingsley, *Representative Bereaucracy: An Interpretation of the British Civil Service*(Yellow Springs: Antioch Press, 1944), p. 2.

15) Kenneth John Meier, "Representative Bureaucracy: An Empirical Analysis," *American Political Science Review,* Vol. 69(1975), p. 526.

16) 김홍기, 행정국가와 관료제(서울: 서광사, 1980), p. 141.

17) Frederick C. Mosher, *Democracy and the Public Service*(N.Y.: Oxford University Press, 1968), pp. 11~12.

18) Subramaniam, *op. cit.,* p. 1010.

소극적 대표성의 정도는 출신지역과 그 성격, 전직, 부모의 직업, 교육, 가계의 수입, 가문의 사회적 계층, 인종, 종교 등[19] 대개가 관료의 사회적 배경들에 대한 계량적 측정을 통해 분석된다.

또한 소극적 대표성은 관료제 내의 다양한 제반이익의 사회학적 원천이 된다. 이러한 비례적 및 사회학적 대표성은 기회의 균등에 대한 민주적 가치의 상징이 되기도 하는 것이다.[20]

2) **적극적 대표성**(active representation) 적극적 대표성은 능동적 · 실질적 · 가치적 대표성 혹은 질적 대표성이라고도 불리는데, 이는 관료들의 사회적 배경과 행정행위 사이의 상호연관성을 전제로 하고 있다. 즉 행정관료는 자신과 사회적 특성이 같은 집단의 이익을 정책수행과정에서 옹호하고 대변한다는 입장이다. 여기에서는 대표관료제가 행정관료들의 사회적 배경과 그의 행정행위 사이에 상호연관성을 전제로 하고 있다.

따라서 적극적 · 능동적 대표성은 임용 이전의 사회화 과정에서 획득한 관료의 태도와 공식적 역할자로서의 관료의 실제행동간의 연관성에 대한 질적 · 상대적 정도에 의해 분석될 수 있다.[21]

4. 대표관료제이론의 비판

대표관료제 이론은 현실적 적합성과 정부관료제에 내재해 있는 저해요인 등 몇 가지 측면에서 그 정당성에 의문이 제기되고 있다.

첫째, 대표관료제를 적용하게 되면, 현대 행정국가에서 요구하는 관료제의 기술적 필요성을 충족시킬 수 없다는 점이다.

둘째, 대표관료제의 실현에 따르는 기술적인 문제를 들 수 있다.[22]

셋째, 관료제의 적극적 대표성이 소극적 대표성에 의해 결정된다는 주장에 대해서도 비판이 가해지고 있다.

넷째, 정부관료제의 대표성이 과연 관료제의 책임성 향상에 기여하는가에 대해서도 회의적인 반응이 나오고 있다.

다섯째, 대표관료제에 대한 가장 큰 비판 중의 하나는 대표관료제가 전통적인 인사원칙인 실적주의와 상호 상충될 수 있다는 점이다.

---

19) Mosher, *op. cit.*, pp. 12～13.
20) 조선일, "한국대표관료제의 분석," 건국대학교 대학원 박사학위논문(1985), pp. 12～17.
21) 강길봉, 전게논문, p. 24.
22) O. Glenn Stahl, *Public Personnel Administration*, 8th ed.(N.Y.: Harper & Row Publishers, 1983), pp. 74～85.

5. 대표관료제의 당위성

전술한 바와 같이 대표관료제에 대해서는 여러 가지 측면에서 비판이 제기되고 있다. 하지만 이런 비판들은 대표관료제를 전면적으로 완전히 부정한다기보다는 대표관료제의 개념과 적용에 대한 부분적인 한계점을 지적한 것으로 보는 것이 타당할 것이다. 즉 대표관료제 성립에 따른 제반 방법론적 어려움이 있는 것은 사실이지만, 여전히 그 성립의 당위성과 필요성은 여러 가지 이유에서 인정될 수 있기 때문이다.

대표관료제의 성립이 갖는 당위성과 필요성을 상술하면 다음과 같다.

첫째, 대표관료제는 상징적인 의미를 갖는다. 즉 대표관료제가 개념적 · 경험적으로 미흡한 것은 사실이지만, 그것이 국민에 대해 대응적이라는 느낌을 주며, 국민들로 하여금 국가가 정의롭고 이성적이며 민주적이라는 확신을 갖게 한다.[23)]

둘째, 대표관료제에서는 정부관료제의 통합성과 사회적 형평성이라는 가치를 경제성이나 효율성보다 중시함으로써, 소수집단의 소외현상이나 그로 인한 사회적 갈등과 반사회적 행위를 감소시키고 사회의 안정과 화합을 실현시킬 수 있다.[24)]

셋째, 대표관료제는 외부 통제장치의 역할이 제한적인 현대 정부의 관료제에 대해 내적통제를 강화하는 역할을 한다. 이는 관료들이 사회화의 과정을 통해 자기출신집단의 가치와 이익에 대한 심리적 책임을 지려 하기 때문이다.[25)]

넷째, 대표관료제는 인사상 실질적인 기회균등을 제공한다는 측면에서 볼 때, 역차별의 문제는 그 의미를 상실하게 된다.

다섯째, 대표관료제는 모든 정책적 이슈에 있어서 출신집단의 이익을 대표하지 못한다 하더라도, 정책과정에서 소수집단의 영향력과 참여정도를 향상시키며, 최소한 다수집단의 일방적 권한행사를 견제하는 역할을 하기 때문에 소극적 대표성은 그 자체만으로도 나름대로의 의미가 있다.

여섯째, 정부관료제의 대표성과 관료제의 책임성에 관한 문제에 있어서도, 관료가 배경집단의 이익을 위해 일한다면 전체적 결과로서의 정책은 모든 집단의 이익에 기여하게 될 것이다.

일곱째, 대표관료제와 실적주의는 일견 완전히 상반된 개념으로 파악될 수도 있지만, 한편으로는 상호보완되는 측면도 있다. 즉 실적주의는 실적기준에 따라 공무원으로 임용될 기회를 균등히 보장하기 때문에 만약 교육기회가 균등히 보장된다면 정부관료제의 대표성은 확보될 수 있다. 따라서 이러한 경우 대표관료제와 실적주의는 상호보완성을 갖게 된다.

---

23) Meier and Nigro, *op. cit.*, p. 467.
24) Harry Kranz, *The Participatory Bureaucracy*(Lexington: D. C. Heath & Company, 1976), pp. 110~116.
25) 오석홍, 전게논문, p. 326.

이상에서와 같이 대표관료제는 정부관료제가 사회전체의 공공목적이 아닌 특수한 특정목표를 추구하는 것을 저지하고, 국민에 대한 대응성을 확보할 수 있으며, 관료제가 특정계층에 의해 독점되는 것을 방지하고 공공목적에 대한 총체적인 책임을 지게 한다는 측면에서 그 필요성과 정당성이 있는 것이다.[26)]

제 3 절 인사행정기관

어떠한 목표를 달성하기 위한 수단으로서의 조직체가 인사행정을 관장하면, 그것이 곧 인사행정기관인데 이는 중앙인사기관과 각 부처 인사행정기관으로 나누어 볼 수 있다.

Ⅰ. 중앙인사기관

1. 의 의

중앙인사기관이란, 민주적인 인적 자원의 배분에 관하여 전문적으로 연구하고, 정책을 세우며 그의 효율적인 집행과 이를 지원·조정·통합하는 통일된 정부기관을 말한다.

2. 유 형

중앙인사기관은 모든 정부에 설치되어 있는 것은 아니며, 또 이러한 중앙인사기관을 갖는 나라들도 그 형태에 있어서 각기 다양성을 띠고 있다. 그러나 대체로 행정국가로 전환하거나 또는 실적주의(merit system)를 수립하는 등 새로운 인사제도의 확립을 시도하게 되는 경우, 중앙에 강력하고 통일된 담당기구를 설치하게 되는 것을 보는데 이는 집권화의 일종이라 할 수 있다.

그러면 그 성질에 따라 다음과 같이 세 가지로 분류해 보기로 한다.

1) 독립성과 합의성이 있는 경우　　미국·일본·필리핀[27)]

2) 합의성은 없으나 독립성은 있는 경우　　미국[28)]

---

26) Samuel Krislov, *Representative Bureaucracy*(N.J.: Prentice-Hall, Inc., 1974), p. 16; 강길봉, "대표성 관료제의 적실성에 관한 연구—한국 정치문화와 행정문화의 주요정향을 중심으로—," 단국대 대학원 박사학위논문(1995. 8), p. 31.

27) 미국은 1970년에 신설된 관리예산처(Office of Management and Budget)에서 예산과 함께 인사정책을 다루게 되어 있다(O. Glenn, Stahl, *op. cit.*, 1971, p. 364). 일본은 인사원 외에 수상 산하에 인사국을 신설했다(Paul S. Kim, "Japanese National Civil Service Commission," *Public Administration,* Vol. 48(Winter 1970), p. 48. 우리나라의 경우 다음의 3)에 해당하는 경우였으나, 1999년 3월의 조직개편을 통하여 독립성과 합의성을 갖춘 중앙인사위원회를 대통령 산하에 신설했다.

28) *Report of the Committee on the Civil Service,* 1966~1968, Vol. 5(Proposals and Opinions); R. G. S. Brown, *The Administrative Process in Britain*(London: Methuen & Co., Ltd., 1970), pp. 55~57.

3) 독립성이나 합의성이 있는 중앙인사기관이 별도로 설치되어 있는 것은 아니나 그렇다고 중앙인사기관에 해당하는 기관이 없는 것은 아닌 경우 이의 예로는 중앙부처의 어느 것에도 속하지 않고 대통령실이나 수상실에 소속하는 경우(프랑스)나, 우리나라의 행정자치부, 파키스탄의 내무부, 소련의 재무부처럼 중앙부처의 한 기관이 그 역할을 담당하는 경우 등을 들 수 있다.[29]

3. 우리나라의 경우

(1) 변천과정

우리나라는 건국 이래 수 차례에 걸친 변혁이 있었는데, 이하에서 개관해 보기로 한다.[30]

1) 고시위원회와 총무처(1948년) 당시의 고시·전형을 담당하는 대통령 소속의 고시위원회와 그 밖의 인사행정업무를 담당하는 국무총리 소속 총무처(인사국)의 이원적 체제로 되어 있었는데, 이는 전통적인 3부 외에 고시원과 감찰원을 따로 갖고 있는 중국제도의 영향을 받았던 것으로 생각된다.

2) 국무원 사무국의 고시과와 인사과(1955년) 정부기구의 간소화는 명목상의 이유로 야당의 반대와 국민의 소리를 외면하고 종래의 고시위원회와 총무처 인사국을 국무원 사무국에 병합·흡수·축소시켰는데, 이 때부터 우리나라 인사행정은 당분간 퇴보의 첫 발을 내디딘 셈이다.

3) 국무원사무처(1960년) 4.19를 계기로 해서 민주당 정부가 수립되자 종래의 국무원 사무국을 국무원 사무처로 승격 개편하여 종래의 고시과와 인사과 외에 기획과·연금기금과 및 연금급여과를 신설하는 등 그 기능을 대폭적으로 확대·강화하였다.

4) 내각사무처(1961년) 5.16을 계기로 수립된 군정하에서 국무원사무처는 다시 내각사무처로 개칭되고 행정관리국이 신설되었다.

5) 총무처(1963~1997년) 1963년 제 3 공화국의 출발과 더불어 내각 사무처는 다시 총무처로 개편되었는데 그 부설기관으로 소청심사위원회와 총무처장관의 자문기관인 인사위원회 및 중앙공무원교육원 등이 설치되었으나 1973년 2월 5일자로 인사위원회는 없어졌다.

6) 행정자치부(1998~1999년) 1998년 2월 총무처가 내무부와 통합되어 행정자치부로 개편되었으며, 현재 1실 6국의 직제로 운영되고 있다. 특히 1999년 3월 정부조직 개편에서 행정자치부 소속하에 인사국과는 별도로 대통령 직속의 중앙인사위원회가 설치되었다.

---

29) 박동서, 비교공무원제도론(서울: 박영사, 1953), pp. 81~112 참조.

30) 박동서, 한국 관료제도의 역사적 전개(한국연구도서관, 1961), pp. 122~128.

7) 중앙인사위원회와 행정자치부(1999~2005년) 인사정책과 집행을 분리하여 사실상의 정치·행정으로부터 독립성 확보를 목적으로 인사행정을 총괄하는 중앙인사위원회를 대통령 직속의 심의·의결기구로 설치하였다. 따라서 행정자치부와 이원체제의 위원회로서 비독립합의형중앙인사기관이다. 본 위원회는 ① 행정부 소속 공무원의 인사정책수립, ② 행정기관 인사운영감사, ③ 행정부 3급 이상 공무원 채용·승진심사하고 행정자치부는 ① 5급 이상 공무원임용권, ② 인사관계법령의 시행과 운영, ③ 공무원교육훈련업무, ④ 공무원연금제도운영, ⑤ 소청심사위원회운영과 징계권을 갖는 등 정부인사관리권을 갖고 있다.

(2) 변천요인

이상 수차에 걸친 중앙인사기관의 변천과정을 개관해 보았는데, 이처럼 빈번한 변천의 주요 원인으로서 작용한 것은 불행하게도 인사행정의 합리화나 개선보다는 정치인들의 정권장악 내지 장기집권을 위한 개혁이었다는 점이다. 즉 그들의 정권장악과 장기집권을 위해 헌법이나 정부조직법이 바뀔 때마다 그에 따라 인사행정기구도 바뀌지 않을 수 없었다는 것이다.

4. 성 질

(1) 독 립 성

1) 의 의 중앙인사기관의 독립성이란, 최소한도 구성원의 신분보장과 생활안정·자주조직권·예산편성·집행상의 자주성 등의 보장을 의미한다고 보겠다. 따라서 입법부나 사법부로부터의 독립보다는 행정부로부터의 독립을 중시하고 있다고 할 수 있다. 그것은 어떠한 인사기관도 법의 지배하에서는 사법부에서 내리는 법의 해석이나 적용의 구속을 받아야 하고 입법부로부터의 입법권이나 예산심의권 등의 제약은 받아야 하기 때문이다.

연혁적으로 볼 때 독립성 있는 인사기관을 수립한 나라들을 보면 대체로 민주정치·정당정치가 발전하여 엽관주의(spoils system)가 심하여 그를 극복하기 위해 실적주의의 수립을 서두른 나라들이었는데,[31] 그것은 행정이 정치의 지배를 받은 부패하기 쉽다는 견지에서 나온 것이었음을 보더라도 알 수 있는 것이다.

2) 장·단점

(i) 장 점 ① 엽관주의적 압력으로부터 해방될 수 있다는 것이며, ② 행정부패의 방지에 공헌하고, ③ 집권자의 횡포방지와 소수 약자의 보호에 도움이 된다.

(ii) 단 점 ① 인사란 막료(staff) 기능의 일부이므로 인사권을 책임과 일치하도록 계선(line)에 부여하는 것이 타당하다. ② 무책임성과 국정통합의 곤란성, ③ 제도상·

31) 미군정하의 미국인들의 손에 의해 도입된 전후 일본은 예외이다.

형식상의 독립성만으로 엽관주의 배제 등 전술한 장점이 실제로 발휘되는 것은 아니다.

그러나 영·미처럼 독립성이 철저히 보장되고 있으며 실적주의 확립의 역사가 길고 효과적인 민주체제가 잘 이루어지고 있는 나라에서 이러한 비판이 나오고 있는 것은 어느 정도 이해가 가나, 아직 실적주의 수립의 역사도 짧고 독립성의 보장도 제대로 안 되고 있는 나라에서는 잘못하면 엽관주의의 지배를 낳을지도 모른다.

3) 보장방법 이러한 독립성을 보장하기 위한 주요한 제도상의 조치를 몇 가지 들어 보면 다음과 같다.

(i) 위원의 자격 주로 정당 · 학벌[32]에 관한 것이 논의의 초점이 되고 있는바, 이러한 점을 고려하여 여·야당에 일정비율을 정하여 임명하거나,[33] 동일대학 출신이 2인 이상 임명되지 못하도록 하고 있는 것(예: 일본)과 같다.

그러나 우리나라 중앙인사위원회의 소속기관인 소청심사위원회는 이를 전혀 고려하지 않고 있다. 단, 중앙인사위원의 임기가 3년으로 보장되고 위원은 비당파성을 갖는다.

(ii) 위원의 임명

① 임 명 미국 · 일본은 국회의 동의를 얻어 임명케 하고 있으나, 우리나라의 소청심사위원은 행정자치부장관의 제청으로 국무총리를 거쳐 대통령이 임명하게 되어 있다. 그리고 인사위원의 임명은 국회의 동의를 얻지 않고 대통령이 독자적으로 임명하며 대통령 임기보다 짧다.

② 임 기 우리는 임기 3년의 신분보장이 되며, 미국은 6년, 일본은 4년으로 되어 있는데 이는 독립성이라는 관점에서만 본다면 행정수반의 임기보다 길게 하는 것이 합리적일 것이다.

③ 교 체 원칙적으로 해마다 1인씩 하는 등 부분교체의 방법을 사용하여, 인사행정의 안정성과 독립성을 도모하고 있다.

(iii) 위원의 신분보장 이는 독립성의 보장과는 밀접 불가분의 관계에 있는바, 보통 법관과 동일하거나 비슷한 신분보장을 하고 있는 것이 보통이다.

(2) 합 의 성

1) 의 의 결정권이 위원장 1인에게 있지 않고 그 결정을 3인·5인 또는 7인 등 여러 사람의 의견의 일치에 의하도록 하는 것을 말하는바, 이는 전술한 독립성의 보장 정도와 밀접한 관계를 갖는다.

즉 인사기관이 독립성을 갖게 되면 일반적으로 준입법권 · 준사법권을 갖게 되며(예외: 영국), 그에 따라 그 결정의 신중과 공정을 기하기 위해 합의제를 갖게 되는 것이 보통이기 때문

32) 학벌에 관한 것은 특히 명치유신 이래 동경대 출신이 관계에서 압도적인 비중을 차지해 온 일본이나 영국 등에서 문제되나, 미국 같은 나라에서는 그런 문제는 없는 것 같다. 우리나라의 경우도 아직 그런 문제는 없다.

33) 예를 들면, 미국과 일본에서는 한 정당에서 2인 이상 임명할 수 없도록 되어 있다.

이다.

2) 장·단점

(i) 장 점　① 신중과 공정을 기할 수 있고, ② 여러 이해관계 당사자들의 참여가 가능하다.

(ii) 단 점　① 책임전가의 우려 및 책임소재의 불분명, ② 인사행정의 침체초래와 통제곤란, 즉 능률성 저하 등을 들 수 있다.

이러한 장·단점에 대한 논의의 결과 위원장에게 집행권을 줌으로써 능률의 향상과 책임의 소재를 분명히 하고 준입법 · 준사법 업무만은 합의제를 그대로 채택하는 방향으로 어느 정도의 절충한이 채택되고 있는 것 같다. 그 위원의 수·자격 등은 일반조직이론의 경우와 대동소이하다.

(3) 집 권 성

1) 의 의　대개 중앙인사기관이 처음 수립되었을 때는 한정된 자원부족(특히 전문가의 부족)을 고려에 넣어 능률의 향상을 기하고 인사 행정의 통일성과 기동성을 기하기 위하여 집권성을 띠게 되어 각 부처에 분산된 인사권을 중앙인사기관에 집중시키게 되는 것이 보통이다.

그러나 이에 대한 반대도 나오고 있어 점차 분권화의 과정을 걷고 있으나 그 기준은 단순한 기계적 분업의 원칙이나 선진국의 예에 둘 것이 아니라, 기능면에서 행정능률 · 통일성 · 기동성 등과 우리의 정치 · 경제 · 사회 · 행정적 제반 여건 등을 고려하여 신중히 결정할 문제라고 생각한다. 그러면 이하에서 집권론자의 주장과 그 근거를 살펴보기로 한다.

2) 집권론자의 주장　① 실적주의의 확립에 기여한다. ② 인사행정의 통일성과 기동성을 기할 수 있다. ③ 능률의 향상과 동시에 공평성을 높일 수 있다(예: 분권화의 경우보다 엽관주의에 대한 압력에 유리하다). ④ 특히 초기에 인사행정전문가가 부족한 경우 중앙에서 집중적으로 연구 · 발전 · 육성시킬 수 있다. ⑤ 책임성의 확보가 가능하다.

3) 분권론자의 주장　① 중앙인사기관의 각 부처에 대한 불신임이 너무나 지나친 것 같다. ② 소극적인 엽관주의의 극복단계를 벗어나 적극적으로 인사행정의 궁극목표인 능률의 향상을 위하여 지나친 집권의 지양이 필요하다. ③ 인사는 기능상 막료에 속하므로 인사권을 계선기관에 부여하는 것이 타당하다. ④ 각 부처의 구체적 사정에 적합한 인사정책결정, 어려운 문제의 해결과 조정, 사기앙양, 융통성 있는 집행 등에 유리하다.

4) 결 어　따라서 이와 같은 장·단점과 인사행정의 궁극의 목표인 실적주의의 확립과 행정능률의 향상을 고려하면서 점차 분권화시켜 나가되, 원칙적으로 후술하는 바와 같은 준입법 · 준사법 · 감사기능은 중앙인사기관에서 담당하고 집행기능은 각 부처에서 담당하는 방향에서 그 나라의 정치 · 행정 발전정도에 따라 결정되어야 할 성질의 것이라

생각한다.

이 점에서 우리나라의 경우도 궁극적으로는 분권화되어야 하나, 그 기준·시기 및 정도와 방법상에 있어 재고를 요하는 점이 많음은 전술한 바와 같다.

5. 기 능

중앙인사기관의 기능은 인사기구의 설립목적에 비추어 다음과 같이 4대기능을 들고자 한다.

(1) 준입법적 기능

이는 중앙인사기관의 독립성과 밀접한 관련을 갖는 것으로서 국회에서 제정한 법률의 범위 안에서 인사행정에 관한 제반인사규칙 등을 제정하는 것을 말한다.[34] 우리는 대통령 직속 인사위원회로써 대통령령 또는 행정자치부 부령(部令)으로 준입법적 기능을 수행한다.

(2) 준사법적 기능

위법·부당한 처분으로 인한 손해에 대한 공무원의 소청에 대하여 최종적 재판권을 가진 법원의 판결에 대한 전심단계로서의 재결권을 갖는 것을 말한다.

우리나라의 경우는 징계처분 기타 그 의사에 반하는 불리한 처분에 대한 소청을 담당하는 중앙인사위 소속 위원장 포함 5인 이상 7인 이내의 상임위원과 약간 명의 비상임위원을 두는 합의제기관으로 된 소청심사위원회에서 맡고 있는데, 그 결정은 처분행정청을 기속하게 되어 있어 공무원의 신분보장이나 각종 권익보호에 중요한 일익을 담당하고 있다.

(3) 집행기능

법령에 따라 임용·승진·직위분류·교육훈련·연금 등 인사업무를 구체적으로 실시하는 것을 말하는 것으로 전술한 집권·분권에 있어 그 주요 대상이 되고 있다.

(4) 감사기능

감사기능의 중요성은 인사행정의 분권화에 비례한다고 할 수 있다. 그것은 분권만 해 놓고 사후감사나 사전교정 등이 없다면 중앙인사기관의 존재의의가 없어지기 때문이다.

이상 4대 기능을 살펴보았는데, 중앙인사기관은 일차적으로 그 집행기능을 각 부처에 분권화시키되 준입법·준사법·감사기능은 그대로 보유할 것으로 전망된다.

6. 개선방안

정부능력의 제고를 위한 인적자원관리의 경쟁력을 키우고 정부관리의 중심집단으로서

34) 과거 우리나라는 7인으로 구성된 인사위원회가 있었는데 물론 이는 총무처장관의 자문기관이지만 총무처장관은 인사행정에 관한 정책결정을 할 때 이의 심의를 거치게 되어 있고, 또 인사위원회 자체로서 총무처장관을 거쳐 대통령에게 건의할 수 있게 되어 있었으나 1973. 2. 5. 국가공무원법 개정으로 삭제되었다.

공직자의 능력발전, 전문성, 과 인사행정의 독립성, 공정성의 확립은 절실하여졌다.

따라서 첫째, 정치적 중립성의 확보가 요구된다.

둘째, 인사 · 예산의 독립성을 가져야 한다.

셋째, 독립성을 가진 합의제기관으로서의 특히 인사관계법령을 제정 · 개폐할 수 있는 규칙제정권을 갖도록 한다.

넷째, 특정직 공무원(검찰, 경찰, 외무직공무원 포함)의 고위직까지도 인사심사에 관한 기능을 갖도록 하여야 한다.

다섯째, 현 중앙인사위원회기능과 행자부의 조직 · 정원 · 행정사무개선업무를 포함시켜 일본의 '인사원' 형태로 개편하는 방안을 생각할 수 있다.

Ⅱ. 각 부처 인사기관

1. 의 의

각 부처의 인사기관이라 함은 각 부처의 기관장의 막료기관으로서의 인사행정을 책임지는 기관을 말하는바, 이것이 발달한 것은 극히 최근의 일이라 할 수 있다. 즉 이미 실적주의 수립의 역사가 오래된 국가에서도 초기에는 인사행정의 미발달과 집권화로 각 부처의 인사과나 기타 그 역할을 담당하는 기구나 인원이 소수였으나, 최근 인사행정의 양적 확대와 분권화에 따라 각 부처에 인사담당기구와 인사행정전문가(예: 인사과·인사담당관 등)를 두게 된 것이다.

2. 조 직

인사행정의 발달정도와 분권화 정도 및 업무량에 따라 국이나 과로 편성되나, 우리나라의 경우는 과 단위로서 총무과가 보안 · 문서 · 경리 · 물품관리 등 타업무와 함께 담당하고 있다.

여기서 인사직원비율(personnel ratio)[35]을 얼마로 할 것인가?

인사직원의 임명은 일반직원 중에서 임명할 것이냐, 인사행정전문가를 임명할 것이냐가 문제되는바, 먼저 인사직원 비율을 결정하는 변수로는 구체적 사정에 따라 다르겠으나 대체로 그 기관의 규모 · 역사 · 퇴직률 · 인사행정의 발전도 등을 고려하여 결정하여야 할 것이다.

다음 인사행정전문가(specialist)를 임명할 것이냐, 아니면 일반행정가(generalist)를 임명할 것이냐에 관하여는 우선 이 양자의 장·단점부터 살펴보기로 한다.

---

35) 인사담당자 비율 $= \frac{\text{인사담당직원}}{\text{전 직원수}} \times 100$

⑴ 인사행정전문가를 배치할 경우의 단점

1) 업무배당이 곤란하다.

2) 문제를 부분적 · 미시적으로 보게 되어 전반적이고 거시적인 조언이 어렵다.

3) 능력과 이해력의 편협성을 초래하기 쉽다.

⑵ 일반행정가를 배치하는 경우

1) 인사행정의 외면만 피상적으로 알게 되어 전문가로서의 조언이 힘들다.

2) 상관에 추종하게 될 가능성이 크다.

3) 인사행정전문가의 양성이 곤란하다.

양자는 이러한 단점을 갖는 것으로서 일률적인 판단을 내리기 곤란하다. 그것은 그 나라의 인사행정의 발전정도 · 전문화 · 분업화정도 및 인사행정담당 전문가의 확보 여부 등에 따라 결정될 것인바, 우리나라와 같이 아직 인사행정이 전문화 · 분업화되지 못하고 인사행정전문가가 부족한 곳에서는 각 부처 인사담당기관에 전문가를 배치한다는 것은 곤란할 것이다.

따라서 장차 분업화와 인사행정전문가의 육성에 따라 전문가를 임명하는 방향으로 나갈 것이나 그 동안의 전문적 · 기술적 문제는 중앙인사기관에 의존하여야 함은 물론이다.

끝으로 우리나라 각 부처 총무과장의 경우, 그 부처의 기관장이 사실상의 임명권을 갖고 있으며 기관장과는 개인적인 신임관계 · 진퇴 · 그 자격 등에 있어 별정직인 비서관과 거의 비슷하며 일반직의 타과장과는 형식상으로는 동일하나 실질적으로는 상이하다.

따라서 인사행정상의 전문성은 약하게 되고, 또 기관장과의 지나친 충성관계로 중앙인사기관이나 타부처 인사기관과의 협조 · 조정이 잘 안 되는 경향이 있다.

그러므로 앞으로는 점차 총무과장의 임명시 인사행정전문가로서의 기술성도 고려하는 방향으로 나아가는 것이 바람직하다고 하겠다.

3. 기 능

각 부처 인사기관(Departmental Personnel Office)이 막료기관으로서 기관장을 보좌하고 인사상의 집행기능을 담당한다는 점에서는 각국이 공통적이나, 우리나라의 총무과는 인사사무 외에 보안 · 문서 · 경리 · 물품관리 등 일반서무까지를 겸무하고 있어 인사행정에 대한 관심과 주의를 기울이는 정도가 낮은 데다가 지나치게 인사권이 장관에 집중되어 있고 그의 전문성의 결여로 실무자의 전문가적 의견이나 능력을 기대하기 힘들 뿐만 아니라, 너무나 인사행정 담당실무자의 기술적 의견이 반영되지 못하고 있다.

따라서 점차 인사행정전문가를 임명하고 그의 전문가적 능력을 발휘할 수 있도록 하고 행정의 능률과 업무수행 및 부하의 통제라는 점에서 장관은 국·과장선까지만 관여하고 책임을 지는 것을 원칙으로 하는 것이 바람직하다.

Ⅲ. 향후 발전방안

1999년 3월의 정부조직개편에 따라 대통령 직속의 중앙인사위원회를 설치 운영하게 되었다. 이는 종래의 부처 소속 국(局)차원에서 이루어지던 인사활동은 타부처에 비하여 우월적 지위를 확보하지 못하였기 때문에 독립성의 결여와 전문성 결여, 합의성의 불충분 등이 인사정책의 폐단으로 나타났다. 또한 이와 같은 체제하에서는 인사권이 예산과 분리되어 있었기 때문에 정부의 정책적 의지가 제대로 반영되지 못하는 폐단을 초래하였다.

이와 같은 문제점들은 중앙인사위원회의 설치운영은 인사행정의 전문성 및 독립성의 확보 차원에서 매우 고무적인 결과를 가져올 것으로 예상된다. 이 과정에서 주목하여야 할 것은 정부조직개편의 협의과정에서 예산과 인사의 결합을 통한 효율적인 정부관리방안이 논의되었으나 대통령에게 인사권과 예산권이 집중될 경우 과도한 권한의 집중이 우려된다는 인식이 우세하여 기획예산처를 국무총리 직속으로 함으로써 예산권과 인사권이 분리, 상호견제할 수 있도록 하였다.

따라서 예상되는 문제점과 그에 따른 향후 발전방안으로는 첫째, 현재 인사권과 예산권의 분리운영됨으로써 통합운영함에 따른 행정적 효율성이 저해될 뿐만 아니라 각 부처간의 갈등이 초래될 위험성이 있다. 이를 완화하기 위해서는 중앙인사위원회와 기획예산처간의 유기적인 협조전략이 모색되어져야 할 것이다.

둘째, 중앙인사위원회의 설치 운영에 대한 필요성은 인사기관의 독립성을 확보하자는 데 그 핵심적인 의도가 있다. 따라서 현재 대통령 직속의 체제하에서 어느 정도의 독립성과 합의성을 확보하여 일관성 있고 중립적인 인사정책을 추진할 수 있도록 하는 것이 현행 제도의 성패가 달려 있다고 하겠다. 이를 위해서는 대통령의 고유 인사권한을 보장하면서 중앙인사위원회의 인사권 또한 확보할 수 있는 방안으로의 운영이 요구된다.

셋째, 부처 인사기관은 인력운영기관(Operating Personnel Agency)인바, 총무과에서 인사업무담당 별도기관으로 독립시켜야 한다.

넷째, 부처 인사기관의 개편은 지방자치단체와 중앙인사기관의 개혁과 보조를 맞추어야 하며 각 기관의 특수성을 살린 기구개혁이 되어야 할 것이다.

제 4 절 공직의 분류

Ⅰ. 서 설

국가공무원법에서는 직업공무원제도를 확립하기 위하여 공무원을 직업공무원인 경력직공무원과 비직업공무원인 특수경력직공무원으로 구분하고 있다.

Ⅱ. 경력직과 특수경력직

1. 경력직공무원

실적과 자격에 의하여 임용되고, 그 신분이 보장되며, 평생토록 공무원으로 근무할 것이 예정되는 공무원을 말하며, 일반직 · 특정직 · 기능직의 3종이 있다.

1) **일 반 직** 기술 · 연구 또는 행정일반에 대한 업무를 담당, 직군 · 직렬별로 분류되는 공무원으로 계급은 1급에서 9급으로 구분된다. 단, 연구직과 지도직은 연구관과 연구사, 그리고 지도관과 지도사의 2계급으로 구분하고 있다.

2) **특 정 직** 법관 · 검사 · 외무공무원 · 경찰공무원 · 소방공무원 · 교육공무원 · 군인 · 군무원 및 국가정보원의 직원 등이며, 특정직 공무원은 자격, 복무규율, 정년, 보수, 신분보장 등에서 개별법이 우선 적용된다.

3) **기 능 직** 기능적인 업무를 담당하며 그 기능별로 분류되는 공무원.

2. 특수경력직공무원

경력직 공무원 외의 공무원으로서, 정무직 · 별정직 · 전문직 · 고용직의 4종이 있다.

1) **정 무 직** ① 선거에 의하여 취임하거나 임명에 있어서 국회의 동의를 요하는 공무원, ② 감사원장 · 감사위원 및 사무총장, 대통령 비서실장, 중앙인사위원장, 여성특별위원회장, 중소기업특별위원회장, 민주평화통일자문회의 사무총장, 국가과학기술자문회의 사무총장, 국회 사무총장 · 차장 및 도서관장 · 헌법재판소 재판관 및 사무총장, 중앙선거관리위원회 상임위원 및 사무총장, ③ 국무총리 · 국무위원, 처의 처장, 각원·부·처의 차관 또는 차장, 청장(중앙행정기관이 아닌 청 제외), 국무조정실장, 서울특별시장 · 광역시장, 도지사, 차관급 이상의 보수를 받는 비서관, ④ 국가정보원의 원장 및 차장, ⑤ 기타 다른 법령이 정무직으로 지정하는 공무원.

2) **특 정 직** ① 국회전문위원, ② 감사원 사무차장 및 서울특별시 · 광역시 · 도 선거관리위원회의 상임위원, ③ 국가정보원 기획조정실장, 각급 노동위원회 상임위원, 해난심판원장 및 심판관, ④ 비서관 · 비서 기타 다른 법령이 별정직으로 지정하는 공무원.

3) **전 문 직** 국가와 채용계약에 의하여 일정한 기간 연구 또는 기술업무에 종사하는 과학자, 기술자 및 특수분야의 전문가.

4) **고 용 직** 단순한 노무에 종사하는 공무원.

3. 적용법규

이상의 공무원에 대한 일반법규범은 국가공무원법 또는 지방공무원법이며, 다만 특정직 공무원은 법원조직법 · 검찰청법 · 외무공무원법 · 경찰공무원법 · 소방공무원법 · 교육공무원법 · 군인사법 · 군무원인사법 · 국가정보원직원법 등 특별법을 우선적으로 적용받는다.

Ⅲ. 직위분류제

1. 직위분류제의 의의

(1) 개 념

오늘날 행정기능이 복잡화하고 전문화함에 따라 어떤 직을 어떤 사람에게 담당시킬 것인가가 명백하지 않으면 과학적이고 능률적인 인사운영을 기대할 수 없는 것이므로 직위분류제(position classification)는 모든 직위를 직무의 종류와 곤란성 및 책임도에 따라 계급 또는 직급별로 분류하되 동일직급에 속하는 직위에 대하여는 동일한 자격요건을 필요로 함과 동시에 동일한 보수가 지급되도록 하여 임용 및 급여제도 등 인사관리의 기초로 하는 제도이다.

따라서 공무원의 자격능률을 기준(인간을 중심)으로 하여 계급을 분류하는 계급제와는 구별된다.

(2) 양제도의 공통점과 다른점

직위분류제와 계급제의 의의를 더욱 분명히 하기 위하여 그 이동(異同)을 살펴보면 다음과 같다.

1) 양제도는 인사행정상의 효율증진과 편의를 위하여 수많은 공무원 또는 직위를 분류하는 점에서는 공통이나, 그 분류기준에 있어 직위분류제가 직책을 중심으로 하여 직무의 종류 · 성질(난이도) · 책임의 경중도 등에 따라 분류한 데 대하여, 계급제는 인간을 중심으로 하여 개개 공무원의 자격 · 능력 등을 기준으로 하여 계층을 만들고 계급을 분류한다는 점에서 다르다.

2) 직위분류제를 채택하고 있는 나라는 대체로 농업사회로부터의 오랜 관료제의 전통을 별로 갖지 않고 급속히 산업화된 국가들인 데 비해, 계급제를 채택하고 있는 나라는 농업사회로부터의 오랜 관료제적 전통을 가진 나라들이 대부분이다.[36)]

3) 양제도의 성격상 직급의 수에 있어 직위분류제도가 계급제보다 많은 것이 보통이다.

4) 직위분류제가 외부공무원의 중간계급 이상의 채용을 허용하는 개방 체제에 속하는 데 비하여, 계급제는 그를 허용하지 않는 폐쇄체제라 할 수 있다.

(3) 양제도의 장·단점

양제도는 엄격하게 상반되는 성질의 것은 아니고 이 양제도 중 어느 하나를 주로 채

---

36) 전자의 예로는 미국 · 필리핀 · 캐나다 · 파나마 등을 들 수 있고 후자의 예로서는 영국 · 프랑스 · 독일 · 일본 등을 들 수 있다. 여기서 미국에서의 직위분류제의 발달 요인으로 당시 엽관주의의 지배와 과학적 관리법의 발달을 지적하고 있는 학자도 있다[유훈, 행정학원론(서울: 법문사, 1973), p. 327)].

택하고 다른 하나를 부분적으로 도입하여 양자의 장점을 최대한으로 살려 보려고 하는 것이 최근의 동향이다.

1) 직위분류제의 장점

① 채용시험 · 모집 · 전직 · 승진 등 인사배치의 기준이 된다. 이것은 직위분류제는 각 직위의 직무 내용, 요구하는 자격 요건, 책임의 경중도 등에 관하여 비교적 정확하게 정리된 지식을 제공해 주기 때문이다.

② 훈련의 수요측정을 가능케 해 준다. 훈련이란 그 직책이 요구하는 능력에 비해 현직자가 가지고 있는 능력이 미달하는 경우 필요한 것이기 때문이다.[37)]

③ 근무성적 평정의 기준설정에 도움이 된다. 근무성적 평정을 하기 위해서는 우선 직책의 내용을 알아야 하는데, 직위분류제가 이를 제공해 주기 때문이다.

④ 합리적인 급여제도의 수립을 위한 기초를 제공해 준다. 각 관직에 대한 급여의 결정 또는 급여제도의 수립에 있어 우선 급여의 평등이 요청되고 그를 위해서는 합리적인 어떤 기준이 필요하게 되는데, 여기서 누가 어떠한 능력을 가지고 근무하느냐를 기준으로 하는 것보다는 사실상 누가 어떠한 일을 하고 있느냐를 기준으로 하는 것이 보다 합리적이라는 것이다. 즉 동일한 조건하에 동일한 정도의 곤란성과 책임성이 요청되는 직무를 수행하는 모든 공무원에게는 모두 동일한 임금이 지불되어야 하는데 직위분류제는 바로 이 동일 노동에 대한 동일한 보수(equal pay for equal work)를 위한 기준을 제공해 주기 때문이다.

⑤ 권한과 책임의 한계를 명백히 하고 조직에 전문화와 합리화에 기여한다. 이는 직위분류제가 모든 직위를 분석함으로써 횡적인 직책의 한계와 종적인 상하 지휘감독관계를 명백화하여 조직의 전문화와 효율적이고 합리적인 운영을 가능케 해 줄 것으로 생각되기 때문이다.[38)]

⑥ 직업소개 · 작업연구 · 정원관리에 도움이 된다. 이를 위해서는 엄격하고 정확한 직무 분석이 요청된다.

⑦ 사기향상에 도움이 된다. 공정한 급여제도 · 공정한 근무성적평정 · 공정한 승진기회 등이 직원들의 사기제고에 도움이 될 수 있음은 물론이다.

2) 직무분류제의 단점 이는 다음 절에서 후술하는 계급제의 장점에 반하는 것이므로 그 중복 설명을 피하기로 한다.

---

37) 훈련의 수요(또는 필요성)=직책이 요구하는 자격－담당자의 현재 능력.

38) 그러나 우리나라의 공사단체의 직제규정을 보면 과 단위로만 규정되어 있어 직원간의 권한이나 책임의 한계가 불분명함은 물론 이권이 따르지 않고 귀찮은 업무는 부하에게 무질서하게 위임하는 경향까지 있어 상하 및 동료간의 업무 분량과 시간의 격차가 심한 경우가 많다.

2. 용어의 정의

1) **직 위** 직위(position)라 함은 1인의 공무원에게 부여할 수 있는 직무와 책임을 말한다.

2) **직 급** 직급(class)이라 함은 직무의 종류, 곤란성과 책임도가 상당히 유사한 직위의 군을 말하며 동일직급에 속하는 직위에 대하여는 임용자격시험 · 보수 기타 인사행정에 있어서 동일한 취급을 한다.

3) **직 렬** 직렬(occupational series)이라 함은 직무의 종류가 유사하고 그 책임과 곤란성의 정도가 상이한 직급의 군을 말한다.

4) **직 군** 직군(occupational group)이라 함은 직무의 종류가 광범위하게 유사한 직렬의 군을 말한다.

5) **등 급** 등급(grade)이라 함은 직무의 종류는 상이하나 그 곤란성 · 책임도 및 자격요건이 상당히 유사하여 동일한 급여를 지급할 수 있는 모든 직위를 포함한 것을 말한다.

1급, 2급 … 9급을 우리는 계급이라고 한다. 그러나 직위분류제 아래에서는 직책의 여하에 따라 여러 계층으로 분류하여 그를 등급이라고 하는 것이다. 이처럼 양제도에서 사용되는 용어를 구별하는 것은 서로 혼동을 피하기 위한 것이며 전술한 바와 같이 성질상 계급보다는 등급의 수가 많게 되는 것이 보통이다.[39]

6) **직무기술서 · 직급명세서 및 정급표** 직무기술서로는 각 직위의 직책의 내용을 기술한 것이고, 직급명세서란 직무분석 · 직무평가에 따라 결정된 직급의 직책내용과 자격요건을 기술한 것을 말하며, 정급표란 수많은 각 직위의 사람을 해당직렬 · 직급 등에 하나하나 배치한 것을 말한다.

---

39)

1급	직급	직급	직급	직급	직급	직급	직급
2급							
3급							
4급							
5급	☆☆☆ ☆☆☆	☆☆☆ ☆☆☆	☆☆☆ ☆☆☆	☆☆☆ ☆☆☆	☆☆☆ ☆☆☆	☆☆☆ ☆☆☆	☆☆☆ ☆☆☆

(직무의 성질 · 종류)

(직무의 난이도 · 책임도)

이상 설명한 용어의 의미를 분명히 하고 상호관계를 명백히 하기 위하여 그를 도표로 설명하면 다음과 같다.

여기서 가로는 직무의 성질 · 종류를 표시하고 세로는 직무의 난이도 · 책임도를 표시한다.

여기서 ☆표 하나가 1단 위를 표시한다. 따라서 직위수는 모두 7×5×6=210개이다. 또 직위 6개를 갖고 있는 사각형 하나하나는 직급을 표시한다. 따라서 직급수는 모두 5×7=35이다(위 표에서는 1개 직급 속에 6개의 직위가 있는 것으로 가정했다).

위 표에 의하면 세로로 5개 직급을 하나로 하는 7개 종렬이 있는데 이것이 직렬을 나타낸다. 그리고 위 표는 직군이 3개로 되었으며, 또 여기서는 5개 계급을 가정했는데, 5급에서 4급까지는 1개 계급을 2개 등급씩으로 나누었다면 9개 등급이 되는 셈이다.

3. 수립방법

1) 제일 먼저 직위분류제를 '어느 정도 도입 · 채택할 것이냐'에 대한 결정이 있어야 한다.

2) 다음 직위분류제의 수립을 위한 사전 계획과 절차의 결정이 있어야 한다.

3) 그에 따라 '면접 · 직무 분석 · 직무 평가를 누가 할 것이냐'를 결정해야 한다. 전 직원과의 솔직한 의견 교환과 반영 및 객관적인 분석 · 평가를 위해서 외부전문가를 주축으로 하고 내부직원이 약간 참여 · 협력하도록 하는 것이 보통이다.[40]

4) 대상기관 · 대상직위에 대한 상세하고 깊이 있는 파악[41]과 그 점직자(占職者)들에게 설명과 설득을 하며, 그들의 강등 · 보수 · 감원 등에 대한 불안감을 해소시켜 줌과 동시에 적극적인 이해와 협조 · 지지를 얻도록 모든 수단을 강구하여야 한다.[42]

5) **직무기술서의 기술과 검토 · 확인** 이의 기입방법으로는 보통 점직자들로 하여금 직접 기록하도록 하는 방법이 많이 사용된다. 그리고 그의 검토 · 확인은 일차적으로는 감독자가 하는 것이 보통이다. 그러나 최종적인 검토는 외부 전문가와 내부직원으로 구성되는 위원회 또는 조사반에서 하게 된다.

6) **직무분석**(job analysis; 직무의 종적 분류 · 정리) 직무의 종류 · 성질에 따라 직위를 분류한다. 직무기술서의 내용이 정확한 것으로 확인되면, 여기서 직렬 · 직군을 얼마로 하는 것이 적절하냐를 결정해야 하는데 이때 고려해야 할 점은 다음과 같다.

① 직렬간의 분별이 용이하고, ② 시험 · 승임 · 전직 등에 있어 달리 취급할 만한 충분하고 뚜렷한 근거가 있어야 하며, ③ 실제 기술적으로 그 분별이 가능하여야 한다.

따라서 직렬의 수를 너무나 많이 하면 구별기준과 한계가 불분명하기 쉽고 그에 따라 시험 · 전직 등 적절하고 합리적인 취급을 하기가 곤란할 뿐만 아니라 그 실효성을 기대하기 힘들게 된다.[43]

---

40) 직위분류제는 그 내용이 상당히 고도의 전문성을 요구할 뿐만 아니라 전 직원의 이에 대한 관심과 이해관계가 지대한 것이다. 따라서 전문성만을 중시하여 전 절차에 걸쳐 전문가 중심으로 일을 진행시킬 경우, 직원들의 이해와 참여가 등한시되기 쉬운데 그렇게 되면 그들의 적극적인 지지 · 참여를 얻지 못하여 형식화되고 실패할 가능성이 크다. 따라서 인사담당기관 및 각 부처의 기관장(또는 부책임자), 계선 기관원, 공무원단체의 대표자, 외부로부터의 기술자 · 정치자 · 언론인 등으로 구성되는 위원회를 조직하여 그 도입 정도 · 시기 · 직무 평가 등에 있어서는 외부 전문기술자와 내부직원이 담당할 경우의 장·단점과 직위분류제 수립의 전문기술성, 필요성 등을 고려하여 그 비율을 결정하는 등, 이른바 정치적 민주과정을 거치는 민주성을 반영시켜야 한다. 본질적인 것은 기술적이고 형식적인 수립만으로 끝나는 것이 아니라 실제운영과 효율성이기 때문이다.

41) 이에는 기구 도표 · 인원 배치도 · 직위별 사무분장표 등을 많이 이용한다.

42) 이에는 면접 · 회람 · 기관지 · 비공식 집단의 지도자를 통한 인식, 그 외 '매스컴'을 통한 여론환기 등 모든 공보수단을 이용한다.

43) 국가공무원의 경우 1998년 이후 11직군, 71직렬, 135개의 직류(기능직은 11직군, 22직렬, 37직군)로 공직 분류체계를 개편하였다. 이는 행정의 전문화 · 단순화 · 표준화의 반영이며 시험 · 충원 · 보직의 합리화 추구이기도 하다.

7) **직무평가**(job evaluation, 직위의 횡적 분류정리) 직무의 난이도・책임의 경중도에 따라 직위의 상대적 가치 또는 비중을 측정하는 것을 말한다. 여기서 보수・직책 등을 달리하는 등급 또는 직급의 수가 결정되므로 직원들의 이에 대한 관심이 대단히 크다. 등급 또는 지급수를 결정할 때 유의할 점은 직렬・직군의 수를 결정할 때 고려해야 할 점과 대동소이하다.[44)]

8) **직급명세서**(class specification)**의 작성** 이처럼 직렬・직군 및 등급・직급이 결정되면 직급별로 인사 행정이 기준이 되는 직급명세서를 작성해야 한다. 이에는 ① 직급의 명칭, ② 직책(직무와 책임)개요,[45)] ③ 자격요건, ④ 채용 방법 등이 명시되어야 한다.

9) **정급표**(allocation list)**작성** 이 때 개개인의 인사배치가 끝나게 되고 이것으로써 직위분류는 일차적으로 끝나게 되는 셈이다.

10) **최종안확정** 마지막으로, 새로 작성된 직위분류표의 내용을 공시하여 이의 신청・소원 등 광범위한 의견진술의 기회를 주어 직무분석・직무평가・정급 등에 부당한 것이 발견되거나 인정되면 그를 사전에 시정하여야 한다.[46)] 이렇게 하여 확정된 최종안은 최고 책임자의 재가를 얻으면 직위분류표가 되는 것이다.

11) **실제운영** 이러한 과정을 거쳐 직위분류제가 채택되었다 해서 그것으로 끝나는 것은 결코 아니다. 왜냐하면 어떠한 조직체를 막론하고, 조직체와 직위 및 직책은 시간이 흐름에 따라 능동적으로 변동하는 것이기 때문에 새로운 분류제의 내용도 그에 따라 적절히 수정・보완되지 않으며 안 되기 때문이다.

따라서 직위분류제가 현실의 직책과 균형을 유지해 나갈 수 있도록 하기 위해서는 실제 운영상 담당기관(또는 운영 기관)은 항상 조직의 변동 또는 직위의 변동이나 그 내용의 변동에 대한 정확하고 신속한 정보・자료를 제공받거나 얻을 수 있도록 함과 동시에 그에 대한 계속적인 연구작업이 절실히 요청된다.[47)]

4. 우리나라의 경우

(1) 현 황

우리나라는 5. 16군사정변 후 국가공무원법에 직위분류제를 채택할 것을 원칙으로 세워 그에 따라 1963년 11월에 직위분류법이 제정・공포되었으나, 10여년이 지나도록 본격

44) 이러한 직무평가의 방법으로서는 일반적으로 외국의 대기업체의 경우 점수법이 제일 많이 이용되고 있으나 우리나라에서는 기정 분류법(旣定分類法)을 채택하고 있다.

45) 여기에는 대표적・전형적(typical)인 직무의 예시를 함이 보통이다.

46) 이렇게 하는 것이 이에 관심이 많은 직원들이 품기 쉬운 의문이나, 불안감 등을 감소시켜 주고 그들의 불평을 어느 정도 해소하여 그들의 보다 적극적인 이해와 지지・참여를 기대할 수 있게 된다.

47) 이를 위해서는 그러한 변동이 있을 때마다 그 당해 기관은 직위분류제의 담당기관에 즉시 통지토록 제도화하는 것이 바람직하다. 물론 직위분류제의 담당기관에 적절한 조사권 또는 감사권을 인정하는 것도 한 방법이다.

적인 채택을 보지 못하고 부분적으로만 실시되고 있다가 1973년 직위분류법까지 없어지고 말았으나 1981년 국가공무원법 개정으로 직위분류제의 근거가 마련되었다.

⑵ 도입상의 문제점

1) 첫째 문제는 직위분류제를 도입하는 방향으로 나아가되 어느 정도 받아들이느냐 하는 것인데, 가장 무난한 길은 종래의 계급제 위에 직위분류제를 혼합하여 양 제도의 장·단점을 우리 실정에 맞게 최대한으로 살리는 길이라 할 수 있다.

2) 정확한 직위관의 미확립 직위분류제의 기본은 직위가 분류되는 데 있는 것이지 점직자, 즉 인간이 분류되는 데 있는 것은 아니다. 즉 직위분류제 아래서는 원칙적으로 직무상의 상하관계는 존재하나 신분상의 상하관계는 있을 수 없는 것이다.

이 점에서 계급제와는 상당한 대조를 이룬다.

그런데 계급의식이 강한 관료제적 전통에 젖어 온 우리나라에서 이처럼 직위분류제의 채택에 근본적으로 요청되는 새로운 직위관이 단시일 안에 확립되리라고 기대하기는 힘든 것이다.

⑶ 직무조사의 불실

이는 두 가지 면에서 접근해 볼 수 있다. 즉 하나는 분류대상 공무원의 이해부족과 비협조 내지 수용태세의 미확립에 기인되는 것이고, 또 하나는 전문가(담당 분류관)의 부족과 무경험에 기인되는 것이다. 전술한 바와 같이 직위분류제의 수립에는 직무기술서의 정확한 기록과 그 검토·확인이 필요한데, 대상 공무원의 무성의와 몰이해 내지 이해부족으로 인하여 직무기술서 작성상에 있어 왜곡된 기술·형식적 기술·불완전기술 등이 허다했고 심지어는 대리기술까지 적지 않았다고 한다.[48)]

⑷ 과잉의욕과 성급한 성과기대

계급제적 전통이 없고 실용주의적 사고방식이 투철하고 과학적 관리법 등 관리기술이 고도로 발달한 미국 같은 나라에서도 오랜 세월을 두고 서서히 발달한 제도를 제반 여건 조성이 미숙한 풍토에서 이 제도를, 그것도 단시일 안에 도입하고 확립하려는 데에 무리가 수반되기 때문이며 이를 강행할 경우 커다란 혼란의 야기가 우려되는 것이다.

예를 들면, 처음부터 전 국가공무원을 대상으로 하고 있는데, 현실적으로 전문가가 부족하고 경험이 전무한 처지에서 과연 그처럼 강한 의욕이 어느 정도 성취될 수 있을 것이며, 또 직위의 내용 또는 성질로 보아 채용·승진·보수·신분보장·복무조건 등의 견지에서 특별한 취급을 요하는 1급공무원이나 공안직 또는 재외공관 근무직 등을 동일 분류대상으로 할 필요가 있으며, 또 그것이 가능할 것인가 하는 문제가 제기되는 것이다.

---

48) 노융희, "직위분류제," 사법행정(1966년 7월호), p. 6.

⑸ 보수의 절대액의 부족과 등급의 과다

직위분류법은 1~9급 공무원은 16등급, 기술직 공무원은 8등급으로 구분토록 분류하고 있는데, 보수의 절대액이 적은 데다가 이처럼 등급의 수를 많이 하는 것은 등급간의 차액이 너무 적어서 이 제도의 실익이 별로 없다고 할 수 있다.

또한 이는 임용상의 융통성을 대거 감소시킬 뿐만 아니라 현행 인사제도의 전면적인 개혁을 불가피하게 하고 있다.[49]

⑹ 직렬의 수

직렬의 분류에 있어 상하 직급에 따라 직렬의 수를 거의 비슷하게 하고 있는데, 상하위직은 그 수를 대폭 줄이고 중위직은 상대적으로 세분하는 것이 바람직하다. 그것은 먼저 상위직은 공통적으로 정책결정적인 성격을 다분히 띠게 된 데다가, 직렬에 의한 구속 없이 중위직으로부터의 승진이 자유스럽도록 하기 위한 것이며, 다음 하위직은 생산공장과 달리 행정의 경우(특히 일선기관의 경우)는 그 규모도 적고 직무 자체가 혼합적・비분화적 성격을 띠고 있기 때문이다.

⑺ 끝으로 소수의 기술자가 제도만 만들어 놓는다고 해서 그것이 자동적이고 성공적으로 운영되는 것으로 착각해서는 안 된다는 점을 다시 한번 강조해 두고자 한다.

Ⅳ. 계 급 제

1. 의 의

계급제(rank system)란, 사람을 중심으로 하여 사람의 신분・자격・능력을 기준으로 해서 계층을 만드는 것으로서 농업사회하의 오랜 관료제적 전통을 가진 국가에서 주로 채택하고 있다(일본・독일・영국 등). 전통적으로 우리나라도 이에 속하나 현재 직위분류제로 전환하려는 과도기적 상태에 있다고 볼 수 있겠다.

2. 특 징

이러한 계급제는 나라에 따라 다르나 그 주요 특징을 추출・요약해 보면 다음과 같다.

1) **4대계급제** 계급제를 채택하고 있는 나라는 대부분이 4대 계급제를 채택하고 있는데, 이는 주로 교육제도와 관련이 있는 것으로 보인다.[50]

2) **계급간의 큰 차이** 계급에 따라 그에 대한 사회적 평가・보수・성분・교육상의 차이가 크며, 또한 계급간의 승진을 특별히 어렵게 하고 있다. 대개의 경우 어떤 계급에 임용되면 일생을 동일 계급에 머물거나 또는 일계급밖에 승진하지 못하는 것이 통례이다.

49) 박상길, "직위분류제 실시의 기본 방향," 행정관리 제 6 권 제 1 호(통권 제18호).
50) 따라서 이는 직업공무원제의 확립을 위한 전제조건의 하나가 되고 있다.

3) **폐쇄형**(closed career) 폐쇄형이란, 신규임용되는 자는 누구나 원칙적으로 당해 계급의 최하위로부터 승진하여 올라가야 하며, 누구도 동일 계급의 중간위치에 외부로부터 뛰어들 수 없는 것으로서, 그것이 허용되는 개방형(open career)과 대조되는 것이다.[51)]

따라서 중간 위치에 어떤 자리가 비었을 경우, 그 공석을 메꾸는 데 있어 폐쇄형에서는 당연히 그 하위의 직으로부터의 승진되는데 반하여, 개방형에서는 그 외에 외부로부터도 직접 채용할 수 있는 것이다.[52)]

이러한 폐쇄형은 공무원의 경험과 지식을 살릴 수 있고, 전문직업 공무원 육성에 유리하여, 그들의 사기가 높고, 조직의 안정성 확보에 유리하다는 장점이 있는 데 반하여, 공무원의 질 저하와, 신기풍·새로운 활력소의 주입부족으로 조직이 침체되기 쉽다는 단점이 있다.

4) **고급계급의 엘리트(élite)화** 계급제하에서 고급계급 공무원의 수는 소수·정예로 하고 있으나, 유능한 고급공무원의 양성과 확보를 위해 교육·대우 등의 면에서 특별한 배려를 하고 있다.

5) **우리나라의 경우** 우리나라는 앞에서 언급한 바와 같이 계급제적 전통에 뿌리를 박고 내려온 나라이지만 그 뚜렷한 특징을 찾긴 힘들 것 같다. 즉 구주제국처럼 계급간의 차가 그리 심하지 않고, 중간 위치의 공석을 메우거나 새 자리가 신설되었을 경우, 그를 채울 때도 밑으로부터의 승진에 의한다는 점에서는 폐쇄형인 것 같지만, 분야에 따라서는 외부로부터의 신규채용이 결코 적지 않음을 볼 때 그렇게 볼 수만도 없는 것이다.

따라서 양자 혼합형이라고 볼 수 있는데, 이에 대한 뚜렷한 원칙의 확립이 시급히 요청되고 있다. 또 고급공무원의 양성에 주력하고 있는 것도 아니다.

3. 장·단점

계급제적 전통을 가진 사회에서는 점차 직위분류제를 도입하는 반면, 직위분류를 채택하고 있는 나라에서는 계급제의 장점을 받아들이고 있다. 따라서 전자의 경우는 흔히 계급제의 장점보다는 결점의 지적과 그의 시정·보완에 주안점을 두게 되어 그 장점을 등한시하기 쉬운데 반하여, 행정의 과학화와 효율화를 과신할 정도였던 직위분류제적 전통을 가진 후자의 경우에서는 계급제의 장점이 논의되고 있는 것이다.[53)]

51) 이의 예로서 구주제국과 남미제국, 미국 등을 들 수 있으나 미국에서도 외교관·군인 장교는 예외에 속한다.

52) 이는 개방형의 장·단점과 상반된다. 즉 개방형은 언제나 유능하고 필요한 인재를 외부에서 흡수함으로써 조직에 새로운 활력소를 주입하여 조직의 침체를 막을 수 있는 장점이 있는 것이다. 종래 이에 반대해오던 개방형 전통을 가진 미국에서도 점차 이에 따르고 있다.

53) H. H. Leich, "Rank in Man or Job? Both!" *Public Administration Review,* Vol. 20, No. 2(Spring 1960), pp. 92~93; O. Glenn Stahl, *op. cit.,* 1962, pp. 138~142.

⑴ 장 점

그 주요한 장점을 요약 · 정리해 보면 다음과 같다.

1) 보다 폭넓은 이해력 · 교양 · 능력을 지닌 사람(generalist)을 채용할 수 있다. 직위분류제 아래서는 어떤 직위가 요구하는 특수한 능력 · 자격을 가진 사람(specialist)을 물색하게 되는 데 반하여, 계급제 아래에서는 직위보다 사람이 우선하기 때문이다.

2) 직업공무원제의 확립에 공헌하는 바 크다. 그처럼 당초부터 행정전문가(specialist)보다는 일반행정가(generalist)를 채용한 데다가, 재직기간을 통하여 능력이 폭넓게 키워지므로 공무원의 능력이 보다 신축성과 적응력을 가질 수 있기 때문이다.

3) 타직원 · 타기관과의 횡적 협조가 용이하다. 이 점에서 어떠한 하나의 특수 직책에만 종사하게 되는 직위분류제하의 공무원(specialist)은 시야와 이해력이 좁아 타직원이나 타기관과의 협조가 잘 안 되는 데 비하여, 계급제하의 공무원은 일반행정가(generalist)로서 능력 · 성격을 지니기 때문이다.

4) 공무원의 신분보장에 유리하다. 사람보다도 우선 직위가 먼저 있고 그에 따라 공무원이 임용되며 기구개편으로 어떤 직위가 폐지되면 그 당해 공무원은 해임되는 것이 원칙이나 계급제 아래서는 공무원은 그러한 직위나 직책과 관계 없이 신분을 유지할 수 있기 때문이다.

가령, 기구개혁이 있어 어떤 기관 또는 직위가 폐지되었다 해도 그 공무원은 직위분류제에서 당연히 그 신분 또는 자격을 잃는 것이 아니라 다음 보직을 받을 때까지 대기발령을 받게 되는 것은 그 예의 하나가 된다.

5) 신축성 있고 적재적소의 인사배치가 가능하다. 직위분류제하에서는 동일 직렬 · 직급 안에서만 승임 · 전직 · 전보 등의 인사조치가 가능한 데 비하여, 계급제 아래에서 그런 엄격한 제도상의 제약을 받지 않으므로 인사권자는 융통성 있고 폭넓은 조치를 취할 수 있을 뿐만 아니라 대상 공무원도 이용될 수 있는 기회와 범위가 넓어 잘만 운영된다면 적재적소의 인사배치가 가능하여 보다 효율적인 조직운영이 가능한 것이다.

⑵ 단 점

계급제의 단점은 전술한 직위분류제의 장점의 반대가 되므로 중복을 피하기 위하여 생략한다.

4. 직위분류제와 계급제

불과 얼마 전까지만 해도 양제도는 상대방의 성격 · 장점 등에 대하여 별로 고려를 하지 않았으나 근래에 이르러 양 제도는 서로 장·단점을 취사선택 · 보완해 가며 상호 접근해 가고 있다.

원래 계급제는 대체로 산업화 이전의 농업사회에서 발달한 것이나 점차 산업화되고 분업화됨에 따라 그런 농업사회의 전통을 갖지 않고 산업화된 사회에서 발달한 직위분류제의 장점을 인식하고 도입하는가 하면, 직위분류제를 채택하고 있는 나라에서는 직위분류제가 지니는 여러 제약성으로 인하여 현대행정국가가 요구하는 행정의 수요를 충족시킬 수 없게 되자 미국 같은 나라에서도 계급제의 도입이 조심성 있게 논의·건의되고 있으며,[54] 채용·보수·훈련·전보 등의 면에 부분적으로 도입되고 있는 것이다.

V. 공직분류체계의 발전방향

1. 정부환경변동에 대응

공직분류도 정치·경제·사회·문화 변동에 따라서 개편되어야 할 것이며 대립과 배타가 아닌 균형과 조화를 이루어 상호보완적으로 절충되어야 한다.

특히 행정체계는 통합과 조정을 통해 국가경쟁력을 제고하고 복잡성·다원성·가변성·개방성을 특징으로 변화되는 추세에 대응·수용할 수 있는 인력관리체제로서의 공직분류체계가 되어야 한다. 따라서 인사정책 차원에서 직종·직군·직렬체계의 새 정비방안이 요구된다.

2. 계급제 인력관리체계의 개선

계급 수를 줄이고 행정직·관리직·정책직으로 나누는 방법도 고려할 것이며, 특히 OECD 각국이 추진하는 고급공무원단을 활성화시킬 필요가 크다. 현재 중앙부처 과장을 3~4급 복수직으로 운영하는 바, 국장 이상 직위는 고위정책직(미국·호주·뉴질랜드)으로 하고 보수체계도 직종 따라 합리적으로 조정한다. 그리고 복수직급제를 팀장제로 변개하는 방법도 생각하여 가며 7급 이하 공무원의 통합정원제도를 활성화할 일이며 행정고시로 임용된 사무관과 사법시험으로 임용된 판사·검사 보수체계 불균형처럼 직종간의 형평성 문제도 계급제에서 시정시켜야 한다.

3. 개방형 직위제도 활성화

공직경쟁력 제고를 위하여 기업과 국제관계와 밀접한 관계권이 요구되는 정부 주요 핵심직위를 공직 내외에 개방하여 적격자를 선발·임용하는 2000년 초부터 시행하는 인사개혁방안을 보다 합리적으로 운영해야 한다.

---

54) 그 대표적인 것으로 Hoover위원회 등에 의하여 제창된 고급 공무원제(1955년의 *Senior Civil Service*, 1966년의 *Federal Assignment System*, 1971년의 *Federal Executive Service*)이다. 이는 약간의 시간적 차이와 함께 그 명칭은 다르나 내용상으로는 유사한바, 그 내용을 요약 정리하면 다음과 같다. 즉 인사권자가 국장급의 고급공무원을 전보·임용하는 데 있어 직렬이나 부처간의 구속을 받지 않고 자유롭게 할 수 있도록 계급제의 적용을 받는 수천 명의 GS 16~18급 중에서 선발된 일단의 고급공무원군을 말한다.

4. 직렬체계의 개선

과학적 직무분석과 평가를 통한 직군·직렬·직류를 분류하도록 원칙과 기준을 다시 수립하는 노력이 절실하다. 특히 행정직렬을 보다 세분화하여야 하고 직렬별 직급배치의 불균형도 시정되어야 한다. 그리고 고위직일수록 일반행정직 중심으로 되어 있는 바, 과학기술정책 관리직에는 행정·기술 복수직위를 기술직으로 단순화하여 기술직 채용을 확대할 일이다.

제 2 장

인적자원의 형성과 배분관리

공무원의 채용은 모집·시험·임용의 3대과정으로 나누어 볼 수 있는바, 이하에서 차례로 설명해 보기로 한다.

제 1 절 모 집

I. 적극적 모집과 그 필요성

정실주의와 엽관주의를 극복·지양하고 실적주의를 수립한 뒤의 공무원의 모집방법은 주로 임용과정에서 정실과 무능력자·부적격자 등을 배제하는 소극적인 것을 주로 하였으나, 행정기능이 고도로 확대·강화되고 경제가 발달함에 따라 행정부에서는 보다 유능한 인재가 많이 필요하게 된 반면, 공무원에 대한 사회적 평가(social prestige)는 낮고 공무원의 보수가 공직 이외의 직업보다 낮은 데다가 사경제부문의 고용기회가 높아지자 종래와 같은 소극적 모집방법을 지양하고 적극적 모집방법을 취하지 않을 수 없게 되었다.

따라서 모집(recruitment)이란, 단순히 임용 시험에 많은 사람을 후보자로서 경쟁시키는 단계에서 한 걸음 더 나아가 보다 많은 사람으로 하여금 공직에 대한 호의적 태도를 갖고 공직에의 응시에 흥미를 끌게 하는 이른바 적극적 모집을 의미하는 것으로 해석하게 되었던 것이다.[1)]

그러나 이상은 주로 미국을 위시한 선진제국을 중심으로 본 것이고, 우리나라를 비롯한 신생제국의 경우는 전혀 사정을 달리한다. 우리나라의 경우를 볼 때, 최근에 이르러서

1) N. J. Powell, *Personnel Administration in Government*(1956), p. 207.

야 비로소 종래의 비밀 모집방법을 극복·지양하고 소극적인 방법이 실시되고 있는 실정인데 그것은 주로 다음과 같은 사정에 기인된다고 볼 수 있다.

1) 아직 실적주의가 수립되어 있지 못하다.

2) 공직에 대한 사회적 평가가 높다.

3) 사경제의 미발달과 부진에 교육수준은 높은 데다 취업기회도 제약되어 있어 실업자가 많으며 그 중 공직 희망자가 많다는 점 등이다.

이러한 반면 우리나라 주요 발전목표의 하나로 되어 있는 경제발전계획 등 모든 발전계획을 정부에서 주도하고 있고, 사경제 부문의 발전이 급속한 점 등, 점차 위의 원인이 제거됨에 따라 정부는 어느 기관보다도 유능한 인재를 더욱 많이 필요로 하게 될 것이라는 점을 고려할 때 우리나라도 점차 적극적인 모집방법을 채택하지 않을 수 없을 것이다.

Ⅱ. 적극적 모집방법의 내용

이처럼 우리나라도 머지 않은 장래에 당면하게 될 적극적 모집 방법의 내용을 살펴보기로 한다.

1. 인력기획(manpower planning)

이는 적극적 모집의 핵심이 되는 것으로 장래의 일정 시점에서 바람직한 것으로 생각되는 인력을 가장 효율적으로 확보하려는 노력을 말한다. 이를 위해서는 우선 장래의 인력수요를 정확히 파악하여야 한다. 따라서 인구증가·사업확대·과학기술·이상적인 평균근무연한·이직률 등의 변수를 고려에 넣은 정확한 직급별·연도별 수급기획이 마련되어야 할 것이다.

이러한 인력기획의 이점으로서는 ① 적격자를 적정 인원수만큼 확보할 수 있다. ② 직원의 사기앙양과 예산의 절약을 가져올 수 있다. 원활한 인원의 수급과 적절한 승진기회가 부여될 수 있기 때문이다. ③ 인사책임자들의 즉흥적인 처리를 삼가케 한다. ④ 사업과 예산의 병행을 용이케 한다. ⑤ 공무원의 사회적 평가를 높인다. 여기서 평가라 함은 어디까지나 특권을 향유할 수 있고 치부를 할 수 있다는 우리나라의 전통적·비민주적인 것과는 달리 민주공무원으로서의 공공봉사에 근거를 둔 평가를 뜻함은 직업 공무원제의 수립요건에서 언급한 바와 같다.

2. 서류전형(書類銓衡)

이는 최근 몇몇 사기업체에서 이용되고 있는데, 그 근거로서는 비용·시간·노력이 많이 소요되는 시험을 모든 응시자에게 전부 치르게 하기 전에 서류전형으로서 자격미달자나 부적격자를 처음부터 배제하는 것이 모집자와 응시자 모두에게 유익하다는 점과 유능·무능이나 적격·부적격의 판별은 반드시 필기 시험에 의해서만 가능한 것은 아니라는 점을 들 수 있다.

3. 시험의 정기실시와 공고

시험이 정기적으로만 실시된다면 공고의 필요성은 그리 크지 않으나 현재처럼 정기실시도 하지 않으면서 서울신문 하나에만 공고하는 방식은 지양되어야 할 것이다.[2)]

4. 수험절차의 간소화

수험 장소·구비 서류·수험료 등 응시에 필요한 시간과 경비의 절약과 채점 등 합격자 결정에 소요되는 시일의 단축이 요청되는데, 이를 위해서는 전술한 시험의 정기 실시 외에, 시험방법 자체의 개선·시험 실시의 분권화 등을 생각해 볼 수 있다.

5. 사후평가(post-evaluation)

어떤 업무집행이나 사업에도 마찬가지로 요청되는 것이지만, 특히 여기서 강조하고자 하는 것은 아무리 모집을 제외한 인사 행정이 잘 준비되어 있어도 모집이 잘못되어 유능인을 많이 유인·확보하지 못하면 그 나라 공무원의 질은 저하될 수밖에 없을 것이라는 점이다.[3)] 더욱이 공무원의 모집은 사기업체에서의 모집에 비해 자격이나 절차상 특이한 점을 가지고 있다는 점이다.

Ⅲ. 자격요건

1. 일반요건

오늘날 발전정책을 수행하고 있는 우리나라 행정이 요구하고 있는 행정인은 과연 어떠한 자격을 구비한 사람이어야 하는가, 즉 현대행정을 담당해야 할 행정인에 요청되는 일반적인 자격의 내용을 의미한다. 그런데 행정이 발전사업을 수행하기 전에는 전통적으로 인간의 지식·기술 위주의 시험을 실시하여 왔으나 다분히 목적지향적이고 미래지향적인 발전정책을 계속적이고, 성공적으로 수행하기 위해서는 다음과 같은 것이 요청된다.

① 이에 가장 효율적으로 공헌할 수 있는 인재, 즉 이러한 자격요건을 구비한 사람을 발견하고, ② 그러한 사람의 능력을 최대한으로 발전시켜, ③ 그가 자발적으로 그의 능력

2) 공무원채용은 매년 정기적으로 방학 말기쯤에 시험이 있도록 하여 학생들이 한 학기 또는 일년 동안 열심히 공부하여 응시하고 나서 학교로 돌아가 다시 시험에 대비할 수 있도록 하는 것이 여러 가지 면에서 소망스럽다 하겠다.

3) 이 점은 마치 목표설정·정책결정·기획수립 등이 잘못되면 그것이 아무리 능률적으로 집행된다 하더라도 그 행정의 전체적 효율은 저하될 수밖에 없는 것과 유사하다.

을 최대한으로 발휘할 수 있도록, 그리고 거기서 보람을 느끼며 일생을 근무할 수 있도록 공식적·비공식적인 모든 조치를 강구할 것이 요청되는 것이다.

여기서 현대행정은 종래의 질서유지·통제위주의 행정에서 요구하는 행정인과는 달리 보다 성취동기가 강하고 미래지향적이며 쇄신적인 이른바 발전인이 요청될 뿐만 아니라 준법정신·책임감·공공봉사성이 강한 민주공무원이 요청되고 있는 것이다. 그러므로 종래처럼 시험당시의 지식·기술·업적에 대한 암기 위주의 시험을 하는 데 그칠 것이 아니라 그의 잠재능력·개발가능성을 중시하고 그의 가치관·동기·태도 등을 더욱 중요시하지 않을 수 없는 것이다.

2. 모집과 교육

이에 관해서는 다음과 같이 어느 정도의 학력과 정식 학교 교육을 요구하느냐 하는 것과, 어떠한 종류의 교육과 학문적 지식을 요구하느냐 하는 것의 두 가지 관점에서 논의를 전개시켜 보고자 한다.

(1) 학력과 학교교육문제

1) 경 향 나라에 따라 다르나 대체로 이를 강력히 요구하는 나라(영국·프랑스·일본 등)와 완화하고 있는 나라(미국·오스트리아 등)로 나누어 볼 수 있을 것 같다. 그러나 전자의 경우도 근래에 와서는 그를 상당히 완화하고 있는가 하면 후자의 경우는 오히려 그를 강화하고 있음을 볼 수 있다.[4]

2) 우리나라의 경우 다음과 같이 두 가지 점을 지적하고자 한다.

첫째, 어느 나라의 경우나 대체로 공직의 계층에 따라 학력을 기준으로 하여 어느 정도 차등을 두는 것은 불가피한 경향으로 보이는데 우리나라처럼 국민소득 수준에 비해 교육열은 높고 학비는 비싸면서 장학제도는 불충분한 곳에서는 문제점이 없지 않다. 왜냐하면 너무 학력을 중시하면 능력에 의한 합리적인 차별을 하는 것이 아니라 결과적으로 경제력에 의한 차별을 하는 것이 되어 교육상의 차별과 임용상의 차별이라는 이중차별을 하는 것이 되기 쉽기 때문이다.

둘째, 학력문제에 관한 것이다. 즉 현재와 같이 취업난에 허덕이고 있는 상황 아래서는 대학출신 등 그 이상의 학력소지자들이 적지 않게 응시하여 고졸 정도의 적격자들이 오히려 밀려나는 사례가 없지 않다고 할 수 있는바,[5] 이러한 경우를 위해 학력제한 같은 것을 없애는 것은 평등의 원칙에 어긋나는 것이 아니라 오히려 적절하고도 타당하다고 볼 수 있다.

---

4) 그것은 주로 전자의 경우는 ① 사회적 차별에 대한 비판, ② 민주사상의 보급, ③ 학교교육제도의 개편 등에 기인하며, 후자의 경우는 주로 행정의 전문·기술화에 따라 고등교육을 받은 자에 대한 수요가 커진 데 기인한다고 볼 수 있다.

5) 학력철폐 전에는 최하 자격만을 규정하고 있었기 때문에 그런 폐단이 심했었다.

(2) 교육의 내용 · 종류 문제

1) 유 형 각국의 역사적 · 문화적 조건에 따라 다양하나, 대체로 다음과 같이 분류해 볼 수 있다.

① 일반 교양과목을 중시하는 경우(영국)

② 직급에 따라 특수한 전문지식, 기술을 요구하는 경우(미국)

③ 법학을 위주로 하는 경우(독일)

④ 사회 과학에 중점을 두는 경우(프랑스)

⑤ 일반 교양과목을 기초로 하고 거기에 직급별 전문지식을 시험하는 경우(일본) 등이다.

2) 우리나라의 경우 우리나라는 대체로 일본의 경우와 유사하다고 할 수 있으나 실제 운영상이나 내용상으로 볼 때는 1·2차 시험이 그 형식만 다르지 직급에 따라 특수한 전문지식을 요구하고 있어 이 점에서는 오히려 미국의 경우와 비슷하다고 할 수 있을 것 같다.[6)]

그러나 현대행정이 행정인이 요구하는 자격 · 능력요건으로서는 일반요건에서 언급한 바와 같이 고도의 전문성은 물론 폭넓은 이해력 · 통찰력 · 적응력 · 판단력 · 창의성 · 쇄신성 등이 요청되고 있는 것이다. 따라서 먼저 일반 교양, 지능 · 적성검사를 하고 나서 직급에 따른 전문지식을 시험하는 것이 바람직하다.

3. 모집과 연령

연령요건은 영국은 엄격히 제한하나 미국은 평범하다. 직업공무원제의 확립을 위해서는 행정의 전문화가 동시에 요구되면 이를 위해서는 청년층이 좋으므로 왕성한 정열을 그리고 능력을 보다 긴 기간 동안 공직에 봉사토록 한 데는 연령제한이 필요하다고 본다.

우리나라는 과거보다 연령제한을 강화하였다. 일본의 경우는 다음과 같다.[7)]

4. 모집과 주민

이는 지방자치제도와 밀접한 관련을 갖는 것으로서 지방자치단체의 직원임용은 원칙적으로 그 지방출신으로 할 것이 요청되었던 것이다. 그러나 이의 지나친 고수는 공무원의 능력 저하와 자치단체간에 있어서 공무원 능력의 불균형을 초래하게 되고 그것은 전국적인 행정능력의 저하를 초래할 우려가 큰 데다가 최근 행정이 고도의 전문 · 기술성을 요구하게 되고, 교통 · 통신 및 관리과학 등의 발달로 행정업무가 광역화해 가며 전국적 업무화해 감에 따라 그 폐단이 점차 두드러지게 나타나게 되자 그 자격요건을 완화하는 방향으로 나아가고 있는 것이다. 다시 말해서 자치 또는 민주주의와 능률의 조화가 필요하

6) 특히 1975년도부터는 4·5급의 경우(현재의 6·7·8·9급) 일반상식 시험이 빠지게 되어 더욱 그러하다 할 수 있겠다.

7) 일본의 경우, 5급 21~23세, 7급 19~27세, 9급 17~23세이다.

게 된 것이다. 특히 참여정부에서의 여성공무원 임용, 장애인 공직임용, 지방출신 공직임용의 확대정책은 주목할 가치가 있다고 본다.

특히 우리나라의 경우는 공무원들의 애향심, 오랜 지면을 통한 영향력 등 특히 일선기관에서 요청되는 인화관계, 박봉과 생계비 부담의 감소 등의 제요인을 고려해 볼 때 지역별·일선기관별로 모집할 필요성이 전혀 없는 것은 아니며, 따라서 기능직, 7·9급 공무원까지 중앙에서 일괄적으로 모집하여 임용하는 것보다는 광역자치단체 단위 정도로 모집하여 연고지 우선 배치를 하는 것은 현실적이라고 하겠다.

5. 결격사유

우리나라의 '국가공무원법 제33조'에 정한 결격사유는 다음과 같다.

1) 금치산자 또는 한정치산자

2) 파산자로서 복권되지 아니한 자

3) 금고 이상의 형을 받고 그 집행이 종료되거나 집행을 받지 아니하기로 확정된 후 5년을 경과하지 아니한 자

4) 금고 이상의 형을 받고 그 집행유예의 기간이 완료된 날로부터 2년을 경과하지 아니한 자

5) 금고 이상의 형의 선고유예를 받고 그 유예기간중에 있는 자

6) 법원의 판결에 의하여 자격이 상실 또는 정지된 자

7) 징계에 의하여 파면처분을 받은 때로부터 5년을 경과하지 아니한 자

8) 징계에 의하여 해임처분을 받은 때로부터 3년을 경과하지 아니한 자

이와 같은 일반적 결격사유 이외에 외무공무원에 대하여는 대한민국 국적을 보유하지 않은 자도 포함하는 등 특정적 공무원에 대하여는 담당업무특성을 고려하여 보다 엄격한 요건을 규정하고 있는 경우도 있다. 귀화자, 한국교육기관에서 6년 이상의 교육을 이수하지 아니하였거나 한국어 해독능력이 없는 자, 배우자가 외국인이었거나 외국인인 자는 안되도록 결격사유를 추가하고 외교통상부장관의 승인을 받아야 임용될 수 있도록 하였다.

제 2 절 시험제도

Ⅰ. 채용시험의 의의

인사행정에 있어서 직원을 어떻게 모집하고 선발하며 배치할 것인가의 문제가 바로 시험제도와 직결되는 것이므로 시험제도의 합리적인 발전이 공무원제도의 성패를 좌우한

다고 볼 수 있다. 따라서 공무원의 모집활동을 합리적 및 적극적으로 전개하여 각 직무에 유능한 인재를 공개·평등 및 능률과 결부되는 최선의 인재를 경쟁시험에 의하여 확보함으로써 인사행정의 목적을 달성할 수 있는 것이다.

Ⅱ. 시험실시기관

1) 행정기관 소속공무원의 채용시험과 5급 공무원에의 승진시험 및 5급 공무원의 전직시험, 기능직공무원을 7급 및 9급 공무원으로 전직하기 위한 전직시험, 국회 또는 법원 소속 공무원을 전입하기 위한 시험은 행정자치부가 실시하고 국회 및 법원소속 공무원의 채용시험·승진시험·기타 시험은 국회사무처 또는 법원행정처에서 실시한다.

2) 소속장관은 7급 및 9급(감사직렬제외) 공무원의 채용·전직·기능직 공무원의 채용시험을 실시한다.

3) 시험실시기관의 장은 시험의 공고·시행·합격자의 결정·통지 및 임용후보자 명부의 작성 기타 시험실시에 필요한 사항을 관장한다.

Ⅲ. 시험의 구비조건

어떤 조직체에서 필요로 하는 적격자를 선택하여 그를 적소에 배치하기 위하여 제일 많이 이용되는 방법의 하나가 시험인데, 그 시험이 소기의 목적을 달성하기 위해서는 최소한 다음의 요건을 구비하여야 한다고 본다.

1) **공평한 기회** 모든 응시자에게 동일한 자격, 동일한 조건하에서 경쟁하고 평가받을 수 있도록 공평한 기회가 부여되어야 한다.

2) **응시자행동의 예측가능성** 시험이란 시험에 합격한 응시자의 채용 후의 행동을 예측할 수 있어야 한다.

3) **순위의 결정** 시험은 수많은 응시자에 대하여 채용 후 그들의 행동을 예측하는 외에 그들 사이의 순위를 알려줄 수 있어야 한다.

4) **능력의 예측** 그 밖에 시험은 응시자의 합격 후의 근무수행능력과 그의 발전가능성 여부도 알려 줄 수 있어야 한다.

그러나 현실적으로 모든 시험이 이러한 제반 구비요건을 갖추고 소기의 목적을 달성할 수 있는 것은 아니다. 특히 우리나라에서는 그에 대한 조사·연구·분석·평가를 별로 해보지도 않고 너무나 안이하게 시험의 효용성을 믿고 관례적으로 시험을 실시해 오고 있는데 이는 아주 무책임하고 불합리한 처사라 하지 않을 수 없다. 아무리 인력과 시간이 소요되지만 시험의 목적에 부합되도록 적절한 시험방법을 선택하고 그렇게 선택된 시험에

대한 효용성 검사를 거쳐 실시할 것이 요청된다.[8)]

Ⅳ. 효용도 검증방법

가장 많이 이용되는 네 가지 방법을 설명해 보기로 한다.

1. 타당도(validity)

타당도란 어떤 시험이 측정하고자 하는 바를 얼마나 바르게 측정하느냐 하는 것을 말한다. 이를 측정하는 방법에는 여러 가지가 있겠으나,[9)] 시험성적과 근무성적을 비교하는 방법이 가장 많이 이용되는데 이는 근무성적평정을 전제로 하므로 비교적 장시간이 걸릴 뿐만 아니라 근무성적평정 그 자체가 믿을 만한 것이어야 함을 물론이다.

2. 신뢰도(reliability)

이는 시험의 측정수단으로서의 일관성 또는 일치성(consistency)을 의미한다. 그러므로 동일한 사람이 동일한 시험을 일정 간격을 두고 반복하여 치는 경우, 그 성적이 유사하게 나오면 그 시험은 신뢰도가 높은 것이 된다.

타당도와의 관계를 보면 시험의 타당도가 높으려면 당연히 신뢰도가 높아야 하나 그 반대는 반드시 정이 아니다. 즉 시험의 타당도가 낮아도 신뢰도는 높을 수 있는 것이다.[10)]

3. 객관도(objectivity)

시험의 객관도란, 신뢰도와 아주 긴밀한 관계를 갖는 것으로서, 문제의 해답이 객관적으로 명백하여 채점자의 주관적 판단의 여하에 따라 득점상에 어떤 변동이 없는 것을 말한다. 이 점에서 우리나라의 주관식시험은 아직도 문제점이 많이 남아 있다.

4. 난이도(difficulty)

시험의 난이도란, 시험이 너무 어렵거나 너무 쉬워서 점수가 지나치게 아래나 위로 몰리거나 동점자가 너무 많이 나와 유능하고 우수한 사람과 그러하지 못한 사람을 분별해 내지 못해서는 안 되며, 시험이 적당히 어려워서, 그 분별력이 크도록 하여야 한다는 것이

8) 이처럼 시험의 효용도를 높이기 위한 노력 외에 그를 더욱 촉진시키고 응시자의 부당한 희생을 방지할 뿐만 아니라 민주행정의 구현이라는 점에서도 시험의 결과 및 자기 답안지를 확인할 수 있어 거기에 불만이 있는 경우 소원을 제기할 수 있는 길을 열어 놓을 것이 요청되고 있다.

9) 보통 일반 상식에 의거하는 논리적 타당화(logical validication)방법, 관계자나 전문가의 견해에 따르는 방법(jury's opinion), 이미 알고 있는 집단과 비교해 보는 기지집단비교법(known groups) 및 독자적 기준법(independent criteria) 등이 많이 쓰이고 있다.

10) 이를 측정하는 방법으로서는 재검사법(test-retest method), 반분법(split-half method), 복수양식법(multiple form method), 전후비교법(before-after comparison method) 등이 널리 쓰인다.

다. 따라서 일반적으로 어려운 문제와 쉬운 문제 및 보통 정도의 문제들이 고루 배분되어서 그것이 정규분포곡선(normal curve)을 이루도록 하는 것이 이상적이라 하겠다.[11]

Ⅴ. 종합시험과 시험의 분류

1. 종합시험(assembled test)

먼저 임용유무 또는 그 방법 여하에 따라 시험을 채용시험·승진시험·전직시험으로 나누어 볼 수 있는데, 여기서 채용시험의 경우 보통 한 가지만으로 보지 않고 최소한 필기시험과 면접시험 두 가지로 보는 것이 통례이며, 최근에는 서류전형으로 부적격자를 일차 배제하고 다음에 필기시험과 면접시험을 실시하는 사례가 늘어나고 있다. 이것은 한 가지 시험만 가지고는 어떤 직위가 요구하는 자격·능력을 전부 시험할 수 없기 때문이다. 이처럼 여러 가지 시험을 한 번에 치르는 것을 종합시험이라 한다.

그런데 이러한 종합시험에는 다음의 두 가지 점을 주의해야 한다.

1) **시험의 순서** 가능하다면 후술하는 근무성적 평정요소의 나열 순서 경우와 같이 타당도가 높은 것부터 치르도록 하는 것이 좋다.

2) **시험과목간의 비중** 일단 결정된 법제상의 비중에만 너무 얽매이지 말고 수험자들의 실제 득점상의 폭에 그 비중이 부합되도록 조절해 나가는 것이 필요하다.

2. 분 류

시험은 여러 가지 종류로 분류할 수 있으나 여기서는 다음과 같이 두 가지 기준에 따라 분류해 보기로 한다.

⑴ 형식을 기준으로 한 것

1) **필기시험**(written test) 주관식시험과 객관식시험으로 나눌 수 있으며, 객관식시험은 다시 보완식 또는 완성형(complementary test), 택일식 또는 선다형(multiple choices), 정오식 또는 진위형(true or false), 연결식 등으로 나누어진다.

2) **실기시험**(performance test) 업적시험이라고도 한다.

3) **면접시험**(oral test) 개별면접시험(face to face oral test)과 집단면접시험(group oral test)으로 나누어진다.

⑵ 목적 측정대상을 기준으로 한 것

(i) 일반지능검사(general intelligent test), (ii) 적성검사(aptitude test), (iii) 업적·능력검사(achievement test)가 있으며, 업적·능력검사에는 ① 학력검사, ② 기술검사, ③ 실

11) 이 점에서 출제위원이나 채점자 여하에 따라 과락이 무더기로 나오거나 점수차가 심한 우리나라의 주관식시험은 아직도 문제점이 많이 남아 았음은 객관도와 마찬가지이다.

기검사, ④ 성격검사, ⑤ 체력검사 등이 있다.

Ⅵ. 시험의 합격결정

1) 5급 공개경쟁채용·승진 및 특별승진시험의 제 1 차 시험의 합격결정은 매과목 4할 이상, 전과목총점의 6할 이상 득점한 자 중에서 선발예정인원의 5배수의 범위 안에서 시험성적을 고려하여 고득점자순으로 합격자를 결정하며, 제 2 차 시험의 합격결정은 매과목 4할 이상 득점한 자 중에서 선발예정인원에 달하기까지 전과목총득점에 의한 고득점자순으로 합격자를 결정한다.[12)]

2) 제 3 차 시험은 합격, 불합격만 결정하며, 최종합격결정은 제 3 차 시험 합격자 중에서 제 1 차 시험과 제 2 차 시험성적을 합산한 성적순위에 의하며 성적 배정비율은 동률로 한다.

제 3 절 임 용

Ⅰ. 임용의 의의

임용이란, 신규채용·승진임용·승급전직·전보·강임·휴직·직위해제·복직·면직 및 파면 등을 말한다. 국가공무원법 제26조에 공무원의 임용은 시험성적·근무성적 기타 능력의 실증에 의하여 행하도록 임용의 대원칙을 규정하고 있다. 이 원칙은 실적주의원칙에 입각한 임용제도의 확립을 명시한 것으로서 공무원의 임용이 정치세력이나 혈연·지연·학벌관계 또는 금권적인 영향을 배제하고 오로지 본인이 수행한 실적이나 시험성적 등 공정한 능력의 평가에 의하여 임용되어야 하는 것이다.

Ⅱ. 임용권자

임용권자란, 공무원의 임용에 관한 권한을 종합적으로 보존하는 자를 말한다.

헌법 제53조에 "대통령은 헌법과 법률이 정하는 바에 의하여 공무원을 임명한다"고 규정하여 선거공무원을 제외한 모든 공무원의 임용권을 원칙적으로 행정부의 수반인 대통령에게 속하는 것이지만 직무의 번잡과 신속한 임용 등을 고려하여 행정부는 대통령, 입법부는 국회의장, 사법부는 대법원장과 3부소속 각급 행정기관에 위임하고 있다.

---

12) 공무원임용시험령 제11조, 제12조.

1. 행정부소속 공무원

대통령은 임용권 중에서 5급 이상의 신규채용・승진・전직・강임・면직・파면・소속장관을 달리하는 기관의 전보와, 2급 이상의 전보・직위해제・휴직・복직 등의 임용권을 행사하고, 소속장관(원・부・처・청의 장・서울특별시장)은 5급의 승급・전보・직위해제・휴직・복직과 8급 이하 공무원에 대한 일체의 임용권을 행사하되 2급 이상 공무원을 장으로 하는 소속기관의 장에게 그 소속기관의 5급 공무원의 전보권과 6급・8급 및 기능직 공무원의 임용권을 위임할 수 있다.

2. 입법부・사법부소속 공무원

국회 및 법원소속 공무원의 임용권은 국회의장과 대법원장에게 있으며, 국회의장과 대법원장은 그 임용권을 국회규칙・대법원규칙의 정하는 바에 따라 소속기관의 장에게 위임할 수 있다.

Ⅲ. 결원보충방법

결원이란, 당해 직위에 그 직무를 수행할 자가 결여된 상태를 말하며, 재직공무원의 퇴직・승진・타직급에의 전직・징계파면・기구의 신설・직제의 개폐로 증원 또는 정원의 조정 등으로 결원이 발생한 경우 이의 보충방법은 신규채용・승진임용・강임・전직・전보의 방법에 의하여 보충한다.

1. 신규채용

공무원의 신규채용은 공개경쟁채용과 특별채용의 방법이 있다.

1) **공개경쟁채용** 공개경쟁채용은 헌법상 공무담임권에 기하여 동일한 자격요건을 구비한 모든 국민에게 공무에 참여할 수 있는 기회를 부여하기 위하여 상당한 기간동안 신문・라디오・관보・기타 통신수단 등에 의하여 공고하고, 해당 절차에 따라 실시한다.

따라서 공개경쟁채용은 공무원채용제도에 있어서의 원칙으로서 직렬에 따라 5급・7급・9급과 기능직 공무원에게 실시한다.

2) **특별채용** 특별채용은 공개경쟁채용에 대한 예외로서 결원보충직위가 특수한 자격을 요하거나 일정한 경력소지자 또는 공개경쟁채용에 의하는 것이 부적당하다고 인정되는 경우에 비경쟁으로 채용하는 제도로서 국가공무원법상 특별채용할 수 있는 사유를 보면 다음과 같다.

① 퇴직하였던 공무원을 재임용하는 경우, 즉 직제와 정원의 개폐, 예산의 감소 등에

의하여 폐직 또는 과원이 되어 직권면직되었거나 신체정신상의 장애로 장기요양 또는 공무로 인한 질병으로 휴직기간이 만료되어 퇴직한 경력직공무원을 퇴직한 날로부터 3년 이내에 퇴직시에 재직한 직급에 경력직공무원으로 재임용하는 경우, 또는 경력직공무원인 자가 특수경력직이나 다른 종류의 경력직공무원으로 되기 위하여 퇴직한 자를 퇴직시에 재직한 직급의 경력직공무원으로 재임용하는 경우

② 공개경쟁시험에 의하여 임용하는 것이 부적당한 경우에 동종직무에 관한 자격증 소지자를 임용하는 경우

③ 임용예정직에 상응한 근무실적 또는 연구실적이 3년 이상인 자를 임용하는 경우

④ 임용예정직급에 관련된 특수목적을 위하여 설립된 학교(대학원 포함) 중 대통령령으로 정하는 학교 졸업자로서 국가기관에서 실무실습을 마친 자를 임용하는 경우

⑤ 1급 공무원을 임용하는 경우

⑥ 공개경쟁시험에 의한 결원보충이 곤란한 도서벽지 등 특수지역에 근무자를 임용하는 경우

⑦ 지방 공무원을 당해 직급에 해당하는 국가공무원으로 임용하는 경우

⑧ 외국어에 능통한 자를 임용하는 경우

⑨ 임용 예정직에 관련된 실업계, 예능계의 고등학교, 전문대학 및 대학의 학과 중 대통령령으로 정하는 학과졸업자로서 중앙인사위원장 및 행정자치부장관이 인정하는 바에 따라 당해 학교장의 추천을 받은 자를 연구 또는 기술직렬의 공무원으로 임용하는 경우

⑩ 국회규칙, 대법원규칙, 대통령령으로 정하는 임용예정직에 관련된 과학기술 및 이에 준하는 특수전문분야와 연구 또는 근무경력이 있는 자를 임명하는 경우

⑪ 연고지 기타 지역적 특수성을 고려하여 일정한 지역에 거주하는 자를 그 지역에 소재하는 기관에 임용하고자 하는 경우 등이다.

특별채용의 문제점으로서는

① 공직의 공무원임면에 있어서 정실주의에 치우칠 우려가 있다.

② 공직의 기회균등제도를 파괴할 염려가 있다.

③ 채용 기준의 한계가 불명확하다(실업계·예능계·과학기술 분야).

④ 적절한 공무원이 채용되지 않을 경우 행정의 공백이 발생한다.

Ⅳ. 임용후보자 명부

1. 임용후보자 명부작성

임용후보자는 시험실시 기관의 장이 정하는 바에 따라 필기시험성적순에 의하여 등재하며 시험성적·교육훈련성적·전공분야 기타 필요한 사항을 기재·작성한다.

2. 임용후보자 추천방법

시험실시기관의 장은 각 기관의 결원 및 결원예상인원을 감안하고 임용후보자의 시험성적 · 교육훈련성적 · 전공분야 기타 적성을 참작하여 임용권 또는 임용제청권자의 추천요구가 있을 때에는 특별 추천할 수 있다.[13]

3. 명부의 유효기간

임용후보자 명부의 유효기간은 5급공무원의 경우 5년, 6급 이하 공무원의 경우 2년으로 하되 시험실시기관장이 필요에 따라 1년의 범위 안에서 그 기간을 연장(공고)할 수 있다.

그리고 교육법에 의한 4년제대학 · 전문대학에 재학 중에 5급 공개채용시험에 합격한 경우에는 임용후보자 등록일로부터 그 합격자가 졸업하는 날까지의 기간은 임용후보자 명부의 유효기간에 산입(휴학 기타 사유로 학업을 계속 못한 경우 제외)하지 아니하며 병력복무를 위하여 군에 입대한 경우에도 산입하지 않는다.

4. 임용후보자 명부의 자격상실

임용후보자가 추천을 받은 기관의 임용 또는 임용제청에 불응한 경우, 임용 후보자로서 받아야 할 훈련에 불응한 경우, 훈련성적이 수료점수에 미달하거나 교육훈련 중 신병이나 병역복무 이외의 사유로 퇴학처분을 받은 경우 등에는 임용후보자의 자격이 상실된다.

5. 임용후보자의 사전전직

시험실시기관의 장은 필요하다고 인정할 때에는 임용후보자의 동의를 얻어 미리 전직시험을 거쳐 다른 직렬에 추천할 수 있으며 이때에 이미 응시한 과목은 면제된다.

6. 공채합격자의 우선임용

공개채용 또는 공개승진시험합격자를 임용함에 있어서는 행정자치부장관 또는 그 합격자를 추천받은 각 기관의 장은 다른 결원보충 방법에 우선하여 임용 또는 임용제청하여야 한다.

그리고 행정자치부장관은 국무총리의 명을 받아 소속장관의 의견을 들어 임용후보자를 각 기관의 결원의 범위 내에서 시험성적 · 교육훈련성적 기타 적성 등을 참작하여 근무기관을 정하여 바로 임용제청할 수 있다.

---

13) 공무원임용령 제13조.

7. 임용후보자의 초임보직

임용권자・임용제청권자 또는 행정자치부장관은 임용후보자를 임용 또는 임용제청함에 있어 업무수행능력의 향상과 집행기관의 업무내용을 파악하기 위하여 특별한 사정이 없는 한 중앙행정기관 이외의 소속 행정기관의 일선에 보직한 것을 원칙으로 한다.

8. 시보임용

1) **시보기간 및 신분보호** 5급 공무원의 신규채용시 1년간 시보임용과 6급 이하 및 기능직공무원을 신규채용하는 경우에는 6월의 기간(휴직기간, 징계에 의하여 감봉처분을 받은 기간 제외)을 시보로 임용하고 그 기간중에 근무성적이 양호한 경우에 정규공무원으로 임용하되 근무성적이 불량하거나 징계사유에 해당하여 정규공무원으로 임용함이 부적당하다고 인정되는 경우에는 면직 또는 면직 제청할 수 있다.

2) **시보공무원의 교육훈련** 임용권자・임용제청권자・임용후보자추천권자는 시보공무원이 될 자를 각급 공무원 교육원, 일반교육기관 기타 행정기관에 위탁하여 일정한 기간 직무수행에 필요한 교육훈련(실무수습 포함)을 시킬 수 있고, 시보공무원이 될 자의 훈련기간중 임용예정직급의 시보공무원의 봉급에 상당하는 금액을 지급할 수 있다.

3) **시보임용의 면제와 기간단축** 직권면직(신체 이상, 직제정원의개폐, 예산의 감소)된 자, 별정직 임명을 위하여 퇴직한 자의 특별채용, 지방공무원을 국가공무원으로 특별채용하는 경우는 시보를 거치지 아니하고 교육훈련기간은 시보기간에 산입한다.

제 3 장

인적자원의 능력발전관리

제 1 절 교육훈련(education and training)

Ⅰ. 서 설

1. 의 의

교육이란, 인간발달을 인간이 의도적으로 지도하고 향도하는 과정[1]또는 개인의 잠재력을 종합적으로 개발하는 것을 뜻하며, 훈련이란 이처럼 일반적·종합적인 것이 아니고 보다 특정적·구체적인 성질의 것으로 가령 어떤 직원이 직책 수행상 요청되는 자격에 미달되는 능력을 보충하는 의미를 가진다.

이러한 관점에서 본다면 공무원에 대한 것은 교육이라기보다는 훈련이라고 해야 할 것이다. 그러나 현재의 공무원 훈련의 목적·범위가 상당히 광범위해지고 있으며, 교육과 밀접한 관련을 가지며, 발전이라는 용어로까지 대체 사용되고 있어 훈련이라는 한정적인 용어만을 사용할 필요는 없다고 생각된다. 따라서 여기서는 능력발전·교육훈련이라는 용어와 이어동의적으로 사용하기로 한다.

2. 훈련목적 또는 수요(training objectives or needs)

훈련의 능률·효과를 최대한으로 기대하려면 우선 그의 구체적인 목적의 설정 또는 그 수요의 파악이 필요하게 되는데, 그것은 다음의 공식으로 구할 수 있다.

훈련의 목적 또는 수요＝직책이 요구하는 자격－공무원의 현재자격

---

1) 한기언, 교육원리(3판)(1968), p. 3.

따라서 직책이 요구하는 자격(job requirement)과 공무원의 현재자격(present job skill of public servant)을 파악하기 위해서는 직무분석과 공무원의 능력에 관한 정확한 자료가 있어야 한다. 그런데 여기서 주의를 요하는 점은 직급별로 획일적인 훈련을 강요해서는 안 된다는 점이며, 이를 지식 · 기술보급과 가치와 변혁으로 2대분할을 할 경우 우리나라와 같이 새로운 변혁을 요구하고 있는 곳에서는 새로운 지식 · 기술도 등한히 해서는 안 되겠지만 보다 중요하고 근본적인 것은 가치관의 변화라는 점이다.

이에 그 교육 · 훈련의 목적을 자세히 살펴보면,

① 교육 · 훈련을 실시함으로써 공무원이 그 직책에서 요구하는 지식과 기술을 습득, 적용할 수 있다.

② 지식과 기술을 발전시킴으로써 행정능률을 올릴 수 있다.

③ 직책이 합당한 자기발전과 근무의욕을 향상시킨다.

④ 행정의 침체를 막고 행정업무 및 조직에 대한 개혁과 신축성을 유지할 수 있다.

⑤ 교육훈련을 받은 공무원이 많아짐에 따라 유능한 관리자 양성에 많은 도움이 된다.

⑥ 국가와 사회가 요구하는 봉사정신, 발전정신, 능률정신에 입각하여 적극적인 행정수요 파악이 가능하다.

⑦ 인간관계를 원활히 하여 조직구성원 사이의 신뢰감 형성과 하위직원에 대한 존경심 및 사랑의 정신을 갖출 수 있도록 한다 등의 여러 가지 측면에서 그 목적을 찾아볼 수 있겠다.

Ⅱ. 종 류

교육훈련이 필요한 내용을 기준으로 하여 다음과 같이 분류할 수 있다.

1. 기초훈련(orientation)

신규채용된 공무원이 어떠한 직위의 직책을 담당하기 전에 새로운 환경에의 적응을 돕기 위하여 그 조직의 목적 · 기구 그가 담당하여야 할 직책 등에 관한 광범위하고 기초적인 적응훈련 내지 안내교육을 말한다.

2. 정부직에 고유한 직책을 담당하는 사람에 대한 훈련

그 직책의 내용이 정부에만 고유한 것이어서 그 전에는 그러한 특수직무에 관한 교육을 받거나 경험을 할 수 없는 직책의 경우에 받게 되는 훈련을 말한다(경찰 · 소방 · 철도 등의 분야에 많다).

3. 새로운 지식 및 기술의 습득

급격히 발전·변동하는 관리기술이나 도구의 도입·활용을 위해서 실시하게 되는 것으로 최근에 중시하고 있는 EDPS·MIS·PERT 등의 교육이 바로 그것이다.

4. 감독자 훈련(supervisory training)

여기서 감독자란, 제일선 감독자를 의미한다. 따라서 계장이나 과장에 대한 훈련이 이에 해당되는데, 이와 같은 훈련이 필요한 것은 감독자로서의 피감독자와 구별되는 능력·자격이 요청되기 때문으로 승진 전에 실시하는 것이 타당하겠으나 실제로는 임명 후에 하는 것이 보통이다.

5. 관리자 훈련(executive training)

여기서 관리자란 감독자보다 높은 국장급 이상의 고위직 공무원을 의미하는데, 종래에는 이들에 대한 훈련을 등한시하여 왔다. 그러나 그들이 정책결정에 깊숙히 관여하게 된 데에는 그들의 역할·영향력이 지대하게 되자 그들에 대한 교육훈련의 필요성과 중요성이 증대하여 최근에 강조되고 있는 것이다. 그러면 이의 훈련내용·훈련장소·훈련관·훈련기간·훈련방법 등에 관하여 살펴보기로 하자.

1) **훈련내용**　주로 정책수립에 필요한 문제해결과 쇄신자로서의 창의력·통찰력 등의 개발·증진이 되겠으며, 이는 정치행정 외에 경제·사회 등 전문분야에 걸쳐 광범위한 이해와 지도성(leadership)과 의사결정(decision making) 등에 관한 것이 주 내용이 될 것이다.

2) **훈련장소**　이는 그들이 근무하는 직장 내에서 동료들끼리만 한데 모여서 하는 것보다는 외부에 나아가 타분야의 사람들과 같이 받는 것이 그들의 시야와 폭을 넓히는 데 효과적일 것이다.

3) **훈 련 관**　학계의 전문가나 실무경험이 풍부한 각계의 전문가 중 어느 한 쪽에만 치중할 것이 아니라 양자를 적절히 활용하는 것이 좋을 것이다.

4) **훈련방법**　사례연구(case study)·회의식(conference)·토의식(forum, panel, symposium)·신디케이트(syndicate)식[2] 등이 효과가 큰 것으로 알려지고 있다.

5) **훈련기간**　관리자 훈련은 기계적인 행정관리기술의 습득이 아니라 광범위한 지식과 인격의 도야가 주 내용이 될 것이므로 하급 공무원의 경우보다 훨씬 장기간에 걸쳐 실시하여야 하겠으나 현실적으로는 그것이 어려운 실정이다.

---

2) 이는 몇 사람이 조 또는 반을 편성하여 어떤 문제를 연구하고 그 결과보고서를 제출케 하여 타조 또는 반으로부터 비판을 받도록 하는 것으로서 관리자의 훈련에 효과가 가장 큰 것으로 알려져 있다.

Ⅲ. 훈련계획

이러한 훈련계획상 문제되는 점을 몇 가지 지적해 보기로 한다.

1. 훈련에 대한 반대의 극복

누구나 행정의 능률화는 원하고 있으면서도 막상 훈련을 위한 계획을 세우려면 이에는 막대한 예산과 기술이 소요되므로 입법부 · 행정부의 책임자나 피감독자들로부터 반대가 일어나게 된다.

따라서 미국 같은 나라에서도 훈련법이 제정된 것은 1958년의 일이었다. 우리나라는 1961년에 이루어졌는데, 이처럼 비교적 빠른 시일 내에 법제화된 것은 5.16 이후 3공화국부터 교육과 훈련이 차지하는 비중은 커졌으나, 그 밖의 임용 · 능력발전 · 근무의욕(또는 사기)의 향상을 경시하여 불균형을 보이고 있는 것 같다. 하지만 아직도 훈련에 대한 반대가 시정된 것은 아닌바, 이를 극복하기 위한 대책을 몇 가지 들어보면 다음과 같다.

① 교육훈련의 결과를 될 수 있는 한, 객과적인 것으로 제시하여 공개할 것.

② 교육훈련의 목적 · 내용결정에 있어 교육훈련담당기관은 교육훈련대상자 자신과 그 상관의 의사를 충분히 반영시킬 것(참여 등)과 국제수준의 직무교육이 강화되어야 한다.

③ 교육훈련의 유익성 · 필요성을 충분히 납득시켜 자발적으로 자원하도록 분위기 · 여건을 조성하고 제도화시킬 것(승임보직 등에 교육훈련성적과 결과를 반영시키는 등).

④ 교육훈련 자체도 인사담당관, 교육원 교수 또는 외부 인사들로서만 행할 것이 아니라 CEO, NGO나 사기업, 경제경영인과 연합위탁 등의 방법, 인턴제 활용, 그리고 직위분류제를 고려한 교육훈련이 되어야 한다.

2. 담당기관

중앙인사기관과 각 부처 등 어느 기관에서 훈련에 대한 책임을 지느냐 하는 것이다. 대체로 영·미계에서는 각 부처에서 전적으로 담당하고 있다. 우리나라는 5.16 군정 전에는 각 부처에 분산되어 있었으나,[3] 군정 후 훈련업무가 확대되면서 집권화되고 통일적 체계를 갖게 되었다.

이는 추세상으로 보아 선진제국의 분권화 경향에 역행하는 것 같으나 그것만 가지고 불합리하다고 할 것은 아니다. 조직이론에서의 집권 · 분권 및 인사담당기관의 집권 · 분권의 문제와 마찬가지로, 이것도 초창기인 우리나라 입장으로서는 훈련업무를 발전시키고 그를 새로운 궤도에 올리는 데 필요한 주동적 · 지도적 역할을 중앙인사기관의 교육원에서 당분간 하지 않으면 안 되기 때문이다(고급공무원의 훈련 · 표준설정 · 기술적 조언 등).

3) 어떤 통일된 체계하에서의 분권이 아니라 난립상태였었다고 하는 것이 적절하다.

이 밖의 부처 내의 문제와 외부기관(학교·연구원 등)에 파견하는 경우를 생각할 수 있는데 전자의 문제는 우리의 경우 부처의 규모도 적고 아직 이 방면의 전문가도 부족하여 현재로서는 인사담당과에서 담당할 수밖에 없으며, 후자의 경우, 즉 외부기관에 파견하여 훈련하는 경우는 자원이 허용하는 한, 폭넓게 권장하는 것이 새로운 지식·기술을 얻고 시야를 넓히는 데 유익할 것으로 생각된다.

3. 훈련관의 확보

피훈련자의 자발성도 문제지만 유능한 훈련관의 확보도 문제되는데 이에 관하여 주요한 점 몇 가지를 지적해 보기로 한다.

① 구체적인 실무경험이 풍부한 사람 또는 현직 공무원의 자격을 가진 사람이 요청된다. 공무원의 훈련은 일반교육과 달리 구체적인 실무에 관한 것이 주가 되기 때문이다.

② 이처럼 현직공무원의 자격을 가진 사람을 교육원의 강사로서가 아니라 전임으로 배치할 경우 영구적으로 교육원 교관으로 머무르게 하는 것보다는 일정한 기간을 두고 교체할 수 있도록 순환보직제의 제도화가 필요하다. 특히 국내외 대학원 및 교육기관에 파견 교육훈련을 요구한다.

③ 훈련관의 자격과 이들에 대한 훈련문제, 즉 훈련관은 담당과목의 내용을 충분히 이해하는 데 그쳐서는 안 되고 교수지도법과 그 실천력이 아울러 요청된다. 뿐만 아니라 훈련관 자신도 계속 연구·노력해야겠지만 그들의 침체를 막기 위하여 그들에 대한 훈련도 계속되어야 한다.

4. 교과편성

교과편성이 훈련관 중심으로 되어 그 효과가 저하되기 쉬운데, 이러한 문제점은 조속한 시정이 필요하다. 좀더 구체적으로 지적하면 다음과 같다.

① 훈련기간중 받아야 할 시간수가 너무나 많으며 시간당 과목수도 그러하다.

② 이러한 과목의 시간배정이 훈련목적과 일치하지 못할 뿐만 아니라 피훈련자의 요구와도 부합되지 못하고 있다.

③ 훈련내용이 피훈련자의 능력이나 수준에 일치되도록 편성되어야 한다. 따라서 피훈련자의 수준파악이 앞서야 한다.

Ⅳ. 훈련방법

1. 고려할 점

여러 가지 방법 중 훈련목적 등에 가장 적절한 방법을 결정해야 하는데 그 때 고려할 점을 지적하면 다음과 같다.

1) **훈련의 목적** 직렬과 직급에 따라 다양하겠으나 지식의 축적, 기술연마, 태도·행동의 변경 등으로 압축하여 훈련의 목적을 선정한다.

2) **피훈련자의 특징** 예를 들어 독서능력이 약한데 독서를 요구하는 많은 과제를 부과해서는 아니된다.

3) **훈련에 요구되는 시설·재정사정의 고려**

2. 유 형

(1) 사용수단을 기준으로 한 것

1) **말로 하는 방법(telling methods)** 강의식·토의식(panel, debate, forum, symposium)·사례연구(case study)·감수성 훈련(sensitivity training) 등

2) **보여주는 방법(showing methods)** 사진·영화·도표(chart)·물체(physical objects)·시범(demonstration)·시찰(observation) 등

3) **행동으로 하는 방법(doing methods)** 연기(role playing)·견습·전직·임시대역(understudy) 등

(2) 목적달성과의 관계를 기준으로 한 것

1) **지식의 축적** 독서·강의·토의·시찰·사례연구 등

2) **기술의 연마** 시범·사례연구·토의·전직·견습·연기 등

3) **태도·행동의 변경** 연기·시범·사례연구·토의·회의·감수성훈련·전직·영화감상 등

3. 분 설

이 중 주요한 것을 개별적으로 설명하여 보기로 한다.

(1) 토론방법(forum, panel, symposium)

1) **개 념**

① Forum은 한 사람이 어떤 주제를 발표하고 그에 대한 여러 사람으로 부터의 질문을 중심으로 토의하는 것인데, 반드시 어떤 결론을 얻으려는 것은 아니다.

② Panel이나 Symposium은 Forum이 한 사람이 주제를 발표하는 데 비하여 여러 사람이 서로 다른 주제를 발표하고, 그에 따른 질의 응답이 행하여지는 것을 말한다.

이처럼 영어의 명칭과 그 구체적인 내용은 약간씩 다르나, 대동소이한 것들로서 이를 통틀어 토론이라고 부르기로 한 것이다.

2) **장 점**

① 비교적 여러 사람이 짧은 시간에 할 수 있다(이는 단점이기도 하다).

② 자유스럽고 공개적인 토론이 가능하다.

③ 폭넓은 이해력 · 견해 · 사고력을 개발할 수 있다.

④ 어떠한 문제의 모색이나 정보의 교환에 특히 유리하다.

3) 단 점

① 여러 사람이 참여하므로 의견을 표시할 수 있는 기회가 제한된다.

② 자칫 잘못하면 토의가 아니라 논쟁이 되기 쉽다.

③ 결론을 얻지 못하는 경우가 많다.

④ 토의의 초점을 잃기 쉽다.

(2) 사례연구(case study)

1) 개 념 이 방법은 사전에 선정된 특정사례를 여러 사람이 사회자를 중심으로 토의한다는 점에서 사회자가 없는 단순한 토론방법과 다르다.

2) 장 점

① 전원에 참여기회를 준다.

② 분석적 사고력과 문제해결 능력을 발전시켜 준다.

③ 중·고급공무원의 훈련에 유용하다.

3) 단 점

① 소수의 집단 내에서만 가능하다.

② 문제의 사례에 정통한 사회자가 있어야 한다.

③ 시간이 많이 소요된다.

④ 사전준비가 필요한 경우가 많다.

⑤ 문제의 전체적인 파악보다 단편적인 이해에 그칠 우려가 있다.

(3) 역할연기(role playing)

1) 개 념 어떤 사례를 몇 사람이 여러 사람 앞에서 실지 행동으로 나타내 보이고, 그에 관해서 여러 사람이 논평하고 토론 · 분석한 후 사회자가 결론을 내리는 방식을 말하는데, 이와 유사한 것으로 모의방법(simulation)이 있다.

2) 장 점

① 태도와 행동을 변화시키는 데 효과적이다.

② 값싸고 좋은 경험(protected experiences)을 얻을 수 있다.

③ 감독자의 훈련에 효과적이다.

3) 단 점

① 고도의 기술적인 사회방법과 조심성 있는 사전준비가 요구된다.

② 연기에 소질이 없는 사람에게는 적용하기 힘든 방법이다.

(4) 감수성훈련(sensitivity training)

1) 개 념 감수성훈련이란, 어떤 과제나 사회자를 사전에 정하지 않고 전적으로 10명 내외의 피훈련자들이 자유롭게 토론을 하고 거기서 어떤 문제의 해결을 얻거나 건의를 파악하도록 하는 방법이다. 이의 목적은 어떠한 결론을 얻는 데 있는 것이 아니고 토의과정에서 얻어지는 집단 내에서 자기의 위치, 대인관계의 이해 및 이를 통한 인간관계의 개선 등에 있다. 현재로서는 사람의 행동·태도를 변경하는 방법으로서 가장 효과가 큰 것의 하나로 평가되고 있다.[4]

2) 장 점

① 감수성이 높아진다.

② 자기와 타인에 대한 성격이나 행동의 이해에 효과적이다.

③ 인간관계에 긴요한 태도나 행동의 변경에 효과적이다.

3) 단 점

① 한 번에 다수 인원이 참여할 수 없다.

② 사회자도 의제도 없으므로 수동적인 교육만 받아 오던 사람에게는 불안감과 의구심을 갖게 한다.

③ 실제적인 관리·감독문제에는 적합하지 않다.

(5) 성취동기훈련(achievement motive development program: AMDP)

1) 개 념 성취동기(AMDP) 훈련이란 조직체 내에서 성과나 업적을 최대로 하기 위한 훈련방법의 하나로서 업적주의를 띠고 있는 현 행정조직에 지대한 영향을 미친다고 볼 수 있다. 이 훈련은 15~20명에 각 단계마다 3시간씩 24시간으로 구성하여 피훈련자의 외부적 압박이나 정신적 불안에서 해방될 수 있도록 가급적 한적한 곳을 택하고 업적향상의 동기에 인간의 능력을 최대로 발휘할 수 있도록 동기를 부여해 주는 것이다.

즉, 성취동기(AMDP)가 높은 사람은 언제나 새롭고 창의적인 태도로 일하고 성취동기(AMDP)가 낮은 사람은 소극적이고 답습적이며 현상태를 유지하려고 하는 사람인데, 이 훈련은 성취동기가 낮은 사람을 위해서 실시하여 적극적인 자기개발과 고도의 업적향상을 목표로 하는 훈련이다.

그러므로

(개인의 업적)=(능력)×(성취동기)

로 나타낼 수가 있다.

2) 성취인의 행동특성 대체적으로 성취인이 가지고 있는 행동에는 다음과 같은 특성을 가지고 있다. 과업지향성, 적절한 모험성, 자신감, 정력적이고 혁신적인 활동성, 자

4) John A. Rehfuss, "Training, Organizational Development, and Future Organization," *Public Personnel Review*, Vol. 32, No. 2(April 1971), p. 120.

기책임감, 결과확인주의, 미래지향성 등과 같은 것이다.

3) **성취동기 개발단계와 세부개발활동** 성취동기(AMDP) 개발과정의 8단계와 단계별로 연구해서 실시해야 할 세부활동계획은 다음 [표 6-3-1]과 같이 나타낼 수가 있다.

[표 6-3-1] 성취동기 개발과정의 8단계

제 1 단계 〈과정에의 자아개입〉	• 참가자 전원으로 하여금 성취동기 개발과정에 대해 긍정적인 심리적 태세를 갖도록 한다.
제 2 단계 〈성취사례의 의의성추가〉	• 참가자 전원에게 성취동기의 의의성을 강조함으로써 그것이 현실의 요구와 일치한다는 신념을 갖도록 한다.
제 3 단계 〈성취적 연상체제의 습득〉	• 참가자 전원에게 연상체제를 명확하게 개념화시키고 그를 더욱 발전시킨다.
제 4 단계 〈성취적 행동의 습득〉	• 이미 체득한 성취적 연상체제를 그와 긴밀한 관계가 있는 실제적인 행동과 연결시킨다.
제 5 단계 〈성취사례의 이해〉	• 이미 습득한 성취적 연상체제와 성취적 행동을 일상생활현장과 결부시켜 확장시킨다.
제 6 단계 〈성취적 자아개념의 확립〉	• 참가자 전원으로 하여금 자기자신을 성찰하도록 하여 성취동기에 긍정적인 자아개념을 갖도록 한다.
제 7 단계 〈성취적인 가치관의 형성〉	• 현존하는 문화적·사회적 가치를 분석하여 새로 개념화된 동기가 그 사회의 가치관의 향상으로 지각되도록 한다.
제 8 단계 〈성취목표설정 및 동료조직구성〉	• 과정전반의 활동을 총정리하고 참가자 전원으로 하여금 미래의 생활에 적극 대비시킨다.

※ 각 단계 모두 특수한 훈련과정을 통해서 성취동기를 과학적으로 개발해 나가게 된다.

단계별 세부개발활동

세션	활동	활동
SESSION Ⅰ	• 사전검사(TAT) • 성취동기가 포함된 두 이야기	• 인간행동의 가변성 연구 • AMDP의 과정 및 효과
SESSION Ⅱ	• 성취동기과 개인·기업발전 • 실증적 연구결과 제시	• 미국·인도·한국의 경우 • 토론(Discussion)
SESSION Ⅲ	• 성취인의 신조 및 서약 • 성취상념의 정의 및 표현성	• 성취동기의 채점방법 제시 • 예문분석 질의
SESSION Ⅳ	• 성취적 행동취득 연습 • 실습게임	• 성취상념과 실제문제 관련분석 • 성취그룹 편성
SESSION Ⅴ	• 성취인과 비성취인 • 성취적 행동의 범위	• 성취동기문제 공동분석 • 시 상
SESSION Ⅵ	• 성취인의 행동특성 • 성취동기 행동연습	• 전략게임 • 자아개념 검사, 분단 counselling
SESSION Ⅶ	• 자아발견실험 • 성취동기 저해요인분석	• 자아관의 개선 • 모의훈련, role playing
SESSION Ⅷ	• 성취적 목표실현계획 작성 • 조직성취목표 달성계획 작성	• 과정평가 • 세션 팀 조직

※ 자세한 진행사항은 그룹의 성격에 따라 달라질 수도 있다.
자료: 한국행동과학연구소 개발 프로그램 참고.

4) 장 점

① 적은 인원이 참여하므로 타인의 이해와 인간관계에 도움이 된다.

② 피훈련자에게 어려움을 극복하고 문제해결능력을 갖도록 해 준다.

③ 창조성과 미래 지향적인 능력을 개발하여 준다.

④ 적극적이며 의욕적인 정신을 길러준다.

⑤ 성취인답게 행동하고 사고하며, 책임감 조성에 효과적이다.

⑥ 생산성효과에 동기를 부여하여 탁월한 실적을 올릴 수 있다.

⑦ 개인의 자기혁신과 집단의 업무의욕을 향상시킬 수 있다.

5) 단 점

① 자기능력한계의 인식으로 자가당착에 빠지기 쉽다.

② 시간이 짧기 때문에 충분한 개인능력을 파악하기 곤란하다.

③ 적극적인 사고방식을 갖도록 조직 내의 환경과 인간관계를 조성해 줘야 한다.

④ 업적지향적인 면에 치중하다 보면 인간관계를 악화할 우려가 있다.

⑤ 각 단계마다 성취동기를 과학적으로 개발해 나가기에는 시간적 · 경제적 낭비가 뒤따른다.

⑹ **현장훈련**(또는 견습: on the job training)

1) 개 념 현장훈련 또는 견습이란, 피훈련자가 실제 어떤 직위를 가지고 일을 하면서 상관으로부터 지도 · 훈련을 받는 것을 의미한다. 기능공의 경우에 많이 이용되었으나 현재는 일반행정의 경우에도 널리 인정되고 있다. 우리나라의 실습 · 실무수습이나 인턴이 이에 해당된다.

2) 장 점

① 고도의 기술 · 전문성을 요구하는 직책의 훈련에 적합하다.

② 훈련내용이 이론적이 아니라 실제적이다.

③ 직무를 수행하면서 받을 수 있다.

3) 단 점

① 다수인을 동시에 훈련할 수 없다.

② 시간이 많이 소요된다.

③ 넓은 시야와 폭넓은 이해력을 요구하는 고급공무원의 훈련에는 적합하지 못하다.

⑺ **전직**(transfer) · **순환보직**(rotation)

1) 개 념 이 방법은 다른 직위나 직급에 전직 또는 순환보직을 시키면서 훈련하는 것으로 견습의 연장이자 견습이 내포하고 있는 단점을 시정하려는 데 특색이 있다.

2) 장 점

① 공무원의 시야와 경험을 넓힌다.

② 공무원의 훈련 또는 전문가를 일반행정인(generalist)으로 훈련하는 데 효과적이다.

3) 단 점

① 교육훈련을 구실삼아 그 밖의 이유로 악용될 우려가 있다(징계, 부수입의 평준화, 부패방지를 위한 전직 등).

② 상당한 준비와 적극적인 지도가 필요하다.

③ 많은 시간과 경비가 소요된다.

(8) 신디케이트(syndicate)

1) 개 념 피훈련자를 몇 개의 분단으로 편성하여 분단별로 연구·훈련시키는 방법이다. 신디케이트는 미국의 국방대학원(National War College)과 영국의 헨리행정간부대학(The Henley Administrative Staff College)에서 전형적으로 사용하고 있다.[5)]

2) 장 점

① 피훈련자 사이의 개인적인 접촉을 긴밀화·극대화한다.

② 관·민지도자 양성방법이 될 수 있다.

③ 관리자 훈련의 새로운 효과적 방법으로 적당하다.

3) 단 점

① 훈련기간이 짧다.

② 유능한 훈련교관의 확보가 곤란하다.

(9) 직장 내 훈련(training within industry: TWI)

10명 내외의 감독자를 직장 안에 모아 놓고 교재에 의하여 훈련시키는 단기훈련 방법이다. 이는 제 2 차대전 중 미국의 사기업체에서 시작된 방법으로 후에 정부기관에서 감독자 훈련에 사용하였다.

이에는 ① 작업지도훈련(job instruction training), ② 작업방법훈련(job training), ③ 작업인간관계훈련(job relation training) 등이 있다.

Ⅴ. 사후평가(post-evaluation)

1. 필 요 성

발전사업의 경우는 훈련뿐만 아니라 모든 것이 다 마찬가지지만 소기의 목적이 어느 정도 달성되었는가, 그 목적을 달성하는 데 어떠한 애로점이 있으며, 그에 대한 대응책은 어떠한 것인가 등을 알아 잘된 점과 잘못된 점, 시정해야 할 점을 발견하여 다음 기회에

5) Marshall E. Dimock, "The Administrative Staff College: Executive Development in Government and Industry," *American Political Science Review,* Vol. 1(March 1956).

반영(feedback)시켜 보다 나은 훈련을 하기 위해서 필요한 것이다. 따라서 반드시 사후평가를 하지 않으면 안 된다.

2. 측 정

다행히 직무의 성질이 객관적인 측정 · 평가가 가능한 것은 문제가 없으나, 생산공장과 달리 행정업무는 객관적인 측정이 매우 곤란한 것이 대부분이다. 물론 출퇴근상황 · 퇴직률 · 사고율 등을 조사하여 어느 정도 도움을 얻을 수 없는 것은 아니지만 직접적인 도움을 주지는 못한다.

훈련 직후 실시하는 시험도 지식의 축적보다는 훈련 후 근무성적이 어느 정도 향상되었느냐인 것이다.

따라서 훈련 후의 근무성적을 측정해야 하는데 그 평가방법으로서는 다음과 같은 것이 많이 사용된다.

1) 훈련수료자의 상관 · 동료 또는 부하에게 직무수행능력과 근무태도를 문의한다.

2) 훈련수료자 그 관리자 · 소속기관의 훈련담당관 · 교육원 교수 등으로 위원회를 조직하여 집단적으로 성과평가를 한다.

3) 훈련이 끝난 후 그 수료자들에게 질문서(questionnaires)를 배부하고 무기명으로 기입하도록 하여 이를 분석 · 평가한다.

4) 훈련수료자에 의한 요구, 개선조건과 미수료자의 기대효과를 제안받아 이를 비교분석한다.

5) 특정한 훈련계획(예: 중앙공무원 교육원 4주 교육을 받는 관리자 보수과정의 정신교육특별과정)의 최종결과에 의하여 평가할 수 있다.

6) 훈련이 끝난 후 혹은 과정중에 시험이나 보고서 분임토의 종합보고서 등을 제출하도록 하여 평가한다. 물론 지식축적의 평가라는 한계가 있으나 근무성적에 영향을 미칠 행태의 변화 등도 과정에서 관습이나 혹은 면접조사 등으로 평가할 수도 있다.

7) 객관적 측정단위가 있는 경우도 있다. 가령 사무기기사용법이나 전산교육 등의 훈련성과 같은 것이다.

3. 측정상 주의할 점

1) 훈련받기 전의 기준점이 정확히 파악되어야 한다.

2) 측정의 목적이나 기준이 될 수 있는 한 객관적인 것으로 표현될 수 있도록 하여야 한다.

3) 훈련의 효과는 전부 측정하여야 한다.

4) 구태여 한 가지 평가방법에만 의존할 필요는 없다.

이상 평가 · 측정시에 주의할 점을 몇 가지 들어 보았지만 사실상 근무성적의 실태를 측정 · 파악한다는 것은 그렇게 쉬운 일이 아닌데 감독자나 고급공무원의 경우일수록 더욱 그러하다. 그것은 훈련이란 그 효과가 즉시 나타나는 것도 아니며 가령 훈련을 받은 자는 그를 활용하려 해도 상관이 받아들여 주지 않는다든가 그 밖의 제반여건의 제약으로 활용하지 못하는 경우가 비일비재하기 때문이다.

그러나 그렇다고 해서 평가의 필요성 자체를 등한시하거나 무용한 것으로 생각해서는 안 된다. 단지 현재단계로서는 객관적인 측정방법이 개발되지 못해서 측정상 많은 제약을 받고 있을 뿐이기 때문이다.

4. 우리나라의 공무원교육훈련

1) **현 황** 1949년에 국립공무원훈련원이 창설된 후 1963년 중앙공무원교육원 외에 각 부처와 서울특별시 · 광역시 · 도에도 교육원이 신설되었다. 국가공무원법 제50조에 모든 공무원과 시보공무원이 될 자는 담당직무와 관련한 학식 · 기술 · 응용능력의 배양을 위하여 법령이 정하는 바에 따라 훈련을 받아야 한다고 규정하고 있으며, 국가 각 기관장이 직급별 승진후보자 명부를 작성함에 있어 차지하는 훈련성적비율은 2.0할로 배당되었다.

2) **공무원교육훈련 시스템과 내용** 첫째, 공공부문 인적자원개발(PHRD)의 목표와 전략을 다시 설정한다. 특히 능력발전계획을 중앙인사기관과 부처내 인사부서, 그리고 지방자치단체가 각각 진행하여 종합적이고 체계적이지 못하다. 뿐만 아니라 수요자 중심의 교육훈련이 미흡한 실정이다.

둘째, 교육훈련담당기관을 '행정정책대학원' 대학체제로 개편하여 교육전문기관화해야 한다.

셋째, 프로그램 구조와 내용의 경우 관리계층별 및 전문영역별로 일반행정관리, 교양, 분야별 전문지식에 중점을 두면서 국가경쟁력 제고나 정부관리능력을 높일 수 있는 국가정책개발과목과 행태변화, 현장해결과 문제해결중심, 프로젝트추진 능력개발과목이 제공되어야 할 것이다.

넷째, 개인발표 · 집단사례연구 · 워크샵 등 교육훈련의 질과 성과제고의 혁신과 투자가 매우 필요하다.

다섯째, 교육훈련의 전이효과(transfer effect)를 높일 수 있도록 하며 보직부여와의 연계성으로 인적자원개발(HRD)의 패러다임을 설정한다.

(3) 교육훈련의 방향

1) **훈련내용의 쇄신** 우선 훈련내용의 결정방법에 있어 다음 사람이 참여되어야 한다.[6] 그리고 발전행정관에 입각한 훈련내용이어야 하며, 정치 · 행정일원론의 입장에서

6) 박동서, "훈련내용의 쇄신방향 재직자훈련의 새 방향," 1973년도 정책연구 Seminar, 중앙공무원교육원, p. 11.

발전사업의 선택과 관리, 변동관리능력을 가진 행정 엘리트를 양성할 수 있는 내용이어야 하며, 변화에 따르는 새 관리지식과 기법을 담아야 한다고 본다.

2) **훈련방법의 발전문제** 발전적인 지식·기술·방법·태도의 변화를 가져올 수 있는 내용의 방법이 직무지향·조직지향·교양지향·특성지향적인 과정으로 운영되어야 하겠다. 이에 따라 성인대상의 재직자 교육훈련의 경우는 우선 유사과제방법을 제안한다. 이것은 실무에서 담당하는 실제적인 상황과 흡사하게 꾸민 유사과제(simulated task)를 가지고 개인 또는 집단으로 그 해결 내지 대응을 시행하는 방법을 말한다. 예컨대, 어떤 국장이 발전사업을 놓고 재정의 부족·부하의 무능·시간의 촉박·타부처와의 협력관계 등의 상황에서 결정을 내려야 할 과제 등이다. 여기에는 심리극·역할연기·실제 자료분석·집단·분임토의 등의 방법도 동원된다. 둘째 소집단방법을 제안하고, 셋째 자율학습방법을 채택하여야 하며 지역 견학이나 명상의 시간을 주어 마음껏 이상향을 설계하여 보고 미래를 꿈꾸어 보며 수백년 앞날을 내다보는 기회를 주는 등 창의적 공상의 방법을 훈련방법으로 할 것을 제안한다([그림 6-3-1] 참조).

[그림 6-3-1] 훈련내용의 결정참여자

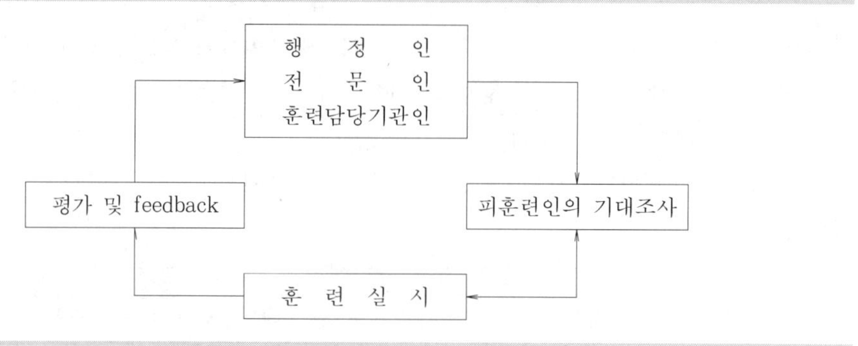

3) **교육평가의 문제** 서기관급 이상에서는 보고서나 행정연구서작성 등으로 평가를 대행하고 사무관급이나 그 이하의 경우도 기본점수를 5할 정도 받을 수 있도록 하고, 객관식과 주관식 평가를 조화시키는 방법과 추적평가가 큰 무게를 차지하는 방향으로 평가가 이루어져야 할 것이다.

4) **훈련풍토의 개선방향** 최고관리층의 교육훈련이 투자라는 인식이 필요하며 조직원이나 사회적인 평가와 교육기관이나 교육인에 대한 인식의 변화가 있어야 하겠다. 또한 조직제도상으로 교육훈련은 인사관리와의 관련에 있어 체계화하고 조직화하여 종래 양산교육에서 질적인 교육으로 바뀌어져야 하겠다. 이를 위하여 예산지원, 조직상의 위치승격, 교육훈련위원회 설치, 교육훈련기관 교관 및 교수의 활동범위 확대 및 대우가 시급하며, 현장별 수요에 입각한 현장훈련(O.J.T) 및 현장외 훈련(Off J.T)을 실시토록 지원을

해야 하겠으나, 시설투자, 경제성 추구, 교관인력의 pool화를 통한 종합훈련기능화를 위하여 중앙공무원교육원과 같이 각 부처 교육원의 통합은 본질적인 교육기관의 재편성과 기관쇄신과 같이 개혁되어야 하며 21세기형 관리자와 리더를 키우는 교육기관이 되도록 발전적 통합을 하여야 할 것으로 본다.

제 2 절 근무성적평정

Ⅰ. 의 의

근무성적평정이란, 개인이 근무하고 있는 조직체에서의 능력·가치·근무성적 등을 체계적이고 정기적으로 그의 감독자가 평가하는 것을 의미한다. 어느 조직체를 막론하고 그 구성원의 능력을 발전시키고 그의 자격·실적에 따른 공평하고 정당한 대우를 하여 주기 위하여는 그들의 능력·가치·근무성적 등을 파악하고 있어야 하기 때문이다.

Ⅱ. 용 도

1. 상벌의 목적

근무성적의 여하에 따라 공무원의 승진·승급 또는 징계를 결정하는 것으로서 지금까지 가장 많이 이용되어 온 방법 중의 하나이다. 그러나 이에 대하여는 근무성적평가가 자체의 공정성이 전제될 뿐만 아니라, 평가가 공정히 이루어진다 하더라도 근무성적만 가지고 보다 중책을 성공적으로 수행해 낼 수 있다고 판단할 수 없다는 점이 지적되고 있다. 더욱이 우리나라처럼 평가 자체가 객관적이고 공정하지 못한 경우는 더욱 문제점이 많게 된다.

따라서 이러한 상벌의 목적으로부터 점차 다음과 같은 보다 적극적이고 발전적인 방향으로 전환되어야 할 것이다.

2. 시험의 타당도 측정

시험의 효용도를 측정하는 데 있어 가장 중요한 것 중 하나가 타당도 측정으로, 시험성적과 근무성적을 비교함으로써 이를 측정할 수 있는 것이다.

3. 인적자원의 능력발전

최근 가장 중요시되고 있는 것 중의 하나이다. 각기 능력이 다르고 상이한 장·단점과 특성을 가진 사람들이 자기의 자질이나 능력을 스스로 그리고 객관적인 입장에서 파악하기는 힘든 것이며, 이를 제 3 자의 입장에서 파악하는 것이 보다 객관적일 수 있다. 그런데 이처럼 자기 자신의 자질 · 능력에 대해서 정확히 안다는 것은 훈련의 수요파악, 인사배치, 상하간의 이해증진 등에 크게 유익한 것이다. 즉 어느 개인이 그 감독자로부터 세밀한 주시와 관심을 받을 뿐만 아니라 근무상의 장·단점에 관하여 기술적으로 지적받는다는 것은 비정의적(impersonal)인 조직사회에서 그의 사기나 근무의욕을 증진시켜 줌은 물론이요, 자발적인 단점 시정과 능력발전을 촉진시켜 행정능률이 크게 향상될 수 있기 때문이다.

Ⅲ. 비 판

그러나 이에 대한 비판이 계속 나오고 있는데, 이를 요약 · 정리하면 다음과 같다.

① 신뢰도가 높지 못하다는 것인데, 이는 근무성적 자체의 작성에도 기인되겠지만 주로 운영 여하에 따라 크게 좌우된다고 생각된다. 따라서 그 타당도와 신뢰도의 향상을 위하여 계속 노력할 뿐만 아니라, 상벌목적보다는 공무원의 능력발전에 이용하도록 하는 것이 요청된다.

② 공정한 평가자가 드물다는 것이다. 즉 평가자의 개인적인 주관 · 편견이 작용하게 된다는 것이다. 특히 사고가 경험적(empirical)이기보다는 정의적이고 귀속성이 강한 우리의 경우는 더욱 그러하다.[7)]

③ 관대화경향(leniency) · 집중화경향(central tendency) · 연쇄효과(haloeffect) 등으로 인하여 실제 직원의 능력상의 차이를 정확하게 표시하지 못한다는 것이다.

둘째의 경우가 평가자 개인이 가지는 편견 · 주관 · 정실 등에 기인하는 것인데 비하여 누구나 공통적으로 범하기 쉬운 일반적인 것들이다.

① 먼저 관대화경향이란, 속말로 욕먹기 싫고, 불평듣기 싫고 만들기 싫어 소신껏 평가하지 않고 무사안일주의로 실제보다 관대하게 평가하는 경향이 있어 직원들 사이에 별 차이가 나지 않는 점을 지칭한다.

② 집중화 경향이란, 관대화 경향과 비슷한데, 우·양·가 또는 상·중·하 등 3등급 평가의 경우 양 또는 중 평가를 가장 많이 하는 경향이 있다는 것이다.

③ 연쇄효과란, 근무성적 평정표상의 첫째 평정요소에 대한 평정요수 또는 평정등급이 그 다음의 평정요소의 평정에 영향을 준다는 것이다. 즉 처음이 좋으면 다음도 좋게 되고 처음이 나쁘면 다음도 나쁘게 된다는 것이다.

④ 현재의 평정을 가지고 장래를 예측하기가 곤란하다는 것이다. 장래를 예측할 수 없는 평정이란 그 의의가 반감되는 것이다.

7) 이러한 현상을 잘 나타내는 말로 역산제라는 말이 있다. 이는 어떠한 대상을 평가하는 데 있어 사실 자체보다는 그의 경력 · 정실관계 · 배경 등을 기준으로 하여 우선 순위를 먼저 결정해 놓고 그에 따라 점수를 맞추어 가는 것을 지칭하는 말이다.

④ 평정자의 주관개입, 정실, 편견 등으로 평정이 불공정하게 되기 쉽다.

2. 강제배분식(forced distribution system)

(1) 의 의

이 방법의 근본적인 전제 내지 근거는 수 많은 시간을 공정하게 평가할 경우, 그 등급을 도표로 표시하면 종형의 정상분포곡선(bellshaped normal curve)이 될 것이므로, 근무성적평정도 이러한 정상형이 되도록 그 평정비율을 강제분산시키면 어느 정도 사실에 가까운 평정이 될 수 있다는 것이다.

우리나라에서도 강제배분을 하도록 하고 있는데 관대화경향이 강하므로 그 배분비율도 정상분포곡선의 비율에 따르지 않고 현재 1:3:5:1로 하고 있으며, 이 비율을 유지하기 위하여 3인 내지 5인으로 구성되는 조정위원회를 두고 있다.

(2) 문 제 점

이러한 방법은 피평정자의 수가 많을 때에는 그 실효성이 크게 기대되지만, 그 수가 많지 않을 경우에는 사실상 탁월한 사람이 없는 데도 평정비율에 해당하는 만큼의 탁월한 자를 만들어야 하거나, 반대로 탁월한 사람이 그 비율을 넘을 경우에는 그 할당된 평정비율로 인한 그 보다 하나 낮은 등급을 받지 않을 수 없기 때문에 그 비율을 엄격히 지키는 것은 오히려 불합리하게 되는 경우가 있다.

그러나 이러한 일정기준이 없으면 경험적 사실에 입각하여 판단하는 자율성이 약한 풍토 아래서는 관대화경향 · 집중화경향 · 연쇄효과 등이 크게 나타나게 되기 때문에 현재로서는 이 방법을 사용하지 않을 수 없는 것이 현실이다.

3. 대인비교식(man-to-man comparison)

이 방법은 종래의 인격전체를 평정함으로써 생기는 개인적인 선입관이나 편견의 개입 또는 최근의 인상에 의하여 좌우되는 경향 등을 제거할 뿐만 아니라 피평정자의 직무수행에 별로 중요하지도 않은 성질 · 능력을 지나치게 강조하는 경향을 지양하기 위한 방법이다. 따라서 평정자는 먼저 개개의 성질에 관해서 자기 부하 중에서 가장 우수한 자와 가장 우수하지 못한 자 및 중간위치에 속하는 자를 선정한 다음 그를 기준으로 하여 나머지 인원을 각각 적절한 위치에 배치하는 방법이다. 이와 비슷한 방법으로 2인비교식(paired comparison)이 있다.

4. 산출기록식(productive records)

행정업무 중 그 성질이 반복적 · 습관적인 성질의 것이고 그 업무단위의 측정이 용이한 경우에는 산출기록을 계산하여 그 직원의 근무성적을 평가할 수 있는 것이다. 그러나 이는 직책의 성질이 복잡·다양하고 발전적이어서 객관적인 측정이 곤란한 성질의 것에는 적용될 수 없을 뿐만 아니라, 협조성과 그 밖의 성질의 고려가 안되고 시기·질투 등 각종 마찰이나 갈등이 생겨 이 방법에만 의존할 때에는 조직 전체로서의 산출량은 오히려 감소될 우려가 있다.

따라서 속기사·기계 운전자·계기판독자·문서 취급자 등 그 적용범위가 한정된다.

이와 유사한 방법으로 정기적 시험(periodic test) 방법이 있는데, 이 산출기록법이 장기간에 걸친 산출량 내지는 그 평균치를 가지고 측정하는 데 비하여 주기적 시험방법은 일정기간의 산출량을 기준으로 한다는 점에서 구분된다.

5. 사실표시식(check-list or the probst service rating system)

이는 평정척도의 개념을 버리고 그 대신 객관적 관찰이 가능한 100여 종의 태도나 성격을 기재한 리스트를 작성하여 그에 의하여 3인의 평정자가 그 중의 수개 항목에 대하여 확신을 가지고 등급기호를 표시하려는 방법이다. 따라서 평정자는 직원에 대한 사실을 보고할 뿐이며, 피평정자의 성적에 대한 결정은 그 평정자의 보고에 기하여 중앙인사기관에서 하는 것이 보통이다.

그러나 이 방법은 ① 평정항목이 너무나 많다. ② 평정자가 채점방법을 알지 못하여 결과에 대한 불안감을 갖게 된다. ③ 평정항목이 반드시 피평정자가 근무하는 업무수행의 양태를 나타내는 것은 아니며, 부분적인 사실의 파악에 그치기 쉽다. ④ 사실표식의 동기가 주위환경에 좌우되기 쉽다는 등의 단점이 있다.

6. 동료평정 또는 자기평정식(peer rating, mutual ration or self ration)

이는 문자 그대로 동료들끼리 상호평정을 하게 하거나 자기가 자신의 근무성적을 직접 평정하게 하는 방법으로서 실시 전의 우려나 회의와는 달리 예상외로 객관도와 공평성이 높은 것으로 알려지고 있다. 따라서 상벌의 목적 이외의 경우는 말할 것도 없고 경쟁성이 있는 상벌의 목적으로 이용하는 경우에도 오히려 객관도와 공평성이 높아 직원들간의 불평·불만 등도 적다고 한다. 특히 동료평정의 경우에는 그의 객관성이나 공정이라는 점에서 감독자가 평정하는 경우 이를 참고로 하고 동시에 확인자에게 제출한 때에도 동료평정의 결과를 같이 제출하는 것이 바람직하며, 자기평정은 그의 이용목적을 상벌보다 각 직원의 능력발전에 두는 경우 가장 권장할 수 있는 방법으로 인정받고 있다.

7. 업무보고식(performance report method)[8]

평정자가 피평정자의 근무성적을 서술적인 문장으로 기록하는 방법이다. 이 방법은

8) 유종해, 현대행정학(서울: 박영사, 1981), p. 566.

엄격하게 짜인 평정표를 사용할 때에 간과하게 되는 요소를 포착하는 데는 유용하지만 여러 사람을 비교하는 데는 부적당한 방법이다.

V. 운 영

1. 피평정자의 범위

분류에서 본 바와 같이 공무원의 개념·범위는 다양하나 일반적으로 근무성적평정의 대상이 되는 공무원은 다음의 두 가지 점에서 한정된다.

첫째, 실적주의가 적용되는 공무원에 한정됨이 원칙이다. 따라서 우리나라의 경우 대체로 일반직 공무원이 이에 해당되며 실적주의가 적용되지 않는 별정직 공무원은 여기서 제외된다고 볼 수 있다.

둘째, 실적주의가 적용되는 관직이라 하더라도 그 직위가 비교적 높은 경우는 적용이 불필요하거나 실시가 곤란하고, 적용의의도 별로 없게 된다. 예를 들어 직무의 성질이 정치적 성격이나 재량적 판단의 여지가 큰 국장급 이상의 일반직 공무원은 기술상 평정이 곤란하고, 또 그들은 승급·승진의 여지가 적기 때문에 활용할 여지도 적기 때문이다. 현재 우리나라는 5급 이하의 국가공무원에게 적용하도록 되어 있다.

2. 평정자의 수와 교육훈련

한 사람의 평정자가 단독으로 하는 것보다는 여러 사람이 평정하여 평균치를 구하는 것이 훨씬 평정의 공정을 기할 수 있다고 생각된다. 따라서 보통 제 1 차 평정과 제 2 차 평정을 하고 있는데, 제 2 차 평정자는 제 1 차 평정의 결과를 확인·검토하는 역할을 함이 보통이며, 비중을 같이 할 수도 있고 제 1 차 평정의 비중을 크게 할 수도 있다. 우리나라는 양자의 비중을 같게 하고 있다.

그런데 이 평정의 성패는 결과의 객관성과 공정성에 좌우되며, 평정자 자신의 사실에 근거한 공정하고 객관적인 평가여하에 좌우된다. 따라서 훈련 등 이들의 평정능력의 향상을 위한 노력이 필요하게 되는 것이다.

3. 평정요소

1) 선 택 이는 평정제의 용도와 피평정자의 직급에 따라 적절히 선택되어야 한다. 예를 들면, 기술직과 사무직, 9급과 1999년부터 4급 이상 공무원에 대한 평정을 달리하는 시작은 잘 된 것으로 본다. 따라서 이는 사정이 허용하는 한 어느 정도 분권화·다원화시키는 것이 바람직하다.

그런데 이 때 주의할 점은 ① 평정요소간의 중첩이 없도록 할 것이며, ② 요소 사이의 구별이 명확하고 한정적(specific)이어야 하며, ③ 평정요소는 추상적이고 일반적인 문구보다는 간단명료하여 보다 구체적으로 관찰될 수 있는 사실로 표현되어야 한다는 점 등을 들 수 있다.

2) **평정대상과 평정요소** 감독자평정 경우 평정대상은 근무실적으로 실적의 질, 양, 적시성, 업무개선도를 보며, 직무수행능력으로는 정보화능력, 업무숙지도, 판단력, 기획력, 업무추진력을 본다. 그리고 직무수행태도를 보는 바 이는 소속장관이 정한 감점기준에 따라 평정한다.

3) **평정요소의 비중** 여러 요소간의 중요성에 따라 비중을 달리하는 것이 타당한 바, 우리나라에서는 근무성적 평정의 경우 근무실적 60%, 직무수행능력 30%, 직무수행태도 10%로 평정요소별 배점비율을 달리한다. 이에 요소의 수와 비중에 관한 유의할 점을 몇 가지 들어 보기로 한다.

① 실제 평정에 있어 어느 요소가 더욱 중요시되느냐 하는 것은 형식적인 점수의 차이에 의하여 생기는 것이 아니라, 실제 평점의 차이에 의하여 결정되는 것이므로 형식적으로 부여된 점수보다는 실제 평점에 나타나는 편차 또는 표준편차를 고려하여야 한다.

② 평정요소 사이의 비중의 차이를 정할 때 각 직원에 요청되는 평정요소의 정도를 사전에 면밀히 검토하여야 한다. 그렇지 않으면 비중의 결정이 잘못되어 오히려 가중치를 사용하지 않는 경우보다 불합리한 결과를 야기하기 쉽다.

③ 평정요소의 비중이 거의 반을 차지하게 되는 관계로 평정에 있어서 과학적이고 조직의 특성과 업무의 성질에 따라서 유동적으로 평가해야 한다.

4. 등급의 수

3～5등급으로 하고 있는 것이 보통이다. 등급수가 너무 많아도 등급 간의 명백한 분리가 힘들게 되는 반면 그 수가 너무 적어도 충분한 분별이 되지 않게 되는데, 우리나라의 경우 근무실적 평정경우는 평정요소별로 '탁월', '우수', '보통', '미흡', '불량'으로 평정하고 있다.

5. 표준화(standardization)

근무성적은 여러 사람의 성적을 측정·비교하려는 데 그 목적의 하나가 있으므로 부처·국·과별로 표준화할 필요가 있는 것이다.

이를 위한 몇 가지 방법을 들면 다음과 같다.

① 강제배분제를 들 수 있다.

② 평균치를 사전에 정하여 놓고 거기에 일치시키도록 한다.

③ 기관별로 각 평정자와 확인자가 평정한 것을 합의제 기관을 두어 이를 조정하도록

한다.

④ 규칙적 오류(systematic error or constant error)와 총계적 오류(total error)의 계산방법이 있다.[9)]

규칙적 오류란, 어떠한 요소에 대한 평정에 있어 피평가자를 과대 또는 과소평가하는 것을 말하며, 총계적 오류란, 평정자의 동일피평정자에 대한 평정과 평균치 사이의 차이의 총계를 말한다. 따라서 규칙적 오류를 통하여 그 평정자의 평정습관과 그 정도, 즉 후한 편인가 또는 박한 편인가와 그 정도를 숫자로 표시할 수 있고, 총계적 오류로는 평정자가 평균치에서 얼마나 이탈하는가를 나타내는 이탈도를 알 수 있기 때문에 이를 조정할 수 있는 것이다.

6. 평정결과의 공개

여기서 공개란, 모든 피평정자에게 일률적으로 공시한다는 것이 아니고 본인에게 개별적으로 그 결과를 알려 준다고 하는 것을 뜻하는데, 근거로는 보통 다음과 같은 것이 지적되고 있다.

① 평정의 목적이 상벌에만 있는 것이 아니라 점차 개인의 능력·특성을 파악하고 단점, 시정해야 할 점이 발견되면 이를 본인에게 알려 주어 시정토록 하고, 장점은 잘 살리도록 하여 근무능률의 향상을 기하려는데 있는바, 공개하는 것이 이러한 목적에 부합된다.

② 평정자가 평정하는 데 있어 보다 관심과 신중을 기울이며 보다 공정한 평정을 하게 된다.

③ 공개하지 않더라도 본인들은 자기의 근무성적평정을 알게 되는 것이 보통이라는 점 등이다.

그러나 이에는 반대하는 입장도 있으니 그 주장을 들어 보면 다음과 같다.

① 공개함으로써 오히려 사기를 저하시키며, ② 평정자로 하여금 더욱 관대화경향을 촉진시킬 우려가 있다는 점이다. 그러나 여기서 주의할 점은 본인에게 평정의 결과를 알려 주는 방식·태도에 있어 단순히 그 평정결과를 본인에 알려 주는 데 그칠 것이 아니라 상담(counselling)의 형식으로 그의 장·단점을 들어 같이 의논하는 태도와 방법을 기술적으로 사용하면 그 효과가 크다.

7. 소　　원

근무성적 평정문제는 어느 분야보다도 평정자의 주관·편견·정실이 개입하기 쉬운 분야이므로, 피평정자에게 그의 평정이 부당하다고 생각되는 경우에는 이에 대하여 공정

9) Dale Yoder, *Personnel Management and Industrial Relations*(Englewood Cliffs, N.J.: Prentice-Hall, 1956), pp. 590～592.

한 재결을 요구할 수 있는 기회와 권리를 부여하여 보다 공정한 평정을 기하여 보려는 데에 소원제도의 참뜻이 있다.

물론 이것이 제도화되면 평정자들이 평정에 있어 보다 신중과 공정을 기하기도 하겠지만 반대로 모종의 심리적 압박을 느껴 관대화경향을 더욱 강화할 우려도 있어 양자의 적절한 조화와 운영의 묘가 요청되고 있다.

그러나 우리나라는 아직 이에 관한 제도를 두고 있지 않고, 미국은 소원제도를 인정하고 있다.

Ⅵ. 근무성적 평정제도의 발전방안

1. 패러다임의 전환

첫째, 평정자와 확인자의 평점비율이 50 대 50인데 국장급 평정자가 사실상 피평정자의 태도, 능력평가가 어려운 바, 객관적인 평정표를 만들도록 한다.

둘째, 개인능력발전과 평정결과의 다양한 활용체제가 수립되어야 한다.

2. 운영면의 개선

첫째, 평정의 결과에 대한 소청이나 평정상담이 필요하며 공정성 · 신뢰성의 제고방안이 나와야 한다.

둘째, 승진 경우 5점 이내의 실적가점제도는 근무성적평정시 적절하게 반영되어야 할 것이다.

셋째, 직무수행태도평정시 감점사유로 무단결근과 조퇴, 지각, 장시간 무단이석, 대민불친절, 민원야기, 업무태도에 대한 기관장 경고 등이나 목표관리 차원에서 볼 필요도 있는바, 지속적 관찰과 감정개입이 문제됨을 인식할 필요도 있다.

넷째, 근무실적을 객관적이고 공정하게 평정할 수 있는 기준이나 지표의 설정이 요구된다.

제 3 절 승진제도

Ⅰ. 승진의 의의

승진(promotion)이란, 하위자가 보다 책임과 곤란성의 정도가 높은 상위의 직위로 이동하는 것을 말하며, 따라서 동일급류 내에서 호봉이 올라가는 승급(within grade salary increases)과는 구별된다.

승진은 공무원의 비상한 관심의 하나로 되어 있는 까닭에 해당 기관에서 승진요건을 구비한 자 중에서 해당 급류에서의 근무연수·직무수행능력 및 실적·연금·인품 등을 종합평가하여 공정하게 적격자를 선발 승진시킬 때에 공무원의 사기는 향상되고, 인화단결과 개인 및 조직의 생산성도 증진된다. 반면에 승진제도가 정실과 정치권력이나 금력 등의 작용에 의하여 불공정하게 운용될 때에는 그 기관의 인사질서는 문란하게 되어 전자와 정반대의 현상이 일어나게 되므로 승진제도는 인사관리에 있어서 가장 중요한 비중을 차지하고 있다.

Ⅱ. 승진임용방법

승진은 승진요건을 구비한 자를 어떤 방법에 의하여 승진임용하느냐에 따라 특별승진과 공개경쟁승진 등으로 구분된다.

1. 특별승진

일반승진은 임용권자가 승진후보자 명부의 순위에 따라 승진임용하는 것인데 반해 특별승진은 근무성적평정·경력평정·승진시험에 관계없이 다음에 해당하는 경우(국가공무원법 제40조의4 제1항), 즉

① 청렴과 투철한 봉사정신으로 직무에 정려하여 공무집행의 공정성 유지와 깨끗한 공직사회 구현에 있어서 다른 공무원의 귀감이 되는 자

② 직무수행능력이 탁월하여 행정발전에 지대한 공헌을 한 자

③ 제안의 채택·시행으로 국가예산의 절감 등 행정운영발전에 현저한 실적이 있는 자

④ 재직중 공적이 특히 현저한 자가 명예퇴직할 때

⑤ 재직중 공적이 특히 현저한 자가 공무로 인하여 사망한 때

특별승진 임용하거나 일반승진시험에 우선 응시하게 하는 것을 말한다.

2. 공개경쟁승진

공개경쟁채용·특별승진에 의할 수 없는 사유가 있을 때에 기관별 또는 승진후보자명부의 순위 등에 관계없이 5급에의 승진요건을 구비한 6급공무원에게 공개실시한 공개승진시험에 합격한 자를 중앙인사위원회에 임용후보자로 등록케 하여 임용한다. 이 제도는 승진에 있어서의 부처간의 불균형을 제거하고 젊은 신진들에게 승진의 기회를 부여하며 부처간 인사교류방법의 역할도 하게 되므로 연간 1회 정도는 실시하여야 할 것이다.

이 시험은 소속기관과 승진순위에 관계 없이 응시의 기회가 부여된다(국가공무원법 제41조).

Ⅲ. 승진소요 최저연수

공무원이 승진함에 있어서는 당해 급류 또는 등급에서 다음의 기간을 재직하여야 한다.

· 일반직 3급 이상—3년 이상

· 일반직 4급 및 5급—5년 이상

· 일반직 6급—4년 이상

· 일반직 7급 · 8급 및 7등급 · 8등급 기능직—3년 이상

· 일반직 9급—2년 이상

시보임용기간 · 휴직기간 · 직위해제기간 · 징계처분기간 및 승진임용제한기간은 포함하지 아니하되, 6급 공개채용시험에 합격한 자의 시보임용기간과 지방공무원의 퇴직 전의 퇴직기간의 경력은 산입한다.

Ⅳ. 승진후보자 명부

5급 이하 공무원의 승진은 승진후보자명부에 의한 일정배수의 범위 안에서 승진임용하는바, 그 승진후보자 명부작성 요소인 근무성적평정 · 경력평정 · 훈련성적평정 · 가점평가에 대하여 설명하고자 한다.

1. 근무성적평정

⑴ 근무성적평정의 의의

근무성적평정은 당해공무원이 일정한 기간 수행한 직무의 수행능력, 직무수행태도 등을 일정기준에 의하여 평가하여 승진 · 승급 · 전보 기타 인사관리에 반영하기 위한 제도이다.

⑵ 평정의 기준

근무성적을 평정함에 있어서는 평정자의 주관성과 독단성, 선입관 등을 배제하기 위하여 다음의 기준에 의하여 평정하여야 한다.

1) 객 관 성 동일한 사람을 여러 사람이 평정하더라도 동일한 평정결과가 나오도록 하는 것을 말한다.

2) 신 뢰 성 동일인의 평정자가 시간과 장소를 달리하여 여러 번 평정하여도 동일한 평정결과가 나오도록 하는 것을 말한다.

3) 타 당 성 피평정자가 평정기간중에 수행한 근무상황을 사실대로 평정하는 것을 말한다.

(3) 평정시기

4급 이상은 12월말 1회, 5급 이하와 기능직 공무원은 6월말, 12월말 2회 평정한다 (공무원평정규칙 행정자치부령 제2조 제61호).

(4) 평정자와 확인자

평정자는 소속장관이 정하는 피평정자의 상급감독자가 되고 확인자는 평정자의 직근 상급감독자가 된다.

(5) 평정점의 분포비율

평정자는 소속 피평정자의 직급별로 평정결과가 분포비율에 맞도록 평정하여야 하며, 확인자는 소속 피평정자 전원에 대하여 분포비율을 기준으로 확인한다.

근무성적평정위원회는 평정대상 공무원을 상대평정하여 서열 · 평정등급 · 평정점을 결정하고 근무성적평정표를 작성한다. 이 때 근무성적평정점간 간격과 평정점별 인원 수가 균등하도록 평정하여야 한다.

[표 6-3-2] 근무성적평정점

수(20%)	우(40%)	양(30%)	가(10%)
46점 이상 50점 이하	39점 이상 46점 미만	23점 이상 38점 미만	23점 미만

(6) 근무성적평정조정위원회

평정자와 확인자의 평정결과가 분포비율을 초과하는 경우 이를 조정하기 위하여 승진후보자명부 작성단위기관별로 6급 이상 및 7급 이하 근무평정조정위원회를 설치하고, 위원은 피평정자의 상위급류공무원 중에서 임용권자 또는 임용제청권자가 지정하는 5인 이상 7인 이내의 위원으로 구성하고, 평정결과는 공개하지 아니한다.

2. 경력평정

(1) 경력평정의 의의

경력평정은 당해 공무원의 경력(practical experience)이 담당직무수행과 관계되는 정도를 수직적으로 평정하여 승진 기타 인사관리에 반영하는 제도로서 평정일 현재 승진소요최저연수에 도달한 5급 이하 · 기능직공무원에 대하여 평정한다.

(2) 평정의 기준

1) **근시성의 원칙** 과거의 경력보다 최근의 새로운 경력을 중요시하고, 그 경력의 배점을 높게 평정하는 것을 말한다.

2) **친근성의 원칙** 현재 담당직무(직급)를 기준으로 과거의 경력들이 어느 정도 관련성과 유사성이 있는가를 평정하는 것을 말한다.

3) **습득성의 원칙**　담당직무수행에 대한 숙련도를 평정하는 것을 말한다.

4) **발전성의 원칙**　임용예정자의 학력 · 자격 · 국내외의 훈련 등에 의하여 장래 발전할 수 있는 능력의 유무를 예측하여 평정하는 것을 말한다.

(3) 경력평정의 장·단점

1) **장　점**　① 합리적이고 객관적인 평가를 할 수 있다. ② 인사권자의 정실이 개입할 여지가 적다. ③ 공무원 각자가 자기발전을 하는 데 노력하게 된다. ④ 공직의 안정성을 높일 수 있다. ⑤ 경험 있는 지식으로 상황에 대처하는 판단력과 지도력 등을 발휘할 수 있다.

2) **단　점**　① 높은 경력을 가진 자를 원하기 때문에 낮은 경력을 가진 유능한 공무원은 등용이 어렵다. ② 행정이 침체되어 비능률적이다. ③ 많은 연수에 따른 경력을 요구하기 때문에 신임자의 이직률이 높다.

(4) 경력의 종류 및 등급

경력은 기본경력(평정기준일로부터 최근 4년) · 초과경력(기본경력 전 4년) · 유사경력(평정기준일로부터 최근 8년)으로 구분하고, 동일직급의 일반직국가 · 지방공무원의 경력을 '갑'경력, 동일직군의 동일급류의 경력을 '을'경력(현직급과 직무내용이 유사한 동일급류의 기술직렬과 연구직렬의 경력 상호간도 을경력으로 한다)으로 평정한다. 또한 직군이 다른 동일급류의 일반직 및 지방공무원의 경력을 '병'경력, 동일직군내의 바로 하위급류의 경력을 '정'경력이라 한다. 동일급류상당의 별정직공무원의 경력, 4급 · 8급의 경우에는 동일급류 상당의 기능직공무원의 경력을 평정한다.

(5) 평정자와 확인자

5급 · 6급 공무원의 평정자는 인사담당관이 되고 확인자는 피평정자의 소속 2급 이상 기관의 장이 된다. 7급 이하 · 기능직공무원의 평정자는 소속인사담당관이 되고 확인자는 피평정자의 승진임용권자가 된다.

(6) 경력의 평정

경력의 평정은 다음 표와 같다.

[표 6-3-3] 계급별 월경력평정점수표

구분		
5　급	84월 이내의 환산경력월수	84월을 초과하는 환산경력월수
	0.31점	0.07점
6급, 연구사, 지도사, 기능직, 기능 6급 이상	72월 이내의 환산경력월수	72월을 초과하는 환산경력월수
	0.35점	0.11점
7급 이하, 기능직, 기능 7급 이하	60월 이내의 환산경력월수	60월을 초과하는 환산경력월수
	0.40점	0.17점

자료: 행정자치부 1999년 공무원평정규정(별표 3).

3. 훈련성적평정

훈련성적은 정기평정일로부터 5년 이내에 당해 급류 또는 당해 등급에 받은 2주 이상의 훈련성적에 한하여 평정하며, 훈련성적의 평정점은 20점 만점이다. 단, 연간 10점을 초과하여 평정할 수 없다.

4. 가점평정(加點評定)

5급 이하 공무원, 연구사·지도사 및 기능직 공무원의 승진후보자 명부작성시 7.25 범위 내로 평정하며 각종 자격증 또는 이수증 소지자에 1.0점, 특수지 근무경력가점(1.25점) 및 실적가점(5점)으로 구분한다.

5. 인사평정서 작성과 다면평정제

이와 같은 모든 요소들을 바탕으로 1급 내지 4급 이상 공무원을 승진·임용함에 있어서 국가에의 공헌 실적·능력·경력·전공분야·인품 및 적성 등을 평정하는 인사평정서를 작성하도록 되어 있다. 이 인사평정서를 작성 활용하도록 함으로써 고급공무원의 인사관리에 있어서도 공정하고 객관적인 기준을 설정하여 운영하게 되는데, 정실을 배제하고 합리적·공정한 평정이 이루어진다면 승진에 있어서 가장 효과적인 제도가 될 것이다.

그리고 상급자 중심으로 평가만이 아닌 동료·부하·민원인 등의 4각측량평가를 다면평가로 활성화시켜 승진·보직 관리에 활용할 필요가 더욱 절실하다.

제 4 절 전직·전보

I. 의 의

전직이나 전보란, 직책상의 비중이 커지거나 보수액이 증가하는 것이 아니라 동일직급 내에서 직렬이나 직위만 이동하는 것을 말한다. 이 점에서 현직책보다 무겁고 어려운 직책으로 이동하며, 그에 따라 보수액도 증액되는 승진과 구별된다.

1. 전직(轉職, transfer)

등급은 동일하나 직렬을 달리하는 직급의 직위로 횡적인 이동을 함을 의미한다.[10] 과

10) Felix A. Nigro, *Public Personnel Administration*(N.Y.: Holt, Rinehart and Winston, Inc., 1959), p. 33. 국가공무원법은 '직열을 달리하는 임명'이라고 규정(제 5 조).

거 계급구분제 아래서는 계급만 같으면 어떤 직위에도 이동할 수 있는 특징이 악이용되어 행정의 전문화에 역행한 바 있다. 따라서 직렬을 달리하는 직급으로의 이동에는 새로운 직급이 요구하는 전문적 지식·기술을 갖추고 있는가를 시험코자 전직시험제를 두고 있다.

2. 전보(reassignment)

동일한 직급 안에서 직위만 변동되는 것을 의미한다. 전보는 시험을 치를 필요가 없음은 물론이다.

Ⅱ. 용 도

1. 문 제 점

이러한 전·보직은 행정을 효과적으로 달성할 수 있는 방향으로 이용되어야 할 것으로 생각되나, 종래 우리나라에서는 이 제도가 지니는 의의를 제대로 인식하지 못하고 악용된 사례가 비일비재하다. 몇 가지 사례를 들어 보면 다음과 같다.

(1) 부패방지수단으로 이용

전통적으로 부패가 심한데 그는 한 사람이 너무나 한 자리에 오래 머물러 있게 되면 부패하기 쉽다는 생각에서 자주 자리를 바꾸었던 것이다. 그러나 이는 공무원의 전문화에 역행하는 것이다.

(2) 징계수단으로의 이용

어떤 공무원의 비위사실이 지적되면 마땅히 상당한 징계를 받아야 함에도 불구하고, 특히 그 사실이 외부에 알려지지 않은 경우에는 인간관계를 잘못 이해하고 본인의 체면, 정실관계, 배경 등을 고려하여 정식징계절차를 밟는 대신 중앙에서 지방으로 또는 요직에서 한직 등으로 전보발령을 내는 것이 관례가 되다시피 하였다. 그러나 이는 규율의 문란과 행정능률의 저하만 초래할 뿐이다.

(3) 개인적인 혜택을 주는 데에의 이용

음성수입·권력·예산규모·최고 책임자와의 접근 빈도 등에 따라 비공식적으로 이른바 요직과 한직이 결정되는데, 인사권자는 어떤 직원에게 개인적인 혜택을 주기 위하여 그의 능력·실적·자격과는 관계 없이 그를 요직에 앉히고 그로부터 반대급부를 받거나, 반대로 눈에 거슬리는 직원을 좌천시키는 수단으로 이용하는 사례는 지금까지 성행하고 있다.

따라서 인사권자가 바뀔 때마다 전직·전보가 따르게 되어, 직원의 사기는 물론 실적주의 수립이나 전문화 등에 역행하는 인사의 악순환이 계속되고 있는 것이다.

2. 합리적 이용방법

이처럼 종래의 잘못된 이용방법을 지양하고 행정의 능률화·민주화에 공헌할 수 있는 방법을 모색하여야 할 것인바, 몇 가지 사례를 중심으로 그 방향을 제시해 보기로 한다.

(1) 교육훈련(능력발전)

공무원의 폭넓은 경험과 능력발전을 위해서는 여건이 허용하는 한 동일기관에서만 장기 근무하는 것보다는 여러 기관(중앙기관·지방기관·교육원·연구소·공사기업체·국제기관 등)과의 교류를 통하여 광범위한 경험을 쌓는 것이 좋다는 것이다.[11] 이는 교육훈련으로서의 의미를 가진다고 할 수 있다.

(2) 행정조직상·관리상 변혁

이 경우의 전직이나 전보는 불가피하다 하겠다. 그러나 타 부처로의 이관으로 인한 경우, 그 부처에서 가장 불필요하고 열등한 공무원을 보내는 경향이 있는데 이 점은 시정을 요한다.

(3) 인화관계의 개선

어떤 직원이 유능하기는 하나 동료직원들로부터 소외되거나 어떤 직원이나 상관과의 관계가 유달리 좋지 못하고, 보통의 방법으로서는 개선의 여지가 없을 경우, 전근시키는 경우를 말한다. 그런데 이는 잘못 이용되기 쉬우므로 특히 신중을 요한다.

(4) 능력상의 일치

자기가 맡은 직책이 요구하는 능력과 그의 능력·흥미간의 일치를 보지 못할 경우, 그의 능력·흥미에 맞는 직위로 전보·전직시키는 것을 말한다.

(5) 권태방지

이는 특히 담당업무가 아주 일상적(routine job)이며 반복적인 것인 경우에 필요하게 될 것이다.

(6) 계획의 우선순위에 따른 인사

발전행정에 있어서는 사업계획의 우선순위에 따른 인사배치를 하기 위하여 전직·전보가 요구된다.[12]

---

11) F. P. Kilpatrick et al., *The Image of the Federal Service*(Washington, D.C.: The Brookings Institution, 1964), p. 254. 이 밖에 영국·인도·파키스탄 등도 이러한 제도적 조치가 취해지고 있다.

12) 박동서, 전게서, pp. 358~359.

Ⅲ. 공무원 겸임제도

1. 의 의

공무원 겸임제도는 동일직위 및 직무내용이 유사하고 직무수행의 효율적인 운영과 고급두뇌인력의 공동활용을 함으로써 정부와 민간상호간의 지식이나 정보교환 등에 폐쇄성을 타파하도록 공무원의 직위가 2개 이상인 것을 말한다.

2. 운영제도

공무원 겸임제도의 내용은 특수전문분야의 일반직 공무원과 타일반직 공무원의 상호간·일반직 공무원과 대통령령으로 정하는 관련교육, 연구기관 기타 정부산하단체의 임직원 상호간의 겸직이 가능하고 그 임직원이 특수전문분야의 별정직 공무원으로도 겸직이 가능하다. 이와 같은 겸임제도는 행위의 능률과 전문성을 기하고 보다 신축적이고 발전적인 체제를 정비하는 데 좋은 제도라 할 수 있는데 이의 장·단점으로는 다음과 같다.

3. 장·단점

(1) 장 점

1) 정부 내 인력을 공동활용할 수 있다.

2) 정부와 민간 사이에 전문인력을 상호교환할 수 있다.

3) 공무원의 능력발전에 박차를 가할 수 있다.

4) 개방된 제도를 유지함으로써 조직의 발전을 꾀할 수 있다.

5) 이론과 실제를 상호적용할 수가 있다.

6) 협동체적인 관계로 목표의 극대화를 누릴 수 있다.

7) 행정의 민주화에 기여할 수 있다.

8) 원활한 인간관계 형성을 수립할 수 있다.

(2) 단 점

1) 행정의 공백상태가 온다.

2) 실질적인 효과달성에 많은 시간이 걸린다.

3) 좀더 편한 곳에서 일하고자 하는 생각을 가질 수가 있다.

4) 정부인력과 민간인력을 공동활용함으로써 오히려 행정지도에 결여성을 유발하기 쉽다.

5) 권위주의적인 정부인사가 민간과의 접촉으로 인간적 마찰을 일으킬 수가 있다는 것 등으로 살펴볼 수가 있는데 이 경영제도를 적극적으로 활용하기 위해서는 공직과 기타 연구기관 또는 특수전문분야에 대한 투철한 직무의욕과 사명감이 따라야 되며, 자유스러운 활동이 이루어지도록 분위기 조성을 해야 한다.

Ⅳ. 공무원 파견 및 부처간 인사교류

1. 의 의

공무원 파견 및 부처간 인사교류는 정부의 균형 있는 인사배치와 해당직무를 효율적으로 파악하고 집행해 나갈 수 있도록 다양한 업무경험을 축적함으로써 공무원 자신의 능력발전과 국가발전을 할 수 있도록 하는 제도이다.

2. 운영내용[13)]

공무원의 파견은 국가적인 업무수행이나 업무수행에 관련된 행정지원 또는 연수 기타 능력개발이 필요한 경우 각급 기관의 장은 소속공무원을 다른 국가기관, 공공단체, 정부투자기관, 국내외의 교육기관 또는 연구기관에 파견을 하여 근무할 수 있도록 하고, 부처간 인사교류는 행정기관 상호간에 인사교류가 필요하다고 인식될 때 중앙인사위원회의 인사교류 심의위원회의 심의를 거쳐 인사교류계획을 수립하고 국무총리를 경유하여 대통령의 승인을 얻어 실시하고 있다.

3. 장·단점

(1) 장 점

1) 행정의 전문성을 높일 수 있다.

2) 각 부처간 상호이해도를 증진시킬 수 있다.

3) 중앙 및 지방간의 지역적 격차를 좁힐 수 있다.

4) 공무원의 다양한 경험을 축적할 수 있는 기회를 조성해 준다.

5) 공무원의 승진에 필요한 학력과 경력을 제공해 준다.

6) 유능한 인재의 적극적 활용이다.

7) 행정조직의 신축성을 부여할 수 있고 공무원의 능력개발에 아주 효율적이다.

(2) 단 점

1) 공무원 파견이나 인사교류시 정실이 개입할 우려가 있다. 즉 유능한 공무원을 타부처로 뺏기지 않으려는 면과 자기부처로 데려오게 하려는 면이다.

2) 일관성 있는 행정업무가 이루어지지 않는다.

3) 공무원 자신의 가치가 혼란되기 쉽다.

4) 중앙공무원은 지방의 파견이나 인사교류를 회피하는 경향이 있다.

5) 공무원의 업무능력이 비생산적일 때 이 조항에 의거하여 한직으로 쫓겨날 우려가 있다는 것 등을 들 수 있다.

---

13) 국가공무원법 제32조 제 2 항 및 제 3 항.

4. 개선방향

1) 인사교류위원회가 공정성과 형평성을 유지해야 한다.

2) 파견이나 인사교류를 이수한 공무원은 다른 공무원보다 승진에 있어서 대우를 해줘야 한다.

3) 파견기간을 2년에서 조금 연장, 운영하여 이론을 습득한 후 실제에 적용할 기회를 줘야 한다.

4) 합리적 · 과학적 인사교류를 실시하기 위하여 개인의 취미, 선호도를 측정, 잘 운영해야 한다.

5) 파견 및 인사교류에 대한 기본정책의 수립과 인사운영의 세부적인 계획을 수립해야 한다.

Ⅴ. 고위공무원단 제도 도입방안

1. 고위공무원단의 구성

1) 법령에 의해 교육 및 직무 파견되는 고위공무원을 포함한 실, 국장급 일반직 · 별정직 · 계약직 및 외무직 공무원으로 구성한다.

2) 지방자치단체 및 지방교육청에서 근무하는 국가직 고위공무원을 포함한다(부시장, 부지사 및 부교육감 등).[14)]

2. 고위공무원단의 계급

1) 현행 1급(관리관), 2급(이사관), 3급(부이사관)의 계급구분을 폐지한다. 따라서 계급구애 없는 폭넓은 인선으로 인재를 적재적소에 활용한다.

2) 신분적 계급 대신 직위의 직무값에 따라 부여되는 직무등급을 기준으로 인사관리를 한다.

3) 일반직 · 기능직 공무원의 계급구분은 1급 내지 9급으로 구분한다. 다만 고위공무원단에 속하는 공무원 경우는 그러하지 아니한다.

3. 고위공무원단의 소속과 인사권

1) 각 부처 장관은 소속에 관계 없이 전체 고위공무원단 중에서 적임자를 임용 · 제청한다.

2) 내부전보 · 교육훈련 · 성과관리 · 징계 등의 실시를 포함, 소속장관이 인사 · 복무관

14) 고위공무원단 대상자 현황(2005년 5월 기준: 대통령자문 정부혁신 지방분권위원회 간 참여정부의 인사개혁백서 3, p. 153), 고위공무원단 1,582명 중 일반(690), 별정(173), 계약(46), 외무(344), 직무(170), 교육(81), 지자체(59), 교육청(19).

리를 담당한다.

3) 중앙인사위는 장관들의 임용제청권 등과 관련된 이해를 조정하고 부처별 초과현원을 범정부 차원에서 통합관리한다.

4) 국가공무원법 개정법률은 효율적 인사관리를 하기 위함이다.

4. 고위공무원단의 충원

1) 개방형 직위를 통한 민간과의 경쟁, 부처간 경쟁으로 적격자를 충원한다(예시: 개방형(20%)+직위공모(30%)+부처 자율인사(50%)).

2) 기존의 실·국장급 재직자를 일괄하여 고위공무원단으로 편입한다.

3) 고위공무원단으로의 신규진입은 후보자교육이수·역량평가를 필요로 한다.

5. 성과관리 및 능력개발

1) 직무성과 계약제를 실시한다.

2) 직무성과급 제도를 도입한다.

3) 능력개발을 강화한다.

6. 신분관리

1) 정년 및 신분보장제도는 직업공무원제의 근간으로 유지한다.

2) 5년 주기로 적격심사를 실시하여 신분상의 조치를 한다(연속 2년 최하위 근무성적평가, 총 3회에 걸쳐 최하위 평가를 받은 자).

7. 제도 도입 후의 특징

1) 인사기준에서 계급 아닌 직무난이도·중요도의 차이를 기준으로 인사관리를 한다.

2) 부처간 인사교류: 직위공모 등 제도화된 절차를 통해 공식적·상식적으로 이루어진다.

3) 성과관리 경우 직무성과계약제가 실시된다.

4) 보수의 경우 계급제적 연봉제에서 직무성과급제로 바뀐다.

5) 자질·능력 평가가 추상적이 아니고 객관적 역량평가제가 된다.

6) 교육훈련이 획일적 강의교육이 아닌 부족역량을 개발하는 맞춤형 교육으로 강화된다.

7) 인사심사는 1~3급 채용 및 승진시마다 중앙인사위원회 인사심사가 있고 각 부처 인사자율권도 확대된다(계급단계별 심사).

8) 신분관리의 경우 온정적 신분보장이 아닌 정치적 중립성, 정년 및 신분보장은 존치하되 최하위 연속, 무보직 2년 등의 경우 인사조치한다.

⑤ 표준화(standardization)가 곤란하다는 점이다. 즉 부·국·과 사이에 차이가 나타나는데, 이는 다음의 두 가지 원인에 기인된다고 볼 수 있겠는데, 하나는 사실상 직원의 수준에 차이가 있기 때문에 그런 것이고, 다른 하나는 직원의 수준상의 차이보다는 평가자의 공정 기준상의 차이에서 나타날 수 있다는 것이다.

이상 지적한 몇 가지 문제점으로 인하여 정확하고 공정한 근무성적평정이 되지 않아 오히려 정실·비실적을 옹호하는 결과를 초래하고 있는데, 문제는 아직까지 이를 대체할 만한 어떤 객관적인 측정단위를 발견할 수 없다는 데 있다. 따라서 평정자는 근무성적평정이 내포하는 이러한 문제점을 숙지하고 이 제도의 타당성·신뢰도·객관도를 높여 소기의 기능을 발휘할 수 있도록 신중하고 공정하게 평정하여 그들의 사기향상과 행정관리발전에 기여할 수 있도록 노력하여야 할 것이 요청되고 있다.

Ⅳ. 평가방법

1. 도표식(graphic rating scale)

⑴ 의 의

한 쪽에 평정요소를 나열하고 다른 쪽에는 등급을 표시하는 척도(scale)가 표시된다. 척도로는 언어나 숫자가 많이 사용되며 각 등급마다 설명을 가하여 평가자를 돕도록 하는 것이 보통이다. 우리나라에서도 이 방법을 사용하고 있다.

우리나라의 경우를 보면 5급 공무원의 경우, 평정요소를 근무실적·근무수행능력·근무수행태도 등으로 3대분한 후 구체적으로 7개로 세분하여 각 평정요소의 비중을 달리하고 있다. 따라서 평정자와 확인자는 각 평정요소별로 해당 등급에 표시만 하면 되는데, 이는 누구나 어느 정도 평정요소에 기록된 내용의 특징을 가지고 있으며 그를 평가자나 확인자에게 나타낼 기회를 공평하게 가졌다는 것을 전제로 하고 있는 것이다.

⑵ 장 점

① 평정표의 작성이 간단하다.

② 평정이 간단하고 이를 상벌의 목적에 이용하기에 편리하다.

③ 일시에 많은 직원을 신속하게 평정할 수 있다.

⑶ 단 점

① 평정요소가 너무 개괄적이고 추상적이어서 비교의 기준이 분명치 못하다.

② 각 등급간의 차이가 균일한 것을 전제하고 있으나 실제에 있어서는 근무성적간의 차이가 그처럼 균일할 수 없다.

③ 집중화경향·관대화경향·연쇄효과 등이 크게 나타난다.

제 5 절 면 직

Ⅰ. 의 의

면직이란, 공무원이 직무를 충실히 수행하지 못하여 국가나 국민에 대한 불안감을 조성하여 주고 지휘 · 감독능력 부족으로 정책수행에 막대한 지장을 초래한 경우에 해당 공무원에 대하여 공직에서 분리시키는 제도를 말한다.

즉 면직은 이와 같은 공무원을 그의 의사와 관계없이 새로운 인력관리면에서 실시하는 제도로서 파면과 정년퇴직, 명예퇴직, 감원제도 등을 들 수가 있다. 한편 면직제도의 지나친 남용은 직업공무원제도와 공무원 사기 및 신분보장에 중대한 영향을 미치게 되며, 또한 지나친 면직의 보호는 공무원의 침체현상과 부정부패 성장요인, 무사안일주의 등으로 빠지게 되므로 이에 대한 적절한 조정과 조화를 요한다고 볼 수 있다.

Ⅱ. 강제퇴직(파면 해임)

공무원의 징계처분 중 가장 강력하고 강제적인 성격을 띤 것으로서 공무원의 의사와는 관계 없이 공직에서 퇴직시키는 제도이다. 우리나라에서 쓰고 있는 징계처분은 파면, 해임, 정직, 감봉, 견책 등 5가지가 있다.

그리고 당연퇴직은 공무원이 금치산자, 한정치산자가 되거나 파산자로서 복권되지 아니한 경우 또는 금고 이상의 형을 받고 집행이 종료되지 않거나 집행유예 및 선고유예중인 경우는 당연히 퇴직된다.

Ⅲ. 정년퇴직

정년제도는 재직중에 강제적이나 준강제적인 성격을 띤 경우는 없지만 노령이나 장기근속, 계급정년 등으로 직무수행상 능력의 저하가 있다고 추정되므로 연한에 의해서 공직에서 물러나게 하는 제도이다.

정년제도는 연령 정년제도, 근속정년제도, 계급 정년제도 등 3가지가 있는데, 연령 정년제도는 연령이 5급 이상의 공무원은 60세, 6급 이하의 공무원은 57세, 공안직 8급 및 9급의 공무원에 대해서는 54세에 도달했을 때, 법령에 따라 퇴직시키는 것이고 근속정년제도는 공직에 들어온 후 총연수를 계산하여 일정기간이 지나면 자동적으로 퇴직시키는 제도이며, 계급정년제도는 공무원이 동일한 직급 내에서 일정기간 동안 승진하지 못했을 경우 그 기간이 만료된 때 퇴직시키는 제도를 말한다.

우리나라는 모든 공무원에 대해서 연령 정년제도만을 채택하고 있는데 경찰공무원에게는 연령제도와 계급정년제도를, 군인에게는 세 가지 모두를 채택하고 있는 실정이다.

Ⅳ. 명예퇴직

명예퇴직제도는 20년 이상 근속한 2급 이하 및 기능직 공무원 중 정년 전 10년에서 1년 전 사이에 자진퇴직하는 경우를 말하는데 이 제도는 공무원의 권익보호와 행정조직에 신축성의 부여, 성실한 장기근속자의 사기를 높여 주고 퇴직 후의 생활보호를 위하여 실시되고 있는 것이다.

즉 명예퇴직을 하는 공무원에 대해서는 명예퇴직 수당을 지급하고 재직중의 노력에 따라 특별승진을 할 수 있다.

제 4 장

인적자원의 활용관리

제 1 절 지도성의 본질

Ⅰ. 리더십의 의의

1. 개 념

지도성, 즉 리더십은 광의적으로 보면 일정한 목적을 달성하기 위하여 일정한 조직 또는 집단에 있어서 여러 집단 또는 개인의 노력을 합리적으로 배열하는 능력[1]이라고 정의되는데, 여기에는 직권성(headship)까지 포함되는바, 이와 구별되는 점은 지도성(leadership)은 일정한 목적을 달성하기 위하여 개인 및 집단을 조정하여 동작하게 하는 기술로서 어디까지나 자발적이고 적극적인 노력을 유도·촉진하는 능력이라는 것이다. 이와 같이 민주성을 갖는 면에서 직권성과 다르다.

따라서 지도성은 권위의 근거가 피지도자의 심리 속에 있으며 공식적 직권자만이 행사하는 것은 아니고 상호성·자발성을 본질로 하여 심리적으로 공감 속에 유대를 갖는 데 반하여, 직권성은 공식조직의 직권자만이 행사할 수 있고 권위의 근거는 제도나 직급·직위에 있거니와, 그것은 일방성·강제성을 본질로 하는 한편 조직상의 상위관계라는 힘에 의존하고 심리적인 공감은 얻지 못한다는 점에서 양자간의 차이가 있다.

2. 지도성(leadership)의 중요성

리더십의 문제는 공식적·비공식적 조직과 집단의 특성이나 조직성격의 차이에도 불구하고 인간관계적 집단이기 때문에 조직목표의 달성을 위해서는 필요한 관심사이며, 특

1) 池野武, 行政管理入門(東京: 都政人協會, 1917), p. 203.

히 행정적 리더십은 발전사업의 선택과 관리라는 면으로 볼 때 일방적 지시·명령에 의한 업무수행이 아니라 계획적 변혁(planned change)이 요구되기 때문에 여기에는 쇄신적인 지도자(innovation leader)가 있어야 한다.[2] 이처럼 의도적 변혁과정에는 국가발전을 위한 발전계획의 수립과 집행이 필요하다.

이를 위해서는 리더십이 중요한 역할을 하며 개발도상국일 때는 더욱더 행정인의 행태개조와 적극적·쇄신적이고, 조정자이면서 발전인으로서의 리더십이 요구된다.

Ⅱ. 리더십이론의 변천

여기서 말하는 이론의 내용은 어떠한 사람이 지도자가 될 수 있으며, 어떠한 경우에 지도력이 형성되느냐에 관한 것이 되는데, 이의 발전과정을 보면 지도자의 자질을 중심으로 한 것, 즉 자질론으로부터 그가 처해 있는 상황을 중심으로 설명하는 상황론으로 변천해 오고 있다.

1. 자질론(traits approach)

이는 대인관계와 같은 사회학적인 고려 없이 개인의 성격, 사람이 지닌 자질에 초점을 두고 설명을 하는 초기의 이론이다.

이러한 자질론은 다시 단일적 자질론(unitary traits theory)과 성좌적 자질론(constellation traits theory)으로 나누어 볼 수 있다. 즉 단일적 자질론이란 누구나 일정한 자질을 지니고 있으며 어떠한 상황에서나 지도자가 되어 지도력을 발휘할 수 있다는 것이고, 성좌적 자질론이란 지도자에게 요청되는 어떤 자질이 있는 것은 인정하지만 그것이 통일적·교정적이라 할 수는 없고 그것은 사람마다 그가 놓여 있는 상황에 따라 변한다는 것이다(예를 들면 고위직에 올라갈수록 기술적 지식보다 쇄신성·판단력·구상력 등이 보다 많이 요청되는 것과 같다).[3]

이처럼 양자는 모두 지도력의 근원을 자질에서 구하는 점에서는 동일하나 전자가 언제나 동일한 자질을 내용으로 하는 데 반하여, 후자는 상황에 따라 가능성을 인정하고 있는 점에서 다르다.

2. 상황론(situational approach)

전술한 자질론은 이 상황론에 의하여 비판·수정되는데 그 내용을 보면 다음과 같다.[4]

2) 이한빈, "행정개혁에 있어서 리더십의 역할," 행정논총 제10권 제 1 호(서울대행정대학원, 1972), p. 85.

3) C. I. Barnard는 ① 활력과 인내력, ② 결단성, ③ 설득력, ④ 책임감, ⑤ 지능률, 그리고 S. W. Reyburn은 ① 건강, ② 성실, ③ 지능, ④ 근면, ⑤ 경력, ⑥ 분석력, ⑦ 판단력, ⑧ 교육능력, ⑨ 열의, ⑩ 자제심, ⑪ 완벽성 또는 치밀성(capacity for following through) 등을 들고 있다.

4) Robert H. Guest, *Organizational Change*(Homewood: Irwin, 1962), pp. 157~159; F. A. Nigro, *Modern Public Administration*(New York: Harper and Row, 1965), p. 254.

첫째, 자질론에서 말하는 자질이라고 하는 것은 상황 · 임무 · 조직목표 등에 따라 너무나 다양하기 때문에 최소한도의 공통점도 발견하기 힘들다.

둘째, 구체적인 경우에 어떠한 사람이 지도자가 되는가를 보면, 일정한 자질의 소유자라기보다는 그가 속한 조직이나 집단구성원들의 가치관 · 규범 등에 일치된 행동을 하고 그들의 기대를 충족 · 구현해 줄 수 있는 사람이라고 하는 것이다.

이를 연예인에 비유한다면 개인이 가지는 자질은 어떠하든 그때그때 그에게 부여되는 역을 잘 해내는 사람이 유능한 연예인이 될 수 있는 것과 같이, 자기의 본래 자질은 어떠하든 그때그때 그가 놓여진 상황, 즉 그가 속하는 집단, 조직의 목표 · 규범 · 임무 · 기대를 훌륭히 충족시킬 수 있는 사람이 지도자가 될 수 있다는 것이다.

3. 최근의 동향

최근에는 자질(특성)이론과 상황이론을 종합하는 상호작용이론(interaction approach)이 우월한 입장을 갖는 것으로 보인다.

즉 지도성은 지도자 개인의 특성과 그가 처한 상황요인 집단의 목표 · 구조 · 성격 · 사회 · 문화의 성격과 유형 · 발전도 · 피지도자의 기대 · 요구, 그리고 지도자와 피지도자간의 상호작용에 의하여 형성된다는 이론[5]이다. 이를 집단이론(group approach) 또는 관리동태이론(managerial dynamics approach)[6]이라고 한다. 여기에서 강조하는 것은 리더십은 집단목표, 집단구성, 집단성원 등 상황과 사람들의 성격과 관련이 있으며 지도자와 추종자를 포함한(추종자 중심이론) 집단관계를 원활하게 하는 방법이라는 것이다.

4. 우리나라의 경우

이상 지도성에 관하여 검토해 보았는데 우리나라의 경우 과연 이러한 지도성을 지닌 지도자가 얼마나 될지 의심스럽다. 대다수의 경우 부하나 동료의 희망 · 기대보다는 상관의 의도에 영합(conformity)하려는 데 급급하거나 여념이 없으며 오히려 그 밖의 동료나 부하의 기대충족은 고사하고 그들을 희생시키고 수탈하는 직권자가 아직도 비일비재하기 때문이다.

따라서 조직 내의 분위기가 침울하고 활기를 띠지 못하고 상관과 동료의 눈치를 먼저 살피게 되며, 자발적인 창안이나 개선의 강구보다는 지시 · 명령사항에 급급하게 되므로 조직의 성과는 향상되지 못하고 행정이 침체되지 않나 생각된다.

---

5) P. Hollander Edwin, "Style, Structure and Setting in Organizational Leadership," *Administrative Science Quarterly,* Vol. 16, No. 1(March 1971), pp. 1～2; Glenn D. Paige, *Toward a Developmental Political Leadership Profile for a Total Society, Prepared for Seminar on Korean Leadership*(1971), p. 5.

6) E. Dimock Marshall and Gladys O. Dimock, *Public Administration,* 4th, ed.(New York: Holt, 1969), p. 296.

그러므로 관리자는 법령상 부여된 권한만을 행사하여 강제력을 가지고 부하에게 임하려 들지 말고, 여기서 말하는 지도력을 발휘할 수 있는 명실상부한 지도자로서의 역량을 갖추도록 하여야 한다.

Ⅲ. 리더십의 기능

1. 목표설정

지도자가 지도하는 집단이나 조직의 목표를 설정하는 일이다. 제 2 편 정책결정에서 누차 언급한 바와 같이 이러한 것은 다분히 목표지향적(goal-oriented)이고 가치지향적(value-oriented)인 발전목표이어야 하며, 이의 결정은 권위주의적 · 독단적으로 하지 말고 민주적 정치과정을 거칠 뿐만 아니라 환경적 요인을 충분히 고려하여야 한다. 특히 이러한 조직의 목표가 구성원 개개인의 목표와 가까우면 가까울수록 바람직하다 할 것이다.

2. 자원의 동원조작(manipulation)

목표를 구현하는 데 필요한 인적 · 물적 또는 상징적 수단, 자원을 최대한으로 동원하여 이를 적절하게 배분함으로써 가능한 한, 직원들의 기대를 최대한도로 충족시킬 수 있도록 하여야 한다. 그리할 때 구성원들의 조직과 관리자에 대한 충성심(loyalty)이 우러나오며, 사기와 근무의욕이 왕성하여 그들이 지닌 역량을 최대한으로 활용할 수 있게 된다.

3. 통제 · 통합 · 조정

집단 · 조직의 구성원이 목표를 성공적으로 성취할 수 있는 방향으로 움직여 나가도록 통제 · 통합 · 조정해 나가야 한다. 따라서 지도자는 자기 상관에게 잘 보여 좋은 점수를 따는 데 급급하거나 구성원간의 감정을 상하지 않도록 하는 데에만 주로 신경을 쓰는 무사안일주의적 자세를 지양하고, 통합 · 통제 · 조정의 기능을 십분 발휘할 수 있도록 노력해야 하며 동시에 그러한 풍조와 여건조성이 병행되어야 할 것이다.

Ⅳ. 리더십의 기본유형

1. 리피트(R. Lippitt)와 화이트(R. K. White)의 권위형 · 자유방임형 · 민주형

(1) 권위형(authoritarian style)

이는 중요한 결정을 지도자 단독으로 내리고 부하직원들로 하여금 그에 따르게 하는 것인데, ① 시간적인 여유가 없거나, ② 부하들의 능력이 부족하거나, ③ 또는 참여

[표 6-4-1] 1차원적 리더십의 유형

지도자형 / 지도항목	권위형 지도자	자유방임형 지도자	민주형 지도자
일의 계획목표	지도자가 결정한다	① 지도자는 결정에 참여하지 않는다 ② 개인적·집단적으로 결정해도 무방하다	지도자의 조언에 따라 집단이 스스로 결정한다
일의 진행·평가	① 지도자의 지시·명령에 따라 진행한다 ② 일의 전망이 불확실하다 ③ 지도자의 주관적 기준에 따라 평가한다	① 일의 재료는 주지만 설명은 안한다 ② 요구하면 지식은 빌려주지만 지도는 안한다 ③ 요구하지 않으면 평가하지 않는다	① 지시·명령하지 않고 조언한다 ② 일의 전망이 확실하다 ③ 객관적 기준에 따라 평가한다
일의 상대방	① 지도자가 정한다 ② 지도자는 일에 적극적으로 참가하지 않는다	지도자는 전혀 관여하지 않는다	① 누구하고 일해도 무방하다 ② 방해되지 않는 한 지도자도 집단의 일원이 된다
사회적 풍토	① 생산적이다 ② 지도자에 적의를 갖는다 ③ 비굴하다 ④ 의타적이다 ⑤ 창의적이지 못하다 ⑥ 동료들간에 경쟁적이며 친근하지 못하다	가장 비생산적이다	① 가장 생산적이다 ② 지도자에게 적의를 품지 않는다 ③ 비굴하지 않으나 복종은 잘한다 ④ 비의타적이다 ⑤ 창의적이다 ⑥ 동료들간에 협력적이며 친근하다

자료: Ronal Lippit and Ralph K. White, "An Experimental Study of Leadership and Group Life," Eleaner E. Macoby et al.(eds.), *Readings in Social Psychology*(1958), pp. 406~511.

에 대한 기대가 적은 사회에서는 불가피한 면도 없지 않으나 그렇지 않을 경우(특히 장기적인 안목·발전적인 관점에서 볼 때) 직원들의 능력발전과 조직의 성과라는 면에서 하루 속히 지양되지 않으면 안 될 유형이다.

그러나 우리나라 행정기관에서는 아직도 많이 볼 수 있는 유형이다.

(2) 자유방임형(laissez-faire style)

이는 권위형과는 정반대로 지도자 스스로 결정하지 않고 구성원들간의 재량에 맡기는 것이다. 따라서 ① 업무의 내용이 고도의 전문직업적인 성격을 띠고, ② 구성원의 능력이 우수하며, ③ 자율성이 있는 집단이나 조직의 경우에는 어느 정도 이점이 발휘될 수도 있지만, 여건이 그러하지 못할 경우에는 기강이 문란해지고 업무의 성과도 저하되기 쉽다.

(3) 민주형(democratic style)

이는 권위형과 자유방임형의 중간적인 것으로서, 지도자 단독으로 결정하는 것도 아니고 그렇다고 해서 부하직원에게 전적으로 일임하는 것도 아니며, 그 결정에 있어 부하직원의 의견을 반영시키는 것이다.

따라서 개인주의·민주주의적 문화가 지배하는 사회에 있어서는 직원의 창의력도 살리고 그들의 사기·근무의욕도 올릴 수 있는 이점이 있으나, 반대로 권위주의적이며 참여에 대한 기대도 별로 없는 사회에서는 시간만 낭비되고, 그 성과도 높지 못하게 된다.

(4) 수 정 론

정치이념으로서 민주주의가 최선의 것으로 거의 절대시했던 시대(특히 전후)에는 민주지도형이 최선의 것으로 당연시되었었다. 근래에는 어느 정도 설명된 바와 같이 어떠한 상황에서나 절대로 최선의 것이란 있을 수 없으며,[7] 또한 지도유형을 3가지로 고정시킬 것이 아니라 연속인 것으로 파악하는 것이 옳다는 것이다.[8] 예를 들면 다음과 같은 경우에는 언제나 민주형에만 따를 수 없다는 것이다.

1) 위기시와 같이 시간적인 여유가 없을 경우

2) 사회·문화·전통이 권위주의적이며 전체주의적이어서 타의 지배만 받아 왔을 뿐, 자주·자율·자결·참여의 경험이 적고, 직원들의 능력도 얕아 이러한 결정에의 참여에 크게 기대하지 않는 경우

3) 업무의 성질이 군대와 같은 경우

따라서 이처럼 언제나 민주형이 최선의 것이라는 생각은 지양되어야 하며, 반드시 이 3유형에 국한할 것이 아니라, 그 이상의 연속성을 갖는 것으로 보아야 한다는 것이다.

그러면 그때그때 구체적으로 선택된 지도유형의 결정요인으로서 작용하는 것은 어떠한 것일까? 이를 자질과 상황의 두 가지로 나누어 보면, 전자의 경우로는 지도자 및 피지도자의 능력·선호(preference)·성격·기대 등을 들 수 있겠고, 후자의 경우로는 시간적 여유, 직책의 성격, 조직 및 사회의 문화·규범 등을 들 수 있을 것이다.

2. 업적지향형·사기지향형[9]

타나까(田中守)는 집단에 있어 리더십의 기능을 집단의 유지, 보전(maintenance)기능과 집단의 목표달성(performance)기능으로 구분하고 이 중 전자에 중점을 두는 리더십을 사기지향형 리더십, 후자에 중점을 두는 리더십을 업적지향형 리더십이라고 하면서 이 양자의 조합에 따라 4대 유형으로 구분하였다.

7) J. M. Pfiffner and F. P. Sherwood, *Administrative Organization*, p. 368.
8) David R. Hampton et al., *Organizational Behavior and the Practice of Management*(Glenview, Scott, Foreman and Co., 1968).
9) 田中守 等編, 前揭書, pp. 34～36.

[그림 6-4-1] PM이론

P차원		
	Pm형	PM형
	pm형	pM형
		M차원

P=performance(목적 달성, 업적)
M=maintenance(유지, 안전, 사기)

4대 유형에서 PM형은 구성원의 사기와 집단의 업적을 모두 높이는 형, Pm형은 집단의 업적을 높여주지만 구성원의 사기는 높이지 못하는 형, PM형은 구성원의 사기는 높여 주지만 집단의 업적은 높이지 못하는 형, pm형은 구성원의 사기와 집단의 업적을 모두 높여 주지 못하는 형이다. 이 중 가장 바람직한 것은 PM형이다.

3. 탄넨바움(Robert Tannenbaum)과 슈미트(Warren H. Schmidt)의 유형

PM형이나 민주형이 어떠한 시간장소에도 불구하고 최선이라는 것에 대한 반성으로 어떤 경우에는 M보다는 P가 더 중요하고, 또는 그 반대일 수 있고, 어떤 경우에는 권위형이 또는 방임형이 최선일 수 있다는 것이다.

따라서 어떠한 유형의 리더십을 따를 것인가 하는 것보다도 '언제' '어떠한' 유형의 리더십을 택할 것인가에 관심을 두어야 한다고 한다.[10] 탄넨바움과 슈미트는 boss중심의 권위형 리더십과 부하중심(subordinate centered)의 민주형 리더십으로 나누어 하나의 연속상에 놓고 그 특징을 나열하였다. 왼쪽으로 갈수록 권위적이고 보스(boss)중심으로 과업의 수행에만 지나치게 얽매이고, 오른쪽으로 갈수록 민주적이고 부하들에게 많은 재량권을 주고 인간관계 쪽에 관심을 갖는다.

[그림 6-4-2] 탄넨바움과 슈미트의 이론

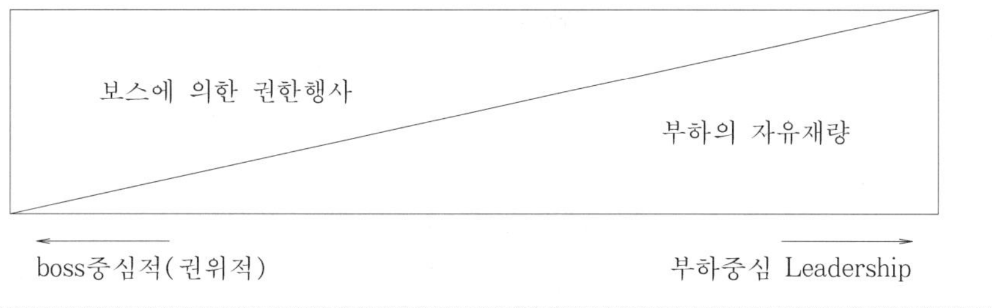

10) Robert Tannenbaum and Warren H. Schmidt, "How to Choose a Leadership Pattern," *Harvard Business Review*(May-June 1973), pp. 178~179.

4. 오하이오(Ohio)주립대학 및 미시간(Michigan)대학의 연구

전자는 리더십을 목표달성을 위해 집단을 지도하는 개인의 행동이라고 정의하고 지도자의 행동을 창안구조(initiating structure)와 배려(consideration)라는 두 가지 차원으로 좁혀서 고찰하여 네 가지의 유형을 제시하였는데 그 중에서 가장 바람직한 지도자는 높은 배려와 높은 조직화의 능력을 가진 자이다.

[그림 6-4-3] Ohio대학의 사분할표

배려 \ 조직화	저	고
고	높은 배려 낮은 조직화	높은 배려 높은 조직화
저	낮은 배려 낮은 조직화	낮은 배려 높은 조직화

후자는 지도자의 특징을 찾아내어 종업원지향(employee orientation)과 생산자지향(producer orientation)이라는 두 가지 개념을 확인하였는데, 전자는 인간관계적 측면을 중시하는 유형이며 후자는 생산성이나 생산기술력 측면을 중시하여 종업원을 조직의 목표달성을 위한 수단으로 보는 것이다.

5. 관리망(managerial grid) 이론

블레이크(R. R. Blake)와 무턴(J. S. Mouton)에 의해서 발전된 것인데 여기에서는 생산에의 관심과 인간에의 관심에 입각한 5개의 leadership type이 앞서 Ohio주립대학의 연구에 의해서 확인된 사분할표에 자리잡고 있다. 여기서 가장 바람직한 것은 9-9형이다.

[그림 6-4-4] 관리망 이론

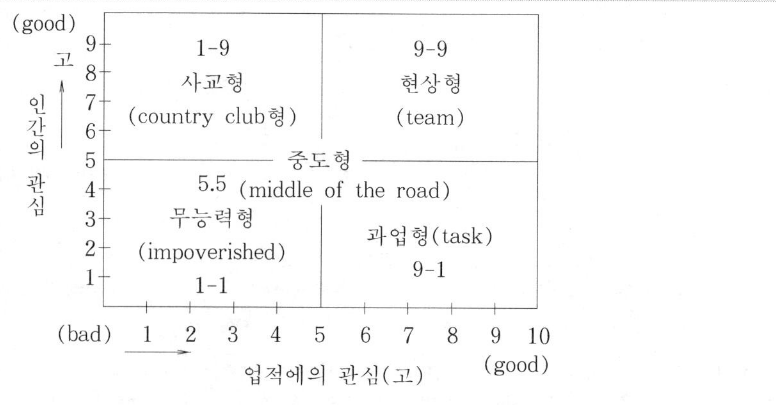

6. 3차원 유형

이는 레딘(W. J. Reddin)의 3차원적 입체관리적 리더십이론(3-D theory)[11]으로 기본형을 과업지향(task oriented)과 관계지향적(relation orientation) 및 횡축으로 효과성과 목표지향 요소를 다같이 만족시키는 리더십을 집행관형(executive)으로 좋게 보았으며 다음으로는 발전가형(developer)을 말하고 있다. 이 이론은 발전행정 이론에서 자세히 설명하기로 한다.

V. 지도자의 직무와 평가

로스(M. G. Ross)와 헨드리(C. E. Hendry)는 리더십에 관한 조사연구를 종합하여 지도자가 해야 할 일이 무엇인가를 다음과 같이 말하고 있다.[12]

1) 집단성원의 감정을 집단의 공동목표달성을 위한 협동적 노력으로 지향시킬 수 있는 역량으로써 응집성을 강화해야 한다.

2) 집단성원의 한 사람으로서 단합된 집단능력으로 만족감을 가지고 수행하도록 유쾌감을 조성하는 일이다.

3) 효율적 지도자는 집단의 특성개선에 공헌하여야 하며 집단성원의 공헌을 종합·조정할 수 있는 역량을 발휘하여야 한다.

4) 목표달성의 지원을 위하여 지도자는 통찰력과 기술 및 정신적 지원면에서 적극적이어야 한다.

5) 조직의 효율적 운영과 업무수행을 위해서 주도성을 발휘하여야 하며 목표를 분석하고 이를 재이용(feed back)하여야 할 것이다.

6) 의사소통의 촉진과 집단구조의 확립으로서 성원간의 상호작용, 타기관과의 관계권 형성이 요구되며 각자에게 기대되는 역할을 명백히 깨닫고 이를 신념을 가지고 창발적으로 수행토록 하여야 하며 스스로 모범을 보여 주는 일이 중요하다. 그리고 이와 같이 기대되는 직무의 성실한 발휘로써 발전가로서의 속성과 발전행정인으로서의 기능을 다할 수 있는 리더십 발휘를 점검할 필요가 있는데, 이는 곧 지도자의 자기평가로서 발전형으로의 지향이 가능해질 수 있다고 본다.

자기평가의 방법에 관하여는 일본의 콘도우 린지(近藤麟二)가 작성한 바 있는 다음과 같은 지도자의 자기평가표를 이용하는 것도 하나의 방법이 될 수 있겠다. 그는 점검사항을 50개로 설정하고 각 사항별로 지도자가 자기를 평점하여 총득점을 산출함으로써 자기평가를 할 수 있다고 한다.

11) William J. Reddin, *Managerial Effectiveness*(New York: McGraw-Hill, 1970), p. 230.
12) M. G. Ross and C. E. Hendry, *New Understandings of Leadership*(New York: Association Press, 1958), p. 18; 박연호, 전게서, pp. 138~143.

[표 6-4-2] 지도자의 자기평가표

평 가 요 소		평 점		
주 요 항 목	점 검 사 항	우수 2	보통 1	열등 0
1. 지도이념	1. 부하들과 잘 어울리는가 아니면 그들에 군림하는가			
	2. 항상 부하들을 설득·교육 훈련시키고 있는가			
	3. 부하들에게 모범적인 행동을 하고 있는가			
	4. 언행이 항상 일치하는가			
	5. 지도에 자신을 가지고 감정의 안정을 확보하고 있는가			
2. 개인의 지도	6. 사람들은 개성 있는 인간으로 취급하고 있는가			
	7. 개개인에게 관심을 가지고 그들의 복지에 전력하고 있는가			
	8. 사람과 항상 밝은 표정으로 대하고 있는가			
	9. 솔선수범하고 있는가, 좌우명을 지키고 있는가			
	10. 사람들을 신뢰하고 있는가, 아니면 의심하고 경계하고 있는가			
	11. 사람들에게 그의 능력에 상응하는 책임 및 권한을 위양하고 있는가			
	12. 사람들에게 성취감을 주도록 노력하고 있는가			
	13. 사람들과 일 때문에 논쟁하고 있지 않은가			
	14. 자신이 공정한가, 자기자신을 존경할 만한가			
	15. 사람들을 마음 속으로부터 사랑하고 있는가			
3. 집단의 지도	16. 사람들의 공통적 소망이 무엇인가를 알고 있는가			
	17. 집단의 구체적 목표를 명확히 하고 있는가			
	18. 사람들의 지위를 개선하기 위하여 항상 노력하고 있는가			
	19. 사람들간의 상호 교섭을 장려하고 있는가			
	20. 집단규정을 충분히 활용하고 있는가			
	21. 사람들간의 팀워크를 강조하고 있는가			
4. 적극성(사기)의 앙양	22. 사람들의 제안을 얻는 데 성공하고 있는가			
	23. 사람들의 제안에 대하여 그 가치만큼의 영예와 칭찬을 해 주고 있는가			
	24. 사람들의 뛰어난 행적을 찬양 평가해 주고 있는가			
	25. 사람들에게 항상 적절한 휴양과 오락을 갖게 해 주고 있는가			
5. 계획의 입안	26. 타인보다 앞서 계획을 입안하고 있는가			
	27. 입안에는 많은 사람을 참여시켜 그 내용의 설명에 노력하고 있는가			
6. 조직의 운영	28. 조직의 원칙에 기하여 조직을 항상 검토하고 있는가			
	29. 조직도(기구표)를 완비하고 그것에 기하여 사람들의 협력을 구하고 있는가			
	30. 각자의 책임 및 권한의 한계를 명확히 하고 있는가			
	31. 각자의 직무를 합리적으로 할당하고 있는가			

7. 명령과 지표	32. 오해가 발생하지 않도록 명확한 명령지시를 하고 있는가			
	33. 명령을 할 때가 사람들의 적극성을 유인해 내는 데 호기라는 사실을 알고 있는가			
	34. 특별직무를 항상 적절히 할당하고 있는가			
8. 감독과 교정	35. 칭찬과 꾸중이 항상 밸런스를 유지하고 있는가			
	36. 사람들의 행적을 적절히 점검하고 있는가			
	37. 사람들의 과오를 비판하고 있는가. 그것을 지도하고 있는가			
9. 조　정	38. 조정의 목표와 범위를 전면적으로 세심하게 조정하는 데 두는가			
	39. 사람들의 요구 · 요망 · 원망을 통합하여 조화시키고 있는가			
10. 통제의 기준	40. 철저한 점검과 사실에 기한 통제를 하고 있는가			
	41. 과잉통제를 하고 있지 않은가			
	42. 전체 업무에 있어서 시간 · 경비 · 자재의 낭비가 없는가			
	43. 통제기준은 명확히 설정되어 있는가			
11. 교육훈련	44. 직원에 대한 교육훈련에 열의를 가지고 있는가			
	45. 일을 가르치는 데 있어서 솔선하여 시범을 보이고 있는가			
	46. 신인을 친절히 받아들여 도와서 잘 인도하고 있는가			
12. 책임관념	47. 자신의 일을 적극적으로 찾아 그것을 수행하고 있는가			
	48. 자신이 해야 할 일에 최대한의 노력을 경주하고 있는가			
	49. 도덕적 용기를 가지고 있는가			
	50. 부하 · 동료 · 상위자 · 집단에 대하여 충성하고 있는가			
총 득 점				

자료: 近藤麟二, 指導性(東京: 技報社, 1968), pp. 182~183.

다음 표에 의한 평가에 있어서는 각 설문에 대하여 수명의 자기동료(동종의 직무를 행하는 사람)와 자기를 비교하여 평가하는 것이 좋다. 자기를 0점 또는 1점에 기입하는데 주저하여서는 안 된다.

자기평가에 자신이 없으면 자신의 상위자에게 그 평가를 부탁하여 보는 것도 좋은 방법이다.

평가가 끝난 후에는 현저하게 낮은 점수를 받은 요소를 몇 개 선발하여 일정한 기간 매일의 직무생활에서 그 교정에 노력한다. 총득점에 대한 판단기준은 다음과 같다.

· 80점 이상: 지도자로서 극히 우수한 경지에 도달해 있다.

· 70점 이상: 지도자로서 비교적 우수하며 지도성의 효과는 크다.

· 60점 이상: 지도자로서 상당히 발전되어 있으나 아직 발전해야 할 점이 많다.

· 50점 이상: 타인의 조력을 구하여 자기발전에 노력할 필요가 있다.

· 50점 이하: 자기의 지도성을 근본적으로 재검토하여야 한다. 다른 우수한 지도자의 조력을 구함과 아울러 깊은 자기반성이 있어야 한다.

Ⅵ. 한국에서 요구되는 리더십의 유형

한국의 리더십은 행정관의 변천에 따라 1950년 전반까지 법질서주의적 행정관이 지배하여 통제주의적 리더십이었으며, 50년대 후반부터 60년대 전반까지는 능률주의적 행정관이 지배하여 관리지향적인 리더십이 강조되었으며, 60년대 후반부터 지금까지는 발전지향적인 행정관이 지배하여 목표지향적인 리더십이 강조되었다.

그러나 한국의 전통적 권위의식 때문에 행정적 리더십의 기본성격은 통제지향적인 것을 탈피하지 못했다고 본다.[13)]

한국에서 요구되는 리더십의 유형은

첫째, 민주적인 리더십이다. 조직 내외를 막론하고 개인의 자유와 창의를 충분히 존중하면서 공동목표를 향하여 노력하는 민주적 리더십은 권위주의적인 관료풍토에 가장 적극적으로 요구되는 리더십이다.

둘째, 쇄신적·기업가적 리더십이다. 창의적 기업가정신으로 발전의 저해요인을 과감히 개혁하고 독창성을 발휘할 뿐만 아니라 변동에 직면해서는 도피하지 않고 이를 극복하기 위하여 혼신적으로 노력하는 리더십이어야 한다.

셋째, 지속적인 변화대응력을 가진 리더십이다. 사회변동에 적극적인 자세를 가지고 사회변동을 계속적으로 흡수하면서 이에 대처하는 위기관리의 노하우(knowhow)를 갖는 리더십이다.

넷째, 발전목표를 창도하고 신념과 추진력을 가진 리더십이다. 발전도상국가에서는 발전목표를 설정하고 이의 달성을 위하여 신념을 가지고 추진해 나가는 리더십이 필요하다.

다섯째, 정보분석기능을 가진 리더십과 여러 자원의 동원 및 상징적 조작력을 가진 리더십이 필요하다.

여섯째, 선비정신을 갖고 단순생활을 긍지로 아는 자기희생적인 행동하는 양심을 갖는 리더십이다.

일곱째, 자기정체(self identity)를 국가사회정치와 접목시킬 줄 아는 리더십을 말하고 싶다.

Ⅶ. 21세기형 영적 리더십(holy leadership)

1. 영적 리더의 특성

(1) 장기간을 통해서 지도할 능력이 입증된 사람(long-term record of effectiveness)

첫째, 부하의 능력과 잠재력을 확실히 파악하고 그 장점을 충분히 활용하여 모든 사

13) 김규정, 전게서, p. 300.

람이 가진 달란트를 최대한 발휘토록 한다.

둘째, 목표달성을 위한 행정이념을 내면화하여 직무수행과정에서는 자유재량권과 책임을 부여해 준다.

셋째, 일시적으로 관심을 갖지 말고 철두철미 정직과 정확을 중시하는 지도자가 된다.

넷째, 나이와 근무년한과도 상관 없이 젊은 정열을 보이며 비전과 행동을 보여 주는 평생교육생의 모습으로 일한다.

다섯째, 믿음을 주고 장래 희망을 걸고 일하도록 하여야 하지만 효과적 리더는 존경만 받으려고 하지 말고 도덕적 기준과 함께 사랑을 받는 지도자가 되어야 한다.

(2) 그리스도께 자아를 복종시키는 사람(Egos surrendered to Christ)

지도자 이전에 인간이기에 권력과 명예·욕심 때문에 비난받을 일과 실패할 수밖에 없는 일들을 만나게 되며 존 가드너(John w. gardner)가 말한 '자기혁신'은 어려운 법이다. 그러나 자성과 회개로 그리스도를 스승으로 삼고 자아를 자기에게 복종시키는 실패관리[14]를 하는 사람이다.

2. 특 징

첫째, 겸손과 온유와 인내, 그리고 사랑할 줄 아는 사람으로서의 신앙적 인격의 소유자다운 점이다.

둘째, 사람들을 감동시키고 약속을 잘 지키는 자아형성이 이루어진 사람이다.

셋째, 사생활까지도 온전함(integrity)을 보여 신빙성을 지닌 사람이다. 곧 언행일치를 보이면서 사는 사람이다.

넷째, 작은 일에 충성하는 자기관리[15]를 할 줄 아는 사람이다.

다섯째, 사전준비가 철저한 사람이다. 공부하고 훈련하는 일도 준비에 속한다.

(1) 편하게 접근할 수 있는 사람(Approachable)

첫째, 이웃과 타인을 긍휼히 여기고 베풀며 항상 기뻐할 줄 아는 사람이다.

둘째, 미래에 소망을 두고 범사에 감사할 줄 아는 마음으로 인간관계를 하는 사람이다.

셋째, 대하기도 쉽고 말하기도 쉬운 사람이다.

넷째, 직원들에게 솔선수범하여 항상 직원들을 독려하며 남의 고통과 눈물을 자기의 처지처럼 생각하고 대하는 사람이다.

다섯째, 의사소통에 능한 사람이다.

---

14) 이원설 외 공저, 21세기를 향한 비전과 리더십(서울: 신망애출판사, 1995), p.241.

15) 헨리 블랙커비·윤종석 옮김, 영적 리더십(두란노, 2002), pp.112~147.

(2) 헌신적인 사람(Devotion to others)

첫째, 제자들의 발을 씻기는 예수처럼, 섬기려 왔다는 예수처럼 섬기는 리더이다.

둘째, 자신의 부족함을 스스로 알고 언제나 긍정적인 사람이다.

셋째, 자기이익과 편견, 그리고 자기친근 세력이나 사람의 범위를 떠나 공동선을 위한 영향력을 끼치는 사람이다.

넷째, 사회구원과 역사구원을 위한 문제의식과 통찰력을 가진 리더이다.

(3) 일을 탁월하게 잘 해내는 사람(Excellence in work)

첫째, 공은 조직인에게 돌리고 책임은 스스로 질 줄 아는 사람이다.

둘째, 결과를 받아들이며 실수를 인정할 줄 아는 사람이다.

셋째, 사람관리를 철저하게 하며 적재적소로 쓸 줄 알고 능력을 개발시켜 사람을 키울 줄 아는 리더이다.

넷째, 자신을 평가함과 같이 매사를 평가·분석하고 같은 일에 실패하지 않도록 모든 관계권 형성에 유념하며 비전과 지혜로 일을 처리하기 원하며 감정과 악인의 꾀를 따르지 않는 리더이다.

다섯째, 피터 드러커의 책(The Effective Executive)에서 말한 것처럼 시간연구와 동작연구(time & motion study)에 능한 리더이다.

여섯째, 거절할 줄 알고 위임할 줄 알며 일의 우선순위 따라 열정과 집중을 할 줄 아는 리더이다.

(4) 그리스도(예수) 성품을 닮은 사람(Reflection of Christlikeness in character)

첫째, 다른 사람들과 기꺼이 나누는 삶(Sharing with others)[16]을 사는 지도자이다.

둘째, 다른 사람, 조직인의 말을 진심으로 들어주는 리더이다.

셋째, 사랑으로 봉사하는 리더이다.

넷째, 세상과 조직을 건전하고 화평케 하며 도덕적 절대성을 갖고 권위주의가 아닌 권위를 살려 일할 줄 아는 리더이다.

다섯째, 청지기 마음으로 경건하게 생활하며 조직목표인 푯대를 향해 성실하게 마음을 다하고 성품을 다해 일하는 본을 보여 주는 리더이다.

여섯째, 좋은 목표와 전략을 갖고 좋은 수단과 방법을 갖는 결과와 과정을 같이 중시하는, 그리고 창발적인 전략구사의 지도자이다.

일곱째, 선택받지 못한 주변사람, 그리고 약자에게 병들고 길잃은 한마리 양에게 더 관심과 배려하는 마음을 가진 리더이다.

---

16) 데이비드 호킹 저·김원주 옮김, 기독교리더십의 7가지 원리(서울: 생명의 말씀사, 1996), pp. 301~351.

제 2 절 최고 및 중간관리

Ⅰ. 의 의

보통 공식적 조직 또는 행정조직의 계층은 상대적이지만 그 역할 · 기능과 지위를 기준으로 하여 최고관리층(top management) · 중간관리층(middle management) · 업무계층 또는 최하위관리층(rank and file or lower management)으로 분류하는 것이 보통인데, 이는 중앙부처를 예로 든다면 대체로 최고관리층에는 주로 정책결정기능을 담당하는 장·차관급이 해당되고, 중간관리층에는 국·과장급이 해당된다. 그리고 업무층 또는 최하위관리층은 최고 · 중간관리층 이외의 일선 하위직을 지칭한다.

그런데 이러한 최고관리층과 중간관리층은 전술한 지도이론에 따라 직책을 수행할 것이 요청되는데, 그 직책상 지도자가 되려고 노력할 것이고, 또 현실적으로 지도자가 되는 경우도 있을 것이다. 여기에 이를 지도성과 관련하여 다루는 이유가 있는 것이다.

그러면 최고관리층과 중간관리층의 기능과 자질을 중심으로 살펴보기로 한다.

Ⅱ. 최고관리층

1. 개 념

최고관리층은 조직목표 달성을 위한 정책결정과 전반적 종합운영기능을 담당하는 조직의 최상위계층을 말한다. 각 부처행정에 있어서는 행정수반과 장·차관, 청·처장, 기획관리실장, 차관보와 外局長, 독립기관장, 중앙관서의 직속기관장이 여기에 속한다.

2. 기 능

화이트(L. D. White)는 최고관리자의 직능을 다음과 같이 제시한 바가 있다.[17)] 즉 ① 행정정책의 중점을 결정하는 일, ② 필요한 명령과 지시를 하는 일, ③ 내부통합을 위하여 조직을 조정하는 일, ④ 재정계획을 수립하여 재무관리를 하는 일, ⑤ 고급간부를 임면하는 일, ⑥ 행정운영을 감독하고 조성하며 통제하는 일, ⑦ 공무의 집행상황을 필요할 때마다 감사하는 일, ⑧ 행정권을 대조하며 외부와의 공인관계를 처리하는 일이라고 하였다. 그러나 최고관리층의 직능은 국가마다 다를 수 있는 행정체제의 특성과 위치에 따라 상이하고, 경중의 차이가 있지만 최고관리층의 기능은 다음 네 가지로 요약할 수 있다.

17) L. D. White, *Introduction to the Study of Public Administration*(N.Y.: MacMillan Co., 1939), pp. 54~60.

1) 행정목표, 즉 정책의 결정과 전반적 집행계획을 입안한다.

2) 인적·물적·제도적·정보적 자원을 동원하여 조직을 동작화시킨다.

3) 제반행정활동을 조정·통제한다.

4) 조직의 일체성(identification)을 유지하고 환경에의 적응성을 확보하며 조직을 존속·발전시킨다.

이와 같이 현대의 복잡하고 방대한 행정의 총괄자로서 기능하는 바, 현대행정에 있어서 중요한 직능수행분야이다.

3. 자 질

(1) 정책구상능력과 결정능력

최고관리자인 장·차관은 중간관리자와 달리 반드시 기술자·전문가일 필요는 없으며, 그보다는 오히려 창의력·판단력·장래 투시력·직관력·문제 해결력·정치적 감각 등이 높아 새로운 정책을 구상하고 그에 따라 적절한 결정을 할 수 있어야 한다.

그러나 우리나라의 경우는 유감스럽게도 장·차관에게 이러한 능력보다는 전문지식이 더 강조되고 있는 감이 없지 않은데, 이는 주로 행정수반 자신이 그것을 요구하고 있다는 점과 정책결정이 다분히 권위주의적으로 이루어지고 있어 전문성이 없어서는 할 수 없다는 데 기인되는 것으로 본다.

(2) 지 도 력

최고관리층에 요청되는 지도력의 내용으로서 특히 지적할 것은 직원의 동작화, 자원의 동원력, 통합조정력 등이다. 이러한 점에서 볼 때 행정수반으로부터 신임받아 장기재임하기 위해 무사안일주의, 권위주의적이거나 또는 타협·협상할 줄 모르는 태도는 하루속히 시정되어져야 한다.

Ⅲ. 중간관리층

1. 개 념

최고관리층의 기본정책 및 방침을 하급관리층의 업무에 접촉시키는 계층으로서 부문적 관리기능을 가지며 한정적 권한행사를 한다고 볼 수 있다. 계층구성은 정부 행정조직의 경우, 중앙행정기관의 국·과·계장과 같이 직업공무원의 핵심적 기능을 갖는 계층이라 하겠다. 이 계층은 조직의 안정을 가져오며 문제해결과 실질적인 대민봉사 행정의 결정·집행을 담당하는 계층으로서 행정활력의 근원이 되고 있다.

2. 기 능

(1) 결정능력

행정목표와 정책을 수행하기 위한 구체적인 부문계획과 집행계획의 업무기준을 마련하여 전문가로서 최고관리층의 정책결정에 조언하고 행정정보와 창안을 제공하는 기능을 하며, 업무집행의 효율화를 위하여 위임전결 · 대결 · 직무대리를 할 경우에는 중앙관리층이 최고관리층을 대행하기도 한다.

(2) 실시기능

중간관리층은 집행상 필요한 인적 · 물적 자원의 배분, 그것의 집행에 있어 상향적 · 하향적 · 횡적인 조정기능을 하며, 또한 정책의 해석자로서 조직의 목표와 상부의 정책방침을 부하들에게 숙지시키고 자발적 참여로 적극적인 업무수행에 임하도록 하는 지도기능을 갖는다. 뿐만 아니라 조직의 특성과 조직환경에 따라 다르겠지만 실태조사와 보고 · 청취 등 진행관리를 맡음으로써 하급관리층의 직무수행을 감독통제한다. 또한 조직설계에 의한 계획적 변화에 대한 중심 과제의 실천자로서 인간관계 관리기능을 맡는다.

3. 자 질

1) **전문적 관리지식과 기법** 부문 관리자로서 직무수행을 위한 전문성을 요구하며 행정과정 전반에 관한 법규와 관리지식이 요구되며, 특히 공공정책 · 체제분석(system analysis) · PERT · EDPS · OR 등 기법의 이해도 필요하다.

2) **지식과 경험** 정책목표 · 방침이 효율적으로 구체화되도록 인간관계 · 의사전달 · 사기 · 리더십과 조정 등에 관한 지식과 경험을 가져야 한다.

3) **성 실 성** 중간관리자들에게는 조직의 동태화를 위하여 소속감과 일체감을 가지고 합목적적인 행정의 결정과 집행을 위하여 성실성이 요구된다고 본다.

4) **쇄 신 성** 쇄신성과 변화를 적극 수용 유도할 수 있는 적극성이 요구된다.

5) **헌신적 자세** 조직 및 직무에 대한 헌신적인 자세가 결여되어서는 안 된다 하겠다.

Ⅳ. 하급관리층

과거의 계서제(hierarchy) 절대중심의 키가 큰 피라미드 조직 중심시대와는 달리 평평한 조직(flat organization)에서는 목표결정에 참여, 정책과 기획 그리고 집행, 평가에까지 참여하는 기능을 갖기는 하나 주 역할은 업무준비, 촉진, 업무개선과 일의 종료를 확인하는 역할을 한다고 생각되며 따라서 그 자질로서는 업무수행에서 요구되는 전문성이 필요하며, 또 계층차별이 없는 인간관계관리 능력이 필요하다고 말할 수 있다.

제 3 절 의사전달

I. 개 념

의사전달이라 함은 광의로는 전술한 바와 같이 상징에 의한 정보·생각·의견·감정 등을 전달·교환하는 것을 의미한다. 이는 인간의 행동에 어떤 변화를 일으키려는 것을 목표로 하는데, 그 변화의 전제가 되는 것을 결정이라고 할 수 있다. 따라서 의사전달이란 인간의 결정의 전제가 되는 정보가 사람 사이에 전달되는 과정이라고 할 수 있다.[18]

의사전달을 이렇게 보는 경우, 종래의 막연히 인간의 행동·결정이라고도 하던 것을 분석해 보면 의사전달이 그 기본임을 알 수 있다. 따라서 인간의 행동은 물론, 모든 사회현상을 정보 중심으로 보게 되고 이를 중심으로 하여 새로운 의사전달이론이 성립되어 가고 있는 것이다.

특히, 의사전달이란 2인 이상의 사이에 생각·의견 또는 감정이 교환되어 공통적 이해가 이루어지는 상호교류과정(two-way process)을 그 특징으로 하는 바,[19] 조직 내·외를 막론하고 공동목적을 달성하기 위해 서로 협동하는 데는 의사전달이 주기능을 하며, 기관활동은 의사결정을 중심으로 이루어지는데, 이에 요구되는 정보교환으로서 의사전달은 또한 중요한 기능을 하게 된다. 뿐만 아니라 조직성원간에 무질서(anomie)현상이 일어나기 쉬운데 원만한 의사전달이 이루어짐으로써 혼란의 방지와 참여관리가 가능하고, 또 소속감과 참여의식의 증진 및 사기까지 앙양시킬 수 있는 중요성을 갖는다.

특히 우리나라와 같은 발전 지향적인 행정체제에서는 행정환경으로부터 보다 많은 정보를 투입시켜 목표달성기능을 강화시키며, 정보에 대한 신속한 반응과 효과적인 의사전달기능을 통하여 환경변동을 유도하고 정책에 대한 반응을 정보로써 환경으로부터 행정체제로 환류시켜, 과오를 시정할 수 있는 자기수정적 기능을 가질 수 있어 더욱 중요하다.

---

18) Bernard Berelson and Gary A. Steiner, *Human Behavior*(New York: Harcourt, Brace and World, 1964), p. 527. 누구나 이러한 의미의 의사전달을 받으면, 받기 전과 다른 결정행동을 하게 된다. 따라서 인간은 의사전달에 의해 움직이게 된다고 볼 수 있다. 이렇게 볼 때 의사전달이란 일종의 동력(energy)과 같은 기능을 한다고 볼 수 있고, 여기서 인간조직 사회를 하나의 체제로 보는 경우, 그것은 인체를 순환하는 혈액에 비유할 수 있는 것이다. 이와 같은 이유로, 인간유기체나 인간조직·사회의 정보를 기준으로 하여 정보투입-처리-전환-산출의 과정으로 보고, 정보와 동력을 결부시켜 정보·중재모형(information energy model)을 인출해 내고 있다. John T. Dorsey, Jr., "An Information-Energy Model," in: Ferrel Heady and Sybil L. Stokes(ed), *Papers in Comparative Public Administration*(Ann Arbor, I.P.A. University of Michigan, 1962), p. 547.

19) Herbert A. Simon, *Administrative Behavior*(New York: MacMillan, 1957), pp. 155~156.

Ⅱ. 의사전달의 기능

1) **합리적인 정책결정이나 의사결정의 수단** 정책결정과 의사전달은 밀접한 불가분의 관계에 있으며 훌륭한 정책결정이나 의사결정은 정확하고 신속한, 우수한 질을 가진 의사전달체계에 의하여 이루어진다.

2) **조정의 효율화에 기여** 조직구성원의 노력을 조직전체 목적에 기여하도록 조정하기 위해서 활발한 의사전달이 이루어져야 한다.

3) **사기를 앙양하고 참여를 촉진하는 수단** 의사전달은 조직구성원의 심리적 욕구를 충족시켜 사기를 앙양시키고 이를 통하여 조직의 목적 달성을 위한 참여를 촉진시킨다.

이것 이외에 사이몬(H. A. Simon)은 본질적 기능으로서 수집, 전달, 심사, 보관기능을 들고 있다.

Ⅲ. 의사전달의 구조와 변수

1. 의사전달의 구조

의사전달의 성립을 위해서는 전달자(who), 전달내용(what), 전달매체(in what media), 피전달자(whom)의 반응(with what effect)이 있어야 한다.

2. 의사전달의 변수

의사전달의 질을 결정하는 데는 많은 요인이 작용하는데, 그 요인별로 보면 인간적 요인, 구조적 요인, 사회문화적 요인이 있다.

1) **인간적 요인** 조직 내의 개인적 지식, 경험, 가치관 등이 의사전달에 영향을 주는 요인이 된다.

2) **구조적 요인** 조직의 규모, 전문화, 집권화, 분권화, 계층적 구조 등은 의사전달에 영향을 미친다.

조직의 규모가 커지거나, 전문화가 강화되거나, 집권화되면서 의사전달이 잘되지 않으며 계층적 구조도 의사전달에 장애가 된다.

3) **사회 · 문화적 요인** 의사전달은 조직내부의 요인 이외에 그 조직을 둘러싸고 있는 사회, 문화의 영향도 많이 받는다. 즉 의사전달의 관례나 언어에 대한 공통적인 가치나 의미를 가지게 되는 것이 의사전달에 영향을 준다.

Ⅳ. 의사전달의 유형

일반적인 예에 따라 ① 공식적 계층제를 통하느냐의 여부에 의하여 공식적 의사전달(formal communication)과 자생적 의사전달(informal communication), ② 의사의 흐름의 방향을 기준으로 하여 하의상달과 상의하달적 의사전달 및 횡적 의사전달로 나누어 살펴보기로 한다.

1. 공식적 의사전달과 자생적 의사전달

(1) 의 의

공식적 의사전달이라 함은 공식적인 조직 안에서 공식적인 의사전달의 통로와 수단을 통해서 의사전달이 이루어지는 것을 의미하며, 자생적 의사전달이라 함은 많은 경우 자생적 집단 내에서 비공식적인 방법으로 이루어지는 의사전달을 말한다.

(2) 수단 · 방법

이러한 의사전달의 수단 · 방법으로서는 서면의 형식만을 이용하는 것이 아니고 구두의 방법도 이용하게 되는데, 전자의 경우는 정확성이 있고 기록을 남겨 둘 수 있으나 시간과 비용이 많이 소요되는 데 반하여, 후자의 경우는 그와 정반대의 장·단점을 지니게 된다.

(3) 공식적 의사전달의 기능과 한계

공식적 의사전달은 합리적 의사전달을 기도하므로 확실성이 있고, 전달자와 피전달자가 분명하기 때문에 책임소재가 명백하다. 그리고 그것은 객관적인 의사전달이 되며 의사결정에서 참고가 될 수 있을 뿐더러 계층제의 원리가 적용되어 상동의 권위를 지킬 수 있으나, 반면에 의사전달이 신속치 못하기 때문에 변동에 대응키 어렵고 융통성이 없으며, 내용의 구체적 전달이 어렵고 설득력이 없는 형식적인 의사전달이 되기 쉬운데, 공식적 의사전달은 이러한 역기능 때문에 의사전달의 한계를 느끼게 된다.

(4) 자생적 의사전달의 장·단점

자생적(비공식적) 의사전달은 조직성원간의 현실적인 접촉을 통하여 이루어지기 때문에 신속하며, 의사전달과정에서 배후내용까지 전달할 수 있고 조직인으로서 긴장 · 소외감을 해소시켜 욕구를 충족시켜 주기도 한다. 또한 소집단의 경우는 동일규범 속에 행동통일도 이룰 수 있으며 관리자에 대한 조언의 기능도 갖게 된다. 반면 자생적 의사전달의 역기능으로는 위계질서가 무시되며 조정 · 통제가 곤란하고 감정적이어서 책임 없는 의사전달이 될 수도 있으며, 의사결정에 활용하기가 애매하고 곤란한 의사전달이 되기 쉬운 단점이 있다.

2. 상의하달과 하의상달

(1) 의　　의

조직의 상하계층간에 쌍방의 의사전달 흐름의 방향을 기준으로 하여, 문자 그대로 하위계층의 의사가 상위계층에 전달되는 것이 하의상달이고, 그 반대가 상의하달이나, 특히 여기서 문제가 되는 것은 하의상달이다.

(2) 상의하달

1) **명　　령**　　이에는 규칙·규정과 같은 행정입법적인 일반성을 띤 것으로부터 보다 특수적인 지시·각서와 같은 것에 걸쳐 다양성을 띠고 있다. 이를 전달하는 방법으로서는 구두에 의하는 경우와 문서에 의하는 경우로 나누어 볼 수 있는데, 전자의 경우는 시간과 비용이 많이 소모되는 단점 때문에 회의소집이나[20] 명령자가 수령자의 관서로 출장을 가서 직접 전달하는 방법도 많이 사용된다. 후자의 경우는 명령이 특히 일반성을 띤 성격의 것인 경우에, 보다 경제적이고 효과도 크며, 수령자의 수용도가 적은 것이 결점이다.

2) **명령의 요령**　　명령은 수령자가 수용권(zone of indifference)을 넓혀 받아들이고 이행할 때 비로소 명령의 가치가 있는 것이므로, 특히 실천하지 못할 명령을 한다든지, 하나마나한 명령이 되어서는 안 된다. 따라서 관리자는 다음 사항을 유의하여야 한다.

① 언어는 인격의 표현인바, 감정을 누르고 의미를 명백히 하여 명령하여야 한다.

② 일시에 많은 명령을 내리지 말아야 한다.

③ 명령을 내린 후는 권한과 책임을 동시에 위임하되 형식적인 것이 아닌 실질적인 위임을 해 주어야 한다.

④ 수행방법 및 목적이나 목표의식을 약간 언급하여도 좋다.

⑤ 명령은 정식계통을 통해서 하달하여야 한다.

⑥ 수령자의 능력을 고려하지 않은 명령은 내리지 말아야 한다.

3) **일반정보**　　편람·회람신문 및 게시판 이용 등을 들 수 있다. 이러한 일반정보가 정확·신속·풍부하게 하달될수록 그 조직 내의 잘못된 자생적 의사전달이 적어지고, 조직·직책에 보다 충실해질 수 있는 것이기 때문에 중시되고 있다. 따라서 직원들이 알고 싶어 하는 조직의 정책과 앞으로의 방향은 물론, 이들의 신상에 영향을 주는 인사나 직제에 관한 것 등을 정확히 알려 주어야 한다.

(3) 하의상달

이의 가장 일반적인 방법으로서는 보고·면접·제안제도·의견조사 등을 들 수 있다.

20) 여기서 회의의 경우, 형식상 회의이지 사실상은 일반적인 훈시·명령하달에 그치고 마는 경우가 태반인데, 그 예로서는 지방장관회의, 대학총·학장회의, 각 관서에서 순시 등을 들 수 있다.

1) **보 고** 전술한 명령이나 지시가 그대로 준수되는 것만은 아니며, 또 그대로 준수될 경우라 하더라도 그 결과는 소기의 목적과는 거리가 멀 수도 있는데, 이는 근본적으로 결정 자체가 잘못되어서 그럴 수도 있고, 결정은 잘 되었으나 지시가 잘못된 데 기인될 수도 있으며, 주위 사정이나 여건의 변동에 기인될 수도 있는 것이다. 그런데 관리자나 책임자는 이에 관한 보고를 받지 않고서는 그 결과를 평가하여 새로운 결정이나 지시를 내리거나, 기타 필요한 조치를 취할 수가 없는 것이다.

따라서 보고가 필요하게 되는데 이는 가장 공식적인 것의 하나이다. 그러나 이는 하의상달에 많은 제약을 받을 뿐만 아니라, 특히 권위주의적인 풍토에서는 이러한 보고는 허위적인 것이 많아지게 된다.

2) **면 접** 이는 호손 실험(Hawthorne Experiments) 이후 많이 사용되었으나 근래에는 ① 익명의 보장이 어렵고, ② 시간과 비용이 많이 들며, ③ 훈련된 면접원이 필요하고, ④ 준비가 복잡하다는 등, 여러 가지 제약점이 많아 별로 사용되지 않고 있다.

3) **제안제도** 사기앙양 방안에서 설명되었으므로 중복설명을 피한다.

4) **의견 및 태도조사** 권위주의적인 풍토하에서는 의견조사나 직원 태도조사가 최선의 하의상달방법이라고 할 수 있다. 따라서 정기적으로 연 1회 이상 하는 것이 바람직하고, 그 밖에 어떤 특별한 문제가 있을 때마다 할 것이 요청된다. 그러나 이에는 전 직원들로 하여금 자기의 의견·감정·태도를 사실 그대로 솔직하게 표현할 수 있도록 하는 자유로운 분위기 조성이 절대 요청되며 이를 위해서는 익명사용, 외부인사의 채용 등 조사방법상의 제반고려가 요청된다. 상의하달과는 달리 하의상달은 이러한 제방법들이 사용되어도, 사실상 어려우며 더욱이 그 타당성이 문제되고 있다. 이러한 하의상달에 영향을 주는 변수로서 중요한 것으로는 상하간의 신임도, 권력정도, 부하의 열성과 자발성, 사기 등을 들 수 있는데,[21] 이러한 관점에서 볼 때, 우리나라는 하의상달을 촉진시키는 요인을 적극 개발하여 실시해야 한다고 생각된다.

따라서 이러한 상황하에서는 상관이 아무리 현명하고 잘 아는 것 같아도 언제나 잘못된 정보에 입각하게 되기 쉬우며, 따라서 부하의 사정을 언제나 낙관적으로 생각하게 되고 그들의 사기·만족감도 실제보다는 높은 것으로 생각하는 오류를 범하기 쉬운 것이다.[22] 특히 행정조직의 경우는 다른 조직이나 기관보다도 이러한 현상이 더욱 심하게 나타나기 때문에 상위자의 결정이 잘못되고 행정이 형식주의화하여 막대한 자원의 낭비를 초래하게 된다.

---

21) Warren G. Bennis, *Changing Organization*(New York: McGraw-Hill, 1966), p. 185; Felix A. Nigro, *Modern Public Administration*, 1965, p. 191.

22) Rensis Likert, *New Patterns of Management*(New York: McGraw-Hill, 1961), p. 47; Samuel A. Stouffer et al., "Barriers to Understanding between Officers and Enlisted Men," in: R. K. Merton et al.(ed.), *Reader in Bureaucracy*(Glencoe: Free Press, 1952), p. 265.

3. 횡적 의사전달

횡적 의사전달이란 동급의 직원간 또는 동일계층 · 동일부문간에 이루어지는 의사전달을 말하는데, 이에 많이 이용되는 것을 들면 다음과 같다.

1) **회의 · 위원회제도** 회의와 위원회를 통하여 의견을 교환함으로서 의사전달을 추구한다.

2) **사전심사제도** 행정인이 어떤 결정을 내리거나 어떤 계획이나 제안의 최종적인 결정을 위하여 상달하기 전에 전문가들의 의견을 구하거나 각 관계부문에 의견을 물어, 그것를 의사결정에 반영하는 절차를 말한다.

이 제도는 ① 의사결정에 전문가의 전문적 견해를 반영시키며, ② 그 제안이 기본목표나 방침 또는 각 부분이 그것에 합치하느냐를 확인시키며, ③ 타부문의 활동과의 조정을 확보하고, ④ 제안을 관계 부문에 알리는 데 유익하다.

3) **통보 · 회람** 어떤 결정이 있은 후에 이를 통지 또는 주지시키기 위하여 하는 의사전달을 말한다. 이는 상의하달적인 의사전달방법으로서도 이용되지만 횡적 의사전달을 위하여 많이 이용되고 있다. 이를 구별하여 본다면 통보가 일정한 사실 · 처분 또는 의사를 특정 상대방에게 알리는 방법인데 비하여, 회람은 문서로 다수인에게 널리 주지시키는 방법을 말한다.

이러한 횡적 의사전달은 조직의 규모가 크고 전문화의 정도가 높을 수록 그 필요성은 커지는 반면, 그러한 조직일수록 잘 안 되는 것이 일반적인데, 그 주요 원인으로서는 다음과 같은 것을 들 수 있다.[23)]

① 관료제가 지니는 할거주의(sectionalism), 즉 각 기관이 종적으로만 의사전달을 하고 행정부 전체나 기관전체로서의 횡적인 의사전달이나 유대를 갖지 않는 경향이 있다.

② 관료는 그가 속하는 조직의 목표를 망각하거나 목전의 것으로 대체하는 경향이 있다.

③ 전문가가 갖기 쉬운 편견이 있다.

④ 횡적 관계는 상하관계가 아니므로 그 영향력이 약하다.

따라서 이를 시정하기 위해서는 ① 목표관리(management by objective)와 같은 방법의 도입으로 직원들 스스로가 목표를 설정케 함으로써, 조직의 목표에 대한 이해를 높이고 가급적 자기의 목표와 일치하도록 하며, ② 특히 고급공무원의 경우, 인사교류를 통하여 타국이나 타기관간의 의사전달의 중요성을 인식케 하고, ③ 가급적 동료간의 친목도모의 기회를 많이 만들고, ④ 그 밖에 회의소집 등을 활용하는 방법 등이 필요하다.

---

23) Felix A. Nigro, *Modern Public Administration*(New York: Harper and Row, 1965), p. 199; Charles E. Redfield, *Communication in Management*, 2nd ed.(Chicago: Univ. of Chicago Press, 1958), pp. 45~49.

V. 효과적인 의사전달의 원칙

레드필드(C. E. Redfield)는 의사전달의 일반 원칙으로 다음 7가지를 제시하고 있다.[24)]

1) **명료성**(clarity) 간결한 문장과 평이한 용어를 사용하여야 한다.

2) **일관성**(consistency) 처음과 끝이 모순이 없어야 하고 명령은 조직의 목표와 부합되어야 한다.

3) **적량성**(adequency) 통신의 양은 적정해야 한다.

4) **적시성**(timeliness) 피전달의 피로도 · 경청도를 고려하여 시기가 알맞아야 한다.

5) **분포성**(distribution) 의사전달은 정보를 전달받아야 하는 사람에게 틀림없이 전달되게 행하여져야 하며, 따라서 피전달자를 고려하여 분포상황에 따라 적절히 행해야 한다.

6) **적응성과 통일성**(adaptability and uniformity) 의사전달은 현실에의 적응성과 동시에 전체로서의 통일성이 확보되어야 한다.

7) **관심과 수용성**(interest and acceptability) 의사전달은 피전달자의 관심과 반응을 보이도록 하며 그 내용을 수용하도록 노력하여야 한다.

VI. 의사전달의 저해요인과 촉진방향

전술한 바와 같이 의사전달이 조직의 성과뿐만 아니라 한 사회발전에 커다란 비중을 차지하는 변수의 하나라고 생각되고 있으므로 이의 효율화방안과 촉진방안의 모색은 무엇보다도 중요하다고 할 수 있다. 따라서 우선 그 저해요인을 먼저 살펴본 후, 그 향상방안을 모색하기로 한다.

1. 저해요인

1) **어려운 용어사용** 난해한 전문용어를 사용한다거나 지나친 권위의식 속에서 어려운 외국어를 사용하는 경우 이해의 혼란을 가져온다.

2) **환경과 표정에 따른 의미의 가감** 정세변동이 있을 때나 집단의 성격과 같은 관련이 있는 정보는 수용이 잘 되며, 같은 의사전달이라도 전달자와 피전달자의 인간관계에 따라 수용성이 달라지고, 오해되는 수도 있다.[25)]

3) **판단기준** 선입견 때문에 모든 사항을 최초의 생각대로 평가하기 쉬우며 판단

---

24) Felix A. Nigro, *Modern Public Administration*(New York: Harper and Row, 1965), p. 199; Charles E. Redfield, *Communication in Management*(Chicago: Chicago University Press, 1958), pp. 45~49.

25) 박연호, 신행정관리론(서울: 진수당, 1965), pp. 97~104.

기준이 전문직업화에 의한 고정화로 자기중심적으로 생각하기 쉬워 갈등이 생기며, 가치관의 차이로 의사전달이 잘 안 되는 경우도 있다.

4) 간　격　　계층상 지위의 차가 있고, 지리상 간격을 두고 있으므로서 장애가 되는 경우이다.

5) 인간능력　　주의력에는 한계가 있으며, 입수된 정보가 전달과정에서 간소화되므로 의사전달이 잘 안 되기도 한다. 특히 잡음과 정보의 구별이 어려우며 지식의 한계와 경험 및 지혜의 부족에서 오는 약점을 들 수 있다.

6) 정보의 미공개　　정보를 혼자 소화시키고 스스로 열등의식 때문에 표현을 하지 아니하여 의사전달의 장애가 되기도 한다.

7) 업 무 량　　업무량이 과다하여 의사전달에 장애가 되기도 한다.

2. 촉진방안

주로 전술한 저해요인을 제거하는 것이 되며, 여기에도 전달인과 그 수단으로 나누어 살펴보기로 한다.

(1) 전 달 인

1) 가장 근본적인 방법은 역시 모든 행정인의 의사전달의 중요성과 그 저해요인에 대한 인식이 앞서야 하겠다.

2) 하의상달의 촉진에 특별한 관심을 가져야 한다. 특히 상위자일 수록 권위주의적 성격을 버리고 하급자의 의사에 귀를 기울이는 관대하고 여유 있는 자세가 요청된다.

3) 직원들간에 회의·토의·친목회 등 상호 접촉기회를 자주 갖게 하여 상호간의 준거기준이나 사고의 차이 등에 기인되는 견해 차이를 사전에 인지하도록 하여 그로 인한 오해를 해소하고 그 차를 좁히도록 한다.

(2) 수　　단

1) 사용되는 용어는 가급적이면 명료성과 일관성을 갖도록 하고, 적시에 적정량의 언어를 사용하되 상대방이 경청할 수 있도록 한다.

2) 정보종합센타의 운영과 관계자들의 합의도출을 위한 체제통합(system integration)의 구축이 필요하다.

제 4 절 대민관계(공공관계, public relations)

Ⅰ. 공공관계(PR)의 의의

1. 새로운 PR관

PR은 의식에 호소하여 국가·사회·민족의 평화와 복지를 위해서 여론, 국민의 지지를 얻게 하는 새로운 과학으로서 public relations의 약자인데, public은 공중을 뜻하며, 특정한 집단의 활동과 정책에 어떤 이해관계나 관심 때문에 공동 유대로 결속되고 있다는 것을 공감하고 있는 개인과 집단을 뜻하며, relations은 public과 맺고 있는 제관계의 활동을 의미한다. 따라서 이해관계를 가진 집단이나 개인과의 상호과정(two-way process)이기 때문에 설득이 중요하며, 공익에 합치한 활동이어야 하고 선의의 협력관계가 되어야 한다.

2. 현대행정과 PR

야경국가시대에는 국가권력의 시민사회 개입을 극소화시키고 국민의 자율적 활동에 맡겼으나, 행정의 환경이 변동하여 국가기능이 질적·양적으로 팽창되고 국가와 국민과의 관계가 상호 밀접하게 접근되며 국가행정이 민주주의화됨에 따라 국민의 여론을 중시하게 되었다.

따라서 PR을 통하여 행정에 있어서 민주화를 실현하고, 국민의 뜻에 맞는 행정을 할 수 있으며 정책결정이나 의사결정도 합리화를 기할 수 있다.

3. PR의 유사어와의 구별

1) 선전(propaganda)과의 차이　PR은 수평성·교류성 등을 갖는 반면 선전은 수단을 가리지 않는 일체행위로서 일방적이다. 또한 선전자의 이익을 위해서만 공중의 태도와 의견에 영향을 미치려고 하며, 정보 중 선전자의 견해에 호의적인 것만을 주는 편류성을 갖는다.

2) 언론보도(press agency)와의 차이　이는 돌발적 사건, 인간에게 관련있는 일, 사회환경 변화 등을 매스컴을 통하여 표현하는 것을 말한다.

3) 공보(publicity)와의 차이　공보는 사람들에게 알리는 것이나 종합적이고 전체로서 communication의 과정을 충족시키지 못하며, PR은 사람을 이해시켜 지지와 협조를 얻도록 여론을 조절하는 것이다.

4) 광고와의 차이　광고는 공개를 위한 대가를 받는 것을 목적으로 하며, 호소방법도 과장·은폐·왜곡 등이 많으나, PR은 쌍방적인 교류이며, 상호간에 영향을 미치고

왜곡 없이 사실상의 정보를 제공한다는 차이가 있다.

4. PR의 특징

1) **자주적 협력관계** 민주주의의 행정은 정부와 국민과의 협력작업이다. 따라서 국민과 정부는 동일선상에 존립하여 복종이 아니라 상호이해와 신뢰로써 공공관계를 가져야 한다.

2) **권리 · 의무성** 민주주의에서의 국민은 정부의 의도를 알 권리가 있고 정부는 알려 줄 의무가 있다.

3) **상호교류성** 민주주의에서 정부의 정책은 민의의 반영이며, 국민의 반응이 환류(feedback)되어 정책에 반영된다. 따라서 정책은 공익에의 합치를 이념으로 이루어지는가를 점검하여야 한다.

4) **객관성과 진실성** 정부의 정책은 객관적 자료와 함께 국민에 알려야 하고 진실성을 잃지 않아야 한다.

Ⅱ. PR의 대상과 과정

1. PR활동의 기본적 요소

PR은 아래 그림과 같이 3요소로서 이루어진다.

[그림 6-4-5] PR의 3요소

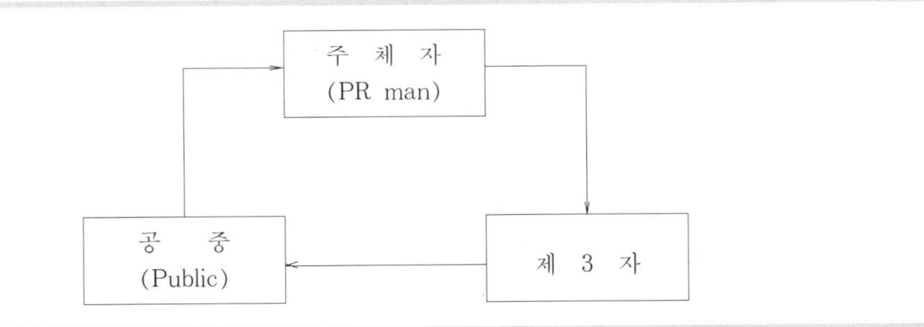

즉 PR은 공중의 지지와 이해를 얻기 위해 주체자가 계속적으로 노력하는 과정이며 공중의 이해와 승인 · 합의를 얻기 위한 계획 및 실행의 관리기능이므로 이에 대한 공중의 신뢰와 이해를 얻기 위해서는 중립 그룹인 비권력적이며 객관성의 상징인 각계대표를 동원하여야 한다.

그리하여 위의 그림과 같이, 제 3 자의 합일적 조화를 통한 번영을 위한 것이 PR이다.

2. PR의 대상

공공관계 PR에 있어 공중(public)이란 행정기관(정부)에게 의미 있는 공중(significant public)이어야 하는데, 보통 민원관계의 업무나 상담의 생활중심의 정치·행정기관과 관련 있는 국회의원, 압력단체 등이다.

3. PR의 과정

공공관계의 과정은 정보투입과정, 정보산출 위한 전환과정, 정보산출과정으로 나눈다.

[그림 6-4-6] PR의 과정

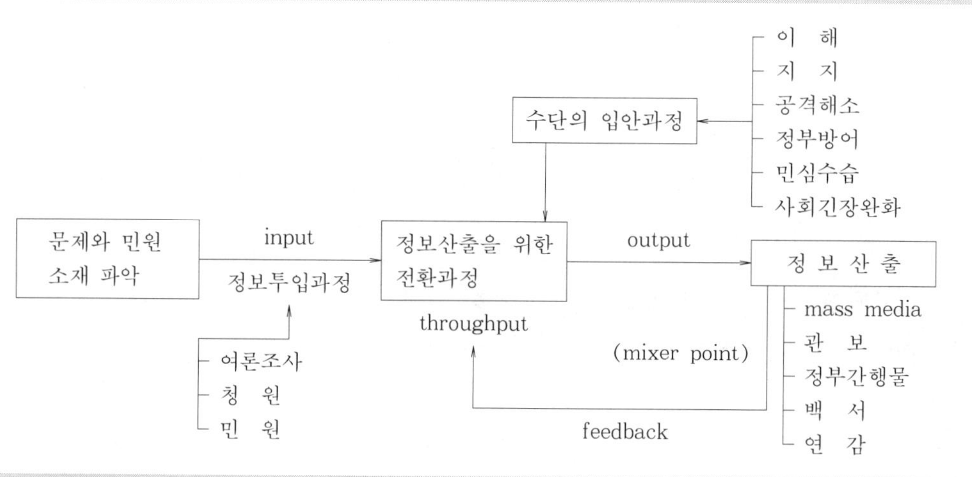

1) **정보투입과정**(input) 문제와 민원의 소재파악단계로 여론조사, 청원, 민원 등을 통하여 가치와 사실을 파악한다.

2) **정보산출을 위한 전환수단**(throughput) 일단 파악된 민원과 문제에 따라 국민으로부터 신뢰, 이해, 지지를 얻고 국민의 부당한 오해와 공격의 해소를 하며, 공중의 조작을 통한 사회적 긴장과 폭발을 완화하는 대안과 수단의 입안과정을 강구하는 단계이다.

3) **정보산출과정**(output) 정부의 결정된 태도와 의사를 정부의 각종의 방법(정부의 간행물, 관보, 행정백서)을 통하여 또는 신문, 잡지, 라디오, TV, 영화를 매개로 할 수 있다.

그리고 정보산출에 대한 국민의 반응을 환류하여 정책에 반영한다.

특히 정보산출에 있어 주의할 사항은 ① 솔직할 것, ② 국민이 필요로 하는 정보일 것, ③ 불리한 정보는 각 부문별로 입체적 진단과 처방을 하여 알릴 것, ④ 기관장이나 공보관이 직접 할 것, ⑤ 좋지 않은 보도에 너무 흥분하지 말고 논리적이고 실증적으로 대처할 것 등이다.

4) **평가와 재이용(feedback) 과정** PR의 주체와 객체에 관한 입장과 사실, 문제의 파악은 잘 되었는가와 PR의 목표와 방침, 대책은 합리적으로 이루어져 PR의 원칙과 본질에 어긋나지 아니하였는가를, 즉 설득방법의 결정이 민주적이고 효율적으로 이루어졌는가와 변동에 맞추어 보다 미래지향적이고 발전적인가를 평가하고 조정하여 새로운 대응책을 강구하는 정보환류과정 단계이다.

Ⅲ. PR의 기능

1) 정부기관에 대한 공격을 중화시킨다.

2) 국민과의 의사전달을 통하여 국가의 사정을 이해시키며, 정부가 국민의 소리를 들어 일반국민의 행동의 방향을 제시해 주고, 정부도 공익에 합치되는 정책을 결정하게 된다.

3) 개인, 집단, 사회를 조정하고 이해시켜 국민형성(nation-building)을 촉진시킨다.

4) **국민의 동의를 획득하여 여론을 조정한다.**

Ⅳ. PR의 한계

1) 현대의 매스 커뮤니케이션의 범람에 따라 PR의 본질인 상호 의사교류가 아닌 주체측의 일방적인 행사가 되고 공중은 무기력한 청중이 되어 정부의 정보의 조작과 오류에도 무감각해진다.

2) PR의 활동이 공개성, 진실성을 본질로 하지만 군사, 외교상의 정보는 자국의 이익과 깊이 관련이 있으므로 그 한계가 있다.

3) 공공관계는 문제와 목표가 여러 갈래이기 때문에 이에 적합 적정한 방법찾기가 어렵다.

4) 공공관계는 상황에 따라서는 일방적인 선전의 성격을 띠게 되어 은폐하는 작용을 하기도 한다.

5) 과학기술이 고도로 발달되었다 하더라도 공중의 의견을 탐색하고 공중에 호소하는데 기술적 한계가 있다.

6) 사상, 표현의 자유, 이해관계의 대립에 대한 행정 중립성의 유지, 의회민주제에 따르는 토론과 유권자의 의사발표, 교환의 자유 등을 침해하지 못하는 정치적·사회적 한계가 있다.

7) 홍보인(PR man)의 이탈행동, 즉 관료병리, 형식주의, 부하나 수익자의 요구에 대한 무관심이 PR의 합리성을 제약한다.

8) 홍보인(PR man)의 가치관, 욕구, 태도가 PR에 지대하게 영향을 준다.

Ⅴ. PR활동의 전개와 평가

1. PR man의 사기앙양책

1) PR man의 전문적인 능력을 존중한다.
2) 유효한 의사전달방법을 확립한다.
3) 소재나 자료를 신속히 구입하도록 한다.
4) 최고관리자와 상면하도록 한다.
5) 열의를 불러일으킨다.
6) 홍보계획의 활동 및 성과를 일정한 기간마다 평가한다.

2. PR man의 능력개발

1) 자기자신의 개인적 감사를 해 볼 것
2) 자진하여 심리 테스트를 받고 반성할 것
3) 타기관 · 타인의 결점을 보고 반성할 것
4) 자기의 결점을 지적받도록 할 것
5) 체크리스트를 만들 것 등의 사항을 놓고 바람직한 방향으로의 변화와 성장을 시도하는 것이 곧 능력개발정책의 한 방법이 된다고 생각된다.

3. 주요 문제점

① 공보(publicity) 같은 수법을 동원하여 어떻게 인공적으로 이미지를 좋게 하느냐의 문제와, ② '네임 밸류'(name value)를 이용하는 등 위신을 높이는 문제, ③ 특수한 미담을 만들어 내어 영향력을 확산시키는 문제, ④ 여론조작, ⑤ 진실과 허위의 구별, ⑥ 선행에 대한 보상, ⑦ 뉴스를 다루는 관점에서 획일성의 위험을 어떻게 막을 수 있는가가 PR에서의 문제점으로 볼 수 있겠다. 그리고 ⑧ 이념의 결함, ⑨ 사회풍토가 가치의 분화를 이루지 못하고 일원화된, 예를 들어 권력지상주의나 황금만능주의의 풍토하에서는 PR활동이란 자못 어렵다고 보여진다. 그 외에도 PR주체는 종종 무책임하고 기만적 행위로 질주할 경우, 그 후 공중과의 관계가 악화 혹은 불신풍조가 생긴다는 점과 방침이 명확치 않아 공중의 동의나 설득을 얻어 내는 데 방향이 잡히지 않을 경우가 문제되기도 한다.

4. PR활동을 중지해야 할 경우

① 목표가 흩어져 있을 경우, ② PR을 해도 성과가 오르지 않을 때, ③ 성과가 다른 방향으로 나아갈 때, ④ PR man이 직업적 양심에 전념하게 될 때, ⑤ 지속할 필요가 없고 예산규모가 어긋날 때에는 일체의 활동을 중지하고 새로운 대안을 찾아 다른 발전방향

으로 개선할 필요가 있다고 본다.

Ⅵ. PR의 문제점과 공보행정의 개선방향

1. 문 제 점

1) 기관의 특성과 지역성 등, 개별성을 살리지 못하고 과다집권화되어 있다.

2) 즉흥적 · 직관적이며 미래상이 부족하다.

3) 홍보의 주체나 객체인 공중을 막론하고 이권관계의 영향을 크게 받고 있다.

4) 통계의 조작이 심하다.

5) 전문가가 적어 참모기능이 약하다는 점과, 폐쇄성과 투입기능에 있어 아직도 포섭· 동원 · 이용의 문제점에서 갈등을 느끼고 있다는 점, 그리고 제 3 자를 동원할 경우 권위주의적 성격이 일반화되어 있다는 점 등의 애로가 있다.

6) 한국에서는 역사적인 배경에 의해 통치가 관료적 이익으로 간주되어, 국민이 정부를 불신하고 있다.

7) 한국은 정치발전이나 국민의식 수준이 낮아 정부가 PR을 빙자하여 집권자의 권익을 도모하는 경우도 있다.

8) 아직도 정보매체 중 가장 중요한 신문의 보급률이 낮고 중립지가 드물다.

2. PR의 개선방향

1) 매스미디어의 보급도와 이용도를 높여야 하며 언론기관의 중립화가 이루어지고 재벌예속권화에서 벗어나야 한다.

2) 시간적 · 심리적 여유를 느낄 수 있도록 공보기구를 일원화하여 지속성 · 객관성· 일관성을 유지할 필요가 있다.

3) 민주시민으로서 특히 공인으로서의 행태변화에 관심을 집중하여야 한다.

4) 홍보의 정확하고 올바른 인식이 필요하다.

5) 처방적 PR보다 예방적 PR로서 화재경보적 방법을 지향해야 한다.

6) 여론지도자(opinion leader)의 발굴 · 육성에 노력을 기울여야 한다.

7) 행정의 전문화와 하의상달적 의사유통망의 능률화 정책이 수립되어야 한다.

8) 언론기관, 특히 신문의 여당화를 방지해야 한다. 그렇지 않으면 정부에 대한 국민의 불신은 강해지고 PR의 효과는 적어진다.

9) 행정공개원칙이 잘 지켜져야 한다.

10) 민의의 행정에의 투입이 강화되어야 하고 홍보인(PR man)을 훈련시켜 나가야 한다.

제 5 장

인적자원의 보전관리

제 1 절 사　기

Ⅰ. 개　념

사기라 함은 관료제(bureaucracy)란 말만큼이나 다 아는 것 같으면서도 정의를 내리기가 어려운 용어 중의 하나이다. 따라서 여러 가지로 정의될 수 있으나 여기서는 레이톤(A. H. Leighton)의 개념정립을 중심으로 하여 사기란 어느 기관을 구성하는 일단의 성원들이 시종일관 단결하여 공동목적의 달성을 위하여 노력하는 능력 또는 정신상태를 말하는 것으로 파악하기로 한다.[1)]

이처럼 사기란 단순히 인간의 기본적 욕구가 충족된 상태를 말하는 소극적인 성질의 것이 아니라 보다 적극적이고 자발적인 열성과 목적 의식을 갖는 정신상태를 뜻하는 것이다. 또 이는 근무의욕과 같은 의미로 사용되기도 한다.

우리나라에서는 군대에서 이 용어를 사용하여 왔지만, 그것이 행정 · 경영분야에서 일반적으로 사용되기 시작한 것은 최근의 일이다.

Ⅱ. 사기의 성질과 요인

1. 인간관의 변천과 사기

사회가 발전함에 따라 인간은 조직중심의 생활을 하게 되고 그에 따라 분화 · 전문화, 절약 · 효율의 문제가 대두되었는데 이와 관련하여 인간관도 변천해 오고 있는 것이다.

1) A. H. Leighton, "Improving Human Relations, Applied Science of Human Relation," *Personnel Administration,* Vol. 19, No. 6(July 1947), p. 5.

즉 종래에는 유능한 인재의 선발 · 채용, 철저한 분업과 작업량 부여, 엄격한 규율과 지시 및 명령, 상과 벌 및 보수 등 그 밖의 각종 경제적 유인만으로써 조직을 움직일 수 있고, 공무원들의 자질향상과 능률향상을 가져올 수 있다고 생각되어 왔다. 1930년대 이른바 인간관계론이 대두되기 전까지만 해도 이러한 입장이 지배적이었는데, 이의 전제는 인간이란 경제적 보수만 많이 주면 열심히 일하는 경제적 · 합리적 존재이며 엄격히 다스리지 않으면 태만해지고 꾀를 부리게 된다. 따라서 인간적이고 관대한 대우보다는 엄격한 감독이 능률향상에 효과적이라는 것이었다.

그러나 인간관계론이 대두되면서 이러한 합리적이고 기계적인 인간관에 대한 반론이 제기되기 시작한 것이다. 즉 인간이란 일을 싫어하고 기피하며 나태한 일면도 있지만, 반대로 일을 하고 싶어 하고 거기서 즐거움을 얻는 면도 있다는 것이다.[2)]

따라서 권위주의적인 지시 · 명령이나 상벌 또는 경제적 유인에 의한 것보다는 그들이 열성을 갖고 자발적으로 그들의 업무를 수행할 때 그들의 사기는 오르고 능률도 향상된다는 것이다.

2. 사기의 성질

이와 같은 사기는 대략 다음과 같은 성질을 갖고 있다.

1) **자발적 · 지속적인 성격** 사기는 개인의 근무의욕상태를 의미하며, 일시적이 아니고 계속적 · 지속적인 근무의욕이다. 즉 사기는 공무원 자신 안에서 일어나는 것이며, 타인을 배제한 인간의 자율적 · 자주적 · 주체적인 성격을 띠고 있다.

2) **집 단 성** 사기는 조직체의 공동목적의 달성이라는 견지에서 개인적인 근무의욕에 그치는 것이 아니라 집단 전체의 목적 달성에 이바지하는 근무의욕이며, 집단 내의 원만한 인간관계, 신뢰감, 협동정신, 단결정신 등은 사기의 집단적인 성격을 띠고 있다.

3) **사 회 성** 사기는 또한 개인과 집단적인 것을 떠나서 사회적인 성격을 포함하고 있다. 즉 사회적 가치와 작업 내지 직장 내에서의 사회적인 요소와 연결되기 때문에 결국 사기는 사회로의 환원이라 할 수 있다.

4) **참여의식** 이것은 조직의 구성원이 조직의 목표달성에 직접적으로 참여할 수 있는 기회가 주어짐에 따라 사기는 조직원의 참여의식을 불러일으키는 성격을 띠고 있다.

5) **개인목표와 집단목표의 일치** 사기는 또한 개인의 목표와 집단 내의 목표달성을 일치시킴으로써 조직의 발전과 생산성을 높여 주므로 개인과 집단 내에 중요한 위치를 차지하고 있다.

6) **귀속감과 성공감** 사기는 집단의 구성원들이 조직의 공동목표의 달성을 위해서 집단적인 성격을 띠는 가운데 일에 대한 성취의욕을 북돋아 주고 개인의 존재와 가치

2) Douglas McGregor, *Human Side of Enterprise*(New York: McGraw-Hill, 1960), pp. 33~38.

를 인정해 줌으로써 귀속감과 성공감을 불러일으킨다.

3. 사기의 요인

사기(morale)는 전체적 · 상황적 성격을 띤 것으로 사기의 구성요소는 근무조건, 인간관계, 조직에 대한 사회적 평가, 개인목표 등 다양한 복합적 요인이라고 본다. 그러나 직접적으로 큰 영향을 주는 요인은 인간의 기본적 욕구라고 생각하며, 공무원의 사기도 다른 조직과 크게 다르지 않다고 생각한다.

Ⅲ. 사기의 측정

사기의 앙양을 위하여는 현재의 사기를 정확히 측정 · 파악할 필요성이 있는 것이다. 이를 종래에는 직원들의 의견 · 이야기 · 태도 · 감독자의 주관적 판단 등에 의존하였으나, 근래에는 이에 대한 연구가 활발히 진행되고 있다. 현재 가장 많이 이용되고 있는 방법 몇 가지를 소개하여 보기로 한다.

1. 생산성조사

사기가 높으면 생산량 또는 그들의 업적도 올라 갈 것이라는 전제하에 직원의 업적을 기준으로 하여 측정하려는 것인데, 이 방법은 사기업이나 생산업체의 경우 유용하게 이용될 수 있으나, 일반행정의 경우는 측정단위가 별로 없어 곤란하다.

2. 태도조사(attitude survey)

이 방법으로서 가장 많이 이용되는 것은 면접과 질의서(questioinaire, equete)인데, 면접법의 경우는 외부전문가를 이용하여 주관의 개입을 최소한으로 방지하도록 하여야 하며, 질의서에 의한 방법은 면접의 경우보다 비용이 적게 들고, 특히 익명이 가능하여 의견진술이 솔직하고 응답률이 높기 때문에 대체로 보다 높은 객관성과 신뢰성을 갖는다.

3. 출퇴근상황(absenteeism and tardiness)조사

이는 직원들의 결근 · 지각 · 조퇴 · 이석 등이 그들의 사기와 관계가 있다고 보는 것인데, 그에는 우선 직원들의 출퇴근과 결근의 평균치계산이 나와야 하며, 그 계산과 평가를 하는 데 있어서는 직장의 위치 · 근무시간 · 직종 등에 따라 다르게 되는 점을 유의하여야 한다.

4. 이직률(turn over ratio or separation ratio)조사

이직률이 그 직원의 사기를 반영한다고 볼 수 있다. 이러한 이직률의 측정은 사기측정에서뿐만 아니라 그를 기관별 · 직종별 · 계급별 · 근무연한별 · 근무성적별 등으로 분석·조사함으써 인사행정의 일반에도 크게 유익한 자료를 얻을 수 있는 것이다.

5. 사회측정법(sociometry)

조직구성원 사이의 인간관계를 조사하여 사기를 측정하는 방법이다. 구성원사이의 호·악감정을 도식화한 것을 감정지도(sociogram)라 하는데, 이 방법은 이 감정지도에 의하여 집단의 구조적 특성 · 응집성 · 지도체제 등을 발견해 낸다.

제 2 절 제안제도

여기에서는 지금까지 논의한 사기에 관한 일반이론의 구체적인 적용에 관한 것으로 의사전달과 참여의 문제가 특히 중시되는 우리나라의 경우를 중심으로 해서 제안표창제도·고충처리 · 공무원단체 등을 다루어 보기로 한다.

Ⅰ. 제안표창제도

1. 의 의

제안제도(suggestion system, incentive awards programs)라 함은 원래 공무원으로 하여금 행정상의 개선점이나 또는 보다 합리적이고 능률적인 관리방안을 제출하게 하여 그것의 심의결과 행정 또는 기관의 운영전반에 크게 기여할 것으로 인정되는 경우, 그에 따라 소정의 상금과 표창을 하는 제도를 의미하는데, 그 밖의 근무성적이 특별히 우수한 자에 대한 표창도 이에 포함시키는 것이 일반적이다. 따라서 이를 더욱 분명히 하기 위하여 제안표창제도라고 부르고 있다.

이 제도의 창시자는 1880년 스코틀란드의 데니(William Denny)로 알려지고 있는데, 미연방정부에서는 1946년부터 이 제도가 실시되기 시작하여 현재는 주정부와 지방자치단체의 모든 기관에서 채택하고 있고, 일본정부에서는 1950년부터 실시하기 시작하여 현재는 都·道·府·縣·市·町·村에까지 보급되어 있다.[3)]

---

3) 박연호, 행정학신론(서울: 박영사, 1981), p. 490.

2. 제안제도의 이점

1) **행정의 합리화 · 능률화** 합리적이고 행정의 과학화를 위한 좋은 제안의 채택· 실시로 행정의 능률화를 기할 수 있다.

2) **비용 · 인력 · 시간절감** 직무수행절차와 방법이 개선됨으로써 경제적 효과를 가져온다.

3) **의사유통의 촉진** 특히 하의상달을 촉진시킨다.

4) **사기앙양** 제안의 채택으로 인정감이 만족되고 관리자의 부하에 대한 신뢰감이 커져 자연 사기가 높아진다.

5) **일체감 · 귀속감의 고취** 직원이 제안자가 되기 때문에 소속감이 높아져 자발적이고 창의적인 적극성이 발휘되며 근무의욕을 높여준다.

6) **직무에 대한 흥미와 관심의 환기** 즉 정신적 · 경제적(보상금) 유인에 자극되어 직무에 대한 관심이 높아진다.

7) 제안의 유형에 따라서는 공동제안이 있는데, 이 경우에는 특히 2인 이상이 협력을 통하여 공동제안을 하게 되므로 직원 상호간에 인간관계(human relations)가 긴밀해진다.[4)]

8) **창의력 개발** 공무원의 창의력, 구상력을 개발할 수 있게 되며 능력자 발굴에 도움이 된다.

3. 운영절차

문제점 중심으로 간단히 설명해 보면 다음과 같다.

1) **제안자격** 일반적으로 정책결정이나 관리방법의 결정에 제도상 참여할 자격이 없는 하급공무원에 한정됨이 원칙이다. 따라서 고위직 공무원은 여기에서 제외된다. 고위직 공무원은 그 직책 중에 이미 관리업무 · 정책결정에의 참여, 창의력 등 제안제도가 의도하는 바를 당연히 내포하고 있다고 볼 수 있기 때문이다.

2) **제안사항** 기관의 정책에 관한 것은 제안사항의 대상에서 제외할 것이냐에 관하여 논의가 있으나, 정책에 관한 것과 그렇지 않은 것과의 한계가 불분명하므로 정책적인 것도 포함시키는 것이 마땅하다 하겠다.

3) **보 상** 단순히 표창장의 수여로 그칠 것이냐, 아니면 상금 등 경제적인 보상을 할 것이냐가 문제되는데, 양자는 상호 배타적인 것은 아니므로 두 가지를 모두 겸용할 수 있으며, 그러할 때 효과도 클 것이다.

4) **보상액의 계산** 금전보상의 경우에 문제되는데, 대체로 채택된 제안으로 인하

4) O. Glenn Stahl, *The Personnel Job of Government Managers*(Chicago: Public Personnel Association, 1971), p. 1975.

여 첫 해에 절약된다고 인정하는 액수의 10% 정도를 지불할 것과 그 최고한도액을 정하여 두고 있는 것이 통례이다.

5) **수상대상자** 개인 중심으로 나갈 때에는 오히려 동료들의 질시와 불평·불만·이기주의적인 경향의 만연 등으로 전체적인 결속력과 협조풍조를 저해하는 경우가 많다. 따라서 실제 공헌자가 누구냐를 공정히 평가하여 개인 또는 단체표창의 방법을 같이 쓰는 것이 좋다.

6) **제안심사** 이는 전문가나 각 계층의 대표로 구성되는 심사위원회를 조직하여 거기에서 공평하고 신중한 심사와 결정을 하도록 하는 것이 보통이다. 이 심사위원회는 초창기일수록 가능한 한 많은 제안을 채택해야 하지만, 그에 대한 보상결정에도 인색해서는 아니 된다.

Ⅱ. 한국의 제안제도

1. 채택경위

1963년 4월 국가공무원법 개정으로 제안제도가 명문으로 규정된 후, 1973년 2월 제안규정이 되었고, 1979년 6월 대통령령으로 다시 시행령이 제정됨으로써 구체적인 실시를 보게 되었다.

2. 목 적

국가공무원의 창의적인 의견과 고안을 장려하고 계발하여 이를 정부시책에 반영함으로써 행정의 능률화와 경비의 절약을 기하고, 공무원의 참여의식과 과학적 문제해결능력을 증진하려는 데 그 목적이 있다.

3. 제안관장기관

기본계획과 세부시행계획의 수립·집행, 제안의 모집·홍보, 기타 운영에 관한 사항은 행정자치부장관이 관장한다.

4. 운영절차

1) **제안의 대상** ① 예산과 인력의 절감 방안, ② 세입·수입의 증대 방안, ③ 행정제도의 관리운영, 인사관리의 능률향상과 기술개선 방안, ④ 재산·물품관리의 개선 방안, ⑤ 국가역점시책(경제개발·수출증진 등)의 효율적 추진방안 등이 있다.

2) **제안의 유형** 모든 공무원은 단독으로 또는 2인 이상의 공동명의 창안서를 제출할 수 있다.

3) **창안서의 제출** 창안서를 행정자치부장관에게 제출한다.

4) **제안심사위원회** 전문가에 의한 예비심사를 거쳐 공속심사위원회에 넘긴다. 위원회는 위원장(행정자치부장관)·부위원장(행정자치부차관)을 포함한 30인 이내의 위원으로 구성되며, 위원은 행정 각 부처의 차관과 학식·경험이 풍부한 사람 중에서 행정자치부장관이 임명·위촉한다.

5) **보 상** 제안이 채택된 자에 대하여는 상여금을 지급할 수 있으며, 특별승진 또는 특별승급시킬 수 있다(국가공무원법 제53조 제2항). 이 규정에 의하여 공무원임용령은 제안의 채택·시행으로 행정운영발전에 현저한 실적이 있는 하위직공무원은 승진후보자명부 순위에 구애 없이 바로 상위직급으로 특별승진시킬 수 있도록 하고 있다(공무원임용령 제32조 제4항).

제 3 절 고충처리(苦衷處理)

Ⅰ. 고충처리의 의의

1. 의 의

공무원의 고충(grievance)은 주로 인사와 근무조건에 관련하여 발생되는 것이 대부분인데, 이는 관리층의 실수로 인하여 발생할 수도 있고, 당해 공무원 자신의 무능과 불성실에 대한 조치의 결과로 야기될 수도 있다. 그러나 이러한 고충이나 불평의 정당성 여하는 차치하더라도 성격·태도·동기 등이 각기 다른 각계·각층의 사람들이 모여 집단생활을 하는 경우 무수한 불평이나 욕구불만 등이 있기 마련인데, 이것이 사기·근무의욕에 미치는 영향이 지대한 것이다. 따라서 이에 대한 신속하고 공평한 조치를 취하여 적절히 해결하는 것이 필요하게 되는 것이다.

2. 해결방법

1) 그러한 고충이 책임자에게 쉽게 전달될 수 있는 길이 마련되어 있어야 한다. 그러하지 못하고 그것을 혼자서 고민하고 있거나 동료간에 퍼뜨리는 것은 사기와 밀접한 관계가 있기 때문이다.

2) 감독자는 이러한 통로를 통해 알게 된 직원의 고충에 대해서 공식적인 절차를 취하기 전에 비공식적으로 당사자간에 해결하도록 주선해야 한다.

3) 여기에서 해결되지 않을 경우 공식적인 절차에 따르게 되는데, 당해 공무원의 직속상관을 거쳐 계층을 따라 기관장에게 제기되는 것이 통례이다.

4) 이 밖에 그 고충의 당사자가 상관인 경우에는 신속하고 본인에게 만족스러운 해결

이 어려운 경우가 있다. 이러한 때에는 중앙인사관장기관에 있는 중앙고충심사위원회에 청구를 하여 해결을 하여야 한다.

3. 운영방법

1) 공무원은 누구나 근무조건과 인사 및 신상문제에 관하여 고충의 청구를 할 수 있는 청구권이 있다.

2) 중앙인사관장기관의 장, 임용권자 또는 임용제청권자는 이를 고충심사위원회에 부여하여 심사할 의무가 있다.

3) 공무원의 인사상담과 고충을 심사하기 위하여 중앙인사관장기관인 행정자치부에 중앙고충심사위원회를 설치하였고, 임용권자 또는 임용제청권자 단위로 보통고충심사위원회를 설치하였다. 그러나 중앙고충심사위원회의 기능은 아직까지 소청심사위원회에서 관장하고 있는 실정이다.

4) 중앙고충심사위원회와 보통고충심사위원회의 기능은 전자는 보통고충심사위원회의 심사를 거친 재심청구와 5급 이상 공무원의 고충을, 후자는 6급 이하 공무원과 기능직 공무원의 인사담당 및 고충을 각각 심사한다.

5) 중앙인사관장기관의 장, 임용권자 또는 임용제청권자는 필요하다고 인정할 때 처분청 또는 관계기관의 장에 대하여 시정을 요청해야 한다.

6) 시정의 요청을 받은 처분청 또는 관계기관의 장은 그 처리결과를 통지해야 한다.

Ⅱ. 인사상담제도

1. 인사상담의 의의

인사상담은 인간의 마음 속에 심어진 부정적이고 불안한 요소를 제거하여 건전한 정신상태를 유지하고 정서적 안정을 찾게 하는 방법이라고 할 수 있다. 즉 인사상담은 다음과 같은 내용을 포함하고 있다.[5)]

1) 욕구불만, 갈등 또는 정서적 혼란을 경험하고 있는 사람을 대상으로 한다.

2) 언어수단을 사용한다.

3) 스스로 문제를 해결할 수 있도록 심리적 지원을 해 준다.

4) 인사상담은 전문적 훈련을 받은 상담자가 맡는다.

5) 인사상담은 정신요법을 병행한다.

6) 권고, 의사소통 촉진, 사고의 명료화, 가치관과 목표의 변화 등에 대한 것을 올바

---

5) Herbert J. Churden and Arthur W. Sherman, Jr., *Personnel Management*(South Western Publishing Co., 1963), pp. 406~411.

르게 지도하게 하는 기능을 하고 있다.

2. 인사상담의 방법

1) 지시적 상담 상담자가 주도적 역할을 담당하여 지시하고 분석하고 진단하고 치료요법을 지시하는 것을 말한다.

2) 비지시적 상담 전자에 반대되는 상담방법으로 상담자가 소수적 역할을 담당하여 자기자신의 고민의 욕구불만을 스스로 해결하기 위한 충동을 중요시한다.

3) 절충식 상담 지시적 상담과 비지시적 상담을 절충하여 상담자와 피상담자와의 사이에 상호협력을 바탕으로 해결하는 방법을 말한다.

제 4 절 공무원단체

Ⅰ. 공무원단체의 의의

종래 우리나라에서는 서구의 선진제국과는 달리 공무원단체를 소극적·부정적으로 백안시하여 왔으나, 여기에서는 그것이 공무원의 사기앙양과 행정능률의 향상에 기여한다고 하는 관리적 측면에서 다음과 같은 순서로 논의를 전개하고자 한다. 즉 먼저 공무원단체의 존립 자체에 대하여 반대하는 이유와 그 타당성 여부를 보고, 그것이 행정발전에 있어 지니는 의의와 이점을 살펴본 다음, 그의 적용범위와 활동내용을 고찰하려는 것이다.

Ⅱ. 종래의 반대이유

1) 공무원단체를 인정하면 무책임한 행동을 자행할 뿐만 아니라 업무의 비능률성을 초래할 수도 있다는 점이다. 그 실례로서 4.19혁명 이후의 사태를 들고 있다. 그러나 당시만 해도 자유와 방종간의 분별력이 약했을 뿐만 아니라 우리들의 자율적이고 책임성 있는 행동에 대한 훈련·경험부족과 노동 3권을 모두 인정한 데서 야기된 현상이었던 것이다. 하지만 지금은 그 때와는 전혀 사정을 달리하고 있다.

2) 민주국가에서 공무원은 주권자의 공복이라고 하는 취지에 어긋난다는 것이다. 그러나 이에 관하여는 적어도 다음의 두 가지 점에서 재인식할 필요가 있다고 생각한다. 첫째는 공무원도 주권자의 일부라는 점이요, 둘째는 공무원단체를 인정하면 공무원들이 그것을 통해 그들의 이익만을 추구할 것이라는 극히 부정적인 점 이외에 이를 인정함으로써 그들의 사기앙양과 능력발전, 봉사정신 및 행정능률의 향상을 가져올 수 있다는 점이 그

것이다.

3) 관리층의 인사권을 지나치게 제약하고 관료 자신의 이익과 신분보장만 강화시키려 할 것이므로 부하의 통제가 어렵게 된다고 하는 점이다. 그러나 이러한 위험성은 정도상의 차이가 있을 뿐 어느 나라에서나 찾아볼 수 있으며, 특히 사기업체의 경우와 다를 것이 없다. 뿐만 아니라 단체를 통해서 떳떳하게 관료들 자신의 고충과 의견을 제시함으로써 그들에 대한 올바른 이해를 하고 그들의 의견을 반영시킴으로써 오히려 관리·통솔이 용이하게 될 수 있다는 점도 간과해서는 아니된다.

4) 자본축적을 통하여 조속한 경제발전을 이룩하여야 하는데, 이에 반한다는 것이다. 그러나 이 점은 사기업체와 구분하기 힘들다.

Ⅲ. 공무원단체의 활용 및 이점

1) 공무원들이 집단으로 그들의 이익을 표시하고 그들의 의사를 관리층과 입법부에 전달함으로써 그들의 근무조건의 향상은 물론 관리층이나 입법부가 그들의 입장을 이해하고 적절한 조치를 취할 수 있게 해 준다. 이는 의사전달 특히 하의상달이 잘 안 되는 우리나라의 경우 아주 중요한 점의 하나라 하겠다.

2) 사기의 사회심리적 요인으로서 참여의식·인정감·귀속감 등을 통하여 그들의 일체감과 사기앙양을 가져올 수 있다.

3) 관리층과 협상을 통해서 상호이해의 증진과 관리층의 자율적인 행동억제 등을 통하여 대민행정의 민주화에 공헌한다. 그러하지 않고 이러한 상호의사전달이 잘 안 될 경우는 상호간의 불평·반목이 조장될 뿐만 아니라 개개인으로서의 약한 하위직공무원은 상관에 약한 반면 부하나 시민에 강해지고, 상관에 대하여서는 면종복배하게 되기 쉬운 것이다.

4) 실적주의 강화와 하의상달의 촉진을 통하여 공무원의 자질향상과 행정개선·부패방지 등에 공헌한다. 특히 부패방지의 경우 별 효과도 없는 타율적인 외부적 통제에만 의존하는 것보다는 그들 단체를 통해서 자율적인 행동기준에 따라 자율적으로 개선하게 하는 것이 보다 현실적이고 그 효과도 클 것이라는 점이다.

Ⅳ. 공무원단체 활용 범위

공무원단체를 구성할 수 있는 공무원의 범위는 관리적 입장에서 볼 때 피감독자는 모두 포함되는 것이 원칙이라 할 수 있다. 그러나 사회의 공공안녕질서와 밀접한 관계를 갖고 있는 치안(국방은 물론) 담당자는 제외하는 것이 보통이다. 즉 인정원칙·제한예외가 일반적 경향이나 우리나라의 경우는 제한이 원칙이고, 인정이 예외로 되어 있는데, 그 내용을 보면 근로자의 단결권·단체교섭권 및 단체행동권은 법률이 정하는 범위 안에서 보장된다고 규정한 현행 헌법과 공무원은 노동운동 기타 공무 이외의 일을 위한 집단적 행위를 해서는 아니 된다. 다만 국회규칙·대법원규칙 또는 대통령령으로 정하는 사실상 노무에 종사하는 공무원은 예외로 한다고 규정한 국가공무원법에 의하여 철도노조·중앙의료원노조·교통부 해상노조 등이 제한적으로 인정되고 있었으나 국민의 정부 출범으로 전교조가 정식 노동조합으로 활동하게 됨으로써 상당히 전향적인 자세를 보이고 있다.[6]

그러나 공사의 구별 또는 사실상의 노무에 종사하는 것과 같은 극히 애매모호하고 비합리적이며 비논리적인 것이 아니라, 공공성, 즉 그들의 노동권이 공익에 미치는 영향을 기준으로 해서(다만 치안·소방·군인 등을 제외하고는) 모든 피감독자는 원칙적으로 단체구성이 허용되어야 할 것이다. 이 점에서 볼 때 현대생활에서 한시도 없어서는 안 될 체신·철도직원에게는 인정하면서 구청의 말단사원에게는 인정하지 않고 있음은 모순이라 하지 않을 수 없다.

Ⅴ. 공무원단체 활용의 내용

1) **단체구성**(right to organize) 어느 나라에서나 체신관계직원이 단체구성을 시작한 후 대체로 인정을 받고 있는데, 일반공무원의 단결은 계급별·직종별로 다기화되어 있고, 이들 단체는 사기업단체와의 연합이 인정되고 있는 경우가 대부분인데, 그 연합률은 높지 못한 실정이다.[7]

2) **단체교섭**(collective bargaining) 공무원단체의 구성을 인정하는 나라에서는 최소한도 이를 인정하고 있는 것이 대부분인데, 그것은 주로 노사간의 평등과 참여의식이 점차 강조되고 있을 뿐만 아니라 이것이 행정능률의 향상에 이바지한다고 인정하기 때문이다. 만약 이를 인정하지 않아 의사전달이 잘 안 되어 쌍방이 대립하여 결국 극한투쟁의 방법인 파업에 돌입하게 되면 그것이 공익에 미치는 영향이 지대하기 때문이다.[8] 그러나 법제상으로 이러한 단체교섭권이 인정된다 하더라도 그것이 성공적으로 이루어지기 위해서는 다음과 같은 전제가 필요하다.

1) 관리자와 공무원단체 쌍방간의 의사전달이 잘 이루어져야 한다.

---

6) 그러나 이들이 이 혜택을 입고 있는 것은 이러한 법규정에 있어서가 아니고, 사실상 해방전에는 독립운동, 해방 후에는 좌·우익 정치투쟁이나 여·야 정쟁에 이용되는 등 일찍부터 규제해 오던 것을 사후적으로 합법화시킨 것에 불과하다.

7) 이는 강력히 보장받고 있는 신분상의 이익을 박탈당하지 않으려는 데 그 주된 이유가 있는 것 같다.

8) 이러한 단체교섭의 특수한 형태의 하나로 1919년 영국에서 시작된 휘틀리협의회(Whitley Countil)제가 있는데, 이는 관리자와 공무원단체 쌍방의 동수위원으로 협의회를 구성하여 근무조건과 행정개선 등을 위하여 협의하는 것이다.

2) 공무원단체도 그들의 권리만이 아니라 동시에 그들의 의무도 인식하여야 한다.

3) 관리자측도 공무원단체의 건설적인 기능을 인정하여야 한다.

4) 사소한 고충정도는 가급적 하위층의 선에서 신속히 처리될 수 있어야 한다.

5) 쌍방은 자기의 주장만을 내세울 것이 아니라 타협점을 모색하는 데 성의를 보일 뿐만 아니라, 서로 합의·타협을 본 점은 성실히 이행하는 자세와 전통의 수립이 요청되는 것이다.

3) **단체행동**(collective action) 이는 단체교섭의 결과 쌍방이 합의점에 달하지 못했을 때 최후의 수단으로 사용하게 되는 극한적인 투쟁방법으로서 태업(sabotage)이나 파업(strike) 등이 그것이다. 이는 극소수의 나라를 제외하고는 인정되지 않고 있으며, 특히 공익에 중대한 영향을 미치는 경찰·교도관·소방관 등은 제한을 원칙으로 한다.

우리나라는 공무원단체 자체는 체신·철도·전매 등 극소수의 단체만 인정하면서도 그 내용에서 볼 때는 단체행동권까지 인정하는 기현상을 보이고 있다. 그러나 금후로는 이를 관리면에서 보아 감독자·관리자가 아닌 일반 공무원에게 단결권과 단체교섭권까지는 인정함을 원칙으로 하고, 단체행동권은 공익에 미치는 영향을 고려하여 직종별로 제한적으로만 인정하는 방향으로 나아가는 것이 바람직하다고 하겠다.

Ⅵ. 공무원단체의 확립요건

공무원의 단체를 수립하고 그 기능을 효과적으로 운영하기 위해서는 다음과 같은 요건을 확립해야 한다.

1) 공무원에 대한 국가의 자유로운 활동 인정과 민주적 시민정신의 생활화로 인한 자유로운 참여제도를 보장해야 된다.

2) 공무원단체를 허용하고, 이를 행정업무에 참여시켜 적극적인 행정의 효과성을 기할 수 있도록 공무원법으로 인정을 해야 한다.

3) 공무원 자신들도 이 단체를 구성하여 비협조적인 태도와 반항적인 태도를 지양하고 사기를 앙양하고 관리층과 또는 국가와의 상호보완을 주기능으로 해야 한다.

4) 공무원단체의 활용은 공무원 자신의 복리증진과 사회적 능률을 기할 수 있는 자발적인 기구발족 정신에 입각해야 한다.

Ⅶ. 문제점과 개선방향

우리는 이와 같은 현실과 확립요건을 바탕으로 공무원단체의 조직에 대하여 많은 제약점이 뒤따르고 있다. 즉 현 우리나라는 이에 대한 소극적인 태도를 취하고 있는데, 그 이유는 다음과 같다.

1) 공무원은 주권자의 공복이라고 하는 이념에 반한다.

2) 공무원단체를 인정하면 관리층에 대한 지나친 압력과 그들의 이익만을 주장하게 되어 추가적인 사업달성에 지장이 많다.

3) 복지업무 및 국제적 업무를 목표로 삼고 있는 현시점에서 공무원의 불만이나 파업이 있을 경우에는 사회적 혼란으로 연결된다.

4) 경제발전과 아울러 사회발전을 해야 하는 현시점에서 공무원이 사기업직원보다는 경제적·정신적으로 참아 주어야 공동발전을 꾀할 수 있다.

5) 공무원단체를 허용할 경우 공직의 업무에 신경을 쓰는 것보다는 단체활동에 신경을 쏟음으로써 비능률적인 생산방식이 될 수 있다.

6) 노무현 정부는 헌법에 규정된 노동기본권을 보장키 위하여 공무원의 노동조합설립 및 운영에 관한 법률(2005년 1월 공포, 2006년 2월 시행)을 제정·공포하였다.

이러한 여러 이유로 사실상 금지되어 있는 한국의 공무원단체활동에는 공무원의 관리적 측면에서 그 필요성이 인식되고 사기앙양에 도움이 된다고 생각되기 때문에 세계의 여러 나라에서 인정하여 합법적으로 운영되고 있는 장점요소들을 받아들여 정치활동 및 쟁의행위만 금지하고 공직에 대한 봉사정신·책임정신·안정성 등을 강화하도록 한국에도 도입을 점차적으로 실시해야 할 것으로 생각된다.

제 5 절 인간관계관리

지금까지 사기와 인간관의 변천을 중심으로 살펴보았으므로, 여기에서는 비물질적·사회심리적 요인 중 모든 지도자에게 참고가 될 수 있는 인간의 기본심리에 관해서 살펴보고자 한다.

Ⅰ. 기본심리

1) 상받은 행동은 자꾸 되풀이한다. 사람은 누구나 가치인정과 존재인정을 받고 싶어 하는 욕구가 숨어 있다. 욕구는 인간행동의 원동력이 되는 것으로[9] 한 가지 방법에 의하여 그의 어떤 욕구가 만족되었다면 그 방법을 되풀이하고자 하는 심리적 경향이 있다. 이것을 효과의 법칙이라고 한다. 그러므로 관리자는 부하직원의 욕구를 파악하고 타인보다 우수한 업적을 낸 경우에 칭찬을 받고 싶어 하는 욕구를 만족시켜 주며, 시상의 원칙을

9) 박연호, 신행정관리론(서울: 진수당, 1970), pp. 127~130.

살려 나아가야 할 것이다.

2) 사람은 모방심을 갖고 있다. 이것을 활용하면 말하지 않고서도 자기가 원하는 방향으로 일을 잘 처리할 수 있다. 따라서 관리자는 자기가 모범적 행동을 실제적으로 부하직원에 보여 줌으로써 행동을 모방시킬 수 있다.

3) 사람은 자기가 참여한 결정에 잘 따른다. 사람은 본래 다른 사람의 일방적 지시나 또는 결정에 따라 기계적으로 움직이는 것을 좋아하지 않는다. 따라서 관리자는 여건이 허용한다면 서로 상의하여 결정하도록 기회를 부여하여 줌으로써 결정된 내용을 유쾌하게 수행하는 것이다.

4) 사람은 누구나 중요한 존재라고 인정받기를 원한다. 자기의 장점을 타인으로부터 인정받을 때 자신의 중요성을 느끼고서 인간적 관심을 감사하며 사기는 오르게 된다.

5) 사람은 누구나 보다 나은 것을 바란다. 그렇기 때문에 승급이나 승진을 바라게도 되고, 그들의 업적에 따라 공정하게 이루어질 때 성공감을 느껴 사기가 오르게 된다. 따라서 관리자는 부하직원의 발전에 관심을 가져야 하고, 항상 공정하여야 하며, 각자에게 자신이 발전하는 모습을 보여 줄 필요가 있다. 이런 점에서 현재 우리나라 근무성적평점은 운영상의 시정이 요구된다고 본다.

6) 사람은 알지 못하는 변화에 저항을 한다. 변화가 있을 때에는 변화의 필요성과 변화의 성질을 알려 주며, 이에 대한 저항을 완화시켜 준다. 변화가 조직인으로서 한편은 자연인으로서 개인에 유리하게 전개된다는 것을 믿으면 기꺼이 받아들이려고 할 것이다.

7) 사람은 제나름의 됨됨이를 지니고 있다. 사람은 개성적 동물이라고 하므로 자기류의 행동을 하게 된다. 그러므로 항상 획일적으로 다루지 말아야 하며, 관리자는 부하직원의 개인 차이에 관심을 기울이고 그것을 잘 보살펴 줌으로써 능력의 신장을 도모하여야 한다.

Ⅱ. 관리자와 집단의 인간관계

1) 부하직원과 함께 집단목표를 세우는 일

① 우리의 상사는 우리의 의견을 종종 문의하여 본다.

② 미래의 변동을 같이 의논한다.

③ 좋은 제안을 채택한다.

④ 집단이 계획하는 사항을 알려 준다.

⑤ 업무상의 제반문제를 집단토의한다.

2) 부하직원 각자가 집단목표에 도달하도록 협조하는 일

① 사적인 도움을 필요로 할 때 입장을 같이 하며 도와 준다.

② 훌륭한 업적을 남길 때 같이 일하고 있음을 자랑스럽다고 말한다.
③ 직무수행상의 애로를 도와 준다.
④ 불평을 들어 주고 신속히 해결해 준다.

3) 부하직원 각자를 상호협조시키는 일

① 권한의 위임을 현명하게 행한다.
② 상호협조하도록 한다.
③ 정실에 흐르지 않고 모두에 공평하다.
④ 각자가 수행하는 일의 중요성을 인식시킨다.

4) 부하직원 각자를 집단에 적응시키는 일

① 감정을 이해하여 준다.
② 적소에서 상호협조하도록 도와 준다.
③ 동료와 더불어 원만히 지내도록 한다.
④ 인간적 흥미를 가지고 있다.
⑤ 각자에게 실력을 발휘할 수 있는 기회를 준다.

5) 자신이 아니고 집단에 관심을 기울이는 일

① 상사는 부하와 조직체의 중간에 서 있는 사람이 아니다.
② 질문에 성실하게 답변하며, 책임전가를 하지 않는다.
③ 부하와 조직의 권익보호를 위하여 몸과 마음을 바친다.

6) 인간으로서 정을 나누는 일

① 대하기도 쉽고, 말하기도 쉽다.
② 요구하거나 규칙의 적용시 항상 적당하다.
③ 개인문제에 대하여 자유롭게 말할 수 있다.
④ 잘한 일에 칭찬을 아끼지 않는다.
⑤ 그를 잘 알고 있는 것 같이 느끼도록 한다.

제 6 절 동기부여이론

Ⅰ. 동기부여의 개념

동기부여(motivation)에 관한 정의는 학자에 따라 다양하다. 일반적으로 동기부여는 인간의 욕구(needs)와 관련되며, 그 욕구를 충족하기 위한 목표를 지향하는 문제이다. 여기에서 욕구는 행동을 유발하여 계속시키는 힘으로서 인간의 생각이나 행위를 결정하는

데 영향을 미치며, 인간의 감정이나 심리적 기능과 함께 작용하여 행동을 일으키는 동기가 함께 작용하여 행동을 일으키는 동기가 된다. 동기부여의 주요한 문제는 각기 독특한 욕구를 지닌 사람들을 어떻게 조직목표를 달성하는데 효율적으로 참여케 하느냐 하는 것이다.

따라서 동기부여란 인간의 행위를 유발시키고, 그 행위를 유지시키며, 더 나아가서 그 행위를 목표지향적인 방향으로 유도해 나가는 과정이라고 볼 수 있다. 따라서 동기부여란 개인들에게 자발적 내지 적극적으로 행동을 하도록 유도하여 개인의 목표와 조직의 목표가 합치되도록 상황을 조성하는 과정이라고 볼 수 있다.

따라서 행정의 효과를 높이기 위한 방법으로서의 동기부여는 소극적 조직관에서 적극적 조직관으로의 변화를 의미하며, 동기부여의 이론은 조직되어진 직원의 심리적 요구를 충족시킴으로써 타율적인 종속이 아니라 자율적인 참여를 통해 직원의 근무의욕을 높여 민주적 분위기에서 조직과 직원의 조화를 꾀하는 이론이다.

Ⅱ. 동기부여의 제이론

1. 매슬로우의 욕구체계이론

매슬로우(A. H. Maslow)는 동기부여를 개인으로 하여금 어떤 종류의 행동을 하게 하고, 내적인 동기를 가지게 하는 상태라고 말했다. 그에 의하면 우리 인간이 추구하는 목표를 달성하기 위하여 인간내부에서는 끊임 없는 충동이 일어나고 있는데, 이것이 동기가 되어 일정한 형태의 행동을 유발시키게 되는 것이다. 이러한 상황에서 충동의 원인이 되는 욕구는 ① 생리적 욕구(physiology needs), ② 안전욕구(safety needs), ③ 사회적 욕구(social needs), ④ 존경의 욕구(esteem needs), ⑤ 자기실현의 욕구(self-actualization needs)의 순으로 5단계의 욕구구조가 형성된다.[10] 따라서 개인의 어떤 시점에서의 행동은 그 사람의 가장 강한 욕구 또는 가장 중요한 욕구에 의하여 결정된다는 것이다.

1) **생리적 욕구** 이것은 인간의 욕구구조 중에서 최하위에 있는 가장 기본적이고 학습되지 않은 욕구로서 목마름·배고픔·수면·성욕 등이 이에 해당된다.

2) **안전욕구** 이것은 인간의 생명과 위험으로부터 도피하고자 하는 욕구로서 전쟁, 질병에 대한 보호, 경제적 안전 등이 이에 해당된다.

3) **사회적 욕구** 이것은 인간이 사회적 존재인 만큼 여러 사회집단이나 동료들과 우의와 수정을 나누고 싶어 하는 욕구로서 수정의 욕구 또는 친화의 욕구라고도 한다.

4) **존경의 욕구** 이것은 다른 사람들로부터 존경을 받고 싶어 하거나 자기 스스로 자기 자신이 중요하다고 느껴야 할 뿐만 아니라 다른 사람들로부터 그렇게 인정을 받고 싶은 욕구로서 권력욕·성취욕·지위욕이 이에 해당된다.

10) Abraham H. Maslow, *Motivation and Personality*(New York: Harper & Row, 1970), pp. 35～37.

[표 6-5-1] 매슬로우(Maslow)의 욕구체계와 다른 이론과의 비교

<table>
<tr><th>매슬로우</th><th>테 일 러</th><th>맥그리거</th><th>아지리스</th><th>호 만 스</th><th>허츠버그</th><th>리 커 트</th></tr>
<tr><td>생리적 욕구</td><td rowspan="3">과학적 관리론</td><td rowspan="3">X이론</td><td rowspan="3">미성숙 이 론</td><td rowspan="3"></td><td rowspan="4">위 생 요 인</td><td rowspan="2">체 제 I</td></tr>
<tr><td>안전욕구</td></tr>
<tr><td>사회적 욕구</td><td>체 제 II</td></tr>
<tr><td>존경욕구</td><td rowspan="2">인 간 관계론</td><td rowspan="2">Y이론</td><td rowspan="2">성 숙 이 론</td><td rowspan="2">인간집단 이 론</td><td>체 제 III</td></tr>
<tr><td>자아실현욕구</td><td>동기부여 요 인</td><td>체 제 IV</td></tr>
</table>

5) 자아실현의 욕구 이것은 인간의 욕구구조 중에서 최상위에 존재하며, 자기가 가진 잠재적 인식세계를 자기의 뜻대로 실현하고 싶어 하는 욕구로서 자기고유의 분야에서 잠재능력을 극대화하려고 하는 것 등이 이에 해당된다고 볼 수 있다.

인간의 욕구는 욕구체계의 낮은 차원에서 높은 차원으로 이동하게 된다는 일반적인 논리에서 볼 때 인간의 행동은 보다 높은 차원에 의한 동기유발이 바람직할 수 있으나, 보다 현명한 방법은 개개인의 현재 바라고 있는 소망수준이 무엇인가를 알아서 이에 따른 유인을 주는 것이 타당하다고 하겠다. 그러나 현대는 생리적 또는 그 다음 단계의 기본적 욕구가 문제가 되는 시기는 지났고, 보다 고차원의 욕구가 충족되어야 하는 것이다.

2. 맥그리거의 X·Y이론

인간성과 관리관에 대한 새로운 이념을 주장한 맥그리거(D. M. McGregor)는 훌륭한 인간관리의 전제조건은 인간에 대한 올바른 이해와 신념, 즉 정확한 인간관의 확립 여하에 달려 있다고 주장한다.[11)]

맥그리거는 전통적 인간관을 X이론이라고 하고, 현대적 인간관을 Y이론 이라고 부르면서 양이론의 주요한 가정을 [표 6-5-2]와 같이 제시하고 있다. 여기에서 X이론의 가정과 동기부여방법은 명령적·통제적 관리철학에 의한 것으로서 조직목표를 향한 자발적인 동기를 부여하는 방법으로는 부적당하다는 비판을 받는다.

한편 Y이론은 인간을 본성적으로 성장과 발전의 잠재력을 갖춘 행동주의로 인식한다. 맥그리거는 모든 관리자는 인간에 대한 X이론식의 가정과 사고를 반성하고, Y이론에 입각한 관리방식으로 전환하여야 한다는 것이다. Y이론은 인간중심적 관리철학을 기초로 한 관리자의 행동노선을 제시해 주기는 하지만, 지나치게 이상주의적인 요소가 강하고, 또한 작업현장에서의 욕구충족만을 강조하여 작업현장 외에서의 욕구충족을 간과하고 있다는

11) Douglas McGregor, *The Human Side of Enterprise*(New York: McGraw-Hill, 1960), Chapter 3 and 4.

비판이 있다.

3. 허즈버그의 동기·위생이론

허즈버그(F. Herzberg)는 조직구성원의 만족과 불만은 독립된 별개의 요인에 의하여 영향을 받는다는 인간의 이원적 욕구구조를 제시했는데, 즉 만족이란 단순히 불만이 없는 상태를 말한다거나, 또는 불만이란 단순히 만족할 만한 상황이 주어지지 않기 때문에 발생하는 것은 아니라는 것이다.[12)]

(1) 불만요인 또는 위생요인

1) 불만요인, 즉 위생요인은 조직의 정책과 관리, 감독, 보수, 대인관계, 근무조건 등이며, 맥그리거의 X이론과 관련성이 많다.

2) 일하고 있는 환경과 관련되며, 개선되면 불만을 줄이거나 방지하게 된다.

3) 충족되지 않으면 심한 불만을 일으키며, 충족되면 적극적으로 만족감을 느끼게 하지만 근무의욕을 향상시키지는 않는다.

4) 불만요인이 제거되면 근무태도의 단기적 변동만 가져올 뿐 장기적 효과는 없다.

5) 인간의 동물적·본능적 측면, 욕구계층상의 하위욕구와 관계 있다.

(2) 만족요인 또는 동기부여요인

1) 만족요인, 즉 동기부여요인은 직무상의 성취, 직무성취에 대한 인정, 보람있는 일, 책임, 성장·발전 등이며, 대체로 맥그리거의 Y이론과 관련된다.

[표 6-5-2] X·Y이론의 가정

X 이 론	Y 이 론
① 인간은 본래적으로 태만하여 가능한 일을 회피하려 한다	① 인간은 여건이 허락하면 일을 놀이나 휴식처럼 자연스럽게 받아들인다
② 사람은 보통 야망이 없고 책임을 싫어 하며, 지도받기를 원한다	② 조직목표를 달성하려는 자기통제가 가능하다
③ 사람은 선천적으로 이기적이며, 조직문제를 해결할 만한 창의가 없다	③ 사람은 본래 조직의 필요에 대하여 수동적이거나 저항적인 성향을 지니는 것이 아니다
④ 사람은 본래 변화에 대해서 저항적으로 대응한다	④ 사람은 본래 변화에 대해서 저항적으로만 반응하지 않는다
⑤ 동기부여는 생리적·안전적 수준에서만 나타난다	⑤ 동기부여는 생리적·안전적 수준뿐만 아니라 친화·자존·자기실현의 수준에서도 찾아볼 수 있다
⑥ 대다수 사람들은 엄격히 통제되어야 하며, 또한 조직목표를 달성하도록 강제되어야만 한다	⑥ 인간은 적절히 동기부여만 되면 일에 대하여 자율적이며 창조적이고 자기통제적이다

12) Frederick Herzberg, *Work and the Nature of Man*(New York: World Publishing Co., 1966).

2) 일 자체에 대한 욕구로서 일의 성취와 이를 통한 자기실현이 이에 속하며, 충족되면 적극적인 만족감을 느끼고 근무의욕이 향상될 수 있다.

3) 인간의 정신적 측면이나 자기실현욕구·존경욕구 등 상위욕구와 관련되며, 장기적 효과를 가진다.

4) 동기를 적극적으로 유발하게 되는 자기실현욕구·존경욕구를 충족하는 데는 능력발휘의 기회를 더 많이 주고, 일에 대한 책임과 자유를 더 확대시켜 자기통제를 할 수 있게 함으로써 이른바 직무충실이 이루어져야 한다고 허즈버그는 주장하고 있다.

4. 아지리스의 성숙·미성숙이론

아지리스(C. Argyris)는 미성숙-성숙이론을 제시하면서 인간의 퍼스낼리티와 성격이 미성숙상태로부터 성숙상태로 변화하며, 조직의 구성원을 성숙한 인간으로 관리하여야 한다고 주장한다.13)

위에서 퍼스낼리티의 성숙상태는 인간의 기본적 욕구로서, 모든 개인은 조직 속에서 그러한 상태에 도달하고, 또한 머물고 있고자 한다는 것이다. 그런데 전통적인 조직의 구성방법과 관리의 제원칙은 그러한 개인의 욕구실현을 위한 노력과는 모순된 원리로서, 결국 조직과 개인의 괴리현상을 가져온다는 것이다. 그리하여 개인을 미성숙상태에 머물도록 구속한다는 것이다. 아지리스는 이러한 인간의 미성숙상태에서의 정체를 방지하기 위한 방안으로서 직무확대, 참여적·직원중심적 리더십, 현실중심적 리더십 등을 강조하고 있다.

결국 조직과 개인의 목표달성이 상호 모순되지 않고 조화와 통합을 이루기 위해서는 개인의 퍼스낼리티를 성숙·실현시킬 수 있는 방향에서 조직구조와 관리방법이 확립되어야 한다는 것이다.

[표 6-5-3] 미성숙·성숙의 연속모형

미 성 숙	⟶	성 숙
수동적 활동	⟶	능동적 활동
의존적 상태	⟶	독립적 상태
단순한 행동	⟶	다양한 행동
변덕스럽고 얕은 관심	⟶	깊고 강한 관심
단기적 전망	⟶	장기적 전망
종속적 지위에 만족	⟶	대등 내지 우월한 지위에 만족
자기의식의 결여	⟶	자아의식과 자기통제 가능

13) Chirs Argyris, *Personality and Organization*(New York: Harper and Row, 1957); Chris Argyris, *Integrating the Individual and the Organization*(New York: Wiley, 1964).

5. 리커트의 관리체제이론

리커트(R. Likert)는 전통적인 관리방식을 권위주의적인 것으로 보고, 이에 대응되는 참여적 관리방식을 제시하고 있다.[14] 그러나 권위주의적 관리형을 착취적 권위주의형과 온정적 권위주의형으로, 참여적 관리형을 자문적 참여형과 집단적 참여형으로 세분하고 있다는 점에서 X이론·Y이론과는 차이를 보이고 있다. 리커트가 제시한 4가지의 관리체제유형의 내용과 특징은 다음과 같다.

1) **체제 Ⅰ**(수탈적 권위형)　관리자는 부하를 신뢰하지 않으며, 부하의 의사결정의 참여는 배제된다. 그리고 하급자는 강제적인 통제에 따라 근무를 하며, 욕구충족은 주로 생리적 안전욕구계층에서 이루어진다.

2) **체제 Ⅱ**(온정적 권위형)　관리자들은 그의 하위자들에 대해서 일정의 은혜적인 신뢰감을 가지며, 대부분의 의사결정과 조직목표의 설정 및 통제권한은 최고경영층에서 이루어지나 일정한 한계 내에서 하위계층에서도 이루어진다.

3) **체제 Ⅲ**(자문적 참여형)　관리자는 부하에게 상당한 신뢰감을 가지며, 상관과 부하 사이에 상당한 정도의 상호작용이 이루어진다. 일반적인 방침과 일반적인 결정은 최고관리층에서 이루어지나 낮은 계층의 구체적인 결정은 하위자들이 하도록 허용되고 있다.

4) **체제 Ⅳ**(집단적 참여형)　관리자는 하위자를 전적으로 신뢰한다. 의사결정은 널리 조직의 각 부서에서 이루어지며, 잘 통합되고 있다. 근로자는 조직의 여러 가지 의사결정에 참가하고 관여함으로써 동기가 부여되며, 상사와 하위자의 상호작용은 상호신뢰의 바탕 위에서 잘 이루어진다.

따라서 체제 Ⅰ은 과업지향적이며, 고도로 구조화된 권위주의적 관리방식인 데 반하여, 체제 Ⅳ는 팀워크에 기초를 둔 상호신뢰적이고, 인간관계지향적인 관리방법임을 알 수 있다. 체제 Ⅱ와 체제 Ⅲ은 중간단계로서 X이론과 Y이론에 가깝다.

리커트가 측정한 결과에 의하면 생산성이 높은 조직일수록 체제 Ⅳ에 가까운 관리방식을 택한다는 것이다.

6. 부룸의 기대이론

부룸(V. H. Vroom)은 동기를 정의하기를 인간이 마음대로 선택할 수 있는 행위 중에서 그가 어떤 것을 선택하도록 지배하는 심리과정이라고 하였다.

이러한 관점에서 브룸은 인간의 행위를 인간이 어떤 특정한 목표 또는 미래의 결과에 대해서 갖는 매력 내지는 유인력과 어떤 행위가 목표 또는 미래의 결과에 이르게 될 것이

---

14) Rensis Likert, *The Human Organization: Its Management and Value*(New York: McGraw-Hill, 1967) 참조.

라는 신념-기대의 곱에 의해서 결정된다고 보았다.[15]

$$M=f(V \times E)$$

M: 동기부여
V: 유인치(행동대안의 결과에 대한 매력의 정도)
E: 기대(행동대안의 성공확률)

따라서 개인의 생산성은 ① 개인이 추구하는 목표, ② 개인이 목표달성과 생산성간에 있다고 인지하는 관계, ③ 개인이 생산성에 영향을 미칠 수 있다고 믿는 정도에 의하여 결정된다는 것이다. 그런데 직무수행에 대한 동기는 열심히 일하면 봉급인상이 있을 것이라는 기대, 즉 주관적 신념에 의하여 좌우된다.

7. 포터와 로울러의 업적·만족이론

포터(L. W. Porter)와 로울러(E. E. Lawler)는 기대이론의 일종으로서 업적·만족이론을 제시하고 있다. 이 이론은 만족이 업적을 가져오는 것이 아니라 업적의 수준이 직무만족의 원인이 될 수 있다고 전제하고, 업적과 업적에 따른 보상가치, 그리고 노력이 보상을 가져올 것이라는 기대가 직무수행노력을 좌우한다고 본다.

이러한 포터와 로울러의 유형은 노력·업적·보상·만족 등의 변수와 그 상호관계에 중점을 두고 있다.[16]

Ⅲ. 동기부여이론의 종합적 고찰

1. 인간성에 대한 두 가지 관점

이상의 제학자들의 이론을 살펴보면 두 가지 상반되는 입장이 있음을 알게 된다. 이러한 입장은 독립과 의존, 사랑과 미움, 자유와 지배, 협조와 경쟁, 우정과 적의 등에 기초를 두고 있다.

인간성을 선의 관점에서 보는 견해는 Y이론, 매슬로우의 존경욕구와 자기실현욕구, 허즈버그의 동기부여요인, 아지리스의 성숙인, 리커트의 체제 Ⅲ과 체제 Ⅳ의 가정 등과 관련된다.

다음으로 인간성을 악의 관점에서 보는 견해는 X이론, 매슬로우의 생리적욕구와 안전욕구, 허즈버그의 위생요인, 아지리스의 미성숙인, 리커트의 체제 Ⅰ과 체제 Ⅱ의 가정 등과 관련된다.

---

15) Victor H. Vroom, *Work and Motivation*(New York: Wiley, 1964), pp. 14~15: Fred Luthans, Organizational Behavior, 3d ed.(New York: McGraw-Hill, 1981), p. 186.

16) Lyman W. Porter and Edward E. Lawler, *Managerial Attitudes and Performance*(Homewood, Ill.: Irwin Dorsey, 1968) 참조.

2. 동기부여이론의 종합적 평가

동기부여이론은 인간성에 대한 어느 한쪽의 입장이 보편적으로 적용될 수 없으며, 사람에 따라 그 성격에 맞는 동기가 요구된다. 따라서 인간성은 주어진 상황에 따라 다를 수 있으며, 인간의 욕구 또는 상황에 따라 다를 수 있다는 점을 알아야 할 것이다.

동기부여이론을 종합적으로 아래와 같이 평가할 수 있다.

1) 사람에 따라 인간의 욕구는 다르기 때문에 동일한 요인으로 동기부여되지는 않는다.

2) 인간의 욕구는 반드시 계층제적 구조에 따라 충족되지는 않으며, 상황에 따라 다르고, 상호밀접한 관계에 있다.

3) 성숙한 사람일수록 자기실현욕구 · 성숙욕구 · 존경욕구의 충족이 앞서고 높게 평가된다.

4) 동기부여의 과정은 욕구와 동기가 상호밀접하게 연결된 상태를 이룬다.

5) 만족할 만한 보상에 대한 기대와 노력할 가치가 있다고 판단할 때 동기부여된다.

6) 동기부여이론의 적용은 장소와 상황, 그리고 사람들의 수준에 따라 달리 적용된다.

제 7 절 보수와 연금

I. 보수제도의 의의

공무원은 국가기관의 구성요소로서 국민의 신탁적인 공무를 성실히 처리할 공법상의 근무의무를 부담하는 자이며, 고용주인 국가는 공무원과 그 가족의 생활을 보장하여 주어야 함은 이론의 여지가 없다. 그러므로 공무원에게 지급되는 보수는 근무에 대한 반대급부임과 동시에 공무원과 그 가족의 최저생활을 보장하기 위한 생활급의 성질을 가진다.

II. 보수체계

1. 의 의

공무원의 보수체계는 직무의 내용, 곤란성 및 책임도를 기준으로 한 생활급의 체계를 가미한 혼합체계라 할 수 있는데, 한국의 공무원보수체계는 경력직에 있어서는 기본급(본봉)과 수당으로 구성되어 있다. 승급기간은 1년으로 정하여 단급에 불구하고 최고호봉까지 승급할 수 있도록 하였다. 또한 휴직공무원의 보수와 직위를 부여받지 않은 공무원의 보수, 겸임 또는 파견된 공무원의 보수지급에 관한 사항 등을 대통령령으로 정하고 있어 공무원에 대한 보수에 대하여 상당한 관심을 보이고 있으며, 이외에 직무수행에 소요되는 실비변상을 하고 있다.

2. 분 류

보수체계를 분류하는 방법으로서는 여러 가지가 있으나 대체적으로 다음과 같이 분류할 수 있다.

(1) 형식적 분류:

- 보수
  - 기본급
  - 부가급(수당)
    - 직무급적 수당
    - 생활보조급적 수당
    - 지역수당
    - 조정수당
    - 능률급적 수당
    - 초과노동수당

(2) 실질적 분류:

- 보수
  - 생활급
  - 근속급
  - 자격급
  - 능률급
  - 직무급
  - 업적급
  - 총합결정급: 위의 모든 것 등을 종합하여 결정하는 보수

Ⅲ. 보수수준

1. 보수수준의 결정원칙

공무원의 보수를 결정하는 데 있어서의 원칙은 다음과 같다.

1) **직무급의 원칙** 공무원의 보수는 일반의 표준생계비, 민간의 임금기타 사정을 고려하여 직무의 곤란성과 책임의 정도에 상응하도록 계급별로 정한다.

2) **균형의 원칙** 경력직공무원 상호간의 보수 및 경력직공무원과 특수경력직공무원 상호간의 보수는 균형을 도모해야 한다.

3) **보수규정의 원칙** 공무원의 보수는 보수에 관한 규정에 의하지 아니하고는 어떠한 금정 또는 유가물도 공무원의 보수로 지급될 수 없다.

4) **정세적응의 원칙**[17] 공무원의 보수는 근무시간, 근무조건, 사회적인 정세변동에 적응하도록 수시로 증강 조정되어야 한다.

2. 보수수준의 결정요인[18]

공무원의 보수결정요인을 슈탈(O.C. Stahl)은 경제적 요인, 사회적·윤리적 요인, 행정상의 정책적 요인 등을 들고 있는데, 이를 설명하면 다음과 같다.

(1) 경제적 요인

1) **국가의 재정력과 국민의 담세능력** 정부가 공무원의 보수를 정하는 능력은 국민의 담세능력, 국민소득수준 또는 재정능력에 따라 결정된다. 국민의 소득수준과 재정능력이 풍부할수록 정부의 재정능력도 풍부하게 되어 공무원의 보수는 증가하게 되는데, 신생국의 경우 이와 같은 능력이 부족하여 보수를 향상시키지 못하는 경우가 많다.

2) **민간의 임금수준** 공무원의 보수는 균형의 원칙에 따라 민간의 임금수준과 동일하게 지급해야 한다. 왜냐하면 정부임금보다 민간임금이 월등히 많을 경우 유능한 인재들이 사기업으로 빠져 나가게 되어 공직의 업무가 민간기업의 업무보다 뒤떨어지게 되고, 공무원의 이직률이 증가하게 된다. 그러므로 유능한 공무원을 확보하기 위해서는 민간임금수준과 동일하게 지급을 해야 되고, 그렇지 않을 경우에는 공무원에 대한 수당과 다른 생활급을 지급해야 한다.

(2) 사회적·윤리적 요인(생계비)

정부는 국민전체를 위한 봉사자인 공무원에게 생활보장비를 지불해야 할 사회적·윤리적 의무를 지니고 있다. 그것은 정부를 위하여 근무하는 공무원에게 생계유지비를 지불한다는 것은 극히 자연스러운 일이며 당연한 일이다. 이에 정부는 공무원의 일정한 생활수준을 누릴 수 있도록 생계비를 지불해야 하며, 인원수를 잘 고려하여 임금을 결정해야 한다.

(3) 행정상 정책적 요인

공무원의 보수는 단순히 사회적·윤리적 요인에 의하여 노동에 대한 반대급부를 지급하기보다는 공무원의 사기앙양과 행정능률의 향상을 위하여 보다 적극적 수단을 활용함으로써 유능한 사람을 공직에 많이 흡수하고 재직중에도 적은 이직률과 신축성 있는 보수체제의 확립을 위해서도 행정상 정책적인 면에서 많은 배려를 해야 한다.

---

17) 최창호 외, 행정학(서울: 법문사, 1980), p. 378.
18) O. Glenn Stahl, *Personnel Administration*(New York: Harper & Row Publishers, 1971), pp. 81~86.

Ⅳ. 승 급

1. 의 의

승급은 동일계급 내에서 호봉이 올라가는 것을 뜻한다. 승급은 공무원의 직무수행능력이나 성과의 향상에 따라 그에 상응하는 보수의 변동이므로 근무의욕을 증진시키며, 근무연수에 따른 생계비를 지급하여 줌으로써 생활안정을 꾀하고자 한다. 또한 이 제도의 중요성은 보수제도의 기초에 따라 달라지는데, 직능급에 있어서는 매우 중요하게 인정되지만 직무급체계에 있어서는 중요성이 인정되지 못한다.

2. 승급제도의 종류

1) **보통승급** 공무원 전체를 대상으로 정기적으로 실시하는 것이다.

2) **특별승급** 특별한 요건을 갖춘 공무원에 대해서 실시하는 것을 뜻한다.

3. 고려되어야 할 문제점

1) 일반적으로 근무기간과 실적제를 첨가하여 승급자격을 인정하는 것으로서 실제적으로는 실적보다는 근무기간에 의해서 많은 영향을 받는다.

2) 승급기간은 등급의 폭과 호봉의 수, 승급금액과 관련하여 결정해야 한다.

이에 대하여 특별승급은 특별히 근무성적이 우수하거나 공로가 있는 공무원에게 인정되는 제도인데, 우리나라는 청백리 수상자나 창안채택자 등을 위시해서 등급의 폭이 큰 분야에 도입하면 좋을 것 같다.

Ⅴ. 공무원보수의 특수성

1) 일반적으로 공무원의 보수는 사기업체의 보수에 비하여 상대적으로 낮은 편이다. 이것은 공무원의 보수는 국민의 세금에 의해 책정되고 경제상황과도 연계되어 책정되기 때문이다.

2) 직위분류제를 이용하고 있는 경우에도 동일노동에 대한 동일한 보수(equal pay for equal work)원칙의 적용이 힘들다. 그것은 정부에는 사기업체에서 찾아볼 수 없는 정부고유의 직무(군인 · 소방 · 경찰 등)가 있기 때문이다.

3) 경제발전이나 물가상승에 따른 보수의 인상시기가 사기업의 그것에 비하여 높다. 이는 공무원의 보수인상에는 여러 기관 사이의 협의를 거쳐야 할 뿐만 아니라 그것이 물가 등 국민경제에 미치는 영향이 크기 때문이다.

4) 공무원은 일반적으로 노동권의 제약을 받아 보수결정에 있어 불리한 위치에 놓이

게 된다. 즉 공무원은 일반근로자에 비하여 노동권이 크게 제한되어 있기 때문에 그들의 의사를 제대로 반영시킬 수 없기 때문이다.

Ⅵ. 보수표의 작성

이상 논의한 바와 같이 보수결정에 있어 보수의 일반적 수준과 특수성 등을 염두에 두고 구체적인 보수표를 작성하는 데 있어 고려하여야 할 점 몇 가지를 보기로 한다.

1) **등급의 수** 어느 나라를 막론하고 단일보수표를 가진 나라는 없으며, 다원화되어 있으나 여기에서는 다음 두 가지 점을 지적하고자 한다. 즉 그 하나는 등급의 수는 계급제 아래에서보다는 직위분류제 아래에서 많은 것이 일반적 현상이라고 하는 것이며, 다른 하나는 세분하여 등급의 수를 많이 하는 것이 동일노동에 대한 동일보수의 원칙에 보다 가깝겠으나 봉급액은 그리 많지 못한데, 이를 너무 세분하면 사실상 등급 사이의 차액이 보잘 것 없어져 그 취급업무만 복잡해지게 된다는 점이다. 그렇다고 하여 또 그 수를 너무 적게 하면 불공평한 보수지급이 될 것이다.

그러나 이에는 어떠한 정설같은 것이 있을 수 없고, 그때그때의 구체적 사정을 감안하여 적정보수책정과 적정보수의 지급이 가능하도록 결정하여야 할 성질의 것이다.

2) **등급의 폭** 보수표의 각 등급은 단일액이 규정되어 있는 것이 아니고 몇 개의 호봉 또는 폭으로 나누어져 있는 것이 보통인데, 이는 다음과 같은 정책적인 의도에서 나온 것이다.

① 등급은 같다 하더라도 근무연한에 따라 공무원의 능력과 행정능률이 향상된다는 계급제적인 고려

② 승급을 통한 장기근속의 장려

③ 근무성적의 향상을 기하여 보려는 것 등

따라서 이의 적정폭을 결정하기 위하여는 등급의 수, 능력발전, 승진에 소용되는 평균체재연수, 연금제, 직업공무원정책과 신진대사정책 등이 종합적으로 고려되어야 할 것이다.

3) **초 임 금** 신규채용에 있어서의 초임금은 그 계통의 1호봉(예: 3급은 1호봉에서 26호봉)으로 하고, 퇴직공무원이 특별채용되는 경우에는 퇴직 당시의 호봉(지방공무원·별정직 공무원 재직 당시의 호봉)으로 확정한다.

4) **보수곡선** 보수곡선이라 함은 보수액의 등급에 따라 그를 평면직교좌표 J상한에 그려 보면 우상향의 직선이 되지 않고 영어 J자 모양이 되는데, 이를 보수곡선 또는 J곡선(J curve)이라고 하는 것이다. 이는 고위직에 이를수록 소수이지만, 그 보수액은 급속도로 상승됨을 표시한다. 그것은 고위직공무원의 몇몇 사람이 그 조직체의 성과에 미치

는 영향이 지대하다는 것과 능력과 근무성적의 향상을 통한 승진에의 유인을 제공하려는 데 그 근본원인이 있지 않나 생각된다.

5) 수 당 수당이란 공무원의 직책 또는 능력에 따라 일률적으로 지급되는 본봉 이외에 어떤 공무원이 야간근무를 하였다든가, 교통·통신이나 문화혜택이 적은 도서·벽지에서 근무한다거나, 해외공관에 근무하는 등 여타 사정을 달리하는 경우 그에 대하여 특별히 지급되는 금액을 말한다. 그러므로 일률적으로 지급했던 과거의 전시수당이나 현재의 관리업무수당은 이러한 의미의 수당이라고 부르기에는 적당하지 않다.

대체로 계급제를 채택하고 있는 나라와 보수행정이 합리화되어 있지 못한 곳에서 수당의 종류가 늘어나는 경향이 있다. 그것은 계급제 아래에서는 공무원 각자가 담당하고 있는 직책을 기준으로 하여 보수액을 결정하는 것이 아니고, 그의 능력이나 자격을 기준으로 하고 있기 때문이다. 보수행정이 합리화되어 있지 못한 곳에서는 본봉이 과소한 것을 합리적으로 적정화·현실화시키지 않고 일시적인 미봉책으로 각종 수당을 신설하여 그를 보충하려 하고 있기 때문이다. 우리나라는 이의 대표적인 예의 하나가 될 것이다.

수당은 시간외근무수당, 야간근무수당, 휴일근무수당, 일직·숙직수당, 상여수당, 특수지근무수당, 가족수당, 특수근무수당이 있으나 예산조치가 없는 경우에는 지급하지 아니한다.

Ⅶ. 우리나라 공무원의 보수

1. 문 제 점

박봉과 부패의 원인은 상호관계적이다. 왜냐하면 보수가 비현실적이며, 그에 따라 공무원은 음성수입으로 생계비를 조달하려고 하게 된다. 여기에 대민봉사에 헛점이 생기며, 공무원 사이의 불공평·불평을 낳으며, 공직의 윤리정립에도 자연히 기본권 문제와 관련이 됨으로써 장애가 되는 것 같다. 더욱이 민주행정을 위하여 또는 공익과 사익의 양면보호와 추구를 위하여 하후상박의 원칙을 적용하고 있는데, 다음과 같은 개선이 요구된다.

2. 개선방향

첫째, 보수의 적정화문제인데, 보수를 표준생계비의 수준으로 인상해야 하며, 인플레와 경제사정의 변동에 따라 보수도 적정화해야 하며, 국영기업체수준까지는 되어야 한다고 본다. 이렇게 되면 같은 국가기관에서 음지와 양지가 구별될 수도 없으며, 일부 공무원이긴 하지만 그들에게 들어가는 음성수입이 양성화되어 국고로 흡수되면 재정면은 오히려 좋아질 것이다. 둘째, 보수의 구조개선으로서 직책수당과 생활급적 성격을 띤 제수당(예: 조정수당)을 기본급에 포함시켰으면 한다. 요컨대 기본급 비중을 제고하고 수당체계를 정비한다. 셋째, 동일 직무에 대한 동일 임금지급원칙이 실현되어야 한다. 즉 직무・자격급 적 요소를 강화한다. 넷째, 직위분류제에의 보수체계화가 이루어져야 한다. 다섯째, 연공가봉(年功加俸)이 아닌 성과주의, 실적주의가 반영되는 성과중심의 보상체계를 구축해야 한다. 여섯째, 고위공무원단 보수 재설계 및 정무직 보수체계도 개편해야 한다. 일곱째, 총액인건비제도와 연계하여 각 부처의 보수운영상의 자율성을 강화하도록 한다.

Ⅷ. 연 금

1. 개 념

대표적인 학설을 중심으로 설명하여 보기로 한다.

1) 은 혜 설 연금이란 국가로부터 은혜적으로 지급되는 금품을 뜻한다고 보는 입장이다. 이의 대표적인 예로서는 영국을 들 수 있는데, 영국의 제도를 살펴보면, 공무원들은 기여금을 지불하지 않고 일정기간 근무・봉사한 후 받게 되어 있으나, 근무중에 어떤 잘못이 있게 되면 그 혜택을 상실하게 된다. 이러한 점에 비추어 보면 영국의 연금은 국가에 대하여 장기간에 걸쳐서 충실히 근무・봉사에 대한 은혜로서 국가가 지급하는 은급(gratuity)으로서의 성격이 농후하다.

이러한 특색은 대체로 봉건시대와 군주시대를 오래 거친 구주대륙제국에서 공통적으로 발견할 수 있으며, 과거 일본에서 이를 은급이라고 부른 것도 이에 해당된다. 일본에서는 현재에도 국가가 일반적으로 부담하는 것과 공무원과 공동으로 부담하는 것의 두 가지가 있다.

2) 봉급연불설 이는 연금이란 단순히 그 지급이 연기된 보수라고 보는 입장이다. 이의 대표적인 예로서 미국을 들 수 있는데, 이는 구주제국처럼 봉건주의나 전제주의의 역사를 갖지 않고 바로 산업화되었기 때문에 용어 자체도 은급이란 말을 쓰지 않고 그 기금을 정부와 공무원이 공동으로 부담하고 있다(공무원의 기여금과 동액의 국고부담을 하고 있는데, 이 점에서는 우리나라의 경우와 동일하다). 따라서 이때의 연금은 일종의 거치급료(deferred compensation)로서의 성격을 갖게 되는 것이다.

3) 사회보장설 여기에서는 연금제도란 개개 국민 자신이 노령・질병・사망 등에 대비하여 사회연대에 의한 공동의 기금을 설치하여 그 자신의 노후나 가족들의 생활안정을 기하기 위한 사회보장제도의 일종인바, 그러한 경우가 실제로 발생하였을 경우, 그 공동기금에서 지급되는 금액(또는 받게 되는 금액)을 연금이라고 한다.

2. 우리나라의 경우

우리나라의 공무원연금법 제 1 조에 의하면 연금제는 ① 사회보장, ② 경제생활안정,

③ 복지향상의 3대목적을 지니고 있는데, 이에 따른다면 다분히 사회보장설의 입장을 취하고 있다고 볼 수 있다.

그러나 우리나라 공무원은 매월 기여금을 불입하고 있는바, 이 점에서 볼 때는 봉급연불설의 입장을 취하고 있다고 볼 수도 있다. 따라서 한국의 연금의 성격은 사회보장설과 봉급연불설의 혼합적 입장을 취하고 있다고 볼 것이다.

이러한 한국의 연금제도의 목적을 보면 보는 관점에 따라 다음과 같이 크게 세 가지로 압축해 볼 수 있을 것 같다.

1) 공무원 자신의 입장에서 보면 전술한 국가공무원연금법 제1조는 위의 3대목적을 갖는다고 볼 수 있다. 이는 모두 공무원 자신들의 이익을 위한 것들이라고 할 수 있다.

2) 고용주인 정부의 입장에서 보면 공무원의 사기앙양을 통한 근무성적의 향상과 이로 인한 신진대사의 촉진을 들 수 있는데, 후자의 비중이 더 크다고 할 수 있다. 즉 계속해서 젊고 유능한 사람의 등용과 무능하고 연로한 공무원을 생활걱정시키지 않고 물러 앉게 하려는 데 주목적이 있는 것이다.

3) 납세자인 국민의 입장에서 보면 노년에 달한 모든 공무원에게 획일적으로 국고에서 지급하는 것이 아니고 장기간 충실히 근무한 사람에게만 그가 평소에 불입한 기여금에 따라 지급하는 것이다. 그러는 것이 보다 경제적이기 때문이다.

3. 연금제도의 의의

공무원의 연금제도는 공무원으로서 상당한 기간동안 성실하게 근무하고 정년퇴직하였거나, 부상 혹은 질병으로 퇴직 또는 사망한 때에 본인이나 그 유족에게 생계비를 지급함으로써 재직시의 공적이나 재해에 대한 보상과 퇴직 후의 생활을 보장하여 재직 중에 안정된 자세로 직무를 수행케 하는 인사정책상의 목적과 사회보장제도로서의 의의가 있는 것이다.

4. 급여의 종류

(1) 단기급여

1) 보건급여

(i) 공무상 요양비　　공무상 질병 또는 부상으로 요양을 하는 때에는 2년을 넘지 않는 기간 내에 소요된 금액을 지급한다.

(ii) 공무상 요양일시금　　공무상 질병 또는 부상으로 요양개시 후 1년을 경과하여도 완치되지 아니한 때에 1년간 요양에 소요된 비용은 요양일시금으로 지급한다.

(iii) 요양부조금　　공무원이 공무 이외의 질병 또는 부상으로 요양을 하거나 공무원의 가족이 질병 또는 부상으로 요양을 하는 때에는 그 요양비의 2분의 1의 범위 내에서

요양부조금을 지급한다.

(iv) 분 만 비 공무원이 분만을 할 때에는 분만비로 봉급월액의 3분의 1에 상당한 금액을 지급한다.

(v) 건강진단비 행정자치부장관은 공무원에 대하여 건강진단을 실시하며, 이에 소요된 건강진단비는 그 의료기관에게 지급한다.

2) 휴업급여

(i) 상병수당 공무원이 질병·부상으로 인한 요양을 하기 위하여 근무를 할 수 없을 경우에는 근무를 할 수 없게 된 날 이후 5일을 경과한 날로부터 그 후의 근무를 할 수 없었던 기간 매 1일에 대하여 공무상인 경우에는 봉금일액의 10분의 6에 상당하는 금액을, 공무외인 경우에는 봉급일액의 10분의 3에 상당하는 금액을 상질수당으로 지급하되, 그 지급기간은 동일한 질병부상에 대하여 3월을 초과할 수 없다.

(ii) 분만수당 공무원이 분만한 경우에는 분만한 날을 전후하여 3월까지 근무를 할 수 없게 된 기간 매 1일에 대하여 봉급일액의 10분의 3에 상당하는 금액을 지급한다.

3) 재해급여

(i) 장제비로 봉급월액의 3배에 상당하는 금액을 지급한다.

(ii) 재해부조금 공무원이 수재·화재 기타 비상재해로 인하여 재산에 손해를 받은 때에는 봉급월액의 6배에 상당하는 부조금을 지급한다.

(2) 장기급여

1) 퇴직급여

(i) 퇴직연금·퇴직금일시금 공무원이 20년 이상 재직하고 퇴직하였을 때에는 사망할 때까지 퇴직연금을 지급하는바, 본인이 원하는 때에는 퇴직연금에 가름하여 퇴직연금일시금을 지급한다. 퇴직연금의 액은 봉급연액의 100분의 50에 상당하는 금액으로 하고, 재직기간이 20년을 초과할 때에는 그 초과는 매년에 대하여 봉급연액의 100분의 76을 초과하지 못한다. 퇴직연금일시금의 액은 퇴직월의 봉급월액에 재직연수를 승한 금액의 100분의 2에 상당하는 금액을 가산한 금액으로 하고, 그 재직연수는 33년을 초과하지 못한다.

(ii) 퇴직일시금 공무원이 20년 미만 재직하고 퇴직한 때에는 퇴직일시금을 지급한다.

① 1월 이상 5년 미만 재직자는 퇴직월의 기여금에 재직월수를 승한 금액에 이자를 가산한 금액으로 한다.

② 5년 이상 20년 미만 재직자는 퇴직월의 봉급월액에 재직연수를 승한 금액의 100분의 150에 상당하는 금액으로 하며, 재직기간이 5년을 초과할 때에는 그 초과하는 매 1년

에 대하여 퇴직월의 봉급월액에 재직연수를 승한 금액의 100분의 15에 상당하는 금액을 가산한 금액으로 한다.

2) 장해급여(장해연금 · 장해보상금) 공무원이 공무상질병이나 부상으로 인하여 질병상태로 되어 퇴직한 때 또는 퇴직 후 3년 이내에 그 질병 또는 부상으로 폐질상태로 되어 퇴직한 때 또는 퇴직 후 3년 이내에 그 질병 또는 부상으로 폐질상태로 된 때에는 장해연금(봉급연액에 소정비율, 예: 1급은 100분의 80, 14급은 100분의 15까지)을 지급한다. 그리고 장해보상금은 장애연금의 60월분으로 지급한다.

3) 유족급여

(i) 유족연금 · 유족연금일시금 공무원 또는 공무원이었던 자로서 퇴직금 · 장해연금을 받을 권리가 있는 자가 사망한 때에는 유족연금을 지급하고, 유족연금의 액은 퇴직연금 또는 장해연금의 70/100에 상당하는 금액으로 한다.

(ii) 유족일시금 재직기간 20년 미만인 공무원이 공무 외의 사유로 사망한 때에는 그 유족에게 퇴직일시금과 동일금액을 지급한다.

(iii) 순직부조금 공무원이 공무상 질병 또는 부상으로 인하여 재직중 사망하거나 퇴직 후 3년 이내에 그 질병 또는 부상으로 인하여 재직중 사망하거나 퇴직 후 3년 이내에 그 질병 또는 부상으로 사망한 때에는 그 유족에게 봉급월액의 36배의 범위 안에서 순직부조금을 지급한다.

5. 비용부담

급여에 소요되는 비용은 그 비용의 예상액과 기여금부담금 및 예정운영수익금의 합계액이 장래에 있어서 재정적 균형이 유지되고, 매사업년도의 기여금과 부담금의 액이 평균적으로 되도록 하여야 한다. 공무상 질병 · 부상 또는 사망에 대한 급여에 소요되는 비용은 국고가 부담한다.

(1) 기 여 금

기여금의 액은 봉급월액의 1,000분의 75로 하고, 공무원으로 임명된 날이 속하는 월로부터 퇴직 또는 사망한 날이 속하는 월까지의 분을 월별로 기여금징수의무자가 매월 봉금에게 징수하여 봉급지급일로 부터 5일 이내에 본회계에 불입하여야 한다.

(2) 부 담 금

부담금의 액은 매회계연도의 봉급예산의 1,000분의 75에 상당하는 금액으로 하며, 국가 또는 지방자치단체의 장은 부담금을 매 4기(2월 말 · 5월 말 · 8월 말 · 11월 말)로 나누어 본회계에 불입하여야 한다.

6. 심사의 청구

(1) 심사의 청구

급여에 관한 결정, 기여금의 징수, 기타 급여에 관하여 이의가 있는 자가 처분이 있은 날로부터 60일, 그 사실을 안 날로부터 30일 이내에 행정자치부에 설치된 공무원연금급여심사위원회에 그 심사를 청구할 수 있다.

(2) 심사결정

위원회는 심사를 위하여 심사를 청구한 자, 기타 관계인에게 보고 또는 의견을 진술하게 하거나 출석케 하여 자문할 수 있으며, 심사의 결정은 문서로써 하되 결정에서는 주문과 이유를 기입하고, 위원간과 참석위원이 서명·날인한 후 그 등본을 청구인과 청구인과 기관장 기타 관계인에게 송달하여야 한다.

7. 연금제도의 개혁방안

첫째, 연금회계의 적자현상을 해결할 수 있도록 정부재정에서 보전·지원하도록 고려한다.

둘째, 공무원연금관리공단의 연금기금운용전략을 보다 전문가팀을 통해 개혁해야 한다. 특히 연금기금의 재정예탁을 시장금리수준으로 수익을 보장받도록 개선해야 한다.

셋째, 공무원과 연금수급자들이 필요로 하는 방향으로 후생복지사업의 수익을 극대화하도록 기업경영방식을 도입하여 책임경영체제가 되도록 한다.

넷째, 조기퇴직·고령화사회·퇴직 후 취업 등을 고려하여 새 세대에서 적용할 새로운 연금제도가 고려되어야 한다.

다섯째, 가족친화적 근무 및 복지제도의 도입확대로서의 주 5일 근무제, 탄력근무제 확대, 맞춤형 복지제도 도입도 확대하여야 한다(자기계발, 건강관리, 여가활용, 가정친화 등).

제 8 절 권위(authority)

Ⅰ. 의 의

1. 개 념

종래에는 정책집행과정의 법적 개념에만 급급한 나머지 그 외의 요인을 고려할 필요를 갖지 않았으나, 법적으로 어떠한 권한을 부여받았다고 해서 명령이 실제 영향력을 발휘하여 부하가 그대로 움직이는 것이 아니고, 명령을 받은 자의 심리적인 면이 크게 작용을 하게 되는 것이다. 권위란 조직의 규범에 의하여 정당성이 부여된 권력으로서 조직의 구성원에게 일반적으로 수용되는 권력을 의미한다.

즉 권위란 권위의 행사자와 수용자인 부하에 의하여 정당한 것으로 인정되는 권력이며, 자유의사에 의한 복종이고, 공식적 역할에 결부되어 있는 제도화된 권력이다. 또한 상대방의 존재를 전제로 하는 사회적 관계이다.

학자들이 권위를 정의한 것도 매우 다양해서 사이몬(H. A. Simon)은 타인의 행동을 유도하는 의사결정을 행할 수 있는 능력이다[19]라고 정의했고, 베버(Max Weber)는 일정 내용을 지니는 명령에 일단의 사람들이 복종할 가능성을 지니는 상태라고 했으며, 버나드(C. I. Barnard)는 권위수용설로서 상급자의 명령이 부하에 의하여 수용될 때 그 권위가 인정되며 그렇지 않은 경우는 부정된다[20]고 보았다.

2. 권력과의 차이

권력이란 상대방의 의사에 관계 없이 어떤 행동이나 결정을 하도록 하는 타인의 움직일 수 있는 능력이며, 권위란 이러한 권력과 정당화란 말이 결합된 정당한 권력(legitimate power)[21]으로서 자발적인 것이 그 특징이다.

Ⅱ. 권위의 기능

사이몬(H. A. Simon)은 권위행사에 있어서의 기능을 열거하였는데 그것을 설명하면 다음과 같다.[22]

1) **개인책임의 강제** 권위를 지닌 의사결정, 명령을 한 사람에 대한 부하의 책임을 높이는 것을 의미하는 것으로 제재가 중요한 역할을 한다.

2) **전문성 및 정당성의 향상** 권위란 전문성이 높을수록 권위성의 정도는 높아지므로 의사결정에 있어서 권위는 전문성을 높이고 확보하는 기능을 하게 된다. 조직규모가 커지고 질적으로 복잡한 업무를 다루는 경우, 의사결정을 특정한 지식, 기능을 가진 사람에게 분담케 함으로써 전문화되고 숙련된 사고 하에서 의사결정이 이루어지도록 한다.

3) **조직단위의 활동조정** 권위는 목적달성을 위하여 조직단위의 활동을 일관성 있게 전체적으로 조정하는 기능을 가지며, 이로써 상급자는 각 부분의 분업의 협조, 통합을 체계적으로 조정하는 기능을 수행한다.

---

19) Herbert A. Simon, *op. cit.,* p. 125.

20) Chester. I. Barnard, *The Functions of the Executive*(Cambridge Massachusetts: Harvard University Press, 1956), p. 163.

21) Daniel Katz and Robert L. Kahn, *The Social Psychology of Organizations*(N.Y.: John Wiley Sons, 1966), p. 220.

22) Herbert A. Simon, *Administrative Behavior*(New York: Macmillan, 1957), pp. 135～140.

Ⅲ. 권위의 유형

1. 공식적 권위와 비공식적 권위

공식적 권위는 조직에 있어서 특정직위의 담당자가 행사할 수 있는 영향력, 제재력이며 합법화·제도화된 권위이다. 비공식적 권위는 비공식적 집단(자생집단)의 구성원간에 사회적 관계를 맺으면서 이루어지는 상급자에 대한 충성·의무라는 공통적 감정에 근거를 둔 영향력을 의미한다.

2. 베버(Max Weber)의 분류(전통적 권위, 카리스마적 권위, 합법적 권위)

베버(Max Weber)는 권위의 정당성의 기준에 따라 전통적 권위, 카리스마적 권위, 합법적 권위로 분류하였는데, 그 내용은 다음과 같다.

1) **전통적 권위**　전통의 신성성, 지배자권력의 신성에 대한 신념에 권위의 정당성을 둔다.

2) **카리스마적 권위**　지도자의 비범한 자질, 능력이나 영웅적 행위에 대한 외경심에 근거를 둔다.

3) **합법적 권위**　법규화된 질서와 명령권의 합법성에 대한 신념에 권위의 정당성의 근거를 둔다.

3. 에치오니(Amitai Etzioni)의 분류[23)]

1) **행정적 권위와 전문적 권위**　행정적 권위는 일반행정관리자의 권위를 말하고 계층적 지위에서 상급자가 하급자에게 통제조정하는 힘이다. 전문적 권위는 전문적인 지식이나 기술로서의 권위를 말하며 막료기관에서 나타나는 현상이다.

2) **강제적 권위, 공리적 권위, 규범적 권위**　권력의 유형에 따른 분류로서, 다음과 같다.

① 강제적 권위는 교도소와 같은 강제적 조직에서 물리적 힘에 의한 권리를 말한다.

② 공리적 권위는 사기업체와 같은 경제적 보수에 의한 권위를 말한다.

③ 규범적 권위는 종교단체와 같은 도덕적 기준에 의한 권위를 말한다.

4. 사이몬(H. A. Simon)의 분류

사이몬(H. A. Simon)은 부하가 상관의 의사결정이나 명령에 복종하는 심리적 동기를 기준으로 하여 권위의 유형을 분류하였다.[24)]

---

23) Amitai Etzioni, *A Comparative Analysis of Complex Organization on Power, Involvement and their Correlates*(New York: The Free Press, 1961), pp. 12～15.

24) Herbert A. Simon, Donald W. Smithburg and Victor A. Thompson, *Public Administration*(N.Y.: Alfred A. Knoff, 1950), pp. 186～201.

1) **신뢰의 권위**(authority of confidence) 사람은 자기가 깊이 신뢰하는 사람의 의사결정을 아무런 비판 없이 받아들인다. 이에는 전문적 지식이나 기술을 지닌 전문가의 견해를 신뢰할 수 있는 기능적 권위와 상관의 판단력을 신뢰하고 의사결정을 수용하는 계층적 권위가 있다.

2) **동일화의 권위**(authority of identification) 조직에 동일체 의식을 느낄수록, 충성심이 깊을수록 상관의 결정을 폭넓게 받아들인다.

3) **제재의 권위**(authority of sanctions) 상관이 권리를 강제하기 위하여 불리한 결과나 유리한 결과를 부하활동에 대하여 미칠 수 있는 능력을 의미한다.

4) **정당성의 권위**(authority of legitimacy) 인간이 한 조직이나 집단의 계층제 속에 참여할 때는 조직의 규칙이나 절차의 정당성을 인정하고 거기에 복종하려 한다. 이와 같이 복종의 근거가 정당한 경우에 해당된다.

Ⅳ. 권위의 수용과 수용변수

1. 권위의 수용

(1) 무관심권(zone of indifference)

버나드(C. I. Barnard)는 상관의 명령 혹은 의사전달이 아무런 이의 없이 부하에게 수용되는 범위를 무차별권이라고 말하고 명령의 수용가능성에 따라 ① 명백히 수용될 수 없는 경우, ② 중립적인 경우, ③ 이의 없이 수용되는 경우로 나누고, 이 중 ③의 경우를 무관심권, 혹은 무차별권(無差別圈)이라고 하였다.

또한 권위의 수용을 가능하게 하는 전제조건으로 ① 의사전달이나 명령을 이해하고, ② 그것이 조직목표에 부합된다고 믿고, ③ 명령이 자신의 개인적 이익과 모순되지 않고, ④ 정신적 · 육체적으로 의사전달이나 명령에 순응할 수 있는 상태이어야 한다는 것을 들었다.[25)]

(2) 수용권(zone of acceptance)

자신의 무차별권을 계승하면서 이를 수정하여 수용권으로 표현하고, 개인의 심리적 동기를 중요시하였던 버나드와 달리, 사이몬은 개인의 심리적 동기란 결정에 영향을 미치는 제요인의 일부에 불과하다고 하면서 결정을 전체적으로 고찰함으로써 권위의 수용범위를 예측할 수 있다고 주장하고 있다.[26)]

즉 사이몬(H. A. Simon)은 개인의 의사결정을 따르는 경우로서 ① 타인의 의사결정의 장단점에 대하여 충분한 검토 후 장점에 대한 확신을 가질 경우, ② 장·단점에 대한

25) C. I. Barnard, *op. cit.*, pp. 168~169.
26) H. A. Simon et al., *op. cit.*, pp. 180~184.

검토 없이 따르는 경우 및 ③ 의사결정에 하자가 있다고 확신하면서 이에 복종하는 경우가 있는데 ② ③경우가 된 권위의 수용권에 해당한다고 하였다.

2. 수용변수

권위수용에 있어 특히 문제되는 것은 부하가 상관의 권위를 수용하고 명령에 복종하는 변수가 무엇인가 하는 것이다.

이에 대하여 권위의 유형에서 논한 바와 같이 학자들에 따라 그 변수로 간주하는 것이 다르나, 이것을 종합하여 보면 다음과 같다.

1) **보상 등의 공리성** 명령을 수용할 경우 보상이나 승진 등의 득실을 계산한 후, 득이 많은 경우 그 결정·명령을 받아들이게 된다.

2) **처벌 등의 제재성** 명령을 이행하지 않는 경우의 제재·처벌이나 불리한 인사이동의 가능성이 권위의 수용을 증가시킨다.

3) **일 체 성** 조직에 대한 일체성이 높을수록 권위의 수용이 잘 되는데, 의사결정·명령의 목표나 이념과 조직구성원의 목표나 이해관계가 일치할 때의 경우를 말한다.

4) **신 뢰 성** 부하에 대한 권위의 수용성은 상관에 대한 신뢰도가 높을수록 높아지는데 신뢰성은 전문성이나 학력·경력·능력과 계층적인 구조·역할에 기인한 것들이 있다.

5) **충 성 심** 충성심, 사명감 등이 높을수록 권위와 수용은 높다.

6) **인간관계 및 내적 요소** 이외에도 권위수용의 요인으로는 심리적 친밀감이나 존경을 받을 만한 인격의 소유, 경력, 명성 등을 권위의 근거가 될 수 있을 것이다.

제 6 장

인적자원의 공적규범관리

제 1 절 행정책임

Ⅰ. 행정책임의 의의

1. 개 념

행정책임이란 행정인 또는 행정조직이 일정한 행동기준이라고 보는 법령·공익·국민의 소망과 기대에 따라 활동할 의무를 전제로 하여 그 행동결과에 대하여 비판을 받을 상태에 있는 것을 의미한다.

2. 특 질

행정책임은 다음과 같은 특질을 가진다.[1)]

1) 행정책임은 행정상의 일정한 의무를 전제로 한다.

2) 재량의 여지가 있을 때 발생한다.

3) 어떤 개인적 요구보다 집단이나 공익적 요구에 충실하여야 하며, 행동기준에 따라 행동할 의무를 전제로 한다.

4) 자기의 결정이 미칠 결과에 대하여 고려한다.

5) 행정책임의 보장을 위하여 행정통제가 사용된다.

3. 성 격

행정책임은 그 성격에 따라 다음과 같이 나눌 수 있다.

1) 加藤一明, 行政學入門(東京: 有斐閣, 1966), p. 205.

⑴ 도의적 책임(responsibility)과 법적 · 회계적 책임(accountability)

공무원의 경우 공식적 지위나 권한과 관련되어 공식적 · 법적 책임을 갖는 경우가 있는데, 이를 법적 책임이라고 하며, 개인적 · 도의적 책임을 지는 경우를 도의적 책임이라고 한다.[2)]

⑵ 정치적 책임과 직업적 책임

정치적 책임은 행정조직 또는 행정인이 국민의 기대에 부응했느냐에 대한 책임이며, 직업적 책임은 전문직업인으로서의 직능적 · 기술적 책임을 말한다.

⑶ 외재적 책임과 내재적 책임

외재적 책임은 행정조직 또는 행정인이 입법 · 사법 · 국민에 대한 책임이며, 내재적 책임은 행정기관 내부에서 상관 또는 감독기관에 대하여 지는 책임을 말한다.

Ⅱ. 행정책임의 중요성

1. 권력남용과 행정책임

행정인의 재량권이 확대됨으로써 권력남용의 가능성이 있게 된다. 민주국가의 경우는 행정행위를 통한 지나친 권력남용을 막아야 되므로 이에 따른 행정책임을 요구하게 된다.

2. 행정권의 강화와 행정책임

행정국가(administrative state)가 출현함으로써 행정기관이 확대되고 입법부의 행정에 대한 견제가 약하기 때문에 책임행정이 더욱 요구된다.

3. 신생국에 있어서의 행정책임

신생국의 경우, 행정부가 막대한 예산권을 가지고 있으며 행정체계가 정치 · 경제 · 사회체계보다 우월한 조건을 가지고 있어 관료집단이 강해져 국민에 의한 행정체계의 감시 · 고발 · 통제가 어렵기 때문에 행정의 민주화를 위해서 행정책임성의 확보가 중요하다.

Ⅲ. 행정책임의 기준

행정책임의 기준은 ① 공익이라고 하는 규범적인 것, ② 행정인을 규율하는 근무규율, 즉 그들에게 요구되는 윤리적 기준과 기술성, ③ 합법성, ④ 이익단체의 요청 등을 들 수 있다.

2) John M. Pfiffner and Robert V. Presthus, *Public Administration*, 4th ed.(New York: The Ronald Press Co., 1960), p. 551.

여기서 가장 중요한 것은 공익을 어떻게 보느냐에 따라 견해가 다르다. 실체설은 국가와 민족의 이익과 일치되는 것으로 전적으로 공익에의 헌신만 요청하였고 이에 대한 결정 또한 당연히 집권자가 하는 것으로 간주되었다. 이에 반하여 과정설은 현실적인 정치과정 속에서 각 이해관계자들이 참여하고 타협을 통하여 다수인이 동의하는 결과가 공익이라고 보는 것으로 오늘날은 후자가 유력시되고 있다.

제 2 절 통제방법

Ⅰ. 의 의

통제란, 행정통제를 의미한다. 따라서 국민 또는 국민의 대표로 간주되는 입법부 및 국민에 의하여 선출되는 행정수반이 원하는 방향으로 행정권이 행사되도록 하는 것을 의미한다. 다시 말해서 정책결정과 구체화가 민의·공익에 따라 실현되는 것을 뜻하는 것이다.

행정책임을 확보하기 위한 통제방법으로서는 ① 외적 통제방법으로서 사법통제방법·입법통제방법·Ombudsman제도·민중통제방법이 있고, ② 내적 통제방법으로서는 행정통제방법이 있다.[3)]

Ⅱ. 사법통제(judicial control)

1. 의 의

법원에 의한 통제로서 행정부의 명령이나 처분이 위헌·위법일 때 사법부는 행정에 대한 통제를 한다. 이러한 기능이 있음으로써 행정기관이나 행정인은 정책결정과 집행의 잘못을 책임질 수 있게 되는 것이다.

2. 방 법

행정작용으로 국민의 권리·이익이 부당하게 침해당했을 때 피해자는 행정재판을 통하여 구제받게 된다.

또 하나의 방법은 행정부의 명령·규칙·처분이 위헌·위법하여 재판의 전제가 된 때에는 법원은 이를 심사한다. 이른바 법령심사권(judicial review of the constitutionality)

3) 행정이 비교적 단순하였던 입법국가 시대에는 내적 통제보다 외적 통제가 민주정치이념에 부합되어 중시되었으나, 행정이 고도의 전문·기술성을 띤 현대 행정국가에서는 외적 통제의 효과를 크게 기대할 수 없게 되었다. 따라서 그 중요성이 내적 통제에 옮겨지고 있는 것이 현 추세라 할 수 있다.

에 의한 통제방법이다.

이러한 사법통제의 한계점 내지 제약점을 요약하여 보면 다음과 같다.

1) 완전한 사전구제가 못되고 불완전한 사후구제라는 점, 즉 이미 행정이 이루어지고 국민의 권익이 침해된 후의 구제에 불과하므로 사전예방적 조치에 비하여 많은 제약을 받게 된다는 것이다.

2) 시간과 비용 · 노력이 많이 소요된다.

3) 행정기능의 확대 · 강화와 전문화 및 그에 따른 재량권의 확대로 인하여 외부통제가 점점 어려워지고 있다.

4) 특히 우리나라의 경우 사법부의 독립성 · 공정성 보장 자체가 위협을 받고 있다는 점 등을 들 수 있다.[4)]

Ⅲ. 입법통제(legislative control)

이는 나라에 따라 그 구체적인 방법과 내용 · 정도의 차이는 있지만, 대체로 ① 입법권, ② 예산심의 · 확정권, ③ 국정조사 · 질의권, ④ 임명동의권 · 해임의결권 · 탄핵권 등 각종 인사권 등의 방법을 채택하고 있는데, 일반적으로 대통령중심제의 경우가 제일 강하고 내각책임제의 경우는 그 통제력이 아주 약하다고 볼 수 있다.

그러나 정당정치의 발달로 인하여 전통적인 대통령중심제를 채택하고 있는 미국의 경우를 보더라도 정당을 통한 융화와 공동현상으로 그 통제력은 상당히 약화되고 있는 것 같다.[5)]

이처럼 입법통제는 현대 행정국가에 있어서는 그 나라가 민주국가라 할지라도 정도상의 차이가 있을 뿐 약화되고 있는데, 그 원인으로서 일반적이고 중요한 것을 몇 가지 들면 다음과 같다.

1) 행정의 전문 · 기술성의 확대와 재량권의 확대

2) 행정부가 장악하고 있는 경제권이 막대하다는 점, 특히 우리나라와 같이 사경제의 미숙으로 공경제의 비중이 상대적으로 클 뿐만 아니라 정치자금조달이 행정부에 크게 의존하고 있는 경우는 더욱 그러하다.

3) 행정부의 국정 및 행정에 관한 정보의 독점, 특히 우리나라의 경우는 보안관계가

---

4) 예로서는 인사권의 독립성 제한, 예산권의 독립성 제한, 선거소송의 지연 등 각종 권력적 · 금전적 압력 등을 들 수 있다.

5) 그러나 입법부와 밀접한 관련을 가진 정당의 문제를 생각하면 공산국가의 경우, 행정을 제일 강하게 통제하고 있다고 볼 수 있다. Henry W. Norton, "The Structure of Decision, Making in the USSR," in: Peter H. Juviler and Henry W. Morton(ed), *Soviet Policy Making*(1967), pp. 13~14; Chong-Sik Lee and Nam-Sil Kim, "Control and Administrative Mechanisms in the North Korean Country-side," *Journal of Asian Studies*(February 1970), p. 325.

강조되고 있어 더욱 그러하다.

4) 우리나라 여당의 경우, 의원직 취득에 거의 결정적인 역할을 하는 후보공천권과 의원추천권을 행정수반이 가지고 있어 여당의원이 독자성을 가지고 소신껏 일하기 어렵다는 점 등을 들 수 있다.[6)]

Ⅳ. 옴부즈맨 제도

1. 의 의

옴부즈맨(ombudsman)이란 그 어원을 대리인·대변자의 뜻을 가진 스웨덴어(ombud)에 두고 있는 것으로 현대적 의미의 호민관이라 할 수 있는데, 이 제도는 현대국가가 행정국가화됨에 따라 입법부나 사법부의 행정통제기능이 약화되자 이를 보완함으로써 보다 쉽게 국민의 권익을 보호하려는 취지에서 20세기 초반 스웨덴에서 창설된 이래, 각국에서 그 장점을 높이 평가하여 도입하고 있다.[7)]

2. 특 색

이 제도의 특색을 간추려 보면 다음과 같다.[8)]

1) 중립적인 입법부에서 임명되고 신분과 직무상의 독립성이 보장되는 권위있는 직원이 공정·신속하게 시민의 불평을 처리할 수 있다는 점이다.

2) 처리대상은 반드시 법률상의 문제에 한하지 않고 당·부당의 합목적적·공익적인 것도 포함된다는 것이다.

3) 조사는 공개적으로 하되 공식적인 절차나 법원에서와 같은 정식절차를 취하지 않고 비공식적인 방법을 이용한다. 그러나 자료제출 요구권·서류조사권 등 광범한 조사권이 인정되고 있다.

4) 행정처분을 취소·변경하는 어떤 형성력·이행력 등의 효력이 인정되는 것은 아니지만 사실상의 구속력을 갖는다는 점이 특이하다.

---

6) 우리나라의 여당이 행정부를 통제하는 공식적 방법으로서는 ① 주요법안정책·예산에 관한 여당과의 협의, ② 정무장관의 임명, ③ 정기적인 여당·정부 연석회의 등을 들 수 있고, 그 밖에 비공식적·비정책적인 것으로서는 공사·구매·인사 등에 개괄적으로 관여하는 것을 들 수 있겠다.

7) 1908년 스웨덴 헌법에 규정된 것을 효시로 하여 그 뒤 핀란드(1919)·노르웨이(1952)·덴마크(1953)·뉴질랜드(1962), 그 밖에 영국·캐나다·미국·서독 등에서 계속 채택해 가고 있다.

8) Donald C. Rowat, "The Parliamentary Ombudsman," in: Nimrod Raphaeli(ed.), *Reading in Comparative Public Administration*(Boston, Allynand Bacon, 1967), pp. 143~144; F. M. Marx, "The Importation of Foreign Institutions," in: D. C. Rowat(ed.), *The Ombudsman*(London, Allen and Unwin, 1968), pp. 255~264.

3. 기 능[9]

1) 행정관료와 국민과의 완충장치의 역할을 한다.
2) 행정의 능률향상과 공정한 법집행을 확보한다.
3) 국민의 공통적 이익에 기초한 법령을 제정한다.
4) 행정관료에 대한 국민의 책임추궁의 역할을 한다.
5) 행정부와 입법부의 권한의 균형을 유지할 목적으로 설치되었다.

4. 평 가

(1) 장 점

1) 신속하고 저렴한 비용으로 시민의 권익을 옹호할 수 있다.
2) 시민이 용이하게 접근할 수 있어 행정의 민주화에 기여할 수 있다.
3) 국민의 대표인 의회기능의 약화에 대치되는 기능을 하여 그 영향력을 소생시킨다.
4) 행정량과 인구가 적은 사회에서 효용성이 크다.
5) 공평한 활동과 공개적인 비판과 건의를 할 수 있다.

(2) 단 점

1) 의회의 직무와 중복된다.
2) 행정부 내의 이와 비슷한 제도와 중복된다.
3) 행정의 비밀성을 침해할 우려가 있다.
4) 문제된 행정이나 재판에 관한 시정권이 없어 실효성에 의문이 있다.

5. 개발도상국과 옴부즈맨 제도

옴부즈맨 제도는 정실임명이나 부패가 심한 국가에서는 성립하기 어려우며, 행정권이 지나치게 강대하거나 다수정당제가 확립되지 않은 곳에서도 성립하기 어렵기 때문에 개발도상국에서는 실효를 거두기가 어려울 것이다. 그러나 이 제도 채택의 필요성은 선진국의 경우보다 더욱 절실할 것이다.

6. 우리나라 도입문제

우리나라도 국민의 권익을 보호하기 위하여 각종의 통제방법이 있는데, 감사원, 행정소송이나 손해배상, 국민청원, 종합민원상담실 등이 있으나, 공식적이고 신속하지 못하여 그 기능이 제대로 수행되지 못하고 있고, 행정부 내에 중복되어 있어 독립성과 국민의 신뢰감이 없으므로 입법부에 소속되어 비공식적이고 공개적이며 신속한 처리를 하는

9) 박문옥, 전게서, p. 645.

Ombudsman을 도입하는 것이 바람직하다.

V. 민중통제(popular control)

민중통제라 함은 일반국민에 의한 행정책임의 확보를 의미한다. 이러한 통제방법 내지 기능은 여러 가지로 나누어 볼 수 있지만, 여기서는 ① 선거, ② 여론, ③ 매스컴, ④ 지식인으로 나누어 보기로 한다.

1. 선 거

조직화되지 않은 일반민중이 가질 수 있는 가장 보편화된 통제방법의 하나이다. 그 효과성은 피선거인의 수와 유권자가 투표권을 얼마나 참여의식과 정치의식을 가지고, 얼마나 자율적으로 행사할 수 있느냐에 달려 있다. 따라서 우리나라처럼 투표권자가 자기의 권한행사로서 보다는 의무로서 참여하는 경향이 강하고, 권력·금력 등으로 좌우되거나 매수되는 사례가 적지 않은 경우에는 진정한 통제기능을 하지 못하고 집권자의 집권을 합법화하기 위한 동원 내지는 요식행위로 전락할 우려가 있다.[10]

2. 이익단체

각 계층의 국민들은 그들의 단체를 통하여 그들의 이해관계를 정치·행정인에게 규합·전달하고, 이들의 결정에 영향을 미치고 있는데, 자본주의·민주주의가 발달한 선진제국일수록 그 영향력은 크다.[11]

그러나 신생제국의 경우는 ① 경제사회가 행정권으로부터 자율성을 갖지 못하고 그에 크게 의존하고 있으며, ② 이해관계의 내용이 보다 특수성을 띠고 있어 일반정책 수립에 반영시키기가 곤란하며, ③ 각 이익단체의 수, 그 구성인원수 자체도 상대적으로 적지만 그 대표자의 대표성이 높지 못한 데다가, ④ 정책결정자 자신의 이익단체의 기능에 대한 이해부족 등으로 그 기능을 충분히 발휘하지 못하고 있다.

3. 여론·매스컴

매스컴을 통한 여론(public opinion)의 영향력(통제력)은 그 나라의 매스컴 보급률과 밀접한 관련성이 있는데, 우리나라의 경우는 국민소득수준에 비하여 교육수준이 높아 그 역할은 상당히 크다 할 수 있다.

그러나 최근에 이르러 매스컴·여론의 이러한 통제·비판기능이 계속 약화되어 가고

10) Alex, Inkeles, "Participant Citizenship in Six Developing Countries" *American Political Science Review,* Vol. 63, No. 4(December 1969), p. 126.

11) 선진제국에서는 지나치게 특수 이익에 좌우되는 경향이 있다는 비판이 나올 정도이다.

있다. 그 주요 원인으로서는 다음과 같은 점을 들 수 있다.

1) 매스컴이 사회발전의 공기로서의 기능보다는 수지타산에 더 관심을 갖는 사업적인 것으로 전락되고 있다. 따라서 경제적으로 공경제에의 의존성이 커 독자성을 상실해 가고 있다.

2) 정부의 정치적 언론통제는 없다고 보나 대기업중심과 경영상속체제인 언론기관의 책무성 부족도 문제가 있다고 본다.

3) 바람직한 중립노선의 언론이 확대되기는 커녕, 점점 감소 내지는 사라지고 있다는 점 등이다.

이러한 점에서 중립적인 입장에서 자율적으로 민의를 반영하고 민주통제기능을 담당하는 언론에 대한 여당화와 상업화는 조속히 지양되어야 할 뿐만 아니라, 보다 적극적으로 가치중립적이고 발전지향적인 언론을 육성할 필요가 있다.

4. 지 식 인

여기서 지식인이라 함은 과거에 이미 고등교육을 받았으며 현대에도 지식산업(knowledge industry)에 종사하고 있는 사람은 물론, 현재 고등교육을 받고 있는 대학생들을 포함하는 개념이다. 이러한 지식인의 행정통제기능은 정치·행정 발달 수준이 낮고 일반국민의 정치의식수준이 높지 못한 사회일수록 중요시되고 높이 평가되고 있다.

특히 우리나라는 일제하의 반식민지 투쟁, 4.19 의거 및 지금까지 대학·언론·종교계 등의 시민참여는 역사적으로 높이 평가할 만하며 국가발전에 기여하는 바도 크다고 본다.

따라서 정부당국에서는 역사철학과 발전의식을 가지고 민족통일과 국가경쟁력 제고를 위한 견지에서 이들로부터의 건설적인 비판이나 제안을 기피하거나 못마땅하게만 생각할 것이 아니라 그에 경청하고 받아들이는 태도를 가져야 한다.

5. 시민참여[12)]

(1) 의 의

일반시민이 개인적 또는 집단적으로 행정과정에 영향력을 미치는 합법적인 행동 또는 활동과정을 말한다. 이것은 각종의 자문위원회나 청원, 진정, 공청회에서 볼 수 있다.

(2) 기 능

1) 의회가 기능을 다하지 못할 때, 참여의 기회를 확대하고 정부에 대한 불만을 해소시켜 정치적·사회적 안정을 증대시킨다.

2) 새로운 아이디어 제공에 기여한다.

12) 박연호, 행정학신론(서울: 박영사, 1980), p. 810.

3) 특정문제에 관하여 여론에 호소하여 개혁의 선두가 된다.

4) 특히 의회기능이 미약하고 지방자치가 실시되지 못한 곳에서 효과가 크다.

⑶ 한　　계

1) 시민참여가 지나치게 많은 경우 그것은 반대나 저항에 그칠 뿐 적극적인 대안을 제시하지 못하는 경우가 많다.

2) 행정책임을 확보하기 위한 수단이 아닌, 참여 그 자체를 목적으로 간주하려는 경향이 있다.

3) 집권층에서 정치, 경제, 사회적 힘의 재분배 내지는 확산을 꺼려 하는 나머지 시민참여를 제약하려는 경향이 있다.

4) 권한과 책임회피방법으로서 사용되는 경우와 저항세력의 회유하는 방법으로서 시민참여를 허용하는 경우가 있다.

⑷ 한국에서의 시민참여

한국은 민주주의 역사가 짧아 시민참여가 적극적으로 행정책임을 확보하는 수단으로서는 사용되지 못했으며 사용되었다 하더라도 왜곡 사용하였다. 그 동안의 행태를 보면, 정책결정이나 의사결정과정보다는 집행과정에서의 회유로서의 행정참여가 전부였고, 행정주도적인 수동적 행정참여였다.

특히 발전도상국가에서는 처리하여야 할 문제가 산적해 있기 때문에 시민참여를 할 기회를 잃게 된다.

6. 후진국과 민중통제

민중통제는 국민일반의 정치의식수준 향상과 더불어 그 효과가 달라진다고 보기 때문에 후진국에서는 실효를 거두기가 어렵다. 그러나 입법, 사법통제가 약화되는 현실에서 매스컴 발달, 정치의식 수준향상과 더불어 큰 비중을 차지하고 있다.

Ⅵ. 내부통제(행정통제)

1. 의　　의

내부통제는 행정부 자체의 통제로 공식적 통제와 비공식적 통제로 나누어 볼 수 있다. 종래에는 외부통제를 중시하였으나 현대 행정국가에서는 그의 여러 가지 제약성으로 인하여 행정내부통제를 중시하게 되었다. 그러나 1970년대 이후 군사정부에서부터는 권력상승작용으로 인한 청와대의 조정기능이 문제되기도 한다.

2. 공식적 내부통제

(1) 정책결정 및 기획수립에 대한 통제

대통령실, 국무총리실 · 국무회의 · 경제장관회의 등에 의한 통제가 이에 속한다.

(2) 분업체제의 개편이나 인사 · 예산에 대한 통제

정부조직의 개편이나 예산의 가감 등의 통제가 여기에 속한다.

(3) 행정절차에 대한 통제

행정의 합법성 · 예측가능성과 안정성 및 민주성 · 책임성 등을 높이기 위한 것으로 사전통지 · 청문 등의 규정이 이에 속한다.[13] 우리나라에서는 최근 민원서류에 대한 경우가 많이 지적되고 있다.

(4) 기획과 실적의 심사분석을 통한 통제

우리나라에서는 5.16 이후 국무총리실과 각 부처 기획관리실에서 이 기능을 맡고 있다.

(5) 범법적인 것에 대한 통제

예산 · 회계중심의 감사원, 일반행정에 대한 상급기관 및 자체감사 등을 들 수 있다.

3. 비공식적 내부통제

후레드리히(Carl Friedrich)와 파이너(Herman Finer)의 논쟁 이래 비공식적 내부통제의 중요성이 크게 부각되었다.

(1) 기능적 책임론

고스(J. M. Gaus)가 지적한 바와 같이 개개의 공무원의 전문적 직업의 표준과 이상에 대한 책임을 말한다.

그러나 행정기술을 지나치게 높이 평가하거나 또는 기술이나 전문성을 내세워 행정관이 완고한 태도를 나타낼 위험성이 있다는 것과 기능의 경직화현상이 일어난다는 비판이 있다.

(2) 대표적 관료제

책임적인 관료제는 대표적인 관료제에서만 찾아볼 수 있다는 킹스리의 관료제의 책임은 정부형태나 균형과 억제의 체계에 의해서는 확보할 수 없다고 주장한다. 이에 대하여 파이너는 마르크스주의적 견해라고 비판하였다.

(3) 행정인의 지율적 직업윤리확립의 필요성

타율적인 강요보다는 개개인의 도덕적 · 윤리적 · 사명감에 기인한 행동이 효과적이며,

13) Dwight Waldo, "Government by Procedure," in F. M. Marx(ed.), *Elements of Public Administrations*(Englewood Cliffs, N.J.: Prentice-Hall, 1959), pp. 353~359.

따라서 행정인들의 단체구성과 교섭 등 노동3권 중 2권을 인정하는 것이 바람직스럽다. 1981년 제5공화국 출범 후 공무원 윤리강령이 선포된 것은 행정인의 자율적 통제를 기대한 것이다.

Ⅶ. 행정책임의 경향

행정책임의 다른 측면은 행정통제로 적어도 1960년대까지는 외부통제보다는 내부통제가 우세한 편이었으나 미국에서의 워터게이트사건 이후 외부적 통제가 다시 중요시되고 있다. 또한 한국과 같이 행정권의 우위가 지속되어 온 국가에서는 외부적 통제가 강조되어야 한다.

Ⅷ. 한국의 행정통제

한국은 전통적인 관료우위사상과 민주정치가 발달하지 못한 데다가 행정의 비중이 커짐에 따라 이에 대한 통제가 하나의 중요문제로 대두되고 있다. 그 동안 외부통제는 미약했으며, 자율통제마저도 형식에 그친 감이 있었으나 제5공화국이 출범함에 따라 공무원 윤리헌장과 행정쇄신으로 자율적 통제를 제고시켰으며, 청문회나 국정감사권 등으로 제6공화국에서는 국회의 기능을 강화하여 외부통제의 효율성을 높이고 있다고 생각되나 정경유착이 심하고 정치의 행정간섭이 계속되고 있는 현실에서는 특별검사제 도입이나 행정옴브즈맨 제도의 도입이 필요하다고 생각된다.

제 3 절 행정에의 주민참여

Ⅰ. 의 의

주민참여는 행정정책이나 계획이 대립되어 집행으로 이행되는 과정에서 주민이 어느 정도 참여하여 그 권리주장을 하는냐 하는 문제이다.

James V. Cunningham에 의하면 "주민참여란 지역사회의 일반소인(Commonamateurs)이 지역사회의 일반적인 문제와 관련된 결정에 대하여 권력을 행사하는 과정"으로 정의하였고, Neil Gibert와 Specht는 사회복지정책에 있어서 주민참여를 수혜자 측면에서 논하면서 "정부조직과 주민 사이의 통제와 의사결정의 재분배"라고 정의하고 있다. Samuel P. Huntington은 "정부의 정책결정에 영향을 미치려고 의도하는 일반주민의 행위"라고 규정하고 있다. Sidney Verba는 "공권력이 부여되지 않는 일반주민이 공식권한이 주어진 사람들의 행위에 영향을 미칠 의도로 정책결정과정에 개입(involvement)하는 것"이라고 정의하였다. 또한 일본학자 條原一은 주민참여를 "참여민주정치의 한 수단으로서 오늘날의 권력지향적인 정치에 의해 통제력을 상실하여 정책의 결정에서 소외당한 주민들의 권리의 주장"이라고 하고 있다.

또한 앞서 전술한 James V. Cunningham은 참여에 대한 정의를 내릴 때 3가지의 필수적인 정의요소가 있다고 하면서 그 요소로 일반소인과 권력 그리고 결정 등을 들고 있다. 일반주민은 지역사회 구성원을 넘어선 공식적인 권력과 특별한 정보, 부, 유급직이 없는 지역사회의 구성원 참여과정을 통해 어떤 통제를 하려는 비엘리트(nonelites) 주민들이다.

권력은 통제로서 어느 정도 사람들에게 생각하고 행동하도록 하는 것처럼 다른 사람들을 생각하고 행동하게 할 수 있는 사람의 능력이다. 따라서 참여는 일반주민의 손에 통제할 수 있는 능력이 들어올 때 이루어 질 수 있다.

이와 같은 여러 가지 견해를 종합해 볼 때, 주민참여는 지역주민이 지역사회와 지역주민의 생활에 직접 영향을 미치는 정책결정과정이나 집행과정 등을 인지·통제하기 위하여 주민생활과 관련된 행정과정에 권력을 행사하는 일련의 행위라고 정의할 수 있다. 따라서 주민참여는 참여민주주의시대라고 일컫는 풀뿌리 민주주의를 실현할 수 있는 지방자치시대나 또는 지방행정만이 아닌 작은 지방정부로서 역할을 하는 경우에도 특히 주민참여가 필요하게 된다. 경제와 사회의 복잡화에 따라 행정기능이 확대되고 행정이 더욱 어렵게 되어 종래의 행정방식으로는 경제·사회의 제문제를 해결할 수 없으며, 행정의 효과를 기대할 수 없기 때문이다.

Ⅱ. 주민참여의 근거

1. 선거의 미비점 보완

현대사회의 다원성과 복잡성 등으로 인하여 일반적인 직접민주주의의 실현이 물리적으로 불가능해 짐에 따라 대의민주주의(representative democracy)를 통해 국민의 의사를 정책결정에 반영하고자 한다. 선거를 통한 대의민주주의 정치구조하에서는 정치적 단체인 정당 및 이익집단 들이 국민의 다양한 여론을 수렴하여 정책결정자에게 전달하는 중요한 기능을 담당하게 된다.

그러나 선거를 통한 국민의 의사표현은 불충분 할 뿐만 아니라 대변자인 정당이나 정치적 단체(이익집단)들은 일반대중의 정치적 의사를 대변하기보다는 각각 자기계층이나 집단의 이해와 이익만을 집약하여 대변함으로써, 일반대중의 정치적 이해는 소홀이 취급하는 한계성을 가지고 있다. 따라서 일반대중의 의사를 반영할 제도적 장치의 필요성이 강하게 대두되게 되었으며, 행정과정이나 정책결정과정에 대한 주민의 참여는 참여민주주의(participatory democracy)의 강조와 더불어 도래를 촉진하게 된 것이다.

2. 주민친화적 정책의 개발

주민참여는 자치행정과의 관계에서 주민이 그 지방의 행정에 참여하고 관여하는데 중점을 두는 것이라고 볼 때 자치권을 부여받은 지역주민은 그들의 욕구충족을 위해서 행동하고 스스로 그들의 행위를 실현하고 공동발전 할 수 있는 계기를 조성하려고 한다.

이 과정에서 일반 주민들은 자기들의 일과 욕구에 부합되는 정책에 대한 관심과 요구를 반영하는 과정에서 자연스럽게 제 3 자인 전문가보다 훨씬 잘 알고 판단을 더욱 잘한다는 것이다. 뿐만 아니라 고객으로서의 주민은 행정 엘리트보다 공적인 욕구(public needs)에 더욱 민감할 수가 있기 때문에[14] 주민들의 의사나 주장은 새로운 주민친화적인 정책의 개발에 적극 반영은 물론 최소한 정책결정에 중요한 자료가 되어야 한다. 이는 주민들의 요구가 정책결정상황의 문제점들을 명확하게 확인하고 파악하는 데 중요한 정보원이 되기 때문이다.

따라서 주민참여의 궁극적 목표는 주민의 권리신장과 주민친화적 정책의 실현에 있어서 그 지역의 자치행정업무를 효율적 합리적으로 추진될 수 있도록 하는데 그 의의가 있다고 볼 수 있다.

3. 시민교육의 장

주민참여는 행정의 지방화 또는 자치화를 이 땅에 뿌리내리게 하는데 제도이며, 행정과정이다. 따라서 행정과정에 참여한다는 것은 중요한 자치의 실현과정이며, 민주원리로서의 지방자치는 활발한 주민참여를 전제로 한다. 개인으로서의 주민은 선거를 통해 이익을 확충시키고 정확한 민의를 형성 · 파악 가능하게 하며, 확정된 정책에 정당성을 부여한다.

따라서 행정과정에의 주민참여는 주민의 이익과 욕구를 제도적으로 표출케 하며, 그 표출의 합이 주민의 의사로 집합될 수 있을 때 진정한 의미의 참여민주주의는 실현되는 것이다.

시민정치교육은 주변의 사회 · 정치적 현실을 바르게 인식할 수 있도록 그들에게 필요한 정보와 지식을 제공해 주고 동시에 주민의 권리와 의무가 무엇인가를 가르쳐 주어 성숙된 민주시민이 되도록 교육시키고 육성하는 것이다. 즉 시민은 행정에 참여함으로써 공적인 여러 가지 문제를 익히게 되고, 성숙한 시민으로서 성장하게 된다. 동시에 행정에 대해서 더욱 관용적이고 이해적인 태도를 갖게 되며, 자기의 중요성도 갖게 된다는 것이다.

---

14) William L. Morrow, *Public Administration: Politics and The Political*(Random House, 1975), p. 270.

4. 주민과 행정 간의 거리감 제거

지방자치가 제대로 이루어지지 않거나 주민참여가 활성화 되지 못한 경우에는 일반적으로 선·후진국을 막론하고 행정이나 관료는 주민의 불신과 비판의 대상이 되어 왔다. 특히 행정의 효율성과 능률성만을 강조하며 중앙집권적인 행정행태를 보이는 후진국이나 발전도상국의 행정체제는 지배성 · 규제성 · 강제성으로 특징지어져 왔기 때문에 그와 같은 인식은 더욱 뿌리가 깊다. 즉 이러한 경우에는 행정 하면 일반국민에게는 공포와 위협의 대상으로 각인 되어 피하고 싶은 존재이지 가까이하고 싶어하는 존재로 인식되지 못하고 있다.

사회가 분화 발전되어 다원화되어 감에 따라 계층 · 집단간의 이해가 다양화를 초래하였고 이는 행정에 대한 주민의 참여확대 요구가 급증하게 되었다. 즉 주민은 자치행정과정에의 참여를 통하여 자신들의 이익과 선호를 적극적으로 표현함으로써 정책과정에 반영하게 되고, 그 결과 정책과 주민간의 거리감을 좁히는 데 크게 기여하고 있다. 주민이 행정과정에 참여함으로써 상대방의 참여자와 대등한 권력과 영향력의 행사가 가능하고, 무엇보다도 행정과 관련된 정보를 균등하게 공유하게 됨으로써 정보의 불균형에 따른 갈등이 해소됨으로써 자연스럽게 상호간에 신뢰가 구축될 수 있기 때문이다.

5. 갈등의 완화 및 해소

행정과정에 주민이 참여함으로써 그들의 요구를 정책에 반영하고자 할 것이며, 이 과정에서 다른 참여집단과의 갈등과정을 통하여 상호이해와 타협이 이루어질 것이다. 따라서 주민참여는 이해관계자들의 이해갈등을 사전에 완화 및 해소시켜 주는 역할을 한다.

어떤 정책이나 프로그램도 모든 사람들에게 다 좋을 수는 없다. 실제로 맑은물 관리 정책의 경우 하천보호를 위하여 유입하수에 대한 정화기준을 강화할 경우 상류지역의 주민들은 생활에 많은 불편을 감수해야 한다. 반면에 정화기준을 완화할 경우에는 하류지역의 주민들의 식수를 취수 가공하는 과정에서 정화비용의 증가로 인하여 비싼 비용을 부담하게 되는 것이다.

이러한 이해중심의 갈등들이 시민참여를 통해서 조정될 가능성이 많다는 것이다. 불이익을 받는 입자에서도 그 상황에 참여함으로써 불이익의 불가피성을 최소화할 기회부여와 함께 이해를 구할 수 있게 함으로써 피해의식을 줄일 수 있다는 것이다. 이와 같은 정책갈등의 사전예방을 위해서 주민참여는 대단히 중요한 의미를 가진다고 하겠다.

6. 집행의 효율성 제고

각종 정책결정과정에 대한 주민참여의 확대는 집행과정에서의 저항과 갈등을 예방할 수 있기 때문에 집행과정에서 나타나는 저항으로 인한 사회적 비용을 최소화 할 수 있다. 일반적으로 정책의 집행과정에서 나타나는 사회적 저항으로 인하여 발생하는 비용은 행정비용에 포함하지 않는 것이 일반적이었으나 오늘날에는 그 비용의 중요성을 인식하고 최대한의 합의를 전제로하여 정책을 추진하는 것이 일반적이다.

이와 같은 배경으로부터 주민참여는 정책집행의 효율성을 높인다. 누구나 일방적인 지시에 의해서 집행을 할 때보다 주민참여를 통해서 이루어진 정책이나 프로그램이 그렇지 않을 때보다 그 만큼 효율성이 높다는 것이 일반적인 인식이다.

Ⅲ. 주민참여의 문제점

1. 문제해결의 지연 및 왜곡

주민참여에 있어서 특히 주의하여야 할 것이 포획이론(capture scenario)이나 이익집단자유주의(interest group liberalism)를 들 수 있다. 이는 행정과정에서 나타나는 정치적 현실은 이해관련집단과의 관계에서 결정된다. 이 과정에서 이해관련집단이 법규나 규제원칙을 마련하는데 깊숙이 개입하여 해당 결정주체들로 하여금 일관성 있는 정책의 형성 및 집행을 어렵게 하는 것을 말한다.

각계 각층의 주민들이 한데 모이면 자기주장과 요구만을 내세움으로써 갈등을 심화시키고, 자기의 주장이 반영되지 않으면 저항적 행동을 취할 가능성이 크기 때문에 정책결정 주체가 정책환경에서 오는 신호를 잘못 수용하게 되어 문제해결을 지연시키고 시간과 자원을 낭비시킬 가능성이 크다는 것이다. 또한 주민들이 자신의 이익을 대변하기 위하여 집단적인 힘을 과시함에 따라 정책결정자가 포획되어 올바른 방향으로의 추진을 불가능하게 하거나 왜곡시킬 수도 있다.

2. 대표성의 문제

참여자들은 그 지역의 전체 주민들이기보다는 각 행정사안별 특정이익과 관련된 특별계층이나 특정분야만을 대표하는 경우가 일반적이다. 정책은 특정집단에 대하여 이익을 줄 수도 있지만 반대의 경우는 특정집단에 대하여 편익의 감소나 비용의 추가부담을 강요할 수도 있기 때문이다. 따라서 정책결정주체에게 영향을 미치는 참여자들의 대표성이 문제될 수 있다.

3. 공동이익의 희생

혐오시설인 쓰레기 매립장이나 핵폐기물 매립장의 건설은 지역적 또는 국가적으로 매우 필요불급한 시설물이다. 그러나 시설물의 입지결정에 있어서는 지역이기주의 등으로 인하여 매우 배타적이고 심각한 갈등양상을 보이고 있다. 이와 같은 현상은 지방자치의 실시 이후 주민참여의 확대와 주민의 요구 증대에 따라 점차 증가하는 양상을 보이고 있다.

이는 지역적이고 부분적인 이익 때문에 전국적이고 전반적인 이익이 희생되는 본보기라고 할 수 있다. 따라서 주민참여는 주로 지역사회에서 일어나는데, 참여자들은 우선 자기지역의 발전과 이익에만 매달리기 때문에 거시적인 안목에서 국가전체의 이익을 도외시할 가능성이 매우 크다.

또한 주민참여는 행정부가 만든 정책이나 프로그램에 반발하는 주민들을 설득시키기 위해서 전략적으로 이용될 수 있다. 즉 동원된 주민참여를 통하여 주민의 반발을 무마시키거나 정책을 정당화시키기 위해서 주민참여를 역으로 이용하는 경우도 있다.

4. 전문화에 역행

주민참여에 동원되는 사람들은 공익과 사익에 대한 이해가 부족할 뿐만 아니라 공익과 사익이 충돌할 때는 사익을 우선하여 선택하기 때문에 장기적인 안목에서의 정책결정에 장애가 될 수 있다. 또한 일반주민은 비전문가이기 때문에 전문적인 지식을 요하거나 복잡한 문제에 대한 올바른 판단을 기대할 수 없다. 따라서 주민참여는 행정의 전문화를 저해하거나 합리적인 정책판단을 저해할 수도 있다.

Ⅳ. 주민참여의 활성화 방안

1. 참가행정의 활성화

행정국가하에서는 관료가 주민을 관리하는 대상으로 행정의 주객이 전도되는데 이것을 극복하기 위해서 합리주의 관료제에 대한 새로운 형을 모색하지 않으면 안 된다. 이 새로운 관료제형으로서는 관료의 대표성과 주민참가형의 관료제를 들 수 있다.

지방자치하에서는 주민이 지방행정 관료제의 구조에 참가하고 관여할 수 있는 가능성이 많아야 되는 것이다. 이는 종래의 법에 의한 행정에서 법률을 수단으로 하는 행정에로의 이행에 따라 관료제가 정치적으로 통제되는 전제가 많은 침해를 당하였던 것들로부터 쉽게 이해할 수 있다. 그러나 지방자치실시 이후 민선자치단체장들은 이러한 폐단을 극복코자 하는 다양한 노력과 시도에도 불구하고 지금까지도 지방자치행정의 본래적 주체인 주민이 완전한 주체로서의 회복이 되지 못하였다. 이러한 현실을 직시하고 주민이 새로운 지방자치행정의 주체적인 입장을 회복할 수 있도록 참가행정을 활성화·제도화하여야 할 것이다.

이를 통하여 현대의 주민참여가 가지고 있는 한계점인 지배적 집단의 이익이 지방자치단체의 제도적 이익으로 받아들여짐으로써 소수자의 이익을 대변하지 못하는 모순을 어느 정도 극복할 수 있을 것이다.

2. 공청회제도의 활성화

공청회는 지방자치단체가 주관하여 개최하는 방법과 주민들이 조직하여 공동관심사에 대하여 공개적으로 논의하는 방안 등 두 가지가 있다. 특히 우리 사회에서는 지방자치제의 실시 이후 민간단체의 활동이 두드러지게 나타나고 있으며, 그들의 활동내용 중 공청회나 정책토론회 등의 개최가 주요한 방법으로 활용되고 있다.

공청회는 주민들이 그들의 관심사나 이해관계가 있는 문제 등에 대하여 논의과정에 직접참여하는 방법으로 많은 정보를 단기간에 확보할 수 있을 뿐만 아니라 전시효과와 신뢰도를 높일 수 있는 장점을 가지고 있다. 반면에 복잡한 사안의 경우 회의진행이 곤란하고 지나치게 많은 시간이 소요되며, 효과적인 의사표시를 기대하기 어렵고, 특히 비밀보장이 요구되는 사안에 대해서는 그의 확보가 불가능하다. 이와 같은 장단점을 염두에 두고 각 사안별 내용에 따라 완전공개방법을 택하거나 이해관계자나 전문가만을 제한적으로 초청하여 개최하는 방안 등이 있으므로 이의 활용이 요구된다.

따라서 공청회의 적절한 활용은 주민의사의 수렴과 분출기회의 제공할 뿐만 아니라 각 지방자치단체의 정책결정에 대한 정당성과 대표성을 확보하는 유용한 수단이므로 적극적인 활용이 기대된다.

3. NGO활동의 적극화

최근 급격한 변화를 겪고 있는 한국 사회에서 나타나고 있는 가장 특징적인 현상은 그 동안 권위주의 정권하에서 통제되었던 사회구성원의 이익표출이 다양한 방법으로 일시에 표출되고 있을 뿐만 아니라 이를 조직화하는 현상이라고 할 수 있다. 따라서 어느 때보다도 이익집단(interest group)의 폭발적인 조직현상이 나타나고 있으며, 활동도 다양한 분야에서 많은 성과를 거두고 있다. 이러한 현상은 정치과정에서 다원주의 정치과정의 특징적 현상인 이익집단의 정치(interest group politics)로 나타나고 있다.

이는 참여적 정치문화의 확대와 시민의식의 변화에 기인한다. 참여적 정치문화는 바람직한 민주적 시민사회를 형성하는 하나의 요인인데 과거와는 달리 구성원 스스로의 이익표출과 이를 정책결정에 반영코자 하는 경향이 뚜렷하게 나타나고 있기 때문이다.

특히 이런 과정에서 특정 이익의 추구보다는 공공이익의 실현을 통하여 공동체의 발전을 모색하려는 욕구의 강렬한 표출이 이루어지고 있으며, 이에 대표적인 NGO(Non-Governmental Organization)로는 환경단체와 같은 공익단체의 조직을 들 수 있다.

이들 NGO들은 지방자치실시 이후 매우 다양한 관심분야에 대하여 자신들의 관심을 가지고 의견과 정책의 제시를 통한 참여민주주의를 실현해 가고 있다. 따라서 지방자치분야에도 이러한 NGO의 참여를 정례화 활성화할 수 있도록 다양한 정보의 제공과 자치행정 및 정책결정과정에의 접근을 허용하여야 할 것이다.

4. 주민 옴부즈맨제도의 도입

주민 옴부즈맨은 행정기관으로부터 독립하여 주민을 위하여 행정기관을 감시하는 역할을 수행하는 제도로 주민의 불만이나 고충에 대하여 행정기관을 조사하고, 이에 따라 권고 또는 시정조치를 요구하는 제도적 장치이다. 이러한 옴부즈맨 제도는 1809년 스웨덴에서 만들어진 이래로 세계 각국과 미국의 여러 주에서 설치되었고 가까운 일본에서도 지방자치단체에 도입·적용하여 활발하게 운용하고 있는 범세계적인 제도이다.

주민 옴부즈맨의 목적은 주민주권의 이념에 기초해 주민의 지방자치단체의 행정에 관한 불만을 간편하고 신속히 처리하고, 자치행정을 감시하여 비리의 시정조치 등을 강구하도록 권고함과 동시에 각종 제도의 개선을 위하여 의견을 표시하여 주민의 권익보호를 도모하고 자치행정에 대한 주민의 신뢰성을 확보하는 것을 목적으로 한다.

주민 옴부즈맨의 등장의 당위성은 정치적 집단의 이익을 수용하여 제도적 이익화하는 과정에서 소외되는 한계성을 보완하고, 기존의 주민대표기관인 의회나 자치단체가 주민의 의사를 충분히 수용·반영하지 못하기 때문이다.

지방자치단체 수준에서의 옴부즈맨제도의 도입과 운영은 지역의 정치·경제·문화 등 환경적 요소와 깊은 관련성을 고려하고 입법 및 사법의 기능을 보완하는 요소로서 충분한 검토가 이루어진 후 결정하여야 할 것이다. 따라서 우리나라의 지방자치에 주민 옴부즈맨 제도의 도입을 위해서는 선진국의 제도를 충분히 검토하여 적용 가능한 모형을 정립하고 조례로 규정하여 운용할 수 있도록 하여야 할 것이다.

5. 정책실명제의 도입

지방자치 이후 각 지방자치단체에서도 경쟁적으로 행정에 경영마인드를 도입하고자 다양한 시도를 꾀하였다. 이와 같은 일련의 활동은 오늘날 새로운 행정관리체계의 구축에 계기를 제공하였으며, 이는 산출중심의 행정운영을 강조하는 차원으로 발전하였다. 이를 위해서는 각 행정활동의 목표가 명확하여야 하며, 정책결정단계에서부터 각 담당공무원들은 소신과 책임감을 가지고 각종 정책결정과정에 참여하여야 할 것이다.

각종 행정서비스에 대한 불만사항이 있을 경우 주민들은 그에 대한 담당자을 알지 못하기 때문에 이의제기나 항의에 한계가 있을 뿐만 아니라 책임소재가 불분명하여 많은 시행착오를 범하는 사례가 빈번하다.

따라서 정부에서 시행하는 각종 정책에 대하여 실명제를 도입 운영함으로써 정책결정과정에서의 과오를 분명히 하고, 성과측정을 통한 인센티브의 제공과 주민의 참여에 의한 의사반영이 원활히 이루어질 수 있을 것이다. 특히 정책실명제를 통하여 정책담당 공무원들의 책임회피나 각종 부패가능성을 억제하는 기능도 가능할 것이다.

제 4 절 공무원의 정치적 중립

Ⅰ. 의 의

공무원의 정치적 중립(political neutrality)은 공무원의 비정치화이며 그 직무수행과정에 있어서의 무당파성 · 무정치성을 의미한다. 그러나 정치발전을 이룩한 일부 서구국가를 제외하고는 공무원 사회에 대한 정치의 침범은 정도의 차이가 있을 뿐 없지는 않다고 본다. 그럼에도 불구하고 정치적 중립성이 요구되는 이유는 다음과 같다.

1. 공익의 증진

공무원은 정치적 압력을 배제하고 당성을 따라 공익(public interest)을 증진하여야 한다.

2. 행정의 능률화 · 합리화

합목적적이고 합법적이며 효율적인 행정수행의 원칙을 지켜 가야 하며 부당한 정치간섭을 받아서는 아니 된다.

3. 행정의 안정성 · 독립성 · 공정성의 유지

정권이 바뀌어도 중립성은 보장되어야 한다. 특히 체제의 대립이 있는 나라나 국가존립을 위협받고 있는 나라는 의회=민주=정당이란 차원에서 정권교체에 따르는 행정부재가 있을 수 있는바, 이는 배격하여야 된다.

4. 부패의 방지

행정부의 돈을 정치자금으로 유용한다면 자연히 정치와 결탁하여 부패할 우려가 있다. 그러므로 실적주의의 확립이 요구되며, 정치적 중립이 필요한 것이다.

Ⅱ. 각국의 정치적 중립제도

공무원의 정치적 중립을 요구하는 정도와 내용은 각국의 역사적 사정에 따라 매우 다양하다. 엽관주의나 정실주의의 폐해를 겪었던 국가일수록 공무원의 정치활동을 제한하는데, 미국·한국이 대표적이며 일본은 미국의 영향을 받아 이에 속한다. 그러나 독일·프랑스는 정치적 중립을 엄격하게 요구하지 않은 나라이다.

1. 미 국

미국의 공무원 제도사는 행정에의 정치적 개입을 방지하려는 법률을 제정하기 위한 투쟁이었다. 1883년 팬들턴법(Pendlton Act)에서 분류직 공무원의 정치활동을 금지시켰으며, 뉴딜정책 실시와 더불어 정당의 행정침해를 막기 위하여 공무원의 정치활동을 광범위하게 제한하는 1, 2차 해치법(Hatch Act)을 제정하였다. 여기서는 비분류직도 정치활동을 제한하였다.

그 내용을 보면, 선거자금공여와 선거운동의 금지, 입후보와 공무원 단체의 정치활동 금지, 정당의 강요와 보복의 금지 등이다.

2. 영 국

영국은 미국과는 달리 공무원의 정치활동은 상당히 자유스럽다. 1701년 즉위법에서 국왕이 임명한 관리는 하원의원이 불가함을 규정하였으며 1925년 맥도날드(Macdonald)내각에서 공무원의 피선거권 금지를 규정하였으나, 현재의 공무원의 정치활동에 관한 기본원칙은 1948년의 매스터맨 위원회의 권고에 기원을 두고 있으며, 그 뒤 1953년 처칠내각은 동위원회의 권고에 따라 공무원을 3 Group으로 나누어 다음과 같이 규정하였다.

제 1 Group(노무직)은 정치활동자유를 인정하고, 제 2 Group(타이피스트, 서기계급)은 피선거권만 제한하고, 제 3 Group(집행, 행정, 과학전문직)은 당적만 갖도록 허용하였다.

3. 독일 등 서구제국

독일에서는 공무원의 신분을 갖고 하원의원에 출마할 수 있으며, 낙선된 경우는 공무원 신분을 그대로 향유하며, 당선된 경우는 공무원을 사직하나 공무원연금의 혜택을 받고, 의원을 그만두었을 때 공무원으로 복직할 수 있다. 이와 같은 경우는 서구제국 거의가 대동소이하다.

Ⅲ. 한국에서의 공무원의 정치적 중립성

1. 연 력

정치적 중립성에 관하여 1949년 제정된 헌법에 규정하였으나 형식적인 것에 불과하였으며, 1952년 자유당의 엽관주의 폐단이 일어나게 되자, 비로소 하나의 문제로서 제기되었다. 제 3 공화국에서는 헌법규정과 이를 뒷받침하는 국가공무원법 제65조가 제정되어 실효성을 거두었다.

2. 헌법과 공무원법 규정

헌법 제 7 조 제 2 항에서 공무원은 국민전체에 대한 봉사자이며, 국민에 대하여 책임을 진다. 공무원의 신분과 정치적 중립성은 법률이 정하는 바에 의해서 보장된다고 규정하고 있다. 이에 의하여 국가공무원법 제65조는 다음과 같이 규정하고 있다.

1) 공무원은 정당 기타 정치단체구성에 관여하거나 이에 가입할 수 없다.

2) 공무원은 선거에 있어서 특정 정당 또는 특정인의 지지나 반대를 하기 위하여 다음의 행위를 하여서는 안 된다.

① 투표를 하거나 하지 아니하도록 권유운동을 하는 것

② 서명운동을 기도·주재하거나 권유하는 것

③ 문서 또는 도서를 공공시설 등에 게시하거나 게시하게 하는 것

④ 기부금을 모집 또는 모집하게 하거나 공공자금을 이용 또는 이용하게 하는 것

⑤ 타인으로 하여금 정당 기타 정치단체에 가입하게 하거나 또는 가입하지 않도록 권유운동을 하는 것

3) 공무원은 다른 공무원에게 1), 2)에 위배되는 행위를 하도록 요구하거 또는 정치적 행위의 보상 또는 보복으로서 이익 또는 불이익을 약속하여서는 아니 된다.

이상과 같이 법조문으로는 심한 제한을 가하고 있는데 현재 이것을 얼마나 준수하느냐가 문제이다. 또한 정치적 행위의 금지에 관한 한계는 대통령령으로 정하게 되어 있다.

3. 정치적 중립을 위한 방향

⑴ 행정윤리의 확립

공무원이 자각하여 공무원의 정치적 중립성이 직업윤리로서 확립되지 않는 한 법률의 규정만으로는 어렵다.

⑵ 정치환경의 정상화

정당, 선거제도 등의 건전화, 청정화, 합리화와 정치권력자가 공무원을 정치적 도구로의 이용 근절, 정치체제 내의 하부체제의 균형적 발전이 되어야 한다.

⑶ 가치체계의 분화

우리나라 사회는 소위 프리즘적 사회(prismatic society)의 특징을 가지고 있어, 권력가치가 지니는 매력이 너무나 크다. 따라서 모든 수단을 통하여 이를 장악하려고 하므로 권력가치에 집중된 가치체계를 분화시켜야 한다.

(4) 국민의 정치의식의 앙양

국민의 정치의식이 향상되어 공무원의 선거운동이 실효를 거두지 못하도록 하지 않는 한, 공무원들의 선거운동에의 동원과 강요는 그치지 않을 것이다.

Ⅳ. 정치적 중립의 한계

1. 공무원의 참정권과 정치적 중립

오늘날 행정국가에서는 행정권이 비대함에 따라서 공무원수는 날로 증가하고 있다. 또한 이들이 교육수준이 높고 공공사업에 많은 지식을 가진 사회지도자급이라는 데 문제가 있다.

그러나 공무원의 정치에 참여는 여당만 비대해지고 민주정치발전에 역행하지 않을까 우려가 있어 가까운 시일 내에 지지받기는 어려울 것 같다.[15)]

2. 정당정치

민주정치는 정당정치이다. 이를 위하여 인재등용에 있어 많은 자유재량권으로 집권정당과 이념을 같이하는 사람을 채용하여 팀워크를 같이할 필요가 있어 고위정책결정자를 임명하는 데는 엽관주의적 요소가 필요하다.

3. 관료제의 대표성

정치적 중립이란 어느 집권자에게나 공정하게 그의 역량을 다하여 봉사함을 의미하는 것으로 킹스레이(J. Donald Kingsley)는 다분히 출신성분에 따라 공무원의 사고나 행동이 결정된다고 주장하였다. 킹스레이의 이러한 주장은 영국의 행정 계급의 상위계급에 대한 비판에서 나오는 것으로 이러한 견해로 보면 미국의 관료가 가장 대표성・책임성이 높고 한국・영국・독일・프랑스는 비교적 대표성이 얕다고 보아야 할 것이다.

4. 복수정당의 존재와 평화적 정권교체의 보장

복수정당이 존재하여, 정당간에 정권의 교체가 평화적으로 공정하게 이루어지는 것이 공무원의 정치적 중립성을 유지하는 하나의 요건이다. 하나의 정당이 계속적으로 집권연장을 위하여 공무원을 선거에 이용하거나 그들의 충성을 일방적으로 독점하는 사례가 있다.

15) 박동서, 한국행정론(법문사, 1978), p. 513.

제 5 절 공무원의 근무

Ⅰ. 의 의

어떤 조직에 있든지, 그 조직의 구성원이 조직목표를 달성하도록 준수하여야 하는 규범이 있다. 특히 공무원은 국민전체의 봉사자로서 최선을 다하여 공공목적을 달성하여야 할 높은 직업윤리가 요구되고 있는 만큼, 이에 대응하여 지켜야 할 높은 수준의 행동규범이 있다.

이를 보장하는 수단으로

1) 공무원의 윤리강령과 같이 스스로 규제하는 방법과

2) 법령적인 차원에서 규제하는 제의무

3) 공무원에게 요구되는 최고가치인 충성이 있다.

그러나 공무원도 국민의 한 사람으로서 자유와 권리를 향유할 수 있는 만큼 이를 규제하는 데는 일정한 한계가 있다고 본다.

Ⅱ. 효율적인 행정

1. 국가평가 인프라 구축

정부업무평가 인프라 관련된 법률·제도를 마련하며 공공기관의 감사에 관한 법률을 마련한다.

2. 업무절차 재설계(BPR)

행정업무 프로세스 재설계를 한다. 그리고 기본교육을 실시하며 민간·전문가로 구성된 BPR 지원센타를 설치한다.

3. 유연한 조직문화조성 및 권위주의

행정문화 청산

Ⅲ. 봉사하는 행정

1. 서비스의 발전화 추진

서비스 스탠다드를 추진하며 형평성을 제고하고 공급역량을 올리며 민간위탁제도도 확장한다. 특히 전국적 민원연계시스템을 구축하도록 한다.

Ⅳ. 투명한 행정

1. 행정정보 공개 확대

정책실명제 및 기록의무와 인터넷 민원서비스를 확대한다.

2. 투명성 강화

행정절차와 재량행위의 투명성을 높인다.

Ⅴ. 함께하는 행정

1. 정책공동체 활성화

사회적 합의주의(social corporatism)가 이론적 모태가 되는바, 위원회를 내실 있게 운영하며 정책고객관리시스템(PCRM)은 쌍방향으로 운영하도록 한다.

2. 시민평가제도 활성화

시민이 참여(civic engagement, civic involvement)하여 정책입안, 집행, 평가에 기여하도록 한다.

3. 시민단체활동 여건개선

자원활동 인프라를 구축하며 민관파트너십 형성을 통한 공익서비스 창출을 극대화한다.

Ⅵ. 깨끗한 행정

1. 반부패 대책 마련

부패예방제도 시스템을 개혁하며 부패방지 관계기관협의체를 구성한다. 그리고 부패방지평가·환류시스템의 확립과 부패방지 통합정보센타 운영도 활성화한다.

2. 감찰기관간 견제와 균형

기관의 신뢰회복과 기관간 견제, 통제와 책임성 확보, 공정성 확보가 중요하다.

3. 행동강령의 내실화와 윤리제도 개선

주식백지신탁제도의 도입과 재산등록제도 실효성의 강화, 퇴직공직자 취업제한제도 운영도 보다 강화해야 할 것이다.

Ⅶ. 법적 규제(공무원법상의 제의무)

공무원의 근무규율시, 자율적 준수가 되지 않을 때 그 준수를 법적으로 규제하는 방법을 사용한다. 우리나라 공무원이 법적 의무로서 준수하여 할 행동규범을 국가공무원 복무규정에 규정하였다.

1. 성실의 의무

공무원 의무의 원천이 되는 기본적 의무로서, 공무원은 단지 법령의 준수나 상관의 법령에 복종하는 데 그치지 않고 법령이 허용하는 범위 내에서 최대한으로 공공(국가)의 이익을 도모하고 그 불이익을 방지하기 위하여 전인격과 양심을 바쳐서 성실히 직무를 수행하여야 한다.

2. 법령준수 의무

공무원은 모든 법령을 준수하여야 하며 법령위반시는 위법행위 또는 불법행위로서 효력의 상실, 손해배상, 처벌, 징계 등의 원인이 된다.

3. 친절 · 공정의 의무

공무원은 국민전체의 봉사자로서 친절 · 공정히 집무하여야 한다. 특히 현대행정에서 서비스행정기관이 많아지고, 그에 따라 대민봉사의 질을 높이는 것이 정부의 주요 과제 중의 하나이므로 친절 · 공정의 의무는, 특히 중요하다 하겠다.

4. 청렴의 의무

공무원은 직무와 관련하여 직접 또는 간접으로 사례 · 증여 또는 향응을 수수하여서는 아니 되며, 소속상관이나 직원 간에 직무상 관계 여하를 막론하고 일체의 증여를 하거나 받아서는 아니 된다. 공무원은 국민전체의 봉사자로서 그 직무내용이 국민생활 및 국민 상호간의 이해관계에 막대한 영향을 끼치게 되므로 민간인보다 더 강한 청렴성이 요청되고 있다. 이 의무의 위반은 징계사유가 될 뿐만 아니라 형법상의 증수뢰죄(형법 제192조 내지 제133조)를 구성한다.

5. 품위유지의 의무

공무원은 직무내외를 막론하고 품위를 손상하는 행위를 하여서는 아니 된다. 품위유지 의무는 공직에 대한 국민의 신뢰를 확보하기 위하여 요구되는 의무로서 국민전체에 대한 봉사자의 지위에서 지녀야 할 인격적 품위를 유지하여 공·사생활 모두에 있어 건전한 생활을 할 것을 요구하는 것이다.

6. 복종의 의무

공무원은 공무상 직무에 관하여 지휘·감독권을 가진 상관의 직무상 명령에 복종하여야 하나 위법한 직무명령에는 의견을 진술하고 복종할 의무가 없다. 그러나 법령해석상의 견해차이 또는 직무명령이 부당하다고 인정되는 경우에는 그의 최종적인 판단은 상관이 하여야 할 것이므로 이러한 직무명령에는 복종하여야 한다.

7. 비밀엄수의 의무

공무원은 직무상 지득한 비밀을 재직중은 물론 퇴직 후에도 엄수하여야 하며, 법원 등에서 증인·감정인으로서 심문을 받을 때에도 소속 상관의 허가를 받은 사항에 한하여 진술할 수 있다.

직무상 지득(知得)한 비밀이라 함은 자신의 직무범위에 속한 것뿐만 아니라 직무와 관련하여 알게 된 비밀(傳聞한 것, 타인의 개인적 비밀 등)도 포함된다.

8. 직무전념 의무

공무원은 전력을 다하여 직무를 수행하여야 한다. 따라서 공무원은 다음과 같은 제한 내지는 의무를 진다.

(1) 직장이탈 금지

공무원은 소속상관의 허가나 정당한 이유 없이 직장을 이탈하지 못하며, 수사기관이 공무원을 구속하고자 할 때에는 현행범을 제외하고는 미리 그 소속기관의 장에게 통보하여야 한다.

이 의무는 근무시간중에 성립하는 것이나, 시간외 근무명령이 있는 경우에도 성립하며, 의무의 위배시는 형법상의 직무유기죄를 구성한다.

(2) 영예 등에 대한 제한

외국정부로부터 영예 또는 증여를 받을 경우에는 대통령의 허가를 받아야 한다.

(3) 영리업무 및 겸직 금지

공무원은 공무 이외의 영리를 목적으로 하는 업무에 종사하지 못하며 소속장관의 허가없이 다른 직무를 겸할 수 없다. 영리를 목적으로 하는 업무의 범위는 국가공무원복무규정(대통령령)에서 정하고 있는 업무에 종사함으로써 공무원의 직무상 능률저해, 공무에 대한 부당한 영향, 국가의 이익과 상반되는 이익의 취득 또는 정부에 대한 불명예스런 영향을 초래할 우려가 있는 경우, 이에 종사할 수 없다.

(4) 정치운동 금지

공무원은 국민전체에 대한 봉사자이기 때문에 헌법은 그 정치적 중립성을 법률이 정하는 바에 의하여 보장하고 있다. 따라서 공무원은 정당 기타 정치단체의 결성에 간여하거나 가입할 수 없으며, 특정정당이나 특정인을 지지 또는 반대를 위한 행위를 하여서는 아니 된다. 다만 대통령령으로 정하는 특수경력직공무원에 대하여는 정치운동의 금지에 관한 국가공무원법의 규정이 적용되지 않는다.

(5) 집단행위의 금지

대통령령으로 정하는 공무원과 사실상 노무에 종사하는 공무원을 제외하고는 노동조건의 향상 및 권익보장을 위한 노동운동 기타 공무 이외의 일을 위한 집단행위를 할 수 없다. 여기서 사실상 노무에 종사하는 공무원이라 함은 정보통신부 및 철도청의 현업기관과 국립의료원의 작업현장에서 노무에 종사하는 기능직공무원 및 고용직공무원을 말한다.

또한 공무는 자신의 담당직무로 한정되며, 집단행위는 연서 등 서면에 의한 집단의사표시로터 구체적 행동까지 포괄적으로 적용하고 있고, 정부활동의 능률을 저해하기 위한 태업행위(일제휴가, 초과근무 거부 등)도 포함된다.

Ⅷ. 공무원의 충성

1. 의 의

충성은 종래 군주국가에서 사용하는 것으로 오해하였으나 민주국가에서는 개인에 대한 충성을 의미하는 것이 아니고 국가의 기본적인 정치이념에 대한 헌신을 말한다.

즉 헌법의 자유민주적 기본질서 또는 이념에 대한 헌신, 신념을 요구하는 것이다. 공무원은 구체적으로 민주주의 이념이나 목적을 실현하는 것으로 국가의 안정과 발전을 기하려면 반드시 충성이 요구된 것이다.

따라서 공무원의 충성을 확보하기 위하여 인사상의 안보적 활동이 필요하다. 그러나 안보적 활동에는 자칫 공무원의 기본적 인권을 제약할 우려가 있기 때문에 그 한계가 있다.

2. 각국의 인사상의 보안활동

(1) 개인과 국가

민주주의하에서는 개인이 중요하며 국가 정부는 개인과 시민을 위한 수단에 불과하고, 아무리 목적이 국가의 안전과 직결된다고 하더라도 그 목적을 달성하는 수단도 역시 중요하다. 그러므로 인권과 자유의 가치를 얼마나 높이 평가하느냐에 따라 이를 다루는 방법이 국가에 따라 다르다.

(2) 미국 등에서의 인사상의 안보활동

미국은 공무원 전체에 대하여 충성조사를 하고 있으나 1956년 이후 안보에 직접 관계가 있는 직위와 그렇지 않는 직위로 나누어 조사내용을 달리하고 있으며, 불이익처분을 받은 사람은 이의를 제기하여 다툴 수 있도록 하였다.

영국에서는 처음부터 전원에 대하여 하지 않고 안보에 관계가 깊다고 생각하는 직위에 한정하고 그 외의 직무에서 공산주의 사상을 가지고 있더라도 불법적인 활동을 하지 않는 한, 정부에 근무할 수 있게 하였다.

(3) 한국에서 인사상의 안보활동

한국은 분단국으로서 공산주의와 대치하고 있기 때문에 공산주의 성격을 띤 반국가적 활동을 불문하고 규제되기 때문에 인사상의 충성심사는 그다지 비중이 높지 않고 공무원 임용시 신원조사가 주축을 이룬다. 이것은 충성심사 이외에 공무원결격유무를 판정하는 것으로 공무원 임용기관이 주관하고 그 조사는 수사기관이 한다. 우리나라는 신원조회한 결과의 판정기준이 불명확하고 그 불이익처분을 받은 사람의 이의 절차도 마련되어 있지 않다.[16)]

3. 공무원근무규율의 확립방안

(1) 행정인의 민주주의적인 가치관 확립

행정인은 관직을 사유시하고 치부의 수단으로 보는 사고방식으로 부패나 정실행위를 하게 된다. 공직은 국민이 위탁한 것으로 철저한 공복의식으로 국민에 봉사하는 의식구조를 갖추어야 한다.

(2) 인사관리의 합리화와 신분보장

승진을 비롯하여 전직·전보시 능력 실력보다는 정실, 외부압력, 인간관계, 금품수수에 의하여 이루어졌으며 정치파동과 사회혼란으로 공직생활에 대한 불안감으로 치부를 하려고 하므로 인사권행사의 공정성, 객관성 유지와 공무원의 자기 신분에 대한 불안감을 느끼지 않도록 철저한 직업공무원제도 확립이 필요하다.

(3) 정치의 발전과 행정

정치의 부패와 혼란은 곧 행정에 미치게 되므로 정치가 발전되고 안정되면 행정인의 근무규율도 확립된다.

---

16) 오석홍, 인사행정론(서울: 박영사, 1955), pp. 545~558.

(4) 적극적인 행정참여

행정에 대한 무관심이나 방관적인 태도를 버리고 적극적으로 행정에 참여하고 감시하여 권리남용을 하지 않도록 한다. 이에는 국회, 정당, 압력단체 등의 활성화가 선행되어야 한다.

(5) 국민정신개조

국민개개인이 도덕적인 행위를 일삼고 이에 따라 사회가 정화되어야 한다. 행정은 하나의 사회체제로서 사회로부터 많은 영향을 받는데, 사회가 발전되면 행정체제도 발전이 된다.

(6) 기 타

통치자의 확고한 민주적 이념과 지원이 있어야 하며, 행정기능의 지나친 확대에 대한 고려와 행정이 공개성을 원칙으로 하여야 한다. 또한 Ombudsman제도의 도입과 공직자의 재산등록제도의 효과적인 운영이 필요하다.

제 6 절 징계제도

Ⅰ. 징계의 의의

공무원은 국가와 특별권력관계에 있는 자인 까닭에 기관의 질서유지를 위한 국가의 특별한 규율에 복종하여야 할 의무가 있는바, 이의 의무를 위반하였을 때 국가가 특별권력관계를 기초로 하여 제재를 과하는 것을 말한다. 징계는 공무원 관계의 내부질서를 확립하기 위하여 마지막으로 발동되는 인사행정 활동이므로 징계절차를 발동하기 전에 공무원의 사기를 진착시키고 그들의 자율규제를 통하여 위반행위가 발생하지 아니하도록 예방에 주력해야 할 것이다.

Ⅱ. 징계의 사유 및 시효

1. 징계의 사유

징계는 공무원법 제78조에 그 사유가 명시되어 있는데, 그 사유는 다음과 같다.

1) 공무원이 국가공무원법 및 동법에 의한 명령에 위반하였을 때

2) 직무상 의무에 위반하거나 직무에 태만하였을 때

3) 직무내외를 불문하고 그 체면 또는 위신을 손상하는 행위를 한 때

위와 같은 징계사유는 과실이 있음으로써 충분하고, 또한 행위자뿐만 아니라 감독자

도 감독의무를 태만히 한 경우 징계책임을 면치 못한다. 또한 의무위반행위는 재직중의 행위에 대한 것을 원칙으로 하나, 임명 전의 행위라도 그로 인하여 현재 공무원의 체면 또는 위신이 손상될 때에는 징계사유가 될 수 있다. 이러한 사유가 있는 때에는 징계권자는 반드시 징계의결을 요구해야 하고, 징계의결 결과에 따라 징계처분을 하여야 한다.

2. 징계의 시효

징계의결의 요구는 징계사유가 발생한 날로부터 2년(금품수수·공금횡령·유용의 경우는 3년)이 경과하면 행하지 못한다. 징계시효의 기산은 징계의결 요구일로부터 행하며, 일단 징계의결을 요구하면 시효는 중단된다.

Ⅲ. 징계의 종류와 효력

1. 징계의 종류

공무원의 종류에 따라 다소 차이는 있으나, 일반직공무원에 대한 징계는 파면·해임·정직·감봉·견책의 5종이 있다.

파면과 해임은 해당 공무원을 공무원 관계에서 배제하는 배제징계이며, 정직·감봉·견책은 신분적 이익의 일부를 일시적으로 박탈하는 교정징계이다.

2. 징계의 효력

파면과 해임은 공무원관계를 해제하는 것이며, 양자는 공무원 신분을 상실한다는 점에서는 같으나, 파면은 공직에의 5년간 취임제한, 공무원연금법상 급여의 일부제한 등 여러 가지 부수적 효과가 수반되나, 해임은 단순히 공무원관계를 해제, 3년간 공직취임을 제한할 뿐 다른 부수적 효과가 수반되지 않는 점에서 서로 다르다.

정직은 직무수행을 정지시키는 처분으로서, 정직처분기간중에는 보수의 3분의 2가 삭감되며, 감봉은 직무수행은 가능하나 감봉기간 중 보수의 3분의 1이 줄어든다.

Ⅳ. 징계의결의 요구

1. 징계의 의결요구

징계의결 요구권자는 소속공무원이 징계사유에 해당하는 비위를 범하였다고 인정한 때에는 관할징계위원회에 징계의결요구서와 관계증빙자료 등을 첨부하여 징계의결을 요구한다.

2. 징계의결 요구권자

공무원징계령상의 징계의결요구권자는 5급 이상은 소속장관이며, 6급 이하는 소속기관의 장 및 상급기관의 장이다.

Ⅴ. 징계위원회의 설치 및 구성

징계위원회는 국무총리소속하의 중앙징계위원회와 5급 이상의 공무원을 장으로 하는 행정기관에 두는 보통징계위원회의 2종이 있다.

중앙징계위원회는 5급 이상 국가공무원의 징계사건과 대통령 또는 국무총리의 명에 의한 각종의 감사결과 국무총리가 징계의결을 요구한 6급 이하 국가공무원의 징계사건과 중앙행정기관소속 6급 이하 공무원의 중징계사건을, 보통징계위원회는 6급 이하 공무원 및 기능직공무원의 경징계사건을 심의·의결한다.

상하직위자가 관련된 사건은 그 중 최상위직에 있는 자의 관할징계위원회에서 심의·의결한다. 다만 징계위원회의 의결로써 하위자에 대한 징계를 분리하여 심의·의결하는 것이 타당하다고 인정된 때에는 하위자를 그 관할징계위원회에 이송할 수 있다.

지방공무원의 징계의결기관은 인사위원회이다. 법관이나 교육공무원 등 특정직공무원에 대해서는 별도의 정함이 있다.

Ⅵ. 징계절차

1. 사실조사

징계위원회가 징계혐의사실에 대하여 필요하다고 인정할 때에는 소속직원으로 하여금 사실조사를 하게 하거나 특별한 학식·경험이 있는 자에게 검정 또는 감정을 의뢰할 수 있다.

2. 징계혐의자에 대한 출석통지

징계위원회가 징계혐의자에게 직접 송부하는 경우에는 출석통지서 사본을 징계혐의자의 소속기관장에게 송부하여야 하며, 소속기관장은 징계혐의자를 출석시켜야 한다.

3. 심문과 진술권

징계위원회는 출석한 징계혐의자에게 혐의내용에 관한 심문을 행하고, 필요하다고 인정할 때에는 관계인의 출석을 요구하여 심문할 수 있고, 징계혐의자도 증인의 심문을 신청할 수 있으며, 이 경우에 징계위원회는 그 채택 여부를 결정해야 한다. 또한 징계위원회에서 징계혐의자에게 충분한 진술을 할 수 있는 기회를 부여하도록 되어 있으므로 사안이 명백하다고 하여 징계혐의자에게 진술할 기회를 부여하지 아니한 징계의결은 무효의 원인이 된다.

4. 의 결

(1) 징계의결기한

징계위원회는 징계의결요구서를 접수한 날로부터 30일(중앙징계위원회는 60일) 이내에 의결을 하여야 한다. 다만 부득이한 사유가 있을 때에는 당해 징계위원회의 의결로 30일에 한하여 그 기간을 연장할 수 있다.

(2) 징계양정

징계양정이라 함은 징계의 대상이 되는 비위사실에 대하여 징계의 종류 중 어느 것을 적용시킬 것인가 하는 개념이다. 징계위원회는 구체적인 징계의결사건에 관하여 징계혐의자의 비위의 유형, 비위의 정도 및 과실의 경중과 평소의 소행, 근무성적, 공적, 개전의 정 기타 정상 등을 참작하여 징계양정기준에 따라 징계사건을 의결하여야 한다.

Ⅶ. 징계의 집행

징계처분권자는 징계의결서를 받은 날로부터 15일 이내에 이를 집행하여야 한다. 징계처분권자가 징계의결을 집행한 때는 지체없이 징계처분사유 설명서에 징계의결 사실을 첨부하여 당해 공무원에게 교부하여야 하며, 징계처분을 받은 공무원이 그 처분에 불복이 있을 때에는 징계처분사유 설명서를 교부받은 때로부터 30일 이내에 소청심사위원회에 심사를 청구할 수 있다.

제 7 절 공직부패

Ⅰ. 부패의 의미와 유형

하이든하이머(Arnord J. Heidenheimer)의 정의[17]에 따른다면 ① 공직자의 의무위반이다. ② 정부 행정봉사업무에 암시장이 생기는 것, ③ 공직자가 법적으로 규정되지 않는

17) Arnord J. Heidenheimer, *Political Corruption: Reading in Comprehensive Analysis* (New Brunswick: Transaction, 1978), pp. 4~6.

금전이나 보상을 제공한 자에게 혜택을 주는 행위를 말한다. 그리고 그 유형에는 ① 뇌물수수행위, ② 공금횡령행위, ③ 정실주의에 입각한 행위 등으로 나눌 수 있다.

Ⅱ. 부패에 대한 대책

1. 부패소지를 제거한다

첫째, 정치적 차원에서 볼 때 정통정부가 아니든지 독재정권이나 군사정권을 계속할 때 또는 정치가 아닌 통치가 계속될 때 부패가 생기며,

둘째, 행정적 차원에서 본다면 관료제의 병리가 커질 때와 규제가 심할 때, 인사행정의 결함이 있을 때이고,

셋째, 사회문화적 측면에서는 권위주의, 연고주의, 파벌주의 및 관직 사유화가 가능할 때 부패가 생길 수 있으므로 이에 발생소지를 제거하는 일이 중요하다.

2. 관료제의 병리와 관료의식을 치유한다

베버(Max Weber)는 관료제를 계층제적 대규모 조직으로서 합리적 관리의 이상적인 도구로 파악하였다.[18] 그러나 관료의 비능률, 형식주의, 무사안일주의, 비밀주의, 번문욕례(redtape), 동조과잉(overcomformity)을 제거해야 한다. 특히 프롬(E. Fromm)이 말했던 강자에 대한 무비판적 복종태도나 관존민비 의식을 갖지 않도록 제도나 법률, 행정환경, 교육 등을 쇄신해야 할 것이다.

3. 공직윤리의식의 제고

지나친 경쟁이 아닌 협력사회 의식의 제고와 가치관 정립, 국민과 공직자로서 자부심 키우기 운동의 전개, 자율의식을 통한 자정노력의 제고가 요구된다.

4. 상벌체계의 확립

나눠먹기식 상훈제도의 개혁과 모범공무원의 인사급료에 반영의 제도화가 이루어져야 한다.

5. 행정정보의 공개와 국민통제의 활성화

목민행정, 위민행정에서 참여행정시대로 관민파트너쉽을 유지하도록 한다. 특히 공직자의 성실의 의무, 직무상 의무, 신분상 의무를 이행하도록 하고 행동규범을 철저하게 법

18) Max Weber, *The Theory of Social and Economic Organization*(N.Y.: Oxford Univ. Press, 1947), pp. 329~330.

제화하도록 하며 국민의 압력단체로서 옴부즈맨 제도를 보다 활성화하고 전 부처와 유관 조직까지도 확대할 필요가 있다.

제 8 절 공직자윤리

Ⅰ. 의 의

일반적으로 윤리의 개념정의는 올바른 방향으로 행위를 인도하는 규범적 가치라는 데에는 의견을 같이하고 있다. 그러나 민스(R. Means)는 윤리란 그 사회의 철학적이고 종교적인 전통으로부터 나온 행위의 규범적 기준(normative standard)이라고 정의하고,[19] 윈터(G. Winter)는 윤리란 이 세계를 형성하고 있는 모든 가치의 논리와 적합성(logic and adequacy of human internationalily)이라고 정의하고 있다. 따라서 윤리를 실천하라는 이야기는 우리가 어떤 선택행위를 할 때에 여기에 내재된 가치에 대해서 체계적으로 사고하는 것을 의미한다.[20]

Ⅱ. 공직윤리의 내용

공직윤리는 특별권력인 공권력을 수행하는 직무를 통한 권력과 전통, 권리, 권한까지를 보이게 또는 보이지 않게 일반적으로 정치, 경제, 사회 및 국가활동을 통하여 발휘하게 되는 것이다. 따라서 이는 공공윤리성(public morality)이며 공공정책의 윤리성[21]이기도 하다.

문제는 공직자윤리는 그 중요도나 내용이 나라마다 다를 수 있고 획일적 내용을 말할 수는 없을 것이다. 단, 일반적으로 몇 가지를 지적한다면,

첫째, 국가와 정부의 존립목적이 시민에 대한 봉사이며 자유·평등의 보장이기에 인권을 포함한 인간생활을 향유하도록 인본주의정책이 나와야 할 것이고 공정하고 의로운 공의(公義)가 넘치도록 하는 것이 최대의 내용이 된다고 본다.

둘째, 행정인부터 도덕성이 자리잡고 기본이 바로 선 공직사회가 되어야 하기에 공직자의 권위주의나 월권 그리고 부패가 없어야 하겠고, 민주사회의 본이 되는 민주시민의 행태를 보이는 행동하는 양심이 그 내용이 되어야 할 것이다.

셋째, 개인주의와 실력주의가 경쟁사회의 특징이기도 하겠지만, 한편으로는 약자·소

19) Richard Means, *The Ethical Imperative*(Doubleday, 1970).
20) Gibson Winter, *Elements for a Social Ethics*(N.Y.: Macmillan, 1966).
21) A. Kaplan, *American Ethics and Public Policy*(N.Y.: 1963), p. 16.

외자의 보호나 복리후생의 봉사가 같이 이루어져야 될 것이다. 뿐만 아니라 전문직업윤리가 확고히 갖추어져야 하겠고 효율적 행정수행 그 자체도 중요한 공직자윤리 내용으로 자리 메김이 되어야 할 것이다.

Ⅲ. 행정윤리의 확립방안[22)]

1. 공무원의 쇄신적 가치관(공평성) 정립

공직사회에서 가장 중요한 것은 윤리의 공평성이라고 할 수 있다. 그리고 행정인의 가치관이 명예를 존중하며 행정은 봉사요 공인은 청지기임을 인지하고 공직사유화의 행태를 버리고 국가발전의 역군임을 자부심으로 갖는 개방주의요 합리주의자이며 여러 어려움도 극복하는 의지를 갖고 모두에게 공평하며 선이 되고 누구에나 유익한 일을 적극적으로 추진하고 민의 부문을 지원하는 섬기며 나누는 사회건설에 길잡이가 되려는 기독적 세계관을 갖는 것이 필요하다고 본다.

2. 제도적 장치의 구축

⑴ 대표관료제의 확립

대표관료제란 관료의 충원과정에서 종족, 성, 종교, 지역 및 학교 등에서 대표성을 확보하자는 것이다. 특히 지연·학연 등의 1차집단적 할거현상이 강하므로 고급관료의 충원과정에서 대변되기를 바라고 있다. 특히 중요위원회에 동일대학 출신의 중점구성을 막는 일이 필요하다.

⑵ 행정의 정치적 중립화

행정이 정치권력의 시녀역할을 할 때에 행정의 윤리성은 확보되기 어렵다. 더욱이 효율성이나 중립성이 확보되기 어려우며 자연히 상위개념인 정치의 지휘·감독을 받게 된다.

⑶ 관·민 파트너십형성과 규제완화

규제가 많고 절차가 복잡하면 필히 부패와 비리를 가져오게 한다. 절차는 공공질서를 지키는 최소한에 그쳐야 한다. 그리고 규제는 하급관서, 하위직에 대폭 실질적 위임을 할 것이며, 규제철폐를 통한 행정간소화와 규제명령의 이중성도 배제하여야 한다.

⑷ 공직자의 근무조건개선과 부패방지의 제도적 장치강화

1993년의 공직자 윤리법의 재산등록공개, 선물신고의무, 퇴직공직자 취업제한 등이 있는데, 현실적 규제력은 없다. 따라서 부패방지법 제정으로 보다 강한 법적 규제장치가 요구된다.

---

22) 백완기, 행정학(서울: 박영사, 1998), pp. 413~416.

3. 사회적 환경요인의 개선

(1) 내부고발자에 대한 보호

공직사회를 정화하고 내부적인 감시기능을 강화하기 위한 방안으로써 내부고발자에 대한 신분보장과 함께 사회적인 인식의 전환이 요구된다. 이리하여 사회는 약속망이 되어야 할 것이다.

(2) 주민의식의 개혁

민주주의도 그 나라 국민의 민주의식만큼 성장한다는 말처럼 공직사회도 그 상태인 국민의 민주의식의 제고가 선행되어야 한다. 이를 위해서는 민주시민교육이 필요하며 생활문화와 국민 스스로가 공직자에 대한 정당하고 합리적인 요구를 해야 할 것이다. 지금처럼 학연, 지연, 혈연 등을 통한 줄대기 문화에서는 공직자 역시 피치 못할 부패고리를 갖게 될 것이다. 따라서 국민의식 내지 가치관의 변화가 요구된다. 이와 동시에 옴브즈맨(Ombudsman)의 도입이나 시민단체(NGO)의 활성화가 요구된다고 본다.

제 7 장

인적자원관리의 새로운 과제

제 1 절 위기관리의 노하우(know how)

Ⅰ. 위기관리의 활동

위기(crisis)는 위험과 기회의 합성어라고도 한다. 따라서 현대처럼 변동의 고속화시대에서는 예측이 불가능한 위험이 있을 수 있고 이를 절망할 것이 아니라 어떻게 관리하느냐의 방법론이 문제라고 본다. 그런데 모든 문제는 사람의 생각이 중요하며 위기의 근원이 무엇이냐를 파악함이 필요하다.

1. 위기발생의 원인과 특성파악

첫째, 사회환경의 파괴, 부조화, 갈등, 비상식의 인간행동, 무질서 등을 생각할 수 있다.

이 환경은 자연환경, 사회환경, 국제환경의 범주를 생각할 수 있다고 보는데 이의 역학관계와 변동양상, 소용돌이 등을 한 원인으로 본다.

둘째, 인간중심사상이 아닌 물질중심사상에서 이웃 공동체의식의 결여와 좁은 자기정체(self idenlity)적 사고와 개체주의(individualism)가 아닌 이기주의(egoism)에서 개인 및 집단갈등이 증폭되므로 발생한다고 하겠다.

셋째, 정치·정부의 역할 부족이며 관리부재와 미흡을 들 수 있다.

넷째, 위기는 급격하게 일어나는 중대한 사건들이기 때문에 파급효과도 크고 심리적 압박과 고통을 주기 때문에 시간과 동작연구(time and motion study)를 평소에 잘 해야 하는데 그러하지 못한 데서 발생한다.

2. 위기관리를 위한 전문적 설계모형[1]의 준비

첫째, 정부는 위기발생 이전에 국가발전목표, 정책, 기획, 조직화, 동작화(motivating & activating) 등을 통해서 위기가 일어나지 않도록 예방하며 과거에 일어났던 사건들을 교훈삼고 철저히 평가분석하여 사후처방적이 아닌 사전예방행정을 하도록 한다. 그리고 이러한 준비과정에서 직급이나 지나친 전문가, 법률가 중심으로 기술이나 법률구조에만 치우치지 말고 종합과학적으로 접근함이 필요하다.

둘째, 위기가 발생하면 이때부터는 중요한 선택·정책과 방법의 우선순위가 결정되어야 한다. 이때는 위기의 진단이 필요하며 정보의 커뮤니케이션 감각을 잘 동원 활용하면서 집단사고(group think)에 빠져 우선순위 결정과정에서 어느 쪽에 치우치는 일이 없도록 하여야 한다. 특히 문제해결지향적이고, 조화와 비판적 평가 위에 미래지향적으로 필요정보를 확실하게 입수하여 현명한 노선선택을 이 과정에서 하여야 한다.

셋째, 위기발생과 진행의 경로모형이 마련되어야 한다. 즉 급박하게 진행되는 위기상황에서 시간의 압력과 사태의 진전 속에 이루어진 원인분석, 처방 등이 다수준 상황분석모형(multi-level contingency analysis)으로 이루어져야 한다.

Ⅱ. 위기관리능력의 향상방안

1. 신뢰받을 수 있는 조건을 키운다

첫째, 정보감각을 평소에 키워 필요하고 충분한 정보를 입수할 수 있어야 한다.

둘째, 비서와 참모진을 잘 갖춘다.

셋째, 국내외 경제와 관련된 제사건들이 연쇄반응을 일으킨다는 사실을 알고 과거 사건들을 학습기회로 활용할 줄 알아야 한다.

넷째, 성급한 자기합리화 등을 포함한 방어기제(defense mechanism)를 사실과 관계없이 활용해서는 안 된다.

다섯째, 모의시험(simulation)과 상황적응적 계획(contingency plan)을 준비하고 점검하며 관련 기관과 현지 집행인들과의 유대강화 및 협조체제를 유지한다.

여섯째, 위기관리지식을 축적하고 문제해결의 효율성을 높일 수 있는 체계적이고, 과학적 연구를 계속한다.

일곱째, 최고관리자는 물론 참모들(advisors)은 위기관리연습에 꼭 참여하고, 즉각적인 의사결정을 할 수 있는 준비를 갖는다.

1) Louisk Comfort, "Designing Policy for Action: The Emergency Management System," in Louisek Comfort(ed.), *Managing Disaster-Strategies and Policy Perspectives*(Durham: Duke University Press, 1988), pp. 3~21, 39~254.

2. 육하원칙(5W와 1H)으로 정보활동을 지속한다

특히 정보를 수집(collection)→보고 · 연락 · 전달→분석평가→배포(dissemination)→정리보존을 단계적으로 잘하도록 한다.

3. 위기대처능력을 키운다

첫째, 일을 위해서 교섭력, 부하관리력, 조직관리력을 최대한 발휘하며 위기를 극복하는 발상법을 개발한다.

둘째, 돈이나 조직을 움직이는 것은 사람이므로 특히 인사관리를 잘해야 하며 '인사가 만사'임을 인지하고 연공가봉과 같은 서열제(seniority system)와 실력본위제(merit system)를 잘 병행한다.

셋째, 최고관리자나 중간 · 하급관리자이나 간에 관리자는 오케스트라의 지휘자이기에 곡과 가사는 물론 내면의 세계까지 잘 이해하여야 하며 모든 위기상황은 총원을 전투배치하듯 담당한 일을 사수하듯 해야 하며 임무부여를 잘 하도록 한다.

넷째, 입은 다물고 귀는 연다. 그리고 건설적 대안을 항상 제시하며 언론과의 관계를 갖는다.

다섯째, 조직방위를 제대로 한다. 이를 위해서 ① 내부의사통일을 한다. ② 항의대책, ③ 홍보대책, ④ 소송대책, ⑤ 책임문제의 명확화, ⑥ 논공행상 등을 하도록 한다.

여섯째, 자기의 위기관리능력을 진단하는 체크리스트를 갖고서 친구, 지인 등 각계의 협력관계인을 평소에 확보하고 있어야 한다.

일곱째, 정보원을 누설치 않도록 하며 약한 아군은 강한 적보다 악한 적이다라는 생각을 갖고 사람을 써야 한다.

Ⅲ. 위기관리지도자의 자세와 자질

1. 지도자의 자세

첫째, 평시에는 좋아하는 일부터 하고 위기시에는 싫어하는 일부터 하는 마음으로 일의 우선순위에 원칙이 있어야 한다.

둘째, 때와 장소, 일의 내용에 따라 방법론을 모색한다.

셋째, 위기상황일수록 진실해야 하며 작은 일을 적은 사람들에게 속일수는 있으나 큰 일을 많은 사람에게 오랫동안 속일 수는 없는 것이며, 현실은 짧으나 역사는 길다는 생각을 하여야 한다.

넷째, 정의는 사랑을 포용하지 못할 수 있으나 사랑은 정의를 포용하며 부정의까지도

정의로 바꿀 수 있기에 적군에 대하여 최대의 선전은 부상자를 치료해 주는 일임을 생각하고 대처한다.

2. 위기관리형 지도자의 자질

첫째, 일관성이 있어야 한다.

둘째, 명예로운 타협과 결단의 용기가 있어야 한다.

셋째, 정치적 역동성(political dynamics)을 발휘할 줄 알아야 한다.

넷째, 권력욕과는 구별되는 권력의지가 있어야 한다.

제 2 절 노사관계관리

Ⅰ. 노사관계의 의의

노사관계란 시각에 따라 노동관계(labor relations), 노사관계(labor-capital relations)라고도 하나 기업 내에서 노사간의 대립과 협조, 노동운동 등 전산업적 차원에서 생기는 노동자와 사용자간의 법률관계, 즉 노동력의 구매자인 사용자와 노동력의 판매자인 근로자 사이에 맺어지는 계약관계라 할 수 있다. 그런데 이는 현대산업사회에서 기업을 중심으로 일어나는 노사간의 전반적인 문제이기에 산업관계란 의미에서 labor-management relations라 하지 않고 industrial relations[2]란 서구적 개념을 논자도 사용하겠으나 노사관계의 주체는

1) 근로자와 그 조직(노동조합),

2) 경영자 및 그 조직(협회, 경영단체),

3) 노동문제와 관련된 정부기구 등이라고 할 때, 이 삼자관계의 본질을 그 성격과 형태를 중심으로 체계적으로 분석하여 노사관계는 참여와 동반자 의식의 제고가[3] 어떻게 이루어지고 있느냐가 중요한데 분쟁과 협조의 측면에서 그 실상만 보고자 하며, 민주화시대에서의 행정개입은 어떤 상태이며 이를 토대로 한국적 노사관계의 특징을 환경이 비슷하고 한자문화권인 일본의 경우 노사관계가 이상적으로 되고 있다는 현실과 비교하면서 노사주체의 형태와 법제도, 이를 둘러싼 환경이라는 삼대변수를 중심으로 특성을 도출하고자 한다. 그러나 문제는 민주화시대에서의 노사관계의 발전모형을 연구해야 될 것이다. 왜

2) J. T. Dunlop, *Industrial Relations System*(Illinois: Southern Illinois Univ. Press, 1958), p. 382.

3) J. B. Ritehie and Raymod E. Miles, "An Analysis of Quantity & Quality of Participation and Mediating Variables in the Participative Decision Making Process," *Personnel Psychology*, Vol. 34, No. 3(Autumn 1979), pp. 347~359.

냐하면 그 이유는,

첫째, 우리의 현실은 서구형이나 일본형 노사관계의 모형을 그대로 수용할 수만은 없고, 우리 사회의 환경변동의 특성과 문화·감정의 차이에서 오는 우리의 특성이 있다고 보고 시·공의 차원에서 실증적인 평가기초 위에 노사관계의 이상모형을 수립하고자 한다.

둘째, 노사조합운동의 정당성(legitimacy)을 마련할 수 있는 이론적 근거를 찾아 정치적 민주화에 상응하는 노사관계를 정착시킬 수 있는 방법을 연구하고자 한다.

셋째, 노동력이란 상품은 인간의 문제이며, 노사관계는 계속적이고, 동태적 관계이며 유동적 관계이면서 숙명적인 이해관계이기에 노사협의제나 노사분쟁의 조정화, 노동위원회의 발전적 개혁이 있어야 되겠다고 보며, 특히 노사분쟁의 예방책과 해결책을 연구하여야 한다. 이렇게 될 때 산업평화와 사회의 안정, 그리고 민주화에도 크게 공헌할 수 있다고 생각한다.

이와 같이 제 1 차적 노사관계는 경영 대 종업원의 관계로서 상호협력하여 생산성(productivity)을 높이는 우호적 관계이며, 2 차 노사관계는 경영 대 노동조합의 관계인 이해의 대립과 투쟁, 대항하는 관계인데 이는 노사관계를 이원론적으로 보는 것인바, 이를 전반적으로 연합관계로 볼 때 정부의 역할 등과 같이 보아야겠다고 생각하며, 우리의 경우 관주도의 정치·행정·문화이기에 노사관계는 노·사·정의 삼자문제로 보고자 한다.

특히, 고도산업사회와 민주자본주의사회에서 요구되는 정형을 찾고자 할 때는 다음과 같은 시각에서 노사관계의 특징을 볼 필요가 있다고 생각한다.

시각 1: 산업민주주의의 시각이다.

첫째, 노사 양조직이 산업사회의 환경조건 아래서 규칙과 결정에 공동참여하는 기구·기능을 갖는 노사관계의 법제도가 되어야 한다는 것이다.

둘째, 노사가 통합된 교섭(integrated bargaining)을 통하여 경영자가 추구하는 최대의 경제효율로 근로자에게는 최고의 임금과 근로조건을 같이 보장할 수 있는 공평분배의 실현에 있다.

셋째, 규칙 등의 제정이 일방적 규제가 아닌 노사공동규제이며 노사자치주의연구에 초점을 두면서, 다만 정부나 임의중재자 등 삼자참여의 삼자간 규제는 예외로 하며 공정·중립의 원칙 아래 불가피한 경우의 의사결정에 참가하도록 하는 데 있다.

시각 2: 노사관계를 산업평화와 노사분쟁의 상호·교체관계로 본다. 따라서 자유자본주의 사회체제 내에서의 이익조정방법에 초점을 둔다.

Ⅱ. 노사관계의 본질

노사관계는 영국의 경우를 보면 1 차대전에 전국적, 중앙집권적 단체교섭이 있은 후 시작되었는데 이는 노동조합과 사용자단체 또는 사용자와의 관계를 의미하고 있으나, 그 후 정부도 포함시켜 노동자, 경영자, 정부의 삼당사자간의 상호관계를 의미하게 되었다. 그런데 이와 같은 관계를 어떻게 볼 것인가? 신고전학파경제학에서는 조화적 · 협조적 관계로 본다. 그러나 노사관계는 대립과 항쟁으로 이어졌던 것도 사실이며, 한편 노사관계(industrial relations)는 생산면에서는 협조적인 관계이며, 분배면에서는 대립적 관계라고도 할 수 있다.[4] 이의 본질을 구체적으로 성격면과 형태면에서 보면 다음과 같다.

1. 노사관계의 성격

던롭(J. T. Dunlop)은 노사관계를 사용자, 근로자, 정부의 삼자관계로 보고 이를 산업관계란 용어로 표현한바, 생산에 투입된 단위 노동량과 생산된 제품 간의 비율로 이 비율이 높으면 노동생산성이 높다고 한다. 이를 위해서는 근로자의 교육과 직업훈련 등을 통하여 기술과 숙련도를 높여야 하며 근로자의 인적 태도의 변화도 중요하나 경제안정, 경쟁력 강화, 국제수지 개선과 함께 안정된 경제 · 사회 · 정치발전이 병행해야 하며, 이를 위한 독립변수의 역할은 노사발전이라고도 할 수 있겠다. 물론 노사관계는 개별적 노사관계(취업규칙)와 집단적 노사관계(단체협약)로 대별할 수 있으나 대체적으로 후자를 말하는데, 이는 협동관계와 대립관계의 양면성을 갖고 있다. 즉 기업 내에서의 종업원은 사원이고, 조합원이며, 인간이며, 임금노동자로서 근무를 통한 경영과의 협동관계이고, 성과배분에서는 대립관계이다. 또한 노사관계는 경제관계인 동시에 사회관계이기도 하다. 전자는 기업의 목적달성을 위한 관계이고, 후자는 집단생활을 토대로 한 인간관계(human relations)라고 본다. 여기에서 종업원의 입장에서는 경영자의 명령, 지시에 따라야 하기에 종속관계라고 볼 수도 있으나 고용계약에 근거한 업무이행이며 이에 대한 보수로서 임금지급을 받는다는 면에서 보면 민주적 대등관계라고 보아야 할 것이다.

2. 노사관계의 발전형태

노사관계는 노사관계의 환경에 따라 모습을 달리하며, 특히 정치지도자들의 노사관계에 대한 시각과 가치관에 따라 노사관계의 구조가 달라질 수도 있다고 하겠다.

한국의 예를 보면, 10.26사태 이후 최대통령시대 민간정부가 역할을 못하고 제5공화국이 시작되어 정치풍토쇄신을 위한 특별조치법에 따라 정치인의 활동규제 속에서 부의 배분의 안 된 채 대형 금융사고 등이 발생하였으며, 군대식 권위주의가 계속되다가 6.29선언이 있자 3개월 동안에 3,500여건의 노사분규가 발생하였던 노사관계에서 그 단면을 볼 수 있으며, 또 하나의 경제정책과 수준이 노사관계에 미치는 영향에서도 본질을 살펴볼 수 있다. 즉 물가안정정책을 위해 저임금정책을 썼기에 근로자들은 상대적 빈곤의식이

4) 茂基, 勞動經濟學(東京: 經文社, 1984), pp. 313~317.

커졌으며, 기업은 망해도 기업인은 살며, 정책유착으로 사용자만 유리하며, 제 5 차 경제사회발전 5 개년 계획에서도 안정성장정책을 폈으나, 균등배분이 되지 못한 상태에서의 노사형태는 어떤 모습인가를 보는 방법으로 노사관계의 발전형태[5]를 통해 그 본질을 규명할 수 있을 것이다.

(1) 자본전제적 노사관계

19세기 중기까지 존재한 형태로서 자유로운 자본시장이 형성되지 않고 소유자경영(owner management)단계에 있었던 까닭에 고용은 주로 연고모집이나 구빈형태로 이루어졌으며, 자연히 고용조건의 결정은 자본에 의해 일방적으로 이루어졌기에 노사관계는 절대적 노사관계라 할 수 있다.

(2) 온정주의적 노사관계

정착노동자가 늘어가며 인간적 접촉을 통하여 가족주의적인 사회관계가 성립되어 온정적·은혜적 노사관계가 나타나게 되는 형태이다.

(3) 완화적 노사관계

19세기 말 자본도 집중되고 유한회사, 주식회사가 등장하며 어느 정도 경영직능이 소화되고 테일러(F. W. Taylor)의 과학적 관리법의 등장으로 경영합리화가 발전을 보게 되었다. 한편, 노동에 있어서도 고용이 정착, 전문화되며, 근대적 노동시장이 형성되어 직업별 노동조합이 출현한 때의 노사관계이다.

(4) 항쟁적 노사관계

소련에서는 1917년 2~11월, 독일에서는 1918~1919년 바이마르헌법 제정까지의 시대에 보던 노사관계이며, 이를 계급투쟁적 노사관계라고도 하며, 이 경우 고용조건은 실력결정에 의하여 결정되며 공장에서 경영자를 축출하고 근로자가 직접 경영관리를 담당하는 노사형태이다.

(5) 민주적 노사관계

1930년대 세계경제공황시 자본의 집중으로 독점화는 커지고 경영규모도 확대되었다. 여기에서 자본과 경영은 분리되었고 경영자단체가 조직화되었으며, 산업별 노동조합의 형태가 등장하였다. 또한 노동도 계급연대적 성격을 띠게 되었으며, 노사관계는 대등관계가 되고 단체교섭을 할 수 있게 되는 등 산업민주주의 이념이 통하는 시대이며, 자본주의 위기에서 정부는 노사관계에 개입이 많았고 노동조합에 대한 적극적인 보호육성정책을 채택하였던 시기의 노사관계형태이다.

이상에서 노사관계의 본질을 검토하였거니와 이를 바탕으로 한국노사관계의 실상을

5) 중앙노동위원회, 제 4 회 노동위원회업적의 공정한 처리를 위한 세미나, "노사분쟁사건의 효율적 처리" (1985. 5. 31), pp. 79~82.

살펴보고자 한다.

Ⅲ. 한국 노사관계의 실상

1. 노사분쟁의 측면

노사분쟁은 근로자와 사용자간에 집단적 주장과 의견의 불일치를 말하는데, 이는 당사주의에 따른 자율적 원칙에 따라 노사간에 집단적 대화, 협상, 즉 단체교섭제도에 의해 해결하여야 하고 불가피하게 근로자는 집단행동권을 사용자에게는 직장폐쇄 등의 소극적 방위권을 도입, 자발적 합의를 이루도록 하나 그 실태를[6] 보면 다음과 같다.

(1) 노사분규 발생현황

1) **기간별 발생현황**　노조조직 사업장의 경우 분규참가인원은 노조 미조직 사업장보다 장기간에 걸쳐 많은 인원이 참가하였다.

2) **사업별 현황**　분규의 대부분이 제조업, 운수·광업에서 발생하였고, 광업에 종사하는 근로자의 참여율이 높았으며, 제조업의 경우는 노조조직 사업장보다 노조 미조직 사업장에서 분규건수나 참여인원이 상대적으로 많았다는 점이다.

3) **규모별 현황**　분규발생을 규모별로 보면 사업장규모가 300명 미만인 중소기업에서 주로 발생하였고, 노조 미조직 사업장의 경우는 100명 미만인 영세업체에서 많이 발생하였다. 한편 분규발생률은 대기업이 높았다는 점이다.

4) **지역별 현황**　경기, 서울, 경남, 부산의 순으로 발생했으며, 노조 미조직 사업장의 경우는 서울, 경기, 부산, 경남의 순이며, 노조 미조직 사업장의 경우는 경기지역에서 가장 많았고 그 다음은 경남, 서울, 인천의 순이다.

(2) 분규 해결방법

노사간의 직접교섭을 통하여 해결된 것이 거의 전부이며, 평균 1개 사업장당 1～2가지 이상의 방법이 활용된 것이 일반적이다.

(3) 노조가입률

조합가입률에 따른 노사분규발생은 근로자의 단결력과 노사분규의 상관관계를 보여준다고 할 수 있다. 통계에 의하면 조합가입률이 51% 이상일 경우에 노사분규가 더 많이 발생하였다.

2. 노사협조의 측면

노사간 이해와 노조의 증진이 어떻게 되고 있는가의 실태는,

6) 이 실태자료는 1987. 6. 29.～10. 31.에 발생한 총 3,311건의 노사분규실태를 분석한 노동부 보고서의 일부를 발췌 전재한 것임.

첫째, 노사협의제는 노·사·정 모두 노사관계발전에 기여하리라는 기대를 갖고 있으며, 경영의 자율성·독자성의 침해를 걱정하지 않고 있는 현실이다.

둘째, 노사협의제에서의 협의사항은 비단체교섭사항, 즉 생산성 향상, 산업안전, 교육훈련, 노동복지, 고충처리 등 소위 공동이익사항에 국한되는데(노사협의회법 제20조) 우리의 경우는 임금, 노동시간 등 노조의 단체교섭사항인 이익상반사항이 실제로 협의되고 있다는 사실이다.

셋째, 노사협의제 도입 목적의 하나인 생산성 향상 문제는 기대효과를 얻지 못하고 있다.

넷째, 노사협의제의 기능으로는 정보전도기능은 퍽 중요한데 기업의 경영상황 및 실적에 대한 사용주의 보고업무가 아직 충분하지 못하다.

다섯째, 고충처리의 대상이 단체협약의 해석·적용을 둘러싼 노사간의 주장불일치 등의 처리내용이 아니고 대부분 근로자 개인의 일상적 고충, 개인적 불만, 애로 등이 주 내용으로 되고 있다. 즉 노무관리의 문제라는 점이다.

여섯째, 노사협의제에서의 근로자위원의 선출은 노동조합이 조직되어 있는 사업장의 경우는 노조대표와 노조가 위촉한 자가 근로자위원으로 되며(노사협의회법 제 6 조), 노조가 없는 사업장의 경우는 부서별로 근로자 수에 비례해 선거인단을 구성하여 이들에 의한 간선방법을 택하고 있다. 그러나 법과는 달리, 현실은 노조가 조직되어 있는 사업장은 노조대표나 노조가 위촉한 자가 되기도 하나, 노조가 조직되어 있지 않은 사업장에서는 법에 따라 선거인단에 의한 간선방법을 택하고 있다.

일곱째, 노·사·정 모두 근로자 대표이사가 중역회의에 참가하는 일에 긍정적 입장을 취하고 있다.

3. 정부의 역할적 측면

노사관계 주체로서의 노동행정 주무관계인은 소유주인 경영자와 근로자·노동조합의 중간에서 객관적 입장을 지키려는 노력이 인정된다. 그 단면을 보면,

첫째, 빈부격차문제를 인정하는 정책들이다.

둘째, 노사분규시 집단행동의 불가피성에 대한 이해의 부족에 있다고 보는 점이다.

셋째, 기업별 노조를 우리의 현실에 더욱 적합한 형태로 파악하고 있다.

넷째, 노동주권이 완전히 보장되었을 때 근로자들의 자신감과는 달리 과격한 투쟁이 전개될 것으로 보고 있다. 그러나 노사의 자율화로 일시적으로는 분쟁이 증가하나 잘 풀릴 것으로 보고 있다.

다섯째, 정부의 노사개입은 축소되어야 한다고 생각한다.

여섯째, 노동위원회의 구제명령시 불이행의 경우, 당사자가 노동청이나 검찰에 고발할 경우 처벌을 받게 되어 있고 노동위원회에는 보고만 하는데 집행권이 없어 문제가 되며

벌금을 징수한다든지 자동집행되어야 할 사정이다. 또한 불이행시 2년 이하의 징역 또는 3천만원 이하의 벌금을 물게 되어 있으나 고발시 취하하면 끝나므로 고통을 주며 이루게 되는 사례가 있다.

Ⅳ. 한국 노사관계의 특징

1. 노사주체가 갖는 행태면의 특징

기업과 노조관계를 볼 때 기업은 경제, 사회 및 통치 등 각기 상이한 기능을 발휘하기 위한 ① 경제조직(an economy organization)이며, ② 생산공동체(a plant community), 그리고 ③ 통치기구(a government)이기에 기업은 정통의 노조를 기업 통치구조에 접합시켜야 한다.[7] 그 이유를 구체적으로 보면 다음과 같다.

통치기능이란 권력현상이며, 통치대상인 구성원에 대한 강제집행권을 수반하게 되는 바, 통치기능의 정통성은 피통치자의 이익을 위하여 모든 권력이 행사될 때 비로소 확립된다고 본다. 그런데도 기업은 1차 목표인 경제기능 때문에 통치기능과 괴리가 생긴다. 따라서 기업은 통치권 행사상 제기되는 모순과 긴장을 해소하는 보완적 제도로써, 노조가 대항세력의 제도화로써 대두된다.

노조는 본질상 정치기구의 성격을 갖게 된다고 해야 할 것이다. 그러나 노조가 충실한 반대세력(loyal opposition)으로서의 역할만 아니라 듀빈(Robert Dubin)의 주장처럼 노조는 노사간의 지속적인 상호작용의 기반이 된다.[8] 특히 노사간의 질서 속에 대립이 제도화될 때 얻어질 수 있는 것은,

첫째, 노사간에 공히 필요성의 진전(evolution of needs)이 있게 된다.

둘째, 노사쌍방간에 가치의 합의(shared value)를 낳게 된다. 또한 합의된 내용의 실현을 위한 공동책임을 인식하게 된다.

셋째, 요구를 충족시키기 위한 방안모색(search for means)이 용이하다. 그런데 이러한 과제나 문제를 보는 시각이 행태로서 나타나는바, 이는 법제도나 환경까지를 좌우하게 되는 중요한 변수인 것이 사실이다. 따라서 이를 세분하여 보면 다음과 같다.

(1) 사용자의 일반적 행태

1) 경영인은 노조를 기피하는데, 그 이유는 노조를 경영권의 규제자로 본다. 조합은 기업운영의 방해자라는 것이다. 즉 비용절감, 신속한 의사결정, 효율의 극대화 등 기업운영 원리나 가치를 외면하고 조합원의 권익증진을 최대 가치로 본다는 점이다. 노조는 불

---

7) Peter F. Drucker, *The New Society: The Anatomy of the Industrial Order*(N.Y.: Haper & Brothers Publishers, 1950), pp. 99~106.

8) Robert Dubin, *Working Union-Management Relations*(New York: Harper & Brothers Publishers, 1958), pp. 20, 41~47.

필요한 임의단체라는 것이다.

2) 노동관계법의 준수의식이 약하며, 정부의 공권력으로 힘을 이용하려 한다.

3) 전근대적 노동권을 갖고 있는 면이 있다.

4) 일방적인 징계권 행사를 하려는 의식이 있다.

5) 노사협의, 단체교섭, 고충처리 등의 능력도 부족하며, 인간애적인 면과 성의도 부족하며, 버티는 힘은 기업주가 더 강하며, 사용주 때문에 근로자가 먹고 살며, 경영하지 않고 이자만 가지고 편하게 살 수 있다는 반사회적·비윤리적 의식의 측면도 없지 않은 것도 행태적 특징이라고 할 수 있다.

(2) 근로자 측면에서 본 행태일반

1) 근로자나 조합의 주장이 비합리적이고 무리인 줄 알면서도 노조원이기에 또 노조의 힘으로 밀면 된다고 생각하는 것이다.

2) 단체협약을 해 놓고도 쟁의신청을 한다. 이런 때는 다른 회사나 기업과 비교해 보니 불리하다고 생각할 때인데 계약기간이 끝나기도 전인데 읽어보지도 않고 도장을 찍었다든지, 술먹고 모르고 찍었다고 하며, 다중의 힘으로, 아니면 자살하겠다고 하는 등 법을 무력하게 하려는 의식이다.

3) 배분의 연대에 왔다고 생각하며, 기업이 성장한 것은 근로자의 힘이었다고 믿는다.

4) 상대적 빈곤의식이 강하며, 성취의욕이 강하나 이를 달성하지 못해 갈등과 불만이 큰 데 이는 대리만족을 못찾고 있는 면이다.

5) 정부나 사용자에 대한 불신이 크다.

6) 소비풍조가 심한 사회적 분위기의 영향으로 복지정책, 임금정책에 대한 단계적 해결보다는 급하게 요구하는 면이 있다.

7) 노사관계에서 약속의 불이행을 경험하여 선투쟁보장, 동시해결이란 방식만을 생각하는 면도 있고, 과다한 요구조건을 제시한다.

8) 노조활동시 법의 인식과 준법정신이 부족하고 또한 불법도 금방 나오며, 크게 처벌하지 않는다고 믿는 법의 경시적 행태이다.

9) 기존 노조간부들은 어용화되어 있다고 보며, 기존 조직의 집행부는 선명하지 못하다고 본다. 한편 경영관리 측면의 이해가 부족하다.

10) 인근에서 하니까, 임금도 좋아지고 모든 것이 개선되니까 우리도 못하면 병신이다. 힘으로 밀어 부치자는 군대문화가 몸에 배었다는 점이다.

2. 노사관계의 법·제도가 갖는 특징

(1) 노동위원회와 정부역할 특징

첫째, 노동위원회는 노동조합이 위촉한 근로자위원과 사용자단체가 위촉한 사용자위원, 그리고 위원장 · 노동조합 · 사용자단체가 각각 위촉한 공익위원으로 구성된다. 상임위원은 공익위원 중 중앙노동위원회위원장의 추천과 노동부장관의 제청으로 대통령이 임명한다.

둘째, 노동위원회에 집행권이 없다는 것이 특징이며, 판정을 맡는 심판부와 조정사건을 맡는 조정위가 구별되지 않고 있다는 점이다.

셋째, 노사관계에 대한 정부의 태도는 법령규제, 행정지도를 통한 개입 · 간섭의 정책을 취한 면이 있다(예: 임금인상을 일정수준으로 억제함).

넷째, 정부는 노사간의 대등성의 유지나 자율성의 제고보다 산업생산의 중단이나 차질의 방지, 안정기조에 치중한 점이다.

(2) 노동조합운동과 법의 특성

첫째, 대등성이 결여된 채 미성숙 기업별 노동조합이라는 점이다. 그러나 1997년 제정된 노동조합및노동관계조정법에서 노조의 설립형태를 자율화하였다(제5조).

둘째, 임원자격제한, 해산사유 등도 해소하였다(제23조, 제28조).

셋째, 노조결성권의 제한이다. 즉

1) 대통령령, 공무원 복무규정 제28조에 의거 체신, 전매(과거), 철도청, 국립의료원 등의 노무에 종사하는 기능직 및 고용원을 제외하고는 공무원노조를 불인정하는 점

2) 노조결성의 경우(제3조 제5항) 기존 노동조합과 조직대상을 같이 하거나 그 노동조합의 정상적인 운영을 방해하는 것을 목적으로 하는 경우에는 조합결성을 할 수 없도록 하는 사실상의 1조직 1조합의 형태로서 자립성의 제한적인 면을 가진 것도 특징이다.

넷째, 조합활동에 대한 제한이다. 즉

1) 상부단체나 노동문제전문가, 학자 등의 건전한 지원까지도 어려운 제3자 개입의 금지문제이다.

2) 정치활동의 금지조항이 또한 그렇다. 사용자측에는 금지조항이 없는데 반해 노조측에만 금지조항을 두어 평등원칙에 위배되고 국민의사를 국정에 반영하는 민주주의의 기본원리에도 위배되는 성격의 조항이 있다는 점이다(제41조, 제42조, 제44조).

3) 행정관청에 의한 조합의 자주적 활동제한이 있다. 요컨대(시행령 제12조) 노조에 진정, 고발, 청원이 있거나 조직분규의 야기, 회계 경리 및 기타 운영에 대하여 행정관청이 조사할 수 있도록 함으로써 조합의 자주성을 제한할 수 있는 행정적 조치를 갖고 있다는 점이다.

4) 임시총회의 소집(제18조)에 있어 조합대표자가 임시총회를 개최하지 않으려고 할 때, 조합원 3분의 1 이상의 요구로 소집권자를 추천한다면 이를 당연 승락해야 할 터인데 노동위원회의 의결을 요청하고 노동위원회의 의결이 있을 때에 지명하는 등의 특징이다(제18조 제3항).

다섯째, 노동기준법에 있어 영세업체를 보호 못하는 점이다. 또한 열악한 조건의 약점 보완이 없다는 점이 특징이다. 즉

1) 근로기준법 제10조는 상시 5인 이상 업체와 대통령령이 정하는 상시 4인 이하 사업장에만 적용하고 그 이하의 업체에는 근로시간, 휴식 등도 보호하지 못하고 있는 점이다.

2) 근로기준법 제61조에 농촌사업 등의 근로자에게는 근로시간, 휴가, 휴일에 대한 적용제외 규정을 두고 있다.

여섯째, 산업안전과 보건상의 법적 보호조항이 특별히 약함 등을 특징으로 본다.

(3) 노동쟁의조정과 법의 특성

우리의 경우 6.29선언 이후 노사분쟁의 큰 원인은,

1) 고도성장하에서의 저임금과 열악한 노동조건

2) 노동기본권에 대한 법적 규제

3) 노동자에 대한 경영측의 비인간적 대우

4) 광범한 불안전 취업과 고용불안

5) 불충실한 노동복지

6) 노동자 계층의 의식적 성장 등을 들 수 있는데, 다른 나라의 일반적 노사분쟁의 특징[9]과는 달리 전국적·전산업적 범위에서 동시에 합법적 절차와 한계를 넘어 노사분쟁까지 겹치면서 발생하였는데 노동조합및노동관계조정법에 명시된 쟁의조정이나 법의 특징은 무엇인가를 보건데,

첫째, 쟁의행위 금지대상은 국영기업체를 삭제하고 방위산업에 관한 특별조치법에 의하여 지정된 방위사업체에 근무하는 근로자로 지정하고, 방산물자를 생산하는 업무에 종사하는 자의 범위는 대통령령으로 정하고 있다(제41조).

둘째, 조정기간은 일반사업 10일, 공익사업은 15일로 과거보다 단축한 점이다(제54조).

셋째, 중재기능은 과거 행정관청에서 하던 것을 노동위원회에서 하는 점이다(제64조 제1항).

넷째, 노동조합및노동관계조정법 시행령 제24조 제2항에 쟁의사항이 되지 않는다고 인정되는 경우 그 이유와 다른 해결방법을 알려주어야 된다고만 되어 있어 반려시켜야 될 터인데 이에 대한 법규정은 없고, 다만 쟁의는 10일이고 부당노동행위는 30일이기에 빨리 하려고 쟁의건수만 늘어나고 있는 것이 특징이다.

다섯째, 중재위원회의 구성에 있어 중재위원은 당해 노동위원회의 공익을 대표하는 위원 중에서 관계당사자의 합의로 선정된 자에 대하여 그 노동위원회의 위원장이 지명한다(제64조 제3항)는 점이 특징이라 하겠다.

여섯째, 노사분쟁해결의 자주성을 제고하기 위하여 자주적 조정의 노력(제47조) 제도가 있다는 점이다.

9) American Arbitration Association, *Voluntary Labor Arbitration Rules*(1988), p. 13.

⑷ 노사협의회와 법의 특성

1997년도에 제정된 우리나라 '근로자참여및협력증진에관한법률'은 1848년 독일산업혁명 그 후 1920년 '경영협의회법' 등에서 그 효시를 찾을 수 있겠는데, 우리 경우 문제점 중심으로 그 특징을 보면 다음과 같다.

첫째, 노사협의회구성의 특징은,

1) 회의가 노사동수로 구성되고 근로자측의 경우 위원이 10인 이내로 제한되어 전체 근로자의 의사반영이 어렵다는 점이다.

2) 근로자위원과 사용자위원만으로 구성되며 노사간 이해대립의 경우 완충지대가 없다. 이 때 근로자위원이 어용화할 경우 그 구제책이 없다.[10)]

3) 노동조합이 위촉한 근로자위원이 임기 1년 동안 조합의사에 반할 때 저지할 방법이 없으며, 노조가 현재 open shop 체제로 종업원의 소수가 가입하고 있는 경우 전체종업원 그리고 중견관리층의 의견을 대변하지 못한다는 점이다.

4) 노조가 없는 경우 간선으로 근로자위원을 선임할 때 민주화에 반한다는 점이다.

5) 근로자위원의 활동과 신분의 보장이 미흡하다.

둘째, 노사협의회운영에 관한 특징은,

1) 의장 유고시 대책이 없으므로 회의운영이 마비될 수 있다(부의장 대리제가 없음).

2) 노사협의회가 공전할 때 이의 조정자가 없다는 점.

셋째, 노사협의회 임무가 갖는 특징은,

노사협의회는 협의사항으로서 생산성 향상 및 근로자 복지증진에 관한 사항, 근로자 교육훈련에 관한 사항, 노동쟁의의 예방에 관한 사항, 근로자의 고충처리에 관한 사항, 안전보건 및 작업환경개선에 관한 사항, 기타 노사협조에 관한 사항(제19조)과 보고사항으로서 경영계획 전반 및 실적에 관한 사항, 분기별 생산계획과 실적, 인력계획, 기업의 경제적·재정적 상황을 설명하여야 한다. 근로자위원은 근로자의 요구사항을 설명할 수 있다고 된 바 열거사항일 뿐 형식화되어 있고 노사가 함께 지키지 않아 협의사항과 보고사항의 차이가 없는 점이다.

1) 노사합의회가 전체교섭의 창구가 될 염려가 있다.

2) 합의사항 불이행시 벌금 500만원을 내야 할 경우, 근로자위원은 종업원을 대표하기에 근로자 전체가 부담해야 하는데 기금이 없어 유명무실하다는 점이다.

3. 노사관계의 환경적 특징

노사관계와 관련되는 환경의 범위는 연구자의 관점과 구체적인 연구의 필요에 따라서

10) 이영희, 우리나라 노사합의제의 전개(한국개발원: 노사합의제연구, 1983), p. 182.

달라질 수도 있다. 고스(John M. Gaus)는 「행정생태학」[11]에서 환경요인으로서 주민(people), 장소 또는 지역(place), 물리적 기술(physical technologies), 사회적 기술(social technologies)와 욕구와 사조(wishes and ideas), 재해(catastrophe)와 인물(personality) 등을 들었는데, 특히 노사관계와 밀접한 관련이 있는 환경적 요소를 보면,

첫째, 자본과 원자재, 기술을 해외에서 도입하고 국내의 풍부한 인력자원을 동원하여 근 20년간 경제의 고도성장을 이룩하였다.

둘째, 정부의 개발철학은 선공업 후농업으로 농업의 희생을 통한 공업화 추진이었으며 '선성장 후분배론'이었다.

셋째, 사회경제적 변동과 더불어 인구학적 근대화[12]가 이룩되어 근로자들도 생활의 질을 높이려는 의식이 생겼으며, 기대의 변화가 생겼다는 점이다.

넷째, 사회가 Gemeinschaft적인 것으로 변하며, 귀속주의지향(ascriptive orientation)은 업적주의(achievement orientation)로, 집합주의 성향은 개인주의적인 것으로 옮아간다.[13] 따라서 이런 추세에서는 노사관계의 맥락에서 보면 근로자들의 사회, 정치적 참여기회와 경영참여기회도 줄어들 수 있는 환경이라는 점이다. 그래서 참여욕구는 커지는 환경이다.

다섯째, 후생복지 등을 가족단위에 맡길 수 없고, 이제는 정부나 기업이 맡아야 되는 환경이라는 점이다.

여섯째, 정치사회가 민주화추세에 있기에 참여욕구가 증대하며 자율과 직접민주주의에 대한 열망이 커가고 있다. 한편 노조의 대규모화추세 속에서 관료조직화되고 노동귀족화되는 간부도 있어 노동조합자체의 민주화요구가 커가고 있는 환경이다. 또한 노조는 경제이념 속에서 활동하는 정치단체이기에 정치활동을 통하여 근로자의 권익을 보호해야 한다는 요구가 늘어나는 환경이라 하겠다.

일곱째, 전체사회의 평등화, 공평화의 기풍이 강하게 일어나고 있다.

여덟째, 쾌적한 환경, 일하는 삶의 인간화, 자아실현의 기회로서 직업을 생각하는 등 인간적 요구가 변질되어 사회전체가 '프리즘적 사회'(prismatic society)[14]에서 볼 수 있는 현상으로 근로자들은 불만이 커지고 희생은 크게 하려 하지 않을 것이며, 사용자와 정부의 지도능력에 대한 불신도 당분간 계속될 것이며, 노조조정기능이 약화된 채 노사간의 대립과 갈등이 첨예화될 여지가 있는 환경이라 하겠다. 뿐만 아니라 노사문제는 정치화를

11) John M. Gaus, *Reflections on Public Administration*(New York: Univ. of Alabama Press, 1847), pp. 9~18.

12) 신윤표, 개발행정론(서울: 대왕사, 1987), p. 56.

13) 김경동, 노사관계의 사회학(서울: 경문사, 1988), p. 31.

14) Fred W. Riggs, "Agraria and Industria, Toward a Typology of Comparative Administration" in William I. Siffin(ed.), *Toward the Comparative Study of Public Administration*(Indiana: Indiana Univ. Press, 1959), pp. 23~116.

야기시키고 사회불안을 가져올 수도 있으며 나라 발전과도 직결된다고 볼 때, 노사관계의 발전화가 절실하다고 본다.

V. 민주화시대에서의 노사관계 발전방향

1. 노동조합활동의 노사자치주의 지향

(1) 안정된 노사관계의 정착

첫째, 노사관계에서의 공동운명체 의식 속에서 공존관계의 유지지향이 요구된다.

둘째, 노사간의 인간관계 개선이 필요하다. 즉

1) 상대방의 입장 존중

2) 신 뢰

3) 성 실

4) 인간적 이해

5) 자주성 신장

6) 감독자의 자질향상

7) 직장 내의 정보공개 등이다.

셋째, 단체협약을 과학적이고 합리적이며, 세밀하고 명백하게 하는 등 단체교섭의 기술개발이 필요하다.

넷째, 노사관계에서의 Communication의 원칙[15]으로서 ① 명료성, ② 일관성, ③ 관심과 수용(interest and acceptance)을 갖도록 하는 일이다.

다섯째, 노사협의회 및 고충처리제도를 적절하게 운영해야 할 것이다.

(2) 산업민주주의 확립지향의 노사관계를 전개

첫째, 미국의 실용적 노동조합주의[16]에서와 같이 정부정책과 개입 및 타율의존에서 벗어나 생산성의 향상과 성과분배체제를 노사간에 확립하고 참여운동(shop-floor participation)을 전개한다.

둘째, 노조조직률을 높이고 기업연합 산별조합을 강화하여 다수자 중심의 대표성을 인정, 직종이 다른 상당수의 조합원을 갖게 될 때는 1기업 1조합 원칙을 벗어나야 할 것이다.

셋째, 조합 내 민주주의 미확립으로 간부들의 귀족화[17]·관료화가 있어서는 안 되며, 근로자의 요구와 불만을 수렴할 수 있는 제도와 운영방안이 확립되어야 한다.

15) Felix A. Nigro, *Modern Public Administration*(New York: Harper and Row, 1965), p. 199.

16) Charles D. King and Mark Van de Vall, *Models of Industrial Democracy: Consultaton, Co-determination and Worker's Management*(The Hague Moution, 1978), pp. 3~17.

17) 박현채, "해방 後 한국노동운동의 원인과 대책," 한국노동문제의 인식(서울: 동녘신서, 1983), p. 284.

(3) 노조기능의 민주화

첫째, 조합원의 병, 재해, 사망, 실업 등에 대비 기금을 설치하여 공제적·복지후생적 활동을 할 수 있도록 해야 한다.

둘째, 정치기능을 인정하여 물가정책, 사회복지정책 등에 관하여 대정부, 대정당, 대의회활동을 인정, 적극화할 수 있어야 할 것이다.

셋째, 문화교육적 기능으로서 향락적 퇴폐풍조 등 저질문화를 배격하고 두레, 향약, 보, 품앗이 문화가 부활될 수 있도록 노동문화 창조의 기능을 해야 할 것이다. 또한 사회변동관리의 주체로서 노동자들의 능력개발이 요구되며 노조중심으로 조사, 연구, 교육활동이 활발하게 이루어져야 할 것이다.

2. 노사협의제의 민주화

노사협의제는 일종의 고충처리기구로 인식되고 있으며 노조기능만을 약화시키는 권위주의적 노사관 속에서 대표성 미흡과 위원구성의 형식화를 면치못한 점으로 보아 폐지도 좋다고 보나 이대로 존치한다면 크게 개혁이 요구된다.

첫째, 노사가 공동목표의 설정, 발전기획의 공동수립, 평가보고의 충실을 기해야 할 것이다.

둘째, 근로자위원의 선출과 운영시 사용자의 개입과 지명 없이 자율, 민주, 공정성이 요구된다.

셋째, 민간단체의 연구교육기관을 육성하여 민간주도로 노사협의회를 이끄는 방안연구가 요구된다.

3. 바람직한 노사분쟁의 조정화

첫째, 자주적 단결권, 자율적 단체교섭권, 단체행동권의 자유로운 그러면서도 책임 있는 행사가 요구된다.

둘째, 부당노동행위의 적극적 규제제도가 필요하다.

셋째, 임의조정제도의 적극적 활용이다. 노동쟁의가 발생하여 당사자간에 자주적 해결을 보지 못할 때 노사가 공동으로 순수 민간성격의 중재인이나 전문중재단체로 하여금 해결하도록 하고, 그 결과에 법적 구속력을 부여하는 이 제도를 적극적으로 활용하는 방안이다. 물론 강제조정제도는 ① 비합리적 쟁의행위를 막고, ② 공익파괴의 쟁의를 합목적적으로 해결할 수는 있지만, 남용된 경우는 노동권을 침해할 수도 있고 경직화될 수도 있다고 본다.

따라서, 임의조정제도의 시행세칙도 합리적으로 마련하고 중재인의 주관이나 개성에 좌우되지 않도록 신뢰를 주고 전문화되어야 할 것이다. 그리고 차츰 임의중재에 관한 엄격한 기준이나 선례를 쌓아야 할 것이다.

4. 노동행정의 발전적 민주개혁

첫째, 노동행정이 경제행정, 치안내무행정과의 중복, 미분화 단계를 지양하여 전문성과 독립성을 갖고 대표성을 가져야 하겠다.

둘째, 노사이익분쟁의 경우는 노사자율에 맡기고 정부불개입을 원칙으로 하며, 권리분쟁 경우는 정부의 신속, 공정, 효율적 개입이 강화되어야 하겠다. 즉 체불임금, 부당노동행위, 근로기준법 위반, 단체협약이행 여부 등이다.

셋째, 노사관계의 일선행정기능을 보강하고 인사배치의 전문화가 요구된다.

넷째, 노동위원회의 사무국과 별도로 조정부와 판정부를 신설, 기능분화와 전문재배치, 정원 직급조정의 개혁이 요구된다.

다섯째, 민주화시대에 걸맞는 노사관계법으로 법과 제도의 개혁이 요구된다. 예를 들면, ① 해고예고제도의 단서에 즉시해고에 해당되는 견책사유 등은 대단히 모호하다. 왜냐하면 중대한 의무위반, 회사공신력의 손상 등은 사용자의 자의적 해석·적용이 능히 가능하여 근로자만 손해를 볼 수 있다는 조항 등이다. ② 제삼자 개입금지조항도 그렇다. 왜냐하면 산업별 노조와 노총도 제삼자에 해당하며 근로자는 수준이 낮아 지도를 받을 필요가 있으며 사실상 사용자는 각계각층의 지원을 받기 때문이다.

요컨대, 한국에 있어 오늘의 노사관계는 일반적으로 노사관계법의 기본원리라고 할 수 있는,

1) 집단적 노사관계의 인정

2) 단결자유의 보장

3) 단체교섭과 단체협약제도의 발전

4) 쟁의행위자유의 보장과 규제

5) 노동자의 경영참가 촉진의 제원리가 노사자치주의의 철학으로 정향을 찾아야 할 것이다.

그런데 우리의 경우도 노사관계가 잘 되고 있는 사업장의 경우는,

1) 사내복지가 잘 됨.

2) 인격적인 대우가 되고 있음.

3) 의사소통이 잘 됨.

4) 노조간부가 근로자들의 뜻대로 선출되고 행동함.

5) 힘의 문화가 아님.

6) 가부장적 권위주의나 철저한 계약관계의 리더쉽이 아니고 중간의 것을 택함.

7) 종교단체나 기타 외부세력의 적극적 개입이 없음.

8) 노사문제의 해결방안을 온건하고 점진적인 방식을 취하고 있음을 볼 때, 위 제원리의 적용이 민주적으로 생산성 향상과 잘 조화를 이룰 때 가능하다고 본다.

그러나 문제는 노사관계에 영향을 주는 제요인들의 작용이 도전을 계속하는데, 몇 가지 예를 보면,

첫째, 정보산업화 사회와 기술의 혁신이 계속되면서 산업구조가 변하고 있다는 점.

둘째, 서비스산업화, 공공부문의 고용 증대, 여성취업자 증가, 화이트칼라의 노조원 증가의 현상이다.

셋째, 노동생활의 질을 높이려는 욕구와 경영참가제도가 확대되며 인간화 운동이 커지므로서 노사관계는 새 정향을 찾아야 할 것으로 본다. 그렇기 때문에 민주적 노사관계가 정착하기 위해서는 다음 제방안이 구상 실천되어야 할 것이다.

1) 노·사·정의 의식의 변화가 있어야 한다.

2) 지켜지는 노사관계법이 되어야 한다.

3) 노동행정의 전문성과 독자성의 확보이다.

4) 노동력을 단순 상품 취급을 해서는 안 되며, 계급개념의 이념을 벗어나 오직 인간화 이데올로기를 중시해야 할 것이다.

5) 폭력, 파괴 등이 배재되고 원칙과 관행 속에서 쟁의행위는 단체교섭의 한 수단이 될 수 있도록 교섭기술, 협상기법 등을 노사 공히 교육훈련해야 할 것이다.

6) 사용자위원이나 근로자위원이 단순히 들러리가 되지 않도록 하며, 노동위원회와 제삼자 개입이 보다 쌍방적이고 민주적인 알선, 조정, 중재가 되도록 하며, 강제중재나 직권조정 등 노사자치주의에 반하는 방식은 사용하지 말며, 당사자주의 원칙에 우선순위를 둘 일이다.

7) 노사합의제는 단체교섭제의 보완기구로 운영하든지 아니면 양자를 통합해야 할 것이다.

8) 인격적 · 공동결정적 노사관계상을 정립해야 할 것이다.

9) 조합민주주의가 정착되어야 한다.

10) 산별노조가 활성화되어야 한다.

위 모두가 이루어질 때 실용주의적 · 협동적 · 평화적 · 합리적이며 산업민주주의 노사관계모형이 될 수 있다고 본다.

제 3 절 직업환경 및 복지관리

Ⅰ. 작업조건의 관리

작업조건(working conditions)은 조직인의 육체적 조건(physical conditions)과 인적요소(human factor)와 사회적 환경이 다같이 고려되어야 조직목표를 순조롭게 달성될 수 있다고 본다. 따라서 인사부서는 다음의 조건개선에 주력해야 할 것이다. 이에 대한 작업조건의 단계를 살펴보면 다음과 같다.[18)]

1) 물질적 취급(material handling)의 과정에서는 ① 육체적 재해를 줄일 수 있는 조건을 개선토록 한다. ② 기계의 작동방법 등을 익히도록 한다. ③ 작업흐름에서 위험요소를 제거한다.

2) 기계감시(machine guarding)이다.

3) 작업장 요소(factor of work place)를 고려한다.

4) 재난을 통제(disater control)한다.

5) 내적 환경조건(internal environmental condition)을 관리한다.

6) 색(color)을 고려 안정성을 높인다.

7) 개인적 욕구(personal needs)을 충족시켜 주어야 한다.

8) 외적 조건(external condition)을 개선한다.

Ⅱ. 안전 · 보건관리

경영이나 행정조직에서나 인력을 보존하려면 조직인으로 하여금 안전성을 갖도록 하여야 한다. 구체적으로 보면 다음과 같다.

1) 노동재해의 원인을 제거한다.

2) 노동시간을 적정화한다.

3) 근로보건관리를 한다.

4) 작업 및 직무환경 조건을 개선한다.

5) 건강진단(medical examination)을 실시한다.

6) 재해관리를 철저히 한다. 이를 위해서는 ① 안전보호장치를 한다. ② 법과 제도장치를 한다. ③ 안전훈련을 한다. ④ 공해예방 등 미리 예방관리를 한다.

---

18) Michael J. Juclus, *Personnel Management,* 8th ed.(Richard D. Irwin, Inc., 1975), pp. 386～390.

Ⅲ. 복리후생의 관리

공직자나 조직인의 직장내외의 생활을 지원해 준다. 주택문제, 공제조합운영, 운동시설 등과 같은 것이다. 이 밖에 능력개발과 관련된 지원과 교양활동을 위한 서비스 등이 있겠다.

제 4 절 인사정보관리

PERSIS는 종합적인 인사정보시스템이다.[19] 이것이 구성하고 있는 데이터 베이스는 다음과 같다.

1) 인사 데이터베이스(personnel D/B): 여기에는 인적사항, 가족, 주소, 전문기술교육훈련, 자격, 근무평정, 급여, 면허, 승진 등이 내용이다.

2) 직위 데이터베이스(position D/B)

3) 직무 데이터베이스(job D/B)

4) 특기 데이터베이스(skills D/B)

5) 관리정보 데이터베이스(management information D/B) 등을 최근치(up to date)로 공급받아 관리하록 한다.

그리고 인사업무의 제기능 중에서 컴퓨터 시스템이 이용되고 있는 케이스를 설명하면 다음과 같다.

(1) 인원선발(personnel selection)

특정 직위에 충원할 적격자를 작성, 제공하는 것을 말한다. 이를 위해,

1) 직무별 소요특기 프로필

2) 개인별 특기 프로필

3) 정기평정자료를 기록 관리하며 적재적소의 인원배치와 직무만족도를 높이려는 데 활용한다.

(2) 인원배치(position filling)

직무별 소요특기 프로필과 개인특기 프로필을 바탕으로 특정직위에 충당할 인원선발 작업이 이루어진다. 이와 같은 인원선발작업은 인사정보시스템의 중요한 부분을 이루고 있으며, 적재적소의 인사배치를 위해서는 필요불가결한 작업과정이다.

---

19) 박연호, 행정학신론(서울: 박영사, 1996), pp. 476~486.

(3) 개인발전(personnel development)

관리에 활용하는 케이스를 예로 들 수 있다. 이와 같이 PERSIS를 활용함으로써 다음과 같은 효과를 얻을 수 있다.

1) 관리자나 인사부 직원은 분석된 최근 정보를 이용한다.

2) 각 직위는 직무요건에 맞는 적격자로 충원이 될 수 있다.

3) 직원에게는 자신의 특기에 적합한 직위가 제공될 수 있다.

4) 직원의 능력개발을 계획하고 통제할 수 있다.

5) 신속 · 정확한 정보로서 인사관리가 되는 데 도움이 된다.

6) 포괄적인 인사 서비스가 제공될 수 있다.

7) 인사고과에 대한 절차와 급여인상을 위한 시뮬레이션(simulation)을 통하여 공정한 보수지급방침을 집행할 수 있도록 보조한다는 점 등을 효과라고 말할 수 있다.

제 7 편

정부예산: 재무행정론
(政府豫算: 財務行政論)

제 1 장

정부예산의 기초이론

제 1 절 예산의 의의

예산이란, 국가정책의 실현을 위한 회계연도중의 세입세출의 예정적 계산표라고 정의한다.[1] 이 말은 예산의 형식적 의미를 표현한 것이라고 보며, 실질적인 면으로는 예산은 국가 내에 있어서의 경제적 및 정치적 노력의 상대적인 배분을 표현하는 것이며 국가가 수행할 집단적 활동의 집약적 표현이라고 말할 수 있다.

예산이란, 단순히 산술적인 것에 그치는 것이 아니라 여러 가지 방법을 통하여 개인의 번영의 근원이 되어 제사회 계층간의 관계와 국력을 표현하는 것이라고 할 수 있다. 이를 행정학적 입장에서 보면 재정적 술어로서 표현된 국가기획이라고 말할 수 있는바, 이는 정치적·법률적으로 허용된 모든 사업계획을 체계화한 종합적 국가기획이라고 하겠다.

제 2 절 예산의 기능

예산의 기능은 학자에 따라 견해를 달리하나 공통적으로 정치적·경제적·관리적·통제적 기능으로 분류하며 여기서도 이와 같이 분석하기로 한다.

1. 정치적 기능

예산의 순환과정은 정치적 과정이다. 각 과정마다 이해관계의 대립자, 즉 행정부 각 기관, 의회, 정당, 압력단체 등의 압력과 조정으로 성립되며, 예산은 이와 같은 과정의 소산이다.

1) Jesse Burkhead and Jerry Miner, *Public Expenditure*(Chicago: Aldine, 1971), p. 12.

2. 경제적 기능

예산은 국민경제에서 차지하는 비중이 커짐에 따라 경제활동을 좌우하는 균형인자로 경제안정기능을 수행하며, 발전도상국가에서는 특히 정부주도하의 경제성장을 주도하기 때문에 경제성장의 촉진인자가 되기도 한다.

또 조세정책과 이전(移轉)지출로 소득의 재분배기능을 수행하며, 한편으로는 성과주의 예산이나 계획예산제도의 발달로 자원 배분기능도 수행한다.[2)]

3. 관리적 기능

행정부가 국가발전을 위하여 최대의 경제성과 합리성을 고려하며 예산을 관리하여야 한다. 미국의 예산기관은 예산업무와 더불어 관리기능까지 수행하고 있다.

4. 재정통제적 기능

영국이나 미국의 예산은 법률 형식으로 성립되며, 일본이나 우리나라의 경우 예산은 법률이 아닌 예산이라는 독특한 형식으로 의회에서 의결된다. 우리나라의 경우 예산은 단일한 법률은 아니지만, 입법부에 의한 행정부에의 재정권 부여의 형식이라는 점에서 법적 기능을 갖는다.

5. 법적 기능

예산안이 국회에서 심의·확정됨으로써 그 범위 내에서만 이루어져야 하는 법적인 성격[3)]을 말한다.

제 3 절 현대예산제도의 특색

1. 예산제도의 발달

예산은 정부활동의 국민경제에 대한 중요성과 더불어 정부관리의 효율화 운동으로 이해되는바, 1215년 대헌장(Magna Charta)으로부터 승인되었던 이른바 민주혁명의 과정을 통하여 예산제도를 성립시킨 영국에서는 수입통제에서 지출통제로 발달하였다. 영국은 19세기 중엽, 미국은 20세기 초에 회계검사원이 설치됨으로써 예산제도에서 회계검사제도로 발달했으며, 예산은 본래 정부기관에 대한 통제에만 한정되어 있었으나, 20세기 전반에는

2) Richard A. Musgrave and Peggy B. Musgrave, *Public Finance in Theory and Practice*, 5th ed.(N. Y.: McGraw-Hill, 1989), p. 6.

3) 박용치 외, 최신행정학원론(경세원, 2006), p. 488.

공기업이 급격히 증가함으로써 기업회계식 예산을 편성하여 의회의결을 얻어야 하며, 회계검사원의 상업형검사를 받게 되었다. 또한 예산은 20세기 초기까지는 의회가 행정부를 통제하기 위한 통제중심으로 구분되었으나, 1930년부터는 관리중심으로, 1960년부터는 회계중심으로 구분·편성되는 추이를 보이고 있다.

2. 예산의 일반원칙

예산에 있어서 전통적 원칙과 현대적 원칙은 정치라는 목적을 위해서 상호보완·조화될 수 있다[4]고 볼 때, 예산이 민주적 정책형성의 수단이며, 정책집행의 도구라는 점에서 예산이 입법부에 의한 행정적 통제와 행정관리라는 두 개의 목적을 동시에 달성하고, 양자를 조화할 수 있는 원칙은 다음 몇 가지로 요약된다고 본다.

(1) 완전성의 원칙(principle of comprehensiveness)

예산총계주의 원칙이라고도 한다. 정부의 수입·지출은 예산에 계상하여야 한다는 원칙이다(예산회계법 제17조).

(2) 공개의 원칙(principle of publicity)

이것은 예산안의 편성, 심의, 의결 및 집행을 국민에게 공개하며 재정상태가 명백히 국민에게 이해되도록 하여야 한다는 것이다.

(3) 예산명료의 원칙(principle of clearity)

이해하기 쉬워야 하며 수지의 추계가 명백하여야 하고 수입의 근거와 지출의 용도가 명백하게 표시되어야 한다는 것이다.

(4) 행정부 계획수립의 원칙(executive programming)

예산편성은 사업계획과 함께 행정수반의 직접 감독으로 행하여져야 한다는 원칙이다.

(5) 행정부 책임의 원칙(executive responsibility)

정부는 예산이 허용하는 범위 내에서 가급적 경제적으로 예산을 집행할 책임이 있다는 원칙이다.

(6) 행정부 재량의 원칙(executive discretion)

의회는 총괄예산을 의결함으로써 행정부에 적절한 자유재량을 인정해야 한다는 원칙이다. 의회가 세출예산을 너무 세밀하게 의결하면 효과적·효율적인 집행이 저해되기 때문이다.

(7) 상호적 예산기구의 원칙(principle of two-way budget organization)

중앙예산기관과 각 부처 예산담당기관은 상호교류적 관계에 있으며 적극적인 협력을

4) Harold D. Smith, *Management of Your Government*(N.Y.: McGraw-Hill, 1945), pp. 315~316.

필요로 한다는 원칙 등을 들 수 있다.

3. 현대예산의 특징

현대예산은 의회제도의 발달 및 국가기능의 확대와 더불어 많은 변용을 가져온바, 그 특색을 살펴보면 다음과 같다.

(1) 양적 증대

예산규모는 국가기능의 확대에 따라 증대하여 가고 있다는 점이다.

(2) 예산범위의 확대

정부활동뿐 아니라 많은 공기업과 정부공사를 설립하게 됨에 따라 예산의 범위도 확대되기에 이르렀다. 우리나라도 정부투자기관 관리기본법에 의하여 자본금의 5할 이상을 정부가 출자한 공사는 정부예산과 같이 예산청의 예산검증을 거쳐 국무회의에서 심의·의결하도록 하였다.

(3) 예산내용의 변용

근대 이전의 예산은 그 내용이 국가존립을 위한 필요비의 한도에 그치는 것이 일반적이었으나 국방비, 사회복지비, 경제대책비 등이 예산의 주된 비중을 차지하게 되었다.

(4) 균형예산원칙의 반성

예산은 매회계연도마다 세입·세출간에 균형을 유지하여야 한다는 이른바 균형예산의 원칙이 이제는 국민경제의 구체적 상황에 따라서 적자예산, 흑자예산 또는 균형예산을 편성하여야 한다는 방향으로 나아가는 것 같다.

(5) 예산제도의 개혁

현대예산은 그 관리방식 또는 회계제도에 있어서도 현저한 개혁이 있었다. 그 대표적인 현상을 보면 다음과 같다.

1) **각종 특별회계**　　특별회계는 특정한 세입으로 특정한 세출에 충당하여 일반의 세입·세출과 구별되어 경리되는 부분을 말하는 것으로서, 우리나라 특별회계는 1948년 2개에서 1995년 23개로 증가하였다.

2) **기업회계방식의 산입**　　정부기업의 예산은 관청회계방식에 의하는 것보다는 감가상각, 원가계산, 손익계산을 명백히 할 수 있는 기업회계방식을 채택하는 방향으로 개혁되고 있으며, 1962년부터 우리나라도 '기업예산회계법'에 의하여 정부기업에 상업회계방식을 도입하였다.

3) **자본예산방식의 채택**　　예산을 경상예산과 자본예산의 2중 구조로 구분하여, 자본적인 수입과 지출은 자본예산으로 분리 경리하여 예산의 국민경제에 미치는 경제적 효과를 분석하기에 편리하도록 하는 방식으로서 현재 우리나라에서는 채택하지 않고 있다.

4) **국민경제예산방식의 도입** 국민경제예산(national economic bubget)이라 함은 국민경제계정에 장래의 정책방향을 투시하여 작성한 국민경제 전체를 예산화한 것으로서, 이는 스웨덴에서 대표적으로 채택되고 있다.

5) **성과주의예산제도의 채택**(performance budgeting) 종래의 예산은 사업계획 또는 업무성과와의 관련이 희박하여 통제편의 위주로 소요경비와 품목의 나열에 치중된 폐단이 있었는데, 최근에 와서 사업수행의 성과와 책임을 분명히 할 수 있도록 사업계획 또는 업무성과에 주안점을 두어 기능별 또는 사업별로 그 사무량과 비용을 합리적으로 예산을 편성하는 성과주의 예산방식이 도입되고 있는바, 우리는 1962년도부터 농림부·보건복지부·건설교통부 소관의 사업에 시험적으로 채택되었었다.

6) **기획예산제도의 채택**(planning programming budgeting system) 사업의 목표를 계량적으로 명시하고 이에 의하여 사업효과를 측정함으로써 국가목표를 효율적으로 달성하기 위한 과학적인 예산제도이다.

7) **영기준**(zero base budgeting) **예산제도 도입** 전년도 예산을 기준으로 점진적·누증적으로 예산액을 책정하는 전통적인 점증예산의 폐단을 극복하고, 신규·기존 사업을 막론하고 새로 분석·평가 우선 순위를 정하여 예산과 사업계획을 연결, 자원을 최적으로 배분하려는 제도이다.

제 4 절 예산의 종류

I. 일반회계예산과 특별회계예산

1. 특별회계의 의의와 설치요건

예산의 원칙에는 여러 가지가 있으나 대부분의 학자들은 예산단일의 원칙을 가장 중요한 원칙으로 들고 있다. 예산단일의 원칙이란, 국가의 세입·세출은 일체로서 통일적으로 경리되어야 한다는 것이다. 이러한 예산단일의 원칙의 예외를 이루는 것이 특별회계제도이다. 특별회계란 국가의 회계 중 특정한 세입으로서 특정한 세출에 충당하며, 일반의 세입·세출과 구별되어 경리되는 부분을 말한다.

특별회계의 수가 적은 것이 좋으냐, 많은 것이 좋으냐는 쉽게 결론을 내릴 수는 없지만 입법부의 우월을 주장하며 국민에 의한 정부의 감시를 주장할 때에는 특별회계의 수가 적은 것이 좋다. 그러나 행정효율의 관점에서 볼 때에는 특별회계를 두어 운영효율을 명백히 하는 것이 한편 나은 경우도 있을 것이다.

특별회계의 장점으로는 정부기업의 수지를 명백히 하며 행정기관의 자유재량 여지를 크게 하고 행정효율을 증진시키는 경우도 있으나, 단점으로는 예산단일의 원칙에 반하므로 입법 및 민중통제가 어려워지고 통합성이 저하된다고 하는 것이다.

특별회계의 설치요건으로서 예산회계법 제12조는 ① 국가가 특정한 사업을 운영할 때, ② 특정한 자금을 보유하여 운영할 때, ③ 기타 특정한 세입으로써 특정한 세출에 충당함으로써 일반의 세입·세출과 구분하여 경리할 필요가 있을 때 법률로써 설치한다고 규정하고 있다.

2. 특별회계의 분류

1) **정부기업(공기업)특별회계** 국가가 경영하는 기업에 대한 지지를 일반회계와 구별하여 별도로 경리하기 위한 특별회계이다. 예컨대, 우리나라 정부기업특별회계로서는 통신사업, 양곡관리사업, 조달사업특별회계가 있다.

2) **자금 또는 기금특별회계** 이는 일정한 자금을 보유하여 그 자금을 운용함에 있어서 일반회계와 구분처리하기 위하여 설치한 것이다. 이에 속하는 것으로서는 대충자금특별회계, 과거의 국채금특별회계 등이 있다.

3) **관리특별회계** 문화재관리특별회계, 과거의 농지개혁사업특별회계 등과 같이 그 사업의 내용이 일반행정적이기는 하나 재정처리에 있어서 일반회계와 구분하여 처리하는 것이다.

4) **보험사업특별회계** 공무원연금특별회계, 군인연금특별회계, 산업재해보상보험특별회계, 국민생명보험 및 우편연금특별회계 등과 같이 정부가 보험사업을 위하여 설치한 특별회계를 말한다.

5) **투융자특별회계** 경제개발특별회계, 재정자금운용특별회계 등과 같이 재정투융자을 위하여 설치한 특별회계를 말한다.

6) **임시특별회계** 과거의 국방비특별회계·전란수습비특별회계 등과 같이 임시긴급한 목적을 위하여 설치한 특별회계가 이에 속한다.

3. 일반회계와 특별회계와의 관계

특별회계 예산은 예산의 단일성, 통일성 원칙의 예외가 된다. 일반회계 예산은 일반의 세입·세출에 관한 예산을, 특별회계 예산은 특정한 세입으로 특정한 세출에 충당하는 예산이다. 따라서 국가예산의 총액은 일반회계 예산만으로 파악하지 못하며, 일반회계와 특별회계의 단순한 합계만으로도 불충분하다. 왜냐하면 양자간에 수입지출의 중복이 많아 이를 공제하여 예산순계를 산출하여야만 진정한 예산규모를 알 수 있기 때문이다. 또한 과거에는 경제개발특별회계와 일반회계를 합쳐서 일반재정 부분이라 하였으나, 두 회계의 통합으로 폐지되었다.

Ⅱ. 본예산 · 수정예산 · 추가경정예산

1. 본 예 산

본예산이란, 정기적으로 정부가 매년 다음 해의 총세입 · 세출을 예산으로 편성하여 다음 회계연도가 시작되기 90일 전에 정기예산국회에 제출하는 것을 의미한다.

좀더 상세히 설명하면, 매년 시행되는 예산은 전년도 개시 후 편성에 착수되어 각 중앙관서의 장은 매년 전년도 5월 31일까지 예산요구서를 작성하여 기획예산처장관에게 제출하게 되어 있으며, 헌법의 규정에 의하여 늦어도 회계연도 개시 90일 전까지 국회에 제출하는 예산이 본예산이다.

2. 수정예산

예산편성 후에 있어서 국제정세나 국내에 있어서의 사회경제사정의 변화 등에 의하여 이것을 변경하지 않으면 안 되는 경우가 생긴다. 이와 같이 정부가 국회에 예산안을 수정할 수 있도록 마련한 것이 수정예산제도이다.

수정예산과 추가경정예산은 예산의 편성이 끝난 다음에 이를 변경하기 위한 제도라는 점에서는 동일하나, 추가경정예산은 예산이 국회를 통과하여 성립한 다음에 변경하는 것인 데 대하여, 수정예산은 예산이 국회를 통과하기 전에 수정하는 제도인 것이다.

3. 추가경정예산

이 제도는 예산안이 국회를 통과하여 성립한 다음에 생긴 사유로 인하여 이미 성립된 예산에 변경을 가할 필요가 있을 때 사용되는 것이 추가경정예산제도이다. 이 제도는 미국, 영국 등에서도 널리 사용되고 있다.

본예산과 추가경정예산은 각각 별개로 성립하여 집행되나, 원래 추가경정예산은 본예산에 신비목을 설치하거나 금액을 추가하거나 그를 수정하는 것이므로 일단 성립하면 본예산과 추가경정예산을 통산하여 전체로써 실시하게 되는 것이다. 따라서 어떤 연도의 예산총액을 알려면 본예산 외에 추가경정예산을 총계하여 보지 않으면 아니 된다.

Ⅲ. 잠정예산 · 가예산 및 준예산

1. 잠정예산

잠정예산이란, 예산안이 확정되기 이전에 일정금액의 예산의 국고지출을 허가하는 제도인데, 영국에서는 회계연도 개시일인 4월 1일 전에 본예산이 국회를 통과하는 일이 거의 없으므로 잠정예산의 사용이 상례로 되어 있다. 캐나다, 일본 등에서도 사용되고 있다.

2. 가 예 산

과거 우리나라에서는 영국, 캐나다의 잠정예산이나 일본의 잠정예산과 유사한 가예산 제도를 채택한 일이 있다. 즉 구헌법 제 4 조 제 2 항에는 "부득이한 사유로 인하여 예산이 의결되지 못한 때에는, 국회는 1개월 이내의 가예산을 의결하고 그 기간 안에 예산을 의결하여야 한다"는 규정이 있었다. 이는 1960년 헌법개정 이후 신헌법 제54조 제 3 항에 의거 준예산제도를 채택하고 있다.

3. 준 예 산

예산이 회계연도개시일까지 의결되지 못한 경우에, ① 공무원의 보수와 사무처리에 필요한 기본경비, ② 헌법이나 법률에 의하여 설치된 기관 또는 시설의 유지비와 법률상 지출의 의무가 있는 경비, ③ 이미 예산상 승인된 계속비를 세입의 범위 안에서 전년도예산에 준하여 지출할 수 있는 제도를 준예산이라 한다.

Ⅳ. 공기업의 예산

1. 특 색

공기업의 설치목적은 일반행정기관과 달리 능률성 · 기업성을 민주성 · 공공성과 더불어 도모하자는 데 있다.

미국은 공기업의 공공성 · 통제성을 보다 강조하는가 하면, 영국과 우리나라의 경우는 기업성과 자율성을 더 강조하고 있다.

우리나라의 경우에는 정부기업만 국회의 예산심의를 받고, 절대 다수의 기타 공기업은 국회의 심의를 전연 받지 않아 상당히 자율성을 제도상 인정받고 있다. 그러나 주의를 요하는 것은 그렇다고 해서 실제기능에 있어 자율성이 보장되고 기업성이 높은 것은 아니며, 비공식적 · 비법제적인 방법으로 상당한 통제 · 간섭을 받고 있다는 것이다.

우리나라의 공기업예산 중 정부부처의 형태를 지닌 정부기업예산은 기업예산회계법의 적용을 받고 있으며, 기타 주식회사나 공사의 형태를 취하고 있는 공기업은 정부투자기관예산회계법의 적용을 받는다.

2. 정부기업

① 철도 · 통신 · 양곡 조달사업의 특별예산은 정부투자기관의 예산과는 달리 예산안이 본예산과 같이 국회에 제출되고 심의를 받게 되어 있다. 그러나 예산요구에 있어서 일반행정과는 달리 해당 연도의 사업계획, 자금계획서, 원가계산서, 손익계산서, 대차대조표

등을 제출하게 되어 있으며, ② 기업에 따라 재정상태를 발생주의원칙에 따라 밝히게 되어 있으며 원가계산과 감가상각을 하게 되어 있다. ③ 집행의 신축성·자율성을 높이기 위하여, 첫째로 수익금 마련 지출제도를 두어 초과수입은 그 수입에 관련된 직접비에서 사용할 수 있게 함과 동시에 목간유용을 완화하고 있다.

3. 정부투자기관

우리나라의 정부투자기관의 예산은 국회의 심의를 거치지 않고 기획예산처·국무회의를 거쳐 대통령의 승인만 얻게 되어 있으며, 집행에 있어서도 예비비의 사용 및 항목의 예산유용을 기관장의 재량에 맡기고 있다.

Ⅴ. 품목별예산·성과주의예산·계획예산·영기준예산

예산은 발달과정에 따라 ① 품목별예산, ② 성과주의예산, ③ 계획예산, ④ 영기준예산 등으로 분류할 수 있는데 통제관리지향과 계획지향의 관점을 가지고 있다.

1. 품목별예산

정부가 구입하려는 품목에 치중하는 통제 지향적 예산으로 수단으로서 무엇을 하는가 하는 지출목적이나 사업계획을 명확히 밝힐 수 없다.

2. 성과주의예산

정부가 구입하는 품목과 정부가 행하는 사업과의 관계를 긴밀하게 나타내는 예산이다. 즉 정부의 사업을 몇 개의 주요사업으로 나누고 주요사업을 몇 개의 세부사업으로 나누는데 이 세부사업을 다음과 같이 나타낼 수 있다.

단위원가×업무량＝예산액

여기에서 단위원가란 업무측정단위 또는 성과단위하나를 산출하는 데 소요되는 경비를 말하며, 업무량이란 달성하고자 하는 업무를 업무측정단위로 표시한 양을 말한다.

3. 계획예산(PPBS)

장기적인 계획수립과 단기적인 예산편성에 관한 프로그램작성을 통하여 연결시켜 줌으로써 자원배분에 관한 의사결정을 합리화시키려는 예산제도이다.

4. 영기준예산(zero-base budgeting: ZBB)

예산편성에 있어서 점증적인 방법으로 예산편성을 하는 것과는 달리 신규·기존사업을 막론하고 사업의 효율성과 효과성, 존속, 축소, 확대 여부를 새로이 분석하여 우선 순위를 정하고 이에 따라 예산을 편성하는 제도이다.

이 제도는 1969년 Texas Instrument 회사에서 파이흐르(Peter A. Pyhrr)에 의해서 개발되어 1979년 카터 대통령에 의하여 미정부 예산에 도입된 제도로서 한국도 1982년 이후의 예산편성에 부분적으로 도입하였다.

Ⅵ. 총계예산과 순계예산

총계예산은 예산을 계상시 세입·세출의 총액을 계상한 예산을 말한다. 이는 국민들의 이해를 돕고 예산심의를 용이하게 하기 위하여 우리나라를 비롯한 대부분의 국가에서 이를 채택하고 있다. 순계예산은 경비를 공제한 총세입이나 세출만을 계산한 예산이다.

제 2 장

예산기관과 예산의 법적 근거

제 1 절 중앙예산기관

1. 의 의

행정부예산제도를 채택함으로써 행정부에 설치가 요구되었으며, 행정수반은 중앙예산기관의 보좌를 받아 각 부처의 사업계획과 예산요구를 검토한다. 이와 같이 중앙예산기관은 정부종합예산안을 편성하여 모든 행정기관의 예산집행을 감독한다.

2. 기 능

한 국가의 역사 · 사회 · 정치 · 행정 · 문화 및 풍토에 따라 상이하겠지만 일반적으로 다음과 같은 기능을 수행한다.

1) **관리계획기능** 국가발전목표를 효율적으로 달성하도록 자원배분을 합리화하는 기능과 집행과정의 합리화를 위한 관리기능을 수행한다.

2) **각 부처에 대한 기능** 중앙예산기관은 각 부처가 예산요구서를 작성할 때 합목적적이고 합법적이며 효율적인 예산요구서를 작성하도록 예산편성지침을 주는 등의 지도를 하며 예산과 회계에 관한 필요한 지시와 재정통제를 가할 수 있다.

3) **국회에 대한 기능** 매회계연도마다 행정부의 종합예산안을 편성하여 의회에 제출한다.

4) **국민에 대한 기능** 중앙예산기관은 예산과 재정상황을 국민에게 보고하고 필요사항은 공개함으로써 국민비판을 보장하는 기능을 가진다.

제 2 절 중앙예산기관의 지위

어느 나라를 막론하고 예산을 담당하는 중앙기관을 설립하고 통일적으로 예산업무를 관장하고 있으나, 중앙예산기관을 어디에 두느냐 하는 것은 국가에 따라 상당한 차이가 있으며, 대개 3개의 유형으로 나누어 생각할 수 있다.

1. 행정수반에의 직속(미국 · 필리핀 등)

미국은 1921년 예산회계법의 제정으로 예산국을 재정부에 두었다가, 1939년에 기강개혁법에 의하여 루즈벨트 대통령은 예산국을 재무성에서 대통령 직속으로 옮겨 놓았다. 1970년에는 예산국은 관리예산처(Office of Management and Budget)로 개칭되고 내부조직도 다소 개편되어 대통령의 막료기관으로서 그 기능을 발휘하고 있다.

2. 재경부에 두는 경우(영국 · 프랑스)

재경부에 두는 이유는 세출입 금융과 밀접한 관련이 있기 때문이나, 재경부장관의 영향력은 행정수반 · 국회와의 관계에 따라 동일하지 않으며, 영국은 재상의 권한이 강한 데 비하여 프랑스는 약하다. 그러나 이 경우의 문제는 통합이 어려우며, 또한 예산편성이 보수화되기 쉽다는 것이다.

3. 한국의 예산기관

한국의 예산기관은 1948년 기획처 예산국, 1954년 재무부 예산국으로 되고, 1961년 경제기획원이 신설되어 예산국은 재무부로부터 이관되었으며, 1979년에는 예산실로 개편승격되었으며, 재정경제부 예산실로 되어 있다가, 1998년 2월 정부조직법의 개편으로 예산편성지침의 작성은 기획예산위원회에서, 예산편성 및 그 집행의 관리에 관한 사무는 재경부장관의 소속하에 있는 예산청에서 담당하는 이원적 구조를 유지하였으나, 기획과 집행의 불일치로 인한 비효율과 불합리를 해소하고자 1999년 3월 국무총리 직속하에 기획예산처를 신설하면서 새로운 시대를 맞이하게 되었다.

또 부처예산기관은 종래 총무과가 관장해 오던 것을 5.16 이후에는 기획관리실이 신설되어 예산업무와 더불어 사업계획의 심사분석의 업무도 관장하였다. 여기에서 독립된 예산기관의 미설치에 따른 한국 예산기관의 문제점을 살펴보면 예산실은 미국과 달리 행정관리 개선 기능을 수행하지 못하였으며, 사업계획에 대한 비용, 효과 내지 평가의 기능이 경시되고 점증주의적 예산편성을 실시, 경직화되어 있고 각 부처의 기획관리실은 예산참모의 역할을 제대로 수행하지 못하고 있으며, 도와 광역시에 있어서는 지방자치 이후

예산집행의 중요성을 인식하여 기획관리실에 예산담당관제를 설치·운영하고 있다.

제 3 절 예산의 법적 근거

1. 개　설

한국의 예산회계제도에 관한 주요한 법률은 예산회계법, 기업예산회계법, 정부투자기관 관리기본법 등이 있으며, 그 외에 국가의 조직 및 작용에 관한 기본 법률인 정부조직법, 회계감사에 관해서는 감사원법, 구매행정에 관해서는 조달특별회계법과 조달청 직제법 등이 있다.

여기서는 그 중 직무행정에 관한 주요한 법률인 위 세 법률에 관해서만 논하기로 하자.

2. 예산회계법

(1) 의　의

국가재정활동의 법적 기초가 되는 재정법이 1951년 제정되어 약 10년간 시행되었으나 많은 문제점을 내포하고 있었고, 그간 정부의 재정활동의 환경에서도 많은 변동이 있어 5.16 이후 구재무부 내의 재정회계 제도개혁위원회에 의해서 재정법의 개정작업이 진행되어 1961년 예산회계법이 제정되었다.

(2) 특　징

예산회계법은 국가의 예산과 회계 및 이에 관련되는 사항의 기본에 관한 법률로서 종래의 재정법과 다른 특색이 있다.

1) 예산배정과 자금공급의 일원화　구재정법에서는 예산배정과 자금공급이 유리되어 있었으나 예산회계법은 기획예산처장관의 회분기별 예산배정계획과 재정경제부의 월별 자금계획이 통합되어 양자가 일원화되었다.

2) 계속비제도신설　구헌법에는 규정되었지만 재정법에서는 그 절차법이 없어 실제상 헌법규정이 사문화되어 규정되었지만 예산회계법에서는 다년간 계속되는 공사 또는 사업의 경비를 해마다 계상하거나 국고채무 부담 행위에 의한 불편을 제거하고 이를 시정 보완했다.

(3) 이채(移債)제도신설

구 재정법에는 이 규정이 없어 매년 예산총칙에 삽입하여 사용하였기 때문에 불편을 겪었다.

(4) 공공요금의 결정

구재정법에서는 국회가 결정하였으나 공공요금 심사위원회에서 결정하여 대통령의 승인을 얻도록 하였다.

(5) 성과주의예산

성과주의예산제도를 채택하려는 임시 규정을 두었다.

(6) 긴급국고채무부담의 폐지와 예비비의 충분한 계상

긴급국고채무부담 행위는 예비비와 유사한 기능을 가졌으나 비정상적이어서 폐지하였으며, 구재정법에서 예비비가 항상 부족하여 그 의의를 되살리지 못하는 것을 보완하여 일반회계에서 세출예산의 1/100 이상으로 충분히 계상하였다. 그러나 이 규정은 예비비의 과다한 팽창을 초래했다는 이유로 1989년 예산회계법 개정시에 삭제되었다.

(7) 기업예산회계법과 정부투자기관 관리기본법의 근거규정

전자는 예산회계법 제10조에 의거 제정된 법률이며, 후자는 예산회계법 제11조에 근거를 두어 제정된 법률이다.

3. 기업예산회계법

(1) 의 의

공기업의 종류에는 철도청처럼 정부부처의 형태를 지니는 것과 대한중석이나 한국전력처럼 상법에 의해 설치된 주식회사 형태와 산업은행이나 조폐공사처럼 전액 정부투자의 공사제도가 있는데, 기업예산회계법이 적용되는 것은 정부부처형태의 공기업이다.

이 법은 예산회계법 제10조에 의거 1961년 12월 31일에 제정 공포된 법률로서 동규정에 의하면 적용범위로서 철도사업 특별회계, 통신사업 특별회계, 양곡관리특별회계, 조달기금 특별회계의 4개 특별회계에 적용되는 법률이다.[1)]

(2) 제정이유

종래의 회계제도는 일반회계에 의한 소비경제회계이고, 자산계정의 부정확으로 사업에 투하된 방대한 자본의 유통과정을 계수적으로 파악하기 곤란하여 경영성과를 밝힐 수 없고 경영성과를 분석·비교·검토할 수 없어 경영의 합리성을 기할 수 없다.

그러므로 이를 보완하기 위하여 대차대조표와 손익계산서에 의해 자산상태를 파악하고 발생주의에 입각한 원가계산과 합리적 요금결정을 하고 관리기능확립에 의한 기업능률을 증진시키기 위함이다.

(3) 특 징

1) 재산의 증감 및 변동을 발생사실에 따라 기록 계산함으로써 발생주의 원칙에 입각

1) 기업예산회계법 제 3 조.

한 회계처리를 한다.

2) 감가상각 자산은 매회계연도마다 적정하게 감가상각을 하여야 한다.

3) 각 특별회계에 있어서는 사업능률의 증진, 경영관리 및 요금결정의 기초를 제공하기 위하여 원가계산을 하여야 한다.

4) 예산의 신축성을 부여하기 위하여 수입금마련지출제도를 두며, 수요의 증가로 예산초과 수입 또는 초과할 것이 예상되는 때에 관련된 직접비에 사용할 수 있도록 하였고 매회계연도마다 기획예산처장관이 정한 범위 내에서 목간 유용을 할 수 있다.

5) 특별회계의 예산을 요구함에는 당해 연도의 사업계획서 및 자금계획서, 전년도의 평가계획서, 전년도 및 당해 연도의 손익계산서, 대차대조표 및 부속서류, 전년도의 손익계산서, 대차대조표 및 그 부속서류, 기타 예산의 내용을 명백하게 함에 필요한 서류를 제출케 함으로써 정부기업의 특색을 살리도록 하였다.

4. 정부투자기관 관리기본법

(1) 의 의

이 법은 예산회계법 제11조에 의거하여 1962년 8월 구경제기획원의 주도하에 제정된 정부투자기관 예산회계법의 후신이다. 정부투자기관 예산회계법이 제정 동기와는 달리 투자기관의 자율적 경영을 촉진하지 못하자, 1973년 당시 재무부, 지금의 재경부를 중심으로 정부투자기관 관리법을 제정하였으나, 이 역시 과거와 유사하게 투자기관의 자율성을 손상시키는 결과를 낳게 되었다. 이에 따라 1983년 12월 정부투자기관 관리기본법이 제정되었고, 부칙에 의해 1984년 3월 1일부터 시행되어 오다가 1999년 기획예산처의 신설에 따라 오늘에 이르고 있다.

(2) 목적과 적용범위

정부투자기관 관리기본법의 목적은 투자기관의 책임경영체제에 관한 기본적인 사항을 규정함으로써 투자기관의 경영합리화와 정부출자의 효율적 관리를 기하려는 것이다.[2)]

동법의 적용범위는 정부가 납입자본금의 5할 이상을 출자한 기업체로 하고 있다.[3)]

(3) 특 징

1) **책임경영제도 도입** 책임경영제란, 투자기관의 자율적 운영을 보장한 다음 경영실적을 평가하여 그 결과에 따라 책임을 묻는 것을 말한다.

2) **주무부장관의 통제완화** 정부투자기관 관리기본법하에서 주무부장관에 의한 조직, 인사에 관한 통제, 업무에 관한 통제가 약화되었으며, 재정에 대한 통제도 크게 완화되었다. 즉 투자기관의 예산의 편성, 집행과정에 있어서 주무부장관이 행사하던 통제권이

2) 정부투자기관 관리기본법 제 1 조.
3) 정부투자기관 관리기본법 제 2 조.

폐지된 것이다.

3) **중앙통제의 존속** 기획예산처장관을 위원장으로 하고 주무부장관 등 관계부처장관 등이 위원인 경영평가위원회가 경영목표의 설정에 관여하며 예산편성을 위한 공통지침을 결정하는 등 정부투자기관에 관한 기본적인 사항을 결정할 뿐만 아니라 경영실적을 평가하고 평가에 따르는 책임을 묻도록 되어 있다.[4)]

4) 유훈, 재무행정론(서울: 법문사, 1995), pp. 110~111.

제 3 장

예산의 분류

제 1 절 예산분류의 의의와 목적

1. 의 의

세입과 세출을 어떠한 기준에 따라서 어떻게 분류하느냐 하는 예산의 분류문제는 예산론에 있어서 가장 중요한 문제의 하나이다.

예산은 곧 정부활동 및 기능의 수단이므로 독립변수적인 정부기능의 변천에 따라 예산이 갖는 의의도 달라진다. 따라서 어느 나라의 경우나 정부의 기능이 복잡성과 혼합성을 띠고 있으므로 수단으로서의 예산도 이에 따라 복합성을 갖게 되며 따라서 단일기준으로 충족될 수 없으며 복수기준을 갖게 됨은 당연한 것이다.

2. 예산분류의 목적[1)]

1) 사업계획의 수립과 예산심의를 용이하게 한다. 행정수반·기획예산처장관이 입법부에 제출하는 예산안을 통하여 정부의 사업계획을 제시하게 되므로 이와 같은 사업계획은 정부의 정치적·사회적 및 경제적인 이념 또는 철학에 입각하여 수립되는 것이다. 따라서 예산은 이와 같은 정부의 사업계획을 명백하게 할 수 있는 방향으로 분류되지 않으면 안 되며, 나아가서 입법부의 예산심의를 돕는 결과가 된다. 여기에 해당하는 분류방법에는 기능분류·조직분류 등이 있다.

2) 예산은 또한 집행이 용이하도록 분류되어야 한다. 예산의 집행을 돕는 분류방법에는 품목별 분류가 있다.

3) 예산은 회계책임이 명확하도록 분류되어야 한다. 각 기관에 또한 기관 안의 개개

1) Jesse Burkhead and Jerry Miner, *Public Expenditure*(Chicago: Aldine, 1971), p. 12.

인에게 세입의 징수, 지출원인행위 및 현금출납에 관한 책임을 명확히 부여하는 예산분류 방법이 있어야 하며 이에는 목적별 분류가 적당하다.

4) 경제분석: 예산은 또한 정부의 활동이 국민경제에 미치는 영향을 명확히 할 수 있도록 분류되어야 하며, 경제성질별 분류가 그 예이다.

이러한 분류의 목적에 이바지될 수 있는 분류를 연결시켜 보면 [그림 7-3-1]과 같다.[2)]

[그림 7-3-1] 예산분류의 목적과 유형

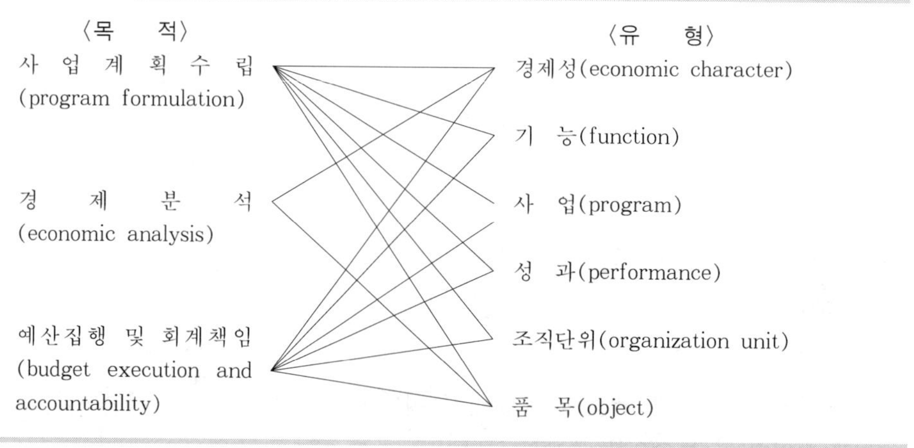

제 2 절 경제성질별 분류

1. 의 의

예산의 경제성질별 분류는 예산이 국민소득의 기본적 요인에 미치는 영향을 파악하는데 도움을 주는 분류방법이다. 따라서 '인플레이션'이나 '디플레이션'을 방지하고, 경제발전에 이바지하며, 경제안정을 도모하려는 정부에는 경제성질별 분류가 매우 유익한 방편이 된다.

그러므로 정부가 그 나라의 경제에 깊이 개입하고 경제에 미치는 영향이 큰 경우일수록 이 분류는 극히 중요시된다. 예를 들면 영국, 유럽의 사회주의적 경제체제의 국가 및 신생국 등이 전형적인 것으로 생각될 수 있다.

우리나라에서도 UN편람에 의하여 세출입을 각각 경상계정과 자본계정으로 나누어 분류하였다.

2) 박동서, 비교공무원제도론(서울: 박영사, 1953), p. 272.

2. 성질 · 제도[3)]

경제성질별 분류는 그 자체가 경제정책이 될 수 없으며, 다만 정책형성을 위한 자료를 제공할 뿐이다. 따라서 거기에는 많은 제약점과 한계점이 있다.

1) 그것은 경제활동에 대한 정부 영향의 일부만을 측정할 수 있으며, 또한 어디까지나 대체적인 수치에 의해서 표시할 수 있다.

2) 경제성질별 분류는 세출입의 양과 구성요인의 변화로 인한 영향만을 측정할 수 있으며, 세출입 외의 요인에 의한 것을 알 수 없다.

3) 소득의 분배나 산업부문별 배정에 대한 정부활동의 영향을 밝혀 주지 못한다.

4) 이러한 것들도 기껏 계산조사치(approximation) 정도의 것을 제공하는 데 지나지 않는다.

5) 다른 분류방법과 병행하여 활용되어야 한다.

6) 정책결정을 담당하는 고위층에게 필요한 것이며 사업계획에의 수립과 그 시행을 담당하는 공무원들에게는 과히 유용하지 않다.

3. 국민경제예산(nation's economic budget)과의 관계

경제성질별 분류와 밀접한 관련이 있는 것은 국민경제예산이며, 이것은 한 마디로 말하여 경제재량(국민소득 · 투자 · 소비대외결산잔고 등)의 사전치를 사회회계에 의한 계정형식으로 표시한 것이다. 사회회계(social accounting) 또는 국민경제회계(national accounting)란, 개별회계의 원리를 국민경제 전체에 응용하여 그 경제재량의 수치를 계산하여 국민경제 전체의 내부구조를 명백히 하려는 것이며, 사회회계는 국민자본 · 국민소득 기타에 관한 계정, 즉 국민경제계산표(nation's economic sheets)의 작성을 필요로 하는데, 이 국민경제계산표는 사후적 기록이다.

국가예산을 편성하는 데 있어서 무엇보다도 '국민경제를 어떤 방향으로 이끌어 갈 것인가' 하는 경제정책과의 관련하에서 예산의 편성이 이루어져야 한다. 여기에 예산의 경제성질별 분류의 필요성이 제기된다.

제 3 절 자본예산

1. 의 의

자본예산이란, 정부의 예산을 정책 및 절차상의 편의를 위하여 경상적(current) 지출

3) Jesse Burkhead, *op. cit.*, pp. 213~215.

과 자본적(capital) 지출로 나누어 편성하고, 경상적 지출은 전통적인 균형예산의 원칙에 따라 경상적 수입으로 충당되어지나 자본적 지출은 채무에 의하여 충당되므로 반드시 연차적으로 균형예산이 될 수 없는 복식예산(double budget)을 의미한다.

자본예산은 미국의 시정부에서 발달하게 되었으며 그 발달의 원인을 보면 ① 재원의 한정, ② 수익자부담의 원칙, ③ 장기계획의 필요성 등에 의하여 자본예산이 채택되었고, 주로 공공사업의 효율성에 역점을 두고 있었으며, 스웨덴은 보다 경제발전과 관련하여 편성되었으며, 감가상각계정이 자산의 집계를 위하여 마련되어 있다는 점이 특징이다.

우리의 경우는 1963년부터 종래의 국토건설사업특별회계 · 경제부흥특별회계 및 일반회계의 자본계정을 통합하여 이른바 '경특'이라고 불리는 경제개발특별회계가 이에 해당된다.

2. 자본예산의 장점 및 용도[4)]

1) 정치가 · 공무원 및 일반납세자로 하여금 국가재정의 기본구조에 대한 명확한 파악을 가능하게 한다.

2) 자본적 지출이 경상적 지출과 구분되므로 보다 엄격히 심사 및 분석을 할 수 있다.

3) 자본계정에서 지출될 대상이 많은 경우 그 혜택이 장기간에 걸치는 것이므로 수익자부담의 원칙에 일치된다고 볼 수 있다(도로 개량).

4) 지출대상이 되는 것이 스스로의 수입으로 채무가 변제되는 경우, 자본계정은 편리한 방편이 될 수 있다.

5) 국가의 순자산상태(net asset position)의 변동을 명확히 하는 데 이용될 수 있다.

3. 자본예산(복식예산)의 단점

1) 적자재정을 은폐하기 위한 수단으로 사용되기 쉽다.

2) 정부가 불경기 극복을 위하여 경상지출을 증가하고 세율을 인하하는 데 이것이 유일 · 최선의 대책은 아니다.

3) 투자사업에 지나치게 치중할 우려가 있다. 불경기를 극복하기 위하여 자본재에만 투자한다는 것은 현명한 방법이 아니라고 주장한다.[5)]

4) 인플레이션의 경우에 시설재투자를 국채발행으로 충당할 때 더욱 인플레이션을 조장하게 된다.

5) 정부예산정책이 경제안정에 있다고 볼 때 가령 국채발행에 의할 것인가, 조세수입

---

4) Vincent J. Browne, *The Control of the Public Budget*(Washington, D.C.: Public Affairs Press, 1949), pp. 98~99.

5) Jesse Burkhead, *op. cit.*, pp. 207~208.

에 의할 것인가 하는 결정은 세출의 성격이 경상적이냐, 자본적이냐 하는 데에 구애되어서는 아니 된다.

자본예산은 이러한 단점을 갖는데, 우리나라의 경우에 예산회계법이 세입세출예산은 필요할 때에 계정으로 구분할 수 있다라고 되어 자본(복식) 예산제도를 채택하고 있으나 실시하지 못하고 있다. 그러나 고도경제성장과 자본형성 및 지역개발의 효율화를 위해 자본예산제도에 대한 연구 및 적용을 확대하여야 겠다.

제 4 절 기능별 분류

1. 의 의

기능별 분류란, 정부의 주요기능에 따라 예산을 세출위주로 분류하여 행정수반의 예산정책의 수립을 용이하게 하는 것이며, 입법부의 예산심의를 돕는 데 그 주목적이 있다고 하겠다. 보다 중요한 것은 시민에게 정부의 기능을 알리는 데 도움이 되므로 시민의 분류(citizen's classification)라고도 불리어지고 있다.

기능별 분류는 또한 성질별에 의한 세입분류와 함께 사용되는 경우가 많으며 미국의 예산개요와 우리나라의 예산이 그 대표적인 예이다.

2. 분류의 범위

분류의 범위에 관하여는 국가마다 달라 일정하지 않은바, 미국은 현재 12기능으로 분류하고 있으며, 우리나라는 1957년도 예산부터 재분류사업에 착수해 오다가 현재는 일반사업비, 공익사업비, 사회복지사업비, 경제사업비, 기타 경비 등으로 5대 분류하고 있다.

3. 특 질

① 기능별 분류의 대항목은 어떠한 부처의 예산만을 포함할 수가 없다. ② 기능별 분류는 공공사업을 별개의 범주로 삼지 않는다. ③ 일반행정비는 될 수 있는 대로 적게 하여야 한다. ④ 한 개 이상의 기능에 해당하는 사업이 많이 있다. ⑤ '정부가 무엇을 하는가'를 효과적으로 알려줄 수 있다. ⑥ 정부의 실제적인 지출에만 관계되며 예산의 배정이나 채무부담행위와는 관계가 없다.

제 5 절 사업 및 조직별 분류

1. 사업별 분류

기능별 분류와 활동별 분류의 교량적 역할을 담당하는 사업별 분류(program classification)는 각 부처의 예산요구서작성에 기틀을 제공해 줄 뿐만 아니라 사업계획을 수행하는 데 필요한 재정소요, 사업진도 등을 분석·검토하는 데 도움을 준다.

2. 조직별 분류

조직체별 분류는 예산을 편성하고 집행하는 주체에 따라서 예산을 부처별·기처별·기관별·소관별로 구분하는 유형이다. 예산의 편성, 중앙예산기관의 사정, 입법주의 심의, 예산의 집행회계검사 등에 이르는 모든 예산과정의 단계는 조직별로 행하여진다. 이 분류방법은 입법부에 의한 예산의 심의·의결에 가장 중요성을 가진 방법이다.

(1) 장 점

1) 입법부의 행정부에 대한 효과적인 예산과 재정통제의 방법이다.

2) 경비지출의 주체를 명백히 함으로써 그 책임소재를 분명히 한다.

3) 예산과정의 단계를 명백히 한다.

(2) 단 점

1) 경비지출의 주체에 중점을 두므로 경비지출의 목적을 밝히지 못한다.

2) 정부거래의 양, 그 구성내용의 변동, 정부거래가 국민경제에 미치는 영향 등을 측정하기 어렵다.

3) 미시적·분석적인 관점에 중점을 두게 되므로 거시적인 정책목표의 합리적인 선택이 곤란하다.

우리나라는 일반재정부문의 총괄계정의 하나로서 조직별 구분을 하고 있다. 일반회계예산의 예산개요를 보면 다음과 같다.

A. 일 반 비
① 비서실 ··············· ③ 국가안전보장회의 ············
⑫ 외교통상부 ········· ㊲ 헌법재판소 ······················
㊴ 예비비 ············

B. 국 방 비

C. 투 융 자

제 6 절 품목별 분류

지출의 대상에 의한 분류방법인 품목별 분류(classification by objects of expenditures)는 세출예산에 대하여 엄격한 통제를 가하고, 공무원의 자유재량의 범위를 줄일 수 있는 방법으로 이 분류는 예산을 급여・여비・수용비・시설비 등으로 나누어 예산의 조직체별 분류를 다시 품목별로 분류한 것이다. 즉 정부가 구입하고자 하는 물품이나 용역 또는 지출의 대상 이외는 물품이나 용역을 기준으로 한 분류이다.

(1) 장 점

1) 입법부에 의한 행정부의 예산집행을 감독하기에 용이하다.

2) 회계책임이 명백하다.

3) 경비사용의 적정을 기하기 위하여 필요한 것이다.

4) 공무원의 정원, 보수 등 변동상황을 명백히 하여 주기 때문에 행정부의 통제에 도움이 된다.

(2) 단 점

1) 국가사업의 우선순위를 알 수 없고, 지출의 목적을 이해할 수 없다.

2) 국민경제동향의 파악이 어렵고, 경제분석을 하기가 어렵다.

3) 예산집행의 신축성이 지나치게 제약을 받는다.

다만 우리의 경우 세출예산과목 중 '목'이 품목별 분류에 해당하는 것이라 하겠는데, 위의 단점을 없애려면 첫째로, 사업별 또는 활동별로 '관'이나 '항'을 분류한 다음 그 내역을 품목별로 분류하고, 둘째로, '목'을 입법과목으로 하지 않고 행정과목으로 하고 목간전용을 비교적 쉽게 할 수 있도록 할 때 이 분류의 단점이 보완될 수 있다 하겠다.

제 4 장

예산제도의 발전

제 1 절 개　　관

예산상의 결정에서는 합리주의적 입장과 점진주의적 입장이 있는데, 분류기준에 있어서도 종래의 지출대상이라는 기준보다는 정부의 임무나 목적, 사업 또는 기능 중 중앙예산기관이 어느 것에 치중하느냐에 따라서 제도의 성격이 달라진다. 통제지향일 때는 품목별 예산제도, 관리지향일 때는 성과주의 예산이 되며, 계획지향적일 때는 계획예산제도가 된다.

역사적 발달순서는 재정민주주의의 발달과정에 따라 통제에서 관리로 관리에서 계획을 강조하게 되어 품목별 예산제도→성과주의 예산제도→계획예산제도의 순서로 진행되었다.

제 2 절 성과주의 예산제도(performance budgeting system)

1. 의　　의

정부의 사업, 활동, 기능을 중심으로 편성하는 예산제도, 즉 정부가 지출하는 목적에 중점을 두는 예산제도이다.

품목별 예산제도에서는 정부가 지출하는 대상을 표시해 주기는 하지만 왜 그것을 구입하는지는 분명하게 나타내지 못했던 것에 반해, 성과주의 예산은 정부가 구입하는 물품과 정부가 행하는 활동 내지 사업과의 관계를 긴밀하게 나타내는 제도이다.

발달과정에서 보면 1912년 뉴욕시 리치먼드의 예산제도인 원가계산제도를 효시로 하여 1934년 농무성 사업별 예산, 1934년 TVA program예산제도가 그의 성격을 띠었으며 1949년 후버위원회의 건의에 따라 1950년에 도입하였고, 1955년 제2차 후버위원회에서 검토 후 이를 더욱 발전시켰다.

우리나라에서도 1961년 국방부에서 이 제도의 채택을 시도하였으며 1962년과 1963년에 일부 부처에 적용했으나 1964년 폐지하였다.

2. 성과주의 예산제도의 절차

정부의 활동 또는 사업을 기능별로 분류하고 이를 다시 기관별로 분류하며 각 기관의 활동 또는 사업을 주요사업별로 나누고, 이를 다시 세부 사업별로 나눈다.

세부사업을 최종 산출물이나 활동으로 표시하고 최종 산물과 활동에 대한 업무측정단위를 선정하여 업무량을 표시한다.

업무측정단위당 원가계산을 하여 예산액＝업무량×단위원가로 계산한다.

3. 평 가

(1) 장 점

1) 일반국민이 사업의 목적을 이해하는 데 용이하다.

2) 정책수립이나 계획수립이 용이하고 의회의 예산심의에 도움을 준다.

3) 정부의 실적을 평가할 수 있고 그 결과를 국민에게 이해시킬 수 있다.

4) 관리통제의 효과적 수단이 되어 행정성과를 향상시킬 수 있다.

5) 예산집행의 신축성을 기할 수 있다.

6) 실적분석을 하여 다음 회계연도예산에 직접 반영할 수 있다.

(2) 단 점

1) 정책이나 사업계획에 중점을 두므로 입법부의 예산통제가 곤란하다.

2) 공금관리가 소홀해지고 회계책임이 불분명해진다.

3) 이미 결정된 사업에 한정시켜 사업비용의 합리화정책에 치중하므로 정책대안의 선택에 도움을 주지 못한다.

4) 성과별 분류의 대상은 부국수준이라 총괄예산 계정에는 적합하지 못하다.

4. 성과주의 예산제도의 도입상의 문제점

(1) 업무측정단위

성과주의 예산은 사업이나 활동을 최종적인 업무측정단위로 업무량을 측정하여 예산안을 편성하는 제도로 업무측정단위의 선정은 가장 중요하고 기본적인 문제이다.

그런데 모든 사업이나 활동의 의의 있는 업무 측정단위를 선정할 수 있는 것이 아니기 때문에 큰 난점이 있다.

이러한 업무측정단위의 선정기능을 보면 단위가 동질적이고 계산가능성이 있어야 하며, 이것이 최종산물인 단수여야 한다.

또한 이것은 친숙한 단어로서 이해하기 쉬운 것이어야 한다.

⑵ 단위원가

단위원가란, 업무측정단위 하나를 산출하는 데 소요되는 인건비, 자재비, 기타 모든 경비를 합계한 것을 말한다.

따라서 발생주의 회계제도를 채택해야 하며 간접비의 배분문제도 어려운 문제이다.

⑶ 기 타

회계제도가 발달되지 못하고, 충분한 훈련과 경험을 지닌 회계직원이 부족한 나라에서는 성공하기 어렵다.

따라서 이에 대한 행정인의 이해와 쇄신적 행정 리더십이 발휘되어야 하고 국민의 적극적인 이해와 압력이 요구된다.

제 3 절 계획예산제도

1. 의 의

⑴ 개 념

예산의 기획기능을 중시하는 제도로 장기적 시계하에서 계획과 예산을 유기적으로 결합하는 제도이다. 즉 장기적인 계획책정과 단기적인 예산편성을 program(세부계획)작성을 통하여 유기적으로 결합시킴으로써 자원배분에 관한 조직체의 의사결정을 일관성 있게 합리적으로 행하기 위한 예산제도이다.

⑵ 발달요인

거시경제학과 미시경제학이 PPBS발달에 공헌을 했는데, 전자는 PPBS에 장기적인 시계를 제공했으며, 후자는 후생경제학의 한계효용원리를 제공했다.

또한 컴퓨터와 EDPS의 발달로 다량의 정보를 신속 정확하게 처리하게 되었고 OR, PERT, CPM도 이에 기여했으며 의사결정기술에 있어서의 체제분석의 발달과 예산과 계획의 점진적 합치가 하나의 발달요인으로 작용하게 되었다.

⑶ 도입과정

RAND연구소의 체제분석 이론의 개발과 이 연구소의 건의로 1954년 공군성에서 계획예산을 채택하였다. 그 후 맥나마라는 국방성에서 국방예산의 효율화를 위하여 채택하여 1965년에는 존슨 대통령이 이 제도 도입을 지시하였으나 적용상 여러 문제로 1971년 그 적용이 중단되었다.

2. 특　징

1) **능률과 효율성**　전자는 과정상의 경제성을 나타내며, 후자는 목표의 달성도를 나타낸다. PPBS를 도입하려는 근본이유이다.

2) **조　정**　조정이란, system의 여러 부분의 조화와 균형을 기하는 과정이다.

PPBS는 체제분석을 핵심으로 한 것으로 이는 체제 내의 각 목표와 목표달성을 위한 각 대안이나 각 분야의 의견을 비교하고 대립을 조정하는 특색을 지니고 있다.

3) **계획과 예산의 유기적 관련**　PPBS는 장기적인 계획과 단기적인 예산을 연결짓는 것으로 장기적인 시계하에서 예산을 결정한다.

4) **과학적 객관성**　PPBS는 체제분석이나 비용효과분석 등을 사용하여 의사결정에 있어서 가급적 결정자의 주관적 편견을 배제하고 객관적인 판단을 내리도록 하는 제도이다.

3. PPBS의 구조와 과정

PPBS의 구조는 어떤 조직계가 목표나 임무를 달성키 위한 여러 가지 대안 중 최선의 방안을 발견하고 그 방안을 실현하기 위한 수단과 절차를 일정 기간에 걸쳐 설정하며 이에 필요한 자원이나 비용을 계산하고 이로써 한정된 자원의 가장 효율적인 목표달성이라는 일련의 과정을 체제로써 파악한 예산제도이다.

그 구체적인 과정을 분설하면,

1) **장기계획수립**(planning)　장기에 걸친 조직의 목표를 명확히 설정하고, 이 목표달성을 위한 대안을 작성하고 평가 선택한다.

2) **프로그램**(programming)　장기계획을 실행하기 위한 구체적 활동으로써 '어떻게 할 것인가'를 결정하여 기본계획과 예산편성을 연결시키는 과정이다.

3) **예산편성**(budgeting)　채택된 program의 초년도분을 실시하기 위하여 필요한 자금을 뒷받침하는 과정이다.

4. Program 체제

PPBS는 종래 기관별로 되어 있던 예산구조를 목표에 따라 program별로 재편성하여야 하므로 사업구조는 행정기관이 수행하는 목적, 임무 및 활동이 나타날 수 있도록 이루어져야 한다.

1) **program category**　각 기관의 목표나 임무를 나타내는 과목이다.

2) sub-category　대별된 program 분류를 보다 세분한 것으로서 프로그램 분류와 후술하는 program 요소의 사이에서 양자를 연결시키는 기능을 한다. 즉 program category를 의미 있게 대분하고, 유사성이 많은 outputs를 산출하는 program-element를 묶은 것이다.

3) program element　PPBS 과목구조의 기본 단위를 이루는 program element는 원칙적으로 다른 요소와 명확히 구별되는 최종적인 outputs에 해당한다.

미국 예산관리처에 의하면 program element의 특징으로서 outputs는 명확히 정의할 수 있는 것으로서 가급적 계량화될 수 있고 그 기관의 최종 생산물이어야 하며, element에 투입되는 투입의 양은 산출의 양의 변화에 따라 변화하는 것이어야 한다.

체신부를 예로 들면 우정사업과 전기사업은 program category에 해당되고 우정사업 내에서 국내우정사업과 국제우정사업은 sub-category이며 program element는 국제우정사업 중에서 분류사업과 배분사업에 해당된다.

5. PPBS 한계와 문제점

1) 중앙집권의 초래　PPBS는 계획기능의 충실강화와 의사결정기술의 발달로 중앙집권화를 강화시켰다.

2) 목표설정의 곤란　국가의 명확한 목표설정은 곤란한 작업이며 목표설정이란 가치적인 것이며 의견의 대립이 있을 수 있고 민주국가에서는 목표설정이 다원적이다.

3) 정량화의 곤란　PPBS는 산업, 편익, 효과의 정량화를 기초로 하나 사실상의 행정문제에 있어서는 정량화 문제가 곤란한 점이 있다.

4) 과목별 환산작업의 곤란　PPBS의 program과 예산과목간의 차이 때문에 편성과 집행에 환산작업을 요하고, 환산작업은 전자계산의 도움이 있어야 한다.

우리나라에서의 예산은 법률이 아니므로 PPBS를 도입하는 경우 program structure와 예산과목간의 불일치가 미국과 같이 심각하지 않다.

5) 입법부의 반대　입법부의 권위가 상대적으로 저하될 우려가 있고 계획작성은 정부의견적이며 비용의 분석과 검토가 사실상 종결되어 있기 때문에 심의의 여지가 별로 없다.

6) 기　타　달성효과를 계량화하는 것의 곤란과 간접비 배분문제는 성과주의 예산제도와 같이 PPBS의 한계점이다.

6. 도입에 있어서의 문제점

우리나라에 PPBS를 도입함에 있어서 문제되는 것은 다음과 같다.

첫째, 낮은 행정관리 수준이다.

PPBS에는 계획, 관리, 통제기능을 충분히 발휘하는 고도의 행정기술과 부처간의 효율적인 조정이 요구된다.

둘째, 정보체제의 발달이 미숙하고 정확한 행정자료가 부족하다.

PPBS는 체제분석, 비용편익분석 등의 고도의 의사결정기술과 정보기술에 의존하며 여기에 정확한 자료가 필요하나 우리나라의 통계는 신뢰성이 부족하고, 이를 처리할 만한 숙련된 기술 요원이 거의 없다.

셋째, PPBS를 행정에 도입하기 위하여는 최고 관리층의 리더십이 필요하다.

제 4 절 영기준예산(零基準豫算, zero base budgeting)

Ⅰ. 의 의

1. 개 념

ZBB는 예산편성에 있어 전년도 예산을 기준으로 하여 점증적으로 예산액을 책정하는 것과는 달리 계속사업이나 신규사업을 막론하고 효율성, 효과성, 사업의 계속, 축소, 확대 여부를 새로 분석, 검토하고 사업의 우선 순위를 결정하여 예산과 사업계획에 관한 결정을 명확히 하려는 제도이다.[1] 이와 관련하여 한국 예산제도와 예산에 대한 종래의 사고에 있어서도 많은 문제점이 있는데, 예산편성에 있어서 일단 예산에 반영된 사업에 대하여는 묵시적으로 기득권이 인정되어 있었고, 예산을 많이 따와야 유능한 기관장이라는 풍토와 예산집행의 결과와 행정목표와는 연계성이 없어서 예산은 날로 팽창되어 가고 정착화되어 예산제도에 있어서 새로운 인식이 요구되고 있다.

2. 연 혁

미국에서 1965년 존슨(Johnson) 대통령에 의하여 도입되었던 PPBS에 대하여 한계점이 제기되면서 닉슨(Nixon) 대통령에 의하여 목표관리(management by objectives, MBO)가 도입되었고, 이어서 카터(J. Carter) 대통령은 영기준예산제도를 도입하였다.

이 제도는 파이흐로(Peter A. Pyhrr)에 의해 개발되었으며 1973년 카터 대통령이 조지아 주지사 시절 주정부와 만성적인 적자재정을 타개하고 행정효율을 향상시킬 의도로써 파이흐로의 도움을 받아 동주에 적용되기 시작하였으며 그 후 카터 대통령은 머스키 의원이 제출한 법안이 통과됨에 따라 관리예산처(OMB)에 지시를 내려 1979회계연도의 예산

---

1) G. David Garson, J. Oliver, Williams, *Public Administration, Concepts, Readings Skills*(North Carolina State Univ.: Allyn and Bacon, 1980), pp. 331~336.

부터 적용하게 되었다.

Ⅱ. 특 징

1. 전통적인 점증적 예산과의 비교

1) ZBB는 전년도 예산을 기준으로 하지 않고 편성한다.

그러나 점증적 예산편성방식은 전년도 예산수준에서 출발하여 전년도 예산+x%=예산으로 편성한다.

2) ZBB는 모든 사업에 대하여 비용효과분석(편익분석)을 한다.

3) ZBB는 사업목표를 달성하는 수준에 따라 사업을 수행하는 방법이 있을 수 있다. 그러나 점증적 예산방식은 해당 사업에 관한 예산을 전부 받아들이거나 기각한다.

4) ZBB는 행정의 쇄신을 계속 추구한다. 그러나 점증적 예산편성방식은 행정의 쇄신이나 발전에 소극적이다.

2. PPBS와의 비교

1) ZBB는 예산의 중점을 주어진 목표의 달성이나 사업평가에 둔다. 그러나 PPBS는 목표에 중점을 둔다.

2) ZBB의 예산은 정해진 목표달성과 사업평가이나 PPBS의 예산은 계획(planning)과 사업계획작성(programming)과정에서 나온 의사결정에 근거를 둔 비용계산이다.

3) ZBB는 사업의 목표, 활동, 비용, 효과와 수행방법 등을 밝히는 결정일괄요소의 작성을 통하여 사업성과의 평가를 할 수 있으나 PPBS는 구체적인 사업성과의 평가에는 별로 도움을 주지 못한다.

4) ZBB는 계속적으로 진행중인 모든 사업의 계속적인 분석, 평가가 요구되고 있으나 PPBS는 신규사업이나 전 제도에 비하여 비용에 있어서 상당한 차이가 나는 사업에만 주의를 집중한다.

5) ZBB는 결정방식이 상향적이며 상향적 의사소통이 활발하나 PPBS에서는 예산결정이 하향적으로 이루어진다.

Ⅲ. 영기준예산의 절차

ZBB의 과정은 ① 결정단위(decision unit)를 확인하고, ② 그러한 각 단위에 대하여 결정일괄요소를 작성하고, ③ 이 요소의 우선순위를 결정하며, ④ 그 순위에 따라 예산을 결정하는 과정이다.

1. 결정단위의 확인

결정단위란, 투자를 요하는 사업이나 조직활동에서 의미 있는 요소를 뜻한다. 이러한 결정단위는 종래의 예산절차상의 예산단위를 일반적으로 의미하고 있지만 사업구조의 하위수준일 수도 있고, 사업계획, 자본계획이나 특별한 업무단위를 의미할 수도 있다.

2. 결정일괄요소(decision package)의 작성

결정단위인 사업을 어느 수준에서 어떻게 수행하는가에 관한 대안이며, 영기준 개념의 기본요소이다.

따라서 이 요소의 내용에는 관리자에게 각 결정단위를 평가하는 데 필요한 정보를 제공할 수 있도록 ① 목적 또는 목표, ② 활동기술(무엇을 어떻게 할 것인가), ③ 비용과 편익, ④ 업무량과 업무측정 단위, ⑤ 목표달성을 위한 선택의 수단, ⑥ 노력의 수준(얼마만큼의 돈을 들여서 어느 정도의 편익을 얻을 것인가)과 같은 내용이 있어야 한다.

3. 우선순위의 결정

우선순위의 결정은 자원을 효율적으로 사용할 수 있는 순위와 수준을 결정하는 과정이다.

각 결정일괄요소에 관한 하급관리자의 순위결정은 그보다 상위관리자로 올라가고, 상위계층에서는 다시 그것을 비교 평가하여 순위표를 작성하여 더 높은 상위단계로 올라가고, 최종적으로 결정단위전체의 순위표가 정하여진다. 이와 같은 순위로 한정된 자원의 범위 내에서 행하여질 수 있는 사업계획과 활동, 비용과 편익수준이 일목요연하게 나타나 있고 이 순위결정에는 최고결정자의 의도와 지출한도액이 영향을 미친다.

Ⅳ. 영기준예산의 이점

이 제도의 장점으로는 특히 PPBS를 보완할 수 있다는 점이며 그 내용은 다음과 같다.[2)]

1) 저순위사업을 폐지하거나 축소할 수 있어 재정경직화를 타파하고, 재원을 합리적으로 배분할 수 있다.

2) 점증주의적 예산개념을 탈피하여 감축관리에 의한 사업집행을 가능케 한다.

3) 사업의 우선순위를 정기적으로 새로이 결정하여 노력의 중복, 과다한 활동과 낭비

---

2) Peter A. Pyhrr, "The Zero-Base Approach to Government Budgeting," *Public Administration Review,* Vol. 37, No. 1(Jan-Feb. 1977), p. 8.

를 배제할 수 있게 됨으로써 사업의 효율성을 현저하게 높일 수 있다.

4) 상향식 결정방식에 각 수준의 관리자가 참여하여 관리자들이 자기업무를 개선하고 경제성을 추구하도록 동기를 부여한다.

V. 영기준예산의 문제점

1) 사기업과는 달리 공공부문에서는 많은 이해관계가 복잡하게 얽혀 있어 사업축소나 폐지가 곤란하다.

2) 관료들이 자기의 활동과 성과를 분석·평가함에 있어서 자기방어 성격으로 평가의 효율을 높일 수 없고, 또 한편으로는 위험을 느끼고 있다.

3) 효과적인 행정 및 의사소통과 분석에 관여하는 관리자들의 훈련을 크게 요구한다는 점이다.

4) 매년 많은 수의 결정단위를 설정하고 결정일괄요소를 분석하여 순위를 결정하게 됨으로써 문서작성에 많은 시간과 정력을 소비하게 되어 일반관리자의 업무를 과중시킨다.

5) 행정인의 활동이 효율성, 효과성에 치중하여 차원 높은 목표를 지향하는 쇄신적 행동을 억제하기 쉬우며 계획기능을 위축시키기 쉽다.

6) 예산체제에 영향을 미치는 정치적 요인이나 행정인의 가치관 등을 경시하기 쉽고 인원이나 예산이 작은 조직이 우선 순위가 부당하게 낮게 정해져 희생되기 쉽다.

VI. 우리나라에서의 도입상의 문제점

우리나라는 전통적으로 통제중심적·점증적 예산제도를 답습하여 예산의 팽창과 경직화가 큰 문제로 대두되어 왔으나 1982년 이후 ZBB의 기본 취지를 한국의 예산제도에 반영하기로 하였다.

그러나 행정관리의 전반적 수준이 낮고, 행정인의 효율적 사고방식이 확립되어 있지 않아 실시상에 어려움이 있다.

따라서 분석능력과 관리과학 지식을 가진 전문인력이 양성되어야 하고, 최고 관리자의 적극적인 관심, 지원과 리더십의 발휘가 요구된다.

제 5 절 일몰법과 감축관리

Ⅰ. 일몰법 예산제도

1. 개 념

일몰법(sunset law)은 일몰예산제도인데, 보통 3~9년을 주기로 하여 정부사업을 종합적으로 평가하여 예산이 가지는 유용성, 효과성, 경제성을 분석하여 보다 타당성 있는 사업을 할 수 있도록 조직별 예산, 품목별 예산제도를 보완하는 제도인데 미국 콜로라도 주에서 1976년에 시작한 제도이다.

2. 일몰법의 원리와 특징

1) 예산의 심의·통제를 위한 입법과정이다.

2) 행정부 주요정책을 심사하게 된다.

3) 기준예산(zero base budgeting)과 상호보완관계에 있다.

4) 적용이 쉬운 사업에서 점진적으로 사용해야 한다.

5) 심사와 평가과정을 위한 사전준비가 요구된다.

6) 공청회와 같은 시민참여를 원칙으로 한다.

3. 일몰법의 문제점

1) 기구와 사업을 평가하기 때문에 평가위원구성과 행정기관의 협력을 얻어내는 것이 쉽지 않다.

2) 적용분야가 주로 규제활동 분야이므로 정부활동의 필요성을 판단하기가 어렵다.

3) 입법자와 행정인, 시민의 파트너십을 유지하도록 하여 의사소통과 협조를 유도하는 제도운영이 어렵다.

4) 정부의 서비스를 억제하는 결과가 될 수도 있다.

Ⅱ. 감축관리(cutback management)

1. 개 념

1980년대의 행정환경은 자원난의 압력이 가중되는 시대로 감축관리(cutback management)가 요구되는 시대이다. 특히 자원이 부족한 한국에서는 이에 대한 절실한 요구가 있으며, 1970년대의 성장지향적인 행정관리에 대한 반성이 일고 있다. 1981.10.15.의 조직

정비도 이의 한 방안이라 볼 수 있다.

2. 내 용[3)]

감축관리에 대한 주요내용을 보면 다음과 같다.

1) **조직의 축소**(organizational decline) 공무의 효율향상과 경비축소를 억제하기 위하여 새 정원삭감계획을 수립하여 소수정예주의에 입각한 적정한 정원배치를 행하고 인건비증가를 억제한다. 또한 국영기업체나 정부투자기관을 포함하는 행정기구의 간소·합리화를 추진하여야 한다.

2) **예산의 절감**(budget decrease) 인력 조정 및 폐품자원의 활용, 재정의 합리화 방안을 추구하며, 1982년도 예산부터 적용하는 ZBB제도를 적극 활용하여 불필요한 예산을 감축하여야 한다. 또한 중앙정부와 각급 지방자치단체는 세입범위 내에서 세출원칙을 고수하고, 계획적인 재정투자와 긴축재정을 운영하여 지방재정의 안정기조를 유지하여야 한다.

자원난 시대에는 비용을 감축하고자 하는 제관리방법의 개발도 필요한데 인건비가 고가인 현대정부에서는 인간을 기계로 대치하는 방법을 고안하여, 이를 기계화하는 노력도 게을리해서는 안 된다. 기타 정책삭제나 시설폐쇄를 할 수 있다.

3. 한 계

한편 자원의 절약과 최대한의 활용을 주목적으로 하는 이 감축관리는 문제점 또한 많다고 볼 수 있는데 그 한계점으로는,

1) 행정은 가치를 수반하기 때문에 계량적으로 측정 평가될 수 없는 분야가 있다. 사기업에서와 같이 이윤의 척도로 비교할 수 없다.

2) 행정기구와 인원의 감축은 확대보다 어렵다. 많은 이해관계자들이 참여하기 때문에 이에 대한 저항이 작지 아니하며, 이 저항을 슬기롭게 극복하여야 한다.

3) 행정인이나 국민의 이해가 필요하다. 기구나 인원의 감소만으로는 지속적으로 감축관리를 할 수 없다. 이의 구성원이나 국민들이 이를 이해하고 적극적으로 지지하여야 한다. 이를 위하여서는 홍보활동을 적극적으로 하여 많은 행정인들이 참여하며, 공청회 등을 열어 국민들의 의견도 참작하는 것이 국민의 이해와 지지를 얻는 데 필요하다.

4) 저항에 대한 대책을 세워야 한다. 감축관리를 하게 되면 이에 희생되는 많은 사람이 있으며, 이들을 설득시켜 감축관리의 정당성을 얻어내야 하고, 조직구성원들이 그들의 신분에 대한 불안감을 감소하도록 의사전달을 명확하고 신속하게 하여야 한다.

---

3) 박문옥, 행정학(서울: 신천사, 1981), p. 756.

제 5 장

예 산 과 정

제 1 절 예산의 편성

I. 의 의

예산절차는 편성·심의·집행 및 회계심사의 4단계로 나누어져 있으며, 오늘날 대부분의 국가들은 정부가 예산편성의 책임을 지고 있는 행정부제출 예산제도(executive budget)를 채택하고 있다.

여기서의 편성은 예산절차의 제 1 단계로서 먼저 그 의의를 살펴보기로 한다.

1) 미국과 같은 대통령중심제하에서는 행정부제출 예산제도를 통하여 매년 각 부성의 예산요구서를 검토할 권한을 지니게 된다.

관리예산처가 어느 정도의 실권을 장악하느냐는 대통령에게 달려 있으며 대통령 중에는 관리예산처를 크게 이용하는 사람이 있는가 하면, 그렇지 못한 사람도 있다. 행정부의 종합된 예산안이 국회에 제출되면 세부적인 면에 있어서는 국회 수정을 받을지 모르나 전체로서의 예산안에는 수정이 없으며, 예산액의 5% 이상을 삭감한 일이 별로 없다. 보통 하원이 많이 삭감하고, 상원은 그 중의 상당부분을 부활시키며, 양원합동회의에서 정부제출예산안과 과히 거리가 멀지 않은 타협안이 성립한다.

2) 종래 우리나라의 국회의 경우를 본다면, 1948년부터 1967년도까지의 기간에 있어서 일반회계와 특별회계를 막론하고 정부예산안 총액의 3% 이상을 국회가 삭감한 일이 없었다.

이상과 같이 각 부처의 예산요구에 대한 예산국 등의 중앙예산기관의 사정권 내지 예산편성권이란 지극히 강대한 것이라 하지 않을 수 없으며, 그것은 중앙예산기관을 통한 행정수반의 권한이 강대함을 의미하는 것이다.

3) 영국에 있어서 각 성이 제출하는 예산요구서는 이미 재무성의 승인을 받은 사항의 종합이라 해도 과언이 아니다. 환언하면 예산에 관한 재무성의 통제는 각 성이 예산요구서를 재무성에 제출하기 전에 이루어지는 것이지 제출 후에 이루어지는 것이 아니다.

Ⅱ. 편성과정

여기서는 주로 우리나라의 예산편성과정에 관하여 검토하기로 한다.

1. 예산편성지침의 결정

기획예산처장관은 예산편성지침을 여당의 중요 정책결정자들과 협의를 가진 후 기안하여 국무회의의 심의를 거쳐 대통령의 승인을 얻은 후 늦어도 3월 31일까지 각 중앙관서의 장에게 시달하도록 되어 있으며, 그 내용으로서는 예산편성의 기본방향, 예산편성요령, 예산단가표, 예산과목해설 등 주요한 지침이 포함되어 있다.

2. 예산의 요구

1) 예산안편성지침이 각 중앙관서의 장에게 송부되면 각 부에 있어서의 예산요구서의 작성은 이것을 받은 때로부터 본격적으로 시작된다고 할 수 있다. 그러나 실제로는 기획예산처에서 지침이 시달되기 전부터 각 부의 예산담당관이 모든 기초자료를 수집하여 그 준비에 착수하는 것이다.

2) 예산안 편성지침을 각 부의 예산담당관이 받으면 곧 장관명의로 부내 각 국장 · 각 관서장에게 예산요구서 작성자료의 제출을 의뢰하며 이어서 예산편성의 대체적인 지시를 각 국장과 관서장에게 보낸다.

3) 각 국·각 관서의 예산담당관은 예산안편성지침과 장관의 지침의 지시를 받은 다음, 국장 · 관서장의 예산요구에 있어서 취하여야 할 점과 일반적 지시를 받들어 세출 및 세입예산요구서를 작성하고 수차에 걸친 국·과장회의를 열어 이를 수정 · 검토하고, 각 국장 · 각 관서장은 사전에 장관 또는 차관에게 자기 담당국 · 담당관서 소관의 예산규모와 내용을 중점적으로 설명하고, 그 예산요구서안을 장관 또는 차관 앞으로 보고하면, 각 부 예산담당관은 부내 각 관서의 요구액을 총괄하여 세입세출 예산요구서안을 마련한다.

4) 그 후 장관 또는 차관 주재하에 각 국장, 각 관서장, 기획관리실장, 부예산담당관 등이 연석하여 최종적인 논의 결정으로써 예산요구안을 완성한다.

5) 이와 같이 하여 작성된 예산요구서를 각 부처로 예산회계법 시행령 제12조에 규정된 여러 가지 서류를 첨부하여 5월 31일까지 기획예산처장관에게 제출하게 된다.

3. 예산의 사정

기획예산처에서는 각 중앙관서의 장이 제출한 예산요구서를 접수하여 사정한다. 예산의 사정이란, 예산편성지침과 예산의 계수적 윤곽에 따라서 정책적 요청을 가미하여 구체적인 세입세출의 안배를 조정하는 과정이다.

예산을 사정하는 데는 일정한 표준이 있어야 한다. 우리나라에서는 전체예산의 통일성과 균형을 기하기 위하여 예산실에서 예산편성지침과 세입의 전망을 기초로 하여 일정한 표준을 정하고(사정기준의 작성) 재정계획에 의거하여 소관별·목적별·기능별 금액을 미리 정한다(준한도액의 결정). 그리고 이 기준에 따라서 지출경비에 대한 필요한 조정을 가하고 이것을 반

[그림 7-5-1] 우리나라 예산편성의 과정

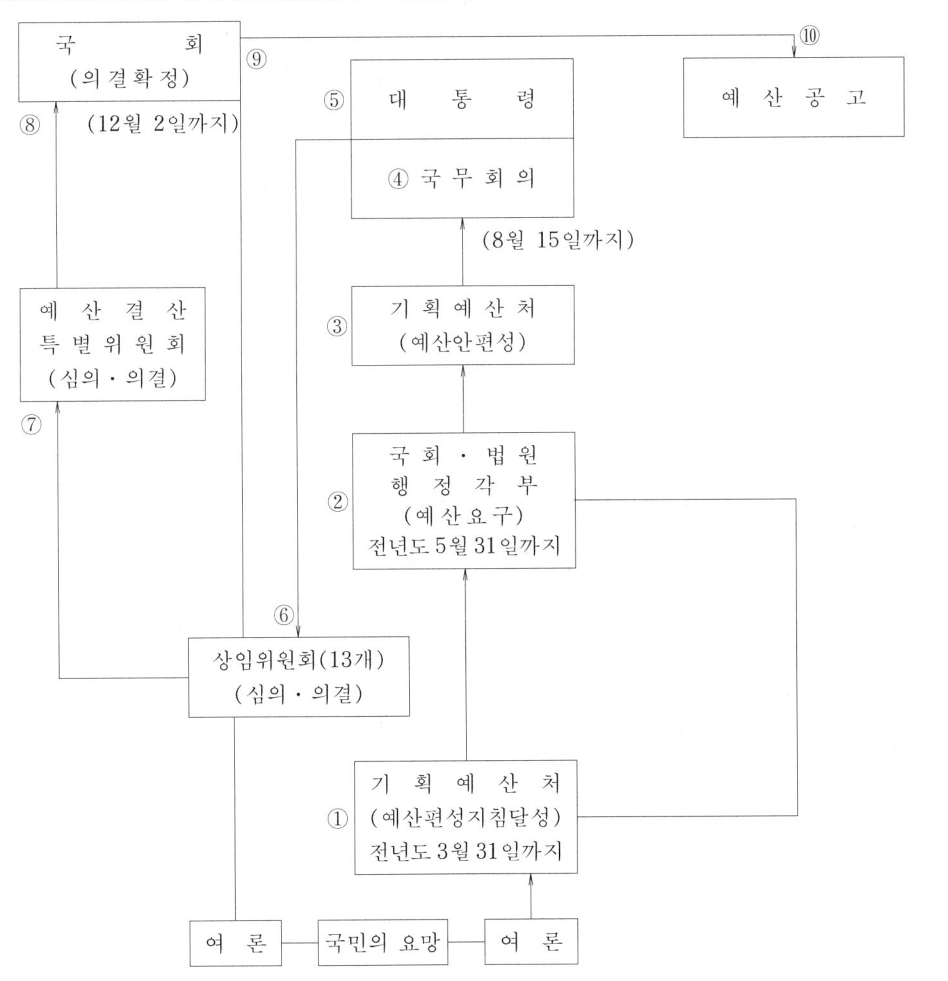

복하여 대체안을 작성한다. 이것이 바로 기획예산처의 원안으로서 국무회의에 상정된다.

예산실의 면밀한 사정을 거쳐서 성안된 기획예산처의 원안을 정확하게 정리하여 세입세출예산 · 계속비 · 명시이월비 및 국고채무부담행위 요구서에 의하여 예산안을 편성하여 국무회의에서 최종적인 심의를 거쳐 대통령의 승인을 얻게 된다.

이 때 기획예산처장관이 국무회의에 제출하는 기간은 8월 15일까지로 되어 있다. 국무회의의 심의를 거쳐 대통령이 승인을 얻음으로써 예산안은 행정부안으로 확정되는 것이다.

4. 예산안의 작성 및 제출

이상과 같은 사정작업이 끝나면 예산총괄과에서 집계되고 정리되어 기획예산처장관이 행정부 예산안으로써 국무회의에 제출하여 그 심의를 거쳐 늦어도 회계연도 개시 90일 전까지 국회에 제출하여야 한다.

Ⅲ. 한국의 예산형식

예산회계법 제19조는 우리나라 예산이 예산총칙, 세입세출예산, 계속비, 명시이월비, 국고채무부담행위를 총칭한다고 규정함으로써 예산의 형식적 내용을 규정하고 있다.

1. 예산총칙

예산총칙에는 ① 세입세출예산, 계속비, 명시이월비, 국고채무부담행위에 관한 총괄적 규정 이외에, ② 국채 또는 차입금의 한도액, ③ 재정증권의 발행과 일시차입금의 최고액, ④ 기타 예산집행에 관하여 필요한 사항을 규정해야 한다.

즉 예산총칙은 당해 회계연도의 재정 운영에 필요한 기초적 사항에 관하여 국회의 의결을 얻어 두는 것으로서 예산조문이라고도 한다.

2. 세입세출예산

"세입세출은 모두 예산에 편입하여야 한다"는 예산회계법 제18조에서 보는 바와 같이 세입세출 예산은 예산의 핵심적 내용이며 형식적으로도 예산의 대부분을 차지하고 있다.

3. 계 속 비

완성에 수년도를 요하는 공사나 제조 및 연구개발사업은 경비의 총액과 연부액을 정하여 미리 국회의 의결을 얻은 범위 안에서 수년도에 걸쳐서 지출할 수 있다. 계속비의 연한은 5개년 이내이다(예산회계법 제22조).

4. 명시이월비

세출예산 중 연도 내에 지출을 필하지 못할 것이 예측될 때에는 국회의 승인을 얻어 다음 연도(예산회계법 제23조)에 이월하여 사용할 수 있는 경비이다.

5. 국고채무부담행위(國庫債務負擔行爲)

국고채무부담행위란 법률에 의한 것과 세출예산금액 또는 계속비 총액의 범위 내의 것 이외에 국가가 채무를 부담하는 행위를 의미하며, 이것은 미리 예산으로서 국회의 의결을 얻어야 한다.

Ⅳ. 예산편성의 문제점[1)]

1. 예산단가의 비현실성

객관적·현실적이 못되며 예산의 전용·변태경리 등 비정상적인 예산의 집행이 이루어지고 있는바, 이에 예산단가의 현실화가 요구된다.

2. 각 부처의 예산요구액의 가공성(架空性)

예산의 편성에 앞서 정부 전체로서 무엇을 우선적으로 하겠다는 계획이 서 있고 이에 따라 예산액이 배분되어야 하는데, 현재 그러하지 못하고 예산만 많이 확보하고자 성립될 예산을 훨씬 초과하여 가공적인 금액을 요구한다. 따라서 예산실은 사정과정에서 예산삭감에 주력하며 경제적 합리성은 낮게 편성되고 만다.

3. 예산사정의 전년도 답습주의

예산국은 예산을 사정함에 있어 다음 연도의 기본운영계획, 사업계획은 물론 그 우선순위를 검토·조정한다기보다는 지난 연도의 예산액을 기준으로 하여 인원의 증가 및 물가상승률 등을 기계적으로 가산하는 보수주의적·점증적 방법은 시정되어야 한다.

4. 예산액 배분의 불합리성

국정전반에 걸친 정책 및 사업의 우선순위를 두고 배분하지 못하고 예산실은 타관서에 선심적 사고방식을 가지고 대하는바, 이를 시정하여야 하겠다.

---

1) 유훈, "재무행정의 합리화," 국회보, No. 70(1967), p. 49; 박문옥, 행정학(1971), pp. 457~458; Arthur Smith, *op. cit.*, pp. 129~130, 165~167.

5. 민중통제(popular control)의 미약

예산에 대한 국민의 관심이 적어 편성에 영향을 주지 못한다.

제 2 절 예산편성과정에서 관료의 역할유형

현대국가에서 거대화되고 상호밀접한 관련성을 가지고 있는 관료라는 얼개의 역할은 점차 강화되고 있는 경향을 보이고 있다. 이러한 현상은 선후진국을 막론하고 예산이나 정책결정이 관료에 의해서 이루어지는 경향을 뚜렷하게 보이고 있는 것이 이를 입증해 주고 있다. 따라서 관료행태를 예산극대화로 규정하고 있다.[2)]

예산편성과정에는 예산요구자, 예산사정자 및 예산조정자 등 세 주체가 상호작용을 하면서 참여한다. 이들은 예산편성과정에 자기 나름대로의 전략과 공익우선이라는 가치기준을 가지고 참여한다. 예산요구자는 보다 충분한 예산을 확보하기 위하여 소비지향적이고 확장적이고 쇄신적인데 반하여, 예산사정자는 절약지향적이고 삭감적이고 보수적인 성격을 띠고 있다. 그러나 이들은 공익의 개념으로 자기들의 행동을 정당화하려고 한다.

이들 세 주체의 행동은 이처럼 상호대립적이지만 매우 정치적이며 탄력적이기 때문에 상호조정과 합의를 통하여 적정규모의 예산을 편성케 되고, 결국 이와 같은 상호작용은 예산과정에서의 통제(control), 관리(management) 및 기획(planning) 등으로 요약되는 예산의 세 가지 주요 기능이라 할 수 있다. 이러한 면에서 예산과정의 참여주체들은 분명한 역할과 행태의 차이로 인하여 구별되며, 그로 인하여 이들은 효율적이며 합리적인 분업체제라 할 수 있다.[3)]

Ⅰ. 예산요구자

예산요구자는 행정서비스를 생산공급하는데 소요되는 예산을 요구하는 일반행정기관이다. 따라서 예산편성과정에서 일반행정기관의 역할은 소비자로서의 속성이 강하다. 특히 예산요구자로서의 관료들은 공공재를 생산 공급하는데 있어서 비용보다는 편익에 더 많은 관심과 비중을 두기 때문에 실제의 비용이 예산에 의해 충당되어야 한다는 원칙에만 열중하게 된다. 즉 관료들은 총편익과 총비용간의 비교분석을 통하여 사회후생을 극대화할 수 있는 수준에서 예산을 요구하는 것이 아니라 총예산이 총비용을 초과하여야 한다는 전제

2) William A. Niskanen Jr., *Bureaucracy and Representative Government* (Chicago: Aldine Publishing Co., 1971).

3) Allen Schick, *op. cit.*(The Brookings Institution, 1971), p. 164.

하에서 가용예산을 극대화하려고 한다는 것이다. 이러한 이유 때문에 예산요구자는 보다 많은 예산을 확보하려는 경향을 보이게 된다.

따라서 이들은 예산을 요구할 때에 그 부서에서 실제로 필요로 하는 예산규모보다 부풀려서 신청하는 것이 일반적이다. 이들은 자기들이 요구한 예산액을 가능한 한 전액 확보하려고 여러 가지 전략적 수단을 동원한다. 이를 예산획득 전략이라고 하는데 그 유형은 사회적·정치적·문화적인 특성에 따라 다양한 양상을 보이고 있다. 이 전략은 매우 구체적이며 다양하고 전방위적으로 이루어지는 것이 일반적이다. 내부적으로는 예산조정자 또는 예산사정자와의 인맥이나 정치적 힘 등을 이용하기도 하고, 외부적으로는 이익단체나 언론매체 등을 동원하기도 한다. 이와 같은 전략들 중 몇 가지를 살펴보면 다음과 같다.

첫째, 예산요구자들이 수행하고 있는 계속사업이나 새로 시도하는 사업에 대한 비용·효과 측면을 명쾌하게 분석·종합함으로써 신뢰성과 정당성을 확보하는 방법이다. 즉 아무리 기존의 활동이지만 '이것을 계속하는 것이 적합한가' '보다 능률적인 방법은 없는가' 등에 탐색적인 자세를 취할 것이 요구된다. 이들은 '얼마나 많이'(how much)나 '무엇을 할 것인가'(what is to done)보다는 그 일을 했을 때 어떤 효과가 나타나는가에 역점을 둘 때에 중앙예산기관을 보다 설득할 수 있을 것이다.

둘째, 예산결정에 실권을 가지고 있는 예산사정관을 비공식적으로 접촉하는 것이다. 이는 예산을 요구하기 이전에 요구자와 사정관 간의 상호신뢰를 확보하는 과정이라고 볼 수 있다. 이러한 과정을 통하여 신뢰가 수축되면 예산이 삭감된다 하더라도 그 규모를 최소화할 수 있을 뿐만 아니라 타부서와의 차별대우를 방지하자는 것이다.

셋째, 중앙예산기관의 책임자나 대통령, 국회의원 또는 여론조성을 통하여 고객의 신임과 지지를 확보하는 것이다.

Ⅱ. 예산사정자(豫算査定者)

예산사정자는 기획예산처와 같이 예산정책과 예산의 편성 및 집행의 관리와 재정개혁 등을 관장하는 관료 또는 기관을 말한다. 예산사정자로서의 관료는 주 역할이 예산의 삭감행위라고 할 수 있다. 이들은 늘 가용자원의 한정성을 깊이 인식하고, 각 행정기관에서 요구하는 예산액과 충당할 수 있는 재원간의 불균형으로 인하여 많은 골머리를 앓고 있다.

이미 예산요구자에서 논의한 바와 같이 대부분의 행정기관들이 거의 예외 없이 필요 이상으로 예산요구액을 신청하기 때문에 이러한 과다한 요구액을 수용 가능하고 관리 가능한 수준(acceptable and manageable)으로 감축하는 것이 이들의 주요한 임무이다. 그러나 요구액의 정당성이나 지출의 능률성을 가려내는 과정에서 각 사업의 특성과 공공재적 성격이 대다수인 사업들에 대하여 적정한 평가를 내릴 수 있는 기준이 모호할 뿐만 아니라 적절한 방법도 마련되어 있지 않다는 것이다. 특히 상대적으로 예산요구자의 경우는 자신의 분야에서 어느 정도의 전문성을 확보하고 있으나 예산사정자는 그 사업에 대한 전문성이 부족하여 설득을 당할 수 있기 때문에 합리적인 기능을 하지 못할 수도 있다. 또한 예산과정이 정치적인 과정인 관계로 예산사정자가 아무리 합리적인 기준을 가지고 판단하였다 하더라도 외부로부터의 정치적인 압력이나 요구를 거절할 수 있는 힘을 갖고 있지 않다는 것이다.

그러나 예산사정관의 주업무란 예산요구액을 삭감하는 일이며 이러한 삭감행위를 통하지 않고는 예산의 균형적 배분이 일어날 수 없다.[4)]

Ⅲ. 예산조정자

예산편성과정에서 예산조정자는 행정의 최고책임자를 의미한다. 예산편성과정에서 그는 만족스럽게 생각하는 경우보다는 불만족스럽게 생각하는 경우가 많다. 왜냐하면 예산사정자의 편성안이 예산조정자에 이르게 되면 이미 그 과정에서 많은 의견이 반영되어 어느 정도 합의가 이루어진 상태이기 때문에 대폭적인 조정이나 변화를 꾀하기가 용이하지 않기 때문이다. 이와 같이 예산조정자는 재량권을 행사할 여지가 거의 없음에도 불구하고 기존의 사업계획을 대폭적으로 줄이거나, 아니면 대대적으로 새로운 사업을 추진하거나 하는 양단간의 결단에 직면하게 되는 경우가 많다.

예산조정자에게 이와 같이 매우 곤혹스러운 역할이 주어지는 이유는 공식적으로 각 부처의 예산계획을 검토하고 통제할 수 있는 조정권한을 갖게 되어 있기 때문이다. 이 권한은 예산조정자 스스로가 계획했던 사업의 추진을 용이하게 하기보다는 예산의 증가율을 낮추기 위하여 사업을 축소하거나 예산요구액을 삭감하는 등의 역할을 하게 된다. 이 과정에서 사업의 우선순위를 선택하는 기준은 일반적으로 순편익의 증가를 통한 사회적 총효용을 증가시킬 수 있는 수준에서 결정하는 것이 일반적이다.

제 3 절 예산의 심의

Ⅰ. 서 설

각 국의 예산심의를 비교해 보기로 한다.

---

4) *Ibid.*, p. 167.

1. 대통령제와 내각책임제

대통령중심제인 미국이나 우리나라에 있어서의 예산심의는 매우 엄격하게 이루어지고 있다. 미국의 경우, 총예산액의 5% 이상을 국회에서 수정하는 일이 별로 없었으며,[5] 우리나라의 경우, 정부의 예산안이 국회의 심의과정에서 3% 이상 수정을 가한 일은 거의 없다.[6]

2. 예산과 법률

영국과 미국에서는 예산을 법률의 형식으로 성립시킨다. 즉 영국이나 미국에 있어서는 행정부가 예산안을 의회에 제출하는 것은 추계에 지나지 않으며 의회는 이것에 의하여 세출법안(Appropriation Bill)을 의결하는 것이다. 이것이 대통령의 서명이나 여왕의 재가를 얻어서 공포가 되면 세출법(Appropriation Act)이 되는 것이다.

이에 반하여 일본이나 우리나라에 있어서는 예산은 법률의 형식이 아닌 예산의 형식으로 의결된다.

3. 예산의 수정

1) 영국에서 의회는 예산안에 대하여 폐지삭감권만 지니고 있으며 정부의 동의 없이는 증액을 하거나 새 비목을 설치할 수 없다.

2) 우리나라에서도 헌법 제57조에서 국회는 정부의 동의 없이는 정부가 제출한 지출예산 각 항의 금액을 증가하거나 새 비목을 설치할 수 없다라고 규정하고 있다.

3) 미국은 이에 관한 아무런 규정이 없어 의회는 폐지·삭감뿐만 아니라 새 비용의 설치나 증액도 자유로이 할 수 있다.

4) 일본의 헌법도 예산안의 제출권을 내각에만 부여하고 있으나 의회가 증액·수정권을 지닌다고 해석되고 있다.

4. 단원제와 양원제

1) 영국의 경우 예산심의에 있어서 하원이 심의권을 지니고 있을 뿐만 아니라, 상원은 수정권이나 부결권을 가지지 않으며 30일간의 지연권만을 지니고 있을 따름이다.

2) 일본의 예산심의에 있어서는 중의원이 심의권을 지니고 있을 뿐만 아니라, 예산안에 관해서 참의원과 중의원이 다른 의결을 하였을 때에는 반드시 양원협의회를 열어야 하는데, 만일 양원협의회에서도 의견의 일치를 보지 못하는 경우에는 중의원의 당초 의결이

5) E. T. H. Caul Cott, "The Control of Public Expenditure," *Public Administration*(U.K.), Vol. 40 (Autumn 1962), p. 272.

6) 유훈, 전게서, pp. 503~515.

당연히 의회의 의결이 된다.

3) 미국의 상·하 양원은 예산심의에 있어서 동등한 권한을 지니고 있다. 하원의 의결과 상원의 의결의 차이는 양원합동회의(Conference Committee)에서 타협 · 조정된다.

5. 위 원 회

미국 · 일본 및 우리나라에서는 예산안이 본회의에 상정되기 전에 소규모 위원회의 심의를 받도록 되어 있다.

1) 미국 의회에서는 하원세출위원회(정원 50명) · 상원세출위원회(정원 27명)가 있어 이를 담당하고 있다.[7)]

2) 일본의회에서는 중의원의 예산위원회(정원 50명), 참의원의 예산위원회(정원 45명)가 있어 이를 담당하고 있다.[8)]

3) 우리나라의 경우 예산결산위원회의 종합심의를 거치도록 되어 있다.

Ⅱ. 심의과정

1. 시정연설

헌법에 의하여 회계연도 개시 90일 전까지 정부에 의해서 국회에 예산안이 제출되면 국회는 9월부터 정기예산국회를 소집하고 정기국회 개회초에 대통령은 국정전반에 걸친 시정연설을 하며 기획예산처장관은 예산안제안 설명을 하게 되어 있으나, 우리나라의 경우, 시정연설을 관례상 대통령 대신 국무총리로 하여금 계속 대독케 함으로써 행정수반의 국회에 대한 평가절하의 일단을 보여 주고 있다.

2. 국정감사

1987년의 헌법개정에 의하여 국정감사의 부활이 실현되어 현행 헌법 제61조는 국정감사에 대해서 규정하고 있다. 이러한 국정감사의 목적은 국정운영내용을 감사하여 그 결과를 신년도 예산심의에 반영하는 데 있다.

3. 예비심사

1983년 국회법이 개정되어 1984년부터 부활된 예비심사는 ① 소관장관 신년도 정책설명, ② 정책질의, ③ 부별심의의 순으로 진행된다.

---

7) 상게서, p. 505.

8) 상게서, p. 505.

4. 종합심사

각 상임위원회의 예비심사가 끝나면 예산결산위원회의 종합심사에 회부된다. 예산결산위원회의 종합심사는 ① 종합정책질의, ② 부별심의, ③ 소위원회의 계수조정, ④ 예결위 전체회의에서의 소위원회안의 승인의 순 등으로 진행된다.[9)]

5. 본회의 의결

예결위원회의 종합심사가 끝나면 본의회에 상정되어 그 의결을 얻도록 되어 있다. 본회의는 예결위원회안을 거의 수정 없이 채택하고 있다.

그러나 만일 회계연도가 개시될 때까지 통과되지 않으면 전술한 준예산을 사용할 수 있도록 되어 있다.

Ⅲ. 문 제 점

국회의 예산심의기능이 바람직하게 이루어지지 않는 이유를 검토해 보기로 한다.

1) 국회의원들은 예산심의 활동이 차기선거나 국민들에 큰 영향을 미친다고 생각하지 않고 있다는 사실[10)]

2) 대의원으로서의 대의행위가 잘 이루어지지 않고 있다는 점[11)]

3) 막대한 선거자금과 정치자금의 조달에 바빠, 공익적인 예산심의와 국가정책의 합리화에 별로 관심이 크지 않다는 사실

4) 의원의 예산에 대한 전문성이 부족하다는 점 등이다.

5) 예산안에 대하여

제 4 절 예산의 집행

Ⅰ. 의 의

예산의 집행이라 함은 국가의 수입 · 지출을 실행하는 모든 행위를 말한다.

예산의 집행이 단순히 예산에 정해진 전액을 국고에 수납하고, 국고로 부터 지불하는 것만이 아니라, 국고채무부담행위의 실행이나 지출원인행위의 실행도 예산집행의 범위에

9) 상게서, p. 244.
10) 국회도서관, 한국입법과정의 제문제(1970), pp. 32~33.
11) 김종림 · 우병규, "한국국회의 대의역할에 관한 연구," 국회보, No. 114(1971. 6), p. 134.

들어간다. 또한 예산에 계상된 세입 · 세출뿐만 아니라, 예산성립 후에 일어날 수 있는 세입 · 세출 전부를 포함한 국가의 수입 · 지출 실행에 관한 모든 행위를 말한다.

Ⅱ. 예산집행의 목표

예산집행의 목표는 크게 두 가지로 나눌 수 있다. 첫째는 입법부 의도를 구현하고, 입법부에서 정한 재정적인 한계를 엄수하는 것이며, 둘째는 예산성립 후 여건의 변동에 적응하기 위한 신축성의 유지이다.

1. 입법부 의도의 구현과 재정적 한계의 엄수

예산집행과정에서 입법부의 의도를 구현하고, 입법부가 설정한 재정적 한계를 지키기 위해서 보통 다음과 같은 통제수단이 필요하게 된다.[12)]

1) 첫째로 필요한 것은 예산의 배정제도이다.

2) 배정의 범위 내에서 각 부처가 그 산하기관에 대하여 재배정을 할 수 있도록 마련하는 것이 필요하다.

3) 과도한 지출원인행위를 방지하기 위하여 지출원인행위와 수입 및 지출에 관한 기록을 마련하는 것이 필요하다.

4) 각 기관의 정원과 봉급을 통제할 수 있는 방법이 마련되어야 한다.

5) 일정한 금액 이상의 계약 또는 특정한 성격의 계약에 관하여 중앙예산기관 기타 기관의 승낙을 얻도록 하는 것이 필요할지 모른다.

2. 신축성의 유지

예산의 신축성을 지니기 위해서는 ① 입법부가 명세예산이 아니라 총괄예산을 통과시키는 것이 필요하다. 또한 예산의 신축성을 유지하기 위한 방안으로서, ② 예산의 이용 및 유용을 들 수 있다. 예산의 이용이란, 입법과목간의 융통을 말하며 예산의 유용은 행정과목간의 융통을 말한다. ③ 예비비제도와 ④ 예산의 이체와 이월도 신축성을 유지하기 위한 방안이다.

Ⅲ. 재정통제

재정통제방안으로 여러 가지가 있겠으나 공통적인 점은 행정인의 재량권을 억제하는

12) Public Administration Service, *Modernizing Government Budget Administration*(Washington, D.C.: Agency for International Development, 1962), p. 79.

데 있으며, 따라서 세밀한 법령상의 규정과 복잡한 많은 서식(paper work)을 요구하게 된다. 지나친 재정통제를 하다 보면 행정의 신축성이 저하되고 경직성을 초래하기 쉽다.

1. 예산의 배정

(1) 요구서의 제출

예산이 성립하면 각 중앙관서장은 자기소관의 예산집행에 관한 권한과 책임을 부여받는 예산의 배정을 받기 위하여, 사업운영계획서와 부담행위를 포함한 예산배정 요구서를 기획예산처장관이 정하는 바에 따라 4분기별로 구분작성하여 장관에게 제출한다(예산회계법 제33조 제1항).

(2) 월별자금계획의 제출

예산이 성립되면 각 중앙관서의 장은 세입예산 월별징수계획서와 세출예산 월별지출계획서에 의거하여 월별자금계획서를 작성하고 이를 기획예산처장관에게 제출한다(예산회계법 제54조 제1항·제2항).

(3) 예산배정계획의 수립과 국무회의 의결

기획예산처장관은 각 중앙관서의 장으로부터 받은 사업운영계획 및 예산배정 요구서와 월별자금계획서를 기초로 검토·조정하여 4분기별 예산배정계획을 작성하고, 월별 자금계획과 함께 국무회의에 상정하여 심의를 거쳐 대통령의 승인을 얻어야 한다(예산회계법 제33조 제2항).

(4) 배 정

4분기별 배정계획이 국무회의를 거쳐 대통령의 승인이 나면 기획예산처장관은 이에 의거하여 각 중앙관서의 장에게 예산을 배정한다. 이 때에 기획예산처장관과 감사원장에게 예산배정의 내용을 통지하여야 한다(예산회계법 제33조 제2항).

2. 지출원인행위의 통제

예산회계법 제55조에는 지출원인행위는 반드시 배정된 예산의 범위 내에서 이를 하여야 한다고 규정하여 이를 통제하고 있으며, 동법 제82조에서는 지출원인행위에 관한 보고서를 재정경제부장관에게 제출하게 하고 있다.

3. 행정인의 정원과 보수에 대한 통제

행정기관의 확대에 따라 행정인의 수적 증가와 보수의 인상문제가 예산에서 차지하는 비중이 크므로 어느 나라나 이에 대한 재정통제를 시도하고 있다.

우리나라에 있어서는 해마다 예산정원문제에 있어서 신규증원을 억제하고, 각 부처의 자체 내에서 정원조정과 통제로서 예산절약을 기하고 있으나 너무 지나친 통제는 자칫하면 각 행정기관의 신축성을 저해할 우려가 있다.

4. 국고채무부담행위 통제

이것은 정부가 무책임한 채무부담행위를 예산금액 외에서 하는 것을 통제하기 위하여 국회의 심의를 미리 얻어야 집행할 수 있도록 규정하고 있다.

이것이 세출예산과 다른 것은[13] 첫째로, 채무부담은 의무만 지는 것이고, 실제 재원이 수반하는 지출이 이루어지는 것은 아니라고 하는 것과 다른 하나는 1년에 효력이 그치는 것이 아니고 복수연도에 걸치게 된다고 하는 것이다. 따라서 채무부담행위를 통한 지출을 하고자 할 때에는 다시 국회의 의결을 얻어야 하는 점은 있으나, 일단 통과해 놓으면 국회는 다음해에 이러한 의무를 존중하여야 할 구속을 받게 되는 점에서 다르다.

Ⅳ. 신축성의 유지

1. 예산의 긴급배정

기획예산처장관은 필요한 경우에는 대통령령에 정하는 바에 의하여 회계연도 개시 전에 예산을 배정할 수 있다.

2. 예산의 이용 및 전용

예산집행제도의 목표 중의 하나가 신축성의 유지이며 신축성 유지방안의 하나로서 예산의 이용과 전용을 들 수 있다.

(1) 예산의 이용(豫算의 利用)

예산의 이용이란, 예산회계법 제36조의 규정에 의하여 각 기관별, 장·관·항목, 즉 항 이상의 입법과목간의 예산액을 상호융통하여 사용하는 것을 말한다.

예산회계법은 예산의 이용을 원칙상 금하고 있으나 예산집행상 필요에 의하여 이용을 필요로 할 때에 예산으로 미리 국회의 의결을 얻었을 경우에는 기획예산처장관의 승인을 얻어 이용할 수 있도록 규정하고 있다. 예산으로 미리 국회의 의결을 얻는 방법은 예산총칙에 규정하는 것이 그 예이다.

(2) 예산의 전용(轉用)

예산의 전용이란, 예산회계법 제37조의 규정에 의하여 동일 기관 내의, 동일 항내의 행정과목인 세항 또는 목간의 예산액을 상호융통하여 사용하는 것을 말한다. 이것은 예산집행에 있어서 신축성을 유지하는 한 가지 방법이다.

각 중앙관서의 장이 예산의 전용이 필요할 때에는 전용을 필요로 하는 과목과 금액을 명백히 한 서류를 기획예산처장관에게 제출하여 승인을 얻어야 한다.

13) 河野一之, 豫算制度(1964), pp. 145～157; 유훈, 전게서, p. 535; 박동서, 전게서, p. 290.

예산의 전용은 예산액의 용도를 달리하는 것이기 때문에 예산회계법 시행령은 이에 제한을 가하고 있다. 즉 세출예산의 계정 중 봉급·공공요금 등은 전용을 금하고 있다(예산회계법시행령 제18조).

3. 예산의 이체 및 이월

1) 이체(移替)란 동일 회계연도 내에서 정부조직 등에 관한 법령의 제정·개정 또는 폐지로 인하여 그 직무권한에 변동이 있을 때 신·구조직의 책임자들이 기획예산처장관의 승인을 얻어 예산을 옮겨 쓰는 것을 말한다(예산회계법 제36조 제2항).

2) 이월은 예산을 익년도에 넘겨서 사용하는 것이며, 이것은 예산이 1년에 한한다는 회계연도독립의 원칙에 예외가 된다.

이월(移越)에는 명시이월과 사고이월이 있다.

1) **명시이월**　이것은 예산회계법 제23조 규정, 즉 세출예산 중 경비의 성질상 연도 내에 그 지출을 필하지 못할 것이 예측될 때에는 특히 그 취지를 세입·세출예산에 명시하고, 익년도에 이월하여 사용할 것에 대하여 국회의 승인을 얻을 수 있다. 전항의 규정에 의하여 익년도에 이월하여 사용할 수 있는 경비를 '명시이월비'라 한다고 규정하고 있다.

2) **사고이월**　이월제도는 회계연도독립이라는 예산의 대원칙에 예외되는 것이므로 이를 광범위하게 인정하면 예산 1년제도의 원칙이 무너지고 실질적으로 2종예산이 되며 예산의 팽창을 초래하게 된다. 따라서 사고이월에는 엄격한 조건이 붙어 있다. 즉 사고이월은 연도 내 지출원인행위를 하고 불가피한 사유로 인하여 연도 안에 지출하지 못한 경비와 지출원인행위를 하지 아니한 부대경비의 금액에 한하여 인정하게 되어 있다.

4. 계 속 비

회계연도독립의 원칙에 대한 또 하나의 예외를 이루는 것으로서 계속비 제도를 들 수 있다. 이것은 이월과는 달리 1년에 한정하는 것이 아니라 5년까지는 가능한 것이며, 또한 처음부터 장기에 걸쳐 이루어진 사업에 대하여 처음부터 세입에 대한 고려 없이 세출의무만 지게 하는 데 특색이 있다.

예산회계법 제22조에 국가는 공사나 제조 및 연구개발사업에 있어서 그 완성에 수년도를 요하는 경비의 총액과 연부액(年賦額)을 정하여 국회의 의결을 얻는 범위 내에서 수년도에 걸쳐서 지출할 수 있다는 규정을 두고 있어 종래의 재정법과 달리 새로이 제도화하고 있다.

5. 예 비 비

예산회계법 제21조에 의하면 예측할 수 없는 예산 외의 지출 또는 예산초과지출에 충당하기 위한 예비비 제도는 예산의 신축성을 유지하기 위한 또 하나의 방법이다.

우리나라 예산회계법은 제26조 제 1 항에서 "예측할 수 없는 예산의 지출 또는 예산초과지출에 충당하기 위하여 정부는 예비비로써 상당하다고 인정하는 금액을 세입·세출예산에 계상할 수 있다"고 규정하고 있으며, 동조 제 2 항에는 "일반회계에 있어서는 세출예산의 100분의 1 이상에 해당하는 금액을 전항의 예비비로써 세출예산에 계상하여야 한다"고 규정하였으나, 1989년 예산회계법 전문개정에서 제 2 항인 세출예산의 100분의 1 이상에 해당하는 금액 조항을 삭제하였다.

그런데 예비비의 사용에는 몇 가지 제한이 있다.

첫째로, 예비비의 사용이 예측할 수 없는 예산 외의 지출 및 예산초과지출에 한정하도록 되어 있으므로, ① 예산성립 전부터 존재하던 사태를 위한 것, ② 국회에서 부결된 것, ③ 국회개회 중에는 삼가할 수밖에 없을 것으로 생각한다.

둘째로, 예비비 사용의 승인을 얻는 데 복잡한 절차를 거치도록 하고 있다. 즉 각 중앙관서의 장은 예비비를 사용하고자 할 경우, 기획예산처장관을 거쳐 국무회의의 심의 및 대통령의 승인까지 받게 함으로써 그 절차를 어렵게 하고 있다.

셋째로, 예비비의 사용 후 국회의 승인을 얻게 하고 있으며, 이의 사용책임 및 이용을 엄격히 통제하고 있다.

6. 문 제 점[14)]

예산집행의 목표는 통제와 신축성의 유지에 있다. 행정발전의 정도가 얕은 국가에서는 여러 가지 문제가 야기되고 있다.

현재 우리나라의 예산집행상 문제가 되고 있는 것은 ① 통제를 형식화하고 있으며, 자금의 공급이 적기에 이루어지고 있지 못하다는 것과, ② 아직도 신축성이 적다고 하는 것이다.

이러한 문제점의 원인을 분석해 보면 통제지향적인 예산분류의 기준이 인정되어 있다는 점과, 이를 해석·운영하는 행정인의 책임성이 얕은 데 원인이 있다. 그러므로 덮어놓고 신축성만을 확대할 수도 없으며 통제만을 계속 강조할 수도 없다.

따라서 이러한 문제점을 해결하기 위해서는 행정인의 책임성이 고도화되어야 하며 행정발전이 조속히 이루어져야 하는 것이다.

현재 우리나라의 행정기능은 예산집행의 신축성을 고도화할 것을 요청하고 있는데, 이러한 행정기능 및 예산의 확대에 비례하여 행정인의 책임성 향상, 즉 행정발전의 고도화가 이루어지지 않으면 막대한 예산의 낭비를 초래할 우려가 생기게 된다.

---

14) 박동서, 전게서, pp. 293~294.

제 5 절 결산 및 회계검사

I. 결산의 의의

1. 개 념

결산은 예산집행의 실적, 즉 1회계연도 내의 세입세출예산집행의 결과를 표시한 계수표를 말한다. 이는 재정의 사후감독작용이라고 볼 수 있으며, 우리 헌법 제74조에서 감사원은 세입세출의 결산을 매년 검사하여 대통령과 다음연도 국회에 그 결과를 보고하도록 하고 있다.

가능한 한 이러한 결산의 내용이 예산의 내용과 일치하는 것이 바람직하다 하겠으나 그럴 수는 없는 것이며, 그처럼 약간의 차이가 있다고 해서 예산집행이 반드시 잘못되었다고 단정지을 수는 없는데, 그처럼 양자가 일치하지 않는 주요 이유 내지 내용으로서는 다음과 같은 점을 들 수 있을 것이다.

① 예산의 불법·부당한 집행의 경우, ② 예산심의 당시까지만 해도 전혀 예측할 수 없었거나 예상하지 못한 사태의 발생으로 예비비를 사용하는 경우, ③ 전용·이용·이체로 인한 변경(사업계획의 변경이나 법령의 개폐 등에 기인됨이 보통이다)의 경우, ④ 불용액 등의 경우를 들 수 있다.

이러한 제 이유로 인한 불일치는 현대처럼 변동·발전의 속도가 빠른 시대나 사회에서는 아무리 예산기술이 발달하여도 착오가 생기는 것이 오히려 정상이라 할 수 있다. 따라서 문제는 어느 정도 예산의 심의나 결산을 통해서 이룩하려는 제도적 의의나 목적을 반영·달성할 수 있느냐의 정도 문제가 되는데, 그는 주로 그 나라의 예산기술의 발달 정도와 책임정치의 발전정도에 좌우될 것이다.

2. 효 과

1) 결산은 예산집행의 잘못을 사전에 발견하고 잘못 집행되는 일이 없도록 통제하는데 의의가 있으나 이러한 결산의 결과 설령 중대한 집행상의 잘못이 발견되었다 하더라도 그것이 법적으로 그 예산집행의 효력을 소급해서 정지시키거나 무효화할 수 없다. 오로지 집행책임자에게 정치적 책임을 묻고 다음 회계연도의 예산에 그것을 반영시키는 데 그치는 것이며, 또 거기에 의의가 있는 것이다.

2) 이는 행정부의 집행에 대한 책임의 해제라는 데 의의가 있다.

3) 이러한 결산의 결과 불용액이 많으면 차기회계연도의 예산편성에 있어 예산 획득상 불리하게 되므로 설령 불용액이 남게 될지라도 연말에 용도의 긴용성이나 불가피성과는 관계 없이 전부 사용해 버리는 폐단을 가져 온다.

3. 우리나라의 결산제도

(1) 결산보고

1) **결산보고서** 각 중앙관서의 장은 세입세출결산보고서 · 계속비 · 결산보고서·국가채무계산서를 작성하여 다음 연도 2월 말일까지 기획예산처장관에게 제출한다.[15]

기획예산처장관은 세입세출결산을 작성하여 국무회의의 심의를 거쳐 대통령의 승인을 얻어야 하며, 6월 10일까지 감사원에 제출한다.[16] 감사원은 세입세출결산서를 검사하고 그 보고서를 8월 20일까지 기획예산처장관에게 송부한다.

2) **결산의 국회제출** 정부는 감사원의 검사를 거친 세입세출결산서를 다음 회계연도 개시 120일 전까지 국회에 제출한다.

(2) 결산잉여금 처리

결산상 발생된 잉여금은 세출예산 이월액의 재원으로 다음 연도 세입에 전입하고, 잔액이 있으면 국채의 원리금과 차입금을 상환하여야 하며 여기에 충당하고도 잔액이 있으면 다음 연도의 세입에 이입하여야 한다.[17]

Ⅱ. 회계검사

1. 개 념

일반적인 회계검사란 조직의 재정활동 및 수입지출의 결말에 관한 사실을 확인 · 검증하고, 그 결과를 보고하기 위하여 장부 기타의 기록을 체계적으로 검사하는 행위를 말한다.[18] 회계검사를 구체적으로 설명한다면 이는 다음의 특징을 갖는다.[19]

① 회계검사의 대상은 회계기록이다. ② 회계검사는 기장자 이외의 제 3 자에 의하여 행하여지는 것이다. ③ 회계검사는 회계기록의 정·부 합증절차이다. 그리고 행정적 개념으로서의 회계검사란 행정부가 입법부의 의도, 즉 공금이 합법적으로 지출되었는가의 여부를 검토하고 회계목록을 검토하여 그 결과를 소정의 기관에 보고하는 것이라고 해석된다.

2. 비 판

종래의 이러한 회계검사에 대한 비판을 요약해 보면 다음과 같다.

---

15) 예산회계법 제42조.
16) 예산회계법 제44조 제 1 항.
17) 예산회계법 제45조.
18) Robert H. Montgomery, *Auditing Theory and Practice*(1940), p. 2.
19) 田島四郎, 監査論(東京: 税務經理協會, 1961), pp. 4~5.

1) 행정이념에서 언급한 바와 같이 현대행정은 입법국가시대와는 달리 합법성이 지켜지는 것만으로 만족할 수는 없으며, 그보다는 오히려 효과성·능률성·민주성이 더욱 요청되고 있는데, 그에 대한 고려가 부족하다.

2) 형식적 합법성만 충족되어 가지고 국민의 납세액으로 충당되는 세출의 낭비를 초래하는 부당한 지출과 부정을 방지할 수 없다.

3) 발전행정적 관점에서 볼 때 합법성 해석에 있어서도 형식적·기계적인 해석보다는 합목적적으로 해석하려는 태도가 소망스럽다.

4) 법령의 해석이란 언제나 신축성이 큰 것인데, 해석기준을 발전사업의 자원에 두지 않고 사적 이해관계나 권력관계에 두는 경우가 있어서, 정책의 효율적인 수행보다도 검사에 대비하거나 책임을 면하려는 데 더 관심을 갖게 된다는 점이다.

이러한 현상·순기능은 주로 종래의 검사가 잘못을 시정하려는 것보다는 잘못을 지적하여 처벌하려는 적발위주·처벌위주인 데다가, 그것이 너무나 빈번히(그것도 계통을 달리하는 검사기관에 의하여) 이루어지는가 하면, 잘못된 인사기준(부정·부패 방지, 수입 평준화, 사적 혜택부여, 좌천 등)에 의한 전보가 잦아 검사원이 내용을 잘 모르고 검사에 임하게 되는 점 등에 기인한다고 볼 수 있다.

3. 담당기관

(1) 유 형

정치발전의 차이에 따라 나라마다 그 위치가 다른데 다음 세 가지로 나누어 볼 수 있을 것 같다.

1) **영·미형** 검사기관이 입법부에 속해 있어 행정부에 대하여 가장 독립적이며, 강력한 통제력을 발휘할 수 있게 되어 있다.

2) **대 륙 형** 권력분립·민주정치·책임정치의 발달이 저급한 나라에서 흔히 볼 수 있는 것으로, 회계검사가 행정부에 속해 있어 독립성·통제성이 높지 못하다.

3) **독 립 형** 행정부나 입법부의 어느 쪽에도 속하지 않는 것으로 대륙계 국가 중 제 2 차 세계 대전 후 민주화에 진전을 본 프랑스·독일·일본 등이 이에 속한다.

(2) 우리나라의 회계검사기관(감사원)

1972년 11월에 제정된 유신헌법은 국회의 국정감사권을 없애고, 그 대신 1973년 감사원법이 개정됨으로써 그 권한이 대폭 강화되고 감사대상도 확대된바, 그 지위·조직 및 기능을 보면 다음과 같다.

1) **감사원의 지위** 대통령 소속하의 헌법상의 기관이다. 그리고 대통령은 감사원장을 임명할 때 국회의 동의가 필요하며 감사원은 독립기관이다.

즉 직무상의 독립성을 가지며(감사원법 제 2 조), 감사위원은 원장을 포함하여 7 인으로 구성되는 합의제이고, 임기는 4 년이나 연임할 수 있기 때문에 인사상의 어느 정도의 독립성을 가지고 있다 하겠다. 그리고 감사원의 세출예산액을 감액할 때에는 감사원장의 의견을 구하여야 되는 점에서 볼 수 있듯이, 예산상의 자주성을 가지고 있고 감사절차·내부규율·감사사무처리에 관하여 필요한 규칙을 제정하는 규칙제정상의 독립성을 가지고 있다(감사원법 제48조).

2) 감사원의 조직 　감사원장을 포함한 7인의 감사위원으로 구성된 감사위원회의와 사무처로 조직되어 있다. 사무처는 별정직인 사무총장·사무차장과 기타 직원으로 구성된다.

3) 감사원의 기능 　국가의 세입·세출의 결산검사와 감사원법 및 다른 법률이 정하는 회계를 상시 검사·감독하며, 행정기관 및 공무원의 직무를 감찰하여 행정운영의 개선·향상을 기함을 그 임무로 한다(감사원법 제20조).

이 외에 감사결과의 처리로서 문책과 행정개선을 하며, 또 개인의 권리보호기능도 수행한다.

4. 검사방법(檢査方法)

⑴ 서면검사와 실지검사

서면검사란, 관계기관으로부터 제출된 회계기록을 검사하는 것을 말하며, 실지검사란 감사원이 해당기관에 직접 나아가 하는 것을 말한다. 서면검사를 원칙으로 하고 실지검사는 그 대상 기관이 많을 뿐만 아니라, 많은 인원·시간·비용이 소요되므로 1년에 2회 하는 것을 원칙으로 하여 왔다. 그러나 1971년부터는 이러한 종래의 방침을 바꾸어 검사의 필요가 크다고 인정되는 기관에 대하여 집중적인 실지검사를 실시하고 있는데, 이는 서면검사나 정기적인 실지검사만으로는 비위에 대한 검사가 충실히 이루어질 수 없기 때문이다.

여기서 지적할 점은 예산의 비현실성과 기관장의 사적 관계 때문에 어느 기관을 막론하고 선의 또는 고의로 회계관계법령대로 집행하지 못하고 있는데도 형식상 갖추어진 구비서류를 중심으로 검사한다는 것은 형식에 그치고 말 우려가 크다는 것이다. 특히 이러한 현실에서 회계직무에 따르는 부정은 검사원과의 금전거래의 소지를 제공해 주고 있다.

⑵ 사전검사와 사후검사

이는 지출이 이루어지기 전인가 아니면 그 후인가를 기준으로 한 것인데, 사전검사는 주로 행정기관 자체검사 또는 내부검사의 주요내용을 이루게 되며 또 효과적인 것이기는 하나, 지나친 통제는 업무의 지체를 가져오게 되므로 외부의 검사기관은 사후검사를 주로 하게 된다.

⑶ 일반검사·상업적 검사·종합검사·부분검사

1) 일반검사란, 경리를 맡고 있는 공무원 개인의 책임을 중점적으로 검사하는 것을

말한다.

2) 상업적 검사는 주로 공기업이나 사업기관에 적용되는 것으로, 대차대조표 · 손익계산서 등 재무제표상의 숫자를 확인하는 것을 주목적으로 한다.

3) 종합검사는 내부통제제도를 두고 있는 기관의 회계제도 검사에 중점을 두는 것이다.

4) 정밀검사와 부분검사는 정밀검사가 수입 · 지출을 빠짐없이 검사하는 것인 데 반하여, 부분검사는 표본추출에 의하여 추출된 부분에 대하여서만 하는 것을 말한다.

5. 우리나라 회계검사의 문제점

1) 감사원이 대통령 직속기관이기 때문에 같은 행정부장관을 행정감찰의 대상으로 한다는 데에 많은 문제가 있을 것 같다. 지금까지 장관이 감사원의 감사결과로 문제된 경우는 거의 없다. 따라서 국회에 소속하지 않더라도 독립성을 크게 부여하는 것이 어떨까 생각한다.

2) 감사원에 회계검사와 직무감찰기능이 같이 주어져 있는 너무 법률 위주의 감사가 되어, 행정은 이 감사에 대비하는 데 바쁘고, 이 감사만 잘 마치면 행정이 잘 된 것으로 착각할 우려가 없지 않다.

3) 감사원장의 임기에 있어서 영국은 종신제이며, 미국은 15년으로 되어 있는 데 비하여 우리나라는 4년인바, 이처럼 대통령 임기보다는 1년 정도 더 짧은 것도 독립성 유지를 위한 하나의 방법이다.

4) 국회의 예산결산위원회는 특별위원회에 불과하며 예산문제만 주력하는바, 회계검사보고서를 집중적으로 다룰 결산위원회가 있어야 한다.[20]

5) 감사기법에 능한 집중적인 능력개발이 요구되며, 회계검사의 경우 경제성과 발전목표와 연관된 검사실시가 필요하다.

---

20) A. E. Buck, *Public Budgeting*(New York: Harper, 1929), p. 551.

제 6 장

구매행정과 정부물품관리

제 1 절 정부구매의 의의

지금까지 검토한 것은 조직화의 근간을 이루는 분업체제의 일환으로서 자원 배분 가운데에서 물적 자원의 배분인 재정에 관한 것이었다.

여기서 끝으로 물적 자원의 핵심인 돈을 행정수요에 필요한 여러 가지 재화, 즉 소모품, 비품, 시설, 자재 등을 구매하여 공급하는 문제를 검토하고자 한다.

이러한 구매문제는 종래 행정기능이 소극적인 시대에 있어서는 별로 문제가 되지 않았으나, 현대에 와서 행정기능이 확대·강화되고 전문화됨에 따라 각 행정기관이 필요로 하는 물품의 구매문제는 각 기관 안에서 자체조달하는 것이 아니라 중앙에 단일구매기관을 통해 경제적이고 능률적이며 값싼 물품을 구입하게 되었다. 이러한 문제는 더 나아가 국민경제의 발전·성장·안정에까지 영향을 미치게 되었으며, 따라서 여러 가지 재화를 어떻게 하면 적재·적량을 적정가격에 구입하여, 적기·적소에 적량을 공급하느냐 하는 것이 전문적인 연구와 관심의 대상이 되었다.

제 2 절 담당기관: 집중·분산

구매업무를 담당하는 기관을 중앙에 단일화시키는 것이 집중구매이며, 각 기관에서 분산적으로 조달처리하는 것이 분산구매인 것이다.

우리나라에서도 5.16. 이전까지는 외자만 집중구매제로 채택해 왔으나 그 이후에는 내자에 대해서도 집중제를 채택하여 미국의 조달청(General Service Administration)과[1] 비슷한 조달청을 재정경제원 산하에 두고 이러한 임무를 담당케 하고 있다.

1. 집중구매의 장점[2]

1) **재정절약** 재정의 절약과 효율화를 가져올 수 있다. 즉 ① 다량구매를 가능케 하므로 단가의 할인에 의한 재정의 절약을 가져올 수 있고, ② 다량구매를 하며 중앙창고에 보관하는 경우, 재화가격의 변동기를 이용하여 염가로 구입할 수 있다.

2) **구매업무의 전문화** 분산제의 경우에는 구매업무가 각 기관의 총무과에 분산되어 있고 이를 담당하는 직원의 교체가 자주 이루어져 전문화될 수 없어 품질·품종·가격 등에 관하여 전문화가 되기 어려운데, 이러한 집중제는 이를 전문화시키는 데 도움을 준다.

3) **구매규격의 표준화** 각 부처에서 사용하는 각종의 물품을 전부 통일화할 수 없을 것이나 대부분의 공통성을 지닌 물품을 이를 표준화함으로써 규격을 통일할 수 있다.

4) **구매업무의 통제용이** 구매업무 담당직원은 정부기관이건 사기업이건을 막론하고 공급자의 뇌물이나 향응 등, 유혹에 직면하게 되는데 분산구매에 있어서는 이러한 기회가 많아지게 된다.

5) **신축성의 유지** 집중보관을 하기 때문에 긴급수요나 예상 외의 수요에 즉시 응할 수 있다.

6) **구매정책의 수립가능** 집중구매를 하여 중앙구매기관이 정부 각 기관에서 소요되는 물품의 구매를 담당한다면 국가적 견지에서의 구매정책의 수립이 가능하다.

7) **공급자의 편의** 집중구매는 공급자에게 편리하고, 또 구매기관이 일정하므로 언제든지 한 기관에 대하여 관심을 집중할 수 있으며 여러 부처에 구매정보를 탐지하기 위하여 소비되는 경비와 노력이 절약될 것이다.

2. 집중구매의 단점[3]

1) **번문욕례**(red-tape) 집중구매를 하면 중앙구매기관이 대조직화되기 쉬우며, 대조직이 되면 번문욕례(red-tape)가 성행하게 되고 그 절차가 복잡해질 뿐만 아니라, 구매에 있어서 신축성을 감소시키게 된다.

2) **특수품목의 판단곤란** 그 수요를 판단하기 어렵다.

---

1) 미국의 G. S. A. 기능으로는 ① 저장품목의 구매, ② 연방보급목록(federal supply schedule), ③ 직접배달(direct deliveries), ④ 그 밖에 대외원조용 물품의 구매 및 각종 전략물자의 구매 등을 들 수 있다(유훈, 행정학원론(1973), pp. 578~579).

2) 유훈, 전게서, pp. 582~584; 박문옥, 전게서, pp. 518~519; 박동서, 전게서, p. 295.

3) 유훈, 상게서, pp. 584~585; 박문옥, 상게서, pp. 519~520; 박동서, 상게서, pp. 295~296.

3) **적기공급불능** 중앙관서나 지방관서가 소비하는 물품을 적기에 공급하는 데 다소 애로가 있을 수 있다. 특히 중앙구매기관과 실수요부처 간에 물품의 규격 등에 관하여 의견이 일치하지 않는 경우 더욱 그러하다.

4) **대기업 편중우려** 공급량이 많아지므로 값도 싸져 소규모의 기업은 대기업과 경쟁하기가 힘들어지게 된다. 왜냐하면 대량생산을 싼 값으로 할 수 있어야 하기 때문이다.

제 3 절 구매행정의 절차

일반적인 구매과정의 절차를 보면 ① 수요예측, ② 계약, ③ 수납검사, ④ 인도 및 대금지급으로 나누고 있다.

1. 수요예측

실수요기관이나 구매기관에서는 수요예측을 거의 하지 않고, 주먹구구식으로 소요량을 판단하기 때문에 해마다 막대한 예산의 낭비를 초래하고 있다. 그러므로 수요예측이 얼마나 정확하게 과학적으로 적정량을 산출하느냐에 구매행정의 임무가 부여되는 것이다.

따라서 일률적으로 수용비 5% 삭감이라는 식으로 할 것이 아니라, 가능한 각 기관별로 수요량을 객관적인 기준에 따라 측정하여, 수요량에서 현재의 재고량을 차감한 잔액수요량을 계산하여 구매행정을 수립하여야 한다.

2. 계 약

계약방법으로는 일반경쟁·지명경쟁·수의계약 등 세 가지가 있으나 일반경쟁을 원칙으로 하고 기타는 예외로 하고 있다.

1) 일반경쟁의 경우에는 가장 경쟁성이 높고 절약을 기할 수 있기는 하나 언제나 그러한 것은 아니며, 특히 업자가 불특정 다수인이므로 그 중에는 그들의 성실성·신용능력이 의심스러운 경우가 있으며, 이러한 절차를 밟는 데 경비와 시일이 많이 소요된다.

2) 수의계약은 일반경쟁의 정반대적인 성격을 띠고 있다. 구매자가 책임의식을 가지고 성의껏 업자의 선정을 하면 최상의 방법이 될 수 있으나, 현실이 그러한 것을 기대하기 어려워 부정·불신이 많은 데다 공공기관에서 하는 일은 설사 정당하게 해도 국민의 의심을 받는 것이 상례이므로 더욱 곤란하다.

3) 지명경쟁은 상기 두 계약방법의 중간적인 것이라고 할 수 있으나 제일 큰 문제는 지명의 기준·선정도 문제가 되지만, 지명업자의 수가 한정되어 이들 사이의 담합행위의 위험성이 많다고 하는 것이다.

3. 수납검사 · 인도 및 대금지급

수납상의 문제로는 '물품의 품질 검증이 얼마나 정확하게 이루어지느냐 하는 것'과 '대금의 지급이 지체 없이 이루어지느냐 하는 것'이다.

특히 물품검사와 납품조서에 의한 절차상에 있어서 여러 가지 부정이 개입하기 쉬우며, 업자들은 이러한 것은 계산에 넣고 거래에 응하므로 결국 구매상의 대금지급면에서 값을 비싸게 구입한 결과가 되어 예산의 낭비를 초래하게 된다.

제 4 절 우리나라의 구매행정(購買行政)과 정부물품의 관리

1. 구매행정

구매기관인 조달청(저장 품목: 비저장품목)은 외자구매를 포함하므로 구매공급실적의 증가율은 높은 신장률을 보이며, 조달행정의 일원화 정책이 1961년 이후 정부조달행정의 기본방침으로 설정된 이래 실효를 나타내고 있다. 다만 양적 증대와 같이 품질의 개선 · 향상이 뒤따라야 한다. 또한 조달행정의 효율화를 위하여 ① 비수요기 단가계약제도의 활용책, ② 종합적인 물품수급계획에 바탕을 둔 구매시책, ③ 대금지급의 신속화, ④ 관수규격의 확대 및 통일성의 지향, ⑤ 구매행정의 간소화, ⑥ 검사제도의 확충이 강구되어야 한다고 생각된다.

2. 정부물품의 관리

물품관리법에서 규제된 물품은 ① 현금, ② 유가증권, ③ 국유재산에 해당되는 동산, ④ 군수품을 제외한 국가소유의 동산 및 국가가 사용하기 위해 보관한 동산을 말하는바, 이에 대한 규격관리와 물품의 표준화, 물품의 수급관리에 있어 조직체의 목표달성을 위해서 물품의 원활한 지원과 효율적인 활용을 위한 관리를 말한다. 물론 여기에는 재고관리와 물품의 보관 및 출납 그리고 불용품의 효율적 관리를 포함한다.

우리나라 물품관리기관은 재정경제부 장관과 조달청장이 총괄하는바, 전자는 제도와 정책을 후자는 물품관리의 조달 · 집행 · 운용을 총괄한다. 그리고 중앙관서의 장, 물품관리관(총무과장), 물품출납공무원(6급), 물품운용관(경리계장)이 관리기관의 주무를 맡고 있다.

제 8 편

발전행정과 행정개혁론

제 1 장

발전행정론의 동향

제 1 절 발전행정의 기초이론

I. 발전행정의 대두

발전행정이 본격적으로 대두되기 시작한 것은 제2차 세계대전 이후의 일이라고 볼 수 있다.

즉 제2차 세계대전 이후 미·소가 냉전체제로 접어들게 됨으로써 신생국에 대한 그들의 이익을 서로 취하려고 행정, 문화, 사회, 이념, 물자 등 다방면에 걸쳐 원조를 하기 시작하였는데, 특히 소련은 공산주의 이념을, 미국은 경제적인 측면에서 다량의 물자를 원조하였다.

이러한 원조가 수년간 이루어짐에 따라 어떤 나라는 부강하게 되는 반면 어떤 나라는 성장은커녕 계속적인 원조를 요구하게 되어 미국은 이러한 연유로 해서 신생국에 대한 행정과 문화를 비교·검토하게 되었다. 즉 신생국들이 가지고 있는 특수성을 분석하고 이질성에 대한 연구를 하게 되어 신생국의 발전은 정부의 발전, 특히 행정의 발전이 주도적 역할을 해야만 한다는 결론에 이르게 되었다. 미국은 원조를 하게 되는 과정에서 그들의 과학적·보편적 행정이 신생국의 행정체제에 적용될 것이라고 생각하여 적용해 본 결과 예상과는 판이하게 각 나라의 특수성에 따라 다르게 나타나게 되어 행정이론을 재검토하게 되었다. 이와 같은 과정 속에서 연구를 하여 얻은 것이 리그스(F.W. Riggs)의 발전행정론이나 헤디(Heady)의 비교행정론 등에 의하여 밝혀진 비교행정 연구이나, 이 자체도 동태적인 행정학에 그 효율성을 발휘하지 못하고 정적인 성격을 띠게 됨으로써 보다 정책적·규범적이며 동태적인 새 이론의 연구를 요구하게 되었는데 이것이 바로 발전행정인 것이다.

이러한 학문적인 경향이 정치, 경제, 사회, 문화면에서도 적극성을 요구하게 되어 1960년대에 접어들면서 신생국의 신속한 발전을 위해서는 행정이 우위의 입장에서 선도적 역할을 담당해야 된다는 주장과 함께 와이드너(E. W. Weidner), 에스만(M. J. Esman), 브라이반티(R. Braibanti) 등의 발전론자가 등장하게 된 것이다. 모든 면에서 효과성을 요구함에 따라서 선진국이 신생국들에 대해 구체적으로 지원한 발전적 사업은 U.N. 기술지원계획(United Nations Technical Assistance Program),[1] USAID계획,[2] Ford재단의 원조계획[3]과 이론적으로는 발전 행정연구의 중간 역할을 한 비교행정연구와 신생국 문제에 대한 적극적인 연구를 한 CAG(비교행정학회), 하와이대학 부설 동서문화센터(East-West Center)의 영향 등을 들 수 있다.

Ⅱ. 발전과 행정

1. 발전의 개념

발전(development)은 한 사회의 체계(행정체계·정치체계 등)가 계속적으로 일어나는 새로운 변동에 대응하여 그것을 관리하거나 개선하는 능력의 증진으로 정의할 수 있다. 따라서 발전은 완성된 상태가 아니라 지속적 성장과정이라는 동태적인 개념이며 단순한 성장이나 변화에 그치지 않고 특정방향 및 기획과 밀접하게 상관되고 있다. 리그스(F. W. Riggs)는 광의의 발전을 변화(growth)와 질적 변화인 발전(development)으로 나누고 있다.[4] 또한 변화의 기본개념으로서 ① 성과수준(level of performance), ② 분화수준(level of refraction), ③ 통합수준(level of integration) 등을 들고 있다.

그런데 여기에서의 성과는 성장과 동의어이며 생산성(productivity) 또는 효율의 문제로 보는 양적인 개념이며, 분화(refraction)란, 발전과 같은 뜻으로 사회구조의 기능이 어느 정도로 특정화(specific)되어 있느냐에 관한 것이며 질적인 개념이다. 통합이란, 각 부분이 합하여 하나의 의미있는 통일체(significant unity)를 이룩하는 것으로 사회의 생존능력을 높이는 데 요하는 구조적 변화를 의미한다고 하였는데, 와이드너(Edward W. Weidner)는 발전이라고 하는 목적의 내용이 여하히 결정되느냐에 관하여 다음 4요소를 들고 있다.[5]

---

1) 1948년 UN총회에서 신생국에 대한 원조의 필요성을 인식하고 경제사회이사회 속에 원조계획을 수립하여 1962년까지 약 60여 개국에 걸쳐 행정자문, 훈련, 시설지원 등을 하였다.
2) USAID계획은 미국이 극동지역을 대상으로 신생국에 대한 경제원조, 행정기술 지원 등을 하였다.
3) Ford재단은 인디아, 파키스탄, 서아프리카 지역을 대상으로 경제원조, 행정기술 등을 지원하였는데, 주로 학문적 연구에 많은 공헌을 하였다.
4) F. W. Riggs, *Administrative Development,* Preliminary Draft, 1963, pp. 28~29.
5) Edward W. Weidner, "Development Administration," in Ferrel Heady and Sybil L. Stokes(eds.), *Papers in Comparative Public Administration*(Univ. of Michigan, 1962), p. 97.

1) 주요변화(major change): 질적인 것

2) 성장(growth): 양적인 것

3) 방향(direction)

4) 목적의식성(purposefulness)

이상의 관점에서 볼 때 발전의 개념은 ① 목적성, 즉 목표성(goal), ② 기획성(planning), ③ 특정방향(direction), ④ 질적 변화(change), ⑤ 양적 성장(growth) 등의 다섯 가지의 요인으로 구성되는 것이라 할 수 있겠다.

요컨대, 발전은 1950년대에 대두된 이후, 처음에는 경제발전문제위주였으나 경제발전이 경제외적 요인 없이는 불가능하다는 것을 알고부터는 종합적 발전문제로 확대되었다. 즉 피고스(P. Pigors)는 정부의 주요기능은 사회제도를 안정시키는 데 있다고 한 데 반하여, 아담스(B. Adams)는 "사회적 안정을 위하여 사회적 변동을 촉진(facilitating social change)시키는 역할도 담당하고 있다"[6]고 한다. 이와 같이 오늘의 국가발전목표가 ① 국민형성(nation building), ② 경제성장(economic progress), ③ 사회복지(social welfare), ④ 국가안보(national security)라는 차원으로 일정한 국가가 당면하고 있는 문제의 해결능력 향상을 위한 과정으로 국가발전을 정의하는 경향이 있다. 이처럼 발전이란 대단히 함축성 있는 개념이라 생각된다. 우리나라의 경우는 현대정부의 기능과 아울러 평화통일준비와 근대화라는 특수업무를 수행해야 한다고 특정지울 수 있다.

2. 발전행정의 의의

(1) 발전행정의 소극적 개념

발전행정(development administration)을 소극적 개념으로서 파악하는 리그스(Fred W. Riggs)는 발전행정을 사회발전의 한 산물로서 보고 생태(ecology)적 요인과의 상호작용관계에서 행정이 어떻게 발전하는가를 사실분석적으로 해명하고 있다. 그리하여 발전행정은 가치판단과 목표를 게재시키지 않고 수단으로서의 행정 자체의 발전에 중점을 두는 입장을 취한다.

이 입장으로 본다면 발전행정의 문제는 ① 정부가 농공·교육·의료 등의 과정을 향상시키려고 추진함에 따라 발생하는 제행정적 문제와, ② 이런 과정에 수반되는 정부조직과 관료제도의 개혁문제가 중시되는 것이라고 생각된다.

(2) 발전행정의 적극적 개념

와이드너(Edward W. Weidner)와 에스만(Milton J. Esman)은 발전행정이란 타분야 발전의 수동물이 아니라 타분야 발전을 적극 유도하는 동인으로 파악하고 여기에 정치적·

6) Brooks Adams, *The Theory of Soicial Revolutions*(New York: The MacMillan Co., 1913), pp. 204~205.

사회적 · 경제적 발전을 유도하기 위한 행정의 의도적 · 계획적 작용을 발전행정으로 보고 있다. 와이드너는 발전행정은 어떠한 방식에 의하든 권위적으로 결정된 진보적인 정치적·경제적 · 사회적 제목적을 달성하기 위하여 조직을 이끌어 나가는 과정이라고 정의하면서, 발전행정의 목적은 여러 상이한 행정역할 · 관행조직과 절차, 즉 귤릭(Luther Gulick)의 POSDCORB[7]의 내용과 같은 것을 발전목표의 극대화와 관련시키는 데 있다고 말하며, 또한 에스만도 발전행정을 국민형성 · 사회경제적 향상이라는 국가발전목표(national development goal)의 달성을 위해서 제과업을 수행하는 행동계획(action program)의 수립과 집행과정이라고 함으로써 발전행정의 적극적 개념을 취하고 있다.

위와 같은 정의가 갖는 공통요소는 행정이 행동지향적(action oriented) 및 목적지향적(goal oriented)이어야 한다는 것이다.

요컨대, 발전목적에 중요성을 두는 경우에는 발전행정(development administration)이라 부르고, 목적과는 상관 없이 행정자체의 발전을 중점적으로 할 경우는 행정발전(administrative development)이라고 하고, 일본과 같이 주로 지역사회의 경제발전에 중점을 두고 있으면 개발행정이라고 하여도[8] 좋을 것이다.

그 외에 사회행정 · 복지행정 등 얼마든지 목적의 내용에 따라 발전행정의 내용을 세분할 수 있을 것이다. 그러므로 발전행정이란 종래의 행정학, 비교행정의 방법, 대상, 문제점을 다르게 검토하려는 것이며, 이는 발전목표의 행정이라고 볼 수 있다. 정부권력에 의하여 결정된 정치 · 사회 · 경제적 제목표와 행정일반을 지침으로 하는 방침을 의미하는 발전정책(development policy)과 이에 따라서 종합적 · 연차적 목표로 이를 표현하고 그에 필요되는 제사업을 위한 전체계획인 발전기획(development planning)을 달성하기 위한 발전목적의 행정을 총칭하는 것이다.

Ⅲ. 변동과 발전행정의 관계

행정은 사회변동(social change) 속에서 수행되고 그 변동에 의하여 채색되면서도 이러한 변동에 대응(response)한 중요한 역할을 수행하여야 한다. 지금 우리는 전통적 사회·문화 · 경제의 기반을 벗어나 조속한 근대화 · 산업화를 달성하기 바라며 선진국의 고도로 발달된 기술도입을 열망하는 급격한 사회변동이 진행되고 있다. 그러나 이러한 변동에서 오는 구조적 변화를 관리하고 바람직한 방향과 보다 빠른 속도로 국가발전목표를 달성하

---

7) Luther Gulick, "Notes on the Theory of Organization," in Luther Gulick and L. Urwick (ed.), *Papers on the Science of Administration*(New York: Institute of P.A. 1937), p. 17. ① 기획(Planning), ② 조직(Organization), ③ 인사(Staffing), ④ 지휘(Directing), ⑤ 조정(Coordinating), ⑥ 보고(Reporting), ⑦ 예산(Budgeting)을 의미한다.

8) 佐藤 還, 開發行政, 日本行政學會編(東京: 勁草書房, 1964), pp. 1~14.

기 위해서는 기획된 변화(planned change)를 요구하게 된다. 또한 새로운 상태로 경제발전을 이룩하기 위하여 생산에 도움이 되는 정책자료를 모아 이를 효율적으로 이용할 수 있게 유통시키는 산업인 지식산업(knowledge industry)과 기술혁신은 물론 근대화의 방향과 과제를 이해할 필요가 있다. 근대화를 크게 경제근대화와 사회근대화로 대별한다면 경제근대화의 지표는 ① 1인당 GNP, ② 교통량, ③ communication의 양, ④ energy의 사용량, ⑤ 기계화의 정도 등을 들 수 있으며, 사회근대화의 변수로는 ① 고등교육의 보급, 즉 고등인력의 수준, ② 엥겔계수, ③ 노동시간, ④ 유아사망률, ⑤ 세대인수 등을 들고 있는바, 행정이 이를 지원하고 각종의 도전(challenge)에 대하여 적절한 대응조치로 새로운 변동을 촉진하는 동태관리를 위해서는 다음과 같은 현대사회 변동의 특징을 알아야 한다.[9]

1) 지속적이며 정상적인 현상이다.

2) 급속히 일어난다.

3) 연쇄반응적인 성격을 지닌다.

4) 시차원상에서뿐만 아니라 공간상에서도 제기하고 있다.

5) 변화의 효과는 누적적이다.

6) 우리 사회에서의 변화는 계획될 수 있다.

7) 계획된 변화를 도입・실천하는 데에서 나타나는 예기치 않은 결과는 긴급대책을 요한다.

그런데 이러한 특징을 가진 변동은 행정의 생태로서 행정에 대하여 미치는 영향이 큰바, 고스(John M. Gaus)는 환경적 요인(environmental factors)으로서 다음의 일곱 가지를 들고 있다.[10]

1) **사람**(people) 인구의 폭발, 인구이동, 인구학적 근대화

2) **장소**(place) 입지, 지역특화, 지정학적 위치

3) **물리적 기술**(physical technology) EDPS, 기계화, 자동화

4) **사회적 기술**(social technology) MIS, NGO

5) **욕구와 사조**(wishes and ideas) 의사전달・인사상담・사기조사・제안제도・창조적 사고방식

6) **천재지변**(catastrophe) 재난, 위기, 국난

7) **지도인물**(personality) 리더십, 특정인의 영향력, 즉 개성이나 리더십의 연구를 할 필요가 있다는 내용을 들고 있다.

따라서 위와 같은 변동을 어떻게 하면 돈과 물자를 적절하게 그리고 합리적으로 배분하고 인력을 총동원하여 발전적인 방향으로 변화시킬 수 있으며, 행정부는 그러한 변화・발

9) 富永鍵一, 社會變動の理論(東京: 岩波書店, 昭和 46年), pp. 223～238.

10) J. M. Gaus, *The Ecology of Government in Reflections on Public Administration*, 1947.

[표 8-1-1] 도약연대표

영 국	1783~1802(19)	소 련	1890~1914(24)
미 국	1843~1860(17)	자유중국	1952
일 본	1878~1900(22)	한 국	1965

전을 위해서 어떠한 역할과 공헌을 할 수 있겠는가 하는 것이 문제가 된다. 우리나라의 경우 국가발전이 행정부와 관계 없이 자발적·독자적으로 거대한 사회의 요구에 적응하여 급속히 발전하기만을 기대할 수는 없다.

그 이유의 하나로서 여러 나라의 [표 8-1-1]의 도약연대표를 보면[11] 느낄 수 있듯이 행정부가 정책목표를 채택하고 발전사업을 관리·실천했던 정부와 단순히 법질서유지와 선례의 답습만을 일삼았던 정부와는 그 결과가 상이하였다는 것을 우리는 경험했던 것이다.

뿐만 아니라 발전이 행정부의 선도적·유도적 역할에 영향을 받을 뿐만 아니라 중요한 것은 구조적 분화의 저급성에서 연유하는 행정부의 권력범위의 광범성이라고 하는 정치·문화적 전통과도 관련되는 것이다. 이러한 점에서 볼 때 발전행정론의 특색과 과제연구는 더욱 중요성을 갖는다.

Ⅳ. 발전행정론의 특색

1. 전통적 이론과의 비교

⑴ 정치와 행정의 관계

국가의 유형개념으로 볼 때 현대정부는 거대정부(big government)로서 행정국가가 형성되고 있는바 80년 전의 이원론, 즉 정치로부터 정부의 분리를 주장하던 때와는 달리 1960년대의 발전론에서는 행정도 정책결정을 하며 에스만(M. J. Esman)이 말한 바와 같이 행정이 정치를 영도 또는 대행할 수도 있다.

⑵ 과학성과 기술성의 관계

발전행정론에서는 과학성보다도 기술성쪽에 더 기울어져 가고 있는 경향이며, 정책지향적인 것을 내포하고 있기 때문에 과학적인 원리의 발견보다도 특정한 발전적 사업의 성과에 큰 비중을 둔다.

⑶ 행정변수

행정현상을 야기하는 요인, 즉 변수로서 구조·행정인·행정환경이 중시되고 있는데, 특히 행정인의 경우 1930년대는 인간의 불합리성·감정·사회심리적인 면이 중시되었으나, 현대의 발전론에서는 발전이라는 새로운 사태를 만들어내는 시동은 행정구조·행정생

11) W. W. Rostow, *The Stages of Economic Growth*(N.Y.: Cambridge Univ. Press, 1960).

태도 아니며, 또한 인간의 단순한 지식도 아니고 인간의 행동지향성을 규정지어 주는 발전적 가치관에 달렸다고 본다.

(4) 행정이념

① 종래는 법과 질서유지지향적인 차원에서 합법성(legality)과 능률성(efficiency)이 높아야 한다고 하였다. 이것은 절차과정 중심의 용어이다. ② 그런데 이러한 이념은 시대성과 지역성을 띠며 정치・경제적인 행정환경으로서의 타체계의 여건에 따라 다르나 발전행정에서는 합목적성과 효과성(effectiveness)을 중시한다.

그러나 목표의 달성과 성취에 치중한다는 의미에서 이것은 효과성의 문제를 별도로 제기하고 있는 것이다. 이를 구체적으로 현재 우리 행정의 입장에서 고려한다면 다음과 같이 제시할 수 있겠다.

[그림 8-1-1] 전진적 및 역행적 발전행정의 이념도

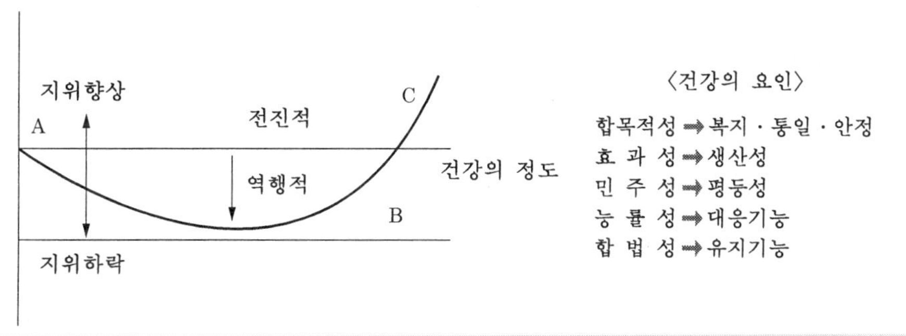

2. 행정과정상의 특색

발전행정에 부합되는 과정에 대하여 카츠(Saul M. Katz)는 결정명세(specification)・의사전달・통제 등을 들고 있으며,[12] 리치필드(Edward H. Litchfield)는 위의 네 가지 외에 끝에 재평가(reappraising)를 첨가하고 있다.

그러면 구체적으로 어떠한 내용상의 특색을 갖는가를 과정면에서 분석하여 보겠다.

(1) 목표・정책・기획이 중시된다

이원론에서의 POSDCORB에 비해서 이것이 강조되는 이유는, 실질적인 발전사업의 선택[13]과 행정발전기능이 중시되는 데 있다고 생각된다.

(2) 조직화의 내용이 수정된다

종래에는 조직・관리・인사・재무가 통제 또는 효율을 위주로 고려되었으나 이제는

12) Saul M. Katz, *A System Approach to Development Administration*, CAG, ASPA(1965), pp. 23~27.
13) 박동서, "행정과정," 중앙행정, 제 2 권 제 2 호(1970년 2월호), pp. 80~83.

조직면에서도 막스 베버(Max Weber)적인 것은 많은 수정을 보아야 하며, 인사면에서도 관료제의 고객과 구성원에 대한 태도와 행위의 재검토 및 의사소통의 확대와 직급보다 직위중심의 관리를 위한 행정의 내부구조상의 변화가 직원들의 가치관, 계속적인 능력개발 등과 함께 중시되며 재무에서도 발전계획과의 관련성이 중시되고 있다.

(3) 지시의 내용변화를 들 수 있다

지시(Directing)가 과거에는 상의하달이 위주가 되었으나 이제는 하의상달 · 참여 · 리더십 등이 중시되어 가고 있음을 볼 수 있다.

(4) 심사분석 · 환류(feedback)가 중시된다

행정의 발전만이 아니라 발전목표 · 정책의 효율적인 달성을 위해서도 관례적이고 법적인 요건에 대한 집착배제와 자원의 효율적인 사용에 대한 보다 많은 관심이 중요시되지 않을 수 없는 것이다.

Ⅴ. 발전행정의 접근방법

발전행정을 보다 효과적으로 접근시키기 위한 방법으로서 여러 가지의 접근방법이 있을 수 있겠으나 대체적으로 발전행정은 체제, 행정인, 행정환경과 정치, 경제, 사회 등에 밀접한 관계를 맺고 있다. 발전행정의 접근방법은 이와 같은 여러 가지 분야에 걸쳐 어떻게 일어나고 있으며 어떤 방법으로 지속되는가를 파악하고 연관성을 연구하는 과정으로 일치만(W. Illchman)이 분류한 행정체제적 접근방법(administrative systems approach)과 사회체제적 접근방법(social systems approach) 등을 살펴보면 다음과 같다.[14)]

1. 행정체제적 접근방법

(1) 균형이론

균형이론은 행정전반에 걸쳐 강력한 추진력에 의하여 동시적 · 전면적인 발전노력이 있어야 한다는 입장으로서 부분적 · 단편적인 행정개혁은 효과적인 것이 될 수 없다는 내용이다. 이의 대표적 학자로는 페인소드(M. Fainsod), 에머리휘(H. A. Emmerich), 카츠(S. Katz), 글래디유(B. Gladieux) 등이 있다.

(2) 불균형이론

불균형이론은 행정의 전반적 · 동시적 발전보다는 중요하다고 인식되는 분야에 대하여 중점적인 투자로 발전을 추진시키고 그것을 기반으로 전체적인 발전을 시도해 보자는 것이다. 이는 한정된 자원과 자본을 가진 나라에서 행정효율을 극대화하기 위한 현실적인

14) Warren F. Illchman, "Rising Expectations and the Revolution in Development," *Public Administration Review,* Vol. XXV, No. 4(December 1965), pp. 314～318.

발전전략이라고 볼 수가 있다. 이의 대표적인 학자로는 웨스트콧(Jay. B. Westcott), 한센(A. H. Hanson), 리(Eugence C. Lee) 등을 들 수 있다.

2. 사회체제적 접근방법

사회체제적 접근방법은 행정을 사회체제의 하위체제로 보고 다른 하위체제요소들과 상호연관성을 중요하게 여기는 것이다.

(1) 균형이론

사회제체적 균형이론은 전체사회체제 내의 여러 하위체제 사이에서 상호관련성을 강조하고 정치, 경제, 사회 등의 모든 면에서 행정의 발전이 우선하거나 동시에 진행해야 행정의 발전을 기할 수 있다고 보는 입장이다. 이의 대표적인 학자로는 리그스(Fred W. Riggs), 파이(Lucian W. Pye), 아이젠스타트(S. N. Eisenstadt) 등을 들 수 있다.

(2) 불균형이론

이것은 행정체제와 다른 하위체제 사이에서 상호관련성을 배제하지 않고 사회의 발전이나 행정의 발전에 행정이 주도적 역할을 담당함으로써 다른 부분의 발전을 도모할 수 있다는 것이다. 이 불균형이론은 가능한 한, 최대한으로 행정관리능력을 향상시켜 낮은 행정문화에 지도성과 책임성을 부여해야만 한다. 이의 대표적인 학자로는 대부분 발전행정의 주창자들로 에스만(M. J. Esman), 와이드너(E. W. Weidner), 브라이반티(R. Braibanti) 등을 들 수 있다.

제 2 절 발전행정이론의 적용실제

I. 행정조직법의 측면

발전행정체제로 전환시키기 위하여 ① 유능한 과학자 · 기술자 · 관리전문가 등을 정책형성과정에 참여할 수 있도록 하였으며, ② 중앙을 정책의 입안, 기획수립 및 조정기준의 설정과 지도감독사무를 관장하도록 하였으며, ③ 행정권한을 하부이양하는 방향으로 하였으며, ④ 하급관서에 위임한 사무에 대하여는 과도한 중앙의 간섭형태를 개선하였다.

II. 조직쇄신의 측면

1. 담당관제도의 채택

이 제도를 채택한 이유로서는 ① 행정의 새로운 수요에 대처하기 위한 인력활용의 신축성을 도모하고, ② 경제발전계획을 세워 각종 요소별 관리에 기동성 있게 대처하기 위함이다. ③ 연구・기획직 등의 강화로서 종래 국·과 등과 같이 통제로 획일화된 규제위주이며 집행위주인 경직되고 계층중심의 통제체제를 동태화하기 위함이다. ④ 과업수행을 위한 조직의 신축성을 도모하기 위함이다. ⑤ 집행계층의 장의 지휘조정능력을 보충하기 위함이다. ⑥ 새로운 관리기법인 PERT(공정관리), MS(인력배치기준), PPBS(기획예산제도), SA(체계분석), MIS(정보관리체제) 등과 전문지식의 이점을 행정조직 속에 도입하여 계선기능(line function)을 강화하여 주는 장점을 살리고자 이를 적용하였다. 단, 운영상의 결함은 다음과 같다.

1) 국·과·계조직의 답습

2) 계선조직의 확장

3) 담당관의 업무수행에 적극성 결여

4) 관계기관들의 협조 미흡

2. 정부조직 편성의 표준화

1) 2개 이상의 기관에 관련된 창구업무를 가급적 일원화하여 위탁제도를 활용한다는 방침 아래 관리구조를 전환하였다.

2) 특별지방행정기관의 지역별・기능별통합을 시도하였다.

3) 정부조직의 편성과 국·과 신설의 경우, [그림 8-1-2]에서와 같은 표준적 편성방법을 적용하려고 하고 있는 점이다.

[그림 8-1-2] 정부조직의 편성방법(표준적 예시)

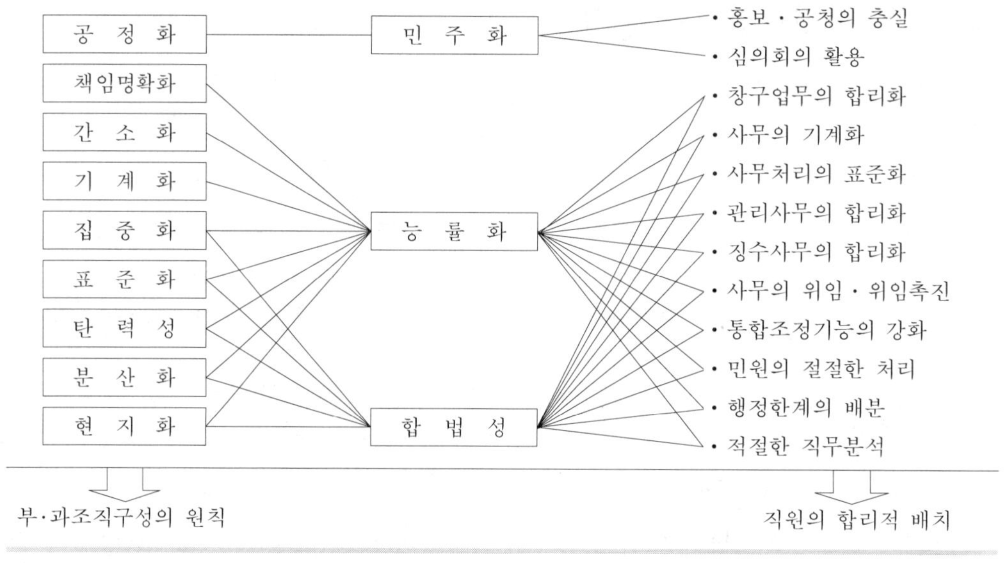

Ⅲ. 운영관리의 쇄신적 측면

1. 감독의 경우

1) 합목적성과 효율성의 동시촉구

2) 관리직의 진취적 복무자세의 확립

3) 재산관리와 회계운영의 효율성 제고

4) 계획・집행・사무관리의 적정성 제고

5) 제도 및 법령의 현실과 부제합성 시정 및 개선의 촉구

6) 자체통제 및 자체감사와 일정시기 연합감사의 방향으로 나아감

7) 업적평가와 인정

8) 사업의 집행전 정책결정시 발전사업의 선택, 적정 여부의 타당성분석을 중시하는 방향에서 자체감사 강화의 방향으로 나아감

9) 사전예방감사의 방향으로 나아가려 함

2. 제도운영의 경우

1) **업무의 간소화・표준화** (i) 보고업무를 개선, ① 보고의 흐름을 조사분석하여 간소화하고 필요보고만 하도록 함. ② 각 부분간 조정 시도. ③ 요구되는 보고사항이 충족되도록 내용의 계획화에 유의, ④ 정기보고 활용을 확대, ⑤ 수시 보고요구는 기존자료로 충당할 수 없는 경우에 한하도록 하는 점. ⑥ 각 부처별 종합통계실(또는 행정자료실)을 설치운영 등을 들 수 있다.

(ii) 집행업무는 하급기관 및 내부보조기관에 위양(委讓)하고, ① 업무위양시에는 권한과 인원도 동시 위양하여 이중행정, 이중감독의 폐단제거를 시도한 점, ② 실무업무의 실무담당관료 위임전결도 위임행정과 인력낭비, 처리시간 지연방지를 기도한 점을 들 수 있다.

(iii) 감사・조사・출장감사 등의 회수를 과감히 감소

(iv) 현행 각종 서식, 장표기록, 결재절차, 경유절차, 합의 절차의 간소화시도

(v) 무의 표준화 착수, ① 행정업무의 전산화와, ② 업무의 편람화, ③ 표준업무흐름도 작성, ④ 각종 사무기기 등 표준화를 시작한 점 등을 들 수 있다.

2) **업무의 기계화** 행정효율향상을 위하여 특히 기계화함으로써 ① 인력을 절감하며, ② 처리의 신속화, ③ 경비절약, ④ 처리의 정확, 정밀도유지, ⑤ 사무의 집중관리 가능, ⑥ 형식 및 체제의 통일을 기하려는 작업을 시작했다.

3) **업무의 전산화** 업무의 전산화를 위한 실행계획을 착수하였음을 지적할 수 있다.

제 3 절 발전행정을 지향하는 한국행정의 과제와 전략

Ⅰ. 새 행정문화 창조

1. 의 의

행정문화란, 행정에 있어서 인간행동을 규율하고 그 지침으로서의 역할을 하는 관념이나 가치의 총체를 의미하는 것이다.

행정체제는 그 환경과 유기적인 상호작용을 하고 있으며 환경이 행정체제에 직접·간접 영향을 미쳐 행정인의 가치관이나 의식구조에 변화를 일으키게 된다. 또한 행정문화는 문화적·역사적 환경의 소산으로, 물리적 환경은 급격하게 변동하나 가치관이나 사고방식의 변화는 매우 완만하게 이루어진다.

2. 한국 행정문화의 특질

1) **권위주의·계층주의** 전통적인 유교문화의 영향으로 조직에 있어 평등관계보다 수직관계의 가치관이 아직도 뿌리를 내리고 있으며, 이로 인하여 정책결정이나 의사결정은 최고위층이 주도적으로 행하고 있다.

2) **형식주의** 전통적인 농업사회에서 산업사회로 발전해 나가는 과도적 단계에 처한 사회에 있어 볼 수 있는 현상으로 일부에서는 전통적인 역사적 유산이 청산되지 못한 채 깊이 스며들고 있는가 하면 도시사회를 중심으로 근대적인 제도가 이식되어가는 형편이다.

3) **사인주의**(대인주의나 가족주의) 우리는 아직도 공사가 구별되지 않고 있으며, 이로 인하여 혈연, 지연, 동창의식, 파벌의식이나 개인간의 특별한 신임관계, 친소관계 등이 지배하게 된다.

4) **관직사유관·관인지배주의** 오랜 역사적 전통으로 관료는 국민을 지배하는 것으로 착각하고 있으며, 관직을 사적 활동에 이용하거나 부패로 이용한다. 기타 형식, 절차나 관습, 선례 혹은 체면 등에 지나치게 집착하는 의식주의가 있다.

3. 새로운 행정윤리관의 확립과 이념정립

1) 국가개발전략으로서 행정체계가 주도부분이 되어 타체계의 발전을 점차 유도하여야 한다는[15] 입장에 서야 한다.

2) 체계적 사고의 배양과 종합체계화의 지향

15) William R. King, *System Analysis and Project Management*(N.Y.: McGraw-Hill, 1968).

3) 계량행정학의 중시
4) 공무원의 능력개발 중시
5) 조직협력의 지향
6) 권력상승작용을 막고 의사소통과 참여관리체제의 확립
7) 자원의 동원과 배분의 동시 중시
8) 공익과 사익의 혼합추구
9) 부조리 및 낭비제거
10) 기술직 · 전문직 · 기획직의 우대 등이 있어야 할 것이다.

Ⅱ. 조직개발(organization development)과 관리쇄신

1. 입체관리의 지향

① 조직구성원의 만족도를 높이고, ② 협동(cooperative)과 공동노력(coefforts) 및 공동창의(joint creativity)를 통하여 조직갈등을 해결하며, ③ 조직성장률과 건전도를 높이며, ④ [그림 8-1-3]과 같이 입체가 이루어지도록 하여야 할 것이다.

[그림 8-1-3] The 3-D theory(3차원적 관리이론, 입체관리이론)

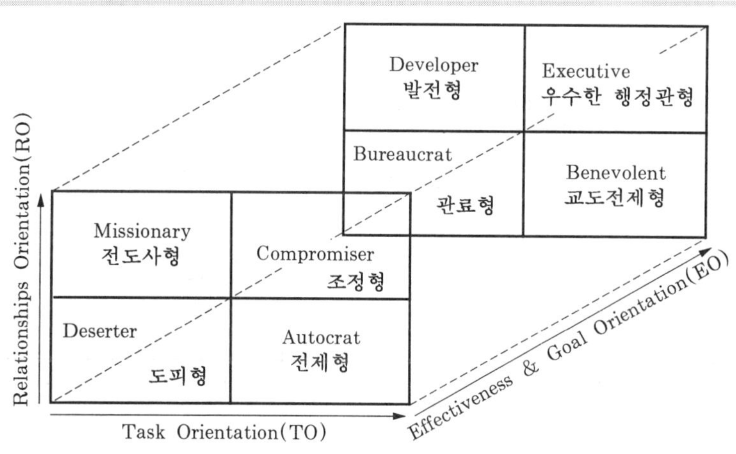

2. 참여(participation)관리와 동기부여를 통한 관리쇄신

1) 동기부여를 위한 제시설도입　　① 급여, ② 직무의 매력을 위한 적정배치, 즉 능력발전, 행정목표에 부합되게 전보가 이루어져야 하며 순환보직을 제도화하는 일이다. ③ 승급 · 승진 · 근무성적과 연결을 맺어야 한다. 그리고 부처간, 직렬간의 승진속도에 차이가 있어서는 안 될 것이다. ④ 결정에의 참여, ⑤ 목표관리, ⑥ 자기계발의 기회 부여,

⑦ 고뇌처리, ⑧ 근무성적평정의 기능화 등을 들 수 있겠다.

2) **참여범위의 확대** ① 전문가 · 기술자로 볼 수 있는 직업공무원과 관·산·학 협동체로 구성된 위원회의 활용으로 공동참여의 기회를 확대시켜야 한다. ② 국내외의 비행정인인 전문가참여의 기회를 주는 일이다. ③ 이해관계를 가진 이익단체의 참여, ④ 국회 정당인의 의견 존중, ⑤ 불특정다수 시민의 여론과 민의의 반영이 있어야 할 것이다.

3) **행정인의 책임한계범위확대** ① 이익보장, ② 봉사성제고, ③ 정치적 책임감수, ④ 관계권형성 등 대내외적인 책임성 제고가 요구된다.

4) **실행계획**(implement plan)[16]**의 활성화와 관리조직의 동태화** 문제해결(problem solving)과 결정작성(decision making)을 위한 체계적 접근(systematic approach)을 필요로 한다. 다음 〈그림 8-1-4〉에서 보는 바와 같이 전통적 계층제(hierarchy)를 수정하자는 것이다.

[그림 8-1-4] 관리의 계층별구조

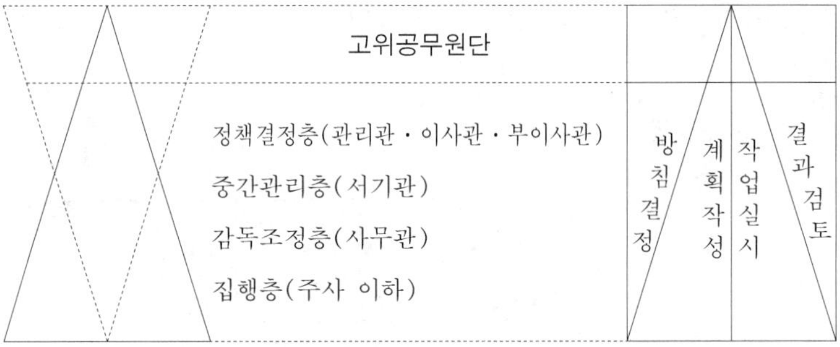

고위공무원단
정책결정층(관리관 · 이사관 · 부이사관)
중간관리층(서기관)
감독조정층(사무관)
집행층(주사 이하)
방침결정
계획작성
작업실시
결과검토

요컨대, 막스 베버(Max Weber)는 과거 합리적 조직의 특징으로는 ① 권한의 원칙, ② 직무체계의 원칙, ③ 문서주의원칙, ④ 몰주관적 직무노동의 성격을 갖는다고 했으나, 이 이론을 벗어나 이제는 킹(W. King)이 주장하는 project 또는 matrix organization이론[17]을 살려, ① 해체가능성을 갖도록 하고, ② 조직 자체에 충성이 아닌 기관형성과 조직목표에 충성하도록 하며, ③ 조직성원 개개인의 감수성을 높이며, ④ 변동에 적응성을 높여야 할 것이다.

또한 그로스(B. Gross)의 이론에서와 같이

첫째, 우리나라의 행정조직을 성장시켜야 하겠다.

둘째, 연합조직의 특색을 살렸으면 한다.

즉 ① 조직 자체 때문에 참여자가 생겨나서는 안 된다.

16) Bertram M. Gross, *Space Time and Post Industrial Society,* CAG, Occasional Papers(May 1966), pp. 27∼32.

17) W. G. Bennis, *Changing Organization*(N.Y.: McGraw-Hill Co., 1966), pp. 9∼12.

② 조직에의 참여성원은 자율적이어야만 하며, 참여자의 만족도는 스스로 평가하고 조직의 발전 없이는 자기의 발전도 없다는 조직의식이 계발되어야 한다.

③ 문제해결중심의 조직이어야 한다. 이를 위해서는 전문가 집단의 성격을 갖도록 하며, 수평적 의사전달이 활성화되어야 하고, 관리자층은 조정·협력기능의 폭을 넓혀야 할 것이다.

④ 직업적 전문가가 필요되는 조직이 되어야 하며 직업적 충성(professional royalty)에 민감한 조직환경[18]을 만들어야 할 것이다.

셋째, 개방체계적 이론의 입장을 취해야 하겠다.

넷째, 분권화를 지향하는 일이다.

다섯째, 연성구조(soft structure)조직을 편성한다. 이를 위하여서는 (i) 단위사업별 조직을 활용하며, (ii) 예각이 높은 조직계층(tall organization)에서 평평한 조직(flat organization)이 되게 한다. 이렇게 함으로써 다음과 같은 장점을 살린다.

① 조직단위의 고정화를 배제하여 조직유동화의 가능성 촉진

② 의사소통의 신속화와 정확성 증진

③ 현시성·적시성 도모

④ 조직목표가 하부계층에 이르기까지 보다 명확하게 설정되고 집행될 수 있다.

(iii) 전문적 및 일시적 조직제도를 도입하고 국제경쟁력의 강화와 환경변화에 적응하는 한편, 복합적인 기능의 협동이 이루어질 수 있고, 다변적인 지식산업을 활용할 수 있는 project team제 등의 혼합제를 채택한다.

(iv) 목표관리제도(management by objectives)를 도입운영한다. 목표관리의 기본 system은 [그림 8-1-5]에서와 같이 자기통제적 관리유형의 이론을 도입적용하는 것인바,

① 직접감독의 범위(span of control)

② 감독계층을 단축한다.

③ 감사는 정책부조리면을 고려한 예방적 감사에 한하고 자율적인 행정효과의 측정방법의 제도를 대치한다.

④ 관리추진의 과정에서 동기 부여를 충족시키는 기능이 이루어지게 된다.

[그림 8-1-5] 목표관리의 기본 System

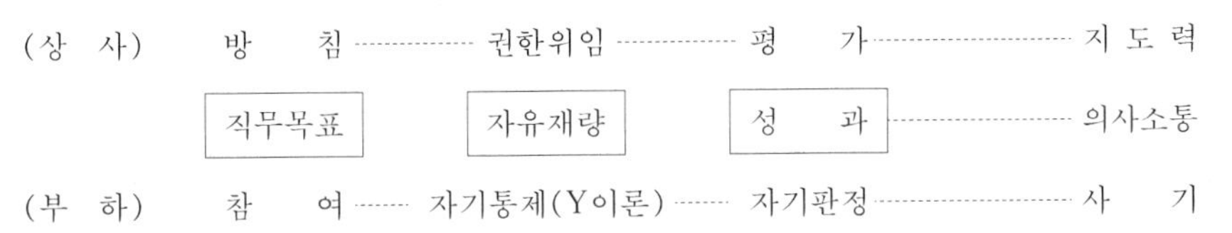

18) 紫田啓次, 經營管理, 新地方自治講座(東京: 第一法規, 昭和 48年), p. 171.

⑤ 관리자를 평가하는 수단을 제공한다.

⑥ 참여적 관리(participative management)를 위한 기회를 제공한다.

⑦ 목표를 명백히 하고 관리문제의 다목표적 성격을 인식시킨다.

5) **관리자원의 이용극대화** [그림 8-1-6]에서와 같은 관리자원의 활용을 의도된 바의 목적을 위해 충분히 활용하였는지의 여부를 분석하고, 파급효과는 어떠하고 목적달성에 특히 기여한 요소는 무엇이었으며, 구체적으로 행정효과를 측정하여 부단한 관리쇄신이 있어야 하겠다.

특히 ① 기구 정보원의 관리, ② 행정장비의 운영개선, ③ 문서관리의 개선, ④ 민원사무의 개선면에서도 기능적 행정관리의 고도화와 기술적 관리혁신을 지향하는 체제적 접근이 시도되어야 할 것이다.

[그림 8-1-6] 관리자원의 활용체계도

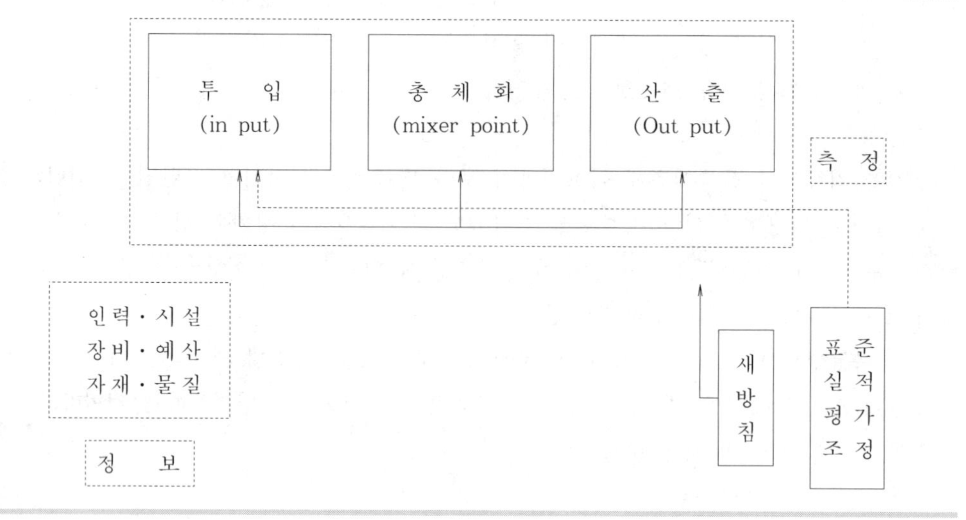

제 2 장

사 회 지 표

제 1 절 사회지표의 본질

Ⅰ. 사회지표의 개념

사회가 발전될수록 모든 체제가 하나의 '공'(globe) 같은 모양으로 변화될 수가 있다. 즉 사회의 각 분야가 서로의 관계성을 유지하면서 발전된 분야와 발전되지 않은 분야 사이에 협조 및 협력을 하기 때문에 사회적 균형발전을 이루게 되며 그에 따른 공동발전은 불가피하다고 볼 수가 있다.

인간을 위주로 모든 정책수립과 집행하는 과정에서 사회발전문제는 경제발전을 비롯하여 정치발전, 문화발전, 인간발전, 지역발전 등 수많은 발전을 생각할 수가 있는데, 이러한 발전이나 개발의 문제는 결과적으로 하나의 체제를 위하고 미래의 바람직한 사회안녕과 안락한 사회생활을 최종목표로 하고 있는 것이다. 인간이 풍요하고 안락하게 살기 위해서는 사회발전도 중요하지만 우선적으로 적용하여 실시하는 최하위 요소는 사회지표문제이다.

즉 사회를 어떻게, 어떤 방향으로 발전시키고 정책을 수립해야 하며, 사회체제의 유동성과 동태성에 어느 정도 신축성을 유지하며 개발하느냐에 관계된 문제로서 여기에는 과거의 정책집행에 시행착오를 범했던 것과 현재 재원의 분포상태, 미래의 생활향상 정도, 사회체제 내의 기준에 의거한 인간의 욕망이나 욕구, 사회의 규범과 개발의 당위성에도 부합되어야 한다.

사회개발지표는 사회개발의 중요성과 인간환경의 변화에 민감한 적응성을 요구하게 되는 현사회에서 그 범위가 확대되고 개발목표수립을 위한 기초적인 정책수립의 기초작업으로서 점차 대두되기 시작했고, 특히 60년대의 생활수준을 넘어 70년대의 생활의 질

(quality of life)에 대한 개념이 중시되면서 사회지표에 대한 중요성이 강조되기 시작했다. 또한 지표에 대한 기준으로도 과거에는 어떤 특정한 분야의 발전이 이루어지면 인간환경에 대한 요소가 모두 발전된다는 사고방식에서 벗어나 현재 사회지표에 대한 개념은 인간의 심리적·정신적 안정을 요하는 레저까지도 포함시킬 수 있는 종합적이고도 총체적인 개념으로 탈바꿈을 하고 있다. 이러한 면에서 이념지표를 생각한다면 사회의 모든 분야의 공동발전은 물론 인간의 심리요소까지 파악하는 것이라고 볼 수가 있다.

또한 사회개발지표는 그 나라의 특수성, 역사성, 환경에 따라 달라질 수 있겠지만 대체적으로 그 사회가 요구하는 개발목표와 사람의 요구도 및 필요성에 따라 다양하게 변화될 수도 있고, 사회체제에 대한 총체적 지칭으로서 경제, 사회, 행정, 문화 및 환경에 대한 생활의 질 지표(quality of life indicators)를 설정하는 접근방법이라고 볼 수가 있다.

이에 관하여 쉘던(E. Sheldon)과 무어(W. Moore)는 사회지표란, 어떤 규범적 기준에 의하여 평가할 때, 진보적이든 퇴보적이든 간에 사회적 영역의 어느 한 국면의 현재 상태나 또는 과거 미래의 경향에 관한 상태를 해석하는 지침이 된다[1]고 정의하였고, 비더만(A. Biderman)은 사회지표란, 사회의 중요한 상황에 관하여 지수로서 수량화된 자료라는 제한된 의미로 사용되어야 한다[2]고 주장하고 있다.

Ⅱ. 사회지표의 성격

이와 같은 사회지표의 성격을 분류하여 설명하면 다음과 같다.

1. 인본주의적 성격

모든 사회의 정책결정이나 집행은 사람을 위주로 해서 행해지는 것이기 때문에 사회지표 또한 인간의 삶에 대한 질을 요구하는 사회적 여건을 조성한다고 볼 수 있다.

2. 규범지향성

사회지표는 개인의 욕구에 의해서도 유지될 수 있지만 사회가 요구하는 규범이나 당위성에 사회목표와 가치를 부합시켜야 한다. 즉 사회의 모든 체제가 인간 삶의 질에 관한 지표를 설정하기도 하고, 그것은 역사적·사회적 성격에 따라 판단되고 사회정책 형성의 종합성을 요구하기도 하며 사회의 안정성과 발전에 밀접한 관련성이 있다. 또한 객관적으로 측정이 불가능한 사회가치는 그 사회 내에서 존재하는 문화적·역사적 산물이며, 서술

1) E. B. Sheldon and W. E. Moore(eds.), *Indicators of Social Change*(New York: Russell Sage Found, 1968), p. 4.

2) Albert D. Biderman, "Social Indicators and Golds," in R. A. Bauer(ed.), *Social Indicators*(Cambridge, Mass.: MIT Press, 1972), p. 69.

적 · 규범적인 모든 면을 포함하고 있다.

3. 종 합 성

사회지표는 단일적인 것이 아니라 사회의 모든 면을 수용하는 종합성을 띠고 있다. 즉 사회지표의 발전을 위해서는 특정부분의 발전을 기할 수도 있지만, 그것은 사회의 모든 요소들과 관련되어 있고, 모든 자원이 총망라되어 사회의 파급성을 누릴 수 있다.

4. 시간의 변동에의 적응성

사회지표는 인간 삶에 대한 질의 시차적 변화를 파악하고 비교할 수 있는 것이어야 한다. 즉 사회의 변동에 따라 사회지표로 변할 수 있고 개량화될 수 있기 때문에 그에 적응하여 적절히 변동한다는 것은 그만큼 사회지표가 신축성을 유지하며 절대적 지표를 벗어나 상대적이고 사회의 환경에 자기 적응능력을 부여하게 된다.

5. 개인수준의 자기지향성

사회지표는 또한 전체 사회적 · 포괄적인 것을 수집, 운영하고 있지만 측정단위로는 개인의 욕구나 가치의 관점에서 삶의 질을 추구한다고 볼 수 있다.

6. 성과지향성

사회지표는 가급적 사회적 절대치와 비교할 수 있어야 하며, 투입보다는 산출에 대한 효과적인 측정을 할 수 있어야 한다.

Ⅲ. 사회지표의 필요성

사회지표는 올바른 사회발전과 인간의 목표를 달성하기 위해서 여러 가지 측면에서 필요하겠지만 대체적으로 크게 나누어 사회정책적인 면과 사회변동적인 면, 인간관리적인 면을 들 수가 있다.

1. 사회정책적인 면

사회정책적인 면에서의 사회지표는 사회개발방향에 똑바른 목표를 제시해 주고 동기를 부여해 주며 사회의 적극적인 면을 포함하여 계속적이고 통제적인 면을 제시해 준다. 즉 사회체제간의 변수들 사이에 상호관련성을 유지하면서 발전을 도모하고 사회의 보다 나은 균형발전을 위해서 구체적인 정책대안의 설정에 많은 도움을 주고 있다.

2. 사회변동적인 면

사회지표가 담당하는 또 하나의 측면은 사회변동에 선도적인 역할을 담당하고 있는 것이다. 사회의 낙후성과 불합리한 것을 현 수준보다 발전된 지표를 제시하고, 그를 향한 발전이나 개발의 필요성을 공동으로 인식하여 적극적인 노력으로 사회의 변화를 촉진시킬 수 있다. 또한 정부차원의 사회적 관점에서 사회지표 개발을 위한 각종 규범적 변동의 요인과 규모, 방향 등을 조정, 통제함으로써 사회의 지표가 갖는 변동적인 성격은 매우 중요하다고 하겠다.

3. 인간관리적인 면

인본주의로 집행되는 사회지표는 보다 안정적이며 능력을 최대로 발휘할 수 있도록 환경조건을 개선해 줌으로써 인간의 관리와 능력개발면에서도 상당한 기여을 하고 있는 것이다.

Ⅳ. 사회지표의 분류[3)]

1. 경제지표와 비경제지표

경제지표란, 화폐단위로써 측정되고 표시되는 지표를 말하며 비경제지표란, 비화폐적 요인으로 표현되는 것을 말한다.

2. 구조지표와 성과지표

구조지표는 사회체계의 안정적인 관계를 강조하는 것을 말하고 성과지표란, 투입・산출개념을 중심으로 성과를 측정하기 위한 지표를 말한다.

3. 발전적 지표와 구조적 지표

발전적 지표는 사회정책적 증진목표와 직접적으로 연관이 되는 지표를 말하고 구조적 지표는 주로 인구 및 산업구조상의 제반 특징을 반영하는 지표이다.

4. Flow 지표와 Stock 지표

복지라는 개념을 중심으로 하여 주민이 일정기간 수용하게 되는 일정량의 복지의 흐름을 측정하는 경우 Flow 지표가 사용되며 Stock 지표는 주민들이 일정한 시점에서 처하고 있는 상태로서 이해할 때 사용한다.

3) 김광웅 외, 발전행정론(서울: 법문사, 1980), pp. 207～208.

5. 양적 지표와 질적 지표

양적 지표는 물량적인 면에서의 경제적 지표를 말하고 질적 지표는 사회지표에서 강조되고 있는 것으로서 인본주의 의의에 치중하는 정보를 획득할 때 강조되고 있다.

6. 긍정적 지표와 부정적 지표

긍정적 지표는 그 지표의 상승이 인간의 복지를 증진시킨다고 판단되는 것을 말하고 부정적 지표는 이와는 반대로 인간의 복지를 저하시킨다고 판단되는 것을 말한다.

제 2 절 사회지표개발의 문제점과 개선방안

사회지표를 구체적인 목록으로 작성하여 개발시킨다는 것은 매우 어려운 작업이라 할 수 있다. 이는 사회개발을 넘어서 국가개발의 전략에까지 포함하기 때문에 사회지표의 체계화는 국가개발기획과의 밀접한 관련성을 갖고 있어야 할 것이다. 또는 광대한 지표의 작성에 있어서 설정자의 주관적 가치에 있어서 설정자의 주관적 가치에 따라 변화될 수도 있는 것이기 때문에 사회성장에 따른 지표설정은 매우 어려운 과제라고 할 수 있고, 사회발전과 성장에 따른 방향과 통제의 기능은 중요하다고 할 수 있다. 그러한 이유로 이를 효과적으로 설정하기 위해서는 여러 가지 측면에서 정보를 조직화시켜야 하고, 사회 각층의 상호관련성을 유지하며 선진국에서 활용했던 사회지표의 여러 장점을 도입하여 국가개발의 정책방향과 사회개발에 체계화를 기해야 할 것으로 생각된다. 이러한 면에서의 문제점으로는 다음과 같은 점을 들 수가 있다.

Ⅰ. 사회지표개발의 문제점

1) 객관적 사회지표의 설정이 어렵다.

2) 사회지표를 설정해 놓음으로써 사회변동성에 둔화될 수 있다.

3) 각 계층, 지역별, 사회별의 잠재능력을 파악하기 곤란하다.

4) 인간가치를 계량화할 수 없으며, 생활의 질에 대한 기준을 명확히 설정하기 어렵다.

5) 인간 자체의 의식수준과 사회환경과의 상태가 괴리되어 있는 상황하에서는 사회지표 설정기준이 지표설정자의 의식수준에 따라 변화될 수 있다는 점 등을 들 수 있으나 이러한 문제점을 개선하기 위한 방법으로는 먼저 국가발전과 사람의 의식수준 향상이 뒤따라야 하겠지만 사회지표는 적어도 다음과 같은 방향에 따라 체계화되어야 한다.

Ⅱ. 시회지표의 개선방안

1) 사회지표는 사회상태를 종합적으로 파악할 수 있는 다목적적이어야 한다.

2) 새로운 사회지표를 설정하고 집행해 나갈 수 있도록 정보를 체계화해야 한다.

3) 사회지표를 설정하는데 합리적이고 미래지향적인 요소를 함축해야 한다.

4) 사회지표가 국가개발 및 발전의 초석이 될 수 있도록 과학화해야 한다.

5) 사회지표는 지역별·시차별로 변화에 대한 변수를 비교측정할 수 있어야 한다.

6) 인간의 욕구와 가치를 포함하여 인간위주의 지표가 될 수 있도록 생활의 질에 대한 개발을 해야 한다.

7) 여러 하위체제들과 파급효과를 공감할 수 있도록 밀접한 관련성을 유지해야 한다.

8) 사회지표는 사회변동을 유도하고 바람직한 사회개발에 전략적으로 대처할 수 있는 지표를 설정해야 한다는 것 등의 개선방안에 대해서 논해 보았으나 사회지표는 사회적 여건에 따라 또는 국제적 추세에 따라 민감하게 변할 수도 있기 때문에 합목적적이고 사회의 정당성에 입각하여 객관적인 지표를 설정하고 운영해 나가야 한다.

제 3 장

행 정 개 혁

제 1 절 개념과 특성

행정개혁(administrative reform)이란, ① 행정구조변동의 계속적 과정이며, ② 발전목표를 달성키 위한 수단으로서 효율성의 극대화를 위한 관리기술·절차·방법의 개선으로 현재보다 좋은 상태를 지향하는 계획적인 변혁(planned change)을 의미한다. ③ 행정인의 행태, 즉 가치관이나 태도·신념 등의 발전인으로서의 속성으로 바꾸려는 노력이라고 볼 수 있다. ④ 관료제를 조절하는 정치과정(political process)으로서 행정내재적 일반원칙이 있어 꼭 그에 따라 개혁되는 것이 아니고 정치세력간의 타협의 결과일 수도 있다는 특성을 갖는다.

제 2 절 행정개혁

1. 구조적 접근방법

공식적 조직의 내부구조의 개혁에 중점을 두는 방법론으로 행정환경이나 행정인의 행태를 외면한 채 조직원칙과 같은 측면을 중심으로 한 계층제의 원리, 통솔범위, 권한과 책임의 한계, 계선참모기관 등이 행정개혁의 주대상이다.

2. 관리기술적 접근방법

과학적 관리법, 정보관리기술의 발전 등을 배경으로 하고 있는 방법으로 목표를 행정사무관리기술의 발전에 두고 있으며, ① 직무분석과 평가, ② 문서의 양식과 처리절차, ③ 원가계산·급여계산, ④ 사무실 배치연구, ⑤ 행정사무의 기계화, ⑥ 업무량의 측정, ⑦ 동작연구와 시간연구 등을 주요대상으로 하고 있다. 이 외에도 ⑧ 업무량 측정과 정원관리 등이 있다.

3. 인간관계론적 접근방법

집단동태론(group dynamics)·소집단이론·인간관계론·의사결정론을 이론적 배경으로 하고 있다. 이 접근방법은 조직자체보다도 행정인의 행태변화가 있어야만 조직쇄신이나 관리기법의 창안도 나온다고 보는 행정인 본위의 개혁방법이다.

그런데 이상의 접근법은 상황이나 환경에 따라서 효용성이 다르다고 생각하며 세 가지 방법이 상호종합적으로 적용되는 종합적 방법론(interdisciplinary approach)의 적용이 요구된다고 생각된다.

제 3 절 행정개혁의 동기

행정개혁의 주요한 요인은 다음과 같다.

1) 행정수요가 변동하고 이에 따라 국가발전목표가 달라졌을 때

2) 정치적 혁명으로 권력변동이 생기고 새로운 정치이념이 등장할 때[1)]

3) 새로운 정책이 수립되어야 하거나 수립하고서 집행준비를 할 때

4) 예산부족으로 운영난에 부딪혔을 때

5) 전시행정기능의 확대 등 행정목적이 변했을 때

6) 개헌으로 부처가 신설·폐합·정비되었을 때

7) 권력의 재배정이 요구될 때

8) 행정목적 수행의 수단이 변화했을 때, 즉 EDPS화하거나 관리기법 적용이 특수사업에 전면 적용될 때

9) 예산절약의 필요성으로 정원감축·기구감축을 단행하고자 할 때 등이다.

---

1) Lloyd M. Short, "Adjusting the Department System," *American Political Science Review*(February 1947), pp. 48~50.

제 4 절 행정개혁의 과정

1. 개혁의 필요성 인식

개혁을 필요로 하는 요인으로 위에서 설명한 동기로서 지적된 사항이 발생할 경우, 필요성을 주관적으로 행정개혁의 목표로 인정함으로써 시동된다.

2. 개혁안의 준비 및 결정

이 단계에서는 개혁담당자가 있어야 한다. 이들은 방법·제약·개혁범위·개혁참여자 등과 상관되는 제문제에 대한 결정을 내리며, 개혁전략으로서 개혁담당자는 다음의 역할을 맡게 된다.[2] ① 개혁의 목표를 파악하고 이를 분명히 하며, ② 개혁안연구의 전략을 짜며, ③ 개혁을 위한 작업설계 등을 해야 한다. 이러한 기능이 종합되어 개혁안이 제출되면 관계공무원과의 토론·수정·보완을 거쳐 그 채택이 결정된다. 이 경우 비밀리에 작성되거나 외부집단이 개혁안을 마련한 경우에는 정치적·행정적 실행가능성이 파악되어야 하며 고위참모의 머리를 거쳐 집중적 검토를 해야 되므로 시간도 많이 걸리고, 보통 복수의 개혁안이 제출되어 그 중에서 최선안이 채택되는 것이 보통이다.

3. 개혁의 실행

개혁을 한다는 기본결정이 내려지면 법안의 기초, 새로운 규정, 편람의 작성, 예산과 인사조치, 관계공무원의 훈련 등의 조치를 요한다. 또한 개혁실시를 위한 집행계획과 진행계획이 수립되어야 하며 관계공무원의 참여가 필요하게 된다.

4. 개혁의 평가

행정기관 전체를 통하여 개혁목표의 달성정도와 개혁이 단행된 뒤의 비용·노력·업적·성과가 어느 정도 향상되었느냐 하는 정도의 측정은 양적인 면과 질적인 면의 차이가 있고, 또 사기업체와 다르기 때문에 어려운 문제이다.[3] 그러나 개혁의 성과측정을 계량적으로 그리고 객관적으로 행하기는 어렵지만 공무원의 직무수행능력의 개선 정도, 사기앙양 정도, 행정효율의 향상 정도 등의 관점에서 평가하여야 함은 당연하다.

---

2) Warren G. Bennis, *Changing Organization*(New York: McGraw-Hill, 1966), pp. 114～116.

3) 田中守·加藤富子編, 地方行政管理の新方向(東京: 第一法規, 昭和 47年), pp. 171～174.

제 5 절 행정개혁에 대한 저항과 대책

1) 개혁은 변혁을 의미하므로 기구 또는 행정상태에 대하여 기득권익(vested interests)이 침해된다고 생각하는 행정인의 대부분은 각자의 권한·직위·승진에 불이익처분이 있을까 두려워 개혁에 저항하게 된다. 그러므로 가급적 기술적·형식적인 것부터 하며 개혁지향적인 조직분위기를 만들 필요가 있다.

2) 피개혁자에 대한 개혁안 내용의 불명료함 때문에 개혁추진자는 충분한 의사소통을 함으로써 이들에 대하여 정보를 제공할 필요가 있다.

3) 개혁에 따라 요구되는 새로운 지식·기술을 가지고 있지 못할 때에는 감당할 능력이 없으므로 저항을 한다. 이러한 경우 개혁담당자는 대규모적인 개혁일 때에 기본틀을 주든지, 아니면 공동연구로서 관민협력으로 전문가집단을 구성하여 연구토록 하며, 훈련계획을 세워 피개혁자가 적응력을 갖도록 한다.

4) 계선·참모의 불화와 상급자의 비협조가 저항으로 나타날 때가 있다. 이 경우는 개혁의 필요성을 주지시키고 개혁의 결과 얻어지는 관계인의 이득을 알린다. 또한 국가이익이나 그 기관의 기능·성과의 입장에서 당위성을 설명한다. 그리고 개혁이 안 될 때의 위기·손실 등을 제시하는 것도 방법이 될 수 있다.

5) 개혁역군이 일방적·강압적 태도를 취할 때 또는 할거주의에 의하여 관련 부처와 협조없이 독자적 개혁안을 마련하는 경우 저항이 생긴다. 이 경우는 관련 피개혁자를 참여시키고 협조와 지지를 얻도록 노력하며 각계 인사로 개혁추진기구를 구성한다.

6) 압력단체가 저항하는 경우는 PR이나 공청회의 방법으로 이해를 촉진시킨다.

제 6 절 우리나라의 행정개혁

I. 행정개혁의 변천

새 시대를 지향하는 역사의 바탕에는 변화가 요구되며, 법률, 제도, 정치유형에 있어서 잘못되었던 구시대 구체제를 청산하려는 의지와 결집이 있게 된다.

1) 제 1 단계(1948~1959년)　　한국 행정개혁역사의 제 1 단계로 1945년 8월 15일 해방 전후 1948년 8월 15일 정부수립과 함께 12부 4처, 2위원회, 3청으로 출발하여 1949년 11월 23일에 제 1 차 기구개혁이 있었다.

2) 제 2 단계(1960~1961년)　　4.19 이후 과도정부시 내각책임제를 채택, 정부기

구의 개편이 법제화되었다.

3) 제 3 단계(1961~1979년) 건설부, 철도청, 노동청, 국세청, 수산청, 산림청, 과학기술처, 관세청, 병무청, 국토통일원 신설, 원자력청, 문화공보부로 개편(1963년), 행정개혁조사위원회(1964년), 농수산부로 개편(1973년), 항만청신설(1975년), 특허청신설(1976년), 동력자원부신설(1977년), 환경청신설(1979년)하였다.

4) 제 4 단계(1980~1987년) 10.26으로 유신체제가 끝나고 1980년 헌법개정으로 10.15개혁(1981.10.15)으로 ① 담당관제도의 정비, ② 유사·중복기능정비, ③ 대국(大局)·대과(大課)로 정비, ④ 일선기관의 개편으로 자율성과 책임성 제고, ⑤ 지방자치단체의 조직정비로 현지성·봉사성을 제고시켰다.

5) 제 5 단계(1988~1992년) 제 6 공화국으로 ① 통일, ② 복지·형평, ③ 국제화, ④ 지방화, ⑤ 지속적 경제성장 중심으로 개혁방향을 두었다.

6) 제 6 단계(1993~1998년) 김영삼 정부는 2원 14부 6처 15청 2외국으로 민간중심, 경쟁체제, 작은정부로 지향하여 재정경제원으로 개편, 건설교통부, 통상산업부, 정보통신부, 보건복지부, 환경부로 승격시켰다.

7) 제 7 단계(1998~2003년) 김대중 정부는 정보기술확대, 투명행정을 위해 대통령직속 기획예산위원회에 행정, 재정개혁단설치, 기구인력감축, 인센티브제, 민간위탁 등을 추진하였다.

8) 제 8 단계(2003~현재) 노무현 참여정부에서는 로드맵에 기초한 조직개혁과 자율적 기능 재조정의 병행으로 ① 업무재설계(Business Process Re-engineering: BPR), ② 정부조직진단과 기능재편, ③ 분권형조직설계로(예를 들면 소방방재청 신설, 과학기술부총리제 신설), 거버넌스적(from government to governance) 행정개혁으로 유관기관, 전문가, 이해당사자, NGO 등 정부부문과 민간부문 및 비영리부문간 그리고 각 위원회, 연구소까지 협력적 네트워크의 구축과 관리에 의해 개혁을 추구하고 있다.

그러나 문제점으로서는 첫째, 규정을 목표대로 수행했다기보다는 정치의 불안정을 가져 왔고,

둘째, 국민의 원망 위에서 필요와 욕구가 일치하는 가운데 공청회와 같은 여론에 의하여 개편했다기보다는 즉흥적인 발상에 따른 경우가 많았다.

셋째, 행정의 능률화(efficiency), 민주화(democracy), 효과성(effectiveness)의 조화속에서 이루어져야 하는데, 행정철학과 이념이 무시된 채 이루어졌다.

넷째, 위인설관식(爲人設官式)의 개편이 이루어졌으며,

다섯째, 제국건설형의 심리상태와 보수부족을 메우기 위한 편리방편으로 이루어졌다.

예컨대 공무원의 증가율을 보면 하급 정규직 공무원이 55% 증가할 때 1~5급 고위직은 73% 증가하는 기형적인 현상이 나타났다.

여섯째, 각 부처의 할거주의(sectionalism), 즉 종할행정(縱割行政) 때문에 심지어는 국과 국 사이, 과와 과 사이에도 협조가 안 되어 조정능력이 행사되지 않고 있는 상황에서 직위분류제(position classification)를 시도하지 않고, 계급제 중심에서 영국식 담당관제도를 발전행정체제의 도입이란 구실로 받아들이려는 권력상층에 맹목적으로 추종하여 개혁이 균형을 잃게 되었다.

Ⅱ. 행정개혁의 의미

오늘날 행정부에 있어서의 행정환경은 그 어느 시대의 환경보다도 다르기 때문에, 이것이 주는 의미는 매우 크다고 하겠다.

첫째, 행정환경의 변화에 대한 대응이다. 한국의 사회는 고도산업사회로 이행되고 있으며, 국민수준 향상으로 행정수요가 늘어나고 국제화가 날로 심해가며 이에 따라 개방정책이 확대되고 있다.

둘째, 행정목표의 변화이다.

이에 대처하기 위하여는 각종 기구기능의 중첩과 임기응변적 조직관리로 인한 비대한 정부기구를 축소시켜 효율적이고 간소한 행정체제를 만들어야 한다. 또한 정부역할을 재정립하여 행정의 발전주도기능의 강화와 책임행정의 구현, 규제행정을 지양하여야 했다. 따라서 그 동안의 조직기구의 문제점을 파악하여 이를 개선 · 발전시켜 나가야 할 것이다.

Ⅲ. 기존정부조직의 문제점[4)]

1. 각종 유사중복기구의 난립

각종 유사중복기구가 난립하여 행정의 종합성 및 일관성결여와 책임행정을 저해하고 통제 · 조정기구의 과다로 행정력의 낭비를 초래하고 있다.

2. 기능의 세분화

기능의 세분화로 소국, 소과를 초래하며 국·과당 인원이 과소하다. 예컨대 과당인원이 일본이 28인에 비하여, 우리는 12인이다. 또한 행정절차가 복잡하여 결재의 절차가 층층을 이루고 있으며, 횡적 협조 및 조정을 곤란하게 하고 있다.

3. 계층구조의 혼란

감독계층의 과다로 인한 명령통일의 저해와 인력의 승수적 팽창을 초래하여 기관 내

4) 정부조직 정비결과보고, 1981. 10. 총무처.

상위직의 연쇄적 증가와 이에 따라 부하의 수도 증가하여 하위직의 부수적인 증가가 되고 있다.

4. 행정·경비의 과다

인원과 기구가 비대하여 행정경비가 과다하며, 지원·부대비용의 증가와 공무원 보수 인상도 장애가 되고 있다. 이와 같은 이유로, 행정수요대처능력의 부족과 각 기관의 경쟁적 심리를 자극하고 합리적 조직규모를 파괴하는 행정행태를 낳았다.

Ⅳ. 행정개혁(조직정비)의 기본방향

첫째, 정부 간여범위를 축소하여 자율적이고 민주적인 행정을 구현하고,

둘째, 행정의 절차를 간소화함으로써 행정의 능률화를 도모하며,

셋째, 불필요한 상위기구를 축소조정함으로써 예산의 낭비적 요소를 제거하여 국민부담을 경감시키고,

넷째, 대국·대과제의 구현으로 조직규모를 적정화함으로써 결재단계를 축소시키고,

다섯째, 인력의 소수정예화로 행정의 전문화를 기하며,

여섯째, 새 시대 새 풍토에 맞는 간소한 정부, 깨끗한 정부로 재정립하여 봉사행정과 책임행정체제를 구축하고자 하였다.

Ⅴ. 최근행정개혁의 방향과 특색

1. 정부조직개혁의 원칙

국민의 정부 제 2 차 정부조직개편은 기구통폐합 중심으로 이루어졌던 제 1 차 조직개편의 문제점으로 지적되었던 기능중복 조직의 잔존, 경제정책 조정, 국정홍보, 예산기능 등 일부행정분야에서는 오히려 그 역량이 제약됨으로써 국정운영의 비효율성을 초래하였다.

따라서 제 2 차 조직개편에서는 이러한 문제점의 해소와 함께 21세기의 신지식, 정보화시대에 대비하여 정부조직을 핵심역량을 제고하는 방향으로 재편함으로써 효율적인 국정운영체제를 구축하고자 하였다.

이 때의 조직개편의 추진원칙의 중심은 첫째, 중앙부처 본부의 기능을 핵심역량위주로 재편하기 위하여 규제관리기능은 대폭 축소되고, 유사 중복기능을 통폐합하였다.

둘째, 민간이 수행하는 것이 효율적인 기능은 대폭적으로 민간이양하거나 외부위탁을 추진하였다.

셋째, 자치단체에 대한 간여와 통제를 최소화하고 지원체제로 전환하기 위하여 특별

지방행정기관의 광역화 및 국가기능의 지방이양을 병행 추진하였다.

넷째, 항공 및 해상안전, 문화재관리 등 국민생활의 안전과 삶의 질 향상 관련분야는 정부조직의 감량화 기조에도 불구하고 기구와 인력을 보강하였다.

다섯째, 정부가 수행하는 사무 중 공공성을 유지하면서 시장의 경쟁원리에 따라 독점적으로 운영하는 것이 바람직한 사무에 대해서는 자율과 책임경영이 가능한 책임운영기관으로 전환하도록 하였다.

그리고 참여정부 경우는 행정개혁이 부분적 · 점진적 · 기능중심적으로 이루어지는바, 몇 가지 원칙과 특색은 첫째, 각 부처가 정부혁신지방분권위원회와 협의조정을 거쳐 자율적으로 기능재조정을 하며 2004년부터 진단변화관리사업과 연계하여 추진하고 있다.

둘째, 진단변화관리사업으로 ① 환경 · 수요분석, ② 중·장기발전전략, ③ 구조 · 기능진단, ④ 인력진단, ⑤ 업무진단, ⑥ 문화 및 행태진단을 하여 17개 부처 중심으로 추진한다.

셋째, 행정자치부가 조직과 인력의 획일적 통제와 개혁을 하지 않고, 분권형조직재설계를 행정개혁 로드맵에 따라 각 부처 주도로 부처 실정에 맞도록 추진하고 있다.

넷째, 중앙행정기관의 하부기관인 특별지방행정기관들을 자치단체의 기능과 중복을 피하여 중소기업청, 건설교통부, 식품의약품안전청, 산림청, 통계청 등 9개 부처를 우선 개혁대상으로 추진하고 있다.

2. 정부조직개혁의 특색

1) 1999년 3월 이후 2003년 참여정부에 이르는 동안 정부조직개편의 가장 큰 특징은 정부기관을 민간컨설팅 기관이 주도하여 객관적인 평가기준을 마련하였고, 그를 중심으로 대대적인 구조조정의 차원에서 이루어졌다는데 있다. 즉 종래의 정부조직개편은 정부가 주체가 되어 이루어졌다면 민간기업이 주체가 되어 시안을 마련하는 형식으로 실시되었다는 점이다. 이 과정에서 공공부문에 대한 판단을 지나치게 경제성이나 효율성을 중심으로 판단할 경우 역기능이 초래될 가능성에 대한 논의가 있었으나 무엇보다도 중요한 의미는 공공부문을 평가하는 척도를 마련하였다는 점을 들 수 있을 것이다.

2) 정부조직법상 내각책임제적 요소를 살려 국무총리실을 중심으로 발전행정의 이론에서 요구하는 정책조정과 정책평가기능을 강화하여 부처 할거주의를 막자는 것이다. 이를 위해 국무조정실장이 차관회의를 주관토록 하며, 공정거래위원회 · 국정홍보처 · 금융감독위원회를 총리실에 편입시켰고, 특히 재경부의 예산청을 폐지하고 기획예산처의 신설로 정책심사 · 평가기능을 재경부에서 총리실로 옮겼다는 점이다.

3) 기획예산처의 신설이다. 국민의 정부는 1998년 정부조직개편에서 대통령직속의 기획예산위원회와 재경부의 예산청으로 기획기능과 예산기능을 분리 운영함에 따라 경험하였던 비능률성과 불합리성 등의 문제점을 극복하고 보다 효율적으로 운영하기 위하여 기

획과 예산기능을 통합한 기획예산처를 신설하여 국무총리 산하에 두도록 하였다. 이는 실무형 총리를 지향하며, 대통령의 견제기능을 강화함으로써 권한집중에 따른 독주를 예방코자 한 것이다.

4) 국정홍보처의 신설이다. 이는 정부가 각종 정책을 집행하는 과정에서 홍보의 부족으로 인한 불필요한 갈등을 해소하고 나아가서 국민적 저항을 최소화 하고자 하는 차원에서 신설된 것이다. 이는 정부차원에서의 PR의 중요성을 깊이 인식한 결과라고 할 수 있다. 그러나 이 과정에서 나타난 문제점으로는 국정홍보처의 설치 필요에 따른 신설규모 제안보다 실제로는 지나치게 비대하게 설치됨으로써 작고 효율적인 정부를 위해 단행되었던 조직개편에 위배되어 비판받고 있다는 점이다.

5) 건설교통부통합으로 건교부의 신설이다. 고물가, 고임금, 고이율, 고지가(高地價), 고물류비용(高物流費用), 고간접비용(행정부의 Red tape 비용) 등을 정부살림살이 6大 저해요인이라고도 하는데 이 중 사회간접자본투자와 효율적 운영으로 비용을 줄이자는 데 의도가 있다.

6) 체신부를 확대하여 정보통신부로 개편하였다. 정보통신협력, 정보통신지원국, 전파방송관리국으로 개편하고, 우정기능은 향후 합리화를 추진할 예정이다.

7) 상공자원부를 산업자원부로 감축개편하였다. 통상무역실(3심의관) 기초공업국, 생활공업국, 자원정책실(3심의관) 산업정책국을 두며 산업활동에 대한 정부간여를 줄이고 WTO 체제 등 대외통상능력 제고에 비중을 둔 개편이다.

8) 환경처를 (정부조직법상 處는 국무총리 직속이고 部는 대통령 직속임) 部로 승격시키고 보건사회부를 보건복지부로 개편함.

9) 내무부는 총무처를 인사부로 독립시키고 내무·총무를 합하여 지방자치부로 하여도 좋을 것이나 행정자치부로 바꾸었다.

10) 농림부는 정책과 집행기능을 체계화하여 차관보 2인을 1인으로 감축했다.

11) 해양수산부의 신설을 들 수 있다. 3면이 바다인 우리경우 일찍이 해양자원개발과 보전을 위한 부가 필요했다고 본다.

12) 유사·중복 등 불합리한 조직을 정비했다.

13) 교육부를 교육인적자원부로 개편하고 교육부총리를 신설하여 12개 부처로 분산된 인적자원관련정책을 조정하였다. 또한 경제부총리 부활과 과학기술부총리 신설 등을 개혁의 특색으로 본다.

3. 정부조직개혁의 특장

1) 각 부처별로 역할이 모호하여 운영상의 혼선이 있었던 차관보 제도 대신에 실장중심의 집행 체제로 개편하고 여러 개의 局이 '심의관' 체제로 전환되어 차관보를 줄였다.

2) 키가 큰 조직(tall organization)에서 비계서제(非階序制) 성격이 강한 기동성 있고 유연한 조직(flat organization)으로 바꾸어 유사기능을 통폐합, 변화대응, 신속한 의사결정, 정책의 일관성을 갖도록 하였다.

3) 규제와 간섭을 축소하고 고급서비스조직이며 생산성을 가진 행정조직으로 개편하는 데 그 목표를 두었다.

4) 기관 간의 경쟁은 선의의 면에서 필요하나 할거주의를 종합조정하고 평가기능을 통한 협조체제를 확립하도록 하였다.

5) 국민 생활의 질(quality of life)을 높이기 위해 조직발전(organization development) 이론을 적용하였다.

6) 정부주도형 개발행정체제를 민주도형과 官民파트너십이론의 적용을 시도하면서 획일적·규격화된 정부조직이 아닌 자율과 창의를 살리는 조직으로서 개편을 시도하였다. 우리의 정부조직은 1948년 정부수립 이후 50년이 되는 동안 44회에 걸쳐 개편이 있었고 1961년 5·16정변 후 완전정부주도의 경제중심, 수출중심의 정부조직은 1970년 발전행정체제에로의 개편 이후 참여정부에 이르기까지 이상에서 논의된 특장(特長)을 살리려는 조직개혁은 계속적으로 필요하다고 본다.

Ⅵ. 우리나라 행정개혁의 문제점과 당면과제

1) 미래의 행정수요를 정확하게 파악할 능력 및 유능한 정책가의 부족으로 행정개혁의 전문가나 O&M 전문가의 발굴 배치가 필요하다.

2) 행정환경에 신속하게 대처해 나갈 정부기구, 행정인의 행태와 가치관, 적극적인 업무자세 등의 개혁이 요구된다.

3) 행정개혁에 있어서 강력한 관료제의 권력, 지위 및 특권 등의 배제로 인하여 민주적이고 합리적·봉사적인 체제변혁을 필요로 한다.

4) 행정개혁이 공중과 공동참여하에 관련성을 부여하여 개혁의 결과나 이점에 대한 연대의식을 느끼도록 유도하는 데의 부족성이 있다.

5) 무분별한 예산항목의 설정에 대한 정비와 행정절차의 간소화로 능률화와 효과성의 개혁이 필요하다.

6) 각 부처의 인사교류나 순환보직 등의 합리적 운영으로 조직의 동태화가 요구된다.

7) 국무총리 소속 국무조정실과 행정자치부 등 각 부처 등의 협조하에 개혁을 해야 할 것 등 여러 가지의 문제점을 지적할 수가 있겠다.

8) 모든 이익주체간, 조직간에 균형과 조화가 이루어지도록 통합형 관리체제에로의 개혁이 요구된다.

9) 전문화・분권화・합리적 직위설정을 통한 구조개혁으로 행정과정의 민주성과 합목적성・효율성을 제고할 수 있는 개혁이 요구된다.

10) 인적・물적・제도적・정보자원의 절차효율화를 위한 관리개선이 요구된다.

11) 민원의 정직성・예고성・공정성・확실성・친절성이 확보되는 방향으로 규제완화에로의 개혁과제를 들 수 있다.

제 4 장

행 정 평 가

제 1 절　행정평가의 의의와 틀

Ⅰ. 행정평가의 의의

1. 개　　념

행정평가는 종합평가적 성격을 가지며 행정과정인 목표의 설정→정책의 결정→기획화→조직화→동작화→평가→시정조치에서 한 부문이며 단계인 평가로서가 아니고 이 과정전체를 평가하는 것을 의미한다고 본다. 회계연도 중심의 단년도 국가살림살이를 잘 했는가의 여부의 평가일 수도 있으나, 행정의 3대 변수인 행정인, 행정환경, 행정체제능력(system capacity)을 평가하는 경우도 있고, 또는 평가의 기준을 어디에 두느냐에 따라 다를 수 있겠다. 또 정책평가의 기준에서와 동일할 수 없다는 것이며, 행정기관의 종합적인 역량제고와 행정기관과의 선의경쟁, 행정이념의 실현, 행정관리의 합리화와 추진전략의 쇄신을 위해서 실시하는 종합진단이라고 본다.

2. 행정평가의 중요성

첫째, 행정평가는 행정자체평가로 하지 않고 특별위원회를 조직하여 각 관련부분 전문가들이 참여할 때 종합진단과 새로운 처방이 나오게 되며 행정발전에 크게 도움이 된다.

둘째, 국제경쟁력 제고와 획기적 개혁을 위해서도 중요하다.

셋째, 정책추진에서 발전저해요인을 찾아 문제해결중심의 행정이 지속될 수 있다.

넷째, 기존의 감사중심, 예산중심평가와 형식적·외형적·일시적 평가가 아닌 개혁차원의 평가가 요구되기 때문이다.

다섯째, 정보의 종합분석, 협력, 할거주의 지양, 사업계획의 합리적 수정, 새로운 관점 정립이 가능하게 된다.

Ⅱ. 행정평가의 틀

미국이나 일본의 지방정부, 연방정부, 각 우수연구기관을 설정하기 위하여 설정한 증거기준과 평가제도, 평가항목, 탁월한 운영을 판별하는 평가기준 등을 종합하여 보면 다음과 같다.

1. 평가준거

1) 추진주체는 시민과 지역공동체이고, 행정은 기술지원, 재정지원, 총체적 행정관리 지원을 하는 지원주체로서의 역할을 다했는가의 여부

2) 경쟁력 있는 정부인가?

3) 관청편의주의가 아닌 행정에 대한 주민의 사조와 욕구(wishes & ideas)의 만족도가 높은가?

4) 행정이념추구의 성과가 높다

5) 경영행정을 잘 수행하는가?

6) 사후 처방적이 아닌 사전 예방적인 행정을 잘 수행하고 있는가?

7) 지방행정을 지방정부행정으로 수행하고 있는가?

8) 통치 아닌 정치가 있는 시민정부인가?

9) 명령 · 지시 중심이 아닌 동작화(motivating & activating) 정부역할을 다하고 있는가?

10) 직접봉사(direct service)행정을 잘하는가?

11) 관료병리가 적고 국민의 신망을 받는 신뢰행정을 하고 있는가?

12) 작고 효율적인 정부이면서 민주화된 정부운영을 하고 있는가?

13) 관민 파트너십이 잘 이루어지고 있는가 등을 들 수 있다.

2. 평가제도의 구상과 관심

첫째, 평가대상항목을 정한다. 예를 들면 ① 예산회계의 공개성, ② 세입과 세출의 균형, ③ 사회간접자본시설 확충, ④ 자체심사평가제도 등이다.

둘째, 도시평가제나 지방자치평가제도 같은 것을 정한다.

셋째, 국회나 지방의회에서 행정평가제를 입법화하도록 한다.

넷째, 부처별, 자치단체별 특성을 고려하여 평가방법을 새롭게 개발한다.

다섯째, 대학과 연구소 인력을 동원하여 평가단을 구성한다.

여섯째, 정부산하 연구원을 정부기구와 통합하여 계선참모조직(line & staff organization)으로 리엔지니어링을 한다.

제 2 절 평가의 접근방법

행정평가방법이 정형화된 것은 없으나, 행정기구의 특성과 기관목표, 사업성격에 따라 접근방법도 다를 수 있을 것이고, 보이는 대상만이 아니라 조직목표의 구현정도를 평가한 경우처럼 형이상학적 평가도 있을 수 있다. 그러나 대체적으로 다음과 같은 평가방법도 생각할 수 있을 것이다.

Ⅰ. 목표달성 접근방법(goal-attainment approach)[1)]

이 방법은 다음의 특징을 갖는다.

1) 목표의 달성도를 행정성과의 평가기준으로 한다.

2) 조직산출물을 평가한다.

3) 평가대상이 되는 조직목표를 정하는 것이 어렵다.

Ⅱ. 시스템적 접근방법(system approach)

이 방법의 한계점은 ① 행정을 포괄적으로 평가한다. ② 평가범위가 넓어 측정기법 개발이 어렵다. ③ 이상적 상태를 정의한다는 것이 어렵다. ④ 행정수단에 초점이 있어 평가결과의 설득력이 미흡하다.

Ⅲ. 전략적 이해관계집단 접근방법(strategic constituencies approach)

이 방법은 ① 행정수행능력 수준을 평가한다. ② 환경변동에 대응능력수준을 평가한다. ③ 이해집단의 요구충족수단을 평가한다. 그런데 일반적으로 행정평가는 그 평가가 어렵고 한계가 있는 데 그 이유는 다음과 같다.

1) 기관 목표설정이 어렵고 복잡하다.

2) 하위조직 목표는 전체조직목표와의 연관성이 희박하다.

1) 서울대 행정대학원, 第49回 國家政策세미나, "지방자치단체의 운영 및 실적 평가제도"(1996. 6. 13), pp. 13~18에서 선별 인용.

3) 행정평가를 단년 중심으로 함은 무리이다.

4) 어떤 것이 잘된 행정인지 시각에 따라 다를 수 있다.

5) 행정평가의 기준이 다양할 수 있다.

6) 행정평가는 그 내용과 대상에 따라 차별화된 방법을 적용해야 하기 때문에 사회과학에서의 방법론을 때와 경우에 따라 적용할 수 있으며, 자연과학적 방법론까지도 그 적용이 요구된다고 본다.

제 3 절 발전적 행정평가모형의 구상

Ⅰ. 행정평가과정의 과학화

제 1 단계: 상황판단단계

제 2 단계: 평가의 목표, 내용의 결정단계

제 3 단계: 조사설계와 방법론 결정단계

제 4 단계: 적용실시단계

제 5 단계: 분석정리, 정보관리, 총체적 해석단계를 거쳐 실시되도록 제도, 예산, 인적자원의 제공과 행정평가 주체와 객체의 인식 및 교육을 통한 평가환경을 조성한다.

Ⅱ. 행정평가 저해요인의 극복

1) 목표명확화의 문제점을 해결한다 ① 기획→계획→사업계획→세부일정계획을 체계화한다. ② 다원적 목표의 경우 우선순위결정을 합리적으로 한다. ③ 정치적 중립과 여당압력을 배제한다.

2) 사업계획의 효과측정모형을 설정한다 ① 적정사업계획을 수립하도록 유도한다. ② 서비스는 공평하게 하며 인본주의 원칙을 살리도록 한다.

3) 평가를 관리도구로 활용하도록 한다

4) 규범적 평가의 경우 관계계층의 지지와 협력을 얻도록 한다

Ⅲ. 행정평가의 전략모형

1) 모형수립의 방향

① 행정평가를 법제화하여 조직과 예산, 인적지원을 적극적으로 한다.

② 평가결과를 차기예산에 피드백(feedback)시킨다.

③ 평가대상영역과 지표를 과학적이고 체계적으로 수립하여 공개적으로 평가하도록 한다.

④ 평가결과를 활용하고, 인사에 공헌도를 반영하도록 한다.

⑤ 행정평가를 통한 인센티브제를 도입한다.

2) **행정평가체계의 설정** 아래 그림에서와 같은 내용을 행정과정별로 평가하도록 한다.

[그림 8-4-1] 행정평가체계의 전략모형

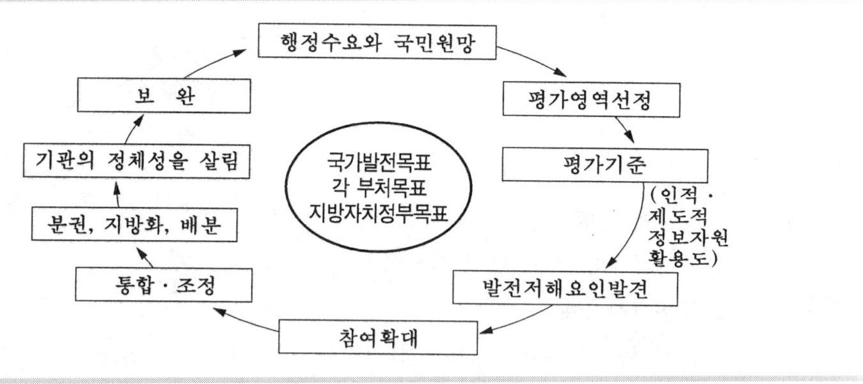

제 5 장

행 정 규 제

제 1 절 규제의 일반론

I. 개　　념

정부규제에 대한 정의는 매우 다양하나 일반적으로 규제(regulation)란 바람직한 경제사회 질서의 구현을 위해 정부가 시장에 개입하여 기업과 개인의 행위를 제약하는 일체의 행위라고 정의 할 수 있다. 따라서 규제를 강화한다는 것은 정부가 주도적인 역할을 하는 경제사회 영역이 확대됨을 의미하며, 반대로 규제를 완화한다는 것은 민간이 주도적 역할을 하는 영역이 확대됨을 의미한다.

규제는 경제규제와 사회규제로 대별할 수 있는데, 경제규제(economic regulation)는 기업의 본원적인 활동, 즉 기업의 설립이나 제품의 가격 등과 같은 산업 또는 경제분야를 규제하는 것이다. 사회규제(social regulation)는 환경오염, 근로자의 보건 및 안전에 대한 보호, 소비자권익보호 등과 같은 기업의 사회적 활동에 대한 제약으로서 기업의 사회적 책임을 강제하기 위한 규제이다.

이와 같은 규제는 요금결정, 인·허가 상품이나 안전의 기준설정 등 여러 가지 형태로 나타나며 규제에 접근하는 방법도 실적 기준의 설정이나 물적인 제재로서 개인이나 기업이 기준에 일탈하였을 때에 세금이나 벌과금을 부과하는 것 등과 같이 여러 가지가 있다. 따라서 규제행위는 개인이나 집단의 자유를 억압하기도 하지만, 보조금, 허가, 지나친 경쟁에 대한 통제 등을 통해서 이들의 권익을 보호 증진시키는 역할도 한다.

Ⅱ. 규제의 원인

1. 시장실패

완전경쟁하에서의 시장은 효율적인 자원배분을 보장하지만 완전경쟁이 이루어지지 않으면 시장실패가 발생한다는 것이다. 즉 시장실패(market failure)란 시장기능이 제대로 작동하지 못하여 자원이 효율적으로 배분되지 못함에 따라 경제발전을 저해하고 사회복지 제공과 같은 사회적 요구에 적절히 대응하지 못하는 경우라고 정의 할 수 있다.

이와 같은 '시장실패의 발생원인은 무엇인가'에 대한 의견은 학자마다 다양한 의견을 제시하고 있으나, 이를 종합해보면 대략 다음과 같다. 규모의 경제(economies of scale), 정보불균형, 외부효과(externalities), 공공재(public goods) 등을 들 수 있다.

⑴ 규모의 경제

일반적인 생산활동의 경우는 수확체감의 법칙이 작용한다. 그러나 전기 · 전화회사와 같은 경우처럼 생산규모가 확장됨에 따라 평균비용이 감소하고 수익이 증가하는 소위 '비용감소' 또는 '수익증가'의 현상이 나타난다. 이와 같이 생산규모가 커짐에 따라 평균비용이 감소한다는 것은 기업이 소위 규모의 경제(economies of scale)를 가지게 된다는 말이다.

따라서 이와 같은 제품의 시장은 궁극적으로 가장 큰 기업 하나만이 시장에 존재하게 되어 독점적 지위를 확보하게 됨에 따라 시장의 본원적인 기능인 경쟁관계가 붕괴되어 소비자들은 비싼 가격을 지불하게 된다.

이 경우 정부는 회사를 직접 운영하거나 일정수의 기업을 정하여 가격을 규제하는 방법을 통하여 국민의 이익을 보호하고자 한다.

⑵ 정보불균형

소비자들은 생산자에 비하여 상대적으로 제품에 대한 정보가 취약하다. 자동차 회사가 새로운 자동차를 생산 판매하면서 일정속도 이상으로 가속할 경우 엔진에 심각한 장애가 발생할 수도 있다는 사실에 대하여 소비자들에게 제공하지 않음으로써 소비자는 그로 인하여 사고피해를 당할 수도 있게 된다. 이와 같은 정보의 불균형은 행정부문에서도 나타나는데 대표적으로 혐오시설의 입지를 결정하는 과정에서 충분한 정보를 제공하지 않음에 따라 주민과 행정기관간의 불신이 대립하여 갈등현상이 야기되기도 한다.

이처럼 시장에서는 생산자와 소비자간 또는 주민과 행정기관간에 자신에게 불리한 정보는 제공하지 않기 때문에 불이익이 발생할 수도 있으며, 이를 사전에 예방하기 위하여 제품의 하자에 대하여 모든 정보를 제공하도록 하고 있고, 정책결정과정에서는 주민의 참여를 확대하는 것이다.

(3) 외부효과

외부효과(externalities)란, 어떤 사람이나 기업의 행동이 비의도적으로 그리고 그것에 대한 대가의 교환 없이 다른 사람에게 이득이나 손해를 가져다 주는 것을 말한다. 즉 무임승차가 가능한 재화의 경우 시장에서 어느 누구도 가격을 지불하지 않기 때문이다. 따라서 외부효과는 시장을 통하여 일어나는 효과가 아니므로 시장을 통하여 이루어지는 자원의 배분에는 고려되지 않는다. 따라서 외부효과가 존재하면 시장은 자원을 효율적으로 배분하는 역할을 다하지 못한다.

외부효과가 사회에 긍정적인 영향을 주는 경우를 외부경제(external economy)라 하고, 부정적인 영향을 주는 경우를 외부불경제(external diseconomy)라고 한다. 외부경제의 경우는 어떤 재화를 생산함으로써 사회 전체가 얻는 이익이 그 재화의 생산자가 얻는 개인적 이익보다 큰 경우 또는 그 재화를 생산함으로써 사회 전체가 부담하는 비용이 개인이 부담하는 비용보다 적은 경우를 말한다. 반대로 외부불경제의 경우는 어떤 재화를 생산함으로써 사회 전체가 얻는 이익이 그것의 생산자가 얻는 개인적 이익보다 적을 경우 또는 그 재화를 생산함으로써 사회 전체가 부담하는 비용이 개인이 부담하는 비용보다 큰 경우를 말한다.

외부효과에서 나타나는 이익이나 비용은 생산결정시에 고려되지 않는다. 외부효과가 이익일 때(긍정적일 때)에 시장경제에서는 사회적으로 바람직하다고 생각되는 수준 이하에서 재화가 생산될 것이다. 그러나 외부효과가 비용일 때(부정적일 때)에 재화는 바람직한 수준보다 높은 수준에서 생산될 것이다.

이와 같이 외부경제 또는 외부불경제가 존재할 때에 이의 시정을 위하여 정부의 개입이나 규제는 정당화되는 것이다. 전자의 예로서 교육을 들 수 있는데, 시장에서의 불충분한 부분을 보충하기 위해서 정부가 보조금을 지급한다든가, 아니면 직접적으로 교육을 제공할 수도 있다. 후자의 경우는 환경파괴를 치료하기 위해서 세금을 부과하거나 직접적인 규제를 통해서 초과생산을 억제할 수 있다.

(4) 공 공 재

공공재는 일반적으로 생산과 소비가 동시적으로 이루어지고 축적되지 않는 성격이 있다. 특히 공공재의 경우 어느 누구도 그것을 소비로부터 배제할 수 없다는 것이다. 따라서 공공재의 특성은 비경합성과 비배제성을 들 수 있다.

공공재의 이와 같은 특성으로 인하여 국방, 경찰 등과 같은 공공재는 시장을 통해서는 공급할 수 없으므로 정부가 생산 공급하는 주체가 되는 것이다.

2. 시장의 불공평성

아무리 시장의 실패 없이 최적의 효율에 도달하였다 할지라도 그것만으로 한 사회가 바람직한 후생의 상태에 도달하였다고 볼 수는 없다.[1] 즉 사회적 후생을 증진시키기 위해서는 경제적 효율성 이외에도 배분적 형평(distributional equity)이라는 또 다른 변수가 고려되어야 하는데, 시장의 원리에 의한 자원배분의 결과는 형평의 입장에서 볼 때에 바람직하지 못한 경우가 있을 수 있다.

시장에서 가장 효율적인 자원의 배분이 이루어진 상태를 이른바 '파레토 최적'(Pareto optimum)상태라고 하는데, 이것은 '어떤 다른 사람에게 손해를 끼치지 않고는 한 사람의 경제적 후생을 증가시킬 수 없는 상태'를 말한다. 효율적인 면에서 최적의 소득분배가 이루어졌다 하더라도 소득의 계층별 분배의 정도는 여러 가지 형태로 존재할 수 있다.

Ⅲ. 규제목표 및 방법

1. 규제목표

(1) 경쟁의 증진

규제는 독·과점이나 불공정한 거래를 방지함으로써 유효적절한 경쟁상태를 조성하는 것을 목표로 삼는다. 다시 말해서 경쟁에 관한 규칙과 조건을 설정하고 시장경제가 이에 맞춰 굴러가도록 하는 것이다.[2]

(2) 공정성의 확보

공정성확보는 소비자 · 공급자 다같이 해당되는 것으로 불공정거래행위에 대한 규제는 공급자 소비자 모두에게 공정성을 확보하기 위한 것이다. 자연독점을 통해서 부당이득이나 폭리를 추구하려고 할 때 최고가격의 설정을 통한 규제는 소비자에 대한 공정성의 확보를 목표로 하는 것이며 과당경쟁을 막기 위한 최저가격의 설정은 공급자에 대한 공정성의 확보이다.

(3) 외부효과의 해소

외부효과에서 긍정적인 경우에는 보조금을 지불할 수 있고, 부정적인 경우는 그 행위를 금지시키거나 아니면 벌과금을 부과할 수 있다. 이처럼 규제를 통해서만 외부효과 특히 부정적 효과를 해소할 수 있다.

(4) 소득분배의 시정

자유경쟁시장하에서 이루어지는 소득분배는 공정하지 못할 수가 있다. 불공정한 소득

---

1) Arthur H. Okun, *Equality and Efficiency: The Big Trade-off*(Brookings, 1975).
2) 김찬동 · 유훈 · 정정길 공저, 정부기업관계론(한국방송통신대학, 1991), p. 18.

분배를 규제하기 위해서 최저임금제 같은 것을 제정할 수 있다.

(5) 안정성의 확보

일반소비자·작업장노동자 등을 보호하기 위해서 미리 기준을 설정하여 놓고 이것을 준수하도록 하는 것이다. 물품의 제조과정에서 함입량의 기준을 설정하여 놓거나 작업장에서 산업재해를 막기 위해서 특정의 기준을 마련하여 놓으면 그만큼 안전성이 확보된다. 이러한 기준설정을 통해서 정보부족이 해소되고 불확실성이 감소된다.

2. 규제방법

(1) 직접규제

직접규제는 개인이나 민간기업의 자유를 직접적으로 제한하는 것이다. 즉 시장기능의 효율성을 올리는 데에 정보의 질이나 흐름을 도와 주고 경쟁을 유도하는 방안만으로 문제를 해결할 수 없는 경우가 있다.

어떤 공익사업이 체감하는 한계비용의 성격을 갖고 그 때문에 경제집중력을 갖게 된다고 하면, 이때 아무리 다른 동종업체들을 많이 만들어 낸다고 하더라도 시장의 효율성 증진에는 별로 도움을 주지 못한다. 이와 같이 생산과정의 성격상 여러 개의 회사가 경쟁적으로 생산에 참여하는 것보다 한 두 개의 회사가 생산을 전담하는 것이 자연적으로 바람직하게 생각되는 경우가 있다. 이 경우를 자연독점(natural monopoly)이라고 한다. 이때에는 정부가 차라리 보다 직접적인 규제를 취하는 것이 보다 효과적이다.

따라서 공공재의 생산에 정부가 직접 하나의 경제활동 주체로서 참여하는 경우로서 국방과 같은 공공재의 경우 그의 바람직한 수준까지의 획득을 위해서는 성질상 집단적인 활동이 필요하며, 대부분의 경우 가장 확실하게 그것들을 제공할 수 있는 집단단위가 정부이다.

(2) 간접규제

직접규제의 경우 민간부문에 대한 지나친 간섭과 시장기능의 자율성 억제 등으로 인한 역기능이 많기 때문에 바람직하지 못한 측면을 줄이기 위해서 정부는 직접적이고 미시적인 지시나 규제보다는 어떤 인세티브를 제공함으로써 민간부문의 의사결정이나 행동에 간접적으로 영향을 미침으로써 규제효과를 기대하는 방법이 있다.

즉 정부가 무엇인가 역할을 함으로써 시장경제에 보다 나은 효과를 가져올 수 있다고 판단 될 때에 제일 먼저 생각할 수 있는 방안이 시장이 보다 효율적으로 운영되도록 도와주는 것이다. 예를 들면 상품등급을 설정한다든가, 전문직종의 전문가들에게 허가증을 발급해 준다든가, 위생 및 안전기준을 설정한다든가, 정보의 흐름을 도움으로써 시장기능을 향상시킨다든가 등이다.

제 2 절 경제규제

Ⅰ. 개 념

경제규제란, 주로 기업의 본원적 경제활동이라고 할 수 있는 특정산업분야에 대한 진입(entry), 생산제품 또는 서비스의 가격 및 생산량, 품질 등에 대한 규제이다. 이는 시장경제체제하에서 본원적인 기업활동은 기업의 자유로운 판단에 맡겨져야 하는 것이 원칙이지만 이 경우 산출되는 자원의 배분이나 소득의 배분 등의 결과가 사회적으로 바람직하지 못할 경우에는 정부가 개입을 통하여 경제규제가 시작되는 것이다.

따라서 경제규제의 목적은 시장경제의 제 1 의 조건인 경쟁체제의 유지 촉진과 공정한 거래행위의 확보, 바람직한 경제체제의 유지 등이다.

Ⅱ. 경제규제수단

1. 진입 및 퇴거의 규제

완전경쟁시장에서는 기업의 진입과 퇴거가 자유롭지만 정부는 규제를 통하여 이를 제한할 수 있다. 따라서 진입의 규제는 새로운 사업자의 기업창설행위나 기존기업에 참여하는 것을 방지하는 것이다. 진입규제는 서비스의 수준을 올림으로써 소비자의 이익을 보호하고, 과다경쟁을 방지하며, 교차보조의 필요성도 충족하여 준다. 그러나 이와 같은 규제는 기득권을 보호하고 경쟁을 막고 피규제산업의 기술개발을 저해한다는 비판도 받고 있다.

반면에 퇴거에 대한 규제는 특정지역이나 특정계층의 소비자를 보호하기 위해서 마련해 놓은 것이다. 예컨대 과소지역이나 오지에 사는 사람들이 계속 교통편의를 제공받기 위해서 운수사업가들에게 서비스 제공을 중단하지 못하도록 하는 것이다.

2. 가격규제

시장기구에 의한 가격결정이 불가능할 때에 가격규제는 불가피하다. 가격규제에는 최고가격규제 · 최저가격규제 · 가격구조규제가 포함된다. 가격구조규제란 결정원칙, 수요자의 종류, 소비량, 사용시점에 따라 달라야 한다.

3. 서비스규제

이것은 서비스의 최저수준을 유지하기 위해서 가하는 규제의 핵심이다. 최저가격제는 서비스의 질을 떨어뜨릴 위험성이 높다. 서비스규제는 전력 · 전화 · 가스 등 주로 독점사업에서 나오는 서비스의 질적 수준을 유지하기 위해서 마련된 것이다.

제 3 절 사회규제

Ⅰ. 개 념

사회규제는 환경의 보호, 근로자의 보건과 안전의 유지, 상품의 질과 안전의 보장, 고용에 있어서 기회균등의 보장 등 일련의 활동을 통해서 삶의 질을 향상시키는 것에 그 목적을 둔다. 사회규제는 경제규제와 동전의 양면을 이루고 있지 않다. 경제규제가 완화될 때에 사회규제는 강화될 수도 있기 때문이다.

사회규제는 다음과 같은 점에서 경제규제와 다르다. 첫째, 경제규제가 시장의 실패와 불완전성에 초점을 맞출 때에 사회규제는 삶의 질의 향상에 초점을 둔다. 둘째, 경제규제가 특정의 산업에 한정될 때에 사회규제는 전산업에 결쳐 일어난다. 셋째, 경제규제는 진입·퇴거·가격·서비스 등을 규제함으로써 기업의 운영에 개입하는 데 반하여, 사회규제는 기준을 설정하고 그것을 준수할 것을 요구한다. 여기서 경제규제는 재량적 성격을 띠고 있을 때에 사회규제는 비재량적 성격을 띠고 있다.

한편 사회규제의 목적은 삶의 질 확보, 사회적으로 바람직한 가치의 확보, 경제적 약자의 보호 등이다.

Ⅱ. 사회규제수단

1. 소비자안전 및 보호규제

소비자문제는 단순히 비덕적이고 비윤리적인 기업활동 때문에 또는 소비자가 무지하거나 무능력하기 때문에 야기되는 문제로 인식하는 경향이 있다. 그러나 소비자 주권론의 입장에서와 같이 소비자문제는 근본적으로 시장경제체제가 갖고 있는 결함, 즉 소비자정보의 불완정성과 소비자의 불합리적인 성향이 상호 복합적으로 작용하여 야기되는 구조적인 문제라고 할 수있다.

우리나라에서 소비자보호법이 제정된 것은 1980년이다. 이 법은 1970년대에 소비자단체들의 끈질긴 요구에 의해서 제정되게 되었다. 이 법을 근거로 해서 1987년에 한국소비자보호원이 설치되었고 소비자보호업무를 담당하게 되었다.

소비자보건과 안전에 관계된 개별 소비자보호법으로서 여러 가지가 있는데 예를 든다면 '식품위생법', '약사법', '공중위생법', '축산물위생처리법', '농산물검사법', '수산물 검사법' 등이다.

2. 사회적 차별에 대한 규제

사회적 차별(social discrimination)은 각 나라마다의 특수한 역사적 전통과 사회문화적 관습 속에서 각 구성원의 마음 속에 뿌리깊게 자리하고 있는 사회적 편견(prejudice)에서 바롯된다. 따라서 사회적 차별에 대한 규제정책을 논의하기 전에 먼저 어떤 차별이 합리적 차별이고 어떤 차별이 불합리한 차별 또는 편견인가를 기초한 차별로써 규제대상인가를 구분하여야 한다.

사회적 차별에서 가장 문제가 되는 것은 고용과 임금면에서의 성별·인종별·종교별·지역별 등의 차별이다. 정부는 이러한 차별이 일어나지 않도록 법적·제도적 조치를 취할 것이 요구된다. 우리나라에서는 1987년에 고용에 있어서 성별 차별을 없애기 위해서 '남녀고용평등법'을 제정한 바 있다. 이 법은 모집과 채용에 있어서는 물론 정년, 퇴직, 해고에 있어서도 차별을 금지하고 있다. 따라서 차별을 당한 여성근로자는 사업주를 상대로 법적 권리를 주장할 수 있게 되어 있다.

1990년에는 '장애인고용촉진등에관한법률'이 제정됨으로써 신체장애인의 우선적 고용을 강제할 수 있는 법적 근거가 마련되었다. 따라서 1991년부터 일정규모 이상의 사업주에 전체근로자의 일정비율을 신체장애인의 몫으로 정하고 국가나 지방자치단체의 경우 공개채용인원 2% 이상을 장애인으로 충당하도록 하였다.

3. 산업안전과 보건규제

급속한 산업화의 진전은 작업장에서 발생하는 산업재해와 직업병 문제 등 날로 심각한 수준에 이르고 있다. 특히 근로여건의 경쟁 심화와 과중한 업무 등으로 인한 심리적 스트레스는 직업병에 인식을 새롭게 요구하고 있을 뿐만 아니라 정보화 사회로의 인전은 새로운 산업안전에 대한 인식을 요구하고 있다. 특히 산업안전과 보건에 관한 기준을 설정하여 산업재해를 예방하고 쾌적한 작업환경을 조성하여 근로자의 안전과 건강을 유지함을 목적으로 한다.

우리나라에서 근로자의 안전과 보건을 다룬 '산업안전보건법'이 제정된 것은 1981년이다. 근로자의 안전과 보건문제는 근로자들의 인식부족과 기업가들의 무관심으로 그 동안 사각지대에 머물고 있다. 산업의 안전 및 보건을 확보하기 위해서는 세부적이고 기술적인 법규의 제정과 적용을 요구하고 있다.

4. 환경보전과 공해규제

산업화는 환경과 생태계의 파괴뿐만 아니라 온갖 공해도 몰고 왔다. 행정은 환경파괴를 막기 위해서 대기·소음 및 수질 등에 관해서 환경기준을 선정하고, 관계자들로 하여금 준수하도록 하고 있다.

우리나라는 경제개발추진과 더불어 환경오염문제에 부딪히게 되었다. 따라서 1963년에 '공해방지법'이 제정되었다. 그러나 이 법은 계속해서 유명무실하다가 1977년에 와서야 전면적으로 개편되어 '환경보전법'으로 바뀌었다. 1980년대 이후 민주화분위기 속에서 환경운동은 급속도로 확대되었다. 여기에 발맞추어 1990년에는 환경청이 환경처로 승격되었고 1991년에는 환경보전법이 환경정책기본법으로 대치되고 환경관련법률도 6개법으로 세분화되고 있다. 여기에다 기존의 폐기물관리법, 해양오염방지법, 합성수지폐기물처리사업법, 환경관리공단법 등을 포함하면 환경관련법률은 10여 개에 이른다.

제 4 절 규제개혁 및 완화전략

Ⅰ. 규제개혁의 의미

규제개혁(regulatory reform)은 시대에 따라 그 의미가 다른데 1960년대부터 1970년대 초반에 논의되고 주장되어 오던 규제개혁은 사회적으로 해악을 유발하는 행위를 보다 효과적으로 규제하는데 역점을 두었다. 예컨대 공해를 유발하는 행위나 작업안전을 해치는 행위를 보다 엄격하게 규제하는 것이었다. 그러나 1970년대 후반부터 1980년대에 논의되던 규제개혁은 지나친 규제(over regulation)를 완화(moderating)하는 것으로 이해할 수 있다.

특히 규제는 무조건 완화하는 것이 좋은 것이라고 할 수 없다. 경제규제의 경우 기업의 본원적인 경제활동을 완화한다는 의미에서 되도록 완화하는 것이 바람직하다면, 사회규제의 경우 적절한 사회적 견제기능이 없이 무조건적으로 완화할 경우 오히려 악화될 수 있는 여지는 충분히 있다고 하겠다. 따라서 규제개혁의 문제는 호리병 속의 사탕을 꺼내는 일만큼이나 어렵다고 하겠다. 손을 펴면 사탕을 못 꺼내고 사탕을 꺼내려면 손이 빠지지 않는 상황인 것이다.

어디까지 규제를 완화하고 어디까지를 오히려 강화할 것인가는 그 사회의 성숙도와 제 집단간의 합의를 통하여 설정 시행하는 것이 중요하다고 보겠다.

Ⅱ. 규제완화의 한계

1. 경제규제완화의 한계

경제적 규제의 완화는 시장경제의 자율성을 제고하고 경제민주화를 다지는데 그 목적이 있다. 완화형태에는 진입규제완화 · 퇴거규제완화 · 가격규제완화 및 서비스규제완화가 있으나 이 중에서도 중요한 것은 진입규제완화와 가격규제완화이다.

그런데 경제규제를 완화한다는 것은 자원배분기능을 시장기능에 맡긴다는 것을 의미한다. 따라서 경제규제를 완화하는데 있어서 전제조건의 그 사회가 이미 건전한 시장을 갖추고 있는가에 대한 논의를 우선하여야 할 것이다. 만약 경제규제의 완화를 통하여 정부가 방치할 경우 시장이 제 기능을 하지 못한다면 오히려 더욱 악화시키는 결과를 초래할 개연성이 충분하기 때문이다.

2. 사회규제완화의 한계

사회규제는 일반적으로 노동자 등의 사회적 약자의 권익과 자연 및 환경의 보호를 위해서 마련되었기 때문에 오히려 그 규제는 강화되어야 한다는 입장이었으나 규제의 비용이 너무 커 완화문제가 제기되었다. 정부가 규제를 통한 획득효용과 비용간의 단순한 비교를 통하여 그에 대한 규제의 범위를 설정하는 것은 다소 무리가 있다고 하겠다. 이는 앞에서도 논의한 바와 같이 경쟁과 통제가 상호 유기적인 관계 속에서 설정되어야 하는 것이지, 건전한 사회적 형평이 미흡하거나 배분체계가 미완성된 사회에서 사회규제의 무조건적인 완화는 자칫 사회 전체의 편익을 떨어뜨릴 가능성이 있다.

또한 사회규제는 경제적 비용뿐만 아니라 사회심리적 비용도 적지 않게 동반한다는 것이다. 감독기관의 기업에 대한 준수사항의 지시, 각종 보고 및 서류작성은 기업활동을 몹시 위축시키고 기업인을 불쾌하게 만든다. 이러한 계기들은 정도에 넘치는 사회적 규제를 완화하도록 분위기를 조성하여 온 것이 사실이다. 그러나 무엇이 정도에 맞는 납득할 만한 사회적 규제의 수준인가는 결정하기가 대단히 어렵다.

제 9 편

지방정부관리론: 지방행정자치론

제 1 장

지방행정자치의 기초이론

제 1 절 지방행정의 의의

Ⅰ. 지방행정의 개념

지방행정(地方行政)이라는 용어가 우리나라에서는 보편적으로 사용되고 있으나, 나라에 따라 쓰이는 경우도 있고 쓰이지 않는 경우도 있다. 뿐만 아니라 이 용어의 개념도 국가에 따라 논자에 따라 혹은 경우에 따라 매우 다의적으로 사용되고 있다.[1)]

따라서 지방행정이라는 개념이 지방정부(local government)와 같이 지방자치행정(local self-government)과 동의어로 사용되기도 하고, 지방자치행정과 대립되는 의미에서 국가에 의한 관리행정을 의미하기도 한다. 때로는 지방자치행정작용에 있어서의 정치적 통치활동에 대립되는 의미에서의 지역적 관리행정 작용을 의미하기도 한다.[2)]

이상과 같이 복잡한 지방행정의 의미를 보다 정확히 이해하기 위해서는 지방행정의 여러 수행방식을 종합적으로 개관해 보는 것이 필요하다.

지방행정의 수행방식은 크게 두 가지로 나누어진다.[3)]

우선 하나는 지방에 중앙정부의 직속기관(일선기관, 즉 특별지방행정관서)을 설치하여 그 기관을 통하여 지방행정을 수행하는 직접행정방식이고, 다른 하나는 지방에 국가와는 별개의 법인격을 가진 공법인(지방자치단체)을 설립하여 그 공법인으로 하여금 지방행정을 담당·수행토록 하는 간접행정방식이다.

1) 영국이나 그 계통을 이어받은 미국, 캐나다 등에서는 관치행정이라는 것은 거의 없고, 주로 자치행정이어서 지방자치를 의미하는 local government라는 용어가 많이 사용되고 있다. 최창호, 지방자치제도론(서울: 삼영사, 1992), p. 34.

2) 김종표, 신지방행정론(서울: 법문사, 1991), p. 27.

3) 최창호, 전게서, p. 35.

간접행정방식은 다시 두 가지로 분류할 수 있다. 그 하나는 지방자치단체가 고유의 사무를 중앙정부의 간섭이나 통제 없이 독자적인 입장에서 수행해 나가는 자치행정방식이고, 다른 하나는 지방자치단체가 중앙정부로부터 사무를 위임받아 중앙정부의 간섭이나 통제하에 지방행정을 수행해 나가는 위임행정방식이다. 이에 비하여 중앙정부가 그의 일선기관을 통해서 직접 지방행정을 수행하는 방식을 관치행정방식이라고 한다.

지방행정의 수행방식은 결국 자치행정, 위임행정 및 관치행정의 세 가지 방식으로 구분할 수 있다. 그러나 지방행정의 수행은 관치나 자치의 어느 하나의 방식만으로 이루어지지 않는다. 이는 처리될 사무 가운데는 국가적 성격이 강한 것과 지방적 성격인 강한 것, 그리고 그 중간적인 것 등 다종 · 다양한 것이 동시에 존재하기 때문이다.

한편, 이와 같은 지방행정 수행방식의 다양성에 따라 지방행정의 개념정의가 다양해진다.[4)]

첫째, 좁은 의미에서 지방자치단체가 자기의 의사와 책임 아래 자기의 기관을 통하여 처리하는 행정만을 지방행정이라고 보는 경우이다. 이것은 지방행정수행방식 중 자치행정방식만을 지방행정이라고 보는 경우이다.

둘째, 중간 의미로, 지방자치단체가 처리하는 행정은 이를 모두 지방행정으로 보는 경우이다. 이는 지방행정을 여러 수행방식들 가운데 자치행정과 위임행정방식을 포함한 의미로 사용하는 경우이다.

셋째, 넓은 의미로, 행정의 주체와 내용에 관계없이 일정한 지역 안에서 행해지는 모든 행정을 지방행정으로 보는 경우이다. 이 경우에는 지방행정을 자치행정, 위임행정, 관치행정방식 모두를 포괄하는 의미로 사용하게 되는 것이다.

Ⅱ. 지방행정의 특성

지방행정은 일반행정에 비하여 다음과 같은 특성을 지닌다.

1. 지역행정

국가행정은 전국을 단위로 전체성의 요청에 입각하여 통일적 · 획일적으로 파악하고 일원적으로 실시하는 행정인데 비하여, 지방행정은 국가 내의 일정한 지역이나 지방을 단위로 지역성의 요청에 입각하여 개별적으로 파악하고 다원적으로 실시하는 행정임을 특성으로 한다.

4) 상게서, p. 37.

2. 종합행정

지방행정을 지방자치단체가 처리하는 모든 행정(협의의 지방행정)으로 파악 할 때에는 그것은 종합행정임을 특질로 한다. 지방에 있어서의 국가행정사무를 처리하기 위하여 중앙정부가 지역별로 설치하는 일선기관인 특별지방행정기관은 그 기능이 특정적 · 부분적인데 비하여, 지방자치단체의 기능은 포괄적 종합적이다. 그러므로 비록 행정이 미치는 지역적 범위는 한정되어 있으나 지방행정은 그 지역 내의 모든 행정수요에 대응하여 종합적으로 수행된다.

3. 생활행정

지방행정은 주로 주민들의 일상생활에 직결되는 사무와 지방주민들의 복지증진에 관한 사무를 처리하는 생활행정인 데에 그 특징이 있다. 국가행정은 그 성질상 국가의 존립·유지에 필요한 사무(예컨대 외교, 국방, 병무, 화폐 등), 전국적으로 통일적 기준의 설정이나 획일성을 요하는 사무(예컨대 도량형, 의약사면허, 근로기준의 설정 등), 국민전체의 일반적 이해관계에 관련되는 사무(예컨대 경제개발, 국토종합개발 등), 광역행정의 요구에 관한 사무(예컨대 우편, 철도, 대하천 등)의 처리를 그 본무로 하는 데 비하여 지방행정은 주로 주민이 출생하여 사망할 때까지 생존하고 살아가는 데 보편적으로 제기되는 행정수요를 충족함을 그 본무로 한다.

4. 대화참여행정

지방행정은 중앙행정과는 달리 주민들과 일상적으로 접촉하면서 대화를 통하여 그들의 의견을 청취하고 이를 바탕으로 시책을 결정 · 집행해 나가는 데 그 특질이 있다. 즉 지방행정은 주민과 신뢰관계를 형성 · 유지하여야 하는바, 이를 위하여 가능한 한 주민들의 참여를 촉진하고 주민들로부터 통제를 받으며 주민에게 책임을 지는 행정이어야 한다. 물론 민주정치의 당연한 요청으로 중앙행정에 있어서도 이러한 국민과의 대화를 통한 행정이 요구되지만 오늘날과 같은 행정국가에 있어서 중앙행정은 행정권의 확대 · 강화에 따르는 관료조직의 비대화로 행정기관과 주민간에 신뢰관계를 유지하기가 어렵게 되었다.

5. 자치행정

지방행정은 일정한 지역을 기초로 하는 단체가 그 지역 내의 사무를 그 지방주민의 의사에 따라 자체재원을 가지고 스스로 또는 대표자를 통하여 처리하는 행정이라고 파악할 때에는 그것은 바로 자치행정을 의미한다. 물론 자치행정의 유형에 따라 그 의미는 각각 달라지지만 지방주민이 그들의 일상생활에 관한 사무를 중앙정부에 의존하지 않고 스스로 또는 대표자를 통하여 그들의 책임하에 처리하는 것(주민자치)으로 인식할 때에는 말할 것도 없거니와 법률상 법인격을 지닌 지방자치단체가 그 자체의 목적과 의사를 가지고 자치사무와 위임사무를 독자적으로 결정 · 집행하는 것(단체자치)으로 파악하더라도 지방행정이 자치행정이란 특질에는 다를 바 없다.

제 2 절 지방행정 수행방식과 지방분권의 장·단점

Ⅰ. 수행방식

지방분권의 개념을 관치행정방식, 위임행정방식 및 자치행정방식과 결부시켜 그 관계를 정리하여 보면 다음과 같다.[5)]

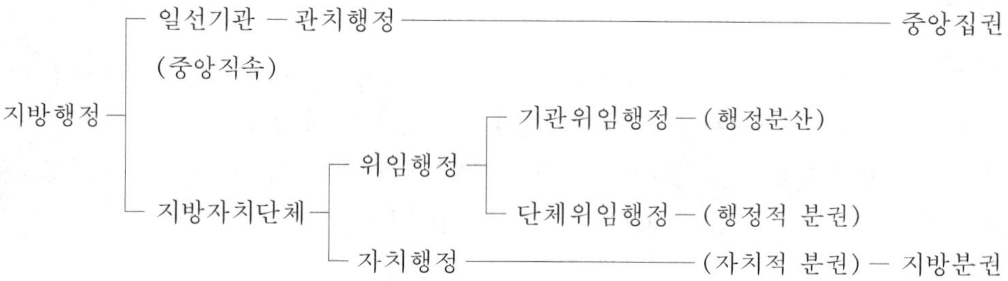

관치행정방식이 전형적인 중앙집권의 경우에 해당되고 자치행정방식이 전형적인 지방분권의 경우에 해당되는 것은 명백하다. 그러나 위임행정방식에도 자치단체 자체에 위임하는 단체위임방식과 자치단체의 집행기관에 위임하는 기관위임 방식의 두 가지 경우가 있다. 단체위임방식은 지방분권의 한 현상, 즉 행정적 분권현상으로 볼 수 있는 데 비하여 기관위임방식의 경우는 그 수임기관이 중앙정부의 하급기관적인 지위에서 그 중앙정부의 구체적인 지휘 · 감독 아래 업무를 처리하는 것이므로 중앙집권에 가까운 현상이라고 볼 수 있다. 다만 기관위임행정의 경우에도 그 수임기관이 중앙정부 직속의 일선기관이 아니라 독립적인 지방자치단체의 기관이고 관치행정의 경우와는 달리 상당한 권한의 분산이 부수되는 것이 일반적이므로 이를 행정분산에 해당된다고 볼 수 있는 경우가 많다.

Ⅱ. 지방분권의 장·단점

1. 지방분권의 장점

1) 지역실정에 적합한 행정을 시행해 나갈 수 있으며, 풀뿌리 민주주의를 구현할 수

5) 상게서, pp. 41~42.

있다.

2) 행정에 대한 민주적 통제와 민의의 반영이 강화될 수 있다.

3) 주민들의 지방행정에의 관심과 참여, 정치적 훈련, 만족과 사기 등 광범한 사회적 발전과 정치적 민주화를 수반하는 능률화(사회적 능률화)를 기할 수 있다.

4) 의사결정 · 업무처리를 신속하게 할 수 있다.

5) 지방행정기관과 주민들의 사기가 높아지며 지방행정의 활성화가 이루어질 수 있다.

2. 지방분권의 단점

1) 통일적 행정의 제약을 본질적으로 내포하고 있어 행정업무의 중복과 행정적 분산을 초래한다.

2) 전국적인 규모 또는 대규모 사업의 추진에 있어서 행정능률이 저하될 우려가 있다.

3) 행정활동에 전문적 기술을 적용할 수 없다.

Ⅲ. 신지방분권화

1. 신지방분권의 의의

중앙정부와 지방자치단체는 국민복지 및 국가발전이라는 공동목표를 위하여 적극 접촉하여 적절히 기능을 분담하고, 그것을 위하여 긴밀히 협력하지 않으면 안 되는 것이다. 이러한 의미의 지방자치를 내용으로 하는 지방분권을 신지방분권이라 할 수 있다.

신지방분권은 종래의 지방분권과는 그 성격이 근본적으로 다르다. 요컨대 종래의 지방분권은 시민의 자유를 억압했던 국가권력의 극복에 초점이 있었지만 신지방분권은 국민의 복지향상이라는 공동목표를 향하여 국가와 지방자치단체가 서로 기능을 분담하여 협력하는데 그 특징이 있으며, 중앙집권의 장점과 지방분권의 장점을 동시에 충족하려는 것이라고 할 수 있다.[6]

2. 신지방분권화의 원인

중앙집권화가 진행되는 이면에는 중앙집권화 진행의 결과로 행정서비스의 획일성 · 경직성과 행정능률의 저하로 신지방분권의 필요성이 증대되고 있는데, 그 주요원인은 다음과 같다.

1) **중간적 사무의 현저한 발전** 현대 행정사무 중에는 전국적 성격을 지니면서 동시에 지방적 이해를 갖는 이른바 중간적 성질의 사무가 현저하게 발전하고 있다. 이와 같은 사무는 전국적으로 일정한 행정수준을 유지하면서 지역적 특수성이 반영되어야 하므로

6) 상게서, p. 71.

지방정부는 중앙정부와 각각 대등한 입장에서 기능을 분담하면서 협동적으로 처리되지 않으면 안 된다.

2) 지방자치단체의 행정능력 향상 오늘날 지방정부의 행정능력 향상을 위하여 권한의 지방이양이 요구된다.

3) 행정수요의 다양성 각 지방의 행정수요는 국민의 욕구수준이 증가함에 따라 각 지방정부의 직접적 정책수립・집행을 요청하게 된다.

4) 민주주의의 강화 정부실패로 인한 행정체제의 능률저하, 집권적 권위주의의 폐해에 대한 시민의 통제의식이 강화되고, 또한 민주주의에 대한 새로운 가치가 강조되면서 신지방분권의 필요성이 강조되었다.

3. 신지방분권의 형태

신지방분권론에서는 신중앙집권화의 문제점을 해결하기 위해서 다음과 같은 대책과 방안이 충분히 전제되어야 할 것이라고 주장한다.7)

첫째, 지방자치단체와 직접 이해관계가 있는 국가의 시책에 대해서는 지방자치단체의 참여・공동결성・의견진술권을 인정하여야 한다.

둘째, 국가적 사무와 지방적 이해관계를 동시에 지니는 사무에 대해서는 국가는 이를 보다 거시적인 입장에서 파악하여 기본적 정책만을 정하고, 지방자치단체는 이 테두리 안에서 지방적 특수성을 감안한 구체적 결정과 집행까지 할 수 있도록 해야 한다.

셋째, 지방자치단체에 대한 국가의 관여는 가능한 한 기준설정이나 조언・정보제공・재정원조 등과 같은 지시적 관여에 그쳐야 한다.

넷째, 지방자치단체는 새로운 시대의 요청에 부응할 수 있도록 보다 적극적이고 창의적・쇄신적 능력배양에 힘써야 할 것이다.

제 3 절 지방행정의 존재형식

지방행정은 최협의의 개념으로서의 자치행정을 그 본질로 하지만 구체적으로 각 국가에서 볼 수 있는 지방행정의 존재형식은 중앙집권의 정도에 따라 아주 다양하다. 따라서 자치적 분권과 행정적 분권의 결합정도나 집권과 분권의 정도에 따라 지방행정의 존재형식을 유형화하면 다음과 같다.8)

7) 成田頼明, 現代社會と自治制度の變革(東京: 學陽書房, 1976), pp. 37～38.

8) 박연호, 행정학신론(서울: 박영사, 1994), pp. 856～857; 김형배, 지방자치론(서울: 계명사, 1988), pp. 31～32.

Ⅰ. 자치적 지방행정형

지방의 행정사무가 원칙적으로 지방자치단체에 의하여 처리되는 것으로 자치의 범위가 넓고 지방행정에 폭넓은 주민참여가 이루어져 지역적 특성이 충분히 고려되는 유형으로, 미국, 영국, 스위스 등의 국가가 이 유형에 속한다. 따라서 지방자치단체는 중앙정부(국가)의 하급행정기관으로서가 아니라 독립된 지위에 있다.

Ⅱ. 자치 · 관치 이원형

지방의 행정사무가 어떤 것은 지방자치단체로 하여금 처리하게 하고, 어떤 것은 중앙정부 각 부처의 하급행정기관에 의하여 처리함으로써 지방행정의 조직체계가 이원화되어 있는 유형으로, 프랑스, 이탈리아, 네덜란드 등의 국가가 이 유형에 속한다. 따라서 지방자치단체의 자치권은 비교적 협소하고 지방자치단체사무의 상당한 부분이 국가사무로 되어 있으며, 중앙정부의 감독이 강력하다.

Ⅲ. 관치적 지방행정형

지방에서 처리되는 모든 지방적 행정사무를 중앙정부의 하급기관(지방관서)을 통하여 집행하는 제도를 말한다. 이 제도하에서의 지방관서는 오로지 중앙정부의 방침과 지시 · 명령에 의하여 움직일 뿐 지역주민의 행정참여나 주민통제를 인정하지 않으며, 행정책임도 중앙정부에 대해서만 지는 비민주적 지방행정제도라 할 것이다. 현재 동남아 일부 국가와 아프리카의 여러 나라에서 볼 수 있는 후진국형이라 하겠다.

Ⅳ. 우리나라의 지방행정형태

우리나라의 지방행정은 지방자치단체와 지방자치단체의 집행기관 및 국가의 특별지방행정기관에 의하여 처리되고 있으며 자치와 관치의 이원형이라고 할 수 있다. 다만 특수한 행정사무를 처리하는 경우(국가의 특별지방행정기관을 설치하는 경우)를 제외하고는 국가의 지방적 행정사무를 처리하기 위하여 중앙정부직속의 일반적 지방행정기관을 설치하지 아니하고 지방자치단체의 집행기관에 모두 위임하여 종합적으로 처리케 한다는 점과 그럼으로써 지방자치단체가 처리하는 행정사무 가운데 자치사무보다도 국가사무가 더 많다는 사실에 비추어 우리나라의 지방행정형태를 변형된 관치우월적 이원제라고 논하는 경우도 있다.[9)]

9) 김보현 · 김용래, 지방행정의 이론과 실제(서울: 법문사, 1969), p. 66.

제 2 장

지방자치의 원리

제 1 절 지방자치의 의의

Ⅰ. 지방자치의 개념

지방자치에 대하여 독일의 정치학자 프리드리히(Friedrich)는 풀뿌리 민주주의(Grass-roots Democracy)로서 민주주의의 원천이라고 하였고, 영국의 정치학자 제임스 브라이스(James Bryce)는 민주주의의 최고의 학교이며 민주주의의 성공을 위한 가장 확실한 보증이라고 정의하였다.[1]

이처럼 민주주의의 원천이며 민주주의 학교로 이해되고 있는 지방자치를 보다 엄밀히 정의하면 일정한 지역의 주민들이 지방공공단체를 구성하여 국가의 일정한 감독 아래 그 지역 안의 공동문제를 자기부담에 의하여 스스로 처리하는 것을 말하며, 이러한 지방자치의 개념정의에는 다음과 같은 다섯 가지의 요소가 내포되어 있다.[2]

1) **지방공공단체**(지방자치단체) 지방자치는 지역주민들에 의하여 실현되는데 주민들은 개개인으로서가 아니라 집합적으로 지방자치단체라는 독립적인 공법인을 설립하여 공동적으로 지방자치를 실현하는 것이다.

2) **공동문제**(자치사무) 지방자치에는 그 지역의 주민들이 공동적으로 처리해야 할 일정한 공동문제가 있어야 한다.

3) **자기부담**(자주재정) 주민들의 자기부담의 문제는 현실적으로 지방자치단체의 자주재정 문제가 된다. 자주적인 재정의 뒷받침이 없는 자치는 이미 자치라고 할 수 없는 것이다.

1) 김재균, 한국의 민주주의와 지방자치(서울: 한마당, 1990), p. 21.
2) 최창호, 지방자치제도론(서울: 삼영사, 1992), pp. 49~51.

4) **자기처리**(주민참여) 지방행정에의 주민의 참여문제를 의미하고 있다.

5) **국가감독**(중앙통제) 지방자치단체는 국법에 의하여 설립된 것이고 그 자치권은 국가주권 아래의 권리이기 때문에 국가로부터의 감독을 본질적으로 수용하고 있는 것이다. 그러나 지방자치단체는 독립적인 공법인으로서 법적으로는 국가와는 별개의 의사와 능력을 가지고 있는 주체이기 때문에 국가의 간섭을 무한정하게 수용할 수는 없는 것이다.

Ⅱ. 지방자치의 형태

지방자치의 형태에는 기본적인 두 가지의 측면이 있다. 하나는 지방자치단체와 국가와의 관계의 측면이고, 다른 하나는 지방자치단체 안의 정부와 주민과의 관계의 측면이다.

지방자치단체와 국가의 관계를 강조하여 지방자치단체의 자치권을 중심으로 지방자치를 이해하려는 견해를 단체자치(團體自治)라고 하고, 지방정부와 주민의 관계를 강조하여 지방의 행정에 주민이 참여한다는 점에 중점을 두고 지방자치를 이해하는 견해를 주민자치(住民自治)라고 한다.

1. 단체자치(대륙형)

단체자치란, 유럽대륙의 독일과 프랑스를 중심으로 발달되어 온 지방자치제도로 국가와는 별개의 법인격을 지닌 지방자치단체가 국가로부터 상대적으로 독립된 지위와 권한을 부여받아 일정한 범위 내에서 중앙정부의 통제를 받지 않고, 독자적으로 자치행정사무를 처리하는 제도이다.

2. 주민자치(영국형)

주민자치란 영국을 중심으로 발달되어 온 지방자치제도로 지방주민의 의사와 책임하에 스스로 또는 주민이 선출한 대표자를 통하여 그 지역의 공공사무를 처리하는 것을 말한다. 영국에서는 일찍이 자치(self-government)의식이 널리 함양되어 역사적으로 지방정부가 중앙정부보다 먼저 발달하였다. 따라서 지방의 행정기관도 중앙정부의 지방행정기관과 자치단체인 지방정부가 동시에 공존하는 일은 있을 수 없으며, 중앙정부의 행정사무를 지방정부가 처리하는 경우에도 대륙의 단체자치와는 달리 지방의 자치행정기관과 국가의 지방행정기관(중앙정부의 하급행정기관)이라는 이중적 성격을 갖는 것으로 구별하지 않는다.

이상과 같이 주민자치와 단체자치는 그 발달의 역사적 배경이나 관념을 전혀 달리하고 있다. 그러나 근대적 지방자치제도의 발달과정에 있어 상호 대조적인 모형이라고 할 수 있는 영국형과 대륙형의 특징을 내포하고 있으며, 오늘날에 와서는 지방자치의 개념을 규명하고 특정 국가의 지방자치의 특성을 밝히는 하나의 준거기준이 되는 것이다. 특히 두 제도는 이론상 전혀 별개의 모순되는 개념이 아니고 상호 긴밀한 관련성을 가지는 보완적 개념이며, 현실적으로 볼 때도 오늘날 모든 국가의 지방자치제도는 이 두 유형의 자치제도가 상호접근 · 교차 · 보완되어 그 성격이나 내용이 혼합되어 있다.[3)]

제 2 절 지방자치의 본질

지방자치의 본질을 어디에서 어떻게 보고 있느냐 하는 문제는 논자들의 관점 여하에 따라 다양하게 나타날 수 있으나, 여기에서는 지방자치권을 어떻게 보느냐에 따라 지방권설(고유권설) · 국권설(수탁설, 전래설), 그리고 제도적 보장설로 구분하여 살펴보도록 한다.

Ⅰ. 지방권설: 고유권설(地方權說: 固有權說)

지방권설은 지방자치단체가 국가의 영역에 속하는 부분적 존재라 할지라도 지방자치권만은 지방단체의 고유한 권리라고 보는 견해로서 독립설, 확인설 또는 고유권설로 지칭된다. 이러한 관점의 논거는 자연법사상과 역사적 연유관에 두고 있다.

첫째, 자연법사상을 토대로 하는 지방권설은 사람이 출생할 때부터 천부의 기본권을 가지며, 국가권력으로써도 이를 침해할 수 없는 것과 같이 지방단체도 고유한 지방권을 가지며 국가권력으로서도 이 권리를 침범할 수 없다는 것이다.

이 학설의 주창자로서는 프랑스의 마르쉬 따르겐슨(Marguis d'Argenson), 뚜르고(Turgot) 등과 영국의 법학자인 블랙스톤(William Blackstone)이 있으며, 독일에도 19세기 몇몇 자유주의자가 이 자연법사상을 지방권과 연계시키고 있으나, 실제로 프랑스나 독일 내에서는 하나의 소수설과 내지는 일시적인 것에 불과하였던 것으로서 영미계의 주민자치의 바탕을 이루는 학설이다.

둘째, 역사적 연유관에서는 지방단체라는 사회적 실체는 국가의 원조나 개입에 의해서 발생한 것이 아니라, 국가의 성립이전에 형성된 것으로 지방단체가 자기의 필요에 의하여 국가를 성립시켰던 것이며, 따라서 지방단체가 그 권리를 국가로부터 부여받은 것이 아니라 오히려 국가가 그 권리를 지방단체로부터 인수한 것이라고 주장한다.

이 학설의 주창자는 로텍(Aretin Rotteck)이며, 이 밖에도 독일의 원시 · 고유적 단체를 연구한 기에르케(Otto Gierke), 미국의 지방자치를 평가한 토크엘(De Tocquelle), 앵글로 색슨(Anglo Saxon)계 국가들의 학자에 많다.

이상에서 살펴본 바와 같이 지방권설을 주창하는 대부분의 학자들은 국가를 전제로

3) 최봉기, "지방자치와 민주주의," 한국의 지방자치와 행정(서울: 대영문화사, 1991), p. 15.

하여 지방단체의 자치권의 논리를 구성하고 있으며, 국가의 통제는 원칙상 배제하고 지방단체의 독립성을 중시하여 지방단체가 국가의 존립 및 발전을 저해하는 범위에서만 국가의 통제가 허용된다고 하는 것이다. 이러한 지방권설(고유권설)은 대륙법계 국가에서는 관료적 중앙집권체제에 대한 저항 내지 항쟁을 위한 개념으로 사용되어 왔고 일면 지방자치의 불완전성을 보완하는 데 크게 이바지해 온 것이다.[4)]

Ⅱ. 국권설(전래설 · 수탁설)

이는 지방권설(고유권설)에 반대하여 19세기 이후의 독일 공법학자들에 의해 주창된 것으로서 지방자치단체는 법률의 창조물이며 자치권을 국가로부터 수탁 · 전래받은 데 불과한 단체라고 하는 것이다. 여기에는 전래설과 수탁설이 있는데, 이들 양자는 결국 같은 이론이다.[5)]

1. 전 래 설

이 학설에서는 설사 지방단체가 국가의 성립 이전에 형성되었다고 하더라도 근대의 단일주권국가의 성립으로 국가에 포섭된 이상 그 특권은 국법에 흡수되고, 따라서 지방단체의 존립은 국가로부터 전래되었다는 것이다.

2. 수탁설(受託說)

이 학설은 지방단체의 특권은 국가의 성립과 더불어 국법에 흡수되게 되었으므로 지방단체가 지방단체의 이익을 위하여 고유의 사무를 설정하였다고 하더라도 그것은 어디까지나 국가의 법률에 의해서 위탁된 결과이기 때문에 사무의 집행은 국가의 감독을 받게 되는 것이라고 한다.

Ⅲ. 제도적 보장설

제도적 보장설은 지방자치제도는 헌법의 규정에 의하여 특별한 보호를 받고 있는 제도이며, 그렇기 때문에 통상적인 입법절차로서는 지방자치제의 폐지나 자치행정의 본질적 내용을 침해할 수 없다는 설이다. 이 학설은 바이마르헌법 제127조의 지방자치에 관한 규정을 위와 같은 제도적 보장으로 해석함에 따라 성립되어 바이마르시대의 통설적 지위를 점했다고 한다.[6)]

4) 김종표, 전게서, p. 75.
5) 최창호, 전게서, p. 55.
6) 高田 敏 · 村上義弘 編, 地方自治法(東京: 青林書院新社, 1976), p. 8.

이 설은 지방자치제도가 국가에 의한 제도적 보장으로 존재한다고 주장하는 점에서 고유권설과 다른가 하면, 그것이 국가의 통상적 입법기능을 구속한다는 점에서 전래설과도 다르다.

제 3 절 지방자치의 양대계보

Ⅰ. 지방자치의 계보

지방자치는 두 가지 대립적인 계보로 발전하였다. 그 하나는 영국을 중심으로 발전한 영국형 지방자치이고, 다른 하나는 독·불을 중심으로 발전한 대륙형 지방자치이다. 영국에 있어서의 지방자치의 특징은 한 마디로 '주민자치'이고, 유럽대륙에 있어서의 지방자치의 특징은 '단체자치'라고 할 수 있다. 주민자치는 지방정부와 주민과의 관계라는 측면에서 주민의 지방행정의 참여라는 점에 중점을 둔 것으로 정치적 의미의 자치행정이고, 단체자치는 주민이 조직한 지방자치단체와 국가와의 관계라는 측면에서 지방자치단체의 자치권을 중심으로 규정하는 것으로 법률적 의미의 자치행정이라고 할 수 있다.

Ⅱ. 양계보의 내용

영국형의 주민자치와 대륙형의 단체자치라는 이들 양계보의 내용을 구체적으로 열거하면 다음과 같다.[7)]

1. 주민자치

지방적 사무를 중앙정부에 의하지 않고, 그 지방의 주민에 의해서 처리하는 형태를 말한다. 이 때 그 지방의 주민은 스스로 대표자를 선출하여 이들에게 그 지방의 행정처리를 맡기는 간접민주정치의 방식을 택하면서 동시에 특정한 문제에 대해서는 주민이 직접 스스로의 의사를 실현하는 직접민주정치의 방식을 병용하는 것이 일반적이다.

2. 단체자치

단체자치란 국가로부터 독립한 지방공공단체에 의한 자치라는 뜻이다. 즉 국가와는 별개의 법인격을 갖는 지방공공단체의 존재를 인정하고 지방적 사무는 가능한 한 국가의 관여 없이 이 단체로 하여금 처리하게 하는 방식이다.

---

7) 장지호, 지방행정론(서울: 대왕사, 1982), pp. 24~26.

3. 양계보의 관계

주민자치는 지방자치단체와 주민과의 관계에 초점을 두고 주민의 자치행정에의 참여를 강조하는 데 비하여 단체자치는 국가와 지방자치단체와의 관계에 초점을 두고 중앙의 지배에서 벗어난 지방자치단체의 자치권을 강조한다.

그러나 주민자치와 단체자치는 다같이 지방자치에 있어서 없어서는 안 될 요소들로, 주민자치라 하더라도 국가로부터 독립된 법인격을 갖는 지방단체가 인정되지 않으면 자치를 실현할 수 있는 주체가 없게 된다. 반면에 국가와는 별개의 법인격을 갖는 지방단체의 존립이 인정되었다 하더라도 그 단체의 행정이 주민의 참여에 의해서 집행되지 않는다면 참된 의미의 지방자치가 실현될 수 없는 것이다.

요컨대 주민자치는 주민의 참여를 의미하기 때문에 지방자치의 본질적 요소이자 민주주의의 요체라고 한다면 단체자치는 지방자치를 실현하기 위한 형식적·법제적 요소라고 할 수 있다.[8)]

Ⅲ. 양계보의 차이

지방자치의 본질적 요소라고 할 수 있는 주민자치와 단체자치의 차이점을 열거하면 다음과 같다.[9)]

1. 근본적 성격상의 차이

⑴ 자치권의 인식

주민자치에서는 지방의 자치권은 자연적 천부적 권리이다. 따라서 그것은 당연히 국가 이전의 권리라고 인식하는 반면, 단체자치에서는 지방의 자치권이 국가에 의하여 수여 내지 위탁된 것으로 보는 전래권설이 우세하다.

⑵ 자치의 중점

주민자치는 자치행정에의 주민의 참여, 즉 지방정부와 주민과의 관계에 중점을 두고 단체자치는 지방단체의 중앙정부로부터의 독립성, 즉 중앙과 지방단체와의 관계에 중점을 두고 있다.

⑶ 사무의 구분

주민자치에서는 국가적 사무나 지방적 사무가 모두 주민 자신에 의하여 자치적으로 처리되는 것이기 때문에 양자를 굳이 구별하려 하지 아니하는 데 비하여 단체자치에서는

8) 佐久間彊, 地方自治制度(東京: 學陽書房, 1971), p. 5.
9) 최창호, 전게서, pp. 90~94.

국가적 사무와 지방적 사무를 엄격히 구별하여 지방적 사무에 대해서는 국가의 간섭을 받지 않으려 하는 것이다.

2. 방법 · 제도상의 차이

(1) 권한배분방식

영국에서는 주민자치의 관념이 발달하여 영국의 지방정부는 때에 따라 그리고 개별적으로 의회가 정하는 법률로써 권한을 취득하는 개별적 수권방식에 의한 지방행정기능을 수행하게 되는 것이다. 또한 영국에 있어서의 지방자치는 많은 특별법에 의하여 군사 · 외교와 같은 범국가적 사무를 제외하고는 대부분의 행정사무가 지방정부의 기능으로 인정되며 입법통제나 사법통제도 대단히 제약적인 것이다.

이에 비하여 독·불 등 유럽대륙에서는 단체자치의 관념이 발달하여 국가적 이익에 관계되는 사무는 국가의 권한사항으로 하고, 그 이외의 사무는 포괄적으로 지방단체의 권한사항으로 하는 포괄적 · 개괄적인 수권방식을 채택한다.

(2) 중앙통제방식

영국에서의 지방정부의 행정기능은 법률에 의하여 부여되었다는 점에서 통제하지 않고, 지방정부의 사무처리에 대한 국가의 통제는 입법적 그리고 사법적 통제를 중심으로 하고 있다. 이에 비하여 유럽대륙에 있어서는 권한배분이 개괄적 수권방식에 의하는 결과 지방단체에 대한 국가의 통제는 엄격한 행정적 통제의 방법에 의존하고 있다.

(3) 지방단체의 내부구조

주민에 의한 자치가 시행되는 영국에서는 지방정부의 조직에 있어서도 지방주민의 대표기관인 지방의회에 모든 실권을 집중시켰던 것이다. 그리하여 지방주민의 대표기관인 지방의회는 의결기관으로서 뿐만 아니라 집행기관으로서 각종 위원회를 통하여 집행기능도 수행하고 있다(기관통합주의 채택). 그러나 유럽대륙에서는 지방단체에 있어서 의결기관과 집행기관을 대립시키는 기관대립주의를 채택하되 대체로 집행기관의 우월을 인정하고 있다.

이상의 두 계보간의 차이는 근대에 들어 지방자치가 발달하는 과정상의 차이로서 오늘날에 와서는 지방자치의 개념을 분명히 하고 특정국가의 지방자치의 특질을 규명하는 하나의 지침이 되는 데 불과하므로 구별의 실익이 없으며, 구별할 수도 없게 되었다.

제 4 절 지방자치와 민주주의

지방자치제와 민주주의의 관계에 대해서는 상호밀접한 관계가 있다는 견해와 필연적 관계가 없다는 견해가 있다. 전자는 주로 영국 · 미국의 주민자치에 근거를 두는 경향이 강한 데 반하여 후자는 주로 유럽대륙 국가들의 단체자치의 전통에서 그 매듭을 찾는다.

Ⅰ. 상관관계 부정론

이는 지방자치와 민주주의의 관계가 없다는 주장이다.

이러한 견해를 주장하는 대표적인 학자들로 켈젠(Hans Kelsen), 랭그로드(Georges Langrod), 벤슨(G. C. S. Benson), 모울린(Leo Moulin) 등이 있다.

지방자치와 민주주의의 관계를 부정하는 논지를 열거하면 다음과 같다.[10)]

첫째, 현실적으로는 지방자치가 존립하면서 민주주의가 없는 국가도 있다.

둘째, 지방자치가 소멸되었는데도 민주주의가 존속하기도 한다.

셋째, 지방자치가 비민주적이거나 피상적으로 민주정치체제에 공헌하기도 한다.

넷째, 역사적으로 볼 때 지방자치의 발전이 유럽지역에서는 국가의 반독재과정과 우연하게도 일치한다.

다섯째, 지방자치는 행정적인 것이지 민주주의와 지방자치는 각각 다른 차원의 것이다.

여섯째, 민주주의는 평등주의적이고 다수결제도이며 중앙집권적인 체제이다.

그러나 주민자치의 전통을 간직하고 있는 많은 나라의 경우, 민주적 중앙정부가 정착된 이후에도 지방자치제를 계속 유지할 뿐만 아니라 이를 아직도 민주주의 실현을 위한 중요한 제도로 인식하고 있음을 볼 때 이러한 논리는 설득력이 약함을 알 수 있다.

Ⅱ. 상관관계 긍정론

이는 지방자치와 민주주의의 관계는 필연적인 관계에 있으며 상호보완적인 불가결의 요소로 파악하는 견해이다. 다시 말해서 지방자치는 민주주의의 필수불가결의 요인으로 작용하며, 민주주의를 부단히 육성하고 발전시키는 통치방식이라는 것이다.

이러한 견해를 주장하는 대표적인 학자들로는 토크빌(Alex de Toqueville), 브라이스(James Bryce), 팬터-브릭(Keith Panter-Brick) 등이 있으며, 그 외에도 라스키(H. J. Laski), 밀(J. S. Mill), 윌슨(C. H. Wilson), 노이만(R. G. Neumann) 등 많은 학자들이 긍정론을 강조하고 있다.

이들의 견해에 입각한 지방자치와 민주주의의 관계는 일반적으로 다음과 같이 정리할 수 있다.[11)]

첫째, 지방자치는 지역 민주주의를 방어하는 동시에 지역의 민주화를 통하여 국가의

10) 이종익, 한국지방자치론(서울: 박영사, 1991), p. 19.
11) 김재균, 전게서, pp. 25～26.

민주화를 형성한다.

둘째, 지방자치는 민주주의의 훈련장으로서의 역할을 한다.

셋째, 지방자치제는 중앙정부의 정권교체나 정국변동에 따른 격변이나 행정상의 혼란이 지방에까지 파급되는 것을 막아주는 역할을 한다.

제 5 절 지방자치의 가치

Ⅰ. 정치적 가치

일반적으로 지방자치가 갖는 정치적 가치는 다음과 같은 것을 들 수 있다.[12)]

첫째, 지방자치는 중앙정부의 비민주적 독선화를 막을 수 있다

둘째, 정치·행정의 지역적 실험이 가능하다. 즉 하나의 정책을 전국의 각 지역에 획일적으로 시행함으로써 나타날 수 있는 실패한 경우의 낭비를 최소화할 수 있다.

셋째, 지방자치는 민주정치를 위한 훈련장(training-ground of democracy)이다.

넷째, 지방자치는 지역주민의 감정충족을 통해 지역과제는 자신의 문제라는 심리를 유발시켜 자치정부에 대한 관심·지원·참여·개선 등의 효과를 거둘 수 있다.

다섯째, 민주적 사회개혁의 효과를 기대할 수 있다.

Ⅱ. 행정적 가치

지방자치는 정치적으로 민주주의의 원리로서 뿐만 아니라 행정의 효율성이라는 차원에서도 그 존재가치가 높이 평가되는바, 이를 구체적으로 열거하면 다음과 같다.[13)]

첫째, 지방자치는 지역적 특수성에 적합한 행정집행을 가능하게 한다.

둘째, 지방자치행정은 종합행정임을 원칙으로 하는 까닭에 일정한 지역단위에서 시행되는 여러 분야의 모든 행정을 주민의 대표기관의 책임 아래 종합적으로 조정·처리할 수 있다.

셋째, 지방자치는 일정한 지역을 단위로 실시되는 정치·행정이기 때문에 지역마다 창의성이 발휘될 수 있고 결과적으로 지역적인 실험효과가 있다.

넷째, 지방자치제도는 행정기능을 중앙과 지방이 적절하게 분담하는 것을 원칙으로 한다. 그러므로 중앙정부로 하여금 과중한 업무부담으로부터 해방시켜 준다.

12) 김학로, 도시화시대의 지방행정론(서울: 박영사, 1988), pp. 7~9.
13) 김형배, 전게서, pp. 67~69.

제 3 장

지방자치단체의 본질

제 1 절 지방자치단체의 의의

Ⅰ. 지방자치단체의 개념

1. 지방자치단체의 의의

지방자치단체(local government, local authority, local public entities: Kommunal Verband: Collective Territeriale)란, 일반적으로 국가영토의 일부를 그 구역으로 하고, 그 구역 안의 모든 주민을 구성원으로 하여, 그 구역 안의 모든 사람과 물자에 대하여 국법이 인정하는 범위 안에서의 자치권을 가지는 법인격 있는 단체를 말한다. 따라서 지방자치단체의 구성요소는 ① 장소적 구성요소인 구역(area), ② 인적 구성요소로서 주민(residents, population), ③ 법제적 구성요소인 자치권(right of autonomy) 등이다.[1)]

이러한 지방자치단체를 지방자치체, 자치단체, 지방공공단체, 지방단체, 공공단체 등으로 부르기도 하나, 우리나라는 법률상 지방자치단체라는 용어를 쓰고 있다.

2. 지방자치단체의 특성

지방자치단체는 다음과 같은 특성을 지닌다.[2)]

첫째, 지방자치단체의 자치권은 헌법에 의해 보장된다. 다른 공공단체는 일반법률에 의하여 창설되고, 권능이 부여되는 데 비하여 지방자치단체의 기능은 국가의 최고 기본법인 헌법에 의하여 직접 보장된다.

---

1) 손재식, 현대지방행정론(서울: 양우사, 1971), p. 66.
2) 김형배, 지방자치론(서울: 계명사, 1988), pp. 78～79.

둘째, 지방자치단체는 공법인이다. 지방자치단체가 법인이라는 것은, 즉 지방자치단체는 국가로부터 상대적으로 독립된 개체로서 독자적인 권리·의무의 주체임을 의미한다. 뿐만 아니라 지방자치단체는 일정한 지방의 공공사무를 처리함을 목적으로 하는 공법인이라는 점에서 사법인과는 현저하게 구별된다.

셋째, 지방자치단체는 지역적 통치단체이다. 지방자치단체는 단순한 사적 단체가 아니고 공공조합이나 공공의 영조물법인 등과 같이 공적 단체이기 때문에 이들과 함께 공공단체로 불리는 경우도 있다. 그러나 지방자치단체는 국가영토의 일부를 기본적인 구성요소로 하는 지역적 통치단체라는 점에서 이들과 엄격히 구분된다.

Ⅱ. 지방자치단체의 종류

지방자치단체의 종류는 나라에 따라 다소 상이하나, 일반적으로 일반(보통)지방자치단체와 특별지방자치단체로 구분한다. 일반지방자치단체는 해당 지역 안에서 종합적인 자치기능을 수행하는 자치단체를 말하며, 특별지방자치단체는 정책적 견지에서 특정목적의 수행을 위하여 설치되는 지방자치단체를 말한다. 이에 대하여 구체적으로 열거하면 다음과 같다.

1. 일반(보통)지방자치단체

(1) 일반지방자치단체의 의의

일반지방자치단체(local self-government for general purpose)란, 전국적으로 보편적·일반적으로 존재하는 지방자치단체를 의미하며, 자치단체의 존립목적, 조직, 권능 등에 있어서 일반적·보편적·종합적 성격을 지니고 있다. 우리가 통상 지방자치단체라 함은 이 일반지방자치단체를 말하는 것으로 우리나라의 특별시와 광역시 및 도, 시·군, 자치구가 여기에 해당한다.[3]

(2) 일반지방자치단체의 계층구조(중층제와 단층제)

하나의 일반지방자치단체가 다른 일반지방자치단체를 그 구역 안에 포괄하고 있어서 지방자치단체가 중첩되어 있는 경우에 이를 중층제 또는 중층구조(multi-tier system)라 하고, 한 구역 안의 모든 지방적 사무를 도맡아 처리하는 단일의 일반지방자치단체만이 있는 경우에 이를 단층제 또는 단층구조(single-tier system)라고 한다.

중층제의 경우, 하층지방자치단체를 기초자치단체(basic unit of local government) 또는 제 1 차적 자치단체(primary unit)라 하고, 상층지방자치단체를 중앙정부와 기초자치단체의 중간에 위치하고 있다는 의미에서 중간자치단체(intermediate unit)라고 한다. 이러한

3) 자치법 제 2 조 ①·②.

중간자치단체는 기초자치단체를 포괄하는 넓은 지역을 기초로 하고 있다는 의미에서 광역자치단체(wide-area unit)라 칭하기도 하고, 기초자치단체의 상위에 있다는 의미에서 상위자치단체, 제 1 차적 자치단체에 대비하여 제 2 차적 자치단체라 부르기도 한다.

현재 우리나라는 서울특별시와 광역시, 도·시·군·자치구를 그대로 하고 있다.[4] 각 나라의 일반지방자치단체의 계층구조를 보면 다음과 같다.[5]

- 단층제의 나라－미국, 독일의 일부 州
- 2층제의 나라－영국, 캐나다, 호주, 미국 · 독일의 多數州, 일본, 한국 등
- 3층제의 나라－프랑스, 이탈리아, 벨기에, 말레이시아, 태국 등
- 4층제의 나라－인도, 미얀마, 터키, 페루 등
- 5층제의 나라－콜롬비아, 에티오피아 등

2. 특별지방자치단체

⑴ 특별지방자치단체의 의의

특별지방자치단체(local authorities for special purpose; special districts)란 단일목적단체(single purpose authorities)라고 지칭되는 것으로서, 자치정책상의 견지에서 특정한 목적을 수행하기 위하여 또는 행정사무를 공동적으로 처리하기 위하여 설치되는 지방자치단체이다. 이러한 특별지방자치단체는 그 구역, 권능, 조직 등이 특수하고, 그 존재가 보편적이 아닌 예외적인 지방자치단체를 말한다.[6] 외국의 예를 보면 특별구, 자치구, 지방자치단체조합, 지방개발사업단 등이 있다. 우리나라도 신지방자치법에서 특정한 목적을 수행하기 위하여 필요한 경우에는 특별지방자치단체를 설치할 수 있도록 하고 있다.[7] 그러나 현실적으로 특정한 사무의 전부 또는 일부를 공동으로 처리하기 위한 지방자치단체조합만 인정되어 있으며, 2006년 7월부터의 제주도 특별자치도는 이 범주에 속한다고 본다.

⑵ 특별지방자치단체의 필요성

일반지방자치단체가 존립하고 있음에도 불구하고 특별지방자치단체의 설립을 필요로 하는 이유는 나라에 따라, 시대와 사정에 따라 다양하나 가장 일반적인 이유는 특정한 지방행정사무를 지역주민에게 보다 편의를 제공하면서도 가장 효율적으로 수행하기 위하여 별도의 관할구역과 행정조직을 필요로 하는데 있다고 할 수 있다(예컨대 상하수도사무와 공중위생사무 등은 각각 그 적정 구역과 필요조직을 달리하는 것이다).[8] 또한 기존의 보통지방자치단체의 구역과 조직은 오랜 역사를 통하여 설정된

4) 지방자치법 제 2 조 제 1 항.
5) 김형배, 전게서, p. 81.
6) 손재식, 전게서, p. 81.
7) 자치법 제 2 조 ③.
8) Carl Vinson Institute of Government, *Local Government in Georgia*(Athens: The University of Georgia, 1986), pp. 181～182; 최창호, 전게서, p. 182.

것으로서 새로운 특정지방행정사무의 효율적 처리에는 적응치 못하는 경우가 있을 수 있다. 이러한 경우에 특별지방자치단체의 설립을 필요로 하게 되는 것이다.

(3) 특별지방자치단체의 유형

1) 행정사무단체와 기업경영단체 특별지방자치단체는 일반행정사무의 처리를 위하여 설립되는 것이 보통이지만 공기업경영을 위하여 설립되는 경우도 있다. 우리나라에서도 지방공기업법에 의하여 이러한 특별지방자치단체의 설립이 허용되고 있다.[9)]

2) 특수사무단체와 광역사무단체 특별지방자치단체에는 특수전문행정분야의 기능을 수행하기 위하여 설립된 것과 광역적 협력에 관한 사무를 처리하기 위하여 설립된 것 두 가지가 있다. 전자는 지역주민을 구성원으로 하여 설립된 것인데 비하여, 후자는 기존의 보통지방자치단체를 구성원으로 하여 설립된 것이다. 또한 전자는 처음부터 특수전문행정분야의 독자적인 행정주체로 설립된 것인데 비하여 후자는 기존의 보통지방자치단체의 본래 기능의 일부 혹은 전부를 승계하여 설립된 것이다.

제 2 절 지방자치단체의 기관

Ⅰ. 기관구성형태

지방자치단체의 정부조직형태는 엄밀히 따지면 전 세계적으로 몇 만개의 유형이 존재한다고 보아야 할 것이지만, 각 국의 특수한 제약조건을 배제하고, 일반적인 패턴만을 고려하여 지방자치단체의 기관구성모형을 살펴보면, 의회중심적 구성형태(기관통합형)와 의회와 집행기관간의 권력분립적 기반 위에 형성된 기관대립형, 이들 양자의 절충형으로 구분하여 볼 수 있다.

1. 기관통합형

(1) 기관통합형의 의의

기관통합형은 지방자치단체의 정부조직에 있어서 의결기능과 집행기능을 모두 단일의 기관에 집중 귀속시키는 유형이다. 이러한 기관통합형에 속하는 전형적인 실례는 영국의 의회형(parliamentary system)과 미국의 위원회형(commission plan or board system) 그리고 최근 프랑스의 의회의장형(council presidentary system)을 들 수 있다.

1) 의 회 형 이는 영국을 위시하여 인도, 호주, 뉴질랜드, 남아공 등 과거 영연방국가에서 채용하고 있는 것으로서, 의회가 입법기능과 행정기능 전반을 관장하고 있는

9) 지방공기업법 제44조, 제45조.

유형이다. 이러한 의회형에서는 지방자치단체의 장은 별도로 존재하지 않으며, 의회의 의장이 해당 자치단체를 대표한다.

2) **위원회형** 위원회형이란, 주민에 의하여 선출된 의원으로 의회를 구성하여 지방자치단체의 정책과 의사를 결정하고 동시에 각 의원으로 하여금 집행부·국의 사무를 책임·관장하게 함으로서 지방자치단체의 모든 권능과 책임을 의회에 집중하는 조직형태를 말한다. 이 위원회는 '이사회'라고도 불리우는바, 보통 3~5인 정도의 소수인으로 구성되며, 위원 가운데 1인이 수장의 직무를 담당하나 그 실질적인 권한은 그리 크지 않다.[10)]

3) **의회 의장형** 이는 프랑스의 1982년의 지방분권법에 의하여 중간자치단체와 광역자치단체에서 채용되고 있는 유형으로서 지방의회의 의장이 집행기관의 장으로서의 지위를 겸하고, 의장 밑에 행정집행의 사무조직을 두고 있는 유형이다.

⑵ 기관통합형의 장·단점

기관통합형은 다음과 같은 장점을 지닌다.

1) 지방통치상의 모든 권한이 주민대표기관에 집중되어 있어서 책임정치를 실현할 수 있다.

2) 정책결정과 행정집행이 유기적으로 이루어져 원활성을 기할 수 있다.

3) 복수인의 의사에 따라 신중하고도 공정한 통치를 기할 수 있다.

4) 의결기관과 집행기관간의 갈등의 소지가 적어 행정의 안정성을 기할 수 있다.

한편, 기관통합형은 다음과 같은 단점이 있다.

1) 단일의 기관에서 모든 권한을 행사하므로 견제와 균형이 결여되어 권력남용의 우려가 있다.

2) 정치·행정기능이 통합되어 사업행정이나 인사행정에 정치적인 개입의 소지가 농후하다.

3) 행정의 전문성과 전체적 통일성을 확보하기 어렵다.

2. 기관대립형

⑴ 기관대립형의 의의

기관대립형은 지방자치단체의 기능을 의결기관과 집행기관으로 분리시켜, 각 기관의 상호 견제와 균형을 통하여 지방자치를 운영해 나가도록 하는 유형이다.

이와 같은 기관대립형에 속하는 것으로서 미국의 일부 카운티(county)에서 볼 수 있는 의회·분임행정관형, 위원회·수석행정관형 등 여러 가지 유형이 있으나, 그 가운데 가장 보편적인 것은 의회·수장형(presidential system or mayor-council system)이다.

1) **의회·분임행정관형** 이는 의결권을 행사하는 의회에 각 분야별로 각기 집행

10) 이 제도에서는 보통 의회를 위원회라 칭하고 의원을 위원이라 부르고 있다.

권을 행사하는 보안관(sheriff), 법무관(attorney), 재무관(treasurer), 검시관(coroner), 자산평가관(assessor) 등의 행정관들을 따로 주민이 직선하여 의회와 각 행정관들이 견제와 균형을 유지하면서 지방자치를 운영해 나가도록 하는 유형이다.

2) 위원회 · 수석행정관형 이는 위원회에 대립하는 수석행정관을 주민이 별도로 직선하여 의결기관과 집행기관이 견제 · 균형을 유지하도록 하는 특별한 유형이다.

3) 의회 · 수장형 이는 의회 외에 해당 자치단체를 대표하며 집행에 관하여 궁극적 책임을 지는 수장을 별도로 두어 의회와 수장 사이에 견제와 균형이 유지되도록 하는 유형으로서 한국, 일본, 독일, 미국 등 많은 나라에서 채용되고 있다. 의회 · 수장형은 또한 수장의 기능, 선임방법 등에 따라 다음과 같은 유형으로 구분된다.

(i) 수장의 기능별 분류

① 약수장형(또는 의회우위형) 이는 의회가 입법권을 행사할 뿐만 아니라 많은 행정관의 임명을 포함하여 직접 집행업무에 관여하는 폭이 넓기 때문에 수장은 지극히 제한된 범위의 행정권능만을 가지거나 극단적으로는 명목상 · 형식상의 존재에 불과한 경우도 있는 유형이다.

② 강수장형(또는 수장우위형) 이는 수장이 해당 자치단체의 집행업무에 관한 실질적 책임자일 뿐만 아니라 대의회관계에서 지도자적 지위에 있는 유형이다.

(ii) 수장의 선임방법별 분류

① 수장직선형 이는 의회의원뿐만 아니라 집행부의 수장도 주민이 직접 선출하여 의결기관과 집행기관을 명실공히 분립시키고, 견제 · 균형을 이루어 나가도록 하는 유형이다. 의회는 단원제인 경우가 일반적이나 양원제인 경우도 있고 집행부의 수장뿐만 아니라 기타 주요간부들도 주민이 직접 선출하는 경우도 있다.

② 수장간선형 이는 수장 또는 집행기관의 책임자를 주민의 대표자인 지방의회가 선출하는 유형으로서, 프랑스의 기초자치단체(commune), 독일의 일부 주의 지방자치단체 등에서 그 예를 볼 수 있다.

③ 수장임명형 이는 수장 또는 집행기관의 책임자를 중앙정부가 임명하는 유형으로서 스페인, 네덜란드, 말레이시아, 인도네시아 등에서 채택되고 있으며, 특히 중간자치단체의 정부조직에서 이 유형이 많이 발견된다.

(2) 기관대립형의 장·단점

기관대립형은 전술한 기관통합형과 정반대의 장단점을 지니고 있다. 즉 견제와 균형을 통한 권력남용의 방지, 집행기능 전담기관을 통한 행정의 전문화, 단일의 지도자 · 책임자를 통한 행정책임의 명백화를 기할 수 있는 반면, 기관 사이의 대립 · 마찰, 단일 지도자 · 책임자의 편견적 의사결정 등의 단점을 지니고 있다.

3. 절 충 형

절충형은 지방자치단체의 정부조직에 있어서 기관통합적 요소와 기관대립적 요소를 상호 조화시키고 있는 유형이다. 즉 의결기관과 집행기관을 따로 두고 있는 점에서는 기관대립형적인 요소를 가지고 있으나, 그들이 대립되지 않고 있는 점에서는 기관통합형적인 요소를 가지고 있다고 하겠다.

이와 같은 절충형은 몇 가지 장·단점을 지닌다. 우선 ① 운영의 묘를 살린다면 대립과 마찰을 피하면서 기관 상호간의 협조체제를 유지할 수 있고, ② 민의를 충실히 반영하면서 공정하고도 신중한 행정을 도모할 수 있는 장점을 지니는 반면, ① 합의제이므로 집행책임이 명확하지 않으며, ② 행정전문가에 의한 행정집행이 아니므로 주먹구구식 행정의 폐단을 초래할 가능성이 높고, ③ 지방자치단체의 의사결정과 행정집행과정이 번잡하여 행정의 신속성이 결여될 우려가 있다는 단점을 지닌다.

우리나라의 지방자치단체는 1949년 7월 4일에 제정·공포된 지방자치법에 의하여 모든 지방자치단체의 정부조직형태를 의결기관인 의회와 집행기관인 자치단체의 장(수장)이 분립하는 기관대립형으로 정하여 오늘에 이르고 있다.

그러나 그간의 지방의회의 구성이 중단되기도 하고 지방자치단체장의 선임이 임명제에 의한 경우가 많아 엄격한 의미에서 기관대립형으로 운영된 기간은 극히 짧았다. 그러나 신지방자치법에서는 지방의회와 지방자치단체의 장을 주민이 직접 선출토록 되어 있으므로 기관대립형 가운데 집행기관 직선형에 속한다고 하겠다.

Ⅱ. 지방의회

1. 지방의회의 의의

지방의회(council of local government, kommunal-versammlung, assemblee localê)란 근대적 의미의 대표의 관념에 기초한 지방자치단체의 의사기관으로서 원칙적으로 주민에 의하여 선출된 의원을 그 구성원으로 하여 성립하는 합의제기관을 말한다.[11)]

원래 지방자치에 있어서는 법적으로 평등한 주민들의 총의에 의하여 자치단체의 의사가 결정되고 지방자치가 운영되는 이른바 직접민주제가 이상적이겠으나, 오늘날의 지방자치에 있어서는 그 구역과 주민수 등에 비추어 볼 때, 그것이 불가능하기 때문에 주민의 전체 의사를 대신할 수 있는 주민대표기관으로서의 의회를 구성하고 그 의회를 통하여 주민의 의사를 자치행정에 간접적으로 반영하는 간접민주제(대의제)가 보편화되고 있다.

우리나라에 있어서 지방의회는 자치단체의 의사를 의결할 뿐, 그 집행에는 관여하지

11) 久世公堯 · 浜田一成, 議會(東京: 第一法規, 1976), p. 3.

못한다. 단지 자치단체의 의사를 결정하므로 의사기관 또는 의결기관이라고 한다.

2. 지방의회의 기능과 권한

지방의회의 기능과 권한은 나라마다, 제도마다 분류의 여러 가지 기준에 따라 다양하게 나눌 수 있으나 여기에서는 우리나라의 현행 지방자치법에 규정된 것을 토대로 검토하고자 한다.[12)]

(1) 의결권 — 정책결정기능

지방의회는 지역주민의 대표기관이며, 최고의사결정기관인 만큼 그 본질적 기능과 권한은 지방자치단체의 의사와 정책을 결정하는 의결권에 있다고 할 수 있다. 따라서 일반적으로 정책결정기능 또는 입법기능으로 지칭되는 의결권은 지방의회의 가장 핵심적인 권한과 기능이라고 하겠다.

(2) 행정감시권 — 행정통제기능

지방의회는 지역주민의 대표기관일 뿐 아니라 지방자치단체의 최고의사결정기관인 만큼 그들에 의해 결정된 의사나 정책이 집행기관에 의해 바르게 집행되고 있는가를 비판·감시하며, 경우에 따라 집행기관에 의한 위법·부당한 처리가 있을 때에 주민의 편에서 그 시정조치를 요구하는 것은 지방의회의 지극히 당연한 권한이며 의무라고 할 수 있다.

지방의회에 의한 집행기관의 행정통제를 위한 주요 수단, 다시 말하면 감시적 권한의 주된 내용을 보면 일반적으로 검사권, 감사청구권, 설명요구권 또는 의견진술권, 현지확인, 집행기관의 장 등의 출석요구와 설명서 제출, 그리고 조사권, 동의권 또는 자치단체장의 불신임의결권 등을 지적할 수 있다.

(3) 의견제출권 — 의견표명기능

지방의회는 당해 지방자치단체의 공익(public interest)에 관한 사안에 대하여 관계행정기관에 대해 의견을 제출할 수 있는 권한을 갖는다.

(4) 인사권 — 인사기능

지방의회의 인사권은 우리나라에서는 기관대립형을 취하는 만큼 제도적으로 인정되어 있지 않으나(의회에서 자율적 인사권은 인정) 기관통합형이나 절충형을 택하고 있는 나라의 경우 그 제도적 특성과 관행에 따라 지방의회에 부여되기도 하는데 그 내용을 보면 다음과 같다.

1) 행정수장의 임명
2) 수장의 보조기관의 임명에 대한 동의 또는 추인
3) 집행기관의 선거

12) 조창현·이기옥, 지방자치의 기초이론, 한양대학교 지방자치연구소, 지방의회의원 연수교재(1991), pp. 52~58.

4) 수장의 보조기관의 선거

5) 특별집행기관 또는 행정위원회의 선거 또는 선임동의

(5) 청원수리권 — 주민참여의 확대

지방의회는 지역주민의 의사를 그들의 요구와 희망을 보다 광범위하게 지방자치단체의 행정과정에 반영하기 위한 제도적 장치의 일환으로 청원수리권을 갖는다.

(6) 자 율 권

자율권은 남의 간섭을 받지 않고 스스로를 규율하는 것을 의미한다. 따라서 지방의회의 자율권도 그 내부조직과 운영, 의회의원의 신분 등에 관한 사항을 외부의 간섭을 받지 않고 독자적으로 결정 · 시행할 수 있는 권한으로 이해할 수 있다. 지방의회의 자율권은 일반적으로 의회의 조직운영권, 규칙제정권, 의원자격 등의 결정권, 내부규율권, 자주해산권 등이 있다.

3. 지방의회의 조직

(1) 지방의회의 규모

의원정수결정의 일반적 원칙이나 기준은 없으나 각국의 제도를 비교하면 두 가지 대칭적인 유형이 있음을 알 수 있다. 즉 지방의회의 규모를 크게 하여 가급적 그 의원수를 많게 하는 경우와 그 규모를 작게하여 상대적으로 적은 수의 의원으로 지방의회를 구성하는 경우인데 일반적으로 전자를 다수주의(대의회제)라고 하고, 후자를 소수주의(소의회제)라고 한다. 보통 영국과 일본, 유럽제국에서는 다수주의를 채택하고 있으나, 미국에서는 소수주의에 의존하고 있다.

우리나라의 경우 지방의회의 의원정수는 지방자치법의 개정에 따라 그 증감이 반복되었으나, 1949년 지방자치법이 제정된 이래 대체로 다수주의를 채택하고 있다.[13)]

(2) 지방의회 의원의 임기

의원의 임기라 함은 의원이 당선되어 그 지위를 취득한 때부터 일정기간의 경과에 의하여 당연히 그 직을 잃게 되는 기간을 의미한다. 의원은 일정한 자격상실의 사유가 없는 한 임기완료 전에 그 지위를 상실하지 않는다. 의원의 자격상실사유는 임기만료 외에 사망, 사직, 퇴직, 자격상실의결, 의회의 해산, 선거 또는 당선무효판결 등으로 발생한다.[14)]

지방의원의 임기는 나라에 따라 1년부터 6년에 이르기까지 매우 다양하다. 그러나 가장 보편적인 것은 4년제로 되어 있다. 우리나라의 경우 제일 처음에는 지방의회 의원의 임기를 4년으로 규정하였으나 1956년 2차 개정시 3년으로 그 기간을 단축하였다가 1958

13) 상게서, p. 59.
14) 상게서, p. 60.

년 4차 개정시 다시 4년으로 환원하여 현행 자치법에 이르고 있다.

(3) 의원의 권리와 의무

주민의 대표자로서 공정하고도 충실한 직무수행을 위하여 지방의회의원은 몇몇 권리와 의무를 지니는 것이 일반적이다. 즉 의원의 권리로서는 ① 의회출석권, ② 발언권, ③ 의안의 제안권, ④ 동의안의 제출권, ⑤ 표결권, ⑥ 선거권, ⑦ 청원의 소개권, ⑧ 이의신청권, ⑨ 회의소집 요구권, ⑩ 모욕에 대한 징계요구권 등이 있다. 의원의 의무로서는 ① 소집된 회의에 출석해야 할 의무, ② 위원회위원 취임의 의무, ③ 규율을 준수해야 할 의무, ④ 징벌에 복종해야 할 의무, ⑤ 공익우선과 양심에 따른 성실한 직무수행의 의무, ⑥ 청렴과 품위유지의 의무, ⑦ 이권불개입과 거래금지 등의 의무가 있다.

Ⅲ. 집행기관

지방자치단체의 집행기관이란, 의결기관인 의회가 결정한 의결사항을 집행·처리하는 기관을 말한다. 이러한 집행기관은 일반적으로 행정집행의 수장, 즉 일반집행기관을 의미하지만 특정한 기능만을 수행하는 특별집행기관을 설치하는 나라도 있다.

우리나라의 집행기관은 일반집행기관으로서의 수장, 즉 서울특별시장, 광역시장, 도지사, 시장·군수 및 자치구의 구청장과 특별집행기관으로서의 교육위원회, 교육장 및 기타 행정위원회 등으로 구성된다.[15]

제 3 절 지방자치단체의 기능(자치권)

Ⅰ. 자치권의 의의

지방자치단체가 그 존립목적을 실현하기 위하여 가지는 일정한 범위의 권능을 자치권(right of local autonomy)이라고 한다. 이러한 자치권은 지방자치단체의 제도적 구성요소로서 예속성, 자주성, 포괄성이라는 특성을 지닌다.

이러한 지방자치단체의 자치권은 자치입법권, 자치행정권 및 자치사법권으로 대별되고, 자치행정권은 다시 자치조직(인사)권, 자치재정권 및 자치운영권(협의의 자치행정권)으로 구분할 수 있다.[16]

15) 김형배, 전게서, p. 249.
16) 최창호, 전게서, pp. 260~261.

Ⅱ. 자치입법권

자치입법권이란, 지방자치단체가 자기의 권능으로서 자치법규를 정립하는 권능을 말하며, 지방자치단체의 자치법규로는 현행법상 조례와 규칙이 인정되고 있다.

Ⅲ. 자치행정권

1. 자치조직권

자치조직권은 지방자치단체가 그 행정기구, 정원, 보수, 사무분장 등을 자신의 조례 또는 규칙을 통하여 자주적으로 정하는 권능을 말하며, 자치조직권을 인정하는 범위는 나라에 따라 다양하다. 대체로 영·미계 국가에서는 광범한 자치조직권을 지방자치단체에 인정하고 있다.

2. 자치재정권

자치재정권이란, 지방자치단체가 그 행정의 수행에 필요한 경비를 충당하기 위한 재원을 자주적으로 조달하고, 이를 자유로운 의사와 판단 아래 사용하는 권능을 말한다.

3. 자치운영권

자치운영권은 지방자치단체가 자기의 독자적 사무를 원칙적으로 중앙정부의 간섭을 받지 않고 처리하는 권능을 말한다. 이는 자주적인 조직권과 재정권을 제외한 좁은 의미의 자치행정권을 의미한다.

Ⅳ. 자치사법권

어떻게 보면 지방자치라고 하는 것이 자치사법활동에서 연유하였다고 할 수 있다. 오늘날에도 지방자치단체가 공식적으로 자치법원(municipal court)을 가지고 있거나 그러하지 못한 경우에는 적어도 소청 · 소원 · 징계의 심사 · 재정 · 재결 등 이른바 실질적인 사법작용은 이를 모두 행하고 있는 것이다.

제 4 절 지방자치단체의 사무

Ⅰ. 지방행정사무의 의의

지방행정사무는 대체로 지방자치단체 등 지방행정단위가 처리할 것이 요청되는 일정한 공공적 사항 또는 공공적 사항의 처리의 권한 및 책임을 말한다고 할 수 있다. 이러한 지방행정사무의 개념 속에는 처리의 대상인 공공적 사항만을 지칭하는 의미도 있고, 경우에 따라서는 사항의 처리를 위한 권한 및 책임까지를 포함하여 의미하는 경우도 있다.

Ⅱ. 사무의 종류

지방자치단체의 사무는 분류기준 여하에 따라 여러 가지로 나누어질 수 있으나, 가장 일반적인 분류방법은 고유사무, 단체위임사무 및 기관위임사무로 분류하는 것이다.[17]

[그림 9-3-1] 지방자치단체의 사무

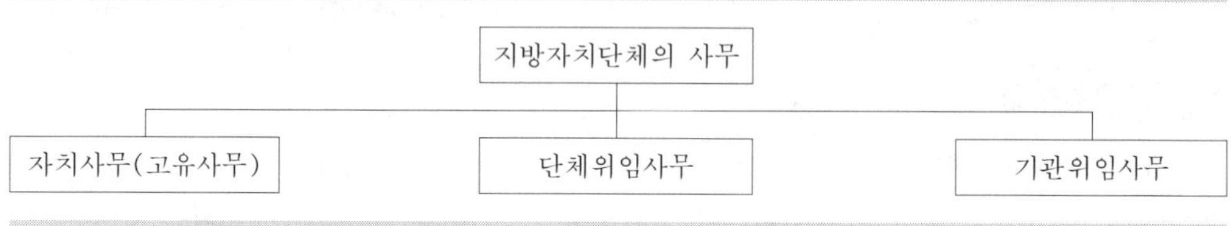

1. 고유사무

고유사무는 일반적으로 지방자치단체의 존립을 목적으로 하는 사무로서 지방자치단체가 자기의 책임과 부담으로 처리하여야 한다는 의미에서 이를 자치사무라고도 부른다. 이러한 고유사무에는 법령에 특별한 규정이 없는 한 지방자치단체가 자유로이 대상을 취사선택하여 처리하는 수임사무와 법률에 의하여 의무적으로 처리하게 되는 필요사무가 있다.

고유사무에 대한 감독은 소극적 감독에만 한정되며, 처리에 소요되는 경비는 지방자치단체가 전액 부담하는 것이 원칙이다. 다만 국고보조금을 받는 경우에는 장려적 보조금의 성격을 지니게 된다.[18]

17) 坂田期雄, 地方制度の構造と實態(東京: ぎょうせい, 1979), p. 190; 상게서, p. 280.
18) 손재식, 전게서, p. 114; 지방재정법 제17조.

2. 단체위임사무

단체위임사무란, 법령에 의하여 국가 또는 상급단체로부터 지방자치단체에 위임된 사무로서, 개개의 법령에 의하여 지방자치단체에 위임된 사무이므로 처리하지 않으면 안 되는 필요사무가 일반적이다.

위임사무에 대한 감독은 합법성과 합목적성의 교정적 감독에 한정되며, 사무의 처리에 소요되는 경비는 해당 지방자치단체와 국가가 분담하는 것을 원칙으로 한다. 이 경우 국가가 교부하는 국고보조금은 부담금의 성격을 갖는다.[19]

3. 기관위임사무

기관위임사무란, 법령에 의하여 국가 또는 상급지방자치단체로부터 지방자치단체의 집행기관(장, 교육위원회 등)에게 그 처리가 위임된 사무를 말하는 것으로, 대개 지방적 이해관계보다는 전국적 이해관계가 큰 사무이다.

기관위임사무에 대한 감독은 합법성뿐만 아니라 합목적성의 감독 그리고 교정적 감독뿐만 아니라 예방적 감독도 모두 가능하게 되며, 사무의 처리에 소요되는 경비는 그 전액을 위임기관이 부담하는 것이 원칙이다. 이 경우에 수임기관에 교부되는 보조금은 의무적인 교부금으로서의 성격을 지닌다.[20]

Ⅲ. 사무배분의 방식

1. 개별적 수권방식(授權方式)

개별적 수권방식(principle of enumeration)은 개개의 지방자치단체별로 사무종목을 지정하여 배분하는 방식이다. 이 방식은 각 지방자치단체의 책임한계를 명백하게 하는 장점을 가지고 있는 반면 지나친 개별성의 남용으로 인하여 통일성을 저해하는 단점을 지닌다.

2. 개괄적 수권방식

개괄적 또는 포괄적 수권방식(principle of universality)은 지방자치에 관한 일반법에 지방자치단체의 구별없이 모든 자치단체는 법률에 의하여 금지된 사항이나 국가 또는 다른 단체에 배타적으로 배정된 사무를 제외하고는 어떠한 사무도 처리할 수 있도록 포괄적으로 배분하는 방식으로 우리나라에서는 과거에 개괄적 수권방식을 채택하고 있었다.

이 방식은 융통성이나 탄력성을 가진다는 장점을 가지고 있는 반면, 각 계층 사이의

---

19) 지방재정법 제18조 제 1 항.
20) 지방재정법 제18조 제 2 항.

사무배분의 불명확함과 그로 인한 사무처리의 중복 및 상급단체의 무제한적인 통제를 초래하기 쉽다는 단점을 지닌다.

3. 절충방식

이 방식은 나이지리아와 일본 및 우리나라가 채택하고 있는 방식으로 개별적 수권방식과 개괄적 수권방식의 특징을 절충한 방식이다.

Ⅳ. 사무의 위임

행정사무의 위임(또는 위탁)이란, 국가 또는 지방자치단체가 소관사무의 일부를 다른 주체에게 맡겨 그의 명의와 책임에서 처리하도록 하는 것이다. 행정사무가 위임되면 해당 사무의 처리에 필요한 권한과 책임도 제한된 범위 안에서 수임자에게 이전된다. 그러나 법적으로는 위임자가 여전히 본래의 권한을 유보하고 있는 것이므로 위임자는 수임자의 사무처리에 관하여 지휘 · 감독권을 지닌다.

제 5 절 지방자치단체의 구역

Ⅰ. 구역의 의의

일반적으로 구역(area or district)이란, 일정한 목적을 달성하기 위하여 일정한 기준에 따라 국토공간을 구분하여 놓은 일정한 지리상의 한계[21)]로서 법적으로는 일정한 공공기관 또는 단체의 관할권이 미치는 지역적 범위를 말한다. 요컨대 구역은 일정한 목적을 실현하기 위하여 일정 주체에 부여된 권한이 미치는 지리상의 범위라고 할 수 있다.

Ⅱ. 지방행정구역의 개편

1. 지방행정구역 개편의 필요성

과거에 설정되었던 소규모의 지방자치단체단위는 오늘날에 이르러서는 그것이 담당해야 할 기능과 관련해서 볼 때 확실히 과소화되어 있다는 것은 ① 지방행정기능의 양적 확대, ② 광역행정에 대한 수요증가, ③ 균등행정의 증가, ④ 행정의 전문화 및 기술화, ⑤ 통신 및 교통의 발전이라는 점 등에 비추어 볼 때 명백하게 알 수 있다.

21) 김안제, 환경과 국토(서울: 박영사, 1979), p. 559.

다시 말해서, 현대 지방행정의 특징은 광역화, 대규모화 및 기술화에 있고 이러한 행정적 기능을 담당하는 데에는 지방자치단체의 규모가 필연적으로 확대되어야 한다는 것이며, 이것이 곧 구역의 확대를 의미하는 것이다.[22)]

따라서 지방정부의 새로운 기능에 알맞게 전통적 구역은 재편성되어야 하며, 재편성은 지방행정의 능률화와 민주화를 동시에 실현할 수 있는 방향에서 해결되어야 할 것이다.

2. 지방행정구역 개편의 방식

구역개편 방식에는 다음과 같은 방식이 있다.[23)]

1) **경계변경** 경계의 변경만을 가져오는 구역개편을 말한다. 일반적으로 관할구역변경이라고 할 때에는 경계변경을 말한다.

2) **폐치분합** 단체의 신설 또는 폐지를 수반하는 자치단체의 법인격의 변동을 수반하는 구역변경(분할 · 분립 · 신설합병 · 편입)을 말한다.

3) **규모재편** 구역의 전면적 재구획이라고도 하는바, 기존 지방자치단체의 규모의 부적정을 시정하기 위하여 구역을 일정한 기준에 의거하여 전면적으로 다시 획정함으로써 지방자치단체의 규모를 전반적으로 재정립하는 것을 말한다.

Ⅲ. 광역행정체제

1. 광역행정의 의의

광역행정(regionalism, regional administration)이란, 둘 이상의 지방자치단체의 관할구역에 걸쳐서 공동적 내지 통일적으로 수행되는 행정을 말하고, 광역행정체제란 그러한 광역행정이 효율적으로 수행될 수 있도록 마련된 행정조직 및 관리의 체제를 말한다.

2. 광역행정의 대두요인

광역행정을 촉진시키는 요인을 개괄적으로 열거하면 다음과 같다.[24)]

첫째, 과학 · 기술의 발달 등에 의하여 사회적 · 경제적 권역의 범위가 급격히 확대되고 있다.

둘째, 산업 · 경제가 고도로 성장함에 따라서 산업 및 인구의 지역적 편재, 그리고 지역 사이의 격차가 발생하였다.

셋째, 각 자치단체별로 설치 · 운영하는 것보다 몇 개의 자치단체가 합동으로 설치·

22) W. E. Jackson, *The Structure of Local Government in England and Wales*(London: Longmans, 1966), pp. 233∼234.
23) 최창호, 전게서, p. 221.
24) 村田敬次郎, 新廣域行政論(東京: 第一法規, 1965), pp. 40∼53.

운영하면 규모의 경제(economy of scale)를 누릴 수 있다. 즉 지방자치단체간의 행정의 효율화를 기하기 위하여 광역행정체제가 발전하였다.

넷째, 지방자치단체간의 행·재정적 격차를 완화하고 행정서비스의 평준화를 도모하여 주민복지의 균형적 향상을 기하기 위하여 광역행정체제가 발전하였다.

다섯째, 행정능력의 강화를 위하여 보다 광역을 관할하는 자치단체 또는 행정단위로 행정체제를 바꾸지 않을 수 없었다.

3. 광역행정의 방식

1) **공동처리**(joint arrangement)**의 방식** 둘 이상의 행정단위가 상호 협력관계를 형성하여 광역적 행정사무를 처리하는 방식으로 협의회, 일부사무조합, 기관의 공동설치, 사무의 위탁, 연락회의, 직원파견방식으로 다시 세분할 수 있다.

2) **연합**(federation)**의 방식** 둘 이상의 지방자치단체가 독립적인 법인격은 그대로 가지면서 전역에 걸친 단체(연합체)를 새로 창설하여 광역행정에 관한 사무를 처리하게 하는 방식이다. 이 연합방식에는 자치단체연합체(federation of government), 도시공동체, 복합사무조합이 있다.

3) **통합**(merger)**의 방식** 일정한 광역권 안에 군소 자치단체를 포괄하는 단일의 정부를 설립하여 그 정부의 주도로 잡다한 광역행정사무를 처리하는 방식이다. 이러한 통합방식에는 합병(annexation), 흡수통합(consolidation: 기능의 흡수통합, 지위의 흡수통합), 전부사무조합(total union), 광역자치단체(regional government)가 있다.

4) **특별구역 · 행정구역**(special district or agency) **설치의 방식** 특별구역은 특수한 광역적 업무를 수행하기 위하여 일반 행정구역 또는 자치구역과는 별도의 구역을 정하는 방식이며, 특별행정구역은 특정한 광역적 사무를 수행하기 위하여 특정기능만을 수행하는 국가의 행정기관을 일반행정기관과 별도로 설치하는 방식이다.

이상과 같은 광역행정은 비교적 활성화가 안 된 지방행정 분야이며, 협력을 전제로한 제도이므로 관계자치단체간의 상호이해와 협조, 주민의 참여가 있어야 하는바, 항상 객관적 판단에 기초한 공정성과 형평성의 원칙이 준수되어야 한다.

제 4 장

지방재정제도

제 1 절 지방재정의 의의

Ⅰ. 지방재정의 개념

일반적으로 지방재정이란, 지방공공단체가 행정활동을 수행하는데 필요한 재원을 획득하고 지출하는 활동을 의미하는데 이는 중앙재정과 상이한 특징을 가지는 동시에 일면 중앙재정과 밀접한 관계를 맺고 있는 것이기도 하다.[1] 따라서 국가재정이 국민경제의 안정과 번영을 이룩하려는 방향으로 전개되는 것이라면 지방재정은 지역적 경제개발이나 지역주민의 복지증진에 그 주된 목표를 두고 있는 것이다.[2] 지방재정활동의 법적 기초는 지방재정법, 지방세법, 지방공기업법, 지방교부세법, 국가균형발전특별법 등이 있다.

Ⅱ. 지방재정의 특성

지방재정은 국가재정과 그 주체를 달리하므로 특징을 비교의 대상에 따라 몇 가지로 분류해 볼 수 있다.[3]

첫째, 사경제에 대한 공공경제로서의 지방재정은 공공성과 강제성 및 계획성의 특성을 갖는다.

둘째, 지방재정은 국가재정에 비하여 다양성을 띠고 있다.

셋째, 지방재정은 자율성보다는 타율성을 훨씬 더 많이 가지고 있다.

1) 정인흥 외(편), 정치학대사전(서울: 박영사, 1979), p. 1464.
2) 김종표, 신지방행정론(서울: 법문사, 1991), p. 300.
3) 상게서, pp. 301～302.

넷째, 지방재정은 중앙의 국가재정에 비해 대개 수익자부담 중심의 성격을 띠고 있다.

다섯째, 재정의 수요와 비중이 계속적으로 증가해 간다.

제 2 절 지방수입의 구조

Ⅰ. 지방수입의 의의

1. 지방수입의 개념

지방수입이란, 공공수입의 일종으로서 지방자치단체가 각종 행정수요를 충족하기 위한 지출재원으로서의 현금 수납을 의미한다. 이러한 수입에는 법령 또는 공권력에 입각하여 강제징수하는 것도 있고 사용의 대가 또는 반대급부로서 수납하는 것도 있으며, 재산을 처분해서 사경제로부터 수수하는 것도 있다. 수입 가운데 1회계연도에 확정된 것이 세입예산이다.[4)]

2. 지방수입의 분류

(1) 자주재원과 의존재원

자주재원이란, 지방자치단체가 스스로 그 기능을 직접행사하여 조달할 수 있는 재원으로서 지방세 · 부담금 · 분담금 · 사용료 · 수수료 · 재산수입 등이 이에 속한다. 반면 의존재원이란, 수입의 원천을 국가 또는 상급자치단체인 광역시·도에 의존하고 그 액수와 내용이 국가가 정하는 구체적 기준이나 의사결정에 달려 있는 것으로서 국고보조금 · 양여금 · 지방교부세 등이 이에 해당한다.

지방자치의 진정한 의미는 이러한 지방재정의 자주재원과 의존재원의 구성비에 따라 좌우된다고 할 수 있다. 우리나라의 경우에는 의존재원이 자주재원을 훨씬 능가하고 있어서 외국과 비교해 볼 때 지방재정의 자립성은 극히 빈약한 형편이라 하겠다.

(2) 일반재원과 특별재원

일반재원이란, 그 용도에 대해서 아무런 제한이 없다. 따라서 어떠한 경비에도 충당할 수 있는 재원을 말하며, 특별재원이란 특정 목적에만 충당할 수 있는 재원을 말한다. 지방자치단체의 수입 가운데 어느 것이 일반재원이고 어느 것이 특별재원인가를 엄밀히 구분하기 어려우나, 일반적으로 지방재정구조를 분석하는 경우에는 지방세와 지방교부세 중 보통교부세를 일반재원이라고 하고, 국고보조금이나 지방교부세 중 특별교부세와 세외자체수입을 특정재원이라고 한다.

4) 상게서, p. 306.

(3) 경상수입과 임시수입

경상수입이란, 지방수입 가운데 매년 경상적으로 수입되는 것을 말하고, 임시수입이란, 임시로 수입되는 것을 말한다. 이것은 통상 경상수입에 의해서 경상경비가 조달되고 있는가의 여부 또는 그 이상의 잉여가 생긴 경우에 한해서 임시경비에 충당되고 있는가의 여부를 규명하여 건전재정을 확보하려는 데 그 의의가 있는 것이다.

Ⅱ. 지 방 세

지방세는 지방자치단체의 존립에 필요한 재정수요를 충족하기 위하여 그 주민으로부터 개별적인 대가 없이 무상으로 강제징수하는 재화를 말하는 것으로, ① 수입의 충분성과 보편성, ② 수입의 안정성, ③ 수입의 신장성, ④ 세수의 탄력성, ⑤ 세부담의 분임성과 응익성, ⑥ 지방세의 자주성이라는 고유한 원칙을 지닌다.[5)]

우리나라의 현행 지방세는 모두 15개의 세목으로 구성되어 있으며 광역자치단체와 기초자치단체의 세체계로 구분되고 있다. 먼저 도의 경우 도세로는 보통세인 취득세, 등록세, 면허세, 마권세의 4개의 세목과 목적세인 소방공동시설세, 지역개발세 등 2개의 세목으로 구성되어 있고, 시·군세로는 보통세인 주민세, 재산세, 자치단체세, 농지세, 담배소비세, 도축세, 종합토지세의 7개의 세목과 목적세인 도시계획세, 사업소세 등 2개의 세목으로 구성되어 있다. 한편 서울특별시와 광역시는 지방세목 중 자치구세인 면허세, 재산세, 종합토지세, 사업소세를 제외한 전세목을 할애하고 있다.[6)]

Ⅲ. 세외수입

세외수입이란, 매우 다의적인 개념이다. 가장 넓은 의미로는 지방재정수입 가운데 지방세, 지방교부세, 국고보조금수입을 제외한 나머지 수입의 일체를 말하는 것으로, 세외수입은 대체로 다음과 같은 특성을 지닌다.[7)]

첫째, 지방자치단체의 자주적 재원으로 자치단체의 자주적인 노력과 절차에 의한 수입이다.

둘째, 지방자치단체의 경제활동이나 행정급부에 대한 대가적인 성격의 수입이다.

셋째, 세외수입은 그 수입근거와 종류 및 형태가 매우 다양하다.

넷째, 세외수입은 지방자치단체의 여건에 따라 불균형하며, 회계연도에 따라 불규칙하다.

다섯째, 일반재원으로 분류되는 것이 많지만 법령상 혹은 성격상 그 재원의 비도가

5) 한원택, 한국지방행정론(서울: 성대출판부, 1978), pp. 210～213.
6) 조창현, 지방재정론(서울: 박영사, 1997), pp. 51～52.
7) 최창호, 지방자치제도론(서울: 삼영사, 1992), pp. 389～390.

특정되는 경우가 있다.

여섯째, 그 수입형태를 현금으로 하는 외에 수입증지로 하는 경우도 있다.

Ⅳ. 지방교부세

지방교부세는 지방자치단체간의 지방재정 불균형을 시정 완화하기 위하여 내국세액의 일정 비율을 일정한 기준에 따라 각 지방자치단체에 배분하여 교부되는 일반재원을 말하는 것으로, 보통교부세와 특별교부세가 있다.

보통교부세는 매년도 기준재정수입액이 기준재정수요액에 미달하는 자치단체에 대하여 그 미달액을 기초로 교부하고,[8] 특별교부세는 객관성과 합리성을 특히 중시하는 보통교부세의 산정에서 필연적으로 발생하는 획일성과 시기적인 이유에 의해서 보통교부세액의 산정에 반영할 수 없었던 구체적인 사정을 고려하여 교부하는 것으로서 보통교부세의 기능을 보완하여 지방교부세 전체의 구체적 타당성을 제고하는 재원을 말한다.

Ⅴ. 국고보조금

국고보조금(grants-in-aid)이란, 국가 정책상 또는 자치단체의 재정사정상 필요하다고 인정될 때에 그 자치단체의 행정수행에 소요되는 경비의 일부 또는 전부를 충당하기 위하여 비도를 특정하여 교부하는 것으로, 원칙적으로 반대급부를 요하지 아니하는 자금을 말한다.[9]

국고보조금은 국가적 차원에서 통일적 행정수준을 확보하고, 공공시설과 사회자본의 계획적·적극적 정비, 특수 재정수요에의 대응과 광역행정서비스에 대처할 수 있게 하는 효용 등을 가진다. 이에 반해 국고보조금은 지방행·재정의 자주성을 저해하고, 보조금의 영세화로 인해 지방자치단체의 재정적 부담을 과중화시킨다는 폐해를 초래하기도 한다.

이러한 국고보조금은 분류기준에 따라 여러 가지로 나뉜다.

1. 정률보조금과 정액보조금

보조형태기준에 의한 분류로 정률보조금은 지방자치단체가 지출하는 경비의 일정비율의 금액을 국가가 보조하는 것으로 오늘날 국고보조금의 일반적인 유형이다. 반면 정액보조금은 특정한 사무 또는 사업의 실시에 대하여 일정한 금액의 보조금을 교부하는 것을 말한다.

---

8) 지방교부세법 제 6 조.

9) 지방재정법 제20조.

2. 세목적 보조금과 포괄적 보조금

보조조건을 기준으로 한 분류로 세목적 보조금은 보조금의 교부조건으로 그 용도를 세부적으로 지정하는 것을 말한다. 반면 포괄적 보조금은 그 총액 및 비도의 범위만을 지정하고 보조금으로 충당할 경비의 세목·수량·단가, 지방비부담비율, 대상사업의 구성비율 등은 자치단체의 자유로운 선택에 맡기는 것을 말한다.

3. 일률보조금과 차등보조금

보조율을 기준으로 한 분류로 일률보조금은 자치단체 사이의 재정력이나 기타 필요성의 차이를 고려함이 없이 모든 자치단체에 일률적인 보조율을 적용하여 보조하는 것이다. 반면 차등보조금은 지방자치단체의 재정력이나 기타의 필요성에 따라 상이한 보조율을 적용하는 것을 말한다.

제 3 절 지방재정확충방안

Ⅰ. 국세의 지방세로의 세원재분배

지방자치가 실질적으로 시작되는 현 시점에 있어 자치단체 자체의 재정력 강화의 측면에서 볼때 지방의 재정소요는 급속도로 팽창할 것이라는 문제와 세수의 안정적 확보 및 자율성 제고의 측면에서 동일량의 재정지원이라도 국가에 의한 재정지원보다는 국세 중 지방세의 성격을 가진 세목을 자치단체로 이전하여 자치단체의 재정력을 강화하는 방안이 보다 이상적이라 하겠다.

지방세로 이전가능한 국세로 적합한 것으로는 첫째 지역적으로 세원이 고루 분포되어 있어야 하고, 둘째 징수가 간편해야 하며, 셋째 수입이 안정적인 것이 좋을 것이다.[10]

그러나 국세의 지방세 이양에는 크고 작은 문제가 뒤따른다. 즉 중앙재정의 위축, 자치단체간 재정력 격차의 심화, 세무행정상의 난점들이 대두되므로 국세의 일부 세목의 지방세 이양에는 많은 연구와 제반절차 및 여건의 정비가 동시에 이루어져야 할 것이다.

10) 윤한도, "89 지방세제도의 특징과 발전방향," 지방재정(1989년 봄호, 대한지방행정공제회, 1989), pp. 39~40.

Ⅱ. 신세원개발

자치단체에 의한 재정강화 노력의 일환으로 고려되는 것이 신세원의 발굴이다. 자치단체는 자신의 지역실정에 맞는 신세원을 개발하여 재정력 강화에 노력할 수 있는데, 그중 대표적으로 거론되고 있는 것이 지역개발세, 지방소득세, 광고세, 환경보전세, 관광세, 법정외세 등을 들 수 있다.

첫째, 지역개발세는 자치단체가 지역개발로 토지상의 불로소득을 얻는 개인에게 세금을 부과하여 지방재정을 확충하는 동시에 소득의 공평을 기하고, 토지이용의 개발효과를 증진시키며 부동산 투기를 방지하자는 것이다.

둘째, 지역소득세란 현행 농지세에서 비과세로 되고 있는 농작물 소득, 국세에서 비과세로 되어 있는 농가의 부업소득, 국세의 사업소득 가운데 생산규모가 국지적이고 농어민의 경영범주에 속하는 축산, 임업, 수협, 어업소득에 대한 과세를 통해 지방재정을 신장시키자는 것이다.

셋째, 광고세 신설의 근거는 정보화사회의 오늘날 광고활동은 수익과 직결된 것으로 소득 있는 곳에 과세가 가능하다는 것이다.

넷째, 환경보전세를 들 수 있다. 즉 산업화와 공업화의 진전으로 토양오염, 대기오염 등의 공해문제가 날로 심각해지는 현재 대부분의 공해는 기업에 의해 발생되고 있으나, 그 처리비용은 정부가 세금으로 부담하여 결국 저소득자가 고소득자의 비용을 부담하는 모순이 생기고 있다는 것이다. 따라서 환경보전세를 신설하여 공해원천에 과세함으로써 그 처리비용을 공해발생자에게 부담시켜 형평성을 기하자는 것이다.

다섯째, 관광세를 들 수 있다. 즉 자치단체 주민의 세금에 의해 개발된 관광지와 관광시설은 그 이용자의 대부분이 고소득자이므로 이는 결국 고소득자가 저소득자의 비용으로 여가를 즐긴다는 사회적 모순이 생기게 된다. 따라서 수익자부담의 원칙에 입각해 관광세를 도입하자는 것이다.

여섯째, 지방의회의 의결로 조세를 설정할 수 있는 법정외세를 도입하자는 것이다. 일본은 현재 법정외세를 채택하고 있다.[11] 우리나라 지방자치단체에서 법정외세의 과세대상으로 거론되는 것은 낚시터를 비롯한 온천, 골프장, 스키장, 해수욕장 등을 들 수 있다.

그러나 이런 법정외세의 도입에 있어서는 조세의 종목과 세율은 법률로 정한다는 조세법률주의와의 관계, 주민의 조세부담이 가중되어 조세저항의 우려가 있다는 점과 세원의 지역적 편중문제를 어떻게 해결할 것인가 그리고 지역개발세의 경우 우리나라는 지방양여금의 재원으로 되어 있다는 점 등이 문제점으로 대두되므로 많은 고려가 필요하다.

---

11) 법정외세목이란 조세에 관한 법률의 하나인 지방세법이 규정한 세목 외에 지방자치단체가 조례로서 제정·공포하여 당해 자치단체 내에서만 과세하는 세목을 말한다.

Ⅲ. 지역금융의 육성

지방재정력 강화의 관건은 당해 자치단체가 지역경제의 육성을 위한 산업기반을 가지고 있느냐의 문제와 직결된다. 지역경제의 육성은 자치단체 내의 공장 및 공단의 존재 여부와 밀접한 관계가 있고, 이러한 산업시설의 건설과 운영에는 다량의 재원이 요구된다. 이러한 자금확보를 위해서는 지역금융이 활성화되어야 하나 우리의 현실성을 보면 지역금융은 중앙의 금융기관에 비해 그 규모나 경영면에서 너무 낙후되어 있다는 문제점을 가진다.

결국 지방금융의 육성은 지역금융기관의 자금이 지역의 산업에 활용되고, 또 자금이 다시 지역의 경제발전을 위하여 활용되도록 해야 하는데 금융기관을 통해서 조성된 자금이 중앙으로 유출된다는 것은 경제의 중앙집권화를 의미하기 때문에 이는 지방자치를 위한 재정력 강화에 역행하는 것이라 할 수 있다.

지역금융의 문제를 해결하기 위하여는 지역금융기관 자체의 육성방안으로 지방금융기관 경영의 선진화를 기하고, 지역의 특성에 맞는 신상품을 개발하는 등 업무의 다양화와 기능의 확대가 필요하다. 또한 지역금융육성을 위한 정책적 과제로 지방자치단체 금고업무의 지방은행으로의 이관, 지방은행의 영업활동 영역의 확대, 제 2 금융권의 지방중소기업 금융지원의 제도화가 이루어져야 한다.[12)]

Ⅳ. 역교부세 제도의 도입

우리나라의 경우 자치단체간 재정력격차가 심각한데 이러한 재정력격차의 해소를 위한 재정지원을 전적으로 국가에 일임한다면 국가의 통제력 증대에 따른 자치단체의 자율성 제약의 문제가 대두된다.

따라서 외국의 재정조정제도 방식 중 독일의 역교부세와 유사한 제도를 도입하여 부유한 자치단체의 상대적 여유재원을 빈곤한 자치단체에 재배분하여 지방재정의 균등도 향상을 위한 자치단체간 재정지원 노력이 필요하다고 하겠다.

이 제도를 도입함에 있어 다음 몇 가지 문제점들에 대한 고려가 필요하다. 첫째, 개별 자치단체의 여유재원을 어떤 기준으로 산정하는가의 기술적 문제와 둘째, 부유한 자치단체라도 쉽게 자신들의 여유재원을 타자치단체에 쉽게 제공할 것인가 하는 정치적 문제가 고려되어야 한다. 우리 경우 중앙정부가 개별 지방정부간 경제력·재정력의 불균형 시정을 위하여 지방교부세, 보조금, 교육재정교부금, 지방교육양여금을 통한 재정조정제도를 운영하고 있다.

12) 최용호, "지역경제육성을 위한 지방재정의 확충과 운용," 자치행정 제38호(지방행정연구소, 1991. 5), p. 25.

V. 광역자치단체에 의한 지역개발기금의 조성

지역개발기금이란, 지방의 사회간접자본과 기초적 하부구조인 지방도로, 상·하수도, 교육, 의료시설, 도시기반시설에 대한 투자재원을 공급하고, 도시 또는 지역산업의 개발을 위한 재원을 공여함으로써 대도시와 중소도시간 나아가 중소도시 상호간의 균형적인 발전을 도모하려는 취지하에 설치되는 공익적 기금(公益的 基金)을 말한다.[13]

지역개발기금의 운용에 있어 우선 고려되어야 할 것은 그 기금의 운영주체의 문제이다. 기금의 운용주체로 상정할 수 있는 것은 첫째 국가에 의한 기금조성과 운용, 둘째 광역자치단체인 도와 광역시에 의한 조성과 운용, 그리고 셋째는 자치단체간 기금조성에 의한 방안 등을 고려할 수 있는데 우리의 현실여건에 비추어 광역자치단체인 도와 광역시에 의한 방안이 이상적이라 하겠다.

그 이유로는 국가에 의한 기금조성과 운용의 경우 지역의 특수성을 살리지 못하는 단점이 있으며, 자치단체간 기금조성에 의한 경우는 우리나라의 지방자치단체, 특히 일반시와 군은 재정자립도가 낮아 지방채의 신용도가 낮아 기채비용이 많이 들기 때문이다.[14]

지역개발기금의 조성방법으로 생각할 수 있는 것은 금융기관으로부터의 차입, 지방채의 발행, 자치단체와 민간부문의 공동출자로 지역개발공사 또는 도시개발공사를 설치하는 방법, 장기저리의 외자를 도입하는 방법 등을 고려할 수 있는데, 지방채발행을 주로 하고 여타 방법들은 부수적으로 활용하는 방안이 이상적이라 생각할 수 있다.

지방채발행을 위주로 한 지역개발기금의 운영에 있어 고려할 점이 몇 가지 있다.

첫째로, 지방채의 소화방법은 국가기관에 의한 지방채 인수보다는 시민들에 의한 인수방법이 우선되어야 한다. 그 이유로는 지역주민에 의한 지방채인수는 지역주민의 금융자산형성에 기여하기 때문이다. 지역주민에 의한 지방채의 인수는 지역의 유휴자금을 흡수하여 지방정부의 재원확보를 용이하게 하고, 동시에 지역주민들에게 금융자산의 보유를 가능하게 하는 이점이 있다.

둘째로, 지방채발행의 제한기준을 설정해야 한다. 임기제인 자치단체의 장과 지방의원들은 정치적으로 인기 있는 사업의 수행을 위하여 지나치게 많은 지방채를 발행할 가능성이 있으므로 차후 지방채원리금과 이자의 상환을 위해 조세부담을 증대시키지 않기 위하여는 지방채 발행규모와 방식에 있어 제한기준이 설정되어야 한다.

---

13) 정세욱, "지역개발기금의 조성방안," 지방재정(한국지방행정공제회, 1994. 4), p. 10.

14) 미국의 경우는 광역자치단체인 주정부가 주공채은행을 설립하여 기금조성과 운용을 하는데, 그 운용비용은 조세가 면제된 공채은행 채권간의 이율상의 차액으로 운영된다. 주공채은행은 자치단체들이 개별적으로 지방채를 판매할 때보다는 기채비용이 낮으며, 또한 증서판매보다는 증권판매의 방식이 효과가 큰 것으로 나타나 있다. David S. Kidsell and Robert J. Rogowsko, "Bond Banks: A State Assistance Program That Helps Reduce New Issue Borrowing Costs," *Public Administration Review,* Vol. 43, No. 2(1983), pp. 108~112.

셋째로, 지방채의 발행에는 지역경제력을 신중히 고려하여야 한다. 즉 지역의 경제력이 급속히 성장하고 있는 지역과 불완전고용이 존재하는 지역에서 지방채발행을 통한 투자의 증대는 승수효과로 인해 지역경제력 신장에 큰 도움이 되나, 그렇지 않는 경우 지역경제력이 쇠퇴해 가거나 완전고용하에 있는 자치단체는 지방채의 발행을 억제할 필요가 있는 것이다.

넷째로, 지방채 발행을 통한 기금은 자치단체의 자본지출에만 투입되도록 통제할 필요가 있다. 즉 지방채 발행재원이 경상지출의 적자를 은폐하기 위한 수단으로 사용되어서는 안 되며, 또한 지방채의 원리금과 이자의 상환은 장기에 걸쳐 조세를 통해 지불하는 것이므로 그 재원은 세대간 또는 거주민들간의 부담에 형평성을 기할 수 있도록 자본적 지출에만 제한될 필요가 있는 것이다.

제 5 장

환 경 행 정

제 1 절 환경행정의 이론적 접근

Ⅰ. 환경행정의 본질

1. 환경행정의 의의

생태학에서 환경은 자극을 주는 방향과 그 정도에 따라 변화를 수반하는 사물(things)과 여건(conditions) 그리고 힘이라고 말할 수 있는 구성요소적 의미가 내포되어 있다. 생물(living matter)이 중심이 되어, 이들이 감응(responding)하는 총체적인 것[1]으로 볼 때, 인간생활환경은 인간이 자연과 같이 살면서 인간이 만들어낸 물리적·인공적·사회적 제2의 자연적 환경 모두가 행정의 대상이 된다. 따라서 환경행정의 대상은 너무 광범위하고 그 한계가 분명하지 않다고 본다. 다만 환경문제의 특성이 ① 문제간의 상호관련성이 높고, ② 공간적으로 광범한 영향권을 형성한다는 점, ③ 사전예방적 접근이 필요한 점 등에서 볼 때, 환경행정은 환경을 파괴하여 인간생활의 보금자리를 해치는 인간행동을 규제함으로써 환경을 보전·관리하려는 행정과정을 의미하며 인간생활의 질을 높일 수 있도록 인간과 자연의 합리적인 공생공영관계를 형성함으로써 지속가능한 공동사회를 구축하려는 창조적 행정관리활동이라고 하겠다.

2. 환경행정의 목적

에드몬드(S. Edmunds) 및 레티(J. Letey) 두 교수는 환경행정의 목적을 다음과 같이

1) Stanley A. Cain, *Future Environment of North America*(N.Y.: The Natural History Press, 1966), pp. 44~46.

말한다.[2)]

첫째, 환경행정은 자연의 법칙이 적합하도록 인간의 활동이나 욕구를 합리적으로 관리할 것과 인간의 노력으로 인간생활이 자연과 조화를 이루어 생물로서 생존가능한 시스템을 확립하는 책임을 다하는 것.

둘째, 자연의 정복 또는 재정복의 윤리를 거부하고, 인간행동을 통제하여 생태계의 안정성을 확보하는 것에 관심을 기울일 것.

셋째, 생태학적 균형을 추구할 것, 즉 인간과 다른 생물, 음식물과 에너지 사이클간의 균형을 확보하는 등 에코시스템(eco-system)에 대한 침해를 극소화하여 모든 종류의 생물생존을 극대화하는 것으로 말한바 환경의 본질적 차원에서 볼 때 환경행정은 공해행정으로서 기술적 측면과 환경기준의 설정, 물질적 균형, 독성의 해명과 같은 과학·기술적 기법에 의존하는 면이 있고, 또 한편으로는 경제행정인 비용-편익분석, 건강과 환경영향 평가에 관한 조사, 시간, 인력, 비용감축 등을 중심으로 한 연구면과 정치행정의 성격을 갖는다. 이는 [그림 9-5-1]과 같다.

[그림 9-5-1] 환경행정의 정치행정 성격도

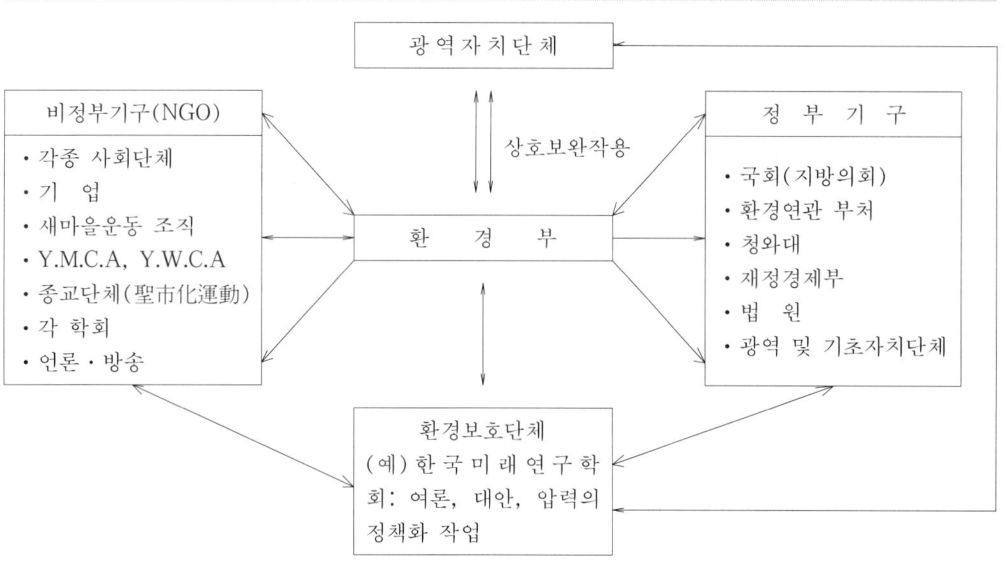

이와 같이 환경의 개발과 보전의 조화, 1992년 브라질의 리오 데 자네이로(Rio de Janeiro)에서 개최된 유엔환경개발회의(UNCED), 일명 Earth Summit에서 '72년의 스톡홀름회의(유엔인간환경회의)의 20주년을 기념하고 지구환경보전을 위하여 환경적으로 건

2) Stahl Edmunds and John Letey, *Environment Administration*(New York: McGraw-Hill Company, 1973), p. 15.

전하고 지속가능한 개발(ESSD: Environmentally Sound and Sustainable Development)을 전세계국가들에게 촉구하기 위한 리우선언과 그 실천계획인 '지방의제 21(Local Agends 21)' 채택으로 '지방의제 21'의 제28장에서 지방자치단체로 하여금 지역공동체와 협의하에 1996년까지 '지방의제 21'의 계획을 작성하도록 권고하고 있는 것은 바로 환경행정의 목적이 갖는 정치행정의 성격이기도 하다.

3. 환경행정의 방향

환경행정의 방향설정의 환경질 피라미드 5단계이론[3]에서 본다면 [그림 9-5-2]와 같다.

[그림 9-5-2] 환경행정에서 본 환경질의 계서제 개념과 방향도

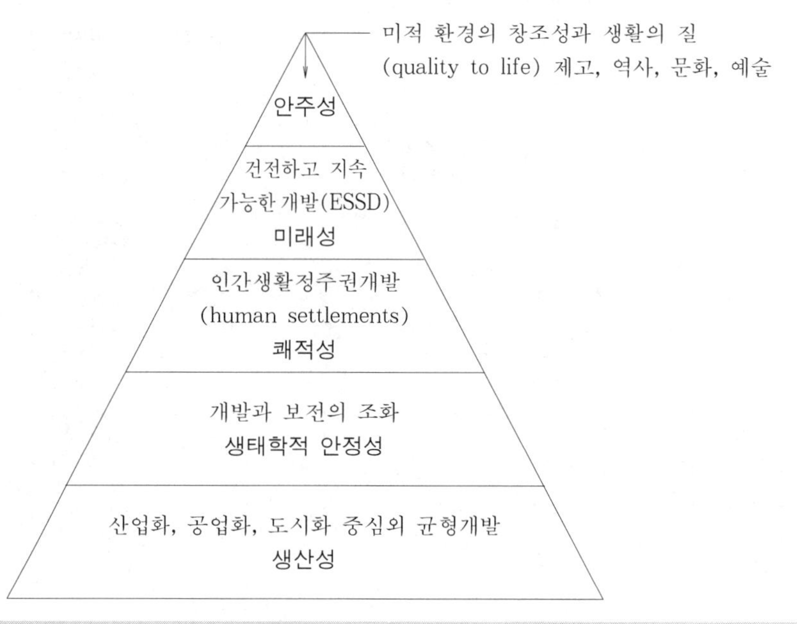

위와 같이 응용하여 그 방향을 논할 수 있겠다. 이는 매슬로우(A. H. Maslow)의 인간욕구의 계서제(needs hierarchy)[4] 이론에서 보다 더 좋은 환경(the better environment)을 만드는 방향으로 환경행정의 방향이 정해져야 함을 나타낸다.

3) 宇都官深志, 環境創造行政(東京: 東海大出版部, 1984), p. 43.

4) Abraham H. Maslow, *Motivation and Personality,* 2nd ed.(New York: Harper & Row, 1970), pp. 35~37.

Ⅱ. 환경행정의 기구가 가져야 할 특성

외국의 경우와 우리 현실에서 볼 때, 환경행정의 특성을 요약하면 다음과 같다.

첫째, 환경전담부처와 광역자치단체, 기초자치단체간의 부처할거주의(종합행정)가 심하며 업무를 분담하여 행정기능을 수행하고 있기는 하나 중앙정부가 주도하고 있다는 점이다.

둘째, 환경행정을 종합체계적으로 수행하는 조정기구가 필요하다는 점이다.

셋째, 환경행정이 공해규제 등 통제중심이 아니고 환경창조에 역점을 둔 조직을 요구한다는 점이다.

넷째, 많은 행정구역이 환경행정구역에 포함되어 행정관할구역을 벗어나 광역화함으로 현 지방행정기구나 지방자치단체의 조례를 가지고는 종합적인 환경행정을 수행하기 힘들다는 점이다.

다섯째, 환경부와 지방환경청의 부서별 주요 기능이 중복되고 있다.

여섯째, 지방정부의 기구나 업무가 개혁되어야 하고 더 커질 수밖에 없다는 점을 들 수 있다.

일곱째, 환경행정의 중요성 때문에 환경전담기구의 인사는 의회의 동의를 받아 대통령이 임명을 하는 방향이다.

여덟째, 사단법인, 재단법인 등 민간단체로서의 환경기구가 많이 생겨 이와 공동으로 조사, 연구, 감시, 평가 등을 종합적으로 추진하는 협력기구가 설치되어야 한다.

아홉째, 전 행정구역에 획일적으로 적용 집행할 것이 아니고 지역의 특수성에 따라야 한다는 점이다.

열째, 과학기술행정의 특성을 갖는다.

Ⅲ. 지방의제 21(Local Agenda 21세기)에 대한 관견

1. 지방의제 21의 의의

'지방의제 21'은 리우회의에 참석한 170여개국이 합의한 제4부 제40장으로 이루어진 문서로서 150개 프로그램과 2,509개의 구체적 행동을 담고 있다.

제 1 부는 사회경제부문으로 국제협력, 빈곤, 소비형태, 인구, 보건, 생활정주, 의사결정 등의 내용이며, 제 2 부는 자원의 보전과 관리부문으로서 대기, 토지, 산림 및 산지, 사막화, 농업, 생물다양성, 해양수자원, 유해화학물질, 폐기물 등의 내용이며, 제 3 부는 주요 그룹의 역할강화부문으로서 여성, 아동과 청소년, 원주민, 민간단체, 지방정부, 노동자 및 노동조합, 산업계, 과학기술계, 농민 등의 역할을 강조하고 있고, 제 4 부는 이행수단 부문으로서 재정, 기술이전, 과학, 교육홍보, 국제협력, 국제제도, 국제법 및 정보 등을 포함하고 있다.

따라서 '지방의제 21'의 수립 의의는 지구환경 및 지방환경행정의 개선을 위한 신접근 방법으로서 지역공동체의 인적 · 물적 · 제도적 정보자원을 최대로 활용하여 특히 지방정부의 환경행정 전략을 통한 보다 좋은 삶의 보금자리로써 세계의 생활정주권을 만들려는 제 2차 유엔인간정주회의(HABITAT Ⅱ)[5]와도 맥락을 같이 한다. 따라서 '지방의제 21'수립시 유의하여야 할 사항은 다음과 같다.

첫째, 도시환경보전활동을 지구적 관점에서 조망하고 관련시켜야 한다.

둘째, 지속가능한 개발이 되어야 한다는 개발철학에 기초하여야 한다.

셋째, 시민, 기업, 지방정부가 서로 협의하여 이루어야 할 범시민적 환경운동의 성격을 갖는다고 보아야 한다.

넷째, 다양한 접근방식인 지속가능한 지표개발방식, 환경감사방식, 지방환경관리계획 수립방식, 지역환경기준 수립방식을 생각할 수 있다.

2. 지방의제 21의 특징

'지방의제 21'은 환경행정의 주무부처를 환경계획의 주체로 하지 않고, 지방정부(주로 광역자치단체)가 개발목표나 개발정책, 개발계획, 개발법제가 지방활성화의 과제수행을 위한 정주지향의 소프트화[6]를 주체적으로 추진해야 하기 때문에 다음과 같은 환경계획으로서의 특징을 갖게 된다.

첫째, 환경정책기본법(1991. 12. 31. 제정), 환경보전 기본원칙(1992. 6. 5. 환경보전 국가선언문 공표), 리우선언 27개 원칙 등을 상위계획으로 하고 우리의 국토종합개발계획을 비롯한 경제사회발전 5개년 계획까지를 고려한 계획간의 조화가 요구된다는 점이다.

둘째, 환경운동을 통한 지역진흥을 위한 일촌일품운동의 성격[7]도 있다고 보는바, 행정구역별로 환경기본계획, 환경권, 환경영향평가, 환경문제에 대한 예산조치, 환경정보의 제공이 이루어져야 할 것인데 개별 지방자치단체의 대립이나 중복, 사각지대가 생길 수 있으므로 광역의제 21(Regional Agenda 21)의 공간적 범위를 정하도록 각 의회나 시민연합추진협의회를 통해 종합적 · 계획적 추진[8]을 하여야 한다는 특성이다.

셋째, 지방의제는 곧 지역의제이기 때문에 지역경영방식을 사용하여 ① 자원동원의 전략선택, ② 투자우선순위, ③ 친환경적 지역특화 산업유치, ④ 환경경영산업간의 국제적 유대를 강화하는 등 지역(광역자치체 중심)행·재정시스템의 동태화[9]가 될 수 있도록 실천계획의 목

5) 해비타트(HABITAT)는 인간생활정주(human settlements)의 의미로서 1996. 6. 터키 이스탄불에서 개최되었으며, 도시정상회담(city summit)이라고도 하며 세계의 모든 도시지역사회를 건강, 안전, 공정하며 지속가능하게 만드는 것이라고 정의하여 ① 도시화문제 중시, ② 도시관리 · 주택개발의 신전략추진, ③ 도시환경문제해결, ④ 환경행정비용 증가, ⑤ 환경창조에 대한 투자기회 강조 등을 그 내용으로 한다.

6) 淸成忠男, 地域産業政策(日本: 東京大出版會, 1986), pp. 31～48.

7) 太田一郎, 地方産業の振興と地域形成(日本: 法政大學出版局, 1991), pp. 242～252.

8) 年報 自治學會, 環境と自治(日本: 自治體學 제 7 호, 1994), pp. 3～5.

9) 塩見讓 編著, 地域活性化と地域經營(日本: 學陽書房, 1991), p. 38.

표가 계획화될 필요가 있다. 다만 지표개발시 지역문화나 전통까지를 반영하는 어려움도 겪게 된다는 특성이 있다고 본다.

넷째, 지중해 지방의제 21회의(1995.11. 로마시에서 100여개 도시대표 모임)에서 2000년까지 연기요구를 하였으나 1997년 3월까지의 시간제약이 있다는 점이다.

다섯째, 지역의 환경실체를 정확하게 파악할 수 있는 체계가 확립되어 지역의 환경비전제시와 환경개선의 목표치를 정하고 평가와 시정조치(feedback)가 되어야 한다는 점이다.

여섯째, 물리적 환경개선만이 아닌 소비행태, 생산양식, 생활태도(단순생활)의 전환까지를 포함하며 환경교육이나 시민운동전략까지를 수립해야 하는 특징을 갖고 있다고 본다.

제 2 절 광역자치체 환경행정의 문제점

I. 총체적 환경문제와 위기인식면

개발우선주의와 님비(NIMBY: Not In My Back Yard) 및
핌퓌(PIMFY: Put In My Front Yard) 심화

지방자치단체의 재원확보를 위하고 임기중 공약실천이란 명분 속에 환경오염 기준치, 공해방지시설설치의무 완화, 지도점검의 소홀, 기업에의 포획(捕獲) 속에서 환경행정위기 상황은 다음과 같이 나타나고 있다.

① 공단주변 산림의 초토화, ② 오염 사막화, ③ 통일된 측정방법 · 전문기관 없어 분쟁 · 불신 가속, ④ 환경특별대책지역, ⑤ KIST와 국립환경연구원 조사보고서 간의 갈등 심화, ⑥ 환경오염도와 안전도의 민관합동조사 필요, ⑦ 폐형광등의 마구잡이 매립으로 토양 수은오염 심각(연 1억개로 수은 2천 7백kg 묻혀 처리시설 전무, 피해실태조사도 없음), ⑧ 바다 밑 기름범벅으로 조업 못함, ⑨ 여천공단 주민 이주비에 대한 정부부담 요구, ⑩ 주민이주비 입주업체서 1차 기업매출 3% 부담하고 정부, 지방자치체는 부족분만 지원, ⑪ 주민이주대책위 구성, ⑫ 벤젠 외국 허용치 최고 1백 70배 넘어(국내기준조차 마련 안 됨) 각종 공해병 유발, ⑬ 땅은 중금속, 하늘은 매연, 바다는 폐유(환경질환, 농작물 고사), ⑭ 사업체간 폐기물 교환시스템의 정착, ⑮ 환경유해제품의 리콜, ⑯ 주민환경감시시스템, ⑰ 공장 등의 생산시설, 입지, 제품의 연구개발, 생산유통활동, 리사이클 등 사업활동의 전단계에서 LCA(Life Cycle Assessment) 시스템도입 환경친화적 경영의 의무화, ⑱ 가전기구 효율적 이용(1천만 가구가 TV시청을 2시간 줄이면 연간 4백 40억원 절감), ⑲ 녹지공개념 도입, ⑳ 환경교육 강화, ㉑ 생태도시의 조성, ㉒ 대기환경 규제지역 지자체 오염방지 소홀 땐 보조금 삭감, ㉓ 지방정부는 사전에 환경용량(environmental volume) 허용범위 내에서 개발적정규모를 결정하고 최적입지를 선정 삶의 질을 향상시키는 방향 등으로 개발하는 문제를

들 수 있다.

특히 오염문제의 광역화에 따른 지역간 갈등해결 등을 실상으로 보고, 위기의식을 갖고서 오늘의 정보화사회 다음 단계는 환경문제사회가 도래한다는 인식하에 '지방의제 21'을 추진할 준비를 하여야 할 것이다.

Ⅱ. 환경행정 수행능력의 부족

첫째, 지방자치단체와 지방환경관리청의 경우 지역현실에 맞는 독자적인 환경정책과 계획을 수립하고 지역환경문제을 사전에 방지할 수 있는 행정체계[10]가 되어 있지 않다.

둘째, 지방환경관리청의 관할범위가 너무 넓고 환경전문 직렬의 공무원 수가 너무 적다.

Ⅲ. 환경행정조직의 기능배분의 불명확

환경부와 유관중앙부처 및 광역자치단체간의 기능할거주의

첫째, 환경행정 유관부처의 업무분장이 잘 안되어 있고, 근거 법령이 마찰을 가져오는 경우도 있다.

둘째, 환경관계부처의 환경의식이 뒤떨어져 있고 환경영향평가가 형식화되어 있다.

셋째, 환경부가 예산인사의 통제능력이 없어 환경문제의 종합, 조정기능이 환경부 중심으로 되어 있지 않다. 특히 광역자치단체의 환경행정기능을 지원, 협력, 감시할 기능조직이 되어 있지 않다.

넷째, 환경행정수요가 날로 확대되며 질적으로 복잡하여지는데 자치단체간의 이해대립시 조정기구가 없다.

다섯째, 환경부 예산에서 환경관련예산을 총괄하지 못하고 있고, 이제는 지방정부에 과거 중앙정부 환경보전예산의 일부를 이양하여야 할 터인데 잘못하면 단기적·부분적으로 정치적 인자가 작용하여 배분될 때 일관성, 시급성, 중요성, 지속성이 흐려질 수도 있으며 환경부, 유관부처, 지방정부도 예산이 분산되어 비효율적·비합목적적 예산배분이 될 수도 있다는 문제가 제기된다.

Ⅳ. 가식행정(formalism)과 정책 비합리성

첫째, 환경문제를 해결하기 위한 지방정부중심의 산·학·관·연·사회단체의 종합적인 비정부기구(NGO)의 부재를 들 수 있다.

10) 최병두 외, 자치시대의 지역환경(서울: 한울아카데미, 1995), p. 57.

둘째, 1986년에 국립환경연구원이 설립되었으나 전체적·종합적·체계적 연구수행이 어려울 뿐만 아니라 투자우선순위가 환경연구에 주어지지 않고 있으며 지방정부는 더욱 그렇다. 더욱이 기업부담이 없으며 개발연관기관과 연구기관간, 행정직과 연구기술직간, 부처간, 산학간 정보유통의 미흡과 조정, 평가, 연구, 집행의 효율화면에서 유기적 협력체제를 갖고 있지 못하다.

셋째, 연구기관에서의 연구결과 적용시 상호활용체제가 잘 안 되어 있으며 집행과 교육이 유기적으로 이루어지지 못하고 있다는 점이다.

넷째, 제도와 현실, 법의 사문화와 불일치를 들 수 있다. 리그스(F. W. Riggs)는 이에 대한 이유를 다음과 같이 말하였다.[11] 즉 전근대적인 관습법(customary law)영향이고 외국제도의 무비판적인 도입적용 때문이며 대기업본위, 지배자층의 근대화에 대한 이념과 방향의 설정이 잘못되었기 때문이라고 하였다. 특히 우리 경우는 시민중심의 압력단체가 발달하지 못하였고 입법권자들의 경제개발 우선주의, 수출지향정책에 밀린 채로 영향력 있는 결사체가 지속적 환경운동을 하지 못한 점을 들 수 있다. 만일 새마을운동이 오늘처럼 '껍질 잃은 게'가 되어있지 않다면… 하는 생각과 지방자치가 보다 정착화되었다면 지방의 실정과 지역의 특수성, 개발과 보전의 조화차원에서 도시화를 진행시킬 수 있었지 않았겠는가 하는 생각도 든다.

다섯째, 기업이나 환경부산하 공무원들의 적당주의, 단기적 전시효과, 형식적 지시위주의 공무원리더쉽, 법률 및 지도방법의 적절성 결여 등을 들 수 있다.

V. 인사·재정확보의 미흡

첫째, 환경부, 국립환경연구원, 지방환경청, 특히 지방자치단체의 환경업무관련 인력은 환경직렬 인력의 부족은 물론 민간기업체의 환경관리기사와의 협력체가 형성되어 있지도 않아 업무수행이 어렵다. 또한 환경감시단이나 환경교육의 절대 미흡을 지적할 수 있다.

둘째, OECD제국의 GNP대비 환경투자예산에는 크게 미치지 못하며, ① 환경행정체계 강화(지방의제 21 행동계획수립비 포함), ② 생태계 보호와 생태도시 조성비용, ③ 물관리비용, ④ 맑은 공기보전, ⑤ 쓰레기 관련 예산, ⑥ 에너지를 절약하는 도시만들기 비용의 경우도 너무 적다는 점이다.

셋째, 환경보전 관련 예산은 중장기정책에 따라 투자우선순위 및 부처간 업무중복의 조정이 안되어 있다는 점이다.

넷째, 매년 환경부문 추가경정예산을 배정하는데 환경부, 건교부, 행자부 등에 분산

11) F. W. Riggs, "Economic Development and Local Administration," *Philippine Journal of Public Administration*, Vol. 3, No. 1(Jan. 1959), pp. 128~129.

배정하기 때문에 단기적·부문적 시책에 따라 회계연도 절대중심으로 배정하는 결과가 되어 환경사업이 일관성, 지속성을 결여할 수도 있다는 점을 지적할 수 있다.

다섯째, 지방정부가 국립공원, 희귀한 자연생태계등 국가적으로 중요한 자연환경보존 등에 지역적 차원으로 과소평가하여 예산배정, 인사배치 등을 소홀히 할 수 있다는 점이다.

Ⅵ. 중앙과 지방 간의 역할분담의 비합리성

[표 9-5-1]과 같이 중앙과 지방간의 역할분담체계를 나타낼 수 있다.

환경문제는 광역성과 지역성을 같이 가지고 있어 환경체계 역시 중앙집권적 기능과 지방분권적 기능을 동시에 요구한다. 따라서 중앙과 지방간의 합리적인 역할분담이 필요하다.

주의할 일은 지방자치단체가 자율적으로 자치권을 갖고 환경조례의 재정시 지역의 특수성·문화적 독창성을 고려하고 최대의 직접봉사차원에서 환경행정을 전개하고 있지 못하다는 것이며, 환경정책결정과정에서 지방정부의 경우 거시적이고 종합적이지 못한다는 것이 문제라고 본다.

[표 9-5-1] 중앙과 지방간 환경행정기능 분담체계

기 관	담 당 업 무
환 경 부	·환경관계 법령제정 국가환경관리를 위한 행정기본체계의 확립 ·환경보전종합계획의 수립시행 및 중앙정부처의 환경관련정책의 종합조정 집행, 구제 기준의 설정 및 행·재정적 지원 ·국가간 환경보전협력기능의 수행
환경관리청	·영향권역별 환경보전대책의 수립·환경영향평가의 협의 및 사후관리 ·자연환경보전에 관한 사항·환경오염원 조사 ·환경관련 산업체 관리·환경오염도 측정 및 오염물질 시험분석 ·공단내 환경오염물질 배출업소 관리·공단내 유독물 영업자 관리 ·환경기초시설 운영에 대한 지도 감독·폐기물예치금, 부담금의 부과징수 ·특정폐기물의 수집, 운반, 처리 및 재활용에 관한 사항
지방자치단체	·관할구역내 지역환경보전 대책수립·일반폐기물의 수집, 운반, 재활용에 관한 사항 ·오수, 분노, 축산폐수의 처리에 관한 사항, 운행중인 자동차 배출가스 점검 ·공단외 지역의 환경오염물질 배출업소관리, 환경개선부담금의 부과징수 ·환경오염도 측정 및 오염물질 시험분석

제 3 절 광역자치단체 환경행정의 새 방안

Ⅰ. 지방자치시대에로의 환경행정의 이념과 방향전환

1. 환경창조의 이념도입

환경파괴를 억제하고 환경보전과 개발의 조화중심에서 오히려 지속가능한 개발이라는 보전에 중점을 둔 이념으로서 녹색공간을 확대하고 환경용량을 감안하여 생태계의 수용능력을 초과하지 않도록 자연생태계를 발전시킨다. 또한 역사적 유적이나 문화환경의 창조까지를 포함하고 미래시대에 대한 이용 가능성까지를 보장하는 광범위하고 적극적 개념을 갖는 이념이 요구된다.

2. 다목적성과 지속성 유지

환경사업은 한 지방 한 지역만의 이익을 위한 것이 아니기 때문에 환경부 입장과 지방자치단체의 입장이 조정된 다목적이고 종합적인 이념으로 추진되고 지원되도록 하여야 할 것이다. 즉 환경사업의 성과가 공정하게 배분되고 질적 수준이 지속적으로 유지되도록 하며 자원의 투입과 환경관리의 일체화와 재활용 촉진과 같이 거시적이면서도 미시적인 총체적 환경관리가 되도록 제도와 수단이 동원되어야 한다는 이념이 중요하다.

3. 창조행정으로 전환

환경위기를 극복함도 중요하나 이제 대증요법적 행정(reactive administration)을 탈피하여 예방적이고 전향적으로 대응하는 행정(proactive administration)으로서 규제중심이 아닌 촉매적·조정적 역할을 지역성과 현지성을 살려가면서 진행하도록 지방자치단체 중심으로 이루어지도록 한다. 따라서 환경행정조직도 유관기관, 연구소, 대학, 학제적(interdisciplinary) 전문가들이 유기적으로 연결되는 환경의 네트워크[12] 구조라든가, 매트릭스 조직 등으로 개혁할 필요가 있다.

4. 전문직제의 도입

새로운 인사관리제도를 도입하여 채용, 시험, 보수, 인사배치, 근무평정, 승진 등에서 환경유관부처와 환경부간, 지방정부 환경기구의 인력관리를 통합관리방식으로 하며, 특히 전문가 풀(pool)제를 장려하는 방향이 되어야 할 것이다.

---

12) ツヨソネイスヒツツ, メカトレソトド, 竹村健一 譯(東京: 三笠書房, 1983), p. 194.

5. 포괄적인 환경입법의 제정추진

환경정책기본법, 지방환경조례 등 자치입법권의 신장, 환경문제해결에 주민참여확대와 합의형성제도의 도입, 환경영향평가법의 수정, 환경정보의 공개법(sunshine law)이 환경행정 조직에서 입법제정과 개정으로 활성화하여야 할 것이다.

6. 환경옴브즈맨(ombudsman) 제도의 도입적용

환경운동 시민단체를 조직화하여 지방정부와 같이 환경비전을 세우고 그 지방의 환경실태를 분석하여 환경개선의 목표를 설정한 후 구체적 실천프로그램을 수행하면서 종합평가하고 다시 이를 환류시키는 환경운동이면서 환경사업의 전개가 전략적으로 구상되어야 할 이념과 방향이라고 생각한다.

Ⅱ. 지방의제의 주과제선정에 따른 지표개발

지표선정의 원칙

첫째, 광역자치단체는 총체적 환경위기의 극복이라는 사태의 인식을 갖고 환경창조의 기본방향에 맞는 지속가능한 지표를 개발해야 한다.

둘째, 지구환경, 그리고 국토환경이라는 상위환경문제를 총체적으로 연계시켜 문제해결중심으로의 지표이어야 한다.

셋째, 현실상황에 대한 올바른 진단과 당리당략이 아닌 실현가능한 구체적 계획으로 공무원, 기업, 시민들이 합의하고 실천에 옮길 수 있는 지표여야 한다.

넷째, 인간다운 삶과 지역사회를 인간생활정주권으로 만들 수 있는 지표여야 한다.

다섯째, 지역경제관리와 환경관리가 통합할 수 있도록 지역특성(과소지역, 과밀지역 등)과 입지가 반영된 지표여야 한다.

여섯째, 정책, 서비스 및 생활문화 등에 있어서 변화를 촉발할 수 있고 정보제공효과, 교육효과까지도 가질 수 있는 지표가 되어야 한다.

일곱째, 계량화할 수 있는 지표로서 기간, 부문, 지역별로 비교표가 만들어질 수 있도록 지표를 선정함을 원칙으로 하여야 할 것이다.

여덟째, 환경친화적 경제·경영지표의 개발로서 녹색국민총생산(green GNP)[13] 등 거시적 경제지표를 개발하여 환경정책 수립에 활용하도록 한다. 이리하여 환경친화적 생산·경제체계를 확립할 수 있도록 한다.

---

13) 최용일, Green GNP제도의 도입에 따른 환경영향평가제도 개선방안(한국개발연구원, 1994), p. 19.

Ⅲ. 환경창조형에로의 체제개혁과 광역자치체 기능쇄신

1. 광역환경협의체 구성

수자원관리행정이나 자연환경보호행정 등 광역화하는 환경행정의 효율적 추진을 위하여 첫째, 정부부처간의 환경행정 기능배분을 재조사해야 하며 목표결정, 정책결정, 기획화, 예산총괄은 환경부가 하고 유관 부처의 환경행정 업무를 종합조정하는 기구를 환경부에 협의조정기구로서 신설하도록 한다.

둘째, 광역자치단체의 지방환경기구를 통폐합한다.

그리고 농촌권 자치단체에는 자연보호와의 신설이 필요하다고 본다. 또 3면이 바다이기 때문에 해양도시권에는 해양과도 있어야 할 것이다. 뿐만 아니라 광역자치단체중심으로 각 환경관련업무의 공사기능을 재조정하여 인사, 순환보직, 예산조정, 교육, 환경영향평가, 오염감독기구 등을 확충・보강할 필요가 있다.

2. 광역자치체의 환경전문인력과 예산개선

환경행정을 위한 전문환경직렬 인력의 확보증가와 양성이 요구되며 국립환경연구원을 연구와 감독, 집행이 [그림 9-5-3]과 같이 동태적으로 이루어지도록 자치체 종합합리화의

[그림 9-5-3] 종합형 환경행정모형

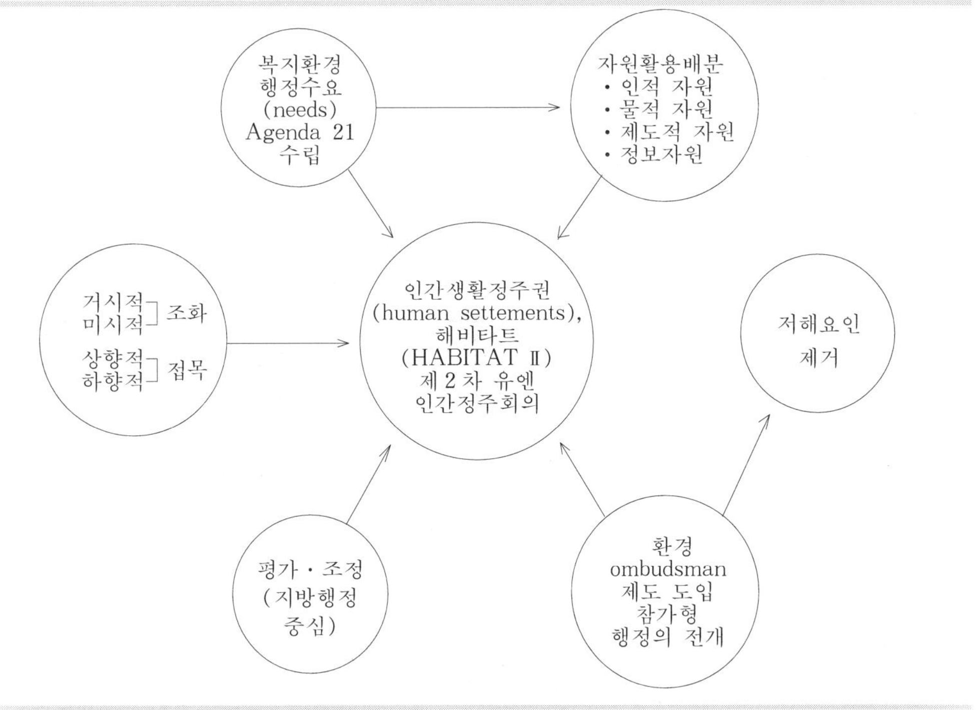

환경행정모형을 기구창설에 활용하면 좋을 것이다. 그리고 특별회계 종합화와 지방환경보전특별회계 및 환경투자재원을 종합적으로 관리할 수 있는 기구설치가 필요하다. 이외 투자재원 조달방안은 오염자와 사용자 부담원칙을 살려야 할 것이다.

3. 환경정보 협조체계의 구축

첫째, 시민, 기업, 환경부, 지방정부가 환경정보를 공유하도록 지역정보센터를 지방정부에 설치할 필요가 있다. 이와 같을 때 교육, 홍보, 환경마크제 상품구매, 소비합리화에 공헌할 수 있을 것이다.

둘째, 개방형 합의형성방법의 도입으로 환경영향평가제 운영시 환경보호단체, 지방정부, 주민참여 방법을 활성화할 필요가 있다. 특히 환경영향평가 조례를 시행토록 한다.

셋째, 시민환경위원회 방식을 도입한다. 위원회를 통하여 '지방의제 21'의 과제를 놓고 토론할 때, 지역사회구성원들의 의견을 충분히 수렴할 수 있을 것이다. 단,

[표 9-5-2] 시민참여 확보방안

방 법	목 적	비 고
직접 방문이나 전화를 통한 시민 표본조사	시민들의 일반적 태도와 환경인식의 정도, 환경문제의 우선순위를 확인하기 위함	비용은 많이 듬. 그러나 조직적으로 추진하면 비용을 최소화할 수 있음
시청 내에 전담직원을 두고 녹색위 활동과 관련해 의문이 있거나 환경에 관심이 있는 시민의 상시 면담	개별적인 문제를 제기할 기회를 시민에게 제공	기존 녹색위 사무국을 활용할 수 있음
신문, 라디오, TV, 컴퓨터통신망 등 대중매체를 이용	'지방의제 21'의 홍보, 인식, 제고	비용이 적게 듬
팜플렛, 설문지 등의 배포	시민의 '지방의제 21'에 대한 관심을 확인하고 여러가지 문제제기를 가능하게 함	
순회 공청회 개최	'지방의제 21'의 홍보, 시민의 참여의식 제고	공청회를 개최할 만한 특정하고도 중요한 사안이 없다면 별 의의가 없을 수 있음
구청, 동사무소의 협조 및 지원요청. 서울시 녹색구민위원회와의 연계활동	각종 지역환경 조사에 시민을 참여시킬 때 도움을 받음. 특정 환경문제에 대한 자료조사 및 정보제공 협조	'지방의제 21' 작성에 있어서 중요한 부분인 자료수집단계를 비롯한 여러 단계에서 협조를 얻을 수 있음
녹색위의 위원으로 대표되지 못한 여러 시민단체나 전문가의 자문	전문적인 의견수렴이 가능하고 '지방의제 21' 작성과정에서 발생하는 여러 의문사항이나 문제점 해소	

1) 공개적이고 공평한 참여

2) 합의과제의 법적 성격의 사전인식

3) 문제해결에 초점을 두는 일이 전제되어야 할 것이다.

이 방법은 광역자치단체나 기초자치단체의 주민까지도 생활환경현장의 문제를 다룰 때는 다같이 필요하며 시민참여 방안도 보다 활성화되어야 한다. 특히 '지방의제 21'의 수행을 위한 시민, 기업, 광역자치단체의 환경행정의 기본목표와 행동지침을 정하여 총체적으로 추진 및 지원을 하도록 한다.

넷째, 다매체 포괄환경정보시스템[14] 지원을 환경부가 하여야 한다. 이를 위해 기구, 기술, 조직화, 정책의지, 재정지원 등이 수반되어야 할 것이다.

[표 9-5-3] 지방의제 21의 수행을 위한 광역자치단체의 행동지침

기본목표	행동지침	시민이 해야 할 일	기업이 해야 할 일	지방정부가 해야 할 일
1. 친환경적인 생활양식의 정착	가정과 사무실에서의 에너지 보존	• 가정전기의 절약 • 전원의 완전차단 • 에너지 보존의 아이디어를 적용	• 사무실에서 전기의 절약 • 냉난방기기의 효율적 사용	좌 동
	쓰레기 감량	• 불필요할 물건 구입자제 • 환경친화적 상품의 구매 • 쓰레기 줄이기 • 종이컵 등 일회용 종이용품의 사용억제	• 환경친화적 용품의 구매	좌 동
	자원보충의 쓰레기재활용	• 쓰레기 재활용 • 신문지와 우유팩 재활용 • 알루미늄, 철캔, 유리병의 재활용 • 플라스틱제품의 감소	• 사무실 종이의 재활용 • 복사지의 재활용 • 신문지의 재활용	좌 동
	운전시 환경을 고려할 것	• 버스와 기차의 사용 • 좋은 자동차 상태를 유지할 것	• 좋은 자동차 상태를 유지할 것 • 연비 효율적인 운전 • 대기오염이 적은 자동차의 개발과 소재	좌 동
	물의 절약과 재활용	• 절수형 수도꼭지의 사용 • 물절약 방법의 소개	• 절수형 수도꼭지의 활용 • 효과적인 물의 사용	
	가정하수의 처리	• 잘 처리된 가정하수를 하수구로 흘러 보낼 것 • 적정량의 세제사용 • 정화탱크의 사용		

14) 이영희, 독일연방공화국의 환경정책과 환경정책도구(서울: 녹원출판사, 1992), p. 240.

	환경교육과 활동의 촉진	• 환경교육의 촉진	• 간부진에 대한 환경교육의 실시	
2. 환경친화적 도시의 형성	도시의 녹색화	• 가정주변의 녹색화 • 녹색운동에의 참여	• 회사주변의 담과 옥상의 녹색화 • 회사와 공장주변의 녹색화	• 녹색지대, 공원, 시나무의 배가 운동 • 녹색개발 프로그램의 추구
	환경친화적인 도시기반 시설의 확충			• 생태도시의 건설을 위한 원칙의 수립 • 물이 잘 침투할 수 있는 도로의 포장 • 산사태를 방지하는 식목의 촉진 • 도시계획에 있어서 환경친화적인 기술의 사용
	도로교통 체계의 발전		• 상품운반의 수단개발을 촉진	• 교통량의 통제를 위한 수단의 개발 • 도시지역에 적합한 차량의 구입을 위한 조치 • 도로교통제어체계의 발전
	주택과 사무실	• 가정의 에너지 사용 효율화	• 건설사업에 있어서 에너지 절약적인 방법의 사용	• 환경공생적인 주택건설에 대한 연구의 촉진 • 친환경적인 자치구 관리 제반시설의 설계
	미사용 에너지의 사용		• 자치구역별 미사용에너지의 소개를 촉진 • 쓰레기소각열, 하수오물처리시의 폐열 등을 전기발전과 난방으로 사용 • 집단, 냉방, 난방의 실시	좌 동
3. 환경과 공존할 수 있	쓰레기 처리통제		• 산업폐기물의 감소	• 쓰레기문제에 대한 종합적인 대책의 촉진 • 쓰레기 감량과 자원재활용을 위한 종합적인 전략의 형성 • 체계적인 폐기물처리시스템의 조직과 관리
	자원의 효율적 사용		• 재활용가능한 상품의 생산 • 재활용가능한 에너지자원 절약적 상품의 개발 • 생산자 회수체계의 정비	• 자원재활용 · 모델의 개발과 촉진

는 사회체제의 창조	환경관리체계		• 관리정책의 확립과 사내 환경보존 체계의 확립 • 환경친화적 기업프로그램의 발전 • 환경보존기술의 개발	
	환경산업의 촉진			• 환경보전적인 기업활동의 촉진 • 환경보전에 선구적인 기업에 대한 재정지원
	염화불화탄소의 통제촉진	• 염화불화탄소를 사용하는 제품의 구입을 자제	• 공해배출의 억제	• 오존층파괴 방지를 위한 기술지침을 고수 • 공해 방지를 위한 재정지원의 제공
	환경보전을 위한 국제적 협조	• 개발도상국에 대한 깊은 이해의 촉진		• 국제적 환경보호를 위한 자매시와의 협조 • 시민들간의 협조를 촉진
	산림자원의 보호			• 공공건설사업에 있어서 열대림의 사용억제 • 국제열대림조직에 대한 자원
	환경보전 기술의 이전		• 환경친화적이고 에너지 및 자원절약적인 기술의 이전	
	해외기업활동에 있어서 환경에 대한 심각한 고려		• 해외기업활동에 있어서 환경과 오염문제에 대한 보다 깊은 관심을 가질 것	

Ⅳ. 환경 옴부즈맨(ombudsman)제도의 도입

로와트(Donarld. C. Rowat)는 옴부즈맨은 정부당국에 의하여 부당하게 취급된 시민의 불평을 조사하고, 만약 그 불평이 정당한 것이라면 구제를 모색하는 의회의 직원(officer of parliament)이라고 규정하고 있다.[15] 그런데 그 개념이나 형태는 각각 다르기 때문에 우리는 특수 옴부즈맨으로서 환경옴부즈맨제도를 도입하자는 것이다.

15) Donald C. Rowat(ed.), *The Ombudsman: Citizen's Defender*(London: George Allen & Unwin, 1965), p. 97.

1. 옴부즈맨 제도의 기본특징

첫째, 활동상 독립성이 보장되기 때문에 지방의회에 설치할 수 있다는 점이다.

둘째, 환경감시기능을 맡아 불법행위, 부당행위, 비효율, 부정행위, 태만, 과실, 환경문제에 대한 답변의 지연, 결정의 편파성 등 공직, 공공성(the public)에 위반되는 행위에 대해서 정책제안이나 고발 등을 시민단체(NGO)로서 할 수 있도록 한다는 점이다.

셋째, 조사대상이 될 수 있는 것은 중앙 및 지방공무원 특히 환경유관기관의 공직자를 조사대상으로 할 수 있다는 점이다.

넷째, 대중매체, 소문 등을 근거로 시민의 고발권을 발동할 수 있다는 점이다.

다섯째, 사법재판에 의하지 않고 시간과 비용을 절감하여 환경의 피해도 막을 수 있다는 점이다.

여섯째, 연간 활동상황을 광역자치단체 의회에 보고서를 제출하여 환경종합평가를 실시하고, 다음 연도 예산에도 반영하며 환경조례제정이나 개정에 직접 영향을 줄 수도 있는 특징을 갖는다.

2. 환경감사형 옴부즈맨제도의 구축

시민운동차원에서 환경상담, 감찰과 민원구제기능을 수행할 수 있는 환경행정의 취약점을 보완할 수 있고, 설득과 민원의 처리과정에서도 참여하여 행정 P.R. man으로서도 공헌할 수도 있다고 생각된다. 이와 같이 민간참여 확대방안을 기도한 옴부즈맨제도는 특히 다음과 같은 기능을 수행할 수 있다고 본다.

첫째, '지방의제 21'과 관련된 ① 환경정책, ② 환경영향검토, ③ 환경계획, ④ 환경관리체계, ⑤ 환경감사, ⑥ 환경보고서의 작성하는 등의 일에 직접·간접으로 참여하여 환경행정의 수행과정에서 발생하는 애로사항이나 문제점 그리고 접근방법들에 대한 평가를 하여 시민에게 알림으로써 환경행정에 신뢰감을 높이도록 할 수 있다.

둘째, 환경감사활동을 통하여 시민단체, 전문가, 대학연구소, 과학기술자, 시민간에 협조체제를 구축하여 지방자치와 지역개발을 활성화시킬 수 있다.

셋째, 환경분쟁을 사전에 예측하고 효과적인 중재를 할 수 있다.

넷째, 환경행정관련 비용을 절감시킬 수 있고, 공무원에게는 자극을 시민에게는 환경문제에 대한 인식을 새롭게 환기시킬 수 있다.

다섯째, 각 지역과 광역자치단체에 적합한 감사모형개발에 공헌할 수 있다.

결론적으로 논하자면, 오늘의 총체적 환경위기관리를 위한 해법을 모색하면서 해야 할 일은 "하나님의 자기형상 곧 하나님의 형상대로 사람을 창조하시되 남자와 여자를 창조하시고 하나님이 그들에게 복을 주시며 그들에게 이르시되 생육하고 번성하여 땅에 충만하라, 땅을 정복하라, 바다의 고기와 공중의 새와 땅에 움직이는 모든 생물을 다스리라 하시니라" 하였다.[16] 요컨대 환경파괴, 오염 등 환경문제를 유발하는 행위주체는 사람이다. 그런데 사람들은 어떠했는가.

첫째, 사람은 이웃과 자연이 공생적 존재이며 모든 생명체는 지구상에서 살 생존권으로서 환경권을 갖는다는 생각보다는 제국주의들의 문명문화침투에 눌려 개인의 이기주의, 기업과 생활의 부도덕성, 자연을 정복하고 지배하여 물질적 풍요를 누리려는 행동을 하였다는 점이다.

둘째, 천민자본주의적 정치·경제행위의 메커니즘에 의해 대량생산과 분별없는 소비행태였다는 점이다.

셋째, 정부는 산업사회화 과정에서 자연환경을 희생시키면서 경제성장을 최우선 과제로 하였고, 시민참여 없는 정부완전주도의 환경행정, 중앙정부중심의 행정이었고, 서울지역중심의 환경편중정책수준이였고, 규제차원을 못 벗어난 개도국 행정관료주의였음을 지적할 수 있다.

넷째, 환경위기 극복을 위해 종합과학적 접근방법(interdisciplinary approach)에 의한 총체적 대응노력이 부족했다고 보며 환경문제의 사후적 처리방안에 머물고 있고 창조적 환경행정, 복지환경행정, 지방정부중심행정이 되지못했다고 본다.

다섯째, 핵전쟁으로 지구가 멸망할 것이 아니고 핵폐기물을 포함한 환경문제로 지구가 멸망할 수도 있을 것이라는 인식이 부족하다는 점이다. 이는 모든 책임이 정부, 기업, 시민 전체의 책임이며 지구적으로 생각하고 지방적으로 실천해야할 문제라고 본다. 1996년 6월의 브라질 리우에서 열린 유엔환경개발회의에서 논의된 '지방의제 21'의 수행전략을 중심으로 한 환경행정의 과제, 실상, 환경위기관리의 해법을 구체적 문제점 지적과 종합적 환경실상의 실증적 평가의 근거 위에 환경행정의 발전모형을 연구하며 사례연구를 통한 체계적 평가와 실행전략까지를 제안할 수 있어야 하겠다.

16) 성서, 창세기, 1장 27~28절.

제 6 장

지역개발행정

제 1 절 지역개발행정의 의의

사회조직의 전문화와 신속한 통신의 발달, 기술의 급진적인 성장, 산업생산력 등의 발전으로 말미암아 행정조직도 분권화되고 사회·경제적 변화와 더불어 점차적으로 광범위하고 거대한 행정체제를 요구하게 되었다.

이러한 개발도상국들의 추세와 더불어 국가행정의 범위와 영역도 확대시켜 행정의 효율성을 높히거나 지방자치단체의 자치구역 또는 국가행정이해관계의 영역에 대응하여 확대시킴으로써 주민자치성을 높여주고 능률적인 행정 목적달성과 효과적인 정책집행을 수행하기 위해서 종래의 고정적 행정관할구역에서 벗어나 광범위한 지역에 걸쳐 행정의 통제와 협조 및 통일적·종합적으로 업무를 처리하게 되는 것을 요구하게 되었다. 이에 행정의 능률성, 효과성, 민주성, 합목적성 등을 광역의 행정수요에 대응하면서 행정업무를 처리하고자 하는 행정관리방식이 광역행정이라 할 수가 있다.

제 2 절 지역개발행정의 촉진요인

이러한 지역개발행정을 촉진시키는 요인은 신중앙집권화의 촉진요인과 비슷하지만 지역적 수준에서 행정업무를 처리한다는 점에서, 그 특색을 찾아볼 수 있다. 오늘날 광역행정을 추진시키는 요인을 보면,

1) 사회권, 경제권, 생활권의 확대, 즉 사회의 발전과 통신의 발달, 경제권 등의 확장으로 지역성이 약화되고 행정수요의 광역적 요구가 증대됨으로써 행정의 효율성과 주민의

편의를 높여야 할 필요성이 대두되게 되었다.

2) 지역간의 밀접한 상호의존성의 대두

3) 대도시의 급격한 성장과 지역개발의 균등발전의 요구

4) 행정기획 및 개발행정으로 인한 전국적 차원에서의 행정업무관할

5) 지방자치권의 확대와 더불어 중앙의 협조적 · 관리적인 면에서 행정의 경제성을 요구하게 되었고,

6) 지방자치단체로 해결할 수 없는 문제들이 출현함에 따라서 중앙정부와의 이념을 잘 조화시켜 종합적 광역권의 행정문제 해결능력을 요구하게 되었으며,

7) 행정의 질을 요구함에 따라서 주민의 복지와 복지사회의 기반을 조성하기 위해 광역행정의 발달을 필요로 한 것이다.

제 3 절 지역개발행정의 방식(분류)[1]

지역개발행정방식을 처리주체별, 처리수단별, 처리사업별로 분류하여 보면 다음과 같다.

(1) 처리주체별 방식

1) 하급자치단체수준의 광역적 처리 이는 우리나라의 시·군조합과 같은 기초자치단체수준의 광역행정방식이다.

2) 상급지방자치단체수준의 광역적 처리 우리나라의 광역시, 도 수준의 광역행정방식이다.

3) 지방일선기관에 의한 광역적 처리 지방국토 관리청, 지방해운항만청과 같은 국가의 지방행정기관에 의한 광역행정방식이다.

(2) 처리수단별 방식

1) 공동처리의 방식 둘 이상의 행정단위가 상호협력관계를 형성하여 광역행정사무를 공동처리하는 방식으로 여기에는, ① 일부사무조합, ② 협의회, ③ 기관의 공동설치, ④ 사무의 위탁, ⑤ 연락의회, ⑥ 직원파견 등이 있다.

2) 연합(federation)방식 둘 이상의 지방자치단체가 독립적인 법인격을 그대로 유지하면서 그 전역에 걸친 단체를 새로 창설하여 광역행정에 관한 사무를 처리하는 방식이다.

3) 합병(annexation)의 방식 몇 개의 자치단체를 통폐합하여 법인격을 가진 새 자치단체를 신설하는 방식이다.

---

1) 최창호 외, 행정학(서울: 법문사, 1980), pp. 619～623.

4) **특별구역, 특별행정기구의 설치방식** 전자는 특정광역사무를 처리하기 위하여 일반구역이나 자치구역과는 별도로 구역을 정하는 방식이고, 후자는 특정의 광역적 사무를 수행하기 위하여 특정기능만을 수행하는 국가의 행정기관을 일반행정기관과 별도로 설치하는 방식이다.

5) **권한 또는 지위흡수의 방식** 권한흡수의 방식은 중앙집권화를 촉진하는 방법으로서 하급자치단체의 권한을 상급자치단체 또는 국가가 흡수하는 방식이다.

지위흡수방식은 상급단체가 하급단체의 권한뿐만 아니라 그 자치단체로서의 지위까지도 흡수하는 방식이다.

⑶ 처리사업별 방식

1) **특정사업주의방식** 특정사업주의방식은 특정사업을 광역적 입장에서 다루는 방식이다. 이에는 공동처리, 권한흡수, 특별구역설치, 특별행정기관설치 등이 있다.

2) **종합사업주의방식** 종합사업을 광역적으로 공동처리, 연합과 합병, 지위흡수 등에 의하여 사업을 처리하는 방식이다.

제 4 절 지역개발행정의 이점

지역개발행정은 현행정조직에 나타나고 있는 현상으로서, 주요한 이점을 설명하면 다음과 같다.

1) 광역권을 설정함으로써 그 지역 내의 모든 경제권과 생활권 등이 타지역과 상호연관성 및 기능을 수행하므로 발전을 도모할 수 있다.

2) 국가적 차원에서 지방행정조직을 재편성하여 행정의 능률화를 기할 수 있다.

3) 급속히 발전하고 있는 사회변동에 대응하여 신속히 문제를 해결할 수 있다.

4) 중앙정부와 지방정부와의 상호협조와 이해를 바탕으로 공동발전을 꾀할 수 있다.

5) 대도시 주위환경에 위치하고 있는 미개발지역을 적극적으로 개발하여 균형발전을 할 수 있다.

6) 여러 부처와 행정부가 각 기능의 특수성에 따라 야기되는 모순점에 인근행정단위와 협조하여 종합행정을 실시함으로써 공동으로 해결방안을 모색할 수 있다.

7) 공공시설을 정비하여 주민의 생활향상, 복지향상, 문화수준향상에 따른 지역적·국가적 발전을 증진시킨다는 것 등의 이점을 들 수가 있다.

이 외에도 광역행정은 인구와 자원의 효율적인 배분과 도시와 농촌 간의 격차해소, 국가와 협조하의 자원개발, 도시개발 등 산업시설 확충에 따른 제기반시설 등도 확충할 수가 있어 사회적 · 경제적 측면에서 많은 기여를 할 것으로 기대된다.

제 5 절 한국의 지역개발행정과 개선방안

Ⅰ. 한국의 지역개발행정

우리나라는 지역개발행정이 활발히 진행되고 있는 것 같지는 않다. 왜냐하면 국토 면적이 좁고 전통적인 왕조시대와 더불어 중앙집권제도가 강하게 작용하였고 지방자체적으로 사업을 집행하기에는 인적, 예산상의 결핍을 들 수가 있고 기초차치단체가 외국의 것보다는 상대적으로 크기 때문에 좀처럼 이 제도의 필요성을 느끼지 않았다. 그러나, 60년대의 경제발전으로 사회가 변화되고 고속도로의 확장 등으로 생활권이 확대됨에 따라 차차 광역화의 필요성이 나타나기 시작하여 지방자치법과 지방자치에 관한 법률 속에 지방자치단체조합의 구성과 지방행정협의구성 등의 예로 그 실시내용을 들 수가 있다.

특히 국토건설종합계획법에 의한 지방국토관리청, 지방항만관리청, 영림서와 교육법에 의한 서울특별시 및 광역시와 각 시도교육 위원회가 관장하는 교육제도와 행정협의회 방식에 의한 기관 등은 지역개발행정을 실시하는 좋은 예라고 볼 수가 있다.

이 밖에 한국의 지역개발행정 방식으로는 다음과 같은 것이 있다.

1) **자치단체의 지위흡수** 이것은 행정단위로서 과거 자치단체였던 읍과 면의 지위와 상급단위인 군에 흡수되었던 것을 말한다.

2) **지방자치단체조합** 지방자치법 제149조 제1항과 지방자치에 관한 임시조치법 제2조 제2항에 의하여 지방자치단체 사이의 조합을 인정하여 시·도 조합도 인정하였다.

3) **지방행정협의회** 지방자치관계법의 개정으로 현재는 전국의 도시권에 도시행정협의회가 있고 수도권에는 대권역 내의 각 도시지역에 도시행정협의회가 있고 그 위에 수도대권도시행정협의회가 있다.

4) **구역변경**

5) **위탁사무**

6) **교육특별구**

7) **특별기관** 이는 업무의 성격상 광역적인 처리를 요하는 국가사무를 수정하기 위하여 지방국토관리청과 지방해운항만청 등을 들 수 있다.

Ⅱ. 지역개발행정의 개선방향

지방정부에 대한 중앙통제가 강하게 발생하는 현추세에 지역개발행정은 행정의 민주성이나 지방행정의 능률화를 해칠 우려가 있다. 즉, 신중앙집권화로 인하여 중앙정부의 비대화·권력화를 초래하며 지방정부의 전제화, 관료적 지배의 현상 등을 초래할 가능성이 있지만 앞으로 지역개발행정이 나가야 할 바람직한 방향을 살펴보면, 다음과 같다.

첫째, 지역개발행정은 지방자치의 자치성과 능률화를 위한 조직편성에 그 목적을 분명히 해야 한다.

둘째, 중앙정부, 기초지방자치단체에 있어서 업무의 권한과 책임을 분명히 해야 한다.

셋째, 지역개발행정의 여러 가지 업무의 상당부분을 지방정부가 처리할 수 있도록 독자성과 책임성을 부여하되 타지역 및 국가와도 연결될 수 있도록 업무를 수행해야 한다.

넷째, 중앙정부 통제는 비권력적·협력적 태도로 임해야 한다.

다섯째, 철저한 중앙집권이나 지방분권은 불가능하므로 양자의 조화와 균형에 의하여 행정의 능률성과 효과성을 달성해야 한다.

결국 지역개발행정이라는 것은 중앙정부의 행정의 능률성과 지방정부의 행정의 민주성을 중간적인 위치에서 잘 조화하여 양 행정이념을 달성하고자 하는 것으로 중앙과 지방간을 협조적 수평관계로 보고 조화와 균형발전에 입각하여 행정의 민주화와 능률성을 요구하는 행정관리방법이라 할 수 있다.

더구나 제한된 자원과 시간·경비 등으로 최대의 산출을 요하는 현대행정에 있어서는 더욱 절실히 요구되는 방법이라 하겠다.

제 10 편

전자정부론

제 1 장

행정정보체계론

제 1 절 정보화사회

Ⅰ. 정보화사회의 의의

현대사회는 정보과학기술의 급격한 변화를 겪고 있으며, 현대인들은 정보폭발의 시대에 살고 있다. 따라서 현대사회를 정보화사회(information society)라 한다. 이 정보사회에 대한 정의는 오늘날 명확하게 내려져 있지 않고, 사회전체적인 합의도 이루어지지 않고 있다.

다니엘 벨에 의하면, 정보가 사회경제 활동에 가장 중요한 자원으로 간주되는 사회를 후기산업사회(post-industrial society)라 하여 정보화사회를 기술하고 있다.[1)]

또한 앨빈 토플러는 산업사회가 정보화사회가 됨에 따라 정보가 그 사회경제 수요의 핵심이 되며, 경제와 사회는 이 정보축을 중심으로 발전하고, 정보의 생산과 이용 그리고 경제적 생산물로서의 정보의 중요성이 상품, 서비스, 에너지를 능가하는 사회가 된다고 보았다.[2)]

이러한 정보화사회의 촉진요인은 다음의 두 가지로 대별할 수 있다.

첫째, 정보화사회에 대한 사회적 수요를 의미하는 필요적 요인과 둘째, 정보사회를 가능하게 할 수 있는 정보통신분야의 기술혁신과 같은 원인적 요인이다.[3)]

다시 말해서 정보화사회의 발전을 위한 필요적 요인은 국민의 욕구 및 가치관의 다양화, 산업사회시스템의 성숙화, 경제 소프트화의 진전, 합리적 사고, 창의적 사고를 비롯한

1) Daniel Bell, *The Coming of Post-Industrial Society*(N.Y.: Basic Books, Inc., 1973), pp. 117～118.
2) Alvin Toffler, *The Third Wave*(N.Y.: William Morrow, 1980) 참조.
3) 방석현, 행정정보체계론(서울: 법문사, 1993), pp. 33～41.

의식수준의 발전 등과 같은 인식적 요소의 변화이다. 이 중 특히 정보사회에서 중요시되는 가치관을 보면, 개성화, 민주화, 형평화, 합리화, 창조성, 인간화, 국제화를 들 수 있다. 한편 정보사회발전을 위한 원인적 요인은 정보전달 및 처리수단의 고도화, 다양화, 사회네트워크화를 가져올 수 있는 전자공학이나 통신과 같은 기술적 요소들을 들 수 있다.

Ⅱ. 정보화사회의 특징

정보화사회의 특징은 외형상의 특징과 내적 특징의 두 가지로 나누어 볼 수 있다.[4]

1. 외형상의 특징

첫째, 정보사회에서는 정보를 수집하고 정리하는 컴퓨터와 원격통신(telecommunication)기술이 핵심기술의 기능을 수행한다.

둘째, 산업구조상 정보산업이 1차, 2차, 3차산업을 제치고 선도산업으로 등장한다.

셋째, 정보사회에서는 원거리에 있는 사람들에게 정보를 값싸게 전달할 수 있는 수단이 발달한다.

넷째, 정보전달매체가 종이에서 전자매체로 변화한다.

2. 내적 특징

첫째, 정보사회에서는 물리적 거리나 공간이 심리적으로 축소된다.

둘째, 정보사회는 문화적 통일성(confirmity)과 다양성(variety)이 공존하는 사회가 된다.

셋째, 정보사회에서는 지식지향적 인간(knowledge-directed person)이 나타나며, 전문가의 지식이 일반화되는 현상을 갖는다.

제 2 절 행정정보체계(public management information system)

Ⅰ. 행정정보환경의 변화

1. 행정환경의 변화

1) 새로운 경쟁체제의 대두　　현대행정이 직면하고 있는 새로운 세계질서는 경제우선주의와 기술패권주의 중심의 무한경쟁시대로 재편될 것이다. 즉 WTO의 출범으로 세계가 단일경제권으로 통합되는 가운데, EU, NAFTA, APEC 등 인접국 또는 경제적 이해

4) 안문석, 정보체계론(서울: 학현사, 1995), pp. 538～541.

를 같이 하는 국가간 지역주의의 확산이 가속화되고 있다.

2) **정보 · 지식산업의 발전** 산업혁명 이후 물질자원과 에너지를 바탕으로 한 제조업과 물류중심의 산업사회에서 21세기에는 정보 · 지식을 바탕으로 하는 고도 정보사회로 급진전되고 있으며, 개인과 조직의 활동양식과 범위가 급변하고 있다. 현재의 서비스는 개인과 개인의 대면관계를 기초로 하고 있으나, 미래에는 정보통신의 발전으로 장거리 서비스와 국가간 서비스가 보편화될 것이며, 특히 지식을 활용하는 서비스 산업은 미래의 상품으로 중요한 수출대상이 될 것으로 예상된다.

정보통신 산업은 정보사회 실현을 위한 기반구조로서 최근 사회 전반의 정보화추세 확산과 관련기술 혁신 등으로 전체산업에서 차지하는 비중이 날로 증대되면서 21세기의 주도 산업에서 차지하는 비중이 날로 증대되면서 21세기의 주도 산업으로 부상되고 있을 뿐만 아니라 산업생산성 향상 등의 파급효과로 향후 국가경쟁력을 결정하는 주요 요인이 되고 있다.[5)]

3) **정보유통 촉진과 활용증대** 광통신 기술, 무선통신 기술, ATM(asynchronous transfer mode)기술 등의 발전에 힘입어 한국을 포함한 미국, 일본, 유럽 등 각국에서 추진하고 있는 초고속정보통신망이 완성되고 이것들이 서로 연결되어 지구촌 어디에서나 빠른 속도로 원하는 정보를 주고받을 수 있는 사회가 구현되고 있다. 이러한 영향은 행정 각 부문에서의 변화를 가속화시키고 있다.

4) **정보기술을 활용한 일상생활의 변화** 정보통신기반의 발달로 산업화 시대의 유물인 획일적인 직장문화와 학교문화가 해체되어 장소와 시간에 구애받지 않고 경제활동 및 교육활동을 누릴 수 있게 되었다. 전자정부의 확산으로 기업체와 관공서의 문서처리는 컴퓨터로 현장에서 처리될 것이며, 민원인이 관청을 출입할 필요가 거의 없게 된다. 멀티미디어 정보는 국민들에게 열린 교육과 평생학습의 기회를 제공하여 각자의 능력을 극대화시킬 수 있게 된다.

정보통신기술의 발전으로 인하여 지식과 정보에 대한 독점이 사라지면서 정보가 권력의 원천이라는 인식이 희박해질 것이며, 조직 내의 권한도 점차 분권화되고 있다.

2. 행정정보화가 행정에 미치는 영향

오늘날 지방화 · 세계화 · 정보화로 요약되는 행정환경은 행정에 막대한 영향을 미치고 있으며, 이 중 정보화는 행정업무처리, 전자정부시스템, 행정서비스, 열린 행정의 구현에 직접적인 영향을 미치고 있다. 여기에서는 정보화로 인한 행정의 각 분야에 미치는 영향은 [그림 10-1-1]과 같다.

---

5) I. M. Snellen, "Informatization in Japanese Public Administration," *Information and the Public Sector* 1(1978), pp. 179～264.

[그림 10-1-1] 정보화가 행정의 생산성 향상에 미치는 영향

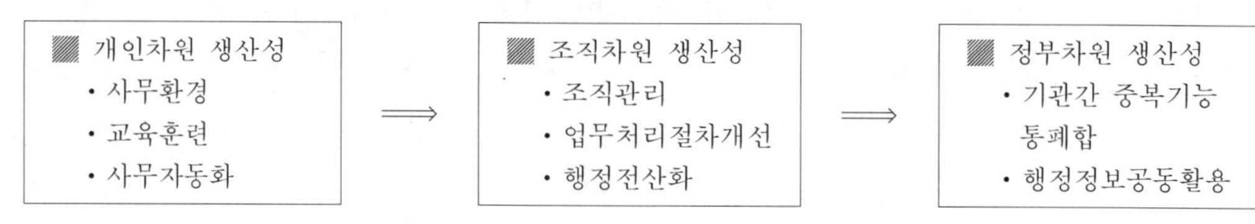

자료: 조만형 외, 대전광역시 행정정보화 추진 기본계획(1996), p. 5.

1) **행정업무의 효율화와 생산성 향상** 행정에 경제성의 논리가 부여된 작고 효율적인 정부를 실현하고 국민에 대한 정부서비스를 획기적으로 향상시키기 위해서는 정부 자체의 생산성 향상이 전제되어야 하며, 행정활동에 도입함으로써 공공부문의 행정생산성의 향상을 도모하여 정보통신기술을 광범위하게 활용하여야 할 상황에 처해 있다.

행정의 생산성을 향상시키기 위해서는 업무처리를 자동화하는 것에서 출발하여 업무처리절차 및 방법을 개선하고 궁극적으로 정부 각 기능 및 활동을 유기적으로 연계하고 정보를 공동으로 활용하는 체제를 구축하여야 한다.[6)]

현재 컴퓨터 및 통신기술을 위시한 정보기술의 고도화와 확산이 빠르게 이루어짐에 따라 정보기술의 이 점을 살려 경쟁력을 높이고 생산성을 향상시키기 위한 행정측면에서도 노력이 다각적으로 이루어지고 있으며, 업무처리방식의 혁신 BPR(business process reengineering)은 이러한 혁신을 위한 노력의 일환이다.

2) **전자정부시스템의 구축** 정보화가 행정에 미치는 영향의 하나로써 전자정부시스템 구축을 실현시킬 수 있는 상황에 처해 있지만, 전자정부시스템은 행정정보의 범정부적 공동활용 체제와 모든 문서의 전자적 거래시스템(EDI) 구축을 전제로 하고 있다.

정부 각 기관이 보유한 정보를 최대한 공동으로 활용함으로써 국민들이 중복적으로 관련자료를 제출해야 하는 부담을 제거하고, 공통의 정보통신 기반 위에서 하나로 연결된 각종 행정서비스를 언제, 어디서나 어떤 방법으로든 제공할 수 있는 정보시스템의 구축을 가능하게 하고 있다.

3) **대민행정 서비스의 향상** 정보화의 진전에 따라 행정에 대한 국민의 요구가 변화하여 권리의식이 증대되고 있으며, 서비스 욕구가 다양화됨과 동시에 신속 정확하고 공평한 행정 서비스의 제공이 요구된다.

정보화가 대민행정에 미치는 영향은 행정서비스의 변화와 정보서비스의 제공으로 나누어서 생각할 수 있는데, 행정서비스의 변화는 일반민원사무 등 시민들이 일상생활을 영위하는 데 있어서 정부로부터 받은 물리적·비물리적 서비스로서 정보화를 통해 행정서비

6) K. L. Kramer and R. Kling, "The Political Character of Computerization in Service Organizations: Citizen Interests or Bureaucratic Control," *Computers and Sciences* 1(2)(1992), pp. 77~89.

스를 고도화할 수 있다.

또한 민원처리시에 일회방문과 '일괄서비스'(one-stop and non-stop)를 가능케 하기 위해서 실시간(real-time)으로 정보를 제공하고 행정서비스의 접근점을 확대하며, 온라인 서비스를 위주로 하여 행정민원 서비스 창구를 단일화 및 일원화하는 방향으로 진전되어야 한다.

4) **열린 정부의 구현** 열린 정부는 정부정책 및 각종 정부활동에 관한 정보를 국민들에게 신속 정확하게 제공하고, 국민들의 의사를 국정에 성실히 반영함으로써 민주주의 원리를 보다 충실히 구현하는 정부형태이다.

과거 정부와 국민간에 효율적으로 정보를 교환할 수 있는 통로가 기술적으로 제한되어 있어 열린 정부의 실현이 불가능하였으나, 오늘날 정보통신기술은 이를 가능케 하고 있다. 그러므로 정부는 열린 정부 구현을 위하여 정보통신망을 활용한 국민들의 여론을 수렴하도록 하고 주민투표를 전자적으로 실시하는 전자투표제도를 도입하는 등 정보기술을 이용하여 직접민주주의를 실현할 수 있다.

Ⅱ. 행정정보체계의 의의 및 필요성

1. 행정정보체계의 의의

행정정보체계의 정의에 관해서는 학자들마다 다양하다. 여기에서는 먼저 정보의 개념과 행정정보의 개념을 정의한 후 행정정보체계의 개념을 정의하기로 한다.[7)]

먼저 정보란 인간이나 조직이 특정한 목적을 위해 외부세계와의 상호교류 및 교환과정 속에서 자신에게 의미 있고 가치 있다고 파악되는 형태로 처리된 자료라 정의할 수 있다. 정보를 이렇게 정의하게 되면, 행정정보는 개인이나 공공조직에서 제반 행정활동 및 정책활동의 합리성 및 효율성을 제고할 목적으로 유효 적절하게 활용할 수 있는 형태로 처리되는 자료라고 할 수 있다. 이러한 행정정보는 다음과 같은 기능을 수행한다.[8)]

첫째, 행정정보는 행정조직 내에서 전략적 행정결정 및 정책결정을 지원하는 전략정보로서의 기능을 담당한다.

둘째, 행정정보는 중간관리자들이 성과측정, 결정규칙설정, 자원배분 등 관리정보의 기능을 수행한다.

셋째, 행정정보는 행정실무가들이 운영통제를 하는 데 요구되는 운영정보로서의 기능을 담당한다.

넷째, 행정정보는 일상적이고 극히 정례적인 행정활동을 수행하는 데 활용되는 업무

7) 이종수 외, 새행정학(서울: 대영문화사, 1994), pp. 593∼596.
8) 조병일, 최신정보체계론(서울: 박문각, 1992), pp. 188∼190.

정보의 기능을 담당한다.

그렇다면 행정정보체계는 행정의 목적으로 달성하기 위해 행정을 조직관리의 대상으로 파악하고, 행정의 관리기능과 서비스기능의 향상을 위해 정보통신기술을 수단과 도구로 활용하는 방법이다.

행정정보체계는 행정조직뿐만 아니라 민간분야의 개인이나 사회와 같은 행정외부의 제반 정보도 체계적으로 제공함으로써 행정업무수행, 관리, 분석 및 제반 정책기능을 효율적 · 합리적 · 대응적 · 신축적으로 수행할 수 있도록 인공적으로 설계 · 제작된 통합정보관리의 사용자-기계체계라고 할 수 있다.[9)]

2. 행정정보체계 구축의 필요성

행정환경이 지방자치제의 실시에 따른 지방화와 국경을 초월한 무한 경쟁의 세계화 및 정보기술의 확산에 따른 정보화의 새로운 환경에 직면함으로써 이를 극복하기 위한 최우선 과제로서 행정정보체게의 구축을 통한 행정정보화 추진의 필요성을 야기하였다.

1) **정보기술의 급속한 발전과 행정업무 응용의 확산** 민간부문에서뿐만 아니라 공공부문에까지도 정보기술의 발달로 인하여 정보기기의 확보와 이용이 용이해 짐으로써 작은 정부의 이념을 실현시킬 수 있는 새로운 수단으로 행정정보화가 등장하게 되었다.

2) **지방자치단체별 행정의 분권화에 따른 조정** 정보화는 정보통신망, 정보서비스, 법제도, 정보화 마인드 등 다양한 요소로 구성[10)]되어 있으나 지금까지 행정정보체계구축을 통해 추진해 왔던 행정정보화는 문서작성이나 등·초본사무 등에 불과하였다. 이는 기초적인 사업들로 정보화 추진의 일부분만 대상으로 하였기 때문에 일관성 있게 추진한 행정정보화는 부재상태이다. 따라서 지방자치단체는 일관성 있고 종합적이며 체계적인 정보화 추진계획과 전반적인 방향을 설정되어야 할 필요성이 대두되게 되었다.

3) **정보화 추진체제의 일관성과 종합성 확보** 행정정보체계의 구축을 통하여 지방자치단체의 각 정보화 관련 담당관서를 중심으로 전반적인 정보화 계획의 일관성 유지가 필요하며, 행정자치부 등 국가차원의 정보화 계획과 타지방자치단체와의 연계성 확보가 필요하다. 또한 구청, 동사무소 등 하위행정기관과의 정보화 추진계획의 일관성이 유지되어야 하기 때문이다.

---

9) B. Bozeman and S. Bretschneider, "Public Management Information Systems: Theory and Prescription," *Public Administration Review*(1986), p. 476.

10) K. L. Kraemer, "Strategic Computing and Administrative Reform," Dunlop and Kling(eds.), *Computerization and Controversy: Value Conflicts and Social Choices*(1991), Academic Press, pp. 167~180.

Ⅲ. 행정정보체계의 특징 및 기본방향

1. 행정정보체계의 특징

행정정보체계는 다음과 같은 특징을 갖는다.[11)]

첫째, 행정정보체계는 공공부문(public sector)에서 활용되는 정보시스템으로서, 사부문의 MIS와는 구분된다.

둘째, 행정정보체계는 행정의 목적을 달성하기 위한 수단 또는 도구이며, 그 자체가 목적이 아니다.

셋째, 행정정보체계는 인위적으로 설계·개발된 시스템이다.

넷째, 행정정보체계는 기계적 요소와 인간적 요소의 상호유기적 관계로 형성된 종합시스템(intergrated system)이다. 여기에서 종합시스템이란, 하나의 단일구조체를 의미하는 것이 아니라, 하위시스템들과 같은 부분들을 전체 시스템에 통합하는 것을 의미한다.

여기서 중요한 점은 행정정보체계는 행정목적을 달성하기 위한 수단이라는 점이다. 따라서 행정, 정보 그리고 시스템의 관계가 변화함에 따라 행정정보체계의 개념도 변화하게 된다.

2. 행정정보체계 구축의 기본방향

1) **행정정보의 접근성 확대** 공무원들이 업무를 수행하는데 필요한 정보에 접근 가능하도록 컴퓨터기기와 통신장비를 보급하며 대주민에게 지방자치단체가 보유한 재정, 사업, 정책, 지역 등 각종 행정 및 정책정보를 온라인으로 접근 가능하도록 한다.

2) **행정정보의 유통 촉진** 출판물, 전자매체, 직접 접촉 등을 통하여 가능한 다양한 통로를 통한 정보를 유통시키며 행정정보 유통에 필요한 제반조치(디렉토리, 주제별 분류, 정보원, 색인 등)를 취하여 자치단체의 시민들이 생활하는 데 필요한 행정정보를 언제, 어디서나 입수 가능하게 한다.

3) **통합 데이터베이스 구축** 파일시스템이 아닌 DB시스템으로 자료를 관리해서 시 전체의 자료를 통합하고 통일 키워드를 만들어서 행정용어를 표준화 및 정보공동 활용체제를 마련하다. 또한 자치단체 자체 발생 행정정보 외에 중앙정보와 타지역의 행정정보를 수집해서 DB화하고 외국의 데이터뱅크(databank)에 연결하는 통합 데이터베이스를 구축한다.

4) **정보기반의 정비** 각 지방자치단체의 공무원들에게 1인당 1대의 PC를 보급하고, 시청내 LAN과 광역네트워크(WAN) 등 네트워크 기반의 구축 및 각종 주변기기의 확보를 한다. 또한 통일문서, 통일데이터형식, 범용통신, 통일인터페이스, 통일보안기준,

11) 방석현, 전게서, p. 230.

통일평가기준 등 공통소프트웨어 기반의 정비를 완료한다.

5) **전자관리의 정착과 향상** 서류소비, 시간지체, 비용, 부실자료 등의 문제를 줄이기 위한 전자적 관리를 실시하며 복사, 서류이동, 문서 등을 줄이는 수단으로 전자문서와 전자사인의 활용 및 공식문서를 전자적으로 수집, 처리, 유통을 통하여 전자적으로 관리한다.

6) **정보자원관리의 공고화** 행정정보체계를 구축함에 있어서 행정정보자원을 효과적으로 수용관리할 수 있도록 전 분야에 걸쳐 전문가들에 의해서 개발된 정보자원관리 도구, 정책, 기준 등의 활용을 공고히 한다.

Ⅳ. 행정정보체계의 실행과정

정보체계의 실행과정은 행정조직 전체의 입장에서 정보체계를 어떻게 구축해 나가는 것이 가장 효과적이고, 실패의 확률이 가장 적은가에 초점을 둔다. 이 실행과정은 크게 전문용역기관의 이용, 단말장치의 설치, 독립전자계산시스템 도입·설치, 네트워크 시스템구성, 데이터베이스 구축, 종합정보체계 구성의 6단계로 구성되어 있다.[12)]

1. 1단계: 전문용역기관의 이용

정보체계를 추진하고자 하는 기관이 작업현장에서 자료를 수집하고, 수집된 자료를 전문 용역기관이 처리할 수 있도록 업무자료와 기계시설을 제공하는 과정이다.

2. 2단계: 단말장치 설치

1단계 작업과정(1~2년)에서 요원양성이 이루어지면, 2단계로 전문용역기관의 컴퓨터와 이용자측의 단말장치를 통신회선으로 연결하여 자료의 입출력과 처리를 자체 내에서 할 수 있도록 한다.

3. 3단계: 독립전자계산시스템 도입설치

전산요원이 확보되고 기술수준도 향상되면 자체 내에서 전산처리가 가능한 상태가 되어 비로소 독립된 정보체계를 추진하게 된다.

4. 4단계: 통신망의 구성

자체 내의 정보체계가 확대되면 본부를 중심으로 산하기관과의 자료와 정보의 교류를 시도하게 된다.

---

12) 박병식·이태경, 행정전산개론(서울: 기술연구사, 1989), pp. 100~103.

5. 5단계: 정보공동활용체제의 구축

자체 내에서 처리한 정보처리결과를 정보로 재가공하여 보관하게 되며, 이러한 자료는 생산 후 지속적으로 보관·축적되어 정보은행화를 이루게 된다.

6. 6단계: 종합정보체계(ISDN) 구성

통신망이 구축되고 정보공동활용체제가 형성되면 이 양시스템을 이용하여 전기관의 각 계층에 필요로 하는 정보를 즉시 제공할 수 있게 해 준다.

Ⅴ. 놀란(R. L. Nolan)의 정보체계 활용단계

놀란(R. L. Nolan)은 정보체계의 활용단계를 도입단계, 확산단계, 통제단계, 통합단계, 정보관리단계, 성숙단계의 6단계로 구분하였다.[13)]

1. 도입단계

도입단계는 컴퓨터를 도입하여 실무부서에서 컴퓨터 이용을 조장하려는 초기 단계이다.

2. 확산단계

도입단계에 있었던 저항들이 해소되고 기초정보자료가 개발되어 전산처리됨에 따라 컴퓨터의 효과가 실무부서에서 나타나기 시작한다. 전산화의 확산과 더불어 효율적이고 체계적인 전산화의 필요성을 느끼게 되는 것이 이 단계에서 나타나는 특징이다.

3. 통제단계

전산화가 확산됨에 따라 조직의 비용이 증가하게 되므로 무작정 추진하던 전산화 작업에 통제를 가하여 정보개발업무를 재정비하는 단계이다. 정보개발의 실제 효과를 높이기 위해 정보를 개발하는 과정에 그것을 실제로 사용할 실무자의 참여가 강조된다.

4. 통합단계

지금까지 개발된 모든 정보체계를 정리정돈하여 조직목표와 의사결정자의 사용목적을 중심으로 통합하는 단계이다. 이것은 데이터베이스의 구축과 조직 각 부문 정보체계간의 연결을 통하여 이루어지게 되는데 여기에 많은 비용을 투자하게 된다.

---

13) R. L. Nolan, "Managing the Crises in Data Processing," *Harvard Business Review*(March-April 1979), pp. 115~126.

5. 정보관리단계

정보가 하나의 자원으로서 효율적인 관리의 대상이 되는 단계이다. 이 단계에서는 정보 자체의 개발뿐만 아니라 개발된 정보의 효율적인 관리가 강조된다.

6. 성숙단계

컴퓨터 활용의 마지막 단계로서 개발된 정보를 더욱 정교하게 만들고 정보체계를 안정화시켜 나가는 단계이다. 컴퓨터 하드웨어나 소프트웨어, 통신기술 등이 향상되거나 새로이 개발됨에 따라 이 새로운 정보기술을 중심으로 도입에서 성숙에 이르는 6단계가 다시 반복되게 되면서 컴퓨터 활용이 지속적으로 개선되고 발전되어 간다.

Ⅵ. 행정정보체계의 영향과 역기능

1. 행정조직에 대한 영향

행정에 정보통신기술을 도입하여 행정정보체계를 이룩하면 조직형태의 통합과 분화, 업무내용의 향상, 결정권한의 집권과 분권, 그리고 관료제와의 관계 등 다양한 영역에 변화가 나타나게 된다.

⑴ 조직의 형태변화

정보사회는 조직의 형태에서 중간관리층의 업무를 자동화시켜 줌으로써 그들로 하여금 조직을 떠나게 만들거나 보다 창의적인 업무를 맡게 해 준다. 이에 따라 계층이 수직적으로 통합되어 관리계층의 수가 줄어들고 관리구조가 간소화된다.

⑵ 수평적 분화

대체로 컴퓨터 활용은 처음에는 재무회계를 담당하는 부서에 도입되어 사용되다가 점차적으로 일상업무를 담당하는 부서로 확산되어 나간다.

⑶ 업무내용의 변화

컴퓨터의 활용은 정보자료처리의 단순한 육체적 작업을 줄여 주고 대신에 정보자료를 활용하여 분석하는 업무를 증가시켜 줌으로써 조직구성원들의 업무내용이 변화한다. 특히 정보자료를 활용하는 일선관리자와 중간관리자의 경우는 직무내용의 변화가 명확하다.

⑷ 행정집권화와 분권화

조직 내의 컴퓨터의 활용은 정보처리기능을 원활히 해 주고 구조적 의사결정을 자동화시켜 줌으로써 조직의 의사결정도 상위계층으로 점차 집중될 가능성이 높다. 하지만, 정보기술이 더욱 발전하여 정보망이 형성되고 업무현장에서 의사결정이 기술적으로 가능하게 되는 성숙단계에 이르면 집권화보다는 분권화 쪽으로 작용할 가능성이 높다.

(5) 정보기술과 관료화

컴퓨터 중심의 정보기술은 관료조직 형태의 생산관리 서비스제공이나 문제해결에 효율성을 높여 주고, 사회의 비조직화된 다른 부분을 희생해서라도 관료의 권력을 강화해 주는 데 기여할 수 있다.

2. 조직구성원에 대한 영향

(1) 정보·지식의 중시와 전문성 강조

단순한 수준의 정보분석 및 업무수행으로는 행정에 대한 다양한 국민들의 요구를 충족시킬 수 없게 되어, 담당분야에 대한 고도의 전문성이 더욱 요청된다.

(2) 정보교류와 정보탐색활동의 중시

행정정보의 형태나 내용이 수행하고자 하는 업무내용과 일치하는 것은 아니므로 이런 정보의 형태나 내용을 필요한 지역 및 부처간에 적절한 형태로 재구성하기 위한 상호정보교류의 필요성이 증대하게 된다.

(3) 체계적 사고와 통합적인 조정능력

모든 조직의 업무나 기능이 사회의 발전과 함께 다양하고 세분화됨에 따라 이들 업무를 조정하여 전체 행정목적에 적합하게 만드는 정보의 통합적인 조정능력이 요청된다.

(4) 신축적이고 창의적인 업무자세

공무원들에게 업무자동화, 정보수집의 신속화를 통해 반복적이고 단순한 업무에서 해방되어 창의적이고 고도의 지적인 업무를 수행할 수 있게 하고, 상황에 따른 적절한 정보를 신속히 수집하여 환경의 변화에 따라 신축성 있는 행정서비스를 제공할 수 있게 한다.

3. 행정정보체계의 역기능

(1) 사생활 침해가능성

효율적인 주민관리를 위해 전산망을 구축하고 개인에 관한 모든 자료를 모아두면, 이를 정치적으로 악용하거나 개인의 사생활을 침해할 가능성이 그만큼 높아진다. 따라서 이를 방지할 제도적 장치를 반드시 마련한 연후에 정보화작업이 수행되어야 한다.

(2) 관료제의 전횡

정보화와 더불어 관료제는 정보기술의 이용을 통한 정보독점으로 자신의 권력유지와 입지강화를 도모할 가능성이 있다.

(3) 컴퓨터 범죄

사회가 정보화되고 컴퓨터 시스템이 온라인화되면 컴퓨터시스템을 이용한 범죄가 증가하게 된다.

(4) 인간성의 상실

사회가 정보화될수록 인간관계에 의한 대화나 상호작용이 아니라 컴퓨터와의 대화나 상호작용이 증가할 것이다. 이런 과정에서 인간과의 관계가 점차 소외되고 기계와의 상호작용 증대에 따라 인간은 현실세계에서 고립되어 간다.

(5) 정보의 지역간 · 부처간 불균형 및 정보의 왜곡

행정정보체계를 통해 컴퓨터 소유자와 비소유자간, 정보활용능력, 업무개발수준, 지역간 · 부처간의 정보자원의 수혜 면에서 불균형을 초래하게 된다. 게다가 이러한 불균형적으로 편향된 정보가 왜곡된 정보일 경우에는 그 이용에 따른 폐해가 엄청날 것이다. 따라서 정보의 투입과 저장의 과정에서 정확한 정보가 투입되어 관리되도록 하는 제도적인 노력이 수반되어야 한다.

제 2 장

계량행정관리론(計量行政管理論)

제 1 절 의 의

행정계량분석은 행정가가 당면하고 있는 행정문제들을 해결하고, 이들을 효율적으로 집행하며, 그 결과를 평가하는 데 도움이 되는 정보를 산출하는 데 있어 계량적인 분석기법과 과학적인 절차들을 응용하는 것이다.[1)]

사회가 복잡화되고 사회를 구성하는 각 요소들 간의 상호의존관계가 심화되어 감에 따라 행정이 해결해야 할 문제들도 이를 반영하여 매우 복잡화되어 가는 경향을 띠고 있으며, 또한 한 문제에 대한 의사결정이 사회전반에 미치는 경향이 매우 커져 가는 경향을 보이고 있다. 따라서 의사결정자들은 당면하고 있는 행정문제들에 대한 해결방안을 모색하고 집행하는 데 있어서 체계적이고 깊이 있는 분석에 의하여 얻은 정보를 필요로 하게 되었다. 한편 수학 · 경제학(계량경제) · 컴퓨터학 · 공학의 발달과 상호간의 교류는 대량의 변수들을 포함하는 복잡한 모형들을 활용할 수 있도록 뒷받침해 줌으로써 행정과정에서 계량적인 분석기법의 활용을 촉진시키고 있다.

행정계량분석에 사용되는 기법들은 대부분 관리과학(management science)에서 사용되는 것들이다. 관리과학은 정책결정(혹은 의사결정)과정을 돕기 위하여 개발된 분야인데, 이는 또한 운영연구(operation research)라고도 불리워진다. 관리과학 혹은 운영연구(MS/OR)의 주된 목적은 정책결정을 하는 데 있어서 과학적인 방법을 사용하기 위함이다. 복잡한 문제들을 결정하는 데 있어서는 여러 가지 방법, 즉 직관이나 경험에 의한 방법 등이 있을 수 있으나 관리과학은 그러한 문제를 결정하는 데 있어 체계적이고 과학적인 접근방법을 제공하는데, 과학적인 접근방법은 다음과 같은 기본적인 단계를 거친다.

1) 노화준, 행정계량분석(서울: 법문사, 1985), p. 2.

1) 관찰(observation)
2) 문제의 정의(definition of the problem)
3) 가설의 형성(formulation of hypothesis)
4) 실험(experimentation)
5) 검증(verification)

제 2 절 계량분석의 필요성

행정계량분석은 정책과정이나 행정과정에 있어서 다음과 같은 도움을 준다.

첫째, 계량분석은 정책문제결정에 있어 과학적인 접근방법을 제공해 준다. 즉 결정과정에서 문제들을 명료하게 밝히고, 여러 가지 가설을 세우며, 실험과 검증을 거치는 체계적인 방법을 거쳐 합리적인 의사결정을 지원하여 준다.

둘째, 계량분석은 정책분석(다중회귀분석, 시계열분석 등)·정책평가 등에 필요한 방법론적 기초를 제공하여 줄 뿐 아니라, 계량분석의 중요한 부분을 이루고 있는 통계이론은 요인분석이나 인과분석 등을 가능하게 하여 준다.

셋째, 계량분석은 관찰된 자료로부터 여러 가지 결론을 도출하고 추론하는 데 도움을 준다. 이러한 결론과 추론은 계량분석에서 발전시켜서 널리 받아들여지고 있는 절차와 규칙에 의하여 이루어지게 된다.

넷째, 계량분석은 문제해결의 여러 방안들 가운데 최적의 행동대안에 대한 정보를 얻는 것을 가능하게 한다. 행정과정에 있어서 의사결정자는 행동대안의 선택을 위하여 각 행동대안의 선택과 결과의 상황의 결합에 따라 어떤 결과들이 오게 될 것인가에 대한 정보가 필요한데, 계량분석은 이에 많은 정보를 획득하게 하여 준다.

제 3 절 계량분석의 절차

정책결정을 할 때 행정계량분석을 하는 일반적인 단계는 [그림 10-2-1]과 같다.[2)]

첫째, 문제형성의 단계이다. 통찰력과 상상력, 시간을 요구하지는 않지만 실제문제를 관찰·정의하는 이 단계는 매우 중요하다.

둘째, 일반적으로 행정계량분석에서는 모형을 사용한다. 일단 문제가 관찰·정의되면,

2) Thoman M. Cook and Robert A. Russell, *Introduction to Management Science*(New Jersey: Prentice-Hall, 1931), pp. 16~17.

[그림 10-2-1] 계량분석의 절차

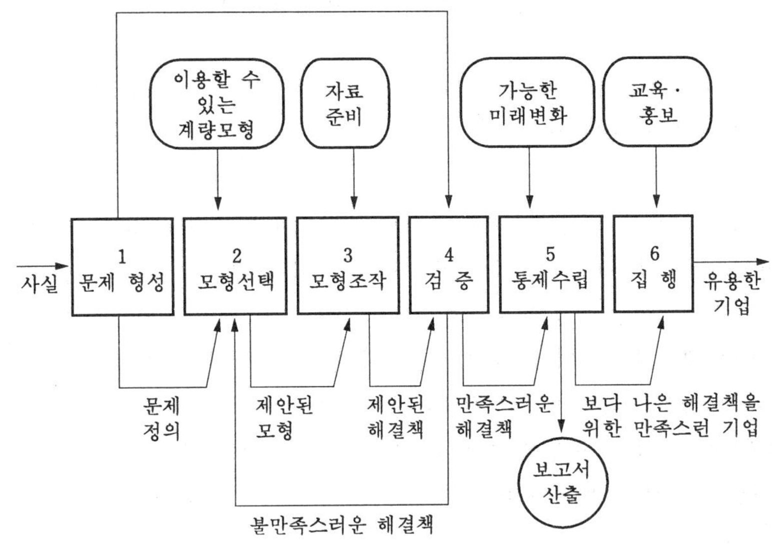

그러한 종류의 문제를 풀기 위하여 앞서 개발된 모형을 찾는다. 앞서 개발된 모형이 없으면 정책결정하려는 문제의 본질을 정확하게 반영할 모형을 개발하는 것이 필요하다.

셋째, 다음 단계는 그 문제에 대한 해결책이나 처방을 얻기 위하여 모형을 풀거나 조작하는 것이다. 모형을 풀려면 입력자료가 필요한데, 모형에 맞는 자료를 연산방식(algorithm)이라고 하는 해결과정에 의해 풀 수 있다. 간단한 문제들은 가끔 손으로 풀 수 있지만, 대부분의 경우 컴퓨터에 의존하게 된다.

넷째, 문제에 대한 답이 얻어지면 정확성을 위해 검증한다. 이에는 일반적으로 합리성(reasonableness)에 대한 검증이 응용되는데, 그 답이 정책결정을 하여야 할 문제를 제대로 풀었는지를 점검한다.

다섯째, 만족할 만한 답이 구해지면, 다음 단계로 그 모형을 사용하기 위한 통제를 수립하는 것이다. 그 모형의 가정이나 한계에 대한 지침이 확립되어야 할 뿐 아니라 입력자료의 정확성, 그리고 구한 답의 질을 보장하기 위한 과정도 확립되어야 한다. 또한 중요하게 고려하여야 할 점은 모형이나 계량분석과정에서 융통성(flexibility)을 고려하는 것이다. 모형과 전체적인 과정은 현재의 문제를 풀 때 유용할 뿐만 아니라, 문제의 성격에서 약간 다른 장래의 문제를 해결할 때에도 유익하다.

여섯째, 계량분석의 마지막 단계는 가끔 가장 어려운 과정으로 새로운 과정에 대한 수용과 집행인데, 그것은 변화에 대한 저항을 수반하기 때문이다. 정치적인 문제라든지, 분석자와 사용자 사이의 의사소통 부족, 변화에 대한 두려움 때문에 결코 집행되지 못한 유익한 모형들이 얼마든지 있다. 이러한 이유로 새로운 과정을 널리 교육하여 주지시키고, 거기에 알맞는 자료를 제시하는 것은 집행에 있어서 중요하다.

제 4 절 계량분석의 방법

일반적으로 계량분석에서는 문제를 해결할 때 이미 개발되어 있는 모형이나 새로운 모형을 만들어 사용한다. 특히 행정문제의 해결을 위한 문제가 구성되고 목표가 설정되고 나면 최적대안을 식별하는 과정에서는 여러 가지 계량적인 모형을 활용하게 된다.

모형은 어떤 대상이나 특별한 사회현상을 추출하여 묘사하는 데 좋은 모형일수록 그것이 나타내는 대상의 중요속성을 정확하게 나타낸다. 계량분석뿐만이 아니고 다른 분야에서도 문제해결을 위해 모형을 많이 사용하는데, 모형을 사용하는 목적은 모형이 나타내는 현상에 대한 특별한 정보(specific information)나 그 현상에 대한 일반적인 통찰력을 얻기 위한 것이다.

다음에서는 계량분석에서 사용되는 주요 모형(기법)들을 소개한다. 여기에서 소개하는 기법들은 요즈음 폭넓게 사용되는 것들인데, 이들은 한 가지 문제의 결정이 이루어지는 환경이나 자료성격에 따라 세 가지 범주로 나누어진다. 결정론적(deterministic)인 유형은 자료가 확실하게 알려진 경우인데, 여기에는 선형계획법(linear programming), 민감도분석(sensitivity analysis), 수송네트워크모형(transportation network model), PERT/CPM 등이 있으며, 추정론적(stochastic)인 유형은 자료가 확실하게 알려지지 않지만 확률분포는 알려진 경우인데, 여기에는 결정이론(decision theory), 기대행렬모형(quening model simulation) 등이 있으며, 불확실성(uncertainty)인 경우는 자료가 불확실한 경우일 때이며, 이 때가 가장 어려운 경우인데, 미래의 수요나 판매량 예측은 이러한 예에 속한다.[3)]

3) *Ibid.*, p. 25.

제 3 장

제도 및 관리기능분석기법

제 1 절 조직분석

조직분석은 보다 정확하게 조직을 개편하거나 효율적으로 운영하기 위하여 조직내용을 구체적으로 비교·관찰·검토·판단하는 과정인 것이다. 그러나 분석의 방법에 관하여는 아직 완전한 정설이 없는 실정이므로 분석상의 주안점과 조사분석을 위한 절차적인 면을 살펴보기로 하겠다.

Ⅰ. 조직분석의 목적과 용도

1. 조직과 업무수행절차와의 관련성의 명백화

조직의 형태 여하에 따라 업무수행절차가 달라지는 수도 있으며, 업무효율을 증진시키기 위하여는 조직을 개편하여야 할 경우도 있다. 특히 하위조직계층에 있어서는 양자관계를 분명히 하는 것이 요구되기 때문에 조직분석의 필요가 있다.

2. 관리통제와 기능의 조정

계획(plan)·실시(do)·통제(see)의 세 가지 측면은 하나의 순환과정을 형성하며 관리자는 발전목표와 정책의 효율성을 위하여 활동성과를 심사·분석하여야 하는 것이다.[1)] 따라서 업무의 적정한 배분, 작업의 적시성, 업무의 진행상황 등에 관하여 항상 관리자가 필요한 정보를 입수하고, 이를 조정·통제할 수 있는 업무조직이 되도록 하기 위하여 조직분석을 한다.

1) 신윤표, “발전행정의 특색,” 초급관리자과정교재(중앙공무원교육원, 1974), p. 72.

3. 행정의 집중화 또는 분산화의 검토

집중화 또는 분산화는 기구의 개편에 의하여 고려될 수도 있고, 기능배분의 조정으로 고려될 수도 있는 바, 조직분석이 필요하게 된다.

4. 인적 · 물적 면의 경제성 도모

불필요한 중복과 경합을 배제하게 한다. 따라서 분석자는 면밀한 조사 · 검토와 계수적 득실을 따져야 한다.

5. 사회적 이익 도모

대민봉사를 위한 행정조직체제로 개혁하여야 하므로 조직분석을 함으로써 개혁안이 사회적인 이익을 촉진시킬 수 있는가의 여부를 파악하는 데 목적이 있다.

Ⅱ. 조직분석의 내용

1. 조직분석상의 기본지식

분석은 어떤 복잡한 것을 여러 요소로 분해시키는 과정으로서 조직분석이라 함은 제조직관계를 식별평가하는 것을 말한다. 따라서 ① 조직원칙을 이해하여야 하며, ② 조직의 형태, ③ 조직구조형성상 전문화의 이론적 기초, ④ 조직의 법령 근거, ⑤ 비공식조직의 사회학적 고찰을 통한 이해 등의 기본지식이 요구된다.

2. 조직연구상의 기법

① 질문표, ② 면접, ③ 문헌조사, ④ 개인관찰, ⑤ 작업량의 분석(업무일지 · 직무기술서 · 과업목록 · 기능배분표와 사무분장표), ⑥ 각종 도표작성(process chart, work flow chart 등), ⑦ 탁상감사, ⑧ 실시조사 등이 내용으로 된 바, 조직분석의 기본기법으로서 도표를 이해하고 그 작성기법을 알아야 한다.

제 2 절 제도 및 절차분석

제도(system)란, 관련된 조직구조와 권한 · 정책(방침) · 직원들의 기능 · 장비 · 건물 및 작업장 등과 더불어 한 개의 통합된 설계로 발전되어 한 조직체의 제목적의 달성에 필요한 제관계절차의 망조직(network)을 말한다.

또한 절차(procedure)란, 통상적으로 조직부문 안에서 수 명의 직원이 관련되고 수행하여야 할 여러 작업·실행자·작업순서, 그리고 사용할 도구 등을 규정함으로써 균일한 처리를 기하기 위하여 제정된 제업무의 순서이다.[2] 따라서 이의 목표와 내용을 검토하고자 한다.

Ⅰ. 제도·절차사업의 목표와 이득

제도·절차사업의 주목표는 두 가지로서, 첫째는 정확하게 최적화시킨 제도 및 절차의 제정이고, 둘째는 이와 같이 제정한 제도·절차를 당해 조직체가 수용하게 하는 것이다.

이러한 목표는 여러 가지 활동을 통하여 달성할 수 있다. 이들 활동은 정기 또는 수시적인 제도연구, 장표, 보고 및 기록의 관리, 사무절차, 문서화, 사무실배치, 사무기계활용, 제도·절차발전 및 교육 등이다.[3] 효과적인 제도·절차사업의 결과로 당연히 기대할 수 있는 현저한 이득 중에서 몇 가지는 다음과 같다.

1) 행정요원의 인건비 감소 또는 현인력의 생산성 증가

2) 행정적 활동으로 인하여 발생하는 지연시간단축에 의한 생산인력의 인건비 감소

3) 과오감소와 보다 신속한 절차에 의한 관객서비스 개선

4) 위양과 정책시행의 개선에 의한 관리자들의 관리시간 증가

5) 더 원활한 운영제도와 명확히 규정한 책임의 결과에 의한 관리자 및 노동자들의 사기앙양

6) 제제도절차가 계속적으로 연구·개선되고 갱신되고 있다는 것을 이해하는 데서 오는 변천수용성의 증가 등을 지적할 수 있다.

Ⅱ. 제도·절차사업의 제단계

제도·절차사업에는 아래 기술한 바와 같이 여러 단계가 있다. 비록 이들 제단계는 각각 개별로 구분되는 경향이 있으나, 실은 서로가 밀접하게 관련되어 있으며, 반드시 순서적으로 원활히 시행되어야 한다.

1) **문제인식과 한정** 문제판단, 원인과 징후의 구별, 여하한 해결책에도 영향을 끼치는 제제한요소의 설정, 극대화요소의 순위결정 등을 수행한다.

2) **사실수집과 문서화** 사실출처·사실모집방법·사실문서화요령을 정리한다.

---

2) Victor Lazarro, *Systems and Procedures, A Handbook for Business and Industry*(Englewood: Prentice-Hall, 1959), pp. 1～11.

3) 大塚純一, 事務革新入門(日本能率協會, 1971), pp. 136～142.

3) **평가와 분석** 사실의 안전성과 적절성에 관한 판단, 제사실을 당해 기준과의 비교, 제반사실의 시준내용 해석을 한다.

4) **최적해결책의 강구** 아이디어(idea) 창조요령, 아이디어의 체계화(실행가능하게), 여러 가능해결책을 하나의 최적해결책의 제반요건 안에 조화시키는 것이다.

5) **제방안의 수립과 설명** 각종 해결방안·목표·환경·접근법·요령 등의 판단과 설정, 설명도표의 선정과 설계이다.

6) **집 행** 필요한 제조치의 인식과 일정표 작성을 한다.

7) **추구조치** 적절한 빈도와 가용기법을 내용으로 한다.

Ⅲ. 제도·절차사업의 관리

제도·절차사업의 관리를 아래와 같이 사업계획·사업감독·사업보고 등 3개 주요분야로 구분할 수 있다.

1) **사업계획** 여기에서 말하는 사업계획은 사용될 접근법·제기법·사업내용·소요자원 그리고 사업 전체의 시간적 단계 등을 결정하는 것과 관계가 있다.

사용될 제기법은 제도도표·절차흐름도표·사무실배치도표·장표·문서철·보고서·분석도표 등과 관련이 있다. 문제의 성격에 따라 모든 가용기법 중에서 어느 것이나 한 가지 또는 전부를 사용할 수도 있을 것이다.

사업내용은 수행하여야 할 개개의 작업과 이것들의 시행순서를 식별시킨다. 소요자원에는 필요한 분석시간 혹은 팀접근법을 사용할 경우에는 기능별 팀인력의 판단과 서기 및 제도지원 그리고 적절한 시설편의 등을 포함시켜야 한다. 시간적 단계설정은 모든 작업을 전체적 사업일정표 안에 종합시켜 총기간과 일치되게 하는 것을 말한다.

2) **사업감독** 사업감독은 사업내용난에 나열한 각종 사업들을 일정에 따라 수행시키는 것이다. 그리고 필요한 경우 사업기간중 작업 일정의 재설정과 관계가 있다.

3) **사업보고** 비록 사업보고는 사업내용의 일부로서 계획하지만, 사업관리의 한 개별국면을 뜻한다. 여기에서 보고를 세 가지 종류로 나눌 수 있는데, 이것들은 의견을 얻기 위한 것, 정보를 제공하기 위한 것과 재가를 얻기 위한 것들이다. 어느 종류를 택하느냐 하는 것은 수취인의 조직상 위치와 관여 정도에 따라 달라질 것이다.

예컨대, 의견을 얻기 위한 보고는 당해 제도·절차사업과 관련이 있는 모든 관리자에게 선발된 것이고, 정보를 제공하기 위한 보고는 당해 조직체의 직원이라면 관리자이건 근로자이건 간에 어느 누구에게도 보낼 수 있을 것이지만, 재가를 얻기 위한 보고일 때에는 그것이 중간보고이든 혹은 최종보고이든 당해 조직체 내의 제도·절차기구의 장에게나 또는 당해 건의를 재가할 수 있는 관리자에게만 보내야 될 것이다. 최종분석에 있어서의 보고는 어떤 종류의 정보를 누구에게 언제 무슨 목적으로 제공하여야 되느냐 하는 문제를 다루어야 할 것이다.

이상의 사업관리요령은 여하한 규모의 제도절차연구에 있어서도 적용될 것이다. 연구의 규모에 따라서 이와 같은 제요령이 신속한 심적 결심이 될 것이냐, 혹은 정식으로 문서화되고 차트화시킨 활동이냐가 결정될 것이다. 장기적이고 관련성이 더 많은 연구사업들은 보다 공식적인 사업관리접근법을 필요로 할 것이다. 아마도 일종의 칸트식 도표작성이 필요하며, 적합할 것이다.

Ⅳ. 문제해결요령

1. 문제인식과 한정

문제한정이란, 제도・절차사무에 있어서 원동력의 역할을 하여야만 되는 명세서를 의미한다. 이 역할을 적절하게 하기 위하여 문제명세서에는 관찰할 수 있는 모든 징후를 기술하고, 모든 추정원인 요소를 파악하여 분리시켜야만 되며, 거기에 부가하여 제해결책의 모색과 평가에 대한 지침도 제공되어야만 한다.

최초에는 단독관리자의 견해만으로서 당해 조직체에 대한 그의 개인지식에 국한될지도 모른다. 그러나 추후분석과 수정을 통하여 최초명세서를 현저하고 뜻있게 발전시키는데 필요한 당해 조직체의 총체적 의견과 광범한 해결지침을 반영시킬 수 있다. 적절한 문제명세서는 제사항을 내포하여야만 되겠으나 기재사항을 반드시 이에 국한시켜서는 안 될 것이다.[4)]

2. 문제징후와 원인

문제징후는 작업상황에 있어서 어떤 문제의 가시표시물로서 탐탁치 않은 특징들이다. 때로는 이와 같은 요소를 보고 실제원인이라 하지 않고 문제(problems)로 단정하는 관리자와 제도분석관들이 많다. 원인은 여러 징후를 만들어 내기도 한다.

제도・절차문제의 몇 가지 대표적인 징후는 지연업무의 증가, 과외근로연장, 과도한 직업전환과 병가율, 업무상 착오의 증가, 분실문서 증가, 기한초과, 회답지연, 직원간의 과도한 알력, 사기저하, 예산초가지출, 문서와 직원의 과도한 이동, 관리시간부족, 장표신청, 보고요구와 추가인력요청 등의 격증이다.

이상과 같은 제징후의 원인이 되는 요소가 많다. 제도・절차사업을 통하여 해소시킬 수 있는 원인들 중 몇 가지는 비효율적인 시설 및 배치, 불충분하거나 비능률적인 장비,

4) 문제명세는 ① 관찰된 징후, ② 추정원인요소, ③ 문제의 규모, ④ 극대화요소, ⑤ 제한요소・작성일자・작성자・협조사항・결재란 등을 내용으로 하여 작성한다.

제기능의 불충분한 활용, 장표・보고서와 기록부의 고찰결함 그리고 잘못된 절차수립 등이다. 제도・절차사업을 통하여 부분적으로 해소시킬 수 있는 원인들 중에는 불충분한 의사전송, 비효율적인 조직구조, 사무배당, 그리고 권한위임, 무능한 관리자와 노동자, 부적당한 인원수 등이다.

노무자부족・순환적 업무・경제사정・정치정세・조직체 임무의 성질・예산 등과 같은 원인들은 당해 조직체가 억제할 수 있는 한계를 완전히 벗어날 수도 있다.

문제인식과 한도에 있어서는 징후를 징후로서 인정한 다음, 문제의 실제원인을 찾아내는 것이 그 목적이다. 징후와 실제원인 사이에는 상당한 거리가 있을 때가 많다. 원인을 해소시키는 데 시간을 경주해야지 징후와 고투하는 데 시간을 보내서는 안 된다. 적절한 문제명세서는 제징후를 명기해야 되고, 관계원인을 인식하려고 해야 한다. 제반사업을 더욱더 조사하면 원인들이 더 나타나든가 혹은 판이하여 본래의 문제명세서를 수정해야 할 때도 있다.

3. 문제의 규모

일정한 문제의 규모를 정하는 데 있어서는 그 문제가 존재할 것이라고 생각되는 범위를 한정시켜 문제의 규모와 정도를 표시하려고 하여야 한다.

이것은 관련된 제도・절차부면을 파악함으로써 접근할 수 있다. 즉 제징 후와 원인은 어디에서 발생하여 어디까지 확장되고 있는가. 어느 조직성분과 직위들이 관련된 것으로 보이는가. 징후들이 발견되었으면 그것들의 양적 정도와 이들 징후와 관련된 제원인의 양적 정도는 어떠한가. 이와 같은 제사항에 대한 회답을 얻으면 문제의 규모는 설정된다. 또한 이들 회답을 통하여 여러 다른 문제와 조직체 전체에 비추어 당해 문제를 생각할 때 훨씬 더 좋은 전망이 세워진다.

4. 극대화요소

극대화요소란, 일정한 문제를 해결하는 데 있어서 소망되는 제특징을 말한다. 이들 요소는 해결지침을 명확히 제정하기 위하여 문제한정의 일부로 정한다.

제도나 절차는 목표달성에의 기여도와 관련시켜 속도와 비용 그리고 질적인 측면 사이에 어떤 이상적 설계균형이 이룩되었을 때 최적화되었다고 생각된다. 물론 이 균형은 각종 제도와 절차에 따라 달라질 것이다.

특정문제분야에 관하여 속도・비용・질의 비중을 달아 보면 제도분석자는 제도・절차에 있어서 예기되는 여하한 개선점을 측정할 수 있는 어떤 기준을 얻게 된다.

극대화요소는 문제해결에 있어서 소망되는 제특징의 세목사항을 제도분석관에게 가져다 준다. 대표적인 극대화요소들은 인력감축, 작업단계감소, 총처리시간의 단축, 사무실면적 소요감소, 긴요한 인력기능 또는 기계시간소요의 감소, 질적 향상, 처리비용의 감소, 통제와 안정향상 등이다. 이들 제요소는 문제해결에 있어서 선택우선순위를 정하지 않으면 안 된다.

5. 제한요소

여하한 제도·절차문제일지라도 그 해결책을 강구함에 있어서는 통상적으로 반드시 고려하지 않으면 안 될 여러 요소들이 있는데, 이것들은 해결개념과 접근방법의 한계를 규정할 때가 많다.

이들 요소는 일반적으로 규제요건·현지관리절차 그리고 실행가능성의 제약 등으로 분류할 수 있다.

규제요건이란, 상부기관이 특별지시로 명령한 제보고·보관문서·절차·조직구조 등이다.

현지관리절차란, 현지관리자들이 그들의 책임을 효과적으로 수행하는 데 필요하다고 결정한 조직구조·제보고·보관문서·절차 등을 의미한다.

실행가능 제약은 당해 조직체·입지환경·당해 문제의 시간적 절약, 그리고 요소의 성질 때문에 문제해결에 영향을 미치게 될 제요소를 뜻한다. 실행가능성제약의 대표적인 것은 문제분야 내의 업무량, 문제의 추정기간, 해결책 강구를 위한 시간적 여유, 개정에 소비될 시간손실, 문제해결에 대한 압력,[5] 가능한 재교육 수요, 가능한 절약, 관계인물, 그리고 문제의 우선권 등이다.

Ⅴ. 제도도표(system diagram)

제도도표는 총체적 활동을 파악하고 제성분을 서로 연관시켜 일개제도분야 전체를 어느 정도 대략적으로 분석하는 데 조력하기 위하여 발전시킨 한 기법이다. 이 도표는 하나의 제도를 형성하고 있는 각종 절차를 순차적으로 요약하고, 선정된 제부수적 요소를 표시하는 일개체제를 나타낸다. 제도도표의 주요란은 제도설명란·기능란·장비란·정보란·정보근원란·정보생산란·목표란 등이다.

1) **제도설명란** 당해 분야에 대한 한 서술로서 임무와의 (당해 제도의) 관련성, 관여된 기구와 제업무, 그리고 제도운영에 대한 관리목표를 기술하는 난이다.

2) **절차항목란** 이 난은 당해 제도를 형상하고 있는 여러 개별 절차 안에서 발생하는 것은 매우 개략적으로 기술하는 곳으로서 본질에 있어서는 각 절차를 먼저 기록하

5) Charles H. Kepner and Benzamin B. Tregoe, *The Rational Manager*(N.Y.: McGraw-Hill, 1965), pp. 24~37.

고, 그 안에서 수행되는 주요작업을 짤막하게 적는다. 여타 요소란은 주요작업과 연관시켜 기록한다.

3) **조직기구란** 각 주요작업을 수행할 책임을 지고 있는 조직기구의 명칭을 기입하는 난이다. 확실히 알 수 있도록 가급적이면 구체적으로 기록하여야 한다.

4) **기 능 란** 당해 조직기구 내에서 당해 주요작업을 수행하여야 할 사람들의 직명(직책)을 기입하는 난이다.

5) **장 비 란** 주요작업을 수행하는 데 사용되는 장비 또는 사무용기구를 적는 곳이다.

6) **정보투입란** 당해 제도나 절차 안에 개입하는 정보를 기록하는 난이다. 여기에서는 정보의 출처도 밝혀야 한다.

7) **정보근원란** 이 난은 주요작업수행에 있어서 참조하는 제보고서·문서철·기록부·지침서·편람 등을 기록하는 것이다. 여기에서는 주요작업의 일부로서 부가 또는 갱신한 정보근원도 포함시킨다.

8) **정보생산란** 이 난에는 당해 절차시행 결과로 창조되거나 발송되는 모든 정보를 기입한다. 여기에서는 보관철의 형태와 목적지(만약에 당해 절차 밖으로 발송되면)도 적어야 한다. 그러나 각 주요작업에서 반드시 정보생산을 얻는 것이 아니다.

9) **목 표 란** 각 절차별로 전체적 작업수행의 질적인 면과 양적 단위를 비교하여 순위를 정한 다음 순서대로 기입한다.

제도도표를 작성하는 데 필요한 정보자료는 제규정검토, 절차문서, 그리고 면접을 통하여 수집한다. 실제작성은 이와 같이 수집한 정보자료를 분석하고 결합함으로써 이루어진다.

Ⅵ. 절차도표

절차도표는 그리드(grid)도에 일정한 기호를 사용하여 조직기구·인원·활동사항·시간·장소·문서철·보고서 등에 관한 세부적인 정보를 묘사하는 것이다.

당해 절차에 관계된 이 모든 사실을 비교적 간단한 도표양식에 축소시키는 목적은 관련된 모든 활동부분을 신속히 이해시키는 데 있다. 이와 같은 이해와 도표는 사실적 평가·분석 그리고 업무개선에 요구되는 확고한 기초를 마련하여 준다. 뿐만 아니라. 절차안을 설명할 때에도 이 도표를 사용할 수 있다.

[그림 10-3-1] 문서작업기호

모 양	의 미
	기 안: 새로운 문서가 창조되었을 때
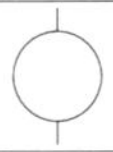	작 업: 어떤 신체적 작업이 수행되었을 때
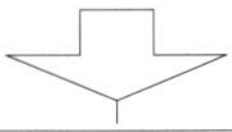	이 동: 문서가 위치를 바꾸거나 타인에게 옮겨갈 때
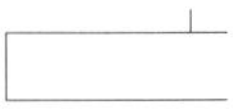	지 연: 문서가 늦을 때
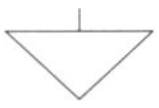	보 관: 공식적으로 조직된 보관철에 위치되었을 때
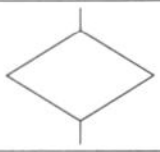	검 사: 확인이나 대조를 할 때
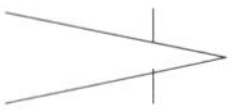	전 재: 한 문서의 내용을 다른 문서에 전기했을 때
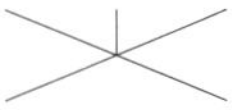	파 기: 문서를 파기했을 때
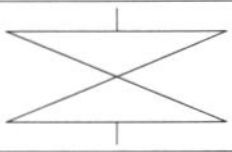	중 절: 연구와 관계 없이 활동을 생략할 때
	교 차: 수직선이 횡선을 넘어갈 때
	변 환: 문서의 의의가 바뀌어졌을 때

인적 활동기호: ○ …… 작업 ◇ …… 검사 ⇩ …… 운반

Ⅶ. 제도 · 절차분석에 있어서의 장표 · 기록 및 보고

장표 · 기록 및 보고는 제도가 그 전체적 목표인 정보관리를 성취하는 주된 수단들이다. 모든 정보의 대부분이 이들 수단 속에 함축되어 있기 때문에 제도 · 절차분석에 있어서 장표, 기록 및 보고의 역할이 중요함은 틀림이 없다. 이 제수단을 관리하는 목적은 조직체의 임무수행과정에서 보고의 총코스트를 감소시키는 데 있다. 이 총코스트 감소는 제수단을 효율적으로 고안하여 제도 내에 적절한 위치를 점하게 하였다가 필요 없을 때는 즉시로 제거함으로써 이룩된다.

제도분석관은 이들 수단을 고안하거나 운용하는 데 반드시 세부적으로 관여할 필요는

없을지 모르나, 이것에 대한 명확한 이해와 어느 정도의 기능은 반드시 가져야 한다. 마찬가지로 장표, 보고 및 기록관리기술자도 제도·절차분석의 제반문제와 기법 및 목표를 이해하여야 한다. 이와 같은 제분야는 제도사업의 일부분으로서 이들 기술자는 연구팀 구성원으로 참여할 때가 있거나 또는 전문분야에 대한 조언을 하도록 요청할 때가 가끔 있다.

일반적으로 장표는 기록서류와 보고를 만드는 원료이다.[6] 장표는 통상적으로 또한 제도사업을 도발시키는 문서이기도 하다. 장표가 행동문서로부터 전제하기 위해서 사용될 때에는 기록이라고 한다. 기록에서 정보로 발취하여 장표에 기재하면 보고가 된다. 이들 제수단을 관리하는 데 사용되는 접근법은 서로 유사하다.

신규장표나 보고 혹은 기록을 만들려면 일반적으로 중앙참모기구의 협조와 승인이 필요하다. 또한 이 참모기구는 고안작업에 조력하며 사용되고 있는 각종 장표, 보고 및 기록을 정기적으로 검토하고 정화시킨다.

제도·절차분석과정에 있어서 현재 사용되고 있는 제반장표·기록 및 보고에 관한 정보를 갖는다는 것이 사실모집과 문화단계에서 중요하다. 이것들의 고안·내용·수량, 그리고 목적을 판단하여야 하는데, 이 작업은 면접·규정검토 그리고 사본(기재된 것과 기재 안 된 것 모두)모집을 요한다. 이와 같은 정보도 일정한 장표에 기재하여 종합할 수 있다.

이 조치가 취하여진 다음에는 제장표·기록 및 보고를 세분하여 중복자료분석의 장표 같은 것을 사용하여 분석·개선할 수 있다.

Ⅷ. 중복자료분석도표

중복자료도표는 연구분야 안에서 관련된 제장표의 항목내용과 기능 그리고 제보고의 항목내용을 분류하는 한 수단이다. 기능분석을 하기 위하여 장표를 분류할 때에는 먼저 모든 해당장표의 표제를 제일 위에 있는 명칭란에 기입한다. 그리고 나서 항목란에 기본내용을 기재하여 각 장표의 내용을 대조하면 중복사항이 발견된다.

항목분석을 하기 위하여 장표나 보고를 세분하는 것도 같은 방법으로 할 수 있다. 즉, 분석할 첫째 장표나 보고의 표제나 번호를 제일 위 난에 기재한 다음 제사항을 항목란에 기입하여 표시를 한다. 그 다음 둘째번 장표나 보고의 표제를 역시 명칭란에 적고 첫번째 것의 내용과 대조하여 표시를 하고, 이 둘째번 장표에는 있으나 첫번째 장표에는 없는 사항은 항목란에 기입하고, 둘째번 장표의 종란에만 표시를 한다. 연구대상이 된 모든 장표나 보고를 모두 이와 같이 대조하여 표시하면 횡란에 나타난 일련의 표시가 내용의 유사성이나 중복성을 의미한다.

6) 김태극, 사무관리(서울: 박영사, 1965), pp. 147~167.

Ⅸ. 제도·절차와 직장환경

작업장의 배열은 제도와 절차가 운영되는 물리적 환경을 말한다. 이러한 환경은 작업과정의 제요건과의 조화 여부에 따라 도움이 될 수도 있고, 장애가 될 수도 있다. 이 환경은 주로 건물과 설비 그리고 조명·색채·분위기·소음 및 제사항 등 여러 요소로 구성되어 있다. 이들 각 요소는 작업효과와 효율에 매우 현저한 영향을 끼친다.[7)]

제출입문과 창문, 건물의 외곽과 주요부문벽, 승강기와 계단 등은 작업장 배치를 위하여 비교적 고정된 구조가 된다. 출입문·창문 및 내부벽의 어느 정도 개수와 칸막이는 가능할 수도 있겠으나, 문서작업을 개선한다는 이유만으로써는 통상적인 큰 개수 또는 개조를 하지 않는 것이 좋다. 그래서 주목적은 건물의 모든 나쁜 부면을 최소화시키고 모든 좋은 요인을 최대한으로 이용하는 데 있다. 이를테면 창문들은 환기·냉난방조절·조명·정비 및 직원주의산만에 큰 문제가 된다. 일반적으로 칸막이는 조명·환기·냉난방조정을 저해한다. 장비(설비)의 형태와 수량은 대체적으로 작업과정에 따라 좌우되나 배열은 매우 가변적이다. 따라서 세부적 배치지침과 기준은 반드시 수립되어야만 한다. 예컨대, 무거운 기계는 벽 옆이나 그 근처에 두어야 하고, 소음이 심한 기계는 고립시키는 것 등이다.

조명요인도 역시 작업과정의 성질과 밀접한 관계를 맺고 있지만, 주요한 것은 수행하는 작업의 종류에 일치되게 적절한 조명설비를 하는 것이다. 조명은 또한 색채와 표면요인의 영향을 받는다. 색채는 자주 등한시되는 요인이다. 그러나 기온과 감정적 전망에 대한 직원의 기분에 상당한 영향을 미치고, 위에서 말한 바와 같이 조명과 관련이 있다.

분위기는 통풍·습도 및 온도조정과 관계 있는 것은 물론 때때로 작업효율과 건강을 해치는 요인이 될 때도 있다. 그래서 사무실 안에는 적절한 양의 맑은 공기가 항상 있어야 한다. 이상적인 습도는 40% 내지 60%이며, 쾌적온도는 섭씨 17.8～22.8도이다. 대체로 이 세 가지 요소가 직원의 집무기준을 결정한다.

소음은 직원을 피로하게 만들고 착오를 범하게 하는 요인이 된다. 이 요인은 소음을 없애거나 예방과 격리로써 통제할 수 있다.

제도절차분석에서 시설배치를 고려하는 목적은 집무환경과 작업과정 간에 최대한의 조화를 이룩하는 데 있다.

우리는 집무환경을 조성하는 모든 요인과 작업과정의 제국면—직원과 직원의 관계, 직원과 기계의 관계 그리고 관련된 모든 조직성분 등에 대한 명확한 인식을 하지 않으면 안 되겠다.

---

7) 박연호, 사무관리(서울: 진수당, 1968), pp. 115～127.

Ⅹ. 분석평가와 창의의 역할

제도·절차사업에 있어서 분석평가와 창의는 사업의 중간단계에서 생기는 것으로서 주로 사실을 검토하고 개선을 이룩하거나 창조하는 것과 관계가 있다.

이 단계까지 실시한 모든 활동은 사실적인 분석과 효과적인 개선책강구를 위한 기반을 구축하는 데 있으나, 이 단계부터 사업완료까지 일어날 모든 활동은 모든 개선책의 이득을 현실화하는 데 있다. 그러나 실제에 있어서 사실모집과 분석·평가 및 창의 사이에 뚜렷한 경계가 있는 것이 아니고 서로 번갈아 발생하는 경향이 있다.

이 경향은 가능한 한 많이 억제되어야만 한다. 왜냐하면, 분석과 평가는 모든 사실이 수집되기 전까지 진실로 알 수 없는 전체적 상황에 입각하여야만 되기 때문이다.

분석평가작업에서는 제거·통합·순서·변경·간소화의 개선방식을 사용한다. 이 방식은 정보투입·조직기구·문서화·직원기능·장비·사무실배치 그리고 산출(output)과 같은 모든 연구부분에 적용된다.

어떤 분야에 있어서는 체크 리스트(check lists)를 작성하여 추가시킬 수도 있다.

분석·평가 및 창의의 전과정을 통하여 항상 기억하지 않으면 안 될 주요점은 문제가 무엇이며, 제극대화 요소는 무엇들인가 하는 것이다.

창의란, 근본적으로 한 정신적 작용으로서 여기에서는 문제한정과 제반사실분석을 분석가의 구상력 및 재간과 융합시킴을 말한다. 창의의 최종생산물은 해결안이다. 이 해결안은 사실분석에 의거한 것이 되어야 하며, 당해 문제한정의 테두리 안에서 분석가가 경주한 최선의 창의적 노력을 뜻한다.

이와 같이 하여 도출한 해결안은 그 문제의 성격에 따라 제도도표·사무실배치도·장표고안 등의 기법을 이용하여 문서화한다.

Ⅺ. 절차문서

1. 의 의

성립화된 절차는 작업처리방법에 관한 정보를 제공하기 위하여 사용하는 문서로서, 인쇄된 장표 다음으로 가장 많이 사용되는 관리의사전달수단이다. 제도절차사업에 있어서 절차문서의 역할은 직원들에게 어떤 최적화된 절차 안에서 그들이 담당한 작업부분이 무엇인가를 주지시키는 것이다.

적절하게 작성한 절차는 많은 이득을 가져다 준다. 이를테면 결심사항을 구체화시키고, 불확실성이나 의견상치를 해소시키며, 신규직원훈련과 방문객에게 현황을 설명하여 주는 데 도움이 된다. 이것은 작업처리에 통일성을 가져 오고, 수정사항을 신속히 집행하는

데 도움이 되며, 통제기준을 마련하여 주고, 집무지식을 보존하여 주며, 확장이나 축소시에 조력이 된다. 그러나 성문화된 절차에도 제한이 있어 그 절차 자체가 의사결정을 할 수 없으며, 정책수립을 위하여나 무엇을 이론적으로 설명하기 위하여 사용하여서는 안 되고, 또 의견을 표시하거나 필요한 모든 지시사항을 전달하기 위하여서도 성문화된 절차를 사용해서는 안 된다는 것이다.

2. 종　류

성문화된 제반절차를 부문간 절차(interdepartmental procedure), 부문내 절차(introdepartmental procedure), 개별 절차(individual procedure)로 분류할 수 있다.

부문간 절차는 1개 이상의 주요조직기구가 관련되는 것이며, 부문내 절차는 1개 주요조직기구 안에서만 시행되는 것이다. 개별 절차는 통상적으로 단일명의 직위에만 적용될 수도 있다. 가장 범위나 넓은 부문간 절차는 부문내 절차와 개별 절차로써 더 구체화시킬 수 있다.

제절차를 이와 같이 분류하는 취지는 직원들이 자기들과 관계가 없는 많은 절차를 상세히 숙독하지 않도록 하는 데 있다. 뿐만 아니라 각종 절차문서를 관계자들에게만 배포하도록 제한할 수도 있다.

3. 유의사항

절차문서의 진실한 평가는 그 절차를 반드시 실행해야 할 사람들이 '어느 정도 실효성 있게 사용하느냐'에 있다. 만약에 그 문서가 명확하게 갱신되어 수용되었다면 그것이 의도한 바 목적을 달성할 것이다. 그러나 의사전달에 실패하는 절차문서는 비효과적이다.

보통 이와 같은 실패는 너무 많은 정보를 제공하려 하거나, 너무 많은 계층의 수취자를 대상으로 하거나, 혹은 특정의 조직체나 집단과 관련이 있는 조직 및 정책사항을 취급하려 하는 데 원인이 있다. 적절히 작성된 절차는 내용이 명료하고 간결하며 최신의 것이어야 한다.

4. 작성요령

절차문서는 보편적으로 초안으로 시작된다. 이 초안은 제도분석관이 기안할 수 있는 것으로서 당해 분야에 관련된 사람들의 의견·논평 및 제의를 얻을 수 있는 좋은 방법이다. 그리고 이것은 행동(조치)을 도발시키는 원인을 구체화시킨다. 일반적으로 절차문서의 정확한 서식은 조직체에 따라 다르지만, 잘된 절차문서라면 어느 것이나 지니고 있어야 할 일정한 특징들이 있다.

즉 첫페이지의 상부에는 반드시 작성기관의 표시가 있어야 하고, 가급적이면 다음 각

페이지에도 그것의 약자가 있어야 된다. 그리고 어떤 절차인지를 명확히 주제로 기재하여야만 하며, 당해 업무분야를 표시하기 위하여 특별한 번호를 채택하여 절차호수를 기록하는 것도 좋은 방법이다. 그리고 또한 공포일자도 적어야 한다.

당해 절차의 주제는 간단하여야 하며, 취급분야를 표시하는 것이라야만 된다. 관계조직기구를 나타내는 일종의 흐름도표를 사용하면 관련된 사람들을 신속히 파악하는 데 도움이 될 것이다. 서문에서는 절차목적을 설정하여 타규제조례와 연관시키는 충분한 설명이 있어야만 된다.

절차문서의 기능은 작업처리방법에 관한 지식을 관계자들에게 전달하는 데 있다. 절차의 본문을 작성하는 데 가장 좋다고 알려진 방법 중의 하나는 극초록(playscript)의 개념으로서 연극각본을 쓸 때 사용되는 서식에서 발전된 것이다.

이 서식은 '누가' '무슨 역할'을 '언제' 한다는 것을 명시하는데, 명확하고 간단하며 효과적인 방법이다. 이것을 하기 위해서는 실행자의 직위를 쓰고, 행동순서번호를 적은 다음에 간결한 문장으로 취하여진 행동을 기술한다. 이 행동문장에는 짧은 현재동사를 사용하여야 하며, 가급적으로 길고 어려우며 익숙하지 않은 단어를 쓰지 않는 것이 좋다. 극초록은 불필요한 말을 없애고 진술방법보다 오히려 취하여지는 역할에 치중하게 한다. 이 방법은 대부분의 절차문서에 통용할 수 있는 율이 매우 높다.

절차문서의 수정은 필기로써 그냥 수정할 수도 있고, 일부 페이지나 혹은 절차전부를 완전히 교체함으로써 할 수 있다. 더 간명하게 하기 위하여 필요하면 각종 도표 · 원본복사 등을 사용하여야만 한다.

절차문서배포는 당해 절차에 의하여 영향을 받는 조직기구와 사람들에게 국한시켜야만 한다.

제 3 절 직무분석

Ⅰ. 직무분석방법

1. 직무분석의 의의

정원을 산정하는 방법은 시간동작연구, work sampling 통계적 방법 등 여러 가지가 있으며, 그 방법은 목적이나 대상에 따라서 취급활용되는 것이나, 보다 근본적인 정원산정과 인력계획의 틀을 잡기 위하여는 직무분석의 방법이 많이 활용된다. 그 이유는 군대나 학교와 같이 구성원의 수준이나 기본적인 구비요건이 균등할 경우는 머리수와 양, 소요시간 등을 기초자료로 하여 아주 쉽게 처리될 수 있지만, 행정기관이나 기업의 구성원은 수준과 구비요건에 차이가 있고, 일의 방법과 절차·숙련도·작업조건 등에 따라 일의 처리 시간과 양이 상이하며, 인원수도 달라지기 때문에 직무분석을 통하여 작업활동에 필요한 인원을 질과 양적으로 파악·산정하여야 한다는 것이다.

2. 직무분석의 방법

1) **질적 부문의 직무분석**　　하나의 직위에 대한 직급수준(등급)을 결정하는 방식으로서 직무의 책임도와 곤란성에 따라 그 수준을 평가하게 된다.[8] 수준평가에 이용되는 기본자료는 각 직원의 직무내용을 기술하는 ① 직무분석표, ② 직무기술서, ③ 직무명세서, ④ 직무분석집계표 등의 작성이 필요하다.

2) **양적 부문의 직무분석**　　업무량을 위주로 하여 인원수를 결정하는 것으로, 이 방식은 ① 직무조사표, ② 직무분석표, ③ 작업과정표 등의 작성에 의하여 업무의 양적인 파악이 가능하다. 직무조사표의 작성은 업무단위를 합리적으로 세분하는 기술(표준화가 가능하도록)이 요구되며, 추정시간은 본인과 직속상위감독직이 각각 기록하게 하여 업무단위당 처리소요시간의 정확도를 높이도록 한다.

다음에 작업과정도표는 각 업무단위별로 동작내용에 따른 절차와 소요시간을 산출하여 하나의 단위업무에 대한 생산량(소요시분)을 측정해내는 것으로 인력측정에 있어 꼭 필요한 조사단계이다. 따라서 과정도표의 용도는 광범위한 것으로 업무량측정용도 이외에도 절차의 개선, 사무간소화과정, 진도개선에 의한 인력절감, 처리시간단축, 교육훈련 등에 활용되며, 상황설명이 특히 용이한 이점 등이 있다.

3. 분석결과의 정리와 활용

직무분석결과 집계표에 나타난 상황은 다음과 같은 정리와 검사절차를 거쳐 활용되어야 한다.

1) 부서별 조직도표상의 직무의 내용과 직무분석 상황을 종합한다.

2) 직무단위별 종사원수의 직무·등급별 종합을 한다.

3) 과업의 종류와 분담내역·소요시간·빈도의 종합표를 만든다.

4) 종사인원의 사무량·질과 소요시간의 대비 및 업무단위의 항목별 양과 질 및 소요시간의 균형관계 종합표를 만든다.

5) 수행방법·절차·분담의 개선변경 가능성의 검토와 변경요점을 종합한다.

6) 종합적인 조직편제의 검토와 개선 포인트를 색출한다.

7) 기타 정원책정에 영향을 주는 요소와 문제점을 도출한다.

---

8) 神山幸南, 職務分析による人事管理(東京: ダイヤモンド社, 1967), pp. 19~59.

Ⅱ. Work Sampling방법

1. Work Sampling법의 의의

work sampling법은 random시각표에 따라서 작업을 실시관측하고 주체작업·부수작업·여유 등이 어떤 상태로 배분·구성되고 있는가를 통계적 수법을 활용하여 조사하는 기법이다.[9] 이 방법은 확률론이나 통계학상의 표준이론을 기초로 하여 발달된 것이다.

실제에 있어 work sampling법은 분석의 목적에 의하여 관측대상항목을 설정하고, 각 항목마다의 관측을 실시한 결과, 전체관측회수에 차지하는 각 항목별 발생회수를 가지고 작업의 상태을 추정하고자 하는 것이다.

예컨대, 어떤 직장에서 수일간에 걸쳐 무작위로 연 1,000회 관측을 실시하고 그 결과 756회가 '일하고 있다'라고 나왔으면, 이때의 가동률은 75.6%라고 파악하는 것이다.

2. Work Sampling법의 용도

Work Sampling법의 용도는 다음 두 가지로 나눌 수 있다.

1) **활동상황비율의 추정**　　사람·기계의 1일의 가동과 정지율의 추정, 사람·기계의 활동요소의 파악과 그 비율을 측정한다.

2) **표준시간과 표준작업량의 결정**　　작업표준시간의 결정, 표준작업량을 결정한다.

3. Work Sampling법 실시의 제단계

1) **제1단계**(관측항목의 결정)　　무엇을 관측할 것인가를 결정한다. 목적이 가동률(집무율)분석일 때에는 '가동' 또는 '집무'와 '대기' 또는 '휴무'의 두 항목으로 정하는 것이나, 표준시간결정 또는 세부에 한한 개선일 때에는 몇 가지의 요소작업으로 분류하지 않으면 안 된다.

2) **제2단계**(관측대상의 결정)　　사람·기계·제품 등이 대상이 될 수 있다. 한 사람의 관측자가 12～20명 정도가 한도이다. 또한 많은 대상 가운데서 소수를 선택할 때에는 random으로 선택할 필요가 있다.

3) **제3단계**(관측기간의 결정)　　관측기간은 대상의 작업주기에 따라 결정된다. 관측결과의 편기경향을 없애기 위하여 작업의 일주기간의 전면적 관측이 필요하다.

4) **제4단계**(관측시각의 결정)　　관측시각은 보통 random한 시각이 좋다고 한다.

5) **제5단계**(관측횟수의 결정)　　통계학적 방법에 의하면 어느 정도로 정확도를 요하는가에 따라 표본수, 즉 관찰횟수가 결정된다. 관찰횟수는 다음 공식에 의하여 산출된다.

---

9) Victor Lazarro, *op. cit.*, pp. 373～403.

$$N=\frac{4p(100-p)}{E^2}$$

N: 관측횟수, P: 점유 퍼센트, E=오차→95%의 정확도가 있을 경우 오차는 5%이다.

Ⅲ. 통계적 방식

1. 통계적 측정법(statistical work measurement)

이 방법은 작업현장에서 1일의 소비시간과 생산고를 기록하게 하여, 이를 정시적으로 보고받아 그 자료에서 통계적인 작업표준을 도출하여 작업효과를 판정하는 것이다. 통계적 측정법은 단편적이거나 추출적인 측정인 경우에는 효과가 적으나, 전작업을 망라한 장기간에 걸친 측정을 행하였을 경우 그 효과가 극히 높은 것으로 평가되고 있다.

2. 통계법의 요령

보고를 제출하게 하는 방법으로서 다음과 같은 것이 있다.

1) 공장직원 전원의 1일분의 처리업적을 단위사무별(또는 단위 작업별)로 집계보고하게 하는 방법

2) 직원 각자를 단위로 1일분의 처리업적(생산량)을 집계보고하게 하는 방법

3) 단위사무별 생산고에 대한 효과율을 산출하는 공식은

$$\text{효과율}=\frac{\text{표준시간}}{\text{생산시간}}$$

이며, 보고서식은 사무의 성질에 따라 각양하다.

Ⅳ. 코프만방식

1) 의 의 코프만방식이란, 인력증감에 영향을 주는 가장 큰 요소 세개를 선정하여 동업무(요소)의 처리량을 종사인원수와 비교·분석하여 적정인력을 산출하는 방식이다.

2) 용 도 적정인력규모의 산출과 유사기관의 정원의 합리적 정리이다.

3) 절 차 〈예〉 세무서인 경우 3요소는

① 세금징수액
② 징수대상건수
③ 관할면적

- 대상기관: 유형유사기관
- 정 원: 정규직+잡급
- 요소선정: 대상수·금액·지역 등

제 4 절 업무량측정

Ⅰ. 정원조사

정원관리의 가장 적절한 도구로서 현재까지 사용되고 있는 것은 업무량측정기법(work measurement techniques)이다. 이것이 생산분야에서 이용될 때에는 생산방법의 연구(methods study of production)와 연결되어 작업연구로서 표현되며, 끊임없이 개발되는 새로운 생산방식에 뒤좇아 이것을 노무관리에 적용하여 작업기준을 제공하고, 생산원가의 중요부분을 결정하게 된다.

그러나 이것이 공공행정분야에서 사무량을 측정하게 되는 경우에는 조직과 방법(organization to methods), 즉 조직과 제도·절차 등과 밀접하게 연결되어 이것들이 제공하는 토대 위에서 사무인(operater)이 어떤 사무를 운영하고 과정을 처리하는 데 소요되는 시간을 측정함으로써 결국 낭비 없는 인력소요를 결정한다.[10] 물론 여기에는 여러 제한이 있으나 후술하겠다. 조사작업의 제단계는 다음과 같다.

(1) 조사작업의 목적 정립

조사(측정)작업은 그 목적에 따라서 작업의 정도와 적용기법의 선택에 영향을 준다. 그렇기 때문에 조사작업은 확고한 목적의 정립에서부터 시작된다. 조사작업은 대개 다음 네 개의 목적에서 실시한다.

1) **현정원의 검토** 현정원의 검토 목적은 현장정원의 적정성검토의 기준시간설정이다.

2) **장기적 정원소요예측** 기관의 신설이나 확장을 전제하는 경우와 업무량 증가를 예측하는 정원소요판단작업이다.

3) **사무개선을 위한 조사** 현정원의 검토의 경우와 유사하나 업무량의 다과만을 조사하는 것이 아니기 때문에 어떤 보다 나은 사무처리패턴이나 원칙을 미리 확립하는 것이 좋으며, 따라서 조사대상사무의 실상을 충분히 조사·토의한 뒤에 착수하는 것이 좋다.

4) **효율측정을 위한 조사** 효율측정의 경우도 이와 같이 먼저 원칙을 세우는 것이 좋다. 여기에서 세우는 원칙은 사무의 실상이나 세부적인 실적을 검토한 것보다는 총체적 견지에서 볼 수 있는 생산성측정방식이나 새로운 시간기준이어야 한다.

(2) 조사의 범위결정

1) **대상사무의 결정** 대상사무의 대분류가 되며, 조사대상을 사무의 성질에 따라

10) Leroy A. Pemberton, E. Dana Gibson, *Administrative Systems Management*(San Diego State College, 1968), pp. 35~43.

선정하는 것을 말한다. 대상사무의 대분류는 정부의 주요기능을 따라서 할 수도 있고, 기준사무・관리사무・외무사무・peak 사무 등 사무의 성질에 따라 분류될 수도 있다. 이렇게 분류하고 이 중 어떤 사무가 문제점이 존재하는가를 조사목적에 따라 결정하고, 조사범위를 정하게 되는 것이다.

2) **대상기관의 결정** 조사대상은 기관을 단위로 정하는 것을 의미한다. 조사대상을 '사무의 성질별로 할 것인가', '기관별로 할 것인가'를 결정하는 것이며, 어떤 기관이 운영관례나 지도방법 또는 관리방법이 비효율 또는 문제의 원인을 이루고 있다면 조사대상기관이 되는 것이다.

⑶ 작업분석

이 단계에서는 주로 사무처리와 운영과정이 분류되며, 정량정성(routine or non-routine) 사무와 단위작업의 범위가 결정되는 중요한 단계로 별도양론이 있기 때문에 여기에 그친다.

⑷ 기준시간의 발전

정원조사의 기본목표이며, 실제측정기법을 적용하는 단계이다.

⑸ 단위별 업무배당

⑹ 정원의 사정

Ⅱ. 작업분석

모든 측정기법은 그 적용에 앞서 작업분석을 한다. 작업분석은 측정대상・작업의 흐름을 선명히 분류・구분하여 주고, 용어의 통일과 개념을 정의하며, 직무의 처리과정과 범위한계를 규정하고, 최종적으로 작업의 단위를 확정한다.

어떤 작업에 대하여 어떤 기법이 적합하느냐 하는 기법의 선택문제와 그 기법에서 기대하려는 측정의 정확도는 작업분석과정의 작업정도에 크게 지배된다. 작업분석은 사용하는 기법에 따라 분석의 심도가 다르다. 공학적 기법의 경우는 좀더 기교적 분석을 요한다든가 하는 점인 것이다.

여기에서 소개하려는 작업분석은 공학적 측정기법 적용의 전제가 되는 분석법이다.

⑴ 작업과정의 확인

1) **과정목록의 작성** 측정대상과의 작업, 작업과정과 운용(process to operation)의 목록을 먼저, 다음은 각 상이한 모든 운용직위를 나타내는 조직차트를 준비한다. 과정목록작성목적은 다음과 같다.

① 과의 기본임무가 포괄적이고 시각적으로 표현된 일람표를 제공하여 준다.

② 각 과정에 소비되는 상대적 시간량의 소명자료를 발전시켜 준다.

③ 분석관에게 주력하여야 할 점과 기교가 필요한 요점을 알게 하는 지침서가 된다.

2) **작업단위수의 결정** 작업분석의 일부분으로서 각 작업과정과 운용에 대하여 일정기간 동안에 완성된 작업의 단위수를 정확히 제도적으로 결정하는 어떤 방법의 준비가 필요하다. 예를 들면, 어느 한 작업과정이 독립된 작업으로서 처리되며, 여기에 번호가 과정마다 계속 부여된다면, 그 번호는 바로 기준계의 인수가 될 수 있음을 의미한다. 그리고 완성작업의 목록과 단위를 각 작업자들로 하여금 자동보고케 한다든가, 기타 과정별·운용별·작업단위별로 어떤 코드 번호를 주어서 이것으로 파악하게 하는 방법 등이 고려될 수 있는 방법일 것이다.

3) **과정흐름도의 준비** 다음 항목에서 좀더 상세히 설명되겠지만, 작업과정의 흐름도는 완료작업목록을 표시하는 데 필요한 운용의 각 세부를 기호와 약자로서 나타내는 그림의 연속이다. 즉 조사대상과로 들어가는 모든 문서들은 계통도상의 흐름을 따라 각 운용별로 기호와 약자에 의하여 기록된다. 이렇게 함으로써 정확한 작업기준의 측정을 가능하게 하는 과정의 흐름도가 형태를 갖추어 가게 되는 것이다. 이 작업분석이 이루어지는 동안 제방법과 절차(method to procedures)가 작업의 흐름을 효율적으로 하게 하느냐 아니냐를 평가하게 된다. 그리고 이 평가의 결과 필요한 변경사항(능률적 작업의 흐름)이 있으며, 차트상에 수정된 것으로 표시하고 실제 수정도 물론 하여야 한다. 대개 작업의 흐름을 개선하는 것은 과정의 재분류(combining processes), 작업의 재할당(reallocating work), 작업순서의 변경(resequencing work), 책임한계의 수정 등의 형식이다.

4) **빈도의 결정** 흐름도의 작성은 대개 누가·무엇을·어떻게 하고 있는가 하는 것을 밝혀 주는 것이지만, 얼마나 하는가 하는 것은 또 편차나 예외작업에서 요구되는 운용이 총작업에 대한 비율 같은 것을 밝혀 주지 않는다. 이것은 각 운용이 어떤 빈도를 가지고 행하여지는가 하는 것, 측정대상과의 각 작업과정과 관계되는 모든 조치(action)의 발생빈도가 반드시 밝혀져야 한다는 것이다.

5) **기대인력시(manhour)** 인력의 이용과 소요를 측정하는 것이 인력시이다. 이것은 작업자가 그의 기본작업과정의 완성에 얼마만한 시간을 실제로 소비하는가 하는 것을 결정하는 것이다. 방법은 어떤 작업단위를 완성하는 데 요구되는 시간을 기완성된 단위수와 비교함으로써 결정된다. 그 결과는 연구기간 동안 operation을 하는 데 소요된 기준인의 수가 된다. 여기에는 일정한 여유율이 가산되어야 한다.

(2) Work Flow Chart의 작성

작업흐름작성의 첫째 단계는 차트할 대상과정을 결정하는 것이다. 사무는 과정간에 처리절차가 서로 엉켜 한계를 명시하지 않으면 작업과정간에 처리영역책임이 불분명하게 된다. 그러므로 이것을 흐름도의 작성을 통하여 명백하게 규정지어 주어야 한다.

작업흐름도의 작성방법은 각 과 또는 계가 취급·담당하고 있는 각 서류의 행방을 추적하는 것이 된다. 즉 어느 과에 한 서류가 발안되었거나 접수되었다면 그 서류가 화일화 되든지, 파기 또는 외부(과/외)로 송부되기까지의 각 운용과정을 처음처리 단계부터 최종적인 처리단계에 이르기까지의 흐름을 도표를 사용하여 기록하여 나가는 것이다.

다음 예는 공학적 측정방법을 적용할 때 주로 사용하는 전형적인 작업흐름도 작성의 기호들이다.

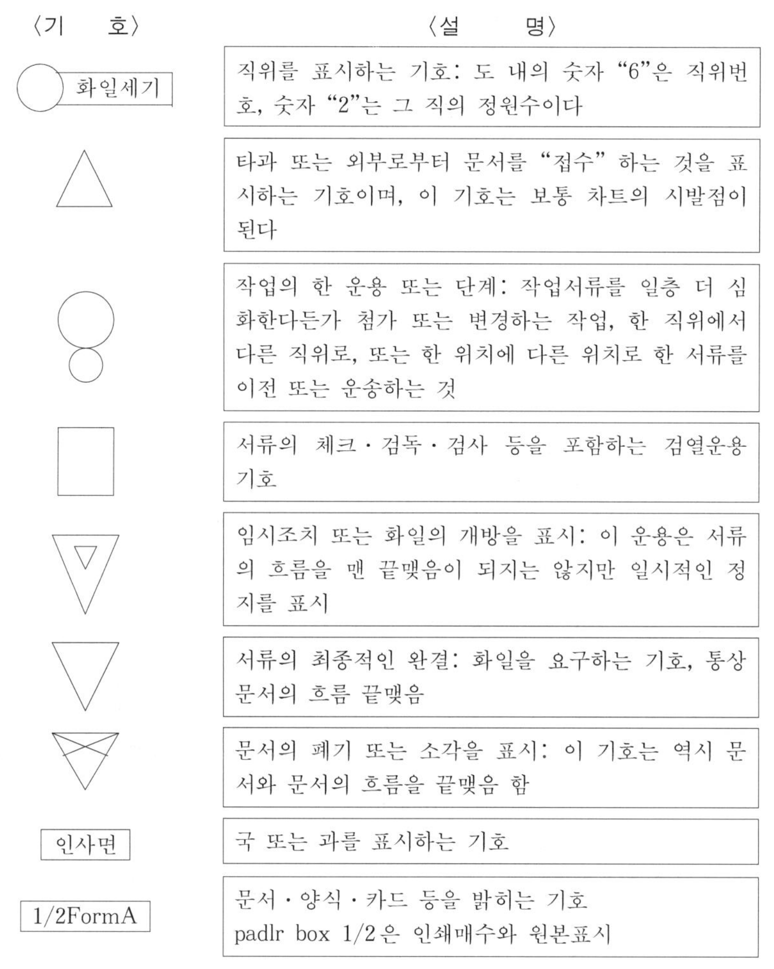

〈기 호〉	〈설 명〉
화일세기	직위를 표시하는 기호: 도 내의 숫자 "6"은 직위번호, 숫자 "2"는 그 직의 정원수이다
	타과 또는 외부로부터 문서를 "접수" 하는 것을 표시하는 기호이며, 이 기호는 보통 차트의 시발점이 된다
	작업의 한 운용 또는 단계: 작업서류를 일층 더 심화한다든가 첨가 또는 변경하는 작업, 한 직위에서 다른 직위로, 또는 한 위치에 다른 위치로 한 서류를 이전 또는 운송하는 것
	서류의 체크·검독·검사 등을 포함하는 검열운용 기호
	임시조치 또는 화일의 개방을 표시: 이 운용은 서류의 흐름을 맨 끝맺음이 되지는 않지만 일시적인 정지를 표시
	서류의 최종적인 완결: 화일을 요구하는 기호, 통상 문서의 흐름 끝맺음
	문서의 폐기 또는 소각을 표시: 이 기호는 역시 문서와 문서의 흐름을 끝맺음 함
인사면	국 또는 과를 표시하는 기호
1/2FormA	문서·양식·카드 등을 밝히는 기호 padlr box 1/2은 인쇄매수와 원본표시

기호에 대한 설명은 행하는 작업을 충분히 설명하는 것이어야 하지만, 간결성의 유지가 긴요하다. 이 설명은 처리시간소요를 결정하는 요소라는 것을 기억해 둘 필요가 있고, 직무내용을 평가하는 기초가 된다는 것을 명심할 필요가 있다.

그리고 공학적 방법에는 기준운용시간을 산출하는 데 사용되는 time box라는 것이 있는데, 대개 다음과 같은 양식으로 운용기호 부근에 표시한다.

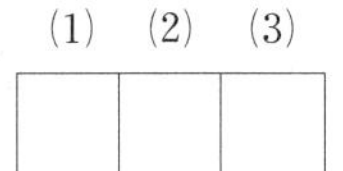

(1) 월당 인시
(2) 월처리건수
(3) 단위당 인시

문서의 구별은 앞에 설명한 paper box에 의하여 한다. 그리고 각 문서에는 이것을 그 준비과정에 적합한 운용기호와 외부로부터 수령한 것에 해당하는 기호 옆에 표시하여야 한다. 만일 흐름도가 정확하게 작성된 것이라면 발안 또는 접수문서의 수와 화일 또는 파기되었거나 외부로 발송한 문서의 수는 일치할 것이다.

과 또는 책임이 상이한 사이의 흐름은 문서배포를 표시하는 다음 기호를 사용하게 된다.

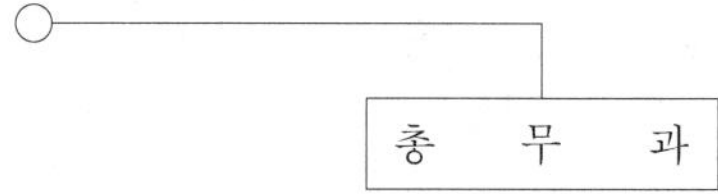

Ⅲ. 측정방법

(1) 초침시계법(stop watch method)

초침시계법은 측정기법 중 가장 기초적인 방법으로 제일 많이 보급되고 사용되고 있다. 이 기법은 10단위로 초침시계를 가지고 실제로 작업의 제동작을 측정하여 기준시간을 얻는 방법[11]으로 공학적 방법 중 가장 손쉽고 기법을 요하지 않고 장치할 수 있어 우리나라와 같은 실정에 사용이 용이한 기법이다. 적용절차는 간단하여 다음의 4단계로 된다.

1) 요소작업의 분류　작업분석에서 제시된 바와 같이 우선 측정대상작업을 과정(process)과 운용(operation)별로 기입한다. 이 단계는 측정작업 중 가장 기술을 요하고 주의를 집중하여야 할 단계이다. 그러므로 상당한 숙련이 요구되는 작업이다. 그리고 이 요소작업분류방식은 측정방식이 무엇인가에 따라 상이하므로 사전에 측정목적이 확립되어야 함은 물론이다.

2) 경과시간의 기입　요소시간이 기입되면 초침시계를 사용하여 각 요소작업의 끝나는 경과시간을 관측기입한다. 다음의 인용예에 의하면 5회의 반복관측을 하고 있다. 요소작업시간을 점선 위에 기록하고 경과시간을 점선 밑에 기입하고 있다.

3) 측정시간의 기입　각 요소작업의 측정치를 횟수마다 요소작업시간의 기입란에 기입한다. 또 이 시간을 합계하여 평균을 내어 평균란에 기록한다. 이 측정치 5회의 반복 중 이상치가 있으면 이것은 평균계산시에 제외하고 계산한다.

11) Edward V. Krick, *Methods Engineering*(New York: John Wiley & Sons, Inc., 1962), pp. 201～254.

4) **측정치의 평균화**(rating) 측정치의 평균이 산출되면 이번에는 관측자에 의하여 관찰된 평균계수를 사용하여 이 수들을 평균화한 다음 평균란에 기입한다.

대개 이상과 같은 간단한 절차로 초침시계법에 의한 업무량측정의 기본절차는 다 마친 셈이다. 그러나 이것은 반복작업에 적당한 기법을 중심한 것이기 때문에 비반복작업의 경우는 약간 다르며, 비반복적 업무에는 이 기법은 부적당하다.

(2) **작업표본법**(work sampling)

작업표본법은 업무량측정기법 중 전통적 방법의 하나로 상당히 객관도와 신뢰도가 높은 방법의 하나이다.

이 방법과 다른 전통적 측정기법과의 중요한 차이점 중 하나는 측정자가 잘 훈련된 사람이어야 한다는 점과 다른 기법들이 대개 피측정자들의 기록에 의하여 데이타가 유지되고, 이들이 측정되고 있다는 의식 아래에 측정이 진행되어지므로 피측정자들의 감정과 무관할 수가 없으나, 이 방법에 있어서는 관찰이나 기록이 훈련된 측정 팀에 의하여 이루어지며, 측정대상 팀도 선발된 팀에만 시행된다는 점인 것이다. 표본추출에 있어서 신뢰도를 높이기 위하여 유의해야 할 사항은 다음과 같다.

1) 모집단 전체에 선발될 기회를 같이 주는 무작위(random)표본이어야 한다.

2) 정상적인 작업활동의 모든 작업요소들이 다 대표될 수 있어야 한다.

3) 통계적 타당도를 보증할 수 있는 적절한 관측횟수가 확보되어야 한다.

1) **조사기간의 설정** 작업표본조사는 조사대상집단의 정상적인 근무기간에 이루어져야 한다.

그러므로 분기 또는 연말 같은 계절적 변동으로 근무활동에 영향을 받지 않는 평상근무상황이 적용되는 기간을 택하여야 한다. 그리고 이것은 기간설정과는 관계 없는 것이지만, 작업자들의 평범성 또한 고려되어야 한다. 즉 한두 사람의 특출한 작업자가 있는 경우 이들은 관찰표준대상에서 제외되어야 한다.

그리고 조사관은 작업의 적기적인 순환성의 존재 여부를 결정하고, 이를 포함하여 관찰기간을 정해야 하는데, 사무운용은 주기가 비교적 짧으므로 10일 정도가 관찰기간으로서 적당할 것 같다.

2) **생산성 · 비생산성의 정의** 이 단계에서는 관찰될 작업범위 속에 어디서 어디까지가 생산적이고 비생산적이냐에 관하여 명백한 한계를 규정해 두어야 한다. 그리고 높은 세분성을 가지는 작업요소를 작업범위로 선택하는 것이 좋다. 각 범위의 시발점과 종결점은 용이하고 일관성 있는 관찰을 할 수 있게금 규정되어야 하고, 식별될 수 있어야 한다. 이것은 작업흐름도를 작성할 때에 이루어져야 하는 것인데, 여기에서 생산적인 net작업시간과 비생산적인 소비시간(idle time 등)[12]을 규정하여 둘 필요가 있기 때문이다.

12) Edward V. Krick, *ibid.*, pp. 288～291.

[표 10-3-1] 관찰계획과 기록

관 찰 월 일	관 찰 시 간	대 상 직 원	작 업 범 위
5.14	9 : 03 9 : 14 9 : 23 9 : 26	3 6 2 2	

3) **관찰횟수의 결정**　　작업표본법은 통계표본법의 이론을 따른 것이다. 즉 어느 무작위표본의 추출에 의하여 얻은 작업표본조사의 결과는 전모집단을 연구한 결과와 같은 것으로 신뢰성을 둔다는 것이다. 그러나 여기에서 문제되는 것은 그 표본추출방식에만 있는 것이 아니라, 충분한 관찰횟수도 신뢰도를 결정하는 데 똑같은 중요성을 갖는다. 관찰횟수를 증가하면 증가하는 만큼 신뢰도도 높아진다. 관찰횟수를 결정하는 데는 다음 조건이 충족되어야 한다.

① 가장 적은 운용과 작업범위에 의하여 요구되는 시간비율과 신뢰할 만한 답의 요구정도

② 최종결에서 요구되는 정확성의 정도

4) **표본추출계획**　　작업표준법에서는 관찰이 전적으로 무작위하여야 한다는 것은 이미 언급된 바와 같다. 이것은 관찰이 어떤 시간에 어떤 개인이나 집단이든 다같이 이루어지는 기회를 갖는다는 것을 의미한다. 잘 알려진 난수표의 이용은 관찰횟수의 간격을 정하는 데 도움이 되는 매우 유용한 보조물이다. 무작위관찰계획은 관찰될 주·일·시간단위와 관찰될 직원을 기준하여 작성한다.

5) **관찰자의 선발과 훈련**　　작업표준법은 전관찰기간을 통하여 100%의 일관성을 가지는 관찰이 요구된다. 효율적이고 훈련된 관찰자는 적어도 하루에 1,000회의 관찰을 할 수 있어야 한다. 그리고 동일한 관찰범위에 대하여 최소한 두 사람 이상의 관찰자를 훈련시켜 두어야 하며, 가능하다면 두 사람이 동시에 관찰하도록 한다면 신뢰도를 더욱더 높일 수 있을 것이다. 또 관찰자는 관찰대상과에서 선발하는 것도 좋다. 우리나라처럼 전혀 이러한 프로그램을 가져 본 일이 없을 경우에는 부득이 특별 팀을 구성할 수밖에 없는 것이다. 어쨌든 각 관찰자는 관찰대상과의 모든 작업범위를 포함하는 목록과 약호, 각 작업범위에 포함되는 활동에 대한 기술서를 제공받거나 작성하여야 하며, 또 이를 숙지하여야 한다.

그리고 ① 계획상 시간의 확인, ② 관찰대상직원의 확인, ③ 그의 작업활동의 확인, ④ 비생산간의 확인 등의 사항을 교육받아야 한다.

6) **피관찰자에 대한 오리엔테이션**　　피관찰자에 대한 교육은 작업표본법에 있어서 빠뜨릴 수 없는 중요한 사항이다. 업무량조사의 취지와 목적을 사전에 대상과의 전

직원에게 설명을 하여 주어야 한다. 뿐만 아니라 실제관찰시에는 관찰자의 시각적 보조물(번호판이라든가 기타 식별을 용이하게 하기 위한 표식 등)을 피관찰자의 책상 위에 놓아야 하기 때문에 관찰대상자의 이해가 더욱 필요하다.

7) **업무단위계산** 표본조사가 계획되기 전에 조사관은 각 작업범위에 요구되는 업무단위수를 결정하여야 한다. 대개는 대상과의 업무단위는 구별할 수 있는 것이 통상이지만, 그렇지 않는 경우에는 조사원은 적당한 구분방법을 강구하고 기록양식과 방법을 만들어야 한다. 이 경우에는 조사가 개시되기 1∼2주 전에 미리 이런 것들을 다 마련하고 연습을 하고 대비하여야 한다. 이것은 각 직원들이 신방법(operation의 신방법이 제시되었을 경우)에 대해서 익숙하여지고 빠뜨리지 않도록 훈련하는 데 요구되는 기간이다.

8) **사전연습** 본조사가 실시되기 1∼3일쯤 집에 실제연습을 한번쯤 하는 것이 좋다. 이것은 각 직원들에게 작업표본조사동작에 대한 사전경험을 가지게 함으로써 조사당일에 이르러 부자연스럽거나 어색한 동작을 가지지 않게 하는 것이므로, 이는 조사표본의 정확성에 대한 안전도를 높여 주는 것이 된다. 뿐만 아니라 본계획실시에 대한 일종의 테스트로서 만일 시정해야 할 점이 연습으로 발견되면 이를 바로잡을 수 있는 기회가 되는 것이다.

그리고 가장 중요한 것은 연습 때나 실제측정 때를 막론하고 원계획에 집착하여야 한다는 것이다. 연습이 끝난 후에는 조사관은 그 결과를 분석·평가하여 시정함을 물론이지만, 어떤 예상하지 않은 문제가 제기되었을 때에는 이를 본조사의 실시 전에 반드시 해결하여야 한다.

9) **단위시간과 기타 자료의 분석** 관찰자료는 관찰횟수에 의하여 분류·요약되는데 관찰시간은 주별로 분리하여 분석되도록 계획하는 것이 좋다. 만일 펀치 카드가 이용될 수 있다면 작업범위를 코드(code)화하고 번호를 붙여 번호를 각 관찰카드에 펀치하면 자료정리가 기계적으로 될 수 있을 것이다. 관찰이 작업범위에 의하여 요약되면 각 작업범위에 소요된 시간이 산출될 수 있는데, 이것은 다음의 두 가지 계산을 하여야 한다.

① 총관찰횟수에 대한 각 작업범위의 관찰횟수의 비율결정

② 관찰된 직원수를 관찰일의 시간과 일수로서 승함으로써 관찰시간결정(이때 시간단위는 분으로 표시한다)

그러나 10일이라든가처럼 장기간이 조사기간으로 사용되었을 경우에는 분을 시간단위로 고쳐서 간편하게 할 수도 있다. 각 운용에 대한 단위시간치는 조사의 중요한 부분의 하나이다. 이 단위시간의 정립을 위하여 다음 두 가지 자료가 요구된다.

① 조사기간 동안 각 운용에 대한 소비시간

② 관찰기간중에 처리된 정확한 작업량, 계산자료로서 단위시간치는 한 작업단위를 처리하는 데 소비된 대표적인 평균시간량은 얻어질 수 있게 된다.

여기에서는 idle time과 여유율(allowance)이 고려되어 있지 않으므로 별도로 가산되

어야 한다.

10) **기준시간의 발전** 단위기준시간은 관찰시간(raw time units)에서 발전한다. 기간시간의 발전은 세 가지 요소를 고려하여야 한다.

① 그 기준이 단순히 현존작업시간의 평균수준을 결정하려는 것인가.

② 관리층의 의도에 따라 보다 높은 생산수준을 달성하려는 것인가.

③ 판단요소에 속하는 여유율과 평준계수 등이다.

첫번째 요소는 문제가 없지만 두 번째의 요소는 유의표본(random이 아니라)을 추출하여야 하며, 의도하는 발전목표에 가까운 집단에서 표본을 추출하여야 할 것이다.

다음 여유율과 평준계수는 신중히 생각할 문제이며, 이미 연구발전된 수치나 기준이 있기는 하지만, 이의 최종결정은 관리자가 하여야 할 것이다. 관리층은 정상작업시의 평준계수를 정하여야 하지만 건의를 받아들일 수도 있다. 여유율의 문제는 내규로 정하여진 것이 있으면 이것을 준용하면 될 것이지만, 그렇지 않을 때에는 새로이 발전된 여유율의 리스트와 이에 대한 시간치를 관리층은 조사관에게 제공하여야 한다.

11) **조사결과에 대한 평가** 실적보고가 작업표본조사에 대한 결과를 결론짓기 위하여 준비되어야 한다. 단위시간치는 작업에 소요된 제시간을 결정하는 기초들이다. 각 운용(operation)에서 처리된 작업량은 그 과에 부과된 작업을 처리하는 데 요구되는 시간을 결정한다. 각 운용에 소요되는 허용시간은 모든 운용을 위하여 허용시간(the allowable time required)을 결정하는 데 필요하다. 이 합계는 실제가용시간과 비교·분석된다.

가용시간으로 제한 허용시간은 효율도를 표시하는 척도가 된다. 실제 가용시간은 그 과에 배치된 직원수를 일수(작업일수)에 승함으로써 계산된다. 이 합계는 그 과에 계획된 시간수를 말한다.

그러나 결근·타과지원·특수작업·기말 또는 연말작업 등은 단위시간치가 발전된 정상적인 반복작업의 범위에서 제외된다. 반복작업(routine job)이 될 수 없는 종류의 작업에 대한 시간을 결정하기 위하여 집단의 구성원은 비반복작업에 사용된 시간기록을 유지하여야 한다. 이 기록은 그 조사(조사대상과)의 임무에 포함시키지 말아야 한다.

왜냐하면 비반복업무에 소비한 시간량은 총계획시간량에 비할 때 아주 적은 비율밖에 되지 않기 때문이다. 순가용작용시간은 타과지원이라든가 결근·비반복업무 등에 쓰여진 시간의 계에서 차감함으로써 계산한다.

실적상이시간(the performance-variance hours)은 작업량에 요구되는 가용시간의 초과된 시간치를 말한다.

그리고 이 최종보고서에서는 ① 단위기준시간, ② 문제부분의 발견, ③ 현효율도의 평가, ④ 발전목표의 제공, ⑤ 새로운 인력책정기준, ⑥ 인건비예산의 책정기준 등의 자료들을 가용하여야 한다.

⑶ 평준화와 여유율

1) **측정치의 평준화** 어떤 작업자의 작업을 관찰·측정하였을 때 얻은 시간을 일반화하는 것을 평준화(rating)한다고 하며, 평준화에는 대개 두 가지의 수정이 필요하다.

첫째, 관측시에 작업노력의 평준화에 대한 것이고 둘째, 작업인의 숙련도에 대한 평준화이다. 첫째 수정은 관측자의 정상작업베이스와 비교하는 방법과 기지의 타작업요소와를 비교하는 두 가지 방법이 있다. 정상작업베이스란 평균작업량의 작업속도를 말하는 것이며, 요소작업비교는 동일 혹은 공동작업요소에 대한 충분한 검토를 필한 다음 일정의 정상시간(P)를 각 요소작업에 대하여 결정한 후 실제측정에서 얻은 요소작업측정치(A)와를 비교하는 것이다.

$$R = \frac{A}{P}$$

평균계수를 R로 표시할 때 P는 정상시간, A는 요소작업에 대한 측정치이다. 숙련도에 대한 평준화는 좀 어려운 문제이다. 관찰자가 조사대상업무를 충분히 알고 있는 경우에는 별문제이지만, 발전목표를 위한 업무측정이 아닐 때에는 대개 숙련정도에 대한 평준화는 노력에 대한 평준계수로 대치할 수 있다. 이 평준화는 각 적용기법에 따라 약간씩 다르다.

2) **여유율**(allowance) 작업기준시간은 정미작업시간에다 여유율에 의한 시간을 가산한 것이다. 여유율에는 ① process 여유율, ② 휴식과 세수여유, ③ 특별여유율, ④ 방침(정책) 등과 같은 것이 있다.

process여유율이란, 작업공정의 성질상 작업자가 작업을 계속할 수 없는 어떤 상태를 연결짓기 위한 특별시간을 설정한 것을 말한다. 휴식여유율이란 특정조건 아래서 특정작업을 속행함으로써 얻는 정신적·육체적 피로를 회복할 기회를 작업자에게 주려는 시간이며, 특별여유율은 보통의 순환작업에는 없는 것으로 어떤 작업을 완결짓기 위하여 어떤 종류의 여유율을 필요로 작업에 대하여 부여한다. 이는 정기적인 것과 기계동작여유 또는 우발여유율 등으로 구별될 수 있다.

마지막으로 방침여유율이란, 어떤 작업에 대하여 그 특이성에 따라서 설정된 여유율, 즉 지금까지 설명한 여유율 등에 부가하여 관리자의 재량으로 설정하는 여유율을 말한다.

제 4 장

프로그램 관리기법

제 1 절 PERT

I. PERT의 의의

PERT란, 'Program Evaluation and Review Technique'의 약자이다. 이 기법은 규모가 큰 비반복적 사업을 대상으로 계획작성과 작업관리과정에서 적정비용의 계상시간의 절약 및 사업의 적기완성을 보장하려는 것이다.[1] 여기에서 프로그램이란 project와 동의어로 볼 수 있다. 이 기법은 대량생산이나 흐름생산방식과 같이 단기간에 반복되지 않으며 작업에 불확정요소가 많은 다음 사업들에 주로 적합하다고 볼 수 있다. 즉 토지개발, 토목건설, 설비보전, 모델의 시작, 신제품의 개발, 신판로의 개척, 컴퓨터 등 신시스템의 도입 등이 있다.

그리고 한 마디로 PERT라 일컫지만, 여기에는 PERT/time, PERT/cost 및 PERT/reliability 등 각기 목적이 다른 방법이 있으나, 어느 것이나 그 원리는 같은 것이므로 여기에서는 보다 일반적인 PERT/time만을 취급하기로 한다.

CPM 또는 CPS(critical path method, critical path scheduling) 등 이칭이 있는데, 이들은 PERT와 유사한 목적으로, 다만 다른 민간회사에서 개발되었으며, PERT와의 차이는 PERT/time이 시간을 측도로 관리하려는 데 대하여, CPM은 최소비용이라는 접근최적 완성기일을 정하려는 데 있다.

어쨌든 이 기법들이 유사하게 느껴지는 이유는 이들이 Network Planning을 중심으로 한 때문이다.

PERT/time의 정의는 다음과 같다.

1) Harry F. Evarts, *Introduction to PERT*(Boston: Allyn & Bacon, Inc., 1964), pp. 77~78.

1) 사업계획목적을 시간대로 수행하기 위하여 할 일을 명백히 하고, 이를 관리하는 관리자(manager)는 관리도구가 된다.

2) 의사결정자를 보좌하지만 그를 대신하여 의사결정을 하지는 않는다.

3) 사업계획(project)과 관련된 많은 사업활동(activity)을 할 때 당면하는 불확실성에 대하여 통계적인 정보를 제공한다.

4) 시간자원기능에 관한 조정을 함으로써 목표기일에 맞추도록 하기 위한 능력을 개선하는 조치로 경영자의 주의를 끌도록 하는 방법이다.

Ⅱ. PERT Network

1. PERT의 특징

PERT의 기본구성은 network이다. network는 일정한 사업목표를 달성하기 위하여 필요한 각 단위작업들을 사업계획의 순서(sequence)에 따라 이를 도식으로 표현하고, 이 network(도표)上의 각 단위작업에 그 작업을 완료하는 데 필요한 시간제원을 표시한 작업과 정도이다.[2]

PERT체계는 이와 같은 작업과정을 통하여 다음 사항들을 믿을 수 있다.

1) 작업에 필요한 제(자원 시간)원들을 가장 효율적으로 결합하여 준다.

2) 사업목표달성을 위한 가장 합리적인 작업순서를 결정하여 준다.

3) 정확한 진도관리와 목표달성시기를 예측할 수 있게 하여 준다.

4) 잠재적 문제점의 발견과 문제에 대한 대안을 제시하여 준다.

5) 관리체계 내에 사업달성을 위한 전원일치협력무드를 결성시키고 의사소통의 원활성을 보장하여 준다. PERT체계의 과정은 [그림 10-4-1]과 같다.[3]

[그림 10-4-1] PERT 체계

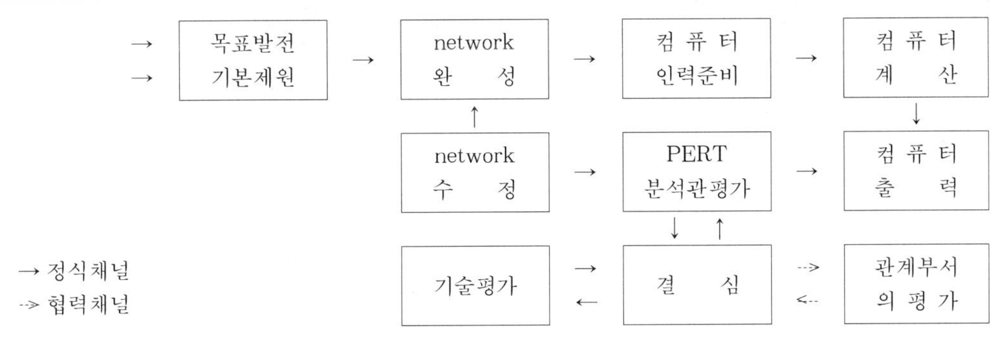

2) 承天錫, “PERT의 韓國行政에의 適用硏究,” 碩士學位論文集(서울大學校 行政大學院,, 1968), pp. 9~10.

3) Harry F. Evarts. *op. cit.*, pp. 77~78.

2. Event Activity

PERT network는 번호가 표시되는 ○, 즉 event와 →로 표시되는 activity로 구성된다. event는 간단히 말한다면, 어떤 일, 즉 activity가 개시 또는 완료되는 것을 표시하며, 일종의 작업단계로서 사업진행에 있어서 최종목표에 이르기 위하여 수행되어야 할 주요작업의 각 단계를 구분지어 준다. 따라서 단순히 단계일 뿐이고, 어떤 시간이나 자원을 소비하는 것은 아니다. 요컨대, PERT event는 다음 세 가지의 기준에 합치한 것이어야 한다. ① 프로젝트 중에 주목하여야 할 혹은 유의하여야 할 점을 나타낸다. ② 일의 개시 또는 완료를 뜻한다. ③ 시간 또는 자원을 일체 소비하지 않는다.

이와는 반대로 activity는 실제의 작업활동을 뜻한다. activity가 task라고 불리기도 하는 이유가 여기에 있다. activity를 정의한다면 다음과 같다. activity는 일의 실시를 나타낸다. 그것은 PERT network에서의 시간소비부분으로 인원 · 물자 · 장소 · 설비 또는 타의 자원을 필요로 한다. 그러나 dummy activity는 명목상 사업활동으로 event와 event 간의 관계를 나타낼 뿐으로 시간이나 자원을 소비하지 않는 activity도 있다.

다음은 network 설명인 바, 여기에는 두 가지 표현방식이 대개 사용되고 있다. 그 하나는 activity 중시(activity oriented)방식이고, 다른 하나는 event 중시(event oriented)방식이다.

전자는 지금까지 위에서 설명한 것과 같은 방식이고, 후자는 event 자체가 시간과 자원을 필요로 하여 activity는 전자와는 반대로 단순히 각 event간의 관계를 나타낼 뿐이다. 후자를 activity-on-arrow-system이라 칭하고, 전자를 activity-on-node system이라고 한다([그림 10-4-2] 참조).

[그림 10-4-2] activity-on-node system

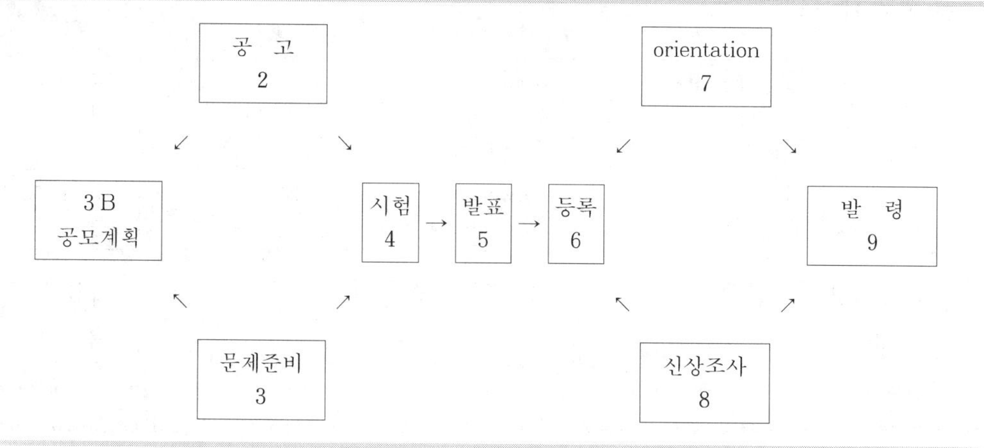

[그림 10-4-3] activity-on-arrow system

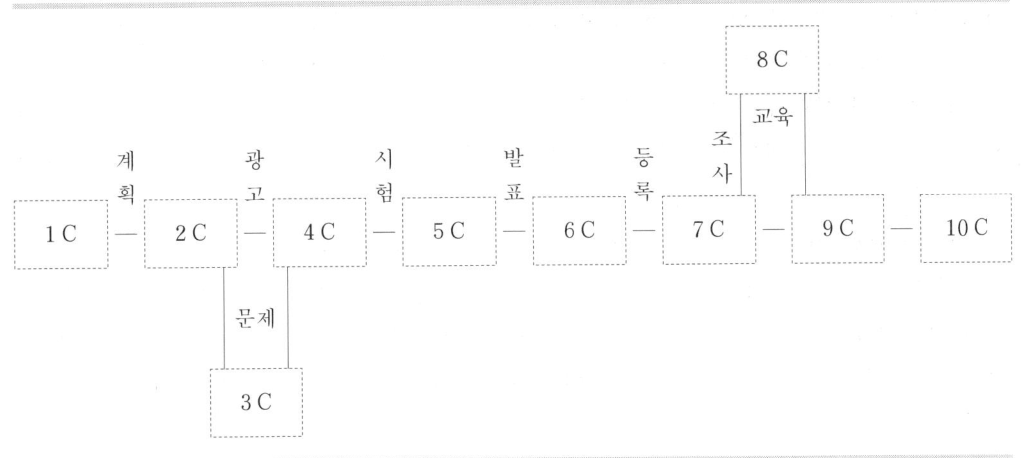

activity list를 다음과 같이 작성해서 비교해 보면 다음과 같다. 즉 ① 3B공개모집, ② 모집광고, ③ 시험문제 준비, ④ 시험실시, ⑤ 합격자 발표, ⑥ 합격자 등록, ⑦ 합격자 교육실시, ⑧ 합격자 신상조사, ⑨ 각 부처발령 등이 있다.

양자의 주요 차이점은 전자는 명목상의 활동인 dummy activity를 필요로 하지 않지만, 후자는 이것이 필요하다는 점과, 전자는 한 화살표가 끝난 곳에서 다음 event의 작업활동이 개시되고, 다음 화살표가 시작되기 전에 단위작업이 끝나며, 후자는 한 event가 한 단위작업활동에 완료되는 점인 동시에 다음 단위작업활동이 개시되는 점인 것이다. 여기에서는 후자, 즉 activity-on-arrow system을 주로 설명할 것이다. [그림 10-4-3] 참조. network의 작성은 다음 순서에 따라서 실시한다.

① 사업목표의 규정을 명시한다.

② activity list를 작성한다.

③ skeleton network를 작성한다.

④ 종합 network를 작성한다.

⑤ event에 대한 numbering을 한다.

1) **목표의 규정** 목표는 수행하려는 사업(project)의 주요내용과 계획의 주요단계를 이루는 사항 및 작업기관과 작업목표를 포함하여 작성된다. *An Introduction to PERT*의 저자 에바츠(H. F. Evarts)에 의하면 PERT의 목표기술은 가능한 한 세부사항까지 기술하여 이 목표기술서에서 PERT 작성자나 사업집행관이 network작성이나 사업집행상 요구되는 주요단계에 대한 정보를 충분히 얻을 수 있어야 된다고 하고 있다.

2) **단위작업목표작성** activity list의 작성은 사업계획의 착수가 되는 최초의 events로서 표시되는 start event에서 계획단계를 이루는 단위작업(activity)의 완료와 개

시의 각 event를 거쳐 최종단계인 end event 간에서 독립하여 수행될 수 있는 단위작업 하나 하나를 열거함을 말한다. 이 단위작업목록은 각 주요단계의 작업을 직접 수행할 담당관이 PERT 훈련을 받았을 경우에는 이 담당관이 직접 작성할 수 있겠지만, 그렇지 않을 경우에는 분석관이 담당관과 협조하여 작성한다. 세분의 정도는 독립된 하나의 작업으로 취급할 수 있는 데까지 세분한다. 물론 이 때 그 단위작업은 시간이나 비용을 독립으로 계상할 수 있는 것이어야 한다.

3) skeleton network　skeleton network는 단위작업이 200개 이상일 때 우선 주요단계만을 골라서 대략적인 network를 작성하고 이 주요단계에 세부작성을 연장하도록 하는 방법이다. 이것은 network의 생명인 sequence문제에 착오를 일으키지 않게 하기 위한 것이 첫째 목적이고, 둘째 목적인 이 skeleton network를 관리용으로 사용하기 위함이다.

4) 종합 network작성　이것이 물론 최종적인 것이면 network의 완성인 것이다. network는 sequence(단위작업 내의 상호의존관계)문제가 중요하니만큼 skeleton과 종합 network에서 각각 한 번씩, 두 번을 검토하게 된다.

5) event numbering　event에 대한 번호부에는 network가 완성되면 각 event의 sequence를 잘 보면서 한다. 이 때 사용되는 수자는 1, 2, 3보다는 10, 20,… 100과 같이 융통성 있는 번호가 좋다.

network에서 가장 중요한 것은 각 event의 상호의존관계구성이다. 어떤 단위작업을 서로 다른 사람이 담당하더라도 어느 event는 반드시 그 앞의 activity를 착수하기 전에 완성되어야 할 activity가 완성되도록 network diagramming을 해야 하며, 인원이나 장비의 사용에 제한(부족될 때)이 있을 경우 이들이 하게 될 작업의 우선순위 등도 나타내어 구성하여야 한다. 뿐만 아니라 작업목표가 시간단축일 경우에는 가능한 한 병행작업을 하도록 network를 구성하여야 한다.

위에서도 약간 언급한 바 있지만 network에는 rough network, skeleton network, sub network, 요약 network 등이 있으나 rough network와 skeleton network 및 요약 network는 같은 것을 여러 개 작성하여 각각 쓸 수 있으며, sub-network는 총회 network와 동일한 것이다.

Ⅲ. 시간견적

시간견적이란, 한 단위작업을 완성하는 데 소요되는 시간을 추정하는 것이다. 시간견적은 다음 순서에 의하여 실시한다.

1. 3개의 시간견적치

1) **낙관시간치**(optimistic time) 모든 조건이 가장 순조로워 별반 작업지연이 예견되지 않을 때 걸리는 시간계산이며, 경험상 이 시간에 완료되는 확률은 99/100이다. 이 견적시간의 기호는 To(optimistic time)로 표시되며, activity, 즉 화살 위에 ($\overset{1.\ -2.\ 3-}{\longrightarrow}$)와 같이 기인된 3개의 수자 중 첫 수자인 '1'이다. 계산시 공식에 표시할 때에는 변수 a를 말한다.

2) **최적시간치**(most likely time) activity를 완성하는 데 필요한 시간의 최량추정치이며, 통상시에 있을 수 있는 지연요소도 충분히 고려된 견적시간이다. 화살표상의 중간수자로 앞의 예의 '2'자이고, 가장 확실하리라고 생각되는 시간치이다. 약호는 tm이고 계산공식상에는 m이다.

3) **비관시간치**(pessimistic time) activity를 완성하는 데 필요한 최대시간이며, 천재지변이나 화재 또는 strike 등 예측할 수 없는 사건은 논외로 하더라도 그 이외의 여러 지연조건이 겹쳐 작업이 진행되지 않을 때이다. 이들 세 가지의 시간추정치는 어느 쪽이든 선행 또는 후속 activity와는 무관계로 구하여야 하며, 일단 정하여지면 확고부동한 것으로 생각하여야 한다. 작업능력이나 자원이용상 변화가 일어나지 않는 한 변경하여서는 안 된다.

2. 시간치의 평균과 분산

PERT는 불확정요소를 많이 내포하고 있는 project형 사업을 주된 대상으로 하는 만큼 각기 하나의 activity에 대하여 세 가지의 견적치 amb를 사용한다는 것은 앞에서 언급한 바와 같다. 그러나 project를 집행하여 나가는 데 이 3개의 견적치를 다 사용할 수는 없다. 어떤 형식의 대표치를 정하여 그에 따라 이후의 제계산을 하지 않으면 안 된다.

PERT/time에 있어서 시간치의 계산은 계획치와 실적치의 변화가 β-분포를 이룬다는 가정에 입각한다. 가령 어느 하나의 activity가 소요시간을 상당횟수 반복하여 추정하든가 또는 다수의 요원들이 견적하였을 경우를 분포곡선으로 나타낸다.

견적자료(information)가 충분하면 추정치의 확실성은 증가한다. 어느 쪽이든 일반적으로는 문제의 activity에 대한 견적자료의 양이 많으면 많을수록 시간추정곡선의 폭은 보다 좁아진다고 생각하여야 한다.

이상의 추론에서 비관견적치와 낙관견적치의 차($\frac{\text{분포의 범위}}{\text{(range)}}$)가 크면 클수록 그 activity에 대한 불확실성은 크다고 결론지울 수 있다. 범위는 분산과 밀접히 관련되어 있으므로 분산이 크면 activity의 완료에 소요되는 시간의 불확실성도 크다고 할 수 있다.[4] 즉 분산

4) 李舜堯, 事例中心의 PERT 및 CPM(서울: 弘益出版社, 1970), pp. 48~52.

이 적으면 그 activity 완료에 소요되는 견적치는 정확도를 증가하게 될 것이다. 즉 비관견적치와 낙관견적치와의 차이는 적어진다.

Ⅳ. Scheduling

1) 일정계산　　PERT network를 완성하기 위한 다음 단계는 network의 각 event에 도달할 수 있으리라고 생각되는 기일을 계산하는 것이다. 각 event에 대한 완성기대일을 TE라고 한다. TE는 event를 완성하는 데 가장 빠른 기대기일(earliest expected date)이 되는 것이다.

TL의 계산은 TE와는 정반대이다. TE는 start event에서 계산을 시작하지만 TL은 반대로 end event에서부터 시작한다. 계산의 시발점은 사업(project)완성목표가 되는 end event이지만, 기준수자는 TOE(end event의 TE)가 아니라 사업계획상 사업완료일인 TS가 된다. TS는 보통 지정완료일로 호칭되며, 관리계층에서 결정되어야 한다. TL은 Latest Allowable & Completion Time으로 사업완성이 그 기일 이상으로 늦어져서는 안 되는 시간이다.

2) Scheduling의 실제　　Scheduling은 일정계산에서 시간추정치를 없애든지 자원은 이용될 수 없다는 가정하에서 구하여진 숫자들이다. 그러나 현실적으로 다음과 같은 경우도 예상할 수 있을 것이다. 즉 많은 project가 동시에 시행되어야 하며, 그 중 몇 가지는 같은 자원을 필요로 할지도 모른다. 또 다른 project를 지원하기 위하여 이들 자원을 사용한다면 일정상으로 우리들의 project가 TE까지 완료하기 힘드는 지경에 도달할지도 모를 것이다.

그러므로 여러 project의 개개의 수요를 다 감안하면서 전 activity를 순조롭게 완수할 수 있도록 이용가능자원을 효율적으로 배당하는 것이 scheduling기능의 첫째 중점이라고 할 수 있다.

scheduling의 실제에서 일어날 수 있는 예상문제점들은 대개 다음과 같은 것들을 열거할 수 있을 것이다. 이것은 일정계산에서부터 일정작성으로 이행할 때 구체적인 검토가 요구되는 사항들이다.

① 필요한 기계·시설 등을 계획기간중에 실제로 이용할 수 있는가?

② 기계·시설 등의 점증 cost와 유휴기간의 어느 쪽도 더욱 적게 할 수 있는 여지는 없는가?

③ project의 개시 때에는 물론 그 진행기간 전체에 걸쳐 자금융통은 든든한가?

④ 관리자의 입장에서 각 작업의 소요시간을 과연 합리적인 것으로 인정하는가?

이들 제항목의 검사결과를 가미하여 관리자가 전 activity의 TE를 TS로 재작성하여야 한다.

Ⅴ. 완성기대확률

PERT 적용사업은 거의 고유한 것이므로 각 단위작업이 소요시간을 측정하는 데 경험요소의 작용이 거의 없다고 보아야 한다. 따라서 각 단위작업의 시간견적은 상당한 불확실성을 내포하고 있다고 보아야 할 것이다.

분산도가 높은 견적치의 단위작업이 모여서 이루어지는 사업완성기일 TE에도 완료일이 가까와짐에 따라 사업(project)이 정말 기일 내에 완성할 것인지 여부를 가능한 방법으로 점검하여 보아야 할 것이다.

Ⅵ. Network의 수정(자원재배치계획)

network와 scheduling이 완료되면 이것을 실세시간으로 역일화(曆日化, calender date)하여야 한다. 이에 앞서 몇 개의 선행조건의 충족상태를 점검하여야 한다. 주요한 것은 다음과 같다.

1) 기간중에 필요한 인원과 소유장비 등이 역일대로 진행이 가능할 것인가.

2) activity의 소요시간—특히 critical path의 완성기대확률이 60% 미만일 때 각 network를 재구성 않는 한 재견적되어야 한다.

3) 휴일 같이 역일상 작업에 영향을 미칠 시간요소를 고려하여야 한다.

4) 관리자의 입장에서 이 역일기간 중에 작업을 합리적으로 완성시킬 수 있는가에 대한 최종적인 판단 등이 있어야 한다.

이에 대한 수정방법으로 고려될 수 있는 것들은 대개 다음과 같은 사항들이다.

1) critical path와 semi-critical path의 각 activity의 소요시간을 재견적하고 각 activity를 단축한다.

2) 계획 전체로 보아 critical path상의 제거할 수 있는 activity를 분석·제거한다.

3) 여유시간이 있는 path로부터 critical path로 자원과 시간을 지원할 수 있는 방송를 강구한다.

4) 자원을 추가 지원한다.

5) 대체가능한 인원을 대체한다.

6) 병행이 가능한 activity를 다시 찾는다.

제 2 절 체계분석

Ⅰ. 체계분석의 접근방법

체계분석(system analysis)이란, 복잡화해져 가고 있는 현대사회의 변화요인, 즉 급속한 기술혁신이라든가 정보화·도시화 등 제사회현상이 우리들의 사고를 항상 근간에서 부분으로, 중심에서 변두리로 밀어내기 때문에 우리가 근본문제라고 생각하고 있던 문제들이 어느 사이엔가 지엽문제·부분문제가 되어 버리는 현상을 당하는 때가 많아진다.

가까운 예로 정부가 어떤 정책에 열을 내어 추진하고 있지만, 조금만 따지고 들면 그것보다 근본적인 문제가 해결되지 않고 있음에도 그 지엽에 해당하는 문제만을 열을 내어 밀고 나가는 경우가 얼마든지 있는 것이다.

그런고로 어떤 문제를 다룰 때에는 도대체 그 기능이 속하여 있는 전체기능이 가는 길은 어디이며, 이 전체에 대해서 이 문제는 어떤 의미를 가지는 것인가 하는 문제의 근본입장을 먼저 밝혀 놓지 않으면 안 된다.

이것이 바로 system approach 또는 체계분석이라는 사고방식이 생겨나게 되는 바탕이다.

체계분석은 다음의 3개의 기본고찰방법이 있다.[5)]

1) **사물을 system으로 보는 것** 체계분석이라는 것은 우선 사물 또는 문제를 고찰하거나 분석할 때 systematic하게 접근하는 것이다. 즉 사물을 하나의 체계로 파악하고 사물의 총체를 이 체계와 관련지어 계통적 체계면으로 생각해 나가는 것이다.

그러면 체계(system)란 무엇인가? 체계란, 어떤 사물이 전체로서 하나의 기능적 구성체를 이루면서 그 하부 또는 구성부분에도 독립된 기능을 수행하는 요소를 가지고 있는 구성체라고 말할 수 있다. 다시 말하면 전체는 전체로서 하나의 독립된 의미의 기능(목적·목표)을 가지고, 부분은 부분으로서의 독립된 목적(기능)을 가지며, 바로 system기능이 전체기능에 기여하는 목표가 되는 것이 바로 system이다.

이것은 장비나 기계일 수도 있고, 인간과 기계의 복합체일 수도 있으며, 인간의 어떤 조직일 수도 있다. 체계의 특징은 그 구성요소(system element, sub-system)가 전체 또는 타와 관련이 되면서 독립된 기능을 수행한다는 점이다.

2) **문제를 정량화하는 것** 다음의 체계분석(system analysis)의 특징적 고찰방법은 문제를 정량적으로 다룬다는 것이다.[6)] 이 점이 체계분석의 과학적인 사고방식의 대표

---

5) 李根植 外, 現代管理論(서울: 日新社, 1974), pp. 288～286; Bernard H. Rudwick, *Systems Analysis for Effective Planning*(John Wiley & Sons, 1969), p. 10.

6) E. S. Quade and W. I. Boucher(ed.), *Systems Analysis and Policy Planning*(American Elsevier Publishing Co., 1968), pp. 9～14.

적 측면이며, 동시에 이 정량의 모호성은 또 체계분석 수법의 과학성을 도로(徒勞)로 만들 수 있는 측면이기도 하다.

문제의 양적 접근이라는 것은 다음에 언급된 비용-효과분석(cost effectiveness analysis)으로 대표된다. 어떤 문제를 해결하기 위해서 어느 정도의 자원투입이 요구되며, 이 투입의 결과는 어느 정도의 산출을 얻게 되는가 또 이런 것들이 다른 사업(문제)에 투입되었을 경우 그 효과의 측면에 각각 어떤 차이가 나는가 등이 전부 비교되는 것이다.

3) 대안과 비용-효과의 비교분석

① 체계분석의 세 번째 고찰방법의 특징은 대안(alternatives)을 열거하고, 비용과 효과를 비교하는 것이다. 어떤 문제의 해결을 위하여 채택 가능한 방법을 고안하고, 이 각 방안에 대한 투입비용과 산출비용을 비교하여 최적안을 가려내는 구체적 정보(자료)를 제공하며, 또 이외의 문제 — 예를 들면, 교통난의 해결방안을 다루면서 주택문제와 비교하는— 에 이 비용을 투입하였을 경우와를 비교하였을 때에는 어느 사업(문제)에 우선순위(priority)를 줄 것인가 하는 문제 등인 것이다.

② 체계분석은 하나의 방법론인데, 이와 같이 체계분석사물의 어떤 문제를 해결하는데 있어서 접근하는 태도이며, 문제해결의 기본입장을 정립하는 하나의 철학론이다. 이와 같은 입론에 따라 체계분석의 뜻을 정리하여 보면 문제를 총체적인 관점에서 파악하고, 채택가능한 제대안을 제시하며, 제대안의 양화비교 및 결과를 예측하고, 의사결정자의 판단을 돕는 관리도구 등이라고 할 수 있다.

Ⅱ. 체계분석의 구성

1) **체계분석의 구조**　이는 다음에서 보는 바와 같이 각 대안의 변수가 투입되어 모델에 따라 처리(계산)되고, 그 결과가 비용-효과라는 형식으로 output되면 이것이 다시 설정된 평가기준에 의해서 효과와 비용이 측정되고 대안의 우선순위가 결정되는 것이다([그림 10-4-4] 참조).

[그림 10-4-4] 체계분석의 구조

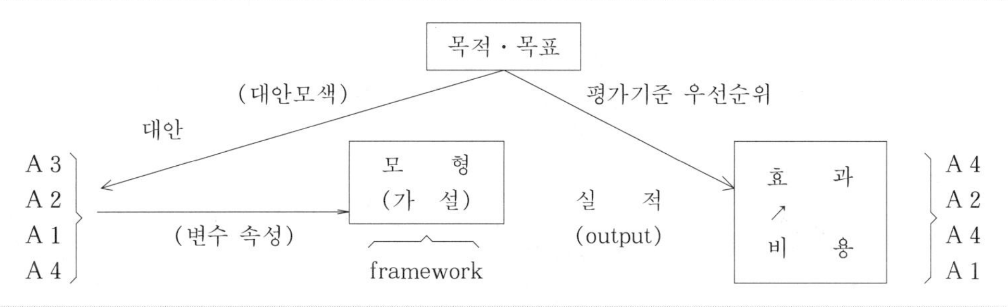

2) **분석순서** 분석의 첫 순서는 문제를 정식화하는 것이다. 이 순서는 반드시 한 단계 한 단계 차례대로 한다는 것은 물론 아니며, 다음의 6 개 단계 이외로 한정된다는 뜻도 물론 아니다. 다만 일반적인 분석순서일 따름이다.

그리고 이 단계 중 의사결정은 최종적으로 안을 채택하는 것을 의미하기 때문에 이 단계에서 중요한 것은 검증단계의 분석이 긍정되어야만 의사결정자에게 권고안을 만들어 제안하게 된다는 것이다. 만일 검증에서 NO가 나오면 분석은 다시 되돌아 가야 한다([그림 10-4-5], [그림 10-3-6] 참조).

[그림 10-4-5] 체계분석의 과정

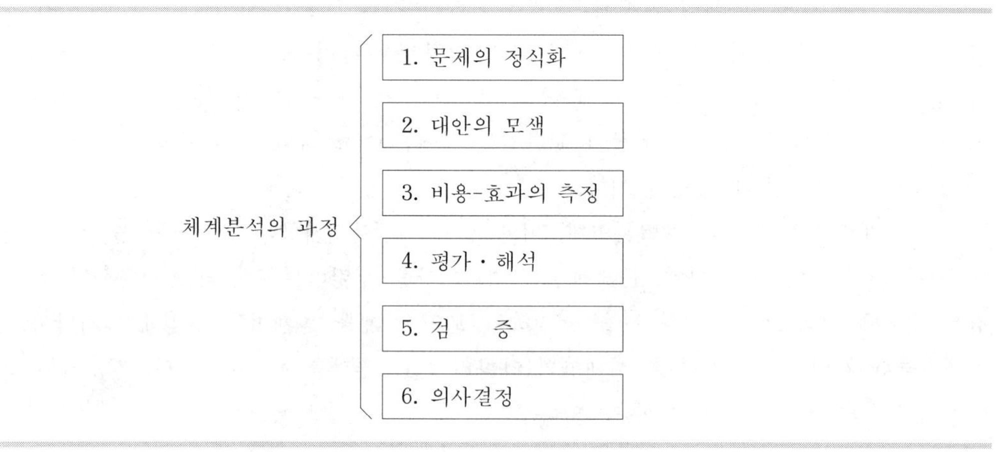

[그림 10-4-6] 분석의 반복

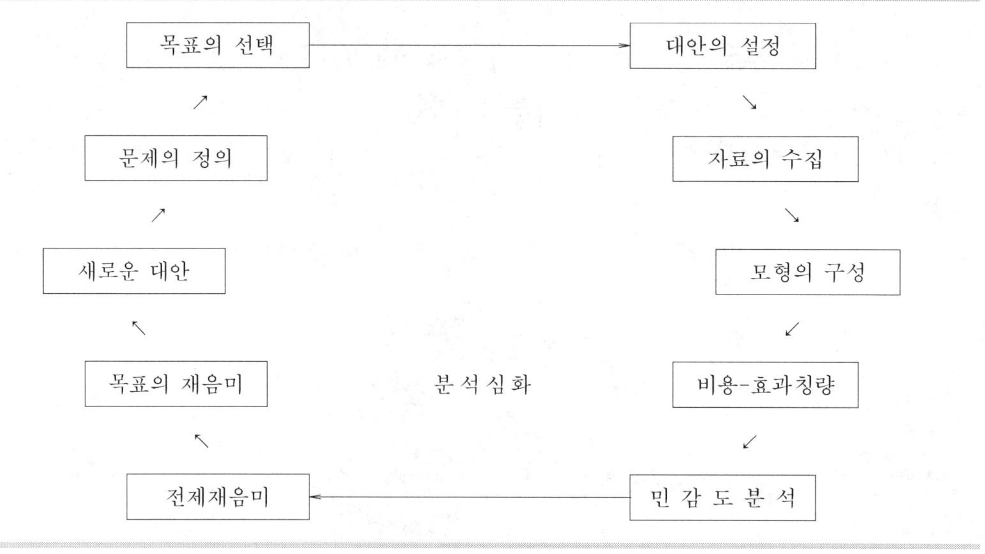

[그림 10-4-7] 목표와 효과

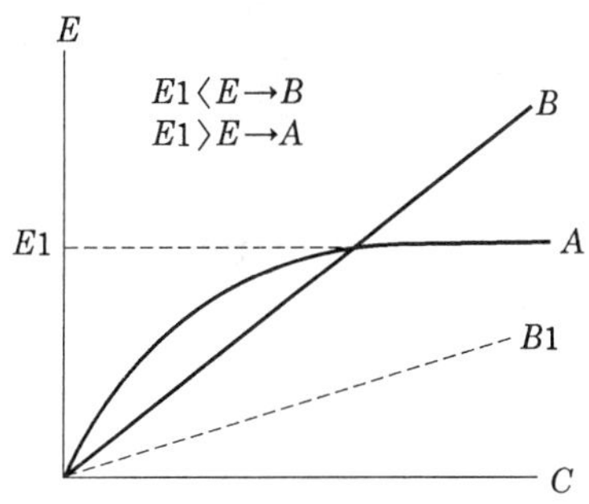

3) **문제의 정식화와 대안탐색** 문제의 정식화는 어떻게 하면 되는가. 그 중요한 내용을 살펴보면, ① 문제제기의 배경분석, ② 분석의 목적인식, ③ 요구되는 해답의 예측, ④ ③항에 있어서 해답의 의사결정자에 대한 역할의 판단, ⑤ 대안채택의 시기, ⑥ 답안의 실행가능성 타진 등이 있다. 대안을 모안하는 과정에서 가장 중요한 것은, 그 대안을 모색하는 과정이 하나의 체계로 취급되어야 한다는 것이다.

4) **분석모형** 체계분석에서 분석모형의 구성은 불가결한 것으로 되어 있다. 사용될 수 있는 모형은 제한이 없으므로 simulation도 좋고 OR의 수자모형도 관계 없으나 이것은 문제와 대안의 성격에 달린 문제이다. 체계분석에서 모델이란 어떤 특정조건 하에서 수단과 목표가 관련되고 있는 요인군으로 형성되며, 이들 요인군의 관계를 표시하는 것이 체계분석에 있어서의 모형의 구실이다.[7)]

이 모형에다 대안에 관한 정보를 투입해서 수단이 만들어낸 결과에 관한 산출을 얻게 되는 것이다. 쉽게 말한다면 어떤 문제를 해결하기 위하여 여러 가지의 해결방안을 고안했을 때, 이 방안이 제시하는 변수 또는 속성을 가지고 그 문제를 해결하는 안의 실행가설을 수립하는 것을 말한다.

Ⅲ. 체계분석과 의사결정자의 판단

1) **분석상의 우선순위문제** 종축을 효과 E, 횡축을 C로 하는 곡선에서 A와 B1과 같이 교차하지 않는 경우에는 물론 A의 효과가 높으므로 A를 선택하는 것은 그리 문제가 안 되나, A와 B의 경우처럼 곡선이 교차하는 경우에는 그 우열을 가리기는 용이하지 않다. 만일 목표의 효과를 E1 이상으로 한다면 B를 택할 것이요, E1보다 적은 E(A)를 구한다면 A쪽에 우선순위를 주어야 할 것이다.

7) B. H. Rudwick, *Systems Analysis for Effective Planning*(1969), p. 48.

[표 10-4-1] 체계 A·B의 비교

체 계	아측의 생존율	적측의 생존율
체 계 A	95%	85%
체 계 B	70%	30%

이와 같이 비용과 효과의 관계가 명백하더라도 기준이 명확하지 않을 때에는 대안선택의 우열(priority)이 명백한 것은 아니다. 체계분석에 있어서 기준은 명안의 우열을 정하는 척도이다. 이 기준은 비용과 효과 어느 점에서 우열을 정하는가 하는 것을 표시하는 동시에 효과나 비용을 정하는 media를 제공하여 준다.

2) **분석의 한계와 판단** 분석자(analyst)의 역할은 최종적으로 의사결정자의 판단을 돕기 위하여 의사결정자에게 최적안의 선택을 권고하여야 한다. 그러나 선택의 기준이 명백할 때와 그렇지 않을 때가 있다.

선택의 기준이 명백할 때에는 이에 따라 권고안을 작성하면 되지만, 그렇지 않을 때에는 어떻게 하는가, 분석자가 이 때 주의하여야 할 것은 기준을 누가 세워야 할 것인가 하는 문제이다.

선택기준의 설정에는 분석자가 하는 것과 의사결정자가 하여야 하는 것 등의 두 가지가 있다.

이 경우는 분석자는 어느 안을 권고하여야 하는가? 이 경우에 분석자는 AB를 다 권고하여야 한다.

여기에 분석자의 분석의 한계가 있다.

무슨 말인가 하면 어느 체계를 선택하는가 하는 문제는 가치기준을 어디에 두어야 하는가에 따라 선택되어야 하므로, 이 선택기준은 전적으로 의사결정자의 가치관에 의존하여야 하는 문제이기 때문이다.

제 3 절 비용-편익분석(cost-benefit analysis)

Ⅰ. 의 의

1) 정 의 비용-편익분석은 대안들에 관한 문제들을 체계적으로 조사하기 위한 개념적인 틀이다. 특히 정책결정을 한 결과를 더 잘 이해할 수 있도록 하기 위해 개개의 대안들에 대한 비용과 편익을 조사하는 것이다. 일반적인 의미로 경제분석(economic analysis)은 소비된 자원과 산출량, 그리고 나타난 영향들 사이의 관계를 연구하는 것인데, 이러한 경제분석은 체계적인 행정결정에 있어서의 필수적인 요소이다. 비용-효과분석(cost

-effectiveness analysis)은 주요한 경제분석접근방법이다.

2) **비용-편익분석과 비용-효과분석의 차이** 비용-편익분석은 주로 경제적인 효율성, 즉 총편익이 그것을 얻기 위하여 드는 총비용을 초과하는지 안하는지에 대한 고려가 주로 연관된다. 비용-효과분석은 기술적인 효율성과 관련되는데, 대안들이나 여러 계획들을 비교 분석한다. 이와 같은 공식적인 구별의 결과로 비용-편익분석은 관련된 요인들을 광범위하게 조사하는 전체적인 시각을 가지는 경향이 있는 데 반해, 비용-효과분석의 범위는 더욱 세밀하고 정밀분석하는 보다 좁은 시각을 가진다. 비용-편익분석은 전통적으로 모든 비용과 편익을 평가하는 데 있어 화폐를 이용하는데, 이 때 이 화폐가치는 모든 사람에게서 같은 효용을 가지는 것으로 추정한다. 여러 상황에 있어 편익은 질적인 면에서 평가하기가 쉽지 않고 계량화하기 어려운 점이 있는데, 이 경우 비용-효과는 분석의 대안적인 방법으로 사용될 수 있다.[8)]

Ⅱ. 비용-편익분석의 필요성

시장경제의 수익성이 공공사업계획이 산출하는 사회적 수익성과 순경제적 편익을 정확하게 나타내지 못하는 경우에 비용-편익분석을 통한 적절한 평가가 요청되는데, 이러한 시장경제의 수익성이 사회적 수익성을 나타내지 못하는 이유는 다음과 같이 세 가지로 요약할 수 있다.[9)]

첫째, 프로젝트의 시행결과 발생하는 편익이나 비용이 시장가격을 갖지 않는 경우가 있는데, 이는 시장가격으로 측정될 수 없는 공공재나 혹은 외부적 성질을 지닌 것이 편익이나 비용으로 되기 때문이다. 시장가격으로 측정될 수 없는 것 중에는 무형재도 있는데, 예를 들면 수송계획의 발달로 인한 시간의 단축, 보건위생분야의 지출에 따른 인명구조나 질병의 감소와 같은 편익, 오락시설의 이용에서 오는 편익, 소음공해의 비용 등은 모두 무형재에 속한다.

둘째, 프로젝트의 산출과 투입에 대한 시장가격이 존재한다고 해도 이러한 가격이 사회적 한계편익이나 비용을 정확히 반영하지 못하는 경우가 있다. 즉 시장이 조세를 왜곡하거나, 해당제를 이용하거나 혹은 규제를 받고 있다면, 이러한 상황에서 이루어진 시장가격은 사회적 가치를 나타내지 못한다.

셋째, 수익의 현존가치를 계산하는 데 이용되는 시장이자율이 사회에 대한 실제적인 시간적 할인율을 반영하지 못하는 경우가 있다. 이 양자가 일치하기 위해서는 각 개인들의 화폐적 순편익이 동일하게 취급되고, 모두가 같은 할인율을 사용해야 하지만, 현실적으

8) *Ibid.*, pp. 128~129.
9) Robin W. Boadway, *Public Sector Economics*(Massachusetts: Winthrop Publishers, Inc., 1979), p. 171.

로 자본시장의 왜곡과 불안전성 등으로 인하여 그렇지 못한 실정이 대부분이다.

이와 같이 시장경제의 가격구조는 프로젝트들의 사회적 가격을 충분히 나타내지 못할 경우가 많으므로, 비용-편익분석을 통한 비용과 편익에 대한 적절한 평가로서 시장가격의 헛점을 보완할 필요가 있다.

Ⅲ. 비용-편익분석의 절차

비용-편익분석은 다음과 같은 단계를 거쳐서 이루어진다.[10]

1) **목표**(objectives)의 **설정**　의사결정에 도움을 주기 위한 다른 분석기법들과 마찬가지로 비용-편익분석에서도 목표를 명확히 설정하는데서부터 분석은 시작된다. 여기에서 목표란 공공사업을 통하여 그 발생이 기대되는 바람직한 결과를 의미한다.

2) **대안**(alternatives)의 **발견**　목표가 설정되면 이 목표를 달성시킬 수 있는 여러 가지 대안들을 발견해야 하는데, 여기에서 대안이란 자원의 가능한 이용방법이나 활용 가능한 접근방법을 의미한다.

3) **비용과 편익**(benefits and costs)의 **추정**　각 대안들의 총비용과 총편익이 계산되어야 한다. 편익은 사회의 복지를 향상시키는 공공사업의 결과를 가리키며, 비용은 공공사업에 의해 소모될 자원을 가리키는 말이다. 특히 비용을 추정할 때 사업계획이 대규모이고, 매우 복잡한 것일 때는 인건비와 훈련비를 포함한 모든 비용을 계산해야 하지만, 작은 규모의 사업계획(예를 들면, 댐 건설과 같은 것을 가리킴)일 때는 기획·건설·운영 등과 같은 특정비용만 계산할 수도 있다.

4) **모형**(models)의 **형성**　모형은 현실을 파악하고 각 대안들에 대해 자원과 목표의 관계를 비교하는 데 기본적인 것으로서, 각 대안들의 성격과 결과 사이의 관계를 나타낸다. 대개의 사업계획구조는 단순하지 않으므로, 특히 경제학자들은 점증적 변화가 비용과 편익에 미치는 영향을 표현하기 위해 곡선으로 된 모형을 많이 이용하고 있다.

5) **기준**(criterion)의 **설정**　대안을 선택하는 기준은 다음과 같이 세 가지로 간단히 요약될 수 있다. 첫째, 사업계획은 전반적으로 투자의 가치가 있어야 한다. 즉 편익이 실용보다 많아야 한다. 둘째, 선택된 대안은 비용을 극소화시키고 편익을 극대화시킬 수 있는 것이어야 한다. 셋째, 분석가들은 수치나 화폐가치로 표현이 곤란한 비용과 편익도 추정해야 한다. [그림 10-4-8]은 비용-편익분석의 절차와 의사결정의 절차를 비교·설명하여 준다.[11]

10) McCurdy, *Public Administration: A Synthesis*(California: Cummings Publishing Co., Inc., 1977), pp. 164~165.

11) Christopher K. McKenna, *Quantitative Methods for Public Decision Making*(N.Y.: McGraw-Hill, 1980), p. 130.

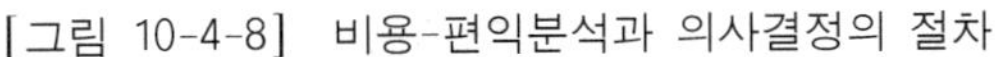
[그림 10-4-8] 비용-편익분석과 의사결정의 절차

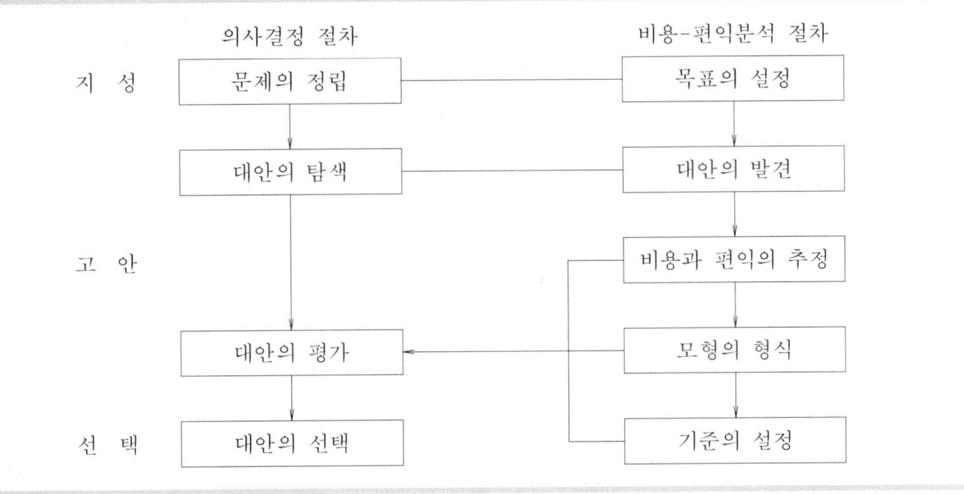

Ⅳ. 비용-편익분석의 제약조건

의사결정을 할 때에는 결정상황에 제약을 주는 요소들을 고려해야 하는데, 그들을 분류하면 다음과 같다.[12)]

1) **자원의 제약**(resource constraints) 활용 가능한 자원은 운영예산으로 간주될 수 있으므로, 자원의 희소성은 예산의 제약으로 나타난다. 따라서 간혹 의사결정은 고정된 예산으로 편익을 극대화시키는 문제로 한정될 수가 있으며, 이 경우에는 동일한 비용에 대해 최대의 편익을 가져올 대안을 선택하게 된다.

2) **정치적 제약**(political constraints) 일반적인 의사결정과 특수한 공공의사결정은 정치적 환경 속에서 이루어진다고 할 수 있다. 이론적으로는 아무리 훌륭한 해결책이라고 하더라도 실제의 정치세계에서는 그 실천이 불가능한 경우가 있기 때문이다. 이러한 정치적제약은 자원의 제약만큼 중대한 제약요인은 아니지만 그래도 하나의 제약요인임에는 분명하다.

3) **법률적 제약**(legal constraints) 대안을 탐색하기 위해서는 현행법규·규칙·권리 등이 고려되어야 한다. 필요한 절차를 밟아야 할 필요가 있을 때 필요한 시간과 여러 가지 업무들은 그와 관련된 의사결정을 제약하게 된다.

4) **기술적 제약**(technological constraints) 실제적인 생산수준이나 기술수준을 넘어서는 이론은 편익분석에 커다란 제약이 될 수 있다.

5) **관리상의 제약**(administrative constraints) 어떤 대안들은 그 대안을 집행할

12) *Ibid.*, pp. 132~134.

사람들에게 특별한 훈련을 요하거나 혹은 이미 훈련을 받은 전문가를 필요로 할 때가 있다.

6) **배분상의 제약**(distributional constraints) 개인에게 서비스나 기타 편익을 제공해 줄 공공사업계획은 그 사업계획의 혜택이 지역과 소득계층에 따라 어떻게 배분되는가에 제약받을 수 있다. 예를 들면, 대학교육의 육성을 위한 차관도입은 대학교육의 혜택을 별로 받지 못하는 저소득층이나 많은 중산층에게는 도움이 되지 못할 경우가 많다. 따라서 이러한 계획은 다른 계획보다 우선적인 것이 되지 못한다.

7) **사회적 · 종교적 · 전통적 제약**(social, religious, and traditional constraints) 그 사회의 가치관과 전통이 허용하는 의사결정이라면 대안의 실행가능성에 대하여 꾸준한 영향력을 발휘할 수 있다. 예를 들면, 미국에서는 지역에 따라 학사일정계획을 수립할 때, 종교상의 축제일이나 사냥철의 첫번째 날이 축제행사일로 선정되기도 하는데, 이러한 것들은 하나의 종교적 제약이라고도 할 수 있다.

의사결정을 할 때는 이상과 같은 제약조건을 벗어나지 않는 범위 내에서 대안을 탐색해야 하며, 이러한 조건들을 만족시키는 대안이 바로 목표를 위한 수단이 될 수 있고, 하나의 과정도 될 수 있는 것이다.

Ⅴ. 비용과 편익의 추정

대안을 하나의 과정으로 볼 때, 비용은 그 과정의 투입으로, 편익은 산출로 볼 수 있다. 여기에서는 이러한 비용과 편익을 추정하는 것을 중심으로 설명하고자 한다.

(1) **화폐의 시간적 가치**(the time value of money)

모든 비용과 편익은 각기 다른 시간에 발생한다. 따라서 이러한 비용과 편익을 비교하기 위해서는 이들에 대한 화폐의 시간적 가치를 고려할 필요가 있다. 예를 들면, 금년도의 1달러는 내년도의 1달러보다 더 많은 가치를 가질 수 있다. 현재가치의 계산시 이용되는 이자율은 복리이다. 일반적으로 장래에 갖고자 하는 금액 s는 현재의 금액 p와 이자율 i 및 예금기간(연수를 가리킴) n에 의해 결정되는데, 이 관계를 식으로 나타내면 $s=(p+i)^n$이 된다. 예를 들면, 年 5%의 이자율로 100달러를 향후 3년 동안 예금했을 경우 3년 뒤에는 $s=100(1+0.5)^3=115.76$, 즉 115.76달러를 찾게 된다.[13]

그러나 비용-편익분석에서는 인플레이션의 영향을 고려하지 않는 경우가 많다. 왜냐하면 비용-편익분석의 기본원칙에 의하면 비용과 편익은 같은 기준 위에서(즉 같은 가격수준에서) 평가되어야 하기 때문이다. 만일 일반적인 비용이나 편익에 대한 인플레이션의 영향이 크다면, 이러한 항목에 대한 할인율은 적당히 하향조정되어야 한다.

---

13) *Ibid.*, pp. 135～137.

⑵ 비용의 추정

앞에서 투입을 비용으로, 산출을 편익으로 간주한 것과 같이 투입을 비용이라고 하면, 이는 비합리적이지는 않다고 하더라도 다소 독단적인 면이 있다. 그리고 이러한 방법에 의하면, 편익의 평가는 복잡해지는 대신 비용의 계산은 비교적 간단해지는 이점도 있다.

비용의 종류는 크게 두 가지, 즉 1회적 비용과 반복적 비용으로 구분한다. 1회적 비용으로는 조사비와 개발비, 기획·검사·평가·훈련에 관한 비용, 토지매입비, 건설시설비, 차량과 장비구입비 등을 들 수 있는데, 여기에서 토지매입비는 도시재개발사업의 경우 공사를 완공한 후 다시 매각함으로써 상쇄될 수 있다.

반복적 비용으로는 직원들의 제경비(즉 봉급·수당), 물품(즉 의료사업의 경우 의약품, 직업훈련의 경우 필요한 각종 책자와 식사료)구입비, 물건의 시설과 유대비, 각종 헌납, 제공될 각종 서비스비용, 홍보 및 교육에 필요한 경비, 보험료, 기타 제관리비용 등을 들 수 있다.

⑶ 편익의 추정

넓은 의미의 편익이란, 과정의 모든 산출, 즉 대안의 제결과를 의미한다. 편익의 종류에 유형적·무형적 편익과 긍정적·부정적 편익이 있다.

공공사업의 편익에는 사회복지를 증가시키거나 감소시키는 모든 것이 포함되며, 그 중에서 화폐가치로 평가가 가능한 것을 유형적 편익, 불가능하거나 매우 곤란한 것을 무형적 편익이라고 부른다. 무형적 편익은 직접적인 화폐가치의 평가대상이 되지 못하는 것이 대부분이다. 그러나 그 중에는 절약된 시간이나 구조된 생명과 같이 간접적으로 그 편익을 추정할 수 있는 것도 있고, 전적으로 의사결정자의 판단에만 맡겨야 하는 것도 있다. 간접적으로나마 추정할 수 있는 무형적 편익은 다음과 같다.

1) **절약된 시간**　　시간을 단축시킴으로써 편익을 얻을 수 있는 가장 전형적인 방법으로는 고속도로의 건설로 인해 수송과정을 원활히 하는 방법을 들 수 있다. 이런 방법을 통하여 얻을 수 있는 절약된 시간의 가치는 그 절약된 시간으로부터 편익을 얻은 사람이 그 시간을 줄이기 위하여 기꺼이 지불하려는 화폐의 양으로 평가할 수 있다. 비용이 절약된 시간의 가치가 될 것이다.

2) **구조된 생명**　　의료사업과 같이 인간생명을 구조하기 위한 공공사업이나 우연히 인간의 생명을 앗아가는 토목공사를 비롯한 각종 건설산업들을 비용-편익분석방법으로 해결하고자 할 때에는 인간생명의 가치를 무시하고 계산할 수 없다. 인간생명의 가치를 추정하는 방법으로는 여러 가지가 제시되고 있는데, 그 중에는 자기 생명을 보존하기 위하여 기꺼이 지불하려는 최대화폐량으로 표시하는 방법도 있고, 그 사람이 장래에 벌 수 있는 총소득에 대한 현존가치로서 나타내는 방법도 있다.

3) **부정적 편익의 추정**　　어떤 특정대안의 결과는 부정적인 것도 있는데, 흔히 이

러한 부정적 편익은 보통의 편익과 상반된다고 생각하여 비용으로 간주하기가 쉽다. 하지만 편익이란 원래 대안을 실행하는 과정에서 산출된 것을 의미하므로, 이런 관점에서 본다면 부정적 편익도 편익임을 부인할 수 없다. 그리고 부정적인 편익에도 다시 무형적인 편익이 있는데, 이러한 편익은 평가하기에 매우 곤란한 점이 있다. 그러므로 이러한 편익을 평가할 때에는 주로 임계치에 의존하고 있다. 여기서 임계치란 어떤 project의 순편익을 상쇄할 수 있는 무형적 편익의 수준을 가리킨다.

Ⅵ. 비용과 편익의 비교

대안을 선택하는 기준들은 다음과 같이 세 가지로 요약될 수 있다. 그 중에서 어떤 기준을 선택할 것인가는 대안의 성질에 따라 그 차이가 있다.[14)]

1) **순현가치**(net present value) 이 방법은 단지 총편익에서 총비용을 공제한 차액의 현존가치를 대안선택의 기준으로 삼고 있다. 이 방법에 의하면 사회에 대한 부정적 효과를 편익에 포함시키든지, 비용에 포함시키든지 차이가 없다는 장점이 있는 반면, 서로 규모가 다른 사업계획을 비교하기에는 부적당하다는 단점도 있다.

2) **비용-편익의 비율**(benefit-cost ratio) 이 방법은 편익을 비용으로 나눈 값의 현존가치를 대안선택의 기준으로 삼는다. 따라서 이 방법은 투자의 규모에 영향을 받지 않으므로 서로 다른 규모의 사업계획들을 비교하는 데 유리하다는 장점이 있다.

3) **내부수익률**(internal rate of return) project의 내부수익률이란, 그 project의 현존가치를 0으로 만드는 할인율을 의미한다. 따라서 내부수익률이 사회적 할인율보다 높다면 그 project는 시행할 만한 경제적 가치가 있는 것이며, 대안을 선택할 때도 내부수익률이 가장 높은 대안을 선택하는 것이 가장 유리할 것이다.

이 방법은 대안의 규모가 서로 다르다고 하더라도, 그리고 부정적 효과를 어떻게 계산하더라도 그 분석결과에는 변동이 없다는 장점이 있는 반면, 할인율의 결정이라는 까다롭고 민감한 문제가 남아 있기 때문에 두 방법보다 훨씬 추상적이라는 단점도 있다.

제 4 절 선형계획법(linear programming)

Ⅰ. 의 의

선형계획은 한정된 자원을 여러 가지 경쟁적 활동에 가장 적절한 방법으로 배분하는

14) *Ibid.*, pp. 148~150.

문제와 관련된 의사결정분석기법이다. 선형계획은 관심의 대상이 되고 있는 문제들을 기술하는 하나의 수학적 모형을 사용하게 된다. 여기에서 선형(linear)이란 용어는 이 모형에 사용되고 있는 모든 수학적 함수가 선형극수이어야 한다는 것을 의미한다. 한편 프로그래밍이란 용어는 계획이라는 용어와 동일어로 사용된다. 따라서 선형계획이란 모든 가능한 대안들 가운데에서 하나의 최선의 결과를 가져오기 위한 활동의 계획을 의미한다.

Ⅱ. 선형계획법적용상의 기본요건

선형계획의 기법이 적용되기 위해서는 그 문제들이 선형계획문제의 형성과 그 해법의 원리를 적용하기 위한 몇 가지 기본요건을 갖추어야 한다.[15]

1) **명확한 목적함수** 선형계획법은 최적화를 위한 명확한 목적함수를 가져야 한다. 목적함수는 극대화 혹은 극소화준거 둘 중의 하나이어야 하며, 결코 두 가지 모두일 수는 없다.

2) **행동대안의 설정** 선형계획에는 몇 가지의 행동대안이 존재한다. 예를 들면, 인력과 자동기기들의 가능한 여러 가지 조합(combination) 가운데서 한 가지를 선택하는 것일 수도 있고, 또는 어떤 조직이 물품의 생산을 위하여 생산장비를 몇 가지의 비율로 조합하는 것일 수도 있다.

3) **자원의 한정성** 만일 자원이 한정되어 있지 않다면, 자원의 효율적 배분문제는 관리상의 문제를 야기시키지 않을 수도 있다. 이러한 제약자원은 생산설비·인력·시간·공간·기술 등을 포함할 수도 있다.

4) **변수들간의 상호관계성** 선형계획은 수많은 의사결정변수를 포함할 수 있는 효과적인 방법이다. 변수들은 일반적으로 자원의 활용면에서 상호관련되어 있으므로 이들에 대한 독립적인 해가 요구된다.

5) **일 차 성** 선형계획의 기본적인 요구사항은 목적함수와 제약조건의 1차성이다. 이는 의사결정변수들간의 관계가 직선적임을 의미하며, 비례(比例)라 함은 성과나 자원활용의 측정에 있어서 개별조작수집에 비례(比例)함을 의미한다.

Ⅲ. 선형의 형성과 해법

선형의 형성이란, 실제상황을 수학적 용어로 표현하는 과정을 말한다. 의사결정자가 주어진 문제를 해결하기 위해서는 수리적으로 모형을 형성해야 하는데, 이에 앞서 의사결

15) Fredirick S. Hillier and Gerald J. Lieberman, *Introduction to Operation Research*(San Francisco: Holden-Day, 1974), pp. 22~24.

정자는 결정변수 · 목표 · 제약조건을 식별하여야 한다.[16)]

Ⅳ. 선형계획법의 이점

1) 조직 내의 가용자원들을 가장 적절히 활용할 수 있다.

2) 객관성과 합리성을 확보할 수 있고, 결정자의 주관도 덜 개입되어 의사결정의 질이 향상될 수 있다.

3) 관리자들은 숨은 가격을 계산할 수 있다. 잠재가격(shadow price)이란, 제약요소들 한 단위 더 증가시키기 위하여 이에 필요한 제약을 완화시키는 데 따른 가격을 말한다.

Ⅴ. 선형계획법의 한계[17)]

1) 선형계획의 해는 반드시 정수해(integer-valued solution)라는 보장은 없다. 예를 들면, 가령 선형계획의 해가 8.5대의 트럭을 요구할 때 의사결정자는 오로지 8 혹은 9대의 트럭을 구입하는 수밖에 없다.

2) 불확실성이 허용되지 않는다. 그리하여 실제로는 비용과 제약요건과 같은 요인들이 알려져 있다 하더라도 선형계획에서는 이들을 상수라고 가정한다.

3) 1차성에 대한 제약이다. 실제업무에서는 제약요건들이 변수들과 1차관계를 갖지 않는 수가 있다.

4) 선형계획은 그 모형을 형성하는 과정에서 측정가능한 계량적 기법만을 포함하고 있으며, 특히 무형적함수를 형성할 때에는 계량화할 수 없는 목적은 제외시키거나 계량가능한 것으로 대체하는 경우가 많다.

5) 행정계획은 다목적인 경우도 많지만, 선형계획에서는 단일목적인 경우만을 취급하고 있다.

16) Donald M. Simmons, *Linear Programming for Operation Research*(San Francisco: Holden-Day, 1972), p. 3.

17) Harold Bierman, Jr., Charles P. Bonini and Warren H. Housman, *Quantitative Analysis for Business Decision*(Homewood, Illinois: Richard D. Irwin, 1973), p. 216.

참고문헌

1. 동양문헌

姜信澤, 社會科學硏究의 論理, 서울, 博英社, 1981.
康炳基 外 5人 共著, 都市論, 서울, 法文社, 1979.
權寧贊, 企劃論, 서울, 法文社, 1978.
金光雄 外 6人 共著, 發展行政論, 서울, 法文社, 1980.
金圭定, 比較行政論, 서울, 法文社, 1976.
金道昶, 行政法論, 서울, 靑雲社, 1975.
金鳳式, 國家企劃制度論, 서울, 尙志文化社, 1971.
金信福 外 1人 共著, 開發企劃論, 서울, 서울大出版部, 1981.
金永勳, 現代行政論集〔行政學叢書 4〕, 延世大學出版部, 1976.
金雲泰, 組織管理論〔全訂版〕, 서울, 博英社, 1979.
金泰極, 新事務管理論, 서울, 博英社, 1977.
金洪基, 行政國家와 官僚制, 서울, 曙光社, 1980.
朴東緖, 人事行政論〔改訂版〕, 서울, 法文社, 1978.
———, 韓國行政論〔全訂版〕, 서울, 法文社, 1979.
朴文玉, 行政學〔五訂版〕, 서울, 新泉社, 1980.
———, 財務行政論, 서울, 博英社, 1972.
朴璉鎬, 人間關係論, 서울, 博英社, 1977.
———, 行政學新論, 서울, 博英社, 1981.
法制處, 各國의 옴브즈만制度, 서울, 농원문화사, 1977.
孫在植, 現代地方行政論, 서울, 博英社, 1971.
愼斗範, 行政學, 서울, 華學社, 1971.
申允杓, 新行政學, 서울, 法政學會, 1977.
———, 地域開發論, 서울, 法政學會, 1977.
———, 行政學要論, 서울, 大旺社, 1982.
———, 地域開發行政論, 서울, 大旺社, 1985.
———, 行政學原論, 서울, 大旺社, 1987.
———, 人事行政管理學, 韓南大出版部, 1992.
———, 開發行政學, 韓南大出版部, 1995.
吳錫泓, 人事行政論, 서울, 博英社, 1975.
劉鍾海, 現代行政學, 서울, 博英社, 1977.
兪　焄, 行政學原論, 서울, 法文社, 1979.
———, 財務行政論, 서울, 博英社, 1973.

尹在豊, 外 2 人 共著, 組織管理論, 서울, 法文社, 1978.
李鍾益, 財務行政論, 서울, 博英社, 1981.
李海元, 行政學, 서울, 一潮閣, 1970.
李鍾烈, 政策學原論, 서울, 大旺社, 1985.
張志浩, 新人事行政論, 서울, 博英社, 1977.
鄭世煜, 外 1人 共著, 行政學, 서울, 法文社, 1976.
丁時采, 韓國行政制度史, 서울, 法文社, 1986.
趙錫俊, 組織學概論, 서울, 博英社, 1979.
———, 韓國行政學, 서울, 博英社, 1980.
韓培浩, 比較政治論, 서울, 法文社, 1971.
韓垣澤, 都市行政論, 서울, 法文社, 1978.
黃仁政, 行政과 經濟開發, 서울, 서울大出版部, 1970.
Gareth Porter著, 信夫隆司譯, 地球環境政治, 國際書院, 1993.
加藤芳太郎, 日本の豫算改革, 東京大學出版會, 1982.
加藤一明, 日本の行財政構造, 東京大學出版會, 1980.
加藤一明ほか, 行政學入門・第 2 版, 有斐閣, 1985.
加藤一明ほか, 現代の地方自治, 東京大學出版會, 1973.
加藤一明編著, 現代行政と市民參加, 學陽書房, 1978.
岡部史郎, 行政管理論, 學陽書房, 昭和 46年.
高橋裕, 自治體と水・土地・資源, 學陽書房, 1981.
高杉晋吾, 環境國家への挑戰, 1993.
宮本憲一, 日本の環境政策, 大月書店, 1990.
宮川公男編著, PPBSの原理と分析, 有斐閣, 1969.
今村都南雄, 組織と行政, 東京大學出版會, 1978.
今村都南雄, 行政の理法, 三嶺書房, 1988.
寄本勝美, 自治の現場と「參加」, 學陽書房, 1989.
吉富重夫 外 1 人 共著, 都市と行政, 大明堂, 1972.
大橋洋一, 行政規則の法理と實態, 有斐閣, 1989.
大島太郎, 官僚國家と地方自治, 未來社, 1981.
大島太郎, 日本地方行財政史序說, 未來社, 1968.
大石嘉一郎, 近代日本の地方自治, 東京大學出版會, 1990.
大嶽秀夫, 政策過程, 東京大出版會, 1990.
東京大學社會科學研究所編, 轉換期の福祉國家, 上下 2 卷, 東京大學社會科學研究所, 1988.
福井英雄・高田 昇 編, 現代の地域開發課題と地域創造2, 法律文化社, 1993.
本原啓吉, 市民の安全・環境, 學陽書房, 1989.
山崎克明, 公務員勞動關係の構造, 九州大學出版會, 1984.
山下茂ほか, 增補改訂版・比較地方自治, 第一法規, 1992.
森田朗, 許認可行政と官僚制, 岩波書店, 1988.
西谷剛, 計劃行政の課題と展望, 第一法規, 昭和 46年.

西尾勝, 權力と參加, 東京大出版會, 1975.
———, 道民參加の都政システム, 東京都都民生活局, 1978.
———, 行政の活動, 放送大學教育振興會, 1992.
———, 行政學, 有斐閣, 1993.
———, 行政學の基礎概念, 東京大學出版會, 1990.
星野光男, 地方自治の理論と構造, 新評論, 1970.
小關紹夫, 現代行政論, 有信堂, 1971.
小峰保榮, 財政監督の諸展開, 大村書店, 1974.
松本和良, 組織變動の理論, 學文社, 1974.
松下圭一, 市民自治の憲法理論(岩波新書), 1957.
———, 政策型思考と政治, 東京大出版會, 1991.
手島孝, 現代行政國家論, 勁草書房, 1969.
須田春海, 環境自治體の創造, 學陽書房, 1992.
新藤宗辛, 行政改革と現代政治, 岩波書店, 1989.
———, 行政指導, 岩波新書, 1992.
安藤喜久雄, 組織と人間關係, 日本勞動協會, 1976.
岸本重陳, 市民生活と自治體責任, 學陽書房, 1989.
岩田勝雄, 新地域國際化論, 法律文化社, 1994.
年報 自治體學, 環境と自治, 自治體學 제 7 호, 1994.
宇都官深志, 環境創造行政學研究, 東海大學出版部, 1984.
宇都官深志・新川達郎編著, 行政と執行の理論, 東海大學出版會, 1991.
伊藤善市, 地域開發と21世紀への國つくり, 有斐閣, 1991.
人間環境問題研究會, 廣域的 環境政策と管理と研究, 有斐閣, 1993.
日本計劃行政學會, 環境地標, 學陽書房, 1986.
日本社會開發調査團報告, 人間環境の諸問題, 1970.
日本政治學會編, 日本の壓力團體, 岩波書店, 1960.
日本政治學會編, 政策科學と政治學, 岩波書店, 1983.
日本政治學會編, 政治參加の理論と現實, 岩波書店, 1975.
日本政治學會編, 現代日本の政黨と官僚, 岩波書店, 1967.
日本行政學會編, 人事管理の動向, 勁草書房, 1951.
日本行政學會編, 人事行政の課題, 勁草書房, 1958.
日本行政學會編, 行政改革の推進と抵抗, 勁草書房, 1966.
日本行政學會編, 行政計劃の理論と實際, 勁草書房, 1972.
日本行政學會編, 行政機構の改革, 勁草書房, 1961.
林田孝, 日本行政學概論, 成文堂, 1976.
長浜政壽, 中央集權と地方分權, 日本評論社, 1953.
長浜政壽, 地方自治, 有斐閣, 1952.
田口當久治編著, 主要諸國の行政改革, 勁草書房, 1982.
田口當久治, 行政學要論, 有斐閣, 1981.

田邊信一, 現代地域社會教育論, 上ドメス出版, 1972.
田中守, 行政の中立性理論, 勁草書房, 1963.
井出嘉憲, 日本官僚制と行政文化, 東京大學出版會, 1982.
井出嘉憲, 地方自治の政治學, 東京大學出版會, 1972.
足立忠夫, 公務員の人事管理と勤務評定, 有信堂, 1959.
足立忠夫, 近代官僚制と職階制, 學陽書房, 1952.
足立忠夫, 市民對行政關係論, 公務職員研修協會, 1990.
足立忠夫, 新訂・行政學, 日本評論社, 1992.
足立忠夫, 職業としての公務員, 公務職員研修協會, 1978.
足立忠夫, 土地收用制度の問題点, 日本評論社, 1991.
足立忠夫, 行政改革を考える, 公務員研修協會, 1984.
佐藤慶幸, 現代組織の理論と行動, 御茶の水書房刊, 1972.
中野實, 現代日本の政策過程, 東京大出版會, 1988.
川野秀之ほか, 現代の行政, 學陽書房, 1983.
清成忠男, 地域產業政策, 東京大學出版會, 1986.
村松岐夫, 地方自治, 東京大學出版會, 1988.
村川一郎, 政策決定過程, 教育社, 1985.
淡原美大子, 地方環境の美學, NHK, 1978.
太田一郎, 地方產業の振興と地域形成, 法政大學出版局, 1991.
坂田期雄, 新しい都市政策と市民參加, ぎようせい, 1972.
片岡寬光, 國民と行政, 早稻田大學出版部, 1990.
片岡寬光, 行政の設計, 早稻田大學出版部, 1978.
片岡寬光, 行政國家, 早稻田大學出版部, 1976.
片岡寬光, 行政學の要点整理, 實務教育出版, 1988.
河野一之, 新版・豫算制度, 學陽書房, 1987.
下條美智彥, 行政管理改善, 帝國地方行政學會, 1973.
河中二講, 政策と行政, 良書普及會, 1983.
河中二講, 政策決定と社會理論, 良書普及會, 1984.
橫田光雄, 環境問題と地方公共團體, 第一法規, 1989.
後藤一郎編著, 各國の地方自治制度, 敬文堂, 1973.

2. 서양문헌

Albrow, Martin, *Bureaucracy,* London, Macmillan, 1970.
Anderson, James, E., *PublicMaking,* New York, Praeger, 1975.
Appleby, Paul H., *Policy and Administration,* Alabama, University of Alabama Press, 1949.
Argyris, C., *Management and Organizational Development,* New York, McGraw-Hill, 1971.
Barnard, Chester I., *The Functions of the Executive,* Cambridge, Harvard University Press, 1956.
Bauer, R. A. and Gergen, K. J., *The Study of Policy Formation,* New York, The Free Press,

1968.

Beckhard Richard, *Organization Development: Strategies and Models,* Reading, Mass, Addison-Wesley, 1969.

Bennis, Warren G., *Organization Development: Its Nature, Origins and Porspects,* Menlo Park, California, Addison-Wesley Publishing Co., 1969.

Bennis, Warren G., *Changing Organizations,* New York, McGraw-Hill, 1966.

Blake, R. R. and Mouton, J. S., *The Managerial Grid,* Houghton, Gulf Publishing Co., 1964.

Blau, Peter M., *Bureaucracy in Modern Society,* New York, Random House, Inc., 1956.

Blau, Peter M., *The Dynamics of Bureaucracy,* revised ed., Chicago, University of Chicago Press, 1963.

Bowers, David G. *Systems of Organization: Management of Human Resources,* Ann Arbor, The University of Michigan Press, 1976.

Buffa, Elwood S., *Modern Production Management,* New York, John Wiley & Sons, Inc., 1973.

Burch, Jr., John G. and Strater, Jr., Felix R., *Information System: Theory and Practice,* Santa Barbara, Clalifornia., Hamilton Publishing Company, 1974.

Buchnan, James M. and Tullock, Gordon, *The Calculus of Consent,* Ann Arbor, University of Michigan Press, 1965.

Burkhead, J., *Government Budgeting,* New York, John Wiley and Sons, Inc., 1957.

Caiden, Gerald E., *Administrative Reform,* Chicago, Aldine Publishing Company, 1969.

Caiden, Gerald E., *The Dynamics of Public Administrations: Guidelines to Current Transformation in Theory and Practice,* New York, Holt, Rinehart and Winston Inc., 1971.

Cleland, David I. and William R. King, *Management: A System Approach,* New York, McGraw-Hill, 1972.

Charles R. Foster, *Comparative Public Policy and Citizen Participation,* Pergamon Press Inc., New York, 1980.

Charles V. Kidd, *Manpower Policies for the Use of Science and Technology in Development,* New York, Pergamon Press Inc., 1980.

Carl Hcycl, *The VNR Concis Guide to Financial Management,* VAN Nostrand Reinhold Company, 1979.

Davis, Gordon, B., *Management Information System: Conceptual Foundation, Structure and Development,* New York, McGraw-Hill Book Company, 1974.

Davis, Keity(ed.), *Organizational Behavior,* New York, McGraw-Hill, 1974.

Davis, Keith, *Human Relation at Work: The Dynamics of Organizational Behavior,* New York, McGraw-Hill, 1967.

Davis, R. C. and Filley, A. C., *Principles of Management,* New York, Alexander Hamilton Institute, 1963.

Dimock, M. E. and Dimock, G. O., *Public Administration,* New York, 4th edition, Holt, Rinehart and Winston, 1969.

Dror, Yehezkel, *Design for Policy Science,* New York, American Elsevier Publishing Co., 1971.

Dror, Yehezkel, *Public Policy-Making Reexamined,* San Francisco, Chandler Publishing Co., 1968.

Drucker, P. F., *The Practice of Management,* New York, Haper and Brothers, 1975.

Easton, David, *The Framework for Political Analysis,* Englewood Cliffs, N.J., Prentice-Hall, 1965.

Eisenstadt, S. N., *Modernization: Growth and Diversity,* Bloomington, Indiana, Department of Government, Indiana University, 1963.

Etzioni, Amitai, *Modern Organizations,* Englewood Cliffs, N.J., Prentice-Hall, 1964.

Etzioni, Amitai, *Readings on Modern Organizations,* Englewood Cliffs, N.J., Prentice-Hall, 1969.

Gable, Richard W., *Development Administrations,* SICA, ASPA, 1976.

Gaiden, Gerald E., *Administrative Reform,* Chicago, Aldine Publishing Company, 1969.

Gardner Lindzey and Elliot Aronson, *The Handbook of Social Psychology,* Addison-Weiley Publishing Company, 1977.

Gattie Michael W., *The Administration of Management Information System in Higher Education,* ed., D. Dissertation India University, 1973.

Gaus, John M., *Reflections, on Public Administration,* Alabama, University of Alabama Press, 1947.

Gaus, White and Dimock, *Frontiers of Public Administration,* University of Chicago Press, 1936.

Gerald M, Meier, *Problems of Cooperation for Development,* New York, Oxford University Press, 1974.

Goldberg, Water et al., *Management Information Systems,* Princeton, N.J., Averbah Publishers, 1971.

Golembiewski, Robert T. and Cohen, Michael(eds.), *People in Public Serice: A Reader in Public Personnel Administration,* Itasca, Ⅲ, F.E. Peacok Publishers, 1970.

Gournay, Bernard, *L'Administration,* Paris, Presses Universitatives de France, 1972.

Gross, Bertram M., *Organizations and Their Managing,* New York, The Free Press, 1968.

Gulick, Luther and Urwick, Lyndall(eds.), *Papers on the Science of Administration,* New York, Institute of Public Administration, 1937.

Haimann, Theo and Scoth, William G., *Management in the Modern Organization,* Boston, Houghton Mifflin Company, 1970

Harbison, Frederick H., *Human Resources as the Wealth of Nations,* London, Oxford University Press, 1973.

Heady, Ferrel, *Public Administration: A Comparative Perspective,* Englewood Cliffs, Prentice-Hall, 1966.

Held, Virginia, *The Public Interest and Individual Interest,* New York, Basic Books, 1970.

Henerson, Keith M., *Emerging Synthesis in American Public Administration,* London, Asia Publishing House, 1966.

Henry, Nicholas, *Public Administration and Public Affairs,* Englewood Cliffs, Prentice-Hall, 1975.

Hersey, P. and Blanchard, K. H., *Management of Organizational Behavior,* Englewood Cliffs, N.J., Prentice-Hall, 1972.

Hicks, Herbert G. and Gullett, C. Ray, *The Management of Organization,* New York, McGraw-Hill, 1976.

Hiller, Frederic S. and Lieberman, Gerald J., *Operation Research,* Holden-Day, Inc., 1974.

Hitch, Charles J., *Decision for Defense,* University of California Press, 1965.

Hodge, Billy J. and Johnson, Herbert J., *Management and Organizational Behavior: A Multidimensional Approach,* New York, John Wiley & Sons, Inc., 1970.

Jerry C. Wofford, Edwin A Geroff, Robert C. Cummins, *Organization Communication,* McGraw-Hill, Inc., 1977.

James, W. Davis, Jr., *An Introduction to Public Administration,* The Free Press, A Divison of Macmillan Publishing Co. Inc., 1974.

Jones, Charles O., *An Introduction to the Study of Public Policy,* Belemont, Wadworth, 1970.

Katz, D. and Kahn, R. L., *The Social Psychology of Organization,* New York, John Wiley & Sons, Inc., 2 edition, 1978.

Koontz, Harold and O'Donnell, Cyrill, *Principles of Management: Analysis of Managerial Functions,* New York, McGraw-Hill, 1972.

Lickert, Rennis, *The Human Organization,* New York, McGraw-Hill, 1972.

Lickert, Rennis, *The Human Organization,* New York, McGraw-Hill, 1967.

Lindblom, Charles, E., *The Policy-Making Process,* Englewood Cliffs, N.J., Prentice-Hall, 1968.

Lindblom, Charles E. and Braybrooke, David, *A Strategy of Decision,* New York, Confield Press, 1974.

Luthans, Fred, *Organizational Behavior,* New York, McGraw-Hill, 1973.

Marini, Frank(ed.), *Toward a New Public Administration,* Scranton, Chandler 1971.

Martin, Roscoe C.(ed.), *Public Administration and Democracy,* Syracuse, N.Y., Syracuse University Press, 1965.

Marx, Fritz Morstein(ed.), *Elements of Public Administration,* Englewood Cliffs, N.J., Prentice-Hall, 1959.

Marx, Fritz M.(ed.), *The Administrative State,* Chicago, University of Chicago Press, 1957.

Merritl, Richard L., *Systematic Approaches to Comparatives Politics,* Chicago, Rand Mcnally, 1971.

Marshall Kaplan, Gans, and Kahn, *Children and the Urban Environment: A Learning Experience,* Praeger Publishers Inc., 1972.

Millett, Jhohn D., *Government and Public Administration,* New York, McGraw-Hill, 1959.

Moder, J. J. and Phillips, C. R., *Management with CPM & PERT,* Van Nostrand Reinhold Co., 1970.

Mooney, James D., *The Principles of Organization,* New York, Harper and Brothers, 1947.

Moore, Wilbert E., *Social Change,* Englewood Cliffs, N.J., Prentice-Hall, 1963.

Morrow, W. L., *Public Administration, Politics and Political System,* New York, Random House, 1975.

Mosher, Frederick C.(ed.), *Governmental Reorganization: Cases and Commentary,* Babbes-Merrie Co., 1967.

Moyell, R. W., *Management: Ends and Means,* San Francisco, Chandler Publishing Co., 1969.

Murray, Edward J., *Motivation and Emotion,* Englewood Cliffs, N.J., Prentice-Hall, 1965.

Paige Glenn D.(ed.), *Political Leadership: Readings for an Emerging Field,* New York, The Free Press, 1972.

Perrow, Charles, *Organizational Analysis: A Sociological View,* Belmont, California Wadsworth Publishing Co., Inc., 1970.

Presthus, Robert, *Public Administration,* 7th ed., New York, Ronald Press, 1976.

Peter, Self, *Administrative Theories and Politics,* George Allen & Unwin Ltd., 1974.

Pfiffner, John M. and Presthus, Robert V., *Public Administration,* 5th ed., New York, The Ronald Press Co., 1967.

Pigors, Paul and Myers, Charles A., *Personnel Administration,* London, McGraw-Hill, 1977.

Powell, Norman J., *Personnel Administration in Government,* Englewood Cliffs, N.J., Prentice-Hall, 1956.

Pranger, Robert J., *The Eclipse of Citizenship: Power and Participation in Contemporary Politics,* Holt, Reinhart and Winston, Inc., 1968.

Presthus, Robert, *The Organizational Society,* New York, Alfred A. Knopf, 1962.

Price, James L., *Organizational of Effectiveness,* Homewood, Richard D. Irwin, 1968.

Richardson, Ivan L. and Sidney Baldwin, *Public Administration: Government in Action,* Columbus, O.H. Charles E. Merrill, 1976.

Riggs Fred W.(ed.), *Frontiers of Development Administration,* Durham, N.C., Duke University Press, 1971.

Schick, Allen, *Budget Innovation in the States,* Washington, D.C., Brookings Institutions, 1971.

Schuman, David, *Bureaucracies, Organizations and Administration,* New York Macmillan, 1976.

Scott, James C., *Comparative Political Corruption,* Englewood Cliffs, N.J. Prentice-Hall, 1972.

Self, Peter, *Administration and Politics: An Inquiry into the Structure and Processes of Modern Government,* London, George Allen & Unwin, 1972.

Simon, Hebert A., *Administrative Behavior,* New York, The Macmillan Company, 1961.

Simon, Hebert A., *The New Science of Management Decision,* New York, Harper & Row, 1960.

Stahl, O. Glenn, *Public Personnel Administration,* 6th Edition, New York, Harper & Row, 1971.

Stahl, O. Glenn, *The Personnel Job of Government Managers,* Chicago, Public Personnel Association, 1971.

Taylor, Frederick W., *The Principles of Scientific Management,* New York, 1973.

Thierauf, Robert J. and Klekamp, Robert C., *Decision Making through Operations Research,* New York, John Wiley & Sons, Inc., 1975.

Thompson, James D. et al., *Comparative Study in Administration,* Pittsburgh, University of Pittsburgh Press, 1959.

Thompson, Victor A., *Modern Organization,* New York, Alfred A. Knopf, 1961.

Waldo, Dwight, *The Administration State,* New York, Ronald Press, 1948.

Waldo, Dwight, *The Study of Public Administration,* New York, Doubleday, 1955.

Waldo, Dwight, *Perspectives on Administration,* Alabama, University of Alabama Press, 1956.

Waldo, Dwight(ed.), *Temporal Dimensions of Development Administration,* Durham, N.C., Duke University Press, 1970.

Walton, R. E. and Mekersie, R. B., *A Behavioral Theory of Labor Negotiation,* New York, McGraw-Hill, 1965.

Wamsley, Gary L., *Political Economy of Public Organization,* Lexington, Mass. Lexington, 1973.

Waterston, Albert, *Development Planning: Lessons of Experience,* Baltimore Johns Hopkins Press, 1965.

Weidner, Edward W., *Development Administration,* Chicago, CAG, ASPA, 1964.

Whisler, Thomas L., *Information, Technology and Organizational Change,* Belmont, Wadsworth, 1970.

White, L. D., *The Jacksonians: A Study in Administrative History 1829～1861,* New York, Macmillan, 1954.

White, L. D., *Introduction to the Study of Public Administration,* 4th edition, New York, Macmillan, 1955.

Wildavsky, Auron, *Budgeting,* Boston, Little, Brown and Co., 1975.

Willoughby, W. F., *Principles of Public Administration,* The Brookings Institution, 1927.

Wool, Peter(ed.), *Public Administration and Policy,* New York, Harper & Row, 1966.

인 명 색 인

사 항 색 인